Enzyklopädie Erziehungswissenschaft

Handbuch und Lexikon der Erziehung
in 11 Bänden und einem Registerband

Herausgegeben von
Dieter Lenzen

unter Mitarbeit von
Agi Schründer

Klett-Cotta

Enzyklopädie
Erziehungswissenschaft

Band 1: Theorien und Grundbegriffe der Erziehung und Bildung
hg. von Dieter Lenzen und Klaus Mollenhauer

Band 2: Methoden der Erziehungs- und Bildungsforschung
hg. von Henning Haft und Hagen Kordes

Band 3: Ziele und Inhalte der Erziehung und des Unterrichts
hg. von Hans-Dieter Haller und Hilbert Meyer unter Mitarbeit von Thomas Hanisch

Band 4: Methoden und Medien der Erziehung und des Unterrichts
hg. von Gunter Otto und Wolfgang Schulz

Band 5: Organisation, Recht und Ökonomie des Bildungswesens
hg. von Martin Baethge und Knut Nevermann

Band 6: Erziehung in früher Kindheit
hg. von Jürgen Zimmer unter Mitarbeit von Angelika Krüger

Band 7: Erziehung im Primarschulalter
hg. von Klaus-Peter Hemmer und Hubert Wudtke

Band 8: Erziehung im Jugendalter – Sekundarstufe I
hg. von Ernst-Günther Skiba, Christoph Wulf und Konrad Wünsche

Band 9: Teil 1 und 2: Sekundarstufe II – Jugendbildung zwischen Schule und Beruf
hg. von Herwig Blankertz†, Josef Derbolav, Adolf Kell und Günter Kutscha

Band 10: Ausbildung und Sozialisation in der Hochschule
hg. von Ludwig Huber

Band 11: Erwachsenenbildung
hg. von Enno Schmitz und Hans Tietgens

Band 12: Gesamtregister

Enzyklopädie Erziehungswissenschaft

Band 2

Methoden der Erziehungs- und Bildungsforschung

Herausgegeben von
Henning Haft
Hagen Kordes

Klett-Cotta

Gedruckt mit Unterstützung des Zentralinstituts für Unterrichtswissenschaften und Curriculumentwicklung der Freien Universität Berlin

CIP-Kurztitelaufnahme der Deutschen Bibliothek

Enzyklopädie Erziehungswissenschaft: Handbuch u. Lexikon d. Erziehung in 11 Bd. u. e. Reg.-Bd. / hrsg. von Dieter Lenzen. Unter Mitarb. von Agi Schründer. – Stuttgart: Klett-Cotta

NE: Lenzen, Dieter [Hrsg.]

Bd. 2. Methoden der Erziehungs- und Bildungsforschung. – 1984

Methoden der Erziehungs- und Bildungsforschung / hrsg. von Henning Haft; Hagen Kordes. – Stuttgart: Klett-Cotta, 1984.
(Enzyklopädie Erziehungswissenschaft; Bd. 2) ISBN 3-12-932220-5

NE: Haft, Henning [Hrsg.]

Alle Rechte vorbehalten
Fotomechanische Wiedergabe nur mit Genehmigung des Verlages
Verlagsgemeinschaft Ernst Klett Verlag – J. G. Cotta'sche Buchhandlung
Nachf. GmbH, Stuttgart
© Ernst Klett Verlage, GmbH u. Co. KG, Stuttgart 1984 · Printed in Germany
Umschlag: Heinz Edelmann
Satz: Ernst Klett, Druckerei
Druck: Gutmann & Co. GmbH, Heilbronn

Inhalt

Benutzungshinweise 9

Vorwort des Herausgebers der
Enzyklopädie Erziehungswissenschaft 11

Vorwort der Herausgeber von Band 2: Empirisch-pädagogische
Forschung am Ausgang ihrer „realistischen Phase" 13
Henning Haft/Hagen Kordes

Handbuch 41

A   Entwicklungslogische Erziehungsforschung 45
    Bernd Fischer/Renate Girmes-Stein/Hagen Kordes/Ursula Peukert

B   Strukturell-funktionale Erziehungsforschung 83
    Eduard Werner Kleber

C   Anwendungsorientierte Erziehungsforschung 109
    Heinz Holling/Hans Merkens

D   Interventive Erziehungsforschung 145
    Uwe Hameyer

E   Pädagogische Aktionsforschung 185
    Hagen Kordes

F   Kommunikative Bildungsforschung 223
    Ansgar Weymann

G   Pädagogisch-analytische Bildungsforschung 253
    Dietmar Larcher/Bernhard Rathmayr

H   Objektiv-hermeneutische Bildungsforschung 283
    Ulrike Matthes-Nagel

Lexikon	301
Abkürzungsverzeichnis der zitierten Zeitschriften	633
Namenregister	669
Sachregister	688
Autorenverzeichnis	705

Benutzungshinweise

Aufbau
Jeder Band der Enzyklopädie Erziehungswissenschaft umfaßt zwei Teile, das *Handbuch* und das *Lexikon*.
- Die Beiträge des *Handbuchteils* stellen in ihrer *systematischen* Anordnung eine Gesamtdarstellung des Bereiches dar, dem der ganze Band gewidmet ist. Einzelne Beiträge des Handbuchteils können als umfassende Einführung in das jeweilige Gebiet gelesen werden, dem sich der Beitrag zuwendet. Die Zusammenfassung in drei Sprachen und die Gliederung am Anfang des Beitrages ermöglichen eine schnelle Orientierung über den Inhalt des Textes.
- Der *Lexikonteil* ist *alphabetisch* geordnet. Er enthält kürzere Artikel, die Informationen über ausgewählte Sachverhalte des in dem Band behandelten Bereichs geben.

Informationssuche
- Der *Zugang zum Handbuchteil* kann über das Inhaltsverzeichnis (S. 7 f.) oder über das Sachregister (S. 688) erfolgen.
- Die Suche nach einem bestimmten *Stichwort* beginnt in der Regel im *Sachregister*. Es enthält Verweise auf die Titel im Lexikon und auf alle Textstellen des Handbuch- *und* des Lexikonteils, die Auskünfte über das betreffende Stichwort geben.
- Alle *Personen- und Institutionennamen*, die in den Texten oder Literaturverzeichnissen vorkommen, sind im *Namenregister* (S. 669) mit entsprechenden Verweisen zu finden.

Nur die Benutzung beider Register erschließt alle Informationen des Bandes.
Bei der alphabetischen Anordnung der lexikalischen Artikel, des Sach- und des Personenregisters, des Abkürzungsverzeichnisses der zitierten Zeitschriften, des Autorenverzeichnisses und aller Literaturverzeichnisse werden Umlaute wie Selbstlaute behandelt und die Buchstaben „I" und „J" getrennt aufgeführt.

Literaturverzeichnisse
Jedem Artikel ist ein Literaturverzeichnis beigegeben, das die zitierte und weiterführende Literatur enthält. Die in KAPITÄLCHEN gedruckten Namen (MEYER 1913, S. 24 ff.) verweisen grundsätzlich auf das Literaturverzeichnis. Die Angaben im Literaturverzeichnis sind alphabetisch geordnet. Publikationen, die keinen Verfasser nennen, werden nach dem ersten Wort ihres Titels zugeordnet. Gesetze von Bund und Ländern sind in der Regel nicht gesondert im Literaturverzeichnis der Einzelbeiträge ausgewiesen. Sie werden bei Inkrafttreten im Bundesgesetzblatt oder in den Gesetz- und Verordnungsblättern der Bundesländer veröffentlicht und sind dort zu finden.

Abkürzungen
Aus Umfangsgründen werden deutsch-, englisch- und französischsprachige Zeitschriftentitel abgekürzt. Um identische Abkürzungen für verschiedene Zeitschriften auszuschließen, wurde ein an der DIN-Vorschrift für Zeitschriftenabkürzungen orientiertes System entwickelt, das die Rekonstruktion des vollständigen Titels in der Regel mühelos ermöglicht. Dabei konnten eingeführte Abkürzungen für Zeitschriften nicht berücksichtigt werden. Die Groß- und Kleinschreibung in den Abkürzungen folgt den Titeln der Zeitschriften. Alle Zeitschriftenabkürzungen sind in einem Abkürzungsverzeichnis enthalten (S. 663).

Vorwort des Herausgebers der Enzyklopädie Erziehungswissenschaft*

Die Enzyklopädie Erziehungswissenschaft ist ein auf insgesamt zwölf Bände mit etwa 6000 Druckseiten angelegtes Nachschlagewerk der Erziehungswissenschaft.
Der Band „Methoden der Erziehungs- und Bildungsforschung" gehört zur *ersten Abteilung,* innerhalb derer Probleme dargestellt werden, die *die Erziehungswissenschaft und den Prozeß der Erziehung insgesamt* betreffen (Band 1: Theorien und Grundbegriffe der Erziehung und Bildung, Band 2: Methoden der Erziehungs- und Bildungsforschung, Band 3: Ziele und Inhalte der Erziehung und des Unterrichts, Band 4: Methoden und Medien der Erziehung und des Unterrichts, Band 5: Organisation, Recht und Ökonomie des Bildungswesens). Die *zweite Abteilung* bezieht sich demgegenüber in ihren einzelnen Bänden jeweils auf eine *bestimmte Phase des Erziehungs- und Bildungsprozesses* (Band 6: Erziehung in früher Kindheit, Band 7: Erziehung im Primarschulalter, Band 8: Erziehung im Jugendalter – Sekundarstufe I, Band 9, Teil 1 und 2: Sekundarstufe II – Jugendbildung zwischen Schule und Beruf, Band 10: Ausbildung und Sozialisation in der Hochschule, Band 11: Erwachsenenbildung).
Mit diesem Aufbau erweist sich die Enzyklopädie Erziehungswissenschaft als *problemorientiert.* Auf eine Gliederung, die einer Struktur der Disziplin „Erziehungswissenschaft" folgt, wurde bewußt verzichtet, zum einen, weil unter den Vertretern der Erziehungswissenschaft eine verbürgte Auffassung über *die* Struktur einer so jungen Disziplin nicht existiert, und zum anderen deshalb, weil ein problemorientierter Aufbau dem Leser das Auffinden *seiner* Probleme erleichtert. Um die volle Informationskapazität der Enzyklopädie Erziehungswissenschaft auszuschöpfen, genügt nicht die Suche in einem einzelnen Band. Zu diesem Zweck ist vielmehr der *Registerband* heranzuziehen, in dem die Begriffe aufgenommen sind, die in der Enzyklopädie Erziehungswissenschaft erfaßt werden.
Beiträge und Ergebnisse der *Nachbarwissenschaften* zu erziehungswissenschaftlichen Problemen, etwa der Psychologie, Soziologie, Ökonomie oder Philosophie, werden in die einzelnen Beiträge integriert, ebenso *historische Sachverhalte* und *internationale* Entwicklungen, die besonders dann Berücksichtigung erfahren, wenn Strukturen und Entwicklungen des Bildungswesens im Ausland Perspektiven vermitteln, die aus der Sicht der Herausgeber zu Alternativen in der Diskussion über das Bildungssystem in der Bundesrepublik Deutschland anregen können, aber auch dann, wenn solche Anregungen aus einem andersartigen Diskussionsstand im Bereich der Theorien und Methoden resultieren.
Die Enzyklopädie Erziehungswissenschaft ist ein *integriertes Handbuch und Lexikon:* Jeder Band enthält einen Handbuchteil mit systematischen Beiträgen, die Auskünfte über den Gegenstand eines größeren Bereichs geben, und einen Lexikonteil mit alphabetisch geordneten Artikeln zu einzelnen Stichwörtern.
Der zweite Band der Enzyklopädie Erziehungswissenschaft stellt einen außergewöhnlichen Versuch dar. Die Herausgeber unternehmen es, den Umkreis hinreichend bekannter Methodendarstellungen zu verlassen, die in der Erziehungswissenschaft zumeist auf eine lineare Adaptation sozial- oder geisteswissenschaftlicher Verfahren der Erkenntnis hinausgehen. Sie nehmen den Anspruch einer *erziehungswissen-*

---

* Eine ausführliche Einleitung in die Enzyklopädie Erziehungswissenschaft enthält Band 1.

Vorwort des Herausgebers der Enzyklopädie Erziehungswissenschaft

schaftlichen Enzyklopädie ernst und versuchen zum ersten Male, ein System der unterschiedlichen *erziehungswissenschaftlichen* Methoden in ihrem Zusammenhang mit *sozialwissenschaftlichen* Forschungsmethoden zu entwerfen. Sie verfolgen damit die Intention, den in den letzten 10 bis 20 Jahren erreichten Stand erziehungswissenschaftlicher Methodologie nicht nur abzubilden, sondern selbst einen konstruktiven Schritt in die Richtung einer *erziehungswissenschaftlichen* Methodologie zu tun.

Ein solches Unterfangen widerspricht dem herkömmlichen Verständnis enzyklopädischer Präsentation und fordert Widerspruch heraus. In diesem Sinne sind mögliche Vorwürfe antizipierbar. Diesem Experiment könte der Verzicht auf die Darstellung der eher „klassischen" pädagogischen Methoden, allen voran der geisteswissenschaftlichen Methodologie vorgehalten werden, die Ahistorizität bei einer Konzentration auf die Methodendiskussion der 70er Jahre. Daraus könnte eine Kritik des leichtfertigen Umgangs mit dem Paradigma-Begriff abgeleitet werden, der bestimmten methodischen Ansätzen einen paradigmatischen Gehalt entschieden zu früh prädiziere. Auch könnte die Absicht einer Zusammenführung divergenter Ansätze als ein unzulässiger Erkenntnis- und damit Wahrheitsrelativismus kritisiert werden, der ein Ausdruck der Unfähigkeit sei, zwischen tauglichen und untauglichen Methoden zu differenzieren.

Solchen und weiteren denkbaren Einwänden muß mit dem Hinweis begegnet werden, daß diese Enzyklopädie sich gerade nicht dem positivistischen Verständnis des Enzyklopädischen verschreiben will, sondern statt der bloßen Dokumentation dem Fortgang der Erziehungswissenschaft verpflichtet ist. Solche Wege sind immer mit einem erheblichen Risiko behaftet.

Für die Risikobereitschaft und dementsprechend die Konsequenz und Stringenz der Durcharbeitung dieses Bandes ist darum den beiden Herausgebern zu danken. Es ist unmittelbar einsichtig, daß mutige Konzeptionen wie diejenige des vorliegenden Bandes auch außergewöhnliche Anforderungen an die editorische Tätigkeit der Arbeitsstelle richten, deren Mitglieder den Band unter der Leitung von Agi Schründer gemeinsam eingerichtet haben. Der Anteil von Friedrich Rost daran verdient besondere Erwähnung. Da ohne diese Institution eine verantwortliche Edition nicht denkbar wäre, darf nicht unerwähnt bleiben, daß dankenswerterweise das Land Berlin inzwischen die Finanzierung der Arbeitsstelle durch die Freie Universität Berlin übernommen hat.

Berlin, im September 1983   Dieter Lenzen

Henning Haft/Hagen Kordes

Vorwort der Herausgeber von Band 2: Empirisch-pädagogische Forschung am Ausgang ihrer „realistischen Phase"

1 Der Handbuchteil

Im *Handbuchteil* werden acht grundlegende Alternativen empirischer Erziehungs- und Bildungsforschung vorgestellt, die als „Designs" bezeichnet werden. Die Zusammenstellung dieser Ansätze kann weder als einheitliches Programm empirischer Erziehungs- und Bildungsforschung noch als Ausführung eines solchen Programms verstanden werden. Ihr Anspruch ist zugleich eingeschränkter und weitreichender. Er ist eingeschränkter insofern, als die Zusammenstellung nicht der Illusion einer konsistenten Erziehungs- und Bildungsforschung unterliegt, sondern sich damit begnügt, den gesicherten Bestand der variantenreichen und vielgestaltigen erziehungswissenschaftlichen Forschung zu dokumentieren. Der Anspruch reicht aber insofern weiter, als die Gliederung eine Bewegung erziehungswissenschaftlicher Forschung zu größerer Zusammenarbeit auch zwischen verschiedenen Paradigmen zu stärken sucht. Diese Intention wird besonders dann realisierbar sein, wenn es gelingt, charakteristische Beispiele „alter" und „neuer" Forschung herauszustellen und dabei gleichzeitig ihre divergenten und defizienten Prozesse und Ergebnisse durch die Darstellung ihres theoretischen Substrats auf den Begriff zu bringen.
Gleichwohl entspringt der Wandel erziehungswissenschaftlicher Forschung nicht nur der Qualität der Forscher, sondern steht in Wechselwirkung mit den materiellen und ideologischen Voraussetzungen der Gesellschaft und ihrer Erziehungswirklichkeit. Am Ende der Bildungsexpansion und -reform in den meisten europäischen Nationen sowie den USA drohen auch fruchtbare Entwicklungen verschüttet und zurückgenommen zu werden. Insofern will dieser Band dafür Sorge tragen, daß originäre Ansätze der „Reformforschung" wie etwa die Varianten der „Aktionsforschung" im weitesten Sinne des Wortes, festgehalten – und in ihren tradierungswürdigen Momenten herausgearbeitet werden.
Dennoch darf dieser Manifestations- und Dokumentationswille den empirisch-methodisch arbeitenden Erziehungswissenschaftler nicht vergessen lassen, daß überzeugende Erfolge der Erziehungs- und Bildungsforschung bislang ausgeblieben sind – und dieses nicht nur aus dem Blickwinkel einer überwiegend enttäuschten Öffentlichkeit (vgl. PREUSS 1978). So scheint weder der Praxis-Theorie-Zusammenhang (zur Gewinnung und Begründung gehaltvoller pädagogischer Theorien), noch der Theorie-Empirie-Nexus (zur Operationalisierung wesentlicher pädagogischer Sinngehalte ohne Problemverlust), weder die Empirie-Praxis-Implikation (zum handlungsorientierten Zugang zu den Daten), noch auch der Theorie-Praxis-Zusammenhang (zur „folgenreichen Umsetzung" pädagogischer Theorie und Praxis) überzeugend gelöst zu sein.
Aus diesem Grunde mag der Erziehungswissenschaft nach der hektischen Periode der Bildungsreform nun die unfreiwillig folgende Phase der Selbstreflexion nicht unwillkommen sein. Dieser Selbstreflexion auf den geleisteten und noch zu leistenden progressiven Wandel der Erziehungsforschung einen Dienst zu erweisen, ist das Ziel dieser Einführung sowie der Beiträge dieses Bandes insgesamt.

Henning Haft/Hagen Kordes

1.1 Zu den Begriffen: Methode, Methodologie, Design, Paradigma

Dieser Band handelt von *Methoden*. Methoden sind immer da zu entwickeln und zu begründen, wo eine fertige Antwort oder Problemlösung nicht vorliegt und Forscher sich auf den Weg machen und mögliche Antworten oder Problemlösungen suchen, erproben und überprüfen müssen. *Ziel* jeder Forschung ist die möglichst gesicherte Erkenntnis des Zustands und der Veränderungsbedingungen der sozialen und erzieherischen Wirklichkeit. *Ausgangspunkt* ist eine Schwierigkeit, eine unbeantwortete Frage, ein ungelöstes Problem. Die Methode stellt somit den Zusammenhang zwischen Ausgangspunkt und Ziel her. Sie ist „als ein System von [...] Regeln" zu beschreiben, „das Klassen möglicher Operationen bestimmt, die von gemeinsamen Ausgangsbedingungen zu einem bestimmten Ziel führen" (SEGETH 1974, S. 792). Eine Methode setzt aber eine Theorie der Methode voraus, die begründet, warum diese sich gerade für das Erreichen des bestimmten Erkenntniszieles von einem gegebenen Ausgangspunkt aus eignet und die gesicherten Erfahrungen ihrer praktischen Bewährung unterwirft. Eine so verstandene *Methodologie* nimmt also die Analyse der methodisch geleiteten Vorgehensweise bei der forschenden Tätigkeit des Wissenschaftlers vor und untersucht die diesem Vorgehen zugrunde gelegten Gesetze, Regeln und Normen sowie deren erkenntnis-theoretische logische Struktur (vgl. HÜLST u.a. 1973, S.21). Eine Dokumentation der Erziehungsforschung in Methoden und Methodologien müßte allerdings unzureichend bleiben: *Methoden* stellen in der Regel zu eng umrissene, teilweise isolierbare Einzeltechniken oder Teilpraktiken dar, *Methodologien* werden meist auf empirie- und handlungsferner Ebene in lediglich erkenntnis- und wissenschaftstheoretischer Sprache formuliert. Deshalb konzentriert sich der erste Teil des Bandes auf zwei praktische Zwischenbegriffe: *Design* und *Paradigma*.

Unter *Design* ist ursprünglich und im engen Sinne eine Versuchsanordnung verstanden worden. In eine Versuchsanordnung bringt ein Forscher seine Variablen, Stichproben, Instrumente und anderes ein, um eine bestimmte Hypothesenprüfung vorzunehmen oder generell Erkenntnisgewinn zu erzielen. Hier soll von Design allerdings in einem weiteren Sinne als dem des „Forschungsplans" geredet werden. Gegenüber der Methode erlaubt die Existenz eines Forschungsplans die begründete Auswahl und den gezielten Einsatz einzelner Methoden für das insgesamt angestrebte Ziel. Ein Design in diesem Sinne formuliert einen umfassenden Tätigkeitsplan für die Gesamtorganisation systematischen Erkenntnisgewinns und praktischer Umgestaltung einer bestimmten Erziehungswirklichkeit und definiert Beziehungen der einzelnen Forschungstätigkeiten untereinander sowie deren Funktionen in bezug auf komplementäre Formen pädagogischer Forschungstätigkeit. Dementsprechend formuliert das Design das Gesamtgefüge und den Gesamtablauf der Tätigkeiten. In allgemeiner Form enthält es stets drei Komponenten:
- den *Entstehungszusammenhang:* das Zustandekommen des Forschungsthemas und -ziels aus Problemen der Praxis und die Entdeckung vielfältiger theoretischer Fragen, Wissensbestände und Problematisierungen;
- den *Begründungszusammenhang:* die Explikation der handlungsleitenden Theorien und ihres Zusammenhangs mit Erfahrung und Wirklichkeit (Operationalisierung und Instrumentalisierung), Adressaten und Stichproben der Forschung, Datengewinnungs- und Auswertungsverfahren, Vorkehrungen zur Überprüfung der Theorie;
- den *Verwendungszusammenhang:* die Veröffentlichung oder Weitergabe der Ergebnisse als valide Information; Umsetzung der Ergebnisse in Technologien oder

kommunikative Praxis für individuelle und kollektive Perspektiven innerhalb der Erziehungswirklichkeit.
Dieses relativ technische Begriffsverständnis von Design reicht jedoch nicht aus, um zu erklären, warum es nicht *ein* Design empirischer Erziehungs- und Bildungsforschung, sondern eine größere Zahl zu trennender alternativer, zum Teil auch widersprüchlicher Forschungsansätze und -pläne gibt. Dieser Sachverhalt läßt sich mit Hilfe des von Kuhn (vgl. 1973) eingeführten und mehrfach reformulierten Begriffs des „wissenschaftlichen *Paradigmas*" bestimmen. Demnach erklärt sich die langfristig-historische Wandelbarkeit einer fachwissenschaftlichen Grundeinstellung wie auch deren zeitweise Einheitlichkeit oder Vielfältigkeit aus der Tatsache, daß bestimmte Axiome, Theorien und Verfahren innerhalb einer „wissenschaftlichen Gemeinschaft" (Kuhn 1978, S.390) gemeinsam akzeptiert und durch Institutionalisierung zeitweise festgelegt werden.
Für empirische Erziehungs- und Bildungsforschung ist die Theorie der Paradigmenentstehung und des Paradigmenwandels in besonderer Weise zu spezifizieren, denn von der Herauskristallisation eines den Sozialwissenschaften insgesamt oder der Erziehungswissenschaft allgemein gerecht werdenden oder als solchen allgemein gerechtfertigten Paradigmas empirischer Forschung kann keine Rede sein, wohl aber davon, daß sich einzelne Erziehungsforscher zu unterschiedlichen „Schulen" zusammengeschlossen haben. Die wissenschaftssoziologische Bedeutung jeder dieser kollektiv legitimierten Paradigmata, die jeweils einen bestimmten Typus von Design oder Forschungsplan hervorbringen, liegt dann aber offensichtlich darin, daß sie, jede für sich, ein bestimmtes Maß an langfristiger Konsistenz der sach- oder institutionengerechten Forschungsweise gewährleisten. Im Prinzip ist ein „kumulatives Anwachsen" gesicherter Theoriebildung, Methodengestaltung und Erkenntnisgewinnung nämlich nur möglich, wenn trotz des unaufhörlichen Wandels der konkreten Forschungsaufgaben diese auf relativ konstante Bezugspunkte ausgerichtet werden können (Baldamus 1973, S.11). In diesem Sinne leistet dann ein umfassendes Design die jeweilige Synthese der seiner Forschungsweise allgemeinen und seinen vielfältigen Methoden gemeinsamen wesentlichen Züge, die untereinander eine gewisse Homogenität und Konsistenz aufweisen. Diese erscheinen im Zusammenhang mit Methoden anderer Designs dagegen heterogen und unstimmig.

1.2 Analytische Wissenschaftslogik als historischer Ausgangspunkt empirischer Forschung und ihre paradigmatischen Veränderungen

Mit der „realistischen Wendung" der Pädagogik in den 60er Jahren wurde die analytische Wissenschaftslogik des „frühen" kritischen Rationalismus (vgl. Albert 1963) zum beherrschenden Ausgangspunkt für empirische Erziehungsforschung (vgl. Brezinka 1971). Dieser schien zunächst auch nicht durch den zwischenzeitlichen Methodologienstreit („Positivismusstreit"; vgl. Adorno u.a. 1970) erschüttert zu werden. Aufgrund der ausschließlich wissenschaftstheoretisch-abstrakt geführten Diskussion galt er als „ein homerischer, für die Forschung folgenloser Werturteilsstreit" (Hondrich 1976, S.15; vgl. Berger 1974), der die konkrete methodische Praxis der Erziehungsforschung in Form empirischer Sozialforschung nur am Rande berührte. In jüngerer Zeit allerdings, etwa seit Beginn der 70er Jahre, wird ein Trend zum „Methodenkonstruktivismus" deutlich, in dem Gesichtspunkte des differenzierten methodischen Vorgehens von sozialwissenschaftlicher Forschung in den Vordergrund rücken und aus dem sich alternative Forschungsdesigns weitgehend herauskristallisieren lassen, weil nicht mehr nur intellektuelle Traditionen und Weltbilder reproduziert werden.

Im (wahren) Sinne eines Paradigmas sind folgende Musterbeispiele für Neukonturierungen empirischer Sozialforschung zu nennen:
- die kognitivistische Entwicklungsforschung (vgl. PIAGET 1947);
- die Wendung zu einer „ökologischen Sozialisationsforschung" (vgl. BRONFENBRENNER 1981);
- die (von der Grundlagenforschung abgekoppelte) Logik anwendungsorientierter Forschung (zur methodentheoretischen Neubegründung; vgl. WESTMEYER 1973);
- der Ansatz einer (gruppen-)dynamischen Handlungsforschung, der sich heute in den USA besonders in den Modellen der „Organisationsentwicklung" niederschlägt (vgl. LEWIN 1968);
- das Kompendium einer „kritischen Aktionsforschung", welches zeigte, wie sich diese variantenreich in der Dritten Welt, Westeuropa und in der Bundesrepublik Deutschland zu entwickeln begann (vgl. HAAG u. a. 1972);
- die Ansätze phänomenologischer, symbolisch-interaktionistischer, ethnomethodologischer und soziolinguistischer Forschung, die zu einem Vorgehen „kommunikativer Sozialforschung" synthetisiert wurden (vgl. ARBEITSGRUPPE BIELEFELDER SOZIOLOGEN 1973);
- die Versuche einer sozialwissenschaftlichen und methodischen Rekonstruktion psychoanalytischer Forschungsweisen (vgl. LORENZER 1973);
- die im Anschluß an die Sozialisationsforschung entwickelte Methodologie einer objektiven Hermeneutik (vgl. OEVERMANN u. a. 1979).

Der Paradigmenwechsel berührt in diesen Musterbeispielen alle drei obengenannten Grundzusammenhänge empirischer Forschung.

Wandlungen im *Entstehungszusammenhang* berühren zunächst den aus der analytischen Wissenschaftslogik ursprünglich ausgeblendeten Relevanzbereich der vermeintlich „vorwissenschaftlichen" Interessen beziehungsweise der angeblich „außerwissenschaftlichen Werturteile". Heute und zukünftig scheint ein Festhalten an der Fiktion ausschließlich deskriptiver Aussagen und Hypothesen obsolet geworden, seit „sich herausgestellt hat, daß in jede Wissenschaft bei der Festlegung von Auswahlkriterien, von Begriffen und Überprüfungsverfahren Wertungen eingehen, Fragen der Fruchtbarkeit von Begriffen oder Überprüfungsverfahren letztlich Normenfragen sind" (KÖNIG/ZEDLER 1982, S. 8). Eine Umdeutung des Wertfreiheitspostulats ist seither nicht nur postuliert, sondern wird insbesondere auch in den entwicklungslogischen Forschungen (vgl. KOHLBERG 1974) und in den objektivhermeneutischen Ansätzen (vgl. OEVERMANN u. a. 1979) methodisch-konstruktiv vorgenommen. Darüber hinaus ist die zuvor unterstellte apriorische und introjektive Bildung von Theorien und Begriffen in den Designs kommunikativer Sozialforschung (vgl. ARBEITSGRUPPE BIELEFELDER SOZIOLOGEN 1973), tiefenanalytischer Sozialforschung (vgl. LORENZER 1973), aber auch in den Varianten der Aktionsforschung aufgegeben und durch explorativ-generative Verfahren ersetzt worden.

Wandlungen im *Begründungszusammenhang* berühren alle unbeabsichtigten Folgen rigider Messung (vgl. ARGYRIS 1972). Sie wurden von den Kritischen Rationalisten, die als „Väter" dieser Forschungsweise galten, selbst in ironischer Weise kritisiert. POPPER (1971, S. 259; Übersetzung: H. H.) klagt: „Wenn die vielen Spezialisten die Oberhand bekommen, wäre das das Ende der Forschung wie wir sie kennen – der ‚großen' Forschung. Es wäre eine geistige Katastrophe, in ihren Folgen nur vergleichbar mit der nuklearen Rüstung". Münch macht ausdrücklich die in den Sozialwissenschaften überwiegend praktizierte Ausbildung (welche die Beherrschung von statistischen Methoden und Experimentaltechniken der Vermittlung von Fähigkeiten zu theoretischem und kritischem Denken opfert) dafür verantwortlich, daß sie betriebsblinde Spezialisten produziere, von denen „man freilich keine theoretische Erneuerung, sondern lediglich eine immer stärker wachsende Flut von Experimenten zu irrelevanten und langweiligen ad-hoc-Hypothesen erwarten [kann], wovon die Fachjournale ein erschreckendes Zeugnis ablegen" (MÜNCH 1972, S. 321). Das Postulat strikter, quasi-behavioristischer Operationalisierung erwies sich als „Zwangsjacke" (KÖCKEIS-STANGL 1980, S. 341), die nahezu jeden gehaltvollen Erkenntnisgewinn ausschloß, weil sie nur in die Forschung eingehen ließ, was als manifestes Verhalten direkt beobachtbar war. Die Festlegung auf quantitativ-mathematische Datenauswertung erwies sich als erhebliches Hemmnis für einen differenzierteren Einblick in die meist von Wechselwirkungen, Interaktionen und Widersprüchen bestimmte soziale Praxis der Erziehungswirklichkeit. Auch hier sind es die kommunikationsorientierten Sozialforscher, die „das Zurückdrängen der klassisch-quantitativen Verfahren durch qualitative, im weiteren Sinne hermeneutisch-interpretative Verfahren" (KÖCKEIS-STANGL 1980, S. 343) begünstigen. Längerfristig und unterschwellig zeichnen sich diese Wandlungen in der klinischen Vorgehensweise der Entwicklungsforschung und in den therapeutischen Diskursen der Tiefenanalytiker ab. Allen ist gemeinsam, daß sie die sozialwissenschaftliche Messung als soziale Interaktionssituation anerkennen und gestalten, und daß sie Vorkehrungen dafür treffen, nichtintendierte, latente und implizite Sinngehalte erfahrbar und erfaßbar zu machen.

Wandlungen im *Verwendungszusammenhang* ergeben sich insbesondere aus der Kritik am Status des technischen Wissens, aus welchem bislang empirische Forschung ihre praktische Relevanz bezog: „Generelle wenn-dann-Aussagen können in Prognosen über die Wirkungen bzw. Folgen verschiedener Situationen transformiert werden, die dann ihrerseits in Technologien (Mittel zur sicheren Erreichung von Zielen) umgesetzt werden" (KÖNIG/ZEDLER 1982, S. 8). Die Aktionsforschungsansätze ziehen, wie übrigens entwicklungsorientierte und ökologische Sozialforschung auch, die Konsequenzen aus der Ansicht darüber, daß sich in der sozialen und insbesondere in der pädagogischen Praxis, Situationen nicht so herstellen lassen wie technische Geräte.

Die Folgen all dieser in den 70er Jahren abgelaufenen Wandlungen sind zwiespältig. Zum einen haben sie zu einer Aufweichung der Grenzen innerhalb verschiedener Empiriebegriffe und -programme geführt, die bislang scharf voneinander getrennt waren. Eine Erosion ursprünglich für sicher gehaltener, „harter" Sozialforschung hat stattgefunden und die Probleme intersubjektiver Überprüfbarkeit und begründeter Relevanz komplizierter gemacht. Zum anderen haben sie zu einer schärferen Differenzierung und Konturierung der alternativen Forschungsmuster geführt. Während vor zehn Jahren der Gesamtkomplex empirischer Sozialforschung noch im Ganzen diskutiert werden konnte (als Auseinandersetzung mit der analytischen Wissenschaftslogik), ist seit einiger Zeit eine derartige Grundlagendiskussion einer genaueren Detailarbeit in den einzelnen Paradigmen und deren jeweiligem Tätigkeitsfeld gewichen.

1.3 Hermeneutische Textinterpretation als historischer Ausgangspunkt pädagogischer Deutung und ihre paradigmatischen Wandlungen

In der deutschen Erziehungswissenschaft ging es in der methodologischen Diskussion lange Zeit um allgemein gefaßte Konzeptionen, die sich im wesentlichen durch ihre Erkenntnisquellen und durch die Behandlung des Werturteilsproblems voneinander unterscheiden (vgl. LEMPERT 1980, S. 2). Beeinflußt vom Positivismusstreit in der Soziologie stellen und stellten Autoren wie Oppolzer (vgl. 1966), Benner (vgl. 1978), Wulf (vgl. 1977) und Reich (vgl. 1978) geisteswissenschaftliche (Phänomenologie, Hermeneutik), empirisch-analytische und kritisch-emanzipatorische (Ideologiekritik, Dialektik) Konzeptionen nebeneinander vor. Lempert (1980, S. 3) beurteilt diese Darstellungen unseres Erachtens zutreffend wie folgt: „Strittig waren und blieben der Forschungspraxis oder gar der erforschten Praxis selbst die Wissenschaftlichkeit jener hermeneutischen Interpretationen, empirischen Operationen und praktischen Wertungen, um die kein Sozialwissenschaftler herumkommt, ganz gleich, welchen wissenschaftlichen Status er ihnen zugesteht. Es handelte sich also um eine von der konkreten Forschung und ihren Gegenständen verhältnismäßig abgehobene Debatte über Meta-Theorien und die kontroversen Positionen hatten einen dementsprechend geringen Einfluß auf die Forschungsansätze und Forschungsergebnisse. Die relative Folgenlosigkeit dieser wissenschaftstheoretischen Diskussion mag dazu beigetragen haben, daß sie in den vergangenen Jahren stark an Interesse verloren hat."

Die besondere Sackgasse genuin pädagogisch-empirischer Forschung kennzeichnet Hurrelmann (1977, S. 61): „Die Pädagogik hat es nicht verstanden, eine auf ihre hermeneutischen Tradition aufbauende eigene Methodik zu entwickeln: was hier zuletzt unter Hermeneutik verstanden wurde, war meist zu einem intuitiv feinschmeckerischen Wiederkäuen von Klassikertexten heruntergekommen". Glücklicherweise hat sich aber in der Soziologie (und auf diesem Wege dann auch in der Pädagogik) *immer* eine erfahrungswissenschaftlich orientierte phänomenologisch-interpretative Strömung der Methodologie gehalten, die sich stark am interaktionistischen Theorie-Paradigma orientiert (vgl. Hurrelmann 1977, S. 61).

Die Antwort auf die Frage, warum eine empirische Erziehungs- und Bildungsforschung einer (objektiv-)hermeneutischen Grundlegung bedarf, ergibt sich aus drei Hinweisen: aus dem Hinweis auf den besonderen *Gegenstand* der Erziehungswirklichkeit, auf die Dimension *pädagogischer Erfahrung* und auf den Status einer Erziehungswissenschaft oder Pädagogik als *Handlungswissenschaft* (vgl. Brezinka 1971). Der *Gegenstandsbereich* der Bildungs- und Erziehungsforschung (vgl. Lempert 1980, S. 1) liegt nicht einfach in einem Verhalten oder in einem System oder in einer sozialen Interaktion, sondern in der komplexen Wirklichkeit erzieherisch bedeutsamer Praxis: In dieser geht es zugleich um Vermittlung *und* Aneignung von Qualifikationen und Orientierungen durch konkrete Subjekte, seien sie nun individuelle oder kollektive Lerner. Sie gewinnen ihre erzieherischen Impulse aus formellen oder informellen Bildungs- oder Sozialisationseinrichtungen, deren Voraussetzungen und Folgen zugleich individuell, institutionell und gesellschaftlich zugleich vorbewußt-latent, subjektiv-intentional und materiell-ideologisch sein können. Gleichzeitig sind die Orientierungen weiterhin einem fortwährenden Wandel unterworfen, in dem menschliche Willensbildung und erziehungswissenschaftliche Orientierung eine große Rolle spielen.

Im Kontext dieser Praxis erscheint es notwendig, den *pädagogischen Erfahrungsbegriff* zu reaktualisieren (vgl. Kade/Geissler 1980; vgl. Negt 1968, S. 382). Denn zunächst muß pädagogische Wissenschaft begreifen, daß sie nur soviel Erfahrungen machen kann, als es die Subjekte, die Situation, die Institution und die gesellschaftliche Praxis zulassen. Damit ist der Grad pädagogischer Erfahrung, wie bei jeder anderen auch, teilweise abhängig vom zugelassenen Ausmaß, in welchem die Repressivität und Selektivität subjektiver Erfahrungen in sozialen und pädagogischen Organisationen zurückgenommen wird. Pädagogische Empirie, die beides erfahren will, sowohl die zugelassene wie die verdrängte und unterschlagene Erfahrung der

Subjekte, läßt sich daher „nicht auf eine saubere, klare Grammatik" (COOPER 1978, S. 16) reduzieren. Denn im Gegensatz zu der überwiegenden Erfahrungsdimension der übrigen Wissenschaften knüpft sie sowohl radikaler an die Subjektivität der Lernenden und Lehrenden als auch an der heimlichen, vielfach verleugneten Subjektivität der eigenen vor- und innerwissenschaftlichen Erfahrungen an: „Heimliche und geleugnete Subjektivität empirisch-analytischer Wissenschaft und ihre praxisrelevanten impliziten Strategien müssen zum Fluchtpunkt pädagogischer Aneignung und Erfahrung werden, damit die Auseinandersetzung mit der Wissenschaft nicht Zwang wird und zur Verkrüppelung führt, sondern Mut gemacht wird, im Denken, Wollen, Erleben und Handeln seine Subjektivität zum Ausdruck kommen zu lassen" (KADE/GEISSLER 1980, S. 58).

Eine als *Handlungswissenschaft* verstandene Erziehungswissenschaft oder Pädagogik (vgl. BENNER 1978) wird daher wahrscheinlich dem Gegenstandsbereich und der Qualität pädagogischer Erfahrung am ehesten gerecht. Sie kann sowohl die mehr oder weniger repressive und selektive Erziehungswirklichkeit als auch die utopischen Gehalte verändernder pädagogischer Praxis sinnfälligen Tests aussetzen, bei deren Versuchsanordnung die empirischen Bildungsforscher als Mitakteure selbst einbezogen sind (vgl. HABERMAS 1974, S. 42). Allerdings wirken hier die Bedingungen und Regeln einer empirischen Bildungs- und Erziehungsforschung erschwerend. Denn der Typus von Forschung, der Erhebung mit pädagogischer Intervention verbindet, „macht Disziplinierungen erst recht nötig" da „eine unkontrollierte Veränderung des Feldes mit der gleichzeitigen Erhebung von Daten im Feld unvereinbar ist" (HABERMAS 1974, S. 18).

Diesen Gründen ist es im wesentlichen zu verdanken, daß Wandlungen empirischer Bildungsforschung nicht einfach Anpassungen an sozialwissenschaftliche Paradigmaveränderungen sind, sondern daß umgekehrt Wandlungen empirischer Sozialforschung teilweise auf ursprünglich pädagogisch-hermeneutische Grundlagen zurückzuführen sind. In diesem Sinn läßt sich die für die paradigmatischen Wandlungen empirischer Sozialforschung gemachte Liste von Musterbeispielen durch eine ähnliche für empirische Bildungs- und Erziehungsforschung spezifizieren (vgl. HEID 1980):

- So finden sich pädagogische Formen der *Entwicklungsforschung* beispielsweise im Bereich der wirtschafts- und berufspädagogischen Forschung und in der Vorschul- und Grundschulerziehung (vgl. FEUERSTEIN 1980, LEMPERT 1980).
- Auch Versuche, *systemtheoretische Ansätze* für pädagogische Begleitforschung und Evaluation fruchtbar zu machen, lassen sich in der wirtschafts- und berufspädagogischen Forschung aufzeigen (vgl. ZABECK 1980).
- Für Erziehungswirklichkeit reorganisierte Fassungen *anwendungsorientierter Erziehungsforschung* haben EIGLER u. a. (vgl. 1976) sowie TREIBER u. a. (vgl. 1976) geliefert.
- In der begleitenden Forschung des „Marburger Grundschulprojekts" (vgl. KLAFKI 1977) und der „konstruktiven Schulforschung" (vgl. BULLA u. a. 1974) ist eine *pädagogisch-sozialtechnologische Aktionsforschung* versucht worden.
- Auch in der reformbegleitenden Bildungsforschung der Wissenschaftlichen Begleitung Kollegstufe (vgl. GRUSCHKA 1976) finden sich Beispiele einer *pädagogischen Aktionsforschung* mit einer im weiteren Sinne praxeologischen Komponente.
- Des weiteren gibt es in empirischen Deutungen von Leistungsversagen und Schülertaktiken Vorbilder einer *kommunikativen Bildungsforschung* bei der ARBEITSGRUPPE SCHULFORSCHUNG (vgl. 1980) und HEINZE (vgl. 1976).

Henning Haft/Hagen Kordes

- WELLENDORF (vgl. 1978, 1980) beschreibt und vollzieht seine eigene pädagogische Forschungspraxis unter Bedingungen *tiefenanalytischer („sozioanalytischer") Forschung* (vgl. auch VOLMERG 1980, WESTPHAL-GEORGI 1980).
- Schließlich läßt sich der von HEINZE u. a. (1980) edierte Band „Interpretationen einer Bildungsgeschichte" als Einführung in Formen und Modelle *objektiv-pädagogischer Hermeneutik* verstehen.

1.4 Gesichtspunkte für die Ordnung und den Vergleich der acht Designs

Die acht zur Diskussion stehenden „Designs" lassen sich unter zwei Gesichtspunkten ordnen. Unter dem Gesichtspunkt des Bezugs zur Theorie beziehungsweise zur Praxis sowie unter dem Gesichtspunkt einer stärkeren oder geringeren Anerkennung latenter Strukturen als Gegenstände empirischer Erziehungs- und Bildungsforschung (vgl. Abbildung 1).

Abbildung 1

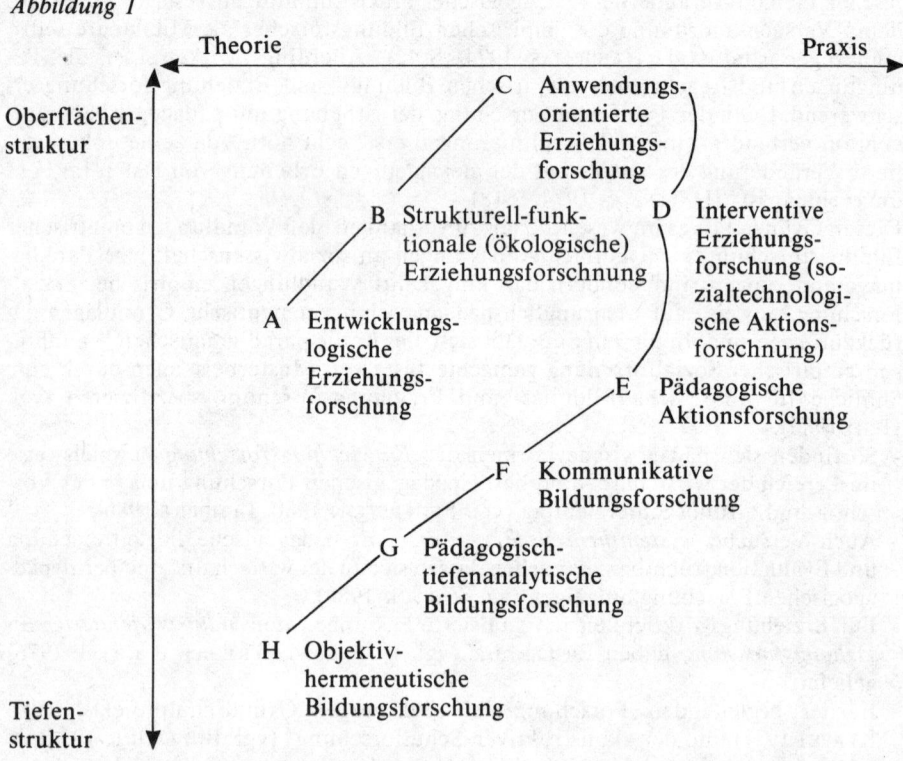

Diese Designs sind insofern als „Paradigmen" aufzufassen, als sie in der deutschen Erziehungs- und Bildungsforschung in institutionalisierter Form vorfindbar sind. Sie nehmen dabei deutlich unterscheidbare institutionelle *und* erkenntnistheoretische Positionen ein, die allerdings in der wissenschaftlichen Diskussion nicht unumstritten geschweige denn als gleichwertige behandelt sind, wie der Streit um Aktionsforschung und empirisch-analytische Forschung gezeigt hat (vgl. BLAN-

KERTZ/GRUSCHKA 1975, HAEBERLIN 1975, MOLLENHAUER/RITTELMEYER 1975; vgl.
NICKLIS 1978, 1979; vgl. WALTER 1979). Es sind somit Kriterien oder Gesichtspunkte heranzuziehen, die es ermöglichen, einen ersten Vergleich durchzuführen.
Auf zwei Versuche, Kriterienkataloge für Paradigmenvergleiche solcher Art aufzustellen (vgl. HONDRICH 1976, LEMPERT 1980), läßt sich rekurrieren, wobei allerdings Ergänzungen erforderlich sind. Die hier verwendete Kriterienliste ergibt sich
aus einer Differenzierung der oben genannten drei Fundamentalzusammenhänge
empirischer Forschung: Entstehungszusammenhang, Begründungszusammenhang
und Verwendungszusammenhang.

1.4.1 Gemeinsames und unterschiedliches Begreifen des Entstehungszusammenhangs der Erziehungs- und Bildungsforschung

Die „ursprüngliche" analytische Wissenschaftslogik sparte die Frage nach Reflexion
und Kontrolle des Entstehungszusammenhangs des jeweiligen Forschungsprozesses
aus. Die Abbildung 2 zeigt schematisch, daß die acht „Designs" der Erziehungs- und
Bildungsforschung, wenn auch in unterschiedlichen Graden, diese Vernachlässigung nicht aufrechterhalten. Keines der Designs sieht eine apriorische, nominalistische Prozedur zur Gewinnung und Bestimmung ihrer Themen, Theorien
und Begriffe vor, jedes rekurriert vielmehr auf ein bestimmtes exploratives (also
generatives, diagnostisches, bedingungsanalytisches oder interaktionistisches) Vorgehen. Allerdings nimmt der Eigenanteil der Betroffenen und Beteiligten an der Planung und Bestimmung der Forschung von Design zu Design zu – bis hin zu den
letzten vier Ansätzen der Bildungsforschung, wo sie es schließlich sind, welche die
zu erforschenden Themen, Deutungen und Strukturen hervorbringen. Alle explizieren mehr oder weniger in metatheoretischen Strategien ihre Voraussetzungen. In
dem von jedem Design jeweils privilegierten Ausschnitt des Gegenstandsbereichs
drücken sie ihren projektiven Zugriff auf soziale und pädagogische Praxis – wenngleich in höchst unterschiedlicher „Tiefe und Breite" (BERGER 1974, S. 27) – aus. Die
Abbildung 1 machte bereits den unterschiedlichen Ansatz der einzelnen Designs
hinsichtlich ihres Verhältnisses zur Ebene der Oberflächenphänomene beziehungsweise zu den Tiefenstrukturen sichtbar: von der Performanzforschung des anwendungsorientierten Ansatzes, die an der Struktur der Oberfläche operiert, bis zu den
Ansätzen der klinischen, psychoanalytischen und objektiv-hermeneutischen Rekonstruktionen auf der Ebene der Tiefenstrukturen. – Ebenfalls hat jedes Paradigma eine Option darauf, was als erklärungsbedürftig und problemlösungsrelevant
anzusehen ist (Problemhinsicht) und sieht hierfür jeweils analytische (metatheoretisch angeleitete) Modelle der Reflexion (Designs D, E und H), Deutung (Designs F
und G) oder Bedingungsanalyse (Designs A bis D) vor (vgl. Abbildung 2).

1.4.2 Gemeinsames und unterschiedliches Begreifen des Begründungszusammenhangs der Erziehungs- und Bildungsforschung

In allen acht Designs zeigt sich weiterhin, daß das ursprünglich von der analytischen Wissenschaftslogik angebotene Grundmodell der „Explikation – Operationalisierung – Instrumentalisierung – Datengewinnung – quantitativ-mathematische
Datenauswertung" differenziert und zum Teil (ab Design E) auch umgewandelt
wird. Transformationen auf der ganzen Linie zeigen sich bei den Aussagearten und
machen damit die „Entmythologisierung des H-O-Modells wissenschaftlicher Argumentation" (HABERMAS 1976, S. 79) deutlich. Einschließlich des anwendungs-

Abbildung 2: Entstehungszusammenhang

De-sign	Gegenstandsbereich („Tiefe und Breite")	Exploratives Vorgehen	Problemhinsicht (was ist erklärungsbedürftig?)	Problemlösung	Analytisches Modell
A	Entwicklung von (kognitiver) Kompetenz	Explorative Beobachtung	Blockierte, partialisierte Entwicklung	Universelle Entwicklungsniveaus und potentiell mögliche Entwicklungsprozesse	Entwicklungslogik der Kompetenzentwicklung
B	(Ökologisches) Verhältnis personeller und sozialer/ gesellschaftlicher Systeme/ Umwelten	Systemdiagnose	Dysfunktion/Desintegration sozialer Systeme	Funktionale Erfordernisse für Stabilität und Wandlungsfähigkeit sozialer Systeme („latente Funktion")	Äquivalenz/Funktionalismus
C	Individuelles Verhalten und individuelle Verhaltensänderung	Bedingungsanalyse	Verhaltensstörungen; Lernschwierigkeiten	Reiz-Reaktions-Wechselwirkungen (Lernen als Reduktion von Dissonanz)	Funktionales Bedingungsmodell
D	Geplanter Wandel (Innovation) sozialen Verhaltens in Organisationen	„Jointdiagnosis"	Gestörtes Gleichgewicht; blockierte Interaktionsstrukturen	Kapazität zur Selbsterneuerung und Problemlösung	Modell des „organizational growth"
E	Veränderte Praxis (Reform) in Sozialisationsprozessen und gesellschaftlichen Verhältnissen	Generative Thematisierung	Materiell-ideologische Ungleichverhältnisse; entfremdete Interaktionsstrukturen	Umverteilung; Aufklärungsprozesse	Sozialisations- und gesellschaftstheoretische Modelle
F	Soziale Interaktion in Alltagsroutinen	Alltagskommunikation (Krisenexploration)	Stabilität: Selbstverständlichkeiten	Festgefahrene – „sinnlos gewordene", das Individuum behindernde – Strukturen aufbrechen	Interaktionsmatrix
G	Bildung personaler, sozialer und kollektiver Identität	AnalytischerDiskurs	Unterbrochene Bildungsprozesse; gestörtes Selbstbewußtsein	Übertragung und Selbsterkenntnis	Drei-Instanzen-Modell praktischer und theoretischer Rekonstruktion
H	Individual- und gattungsgeschichtliche Lern- und Bildungsprozesse	Textauslegung	Latente Sinnstrukturen und objektive Strukturen sozialer Differenzierung; historische Grenzen der Veränderbarkeit menschlicher Natur und sozialer Strukturen	Formale Eigenschaften einer universalen Handlungsfähigkeit vergesellschaftlichter Subjekte („autonomes, mit sich identisches, handlungsfähiges Subjekt")	Historisch-materialistisch, sozialisations- und bildungstheoretisch präzisierte Universalpragmatik

Vorwort der Herausgeber von Band 2

orientierten Untersuchungsplanes erweisen sich alle Theoriearten als teilweise untypisch für nomologisches Wissen: dies wegen der systematischen Verknüpfung von Rekonstruktionsvorschlägen für entwicklungslogisch, strukturell-funktional und so weiter angeordnete Strukturen/Muster einerseits, mit empirischen Annahmen über Entwicklungsmechanismen, -phasen oder sozialisationsspezifisch wirksamen Umweltbedingungen und so weiter andererseits (zur genaueren Beschreibung der verschiedenen Aussagearten vgl. HÜLST u.a. 1973).
Auffällig ist auch, daß die herkömmliche Strategie der Operationalisierung nicht mehr dominiert. Dem Problem des „Zugreifens" auf empirisch unmittelbar nicht erfaßbare pädagogische Phänomene wird mit zum Teil analogen, zum Teil alternativen Strategien begegnet. Ebenfalls unterliegt keines der Designs mehr systematisch dem früheren Mißverständnis, als ob die vorgefundene (operationalisierte) Realität tatsächlich identisch mit den „Vorstellungen" (Konstruktionsleistungen) der Wissenschaft oder gar mit den subjektiven (latenten) Verhaltensweisen und objektiven (impliziten) Verhältnissen in der Erziehungswirklichkeit wäre (vgl. GSTETTNER 1980, S.373). Schließlich muß dieser Überblick zu dem Ergebnis kommen, daß die frühere Einstellung, nach der Einzelfallanalysen lediglich explorative Vorstudien darstellen, nicht mehr zutrifft (vgl. OEVERMANN u.a. 1979, S.352). Vielmehr zeigt sich, daß sich auf der Ebene des Besonderen (sei es ein Individuum, eine Familie, eine Klasse, eine Schule, ein soziales System oder anderes) durch sorgfältige (aber auch langwierige, da immer auch langfristige Interaktionen und Entwicklungen verfolgende) Interpretationen von Interaktionsprotokollen das Allgemeine (in Form von Deutungsmuster oder Sinnstrukturen) rekonstruieren läßt (vgl. KÖCKEIS-STANGL 1980, S.352).
Die Abbildung 3 faßt für den Begründungszusammenhang diese Aussagen, nach den genannten unterschiedlichen Aspekten geordnet, zusammen.

1.4.3 Gemeinsames und unterschiedliches Begreifen des Verwendungszusammenhanges der Erziehungs- und Bildungsforschung

Das ursprüngliche Vorgehen der analytischen Wissenschaftslogik, bewährte beziehungsweise nicht-falsifizierte Theorien (Prognosen) in Technologien umzusetzen und ihre praktische Bewährung an der technischen Effektivität zu überprüfen, hat sich als unrealistisch erwiesen. Ihm wird deshalb von keinem Ansatz der Sozial- oder Erziehungsforschung mehr umstandslos gefolgt. Selbst die im engeren Sinne als angewandte Psychologie betrachtete Verhaltenstherapie hat sich, um ihrer eigenen Wirksamkeit willen, von der Ausgangstheorie ablösen und als eigene und eigenartige Aktionsforschung (Therapieforschung) neu konstituieren müssen, wobei sie kaum noch technisches Wissen, dafür aber zunehmend therapeutisches und historisch-genetisches Wissen zu mobilisieren sucht (vgl. WESTMEYER 1978).
Trotz einiger vielversprechender Ansätze (vgl. GOTTWALD/KRAIKER 1976, HEINZE u.a. 1975) muß festgehalten werden, daß der Verwendungszusammenhang der empirischen Sozial- und Erziehungsforschung *nur* wissenschafts- und erkenntnistheoretisch aufgeklärt, methodisch-technisch dagegen weitgehend ungeklärt und praktisch unbefriedigend bleibt. Für den vorliegenden Beitrag heißt das, daß eine Zusammenfassung ähnlich den vorangegangenen, nicht geleistet werden kann: Strukturmomente für eine solche und Aufklärung darüber werden, so ist zu hoffen, die Beiträge der Enzyklopädie Erziehungswissenschaft selbst liefern.

Abbildung 3: Begründungszusammenhang

Design	Aussagearten der Theorien/Hypothesen	Untersuchungseinheit	Operationalisierungsstrategie	Stichprobe	Datengewinnung („Grundmethode")	Datenauswertung
A	Genetisch-strukturell (a) normative Implikation (b) probabilistische Übergangswahrscheinlichkeit	Strukturen und Entwicklungsniveaus	Operationen	Grundoperation: Einzelfälle	Klinisches Experiment	Kontrollierte/interpretierte Einstufung
B	Strukturell-funktional; funktional-strukturell	Funktionen und Strukturen	Funktionale Erfordernisse	Mitglieder einer Organisation	Entscheidungssimulation	Kombination (a) mathematische Modelle (b) qualitative (phänomenologische) Verfahren der Systemdiagnose
C	Konditional: Bedingungs-Folge-Relationen; technologisch: Zweck-Mittel-Relation	Disposition	Items	Sample	Test	Statistische Testanalyse
D	Diagnose/Interventionsplan	Lernen/Lernsystem	Wie B/C	Mitglieder einer Organisation	Diagnose/Feedback	Kombination (a) explorativ-qualitative (b) quantitativ-soziographische Verfahren
E	Dialektische Analyse/Interaktionsplan	Bildung/Bildungsgang	Wie F–H (Rekonstrukte)	Repräsentanten unterschiedlicher Interessen	Diskurs/Katalysatorische Interaktion	Kombination quantitativer und qualitativer Verfahren
F	Unklar (konstitutions-analytisch)	Alltagstheorien	Segregate	Alltagskonstellationen sozialer Interaktionen	Teilnehmende Beobachtung	Methodisch kontrolliertes Fremdverstehen (dokumentarische Methode)
G	Kausal-genetisch; kritisch-dialektisch	Deutungsmuster	Deutungen	Individuen oder Gruppen	Beobachtende Teilnahme; erprobende Deutung	Biographische und tiefenhermeneutische Verfahren
H	Strukturell-genetisch; historisch-genetisch	Latente Sinnstruktur	Interakte	Grundoperation: sozial strukturierte Interakte	Teilnehmende Beobachtung	Textinterpretation

1.5 Erste Option: Für eine interparadigmatische Erziehungs- und Bildungsforschung

Der für alle acht Designs gemeinsam herausgestellte Fortschritt gegenüber dem analytisch-logischen Empirismus sollte die paradigmatischen und methodologischen Differenzen zwischen ihnen nicht verdecken. Die paradigmatischen Differenzen sind allein schon in dem oftmals massiv vorgetragenen Ausschließlichkeitsanspruch zu erkennen, mit dem sich der „harte Kern" einer Forschungsrichtung umgibt. Dieser wird durch methodologische Abgrenzungen verstärkt, die oftmals in Form eigenwilliger Grundsätze vorgetragen werden (vgl. HURRELMANN 1977, S.59). Deshalb können die Designs nicht nur als „Hoffnungsträger" einer fortschreitenden Bildungsforschung angesehen werden, sondern können auch ihre „Totengräber" sein, wenn die Weiterentwicklung auf eine zunehmende „Versäulung" jedes Paradigmas in sich und gegen alle anderen hinauslaufen sollte. Die Hoffnung, die sich mit den Forschungsplänen verbindet, erscheint begründet in Hinsicht auf Neukonturierungen, welche sich für den Entstehungs- und Verwendungszusammenhang der Bildungsforschung abzeichnen. Sie wird aber hier gerade darin beeinträchtigt, daß sowohl der methodisch-erkenntnistheoretische Konstruktionsstand als auch insbesondere die praktische Relevanz und Wirksamkeit noch als überaus unzulänglich erscheinen.

Dagegen unterscheiden sich die Anhänger der acht Paradigmen in zahlreichen Momenten des Begründungszusammenhangs ihres Forschungshandelns. Gerade hier kann man sich nicht des Eindrucks erwehren, daß sie eine Neigung haben, um der Kontrastierung zu den anderen willen, mehr oder weniger extreme Scheinlösungen zu offerieren. Drei Paare solcher Scheinlösungen sollen hier benannt werden:

Das *erste Paar* derartiger Scheinlösungen liegt in der objekt- versus metatheoretischen Fundierung. In der letzteren (Designs E-H) wird gewissermaßen die Not der Komplizierung und Dynamik erzieherischer Wirklichkeit und Verhältnisse zur Tugend lediglich assoziativer, heuristischer Theoriebildung erhoben. In der ersteren (Designs A-D) dagegen manifestiert sich die Gefahr der inhaltlichen und formalen Ausblendung wesentlicher Züge komplexer pädagogischer Praxis. Die eine bekommt ihre überladenen Kategorien nicht mehr auf den Boden, die andere versteht es nicht mehr, sich vom Boden zu erheben.

Das *zweite Paar* der Scheinlösungen liegt in der Tendenz zu eher subjektivistischer oder objektivistischer Empirie. Mit der ersten Tendenz sind Versuche gemeint (insbesondere der kommunikativen Bildungsforschung sowie der anwendungsorientierten und sozialtechnologischen Erziehungsforschung), die Subjektivität der Akteure nicht nur zu rehabilitieren, sondern auch zur quasi letzten Instanz gültiger Forschung zu machen. Mit objektivistischer Empirie soll auf die übermäßige Tendenz der meisten anderen Designs gezielt werden (insbesondere Designs A, B, G und H), Wirklichkeits- und Subjektivitätsmomente vollends unter den Konstrukten latenter und objektiver Strukturen und Funktionen zu „begraben" oder bestenfalls als Rohdaten in die sie transformierende Interpretation eingehen zu lassen.

Das *dritte Paar* der Scheinlösungen liegt in der Dichotomie einer Kontroll- versus Reflexionsforschung. Für letztgenannte besteht die Gefahr, daß in ihr der Erfahrungsbegriff derart extrem überdehnt wird, daß jede Erfahrungskontrolle nur noch ein erkenntnissozialer oder -politischer, jedenfalls von anderen Paradigmen nicht mehr nachvollziehbarer Akt wird. Auf der anderen Seite begibt sich bloße bedingungskontrollierte Bildungsforschung in derartige Anomalien und Paradoxien, die die technizistischen Beweise ihrer Zuverlässigkeit, Objektivität und Gültigkeit naiv, wenn nicht unglaubwürdig erscheinen lassen müssen.

Es braucht nicht im einzelnen ausgeführt zu werden, warum die beiden zur Eindeutigkeit drängenden Angebote für die Lösung der Paradigmenkonkurrenz (Monokulturen versus einheitswissenschaftliche Bildungsforschung) ebenfalls nichts weiter als ein „Paar Scheinlösungen" abgeben. Die weitere oder übermäßige Pflege der einzelnen Paradigmen als „Monokultur" bezeichnet HURRELMANN (1977, S. 60) als „verhängnisvoll" und als „für die Weiterentwicklung tödlich. Die dadurch entstehende immanente Dynamik einer jeden Methodologie führt dazu, sich bei ihrer erfolgreichen Durchsetzung im Wissenschaftsbetrieb in starre Ideologie zu verwandeln, die letztlich nur noch solche Hypothesen produziert und solche Theoriekontrollen zuläßt, die die eigene Ausgangsposition bestätigen oder bestenfalls variieren" (HURRELMANN 1977, S. 59).

Auf der anderen Seite wäre allerdings der Abbau einer Paradigmenkonkurrenz ebensowenig sinnvoll. Ähnlich wie ADORNO (vgl. 1970) bereits vor einer vorschnellen Vereinigung zwischen Soziologie und Psychologie warnte (weil dann der „reale Bruch" zwischen individuellem Verhalten und gesellschaftlichen Verhältnissen nicht mehr als unversöhnlich und die tendenzielle Ohnmacht des Individuums nicht mehr in ihrer ganzen Schärfe kritisch durchschaut würde), soll vor jeder falschen Versöhnung zwischen den Paradigmen abgeraten werden. Denn jedes gewinnt seine Kontur und Kraft allererst durch die Konzentration auf einen Schwerpunkt (Problembezug und Problemlösungsaspekt) der Erziehungswirklichkeit und durch die Abgrenzung von den bei den anderen als Nebeneffekte wirksam werdenden Anomalien und Paradoxien: Eine objektiv-hermeneutische Bildungsforschung wird sich immer vor dem tendenziell naturgeschichtlichen Interpretationsmuster der tiefenanalytischen Bildungsforschung hüten; diese wiederum wird der hermeneutisch-interpretativen Abgehobenheit von realen Bildungsprozessen, die wirklich (nicht nur theoretisch) zu rekonstruieren sind, zu entgehen suchen. Ebenso wird eine „pädagogische" Aktionsforschung die Konzentration der technologischen Anwendungs- und der sozialtechnologischen Aktionsforschung auf Änderungen bloß individuellen Verhaltens oder bloß interpersoneller Interaktionsstrukturen (Designs C und D) zu vermeiden suchen: die letzteren verweigern sich hingegen der latenten Handlungsunfähigkeit „gesellschaftsverändernder Praxen". Nicht im Abbau der Konkurrenz von Paradigmen, sondern im fruchtbaren und konstruktiven Aufbau einer Konfrontation von Paradigmen liegt also die Lösung (vgl. HURRELMANN 1977, S. 58).

Es sind daher Bedingungen für interparadigmatische Vorgehensweisen der Erziehungs- und Bildungsforschung zu erarbeiten (vgl. HURRELMANN 1977, S. 59), die gleichzeitig Bedingungen für die Evolution der Bildungs- und Erziehungsforschung überhaupt darstellen. Auch LEMPERT (1980, S. 3) betont dieses, indem er darauf hinweist, daß keiner der Ansätze auf eine „fugendicht" abgeschlossene Methode und durch Empirie bewährte Theorie zurückblicken kann. Vielmehr wurden und werden sie alle – sowohl in Theorie wie im dazugehörigen methodischen Instrumentarium – durch empirische Befunde sowie durch sozio-, psycho-, anthropologische und pädagogische Argumente erschüttert oder durch deren Verarbeitung verändert. Dasselbe gilt allerdings auch für die aus diesen Irrtümern lernende „neueste Version", die wiederum Blößen neuerlicher Art bieten wird. Lempert schlägt daher die folgenden Regeln für interparadigmatische Vergleiche und Forschungsweisen vor:

– *Problembezug.* Es sollten jeweils nur jene theoretischen Gegensätze und Unklarheiten behandelt werden, deren Auflösung für die Klärung der zu klärenden konkreten sozialen beziehungsweise pädagogischen Probleme hilfreich erscheint.

- *Imperialismusverzicht.* Die hier berücksichtigten Konzeptionen sind nicht als Total-, sondern als Partialmethodiken in Anspruch zu nehmen, die aus spezifischen Erkenntnisinteressen resultieren und die je für sich nicht die ganze zu analysierende Realität, sondern nur verschiedene (genau zu bestimmende) Ausschnitte davon betreffen. Wenn die bisher empfohlenen Beschränkungen die vorhandenen Widersprüche und sonstigen Schwierigkeiten nicht ausklammern und beseitigen können, sollte eine weitere Regel berücksichtigt werden:
Implikationsprüfung. Es sollte versucht werden, implizite Annahmen der einen Methodologie über Gegenstände und Methoden der anderen (und umgekehrt) zu benennen, zu prüfen und entsprechend zu relativieren. Selbstverständlich erscheint die letzte für Bildungs- und Erziehungsforschung verbindliche Regel:
- *Empiriebindung.* Die Fragen, die empirisch beantwortbar erscheinen, sind nicht lange theoretisch zu diskutieren, sondern sobald wie möglich empirisch anzugehen.

Lempert hofft, daß die Einhaltung der Regeln auch sonst zu einer Verknüpfung, vielleicht sogar zu einer Integration relevanter Theorieteile und Teilmethodologien führt, die der pädagogischen Praxis bessere Orientierungshilfen bietet als ein bloßer Paradigmenpluralismus (vgl. LEMPERT 1980, S. 5f.).

Gegen diese Hoffnung ist einzuwenden, daß mit der Anwendung der Regeln allein die Gefahren und Risiken interparadigmatischer Forschung nicht behoben sind: „Es könnte zu einer oberflächlichen eklektizistischen Flickschusterei mit zweifelhafter theoretisch-analytischer Kraft kommen, die vielleicht eine vollständigere aber keine genaue Wirklichkeitssicht offeriert" (HURRELMANN 1977, S. 59). Daher ist letztlich mehr auf ein Programm jener Wissenschaftstheorie zu rekurrieren, deren Vorfahren als analytische Wissenschaftslogiker schon den historischen Ausgangspunkt empiristischer Sozialforschung legten, den Kritischen Rationalismus. Dieser hat in Abkehr von seiner ursprünglichen Ratiomanie „nacheinander" „Antimonismus" und „pluralistischen Anarchismus" gepredigt (GROEBEN/WESTMEYER 1975, S. 190 ff.). Methodisch zu gewinnen ist aus dieser Erkenntniskritik besonders die Verfeinerung („sophistication") des methodologischen Falsifikationismus (vgl. LAKATOS/MUSGRAVE 1970) in einer Methode des „progressiven Wandels". Diese bezieht sich ausdrücklich nicht mehr nur auf Theorien, sondern auf dasjenige Moment, welches für dynamische Theorieentwicklung zuständig ist: auf Forschungsprogramme (vgl. GROEBEN/WESTMEYER 1975, S. 205). Ein progressiver Paradigmenwandel liegt dann vor, wenn ein neues Forschungsprogramm im Vergleich zu einem alternativen alten, einen größeren empirischen Gehalt aufweist: sei es, daß es Relation der falsifizierenden Daten und Konsequenzen zugunsten der bewährenden verschiebt, sei es, daß die neue Methodologie neue Fakten vorhersagt und Sinngehalte rekonstruiert.

Ein neues Forschungsprogramm muß daher nicht nur problemlösend, sondern auch problemerzeugend sein (vgl. BÖHME u. a. 1972, S. 307). Ein solches Modell des progressiven Wandels setzt voraus, daß es alternative Designs und Paradigmen gibt und daß die Methodologien, so unterschiedlich sie in ihren Dimensionen sind, wissenschaftstheoretisch und erziehungswissenschaftlich vergleichbar bleiben. Eine Theorie ist also nur dann zu falsifizieren, wenn sie auch innerhalb eines anderen Paradigmas geprüft werden kann. Ein Forschungsprogramm ist nur dann aufzugeben, wenn eine bessere (gehaltvollere und erfolgreichere) Alternative vorhanden ist (vgl. GROEBEN/WESTMEYER 1975, S. 204; vgl. MÜNCH 1972, S. 59).

Daß alle Forschungsplanungen nicht gleich angemessen, rational und effektiv sind, kann gerade an der Klassifikation der Anomalien empiristischer Forschung und der

Paradoxien handlungsorientierter Forschung nachgewiesen werden. So sollte sich jede Planung einer Erziehungs- oder Bildungsforschung ihrer begründeten Entwicklung eines Designs vergewissern. Von einer solchen „begründeten Entwicklung" (MITTELSTRASS 1975, S. 145) kann dann die Rede sein, wenn ein neuer Forschungsansatz im Vergleich zu anderen (früheren) einen höheren Grad der Integration empirisch-analytischer und pädagogisch-handlungsorientierter Forschung aufweist und mehr Anomalien der einen und Paradoxien der anderen Forschungsweise aufzulösen imstande ist – beispielsweise wenn ein (früherer) Forschungsansatz im Rahmen eines anderen (späteren) reorganisiert ist, und als eine befriedigendere und adäquatere Vorgehensweise erscheint.

Aus diesem Konzept des progressiven Wandels der Paradigmen folgt aber auch, daß Forscher oder Forschergruppen lern- und wandlungsfähig sein müßten, wenn es die konkreten Probleme und Problemlösungen der Bildungsforschung erfordern. HURRELMANN (vgl. 1977) und KÖCKEIS-STANGL (vgl. 1980) bewerten diese Möglichkeit sehr skeptisch. Das interparadigmatische „Auseinanderdriften von grundlegenden theoretischen Orientierungen ist wohl hauptsächlich eine Reaktion auf die unbewältigbar erscheinende Komplexität des Problemfeldes: paradigmatische Perspektivität als Mechanismus der ‚Komplexitätsreduktion'" (HURRELMANN 1977, S. 58). Für den einzelnen Wissenschaftler kommt die Bindung an ein Paradigma allzuoft einem Rückzug auf ein gesichertes und unangreifbares Deutungsmuster gleich, das praktisch den Stellenwert eines säkularisierten Glaubensbekenntnisses hat. Hier liegt wohl auch der Grund dafür, daß man meist auf taube Ohren stößt, sobald man einen „Vorschlag macht" (HURRELMANN 1977, S. 58 f.).

Trotz – oder gerade wegen – der resignativen Aussagen Hurrelmanns orientiert sich die Anlage des vorgenommenen Design- und Paradigmenvergleichs an den Bedürfnissen der Nutzer und leitet daraus Ratschläge ab:

- Zunächst macht sie ihm seine eigene *Freiheit* deutlich, quer durch Traditionen und Paradigmen hindurch, Teilaspekte aufzunehmen und zu kombinieren und so zu modifizieren, daß eine spezifische Problemlage und Problemlösung der Erziehungswirklichkeit erfaßt wird (vgl. ZABECK 1980, S. 21). *Es ist daher den Nutzern zu raten, von dieser Freiheit* (die sich die Autoren der Designs auch in Teilen genommen haben) *Gebrauch zu machen.*
- Weiterhin mag die Anlage des Paradigmenvergleichs dabei helfen, *Entscheidungen* über Designs zu erleichtern und damit die *Rationalität* der Forschungsplanung überhaupt zu vergrößern (vgl. HONDRICH 1976, S. 18). *Den Nutzern ist insofern zu empfehlen, progressiven Wandel selbst zu praktizieren,* und zwar dadurch, daß sie selbst Redundanzen der verschiedenen Designs untereinander eliminieren und bisher scheinbar unverbundene Methoden zu einer eigenen Methodologie „höheren Grades" zusammenfassen.
- Schließlich verdeutlicht diese Methode des progressiven Wandels, daß es nicht nur um den *objektiven Wechsel* von Paradigmen, sondern ebenso auch um den *subjektiven Wechsel* einer Überzeugung und Sichtweise geht. *Die Nutzer tun deshalb gut daran, die Praxis ihrer eigenen Forschung als Gelegenheit zu einem eigenen subjektiven Perspektiven- und Methodenwechsel zu ergreifen* und es zu riskieren, „gefährlich" zu forschen. Denn riskant ist echte Forschung, zumal Bildungsforschung, allemal, da fast nirgendwo sonst Menschen sich so radikal auf „signifikant andere" (Menschen, Lebensbereiche, Weltbilder, Interessenlagen, materiell-ideologische Verhältnisse,...) einlassen müssen wie hier. Insofern kann „Paradigma als Revolution" (GROEBEN/WESTMEYER 1975, S. 199) gesehen werden: Das Forschen im Rahmen eines Paradigmas legt stets die Möglichkeit nahe, die

Grenzen des Paradigmas zu überschreiten, die Wirklichkeitserfahrung (Beobachtung) und die Weltansicht (Theorie) in all ihren Einheiten und Dimensionen zu ändern: „Die Wissenschaftler leben nach einem Paradigmenwechsel praktisch in einer anderen Welt, und das betrifft nicht nur die Interpretation von Daten" (GROEBEN/WESTMEYER 1975, S. 199), sondern auch den Wechsel der methodologischen Kriterien und Konzepte, ihrer Beobachtungs- und Meßoperationen, damit letztlich auch „ihrer" eigenen Erfahrung.

1.6 Zweite Option: Für eine pädagogisch reflektierte und integrierte Erziehungs- und Bildungsforschung

Die erste Option allein kann noch keine befriedigende Perspektive für empirische Erziehungs- oder Bildungsforschung liefern. Denn sie bleibt in ihren Analysen und Lösungsvorschlägen weitgehend formal. Dieser unbefriedigende Stand resultiert aus einer verengenden Sicht, die immer dann entsteht, wenn versucht wird, eine von der Sache abgezogene Forschungsprogrammatik zu entwickeln. Daher muß gegen HURRELMANN (1977, S. 59) eingewendet werden, daß es keineswegs „nebensächlich" ist, „aus welcher der drei Mutterdisziplinen der Bildungsforschung [bei Hurrelmann sind das: Soziologie, Psychologie und Pädagogik] die Theorien entstammen". Mit ADORNO (vgl. 1970) ist dem entgegenzuhalten, daß es prägende Auswirkungen hat, aus welchem wissenschaftlichen Geist ein Forschungsprogramm entsteht und entschieden dafür zu plädieren, daß Bildungsforscher ihre Designs und Methoden „pädagogisch" reflektieren und womöglich integrieren. Was hier unter dem „Pädagogischen" verstanden wird, soll in drei unterscheidenden Merkmalen angedeutet werden:
- Pädagogik ist nicht nur Erkenntnis-, sondern vor allem auch *Handlungswissenschaft* (vgl. BENNER 1978). Das heißt, es geht hier nicht nur um die Erkenntnis, sondern vor allem auch um die (Um-)Gestaltung der Erziehungswirklichkeit.
- *Pädagogisches Handeln* hat jedoch einen Charakter, der von anderen praktisch-sozialwissenschaftlichen Handlungsdimensionen (seien sie technischer, klinischer, medizinischer oder therapeutischer, rechtlicher, politischer Art) deutlich zu unterscheiden ist: Es hat den Charakter von *„Bildung",* das heißt, die äußere erzieherische Einwirkung auf den Auszubildenden ist auf Anregung und Förderung konzentriert, sie hat ihre systematischen Grenzen *und* zugleich Perspektiven in der Selbstbildung des Subjekts zu Mündigkeit und Emanzipation, Urteil und Kritik, Selbstbewußtsein und Autonomie.
- Von daher ist Erfolg und Scheitern pädagogischer Handlungen (vgl. BLANKERTZ 1976) viel komplexer, ambivalenter und eher dialektisch einzuschätzen als in den anderen Handlungsdimensionen. Sie ergeben sich eben nicht aus optimalen Zweck-Mittel-Relationen (technisches Handeln), aus Annäherungen an Zustände der Gesundheit und „normaler Handlungsfähigkeit" (klinische, medizinische und therapeutische Handlungsdimensionen), aus der Berücksichtigung des Gemeinwohls (rechtliche Handlungsdimension) und der Einwirkung auf Interessenlagen sowie der Berufung auf Mehrheitsentscheidungen (politische Handlungsdimension). Das pädagogische Kriterium ist viel weniger linear und abgestimmt. Es ist zugleich stets um individuelle und universale Rechtfertigungsfähigkeit bemüht.

Nimmt man diese drei Konstitutionsmomente einer pädagogischen Handlungswissenschaft, so wird damit abschließend begründet, weshalb hier zwei Stränge pädagogischer Forschung unterschieden werden: Erziehungs- und Bildungsforschung.

Henning Haft/Hagen Kordes

Erziehungsforschung ist weitgehend vorreflexiv und objektivistisch, sie konzentriert sich auf die Gegenstände (Objekte) ihrer „Sozialisations-, Lern- und Lehrforschung" (HURRELMANN 1977, S. 59) und bildet und prüft über sie entsprechende Objekttheorien. Insofern ist sie kontrollorientierte Forschung, da es ihr im wesentlichen um die bedingungskontrollierte Erfassung und Veränderung bestimmter Momente der Sozialisations-, Lern- und Lehrwirklichkeit (ihrer Effektivität und Anpassungsfähigkeit) geht. Sie kann als Methodologie erster Stufe gekennzeichnet werden, innerhalb derer die Erziehungsforschung sich in einzelnen deutlich gegeneinander abgrenzbaren Problemen bewegt, die auf bestehende Erkenntnis aufbauen oder diese widerlegen. Sie befaßt sich mit Teilmomenten der Erziehungswirklichkeit und erfaßt sie normkritisch, da das Zustandekommen von Erziehung (als Sozialisation, Lernen und Lehren) primär als durch Normen und Werte vermittelt vorgestellt wird.

Bildungsforschung beansprucht dagegen einen reflexiven, selbstreflexiven Status im doppelten Sinn (vgl. HABERMAS 1974, S. 10): Sie untersucht einerseits den geschichtlichen Konstitutionszusammenhang einer Problem- und Interessenlage, der sie gleichsam durch die Akte der Forschung hindurch angehört; und andererseits sucht sie auf den geschichtlichen Aktionszusammenhang der Erziehung, von dem sie selbst ein Teil ist, einzuwirken. Im ersten Fall teilt sie mit den Subjekten der Erziehungswirklichkeit deren erzieherische Praxis, die als gesellschaftliche Synthesis Erkenntnis möglich macht; im anderen Fall vollzieht sie eine pädagogische Praxis, die bewußt darauf abzielt, repressive Momente des bestehenden Bildungssystems und blockierte Momente aktueller Identitätsformation umzuwälzen. Der Bildungsforscher hält sich somit nicht außen vor seinen Gegenständen (der Praxis) stehend sondern begreift und untersucht genauer seine Beziehung zu diesen Gegenständen und in dieser Praxis (vgl. WELLENDORF 1977, 1978, 1980). In diesem Sinn bezieht sich Bildungsforschung auf die Begleitung und Entschlüsselung von Bildungswegen und Bildungsgeschichten sowie auf die Rekonstruktion unterbrochener oder unterdrückter beziehungsweise unterschlagener Bildungsprozesse (im je historischen Schnittpunkt zwischen individuellem Verhalten und gesellschaftlichen Verhältnissen). Insofern sucht sie empirisch normative (und genetisch-historische) Bezugspunkte menschlicher und sozialer Bildung zu explizieren, die letztlich im Moment eines nicht nur handlungsfähigen, sondern auch mit sich identischen Subjekts gipfeln. Bildungsforschung rekurriert daher stärker als Erziehungsforschung auf metatheoretische Strategien der Gegenstandsbestimmung und Rekonstruktion. Ihre Methode oder Methodologie kann auf einer zweiten Stufe angesiedelt werden, weil sie im Gegenstand und Status der Bildung den Anspruch auf höheren Allgemeinheitsgrad sowie größeren pädagogischen Problem- und Sinngehalt erhebt. Entsprechend sucht sie den (idealistisch-)normkritischen Aporien dadurch zu entgehen, daß sie letztlich ihr Forschungsprogramm in eine historisch-gattungsgeschichtliche Perspektive, das heißt gesellschafts- und institutionenkritisch, einstellt.

2 Der Lexikonteil

2.1 Professionalisierung, Methodenausbildung und Trends

Seit Sozialwissenschaften und die Erziehungswissenschaft zunehmend in Prozesse gesellschaftlicher Professionalisierung einbezogen wurden und, insbesondere in Zeiten reichhaltiger ökonomischer Ressourcen, auf neue soziale und pädagogische Be-

rufe vorbereiten mußten, wird diese Professionalisierung verstärkt mit der Vermittlung empirischer Methoden verknüpft; dies geht unter anderem aus den Anforderungen in den Prüfungsordnungen für Diplompädagogen hervor.
Die ARBEITSGRUPPE METHODENLEHRE (vgl. 1977, S.32) beklagt dabei ähnlich wie auch NEIDHARDT (vgl. 1976, S.432) für die Soziologen die Ausbildungssituation an den deutschen Hochschulen. Beide weisen auf die geringen Erfolge der Methodenausbildung hin: Der Anteil empirischer Projekte an Diplomarbeiten und Dissertationen erscheint fast überall relativ gering. Bis auf wenige, oft als Buchhalter geschmähte Spezialisten, finde die Methodenausbildung bei der Mehrzahl der Pädagogikstudenten noch weniger Anklang als bei den Psychologen und Soziologen.
Die Gründe für diese Mißerfolge werden von Neidhardt zurückgeführt auf die materiellen Schwierigkeiten einer Ausbildung in empirischer Methodenlehre; sie sei fast immer frontal in Form von Vorlesungen abzuleisten, wolle man ihre Komplexität im Verhältnis zwischen Theorie, Empirie und Praxis wahren; empirische Untersuchungen, eingebaut in „Lehrforschungen" erforderten einen Zeit- und Betreuungsaufwand, der die Personal- und Institutionskapazitäten übersteige; das Einspielen methodologischer Grundkenntnisse in Projektstudien führe zu zeitraubenden Unterbrechungen und fördere die Tendenz zu fachwissenschaftlichem Dilettantismus (vgl. NEIDHARDT 1976, S.432). Für den Spezialfall pädagogisch-empirischer Forschung wird diese prekäre Situation durch folgendes Dilemma verschärft: Im Gegensatz zur Naturwissenschaft, aber auch zur Soziologie und Psychologie, sind in der Erziehungswissenschaft spezifische Fragestellungen zu untersuchen, ohne die dafür geeigneten Instrumente zur Verfügung zu haben. In der Erziehungs- und Bildungsforschung genügt es noch weniger als in der Sozialforschung, mit „harter Messung" möglicherweise Banales exzellent zu erforschen. Vielmehr ist es für sie und die von ihr betreute Erziehungswirklichkeit beinahe überlebensnotwendig, wichtige und komplexe Untersuchungen auch mit Methoden anzugehen, die auf den ersten Blick nicht optimal scheinen.
Mitte der 70er Jahre empfahlen sowohl die Senatskommission für Erziehungswissenschaft der Deutschen Forschungsgemeinschaft als auch der Deutsche Bildungsrat, Bildungsforschung zumindest teilweise als Handlungsforschung zu institutionalisieren, weil nur so „die Integration des wissenschaftlichen Personals in die Versuchskonzeption von Innovationen und Reformen gewährleistet" werde (SENATSKOMMISSION... 1976, S.9f.) und weil „die Ergebnisse einer teilnehmenden Beobachtung, von beschreibenden Bestandsaufnahmen oder von Handlungsforschung [...] u. U. wichtiger sein [können] als Ergebnisse, die experimentelle Exaktheitsansprüche erfüllen, wenn diese nur an wenig praxisrelevanten Faktoren ermittelt werden" (DEUTSCHER BILDUNGSRAT 1974, S.33).
Während sich die Professionalisierungstendenz erziehungswissenschaftlicher Berufe und Tätigkeiten weitgehend durchgesetzt hat (ein Trend, der zur Zeit gebremst ist, aber nicht mehr zurückgedrängt werden kann), ist die Option auf Handlungsforschung seit Beginn der 80er Jahre deutlich zurückgegangen und hat in der *erziehungswissenschaftlichen Diskussion* Vorgehensweisen qualitativer, genauer rekonstruktiver und interpretativer Forschung, den Platz geräumt. Die *öffentliche Diskussion* vermittelt den Eindruck, als habe die Erziehungswissenschaft einen Bogen von ihrem klassischen Vorgehen, dem hermeneutischen Textverstehen, zu einem neoklassischen Verfahren objektiver Hermeuneutik – und damit um empirisch-analytische Meßverfahren herum – gemacht. Dem ist gegenüberzustellen, daß jene nach wie vor unangetastet Inhalt und Fundament jeder erziehungswissenschaftlichen Methodenausbildung an den Hochschulen geblieben ist. Entsprechend er-

scheint es so, daß die Erziehungswissenschaft in Methodenfragen gar nicht kontrovers liegt, sondern gespalten ist, und mehr noch: diese Spaltung weitgehend verdrängt.

Diese Situation bereitet für die Anlage des Lexikons große Schwierigkeiten. Bei einer Reihe von Beiträgen ergab sich ein schier unauflösliches Dilemma: Einige Artikel reproduzierten die Standards allgemeiner empirischer Sozialforschung, ohne zu versuchen, eine Vermittlung zu methodischen Problemen ihrer Anwendung in der Erziehungs- und Bildungsforschung oder in der sozialen Realität überhaupt zu leisten. Andere Beiträge hätten in ein philosophisches oder historisches Handbuch gepaßt, jedoch nicht in einen Methodenband. Schließlich gab es Beiträge, die die Beschreibung eines klassischen Verfahrens völlig ignorierten und dieses stattdessen unter der Folie augenblicklich modisch gewordener interpretativer Erklärungsmuster verfremdeten. – Diese Problemkonstellation ließ sich nur unvollkommen lösen: Je nach Position wird der Nachweis eines „bias" nicht unschwer zu führen sein. Es ergab sich deshalb letztlich die Notwendigkeit, die Veröffentlichungsfähigkeit der Beiträge mindestens unter dem Gesichtspunkt des allgemeinsten Kriteriums zu entscheiden: der Herstellung und Bestimmung *intersubjektiver Überprüfbarkeit* von Erkenntnissen. Ein zweites Kriterium, das der gleichzeitigen Einlösung methodischer Standards und pädagogischer Fragen der Erziehungswirklichkeit, mußte weitgehend zurückgestellt werden.

2.2 Absicht und Einlösung

Das ursprüngliche Ziel war recht idealistisch, nämlich die verdrängte Spaltung in den Methodenfragen aus Anlaß der Arbeit an diesem Band zu thematisieren und methodisch orientierte Forscher unterschiedlicher Herkunft in ihren Beiträgen mehr als nur aneinanderzureihen. Eine längst fällige Methodendiskussion könnte dazu dienen, sich gegenseitig überhaupt erst wahrzunehmen, sich gegenseitig aufzuklären und sich um Konstitutionsmomente einer zusammenhängenden Forschung von Bildung und Bildung von Forschung zu bemühen. Aber die alphabetische Anlage eines Lexikons verbietet ein solches Vorhaben. Es muß einem anderen Ort vorbehalten bleiben, über eine Neugliederung, in der die methodischen „Hauptformen" in gleichsam entwicklungsgeschichtlicher Differenzierung auftreten, den angestrebten Diskurs zu versuchen. Auf eine solche Gliederung mußte im Interesse eines einheitlichen Erscheinungsbildes der Enzyklopädie Erziehungswissenschaft und damit auch im Interesse der Benutzerfreundlichkeit verzichtet werden zugunsten einer gegenüber der angestrebten Zusammenführung eher atomisierend wirkenden Gliederung. Aus diesem Grunde wurde auch der Versuch, an einigen, quer zur eigentlichen Gliederung liegenden, inhaltlich-methodischen Beiträgen zu Themen wie „Gemeinwesenarbeit", „Sozialisationsforschung", „Entwicklungsforschung", den Zusammenhang zwischen Inhalt und Methode darzustellen, auf zwei Beiträge beschränkt (vgl. KORDES 1984, RIEDEL 1984). Andererseits spiegelt gerade diese mechanische Folge der Methoden den aktuellen Stand der Forschungswirklichkeit wider, die zu verändern, Aufgabe der nächsten Zeit bleibt.

2.3 Leitlinien

Trotz dieser Probleme erfüllt das Lexikon seine enzyklopädische Funktion, indem es die ganze Erziehungs- und Bildungsforschung in all ihren Facetten unverstellt zur Veröffentlichung bringt. Dies gilt sowohl für die wichtigsten Techniken klassi-

scher empirisch-analytischer Meß- und Sozialforschung als auch für die bedeutendsten Praktiken qualitativer Forschung, sowohl für Vorgehensweisen strenger erkenntnistheoretisch begründeter Versuchspläne als auch solcher der Aktionsforschung. Insofern folgt dieser Band einer Reihe von Leitlinien, von denen zu hoffen ist, daß sie zumindest entwicklungstreibende und -befruchtende Wirkungen auf die Erziehungs- und Bildungsforschung insgesamt zeitigen könnten.
Unter „Leitlinien", die bei der Auswahl und Zuordnung des Katalogs erziehungswissenschaftlicher Forschungsmethoden verfolgt werden, verstehen wir eine Reihe von allgemeinen Gesichtspunkten oder Kategorien, die Planung, Durchführung und Auswertung eines erziehungswissenschaftlichen Forschungshandelns leiten. Sie sind allgemein in dem Sinne, daß sie nicht auf erziehungswissenschaftliches Forschen oder Handeln beschränkt sind.

2.3.1 Methodenpluralismus

Die Methoden der Erziehungs- und Bildungsforschung sind unterschiedlich, vielfältig und entwicklungsfähig. Es ist daher erstrebenswert, die Vielfalt der Techniken und Praktiken genau darzustellen, die Erziehungswissenschaftler zur Erforschung und Lösung von Lern- und Bildungsproblemen entwickelt haben. Demgegenüber ist es nicht wünschenswert, nur eine allgemein bestimmte Regel oder Methode anzuerkennen beziehungsweise anzustreben. Obwohl diese Leitlinie im Kontext des „Methodenpluralismus" in der kritisch-rationalistischen Wissenschaftstheorie Eingang gefunden hat, wird sie hier im besonderen auf den Bereich des erziehungswissenschaftlichen Forschungshandelns bezogen. Konkret besagt sie, daß eine Übersicht über erziehungswissenschaftliche Forschungsmethoden nicht die *eine* Methode des wissenschaftlichen Erkennens identifizieren und beschreiben kann, die dann auch für die pädagogische Forschung gelte. Es ist demgegenüber anzunehmen, daß eine Vielzahl alternativer Methoden, Techniken und Verfahren nicht nur existiert, sondern auch mit gutem Recht existiert, da verschiedene institutionelle Bedingungen sowie disziplinäre und interdisziplinäre Fragestellungen unterschiedliche Vorgehensweisen der Forschung erfordern.

2.3.2 Komplexität

Für die Rekonstruktion, Darstellung und Bewertung von Formen erziehungswissenschaftlicher Forschung ist es wünschenswert, einen möglichst hohen Komplexitätsgrad zu berücksichtigen. Demgegenüber ist es nicht erstrebenswert, sich einseitig auf stark reduzierte Untersuchungs- beziehungsweise Handlungseinheiten zu beschränken.
Für den Handlungsbereich der Erziehung gilt verstärkter noch als etwa für den Handlungsbereich der Therapie (in welchem der Übergang von der Verhaltenswissenschaft zur Handlungswissenschaft eingeleitet wurde), daß erziehendes (und erzogenes) Handeln nicht auf der Ebene stark reduzierter Verhaltens- oder Umweltmerkmale untersucht und gestaltet werden kann, sondern auf der Ebene komplexer, kognitiv-motivationaler und sozialisatorisch-ökologischer Konstellationen. Erziehungswissenschaftliche Forschungsmethoden sind in diesem Sinne als Verfahren weitgehender Erfassung pädagogischer Realität, also der Erkenntnis gehaltvoller Interaktionsformen in komplexen Umwelten zu verstehen. Verfahren der Erziehungsforschung müssen also Phänomenen hohen Bewußtseins-, Internalisierungs- und Selbstregulierungsgehalts angemessen sein. Diese Anforderung legt es nicht nur na-

he, Lernen – Unterrichten – Erziehen – Bilden als ein Gefüge von bewußt gesteuerten Handlungen verschiedener Handlungsträger, auch des Lerners, zu verstehen (und nicht einfach als Verhalten von „steuernden" Erziehern und „gesteuerten" Lernern). Sie legt es der erziehungswissenschaftlichen Forschungsmethodologie darüber hinaus nahe, adaptierend in das Regelwerk und erneuernd in Detailmethoden der Forschung einzugreifen.

2.3.3 Methoden in ihrem Zusammenhang und ihrer Genese beschreiben

Lernen, Unterrichten und Erziehung, Bildung sollten als ein historisch-genetisches Gefüge von Wechselwirkungen zwischen individueller Bildung und Kompetenzentwicklung auf der einen und gesellschaftlicher Evolution und Organisationsentwicklung auf der anderen Seite erkannt und erforscht werden. Demgegenüber ist es weniger als ein von seiner Vorgeschichte und weiteren Entwicklungsmöglichkeit isoliertes Gebilde zu erfassen und zu rekonstruieren. Jedes Lernen ist Moment einer möglichen Höherentwicklung (Bildungsgang, Lebenslauf und Sozialisation), die wiederum in historisch möglichen Formen der Evolution (Organisationsentwicklung und sozialer Wandel) eingebettet ist. Jedes durch Erziehungswissenschaft zu erforschende Handeln ist daher als operativ-reflexives Moment eines Lebenslaufes oder gar Bildungsgangs auszuweisen, welches in engem Zusammenhang mit historisch gewordenen institutionellen und ökonomisch-rechtlichen Formationen steht. Damit ist einbezogen, daß mit der Entwicklung der Versuchspersonen sich auch die methodisch-theoretische Einsicht des Einzelforschers und/oder der Erziehungsforschung insgesamt weiterentwickelt. Auch Forschungsmethoden sind keine abgeschlossenen Prozesse und Instrumente, sondern bedürfen der Weiterentwicklung sowohl bezüglich ihrer sich entwickelnden „Versuchspersonen" als auch bezüglich ihrer Rekonstruktions- und Repräsentationsweisen.

2.3.4 Realitätserfassung und Realitätserschaffung

Wie keine wissenschaftliche Forschung nur Realität erfassen kann, ohne sie nicht auch teilweise mit zu erschaffen, so gilt auch und gerade für Forschungsmethoden einer Handlungswissenschaft wie der Erziehungswissenschaft die Bestimmung, welche wissenschaftstheoretisch der Methode vorgegeben ist: Methode ist ein „spezielles System von Regeln, das die Tätigkeit bei der Erlangung neuer Erkenntnisse und der praktischen Umgestaltung der Wirklichkeit organisiert" (Bönisch zitiert nach FRIEDRICHS 1973, S. 189).

Das bedeutet nicht, daß irgendeine Aktion und Forschung unbesehen in eine Mixtur „Aktionsforschung" überführt und der erziehungswissenschaftlichen Erkenntnisgewinnung als „führende Methode" vorangestellt wird. Genau umgekehrt bedeutet diese Definition für erziehungswissenschaftliche Forschungsmethodik, daß alle verdeckten Implikationen zwischen Realitätserfassung und -schaffung in der herkömmlichen Forschung wissenschaftstheoretisch expliziert werden sollen, und mehr noch: Daß alle offenen Implikationen in bestimmten Bereichen der Theorie-, Erziehungs- und Organisationsforschung methodisch mit Qualifikationsanforderungen rekonstruiert werden.

Damit soll die Unterschlagung der Implikationen zwischen Forschung auf der einen und Handeln, Entwicklung und Intervention auf der anderen Seite ausgeschlossen werden.

2.4 Das Methodengefüge der Erziehungs- und Bildungsforschung

Auch wenn unterstellt werden muß, daß keine Disziplin in ihren Forschungsmethoden so unterschiedlich, aber auch reich, so widersprüchlich, aber auch dynamisch ist und sein muß wie diejenige der Erziehungswissenschaft, darf die ausschließlich immanente Explikation der einzelnen Techniken und Praktiken in den Lexikonbeiträgen nicht zu dem Mißverständnis führen, als ständen sie unverbunden nebeneinander. Es ist im Gegenteil offensichtlich, daß Methoden verschiedene „cluster" bilden, innerhalb derer sie große Affinität zeigen, außerhalb derer sie aber weniger zueinander „passen". Dabei werden – so die These – diese „cluster" nicht nach der herkömmlichen Klassifikation wie Beobachtung, Befragung, Experiment, Test, Statistik, Inhaltsanalyse und andere gebildet, sondern nach der im Handbuchteil vorgestellten Anordnung komplexer Forschungsansätze (Designs).
Eine tabellarische Verweisgraphik ergibt dabei folgendes (unvollständiges) Bild (vgl. Abbildung 4).
In dieser Tabelle fehlt allerdings eine Reihe von Methodenkomplexen (Einzelfallstudie, Evaluation, Messung, Statistik, Kriterien). Diese liegen entweder quer zu allen Designs und Methoden (wie Statistik, Einzelfallstudie und Messung) oder aber enthalten in sich noch einmal relativ vollständig den gesamten kontrastierenden Satz methodischer Alternativen, so etwa Evaluation. Darüber hinaus ist die Zuordnung nicht immer eindeutig und notwendig: Anleihen und Verweise werden mindestens zum „vorherigen" und „nächsten" Design intensiv und ausgeprägt sein, dagegen mit zunehmender Distanz zu den anderen Designs abnehmen. Dennoch ist hier zu erwarten und sogar zu empfehlen, daß die einzelnen Designs im Laufe ihrer Entwicklung immer mehr über ihre Grenzen hinausgehen und sich nicht nur anderer Methoden bedienen, sondern auch vom jeweils anderen methodisch-inhaltlichen Denken befruchten lassen werden.
Die Tabelle läßt eine fast taxonomisierbare Bewegung in den einzelnen klassischen Forschungsmethoden aufscheinen, die in etwa einem Zyklus gleicht. Das soll am Beispiel der Beobachtungsmethode kurz angedeutet werden: Das Verfahren der Beobachtung begann Ende des 19. Jahrhunderts weitgehend mit der Selbstbeobachtung (Introspektion), die heute etwa in phänomenologisch-interaktionistischen sowie psycho- und sozioanalytischen Forschungsansätzen neue Bedeutung gewonnen hat. In der erziehungswissenschaftlichen Forschung wurde sie jedoch nach einer Phase qualitativer Fremdbeobachtung (Exploration, Erkundung, teilnehmende Beobachtung) mit dem Einzug empirisch-analytischer Meßoperationen in den Sozialwissenschaften sowie der Erziehungswissenschaft durch systematische Beobachtungsprozeduren ersetzt. In neuerer Entwicklung wird die teilnehmende Beobachtung erneut aufgegriffen, mit Hilfe kognitivistischer und ethnographischer Beobachtungsverfahren präzisiert und in den Professionalisierungsfeldern in Form therapie- und praxisbegleitender Beobachtung neu konturiert (vgl. v. HENTIG 1982, LORENZER 1973). Ähnliche historisch-genetische Beispiele lassen sich für die anderen Verfahren nachweisen. Eine relative Ausnahme bildet hierzu lediglich die Statistik, die aber keineswegs auf ihrem Stand verharrt ist. Vielmehr gewinnen auch hier die „alten" soziographischen (heute: ethnographischen) Beschreibungs- und Prüfverfahren neue Bedeutung. Gleichzeitig ist mit der Entwicklung der Meßtechnologien (Informationstheorie, Elektronik) auch die Möglichkeit gestiegen, statistische Beschreibung und Prüfung immer näher an Analyseziele qualitativer Forschung heranzubringen: Es soll nur auf die Beispiele der Markov-Ketten, der statistischen Diagnosen und Genesen individueller Fälle verwiesen werden.

Abbildung 4

Design \ Verfahren	Beobachtung	Experiment	Test	Befragung	Statistik	Inhaltsanalyse
A	Erkundung	Klinisches Experiment	Projektive Tests			Versuchsplanung
B	Prozeßbegleitende Beobachtung	Feldexperiment (Quasiexperiment)	Normorientierte Tests; Objektive Tests	Strukturiertes Interview	Mehrebenenanalyse, Pfadanalyse	Inhaltsanalyse
C	Beobachtung	Experiment	Diagnose (Leistungsmessung); Kriterienorientierte Tests	Befragung	Beschreibende Statistik	Inhaltsanalyse; empirisch-analytische Messung
D	Prozeßbegleitende Beobachtung	Feedback; Sozialexperiment	Diagnose (zielerreichendes Lernen); Soziometrie	Feedback		Empirisch-pädagogische Messung
E		Gruppendiskussion – Gruppenexperiment	Diagnose (Lernfähigkeit)			
F	Erkundung; Hospitation	Krisenexperiment		Gesprächsmodelle; Narratives Interview		Interpretative Methode; Dokumentarische Methode der Interpretation; Verstehende Methode
G	Introspektion; Supervision	Krisenexperiment		Sozioanalyse; Praktische Rekonstruktion		Biographische Methode; Praktische Rekonstruktion
H		Pädagogisches Experiment				Theoretische Rekonstruktion

Vorwort der Herausgeber von Band 2

Es handelt sich in diesen Veränderungen keineswegs um „Etikettenschwindel". Vielmehr signalisieren diese prägnanten Veränderungen recht gut, wie sich aufgrund der Frustration an Methoden der pädagogischen Untersuchung die Akzente empirischer Erziehungs- und Bildungsforschung verschieben. Die Zusammenstellung des Lexikons will ein Stück dabei mithelfen, daß diese Akzentverschiebungen nicht nur modische Neuerungen, sondern progressiven Wandel bedeuten.

ADORNO, TH.W.: Zum Verhältnis von Soziologie und Psychologie. In: ADORNO, TH.W.: Aufsätze zur Gesellschaftstheorie und Methodologie, Frankfurt/M. 1970. S. 7ff. ADORNO, TH.W. u.a.: Der Positivismusstreit in der Soziologie, Neuwied/Berlin 1970. ALBERT, H.: Theorie und Realität, Tübingen 1963. ARBEITSGRUPPE BIELEFELDER SOZIOLOGEN (Hg.): Alltagswissen, Interaktion und gesellschaftliche Wirklichkeit, 2 Bde., Reinbek 1973. ARBEITSGRUPPE METHODENLEHRE: Didaktik sozialwissenschaftlicher Methodenlehre. Erfahrung, Analyse, Modell, Weinheim/Basel 1977. ARBEITSGRUPPE SCHULFORSCHUNG: Leistung und Versagen, München 1979. ARGYRIS, CH.: Unerwartete Folgen ‚strenger' Forschung. In: Grupdyn.3 (1972), S.5ff. BALDAMUS, W.: Relevanz und Trivialität in der soziologischen Forschung. In Z. f. Soziol.2 (1973), S.7ff. BENNER, D.: Hauptströmungen der Erziehungswissenschaft. Eine Systematik traditioneller und moderner Theorien, München ²1978. BERGER, H.: Untersuchungsmethode und soziale Wirklichkeit, Frankfurt/M. 1974. BLANKERTZ, H.: Was heißt ‚Erfolg' oder ‚Scheitern' von Bildungsreformen? In: MITTER, K./WEISHAUPT, H. (Hg.): Forschungsstrategien und Organisationsmuster der wissenschaftlichen Begleitung von Modellversuchen im Bildungswesen, Weinheim/Basel 1976, S.29ff. BLANKERTZ, H./GRUSCHKA, A.: Handlungsforschung: Rückfall in die Empiriefeindlichkeit oder neue Erfahrungsdimensionen? In: Z. f. P. 21 (1975), S.677ff. BÖHME, G. u.a.: Alternativen in der Wissenschaft. In: Z. f. Soziol. 1(1972), S.302ff. BOLTE, K.M. (Hg.): Materialien aus der soziologischen Forschung. Verhandlungen des 18. Deutschen Soziologentages 1976, Darmstadt 1978. BREZINKA, W.: Von der Pädagogik zur Erziehungswissenschaft, Weinheim/Basel 1971. BRONFENBRENNER, U.: Ein Bezugsrahmen für ökologische Sozialisationsforschung. In: N.Samml. 16 (1976), S.238ff. BRONFENBRENNER, U.: Die Ökologie der menschlichen Entwicklung, Stuttgart 1981. BULLA, H.G. u.a.: Konstruktive Schulforschung, Konstanz 1974. COOPER, D.: Die Sprache der Verrücktheit, Berlin 1978. DEUTSCHER BILDUNGSRAT: Aspekte für die Planung der Bildungsforschung. Empfehlungen der Bildungskommission, Stuttgart 1974. EIGLER, G. u.a.: Mehrdimensionale Zielerreichung in Lehr-Lern-Prozessen. In: Z. f. P.22 (1976), S.181ff. FEUERSTEIN, TH.: Persönlichkeitsbezogene Analyse und menschengerechte Gestaltung von beruflichen Lern- und Arbeitsbedingungen aus entwicklungs- und kompetenztheoretischer Sicht. In: HEID, H. (Hg.): Ansätze..., Wiesbaden 1980, S.99ff. FRIEDRICHS, J.: Methoden empirischer Sozialforschung, Reinbek 1973. GOTTWALD, P./KRAIKER, C. (Hg.): Zum Verhältnis von Theorie und Praxis in der Psychologie. Mitt. d. Dt. Gesellsch. z. Förd. d. Verhaltther., 1. Sonderheft, 1976. GROEBEN, N./WESTMEYER, H.: Kriterien psychologischer Forschung, München 1975. GRUSCHKA, A. (Hg.): Ein Schulversuch wird überprüft. Das Evaluationsdesign für Kollegstufe NW als Konzept handlungsorientierter Begleitforschung, Kronberg 1976. GSTETTNER, P.: Biographische Methoden in der Sozialisationsforschung. In: HURRELMANN, K./ULICH, D. (Hg.): Handbuch..., Weinheim/Basel 1980, S.371ff. HAAG, F. u.a. (Hg.): Aktionsforschung. Forschungsstrategien, Forschungsfelder und Forschungspläne, München 1972. HABERMAS, J.: Einige Schwierigkeiten beim Versuch, Theorie und Praxis zu vermitteln. In: HABERMAS, J.: Theorie und Praxis, Frankfurt/M. 1974, S.9ff. HABERMAS, J.: Diskussionsbemerkung. In: LEPSIUS, M.R. (Hg.): Zwischenbilanz..., Stuttgart 1976, S.78ff. HAEBERLIN, U.: Empirische Analyse und pädagogische Handlungsforschung. In: Z. f. P.21 (1975), S.653ff. HEID, H. (Hg.): Ansätze berufs- und wirtschaftspädagogischer Theoriebildung. Z. f. Ber.- u. Wirtschp., 1. Beiheft, Wiesbaden 1980. HEINZE, Th.: Unterricht als soziale Situation, München 1976. HEINZE, TH. u.a.: Handlungsforschung im pädagogischen Feld, München 1975. HEINZE, TH. u.a. (Hg.): Interpretationen einer Bildungsgeschichte. Überlegungen zur sozialwissenschaftlichen Hermeneutik, Bensheim 1980. HENTIG, H.v.: Erkennen durch Handeln. In: KÖNIG, E./ZEDLER, P. (Hg.): Erziehungswissenschaftliche ..., München/Paderborn 1982, S.166ff. HONDRICH, K.O.: Entwicklungslinien und Möglichkeiten des Theorievergleichs. In: LEPSIUS, M. R. (Hg.): Zwischenbilanz..., Stuttgart 1976, S. 14 ff. HÜLST, D. u. a. (Hg.): Methodenfragen zur Gesellschaftsanalyse, Frankfurt/M. 1973. HURRELMANN, K.: Kritische Überlegungen zur Entwicklung der Bildungsforschung. In: betr. e. 10 (1977), 4, S. 58 ff. HURRELMANN, K.: Programmatische Überlegung zur Entwicklung der Bildungsforschung. In: BOLTE, K. M. (Hg.): Materialien..., Darmstadt 1978, S. 531 ff. HURRELMANN, K./ULICH, D. (Hg.): Handbuch der Sozialisationsforschung, Weinheim/Basel 1980. KADE, J./GEISSLER, K. A.: Erfahrung als didaktisches Prinzip der Erziehung im Rahmen einer Theorie der Subjektivität. In: HEID, H. (Hg.): Ansätze..., Wiesbaden 1980, S. 54 ff. KLAFKI, W.: Schulnahe Curriculumentwicklung und Handlungsforschung im Marburger Grundschulprojekt. In: KLAFKI, W. u. a.: Das „Marburger Grundschulprojekt". Beiträge zur schulnahen Curriculumentwicklung und zur Handlungsforschung, Hannover 1977, S. 7 ff. KLAUER, K. J. (Hg.): Handbuch der pädagogischen Diagnostik, Bd. 1, Düsseldorf 1978. KÖCKEIS-STANGL, E.: Methoden der Sozialisationsforschung. In: HURRELMANN, K./ULICH, D. (Hg.): Handbuch..., Weinheim/Basel 1980, S. 321 ff. KOHLBERG, L.: Zur kognitiven Entwicklung des Kindes, Frankfurt/M. 1974. KÖNIG, E./ZEDLER, P. (Hg.): Erziehungswissenschaftliche Forschung. Positionen, Perspektiven, Probleme, München/Paderborn 1982. KORDES, H.: Evaluation. In: Enzyklopädie Erziehungswissenschaft, Bd. 2, Stuttgart 1984, S. 359 ff. KUHN, Th. S.: Die Struktur wissenschaftlicher Revolutionen, Frankfurt/M. 1973. KUHN, Th. S.: Neue Überlegungen zum Begriff des Paradigma. In: KUHN, TH. S.: Die Entstehung des Neuen, Frankfurt/M. 1978, S. 389 ff. LAKATOS, I./MUSGRAVE, A. (Hg.): Criticism and the Growth of Knowledge, London 1970. LEMPERT, W.: Sinn und Chancen einer Verbindung unterschiedlicher sozialwissenschaftlicher Theorien in berufspädagogischer Absicht. In: HEID, H. (Hg.): Ansätze..., Wiesbaden 1980, S. 1 ff. LEPSIUS, M. R. (Hg.): Zwischenbilanz der Soziologie. Verhandlungen des 17. Deutschen Soziologentages. Stuttgart 1976. LEWIN, K.: Die Lösung sozialer Konflikte, Bad Nauheim 1968. LORENZER, A.: Zur Begründung einer materialistischen Sozialisationstheorie, Frankfurt/M. 1973. MITTELSTRASS, J.: Über Interessen. In: MITTELSTRASS, J. (Hg.): Methodologische Probleme einer normativ-kritischen Gesellschaftstheorie, Frankfurt/M. 1975, S. 126 ff. MOLLENHAUER, K./RITTELMEYER, Ch.: „Empirisch-analytische Wissenschaft" versus „Pädagogische Handlungsforschung": Eine irreführende Alternative. In: Z. f. P. 21 (1975), S. 687 ff. MÜNCH, R.: Zur Kritik der empiristischen Forschungspraxis. In: Z. f. Soziol. 1 (1972), S. 317 ff. NEGT, O.: Soziologische Phantasie und exemplarisches Lernen, Frankfurt/M. 1968. NEIDHARDT, F.: Identitäts- und Vermittlungsprobleme der Soziologie. In: LEPSIUS, M. R. (Hg.): Zwischenbilanz..., Stuttgart 1976, S. 426 ff. NICKLIS, W. S.: Glanz und Elend des Neo-Empirismus in der Unterrichtsforschung. Anmerkungen zu Helmuth Walters „Einführung in die Unterrichtsforschung". In: Z. f. P. 24 (1978), S. 571 ff. NICKLIS, W. S.: Zur Selbstverteidigung der „Experimentellen Unterrichtsforschung". Eine Replik auf H. Walters Erwiderung. In: Z. f. P. 25 (1979), S. 313 ff. OEVERMANN, U. u. a.: Die Methodologie einer „objektiven Hermeneutik" und ihre allgemeine forschungslogische Bedeutung in den Sozialwissenschaften. In: SOEFFNER, H.-G. (Hg.): Interpretative..., Stuttgart 1979, S. 352 ff. OPPOLZER, S. (Hg.): Denkformen und Forschungsmethoden der Erziehungswissenschaft, 2 Bde., München 1966. PIAGET, J.: La psychologie de l'intelligence, Paris 1947. PIAGET, J.: Abriß der genetischen Epistemologie, Olten/Freiburg 1974. POPPER, K. R.: Reason or Revolution? In: Arch. Eur. de Sociol. 11 (1971), S. 252 ff. PREUSS, O.: Zum Problem der Verknüpfung grundlagentheoretischer Paradigmen. In: BOLTE, K. M. (Hg.): Materialien..., Darmstadt 1978, S. 564 ff. REICH, K.: Erziehung und Erkenntnis, Stuttgart 1978. RIEDEL, K.: Lehr-/Lernforschung. In: Enzyklopädie Erziehungswissenschaft, Bd. 2, Stuttgart 1984, S. 445 ff. SEGETH, W.: Methode. In: KLAUS, G./BUHR, M. (Hg.): Philosophisches Wörterbuch, Berlin (DDR) 1974, S. 792 ff. SENATSKOMMISSION FÜR ERZIEHUNGSWISSENSCHAFT DER DEUTSCHEN FORSCHUNGSGEMEINSCHAFT: Empfehlungen zur Förderung erziehungswissenschaftlicher Forschung. In: Z. f. P. 22 (1976), S. 9 ff. SOEFFNER, H.-G. (Hg.): Interpretative Verfahren in den Sozial- und Textwissenschaften, Stuttgart 1979. TREIBER, B. u. a.: Bedingungen individuellen Unterrichtserfolgs. In: Z. f. P. 22 (1976), S. 153 ff. VOLMERG, P.: Verfahren einer psychoanalytischen Textinterpretation am Beispiel eines Gruppendiskussionsprotokolls. In: HEINZE, TH. u. a. (Hg.): Interpretationen..., Bensheim 1980, S. 202 ff. WALTER, H.: Empirische Unterrichtsforschung – eine esoterische Sezessionswissenschaft? Eine Erwiderung auf Werner S. Nicklis. In: Z. f. P. 25 (1979), S. 307. WELLENDORF, F.: Sozioanalyse – eine neue Forschungsstrategie für die Bildungsforschung. In: betr. e. 10 (1977), 4, S. 67 ff. WELLENDORF, F.: Sozioanalyse und Beratung pädagogischer Institutionen. In: BOLTE, K. M. (Hg.): Materialien..., Darmstadt 1978, S. 594 ff. WELLENDORF, F.: Über den Zusammenhang zwischen Familiendynamik und Entscheidung für ein Fernstudium. Interpretation eines Interviews. In: HEINZE, Th. u. a. (Hg.): Interpretationen..., Bensheim 1980, S. 152 ff. WESTMEYER, H.: Logik der Diagnostik. Grundlagen einer normativen Diagnostik, Stuttgart 1972. WESTMEYER, H.: Kritik der psychologischen Unvernunft, Stuttgart 1973. WESTMEYER, H.: Grundbegriffe: Diagnose, Prognose, Entscheidung. In: KLAUER, K. J. (Hg.): Handbuch..., Düsseldorf 1978, S. 15 ff. WESTPHAL-GEORGI, U.: Das psychoanalytische Konzept der Ich-Stärkung. In: HEID, H. (Hg.): Ansätze..., Wiesbaden 1980, S. 41 ff. WULF, CH.: Theorien und Konzepte der Erziehungswissenschaft, München 1977. ZABECK, J.: Das systemtheoretische Paradigma in der Berufs- und Wirtschaftspädagogik. In: HEID, H. (Hg.): Ansätze..., Wiesbaden 1980, S. 21 ff.

Kiel/Münster, im
Oktober 1983

Henning Haft
Hagen Kordes

Handbuch

A Entwicklungslogische Erziehungsforschung

Bernd Fischer/Renate Girmes-Stein/Hagen Kordes/
Ursula Peukert

Entwicklungslogische Erziehungsforschung

1 Grundverständnis entwicklungslogischer Forschung
2 Pädagogische Implikationen entwicklungslogischer Forschung
3 Grundregeln entwicklungslogischer Forschung
4 Musterbeispiele entwicklungslogischer Forschung
5 Schritte und Verfahren entwicklungslogischer Forschung
5.1 Von der genetischen Epistemologie zur kompetenztheoretischen Strategie der Konzipierung von Entwicklungssequenzen
5.1.1 Exploration tatsächlicher individueller Verhaltensänderung und -entwicklung
5.1.2 Einordnung der individualgeschichtlichen Daten in den Kontext allgemeiner Entwicklungsregeln und -prinzipien
5.1.3 Konzipierung einer Entwicklungssequenz oder -skala
5.2 Von der kompetenztheoretischen Strategie zu qualitativen Verfahren der Rekonstruktion von Kompetenzentwicklung
5.3 Quantitativ-statistische Entwicklungsforschung als Voraussetzung für eine kompetenztheoretische Messungsstrategie
5.3.1 Versuchsplanung
5.3.2 Deskriptive Untersuchung entwicklungsbedingter Veränderungen
5.3.3 Prüfung der Skalierbarkeit von Entwicklungssequenzen oder -stufen
5.3.4 Inferenzstatistische Analyse von Entwicklungsabfolgen
5.4 Entwicklungslogische und -pragmatische Überführung genetischer Erklärungen in Begründungen und Anwendungen
6 Zu einem Konzept entwicklungslogischer Erziehungsforschung
7 Umrisse einer Methodologie entwicklungslogischer Erziehungsforschung

Zusammenfassung: Entwicklungslogische Erziehungsforschung hat ihre theoretischen Grundlagen in der Psychologie. Sie wird hier unter Bezugnahme auf die genetische Epistemologie und Methodologie im Sinne Piagets sowie unter Rekurs auf neuere Forschungspläne und -ergebnisse zur moralischen (Kohlberg/Turiel) und kommunikativen Kompetenzentwicklung (Döbert/Nunner-Winkler) dargestellt. Das Paradigma der Entwicklungsforschung trifft bei seiner Adaption durch die Erziehungswissenschaft nicht auf unvorbereiteten Boden, wie sich durch die „entwicklungslogische" Arbeit Rousseaus und das „entwicklungspädagogische" Konzept Herbarts zeigen läßt. Ein Design entwicklungslogischer oder gar entwicklungspädagogischer Erziehungsforschung erfordert jedoch eine Reihe erkenntnis- und bildungstheoretisch begründeter Prozesse des Umdenkens: Zum einen müßte das eher monologische Modell des entwicklungslogischen Ansatzes interaktionistisch aufgebrochen werden, zum anderen müßten Entwicklungsdaten am Horizont reflexiv-reziproker Struktur pädagogischen Handelns gewonnen und im Rahmen pädagogisch verstandener Kompetenz- und Identitätstheorien rekonstruiert werden. Umrisse eines solchen Ansatzes der Erziehungsforschung werden gegen Ende dieses Designs skizziert.

Bernd Fischer/Renate Girmes-Stein/Hagen Kordes/Ursula Peukert

Summary: Educational research on the basis of development logic has its theoretical foundations in psychology. It is presented here with reference to genetic epistemology and methodology in Piaget's sense, and with recourse to recent research plans and findings related to the development of moral (Kohlberg/Turiel) and communicative (Döbert/Nunner-Winkler) competence. The adaptation of the paradigm of development research to the field of educational science has its precursors, viz. Rousseau's "development logic" work, and Herbart's "development pedagogics" concept. But a blueprint for educational research along the lines of development logic or even development pedagogics requires a great deal of work of an epistemological and educational-theoretical nature: the rather monologically accentuated model of the development-logic approach, on the one hand, would have to be modified to incorporate interaction, and, on the other, development data on the horizon of the reflexive-reciprocal structure of pedagogical activity would have to be obtained and reconstructed within the framework of pedagogically understood theories of competence and identity. The outlines of such an approach to educational research are sketched at the end of this design.

Résumé: Les recherches effectuées en matière de science de l'éducation quant à la logique du développement ont leurs bases théoriques dans la psychologie. Elles sont présentées ici relativement à l'épistémologie génétique et à la méthodologie dans l'esprit de Piaget ainsi que par recours à des projets et à des résultats récents de recherche quant au développement de la compétence en matière de morale (Kohlberg/Turiel) et de communication (Döbert/Nunner-Winkler). Le paradigme de la recherche en matière de développement ne se trouve pas, en son adaptation par la science de l'éducation, sur un terrain non préparé, comme cela apparaît de par le travail de logique de développement de Rousseau et la conception de pédagogie du développement de Herbart. Un schéma de recherches éducatives en logique de développement ou même en pédagogie de développement nécessite toutefois une série de travaux qui soient fondés du point de vue de la théorie de la connaissance et de celle de la formation: d'une part, le modèle du point de départ de logique de développement, modèle où le monologue joue un rôle assez important, devrait être ouvert du point de vue de l'interaction, d'autre part, des données de développement, sous l'aspect de la structure de réflexion et de réciprocité de l'acte pédagogique devraient être déterminées et reconstituées dans le cadre des théories de la compétence et de l'identité, dans une perspective pédagogique. Les contours d'un tel point de départ de la recherche éducative sont esquissés vers la fin de ce schéma.

1 Grundverständnis entwicklungslogischer Forschung

Die Ebene der Erziehungswirklichkeit, auf die eine entwicklungslogische Forschung zielt und für die sie eine entsprechende Methodologie stellt, ist diejenige der Entwicklung, genauer der entwicklungsbedingten Veränderungen beim (heran-)wachsenden Menschen (Ontogenese). Da entwicklungsbedingte, also nicht bloß umweltbedingte Veränderungen weniger in der (Phylo-)Genese sozialer Systeme und Gesellschaften, sondern eher in der (Onto-)Genese interner individueller Anlagen identifizierbar erscheinen, wurde ein Design entwicklungslogischer Forschung hauptsächlich im Rahmen der Entwicklungspsychologie entfaltet. Inhaltlich gesehen sind es hier vor allem folgende Bereiche, die immer wieder zum Gegenstand zugleich entwicklungslogischer und -psychologischer Forschung gemacht wurden: Erstens Denkprozesse und die ihnen zugrundeliegenden Fähigkeiten zur Auseinandersetzung mit gegenständlicher Wirklichkeit („kognitive Kompetenz"); zweitens Interaktionsprozesse sowie soziale Verhaltensweisen und die für ihre Entwicklung konstitutiven Fähigkeiten zu Empathie und Perspektivenwechsel („soziale" beziehungsweise „interaktive Kompetenz"); drittens Prozesse der Lösung sozialer Konflikte und die ihnen zugrundeliegende Fähigkeit zur Übernahme von Normen, ihrer kritischen Reflexion und Veränderung („moralische" und „integrative kommunikative Kompetenz").

Für die Erforschung von Gesetz- und Regelmäßigkeiten bei der Entwicklung solcher Strukturen genügt eine Methodologie nicht mehr, die nur die an der Oberfläche ablesbaren Leistungen (Performanzen) und Fertigkeiten zu registrieren vermag, weil aus diesen eine Beschreibung und Erklärung entwicklungsbedingter Veränderungen nicht möglich ist. Diese Aufgabe erfordert vielmehr eine Methodologie, die es erlaubt, die hinter diesen Leistungen stehenden und sie erst hervorbringenden Tiefenstrukturen sowie die Fähigkeit zu deren Erzeugung (Kompetenzen) in ihrer Entwicklungslogik zu rekonstruieren. Eine solche Methodologie kommt im Rahmen eines entwicklungslogischen Paradigmas der Sozial- und Erziehungswissenschaften zur Entfaltung. Ihre Hauptaufgabe besteht darin,
- Entwicklungssequenzen, die einen prägnanten Zeitraum individuell-menschlicher Entwicklung umfassen, im Sinne einer *ontogenetischen Veränderungsreihe* zu erstellen,
- diese in ihrer inneren Bedingtheit und in ihrem inneren Zusammenhang von Entwicklungsschritten als *invariable Sequenz* zu begründen und
- dafür eine *genetische Erklärungsfunktion* zu beanspruchen (vgl. HOPPE u.a. 1977, S. 57).

Entwicklungslogische Forschung hat gerade im Umfeld der Erziehungsforschung besonderen Anklang gefunden. Die gegenseitige Affinität ergibt sich bereits aus dem gemeinsamen Gegenstand der Struktur des menschlichen Lernens und ihrer Charakterisierung im Sinne eines Entwicklungsprozesses. Während die Entwicklungspsychologie aber eher die Wissenschaft von der quasi „natürlichen" oder „logischen" Entwicklung interner Strukturen darstellt, ist „Entwicklungspädagogik" (ROTH/FRIEDRICH 1976, S. 47) die Wissenschaft von der mehr oder weniger anthropologisch begründeten und planvoll gestützten Entwicklung nicht nur allgemein humaner, sondern auch bereichsspezifischer und fachlicher Kompetenzen (vgl. DEUTSCHER BILDUNGSRAT 1974, SEILER 1973). Damit kommt einer Erziehungsforschung die Aufgabe zu, die in der Entwicklungslogik mehr theoretisch postulierte Bedeutung von Umweltbedingungen zu präzisieren.

2 Pädagogische Implikationen entwicklungslogischer Forschung

In diesem weitergefaßten Begriff trifft entwicklungslogische Forschung bei ihrer Adaption durch die Erziehungswissenschaft auf vorbereiteten Boden. Zum einen ist seit ROUSSEAU (vgl. 1980) das pädagogische Denken von der Erkenntnis bestimmt, daß die Stadien eines individuellen Lebensweges sich durch jeweils entwicklungsbedingte Existenz- und Erfahrungsweisen auszeichnen, deren Eigentümlichkeit begriffen und im Rahmen pädagogischen Handelns berücksichtigt werden will. Zum anderen ist spätestens mit der Pädagogik HERBARTS (vgl. 1965) die Frage gestellt: Wie soll Erziehung beschaffen sein, damit der Mensch sich zum Menschen entwickle? Sie impliziert die Frage nach den Gesetzmäßigkeiten menschlicher Entwicklung; insofern fordert sie Entwicklungsforschung. Sie impliziert aber auch die

Bernd Fischer/Renate Girmes-Stein/Hagen Kordes/Ursula Peukert

Frage nach dem Ziel von Erziehung. Im pädagogischen Handeln sind beide miteinander zu vermitteln. Damit stellt sich für Herbart das Problem des Verhältnisses von Psychologie und Pädagogik. In der Nachfolge Herbarts mangelt es an geeigneten Versuchen, die Wirkung pädagogischen Handelns auf menschliche Entwicklung nicht nur zu verstehen, sondern auch zu erklären, ohne dabei den Gegenstand in unzulässiger Weise zu reduzieren (vgl. BLASS 1978). Allerdings greift in neuerer Zeit die Curriculumforschung zunehmend auf Grundintentionen von Comenius (Curriculum als pädagogische Begleitung der Lebens- und Lerngeschichte) zurück und präzisiert diese mit entwicklungspsychologischen und -pädagogischen Mitteln (vgl. AEBLI 1963, BRUNER 1977). Daß entwicklungslogische Forschung pädagogische Implikationen hat, ist evident:
- Lernprozesse werden nicht als Reaktion auf Instruktionen, sondern als sinnvolles Operieren, somit als größtenteils selbstkonstruktive Adaptationsleistungen des Lerners verständlich (vgl. HEMGARTNER 1979);
- Leistung wird nicht als etwas an der Oberfläche „Angepauktes" verstanden, sondern als etwas, das in seiner Tiefenstruktur als Kompetenz angestrebt wird und rekonstruierbar ist (vgl. EDELSTEIN 1980, FEUERSTEIN 1980, LEMPERT 1980, LENZEN 1973);
- Kompetenzen werden nicht als defiziente (Erwachsenen-)Kompetenzen, sondern als in ihrer jeweiligen Phase autonome, strukturierte, funktions- und entwicklungsfähige „Pläne" anerkannt, die altersspezifischen Bedürfnissen und Anforderungen angemessen sind (vgl. BRUNER 1977, ROTH/FRIEDRICH 1976).

Dennoch bleibt für eine pädagogische Entwicklungsforschung das Kriterium, auf das sich der Prozeß der Kompetenzentwicklung bezieht, formal und verschwommen (vgl. FREY/LANG 1973): Die kognitiven Strukturen der Differenzierung und Integration sowie der Stimulusunabhängigkeit und Autonomisierung (vgl. DÖBERT/NUNNER-WINKLER 1975) bleiben psychologische Ausdrücke, widerspiegeln jedoch nicht den pädagogischen Gehalt des Reflexiv- und Produktivwerdens lernender Menschen (vgl. KORDES 1983a). Entsprechend ist das Verhältnis zwischen Entwicklungspsychologie und Entwicklungspädagogik bis heute eher implizit als explizit bestimmt (vgl. DROZ 1980). Das Interesse der entwicklungslogisch orientierten Erziehungsforscher kreist bisher hauptsächlich um die Erkundung von Sequenzen (klassen-, geschlechts-, tätigkeits-)lagespezifischer (vgl. SCHMIDT 1970), bereichsspezifischer (vgl. SEILER 1973) oder fachlicher Kompetenzentwicklung (vgl. DEUTSCHER BILDUNGSRAT 1974, WISSENSCHAFTLICHE BEGLEITUNG KOLLEGSTUFE NW 1978–1983). Ergebnisse der Entwicklungsforschung haben ihren, freilich problematischen, Niederschlag in einer Reihe spezifischer Reformen gefunden: in der Vorschulerziehung durch kompensatorisch orientierte Curricula zur kognitiven, sprachlichen und sozialen Entwicklung, bereichsspezifische Innovationen in der Primarstufe sowie im naturwissenschaftlichen Unterricht (Sachunterricht) und schließlich fachdidaktische Modernisierungen in Mathematik (Mengenlehre) und Sprache (ganzheitliches Lesen und Lernen).

Großangelegte kompensatorisch-diagnostische Programme wurden durch entwicklungslogische Methoden und Befunde inspiriert. Als bekanntestes Beispiel kann das „Minimum competency testing" des National Institute of Education (NIE) in den USA gelten (vgl. PURVES 1977). Unter den emanzipatorisch-genetischen Förderungsprogrammen muß insbesondere die Verbindung von Berufs- und Allgemeinbildung in der Kollegstufe Nordrhein-Westfalens erwähnt werden. Dabei bildet das entwicklungslogische Paradigma zwar nicht das Hauptmoment, aber immerhin einen der Stützpfeiler der Curriculumrevision und der wissenschaftlichen Begleitung: In

Form einer bildungsgangbegleitenden Evaluation wurde das gleichzeitige Produktiv- und Reflexivwerden als Voraussetzung für das Kompetent-Werden zukünftiger Erzieher, Sportler, Physiker, Fremdsprachler und anderer projiziert und in den tatsächlichen Bildungsprozessen der Schüler rekonstruiert (vgl. BLANKERTZ 1983, GRUSCHKA u. a. 1981; vgl. KORDES 1979, 1983 b). In demselben Rahmen geht es dem Modellversuch Berufsvorbereitungsjahr/Berufsgrundschuljahr um die Beförderung und wissenschaftliche Begleitung jener Kompetenz- und Persönlichkeitsentwicklung, die es in der Sekundarstufe I gescheiterten Schülern erlaubt, „doch noch" alle jene Voraussetzungen zu erwerben, die sie zur Bewältigung der „Fachstufe" (berufliche Ausbildung) benötigen (vgl. GIRMES-STEIN/STEFFENS 1982). Im Rahmen des entwicklungslogischen Paradigmas kann gezeigt werden, daß die erzieherische Kompetenz für den Umgang mit Kleinkindern inhaltlich und in der Form ihrer Aneignung nur in Korrespondenz zu dem stufenweisen Prozeß bestimmt werden kann, in dem das Kind Handlungsfähigkeit und Identität erwirbt (vgl. U. PEUKERT 1979).

3 Grundregeln entwicklungslogischer Forschung

Es ist das Verdienst entwicklungslogischer Forschung, hier insbesondere PIAGETs (vgl. 1973), die überflüssige Abschottung metaphysisch-apriorischen Denkens von empiristisch-aposteriorischem Denken im Sinne einer implikativen Einheitswissenschaft überwinden zu helfen und im Rahmen einer genetischen Epistemologie einen Lösungsansatz für den „lästigen Streit" (GOLDMANN 1970, S. 156) zwischen Empiristen und Rationalisten beziehungsweise Dialektikern anzubieten. Die genetische Epistemologie begründet sich notwendigerweise als Synthese aus genetisch-epistemologischer Arbeit an der Frage nach dem Wesen (Struktur) menschlicher Erkenntnis überhaupt und objekttheoretischer Untersuchung der Frage nach den konkreten Erscheinungsformen der Erkenntnis.
Die Frage nach der Struktur menschlicher Intelligenz kann nach Piaget nur genetisch beantwortet werden: Intelligenz ist nicht eine fixe Größe, sondern ein gewordenes, veränderbares Vermögen. Die erkenntnistheoretische Grundfrage muß demnach so formuliert werden: Wie *entstehen* konsistente Begriffe und Operationen, die nach logischen Gesetzen untereinander verbunden werden und schrittweise die Wirklichkeit und ihre Aspekte rekonstruieren? Die genetisch-epistemologische Antwort lautet: Sie sind nur als Ergebnisse eines Entwicklungsprozesses auf der Grundlage ihrer evolutionsgeschichtlich bedingten biologischen Voraussetzungen angemessen zu verstehen und zu erklären. In diesem Sinn sind nicht nur die Wissenschaften, sondern auch Denkstrukturen und -operationen der im Alltag handelnden Menschen, seien sie Kleinkinder, Jugendliche oder Erwachsene, prinzipiell epistemologisch relevant (vgl. PIAGET 1974a, b).
Mit ihrer genetisch-epistemologischen Grundlegung verhindert es entwicklungslogische Forschung, für vordergründige und voreilige Anwendungen mißbraucht zu werden. Diese Vorkehrung ist deshalb notwendig, weil ein großer Teil der entwicklungspsychologischen Forschungsarbeiten den „normalen" oder normgerechten Entwicklungsverlauf feststellen will, um daran „Verfrühungen", „Verspätungen" und „abnorme" Verläufe messen zu können. Aus den Normen, die in Wirklichkeit nichts weiter als kultur- oder gruppenspezifische Durchschnittswerte sind, glaubt man naiv, „handfeste Regeln für Erzieher, Eltern und Berater ableiten zu können. Daraus sollten sie ersehen können, in welchem Alter man bestimmte Leistungen von einem Kind erwarten, mit welchen Anforderungen man bestimmte Altersgruppen konfrontieren kann und muß, um einen normgerechten oder angeblich opti-

malen Entwicklungsverlauf zu gewährleisten" (HOPPE u. a. 1977, S.55; vgl. GSTETT-NER 1976). Da man sich weder um präzise Erklärungstheorien des Entwicklungsverlaufs noch um pädagogisch-kritische Begründungen bemüht, bleibt diese Forschung nicht nur an vagen Allgemeinvorstellungen hängen, sondern neigt auch zu konservativ-bewahrenden Kurzschlüssen auf vordergründige Bedürfnisse und vorgegebene Verhältnisse.

Diesen Gefahren zu begegnen, ist gerade eine Methodologie bemüht, die – gestützt auf die genetische Erklärungsweise – nach „starken" Erklärungstheorien sucht. Nach HOPPE u. a. (1977, S.55f.) müßte sie „kausal und teleologisch sinnvoll begründete Veränderungsgeschichten konstruieren und sie empirisch unterbauen. Mit einem theoretischen Wissen dieser Art ausgestattet, wäre es möglich, Entwicklungsprozesse in innovativer Weise so zu steuern, daß sich die Individuen in konstanter Interaktion mit den sozialen Instanzen Kenntnisse, Normen, Leistungsmöglichkeiten so aneignen, daß daraus ein Potential der Verarbeitung und Erneuerung würde. Diese Erkenntnisse könnten aber auch ebenso gewinnbringend in der Erstellung von Lehrprogrammen und Curricula eingebracht werden und die Basis für eine wissenschaftliche Theorie der Erziehung und des Unterrichts bilden."

Eine genetische Methodologie geht grundsätzlich von dem Interesse an erklärungsträchtigen, diskreten (somit nicht nur kontinuierlichen) Entwicklungsvariablen aus, also von der Untersuchung der qualitativen Natur entwicklungsbedingter Veränderungen. Sie würde, wie etwa die Physik, die sich vor allem um die diskreten Schritte in der Veränderung etwa des H_2O von Eis zu Wasser und dann zu Dampf bemüht, – Transformationsprozesse analysieren. Ausgangspunkt entwicklungslogischer Forschung ist demnach die *deterministische Annahme invariabler Entwicklungssequenzen,* also der Notwendigkeit und Zwangsläufigkeit einer Veränderungsreihe, unabhängig davon, ob diese später empirisch zu spezifizieren oder aber zu relativieren ist. Dieser methodische Bezugspunkt wird überlagert von der *inhaltlich-genetischen Annahme der Selbstregulierung innerer Strukturen* durch die beiden Grundprozesse von Assimilation und Akkommodation, einer Fähigkeit, die jedem Organismus innewohnt und den Prozeß der *Selbst-Konstruktion* in Gang hält (vgl. HOPPE u.a. 1977, S.88ff.). Beide Annahmen sind zunächst also „keine Sache der Empirie" (WOHLWILL 1977, S.80), sondern postulierte, unbewiesene Grundvoraussetzungen jeder Forschung, der es darum geht zu erfassen, *warum* die Entwicklung einer Fähigkeit genau den beobachteten Verlauf nimmt, und zu erklären, *wie* sich Lebens- und Lernphasen der Struktur nach (und nicht nur durch Addition oder Substraktion von Elementen) unterscheiden – um so schließlich zu rekonstruieren, aufgrund welcher Prozesse und Mechanismen die sich aufbauenden Operationen immer mehr die Form und Gesetzmäßigkeit kognitiver (logisch-mathematischer) oder moralischer (ethisch-philosophischer) Strukturen annehmen (vgl. HOPPE u.a. 1977, S.99). Für die empirische Überprüfbarkeit werden dann zwei Forschungsprinzipien bedeutsam: Das *Prinzip der sequentiellen Wahrscheinlichkeit* und das *Prinzip der progressiven Äquilibration.* Das Prinzip der sequenziellen Wahrscheinlichkeit besagt, daß auf jeder Entwicklungsstufe neue Erkenntnisse möglich werden, die auf den vorhergehenden Stufen noch nicht gegeben waren. Bestimmte bereits ausgebildete (kognitive) Strukturen determinieren durch das, was sie an neuer Koordination zwischen inneren Strukturen und äußeren Inhalten ermöglichen, sowohl die Richtung als auch das Ausmaß der Weiterentwicklung. Die Konstruktion neuer Strukturen in Abhängigkeit von den vorhandenen ist verschieden wahrscheinlich. Die jeweils wahrscheinlichste Struktur entsteht als nächste und legt dadurch wiederum den Verlauf des Konstruktionsprinzips fest. Das Prinzip der sequenziellen Wahrscheinlichkeit ist damit vom Prozeß der Äquilibration nicht unabhängig, für den es nach Piaget doch erst die Begründung liefern soll; die wahrscheinlichste Struktur ist nämlich zugleich auch eine Struktur, die eine Verbesserung der Stabilität des Gleichgewichts darstellt, da sie vom Subjekt zur Überwindung der erkannten beziehungsweise erlebten Unzulänglichkeiten der bisherigen Strukturen konstruiert wird. Dadurch, daß die neue Struktur bessere Handlungsstrategien ermöglicht, die ihrerseits weitere Fehlschläge oder Mißerfolge vermeiden helfen, wird gerade auch die Stabilität der Struktur erhöht (vgl. PIAGET 1972, S. 224 ff.).

4 Musterbeispiele entwicklungslogischer Forschung

Als die beiden „klassischen" Vorbilder entwicklungslogischer Forschung gelten die Untersuchungen sensu Piaget und Kohlberg. Die Ergebnisse beider Entwicklungsforschungen stehen in einem engen Zusammenhang zueinander (vgl. Abbildung 1).

Abbildung 1: Beziehungen zwischen Piagets logischen Stufen und Kohlbergs Moral-Stufen

Logische Stufen	Moral-Stufen	
Symbolisches, intuitives Denken	Stufe 0:	gut ist, was ich will und mag
konkrete Operationen, Unterstufe 1 kategoriale Klassifikation	Stufe 1:	Strafe – Gehorsam – Orientierung
konkrete Operationen, Unterstufe 2 reversibles konkretes Denken	Stufe 2:	instrumenteller Hedonismus und konkrete Reziprozität
formale Operationen, Unterstufe 1 Relationen, die auf der Inversen des Reziproken basieren	Stufe 3:	Orientierung an interpersonellen Beziehungen der Gegenseitigkeit
formale Operationen, Unterstufe 2	Stufe 4:	Aufrechterhaltung der sozialen Ordnung, unveränderbare Regeln und Autorität
formale Operationen, Unterstufe 3	Stufe 5 A:	sozialer Vertrag, Aufstellen von Gesetzen nach dem Gesichtspunkt der Nützlichkeit
	Stufe 5 B:	höhere Gesetzes- und Gewissensorientierung
	Stufe 6:	Orientierung an universellen ethischen Prinzipien

(Quelle: KOHLBERG 1977, S. 233)

Inhaltlich sind die moralischen Stufen 0 bis 4 als in ihrer Entwicklung parallel zum Verlauf der kognitiven Kompetenz nach Piaget konzipiert, während die Unterstufen in der postkonventionellen Stufe (5 Aff.) alle auf formal-operationalem Niveau basieren und ihre Aufeinanderfolge nicht in Hinsicht auf die ihnen zugrundeliegende kognitive Stufe erklärt werden können. Allerdings geht Kohlberg davon aus, daß es sich auch bei diesen um logische Entwicklungsstufen handelt, da „jede Stufe eine logische Differenzierung und Integration höherer Begriffe darstellt" (KOHLBERG 1974, S. 80), so daß als wahrscheinlich gelten kann, daß man die Stufen 5A und 5B durchlaufen haben muß, um die Stufe 6 zu erreichen. Umgekehrt können Individuen der Stufe 6 die Unterstufen des Niveaus 5 noch nicht durchlaufen haben.

Formal genügen beide Stufenmodelle den Definitionsbedingungen entwicklungslogischer Skalierung: Erstens drücken sie qualitativ verschiedene Strukturen aus, die zweitens eine invariante Ordnung oder Abfolge in der Entwicklung einhalten; dabei formieren sich drittens die Denkschemata in jeder Stufe zu strukturierten Ganzheiten, indem sie viertens die hierarchisch-sequenzielle Integration aller jeweils vorhergehenden Stufen aufnehmen (vgl. KOHLBERG 1977, S. 232).

Methodisch gehen sie schließlich analog vor: Piaget in Form von logischen Problemlösungsaufgaben, Kohlberg in Form von moralischen Dilemma-Aufgaben. In beiden Fällen wird mit Hilfe der klinischen Methode deren Lösung durch die Probanden hervorgelockt und rekonstruiert. Es ist allerdings anzumerken, daß Kohlbergs Theorie dem strukturalistischen Ansatz der Entwicklungstheorie und dem rekonstruktiven Ansatz der klinischen Methode nicht immer gerecht wird.

Daneben gibt es jedoch eine Reihe von Variationen zwischen diesen beiden Musterbeispielen entwicklungslogischer Forschung, von denen diejenige, welche für pädagogische Entwicklungsforschung bedeutsam wird, besonders herausgestellt werden soll: Während Piaget mit Hilfe der Begriffe Assimilation, Akkomodation und Äquilibration die Entwicklung kognitiver Strukturen in ihren Stufen rekonstruiert, geht Kohlberg von der Existenz bestimmter moralischer Entwicklungsstufen aus, die er mit Bezug auf die Stufen kognitiver Entwicklung zu erklären versucht. Diese Vorgehensweise impliziert, daß im Forschungsprozeß Präzisierungen oder auch Revisionen der unterstellten moralischen Stufen nur begrenzt möglich sind. Auch ist mit diesem Ansatz allein nicht zu erklären, wieso auf formal-operationalem Niveau drei moralische Stufen (5A, 5B, 6) unterscheidbar sind. Da Stillstand oder Weiterentwicklung hier nicht auf kognitive Ursachen zurückgeführt werden können, müßten andere Erklärungen gefunden werden. Versuche hierzu werden erst in letzter Zeit unternommen, etwa wenn Kohlberg die Rolle von „maßgeblichen" Erfahrungen bei der moralischen Entwicklung im Jugend- und Erwachsenenalter diskutiert, wie beispielsweise die Lösung vom Elternhaus und den Wechsel ins College als Voraussetzung für die Ausdifferenzierung der konventionellen Stufe und den Übergang ins postkonventionelle Niveau (vgl. KOHLBERG 1977, S. 239 ff.) oder auch die Bedeutung unterschiedlicher „pädagogischer" Umwelten (Gefängnis versus „gerechte Schulkooperative" – vgl. KOHLBERG u.a. 1978 a, b) für die Moralentwicklung allgemein.

Mit einer Studie von DÖBERT/NUNNER-WINKLER (vgl. 1975) liegt ein Ansatz vor, welcher die latent inhalts- und umweltindifferente entwicklungslogische Selbstbeschränkung Piagets und Kohlbergs zu überschreiten sucht. Ihre Ausgangsüberlegung bezieht sich auf eine konkrete Altersphase (Adoleszenz) und ein objektives gesellschaftliches Problem (Wehrdienst versus Zivildienst). Sie unterstellt, daß „konkrete Einstellungen, die Handeln in den gesellschaftlichen Lebensbereichen […] anleiten, […] überhaupt erst in der Adoleszenzphase strukturiert" werden (DÖBERT/NUNNER-WINKLER 1975, S. 74). Hieraus wird die Globalhypothese der Untersuchung gewonnen: „Unterschiedliche Verlaufsformen der Adoleszenzkrise bestimmen die Struktur des moralischen Bewußtseins; diese wiederum steuert die Selektion von Lebenszielen und handlungsrelevanten Wertorientierungen" (DÖBERT/NUNNER-WINKLER 1975, S. 75) und: „Eine heftige, abgeschlossene Adoleszenzkrise ist ‚notwendige Voraussetzung' für die Transformation von konventionellen zu postkonventionellen Strukturen des moralischen Bewußtseins, weil die postkonventionellen Strukturen sich von den konventionellen eben darin unterscheiden, daß sie ihre naturwüchsige Geltung verlieren" (DÖBERT/NUNNER-WINKLER 1975, S. 138). Methodisch stützt sich die Studie auf narrative, lernbiographische Interviews und moralische Dilemma-Aufgaben, die jeweils strukturell *und* inhaltlich ausgewertet werden. Diese methodisch offenere Vorgehensweise führt zur kritischen Reflexion, Differenzierung und Präzisierung der Kohlbergschen Begriffe: Bei instrumentellen Urteilsformen werden fünf Typen unterschieden, wobei zwei Typen von besonderer Bedeutung sind, nämlich „segmentärer Instrumentalismus" (Instrumentalisierung von als moralisch bewertbar erkannten Sachverhalten) als besondere Ausprägung konventioneller Moral und „Protestinstrumentalismus" (Formen zynischer Überdistanzierung gegenüber geltenden Normen) als Durchgangsstadium zu postkonventioneller Moral.

In bezug auf *postkonventionelle Urteile* machen Döbert und Nunner-Winkler darauf aufmerksam, daß Prinzipien in Staaten mit demokratischen Verfassungen inhaltlich gelernt sein können, so daß ihre Übernahme nicht notwendig auf eine postkonventionelle Orientierung der Probanden verweist. Genauso ist auch ein Relativismus gegenüber Normen nicht unbedingt Zeichen für Postkonventionalität; er wird dazu erst dann, wenn er sich einerseits als praktizierte Toleranz umsetzt und andererseits in bezug auf moralisch bedeutsame Fragen eingeschränkt wird, das heißt, die fundamentalen Prinzipien Freiheit, Gleichheit, Respekt vor Leben und Würde von Personen sind auf postkonventionellem Niveau nicht relativierbar. Es ist sicher als ein Erfolg des gegenüber Piaget und Kohlberg methodisch offener angelegten Vorgehens zu werten, daß die Studie ihre zentralen Hypothesen nicht bestätigt: Die Untersuchung ergibt, daß die Hälfte aller postkonventionell eingestuften Probanden keine oder nur eine schwache Lösungs- oder Identitätskrise durchlaufen hat. Damit ist die Ausgangshypothese zunächst widerlegt, wonach eine starke Adoleszenzkrise *notwendige* Voraussetzung postkonventioneller Moral sein sollte.

Neben den drei gekennzeichneten Musterbeispielen gibt es eine Reihe von weiteren Ansätzen, die sich in das Paradigma entwicklungslogischer Forschung einordnen und sich dabei mehr oder weniger explizit auf Piaget berufen. Dabei sind zunächst die Arbeiten von FLAVELL (vgl. 1977, FLAVELL/ROSS 1981) und SELMAN (vgl. 1980) zur sozialen Kognition zu nennen sowie die Untersuchung von OSER (vgl. 1981) zum Verhältnis von Gruppen- und Moralentwicklung. Zunehmend wendet sich entwicklungslogische Forschung auch bereichsspezifischen Urteils- und Handlungsstrukturen zu, etwa dem religiösen Urteil (vgl. FOWLER 1979, OSER u. a. 1979), naturwissenschaftlichen Problemlösungskapazitäten (vgl. SEILER 1973) oder interlingualen beziehungsweise interkulturellen Kompetenzformationen (vgl. KORDES 1982a, 1983a).

5   Schritte und Verfahren entwicklungslogischer Forschung

Die in den 60er Jahren aufgestellte Forderung einer speziellen Methodenlehre hat im englischsprachigen Raum relativ adäquate Beantwortungen durch entsprechende Methodenhandbücher und Designdarstellungen gefunden. Die sozial- und erziehungswissenschaftliche Entwicklungsforschung in der Bundesrepublik Deutschland folgt dieser Entwicklung. Einen umfassenden Überblick über den Stand der Methodenlehre der Entwicklungsforschung geben die in den USA von GOULET/BALTES (vgl. 1970) sowie von NESSELROADE/REESE (vgl. 1973) herausgegebenen Kompendien. In der Bundesrepublik Deutschland liegen hierzu insbesondere die Übersetzung von WOHLWILLS „Strategien entwicklungslogischer Forschung" (1977), das von ECKENSBERGER/SILBEREISEN herausgegebene Sammelwerk „Entwicklung sozialer Kognitionen" (1980) sowie die methodologische Darstellung von HOPPE u. a. (vgl. 1977) vor.

5.1 Von der genetischen Epistemologie zur kompetenztheoretischen Strategie der Konzipierung von Entwicklungssequenzen

Den anspruchsvollen Regeln der Entwicklungsforschung entspricht ein aufwendiges exploratives Vorgehen, um den ersten Schritt in Richtung auf ein adäquates Meßinstrumentarium in Form einer durchstrukturierten Entwicklungssequenz oder -skala zu tun. Das Musterbeispiel dieses Vorgehens liefern Leben und Werk Piagets selber. Er hat nach einigen Vorversuchen, die ganz den Charakter von Erkundungsbeobachtungen (an eigenen Kindern und Nachbarskindern) trugen, eine Reihe von Annahmen formuliert, die dann in immer gezielteren Beobachtungen und Experimenten aufgrund theoretischer Überlegungen schließlich zur Konzeption der untersuchten Entwicklungskonzepte reiften. Danach zeigt beispielsweise das kindliche Erkennen der Äquivalenzen von Mengen an, daß eine neue Stufe in der Entwicklung der Intelligenz erreicht worden ist, und erst hierauf aufbauend können sich gemäß der theoretischen Konzeption weitere Funktionen der Intelligenz entfalten (vgl. KREPPNER 1975, S. 121). Der Weg geht also vom „erschließenden Konzept" der relativ breit angelegten Erkundungsphase über zunehmend schärfer eingegrenzte theoretisch-implikative Überlegungen zu relevanten und grundlegenden Instrumentarien der Messung einer ontogenetischen Veränderungsreihe, welche in der Regel die Form einer Entwicklungssequenz oder -skala nimmt.

5.1.1 Exploration tatsächlicher individueller Verhaltensänderung und -entwicklung

Als erstes ist ein Entwicklungsforscher darum bemüht zu sehen, wie bestimmte Entwicklungen einer Fähigkeit tatsächlich ablaufen. Dazu verfolgt er idealerweise die konkrete Lern- oder Lebensgeschichte eines Individuums oder einer kleinen Gruppe von Individuen. Piaget selber liefert hierfür in den minutiösen Beobachtungen seiner eigenen drei Kinder im Verlauf der ersten beiden Lebensjahre (vgl. PIAGET 1969) mustergültige Beispiele der Entdeckung („Generierung neuer Ideen und Erkenntnisse"), der Beobachtung („klinische Untersuchung des Verlaufs von Lerngeschichten") und der detaillierten Registrierung (vgl. HOPPE u. a. 1977, S. 70). Demnach erfolgt die Exploration zwar in kreativer und neuerungsfreudiger, aber keineswegs unmethodischer Weise. Vielmehr verlangt sie minimal folgende Vorkehrungen:
– Anzustreben ist grundsätzlich die *Erforschung längerfristiger Lebens- und Lerngeschichten* oder zumindest darin eingebetteter kurzer Entwicklungssequenzen (Aktualgenese).
– *Der umfassende Überblick* über die Variation im Verhalten von Individuen sollte *so sorgfältig wie möglich registriert und dokumentiert werden.*
– Um Verhaltensweisen zu identifizieren, welche die Wirkungsweise wichtiger Entwicklungsprozesse auch wirklich zeigen, ist hier allerdings bereits *die unterscheidende Diagnose qualitativer und quantitativer Arten der Veränderung* vorzunehmen. „Erstere betreffen die Spezifizierung der Gesamtrichtung und Form von Entwicklungsfunktionen entlang einer gegebenen Dimension. Letztere beziehen sich hauptsächlich auf die Bestimmung von sequentiellen Mustern (patterns) im

Auftreten einzelner Reaktionen während des Entwicklungsverlaufs sowie die Bestimmung der Erscheinungsformen, die diese aufeinanderfolgenden Reaktionen zeigen" (vgl. WOHLWILL 1977, S. 61 f.).

5.1.2 Einordnung der individualgeschichtlichen Daten in den Kontext allgemeiner Entwicklungsregeln und -prinzipien

Entwicklungslogische Forschung sieht die individuelle Entwicklung als Element einer Spezies oder Gattung an. Entsprechend versucht sie nicht nur auszumachen, „worin der individuelle Veränderungsprozeß besteht, sondern auch worin dieser demjenigen der anderen Individuen seiner Art oder Gruppe ähnlich verläuft und durch welche Gesetzmäßigkeiten dieser Ablauf in seiner Dependenz von äußeren und inneren Faktoren bestimmt wird" (HOPPE u. a. 1977, S. 17). Die Vorkehrungen für eine zumindest annähernde Lösung dieser Aufgabe lassen sich wie folgt zusammenfassen:

Zunächst ist durch die an der Oberfläche beobachtbaren Einzelfaktoren der Leistung *(Performanz)* hindurch die generative Struktur der *Kompetenz* zu charakterisieren:
- als gattungsspezifisches entwicklungslogisches Potential zu Reflexivität,
- als unbewußtes, auf ein objektives Handlungsproblem bezogenes Regelsystem, über das der Handelnde verfügt,
- als strukturierte und selbstkonstruktive Ganzheit (Schema, Plan),
- als beziehungsreiches und -herstellendes Lernhandeln (Verbindung von Wissen und Können),
- als implizites Bewußtsein von besseren/schlechteren oder überkommenen/angemessenen Problemlösungen (vgl. DÖBERT/NUNNER-WINKLER 1978, S. 102; vgl. KORDES 1982 a, b).

Dann ist eine *logische Analyse* (vgl. PIAGET 1972) oder *Dimensionsanalyse* (vgl. HOPPE u. a. 1977, S. 116, S. 237; vgl. WOHLWILL 1977, S. 105) durchzuführen. Diese hat die theoretische Ableitung der Dimensionen der zu untersuchenden Fähigkeit zu leisten, indem sie den Entwicklungsprozeß in Teilkomponenten (Dimensionen) zerlegt, die als relativ eigenständig und in sich homogen angesehen werden können wie Inkonsistenz versus Konsistenz, Flexibilität versus Rigidität oder Koordiniertheit/Organisiertheit versus Isoliertheit im Klassifikationsverhalten (vgl. WOHLWILL 1977, S. 112 ff.).

Weiterhin ist die *Art und Qualität der Entwicklung* zu untersuchen: stetige (kontinuierliche) oder sprunghafte (diskrete) Entwicklung, unitäre oder multiple Progression (vgl. RUDINGER 1978).

Erklärungswert im Sinne umfassender entwicklungslogischer Forschung gewinnen Aussagen über Veränderungsreihen und Entwicklungssequenzen allerdings erst mit Hilfe einer *spezifisch genetischen Erklärungsweise.* Diese strebt die Erstellung ontogenetischer Sequenzen an, die unter bestimmten, äußeren und inneren Bedingungen allgemeingültig sind. Die genetische Erklärungsweise begnügt sich also nicht mit der Erstellung allgemeiner, den Entwicklungsverlauf in grober und unspezifischer Weise charakterisierenden Sequenzregeln. Vielmehr versucht sie, die Ursachen des Entwicklungsgeschehens, die inneren und äußeren Bedingungen und ihre systemtheoretische Interaktion zu präzisieren, die den Prozeß ständig vorantreiben und seine Richtung bestimmen. Bezeichnend ist dabei für die genetische Erklärungsweise, „daß es ihr nur durch die umfassende Betrachtung einer Entwicklungsabfolge, ihre konsequente zeitliche und räumliche Ausweitung gelingen kann, den

Bernd Fischer/Renate Girmes-Stein/Hagen Kordes/Ursula Peukert

Charakter der Bedingungsrelation zwischen den einzelnen Zuständen und Stadien zu bestimmen" (HOPPE u.a. 1977, S. 49).
So zeigt gerade die an Piagets epistemologische Reflexion zu „Biologie und Erkenntnis" (1974a) anknüpfende Erklärungsweise, daß die Struktur der Intelligenz nicht ohne eine Rückverfolgung ihrer Entstehungsgeschichte bis in biologische und phylogenetische Prozesse der Anpassung und der Veränderung oder des Lernens erklärt werden kann (vgl. HOPPE u.a. 1977, S. 49f.). Die so benötigte Form der entwicklungslogischen Aussagen und Gesetze ist also als eine Erklärung im weitesten Sinne zu verstehen, die rationale, kausale und teleologische Begründung von Ereignissen umfaßt (vgl. HOPPE u.a. 1977, S. 28). Sie entsteht durch drei mit den oben genannten Begründungsweisen zusammenhängende Arten der Analyse: genetische Bedingungsanalyse, Kausalanalyse und Finalanalyse.
Die *genetische Bedingungsanalyse* beginnt dort, wo man beschreibend und verstehend über eine bloße Alterszuordnung von Leistungen und Denkoperationen hinausgeht. Über Formen rationaler Begründung, die also rationale Gründe und keine Seinsursachen anbietet (vgl. GROEBEN/WESTMEYER 1975, v. KUTSCHERA 1972) - insbesondere begriffliche, sachlogische und taxonomische Analysen (vgl. HOPPE u.a. 1977, S. 42ff.) -, werden umfassende, extensionale wie intensionale Deutungsräume einschließende Hypothesen und Argumente für die Erklärung ontogenetischer Veränderungsketten gewonnen. Dabei hat eine genetisch-entwicklungslogische Bedingungsanalyse darauf zu achten, daß die detaillierten sachlogischen und begrifflichen Analysen zum Ausgangspunkt, zur Leitlinie und zum Ziel haben müssen, die *Veränderungsabläufe einzelner Fähigkeiten auf generelle ontogenetische Entwicklungsprinzipien zu beziehen,* wie die orthogenetische Regel oder die Prinzipien der Differenzierung und Integration (vgl. HOPPE u.a. 1977, S. 41). Die orthogenetische Regel geht von Bedingungen einer sich ausweitenden Sequenz (im Gegensatz zur trichterförmigen Verengung) aus, in der auf jedem neuen Stadium zusätzlich zu den bereits vorhandenen durch Differenzierung, Aufspaltung und Veränderung neue Handlungsmöglichkeiten ausgebildet werden. Wenn zu diesem Prozeß der erweiternden Reorganisation von Fähigkeiten noch eine integrierende und zentralisierende Umstrukturierung hinzukommt, spricht man vom orthogenetischen Entwicklungsprinzip. Erst mit der Entdeckung solcher Entwicklungsregeln kann genetische Konditionalanalyse in eine genetische Kausalanalyse übergehen (vgl. HOPPE u.a. 1977, S. 43; vgl. SCHMIDT 1970, WERNER 1953).
Die *genetische Kausalanalyse* erfolgte lange Zeit lediglich über die Prüfung der Invariabilität einer Entwicklungssequenz (vgl. HOPPE u.a. 1977, S. 23). Sinnvoller ist es jedoch, daß sie an methodische Prinzipien anknüpft, wie sie v. WRIGHT (vgl. 1974, S. 49ff.) für die Charakterisierung notwendiger und hinreichender Bedingungszusammenhänge beschrieben hat. Eine entsprechende genetisch angeordnete Kausalanalyse mit graphischen oder abbildenden modallogischen Aussagesystemen „könnte sich als mächtiges Analyseinstrument für die entwicklungspsychologische Forschung erweisen" (HOPPE u.a. 1977, S. 45).
Hier zeigt sich eine der möglichen Verbindungslinien zwischen der Kausalanalyse (sowie der Sonderform der Prognose) und der *genetischen Finalanalyse.* In der Beschreibung von Entwicklungssequenzen sind teleologische Aussagen so gut wie unvermeidlich: menschliche Entwicklungsverläufe werden auf ein Ziel hin tendierend interpretiert und menschliches Handeln als wesentlich intentional verstanden. Die Grenze der Kausalanalyse muß daher in der genetischen Erklärungsweise gleich zweifach überschritten werden: generell durch das der humanen Entwicklung inhärente Entwicklungsprinzip der Selbstregulation (vgl. FLAMMER 1980), speziell

dann dadurch, daß der Handelnde an jene Regeln oder Regelsysteme (Kompetenzen) nicht wie an Naturgesetze gebunden ist, sondern sie übertreten kann (vgl. DÖBERT/NUNNER-WINKLER 1978, S. 102). Insofern hat genetische Erklärung die Ziele, die der Handelnde sich selbst steckt oder die ihm von außen gestellt werden, auf ihre entwicklungsbedingte oder -katalysierende Rolle hin zu untersuchen. Die bewußte Zielstrebigkeit menschlichen Handelns muß als wesentlicher Faktor von Entwicklungssequenzen einbezogen werden, und zwar in der Form einer gesonderten Zielanalyse. Es ist allerdings eine vorherrschende Tendenz entwicklungslogischer Forschung, solche Finalanalysen nur als ersten Begründungsschritt zu akzeptieren. Entsprechend raten HOPPE u. a. (1977, S. 47) Entwicklungsforschern dazu, nur den „Versuch" zu unternehmen, „die (scheinbare) Zielbestimmtheit von Entwicklungsstadien und ontogenetischen Veränderungsreihen durch kybernetische Analyse in kausale Abhängigkeiten umzuwandeln".

So lassen sich schließlich die besonderen *Aussagearten genetischer Erklärung* genauer charakterisieren. Ganz offensichtlich ist, daß der Versuch, genetische Erklärungsarten auf das Schema von Hempel/Oppenheim zurückzuführen, scheitern muß, da es die wesentlichen wissenschaftstheoretischen Probleme genetischer Bedingungs-, Kausal- und Finalaussagen (in ihrer Form rationaler, kausaler und teleologischer Erklärung) nicht löst, „sondern nur unter dem Mantel der Stringenz verdeckt" (HOPPE u. a. 1977, S. 29; vgl. HABERMAS 1976, S. 78; vgl. v. KUTSCHERA 1972, v. WRIGHT 1974). Das Bemühen, ein Verhalten aus seiner Geschichte zu begreifen, verlangt Erklärungsweisen in spezifischer Form: sei es in Form strukturell-genetischer oder genetisch-struktureller Erklärungen (vgl. HÜLST u. a. 1973, S. 31). *Strukturell-genetische Erklärungen* haben die Struktur einer Fähigkeit zum Bezugspunkt und die Entwicklung ihrer strukturellen Elemente zum Gegenstand. Sie repräsentieren nicht logisch-rationale oder final-teleologische, sondern praktische Zusammenhänge zwischen den in den einzelnen Gesetzen festgestellten Regelmäßigkeiten einer Entwicklungsabfolge. *Genetisch-strukturelle Erklärungen* ordnen dagegen die Frage nach der Genese vor, um die Struktur einer Fähigkeit selbst als etwas Gewordenes und Veränderbares zu problematisieren sowie die Entwicklung ihrer Elemente durch Prinzipien der Strukturbildung selbst zu erklären. Diese Aussage hat demnach die Form einer rational-teleologischen Begründung, warum sinnvollerweise eine Entwicklung so und nicht anders, in diese und nicht in eine andere Richtung verläuft. In dieser Erklärung werden deshalb die Zusammenhänge zwischen einem höheren und einem untergeordneten Stadium als „Implikation" beschrieben, also als auf logischen Beziehungen beruhende Sequenzen. Diese sind selbstverständlich der empirischen Prüfung und Spezifizierung zugänglich, können sich aber zwangsläufig nicht in ihnen erschöpfen (vgl. HOPPE u. a. 1977, S. 106 ff.; vgl. FLAVELL/WOHLWILL 1969).

5.1.3 Konzipierung einer Entwicklungssequenz oder -skala

Das erste Ergebnis entwicklungslogischer Forschung muß es sein, Skalen zu konstruieren, auf denen sie Veränderungsreihen oder Entwicklungssequenzen menschlichen Verhaltens abtragen kann (vgl. WOHLWILL 1977, S. 58 ff.). Der normale Ausgangspunkt entwicklungslogischer Forschung besteht darin, daß eine zugrundeliegende kontinuierliche oder diskrete Variable exploriert, sachlogisch analysiert und in ihren Dimensionen erschlossen ist (vgl. WOHLWILL 1977, S. 70 ff.). Hier setzt nun die besondere Leistung entwicklungslogischer Designplanung an, in der Form einer Skala geschlossene Veränderungsreihen menschlicher Ontogenese zu hypostasieren und für Messung und Nachweis „greifbar zu machen". Das Ziel dieser Analyse ist es, die bei vielen Individuen sich in gleicher oder ähnlicher Weise vollziehenden Veränderungen einzelner oder zusammenhängender Funktionsbereiche menschlicher Handlungen festzustellen und zu untersuchen. Sie hat Schritt für Schritt, Zustand für Zustand zu zeigen, welche neuen Merkmale, Beziehungen und Leistungen in der ontogenetischen Weiterveränderung einer Handlung oder Fähigkeit dazukommen, welche verlorengehen oder durch andere abgelöst werden. Die methodischen und diagnostischen Probleme einer solchen Aufgabe sind besonders groß, wenn invariable, eindimensionale Sequenzen aufgestellt, untersucht und nachgewiesen werden sollen (vgl. HOPPE u. a. 1977, S. 42). Hierfür ist nun die vorgängige sachlogische Bedingungsanalyse in eine entwicklungslogische zu überführen. In der einfachsten Form wird innerhalb eines sachlogisch erstellten Beziehungsnetzes von Teilkomponenten die größere Schwierigkeit oder Komplexität eines Vermögens als Argument nicht nur für eine hierarchische Rangfolge, sondern auch für eine sequentielle Reihenfolge verwendet: erweist sich beispielsweise die Operation des Addierens oder Subtrahierens als schwieriger als diejenige des Zählens, so schließt man daraus, daß sie ontogenetisch nach der Operation des Zählens auftreten werde, diese folglich als notwendige Bedingung voraussetze. Aufgrund solcher Analysen werden oftmals hierarchisch-sequentiell gegliederte Reihen (vgl. VOLPERT 1974) konstruiert.

Eine einfache Illustrierung liefert hierfür das von INHELDER/PIAGET (vgl. 1964) untersuchte Klassifikationsverhalten beim Kinde, das sie nach detaillierten Explorationen im Durchgang durch bedingungsanalytisch-sachlogische und -dimensionale Analysen und unter Bezug auf ontogenetische Entwicklungsprinzipien in diese drei Hauptstufen eines Entwicklungsprozesses gliederten: graphische Gruppierungen (Stufe I), nicht-graphische Gruppierungen (Stufe II), Klassifikation im eigentlichen Sinn (Stufe III). Inhelder/Piaget kommen zu einer solchen Charakterisierung individualgeschichtlicher (genetischer) Entfaltung des Klassifikationsvermögens dadurch, daß sie von einem sachlogisch-rational begründeten, empirisch noch idealisierten *Endzustand* einer „echten Klassifikation" ausgehen, der auf der Differenzierung und Koordinierung intensionaler und extensionaler Bedeutungen von Objekten und auf dem Erfassen der Zusammenhänge zwischen diesen beruht.

Das empirisch-aktuelle Klassifikationsverhalten der einzelnen Kinder wird sodann in seiner jeweiligen Begrenztheit als von diesem Endzustand mehr oder weniger weit entfernte *Vorstufe* (in der erst Teilmomente, aber noch nicht alle Bestimmungen des koordinierenden Klassifikationsverhaltens erfüllt sind) aufgefaßt und in seiner „*Modalstufe*" (nicht-graphische Gruppierungen, die allein aufgrund von äußeren, extensionalen Ähnlichkeiten der Objekte gebildet werden) sowie in seiner *Anfangs- oder Ausgangsstufe* (graphische Gruppierungen, in der Kinder nur räumliche Aneinanderreihungen von Elementen nach wechselnden Kriterien vornehmen) spezifiziert. Ausgangs-, Modal- und Endstufe sind theoretische Setzungen, die relativ zu einem ins Auge gefaßten Abschnitt der Ontogenese vorgenommen werden. Die Gründe dieser Setzungen sind daher stets als vorläufige zu betrachten. Die aufgestellte Entwicklungsabfolge darf nicht als sicher gelten, sondern nur als eine entwicklungslogisch begründete, empirisch noch zu validierende Skala.

Diese Stufung erfordert eine Reihe weiterer Vorkehrungen, die hier kurz aufgelistet werden sollen: Eine im strengen Sinn vorgenommene Analyse der *Genese* liegt erst dann vor, wenn die postulierte Abfolge von Veränderungszuständen zu einer relativ neuartigen und dauerhaften *Umgestaltung* früherer Verhaltensweisen führt und die Gesamtentwicklung eines Verhaltenszustandes ein in sich geschlossenes *System* impliziert, das auf eine klar umrissene Strukturbildung hinausläuft, innerhalb derer eine bestimmte Menge von schon existierenden mit neuen Fähigkeiten reorganisiert beziehungsweise koordiniert wird (vgl. HOPPE u. a. 1977, S. 16). Auf dieser Grundlage ist dann genauer zu entscheiden und zu begründen, ob die Skalenkonstruktion einem kumulativen oder disjunktiven Modell der Entwicklung folgt (vgl. WOHLWILL 1977, S. 148). Das *kumulative* Modell geht von einer *additiven* Aneinanderreihung von Entwicklungsstufen aus. Nach dem Übergang von einem gegebenen Entwicklungsniveau auf das nächsthöhere treten zusätzlich zu den bereits vorhandenen Reaktionen (Operationen, Fähigkeiten) weitere auf, ohne daß vorher gezeigte Reaktionen verlorengehen. Im *disjunktiven* Modell *ersetzen* bei fortschreitender Entwicklung neue Reaktionsweisen andere, auf einem niedrigeren Entwicklungsniveau vorhandene.

Wenn über Entwicklungsmodell und Skalenart entschieden ist, kann die *Skalierbarkeit* durch Anwendung der noch zu beschreibenden Skalogramm-Methoden ermittelt werden. Dabei ist unter Skalierbarkeit eher sequentielle Gleichförmigkeit und weniger Homogenität oder Eindimensionalität zu verstehen (vgl. WOHLWILL 1977, S. 149).

Eine vorab theoretisch zu entscheidende Frage ist darüber hinaus diejenige nach *Status und Reichweite der Zustandsdifferenzen.* Im disjunktiven Fall haben wir es in der Regel mit *Sequenzen* im engeren Sinn zu tun (beispielsweise mit Sequenzen motorischer Handlungsabfolgen): ein Sequenzkonzept bezieht sich im Prinzip „nur auf Dimensionen der Entwicklung, definiert durch diskrete Punkte auf Nominal-Skalen-Niveau" (WOHLWILL 1977, S. 235). Das *Stufenkonzept* (zum Beispiel der kognitiven und moralischen Entwicklung) wird dagegen, so WOHLWILL (1977, S. 235), „nur auf solche Fälle angewendet, bei denen es sich um miteinander verknüpfte Wechselbeziehungen zwischen zwei oder mehreren qualitativ definierten, sich schnell entwickelnden Variablen handelt." Konzeptuelle Verbindungsglieder zwischen diesen Verhaltensdimensionen erlauben es dann, jede Stufe durch eine Menge von Verhaltensweisen zu definieren, die einige Merkmale gemeinsam haben (vgl. WOHLWILL 1977, S. 235). Das *Stadienkonzept* wird dagegen als Spezialfall der Stufenskala anzuwenden sein, wie es zum Beispiel Piaget demonstriert, wenn er die Besonderheit einer der kognitiven Stufen, der sensomotorischen Stufe, in ihrem engeren Bildungsprozeß mit Hilfe sechs verschiedener Reaktionsniveaus näher umreißt. Demgegenüber mangelt es dem *Phasenbegriff* (wie er Eriksons Phasen der Persönlichkeitsentwicklung zugrundeliegt – vgl. ERIKSON 1966) an begrifflicher Präzision, die allerdings durch die theoretisch gehaltvolle Charakterisierung sehr breiter Regionen des Lebenszyklus ausgeglichen wird. Das Phasenkonzept ist evidenterweise am weitesten dem Zugriff direkter Beobachtung entzogen, da jede Phase eine Konstellation von Emotion, Gefühlen und Dispositionen in einem geschichtlichen Zeitablauf bezeichnet (vgl. WOHLWILL 1977, S. 239).

Die Konstruktion von Entwicklungsskalen sollte methodisch genau charakterisiert werden. WOHLWILL (vgl. 1977, S. 124 f.) schlägt für die *Lösung des Problems, qualitative Reaktionsmuster (Kompetenzen),* die auf einer unabhängig definierten Entwicklungsdimension angeordnet sind, in *quantifizierbare Skalen* zu überführen, vier Schritte vor:
- Konstruktion oder Auswahl von Meßinstrumenten für jedes zusammengesetzte Maß (wobei die Stimulus- oder Aufgaben-Invarianz und die Vergleichbarkeit der Reaktionen maximiert wird);
- Sammlung von Querschnitt-Daten in einem in kleine Intervalle unterteilten Altersbereich;

- Überprüfung der Homogenität der zusammengesetzten Maße oder Subtests innerhalb und zwischen Altersstufen;
- Umwandlung in eine einzige zusammengesetzte Skala (Bestimmung von Scores, um Individuen auf den Variablen zu lokalisieren).

Diese Überleitung qualitativer Kompetenzen in quantifizierbare Skalen erfordert allerdings einen komplexen *Operationalisierungsvorgang*. Zu operationalisieren sind nämlich nicht irgendwelche Konstrukte für eine zu untersuchende Fähigkeit, sondern die *Regeln,* nach denen sie sich entwickelt. Für die Entwicklung des Klassifikationsverhaltens hat KOFSKY (vgl. 1963) folgende drei theoretisch mehr oder weniger begründete Regeln aufgestellt: die Regel des allmählichen Abbaus des Sukzessionsprinzips, die Regel der Entstehung von Antizipation und Retrospektion sowie die Regel der Koordination von aufsteigender und absteigender Methode (vgl. HOPPE u. a. 1977, S. 75 ff.). Das Ergebnis dieses Operationalisierungsvorganges ist im sogenannten Kofsky-Modell des Klassifikationsverhaltens enthalten (vgl. KOFSKY 1963, S. 59). Die Skalenkonstruktion endet schließlich mit der genauen *Angabe der zahlenmäßigen Verteilung* (Scorierung), also mit der meßtheoretischen Fixierung der Skala.

5.2 Von der kompetenztheoretischen Strategie zu qualitativen Verfahren der Rekonstruktion von Kompetenzentwicklung

Die Operationalisierung einer Entwicklungsskala erfolgt durch Umsetzung in Aufgaben, seien es nun Problemlösungsaufgaben (Piaget), Dilemma-Aufgaben (Kohlberg) oder Kommunikations- und Rollenübernahmeaufgaben (Flavell). So werden beispielsweise die von Kofsky abgeleiteten Regeln der Entwicklung des Klassifikationsverhaltens in Aufgaben umgesetzt, in denen bestimmte Manipulationen mit Bausteinen (die in Form, Farbe und Größe sowie ihrer zahlenmäßigen Zusammensetzung variieren) verlangt werden. Die Aufgaben bestehen aus mehreren, leicht unterschiedlichen Durchgängen (vgl. HOPPE u. a. 1977, S. 84 ff.).

Prinzipiell sind entwicklungslogische Messungen so anzulegen, daß Veränderungen der „abhängigen Variablen" in Abhängigkeit von den „unabhängigen" Zeitvariablen (wie etwa Lebens-/Lernalter) beobachtet werden können. Das bedeutet, daß die Versuchspläne zwei Untersuchungsanordnungen verbinden müssen: diejenige des *Einzelfallexperiments* und diejenige der *Längsschnittuntersuchung.* Im Einzelfallexperiment soll eine intensive qualitative Erforschung einzelner Individuen oder Gruppen erfolgen, und zwar entlang der Veränderungen, welche sie in den Entwicklungsvariablen in Abhängigkeit von den Lebenslaufvariablen aufweisen. Es ist evident, daß das querschnittsanalytisch allein nicht zu leisten ist. Es müssen ja wenigstens sich überlappende Teilsequenzen einer ontogenetischen Veränderungsreihe erhoben werden, damit die postulierte Gesetzmäßigkeit der Abfolge mittels Skalierungsmethoden gesichert werden kann. Um empirisch ausreichende Gewißheit über die Bedingungsrelation (etwa der Invariabilität einer Sequenz) zu erlangen, wäre ein manipulierender, also experimenteller Trennungsversuch vonnöten, der beispielsweise veränderte Abfolgen provoziert (vgl. HOPPE u. a. 1977, S. 46). In der Praxis allerdings begnügt sich Entwicklungsforschung meist mit explorativen Erprobungen alternativer Veränderungsmöglichkeiten.

Das Erhebungsinstrument zur Erfassung kognitiver, moralischer oder interaktiver Kompetenzen (Urteils- beziehungsweise Handlungsstrukturen) erfolgt grundsätzlich nach PIAGET (vgl. 1932), wie es folgendes Beispiel illustriert:

Abbildung 2: Wie Kinder die Begriffe der Dichte und des spezifischen Gewichtes ausbilden

Name des Kindes:	Duf (7; 6)
Experimentator:	Geht diese Kugel unter?
Proband:	Die bleibt auf dem Wasser, das ist Holz, das ist leicht.
Experimentator:	Und dieser Schlüssel?
Proband:	Der sinkt, das ist Eisen, das ist schwer.
Experimentator:	Was ist schwerer, der Schlüssel oder die Kugel?
Proband:	Die Kugel.
Experimentator:	Warum sinkt denn der Schlüssel?
Proband:	Weil er schwer ist.
Experimentator:	Und dieser Nagel?
Proband:	Der ist leicht, aber er sinkt trotzdem. Er ist aus Eisen, und Eisen geht immer unter.
Experimentator:	Schiffe sind doch auch aus Eisen?
Proband:	Ja.
Experimentator:	Warum schwimmen denn Schiffe?
Proband:	...

(Quelle: MÜLLER 1975, S. 94)

Hinter diesem Vorgehen steckt Methode, genauer klinische Methode: Der Proband wird mit einer bestimmten *Aufgabe,* das heißt einem bestimmten logischen Problem, einem moralischen Dilemma oder einem Kommunikationskonflikt konfrontiert und damit zu einer *Handlungsentscheidung* (Problemlösung, Dilemmabeurteilung, Konfliktbewältigung) aufgefordert. Mit diesem aktivierenden Vorgehen hat die entwicklungslogische Methode jedoch noch nicht ihr Bewenden. Wesentlich für sie ist, daß sie an die Entscheidungen der Probanden anknüpfend mit *Zusatz- und Nachfragen* weiterhin „nachhakt"; diese Fragen sind offen-flexibel, werden aber von den vorab erarbeiteten Vorstellungen zu Entwicklungssequenz und -mechanismus geleitet. Charakteristisch ist, daß diese Fragen auf *Begründungen* und damit auf Reflexion und Selbstreflexion des Probanden hinsichtlich seiner gefällten Entscheidungen zielen. Entscheidung und Reflexion zusammen ergeben erst Hinweise auf die hinter einer Leistung liegende Struktur einer Kompetenz. ECKENSBERGER u. a. (1980, S. 338) beschreiben die Tätigkeit des entwicklungslogischen Forschers insofern folgerichtig als einen „Prozeß fortlaufender Hypothesenbildung und -testung, der erhebliche, eigentlich unvereinbare Anforderungen an den Forscher stellt: er muß zum einen dem Interviewten Gelegenheit geben, seine Denkvorgänge *unbeeinflußt* zu explizieren; auf der anderen Seite muß er ständig definitive *Arbeitshypothesen* präsent haben, die es *abzuklären* gilt". Piaget vertritt die Auffassung, daß nur mit dieser Methode Personen in ihrer intellektuellen Entwicklung beobachtet werden können (vgl. FLAVELL 1963).

Die Untersuchungsmethode der Entwicklungsforschung ist *„klinisch",* insofern sie – analog zur Tätigkeit des Arztes und Therapeuten – eine detailliert-sorgfältige Registrierung aller „Symptome", hier besser: aller „Operationen", vorschreibt; sie erfolgt als *„Experiment"* im ursprünglichen Sinne der Naturwissenschaften, nämlich im „Vorgehen des Probierens, Entdeckens und Abtastens" (MÜLLER 1975, S. 95 f.). Über diese elementare Anlage hinaus hat in neuerer Zeit das klinische Experiment

(vgl. KUBLI 1984) eine Reihe methodischer Präzisierungen erfahren: es ist nämlich
- als *Interaktionsexperiment* zu organisieren, in dem die Wechselbeziehung zwischen der Verhaltensentwicklung und der sie bedingenden Umweltkonstellation direkt zu überprüfen ist (vgl. WOHLWILL 1977, S. 130);
- als *Lernexperiment* durchzuführen, das dem Probanden keine endgültige Aktion aufzwingt, sondern ihn vielmehr ermutigt, seine eigene Wahl zu treffen und in persönlicher, authentischer Weise zu begründen (vgl. INHELDER/SINCLAIR 1973, S. 66);
- als *Kompetenzexperiment* zu spezifizieren, welches die hinter der Leistung liegende implizite Struktur der Regelverfügung rekonstruierbar macht (vgl. DÖBERT/NUNNER-WINKLER 1978, S. 100 ff.);
- als *Übergangs- und Entwicklungsexperiment* anzulegen, das der Entdeckung der Entstehung des untersuchten Verhaltens, der individualgeschichtlichen Veränderungsreihen, der Richtung des Entwicklungsprozesses und damit schlechthin der Aufdeckung der bestimmenden und steuernden Mechanismen dient (vgl. HOPPE u. a. 1977, S. 110; vgl. TURIEL 1977 a, S. 125).

Ausgezeichnete und verständliche Illustrierungen des Vorgehens der klinischen Methode im Sinne Piagets finden sich im Sammelband von Graumann/Heckhausen (vgl. FLAVELL 1973, INHELDER/SINCLAIR 1973, PIAGET 1973). Eine besonders gute methodische Einführung in die klinische Methode nach Kohlberg geben ECKENSBERGER u. a. (vgl. 1980; vgl. TURIEL 1977 a, 1977 b).

Im ursprünglichen Vorgehen Piagets herrschte eine kasuistische Vorgehensweise der Einstufung vor: „Die Tatsache des Auffindens sog. ‚typischer' Beispiele ist für ihn Nachweis genug, er bemüht sich nicht zusätzlich um statistische Erfassung und Auswertung seines Beobachtungsmaterials" (HOPPE u. a. 1977, S. 110). Speziell in bezug auf Entwicklungssequenzen beziehungsweise -stufen bedeutet dieses, daß die Tatsache des Auffindens von sogenannten Zwischengliedern im Verhalten einiger Probanden, etwa beim Übergang von der Phase der graphischen Gruppierungen zur Phase der nicht-graphischen Gruppierungen, ausreichend ist, um einen fortlaufenden, aufeinander aufbauenden und eindeutig festgelegten Entwicklungsprozeß anzunehmen (vgl. INHELDER/PIAGET 1964, S. 52 ff.). Seit die Piaget-Untersuchungen in großem Maßstab von der amerikanischen Entwicklungsforschung übernommen und geprüft werden, ist die Kunst der Kasuistik jedoch der Konvention der Statistik gewichen, genauer einer Methodik quantitativer Einstufung (scoring, grading). Im wesentlichen sind drei Vorgehensweisen der Stufenzuordnung zu unterscheiden:

Im *Bereichs-Score* (aspect scoring) wird für einen Probanden aus dem Verteilungsmuster der Antworthäufigkeiten pro Gegenstandsbereich der jeweilige Stufenwert gebildet, dann in gewichtete Punktwerte transformiert und anschließend über die Gegenstandsbereiche aufsummiert (ECKENSBERGER u. a. 1980, S. 356 ff.).

Bei der Errechnung der *Stufen-Scores* wird dem Gesamtexperiment oder -interview aufgrund des Verteilungsmusters der prozentualen Häufigkeiten von Antworten nach bestimmten Kriterien eine bestimmte Stufe zugeteilt. So geben beispielsweise ECKENSBERGER u. a. (vgl. 1980, S. 356) als Beispiel folgende formale Regeln der Stufenzuordnung an:
- „reine Stufe": wenn 75% aller Kodierungen auf einer Stufe liegen (Beispiel: Stufe III);
- „Zwischenstufen": wenn gleich hohe Prozentanteile (über 25%) auf zwei benachbarten Stufen kodiert werden (Beispiel: Stufe „II-III");
- „Mischstufe": wenn eine Stufe einen höheren Prozentwert hat als andere, beide jedoch mehr als 25% der Kodierung auf sich vereinigen (Beispiel: „II (III)");

- „Schwache reine Stufe": wenn eine Stufe weniger als 75% der Kodierungen aufweist, keine andere Stufe jedoch mehr als 25% der Kodierungen umfaßt (Beispiel: Stufe „III?");
- unberücksichtigte Stufen: die weniger als 25% der Kodierungen auf sich vereinigen.

Beim *Global-Score* werden die einzelnen Prozentwerte mit der Ordnungszahl jeder Stufe multipliziert und anschließend aufsummiert (vgl. ECKENSBERGER u.a. 1980, S. 356). Es ist jedoch zu befürchten, daß die statistische Verrechnung hier zu früh einsetzt, nämlich vor der gründlichen Interpretation und Rekonstruktion der Strukturstufe in jedem Einzelfall.

5.3 Quantitativ-statistische Entwicklungsforschung als Voraussetzung für eine kompetenztheoretische Messungsstrategie

In der Frühgeschichte Piagetscher Entwicklungsforschung beschränkte sich die kompetenztheoretische Strategie zur Messung ontogenetischer Veränderungsreihen auf qualitative und explorative Erkundungsexperimente. Ihr Verzicht auf statistische Methoden schränkte sie lange Zeit auf qualitative Aussagen (etwa über invariable Entwicklungssequenzen) ein. Schon quantitative Abschätzungen über das Ausmaß von Invariabilität einer Entwicklungsskala, über die Wahrscheinlichkeit von Stufenübergängen oder gar über die Reproduzierbarkeit beziehungsweise Monotonizität von Skalen waren ihr somit nicht möglich (vgl. HOPPE u.a. 1977, S.112). Darüber hinaus ignorierte sie den Umstand, daß eine wiederholt beobachtete relative Häufigkeit von Verhaltensabfolgen für sich allein noch keine Gesetzesaussage absichert, wenn sie nicht durch statistische Hypothesenprüfung in diesem Status gestützt werden kann. Genau diesem Bemühen wird seit zirka 20 Jahren, besonders in den USA, Rechnung getragen – mit dem Nebeneffekt, daß angesichts der Erfordernisse der Entwicklungsforschung eine Reihe weitreichender Verfeinerungen, Erweiterungen und sogar Veränderungen in der Methodenlehre quantitativer Sozial- und Erziehungsforschung vorgenommen worden sind. Diese sollen im folgenden für die Teilbereiche Versuchsplanung, Deskription, Skalenprüfung und inferenzstatistische Analyse vorgestellt werden.

5.3.1 Versuchsplanung

Das ursprünglich geringe Interesse Piagets an Versuchsplanungen ist heute von einer komplexen Designtechnik der Entwicklungsforschung abgelöst worden:
Zunächst ist ein *präziser Hypothesenplan* aufzustellen, der eine Reihe von prognose- und retrognoseähnlichen Annahmen über Qualitäten und Mechanismen der zu untersuchenden Entwicklung expliziert, wie etwa Annahme zur (probabilistisch-sequenziellen) Invariabilität, zur Irreversibilität der Sequenz beziehungsweise Stufenabfolge oder zur (historisch-genetisch zu präzisierenden) Universalität von Entwicklungszuständen, zur (interaktionstheoretisch zu formulierenden) Wechselwirkung zwischen individueller Verhaltensentwicklung und spezifischen „natürlichen" oder „pädagogischen" Umweltbedingungen (vgl. HOPPE u.a. 1977, S.197ff.).
Die zweite Planungsentscheidung hat Fragen der *Stichprobenauswahl* zu klären (vgl. WOHLWILL 1977, S.157ff.) und sie in der Form einer „Kohortenauswahl" zu bearbeiten (vgl. RUDINGER 1978).
Der dritte Planungsaspekt bezieht sich auf Bedingungen der Möglichkeit einer echten Entwicklungsmessung, die mehr ist als nur durch Aktualgenesen differenzierte

Querschnittuntersuchungen, aber auch mehr als nur eine *Längsschnittuntersuchung* (= Plan mit Wiederholungsmessungen an derselben Stichprobe). Beide nämlich weisen so zahlreiche Unzulänglichkeiten auf, daß heute eine entwicklungslogische Versuchsplanung in der Regel auf ein *„allgemeines Entwicklungsmodell"* rekurriert. SCHAIE (vgl. 1973) schlägt darin drei sequentielle Strategien vor, mit denen die Auswirkungen der Bedingungsfaktoren (Alter, Generation, Erhebungszeitpunkt) auf die Entwicklung von Handlungs- und Verhaltensweisen empirisch geprüft werden können: Beobachtet werden entweder mehrere Generationen (in vergleichbarer Weise über mehrere Altersstufen hinweg) beziehungsweise mindestens zwei Altersstufen zu zwei oder mehr Erhebungszeitpunkten oder mehrere Generationen über mehrere Erhebungszeitpunkte hinweg (vgl. RUDINGER 1978, 1984).

Die vierte Planungsentscheidung betrifft das *Design* im engeren Sinne, also die *Anordnung der in die Untersuchung einzubeziehender Variablen.* Hier muß die Entscheidung zwangsläufig gegen konventionelle, unifaktorielle Designs (E = f (A)) fallen, in denen die Entwicklungsvariable (E) in Abhängigkeit von nur einer Variable (etwa A = Alter) analysiert wird. Im Prinzip ist in der Entwicklungsforschung die Interaktion zwischen exogenen (und nicht einfach unabhängigen Prädikatorvariablen, also nicht nur Alter, sondern auch Lern- und Bildungsphasen, nicht nur Schichtzugehörigkeit, sondern auch Lernmilieus und endogenen (nicht einfach abhängigen) Moderatorvariablen der Entwicklungsfunktionen zusammen mit der in Frage stehenden Handlungsstruktur oder Denkoperation in einen Variablenplan zu bringen (vgl. HOPPE u. a. 1977, S. 199 ff.; vgl. SCHMIDT 1970).

Die letzte Entscheidung der Versuchsplanung gilt schließlich der Festlegung einer *Strategie zur Überprüfung und Kontrolle der Bedingungs- und Wechselwirkungsrelationen* zwischen exogenen und endogenen Variablen. Dabei muß sich entwicklungslogische Versuchsplanung der Einsicht beugen, daß ihre Untersuchungen keineswegs wie strenge Experimente im Sinne planmäßiger Auslösung von Vorgängen und kontrollierter Manipulation von Variablen zum Zweck der unmittelbaren Beobachtung organisiert werden können: Alter und Lernphase als exogene Variablen unterliegen ja nicht der Manipulierbarkeit; die endogenen Variablen, wie etwa kognitive, moralische, soziale Kompetenzentwicklung, unterliegen ebenfalls keiner willkürlichen Auslösung von außen; jedenfalls nicht, ohne daß der Proband durch Selbstregulation und -reflexion Anteil an ihnen nimmt. Daher sind sämtliche Untersuchungen in der Entwicklungsforschung als (im weitesten Sinne) empirische zu planen, bei welchen eine spezielle Wechselwirkungsstruktur von Variablen zum Zwecke der Messung und Entwicklungsbegleitung besonders aufgesucht wird. Im Idealfall können entwicklungslogische Untersuchungspläne (die auf längerfristige Veränderungsprozesse angelegt sind) den Leitlinien quasi-experimenteller Designs (vgl. CAMPBELL/STANLEY 1970, S. 34; vgl. HOPPE u. a. 1977, S. 157) angenähert werden.

5.3.2 Deskriptive Untersuchung entwicklungsbedingter Veränderungen

Den „Ur"-Schritt, die Ebene bloß kasuistischer Betrachtung zu verlassen, tun INHELDER/PIAGET (vgl. 1964, S. 63 ff., S. 137 ff.) selbst, wenn sie sich nicht nur auf die Nennung einzelner passender Beispiele beschränken, sondern in bestimmten Fällen das Verhalten aller zu einer Frage insgesamt untersuchten Probanden in Prozentwerten und Übersichtstafeln angeben. WOHLWILL (vgl. 1977, S. 203) hält solche deskriptiv-statistische Beschreibung entwicklungsbedingter Veränderung als Vorbereitung einer Verlaufsbildung auf skalierten Dimensionen für „ideal", weil hier, ohne

Verzerrung durch Mittelwertbildung oder durch vorzeitige hypothesentestende Statistik zumindest die Form der Individualfunktionen aufgezeigt werden kann. (Gleichzeitig besteht er aber darauf, daß danach die Spezifizierung der Entwicklungsfunktion in mathematischen Termini erfolgen muß.) Ein solch deskriptives, soziographisches Vorgehen kann wie folgt aussehen:
In einem ersten Schritt kann Entwicklung in Form differentieller *Beschreibung,* also in Form von Entwicklungsunterschieden abgebildet werden. Das wird in Abschnitt 5.3.4 genauer erläutert.
In einem zweiten Schritt sollte dann die Form der *Entwicklungsfunktion selbst* nachgezeichnet werden:
- Liegt überhaupt eine entwicklungsbedingte Veränderung mit zunehmendem Alter/Lernphase vor?
- Kann eine (steigende/fallende) Richtung bestimmt werden?
- Läßt sich der allgemeine Verlauf der Entwicklungsfunktion mittels prägnanter Trendkomponenten bereits angeben (qualitative Trendanalyse), etwa Progressions- oder Regressionseffekte, „décalages" generell in der einen oder anderen Dimension oder gruppen-, geschlechts-, schichtspezifische Retardierungen oder Akzelerierungen (vgl. WOHLWILL 1977, S. 196 ff.)? Weiterhin: Lassen sich Entwicklungsraten in Begriffen der Geschwindigkeit, Komplexität und andere angeben?

Die einfachste Form einer deskriptiven Analyse qualitativer Daten liegt dann in einem dritten Schritt in der *Bestimmung des Auftretens unterschiedlicher oder homogener Reaktionen auf jeder Altersstufe.* Hier sind in der Regel Prozentangaben angebracht. Da die Zuordnung von Reaktionen (Aufgabenlösungen) zu Zahlen generell in Form von Einstufungen erfolgt, ist darüber hinaus im Vergleich von Altersgruppen, Mittelwerten und Streuungen eine Bestimmung des Vorhandenseins oder der Richtung von Veränderungen möglich (vgl. WOHLWILL 1977, S. 221).
Im vierten Schritt ist eine deskriptive statistische Grobeinschätzung der Plausibilität oder Relevanz von Entwicklungssequenzen oder Zustandsabfolgen zu empfehlen. Bei dem hierfür nötigen Versuch, ein quantitatives Maß für die untersuchten qualitativen Veränderungen zu erstellen, sollte man, so WOHLWILL (vgl. 1977, S. 82), zwischen drei Arten des Vorgehens wählen:
- Darstellung der Auftretenshäufigkeit von Verhaltenszuständen (Stufen) bei einem einzelnen Individuum dadurch, daß man dessen Reaktions-Varianten zu verschiedenen Zeitpunkten abbildet;
- Darstellung derselben Auftretenshäufigkeiten über viele Individuen der Stichprobe hinweg, und zwar dadurch, daß man Varianten im Grad der Manifestation des untersuchten Verhaltens in Prozentform ausdrückt;
- Abbildung der manifestierten Verhaltensweisen in Individuen oder Gruppen auf ausgewählten Kontinua, auf denen unterschiedliche Grade der Stärke, Effizienz und andere der in Frage stehenden Verhaltensentwicklung eingetragen werden sollen.

Der Grobeinschätzung muß dann eine Detailüberprüfung der Entwicklungsqualität selbst folgen. Diese umfaßt mindestens folgende Vorkehrungen:
- Untersuchung der Kontinuität versus Diskontinuität einer Entwicklungsabfolge – überwiegend durch sorgfältige Analyse der im vierten Schritt erstellten Tabellen.
- Untersuchung der Variabilität versus Invariabilität der Entwicklungsabfolge. Hier sind spezifische Tabellen anzulegen, in denen das Verhältnis der Probanden zwischen ihrem aktuellen Entwicklungsniveau zu den nächst höheren Niveaus abgebildet wird.

- Zusatzuntersuchung zur Verhaltensvariabilität (Stufenmischung). Diese nimmt den Normalfall der Stadienmischung zum Ausgang, daß Aufgabenlösungen nicht nur einer einzigen Stufe zugeordnet werden können, sondern sich auf mehrere verteilen. Deshalb stellt sich in entwicklungslogischer Forschung vielfach die Frage so: Gibt es bei Probanden ein dominantes Stadium (eine Modalstufe), um das herum sich die anderen Stufen in abnehmendem Maße gruppieren? Eine solche „Stufenmischanalyse" hat differenziert zu untersuchen, wo die Entwicklung exakt zwischen lupenreiner Entwicklungslogik und anarchischen Entwicklungskontingenzen verläuft. In der Regel können Stadienmischungen, in denen sich Instabilität und Inkonsistenz von Handlungs- und Urteilsstrukturen ausdrücken, entwicklungsmethodologisch gut interpretiert werden: nämlich als Ausdruck kritischer Übergangsschwellen. Dagegen können Stufenhomogenität und -konsistenz Ausdruck sowohl einer Stabilisierung als auch einer Verfestigung von Kompetenzentwicklung darstellen, die nach erneuter Destabilisierung zu Äquilibration auf höherem Niveau drängen.

5.3.3 Prüfung der Skalierbarkeit von Entwicklungssequenzen oder -stufen

Der erste konsequente und notwendige Einsatz inferentieller Statistik erfolgt bei der Überprüfung der Entwicklungsskalen. Das Standardverfahren der quantitativen Analyse kumulativer Entwicklungsmodelle ist die Skalogrammanalyse nach Guttman, die über die Bestimmung von Skalenfehlern einige statistische Maßzahlen zur Beurteilung der Skalengüte liefert. (Eine anwendungsorientierte Darstellung geben NIE u. a. – vgl. 1970) Die Güte der Skalierung ist kein qualitativer Begriff; sie bezieht sich auf die Verträglichkeit der empirischen Daten mit dem kumulativen Modell; eine Bestimmung der inhaltlichen Güte (etwa über den Nachweis fehlender Indikatoren) liefern die statistischen Maßzahlen nicht. Neben der in den Sozialwissenschaften schwer einlösbaren Forderung nach Eindimensionalität erweist sich der Anwendungsrahmen der Guttman-Skalen außerhalb engumrissener Entwicklungsdimensionen (etwa Leistungstests) als beschränkt, da die auf dem kumulativen Modell basierende Guttman-Skala für nicht-kumulative Entwicklungsprozesse zu inflexibel ist (vgl. RAUH 1974).
LEIK/MATTHEWS (vgl. 1968) verweisen für disjunktive Entwicklungsprozesse auf die pragmatische Lösung ihrer „developmental scale" (Entwicklungsskala): Sie identifiziert gleichgerichtete, fortlaufende Entwicklung, indem sie zwischen zulässigen und unzulässigen Sprüngen unterscheidet. Allerdings leistet diese Skala nur eine Indikatoren-, keine Personenskalierung und erscheint mathematisch weniger fundiert als die Guttman-Skala (vgl. BERGMANN 1973). Es ist letztlich ein Wechsel von den deterministischen Modellen der Skalogrammanalyse zu probabilistischen Modellen notwendig, sei es zum Ogiven-Modell, das in der Intelligenztest-Theorie (vgl. TORGERSON 1958), sei es zum Proctor-Modell, das ausdrücklich in entwicklungsmethodologischer Kritik an konventionellen (deterministischen) Skalogrammanalysen formuliert wurde (vgl. HOPPE u. a. 1977, S. 175 ff.). Es versteht sich von selbst, daß dieser Wechsel in engem Zusammenhang zum theoretischen Übergang von einlinigen Invariabilitätsannahmen zu Axiomen über sequentielle Wahrscheinlichkeit steht (vgl. 5.1.2).
Eine genetisch-probabilistische Sequenzierung (oder Quasiskalierung) liegt beispielsweise vor, wenn man erklärt, warum eine bestimmte Handlungsstruktur I (wie graphische Gruppierungen) eine notwendige, wenn auch nicht hinreichende

Entwicklungslogische Erziehungsforschung

Voraussetzung für eine Handlungsstruktur II (nicht-graphische Gruppierungen) bei einer bestimmten Gruppe von Personen zu einem bestimmten (historisch-genetischen) Zeitpunkt ist. Liegen mehrfache repräsentative Messungen vor, wird es möglich sein, aufgrund von extrapolierten Entwicklungsgesetzen darauf zu schließen, daß sich die bedingte Übergangswahrscheinlichkeit zur Handlungsstruktur II in Gegenwart der Handlungsstruktur I signifikant erhöht. Diese Entwicklungsgesetze, möglichst ergänzt durch Bedingungsaussagen über entwicklungsförderliche Ursachen und Maßnahmen, erlauben somit die Vorhersage eines weiteren Anstiegs der Übergangswahrscheinlichkeit. Dieser Wahrscheinlichkeitswert bildet zusammen mit weiteren Zusatzinformationen sozusagen das Antezedenz der nächsten Stufe (vgl. GROEBEN/WESTMEYER 1975, S. 95).

5.3.4 Inferenzstatistische Analyse von Entwicklungsabfolgen

Methodologen wie WOHLWILL (vgl. 1977) und GOULET/BALTES (vgl. 1970) bemühen sich seit einiger Zeit, die Übernahme von Methoden der allgemein sozialwissenschaftlichen statistischen Inferenzanalyse für die Entwicklungsforschung vorzubereiten. Eine Darstellung möglicher statistischer Strategien der Entwicklungsforschung (zur Prüfung entwicklungsbedingter Veränderungen) kann sich dabei am einfachsten an einem dreidimensionalen Körper mit den Kanten: „Personen" (a), „Variablen" (b) und „Meßzeitpunkte" (c) orientieren (vgl. Abbildung 3).

Abbildung 3: Dreidimensionaler Würfel der Analyse von Entwicklungsprozessen nach Buss

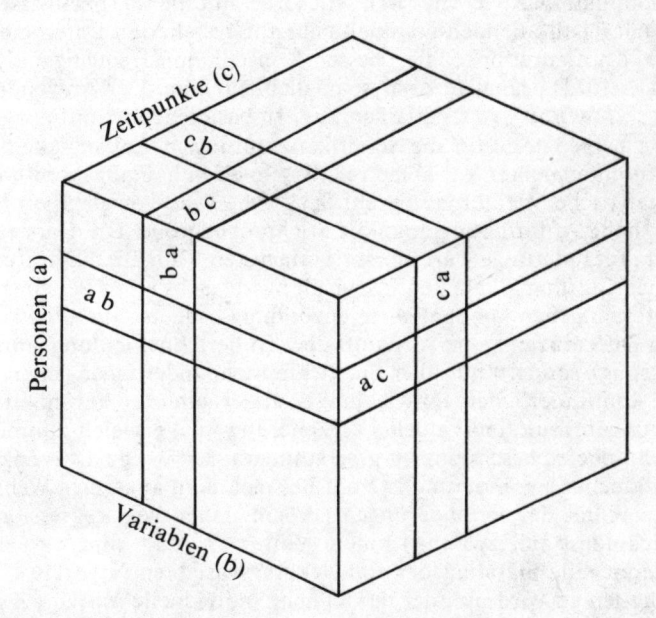

(Quelle: BUSS 1977, S. 96)

Unter Konstanthalten von zwei Dimensionen werden jeweils Unterschiede auf der dritten Dimension untersucht. Im Fall der Nichtvariation einer Dimension und der

Bernd Fischer/Renate Girmes-Stein/Hagen Kordes/Ursula Peukert

Suche nach Unterschieden auf den beiden anderen lassen sich dann sechs weitere Strategien der Analyse von Entwicklungen ausmachen: (ab) Personen werden auf verschiedenen Variablen zu einem Meßzeitpunkt verglichen; (ac) Personen werden auf einer Variablen zu verschiedenen Meßzeitpunkten verglichen; (ba) Variablen werden über verschiedene Personen zu einem Meßzeitpunkt verglichen; (bc) Variablen werden über verschiedene Personen zu einem Meßzeitpunkt verglichen; (ca) Meßzeitpunkte werden über Individuen für eine Variable verglichen; (cb) Meßzeitpunkte werden über verschiedene Variablen für ein Individuum verglichen (vgl. BUSS 1977, S. 96).

Insgesamt bieten sich bei freier Variation aller Dimensionen des Würfels fünfzehn verschiedene Strategien der Datenanalyse an (vgl. RUDINGER 1978). Im Falle (a) liegt die Identifikation interindividueller Unterschiede der Entwicklungsstufen vor, die relativ eindeutig an ihrer Stellung auf den jeweiligen Skalen abgelesen werden können. Intraindividuelle Entwicklungsunterschiede (b) auf verschiedenen Entwicklungsdimensionen lassen sich unter anderem durch differentielle Profile beziehungsweise durch statistische Kennziffern wie mittlere Profilhöhe und Homogenität des Profils beschreiben. Der Fall (c) repräsentiert N-1-Experimente, wie sie die klinische Psychologie bei der Überprüfung von Therapien einsetzt (vgl. PETERMANN/HEHL 1979). Typische Profile verschiedener Personen über verschiedene Variablen (ab) können mit Hilfe von geeigneten multivarianten Verfahren wie Clusteranalyse (vgl. STEINHAUSEN/LANGER 1978) gebündelt werden; faktorenanalytische Verfahren sind dagegen angezeigt, wenn die Zusammenhänge zwischen Variablen über Personen verglichen werden sollen (ba). Die Anwendung der zuletzt genannten Verfahren ist allerdings durch das (meßtheoretische) Skalenniveau eingeschränkt, das nominalbinär oder metrisch sein sollte. Für die im sozialwissenschaftlichen Bereich häufig anfallenden nominal-mehrstufig skalierten Daten bieten Verfahren wie die Konfigurations-, hier besser Konstellationsfrequenzanalyse (vgl. KRAUTH/LIENERT 1973) geeignete Analysemöglichkeiten an. Der Anwendungsrahmen der auf der „*Identität*" von Variablenmustern basierenden Konfigurationsfrequenzanalyse ist begrenzt, da für die Signifikanzprüfung in Abhängigkeit von der Anzahl simultan untersuchter Variablen relativ schnell hohe Fallzahlen notwendig sind. Clusteranalytische Verfahren, die auf der *Ähnlichkeit* von Profilen basieren, stellen weniger hohe Anforderungen an die Stichprobengröße. Die Darstellung intraindividueller Veränderungen erfolgt im einfachsten Fall über Differenzmaße, die z. B. auf einer Guttman-Skala den Entwicklungszuwachs einer Person zwischen Vor- und Nachtest angeben können. Differenzbildung bedeutet allerdings Informationsverlust, da Differenzen keine Auskunft über frühere Entwicklungsstände (Eingangsvoraussetzung), sondern nur über Entwicklungsveränderungen geben.

Im Falle einer kontinuierlichen Entwicklungsskala erlaubt der Veränderungsquotient (Changequotient), die individuelle Veränderung im Vergleich zum Trend in der Gesamtstichprobe zu beschreiben (vgl. HELMREICH 1977). Die differenzielle Betrachtung individueller Veränderung ist zum Beispiel dann angezeigt, wenn bei einer hohen Variabilität der Veränderungen (Progressionen wie Regressionen) der mittlere Entwicklungsstand zwischen einem Vortest Y_1 und einem Nachtest Y_2 Null ist und damit eine Stabilität der Entwicklungsvariablen X vortäuscht. Über den Change-Quotienten wird nun der tatsächliche individuelle Y_2-Wert mit einem aufgrund der Y_1-Werte geschätzten Y_2-Wert verglichen. Die resultierenden Veränderungswerte sind mit einem Mittelwert von 100 und einer Standardabweichung von 10 normalverteilt und erlauben die Interpretation der individuellen Veränderungen auf der Basis von Standardabweichungen.

Die Veränderung nominaler, qualitativer Daten läßt sich durch konstellationsanalytische Verfahren (vgl. KRAUTH/LIENERT 1973) erfassen, die eine Ausweitung der Konfigurationsfrequenzanalyse auf Zeitreihen darstellen und die Identifikation von statistisch überhäufig (Typen) und unterhäufig frequentierten (Antitypen) Entwicklungsmustern ermöglichen. BARTOSZYK/LIENERT (vgl. 1978) erweitern diesen Ansatz zur Typisierung von Verlaufskurven generell. Für qualitative, das heißt gestufte Entwicklungsprozesse bietet KORDES (vgl. 1982a) ein Verfahren an, das den Nachteil von einfachen Differenzwerten durch eine Typologie von möglichen, qualitativen Veränderungen (Progression, Stabilisation, Stagnation, Regression) auffängt. Die Relevanz individueller Veränderungen läßt sich qualitativ über das Vorliegen eines Veränderungstyps und quantitativ durch für die Gesamtstichprobe berechnete Übergangswahrscheinlichkeiten abschätzen. Die Anwendungen von Längsschnittuntersuchungen für die Analyse von Entwicklungsprozessen unterliegt zahlreichen methodischen Implikationen. RUDINGER (vgl. 1984) leistet einen Vergleich der Vorteile von Längsschnitt- gegenüber Querschnittdesigns in der Entwicklungsforschung, sowie eine Aufstellung geeigneter statistischer Verfahren. Über die Anwendung dieser klassischen statistischen Verfahren hinaus wird zunehmend die Übernahme von statistischen Verfahren aus anderen Disziplinen relevant, die zum Teil einen beträchtlichen methodischen Fundus aufweisen, wie die Zeitreihenanalyse in den Wirtschaftswissenschaften (vgl. BILLETER/VLACH 1981) oder Verlaufsanalysen in der Physiologie (vgl. BAYER/BAYLEY 1976) und Psychologie (vgl. KLEITER/PETERMANN 1977).

5.4 Entwicklungslogische und -pragmatische Überführung genetischer Erklärungen in Begründungen und Anwendungen

In der Figur der Entwicklungslogik ist ein Moment rationaler Begründung von Werturteilen enthalten (vgl. BRANDTSTÄDTER 1980, DÖBERT 1977; vgl. HABERMAS 1973, 1976; vgl. KOHLBERG 1971). In diesem Sinn legt eine als Entwicklungslogik nachgewiesene Individualgenese die in der Gattung (oder sozialen Gruppe) prinzipiell angelegte Möglichkeit auf eine bestimmte Bandbreite der Ausformung fest, die aber in einer Vielzahl konkreter Individualgeschichten faktisch unterbrochen oder eingeschränkt erscheint. So wie es einerseits unwahrscheinlich und illegitim ist, daß die Fälle optimaler Kompetenzentwicklung jemals wieder ohne erheblichen Zwang oder Streß auf überholte Urteils- oder Handlungsstrukturen „zurückgedreht" werden – so ist es andererseits begründet, die vielen Normalfälle suboptimaler Entwicklung und Entfaltung als rechtfertigungs- und förderungsbedürftig auszuweisen. „Neben der *Möglichkeit*, die Entwicklung bestimmter Fähigkeiten zu erleichtern oder zu beschleunigen, steht die *Aufgabe* und die Verpflichtung, geeignete Bedingungen für eine ‚optimale' Entwicklung zu schaffen. Entwicklung kann nicht nur als *förderbarer*, sondern muß nach unseren Wertvorstellungen zugleich auch als *zu fördernder* Prozeß verstanden werden, denn man kann nicht davon ausgehen, daß die ‚normal' gegebene, unstrukturierte (bzw. nicht bewußt strukturierte) Umgebung für jedes Individuum die bestmögliche Entwicklung gewährleistet" (HOPPE u. a. 1977, S. 256).

In diesem Sinn liefern nachweisbare ontogenetische Veränderungsreihen allgemeine Orientierungen für Entscheidungen zur kompensatorischen oder emanzipatorischen Förderung von Entwicklung. In bezug auf diese Vorstellung wird der größte Teil entwicklungslogischer Untersuchungs- und Handlungsforschungsprogramme organisiert (vgl. WOHLWILL 1977, S. 384), das heißt, bei der großen Mehrheit dieser

Bernd Fischer/Renate Girmes-Stein/Hagen Kordes/Ursula Peukert

Untersuchungen handelt es sich in Wirklichkeit um „Trainingsstudien", in denen es den Autoren hauptsächlich darum geht nachzuweisen, daß eine bestimmte Trainingsbedingung in der Lage ist, bei Kindern, die ein bestimmtes (mittleres, modales) Entwicklungsniveau noch nicht erreicht haben, die Fähigkeit zu ihrer Erreichung zu wecken. Insbesondere in der Konservationsforschung sind die pragmatischen Forschungsprogramme Legion. Ähnlich wie Bernstein die naive Umsetzung seiner soziolinguistischen Untersuchungsergebnisse in Programme „kompensatorischer Erziehung" als „Unfug" kritisierte, sah sich auch Piaget genötigt, die Konzentration auf das Trainingsproblem zu kritisieren, weil diese es nicht gestatte, die Grundlage für den Erwerb von Konservationskonzepten unter normalen Bedingungen zu entdecken und zu fördern. In der Tat haben diese Trainingsuntersuchungen ergeben, daß eine Vielzahl hinreichender Bedingungen für das experimentell ausgelöste Auftreten von Konservationskonzepten nachweisbar sind, es aber keine umfassende Formel, weder für das theoretische noch für das praktische Grundlagenproblem, gibt (vgl. WOHLWILL 1977, S. 385).
Darüber hinaus steckt die entwicklungspragmatische Forschung in einem doppelten Dilemma. Das Dilemma der ersten Art besteht in folgendem: Einerseits glaubt Entwicklungspragmatik an das Ideal der (zumindest implikativen) Ableitung aus gesicherten entwicklungslogischen Prognosen auf Trainingsprogramme und Curricula, andererseits zeigt sie mit zunehmendem Eindringen in die Praxis menschlicher Entwicklung und Bildung geradezu „pädagogische" Einsichten, zum Beispiel, daß gerade auch die sozio-emotionalen Bedingungen für die kognitive Entwicklung eine wesentliche Rolle spielen, also emotionale Interaktionsbeziehungen wie etwa Vertrauen zwischen Kind und Erwachsenem beziehungsweise Schüler und Lehrer, Anerkennung durch andere, Kooperations- und Solidaritätserlebnisse (vgl. HOPPE u. a. 1977, S. 257). Damit gerät sie in ein Dilemma der zweiten Art: Je mehr sie nämlich die Trainings- und Erfahrungsprogramme in diesem umfassenderen pädagoginahen Sinn vielfältig gestaltet, desto mehr zahlt sie „dafür den Preis, daß man nicht mehr so genau die Faktoren spezifizieren kann, die ein vorliegendes Resultat bewirkt haben" (WOHLWILL 1977, S. 390). In diesen Schnittpunkten zwischen Erkenntnis und Begründung (Wertung), zwischen empirischem Gesetz und praktischer Handlungsregel, zwischen Kontrolle und Anregung wird eine pädagogische Entwicklungsforschung logisch-methodisch anzusetzen haben, und zwar nicht nur aus pädagogisch-immanenten Gründen, sondern eben auch aus entwicklungslogischen Gründen: denn nach diesen hat das Individuum notwendig selbst Anteil an der Erreichung des nächsthöheren Niveaus, dies aber in dynamischer Wechselwirkung mit Milieus günstiger (das heißt emotional vertrauensbildender und sozialer, kooperationssteigernder) sozialisatorischer Interaktion.

6 Zu einem Konzept entwicklungslogischer Erziehungsforschung

Es bleibt eine in der Erziehungswissenschaft umstrittene Frage, ob überhaupt entwicklungspsychologische Theorien, welche die Genese humaner Fähigkeiten erklären wollen, mit den ihnen zugehörigen methodischen Vorgehensweisen geeignet sein können, Erziehungs- und Bildungsprozesse zu rekonstruieren. Die Erziehungswissenschaft denkt nicht, wie noch weithin die Psychologie, individuumzentriert, sondern ihr geht es um die Analyse eines von vornherein dialogisch angesetzten Vorgangs. Daher muß überprüft werden, ob entwicklungspsychologische Theorien die pädagogische Fragestellung überhaupt zulassen. Damit gerät man aber in den Streit um die Grundlagen entwicklungslogischer Forschung selbst, vor allem in die

Auseinandersetzung um die Frage, ob ihre Daten nicht erst durch eine methodische Ausblendung des interaktiven Kontextes gewonnen werden, der sie konstituiert. Will man die psychologische Entwicklungsforschung für die pädagogische Problemstellung aufschließen, ist es erforderlich,
- in den entwicklungspsychologischen Theorien die Anschlußstellen für ihre interaktionelle Interpretation aufzuweisen,
- die Integration der Dimensionen der Entwicklung in reziprok-reflexiven Konzepten von Ich-Identität (bezogen auf das Persönlichkeitssystem) und kommunikativer Kompetenz (bezogen auf das soziale System) wenigstens im Ansatz zu leisten (vgl. DÖBERT/NUNNER-WINKLER 1975, S. 25) und
- die Interdependenz von Niveaus der psychischen Entwicklung und von Niveaus ausdrücklich reziprok-reflexiver Interaktionsstrukturen, wie sie in einer Theorie pädagogischen Handelns erfaßt werden, aufzuzeigen.

Entwicklungspsychologische Forschung hat sich im Anschluß an Piaget vor allem auf die Untersuchung der am einfachsten zu rekonstruierenden Entwicklung der *Kognition* konzentriert. Für die Rekonstruktion der Ontogenese motivationaler Strukturen und interaktiver Kompetenz reicht diese theoretische Orientierung jedoch nicht aus. In Piagets Entwicklungskonzept bleiben weitgehend affektiv-emotionale, psychodynamische Prozesse ebenso unberücksichtigt wie die konstitutive Bedeutung von Interaktion. Deshalb muß zusätzlich auf andere Theorietraditionen zurückgegriffen werden. Für eine pädagogische Erforschung der Entwicklung der *Motivation* kommt vor allem Freuds Rekonstruktion psychischer Instanzen in Betracht (vgl. LARCHER/RATHMAYR 1984, MATTHES-NAGEL 1984) während bei der Dimension der *Interaktion* die auf G. H. Mead zurückgehenden sozialpsychologischen Ansätze am ehesten Erfolg versprechen (vgl. WEYMANN 1984). Im pädagogischen Sinn relevant werden diese Entwicklungsansätze zur Kognition, Motivation und Interaktion allerdings erst dann, wenn sie zusammengeführt werden können. Um partielle Integration psychoanalytischer, interaktionistischer und entwicklungslogischer Forschung hat sich vor allem die Kinderanalyse bemüht und die Dynamik der kindlichen Entwicklung als eine Beziehungsdynamik zu beschreiben versucht. Bereits SPITZ (vgl. 1976) betrachtet die intrapsychische Strukturbildung als einen Dialog zwischen Mutter und Kind und belegt diese Aussage durch systematische Beobachtungen. Die Forschungsergebnisse von Mahler und ihren Mitarbeitern (vgl. MAHLER u. a. 1978), die sich vor allem auf systematisch angelegte, nach den Regeln einer psychoanalytischen Hermeneutik interpretierte Langzeitbeobachtungen von Mutter-Kind-Interaktionen stützen, können als Differenzierung der Untersuchung von Spitz gelesen werden. Die einzelnen Phasen der frühkindlichen Entwicklung, die inhaltlich eine Bewegung zu Individuation und Loslösung darstellen, können nur aus einer Analyse des Mutter-Kind-Systems unterschieden werden.

Während Spitz und Mahler sich auf die frühkindliche Entwicklung beschränken, findet man bei ERIKSON (vgl. 1966) die Konzeption eines lebenslangen Entwicklungsprozesses, die er systematisch von einem biographisch dimensionierten Identitätsbegriff her formuliert. Jede Identitätsstufe kulminiert in einer charakteristischen Krise, die jeweils einen Beziehungskonflikt in immer ausgreifenderen sozialen Systemen thematisiert. Ihre Lösung wird internalisiert; sie wird damit gleichsam zu einem Teil des eigenen Selbst und zu einer andauernden Weise des Umgangs mit sich und anderen. Methodisch bedeuten diese Ansätze zunächst eine Erweiterung des psychoanalytischen Verfahrens von individueller Psychodynamik auf Interaktionsstrukturen und deren Entwicklung, wobei jeder Phase psychischer Entwicklung zugleich ein neues Niveau von Interaktionsfähigkeit korrespondiert. Für eine pädagogische Entwicklungsforschung ist nun das wichtig, was vor allem BOSZORMENYI-NAGY (vgl. 1975) versucht hat, nämlich die verschiedenen Aspekte der Dialektik von „bezogener Individuation" (STIERLIN u. a. 1977, S. 18) noch einmal in einer Phasentheorie zusammenzufassen: Die Bewältigung der krisenhaften Brüche in der Entwicklung des Kindes und des Jugendlichen bedeutet nicht nur, wie Freud annahm, eine Veränderung intrapsychischer Strukturen, sondern zugleich eine Veränderung der Beziehung zu den Eltern, mehr noch eine Veränderung der Familie. Entwicklung wird hier also als Transformation sowohl eines Interaktionssystems als auch psychischer Strukturen der Beteiligten gesehen, so daß Stufen von Identität in ihrer Beziehung zu bestimmten Interaktionsstrukturen erklärbar werden (vgl. U. PEUKERT 1979, S. 185).

Die so skizzierte Diskussionslage erlaubt nun auch die für eine entwicklungslogische Erziehungsforschung zentrale Frage nach einem übergreifenden integrierten Konzept der Subjektgenese. In Psychologie und Soziologie ist diese Problematik unter den Stichwörtern „Identität" und „kommunikative Kompetenz" diskutiert worden. Kommunikative Kompetenz meint dabei die Integration der verschiedenen Entwicklungsdimensionen in eine strukturell beschreibbare Handlungsfähigkeit, die intersubjektiv-reflexiv jeweils als Formation von Identität gefaßt werden kann. In einem solchen theoretischen Konstrukt wird die Konvergenz zwischen den einzelnen Theorietypen nicht nur über ein formales Organismus-Umwelt-Modell formuliert, sondern über ein strukturell interpretiertes Konzept von Interaktion.

Damit wird das monologische Modell, das die einzelnen Theorietypen zunächst beherrscht, auf ein interaktives Modell hin durchbrochen, das es erst eigentlich zuläßt, Entwicklungsforschung in einer auf pädagogisches Handeln bezogenen Dimension zu betreiben. Wird nämlich die Konstitution von bestimmten Kompetenzen aus Interaktion erklärt, so richtet sich die Aufmerksamkeit darauf zu bestimmen, welche Art von Interaktion diesen Entwicklungsprozeß ermöglicht oder verhindert (vgl. BENNER/H. PEUKERT 1983, U. PEUKERT 1979). Methodisch konsequent müßten dann schon die Daten aus der Analyse von Prozessen pädagogisch-sozialisatorischer Interaktion gewonnen werden. Gegenstand entwicklungslogischer Erziehungsforschung wäre also, die Struktur dieser Interaktion und die von ihr angestoßene Kompetenz- und Identitätsentwicklung aufzuklären (vgl. LARCHER/RATHMAYR 1984, MATTHES-NAGEL 1984). Wird die mit der Orientierung an Identität als intersubjektiv-reflexivem Begriff enthaltene kritische Dimension zugestanden, läßt sich Entwicklung eher mit einem pädagogischen Konzept verbinden, das Bildung nicht als Akkumulation beliebigen Erfahrungswissens und Verfügbarkeit beliebiger Handlungsstrategien begreift, sondern als Fähigkeit zum Umgang mit Natur und Personen auf einem Niveau von Ich-Identität, auf dem individuell und gesellschaftlich drängende Handlungsprobleme überhaupt erst formuliert werden können. Das erfordert, den Begriff von Entwicklung nicht auf Veränderungen von Kompetenzen im Kindes- und Jugendalter zu beschränken, wie es entwicklungslogische Ansätze noch tun. Es müßte vielmehr überprüft werden, inwieweit strukturelle Stufenmodelle ergänzt oder gar ersetzt werden müßten von Lebenslaufanalysen mit typischen Entwicklungsaufgaben, durch die Transformationen des Bewußtseins und der Handlungsfähigkeit angestoßen werden (vgl. HAVIGHURST 1972, SUPER 1968).

7   Umrisse einer Methodologie entwicklungslogischer Erziehungsforschung

Die Reflexion der Entstehungsbedingungen einer pädagogischen Entwicklungsforschung hat gezeigt, daß diese zwangsläufig über die erkenntnis- und handlungstheoretischen Grenzen des entwicklungslogischen Paradigmas hinausdrängt. Daher steht die Darstellung eines erziehungswissenschaftlichen Forschungsdesigns vor dem Problem, eine Entwicklungsforschung zu „pädagogisieren", ohne jedoch aus dem grundlegenden Rahmen entwicklungslogischer Forschung herauszufallen. Solche Versuche werden in der empirischen Erziehungswissenschaft derzeit variantenreich vorgenommen (vgl. BRUNER 1977, FEUERSTEIN 1980, LEMPERT 1980, SEILER 1973). Ausgehend von Versuchen der Wissenschaftlichen Begleitung Kollegstufe sowie der Wissenschaftlichen Begleitung Berufsvorbereitungsjahr/Berufsgrundschuljahr Nordrhein-Westfalen, im Rahmen einer bildungsgangsbegleitenden Evaluation entwicklungslogische Forschung in ein pädagogisches Projekt zu integrieren, soll ein Ausblick auf eine Methodologie entwicklungspädagogischer Forschung skizziert werden, und zwar entlang derjenigen Gliederungspunkte, welche für die Beschreibung des klassischen Forschungsprogramms bereits Pate standen (vgl. GIRMES-STEIN/STEFFENS 1982; vgl. KORDES 1982 a, b, c; vgl. KORDES 1983 a, b, c, d).

Im Mittelpunkt entwicklungspädagogischer Forschung steht der sich entwickelnde Mensch als *Lerner* und dessen Kompetenz *(Lernerkompetenz)*. Da Lernen aber aus einer doppelten Beziehung zustandekommt, der Beziehung zwischen Lerner-Selbst und Lerner-Kompetenz (Bildung einer *Lerneridentität*) sowie zwischen Lernerkompetenz und pädagogischer Umwelt *(Bildungsgang)*, muß die genetische Epistemologie und Methodologie ihrer Erforschung in einem bildungstheoretischen Zusammenhang neu konturiert werden. Die „Aufräumarbeiten" (GSTETTNER 1976, S. 124) in herkömmlicher psychologischer Entwicklungsforschung beziehen sich dann auf folgende Bestimmungsstücke:

- Bildungsgangforschung: Untersuchungsabschnitte sind reale und prägnante Phasen der normalen Lern- und Bildungsgeschichte (anstelle der abstrakten Alters- und Generationen-Kontinua);
- bereichs- und lagebestimmte Bildungsgangforschung: Untersuchungsbereiche sind Entwicklungsaufgaben, die sich in Anforderungen an fach- und schulspezifische sowie geschlecht- und schichtspezifische Formen des Kompetenzlernens und der mit ihm zusammenhängenden Bildung einer Lerneridentität niederschlagen;
- dialektisch-didaktische Methode: die Untersuchungsmethode drückt sich zweifach aus, zunächst in einer diskursiv-didaktischen Wendung der klinischen Methode, sodann in einer dialektischen („progressiv-regressiven") Pointierung der bislang einlinig-progressiven Methode der Dateninterpretation (vgl. KORDES 1982a; vgl. LAPASSADE 1963, 1972; vgl. SARTRE 1977, S. 70ff.).

Erkundungen, die in der realen Interaktion mit den Lernern erfolgen (und nicht nur in Beobachtungen), führen zur Erkenntnis, daß die jeweilige Lernerkompetenz nicht eine defizitäre Erwachsenen-Kompetenz, sondern eine autonome und in sich strukturierte Zwischen- oder Intermediär-Kompetenz darstellt. Ihre Einordnung in den Kontext bildungstheoretischer Konzeption läuft auf Konzepte der *Selbst-Werdung* im Rahmen schulfachlichen und -formativen Lernens hinaus: im Anschluß an Mead und Freud wird die Kompetenzdimension genauer als umfassender Ausdruck der *„Mich"-Entwicklung* interpretiert (der Schwerpunkt individueller Entfaltung liegt in der Übernahme äußerer Regeln und in der Entwicklung von Vorstellungen darüber, welche Erwartungen andere an die eigene Fähigkeit stellen) und die Identitätsformationen deutlicher als eine Widerspiegelung der *„Ich"-Bildung* (hier liegt der Schwerpunkt in der Entdeckung von Brüchen zwischen dem eigenen Selbst und äußeren Anforderungen sowie dem Aufbau einer Individualität). Empirisch-praktisch wird die Bildung einer Lerneridentität an der Entstehung und Abarbeitung von affektiven Lernkrisen, die Entwicklung einer Lernerkompetenz an der Genese und Reorganisation von (kognitiven) Lerner*konflikten* festgemacht. Auf dieser theoretischen Grundlage wird dann die Skala der Kompetenzentwicklung in Phasen der Konfliktbewältigung und die Formationen der Identitätsbildung in Prozessen der Krisenbewältigung verankert. Entscheidend ist jedoch, daß die Skala der Kompetenzentwicklung das (subjektive und affektive) Moment der Identitätsbildung als konstitutives Merkmal impliziert. Insofern kann eine bildungstheoretisch reflektierte Kompetenzskala nicht bei einem Endzustand steckenbleiben, in welchem dem Lerner das zu erlernende System naturhaft undurchdringlich erscheint und ihm jede Offenheit eigener Entwicklung, auch Anders- und Rückentwicklung, verschließt. Entwicklungspädagogische Forschung präzisiert somit die Logik fortschreitender Interiorisierung in Mustern des selbst-reflexiven Lernens, in welchem der Lerner über das bloß orientierende und problemlösende Handeln hinaus die Momente der Struktur in ihren wesentlichen Zügen angemessen begreift, dabei die Geprägtheit des eigenen Lernens reflektierend miterfaßt und dazu eine eigene Einstellung produktiv erarbeitet (vgl. HOLZKAMP 1973).

Die Verankerung der Kompetenzstufen und Identitätsformationen erfolgt in Form gestufter „Entwicklungs"- oder Kommunikationsaufgaben, in welchen die Lerner vor zugleich reale und paradoxe Situationen sozialer und gesellschaftlicher Kommunikation gestellt werden (als Beispiel im fremdsprachlichen Lernen: Kommunikation zwischen Einheimischen und Fremden). Diese Aufgaben werden eingebettet in ein *Design bildungsgangsbegleitender Evaluation:* Diagnose mit Lernern – Prognose und Genese der Lernprozesse, insbesondere ihrer Brüche (Konflikte und Krisen) – didaktische Experimente (mit Hilfe der Entwicklungsaufgaben) – gezielte entwicklungspädagogische Beratungsfeedbacks – formative und summative Evaluation. Für eine gegenüber klinischer Methode zu präzisierende *„didaktische Methode"* kommen folgende Charakteristika hinzu:

- Bezug auf *Selbstkontrolle* und *Selbstreflexion* (etwa durch die Beförderung des Wiedererkennens früherer Stadien als überholte und des Erwerbens nächster Stadien als anzustrebende Entwicklungszonen);
- Inszenierung des didaktischen Experiments als eine besondere *pädagogische Beziehung* zwischen einem zum Lernen anregenden Berater und einem mehr oder weniger autonomes Lernen realisierenden Schüler; diese Beziehung schließt für den Forscher (eher als für den Lehrer) eine *reziproke Lernentwicklung* ein (etwa im Sinne des Mottos: „Inzwischen hat sich mein Denken, ebenso wie das der Versuchspersonen meiner Longitudinalstudien, weiterentwickelt" – KOHLBERG 1977, S.225);
- ein bildungstheoretisch begründetes *Transferexperiment*, in welchem beim Probanden erprobt wird, inwieweit er erworbenes Wissen tatsächlich in konkreten Situationen und für praktische Problemlösung anwenden, inwieweit er also in seinem Lernen produktiv und reflexiv werden kann (vgl. KORDES 1982c, S.13);
- *formatives Feedback-Experiment*, in dem es besonders darum geht, möglichst genau die „Schwelle kritischer Übergänge" beim Lerner so zu erproben, daß die Grenze zwischen seiner Zone der aktuellen und der nächsten Kompetenzentwicklung „evident", das heißt unmittelbar an Bruchlinien und Grenzen des Lernverhaltens sichtbar und einsehbar wird (vgl. KORDES 1983b). Die Kompetenzrekonstruktion erfolgt dann über eine detaillierte Deutung ge- und mißlungener

Konfliktlösungen beziehungsweise Krisenbewältigungen der Lerner. Ihre Beurteilung geschieht vor allem durch die Prüfung der beim Lerner provozierten Übergänge von einem Kompetenzniveau zum nächsten und von einer Identitätsformation zu einer anderen.

In entwicklungslogischer Erziehungsforschung werden die Hypothesen überwiegend die *Form pädagogischer Genese und Prognose* haben, also begründete Erwartungen über das Verhältnis sinnvoller und faktischer Entwicklung und Bildung im Rahmen bestimmter Lernorganisationen ausformulieren müssen (vgl. KORDES 1979). Für diese Hypothesen werden weniger Annahmen über Invariabilität, Irreversibilität oder Universalität der Entwicklungssequenzen von Bedeutung sein als vielmehr handlungsorientierte Begründungen zur („remedialen") Angleichung elementarer Kompetenzen, zur („kompensatorischen") Unterstützung basaler Kompetenzen, zur („präferentiellen") Differenzierung spezifischer Kompetenzen, zur („akzelerierenden" beziehungsweise „optimierenden") Entwicklung umfassender Kompetenzen (vgl. WEINERT 1977, S. 11 ff.), zur („emanzipatorischen") Verknüpfung von Kompetenzentwicklung und Identitätsbildung, zur („kritisch-pädagogischen") Prüfung von Wertigkeit und Gleichwertigkeit verschiedener Entwicklungsverläufe und ihrer pädagogischen Bezugsorganisation, zur („integrativen") Entfaltung eines schulfachlichen Reflexiv- und Produktiv-Werdens (vgl. KORDES 1983a). In allen diesen Hypothesen wird also die Wechselwirkungsbeziehung zwischen der pädagogischen Lernorganisation und der Art beziehungsweise Richtung der Kompetenzentwicklung eine größere Bedeutung haben als in herkömmlichen entwicklungslogischen Versuchsplanungen.

Die *Vorrangstellung qualitativ-hermeneutischer Rekonstruktion* vor quantitativer Auswertung ist vor allem zeitlich und tiefenanalytisch zu verstehen. Eine in diesem Sinne „sozialisationspädagogische" Forschung geht davon aus, daß die objektiv-hermeneutischen Verfahren der Sinnauslegung in den Erziehungswissenschaften „in jedem Falle die grundlegende Operation des Messens bzw. der Erzeugung theorierelevanter Daten darstellen" (OEVERMANN u. a. 1979, S. 352). Erst unter Bezug auf diese grundlegenden Operationen gewinnen die weiteren nicht-hermeneutischen, quantifizierenden Prozeduren der Sozialforschung eine fruchtbare, hypothesendifferenzierende und -prüfende Funktion. In diesem Sinne kommt insbesondere bei summativer Evaluation die ganze Fülle statistischer Auswertungsmethoden zur Geltung.

Im Gegensatz zur entwicklungspsychologischen Forschung hütet sich ein entwicklungspädagogisches Paradigma vor einfacher Ableitung oder Umsetzung seiner Erkenntnisse in Handlungsorientierung. Statt nur positivistisch aus Entwicklungsbefunden eine „optimale Struktur der Entwicklung" abzuleiten, geht die Entwicklungspädagogik zunächst kritisch von jenen normalen, durchschnittlichen Entwicklungszuständen aus, in denen Lerner – gegenüber der in der Gattung beziehungsweise Bildungsstufe prinzipiell angelegten Bandbreite menschlicher Entfaltung ausgewiesenen Vielfalt der Möglichkeiten – Einschränkungen unterworfen sind. Den von der Mehrheit der Lerner realisierten Lernzuständen werden Lernerbiographien einer Minderheit gegenübergestellt, welche – unter angebbaren und verallgemeinerbaren Bedingungen – Momente einer Höherbildung aufweisen, also sozusagen „Strukturen legitimer Kompetenzentwicklung". In deren Licht erscheinen die faktisch realisierten Lernerkompetenzen der Mehrheit, nach Überprüfung anhand eines *„Modells der Unterbrechung sinnvoll möglicher und aktualisierungsfähiger Kompetenzentwicklung"*, als rechtfertigungsbedürftig. Ziel und Ergebnis einer solchen normativ-genetischen Bewertung ist die Gewinnung eines „schülergemäßen Realmaßes", also keiner abstrakten Utopie (wie etwa im Fremdsprachenmodell die der „Native-speaker-Kompetenz"). Auch Zielkategorien wie „kommunikative Kompetenz", „Mündigkeit" oder „Autonomie" bleiben leerformelhaft, wenn sie nicht schülerbezogen in den Bedingungen ihrer Möglichkeit (Genese) als empirisch belegbares, wenn auch latentes Entwicklungspotential präzisiert werden, entlang dessen dann die gesamte Abfolge der Kompetenzentwicklung „als allmähliche Entfaltung einer gerechtfertigten Praxis zu verstehen" wäre (KORDES 1983a, S. 178; vgl. BLANKERTZ 1983). Rechtfertigungsbedürftig im praktischen Sinn sind dann allerdings nicht die Kompetenzstrukturen der Schüler (auch nicht die suboptimalen), sondern die curricular-didaktischen Strukturen der Bildungsgänge, die für deren Unterbrechung oder vorzeitigen Abbruch verantwortlich sind. „Deshalb ist davon auszugehen, daß es besonders die curricular-organisatorischen Bedingungen der jeweiligen Bildungsgänge sind, welche die bei den untersuchten Lernern prinzipiell angelegten Möglichkeiten auf eine bestimmte Bandbreite fachlicher und humaner Kompetenz einschränken" (BLANKERTZ 1983, S. 245).

AEBLI, H.: Psychologische Didaktik, Stuttgart 1963. BARTOSZYK, G. D./LIENERT, G. A.: Konfigurationsfrequenzanalytische Typisierung von Verlaufskurven. In: Z. f. exp. angew. Psych. 25 (1978), S. 1 ff. BAYER, L. M./BAYLEY, N.: Growth Diagnosis, Chicago 1976. BENNER, D./PEUKERT, H.: Erziehung, moralische. In: Enzyklopädie Erziehungswissenschaft, Bd. 1, Stuttgart 1983, S. 394 ff. BERGMANN, H.: Die Anwendungsmöglichkeiten der Entwicklungsskalierung von Leik und Matthews. In: Z. f. Soziol. 2 (1973), S. 107 ff. BILLETER, E. P./VLACH, V.: Zeitreihenanalyse, Würzburg 1981. BLANKERTZ, H. (Hg.): Lernen und Kompetenzentwicklung in der Sekundarstufe II. Abschlußbericht der Wissenschaftlichen Begleitung Kollegstufe NW zur Evaluation von vier doppeltqualifizierenden Bildungsgängen des Kollegschulversuchs in den Schwerpunkten: Fremdsprachen, Physik, Erziehung, Sport. Vorgelegt für das Kultusministerium NW, Münster 1983. BLASS, J. L.: Modelle pädagogischer Theoriebildung, 2 Bde., Stuttgart/Berlin/Köln/Mainz 1978. BOSZORMENYI-NAGY, I.: Eine Theorie der Beziehungen: Erfahrung und Transaktion. In: BOSZORMENYI-NAGY, I./FRAMO, J. L. (Hg.): Familientherapie, Bd. 1, Reinbek 1975, S. 51 ff. BRANDTSTÄDTER, J.: Vom Sein zum Sollen in der Theorie des moralischen Urteils: Wege, Schleichwege, Irrwege. In: ECKENSBERGER, L. H./SILBEREISEN, R. K. (Hg.): Entwicklung..., Stuttgart 1980, S. 133 ff. BRUNER, J. S.: Wie das Kind lernt, sich sprachlich zu verständigen. In: Z. f. P. 23 (1977), S. 153 ff. BUSS, A. R.: Toward an Unified Framework for Psychometric Concepts in the Multivariate Development Situation. In: NESSELROADE, J. R./BALTES, P. B. (Hg.): Longitudinal Research in Behavioral Sciences: Design and Analysis, Pennsylvania 1977, S. 117 ff. CAMPBELL, D. T./STANLEY, J. C.: Experimental and Quasi-Experimental Designs for Research, Chicago [6]1970. DEUTSCHER BILDUNGSRAT: Die Verbindung beruflichen und allgemeinen Lernens, Stuttgart 1974. DÖBERT, R.: Methodologische und forschungsstrategische Implikationen von evolutionstheoretischen Stadienmodellen. In: JAEGGI, U./HONNETH, A. (Hg.): Theorien des Historischen Materialismus, Frankfurt/M. 1977, S. 524 ff. DÖBERT, R./NUNNER-WINKLER, G.: Adoleszenskrise und Identitätsbildung, Frankfurt/M. 1975. DÖBERT, R./NUNNER-WINKLER, G.: Performanzbestimmende Aspekte des moralischen Bewußtseins. In: PORTELE, G. (Hg.): Sozialisation und Moral, Weinheim/Basel 1978, S. 101 ff. DÖBERT, R. u. a. (Hg.): Entwicklung des Ichs, Köln 1977. DROZ, R.: De la nécessité et de l'impossibilité d'exploiter les travaux de Jean Piaget en pédagogie. In: Bfo. u. Bprax./E. Rech. 2 (1980), 2, S. 7 ff. ECKENSBERGER, L. H./SILBEREISEN, R. K. (Hg.): Entwicklung sozialer Kognitionen, Stuttgart 1980. ECKENSBERGER, L. H. u. a.: Kritische Darstellung von Methoden des Moralischen Urteils. In: ECKENSBERGER, L. H./SILBEREISEN, R. K. (Hg.): Entwicklung..., Stuttgart 1980, S. 335 ff. EDELSTEIN, W.: Lernen ohne Zwang? In: N. Samml. 20 (1980), S. 430 ff. ERIKSON. E. H.: Identität und Lebenszyklus, Frankfurt/M. 1966. FEUERSTEIN, TH.: Persönlichkeitsbezogene Analyse und menschengerechte Gestaltung von beruflichen Lern- und Arbeitsbedingungen aus entwicklungs- und kompetenztheoretischer Sicht. In: HEID, H. (Hg.): Ansätze berufs-

und wirtschaftspädagogischer Theoriebildung, Z. f. Ber.- u. Wirtschp., 1. Beiheft, Wiesbaden 1980, S. 99 ff. FLAMMER, A.: Autorégulation dans le processus d'apprentissage - les questions de l'apprenant. In: Bfo. u. Bprax./E. Rech. 2 (1980), 2, S. 25 ff. FLAVELL, J. H.: The Developmental Psychology of Jean Piaget, Princeton 1963. FLAVELL, J. H.: Rollenübernahme und Kommunikationsfertigkeiten bei Kindern. In: GRAUMANN, C. F./HECKHAUSEN, H. (Hg.): Pädagogische Psychologie, Bd. 1: Entwicklung und Sozialisation, Frankfurt/M. 1973, S. 201 ff. FLAVELL, J. H.: Cognitive Development, Englewood Cliffs 1977. FLAVELL, J. H./ROSS, L. (Hg.): Social Cognitive Development. Frontiers and Possible Futures, Cambridge 1981. FLAVELL, J. H./WOHLWILL, J. F.: Formal and Functional Aspects of Cognitive Development. In: ELKIND, D./FLAVELL, J. H. (Hg.): Studies in Cognitive Development: Essays in Honour of Jean Piaget, London/New York 1969, S. 67 ff. FOWLER, J. W.: Faith and the Structuring of Meaning, Atlanta 1979. FREY, K./LANG, M. (Hg.): Kognitionspsychologie und Unterricht, Bern 1973. GIRMES-STEIN, R./STEFFENS, R.: Konzept für eine entwicklungsbezogene Teilstudie im Rahmen der Evaluation des Modellversuchs zur Verbindung des Berufsvorbereitungsjahrs (BVJ) mit dem Berufsgrundschuljahr (BGJ) an berufsbildenden Schulen des Landes NW. Zwischenbericht für das Kultusministerium und das Bundesministerium für Bildung und Wissenschaft, Münster 1982. GOLDMANN, L.: Marxisme et Sciences Humaines, Paris 1970. GOULET, L. R./BALTES, P. B. (Hg.): Life Span Developmental Psychology - Research and Theory, New York 1970. GROEBEN, N./WESTMEYER, H.: Kriterien psychologischer Forschung, München 1975. GRUSCHKA, A. u. a.: Kompetenzentwicklung in Bildungsgängen - Entwicklungsaufgaben, Deutungsmuster. Ein Forschungsprojekt zur schulischen Sozialisation. In: Z. f. Sozialisatfo. u. Esoziol. 1 (1981), S. 269 ff. GSTETTNER, P.: Der fragwürdige Beitrag der Entwicklungspsychologie - Überlegungen zur Demaskierung einer Wissenschaft. In: LARCHER, A./LARCHER, D. (Hg.): Der Mythos vom Schonraum Schule, Wien 1976, S. 115 ff. HABERMAS, J.: Zur Logik von Legitimationsproblemen. In: HABERMAS, J.: Legitimationsprobleme im Spätkapitalismus, Frankfurt/M. 1973, S. 131 ff. HABERMAS, J.: Zur Struktur einer Theorie der sozialen Evolution/Diskussionsbemerkungen. In: LEPSIUS, M. R. (Hg.): Zwischenbilanz der Soziologie - Verhandlungen des 17. Deutschen Soziologentages, Stuttgart 1976, S. 37 ff., S. 78 ff. HAVIGHURST, R. J.: Developmental Tasks and Education, New York 1972. HELMREICH, R.: Strategien zur Auswertung von Längsschnittdaten, Stuttgart 1977. HEMGARTNER, E.: Fachdidaktik in der Lehrerbildung. In: Schweiz. S. (1979), 5, S. 12 ff. HERBART, J. F.: Pädagogische Schriften, 3 Bde., hg. v. W. Asmus, Düsseldorf/München 1965. HOLZKAMP, K.: Sinnliche Erkenntnis - Historischer Ursprung und gesellschaftliche Funktion der Wahrnehmung, Frankfurt/M. 1973. HOPPE, S. u. a.: Entwicklungssequenzen - Theoretische, empirische und methodische Untersuchungen, Implikationen für die Praxis, Bern/Stuttgart/Wien 1977. HÜLST, D. u. a. (Hg.): Methodenfragen zur Gesellschaftsanalyse, Frankfurt/M. 1973. INHELDER, B./PIAGET, J.: The Early Growth of Logic in the Child: Classification and Socialization, New York 1964. INHELDER, B./SINCLAIR, H.: Das Lernen kognitiver Strukturen. In: GRAUMANN, C. F./HECKHAUSEN, H. (Hg.): Pädagogische Psychologie, Bd. 1: Entwicklung und Sozialisation, Frankfurt/M. 1973, S. 62 ff. KLEITER, E. F./PETERMANN, F.: Abbildung von Lernwegen, München 1977. KOFSKY, E.: Developmental Scalogram Analysis of Classificatory Behavior, Diss., New York 1963. KOHLBERG, L.: From Is to Ought. In: MISCHEL, TH. (Hg.): Cognitive Development and Epistemology, New York/London 1971, S. 151 ff. KOHLBERG, L.: Stufe und Sequenz: Sozialisation unter dem Aspekt der kognitiven Entwicklung. In: KOHLBERG, L.: Zur kognitiven Entwicklung des Kindes, Frankfurt/M. 1974, S. 7 ff. KOHLBERG, L.: Eine Neuinterpretation der Zusammenhänge zwischen der Moralentwicklung in der Kindheit und im Erwachsenenalter. In: DÖBERT, R. u. a. (Hg.): Entwicklung.. ., Köln 1977, S. 212 ff. KOHLBERG, L. u. a.: Die Gerechtigkeitsstruktur im Gefängnis. Eine Theorie und eine Intervention. In: PORTELE, G. (Hg.): Sozialisation und Moral, Weinheim/Basel 1978, S. 202 ff. (1978a). KOHLBERG, L. u. a.: Die Gerechte Schulkooperative und ihre Theorie und das Experiment der Cambridge Cluster School. In: PORTELE, G. (Hg.): Sozialisation und Moral, Weinheim/Basel 1978, S. 215 ff. (1978b). KORDES, H.: Vier methodische Vorschläge für die Evaluation von Bildungsgängen. Wissenschaftliche Begleitung Kollegstufe NW, Münster 1979. KORDES, H.: Vorwärtsrückwärts oder das unheimlich totale Lernen - Kompetenzentwicklung und Identitätsbildung im Medium fremdsprachlichen Lernens. Wissenschaftliche Begleitung Kollegstufe NW, Münster 1982a. KORDES, H.: Kompetenzmessung -

Bernd Fischer/Renate Girmes-Stein/Hagen Kordes/Ursula Peukert

Identitätsmessung - Integrationsmessung. Wissenschaftliche Begleitung Kollegstufe NW, Münster 1982b. KORDES, H.: Identitätsbildung und Kompetenzerwerb als Entwicklungsaufgabe im Jugendalter und Sekundarstufe II. Wissenschaftliche Begleitung Kollegstufe NW, Münster 1982c. KORDES, H.: Empfehlungen zur Weiterentwicklung doppeltqualifizierender Bildungsgänge im Medium fremdsprachlicher Bildung. Wissenschaftliche Begleitung Kollegstufe NW, Münster 1983a. KORDES, H.: Evaluation in Curriculumprozessen. In: HAMEYER, U. u.a. (Hg.): Handbuch der Curriculumforschung, Weinheim/Basel 1983, S. 267ff. (1983b). KORDES, H.: Evaluation individueller und schulischer Bildungsgänge: Wirkungs-, Nutzwert- und Legitimationsanalyse. Wissenschaftliche Begleitung Kollegstufe NW, Münster 1983c. KORDES, H.: Kompetenzentwicklung und Identitätsbildung im Medium fremdsprachlicher Bildung. In: Z. f. P., 18.Beiheft, Weinheim/Basel 1983, S. 153ff. (1983d). KRAUTH, J./LIENERT, G.A.: Die Konfigurationsfrequenzanalyse (KFA) und ihre Anwendung in Psychologie und Medizin, Freiburg/München 1973. KREPPNER, K.: Zur Problematik des Messens in den Sozialwissenschaften, Stuttgart 1975. KUBLI, F.: Kognitionsstufen als didaktische Gesichtspunkte im Physikunterricht. In: physica didactica 7 (1980). S. 17ff. KUBLI, F.: Experiment, klinisches. In: Enzyklopädie Erziehungswissenschaft, Bd. 2, Stuttgart 1984, S. 371ff. KUTSCHERA, F. v.: Wissenschaftstheorie, München 1972. LAPASSADE, G.: L'entrée dans la vie - essai sur l'inachèvement de l'homme, Paris 1963. LAPASSADE, G.: Gruppen, Organisationen, Institutionen, Stuttgart 1972. LARCHER, D./RATHMAYR, B.: Pädagogisch-analytische Bildungsforschung. In: Enzyklopädie Erziehungswissenschaft, Bd. 2, Stuttgart 1984, S. 253ff. LEIK, R.K./MATTHEWS, M.: A Scale for Developmental Processes. In: Am. Sociol. Rev. 33 (1968), S. 62ff. LEMPERT, W.: Die kognitivistische Konzeption der moralischen Entwicklung. Ein Ansatz zur Analyse der Sozialisation durch Arbeit? In: HEID, H. (Hg.): Ansätze berufs- und wirtschaftspädagogischer Theoriebildung, Z. f. Ber.- u. Wirtschp., 1.Beiheft, Wiesbaden 1980, S. 87ff. LENZEN, D.: Didaktik und Kommunikation, Frankfurt/M. 1973. MAHLER, M. u.a.: Die psychische Geburt des Menschen, Frankfurt/M. 1978. MATTHES-NAGEL, U.: Objektiv-hermeneutische Bildungsforschung. In: Enzyklopädie Erziehungswissenschaft, Bd. 2, Stuttgart 1984, S. 283ff. MÜLLER, K.: Psychologie, Telekolleg für Erzieher, München 1975. NESSELROADE, J.R./REESE, H.W. (Hg.): Life Span Developmental Psychology - Methodological Issues, New York/London 1973. NIE, N.H. u.a.: SPSS - Statistical Package for the Social Sciences, New York 1970. OEVERMANN, U. u.a.: Die Methodologie einer „objektiven Hermeneutik" und ihre allgemeine forschungslogische Bedeutung in den Sozialwissenschaften. In: SOEFFNER, H.-G. (Hg.): Interpretative Verfahren in den Sozial- und Textwissenschaften, Stuttgart 1979, S. 352ff. OSER, F.: Moralisches Urteil in Gruppen. Soziales Handeln, Verteilungsgerechtigkeit, Frankfurt/M. 1981. OSER, F. u.a.: Eine Entwicklungstheorie des religiösen Denkens: Transsituationale Bestimmung der Schemata und altersmäßige Trends. Berichte der Erziehungswissenschaft, Nr. 21, Pädagogisches Institut der Universität Freiburg: Freiburg 1979. PETERMANN, F./HEHL, F.-J.: Einzelfallanalyse. Fortschritte der klinischen Psychologie, München/Wien/Baltimore 1979. PEUKERT, U.: Interaktive Kompetenz und Identität, Düsseldorf 1979. PIAGET, J.: Le jugement moral chez l'enfant, Paris 1932. PIAGET, J.: Das Erwachen der Intelligenz beim Kinde, Stuttgart 1969. PIAGET, J.: Sprechen und Denken des Kindes. Düsseldorf 1972. PIAGET, J.: Wie Kinder mathematische Begriffe bilden. In: GRAUMANN, C.F./HECKHAUSEN, H. (Hg.): Pädagogische Psychologie, Bd. 1: Entwicklung und Sozialisation, Frankfurt/M. 1973, S. 53ff. PIAGET, J.: Biologie und Erkenntnis, Stuttgart 1974a. PIAGET, J.: Abriß der genetischen Epistemologie, Olten/Freiburg 1974b. PURVES, A.C.: Testing Competence in English. In: Curr.Stud.9 (1977), 2, S. 165ff. RAUH, H.: Kognitive Entwicklung während der Grundschulzeit. In: Z. f. P. 20 (1974), S. 21ff. ROTH, H./FRIEDRICH, D.: Einleitung. In: ROTH, H./FRIEDRICH, D. (Hg.) Bildungsforschung, Teil 1. Deutscher Bildungsrat: Gutachten und Studien der Bildungskommission, Bd.50, Stuttgart 1976, S. 19ff. ROUSSEAU, J.-J.: Emile - ou de l'éducation, Hamburg 1980. RUDINGER, G.: Erfassung von Entwicklungsveränderungen im Lebenslauf. In: RAUH, H. (Hg.): Jahrbuch für Entwicklungspsychologie 1/1979, Stuttgart 1978, S. 157ff. RUDINGER, G.: Versuchsplanung - Entwicklungsanalyse. In: Enzyklopädie Erziehungswissenschaft, Bd. 2, Stuttgart 1984, S. 645ff. SARTRE, J.-P.: Marxismus und Existenzialismus. Versuch einer Methodik, Reinbek 1977. SCHAIE, K.W.: Methodological Problems in Descriptive Developmental Research in Adulthood and Aging. In: NESSELROADE, J.R./REESE, H.W. (Hg.): Life Span Developmental Psychology – Methodological Issues, New York 1973, S. 253 ff. SCHMIDT, H.-D.: Allgemeine Entwicklungspsychologie, Berlin (DDR) 1970. SEILER, Th. B.: Die Bereichsspezifität normaler Denkstrukturen. Konsequenzen für den pädagogischen Prozeß. In: FREY, K./LANG, M. (Hg.): Kognitionspsychologie..., Bern 1973, S. 279 ff. SELMAN, R.: The Growth of Interpersonal Understanding, New York 1980. SPITZ, R. A.: Vom Säugling zum Kleinkind, Stuttgart 1976. STEINHAUSEN, D./LANGER, K.: Clusteranalyse, Berlin/New York 1978. STIERLIN, H. u. a.: Das erste Familiengespräch, Stuttgart 1977. SUPER, D. E. (Hg.): Emerging Carriers, New York 1968. TORGERSON, W. S.: Theory and Methods of Scaling, New York/London/Sydney 1958. TURIEL, E.: Entwicklungsprozesse des moralischen Bewußtseins des Kindes. In: DÖBERT, R. u. a. (Hg.) Entwicklung..., Köln 1977, S. 115 ff. (1977 a). TURIEL, E.: Konflikt und Übergangsprozesse der Entwicklung der Moral Jugendlicher. In: DÖBERT, R. u. a. (Hg.): Entwicklung..., Köln 1977, S. 253 ff. (1977 b). VOLPERT, W.: Handlungsstrukturanalyse – als Beitrag zur Qualifikationsforschung, Köln 1974. WEINERT, F. E.: Entwicklungsgemäßer Unterricht. Probleme der Anpassung des Unterrichts an den kognitiven Entwicklungsstand der Schüler. In: Uw. 5 (1977), S. 1 ff. WERNER, H.: Einführung in die Entwicklungspsychologie, München 1953. WEYMANN, A.: Kommunikative Bildungsforschung. In: Enzyklopädie Erziehungswissenschaft, Bd. 2, Stuttgart 1984, S. 223 ff. WISSENSCHAFTLICHE BEGLEITUNG KOLLEGSCHULE NW: Evaluation der doppeltqualifizierenden Bildungsgänge, Mimeo, Münster 1978–1983. WOHLWILL, J. F.: Strategien entwicklungspsychologischer Forschung, Stuttgart 1977. WRIGHT, G. H. v.: Erklären und Verstehen, Frankfurt/M. 1974.

B Strukturell-funktionale Erziehungsforschung

Eduard Werner Kleber

Strukturell-funktionale Erziehungsforschung

1   Einleitung
2   Zur Entwicklung funktional-struktureller Ansätze
2.1 Funktionale und strukturale Ansätze
2.2 Funktional-strukturelle Ansätze in den Sozialwissenschaften
2.3 Bronfenbrenners Design einer ökologischen Sozialisationsforschung
3   Funktional-strukturelle Forschungsansätze in der Erziehungswissenschaft
3.1 Gliederung (Dekomposition) der Erziehungswirklichkeit
3.2 System- und Handlungstheorie im strukturell-funktionalen Ansatz
4   Variablen und Datenerhebung in funktional-strukturellen Forschungsansätzen
4.1 Allgemeine Kennzeichnung der Informationserhebung
4.2 Beispiele von Untersuchungen
5   Zur Analyse der unter funktional-strukturellem Ansatz gewonnenen Informationen
6   Ausblick

Zusammenfassung: Die Erziehungswirklichkeit stellt ein hochkomplexes Interaktionsgeflecht dar. Wenn individuelles Verhalten und Leistung nicht in ihrer Interaktion zu und in den verschiedenen Umwelten gesehen werden, dann geht die Relevanz der jeweils erhaltenen Forschungsergebnisse verloren. Sie liefern dann nur noch Artefakte, die unglücklicherweise öfter zur Etikettierung verwendet und gesellschaftlich akzeptiert werden. In der Erziehungswissenschaft sollten deshalb Forschungsdesigns verwendet werden, in denen die Erziehungswirklichkeit in ihrem Beziehungsgeflecht sichtbar und verstehbar bleibt: Designs, die eine strukturell-funktionale Grundstruktur haben, die phänomenologische Sichtweisen mit aufnehmen und zu Aktionstheorien hin offen sind; Designs, die ökologischer Validität genügen.

Summary: Educational reality presents a highly complex web of interaction. If individual behaviour and performance are not considered in the light of their interaction with and within different environments, the relevance of the research results obtained in each case is lost. They then only supply artefacts which, unfortunately, are more often than not used as convenient tags which gain social acceptance. Within educational science it is thus necessary to employ research designs in which educational reality is seen and understood in the context of its many ramifications. Designs which have a structural-functional basic structure, which include phenomenological ways of looking at things, and which are open to action theories; designs which meet the requirements of ecological validity.

Résumé: La réalité éducative constitue un réseau hautement complexe d'interactions. Lorsque le comportement et la performance individuels sont vus dans leur interaction à l'égard et au sein des différents milieux ambiants, la validité de chacun des résultats de recherche obtenus cesse d'être. Ces derniers ne fournissent plus alors que des données erronées et trompeuses, qui, malheureusement, sont employés

Eduard Werner Kleber

fréquemment au catalogage et sont acceptés socialement. Dans la science de l'éducation, il faut donc utiliser des schémas de recherche, dans lesquels la réalité éducative demeure visible et compréhensible en son réseau de rapports. Des schémas qui aient une structure fondamentale de type fonctionnel, qui impliquent des façons de voir phénoménologiques et qui soient ouverts à des théories de l'action; des schémas qui satisfassent à la validité écologique.

1 Einleitung

Funktional-strukturelle Forschungsansätze sind nicht in der Erziehungswissenschaft entwickelt worden und sie stellen keine für die Erziehungswissenschaft exklusiven Methoden dar. Es sind Ansätze auf einem hohen Komplexitätsniveau und sie haben eine wechselvolle Geschichte, an der alle Sozialwissenschaften beteiligt sind. Da es sich bei funktional-strukturellen Forschungsansätzen um ein Feld intensiver Entwicklungen handelt, die in keiner Richtung zu einem gewissen Abschluß gekommen sind, ist der folgende Text historisch entwickelnd abgefaßt worden.

Bevor von funktional-strukturellen Forschungsansätzen gesprochen werden kann, ist in den Sozialwissenschaften eine schismatische Teilung in funktionale und strukturale Ansätze zu beobachten.

Forscher, die funktionalistischen Ansätzen verpflichtet sind, suchen Antworten beispielsweise auf folgende Fragen: Verhalten ist die Funktion von welchen Bedingungen? – Welche Operationen sind besonders geeignet, um ein bestimmtes Verhalten zu erzeugen? – Mit welchen Instrumenten lassen sich welche Anpassungen der menschlichen Aktivität erzeugen?

Forscher, die strukturalistischen Ansätzen verpflichtet sind, widmen sich beispielsweise folgenden Fragen: Welche Strukturen (etwa Persönlichkeitsstrukturen) haben sich unter welchen Bedingungen herausgebildet? – Wie stabil sind solche Strukturen? – Wie sind bestimmte Strukturen zu erzeugen? – Welche Vorhersagen sind aufgrund der Kenntnisse einer bestimmten Persönlichkeitsstruktur für die Tauglichkeit einer Person in bestimmten Situationen möglich?

Erst die Einsicht in die wechselseitige Bedingtheit von Struktur und Funktion führte schließlich zu einer funktional-strukturellen Betrachtungsweise sozialwissenschaftlicher Problemfelder. Grob lassen sich bei diesem Ansatz drei Hauptrichtungen unterscheiden:

Die *normativ-systemtheoretische Richtung,* die durch PARSONS (vgl. 1949, 1951, 1967) als soziologische Theorie begründet wurde. Sie geht von einem „objektiv" vorgegebenen gesellschaftlichen Normensystem (als Struktur) aus und diskutiert „Elemente" dieses Systems hinsichtlich ihrer strukturfördernden und strukturzerstörenden Funktion. Sie unterscheidet deshalb zwischen funktionalen und dysfunktionalen Prozessen oder Handlungen.

Die auf G.H. Mead zurückgehende *interpretativ-interaktionistische Richtung* setzt sich in vielen Bereichen in Gegensatz zu der normativen Richtung. Sie betont die Notwendigkeit, daß die Normen des Handelns, je nach den Erfordernissen der aktuellen Situation, von den beteiligten Interaktionspartnern interpretiert und geprüft werden müssen. Es muß jeweils festgestellt werden, wie in einer Situation die Handlungsnorm sinnvollerweise verstanden werden kann. Struktur kann demnach durch den Handelnden verändert werden, ohne daß dies als negativ (dysfunktional!) zu bezeichnen ist.

Die *ökologisch-systemtheoretische Betrachtungsweise* wurde aus den Naturwissenschaften (Physik, Kybernetik, Biologie) in die Sozialwissenschaften transferiert. Sie verknüpft die beiden oben genannten Richtungen bis zu einem gewissen Grad. Sie betont zwar auf der einen Seite die Notwendigkeit der interpretativen „Bearbeitung" einer Situation, übersieht allerdings auf der anderen Seite nicht eine die bestehende Struktur stützende Einwirkung aus verschiedenen Handlungs- und Normsystemen. Je nach Blickwinkel des einzelnen Vertreters kann sie sich deshalb jeweils mehr der normativen oder der interpretativen Richtung zuwenden.

Wie eingangs bemerkt, soll in den folgenden Abschnitten versucht werden, über eine historische Herleitung, die die Einordnung dieser Forschungsansätze in die sozialwissenschaftliche „Landschaft" ermöglicht, Hinweise und Denkanstöße zu vermitteln, wie funktional-strukturelle Forschungsansätze für die Erziehungswissenschaft adaptiert werden können und welche theoretischen und praktischen Grundsätze dabei beachtet werden sollten.

2 Zur Entwicklung funktional-struktureller Ansätze

2.1 Funktionale und strukturale Ansätze

Ausschließlich funktional oder struktural argumentierende Ansätze verlieren leicht den Bezug zum sozialen Feld, wodurch die Relevanz ihrer Ergebnisse sehr eingeschränkt wird. Seit Beginn des Behaviorismus in den USA gab es eine strikte Trennung zwischen funktionalistischen und strukturalistischen Forschungsansätzen, die insbesondere in der Psychologie und über die Psychologie auch in der Pädagogik (vgl. DEWEY 1916) Forschung ideologisch beeinflußte, ja regelte. – Vom Forschenden wurde für eine längere Periode eine Bestimmung seines Standortes in einem der beiden Lager erwartet.

Der *Funktionalismus* in den Sozialwissenschaften kann auf JAMES (vgl. 1890) zurückdatiert werden. Er stellt das Verhalten des Individuums ins Zentrum seiner Betrachtungen. Psychologie wird zur Lehre von den Operationen. Das Bewußtsein wird als Verbindungsmechanismus zwischen Organismus und Umwelt aufgefaßt. Im Pragmatismus Deweys erfolgt der Transfer in die Pädagogik (vgl. DEWEY 1916, DEWEY/DEWEY 1915). Der Funktionalismus dieser Prägung setzt sich selbst in scharfe Opposition zur Psychologie Wundts und Titcheners, die als Strukturalismus ausgegrenzt wurde. Eine Weiterentwicklung des Funktionalismus im psychologisch-pädagogischen Bereich ist in der Verhaltensmodifikation zu sehen. Das Verhalten des Schülers, auch sein Lernverhalten und seine Leistung sind aus dieser Sicht das unmittelbare Ergebnis funktionaler Zusammenhänge zwischen Anforderungsbedingungen und deren Konsequenzen. Forschung in der pädagogischen Praxis hat sich unter diesem Aspekt vor allem mit den Konsequenzen von gesetzten Bedingungen zu befassen.

Der *Strukturalismus* in der Psychologie geht von beobachteten Zusammenhängen zwischen Eigentümlichkeiten des Zentralnervensystems und Wahrnehmungsphänomenen aus. Er erforscht solche Zusammenhänge und schreitet zu allgemeiner Gesetzesformulierung fort, losgelöst von funktionalen Zusammenhängen (so etwa in der Psychophysik).

Der Strukturalismus in der Soziologie betrachtet Zweckorientierungen und andere subjektive Einstellungsfaktoren zur Erklärung sozialer Phänomene als zumindest sekundär und meistens irrelevant. Er steht damit im Gegensatz zu einer Handlungstheorie. Für die psychologische und pädagogische Praxis wurde unter einem solchen strukturalistischen Ansatz versucht, die Struktur im Individuum (Persönlichkeitsstruktur) zu erfassen. Verhalten des einzelnen Individuums läßt sich dann nicht aus funktionalen Beziehungen, sondern allein aufgrund der Kenntnisse der Persönlichkeitsstruktur vorhersagen (und zwar präziser als aus einer funktionalen Analyse; Funktion stellt gemäß einer extrem strukturalistischen Auffassung, nachdem Struktur aufgebaut worden ist, nur noch ein Epiphänomen dar). Eine Weiterentwicklung ist im Gebiet der Psychologie in der „latenten Strukturanalyse" zu sehen (Erweiterung der klassischen Testtheorie). Beobachtungsdaten werden in geschätzte Meßparameter überführt und von diesen wird direkt auf Fähigkeitsparameter geschlossen. Über ein Netz von Fähigkeitsparametern wird die Fähigkeitsstruktur konstruiert. In der pädagogischen Praxis ist unter diesem Gesichtswinkel die Kenntnis der Persönlichkeitsstruktur, das heißt, auch die Fähigkeitsstruktur, für didaktische und methodische Überlegungen betreffs Unterricht von höchster Bedeutung (vgl. ATI-Forschung, ATI = Wechselwirkung zwischen Schülermerkmalen und Lehrmethode – vgl. BRACHT 1969, 1975; vgl. FLAMMER 1973).

In der Gegenüberstellung von Funktion und Struktur findet sich das alte Grundproblem von Bewegung und Materie wieder. Für die Naturwissenschaften gilt seit dem Ausbau der Relativitätstheorie, daß Materie und Bewegung zwei aufeinander bezogene Größen sind. Für die Sozialwissenschaften darf dies in bezug auf Struktur und Funktion auch angenommen werden, auch wenn diese Beziehung noch nicht in einer eindeutigen Funktion abgebildet werden kann. Daraus ergibt sich die Notwendigkeit funktionaler *und* struktureller Forschungsansätze.

2.2 Funktional-strukturelle Ansätze in den Sozialwissenschaften

Um für die Erziehungswirklichkeit relevante Ergebnisse zu erzielen, sind strukturelle und funktionale Ansätze zu verknüpfen. Der Forscher verwendet dabei Denkmuster der Systemtheorie, die zur Erfassung der Erziehungswirklichkeit wiederum der Erweiterung bedürfen. Wenn man zum Beispiel Disziplinprobleme als Gegenstand hat, ist es wichtig, die jeweils individuellen Sichtweisen der in der Situation befindlichen Personen zu erfassen und zu berücksichtigen (phänomenologische Ebene; vgl. BRONFENBRENNER 1981).

Die funktional-strukturelle Betrachtungsweise wurde in der Soziologie von SPENCER (vgl. 1876) mit dem Organismusmodell eingeführt. Diese Betrachtungsweise wurde von der Psychologie übernommen und führte über die Gestaltpsychologie zur Feldtheorie (vgl. LEWIN 1939, 1963), mit der auch eine Abkehr von der Laborforschung verbunden war. In der Soziologie wurde durch Parsons über das Organismusmodell hinausgegangen, indem systemtheoretische Modellvorstellungen für funktional-strukturelle Analysen verwendet wurden. PARSONS (vgl. 1949) stellt in seinem Werk „The Structure of Social Action" die funktionalen und strukturellen Merkmale komplexer Interaktionssysteme in den Mittelpunkt seines Forschungsinteresses, er fordert eine funktional-strukturelle Analyse und begründet damit einen handlungstheoretischen Ansatz in der Soziologie (normativ, systemtheoretisch). Hierzu verwendet er die Konzeptualisierung „Handlungssystem": Eine Anordnung von Interaktionen kann dann als System bezeichnet werden, wenn die einzelnen Handlungen, die ein, zwei oder mehr eigenständigen (d.h. zu Vollzügen spontanen entscheidens-befähigten Einheiten beobachtet werden) nicht diskret und unverbunden nebeneinander stehen, sondern in der Weise aufeinander bezogen und gleichsam aneinander angepaßt sind, daß die Wahrscheinlichkeit des voneinander abhängigen Handelns größer als der Zufall ist (vgl. PARSONS 1959, S. 617; vgl. dazu FRÖHLICH/

WELLEK 1972, S. 682). – Aufgrund ungelöster Grundprobleme sind diese und nachfolgende Ansätze in vielfältiger Weise problematisch geblieben. Sie stellen philosophisch gesehen Opportunitätskonzepte dar, das heißt trotz ungelöster Grundprobleme und sich daraus ergebender begrifflicher und methodischer Schwierigkeiten folgen immer mehr Sozialwissenschaftler diesem Ansatz, weil sie so am dichtesten an der Alltagswirklichkeit und an komplexen Problemfeldern arbeiten können.

Die Einsicht in die hohe Komplexität sozialer Beziehungen und der Entstehung und Veränderung sozialen Verhaltens, auch des Lern- und Leistungsverhaltens, legt die Heranziehung von systemtheoretischen Ansätzen auch für das pädagogische Feld nahe. Die Soziologie erforschte die Entwicklung von gesellschaftlichen Institutionen, wobei eine über die Zeit ansteigende Bedingtheit (Determiniertheit) von Sozialisation und Lernen durch speziell dafür entwickelte Institutionen deutlich wurde. Sie fand, daß diese aufgrund zunehmender Eigendynamik sich immer weiter ausdifferenzieren und eine immer weiterreichende Kontrolle ausüben (vgl. HURRELMANN 1975). Diese Einsichten führten zu einer organisationssoziologischen Orientierung pädagogischer Forschung. Organisationstheoretische Analysen der Erziehungswirklichkeit (vgl. PETER 1973, WHEELER 1974) kamen aber bis heute nicht über Makroanalysen hinaus und bleiben somit normative Ansätze, die sich an den institutionalisierten Bedingungen des Erziehungswesens und seinen Beziehungsstrukturen festbeißen.

Es gibt eine Vielzahl von systemtheoretischen Ansätzen, die jeweils mehr deterministisch oder offen sind, je nach ihrem primären Anwendungsfeld. Teune und Zdravko definieren beispielsweise ihr Verständnis eines systemtheoretischen Ansatzes so: „System ist ein logisches Konzept oder ein generelles Paradigma (Denkmuster), das sich auf eine Vielzahl von Komponenten und deren Interaktion einschließlich Rückmeldungen bezieht. Systemtheorien sind dann solche Theorien, die die logische Form eines System-Paradigmas benützen, um die Beziehungen einer Vielzahl von Komponenten untereinander auszudrücken (zu beschreiben). [Systemtheoretische Interpretationen unterscheiden sich danach eindeutig von funktionalistischen und strukturalistischen.]

Erstens, ein systemtheoretischer Ansatz sieht Verursachungen als dynamische Zusammenhänge [...] Diese Sicht von Verursachung steht im Gegensatz zu der Suche nach Verursachern oder Ursachenfaktoren und anderen Faktoren (Ereignissen), die als unabhängige und abhängige Variablen bezeichnet werden [...]

Zweitens, ein systemtheoretischer Ansatz für soziale Systeme macht erforderlich, daß Individuen in das System eingebunden sind [...] Diese Eingebundenheit muß erklärt werden [...] Individuen werden Komponenten in einem System durch bestimmte Gesetze individuellen Verhaltens, das direkte Implikationen für das System hat [...]

Drittens, ein systemtheoretischer Ansatz postuliert Veränderung über die Zeit. Die Komponenten von Systemen interagieren über Zeit und ändern den Zustand des Systems per Definition [...] (integrativer Ansatz).

Viertens, ein systemtheoretischer dynamischer Ansatz impliziert, daß ein System gegenüber äußeren Faktoren, die Veränderung induzieren, geschlossen ist" (TEUNE/ZDRAVKO 1978, S. 22 ff.).

Systeme werden also hier als geschlossene Systeme verstanden, was für pädagogische Forschung nicht nur problematisch, sondern nicht mehr zu akzeptieren ist, da es ihr insbesondere um die Analyse der Mikroebene geht, also die direkten Handlungsfelder mit individueller Sinnverteilung.

Außer den oben genannten soziologischen systemtheoretischen Ansätzen in der Pädagogik wurde auch ein systemtheoretischer Ansatz in der Didaktik versucht (vgl. KÖNIG/RIEDEL 1973). Die systemtheoretische Didaktik zeigt jedoch nur wenig dynamische, dagegen in hohem Maße strukturalistische Momente. Einen auf pädagogische Problemfelder wie individuelles Lernen (Lernschwierigkeiten) angepaßten systemtheoretisch-dynamischen Ansatz scheint es bisher nicht zu geben. Im „Situationsthematischen Adaptiven Unterricht" (KLEBER 1981), einem utilitaristischen Ansatz, wird allerdings die individuelle Lernsituation *zur Beschreibung* in Anlehnung an offene Systeme und für die Entwicklung von *Handlungsstrategien* in Anlehnung an Handlungstheorie konzeptualisiert.

Im Zuge der veränderten neueren Umweltorientierung bilden sich in den Sozialwissenschaften sogenannte Ökodisziplinen (wie „ecological psychology", „behavioral ecology", „ökologische Psychologie" – vgl. KAMINSKI 1976). Mensch-Umwelt-Interaktion wird als hochkompliziertes Beziehungsgeflecht von Bedingungen auf unterschiedlichem Variablen-Niveau zu analysieren versucht. Globale Umweltvariablen (wie Spielplatz, Arbeitsplatz, Wohnung) und konkrete Umweltobjekte (wie Sand, Spielzeugauto) werden in Untersuchungen mit kognitiven und anderen Persönlichkeitsvariablen in Beziehung gesetzt. Handlungen von Personen werden in diesem Beziehungsrahmen interpretiert. Im Zuge einer notwendigen Komplexitätsreduktion werden in der Regel nur Ausschnitte analysiert, Schule als Arbeitsplatz wird zum Beispiel in bezug auf kognitive oder affektive Variablen von Personen untersucht.

2.3 Bronfenbrenners Design einer ökologischen Sozialisationsforschung

Ökologische Sozialisationforschung versteht BRONFENBRENNER (vgl. 1981) nicht als ein Konzept, in dem ökologisch objektive Umwelt von einer psychologischen Umwelt abzugrenzen ist, sondern er bezeichnet damit eine Bündelung von Bedingungen äußerer objektiver und innerer subjektiver perzipierter Umwelt, die beide aufeinander bezogen sind.

BRONFENBRENNER (vgl. 1980, S. 22 ff.) schlägt vor, verschiedene Ebenen von Handlungssystemen zu unterschieden. Jedes Forschungsdesign sollte mindestens zwei Handlungssysteme gleichzeitig erfassen. Wird ein Individuum nach diesem Ansatz untersucht, so wird es nicht in seinem isolierten Verhalten, sondern in seiner Teilhabe an verschiedenen Handlungssystemen untersucht. Für jedes Individuum ist mindestens die Teilhabe an zwei Mikrosystemen relevant, die in ihrer Verknüpfung zu mindestens einem Mesosystem betrachtet werden (vgl. Abbildung 1).

Ein Mikrosystem ist das jeweils vorliegende „setting" mit seinen komplexen interaktionalen Beziehungen, wie die Schüler-Lehrer-Interaktion in der Unterrichtssituation. Außerunterrichtliche Situationen in der Schule stellen weitere Mikrosysteme aus dem schulischen Bedingungsfeld dar. In gleicher Weise lassen sich im außerschulischen Bereich verschiedene Mikrosysteme aufzeigen. Mikrosysteme sind demnach jeweils unmittelbare Handlungsfelder für eine bestimmte Person. Die nächste Ebene, nämlich Beziehungen zwischen einzelnen Mikrosystemen, in denen das betreffende Individuum selbst handelnd lebt und sich entwickelt, stellt die Mesosystemebene dar. Nun gibt es eine dritte Ausgrenzung, die als Exosystem bezeichnet wird. Exosysteme sind entsprechende Handlungsfelder, an denen eine Person aus dem direkten Handlungsfeld (Mikrosystem) des betrachtenden Individuums (Schüler) unmittelbar teilhat, zu denen das betrachtete Individuum selbst aber keinen unmittelbaren Zugang hat (zum Beispiel Club des Lehrers, die Familie

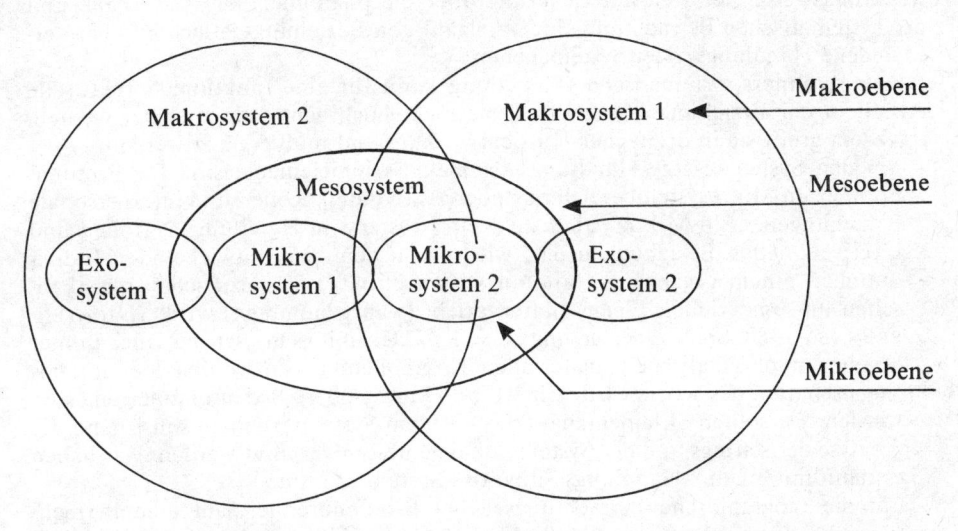

Strukturell-funktionale Erziehungsforschung

Abbildung 1: Systemebenen und ihre Verknüpfungen

des Lehrers, der Arbeitsplatz des Vaters). Diese Exosysteme beeinflussen über die Personen, welche sowohl diesen als auch den unmittelbaren Handlungsfeldern des Individuums angehören, Entwicklung und Verhalten des betrachteten Individuums. Oberhalb der Meso- und Exosystemebene wird die Makrosystemebene unterschieden. Makrosysteme werden nach Bronfenbrenner dargestellt durch sozioökonomische Klasse, ethnische oder religiöse Gruppen und Subkulturen. Sie stellen Normsysteme und Lebensstile dar, welche die ökologische Umwelt jeder Gruppe in spezifischer Weise und gewissem Rahmen konstant halten. Das hier angesprochene ökologische, systemtheoretische Modell erfaßt jeweils über die unmittelbare Situation hinaus auch die umgebenden Systeme. Wenn also etwa die Dyade Mutter-Kind als unmittelbares setting (Mikrosystem) untersucht wird, gilt es sich auch um vorhandene Exosysteme zu kümmern. PARKE (vgl. 1978) zeigt auf, daß der Freund der Mutter, ohne daß er in dem Mikrosystem je zugegen sein braucht, doch die Beziehung zwischen Mutter und Kind in hohem Maße beeinflussen kann (Exosystemeinfluß).

BRONFENBRENNER (vgl. 1980, S. 68) definiert in diesem Zusammenhang eine Design-Formel für ökologische Forschung in der Entwicklungspsychologie: N + 2-Systeme. Dies bedeutet, eine Untersuchung muß sich pro Individuum (N) mit mindestens zwei Mikrosystemen befassen. Für die Evaluation von Forschung bestimmt er eine ökologische Gültigkeit. „Ökologische Gültigkeit bezeichnet das Ausmaß, in dem die von den Versuchspersonen einer wissenschaftlichen Untersuchung erlebte Umwelt die gleichen Eigenschaften hat, die der Forscher voraussetzt" (BRONFENBRENNER 1981, S. 46). Damit bringt Bronfenbrenner als zentral bedeutsam die phänomenologische Ebene in die experimentell-empirische Forschung ein. Ein zentraler phänomenologischer Satz in der Arbeit mit Schulschwierigkeiten heißt: Die Lehr- und Lernsituation ist so schlecht wie sie sich im Erleben der Beteiligten (Schüler und Lehrer) abbildet, nicht wie sie unter Umständen von Schulpsychologen „objektiv" gemessen werden kann.

Eduard Werner Kleber

Das hohe Verdienst dieses ökologischen Ansatzes liegt in der interaktionalen Betrachtungsweise, der Relevanzsicherung über die phänomenologische Ebene und der systematischen Betrachtung einer Vielzahl von Beziehungsgeflechten über verschiedene Handlungs- oder Systemebenen.
Bronfenbrenners systematische Darstellung kann für eine funktional-strukturelle Arbeit in der Erziehungswissenschaft gar nicht hoch genug eingeschätzt werden, trotzdem greift sie in dreifacher Hinsicht zu kurz und muß ergänzt werden:
- um den Systemansatz „Handlungssysteme": Systemelemente sind für Bronfenbrenner im Mikrosystembereich nur noch Aktivitäten, Rollen und interpersonale Beziehungen. „Ein Mikrosystem stellt ein Muster von Handlungen, Rollen und interpersonellen Beziehungen dar, wie es von dem sich entwickelnden Individuum in einem gegebenen Handlungsfeld (setting) mit spezifischen physikalischen und materiellen Eigenschaften erlebt (wahrgenommen) wird" (BRONFENBRENNER 1980, S.22; Übersetzung: E.W.K.). Den mit dem „setting" hier immer gegebenen physikalischen, materiellen Komponenten (sie werden hier nur als Eigenschaften des settings betrachtet) muß eine größere Bedeutung beigemessen werden. Sie sollten „Elementcharakter" in dem System erhalten, sonst kann die Analyse der settings und der Systeme unangemessen verkürzt werden. Wir haben es dann mit einem „Handlungs-Situations-System" zu tun;
- um die biographische Betrachtungsebene: Bronfenbrenner läßt eine Betrachtungsebene aus. Über seine Biographie hat das Individuum eine interne Struktur von Erfahrungsmustern gebildet, die ein psychosomatisches System darstellt, das unterhalb der Ebene der Mikrosysteme besteht und welches nicht nur die Rezeption der Umwelt, sondern darüber hinaus Handeln bestimmt und gesonderte Berücksichtigung verdient;
- um die Komponente „gemeinsames Handeln" (Aktionstheorie): Die eigenständige Handlungsmöglichkeit der einbezogenen Individuen wird bei Bronfenbrenner generell zu wenig berücksichtigt. Dadurch gerät der gesamte Ansatz zu deterministisch. Trotz Berücksichtigung der phänomenologischen Ebene bleibt der ökologische Ansatz daher ein verobjektivierender. Die Rückgewinnung des Subjektcharakters in der dialektischen Überschreitung zwischen Analyse und Aktion durch gemeinsames Handeln erscheint nicht als nötige Konsequenz. Bronfenbrenner gerät bei der Betrachtung seiner eigenen Forschung in den Verdacht, daß er letztlich zwar einen hochdifferenzierten und phänomenologisch bereicherten, aber doch analytisch-normativen Ansatz verfolgt.

Allgemein läßt sich mit FATKE (vgl. 1977) an ökologischen Ansätzen kritisieren, daß sie nur eine ganz bestimmte Kategorie von Interaktionen in der Forschung berücksichtigen. Er fordert deshalb eine transaktional-ökologische Konzeptualisierung pädagogisch-psychologischer Probleme. Mit dieser Kritik werden erneut alte Grundprobleme aufgegriffen, die in der Trennung von Systemtheorie (Theorie geschlossener Systeme) und Handlungstheorie (vgl. HABERMAS/LUHMANN 1971) die Spaltung in Strukturalismus und Funktionalismus bewirkten. Diese unfruchtbare, relevanzreduzierende Spaltung versucht Fatke durch die Kopplung ökologischer (spezifisch systemtheoretischer) und transaktionaler Konzeptualisierung zu überbrücken. Transaktion ersetzt dabei den häufiger gebrauchten Begriff der Interaktion. Nach Fatke wird Interaktion auf drei inhaltlichen Ebenen verwendet:
- „Interaktion" kann sich auf interpersonale Interaktionen beziehen, bei denen das Verhalten der einen Person zum Teil durch die Reaktion des Interaktionspartners determiniert ist. Der Grad und die Art der Determiniertheit sind dann häufig der Gegenstand der Forschung, so zunächst im Interaktionismus in der Nachfolge

von MEAD (vgl. 1968) und später im Symbolischen Interaktionismus (vgl. GOFFMAN 1973, GOSLIN 1969).
- Ein anderes Begriffsverständnis liegt in der Statistik vor. Interaktion bezeichnet dort eine nicht zufällige Häufigkeitsbeziehung zwischen Meßwertreihen beliebiger Variablen (Korrelationsanalysen, einfache und multiple).
- Mit „Interaktion" kann schließlich aber auch der gemeinsame Beitrag von umweltabhängigen und personalen Faktoren auf ein bestimmtes Verhalten gemeint sein (vgl. LEWIN 1963).

Transaktion schließt bei Fatke alle drei Bedeutungen ein und wird insbesondere für Kombinationen aus dem erst- und letztgenannten Begriffsverständnis verwendet. Der Begriff wird im übrigen immer stärker in sozialtherapeutischem und sozialpsychologischem Kontext gebraucht, wie in der Transaktionsanalyse, einer relativ jungen Psychotherapie (vgl. BERNE 1966). Letzteres macht die Begriffsverwendung im Sinne Fatkes problematisch. Die Beziehungen zwischen Personen sind Thema der Transaktionsanalyse. Sie geht von einer „Strukturanalyse" (Persönlichkeitsstruktur im Sinne eines tiefenpsychologischen Ansatzes) aus, analysiert dann „Grundeinstellungen" (diese beziehen sich zunächst immer auf die eigene Person, dann auf die Interaktionspartner, etwa „Ich bin o.k. – Du bist o.k.", vgl. HARRIS 1973) und versucht abschließend eine Transaktions- und Beziehungsanalyse, also eine Analyse aller sozialen Beziehungen. Der Begriff Transaktion wird aber vor allem in der Sozialisationsforschung verwendet: „Sozialisation ist ein umfänglicher Begriff für den gesamten Prozeß, in dem ein Individuum *durch Transaktion mit anderen Individuen* sein individuelles Muster von sozial relevantem Verhalten und Erfahrungen entwickelt" (ZIGLER/CHILD 1969, S.474; Hervorhebung: E.W.K.). Im sozialpsychologischen Kontext wird darunter die „Person-Umwelt-Passung" (person-environment fit, vgl. PERVIN 1968) verstanden. Ihre Charakteristik ist nach FRÖHLICH/WELLEK (1972, S.672) die aktive Teilnahme: „Zum Unterschied von dem neutraleren Geschehen, das als Interaktion (Wechselwirkung) beschrieben werden kann, impliziert Transaktion immer das Vorhandensein von Kennzeichen der Aktivität oder Aktivation des in der Interaktion befindlichen individuellen Organismussystems; interagieren können auch Systeme ohne Eigendynamik". Die Rückgewinnung der Person als eigenständig handelndes Individuum in der Forschung gelingt so über die Verschränkung von transaktionalen und ökologischen Konzepten, anders ausgedrückt: durch die Verschränkung von system- und handlungstheoretischen Ansätzen. Damit ist eine Konzeption genannt, die eine Menge ungelöster begrifflicher und methodischer Detailprobleme enthält, die aber auch die höchsten Relevanzversprechungen für alltägliche Lebenssituationen macht.

3 Funktional-strukturelle Forschungsansätze in der Erziehungswissenschaft

Alle bisher aufgezeigten Forschungsansätze sind primär nicht erziehungswissenschaftliche und nur vereinzelt in der Erziehungswissenschaft für Teilfragen angewandt worden. Genau gesehen lagen dann jeweils mehr oder weniger komplexe erziehungswissenschaftliche Fragestellungen vor, die mit soziologischen und/oder psychologischen funktional-strukturellen Forschungsansätzen bearbeitet wurden. Die erziehungswissenschaftliche Leistung im engeren Sinne ist dann oft nur die Kombination und Interpretation der so gewonnenen Ergebnisse. Für diesen Tatbestand gibt es zwei Begründungen:
- Ökologisch-transaktionale Forschung betrachtet ihr Forschungsfeld als ein hochkomplexes, weitverschränktes Beziehungsgesamt. Um diesem gerecht zu werden,

ist es nicht länger möglich, eigene spezielle Instrumentarien für sozialwissenschaftliche Teildisziplinen zu kultivieren oder Instrumentarien diesen Teildisziplinen exklusiv zuzuordnen.
- Erziehungswissenschaft nahm von jeher eine Mittlerfunktion zwischen den anderen Sozialwissenschaften ein (vgl. GIESECKE 1969). So koordinierte sie Teilbereiche anderer Sozialwissenschaften auf bestimmte Ziele systematischer Enkulturation und Persönlichkeitsentwicklung hin. Somit konnten jeweils auch Methoden der Nachbardisziplinen übernommen werden.

3.1 Gliederung (Dekomposition) der Erziehungswirklichkeit

Strukturell-funktionale Forschung gliedert die hochkomplexe Erziehungswirklichkeit als ein Beziehungsgeflecht miteinander verschachtelter Mikro-, Meso- und Makrosysteme auf. Sie sollte immer dann, wenn ihr Gegenstand schulrelevant ist, zwar von Mikrosystemen ausgehen, aber immer auf der Mesoebenenbetrachtung durchgeführt werden. Einflüsse verschiedener Makrosysteme sind generell zu berücksichtigen. Wenn zum Beispiel ein Kind ausländischer Arbeitnehmer in der Grundschule nicht die erwarteten Leistungen bringt oder in bestimmten Bereichen „versagt", dann ist es falsch, mit einer Analyse der Fähigkeiten und/oder dem Verhalten dieses Kindes zu beginnen; letzteres legt eine defizitäre Persönlichkeitsstruktur und Verhaltensprobleme nahe und führt dann sehr schnell zu Diagnosen wie „lernbehindert". Die Analyse sollte dagegen auf der Mesoebene beginnen, sollte das Mikrosystem Lehrer-Schüler als das tragende „Vermittlungssystem" für Lernen und Aneignung in der Schule analysieren, sollte das Mikrosystem Eltern-Kind als ergänzendes oder blockierendes Handlungssystem für den Vermittlungsprozeß in die Analyse einbeziehen. Der Forscher sollte dann unmittelbar fragen, wie denn beide Mikrosysteme miteinander interagieren (Mesoebene). Wie für den Vermittlungs- und Aneignungsprozeß beide Mikrosysteme in ihrer Interaktion optimiert werden können? Welche Widerstände dem entgegen stehen?
Hier muß die Analyse auf die Makrosystemeinflüsse, unter denen beide Mikrosysteme stehen, eingehen. Es gilt, ein möglichst klares Bild zu gewinnen, welche Makrosystemeinflüsse (der Ethnie, der Religion und anderes) auf der Mesoebene zu kanalisieren, zu kompensieren, zu berücksichtigen sind, damit der Vermittlungs- und der Aneignungsprozeß günstiger gestaltet werden können. Erst nachdem Schritt für Schritt diese Analyseteile abgeschlossen worden sind, wird eine spezifischere Analyse der Person des Kindes gegebenenfalls sinnvoll, und in diesem bereits erforschten Kontext kann sie relevant interpretiert werden. Dabei stellt die Verknüpfung von Mikro- und Makroebene noch nicht gelöste Detailprobleme.
Die notwendige Verknüpfung von Mikro- und Makroebene kann nach COLEMAN (vgl. 1978) handlungstheoretisch erfolgen. Zur Beschreibung des komplexen Beziehungsgeflechtes mit vielseitiger Dynamik der Beziehungsstruktur ist die systemtheoretische Betrachtung hilfreich. Werden beide Gesichtspunkte zusammengefaßt, dann können erziehungswissenschaftliche funktional-strukturelle Ansätze auch als ökologisch-transaktionale bezeichnet werden.
Das systematisch am weitesten ausgearbeitete Konzept für den ökologischen Ansatz bietet BRONFENBRENNER (vgl. 1981). Er konstruiert mit seinem „Systemgeflecht" ein dynamisches Modell, das sehr gute Abbildungsqualitäten für erziehungswissenschaftliche Probleme bietet. FATKE (vgl. 1977) zeigt einen ähnlichen nicht so weit durchsystematisierten Ansatz innerhalb der Erziehungswissenschaft. Eine spezifisch erziehungswissenschaftliche Adaption komplexer Forschungsansätze inner-

halb der Sozialwissenschaften sollte all die bisher aufgezeigten Elemente vereinigen. Sie sollte problemorientiert und pragmatisch sein. Das bedeutet auf der anderen Seite, daß sie keinem voll abgeklärten Forschungsparadigma folgen kann. Wissenschaftstheoretisch betrachtet, wird sie damit utilitaristisch oder opportunistisch, notwendiger Weise eklektizistisch.

Strukturell-funktionale Sozialisations- und Lernforschung beschreibt jeweils das gesamte Bedingungsfeld ihres Gegenstandes in seiner Struktur (Mikro-, Meso-, Exo- und Makroebene) und setzt dann dem Ergebnis der Voruntersuchungen entsprechend unterschiedliche inhaltliche Dominanzen. Sie sollte das Bedingungsfeld allerdings nie nur als eine Kombination von Handlungssystemen untersuchen. Die materiellen Grundlagen müssen stärker gewichtet werden, zum Beispiel der Arbeitsplatz: Tisch, Stuhl, Bücherschrank, Bücher, Hilfsmittel. Sowohl bei Leistungs- als auch bei Verhaltensproblemen sollte die Untersuchung in einer späteren Phase auch das psychosomatische Bedingungsfeld mit einbeziehen, das heißt, eine Untersuchung der Mikrosysteme unter Einbeziehung der materiellen, physikalischen Momente; ihr Zusammenspiel sollte zum Gegenstand gemacht werden (Mesoebene), Exo- und Makrosystemeinflüsse müßten bedacht und kontrolliert werden, nach Interventionen auf der Mesoebene (gegebenenfalls Variation der Bedingungen dort) wäre das psychosomatische System der betrachteten Person ergänzend hinzuzunehmen.

Wird das von Bronfenbrenner entworfene Systemgeflecht auf die Lern- und Lebenssituation von Schülern unter besonderer Betrachtung von Schulproblemen übertragen, so gibt das ein sehr kompliziert geschacheteltes Modell von mehr als vier Mikrosystemen, die mindestens zwei getrennte Mesosysteme darstellen mit mehr als drei Exosystemen und so weiter. Diese gegliederte hohe Komplexität ist in ihrer Gesamtheit für Forschungsfragen relevant. Wesentliche Interaktionen auf der Mesoebene sollten besonders berücksichtigt werden. Für die Arbeit aus Problembereichen wie „Schulschwierigkeiten" oder „Lernen – Unterrichten" ist daher ein vereinfachtes Modell auf der Mesoebene entwickelt worden (vgl. KLEBER 1980, 1981; vgl. KLEBER u. a. 1977; vgl. Abbildung 2).

Lernen ist in bezug auf die Produkterzeugung etwas ausschließlich Individuelles. Allgemeinere Lerngesetze wirken nur insoweit, als sie in der individuellen (subjektiven) Situation zum Tragen kommen. Lernen ist ein fundamentaler Lebensvorgang, die Produktentstehung ist deshalb das Ergebnis eines sehr komplexen Bedingungsgefüges, mehr oder weniger der gesamten individuellen Lebenssituation des Lernenden. Für die Gliederung dieses Bedingungsfeldes liegt die Verwendung des Begriffs „Dekomposition" nahe: Der Begriff wird aus der systemtheoretischen Diskussion mit Bezug auf Erziehungswissenschaft übernommen (vgl. LUHMANN/ SCHORR 1979). Ein komplexes Beziehungsgeflecht kann aufgrund ökologisch-systemtheoretischer Vorüberlegungen in ganz bestimmter Weise gegliedert werden. Dabei ergeben sich Einheiten mittleren Komplexitätsniveaus, die, wenn sie bei der Zerlegung für Forschungsplanung jeweils berücksichtigt werden, eine ökologische Interpretation der späteren Ergebnisse sinnvoll ermöglichen. Für eine solche Komplexitätsreduktion (Zerlegung) in kleinere Beziehungsfelder ohne Zerstörung wesentlicher Wechselbeziehungen im Gesamtgeflecht wird der Begriff „Dekomposition" verwendet.

Die Vielfalt des Bedingungsfeldes kann in Teilfelder, in denen dichtere Beziehungen zwischen den Teilfeldern herrschen oder intendiert sind, dekomponiert werden, innerhalb dieser Bereiche (Subsysteme) können Komponentenklassen und innerhalb dieser Komponenten gebildet werden. Letztere können auf der Konstrukt-

Eduard Werner Kleber

Abbildung 2: Individuelle Lern- und Lebenssituation

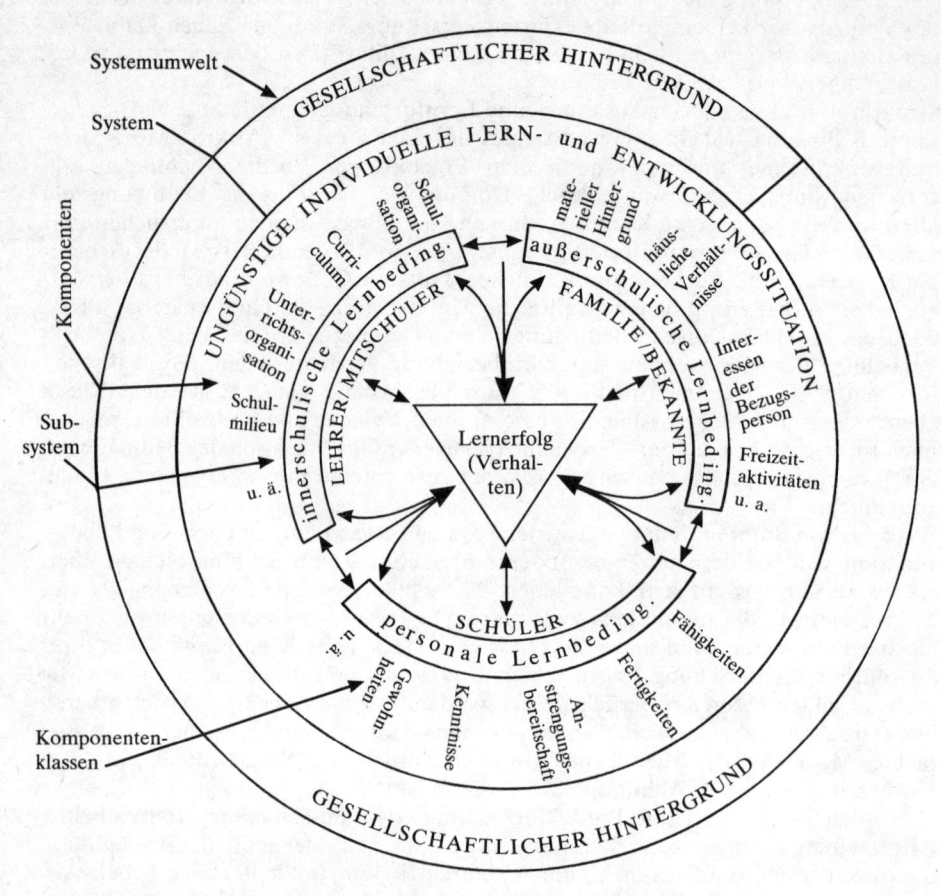

(Quelle: KLEBER 1980, S. 58)

oder Verhaltensebene beschrieben werden. Die Komponenten und Komponentenklassen stehen untereinander, aber auch mit benachbarten Subsystemen in Wechselbeziehung. Die Subsysteme, zum Beispiel innerschulisches und außerschulisches Bedingungsfeld, stehen wiederum in einer direkten komplexen Wechselbeziehung. Das gesamte Bedingungsfeld kann strukturell als System beschrieben werden. Es handelt sich dabei jeweils immer auch um ein Handlungssystem, es sind Personen, deren Erwartungen, Handlungen und durch sie induzierte Konsequenzen in das Bedingungsgeflecht eingebunden wurden.

Für den Aneignungsprozeß im Individuum und dessen Entwicklungsprozeß wird die Subjektivität der beteiligten Personen (Schüler, Lehrer, Eltern) so zu einer zentral bedeutsamen Variablen, die in der Erziehungswissenschaft nicht länger hauptsächlich Störvariable einer „objektiven" Forschung sein kann. Die Mikrosysteme im Sinne Bronfenbrenners werden innerhalb der Systeme „innerschulische" und „außerschulische Bedingungen", die Mesosystemcharakter haben, betrachtet.

Mit dem Bereich „personale Bedingungen" wird das Modell durch das Struktur-/ Funktionsgebilde Schülerpersönlichkeit ergänzt. Es ist nicht ohne Probleme, das unterhalb der Mikrosysteme einzuordnende psychosomatische Systemniveau hier auf dem Mesosystemniveau zu verknüpfen, hat aber pragmatische Vorteile zur Durchführung von pädagogischen Maßnahmen und zur Analyse von Schulschwierigkeiten und Lernvoraussetzungen.

3.2 System- und Handlungstheorie im strukturell-funktionalen Ansatz

Das Ziel- und Problemfeld kann in der Erziehungswissenschaft generell im Sinne eines systemtheoretischen Ansatzes (vgl. Abbildung 2) beschrieben und strukturiert werden. Diese Beschreibung und ihre Struktur bedingen eine Reifizierung der Erziehungswirklichkeit (analytisch-deskriptiver Teil); die handelnden Personen werden dabei notwendigerweise zu Objekten. Die Rückgewinnung ihres Subjektcharakters wird in einer nachfolgenden Phase gemeinsamen Überlegens und Handelns wieder sichergestellt. Die analytisch-deskriptive Phase wird dann durch eine synthetisch-agierende Phase abgelöst, auf die zur Evaluierung wiederum eine analytisch-deskriptive auf dem neuen Situationsniveau folgt (vgl. KLEBER 1983). In der analytisch-deskriptiven Phase werden aus dem strukturierten Bedingungsfeld die zu untersuchenden Passungen und Unpassungen in den Beziehungen auf ein bestimmtes Ziel hin bestimmt und daraus der Variablenkatalog gebildet, anhand dessen die Datenerhebung organisiert werden kann. Konstrukt- und Verhaltensebene können ineinander übergehend verwendet werden; insbesondere im Felde der innerschulischen Bedingungen sind Mikro- und Makroanalyse zu verknüpfen. So führen Untersuchungen über die Beziehungen von System, Subsystem und Systemumwelt auf die Makroebene.

4 Variablen und Datenerhebung in funktional-strukturellen Forschungsansätzen

4.1 Allgemeine Kennzeichnung der Informationserhebung

Aufgrund der Komplexität, die durch die Einbeziehung von Umwelt- und Personenvariablen sowie der transaktionalen Beachtung der agierenden „Subjekte" entsteht, ist eine Vielzahl von Informationen auf verschiedenen Variablenniveaus für Analysen und Interventionen bedeutsam. Bis heute läßt sich aber weder die Gewichtung der Bedeutsamkeit von Variablen ausreichend sicher behaupten noch eine Rangordnung erstellen, doch kann gerade eine solche Gewichtung Desiderat erziehungswissenschaftlicher Forschung sein. Daher ist zu folgern, daß alle Informationserhebungsmethoden der Sozialwissenschaften je nach Breite der gewählten Analyse des Problemfeldes, nach Komplexitätsgrad der Gegenstandsbearbeitung und nach wissenschaftstheoretischer Position des Forschers gewählt werden können. Wie die Abbildung 2 zeigt, werden für die Informationserhebung im *personalen Bereich* informelle Tests und Leistungstests zur Erfassung der Vorkenntnisse und des Fertigkeitenniveaus aber auch allgemeine Tests verwandt. Wird hingegen besonderer Wert auf die Erfassung des Verhaltens gelegt, die Analyse primär funktional begründet, dann ist Verhaltensbeobachtung, in ihren verschiedenen Ausprägungen, Methode der Wahl. Dabei ist immer, da es im ökologischen Ansatz nie nur um das offen zutage tretende Verhalten, sondern immer auch um Beweggründe, um das Erleben und das Verständnis der registrierten Verhaltensmerkmale geht, zusätzlich durch Befragung oder durch Gespräch, die phänomenologische Ebene zu sichern.

Eduard Werner Kleber

Im explorativen Gespräch können über Informationen zu den Beweggründen und den erwarteten Konsequenzen, die Informationen aus der systematischen Beobachtung auf die konkrete und individuelle Situation hin evaluiert werden (ökologische Gültigkeit).

Für die *innerschulischen Bedingungen* sind in bezug auf die gewünschten Lerneffekte bei den Schülern informelle Tests die Informationsträger, die anzeigen, wo Unterricht nicht mehr ankommt und inwieweit der veranstaltete Unterricht trägt. Sie sind zu ergänzen durch explorative Gespräche mit dem Schüler, systematische Beobachtungen zur Interaktionsanalyse, Gespräche und halbstandardisierte Interviews mit Schüler und Lehrer. Soziometrische Erhebungen in Verbindung mit Fragebogen und Gesprächen vermögen Informationen über das soziale Schulmilieu oder -klima zu liefern. Befragungen von Schulverwaltungspersonen, Lehrern und Schulleitern liefern Informationen über die Schulorganisation, die durch soziologische Makroanalysen ergänzt werden können.

Gespräch, Interview und Beobachtung sind die Methoden, um Informationen über Variablen der *außerschulischen Bedingungen* zu erhalten. Soll die Komplexität erziehungswissenschaftlicher strukturell-funktionaler Analysen berücksichtigt werden, dann wird Beobachtung, meist als teilnehmende Beobachtung, und Gespräch (speziell explorative Befragung) zur Methode. In Gesprächen können zur Verbesserung des Datenniveaus teilstrukturierte Interviews integriert werden und es können in Rückkopplung Schätzskalen zur Präzisierung der Informationen angeschlossen werden. Insbesondere um die subjektive Perspektive der Betroffenen einzubeziehen, kann auf das Gespräch nicht verzichtet werden.

Das Experiment im engeren Sinne tritt in den funktional-strukturellen Forschungsansätzen zurück, es kann nur noch Teilbereiche der jeweiligen Forschung bestimmen, oder Elemente experimenteller Anordnungen werden in nicht experimentelle Feldforschung integriert.

Wie Bronfenbrenner für Entwicklung feststellt, sind sogenannte ökologische Übergänge (ecological transition) für Veränderungen menschlicher Haltungen und Verhaltens von besonderer Bedeutung: „Ein ökologischer Übergang findet statt, wenn eine Person ihre Position in der ökologisch verstandenen Umwelt durch einen Wechsel ihrer Rolle, ihres Lebensbereiches oder beider verändert" (BRONFENBRENNER 1981, S. 43).

Übergangssituationen können als erzieherische Situationen systematisch geschaffen werden. In diesem Fall spricht man von Transformationsexperimenten. Als Prototyp eines solchen Experimentes gelten die bekannten Führungsstil-Experimente in Kindergruppen von LEWIN/LIPPITT (vgl. 1938), LEWIN u. a. (vgl. 1939) und die Experimente zur Änderung von Gruppeneinstellungen in Ferienlagern von SHERIF/SHERIF (vgl. 1953; vgl. auch SHERIF u. a. 1961).

„Im Transformationsexperiment werden bestehende ökologische Systeme systematisch so verändert, daß die in einer Kultur oder Subkultur verbreiteten Formen der sozialen Organisation, der Weltanschauung und der Lebensstile in Frage gestellt werden" (BRONFENBRENNER 1981, S. 58). Transformationsexperimenten dürfte unter ökologischem Ansatz in der Psychologie eine größere Bedeutung als bisher zukommen, und sie sollten verstärkt Eingang in die Erziehungswissenschaft erhalten.

Sogenannte weiche Daten, die in der empirischen Forschung lange Zeit gemieden wurden, erhalten unter ökologischem Ansatz zumindest gleichwertige, wenn nicht höhere Bedeutung als „harte Daten". Wie das „Bandbreite-Fidelitäts-Dilemma" zeigt (vgl. CRONBACH 1970, S. 179 f.; vgl. KLEBER 1979, S. 28 f.) wird bei der Unterscheidung zwischen „harten" und „weichen" Daten oft ein Gegensatz konstruiert, der wissenschaftliche Innovation behindert und praktische Relevanz reduziert. Bei der Erhebung harter Daten wird Subjektivität zur Störvariablen, die es auszuschalten gilt. Objektivität und Zuverlässigkeit werden zu den zentralen Kriterien für die Datenerhebung. Von „weichen Daten" spricht man bei Informationen, die in bezug auf die Kriterien Objektivität und Zuverlässigkeit nicht hoch abgesichert werden können (Gesprächsinformation, Information aus teilnehmender Beobachtung). Zur Präzisierung von Aussagen muß die Informationserhebung auf genau abgeklärte Miniatursituationen immer mehr eingeschränkt werden. Dabei wird ohne spezielle Absicht die Relevanz für das Problemfeld immer stärker reduziert. Dieses Problem wird „Bandbreite-Fidelitäts-Dilemma" genannt: Mit steigender Bandbreite wächst die praktische Relevanz und die Präzision (Fidelität) geht verloren und umgekehrt. Die neueren ökologischen Ansätze (vgl. BRONFENBRENNER 1981; vgl. KLEBER 1980, 1981; vgl. KLEBER u. a. 1977) zeigen aber einen Weg zur Vernetzung von Daten verschiedenen Niveaus, über die eine Chance weiterer methodischer Absicherung besteht (vgl. MARKUS 1978).

4.2 Beispiele von Untersuchungen

Begrenzt in ihrer Reichweite und gering im Komplexitätsanspruch sind die funktional-strukturellen Untersuchungen von GAGNÉ (vgl. 1975). Gagné bleibt eng an der experimentellen Anordnung. Es geht ihm darum aufzuzeigen, wie Wissen als hierarchisierte interne Struktur im Lernenden entsteht, wie Lernen jeweils wieder an vorher gebildete Strukturen anknüpft, sie als notwendige Basis hat. Gagné strukturierte hypothetische learning sets (Wissenseinheiten). Jede dieser Einheiten wird durch eine Klasse von Aufgaben dargestellt. Die Einheiten stellten eine hierarchische Sequenz dar, das heißt, wenn ein Schüler die am höchsten angeordnete Aufgabe in dieser Folge löste, dann mußte er auch alle Aufgaben darunter lösen können. Zu den verschiedenen Wissenseinheiten wurden Lernprogramme, das heißt Aufgabensammlungen mit Informationen zur Lösung erstellt. Untersuchte Variablen waren: Fertigkeiten und Fähigkeiten des Schülers (personale Bedingung) und Lernmaterialien/Lernprogramm (innerschulische, didaktisch-methodische Bedingungen). Wissenseinheiten wurden wechselnd als Strukturelemente im Schüler und als hypothetische Stufen der Lernmaterialien interpretiert. Es erfolgte eine Wiederholungsanordnung für die Datenerhebung.
A   Testaufgaben (Die Testaufgaben wurden von der Zielaufgabe abwärts vorgegeben).
B   Lernprogramm (je nachdem bei welcher Aufgabengruppe Erfolg einsetzte, wurden dem Schüler die darunterliegenden Wissenseinheiten als sein Wissen zugesprochen, und es wurde ihm ein Lernprogramm für die nächst höhere Wissenseinheit gegeben).
A' Testaufgaben – (A B A' B' ... Design).
Untersucht wird so die Wissensstruktur des Schülers, isoliert auf sachlogische Abhängigkeiten von Lerninhalten. Solche Untersuchungen können nur für sehr spezielle Situationen des Praxisfeldes relevant sein. Obwohl pädagogischer Herkunft bieten sie funktional-struktureller Forschung in der Erziehungswissenschaft wenig Anregung.
In besonderem Maße wurden funktional-strukturelle Forschungsansätze in der Sozialforschung verwendet. Sie wurden dort zunehmend durch Elemente der kritischen Interaktionstheorie ergänzt. Hierzu sollen zwei Beispiele gegeben werden:

Eduard Werner Kleber

Das *erste Beispiel* geht auf die Untersuchungen von BERNSTEIN (vgl. 1975) zu „Class, Codes and Control" ein. Seit 1964 leitet Bernstein ein umfassendes Programm theoriegeleiteter Forschungen, das sich mit schichtspezifischen Differenzen in der Art und Weise, wie Mütter ihre Kinder auf die Vorschule vorbereiten, befaßt hat: mütterlicher Kommunikation und Kontrolle; dem Sprechen von Kindern im Alter von fünf bis sieben Jahren und den dafür ausschlaggebenden sozialen Faktoren; der Entwicklung eines Sprachprogramms für Vorschulkinder aus der Unterschicht und der Auswertung der Wirkungen des Sprachprogrammes. TURNER (vgl. 1975) verwendete in diesem Kontext einen faktoriellen Versuchsplan mit den Variablen Schicht, Geschlecht und Verbalität als Rahmenvariablen. Bei der ersten Stichprobe wurden 160 fünfjährige Kinder und zwei Jahre später 127 siebenjährige Kinder nach den Rahmenvariablen in Gruppen eingeteilt. Für die Bestimmung der Variablen „Schicht" wurde eine doppelte Einschätzung nach beruflichem Status und Erziehungsstil vorgenommen. Die Variable „Verbalität" wurde durch Tests (verbale Intelligenztests) bestimmt. Für die Untersuchung „des Sprechens" der Kinder und die Erfassung „sozialer Kontrolle" wurden themengebundene Interviews durchgeführt. Den Kindern wurden mehrere Bilderfolgen als Bildergeschichten vorgelegt und sie wurden aufgefordert, die Geschichte, die sie dort sahen, zu erzählen. Von diesen Erzählungen wurden Tonbandaufzeichnungen gemacht, diese dann nach Kodierungsleitfäden für soziale Kontrolle und Codes ausgewertet. Aufgrund einer recht differenzierten Auswertung wurden in dieser Analyse Erkenntnisse über die von den Kindern internalisierten sozialen Kontrollmechanismen gewonnen. Untersucht wurden nur äußere Rahmenvariablen der außerschulischen Umwelt „soziale Schicht". Alle übrigen untersuchten Variablen in der beschriebenen Untersuchung gehören zum Bereich der personalen Variablen (Verbalität, Intelligenz, kognitive und soziale Einstellungen im Hinblick auf soziale Kontrolle). Von diesen Strukturbedingungen wurde dann auf die Erzeugung dieser Strukturen, etwa elterliche Kommunikation zur sozialen Situation und elterliches Verhalten in sozialen Situationen zurückgeschlossen. Im Gesamtprogramm Bernsteins blieb dies nicht so indirekt, weil parallel Interviews mit den Eltern durchgeführt wurden, die in einer übergeordneten Analyse mit aufgenommen werden konnten. Nach dem oben gezeigten Untersuchungsplan wird, typisch für einen solchen Forschungsansatz, wiederum indirekt auf innerschulische Sozialisationsbedingungen zurückgeschlossen. Persönlichkeitsstrukturen werden so als Ergebnis eines gelaufenen und laufenden Prozesses gedacht. Man kann sie dann als ein funktionales Ergebnis der Prozesse zum Rückschließen auf vorangegangene Bedingungen benützen oder ihre Funktionalität oder Dysfunktionalität für zukünftige Situationen bestimmen. Dabei gerät man jeweils in Gefahr, zu mechanistischen Modellvorstellungen zu gelangen.

Ein *zweites Beispiel* befaßt sich mit Untersuchungen von BRONFENBRENNER (vgl. 1961, 1967, 1968, 1974 a, b). Diese Untersuchungen berücksichtigen erst Teile der Forderungen, die er 1979 bis 1981 aufstellte (vgl. BRONFENBRENNER 1980, 1981). Bronfenbrenner arbeitet mit den gleichen faktoriellen Versuchsplänen wie Bernstein. Er betrachtet als komplexe Umweltvariablen zum Beispiel „Nation" als einen Werte vermittelnden Komplex, dann die „Kameradengruppe", die als halbautonome Subkultur soziale Kontrolle ausübt, und untersucht beispielsweise Regeln des sozialen Verhaltens bei Schulkindern. Seine Daten erhebt er über Befragungen. Ihn interessiert die Bedeutung, die diesen Regeln vom einzelnen für sein Verhalten beigemessen wird. Darüber hinaus erforscht er kognitive Strukturen und Einstellungen von Schülern. Er stellt solche Strukturen fest und fragt, von welchen Sozialisationsbedingungen sie abhängen. Dabei folgt er einem experimentellen Grundplan, in dem er die Bedingungen für Sozialisation aufgrund ausgewählter vorgefundener Bedingungskomplexe systematisch variiert. Er nimmt die Umweltbedingungen auf der Ebene „Kultur" als unabhängige Variable und die kognitive Struktur in den Individuen als abhängige Variable. Soziales Verhalten wird nicht unmittelbar beobachtet, um daraus dahinterstehende Regeln zu eruieren, sondern es werden Regeln in Aussageform vorgesehen (zum Beispiel „Hände, Gesicht und Kleidung sauber halten"). Damit wird eine Struktur eingeführt, die sich in anderem Zusammenhang als bedeutsam erwiesen hat. Auf diese Weise wird die Versuchsdurchführung ökonomisch, aber in gleicher Weise, wie vorher angemerkt, indirekt, mit einer Neigung zu mechanistischen Modellen.

Nach gleichem Grundplan untersucht BRONFENBRENNER (vgl. 1976, S. 79) die Gemeinde- und Familienstrukturen als Voraussetzung für die Entwicklung von Kreativität und Verantwortungsbereitschaft. Er bleibt nicht bei der rein funktionalistischen Betrachtung stehen, sondern berücksichtigt die subjektive Sinngebung der Individuen, was wesentlich zur Fruchtbarkeit seiner Arbeit beiträgt.

Für transaktionale-ökologische Ansätze bleibt folgendes zu ergänzen: Neben den Umweltvariablen und den bisher verwandten Personenvariablen wie Intelligenz, kognitive Strukturiertheit und Einstellung tritt die Forderung der Betonung von subjektiver Sinngebung für Umweltsituationen. FATKE (vgl. 1977) fordert eine weitere zentrale Personenkategorie in transaktionalen Forschungsansätzen: „Exploration", allgemein umschrieben als „Erkunden", „Untersuchen", „Suchen nach Antworten", „Auskundschaften von neuem Territorium". Obwohl dieses Konzept mit einer Reihe von Problemen behaftet ist, erweist es sich in Untersuchungen als fruchtbar. Exploration als Merkmal von Lebewesen wird in der Literatur sowohl als „Verhaltensmerkmal" wie auch als „motivationales Konstrukt" verwendet. In verschiedenen Untersuchungen wird es unterschiedlich operationalisiert, etwa als „gerichtete Aktivität", „Manipulation von Gegenständen", „Dauer der Betrachtung von Gegenständen" (vgl. FATKE 1977, S. 89). Bei KELLER/VOSS (1976, S. 143) ist zu finden: „Als eine Form der Auseinandersetzung mit der Umwelt spielt Exploration eine wichtige Rolle in der menschlichen Entwicklung, in dem sie (a) eine flexible Anpassung des Individuums an veränderte Umweltbedingungen ermöglicht und (b) selbst wiederum Veränderungen herbeiführt bzw. veränderte Ausgangsbedingungen für neues Handeln schafft. Dies impliziert (c) eine Richtung der Entwicklung auf differenzierte Interaktionsmuster und effektivere Problemlösung hin [...]. Explorative Handlungen bewirken auf der einen Seite, daß Angst in fremden Situationen oder vor neuen Objekten reduziert wird, was zugleich die Reaktionsschwelle für eine positive Auseinandersetzung erniedrigt, andererseits wird die Kapazität des Organismus zur Bewältigung von diskrepanter Information oder differenzierten Problemen erhöht." Exploration ist so als eine konstruktive Strategie der Auseinandersetzung mit Anforderungen, die die Umwelt stellt, zu verstehen. Sie ermöglicht im zwischenmenschlichen Bereich Verstehen von Handlungspartnern in individuellen und sozialen Situationen und kann darüber zu Verständigung und gemeinsamen Handeln führen. Nach einer Untersuchung von KELLY u. a. (vgl. 1971) sind zwei Bereiche der Explorationsvariablen zu unterscheiden: „Soziale Exploration", die sich mit sozialen Kontakten und in der Teilnahme an sozialen Ereignissen manifestiert, und „kognitive Exploration", die sich im Suchen nach und im Verarbeiten von Informationen ausdrückt. Exploration stellt also eine Variable auf Klassenniveau dar, die funktional-strukturelle Ansätze mit handlungstheoretischen Ansätzen verknüpft. Für Untersuchungen im Kontext eines transaktional-ökologischen Ansatzes nennt FATKE (vgl. 1977) folgendes Grunddesign. Es werden vorausgesetzt: mindestens zwei unterschiedlich strukturierte institutionelle Umwelten (zum Beispiel Schulen); je zwei Gruppen von Schülern, die sich in ihren Explorationspräferenzen voneinander unterscheiden. Da Adaptionsprozesse nicht punktuell zu erfassen sind, muß die Datenerhebung mehrere Male über einen längeren Zeitraum erfolgen (Längsschnittuntersuchung). Damit folgt Fatke dem Untersuchungsplan von KELLY u. a. (vgl. 1971), an dessen Programm er einige Zeit mitgearbeitet hat. In diesem Projekt wurden folgende Variablen mit folgenden Erhebungsinstrumenten erfaßt:

Explorationspräferenz: ein Explorationsfragebogen (Q-Form), der von Schülern selbst ausgefüllt wurde (self-report-questionnaire); ein halbprojektiver Test (T-Form); eine differenzierte soziometrische Erhebung (N-Form);
Selbstwertgefühl: Self-Esteem-Skala von ROSENBERG (vgl. 1965);
Subjektive Wahrnehmung der Schulsituation: halbstrukturiertes Interview; bei nachfolgenden Erhebungen ein Fragebogen (F-Form), gefragt wurde nach Veränderungen in der Schule, Hilfe, Schülereinstellungen und Familiendaten;
Familiärer Hintergrund: Fragebogen, ebenfalls in F-Form;
Schulsituation: Auswertung von Jahrbüchern, Schülerhandbüchern, Schulzeitungen, Kursprogrammen, schulinternen sowie statistischen Erfassungen; Gesprächen mit Schulleitern, Fachvorsitzenden, Lehrern, Vertretern des Schülerparlaments; Gespräche mit einer aufgrund der Erhebungen ausgesuchten Schülergruppe;
Schulische Leistungen: Lehrerbeurteilung (Schulnoten).

Die Untersuchungen setzen damit an den innerschulischen und personalen Bedingungen an, wo hingegen das Feld außerschulischer Bedingungen nur eingeschränkt als soziöökonomischer Grundtyp einbezogen wird. Damit können sehr wenig, und wie aus der Kritik der „Schichtvariablenorientierung" bekannt ist (vgl. SCHNEEWIND u. a. 1983, SEWELL 1961, STEINKAMP 1980), fragwürdige Interaktionen zwischen den beiden genannten Bedingungsfeldern und außerschulischen Bedingungen Beachtung finden.

Anknüpfend an der Handlungs-Struktur-Analyse (vgl. MILLER u. a. 1973) und der „Theorie kognitiver Strukturiertheit" (vgl. SEILER 1973) stellen WAGNER u. a. (vgl. 1981) einen Ansatz vor, der speziell zur Analyse äußerer und innerer Realität von Unterricht gedacht ist. Über die Methode des „Nachträglich-Lauten-Denkens" in Verbindung mit Gesprächen und Interviews eröffnen sich Analysemöglichkeiten, durch die die hier gestellten Forderungen nach Berücksichtigung „subjektiver Sinngebung" (vgl. BRONFENBRENNER 1980, S. 23 ff.; vgl. MACLEOD 1947) und transaktionaler Betrachtung, im Sinne der Aktivität des in der Interaktion befindlichen individuellen Organismussystems, (vgl. FATKE 1977, FRÖHLICH/WELLEK 1972) erfüllt werden können (vgl. WAGNER u. a. 1981).

Mit der Methode des „Nachträglich-Lauten-Denkens", die aus der Denkpsychologie entlehnt wurde, wird genau so wie in explorativen Gesprächen, die Grenze zwischen Analyse und Intervention überschritten. Da die Methode unmittelbar zur Reflexion, eventuell zur gemeinsamen Reflexion der Analyseinformation führt, ist sie gleichzeitig auch ein erster Schritt zur Überprüfung der kognitiven Repräsentanz der Situation und des in der Situation integrierten Verhaltens. Sie hat deshalb als mögliche Auswirkung eine Veränderung dieser Repräsentanz (der kognitiven Strukturen) zur Folge und über diese eine Veränderung des folgenden Verhaltens und über dieses wiederum der Situation. – Dieser Ablauf hat einige Nachteile im Sinne der klassischen analytischen Forschungstheorie, aber deutlich Vorteile für erziehungswissenschaftliche Praxis. So wird die in der Sonderpädagogik geforderte ingrative Vereinigung von Analyse und Intervention (Diagnostik und

Therapie) zur Erhöhung der Relevanz sonderpädagogischen Handelns realisiert. Es bleibt jedoch festzuhalten, daß in konkreten Untersuchungen bisher nur relativ schmale Teilbereiche der von der Theorie gestellten Forderungen eingelöst wurden.

5 Zur Analyse der unter funktional-strukturellem Ansatz gewonnenen Informationen

Wie in den vorangegangenen Abschnitten herausgearbeitet, handelt es sich bei den funktional-strukturellen Forschungsansätzen um sehr komplexe Untersuchungspläne, die je nach Forschungsbedürfnis unterschiedlich eingeschränkt und gegliedert werden können. Der Grundplan solcher Untersuchungen kann in selteneren Fällen ein Experiment (zum Beispiel ein Transformationsexperiment) sein, oder er kann in der Durchführung einer Reihe von Fallstudien bestehen, die dann wiederum miteinander verknüpft werden. In der Regel werden bei funktional-strukturellen Forschungsansätzen auf ökologisch-transaktionalem Niveau in der Erziehungswissenschaft experimentelle Teilanordnungen in einen Feldforschungsplan aufgenommen. So reicht das Design von klassisch experimentellen Ansätzen bis zu Aktionsforschungsansätzen, wobei immer eine Unterscheidung von Forscher und Forschungsteilnehmer bestehen bleibt. Letzteres unterscheidet diese Ansätze von reiner Aktionsforschung. Bei funktional-strukturellen Ansätzen sollte in der Erziehungswissenschaft allerdings nicht mehr hinter das von BRONFENBRENNER (vgl. 1980) geforderte N + n-Schema ökologischer Forschung zurückgegangen werden. Aufgrund der Breite und unterschiedlicher Fächerung der Forschungspläne können für die Auswertung der Daten alle in den Sozialwissenschaften verwendeten Analysemethoden in Frage kommen. Die einzelnen Verfahren sollen hier nicht näher beschrieben werden, hierzu muß auf Spezialliteratur verwiesen werden (vgl. ASHER 1976, KLEITER/PETERMANN 1977, MARKUS 1978 in Verbindung mit BRONFENBRENNER 1981).

Es kommen sowohl parametrische wie nonparametrische Verfahren in Frage, wobei die qualitativen in neuerer Zeit wegen der geforderten höheren Komplexität zunehmend einen breiteren Raum einnehmen. Die Entwicklung innerhalb der funktional-strukturellen Ansätze in der erziehungswissenschaftlichen Forschung geht dahin, daß Langzeituntersuchungen den Problemen am angemessensten scheinen; damit treten die Probleme von Veränderungsmessung zentral in das mögliche erziehungswissenschaftliche Forschungsfeld. Viele Fragestellungen erziehungswissenschaftlicher Forschung führen deshalb zu Analysemodellen, die formal den in der Politischen Wissenschaft als Panelanalyse bezeichneten und den in der Entwicklungspsychologie kombinierten Querschnitt-Längsschnitt-Modellen entsprechen (vgl. NESSELROADE/BALTES 1979).

Komplexe, multivariate Analyseverfahren, die für Fragestellungen des funktional-strukturellen Ansatzes in der Erziehungswissenschaft verwendet werden können, sind Weiterentwicklungen für Kovarianzanalysen zu Kausalmodellen, für welche die Pfadanalyse ein spezielles Beispiel darstellt. Andere komplexe Modelle werden als Strukturgleichungssysteme bezeichnet.

Kausalmodellanalysen (Strukturgleichungssysteme) folgen bei ihrer Anwendung in der Forschung folgendem Arbeitsplan:
- Umsetzen einer inhaltlichen Theorie in ein Strukturmodell mit Meßmodell,
- Prüfung des Identifikationsstatus des Modells, das heißt Überprüfung der Brauchbarkeit des erstellten Modells anhand verschiedener Prozeduren zur Bestimmung der einzelnen Parameter (Schätzgrößen für latente – vermutete – Variablen);

- Schätzung der Parameter für die Strukturgleichung des Meßmodells;
- Durchführung eines Modelltests mit Hilfe der Likelihood-Ratiotechnik, das heißt, mit Hilfe vorliegender Daten wird rechnerisch überprüft, ob das Struktur- und Meßmodell brauchbar ist, wobei auch Alternativmodelle herangezogen werden;
- Wiederholung des gesamten Vorgangs mit neu zu diesem Zwecke erhobenen Daten (virtuelle Replikation).

Damit sind Kausalmodellanalysen nur als theoriegeleitete Forschung anwendbar. Sie geben Auskunft über die zuvor aufgestellte Theorie. Die Ergebnisse können also niemals besser als diese Theorie sein. Sie setzen eine strukturelle Betrachtung voraus und schätzen latente Variablen (dies sind in der Regel Eigenschaften oder Fähigkeiten). Sie sind sehr aufwendig in bezug auf die Anzahl von Messungen, die Anzahl von teilnehmenden Personen und die rechnerische Verarbeitung von Daten, so daß sie meist nur in großangelegten Forschungsprojekten durchgeführt werden können. Analyseergebnisse sind immer erst mit einem erheblichen Zeitverzug (von Jahren) für Interventionen nützlich zu machen. Sie werden indirekt über latente Variablen und deren Theorie aus dem Verhalten interpretativ gewonnen. Desgleichen sind sie nicht direkt in Handlungen umzusetzen. Um solche Nachteile zu verringern, empfehlen sich auch in großen Projekten der erziehungswissenschaftlichen Forschung kombinierte Pläne mit zwei Analyseebenen.

Im Gesamtplan eines Projektes kann ein Teil entsprechend theoriegeleitet, ein Teil theorieoffener sein. Unmittelbar nach Erhebung von Informationen erfolgt eine primäre Datenanalyse aus der Kombination einfacher Analyseverfahren, die bereits Anlässe für pädagogische Interventionen auf der Hypothesenebene liefern. Über einen längeren Zeitraum wird dann für die Bereiche des im engeren Sinne theoriegeleiteten Forschungsteils eine sekundäre Analyse der Daten mit Hilfe von Strukturgleichungssystemen vorgenommen. Damit erfolgt eine gewisse Evaluation der primären Analysen und der daraus abgeleiteten Interventionsansätze sowie eine Weiterentwicklung der Theorie.

6 Ausblick

Obwohl schon sehr früh in die (sozial-)wissenschaftliche Diskussion gebracht (vgl. SPENCER 1876), konnte sich die funktional-strukturelle Betrachtungsweise nur sehr zögernd gegen die „reinen Lehren" des Funktionalismus und Strukturalismus durchsetzen. Dabei zeigte sich, daß die klassischen funktional-strukturellen Ansätze (G. H. Mead, T. Parsons) sich jeweils mehr auf die eine oder andere Seite (Funktion oder Struktur) der in diesem Ansatz thematisierten Betrachtungsweisen konzentrieren. Folgerichtig spiegelt(e) sich dies auch in ihren Methoden wider; da Methoden allgemein als ein System von Regeln aufzufassen sind, das Handlungsanweisungen für den Forscher bereitstellt, wie er von gegebenen Problemdefinitionen zu Problemlösungen kommen kann (vgl. BORNEWASSER u. a. 1976). So interessiert Forscher in der Tradition Parsons weniger das „Warum" einer Handlung, sondern deren konkrete Einstufung im Hinblick auf strukturfördernde beziehungsweise -zerstörende Momente für ein *vorgegebenes* System. Das methodische Vorgehen ist also durch „objektive" Meßverfahren gekennzeichnet, die, kriteriumsorientiert konstruiert, eine Einstufung des Individuums oder der Gruppe und deren Verhalten in bezug auf ein Normensystem zulassen. Konsequenzen dieser Art der Forschung beziehen sich immer auf die Handelnden, die ihr Verhalten in Richtung auf systemfördernde Aktivitäten ändern müssen.

Im Symbolischen Interaktionismus wird demgegenüber die Feldforschung und dabei besonders teilnehmende Beobachtung favorisiert. Der subjektive Faktor tritt in den Vordergrund, das „Warum" wird wichtig. Wobei sich allerdings auch beim interpretativen Paradigma Konsequenzen in der Regel für den/die Handelnden ergeben, da das System zwar grundsätzlich als veränderbar angesehen wird, letztendlich aber mehr die Frage interessiert, wie ein Individuum kontroversen Anforderungen des Gesamtsystems gerecht werden kann (Rollendistanz!).

Es bleibt festzuhalten, daß sowohl der normative Parsonssche Ansatz als auch der interpretative von G. H. Mead sich hauptsächlich auf bestimmte Ausschnitte des Methodenspektrums stützen, da sie auch nur bestimmte Aspekte des Analysespektrums herausfiltern.

Anders der ökologisch-transaktionale Ansatz: Er hat den Anspruch, sowohl die System- als auch die Handlungsseite synchron, das heißt in ihren Wechselbeziehungen, zu beleuchten. Als Grundsatz und handlungsanleitend für jeden „ökologisch" arbeitenden Forscher erweist sich dabei die Maxime: Versuche die subjektive Wahrnehmung der an einer bestimmten Situation Beteiligten zu erkennen und zu berücksichtigen. Als grundlegende Methode ließe sich dann eine *erkennende Beobachtung* postulieren, die die teilnehmende Beobachtung einschließt, sie ergänzt, und zwar sowohl durch den bewußtgemachten subjektiven Faktor als auch durch den „objektiven" analytischen Faktor der Systembeobachtung.

Das bedeutet, daß sich hinter der jeweils favorisierten Methode ein ganzes Methodenbündel herauskristallisiert, das vom unstrukturierten Tiefeninterview bis zur Organisationsanalyse oder -entwicklung reicht. Letzteres zeigt eine weitere Besonderheit des ökologischen Ansatzes. Neben dem Primat des Subjektiven steht der Grundsatz der Einheit von Analyse und Intervention. Klassische Störvariablen dürfen im ökologisch-transaktionalen Forschungsdesign nicht ausgeschaltet werden, sondern treten unter bestimmten Umständen als Haupteffekte auf, da sie Auskünfte über die subjektive Wahrnehmung und Interpretation der Situation durch die Beteiligten geben können und gleichzeitig erste Veränderungen der Situationsstrukturierung (subjektiv und objektiv) einleiten. Ökologische Forschung kann also als „dynamische Analyse" bezeichnet werden, die nicht versucht, statistische Momentaufnahmen zu erstellen, sondern Prozesse aufzuzeigen, die sie im Laufe der Untersuchung auch (kontrolliert) verändert, ohne daß sie sich dies als „reaktive Messung" zum Nachteil anrechnen müßte. Im Gegenteil: Erst durch das Erfassen und kontrollierte Verändern dynamischer Prozesse kann in der Erziehungswissenschaft praxisnahe Forschung, das heißt Analyse und Intervention, betrieben werden.

Es wird deshalb in Zukunft wichtig sein, Methoden zu entwickeln, die es erlauben, auf der einen Seite aus der Vielzahl theoretisch möglicher Analyseeinheiten solche herauszufiltern, die als relativ eigenständige dynamische Einheiten gelten können und auf der anderen Seite die simultane Erfassung und Verarbeitung komplexer Variablennetze ermöglichen. Der Abbildungsverlust, der durch das Heraustrennen dieser Einheiten aus dem Gesamtkontext zwingend notwendig ist, soll so klein wie möglich gehalten werden. Auf keinen Fall darf er „sinnentstellend" wirken. Beides ist im Moment noch nicht zufriedenstellend möglich, sollte sich aber verwirklichen lassen, wenn man sich durch systematische Nutzung und Modifizierung schon vorhandener Methoden langsam an dieses Ziel herantastet. Zu denken ist hier vor allem an das Konzept des „ökologischen Übergangs" (BRONFENBRENNER 1981, S. 43): Durch kontrollierte Initiierung solcher Übergänge, können sowohl Entwicklungsprozesse in ihrem Verlauf aufgezeichnet als auch empirische Hinweise ermittelt werden, wie die Unterrichtseinheiten, die den oben beschriebenen Kriterien genügen, gewählt werden müssen. Beides ist für eine empirisch-theoretische Weiterentwicklung dieses Ansatzes wichtig und verwirklicht auch in optimaler Weise den Anspruch der Einheit von Analyse und Intervention. Diese Argumentation schließt sich an Bronfenbrenners Konzept des „ökologischen Übergangs" an, das besagt, daß jeder Wechsel der Rolle, des Lebensbereichs oder beides, Anstoß für einen Entwicklungsprozeß ist. Das bedeutet aber, daß jede strukturierte Forschungssituation für die daran Beteiligten als „ökologischer Übergang" interpretiert werden kann, dessen Folgen und Auswirkungen in das Forschungsprogramm mitaufgenommen werden müssen.

ANDERSON, G.J.: The Manual for the Learning Environment Inventory, Halifax (Mass.) 1973. ASHER, H.B.: Causal Modelling. Quantitative Applications in the Social Sciences, London 1976. BARKER, R.G./GUMP, P.V.: Big School, Small School: High School Size and Student Behavior, Stanford (Cal.) 1964. BERNE, E.: The Structure and Dynamics of Organizations and Groups, New York 1966. BERNE, E.: Spiele der Erwachsenen, Reinbek 1974. BERNSTEIN, B. (Hg.): Sprachliche Kodes und soziale Kontrolle, Düsseldorf 1975. BORNEWASSER, M. u.a.: Einführung in die Sozialpsychologie, Heidelberg 1976. BRACHT, G.H.: The Relationship of Treatment Tasks, Personological Variables and Despendent Variables to Aptitude-Treatment Interactions, Diss., University of Colorado: Boulder 1969. BRACHT, G.H.: Experimentelle Faktoren in Beziehung zur Wechselwirkung zwischen Schülermerkmalen und Unterrichtsmethoden. In: SCHWARZER, R./STEINBACH, K. (Hg.): Adaptiver Unterricht, München 1975, S.94ff. BRONFENBRENNER, U.: The Changing American Child: A Speculative Analysis. In: merrill-palmer quart. 7 (1961), S.73ff. BRONFENBRENNER, U.: Response to Pressure from Peers Versus Adults among Soviet and American School Children. In: Int. J. of Psych. 2 (1967), S.199ff. BRONFENBRENNER, U.: Early Deprivation: A Cross-Species Analysis. In: LEVINE, S./NEWTON, G. (Hg.): Early Experience in Behavior, Springfield (Ill.) 1968, S.627ff. BRONFENBRENNER, U.: Two Worlds of Childhood: U.S. and U.S.S.R., New York 1973. BRONFENBRENNER, U.: Wie wirksam ist kompensatorische Erziehung? Stuttgart 1974a. BRONFENBRENNER, U.: Developmental Research, Public Policy, and the Ecology of Childhood. In: Ch. Dev. 45 (1974), S.1ff. (1974b). BRONFENBRENNER, U.: Ökologische Sozialisationsforschung, Stuttgart 1976. BRONFENBRENNER, U.: The Ecology of Human Development, Cambridge (Mass.) ³1980. BRONFENBRENNER, U.: Die Ökologie der menschlichen Entwicklung, Stuttgart 1981. COLEMAN, J.S.: Soziale Struktur und Handlungstheorie. In: BLAU, P.M. (Hg.): Theorien sozialer Strukturen, Opladen 1978, S.76ff. CRONBACH, L.J.: Essentials of Psychological Testing, New York/Evanston/London ³1970. DEWEY, J.: Democracy and Education, New York 1916. DEWEY, J./DEWEY, E.: Schools of To-Morrow, New York 1915. FATKE, R.: Schulumwelt und Schülerverhalten, München 1977. FLAMMER, A.: Wechselwirkung zwischen Schülermerkmal und Unterrichtsmethode. In: Z. f. Entwpsych. u. P. Psych. 5 (1973), S.130ff. FRÖHLICH, W.D./WELLEK, S.: Der begrifflich-theoretische Hintergrund der Sozialisationsforschung. In: GOTTSCHALDT, K. u.a. (Hg.): Handbuch der Psychologie, Bd.7.2, Göttingen 1972, S.661ff. GAGNÉ, R.M.: The Acquisition of Knowledge. In: Psych. Rev. 69 (1962), S.355ff. GAGNÉ, R.M.: Die Bedingungen des menschlichen Lernens, Hannover ⁴1975. GIESECKE, H.: Einführung in die Pädagogik, München 1969. GOFFMAN, E.: Interaktion: Spaß am Spiel, Rollendistanz, München 1973. GOSLIN, D.A. (Hg.): Handbook of Socialization, Theory and Research, Chicago (Ill.) 1969. HABERMAS, J./LUHMANN, N.: Theorie der Gesellschaft oder Sozialtechnologie – Was leistet die Systemforschung? Frankfurt/M. 1971. HARRIS, T.A.: Ich bin o.k. – Du bist o.k., Reinbek 1973. HURRELMANN, K.: Erziehungssystem und Gesellschaft, Reinbek 1975. JAMES, W.: The Principles of Psychology, 2 Bde., New York 1890. KAMINSKI, G. (Hg.): Umweltpsychologie, Stuttgart 1976. KELLER, H./VOSS, H.-G.: Neugier und Exploration. Theorien und Ergebnisse, Stuttgart 1976. KELLY, J.G. u.a.: The Coping Process in Varied High School Environments. In: FELDMAN, N.J.: Buffalo Studies in Psychotherapy and Behavioral Change, No. 2, Buffalo (N.J.) 1971, S.95ff. KLEBER, E.W.: Tests in der Schule, München/Basel 1979.

KLEBER, E. W.: Grundkonzeption einer Lernbehinderten-Pädagogik, München 1980. KLEBER, E. W.: Situationsthematischer Adaptiver Unterricht. In: TWELLMANN, W. (Hg.): Handbuch Schule und Unterricht, Bd. 4, Düsseldorf 1981, S. 359 ff. KLEBER, E. W.: Pädagogische Beratung – Entwicklung eines neuen Konzeptes am Beispiel der Kooperation zwischen Sonderschullehrern bzw. Psychologen und Grundschullehrern, Weinheim/Basel 1983. KLEBER, E. W. u. a.: Lernvoraussetzungen und Unterricht. Zur Theorie und Praxis adaptiven Unterrichts, Weinheim/Basel 1977. KLEITER, E. F./PETERMANN, F.: Abbildung von Lernwegen, München 1977. KÖNIG, E./RIEDEL, H.: Systemtheoretische Didaktik, Weinheim/Basel 1973. LEWIN, K.: Field Theory and Experiment in Social Psychology. Concepts and Methods. In: The Am. J. of Sociol. 44 (1939), S. 868 ff. LEWIN, K.: Feldtheorie in den Sozialwissenschaften, Bern/Stuttgart 1963. LEWIN, K./LIPPITT, R.: An Experimental Approach to the Study of Autocracy and Democracy. In: Sociometry 1 (1938), S. 292 ff. LEWIN, K. u. a.: Patterns of Aggressive Behavior in Experimentally Created „Social Dimates". In: The J. of Soc. Psych. 10 (1939), S. 271 ff. LUHMANN, N./SCHORR, K. E.: Reflexionsprobleme im Erziehungssystem, Stuttgart 1979. MACLEOD, R. B.: The Phenomenological Approach to Social Psychology. In: Psych. Rev. 54 (1947), S. 193 ff. MARKUS, G. B.: Analysing Panel Data (Quantitative Application in the Social Sciences), London 1978. MEAD, G. H.: Geist, Identität und Gesellschaft. Aus der Sicht des Sozialbehaviorismus, Frankfurt/M. 1968. MILLER, G. A. u. a.: Strategien des Handelns. Pläne und Strukturen des Verhaltens, Stuttgart 1973. NESSELROADE, J. R./BALTES, P. B. (Hg.): Longitudinal Research in Behavioral Sciences: Design and Analysis, New York 1979. PARKE, R. D.: Parent-Infant Interaction: Progress, Paradigms, and Problems. In: SACKETT, G. P. (Hg.): Observing Behavior, Bd. 1, Baltimore 1978, S. 86 ff. PARSONS, T.: The Structure of Social Action, New York 1949. PARSONS, T.: The Social System, New York 1951. PARSONS, T.: An Approach to Psychological Theory in Terms of the Theory of Action. In: KOCH, S. (Hg.): Psychology, Bd. 3: Formulations of the Person and the Social Context, New York/Toronto/London 1959, S. 612 ff. PARSONS, T.: Sociological Theory and Modern Society, New York 1967. PARSONS, T.: Zur Theorie sozialer Systeme, Opladen 1976. PETER, H.-U.: Die Schule als soziale Organisation, Weinheim/Basel 1973. PERVIN, L. A.: Performance and Satisfaction as a Function of Individual-Environment Fit. In: Psych. Bull. 69 (1968), S. 5 ff. PHILLIPS, L. D.: Knowledge From What? Theories and Methods in Social Research, Chicago 1971. ROSENBERG, M.: Society and the Adolescent Self-Image, Princeton (N. J.) 1965. SCHNEEWIND, K. A. u. a.: Eltern und Kinder. Umwelteinflüsse auf das familiäre Verhalten, Stuttgart 1983. SEILER, Th. B.: Zur Beziehung zwischen Lernen und kognitiver Strukturiertheit. In: MANDL, H./HUBER, G. L.: Kognitive Komplexität, Göttingen 1973, S. 327 ff. SEWELL, H. W.: Social Class and Childhood Personality. In: Sociometry 24 (1961), S. 340 ff. SHERIF, M./SHERIF, C.: Groups in Harmony and Tension, New York 1953. SHERIF, M. u. a.: Intergroup Conflict and Cooperation. The Robbers Cave Experiment, Norman (Okla.) 1961. SPENCER, H.: The Principles of Sociology, New York 1876. STEINKAMP, G.: Klassen- und schichtanalytische Ansätze in der Sozialisationsforschung. In: HURRELMANN, K./ULICH, D. (Hg.): Handbuch der Sozialisationsforschung, Weinheim/Basel 1980, S. 253 ff. TEUNE, H./ZDRAVKO, M.: The Developmental Logic of Social Systems, London 1978. TURNER, G. J.: Soziale Schicht und sprachliche Kontrolle bei Kindern von fünf bis sieben. In: BERNSTEIN, B. (Hg.): Sprachliche Kodes ..., Düsseldorf 1975, S. 106 ff. WAGNER, A. C. u. a.: Unterrichtspsychogramme. Was in den Köpfen von Lehrern und Schülern vorgeht, Reinbek 1981. WATKINS, J. W. N.: Methodological Individualism and Social Tendencies. In: BRODBEK, M.: Readings in Philosophy of Social Sciences, New York 1971, S. 270 ff. WHEELER, S.: Die Struktur formal organisierter Sozialisationsanstalten. In: BRIM, O. G./WHEELER, S.: Erwachsenensozialisation, Stuttgart 1974, S. 53 ff. ZIGLER, E./CHILD, E.: Socialization. In: LINDZEY, G./ARONSON, E. (Hg.): The Handbook of Social Psychology, Bd. 3, Reading (Mass.) 1969, S. 450 ff.

C Anwendungsorientierte Erziehungsforschung

Heinz Holling/Hans Merkens

Anwendungsorientierte Erziehungsforschung

1	Forschungsstrategien
2	Konzepte der angewandten Forschung
2.1	Prognosetheorien
2.2	Operationalisierung von Prädiktoren
2.2.1	Das Gewinnen kontentvalider Aussagen
2.2.2	Operationalisierung in der Forschungspraxis
2.2.2.1	Entfaltung des forschungsleitenden Konzeptes
2.2.2.2	Der Operationalisierungsprozeß im engeren Sinne
2.2.2.3	Durchführung und Ergebnisse
3	Angewandte empirische Forschung am Beispiel der Modifikation aggressiven Verhaltens in der familiären und schulischen Sozialisation
3.1	Zur Definition der Aggression
3.2	Theoretische Ansätze in der Aggressionsforschung
3.2.1	Triebtheoretische Erklärungsversuche
3.2.2	Die Frustrations-Aggressions-Hypothese
3.2.3	Zur lerntheoretischen Erklärung der Aggression
3.2.4	Zusammenfassende Betrachtung der theoretischen Ansätze
3.3	Zur Modifikation von Aggression
3.4	Grundlagentheorie, modifikatorische Maßnahme und Meßvorgang
3.5	Zur Messung der Aggression
3.5.1	Das Behavioral Coding System
3.6	Zum organisatorischen und institutionellen Rahmen der Durchführung modifikatorischer Maßnahmen
4	Schlußbemerkungen

Zusammenfassung: Die vorliegende Arbeit skizziert zunächst empirische Forschungsstrategien, die der angewandten Forschung eine zentrale Stellung zuerkennen. Im Rahmen der sich anschließenden Darstellung von Konzepten angewandter Forschung wird insbesondere auf Probleme von Prognosetheorien eingegangen. Diese Diskussion führt auf die Bedeutung der Operationalisierung von Prädiktoren, die anhand zweier Konzepte dargelegt wird: der Kontentvalidität und des in der empirischen Praxis häufig praktizierten, an Grundlagentheorien orientierten Vorgehens, das am Beispiel der Autoritarismusforschung verdeutlicht wird. Zentrale Probleme der anwendungsorientierten pädagogischen Forschung werden dann für die Modifikation aggressiven Verhaltens in der familiären und schulischen Sozialisation exemplifiziert. In dieser Darstellung, die sich an der anwendungsorientierten Forschungsstrategie des sogenannten Verbundmodells orientiert, werden die Beziehungen von Grundlagentheorien, technologischen Maßnahmen, organisatorischen Bedingungen und der Entwicklung von Meßinstrumenten konkretisiert.

Summary: This article begins by sketching empirical research strategies which accept the central role of applied research. Within the framework of the presentation of concepts of applied research which follows, particular emphasis is laid on problems involved in prognosis theories. This discussion points out the significance of the operationalization of predictors presented with the help of two concepts: the validity of content and the procedure, oriented towards basic theories and often applied in empirical practice, illustrated in the case of research into authoritarianism. Central problems of application-oriented pedagogical research are then exemplified with a view towards the modification of aggressive behaviour in the socialization process on both family and school levels. In this presentation, which is based on the application-oriented research strategy of the so-called "compound model", the relationships between basic theories, technological measures, organizational conditions, and the development of measuring instruments are put forward in concrete terms.

Résumé: Cet article présente, en premier lieu, une esquisse de stratégies empiriques qui reconnaissent à la recherche appliquée une position centrale. Dans le cadre de la présentation, qui vient ensuite, de conceptions de la recherche appliquée, on traite notamment de problèmes de théories prévisionnelles. Cette discussion conduit à définir la signification de la mise en manœuvre de prédicteurs, qui sont présentés par l'intermédiaire de deux concepts, celui de la validité et celui du procédé appliqué fréquemment dans la pratique empirique et se guidant sur des théories fondamentales. Ce procédé est clarifié par le truchement de l'exemple de la recherche sur l'autoritarisme. Sont présentés ensuite des problèmes centraux de la recherche pédagogique se guidant sur l'application, pour la modification de comportements agressifs dans la socialisation familiale et scolaire. Dans cette présentation, qui se guide sur la stratégie de la recherche orientée vers l'application dite «modèle de synthèse», on concrétise les relations entre les théories fondamentales, les mesures technologiques, les conditions organisationnelles et le développement des instruments de mesure.

1 Forschungsstrategien

HAVELOCK (vgl. 1973) nennt für die empirischen Sozialwissenschaften vier verschiedene Vorgehensweisen, bei denen der angewandten Forschung eine wichtige Funktion zukommt:
- das Modell Forschung, Entwicklung, Verbreitung und Übernahme;
- das soziale Interaktionsmodell;
- das Problemlösungsmodell;
- das Verbundmodell.

Allen ist gemeinsam, daß es sich um Innovationsstrategien handelt. Bei der ersten wird ganz im Sinne der klassischen Gegenüberstellung von Grundlagen- und angewandter Forschung davon ausgegangen, daß zuerst nach Gesetzmäßigkeiten gesucht wird. Sind diese zum Beispiel im Bereich der Lehr-/Lernforschung in der Form von Lerntheorien gefunden, geht es in einem zweiten Schritt darum, sie so weiterzuentwickeln, daß sie in der Praxis angewendet werden können. Auf einer solchen Basis konzipierten SKINNER (vgl. 1954) beziehungsweise CROWDER (vgl. 1960) aus ihrer jeweiligen Rezeption des lernpsychologischen Forschungsstandes Versionen der programmierten Unterweisung, durch die sie und andere sich eine Effektivierung des Unterrichts erhofften. Diese Umsetzung allgemeiner Gesetzmäßigkeiten auf ein bestimmtes Praxisfeld bezeichnet man als angewandte Forschung. Die dabei erzielten Ergebnisse müssen wiederum verbreitet werden. Das

wird in der Regel über die Publikation praktischer Beispiele und begleitender theoretischer Texte versucht. Schließlich müssen die Praktiker das neue Verfahren für ihr Handeln übernehmen, das heißt, die Innovation setzt sich durch. Der Nachteil dieses Modells muß darin gesehen werden, daß die Verbreitung der neuen Erkenntnisse zwar wissenschaftlich abgesichert ist, auf der Seite der Praxis aber unkontrolliert verläuft (wer rezipiert und wendet an?) und die Bedürfnisse der Praxis nicht berücksichtigt werden. Angewandte Forschung hat in diesem Modell allein die Funktion, neue, wissenschaftlich gesicherte Erkenntnisse in der Praxis bekannt zu machen und ihnen eventuell zum Durchbruch zu verhelfen. Das Problematische eines solchen Konzeptes wird am Scheitern der Einführung der programmierten Unterweisung deutlich, welches damit erklärt werden kann, daß zuvor nicht geprüft worden war, ob die programmierte Unterweisung überhaupt ein taugliches Mittel darstellte, um die Lehr-/Lernprozesse in der Praxis des Unterrichtens zu optimieren.
Die zweite Strategie sucht den ersten der aufgezeigten Mängel zu beheben. Sie hat zum Ziel, die Einführung des Neuen zu sichern. Es handelt sich um eine reine Innovationsstrategie.
Die dritte Strategie geht von den Problemen der Praxis aus: In enger Kooperation mit den Praktikern soll versucht werden, Problemlösungen zu erarbeiten.
Von besonderem Interesse ist die vierte Strategie, das sogenannte Verbundmodell. Bei ihr wird abermals von den Bedürfnissen der Praxis ausgegangen, jedoch nicht mehr gehofft, daß die Praktiker ihre Bedürfnisse allein lösen oder einen entscheidenden Beitrag dazu leisten können. Vielmehr wird von Wissenschaftlern erwartet, daß sie für die angewandte Forschung aus ihrer Kenntnis des Forschungsstandes Lösungsmöglichkeiten erarbeiten. Die Anwendung dieser Strategie kann unterstellt werden bei der Behandlung der Lese-Rechtschreibschwäche vieler Schüler als Legasthenie (vgl. ANGERMAIER 1974, SCHLEE 1976, VALTIN 1975), sowie von störenden Schülern als verhaltensauffällig (vgl. KRUMM 1979, REDLICH/SCHLEY 1980), um sie einer Verhaltensmodifikation unterziehen zu können, oder abweichend, um ihr Verhalten auf Labels zurückführen zu können (vgl. BRUSTEN/HURRELMANN 1973).

2 Konzepte der angewandten Forschung

Das Konzept der angewandten Forschung, das lassen die Strategien eins und vier erkennen, gewinnt seinen spezifischen Bedeutungsgehalt aus der Entgegensetzung zur Grundlagenforschung. Die Unterteilung in Grundlagenforschung und angewandte Forschung hat sich dem Augenschein nach im Bereich der Naturwissenschaften bewährt. Sie suggeriert, daß es bei der angewandten Forschung darum gehe, in der Grundlagenforschung gefundene Gesetze beziehungsweise Modelle für die Lösung konkreter Probleme so zu transformieren, daß deren Anwendung möglich wird. Aus einem solchen Verständnis heraus, hat zum Beispiel BREZINKA (vgl. 1978) seine Auffassung von Erziehungswissenschaft als Grundlagenwissenschaft und seine Forderung nach einer Erziehungstechnologie entwickelt, die mit angewandter Forschung arbeitet.
Das Ziel angewandter Forschung in einem solchen Verständnis ist es, Prognosen über bestimmte empirische Sachverhalte festzustellen sowie einwandfrei zu bestätigen, damit entsprechende Handlungsanweisungen formuliert werden können. Dem liegt, wie OPP (1972, S. 256) beschreibt, eine Vorgehensweise zugrunde, die wir im Alltag häufig wählen, wenn wir bei der Lösung praktischer Probleme auf unsere Erfahrungen zurückgreifen, unsere empirischen Theorien, „d. h. Aussagen, die all-

gemein behaupten, daß unter bestimmten Bedingungen bestimmte Tatbestände auftreten". In dieser Sichtweise wird demnach bei der angewandten Forschung eine Beziehung hergestellt zwischen Zielen, die erreicht werden sollen, Maßnahmen, die zu diesem Zweck ergriffen werden, und bestimmten Theorien, wobei als Theorien bereits Wenn-dann- oder Je-desto-Sätze allgemeiner Art gelten. Die Struktur dieser Beziehung wird von Opp als analog zu der der wissenschaftlichen Erklärung angesehen, was dazu führt, daß das von ihm vorgeschlagene Schema der Prognose dem HO-Schema der Erklärung (vgl. BROCKE 1978) nachgebildet ist (vgl. Abbildung 1).

Abbildung 1: Prognoseschema

„Theorie: Wenn Personen die Eigenschaften P haben	dann haben Personen auch die Eigenschaften Q.
Randbedingungen Person a hat die Eigenschaften P (= Mittel bzw. zu ergreifende Maßnahmen, nämlich Veränderung von P)	
	Explanadum: Person a hat die Eigenschaft Q (= zu erreichendes Ziel)."

(Quelle: OPP 1972, S. 257)

Verfügt eine Person nicht über die Eigenschaft Q, dann muß man sie gemäß diesem Schema so verändern, daß sie die Eigenschaften P erlangt, damit das Explanandum auftritt. Die Randbedingungen stehen demnach für die Mittel, die dazu dienen, die Ziele zu erreichen.
Bei der Prognose sind die Rand- beziehungsweise Antezedensbedingungen gegeben. Gesucht ist das aufgrund bestimmter Antezedensbedingungen zu erwartende Ereignis anhand geeigneter Gesetze, aus denen das zu erwartende Ereignis abzuleiten ist. Hingegen ist bei der Erklärung und ebenso bei der Diagnose die Beschreibung des Explanandums gegeben, geeignete Antezedentien und Gesetze sind noch anzugeben beziehungsweise zu suchen. Bei der für die anwendungsorientierte Forschung relevanten technologischen Prognose mit ihrer pragmatischen Ausgangsfrage, wie ein bestimmter Sachverhalt zu einer bestimmten Zeit an einem bestimmten Ort herbeizuführen sei, ist die Beschreibung des Zielsachverhaltes (Z) gegeben. Geeignete Gesetze (G), Anfangsbedingungen (A) und Mittelsachverhalte (M) sind zu suchen. Anhand dieser Konstituenden lassen sich nach Brocke Erklärung oder Diagnose, Prognose und technologische Prognose zusammenfassend unterscheiden (vgl. Abbildung 2).
Welche Probleme entstehen, wenn das obige Prognoseschema nach Opp angewendet wird, demonstriert KÜHN (vgl. 1970, S. 81 ff.) am Beispiel einer von McClelland scheinbar präzise formulierten Hypothese über die Wirksamkeit bestimmter Erziehungsmaßnahmen, indem er nachweist, daß die allgemeine Hypothese nur beibehalten werden kann, wenn mehrere Hilfs- oder auch Nebenhypothesen eingeführt werden. Trifft nun ein mit Hilfe der Hypothese prognostiziertes Ereignis nicht ein,

Abbildung 2: Unterscheidung von Erklärung beziehungsweise Diagnose, Prognose und technologischer Prognose

Konstituenten	Erklärung	Prognose	techn. Prognose
$A_1, A_2, \ldots, A_n$	gesucht	gegeben	gesucht
$G_1, G_2, \ldots, G_n$	gesucht	gesucht	gesucht
E	gegeben	gesucht	
M			gesucht
Z			gegeben

(Quelle: BROCKE 1978, S. 90)

dann kann man nicht entscheiden, ob die Haupthypothese oder einzelne Hilfs- oder Nebenhypothesen oder alle Hypothesen falsifiziert sind (vgl. KÜHN 1970, S. 89 f.). Eine zusätzliche Schwäche von allgemeinen Hypothesen besteht darin, daß sich mit ihnen für alle Fälle Prognosen aufstellen lassen und die Einschränkung auf bestimmte Raum-Zeitkoordinaten fehlt, weil die Anwendungsbedingungen im Rahmen nicht berücksichtigt sind (vgl. BROCKE 1978). Außerdem wird in den allgemeinen Hypothesen, die sich am klassischen Vorbild anwendungsorientierter Forschung ausrichten, zumindest implizit ein Menschenbild vorausgesetzt, bei dem der Mensch als extrem von der Umwelt manipulierbar angesehen wird (vgl. TREIBER/GROEBEN 1981, S. 118). Ein Konzept, welches einen Teil dieser Schwächen nicht aufweist und sich gleichzeitig stärker an der gängigen Forschungspraxis der empirischen Sozialwissenschaften orientiert, hat KRAPP (vgl. 1979, S. 37) entwickelt, der von folgender Überlegung ausgeht:
Wenn wir zur Lösung praktischer Probleme auf empirische Theorien oder Erfahrungen aus dem Alltag zurückgreifen, müssen wir einigermaßen sicher sein, daß wir die richtigen empirischen Theorien beziehungsweise Erfahrungen aktivieren, daß also die Bedingungen der Anwendungssituation eine Ähnlichkeit mit der Situation aufweisen, in der die empirische Theorie getestet oder die Erfahrung erworben wurde. Das kann wiederum erst als erfüllt angesehen werden, wenn über die im Schema von Opp genannten Randbedingungen hinaus noch andere (im Verhältnis zu diesem Schema Metarandbedingungen) angegeben werden, die Kriterien dazu enthalten, ob eine Person X in der Situation Y überhaupt die erwünschten Eigenschaften P erlangen kann, über die sie noch nicht verfügt, die also Aussagen über die Anwendbarkeit einer Theorie in einer bestimmten Situation erlauben. Nun versteht es sich von selbst, daß für die Anwendungssituation nicht die Identität mit den Situationen gefordert werden kann, in denen die Theorie bekräftigt wurde, weil das für die Anwendungssituationen die Künstlichkeit der Situationen in der Grundlagenforschung voraussetzen würde. Es wird vielmehr allein eine Übereinstimmung bei relevanten Elementen und Relationen vorhanden sein müssen, um die Anwendbarkeit einer empirischen Theorie in einem konkreten Fall zu ermöglichen. Damit wird eine erste Anforderung an empirische Theorien unter dem Aspekt der angewandten Forschung sichtbar: Sie müssen die Randbedingungen für ihre Anwendbarkeit enthalten. Angewandte Forschung gelingt deshalb nur – darin ähnelt sie der Grundlagenforschung –, wenn sich die Komplexität der Realität auf unter dem Blickwinkel der empirischen Theorie relevante Strukturen reduzieren läßt. Das Modell läßt sich, leicht vereinfacht, folgendermaßen darstellen:

Abbildung 3: Prognoseschema

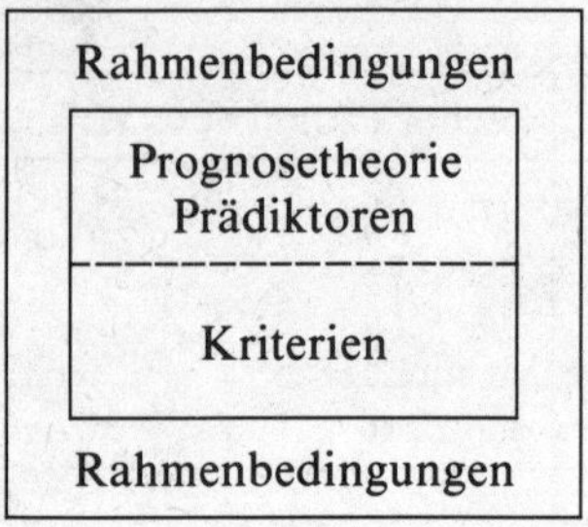

Rahmenbedingungen
Prognosetheorie Prädiktoren
Kriterien
Rahmenbedingungen

(Quelle: KRAPP 1979, S. 37)

Nunmehr wird nicht davon ausgegangen, daß Prognosen für alle Situationen eines bestimmten Typs – beispielsweise alle Schüler einer bestimmten Schulstufe in einem bestimmten Fach – abgegeben werden, sondern es wird realistisch berücksichtigt, daß sich Situationen mit der Veränderung von Rahmenbedingungen ebenfalls ändern. So hat sich das Schulwesen in vielen Bundesländern mit der Einführung der Gesamtschulen einschneidend verändert, und Prognosen, die vorher im dreigliedrigen Schulsystem zutrafen, müssen nicht mehr stimmen. Mit der Einführung dieser Art von Rahmenbedingungen wird das Zentralproblem jeglicher Form angewandter Forschung gelöst: Es werden Bedingungen für den Anwendungsbereich eingeführt.

Innerhalb des Schemas wird mit „Kriterium" „das Ereignis, das es vorherzusagen gilt", bezeichnet (KRAPP 1979, S. 39). Dazu ist eine Prognosetheorie erforderlich, in der auf der Ebene theoretischer Konstrukte zwischen Prädiktoren und Kriterien eine Wenn-dann-Beziehung formuliert wird. Dabei stellen die Prädiktoren stets die Wenn-Komponente dar. Dem muß, da es sich um empirisch überprüfbare Sachverhalte handeln soll, eine operationalisierte Fassung des entsprechenden Konzeptes korrespondieren. Auf der Seite der Dann-Komponente, den Kriterien, wird ebenso verfahren.

2.1 Prognosetheorien

Im einfachsten Fall basieren Prognosen auf einer unmittelbaren Wenn-dann-Beziehung. So belegen viele Lehrer ihre Einschätzung der Intelligenz von Schülern oft mit deren Sprachperformanz, das heißt sie attestieren denjenigen Schülern eine gute Begabung, die sich gewandt ausdrücken können. Man bezeichnet diese Art von Prognosen als statisch, weil sie auf einem Analogieschluß beruhen, indem frühere Erfahrungen herangezogen werden. Solche Analogieschlüsse weisen vier Schwächen auf (vgl. BRUCKMANN 1977a, S. 72 ff.):
– Zufällige werden nicht von strukturellen Analogien unterschieden;
– es wird nicht festgestellt, ob es sich in bezug auf das prognostizierte Ereignis tatsächlich um eine zwangsläufige Entwicklung handelt;
– es fehlen Kriterien dafür, in welchen Merkmalen die Situation, für die die Prognose erstellt wird, mit denjenigen Situationen übereinstimmen muß, auf deren Basis die Prognose erstellt wird;

– unsere Interpretation vergangener Situationen bleibt nicht konstant, sondern ändert sich ständig.

Diese Schwächen bewirken, daß Prognosen auf der Basis von Analogien häufig nicht eintreffen. Eine Verbesserung erhofft sich BRUCKMANN (vgl. 1977a, S. 74f.) davon, daß die Gegenüberstellung der Situationen möglichst detailliert und unter Berücksichtigung vieler Aspekte erfolgt. Außerdem fordert er, für die Prognose mehr Vergleichssituationen heranzuziehen: „Wenn es [...] gelingt, eine größere Zahl von Vergleichssituationen aufzufinden, deren weitere Entwicklung einigermaßen einheitlich erfolgte, kann damit über die zu prognostizierende Entwicklung auch eine Aussage von um so höherer Sicherheit gemacht werden" (BRUCKMANN 1977a, S. 75). Diesem Typ der Prognose kommt deshalb so große Bedeutung zu, weil die Mehrzahl der alltäglichen, aber auch der wissenschaftlichen nach ihm gebildet wird, das heißt aber zugleich, daß diese Prognosen häufig nicht treffsicher sind.

Davon zu unterscheiden sind Prognosen, die auf elaboriertere Modelle bauen. Prognosen dieser Art werden vor allem von der Bildungsforschung erwartet, wenn es darum geht, den Bedarf an Ausbildungsgängen und -plätzen zu schätzen. Als ein Ansatz in dieser Richtung kann der Bildungsgesamtplan der BUND-LÄNDER-KOMMISSION FÜR BILDUNGSPLANUNG (vgl. 1974) angesehen werden, mit dem 1973 versucht wurde, den Bedarf im öffentlichen Bildungswesen bis zum Jahre 1985 zu prognostizieren. Mit Eckdaten aus dieser Prognose haben HECK (vgl. 1974) und MERKENS u. a. (vgl. 1975) eine Schätzung des zukünftigen Bedarfs an Diplompädagogen vorgelegt. Dem ist von STRATMANN/WURR (vgl. 1976) ein anderer Ansatz entgegengehalten worden, bei dem allein vom gegenwärtigen Stand ausgegangen wird, also weder eine qualitative Veränderung der Stellen noch ein anderer als der Ersatzbedarf vorgesehen ist. NUTHMANN (vgl. 1976) hat in seiner Stellungnahme zu dieser Auseinandersetzung darauf hingewiesen, daß die Arbeitskräfteprognosen immer zumindest zwei Kriterien berücksichtigen müssen: einerseits den augenblicklichen Stand, andererseits den Ausgleich von Defiziten und die Korrektur von Fehlentwicklungen. Das bedeutet aber nicht, daß durch solche Prognosen gesellschaftspolitische Entscheidungen ersetzt werden sollen; sie dienen vielmehr allenfalls dazu, Aufschlüsse über die möglichen Folgekosten von Entscheidungen zu gewinnen.

Sowohl die Beschreibung des gegenwärtigen Standes als auch die Kenntnis eventueller Fehlentwicklungen und Defizite setzt eine genaue Analyse des gegenwärtigen Bildungswesens und seiner Entwicklung voraus. Insofern kommt den Arbeiten des MAX-PLANCK-INSTITUTS FÜR BILDUNGSFORSCHUNG, PROJEKTGRUPPE BILDUNGSBERICHT (vgl. 1980) große Bedeutung zu, die dieses erstmals in dem notwendigen Umfang für die Bundesrepublik Deutschland versucht hat und hofft, auf diese Weise relevante Indikatoren für das Bestimmen von Trends im Bildungswesen zu erkennen. Damit ist das zentrale Problem für das Erkennen sozialer Trends angesprochen: Es müssen die angemessenen Indikatoren gefunden werden. Besondere Schwierigkeiten bereitet es dabei, rechtzeitig relevante neue Indikatoren aufzunehmen – in der Bildungsforschung beispielsweise die Tatsache der Ausländerkinder – beziehungsweise nicht mehr relevante aufzugeben, wenn zuverlässige Prognosen auf der Basis von Trends gelingen sollen. Damit ist wiederum prinzipiell die Möglichkeit in Frage gestellt, langfristig soziale Trends einzuschätzen. Eine mögliche Änderung der Prädiktoren verhindert das. Ebenso wichtig ist es, die Frage zu klären, ob überhaupt angenommen werden kann, daß ein Trend, der in der Vergangenheit erkannt worden ist, sich in Zukunft fortsetzt (vgl. BRUCKMANN 1977b). So wäre es beispielsweise nicht vernünftig, die Veränderung der Lehrer-Schüler-Relation, die sich in den letzten 20 Jahren ergeben hat, in die Zukunft zu extrapolieren, weil dann für ein bestimmtes Jahr ein Verhältnis von einem Lehrer zu einem Schüler prognostiziert werden würde.

Eine weitere Vorbedingung für die Möglichkeit, Trends zu erstellen, ist, daß die jeweiligen Prädiktoren für sich aussagekräftig und stabil sind. Das ist in den empirischen Sozialwissenschaften nicht allgemein der Fall, für die Erziehungswissenschaft sogar ein Grenzfall, der nicht häufig vorkommt. Deshalb besitzt das Modell der Umwegprognosen einen höheren Stellenwert. GERFIN (1961, S. 44) beschreibt dessen Grundgedanken so: „In der Annahme, die zu prognostizierende Variable verändere sich nicht autonom in der Zeit, sondern in numerisch fixierbarer Abhängigkeit von einer anderen Größe, erfolgt die Vorausschätzung auf dem Umweg über diesen Bestimmungsfaktor." Als klassisches Beispiel für eine zum Modell der Umwegprognose analoge Prognose in der Erziehungswissenschaft kann das Konzept der kompensatorischen Erziehung angesehen werden, bei dem das Ziel „Verbesserung der Chancengleichheit" über Sprachschulung erreicht werden sollte. Die vielfachen Gründe, die zum Scheitern dieses Programmes geführt haben, können als beispielhaft dafür angesehen werden, daß ein solches In-Beziehung-setzen von nur zwei Variablen im allgemeinen die Tatbestände zu sehr vereinfacht. So wurde übersehen, daß mit einer anderen Sprache auch andere soziale Normen verbunden sind – insbesondere dann, wenn man den Code-Ansatz von BERNSTEIN (vgl. 1972) zugrundelegt; es wurde nicht beachtet, daß eine andere Sprache der Kinder die häuslichen Interaktionen der Kinder belastet (ein Phänomen, das im Augenblick im Zusammenhang mit der Beschulung von Ausländern eine Rolle spielt); es wurde ignoriert, daß die andere Sprache auch die Lebensperspektiven der Kinder verändert und anderes mehr. Damit stellen sich zwei Fragen:
- Wann lohnt es sich, das Modell der Umwegprognose anzuwenden?
- Gibt es auch andere als Einfach-Umwegprognosen?

KÜHN (1970, S. 123) hält im Anschluß an Gerfin Umwegprognosen für sinnvoll, „wenn 1. die zu erklärende Variable leichter und sicherer als die zu prognostizierende Größe vorauszuschätzen ist; 2. ein eindeutiger Kausalzusammenhang zwischen exogener und endogener Variabler besteht und 3. die quantitativen Beziehungen – Strukturparameter – der beiden Variablen auch in Zukunft gültig bleiben". Prognosen, die auf der Basis anspruchsvollerer Modelle erstellt werden sollen, setzen demnach die Möglichkeit voraus, die entsprechenden Variablen zu quantifizieren. Das gelingt, ähnlich wie das KÜHN (vgl. 1970, S. 124 f.) für die Soziologie konstatiert, in aller Regel bei der Erziehungswissenschaft noch nicht, weil innerhalb erziehungswissenschaftlicher Fragestellungen erst sehr wenige Prognosen möglich sind, die einen hohen Grad von Wahrscheinlichkeit beanspruchen können. Außerdem lassen sich in der Erziehungswissenschaft nur begrenzt Variablen angemessen quantifizieren. Deshalb wird die Erziehungswissenschaft „möglichst zuverlässige Prognosen aus Nachbardisziplinen" (KÜHN 1970, S. 125) einbeziehen müssen.

Ein Bereich, in dem dieses leicht möglich ist, ist der der Bildungsforschung, für den die Prognosen aus der Demographie wichtig sind, wenn es etwa darum geht, zuverlässige Prognosen für die Entwicklung des Bildungssektors zu erstellen. Für den Bereich der Bundesrepublik Deutschland wurden beispielhafte Arbeiten von der Arbeitsgruppe für empirische Bildungsforschung vorgelegt, wie zum Beispiel von SCHÖNFELDER (vgl. 1973), der ein Simulationsmodell für das Bildungswesen des Landes Baden-Württemberg vorstellt und zugleich demonstriert, wie bei Vorgabe bestimmter Zielgrößen aus dem Bildungsgesamtplan beziehungsweise einer Schätzung des Kultusministeriums Baden-Württemberg quantitative Prognosen über bestimmte Entwicklungen im Bildungswesen erstellt werden.

Das Umwegprognosemodell verliert allerdings an Aussagekraft, wenn es für Prognosen erforderlich wird, zum Beispiel die Curricula und den Leistungsstand der Schüler unterschiedlicher Schulformen in die Untersuchung einzubeziehen, weil nur schwer zu ermitteln sein dürfte, was das Ersetzen eines Curriculumbausteines durch einen anderen von Land zu Land ausmacht. Darüber hinaus bereitet es sehr große Schwierigkeiten, Tests zu konstruieren, die einen Vergleich zwischen verschiedenen Schulsystemen erlauben, wie sich an der Untersuchung von traditionellen Schulen und Gesamtschulen in Nordrhein-Westfalen gezeigt hat (vgl. OEHLERT 1980). Überlegungen dieser Art lassen erkennen, daß es bisher in der Erziehungswissenschaft allenfalls in Ausnahmen gelungen ist, Prognosen zu erarbeiten, die so informativ sind, wie sie es auf der Basis der vorhandenen Konzepte für das Aufstellen von Prognosen sein könnten.

2.2 Operationalisierung von Prädiktoren

Neben der Auswahl angemessener Indikatoren für Prädiktoren und Kriterien muß es gelingen – dahin lassen sich die Überlegungen des vorangehenden Abschnitts zusammenfassen –, diese Indikatoren so zu bestimmen, daß den Prädiktoren auf der Aussageebene in der Weise Ereignisse zugeordnet werden, daß verschiedene Subjekte eben diese Zuordnung bei denselben Ereignissen in gleicher Weise vornehmen, das heißt, es muß die Intersubjektivität der Erfahrungsbasis gesichert werden. Zuordnungen vollziehen Subjekte auf der Basis ihrer Erfahrung. Soll die Zuordnung angeglichen werden, setzt das demnach eine Angleichung des Erfahrens voraus. Erfahren geschieht wiederum mittels Interpretation von Empfindungen, die durch Reize ausgelöst werden, das heißt, ein Angleichen des Erfahrens setzt ein Angleichen der Interpretationen voraus. Ein Weg, dieses zu erreichen, der auch in den empirischen Sozialwissenschaften beschritten worden ist, ist der, den Interpretationsanteil der einzelnen Subjekte zu minimieren oder auch zu eliminieren, indem man den Prozeß des Erfahrunggewinnens instrumentalisiert. Diese Vorgehensweise bezeichnet man mit Operationalisieren.

Unter den verschiedenen Möglichkeiten des Operationalisierens sollen hier zwei Varianten vorgestellt werden, eine, die die Entwicklung eines bestimmten Forschungskonzepts, das der Autoritarismusforschung, nachzeichnet, und an der sich das pragmatisch orientierte Vorgehen der empirischen Sozialwissenschaften gut demonstrieren läßt, sowie eine andere, welche im Bereich der lernzielorientierten Leistungsmessung entwickelt wurde, das Konzept der Kontentvalidität.

2.2.1 Das Gewinnen kontentvalider Aussagen

Der Nachteil von Tests muß darin gesehen werden, daß, ähnlich wie bei anderen Meßinstrumenten, über ihre Gültigkeit keine genaue Auskunft gegeben werden kann. Das hat zur Folge, daß man etwas sehr genau mißt, aber nicht genau weiß, was man mißt, was wiederum dazu führt, daß dann das Gemessene über das jeweilige Meßinstrument definiert wird (Intelligenz ist, was der Intelligenztest mißt). Ein Weg, der diesen unbefriedigenden Zustand beseitigen kann, ist von KLAUER (vgl. 1978, 1979) unter dem Stichwort „Kontentvalidität" vorgeschlagen worden. Üblicherweise werden Testitems gewonnen, indem man teils vorhandene Tests inspiziert, teils Experten befragt, um Items zu gewinnen, teils nach eigenem Gutdünken Items entwirft. Auf diesen Wegen versucht man, eine verhältnismäßig große Anzahl Items zu erhalten, die man einer repräsentativen Stichprobe zur Bearbeitung gibt. Anschließend wählt man auf der Basis von Daten, die mittels Teststatistik gewonnen wurden, diejenigen Items aus, die in die Endfassung übernommen werden sollen. Diese sehr verkürzte Beschreibung des Vorgehens wirft verschiedene Probleme auf: Es bereitet Schwierigkeiten bei der Textkonstruktion, daß man auf diese Weise nur eine endliche Anzahl von Items erhält, denn aus einer endlichen Anzahl von Items läßt sich keine repräsentative Stichprobe gewinnen, wenn ein Test konstruiert werden soll. Sobald das Gültigkeitsproblem gelöst werden soll, muß aber die erste Forderung lauten, daß die Items den angezielten Gegenstand angemessen wiedergeben. Das ist aus statistischer Sicht immer dann mit hoher Wahrscheinlichkeit der Fall, wenn es sich um eine repräsentative Stichprobe handelt. Daher stellt die eingeschränkte Möglichkeit, Items zu generieren, einen großen Nachteil für die Testkonstruktion dar. Es entsteht eine verzerrte Version des Gegenstandes. Ein weiteres Problem ergibt sich insbesondere bei der Konstruktion von Schulleistungs- und lernzielorientierten Tests daraus, daß die Gefahr besteht, einseitig Items in diese Tests aufzunehmen, indem vornehmlich Wissensfragen gestellt werden.

Um diesem Umstand abzuhelfen, wird traditionell die Tyler-Matrix (vgl. TYLER 1950) verwendet, mit deren Hilfe differenziert werden soll, was bei einer Aufgabe an Inhalt und Verhalten gefordert wird. Der Inhaltsaspekt bezieht sich dabei im Unterricht auf den Unterrichtsinhalt – welche Inhalte sollen die Schüler gelernt haben? –, der Verhaltensaspekt auf die Art des Umgangs mit diesem Inhalt – sollen die Schüler ihn nur bei Befragen kennen oder sollen sie ihn zum Beispiel in einer bestimmten Situation anwenden? (vgl. SCHOTT 1972). Schulleistungstests müssen, um die notwendige Komplexität von Lernzielen angemessen repräsentieren zu können, sowohl nach der Inhalts- wie nach der Verhaltensebene differenzieren. Um das zu erreichen, sind Lernzieltaxonomien entworfen worden, von denen für den Verhaltensaspekt die bekannteste von BLOOM (vgl. 1956) stammt, in der beim Verhalten nach kognitiven, affektiven sowie psychomotorischen Dimensionen unterschieden und zum Beispiel die kognitive Dimension nochmals in die Subdimensionen Wissen, Verstehen, Anwenden, Analyse, Synthese und Bewertung unterteilt ist. Ähnliche allgemeine Taxonomien für den Inhaltsaspekt kann es nicht geben, weil ein Klassifikationsschema für beliebige Inhalte nicht erstellt werden kann: Es würde eine entsprechende, allen Inhalten gemeinsame Struktur voraussetzen.

Taxonomien helfen zwar, den Umfang der Testitems zu erweitern und systematisch zu kontrollieren, sie sind aber nicht geeignet, das Grundproblem zu lösen, eine repräsentative Stichprobe aus einem Universum von Items zu gewinnen. Gerade in diesem Punkt sollen Methoden weiterführen, wie sie ursprünglich von SCHOTT (vgl. 1975) vorgestellt und im Anschluß daran von KLAUER (vgl. 1978, 1979) weiterentwickelt worden sind. Der Grundgedanke ist, ein Verfahren zu entwickeln, das es gestattet, aus einem Text ein Universum von Items zu generieren. Dabei wird vorausgesetzt, daß das Lehrziel durch den jeweiligen Lehrtext (Lehrstoff) angemessen wiedergegeben wird.

Um Items automatisch generieren zu können, muß der Lehrstoff eine bestimmte Darstellungsart aufweisen. Nach KLAUER (vgl. 1978) genügen drei Darstellungsarten, um alle denkbaren Lehrstoffe wiederzugeben:
– Aussagen,
– Aussageformen,
– Flußdiagramme.
Flußdiagramme sollen zur Darstellung von Prozessen dienen; Aussageformen entstehen, sobald mindestens eine Konstante einer Aussage als Variable bestimmt wird,

wobei wiederum definiert werden muß, welche Konstantenmenge bei der Variablen eingesetzt werden darf. Das verdeutlicht KLAUER (1979, S. 36) für den mathematischen Lehrstoff „Quadratische Gleichungen mit einer Unbekannten" so:

Aussageform: $Ax^2 + Bx + C = 0$
Konstantenmengen 1) $x \in Q$
2) $A, B, C \in R; A \neq 0$

Wie leicht nachzuvollziehen ist, kann man mit Hilfe dieser Bestimmung eine beliebig große Anzahl von Aufgaben generieren. So einfach gelingt das Gewinnen von Itemuniversa in der Regel nur bei mathematischen Lehrstoffen. Die Darstellung in Aussageformen ist nämlich für die meisten Lehrstoffe nicht möglich. Sie liegen vielmehr so vor, daß in den Lehrbüchern einerseits der Sachverhalt enthalten ist und sie zusätzlich dadurch leserfreundlich gestaltet sind, daß sie „Wiederholungen, Zusammenfassungen, Ausblicke, Beispiele, eingeschobene Erläuterungen und viele weitere rhetorische Mittel" aufweisen (KLAUER 1979, S. 36). Von demselben Sachverhalt lassen sich deshalb verschiedene Textversionen herstellen, und die jeweils vorliegende muß stets als eine unter vielen anderen möglichen betrachtet werden. Für die Itemgenerierung aber muß eine auf den Sachverhalt reduzierte Version des Textes vorliegen. Deshalb muß der Lehrtext in einen sogenannten Basaltext umgeformt werden (vgl. KLAUER 1979, S. 37). Aus dem Basaltext lassen sich dann Items generieren, indem zu den Worten einer jeden Aussage Fragesätze durch entsprechende Transformation gewonnen werden (vgl. KLAUER 1979, S. 38).
Der Vorteil dieses Verfahrens liegt darin, daß sich zu einem gegebenen Lehrtext, wenn er in einen Basaltext umgeformt ist, ein Universum von Testitems herstellen läßt, aus dem sich wiederum Zufallsstichproben von Items ziehen lassen, für die angenommen werden kann, daß sie das Lehrziel angemessen repräsentieren. Dem stehen zwei Nachteile gegenüber: Einerseits muß durch Experten überprüft werden, ob, beziehungsweise wieweit, der Basaltext den Lehrtext wiedergibt, das heißt, die Umformung in einen Basaltext kann bedeuten, daß der Sachverhalt verkürzt oder falsch wiedergegeben wird. Dennoch kann auf die Umformung in einen Basaltext nicht verzichtet werden, weil der Lehrtext den Sachverhalt ebenfalls nicht angemessen wiedergibt. Andererseits kann nicht davon ausgegangen werden, daß alle Fragen, die zu einer Aussage gewonnen werden können, gleichwertig sind. Der Zwang, möglichst viele Items zu generieren, kann dazu führen, daß die Items prozentual zunehmen, in denen eher Banales erfragt wird. Damit hängt die Gefahr eng zusammen, daß die reinen Wissensfragen wiederum zunehmen. Die Segmentierung des Sachverhalts in einzelne Aussagen steigert diese Gefahr zumindest.
Beim Gewinnen von Itemuniversa, die sich einem Lehrstoff oder definierten Lehrziel zuordnen lassen, stehen wir erst am Beginn der Entwicklung. Sollte dieses Verfahren die in es gesetzten Erwartungen erfüllen, dann würde es gelingen, die Prädiktoren mittels entsprechender Meßinstrumente angemessen zu operationalisieren.

2.2.2 Operationalisierung in der Forschungspraxis

Im folgenden soll dargestellt werden, wie man in Ermangelung elaborierter Verfahrensvorschriften in der bisherigen Forschungspraxis auf pragmatischer Grundlage operationalisiert hat. Dazu wählen wir als Beispiel die Autoritarismusforschung, weil sich an diesem Forschungszweig gut demonstrieren läßt, wie Meßinstrumente, die in der angewandten Forschung Verwendung finden, auf der Basis grundlagentheoretischer Überlegungen erarbeitet wurden. Dabei steht die Autoritarismusforschung hier stellvertretend für die klassische Verknüpfung von Grundlagenforschung und angewandter Forschung, insbesondere des Zusammenhangs von forschungsleitender Theorie und Operationalisierung.

2.2.2.1 Entfaltung des forschungsleitenden Konzeptes

Für die Operationalisierung des Konstruktes Autoritarismus gehen wir insbesondere auf die klassische Fassung ein, die von Adorno, Frenkel-Brunswik, Levinson und Sanford (nach ihrem Wirkungsort auch Berkeley-Gruppe genannt) stammt (vgl. ADORNO u. a. 1950) und die Grundlage für die weitaus meisten empirischen Erhebungen gewesen ist.

Ausgangspunkt der Autoritarismusforschung war die Antisemitismusforschung mit der Konstruktion der Antisemitismus-Skala. Ziel dieser Skala war es, die in den USA weitverbreitete Voreingenommenheit gegen die Juden zu messen und Hinweise auf die psychische Struktur der voreingenommenen Individuen zu erhalten. Diese Untersuchungen ergaben, daß Versuchspersonen, die auf der Antisemitismus-Skala hohe Werte erzielten, die Bereitschaft zeigten, jeglicher stereotyp negativen Aussage über die Juden beizupflichten, ohne Rücksicht auf die Unlogik und Widersprüchlichkeit zwischen den einzelnen, den Juden zugeschriebenen Eigenschaften. Diese Tatsache deutete auf eine tieferliegende irrationale Haltung gegenüber jeglichen Minderheiten hin.

Daher verlegte sich der Schwerpunkt der Forschung auf die Analyse von allgemeiner Minoritätenfeindlichkeit und ihren Bezug zu charakterologischen und ideologischen Konfigurationen, zu deren Erfassung die Ethnozentrismus-Skala konstruiert wurde. Diese Skala gliederte sich in drei Subskalen (als inhaltliche Gruppierungsklassen): „Neger", „sonstige Minderheiten", „Pseudopatriotismus". Die hohen Interkorrelationen zwischen Subskalen wie die hohe Zuverlässigkeit ließen darauf schließen, daß hier eine durchgängige Dimension gegeben sei. Die hohen Korrelationen zwischen der Antisemitismus- und der Ethnozentrismus-Skala wiesen eindeutig darauf hin, daß Antisemitismus als Aspekt einer viel weiteren „Bewußtseinsschablone" anzusehen war.

Aufgrund der eben geschilderten Analyse und einiger Interviews wurde die folgende Theorie über den Ethnozentriker entworfen: Die wesentlichen Charakteristiken des Ethnozentrikers bestehen in der strikten Gegenüberstellung von Eigen- und Fremdgruppe, wobei die Trennungslinie zwischen diesen beiden Gruppen auf den verschiedensten Ebenen des sozialen Gesamtaufbaus gleichsam beliebig verschiebbar ist, ohne daß sich die stereotyp negative, feindselige Bewertung der Fremdgruppe ändert. Imaginäre Züge, wie Gefährlichkeit, Machtgier und Minderwertigkeit zugleich, die der Fremdgruppe zugeschrieben werden, entbehren ebenso wie moralische Verwerfung und Strafsucht gegenüber der Fremdgruppe jeglicher Logik und Begründung und zeigen die Unfähigkeit des Ethnozentrikers, individuierte Erfahrungen zu machen. Die Eigengruppe, deren Autoritäten der Ethnozentriker in einer untertänigen und unkritischen Haltung blind idealisiert und die er streng hierarchisch gegliedert wissen will, dominiert rechtens über die Fremdgruppe, die sich den Machtansprüchen der Eigengruppe unterzuordnen hat. Dabei werden aufgrund der Überzeugung von der Verderbtheit menschlicher Natur Hierarchie und Machtkämpfe für unvermeidlich gehalten.

Die bisherigen Ergebnisse deuteten darauf hin, daß Antisemitismus und Ethnozentrismus nicht isolierte Oberflächenphänomene sind, sondern generelle antidemokratische Tendenzen darstellen, die ihren Ursprung in tieferen Charakterstrukturen haben. Daher plante man, ein Meßinstrument zu schaffen, mit dem die tieferliegenden ideologischen Züge und Charakterzüge direkt bestimmt werden konnten. Im Gegensatz zu der Antisemitismus- und der Ethnozentrismus-Skala sollten in den Items der neuen Skala keine Minderheiten erwähnt werden, damit nicht eine bloß oberflächliche Konformität mit den vorherrschenden Normen die Wiedergabe der tieferliegenden ideologischen Züge „verzerren" sollte. Die neue Skala sollte also eine allgemeine, in tieferen Charakterstrukturen begründete Vorurteilsbereitschaft messen.

2.2.2.2 Der Operationalisierungsprozeß im engeren Sinne

Das entscheidende Charakteristikum der autoritären Charakterstruktur wurde in der mangelnden Fähigkeit des Ichs gesehen, das nicht in der Lage ist, eine relative Synthese zwischen Ich, Es und Über-Ich zu vollbringen. Im Verlauf der verschiedenen Studien kristallisierte sich folgendes Bild von der Genese dieser Charakterstruktur heraus:

Eine strenge, rigide Erziehung, in der die Eltern häufig zu körperlichen Strafen greifen, führt zu einer spezifischen („sado-masochistischen") Ödipuslösung. Aus der Tabuisierung der Liebe zur Mutter resultiert Haß gegen den Vater. Dieser Haß muß jedoch durch Reaktionsbildung in Liebe transformiert werden. Diese Transformation gelingt jedoch niemals vollkommen, und die mißlungene Identifikation mit dem Vater führt zu einem schwachen Über-Ich.

Diese starke Ambivalenz der autoritären Charakterstruktur, in der die verdrängten Es-Strebungen Schuldgefühle bei einem schwach ausgebildeten, aber sehr strengen Über-Ich provozieren, kommt immer wieder zum Vorschein. Wie der Vater muß die Eigengruppe blind idealisiert werden, um die ursprünglichen Aggressionen abzuwehren (autoritäre Submission). Die nicht-integrierten Es-Strebungen werden auf die Objekte (zum Beispiel Juden) projiziert, mit denen das autoritäre Individuum sich nicht identifiziert (autoritäre Aggression). Auch die übrigen Variablen dienen als spezifische Abwehrmechanismen und Reaktionsbildungen der „Verarbeitung" der mangelnden Integration der Instanzen Ich, Es und Über-Ich (vgl. ADORNO 1973, S. 46 ff.). Damit erhält Stereotypie eine „ökonomische" Funktion im psychischen Haushalt, da sie die libidinöse Energie entsprechend den strengen Forderungen des Über-Ich zu kanalisieren hilft.

2.2.2.3 Durchführung und Ergebnisse

Der Forschungsweg, bei dem ein umfangreiches methodisches Inventar zur Anwendung kam, bestand jeweils aus zwei Phasen, die konkret so aussahen:
Zunächst wurde den Versuchspersonen ein Fragebogen gegeben, der neben soziographischen Variablen die Faschismus-Skala vermischt mit einer Auswahl aus den bisher vorliegenden Skalen und projektive Fragen enthielt. Die Versuchs-

personen, die sich hinsichtlich der Skalenergebnisse im unteren beziehungsweise im oberen Quartil befanden, sowie einige Versuchspersonen mit mittleren Skalenwerten wurden dann für klinische Intensivstudien ausgewählt. Diese klinischen Studien setzten sich aus einem Interview, das aus einem ideologischen und klinisch-genetischen Teil bestand, und dem TAT (Thematischer Apperzeptions Test, vgl. MURRAY 1943) zusammen. Dieser Vorgang wurde mehrfach wiederholt. Während die Skalenergebnisse jeweils die faschistoiden beziehungsweise nicht-faschistoiden Individuen identifizieren sollten, zielten die klinischen Studien auf eine detaillierte Analyse der faschistoiden Charakterstruktur sowie der Verifikation und Revision der Faschismus-Skala.

Die untersuchten Stichproben (insgesamt 2099 Vpn) stammten im wesentlichen aus dem sozioökonomischen Mittelstand, und die an ihnen gewonnenen Ergebnisse dürften laut Ansicht der Berkeley-Gruppe Gültigkeit für „Nichtjuden, Weiße, im Land Geborene und für den amerikanischen Mittelstand beanspruchen" (ADORNO 1973, S. 31).

Für die Bildung der Faschismus-Skala wurde das Autoritarismuskonzept in neun verschiedene Komponenten aufgegliedert, die jeweils spezifische Abwehrmechanismen und Reaktionsbildungen des Faschismus-Syndroms repräsentierten. Als zentral wurden dabei die beiden Variablen autoritäre Aggression und autoritäre Submission erachtet. Diese neun verschiedenen Komponenten wurden nun weiter spezifiziert, indem einzelne Statements als Grundlage für die Faschismus-Skala formuliert wurden. Es waren schon bei der Entwicklung der Antisemitismus- und der Ethnozentrismus-Skala verschiedene Testversionen entwickelt worden, die nun anhand inhaltlicher und testtheoretischer Kriterien modifiziert wurden. Die endgültige Form umfaßte 30 Items. Die neun Itemkategorien seien im folgenden im Anschluß an die Beschreibung der Berkeley-Gruppe (vgl. ADORNO 1973, S. 45 ff.) kurz skizziert:

- *Konventionalismus:* Starres Festhalten an konventionellen Wertvorstellungen des Mittelstandes;
- *Autoritäre Unterwürfigkeit:* Unterwürfige, kritiklose Haltung gegenüber idealisierten moralischen Autoritäten der Eigengruppe;
- *Autoritäre Aggression:* Tendenz, nach Menschen Ausschau zu halten, die konventionelle Normen verletzen, um sie zu verurteilen, zu verwerfen und zu bestrafen;
- *Anti-Intrazeption:* Abwehr des Subjektiven, Phantasievollen, Sensiblen;
- *Aberglaube und Stereotypie:* Der Glaube an die mystische Bestimmung des Schicksals; die Disposition, in rigiden Kategorien zu denken;
- *Macht und „Robustheit":* Denken in den Dimensionen Herrschaft-Unterwerfung, stark-schwach, übertriebene Zurschaustellung von Stärke und Robustheit;
- *Destruktivität und Zynismus:* Generalisierende Feindseligkeit, Verleumdung des Menschlichen;
- *Projektivität:* Die Disposition, an unsinnige und gefährliche Vorgänge in der Welt zu glauben; die Projektion unbewußter emotionaler Impulse nach außen;
- *Sexualität:* Übertriebenes Interesse an sexuellen „Vorgängen".

Das damit vorliegende Meßinstrument wurde dann in der Folgezeit in einer unübersehbaren Flut von Studien eingesetzt und hat eine fast beispiellose Berühmtheit erlangt. Zugleich setzte jedoch eine Fülle von kritischen Arbeiten zum Autoritarismuskonzept der Berkeley-Gruppe ein. Die wesentlichen Kritikpunkte seien hier nur stichwortartig genannt:

- Nichtbeachtung anderer Erklärungsansätze (insbesondere zur Psychoanalyse);

– Vernachlässigung des Linksfaschismus;
– Verwendung von „anfallenden" Stichproben;
– Verzerrung der Itemscores durch response sets;
– mangelnde Studien zur Überprüfung der Dimensionalität der Faschismus-Skala.

Mit den Arbeiten der Berkeley-Gruppe war für lange Zeit der theoretische Zenit der Autoritarismusforschung erreicht. Es schlossen sich zwar sehr viele empirische Studien an, in denen die Faschismus-Skala verwendet wurde, detaillierte theoretische Analysen blieben aber die Ausnahme. Von den späteren Arbeiten, die sich auch theoretisch mit dem Konzept des Autoritarismus auseinandersetzen, sind vor allem die Studien von ROKEACH (vgl. 1960), RUBENOWITZ (vgl. 1963) und ÖSTERREICH (vgl. 1974) zu nennen.

Während ROKEACH (vgl. 1960) in seinen Analysen von der einseitigen ideologischen Ausrichtung und der psychoanalytischen Erklärungsgrundlage seitens der Berkeley-Gruppe abrückte und sich dem Konstrukt Dogmatismus als einer rigiden, intoleranten Einstellungsstruktur zuwandte, faßte RUBENOWITZ (vgl. 1963) Autoritarismus, Dogmatismus und Rigidität als spezifische Formen einer allgemeinen „flexibility-rigidity"-Dimension auf. ÖSTERREICH (vgl. 1974) ging zu Beginn seiner Forschungsarbeiten ebenfalls von dem Rubenowitzschen Ansatz aus. Im weiteren Verlauf seiner Studien maß er der gesellschaftlichen Bedeutung und Funktion des Autoritarismus eine größere Bedeutung bei. So resultierte seine Konzeption des Autoritarismus „als die wesentliche, der bestehenden Gesellschaftsordnung fungible und durch deren Organisationsprinzipien von Arbeit und Herrschaft erzeugte Persönlichkeitsstruktur" (vgl. ÖSTERREICH 1974, S. 33).

Ausgehend von diesem Verständnis, konzipierte Österreich dann einen Fragebogen zur Erfassung von Autoritarismus, in dem gegenüber der Faschismus-Skala andere Komponenten im Vordergrund stehen. Wir können an dieser Stelle nicht näher auf seine Operationalisierung eingehen, es sei nur noch einmal darauf hingewiesen, daß übergeordnete theoretische Konzepte zum gleichen oder zumindest gleich benannten Phänomen in der Regel völlig unterschiedliche Operationalisierungen bedingen.

Die ausführliche Darstellung läßt wesentliche Merkmale bei der Operationalisierung erkennen: Zuerst werden im Bereich der Grundlagenforschung im Wechsel von Fortentwicklung der Theorie mit Entwicklung und Einsatz der Meßinstrumente eben diese Meßinstrumente gewonnen. Dabei ist es das Ziel, ein Meßinstrument so aufzubauen, daß mit ihm einerseits möglichst feine Differenzen zwischen einzelnen Personen erfaßt und andererseits auch komplexere Konstrukte gemessen werden können. Deshalb wird das Konstrukt in einzelne Dimensionen zerlegt, und die Dimensionen werden jeweils wiederum durch Aggregieren von Items gebildet. Die so gewonnenen Meßinstrumente werden bei der Erprobung insbesondere auf die Merkmale der Zuverlässigkeit und Gültigkeit hin kontrolliert. Fallen alle drei Prüfungen zur Zufriedenheit aus, dann ist ein Meßinstrument gewonnen. Dieses wird anschließend in der angewandten Forschung eingesetzt, um – im hier diskutierten Fall – Autoritarismus zu messen.

Charakteristisch für diese Form der Operationalisierung ist es, daß zwar sehr genaue Meßergebnisse gewonnen werden, daß aber gleichzeitig das Meßinstrument in keiner Abhängigkeit zum theoretischen Konzept steht, die sich mit Mitteln der Logik beschreiben läßt. Vielmehr stehen zur Kontrolle des Meßinstruments nur statistische Verfahren, die unabhängig vom konkreten Fall gelten, und andere Methoden zur Verfügung, mit denen versucht wird, Hinweise zu identifizieren, die die Annahme eines Zusammenhanges hinreichend belegen. Im Bereich der angewandten Forschung wird jedoch selbstverständlich angenommen, daß die Meßinstrumente den angestrebten Gegenstand angemessen erfassen und es in dieser Richtung keiner weiteren Überprüfungen bedarf, weil das Meßinstrument eben valide ist. Dadurch kommt es in der Praxis der angewandten Forschung dazu, daß die Konstrukte ohne weitere Problematisierung als durch die Meßinstrumente repräsentiert betrachtet werden: Autoritarismus ist, was die Faschismus-Skala mißt.

3 Angewandte empirische Forschung am Beispiel der Modifikation aggressiven Verhaltens in der familiären und schulischen Sozialisation

Eine Zunahme aggressiven Verhaltens wird aus vielerlei Bereichen berichtet: Zerstörungen in Schulen, aber auch von Schulen und Kindertagesstätten, aggressives Verhalten von Kindern untereinander, aber auch zwischen den Generationen zeigen eine steigende Tendenz. Dieses Problemfeld wird in zunehmendem Maße in der Forschung auch als solches rezipiert, wobei die Zielrichtung ist, aggressives Verhalten abzubauen beziehungsweise sein Auftreten zu verhindern.

Im Rahmen der folgenden Darstellung seien unter einer weitgehenden Orientierung am oben dargestellten Verbundmodell wesentliche Schritte der anwendungsbezogenen empirischen Forschung anhand der Aggressionsforschung exemplifiziert: Nachdem das praktische Problem – Zerstörung, aggressives Verhalten – lokalisiert ist, muß zunächst eine definitorische Abgrenzung getroffen werden, um anschließend Grundlagentheorien, die sich auf den Problemfall anwenden lassen, auszuwählen. Aus diesen lassen sich wiederum Folgerungen für die Modifikation dysfunktionaler aggressiver Verhaltensweisen gewinnen, die nach Möglichkeit als technologische Maßnahmen zur Verhaltensmodifikation vorliegen sollen. Daraus ergibt sich für den Anwendungsbereich wiederum das Problem, wie Grundlagentheorien, modifikatorische Maßnahmen und Meßvorgang zusammenhängen. Dieser Zusammenhang muß, wie die Darstellung der Operationalisierungsprobleme gezeigt hat, vor allem vom anzuwendenden Meßinstrument her thematisiert werden. Schließlich müssen die organisatorischen Bedingungen für die Durchführung von modifikatorischen beziehungsweise therapeutischen Maßnahmen angegeben werden, um zu einem Abbau des unerwünschten Verhaltens gelangen zu können.

3.1 Zur Definition der Aggression

Unter Aggression wird in den meisten definitorischen Ansätzen das Austeilen schädigender Reize verstanden. Im Rahmen der weiteren Präzisierung des Konstruktes Aggression scheiden sich die Auffassungen der Forscher vor allem an dem Merkmal der Intentionalität. Insbesondere verzichten behavioristisch orientierte Forscher zumeist auf die Absichtlichkeit als notwendiges Definitionselement. So kennzeichnet Buss (1961, S. 1), ein Vertreter dieser Position, Aggression als „a response that delivers noxious stimuli to another organism". Demgegenüber definieren Dollard u. a. (1939, S. 9) in einer der bedeutendsten Studien zur Aggressionsforschung Aggression als „sequence of behavior, the goal-response to which the injury of the person, toward whom it is directed". Das Ausklammern versehentlich erfolgender Schädigungen innerhalb der zuerst angesprochenen Definitionsklasse ist vielfach kritisiert worden und dürfte auch kaum aufrechtzuerhalten sein. So sind, dieser Bestimmung zufolge, Handlungen, die explizit auf die Verletzung von Organismen – wie Mordversuche – gerichtet sind, aber erfolglos bleiben, nicht als aggressiv zu klassifizieren. Jedoch entbehrt auch die Einbeziehung des intentionalen Momentes, das in der oben zitierten Definition von Dollard u. a. in dem Begriff „goal-response" zum Ausdruck kommt, nicht problematischer Aspekte. Ist schon die Erfassung der Intention bei erwachsenen Menschen außerordentlich schwierig, so gibt die Explikation dieses Begriffes im Rahmen der Ausführung schädigender Reaktionen bei kleinen Kindern und Tieren kaum zu lösende Probleme auf. Selg versucht mit der folgenden Definition einen Ausweg aus der oben aufgezeigten Situation: „Eine Aggression besteht in einem gegen einen Organismus oder ein Organismussurrogat gerichteten Austeilen schädigender Reize (‚schädigen' meint beschädigen, verletzen, zerstören und vernichten; es impliziert aber auch wie ‚iniuriam facere' oder ‚to injure' schmerzzufügende, störende, ärgererregende und beleidigende Verhaltensweisen, welche der direkten Verhaltensbeobachtung schwerer zugänglich sind); eine Aggression kann offen (körperlich, verbal) oder verdeckt (fantasiert), sie kann positiv (von der Kultur gebilligt) oder negativ (mißbilligt) sein" (SELG 1974, S. 15 f.). Selg ersetzt das Merkmal der Absichtlichkeit durch das Kriterium Gerichtetheit, das jeweils aus dem spezifischen Handlungskontext zu erschließen ist. Diese Definition kann als eine allgemeine Grundlage dienen, für empirische Erhebungen ist sie jedoch zumeist weiter zu präzisieren.

3.2 Theoretische Ansätze in der Aggressionsforschung

Trotz der vielfältigen Ansätze steht die theoretische Analyse des Phänomens Aggression analog zum Forschungsstand vieler anderer pädagogischer beziehungsweise sozialwissenschaftlicher Konstrukte und Konzepte noch vor zahlreichen ungelösten Fragen und Problemen. Lange Zeit wurden in der Aggressionsforschung triebtheoretische Erklärungsmuster psychoanalytischer und ethologischer Provenienz bevorzugt, die vornehmlich mit dem Namen Freud und Lorenz verbunden sind. Daneben spielte ein theoretischer Ansatz, der als die Frustrations-Aggressions-Hypothese in die Literatur eingegangen ist, eine außerordentlich bedeutende Rolle. Dieses Annahmegefüge wurde von der Forschergruppe um Dollard, Doob, Miller, Mowrer und Sears thematisiert (vgl. DOLLARD u. a. 1939). Eine entscheidende Bedeutung kommt inzwischen den lerntheoretischen Konzepten (insbesondere dem instrumentellen und Beobachtungslernen) zu, die von Autoren wie Selg oder Bandura und Walters vertreten werden. Weiterhin sind zahlreiche theoretische Studien zu nennen, die in einem geringeren Ausmaß bestimmten generellen theoretischen Richtungen zuzuordnen sind, wie die Arbeiten von BERKOWITZ (vgl. 1962), KAUFMANN (vgl. 1970) oder OLWEUS (vgl. 1979).

Viele weitere theoretische Ansätze widmen sich relativ spezifischen Problemen, wie Arbeiten, in denen die Funktion bestimmter kognitiver oder affektiver Faktoren im Rahmen aggressiver Erlebens- und Verhaltensweisen analysiert wird.

3.2.1 Triebtheoretische Erklärungsversuche

Erklärungsversuche zur Analyse der Aggression, die fundamental auf Triebkonzepten basieren, gehen insbesondere auf bestimmte tiefenpsychologische und ethologische Autoren zurück. Im Rahmen der Tiefenpsychologie sind zwar zahlreiche unterschiedliche Ansätze konzipiert worden, zumeist wird jedoch auf Freud rekurriert; unter den ethologischen Ansätzen sind insbesondere die Arbeiten von LORENZ (vgl. 1963) bekannt geworden.

Freud hat sein vielfältiges theoretisches Gebäude mehrfach modifiziert. In der Anfangsphase seiner Theorieentwicklung legte er den aggressiven Tendenzen des Es keinen eigenen Trieb zugrunde, sondern sah sie als Funktion der Sexualtriebe. Später betrachtete er die Aggression als Komponente der Ich- beziehungsweise Selbsterhaltungstriebe. Schließlich stellt Freud in einer grundlegenden Revision seiner Trieblehre dem Eros als Inbegriff der Lebenstriebe beziehungsweise erotischen Triebe und Ich-Triebe den Thanatos- oder Todestrieb gegenüber, der das Insgesamt der Strebungen, die auf Zerstörung oder Tötung gerichtet sind, repräsentiert. Während der Eros auf die Spannungsreduktion sexueller Impulse ausgerichtet ist, zielt der Thanatos auf die Beseitigung jeglicher Spannungen und damit des Lebens überhaupt. Diese beiden antagonistischen Triebe wirken nicht getrennt voneinander, vielmehr versucht sich der Eros des Thanatos zu bedienen und die Aggressionen vom eigenen Ich abzuwenden und auf andere Objekte oder Individuen zu richten. Gelingt dieser Transfer nicht, so zielt die Aggression auf das eigene Ich. Um die unmittelbare Verarbeitung der sexuellen und aggressiven Impulse trotz restriktiver Umweltbedingungen und der durch das Über-Ich aktualisierten Ängste und Schuldgefühle zu gewährleisten, treten Abwehrmechanismen wie Verdrängung, Rationalisierung oder Sublimierung in Erscheinung.

Eine besondere Rolle spielt die frühkindliche Sozialisation in der Freudschen Theorie. Die frühe Kindheit entscheidet zentral über das „Triebschicksal", das heißt über die Ausprägung der psychischen Instanzen und der Verarbeitungsmechanismen der libidinösen und aggressiven Triebregungen.

Freuds theoretisches Gebäude und insbesondere seine Ausführungen zum Todestrieb sind als eine „grandiose Spekulation" (SELG 1974, S. 26) zu werten. Dieses System entzieht sich weitgehend einer differenzierten empirischen Bewertung, so daß man auf ein Glaubensbekenntnis angewiesen ist. Mittlerweile wurden zahlreiche Inkonsistenzen im Freudschen System aufgedeckt sowie Widersprüche zu relativ eindeutig gesicherten Erkenntnissen aufgezeigt (vgl. PERREZ 1972). Jedoch haben die vielfach originellen Freudschen Ausführungen in einer kaum zu übersehenden Weise zur Hypothesengenerierung beigetragen.

LORENZ (vgl. 1963) legte in seinem populären Konzept, das er innerhalb der Ethologie entwickelte, aggressiven Verhaltensweisen ebenso wie Freud einen Trieb zugrunde. Den Begriff „Trieb", den Lorenz synonym mit „Instinkt" verwendet, kennzeichnet er als eine Disposition zu bestimmten Reaktionen auf hereditär biologischer Grundlage. Angeborene artspezifische Verhaltensweisen verlaufen demnach ohne jegliche Vorübung nach einem relativ invarianten Schema. Der Aggressionstrieb, einer der vier basalen Triebe im Konzept von Lorenz, versorgt den Organismus fortwährend mit aggressionsspezifischer Energie, die bei der Auslösung der aggressiven Instinkthandlungen durch Schlüsselreize über ihr organismisches Äquivalent, die angeborenen, auslösenden Mechanismen abreagiert wird. Bleiben jedoch über längere Zeit die Schlüsselreize aus, kulminiert die produzierte Aggressionsenergie, und es kommt zu einem aktiven Suchprozeß des Organismus zur Auffindung solcher Reize. Ist dieses Appetenzverhalten ergebnislos, dann wird die angestaute Aggressionsenergie spontan abreagiert.

Dieses theoretische Konzept leitete Lorenz vorwiegend aus Beobachtungen bestimmter Fisch- und Vogelarten ab und generalisierte es auch auf menschliche Individuen. Aufgrund neuerer Forschungsergebnisse steht jedoch fest, daß die Lorenzsche Generalisierung schon auf andere Tierarten unzulässig ist (vgl. SELG 1974). Eine Verallgemeinerung des Konzeptes auf menschliche Individuen trifft auf weitere Schwierigkeiten. So wird das höhere Ausmaß an menschlicher Lernfähigkeit ebenso ignoriert wie die hohe Variabilität und Komplexität menschlicher Aggression oder die Bedeutung höherer mentaler Prozesse. Weiterhin konnten bisher beim menschlichen Organismus keine Quellen für eine fortlaufende Bildung aggressiver Energie nachgewiesen werden. Auch wenn in Human- und Tierexperimenten bestimmte Hirnareale nachgewiesen werden konnten, die mit Wut- oder Ärgeraffekten korrespondieren, das heißt, Reizungen dieser Region zur Auslösung von bestimmten aggressiven Reaktionen führen, so ist damit keineswegs ein Beleg für einen Aggressionstrieb gegeben. Weiterhin impliziert die Lorenzsche Theorie die Gültigkeit der sogenannten Katharsis-Hypothese, derzufolge Aggressionsbereitschaft nach erfolgten aggressiven Handlungen beziehungsweise Triebentladungen reduziert wird. Auch diese Hypothese konnte bislang nicht bestätigt werden, es liegen widersprüchliche Ergebnisse vor (vgl. HECKHAUSEN 1980, SCHNEIDER/SCHMALT 1981).

3.2.2 Die Frustrations-Aggressions-Hypothese

Dieser theoretische Ansatz, der die Aggressionsforschung außerordentlich angeregt hat, besteht aus den beiden Hauptannahmen, daß das Auftreten von Aggression immer die Existenz von Frustration voraussetzt und die Existenz von Frustration immer zu irgendeiner Form von Aggression führt. Frustration definieren die Autoren dieser Hypothese, DOLLARD u.a. (vgl. 1939, S.7), als die Be- oder Verhinderung einer bereits bestehenden, auf ein bestimmtes Ziel gerichteten Aktivität. Frustration in dem Sinne bezieht sich somit auf die Aktivitätshemmung durch eine Störung und ist nicht, wie im Alltagssprachgebrauch, auf die bei solchen Ereignissen erfolgenden Gefühle beziehungsweise Emotionen gerichtet. Weitere Zusatzannahmen, die DOLLARD u.a. (vgl. 1939) formulieren, lauten:
- Die Stärke der Aggressionsneigung wächst mit der Stärke der frustrierten Aktivität, dem Grad der Störung sowie mit der Anzahl der Störungen innerhalb eines bestimmten kurzen Zeitraumes.
- Eine durch eine Frustration erzeugte reaktive Aggression wird vorwiegend gegen die frustrierende Ursache gerichtet.
- Mit der Höhe der Bestrafungserwartung für die Ausführung einer aggressiven Handlung wächst der Grad der Aggressionshemmung und die Wahrscheinlichkeit für das Ausbleiben einer beobachtbaren Aggression.

Die beiden zentralen Thesen der Frustrations-Aggressions-Hypothese sind in der berichteten, allgemeinen Form nach den Ergebnissen der inzwischen erfolgten empirischen und theoretischen Studien nicht aufrechtzuerhalten. Frustration bildet lediglich eine von mehreren möglichen Bedingungen von Aggression, wie Erwartung von Erfolg, Ärger oder Schmerz, andererseits können auf Frustrationen auch andere Reaktionen als aggressive Erlebens- und Verhaltensweisen folgen, wie Depression, Passivität oder auch konstruktives Problemlöseverhalten. Schwierigkeiten für die empirische Überprüfung des Ansatzes erwachsen weiterhin aus ihrem hohen Allgemeinheitsgrad sowie den Definitionen der zentralen Begriffe, die sich lediglich auf das äußere Verhalten richten. Ein weiteres Problem dieses Ansatzes erwächst aus der Einbeziehung des Katharsis-Konzepts. Auch die ersten beiden Zusatzannahmen konnten bisher nur unter Einbeziehung weiterer Einschränkungen gestützt werden (vgl. MEES 1974 a, b). Lediglich die dritte Zusatzannahme konnte in der vorliegenden Form durch eine Reihe von Studien bestätigt werden (vgl. MEES 1974 a, b).

Inzwischen wurden von mehreren Autoren Revisionen der Frustrations-Aggressions-Hypothese vorgeschlagen (vgl. BERKOWITZ 1962, 1974; vgl. BUSS 1961). Während Buss vor allem die Bedeutung der Frustration und den Typus der Aggression detaillierter betrachtet, konzipiert Berkowitz emotionale Reaktionen (Ärger, Wut) als intervenierende Variable zwischen Frustration und Aggression. Eine weitere notwendige Bedingung für die Aggressionsauslösung sieht er in Hinweisreizen, die mit der Entstehung der emotionalen Erregung oder allgemein mit aggressiven Akten oder ihrer Bekräftigung in Zusammenhang stehen.

3.2.3 Zur lerntheoretischen Erklärung der Aggression

Lerntheorien thematisieren die Erklärung von Verhaltensveränderungen auf der Grundlage von Erfahrungen, das heißt solchen Verhaltensveränderungen, die nicht auf Reifung, Verletzung oder vorübergehende organismische Zustände wie Ermüdung zurückgehen. Es sind eine Reihe von unterschiedlichen Konzepten entwickelt worden, die zumeist sehr allgemeine Theoreme beinhalten; sie dienen jeweils zur Erklärung eines sehr umfangreichen Phänomenkreises. Von den verschiedenen Lernkonzepten sind für die Erklärung der Aggressionsanalyse vor allem das instrumentelle Lernen und das Beobachtungslernen diskutiert worden.
Instrumentelles Lernen bezeichnet Verhaltensänderungen, die auf Verstärkung beziehungsweise Bestrafung zurückgehen. Bekannt geworden ist das Skinnersche Analyseschema. Demnach führt positive Verstärkung (Darbietung positiver Verstärker, die als angenehme Reize zu verstehen sind, beziehungsweise Entzug negativer Verstärker, die unangenehme Reize repräsentieren) zur Erhöhung der Auftretenswahrscheinlichkeit solcher Verhaltensweisen, auf die die Verstärker folgen. Der Begriff Bestrafung, der im lerntheoretischen Sinne nicht die negativen Konnotationen des Alltagsbegriffes impliziert, bezeichnet die Darbietung negativer Verstärker oder den Entzug positiver Verstärker. Bestrafung führt im Gegensatz zur Verstärkung zu einer Verminderung der Auftretenswahrscheinlichkeit für bestimmte Verhaltensweisen. Dieses lerntheoretische Konzept ist sehr stark ideographisch ausgerichtet, da die Verstärkerfunktion von bestimmten Reizen individuell verschieden sein kann. So können bestimmte Verstärker, die für ein Individuum einen positiven Stellenwert besitzen, bei einem anderen Individuum negative Verstärker repräsentieren. Folglich müssen für Analysen gemäß dieses theoretischen Ansatzes bei allen Individuen genaue Kenntnisse über ihre Wertkonzeption im Sinne des Verstärkerkonzeptes vorliegen. Ist das nicht der Fall, kann zum Beispiel ein Lehrer, der zwei Schüler mit einer Rüge zu bestrafen glaubt, bei einem Schüler seine Intention realisieren, bei dem anderen Schüler jedoch das Gegenteil bewirken, wenn die Rüge für den betreffenden Schüler eine positive Verstärkung in der Form von Aufmerksamkeitszuwendung bedeutet. Für eine dauerhafte Erhöhung oder auch Verminderung der Auftretenswahrscheinlichkeit von bestimmten Verhaltensweisen ist zumeist nicht eine kontinuierliche oder systematisch erfolgende Verstärkung beziehungsweise Bestrafung notwendig. Einmalige Bestrafungen mögen zu dauerhaften Verhaltenskonsequenzen führen, zum anderen führt gerade die intermittierende, das heißt unsystematische Verstärkung zu wirksamen Verhaltensveränderungen. Der Analyse solcher Verstärkerpläne widmeten die Lerntheoretiker viel Aufmerksamkeit. Dieses Feld wurde recht intensiv erforscht, ebenso die Generalisierung von gelernten Verhaltensweisen. Demnach können Verhaltensveränderungen, die anfangs unter ganz spezifischen Bedingungen auftreten, im Verlauf der Zeit auf ähnliche Bedingungen verallgemeinert werden. So können aggressive Verhaltensweisen, die zunächst nur gegenüber den Eltern erfolgen, bald auf weitere Autoritätspersonen wie Lehrer ausgedehnt werden. Ein weiterer Punkt sei noch erwähnt, der innerhalb der Aggressionsforschung von besonderer Wichtigkeit ist. Die anfängliche Notwendigkeit der Präsenz von ursprünglichen Verstärkern für bestimmte

aggressive Verhaltensweisen mag sich bald erübrigen, da andere Verstärker immanente positive Folgen der Aggression wie Durchsetzung eigener Ziele oder auch Reduktion von Spannung zum Zuge kommen. Natürlich können auch diese Folgen von vornherein Verstärkerfunktion besitzen und Anlaß zu dauerhaften Verhaltensveränderungen geben.

Die Theorie des instrumentellen Lernens nimmt in der pädagogischen und psychologischen Forschung allgemein und speziell in der Aggressionsforschung eine außerordentlich bedeutende Stellung ein. Sie wird innerhalb der Aggressionsforschung von den meisten Autoren als das wesentliche Erklärungskonzept erachtet und ist bei der Analyse und Modifikation aggressiven Verhaltens kaum noch wegzudecken. Jedoch fokussiert das hier skizzierte klassische Konzept des instrumentellen Lernens vorwiegend das äußere Verhalten. Inzwischen hat sich jedoch herausgestellt, daß die Einbeziehung kognitiver und emotionaler Faktoren unabdingbar ist, da sie implizit im Konzept des instrumentellen Lernens enthalten, jedoch nur unzulänglich expliziert sind (vgl. SCHNEIDER/SCHMALT 1981).

Häufig werden komplexe Verhaltensweisen auch ohne sukzessive Verstärkung beziehungsweise Bestrafung angeeignet oder modifiziert. Sie treten vielmehr von einem bestimmten Zeitpunkt an mehr oder weniger elaboriert in einem zusammenhängenden Verhaltensablauf auf. Solche Verhaltensveränderungen lassen sich zumeist mit dem theoretischen Ansatz des Modellernens erklären. Gemäß dieses Konzeptes werden einzelne Handlungen beziehungsweise Handlungssequenzen, die bei anderen Individuen beobachtet wurden, nachgeahmt und somit in das eigene Verhaltensrepertoire aufgenommen. Zahlreiche Untersuchungen dienten der Analyse der Bedingungen, die eine solche Imitation begünstigen. Es zeigte sich, daß die Wahrscheinlichkeit für den Erwerb oder für die Modifikation von Verhaltensweisen auf diesem Weg insbesondere dann erhöht ist, wenn das beobachtete Modell für die entsprechenden Verhaltensweisen belohnt wird. Weiterhin werden solche Modelle bevorzugt nachgeahmt, die der Beobachter gefühlsmäßig akzeptiert, die als kompetent gelten oder die in wesentlichen Merkmalen mit dem Beobachter übereinstimmen. Viele empirische Studien (vgl. BANDURA/WALTERS 1963, BANDURA u.a. 1961, HICKS 1965) haben die Fruchtbarkeit dieses Ansatzes für die Erklärung der Entstehung aggressiver Verhaltensweisen aufgezeigt. Zudem sprechen Plausibilitätsüberlegungen auf der Basis von Alltagserfahrungen für diesen theoretischen Ansatz.

Ein Hauptvertreter der Theorie des Beobachtungslernens, Bandura, hat im weiteren eine differenzierte Theorie zur Aggression entworfen, in der neben dem Beobachtungslernen die instrumentelle Konditionierung und emotionale Faktoren die zentralen Bausteine bilden. Aggressive Verhaltensweisen werden einerseits dann ausgeführt, wenn sie Bestandteile konditionierter Reaktionsfolgen sind, andererseits treten aggressive Verhaltensweisen auf, wenn bestimmte Folgen möglichen Handelns antizipiert werden. Emotionale Erregungszustände, die auf eine aversive Stimulierung zurückgehen, können dabei die Intensität der aggressiven Reaktionen beeinflussen.

Die Analyse kognitiver und affektiver Bedingungsfaktoren für aggressives Verhalten, wie sie in der Konzeption Banduras einbezogen sind, ist Gegenstand zahlreicher psychologischer und pädagogischer Forschungsstudien gewesen. Hier seien nur kurz einige wichtige Ergebnisse zitiert (vgl. HECKHAUSEN 1980, SCHNEIDER/ SCHMALT 1981):

Ein erhöhtes physiologisches Erregungsniveau steigert die Wahrscheinlichkeit für aggressive Reaktionen, die auf Frustration beruhen. Dieser Zusammenhang gilt insbesondere dann, wenn das erhöhte Erregungsniveau als Ärger gedeutet wird.

Interpretationsprozesse beeinflussen entscheidend die Stärke aggressiver Reaktionen als Gegenmaßnahmen auf aversive Stimuli der Handlungspartner. Werden aversive Stimuli der Handlungspartner als feindselige, intentional gesteuerte Maßnahmen wahrgenommen, sind besonders heftige aggressive Reaktionen zu erwarten, im Gegensatz zu aversiven Stimuli, deren Ursache als unbeabsichtigt angesehen wird.

3.2.4 Zusammenfassende Betrachtung der theoretischen Ansätze

Keine der bisher konzipierten Theorien ist als alleinige Erklärungsgrundlage für das sehr komplexe Feld der Aggression geeignet. Einerseits enthalten sie mehr oder weniger unrealistische Theoreme, zum anderen ist ihr Gültigkeitsbereich auf einen bestimmten, umgrenzten Bereich unter Beachtung weiterer Kontextbedingungen eingeschränkt. Damit ist zur Erklärung spezifischer Phänomene ein eklektizistischer Standpunkt indiziert, so daß unter einer anwendungsorientierten Perspektive – wie weiter oben ausgeführt – diejenigen (gestützten) Theoreme zu selektieren sind, die mit der spezifischen Anwendungssituation einen hohen Grad an Kompatibilität aufweisen. So mag zur Analyse bestimmter individueller Informationsverarbeitungsprozesse bei der Unterdrückung aggressiver Verhaltensweisen das in der Psychoanalyse thematisierte Konzept der Rationalisierung, wertvolle Erklärungshinweise leisten, ohne daß damit aber zugleich die Übernahme des gesamten psychoanalytischen Gebäudes impliziert sein muß. Ebenfalls sind Erklärungsgesichtspunkte ethologischer Theorien nicht von der Hand zu weisen. So dürfte das aggressive Ausmaß im Krieg nicht zuletzt deshalb angestiegen sein, weil die Aggressoren bei der Anwendung moderner Waffensysteme ihre Opfer kaum zu Gesicht bekommen und somit auch keine aggressionshemmenden Demutsgebärden wahrnehmen können. Sind Frustrationen die auslösenden Bedingungen aggressiver Reaktionen, wird man vorzugsweise auf entsprechende gestützte Theoreme der Frustrations-Aggressions-Hypothese rekurrieren. Wie jedoch die psychologische und pädagogische Forschung inzwischen herausgestellt hat, kommt den lerntheoretischen Konzepten eine entscheidende Bedeutung zu, einerseits was die Stützung ihrer Theoreme betrifft und andererseits was ihren Gültigkeitsbereich angeht. Insbesondere sind erweiterte lerntheoretische Konzepte, die emotionale und kognitive Faktoren einbeziehen, als wichtige Erklärungsgrundlage für die meisten „alltäglichen" Aggressionsformen anzusehen. Zahlreiche empirische Studien belegen diese Aussage vor allem auch für den familiären und schulischen Bereich.

3.3 Zur Modifikation von Aggression

Betrachten wir die einzelnen theoretischen Ansätze auf ihren Aussagegehalt zur Modifikation dysfunktionalen aggressiven Verhaltens, so ergeben sich aus den triebtheoretischen Konzepten relativ geringe Möglichkeiten zur Aggressionsreduktion. Sie bleiben im folgenden unberücksichtigt, da diese theoretischen Ansätze, wie dargelegt, insgesamt kaum gestützt sind und zum anderen diejenigen Theorien, die zur Erklärung der Modifikation agressiven Verhaltens einen Beitrag leisten können, für den vorliegenden Kontext von peripherem Stellenwert sind.
Gemäß der Frustrations-Aggressions-Hypothese lassen sich Aggressionen über die Reduktion von Frustrationen vermindern. Weiterhin sind die Autoren dieses Ansatzes unter Bezugnahme auf das Katharsiskonzept der Meinung, daß die Ausführungen aggressiver Handlungen Spannungen abbauen und damit zu einer längerfristigen Aggressionsreduktion führen. Während die zuletzt genannte These sehr

umstritten ist – die Spannungsreduktion nach der Ausführung aggressiver Handlungen scheint eher kurzfristig zu wirken – dürfte die Reduktion von Frustrationen, sofern sie die auslösenden Bedingungen für aggressive Reaktionen darstellen, die Auftretenshäufigkeit aggressiver Akte vermindern.

Die lerntheoretischen Konzepte gehen von einer relativ hohen Variabilität aggressiver Verhaltensweisen aus, sie implizieren damit am stärksten die Modifizierbarkeit dysfunktionaler aggressiver Reaktionen. So sind auch von lerntheoretisch orientierten Forschern die entscheidenden Impulse und therapeutischen Maßnahmen ausgegangen. Sie entwickelten eine Fülle von Techniken, die inzwischen einen festen Platz in der therapeutischen Praxis besitzen.

Den Ansätzen des instrumentellen Lernens zufolge ist eine Verminderung aggressiver Verhaltensweisen grundsätzlich durch die Bestrafung entsprechender Reaktionsweisen zu erzielen. Lerntheoretiker plädieren hier vorwiegend für den Entzug positiver Verstärker. Die Darbietung aversiver Stimuli wird allenfalls für extreme Fälle vorgeschlagen, da sie zu einem Meideverhalten des Bestraften führen kann und das bestrafende Verhalten andererseits wiederum ein Modellernen aggressiven Verhaltens induzieren kann. Eine Verminderung aggressiven Verhaltens ist den lerntheoretischen Prinzipien zufolge weiterhin indirekt durch die gezielte Verstärkung alternativer Reaktionsweisen zur Aggression möglich. Die beiden genannten Möglichkeiten werden zumeist im Rahmen des Konzeptes der differentiellen Verstärkung kombiniert.

Ein Abbau aggressiven Verhaltens ist nach dem Ansatz des Modellernens vorwiegend durch eine Verminderung der Demonstration aggressiven Verhaltens zu erzielen. Die Möglichkeiten zur Beobachtung dieser Reaktionsweisen im unmittelbaren Umfeld des Edukanden (zum Beispiel Familie, Kindergarten, Schule) oder in Massenmedien sind demnach zu vermindern. Aggressives Verhalten sollte, wenn überhaupt, nur in Verbindung mit negativen Konsequenzen dargeboten werden.

Zusammenfassend sind als wichtige Möglichkeiten zur Verminderung aggressiven Verhaltens aus den berichteten Grundlagentheorien die folgenden Maßnahmen abzuleiten: Verminderung von frustrierenden Anlässen für die Auslösung aggressiver Akte, Reduzierung von Darstellungen aggressiver Handlungen und Einsatz von Verstärkersystemen, die den Ansätzen des instrumentellen Lernkonzeptes folgen. Diese allgemeinen Prinzipien sind jedoch in Abhängigkeit von der Anwendungssituation zu spezifizieren. Für eine solche Spezifikation sind aber die allgemeinen Grundlagentheorien als Erklärungsgrundlage nicht ausreichen, es müssen spezifischere theoretische Ansätze hinzutreten.

3.4 Grundlagentheorie, modifikatorische Maßnahme und Meßvorgang

Die wechselseitige Abhängigkeit der allgemeinen Grundlagentheorien, spezifischer anwendungsbezogener Theorien, verhaltensmodifikatorischer Maßnahmen und der Diagnostik beziehungsweise Messung ist unter vorwiegendem Bezug auf Ansätze, die auf dem instrumentellen Lernkonzept fußen, Gegenstand mehrerer Arbeiten von WESTMEYER (vgl. 1976a, 1976b, 1977; vgl. WESTMEYER/MANNS 1977). Dieser Autor zeigt auf, daß die von SCHULTE (vgl. 1973, 1976a,b) vertretene Auffassung, verhaltenstherapeutische Maßnahmen seien aus allgemeinen Verhaltenstheorien als Grundlagentheorien deutbar und die Verhaltensdiagnostik fungiere als Bindeglied zwischen Theorie und Therapie, nicht haltbar ist. Westmeyer und Manns schlagen hingegen das in Abbildung 4 wiedergegebene sogenannte Realmodell der Beziehung zwischen Verhaltenstheorie, -therapie und -diagnostik vor.

Abbildung 4: **Schematische Beziehungen zwischen Verhaltenstheorie, -therapie und -diagnostik**

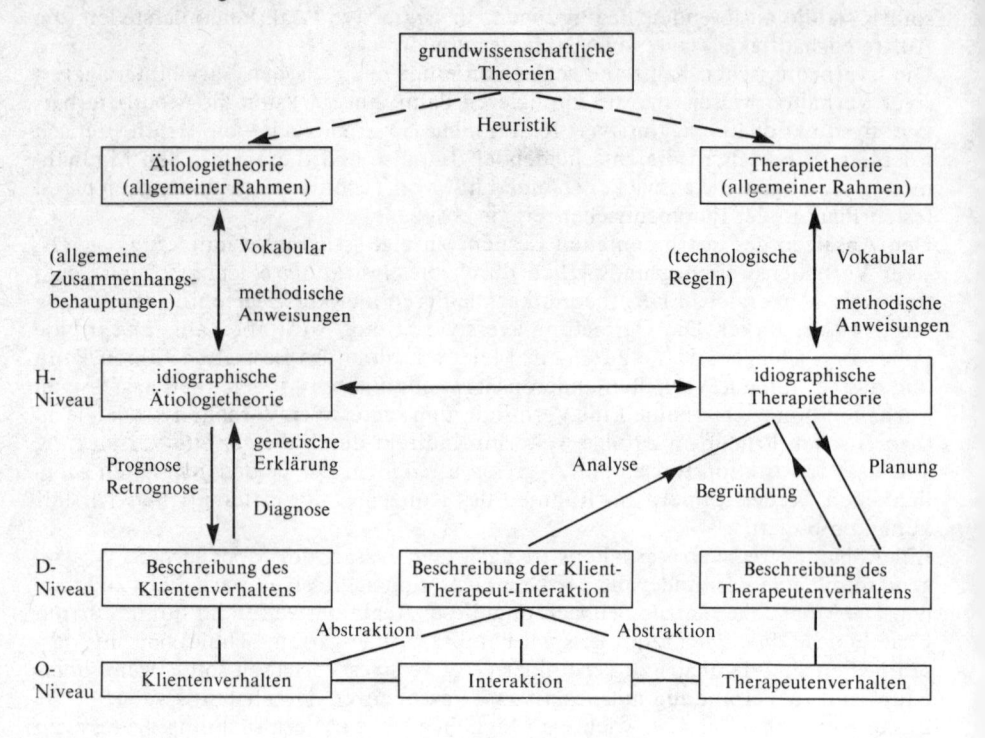

(Quelle: WESTMEYER/MANNS 1977, S. 249)

Grundwissenschaftliche Theorien besitzen in diesem Modell lediglich einen heuristischen Wert, da sie methodische und theoretische Idealisierungen enthalten, die ihre unmittelbare Anwendung für modifikatorische Zielstellungen nicht ermöglichen. Daher sind für bestimmte Anwendungsbereiche spezifische theoretische Konzepte zu entwickeln, die frei von nicht reduzierbaren Anwendungsvoraussetzungen sind. Hier lassen sich innerhalb eines forschungsstrategisch zunächst ideographisch ausgerichteten Analyserahmens (individuenspezifische) Ätiologie- und Therapietheorien unterscheiden. Weiterhin wird dieses Modell wie folgt skizziert:

„Gemeinsam ist allen derartigen Individualtheorien einer bestimmten Art zu Beginn nur das Vokabular, die theoretischen Annahmen können spezifisch sein und sich von Fall zu Fall ändern. Dieses gemeinsame Vokabular ist neben den Zuordnungsregeln und entsprechenden methodischen Anweisungen Bestandteil des allgemeinen ätiologie- bzw. therapietheoretischen Rahmens. Die auf dem H-Niveau (Hypothesen-N.) angesiedelten Individualtheorien nehmen in spezifischer Weise auf die auf dem D-Niveau (Daten-N.) befindlichen Beschreibungen des Klienten- und Therapeutenverhaltens und der Klient-Therapeut-Interaktion Bezug. Diese Beschreibungen geben ihrerseits abstraktiv wieder, was sich auf dem O-Niveau (Objekt-N.) auf der Seite des Klienten, des Therapeuten und in ihrer Interaktion ereignet: Als Vermittler zwischen O-Niveau und D-Niveau kommt die Verhaltensdiagnostik zum Tragen. Das verwendete diagnostische Verfahren bestimmt zugleich die Art der vorgenommenen Abstraktion. Die Beziehungen zwischen H-Niveau und D-Niveau sind für idiographische Ätiologietheorien und idiographische Therapietheorien jeweils unterschiedlich zu bestimmen" (WESTMEYER/MANNS 1977, S. 249 f.).

Das Beispiel läßt erkennen, daß in der Erziehungswissenschaft noch keine elaborierten Prognosetheorien angewendet werden. Vielmehr sind diese Prognosetheorien in Bezug auf das Eintreffen des erwünschten Verhaltens entweder apodiktisch oder insoweit unspezifisch, als eine genaue Wahrscheinlichkeit nicht angegeben wird. Das hat seine Ursache darin, daß es bisher nicht gelungen ist, den idiographischen Anteil in befriedigender Weise bei Prognosen zu berücksichtigen. Dieses Manko müßte bei der Konzeption der Meßinstrumente berücksichtigt werden. Das Modell von Westmeyer verdeutlicht zugleich, daß das Prognoseschema von Krapp die augenblickliche Forschungspraxis angemessen wiedergibt und das Verbundmodell unter den Forschungsstrategien eine problemorientierte Integration von grundlagentheoretischen Aussagen mit praktischen Problemen in Form der angewandten Forschung ermöglicht.

3.5 Zur Messung der Aggression

In einem Überblick zur Aggressionsdiagnostik kommt SELG (vgl. 1974) zu einer Rubrizierung der verschiedenen Meßinstrumente in 13 unterschiedliche Verfahrensgruppen. Im Zuge einer gröberen Gliederung erscheint eine Einteilung in die folgenden Klassen sinnvoll: Fragebogenverfahren, projektive Techniken, Verhaltensbeobachtung, Verhaltensproben, psychodiagnostische Gespräche und eine Testkategorie, in die zumeist weniger wichtige Erhebungsformen wie morphologische oder graphologische Verfahren einzuordnen sind.

Fragebogeninventare folgen zumeist einer klassischen traittheoretisch ausgerichteten Diagnostik, die Persönlichkeitsmerkmale als relativ stabile latente Konstrukte versteht, zumeist nur einen Meßzeitpunkt vorsieht und vorwiegend auf die Selektion von Personen für bestimmte Bedingungen (oder vice versa) ausgerichtet ist (vgl. PAWLIK 1976, SCHWARZER 1979). Damit operieren Fragebogenverfahren auf einem für spezifische Modifikationszwecke zu allgemeinen Analyseniveau. Zudem ist die Validität dieser Inventare meist sehr dürftig.

Diese Aussagen treffen weitgehend auch auf die meist auf tiefenpsychologischen Annahmen beruhenden projektiven Verfahren zu, die zudem selten befriedigende Objektivitäts- und Reliabilitätskoeffizienten erreichen. Verhaltensproben, meistens über einen Reaktionsstimulator (sogenannte Aggressionsmaschine) erfaßt, werden häufig in experimentellen Analysen eingesetzt. Für die Erhebung aggressiven Verhaltens in der natürlichen Umwelt scheiden sie jedoch aus. Sie erfassen lediglich einen ganz engen Aspekt aggressiven Verhaltens, ihre Validität ist ebenfalls umstritten. Auch unter den Verfahren, die wir in die Restkategorie einordnen, wie etwa graphologische Verfahren, ist kein überzeugendes Verfahren zur Aggressionsmessung zu finden (vgl. SELG 1968, 1974).

Positiver sind die soziometrischen Techniken zu bewerten. Einschlägige Studien (vgl. WALDER u. a. 1961) ergaben zumeist Aggressivitätsscores, die Aggressivität als ein eindimensionales habituelles Konstrukt erfassen. Zudem gewähren soziometrische Techniken bei einer entsprechenden Erhebungsform Informationen zur Interaktionsstruktur von Gruppenmitgliedern bezüglich ihrer aggressiven Handlungen. Der Wert dieser diagnostischen Informationen zur Interaktionsstruktur ist jedoch noch wenig erforscht und umstritten (vgl. DOLLASE 1976). Die habituellen Aggressionsscores, die aus soziometrischen Erhebungsformen resultieren, erreichen zumeist gute testtheoretische Gütekriterien. Jedoch sind solche Meßwerte für den habituellen Anteil am aggressiven Geschehen für spezifische Modifikationszwecke zu allgemein.

Weiterhin ist noch nicht hinreichend geklärt, inwieweit die aus soziometrischen Erhebungen resultierende hohe Konsistenz tatsächlich Ausdruck einer relativ durchgängigen Persönlichkeitsdimension ist, oder ob sie nur Folge einer hohen Itemhomogenität, undifferenzierter Wahrnehmung, stereotyper Itembeantwortung oder einheitlicher Umweltbedingungen sind. Zwar sprechen sorgfältige Reanalysen einschlägiger Studien durch OLWEUS (vgl. 1979) für einen hohen konsistenten und stabilen Personenanteil, dennoch bedarf diese Frage weiterer Analysen. Wertvolle Informationen zu dieser Problematik sind aus Ergebnissen von Studien zu Verfahren der Verhaltensbeobachtung zu erwarten. Diese Erhebungsform befindet sich noch in einem relativ frühen Forschungsstadium (vgl. FIEGUTH u. a. 1975). Wie die bisherige Forschung jedoch zu erkennen gibt, dürften Verfahren der Verhaltensbeobachtung, sowohl was die Spezifität der Analyseebene als auch die testtheoretische Seite angeht, die Methode der Wahl sein. Daher stellen wir im folgenden Abschnitt ein solches Verfahren etwas detaillierter vor. Nachteile von verschiedenen Formen der Verhaltensbeobachtung liegen wohl in ihrer relativ geringen Flexibilität bei der Erhebung konkreter Verhaltenseinheiten. Zum anderen werden kognitive Prozesse ignoriert, und emotionale Vorgänge lassen sich ebenfalls nur indirekt über das gezeigte Verhalten erschließen.

Zur Erfassung solcher diagnostischer Informationen erscheinen weniger standardisierte weiche Verfahren geeignet, die „psychodiagnostischen Gespräche". Zu dieser Kategorie können im Anschluß an SELG (vgl. 1974) Verfahren wie Anamnese, Exploration, Interviews oder andere mehr oder weniger standardisierte Gesprächsformen gezählt werden. Einschlägige Meßinstrumente dieser Art, die jedoch empirische Forschungsergebnisse speziell zu kognitiven und affektiven Prozessen bei der Aggression sowie zur Attribution der Intention der Handlungspartner berücksichtigen, stehen noch aus.

3.5.1 Das Behavioral Coding System

PATTERSON u. a. (vgl. 1969) entwarfen das Behavioral Coding System (BCS) im Kontext einer anwendungsorientierten Fragestellung, der Entwicklung und Evaluierung verhaltenstherapeutischer Programme zur Verminderung dysfunktionaler aggressiver Handlungen in Familien. Mit diesen Zielen ging die Entwicklung einer „Performance Theory for Coercise Family Interaction" Hand in Hand, die die Auftretenshäufigkeit aggressiver Verhaltensweisen als Funktion kontrollierender Stimuli betrachtet und die auf der allgemeinen Grundlagentheorie des instrumentellen Lernens fußt. Die Forschungsarbeiten dieses Projektes, die sehr deutlich die im Westmeyerschen Realmodell aufgezeigten wechselseitigen Abhängigkeiten von Grundlagentheorien, spezifischen anwendungsbezogenen theoretischen Ansätzen, modifikatorischen Maßnahmen und den Meßkonzepten zeigen, begannen 1963 und sind inzwischen an mehreren Stellen publiziert (vgl. JONES u. a. 1975, PATTERSON/REID 1973; PATTERSON u. a. 1969).

Bevor wir das BCS im einzelnen beschreiben, sei dieses Verfahren in den allgemeinen Rahmen der Verhaltensbeobachtung eingebettet. Die wissenschaftliche oder auch systematische Verhaltensbeobachtung ist nach MEES (1977, S. 17) als eine „auf das Verhalten eines oder mehrerer Individuen gerichtete, methodisch kontrollierte Wahrnehmung und Registrierung" zu kennzeichnen.

Bei Verhaltensbeobachtungen mittels einer reduktiven Deskription gilt es, das beobachtete Geschehen in einzelne Verhaltensklassen einzuteilen. Werden sogenannte Zeichensysteme zur Codierung verwendet, werden lediglich einzelne interessierende Verhaltensaspekte erfaßt, Kategoriensysteme beziehen sich hingegen auf die Wahrnehmung und Registrierung jeglicher Verhaltensweisen des Observanden. Berücksichtigt man bei der Anwendung solcher Kategoriensysteme zusätzlich die zeitliche Sequenz der einzelnen beobachteten Verhaltensweisen, spricht man von einer funktionalen oder sequentiellen Verhaltensbeobachtung. Das derzeit wohl bekannteste Verfahren zur Verhaltensbeobachtung gemäß den Richtlinien einer sequentiellen Verhaltensbeobachtung ist das BCS von Patterson u. a. Mitglieder dieser Forschungsgruppe observierten für die Erstellung des Kategoriensystems des BCS Familien mit aggressiven Kindern in deren Wohnungen. Das anfangs vorläufig anhand von klinischen Erfahrungen konzipierte Kategoriensystem wurde unter Benutzung verschiedener Registrierformen mehrfach modifiziert, bis schließlich die Endform mit 28 Verhaltensklassen entstand (vgl. Abbildung 5, S. 136).

Diese sehr spezifisch gehaltenen Kategorien werden detailliert beschrieben und durch Beispiele veranschaulicht, so daß eine relativ eindeutige Klassifikation des beobachteten Verhaltens ohne weitergehende Interpretationsprozesse seitens der Beobachter erfolgen kann. Die einzelnen Kategorien sind in Verhaltensklassen erster und zweiter Ordnung gegliedert, die Kategorien zweiter Ordnung (TA, AT, NO, NR, RC, TH, SS) sind nur dann zu codieren, wenn keine Kategorie erster Ordnung (restliche Verhaltensklassen) in Frage kommt. Die einzelnen am Interaktionsprozeß beteiligten Observanden werden durch Zahlen symbolisiert (1 für Problemkind, 2 für Mutter, 3 für Vater, 4 für ältestes Geschwister, 5 für nächstältestes Geschwister...). Ein durch ein Beobachtungstraining geschulter Beobachter codiert direkt das Interaktionsgeschehen, ohne selbst – soweit eben möglich – an der Interaktion teilzunehmen. Innerhalb jeder Beobachtersitzung steht das Verhalten eines jeden Familienmitgliedes als „Subjekt" für zehn Minuten im Mittelpunkt der Beobachtung. Dieser Beobachtungszeitraum gliedert sich in zwei nicht aufeinanderfolgende Intervalle von je fünf Minuten. Dieser fünfminütige Beobachtungszeitraum wird in 30-Sekunden-Intervalle sequentiert, die jeweils eine Zeile auf dem in Abbildung 5 abgebildeten Codierungsbogen des BCS repräsentieren. Dieser 30-Sekunden-Beobachtungszeitraum wird weiterhin in 6-Sekunden-Intervalle aufgegliedert. Diese Maßnahme bot sich als Erfahrenswert aus Gründen der Rhythmik des Verhaltens und der manuellen wie kognitiven Erhebungsmöglichkeiten der Beobachter an. Innerhalb eines jeden 6-Sekunden-Intervalls ist eine Aktion (stimulus) und Reaktion (response) zu erfassen. Dabei wird das Verhalten des jeweiligen „Subjektes" fortlaufend codiert, während das Verhalten der restlichen Interaktionspartner nur dann registriert wird, wenn es auf das „Subjekt" gerichtet ist. Wenn beispielsweise innerhalb eines 6-Sekunden-Intervalles der Vater dem Sohn einen Befehl erteilt und der Sohn gehorcht, wird 3CM – 1CO codiert. Dauert nun eine Verhaltenseinheit länger als 6 Sekunden, wird sie erneut codiert. Somit ist als ein Nachteil dieser Erhebungstechnik aus dem Codierbogen nicht ersichtlich, ob bestimmte Sequenzen von identischen Codes eine längerfristige Verhaltenseinheit oder mehrere getrennt voneinander erfolgte Verhaltenseinheiten wiedergeben.

Die so erzielten Meßwerte des BCS wurden einerseits konventionellen Häufigkeitsauszählungen unterzogen, andererseits wurden sequentielle Auswertungsstrategien eingesetzt, um eine funktionale Analyse der Verhaltenseinheiten zu erhalten. In unterschiedlichen Studien zur testtheoretischen Güte des BCS wurde insbesondere den Reliabilitätsanalysen Aufmerksamkeit geschenkt (vgl. JONES u. a. 1975). Hier wurden ebenso wie bei den Validitätsanalysen (zur Inhalts-, Übereinstimmungs- und Konstruktvalidität) zufriedenstellende Ergebnisse erzielt.

Abbildung 5: Codierbogen des Behavioral Coding System (BCS)

BLANK SAMPLE CODING SHEET FOR THE BCS

Family Number ....

ID Number ....

BEHAVIOR CODING SHEET

Phase ....

Subject .... Observer .... Date .... No. ....

AP	Approval	HU	Humiliate	PP	Positive physical contact
AT	Attention	IG	Ignore		
CM	Command	LA	Laugh	RC	Receive
CN	Command (negative)	NC	Noncompliance	SS	Self-stimulation
		NE	Negativism	TA	Talk
CO	Compliance	NO	Normative	TE	Tease
CR	Cry	NR	No response	TH	Touching, handling
DI	Disapproval	PL	Play		
DP	Dependency	PN	Negative physical contact	WH	Whine
DS	Destructiveness			WK	Work
HR	High rate			YE	Yell

1					
2					
.					
.					
10					

Description ....

(Quelle: JONES u. a. 1975, S. 56)

3.6 Zum organisatorischen und institutionellen Rahmen der Durchführung modifikatorischer Maßnahmen

Ein wichtiger Gesichtspunkt anwendungsorientierter Forschung besteht, wie zu Beginn dieses Abschnitts herausgestellt wurde, in den gesellschaftlichen und organisatorischen Bedingungen der Einführung und Durchführung modifikatorischer

Anwendungsorientierte Erziehungsforschung

Maßnahmen und damit implizit der Umsetzung wissenschaftlicher Theorien in die gesellschaftliche Praxis. Im Falle unserer Zielstellung der Verminderung dysfunktionaler aggressiver Verhaltensweisen im familiären und schulischen Kontext ergeben sich vielfältige Abhängigkeiten zu allen gesellschaftlichen Ebenen. Die Planung, Entscheidung und Initiierung bei einer derartigen Vielzahl von Modifikationsmöglichkeiten, wie sie oben aufgezeigt wurden, kann durch allgemein gesellschaftspolitische Entscheidungen, spezifische Direktiven einzelner politischer Ressorts (Familien- oder Schulpolitik beispielsweise), Entscheidungsinstanzen für die Mediengestaltung, in Schulen, Klassen oder in den Händen von Lehrern, Familienmitgliedern oder Therapeuten liegen. Es soll hier nicht unsere Aufgabe sein, die komplexe Problematik weiter zu differenzieren. Wir konzentrieren uns vielmehr auf einen Teilbereich dieses Problemfeldes, die organisatorische Struktur bei der konkreten Durchführung modifikatorischer Maßnahmen im schulischen und familiären Bereich.

Lange Zeit wurde die Durchführung konkreter Maßnahmen zur Beseitigung dysfunktionaler aggressiver Reaktionen beziehungsweise von Verhaltensstörungen überhaupt als die Aufgabe eines spezialisierten Therapeuten angesehen. Solche Individualtherapien sind jedoch wenig ökonomisch und institutionell kaum zu leisten, andererseits häufig auch nicht sinnvoll, da das natürliche Umfeld des Edukanden weitgehend unberücksichtigt bleibt. Daher wurde von SELG (vgl. 1977) ein erweitertes Modell zur Verhaltensmodifikation konzipiert, das in Abbildung 6 veranschaulicht ist.

Abbildung 6: Ein Modell für die Verhaltensmodifikation

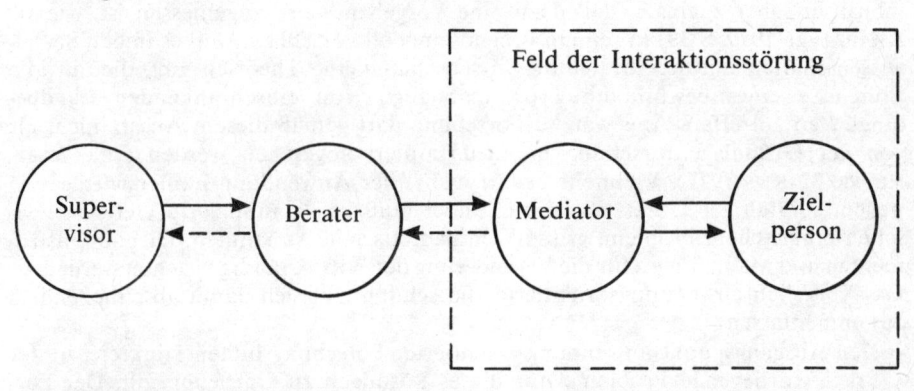

(Quelle: SELG 1977, S. 138)

In diesem Modell, das eine erweiterte Fassung eines Vorschlages von THARP/WETZEL (vgl. 1969) darstellt, werden aggressive Verhaltensweisen nicht als eine einseitige Problematik des Klienten aufgefaßt, sondern als Interaktionsstörungen angesehen. Die Durchführung der Verhaltensmodifikationen im engeren Sinne liegt in der Hand von Mediatoren. Die Funktion von Mediatoren können solche Personen übernehmen, die innerhalb der natürlichen Umwelt des Edukanden über Verstärker verfügen und sie gemäß lerntheoretischen Prinzipien einsetzen können, beispielsweise die Eltern oder Lehrer.

Berater heben sich von Mediatoren durch ihre berufliche Position ab und besitzen umfassendere Kenntnisse in der Verhaltensmodifikation. Eine Beraterfunktion kann beispielsweise Mitarbeitern im schulpsychologischen Dienst oder Schulberatern zufallen. Während Berater jeweils einer größeren Zahl von Mediatoren zur Seite stehen, werden Supervisoren, klinisch ausgebildete und erfahrene Psychologen, von den Beratern nur für die Diskussion besonderer Problemfälle zu Rate gezogen. Dieses Modell, das nicht hierarchisch, sondern kooperativ verstanden werden soll, wird bisher nur in den wenigsten Institutionen praktiziert; eine Realisierung solcher Modelle ist wiederum von weiteren Entscheidungsinstanzen abhängig und zeigt die Verschränkung verschiedener politischer und organisatorischer Ebenen bei der Umsetzung wissenschaftlicher Kenntnisse auf.

4 Schlußbemerkungen

Die Anwendung von Erkenntnissen der Grundlagenforschung mit dem Ziel, Verhaltensweisen im täglichen Umgang abzubauen, die als problematisch angesehen werden, führt in dem hier vorgestellten Beispiel zu einer praktischen Konsequenz, die ohne den Rückgriff auf die Grundlagentheorien nicht selbstverständlich gewesen wäre: es wird nicht beim problematisierten individuellen Verhalten – Aggression – angesetzt, sondern Aggression wird als gestörte Interaktion interpretiert. Das hat zur Folge, daß alle vorgeschlagenen Maßnahmen eine Änderung der gestörten Interaktion zum Ziel haben, im Kern also sozial und nicht individuell ausgerichtet sind.

Das Beispiel veranschaulicht die Vorteile des Verbundmodells, mit dem es gelingen kann, Erkenntnisse der Grundlagenforschung problembezogen anzuwenden. Es demonstriert aber zugleich, daß dazu eine Vorgehensweise angemessen ist, wie sie KRAPP (vgl. 1979, S. 39) in seinem Prognosemodell vorschlägt, weil es in den Sozialwissenschaften und der Erziehungswissenschaft keine Theorien gibt, die auf alle Ereignisse eines bestimmten Typs unabhängig von einschränkenden Randbedingungen zutreffen. Angewandte Forschung darf gemäß diesem Ansatz nicht als von der Grundlagenforschung her determiniert angesehen werden (vgl. WESTMEYER/MANNS 1977). Vielmehr bedarf es bei der Anwendung immer wieder von neuem sorgfältiger Untersuchungen. Dabei muß das komplizierte Geflecht zwischen praktischem Problem, grundlagentheoretischen Annahmen, Diagnoseinstrumenten und Maßnahmen für die Veränderung der Praxis ständig beachtet werden.

Das Vorgehen anwendungsorientierter Forschung läßt sich damit abschließend so zusammenfassen:

- Den Ausgangspunkt anwendungsorientierter Forschung bilden konkrete, in der Praxis vorliegende Probleme, für die es Lösungen zu erarbeiten gilt. Der Forschungsprozeß ist nicht als ein relativ festgelegter Algorithmus, sondern als ein flexibles Problemlösungsmodell aufzufassen, das sehr stark von den vorliegenden Randbedingungen der Problematik und der Phantasie, Erfindungsgabe sowie der Lösungsinitiative der Forscher abhängt.
- Grundlagentheorien besitzen lediglich heuristischen Wert, anwendungsfähige Aussagensysteme resultieren kaum aus tautologischen Transformationen nomologischer Theorien. Grundlagentheorien stellen Denkmöglichkeiten dar, eröffnen unterschiedliche Perspektiven und erweitern somit das Blickfeld. Andererseits sind Erklärungsgesichtspunkte, die sich in der grundlagentheoretischen Diskussion als wenig sinnvoll herausgestellt haben, in der anwendungsorientierten Forschung von vornherein zu vernachlässigen.

- Zur Exploration des Problemfeldes sind in der Anfangsphase zumeist eingehende Analyse qualitativer Natur vonnöten, beispielsweise Unterrichtsbeobachtungen, Gespräche mit Erziehern, Eltern und Lehrern.
- Die deskriptive Erfassung des Problemfeldes, die Erstellung von Hypothesen sowie die Konzipierung modifikatorischer Maßnahmen dürfte, um ein realisierbares Konzept zu entwickeln, in der Regel nur in Verbindung mit den betroffenen Beteiligten zu leisten sein.
- Die Selektion und/oder Entwicklung eines geeigneten diagnostischen Inventares ist auf die intendierten modifikatorischen Maßnahmen abzustimmen. Diagnose und Modifikation sind eng miteinander verwoben.
- Die Evaluation des Forschungsprozesses geschieht nicht anhand von „Wahrheitskriterien", sondern anhand der Effektivität der modifikatorischen Maßnahmen.

ADORNO, TH. W.: Studien zum autoritären Charakter, Frankfurt/M. 1973. ADORNO, TH. W. u. a.: The Authoritarian Personality, New York 1950. ADORNO, TH. W. u. a.: Der autoritäre Charakter, Bd. 1: Studien über Autorität und Vorurteil, Amsterdam 1968. ANGERMAIER, M.: Legasthenie – Verursachungsmomente einer Lernstörung, Weinheim/Basel ³1974. BANDURA, A.: Aggression: A Social Learning Analysis, Prentice Hall 1973. BANDURA, A./WALTERS, R.: Social Learning and Personality Development, New York 1963. BANDURA, A. u. a.: Transmission of Aggression through Imitation of Aggressive Models. In: J. of Abnorm. and Soc. Psych. 64 (1961), S. 535 ff. BERKOWITZ, L.: Aggression: A Social Psychological Analysis, New York 1962. BERKOWITZ, L.: Some Determinations of Impulsive Aggression: The Role of Mediated Associations with Reinforcements for Aggression. In: Psych. Rev. 81 (1974), S. 165 ff. BERNSTEIN, B.: Studien zur sprachlichen Sozialisation, Düsseldorf 1972. BLOOM, B.S. (Hg.): Taxonomy of Educational Objectives. The Classification of Educational Goals. Handbook I: Cognitive Domain, New York 1956. BREZINKA, W.: Metatheorie der Erziehung, München/Basel 1978. BROCKE, B.: Technologische Prognosen, Freiburg 1978. BRUCKMANN, G.: Prognose mittels Analogieschluß. In: BRUCKMANN, G. (Hg.): Langfristige Prognosen, Würzburg 1977, S. 72 ff. (1977a). BRUCKMANN, G.: Trendextrapolation. In: BRUCKMANN, G. (Hg.): Langfristige Prognosen, Würzburg 1977, S. 45 ff. (1977b). BRUSTEN, M./HURRELMANN, K.: Abweichendes Verhalten in der Schule, München 1973. BUND-LÄNDER-KOMMISSION FÜR BILDUNGSPLANUNG: Bildungsgesamtplan, 2 Bde., Stuttgart ²1974. BUSS, A. H.: The Psychology of Aggression, New York/London 1961. CROWDER, N. A.: Automatic Tutoring by Intrinsic Programming. In: LUMSDAINE, A. A./GLASER, R. (Hg.): Teaching Machines and Programmed Learning, Washington 1960, S. 286 ff. DOLLARD, J. u. a.: Frustration and Aggression, New Haven 1939. DOLLASE, R.: Soziometrische Techniken, Weinheim/Basel ²1976. FIEGUTH, G. u. a.: Arbeitsbericht zum Teilprojekt: ‚Aggressives Verhalten und seine Prävention'. Freie Universität Berlin, Institut für Psychologie. Berlin 1975, S. 13 ff. FREUD, S.: Drei Abhandlungen zur Sexualtheorie (1905). In: Gesammelte Werke, Bd. 5, London 1949, S. 27 ff. FREUD, S.: Triebe und Triebschicksale (1915). In: Gesammelte Werke, Bd. 10, London 1969, S. 210 ff. FREUD, S.: Jenseits des Lustprinzips (1920). In: Gesammelte Werke, Bd. 13, London 1972, S. 1 ff. GERFIN, H.: Einige Probleme mittel- und langfristiger Marktprognosen. In: Schweiz. Z. f. Volkswirtsch. und Stat. (1961), 97, S. 45 ff. HAVELOCK, R. G.: Planning for Innovation through Dissemination and Utilization of Knowledge. Center for Research on Utilization of Scientific Knowledge, Institute for Social Research, University of Ann Arbor, Michigan 1973. HECK, G.: Neue Perspektiven für Diplom-Pädagogen. In: D. Dt. Univ.-Ztg. (1974), S. 468 ff. HECKHAUSEN, H.: Motivation und Handeln, Berlin/Heidelberg 1980. HICKS, D.J.: Imitation and Retention of Film-Mediated Aggressive Peer and Adult Models. In: J. of Persty. and Soc. Psych. 2 (1965), S. 97 ff. JONES, R. R. u. a.: Naturalistic Observations in Clinical Assessment. In: MCKEYNOLDS, P. (Hg.): Advances in Psychological Assessment, Bd. 3, San Francisco 1975, S. 42 ff. KAUFMANN, H.: Aggression and Altruism, New York 1970. KLAUER, K.J.: Kontentvalidität. In: KLAUER, K.J. (Hg.): Handbuch der pädagogischen Diagnostik, Bd. 1, Düsseldorf 1978, S. 225 ff. KLAUER,

K. J.: Lehrtextbezogene Tests. Transformation von Lehrtexten in Universa von Testaufgaben. In: KLAUER, K. J./KORNADT, H.-J. (Hg.): Jahrbuch für empirische Erziehungswissenschaft 1979, Düsseldorf 1979, S. 33 ff. KRAPP, A.: Prognose und Entscheidung, Weinheim/Basel 1979. KRUMM, V. (Hg.): Zur Handlungsrelevanz der Verhaltenstheorien. Über den Zusammenhang von Verhaltenstheorien und pädagogischer Verhaltensmodifikation. Uw., 2. Beiheft, 1979. KÜHN, A.: Das Problem der Prognose in der Soziologie, Berlin 1970. LORENZ, K.: Das sogenannte Böse. Zur Naturgeschichte der Aggression, Wien 1963. MAX-PLANCK-INSTITUT FÜR BILDUNGSFORSCHUNG, PROJEKTGRUPPE BILDUNGSBERICHT (Hg.): Bildung in der Bundesrepublik Deutschland, Daten und Analysen, 2 Bde., Reinbek 1980. MEES, U.: Aggression. In: SCHICK, A. (Hg.): Aktuelle Themen der Psychologie, Stuttgart 1974, S. 66 ff. (1974 a). MEES, U.: Modifikation aggressiven Verhaltens. In: SELG, H. (unter Mitarbeit v. U. Mees): Menschliche Aggressivität, Göttingen 1974, S. 147 ff. (1974 b). MEES, U.: Einführung in die systematische Verhaltensbeobachtung. In: MEES, U./SELG, H. (Hg.): Verhaltensbeobachtung und Verhaltensmodifikation, Stuttgart 1977, S. 14 ff. MERKENS, H. u. a.: Der Bedarf an Diplom-Pädagogen der Studienrichtung Sozialpädagogik und Sozialarbeit für das Jahr 1985 in Rheinland-Pfalz. In: Z. f. P. 21 (1975), S. 563 ff. MURRAY, H. A.: Thematic Apperception Test, Cambridge 1943. NUTHMANN, R.: Arbeitskräfteprognosen – „Wunsch" und „Wirklichkeit". In: Z. f. P. 22 (1976), S. 609 ff. OEHLERT, P.: Der Leistungsvergleich zwischen traditionellen Schulen und Gesamtschulen in Nordrhein-Westfalen. In: Z. f. P. 26 (1980), S. 751 ff. OLWEUS, D.: Stability of Aggressive Reaction Patterns in Males: a Review. In: Psych. Bull. 86 (1979), S. 852 ff. OPP, K.-D.: Verhaltenstheoretische Soziologie, Reinbek 1972. ÖSTERREICH, D.: Autoritarismus und Autonomie, Stuttgart 1974. PATTERSON, G. R./REID, J. B.: Intervention for Families of Aggressive Boys: A Replication Study. In: Beh. Res. and Ther. 11 (1973), S. 383 ff. PATTERSON, G. R. u. a.: Manual for Coding of Family Interactions, Mimeo, Oregon Research Institute 1969. PAWLIK, K. (Hg.): Diagnose der Diagnostik, Stuttgart 1976. PEREZ, M.: Ist die Psychoanalyse eine Wissenschaft? Bern 1972. REDLICH, A./SCHLEY, W.: Hauptschulprobleme, München 1980. ROKEACH, M.: The Open and Closed Mind, New York 1960. RUBENOWITZ, S.: Emotional Flexibility. Rigidity as a Comprehensive Dimension of Mind, Stockholm 1963. SCHLEE, J.: Legasthenieforschung am Ende? München 1976. SCHNEIDER, K./SCHMALT, H.-D.: Motivation, Stuttgart 1981. SCHÖNFELDER, W.: Ein Simulationsmodell für das Bildungswesen des Landes Baden-Württemberg, Weinheim/Basel 1973. SCHOTT, F.: Zur Präzisierung von Lehrzielen durch zweidimensionale Aufgabenklassen. In: KLAUER, K. J. u. a.: Lehrzielorientierte Tests, Düsseldorf 1972, S. 45 ff. SCHOTT, F.: Lehrstoffanalyse, Düsseldorf 1975. SCHULTE, D.: Der diagnostisch-therapeutische Prozeß in der Verhaltenstherapie. In: BRENGELMANN, J. C./TUNNER, W. (Hg.): Behavior Therapy – Verhaltenstherapie, München 1973, S. 28 ff. SCHULTE, D.: Psychodiagnostik zur Erklärung und Modifikation von Verhalten. In: PAWLIK, K. (Hg.): Diagnose der Diagnostik, Stuttgart 1976, S. 149 ff. (1976 a). SCHULTE, D.: Diagnostische Einzelfallanalyse. In: Psych. Rsch. 27 (1976), S. 118 ff. (1976 b). SCHWARZER, Ch.: Einführung in die Pädagogische Diagnostik, München 1979. SELG, H.: Diagnostik der Aggressivität, Göttingen 1968. SELG, H. (unter Mitarbeit von U. Mees): Menschliche Aggressivität, Göttingen 1974. SELG, H.: Ein Organisationsmodell für Verhaltensmodifikation im pädagogischen Feld. In: MEES, U./ SELG, H. (Hg.): Verhaltensbeobachtung und Verhaltensmodifikation, Stuttgart 1977, S. 137 ff. SKINNER, B. F.: The Science of Learning and the Art of Teaching. In: Harv. E. Rev. 24 (1954), S. 86 ff. STRATMANN, H. G./WURR, R.: Bedarf an sozialpädagogischen Berufsträgern: Wunsch und Wirklichkeit. In: Z. f. P. 22 (1976), S. 593 ff. THARP, R. G./WETZEL, R. J.: Behavior Modification in the Natural Environment, London 1969. TREIBER, B./GROEBEN, N.: Handlungsforschung und epistemologisches Subjektmodell. In: Z. f. Sozialisatfo. u. Esoziol. 1 (1981), S. 117 ff. TYLER, R. W.: Basic Principles of Curriculum and Instruction, Chicago 1950. VALTIN, R.: Ursachen der Legasthenie: Fakten oder Artefakte? In: Z. f. P. 21 (1975), S. 407 ff. WALDER, L. O. u. a.: Development of a Peer-Rating Measure of Aggression. In: Psych. Rep. 9 (1961), S. 497 ff. WESTMEYER, H.: Zur Gegenstandsbestimmung in der Psychologie. In: EBERLEIN, G./PIEPER, R. (Hg.): Psychologie – Wissenschaft ohne Gegenstand? Frankfurt/M. 1976, S. 48 ff. (1976 a). WESTMEYER, H.: Grundlagenprobleme psychologischer Diagnostik. In: PAWLIK, K. (Hg.): Diagnose der Diagnostik, Stuttgart 1976, S. 71 ff. (1976 b). WESTMEYER, H.: Verhaltenstherapie: Anwendung von Verhaltenstheorien oder kontrollierte Praxis? Möglichkeiten und

Probleme einer theoretischen Fundierung der Verhaltenstherapie. In: WESTMEYER, H./HOFF-
MANN, N. (Hg.): Verhaltenstherapie, Hamburg 1977, S. 187 ff. WESTMEYER, H./MANNS, M.: Be-
obachtungsverfahren in der Verhaltensdiagnostik. In: WESTMEYER, H./HOFFMANN, N. (Hg.):
Verhaltenstherapie. Grundlegende Texte, Hamburg 1977, S. 248 ff.

D Interventive Erziehungsforschung

Uwe Hameyer

Interventive Erziehungsforschung

1 Ausgangslage
2 Zur Forschungsgeschichte
3 Grundannahmen interventiver Forschung
3.1 Leitidee „Reflexivität erzeugen"
3.2 Leitidee „Problemlösekapazität ausweiten"
3.3 Leitidee „Rückkoppelungsprozesse ermöglichen"
3.4 Leitidee „Forschungsmethoden kombinieren"
3.5 Leitidee „Forschung im Feld nutzen"
3.6 Leitidee „Systembesonderheiten in Rechnung stellen"
4 Grundregeln der Forschungsorganisation
4.1 Situative Ausarbeitung der Forschungsthematik
4.2 Iterative Planung der Forschungsaktivitäten
4.3 Adaptiver Einsatz von Forschungsmethoden
5 Forschungskriterien
5.1 Distanzsicherung
5.2 Validität
5.3 Komplexitätsadäquanz
5.4 Reziprozität der Kommunikation
5.5 Diskursivität
6 Implementationsbedingungen für interventive Forschungsprozesse
6.1 Initialphase
6.2 Elaborationsphase
6.3 Stabilisierungsphase
7 Beispiele für Interventionsansätze
7.1 Survey Feedback
7.1.1 Ziele
7.1.2 Kennzeichen
7.1.3 Instrumente
7.1.4 Funktionen von Feedback
7.2 Generative Schulforschung
7.3 Weitere Ansätze
8 Schlußbetrachtung

Zusammenfassung: Als interventives Forschungsdesign wird ein (theoretisch begründeter) Plan bezeichnet, demzufolge Forschung im Feld nach vereinbarten Interventionsregeln und Leitideen ausgerichtet wird. Innerhalb eines solchen Feldes, welches als institutionelles System betrachtet werden kann, werden mit Hilfe von Interventionsforschungsmethoden Prozesse eingeleitet, die es diesem System oder einer Organisation erleichtern, dortige Probleme der Praxis aktueller oder struktureller Art selbst zu lösen. In der Regel begründet sich ein Interventionsdesign im Kontext sozialer und institutioneller Entwicklungsziele. Der vorliegende Beitrag formuliert Leitideen und Grundregeln eines interventiven Forschungsdesigns auf dem Hintergrund eines kurzen historischen Abrisses. Dabei wird versucht, den Forschungsstand im europäischen und US-amerikanischen Raum zusammenzufassen und an Beispielen zu veranschaulichen. Zum Gegenstandsbereich zählen Modellkonzeptionen und Theorien der Organisationsentwicklung, generative Forschungsdesigns und Methoden des Survey Feedback.

Summary: Interventive research design is the designation for a (theoretically founded) plan whereby field research is carried out according to agreed intervention rules and leading ideas. Within any such field, which may be considered as an institutional system, procedures are introduced, with the help of intervention research methods, which enable this system or organization to solve practical problems of a topical or structural kind more easily themselves. Generally an interventive design is based on the context of social and institutional development goals. This contribution formulates leading ideas and basic rules of interventive research design against the background of a short historical résumé. An attempt is made to summarize the present state of research in Europe and the U.S.A., illustrating developments by means of examples. The topic includes model concepts and theories on the development of organization, generative research designs, and survey feedback methods.

Résumé: On définit comme schéma de recherches d'intervention un plan selon lequel la recherche dans un certain domaine est centrée sur des règles d'intervention et des idées directrices convenues. A l'intérieur d'un tel domaine, qui peut être considéré comme un système institutionnel, on introduit, à l'aide de méthodes de recherches d'intervention, des processus qui facilitent, pour ce système ou pour une organisation, la résolution par eux-mêmes de problèmes ayant trait à la pratique, et d'ordre structurel ou actuel. En général, un schéma d'intervention se fonde dans le contact des objectifs sociaux et institutionnels de développement. L'article présenté ici formule les idées directrices et les règles fondamentales d'un schéma de recherches d'intervention dans le cadre d'une brève ébauche historique. On essaie de présenter brièvement l'état des recherches en Europe et aux Etats-Unis et de l'illustrer par des exemples. Dans le domaine traité, on trouve les conceptions-modèles et les théories du développement de l'organisation, le schéma de recherches génératif et les méthodes du «Survey Feedback».

1 Ausgangslage

Forschungsstrategien sind Pläne zur (theoretisch begründeten) Organisation von Forschungsprozessen. Eine Forschungsstrategie liefert den Entscheidungsrahmen für die Auswahl und den Einsatz geeigneter Methoden, deren Anwendung anhand von Forschungskriterien auszuweisen ist. Eine Forschungsstrategie formuliert Beziehungen der Forschungstätigkeiten untereinander und verbindet diese mit Tätigkeiten wie Beraten oder Entwickeln.
Interventive Forschungsstrategien bestimmen den Forschungsprozeß als *feldgebunden*. Die strukturelle Distanz zwischen Forschung und Interventionsfeld wird partiell aufgelöst. Der Interventionsforscher begibt sich beispielsweise in eine Schule oder in eine Ausbildungsstätte, um dort in Zusammenarbeit mit den Mitgliedern solcher Organisationen auf ein vereinbartes Ziel hin gemeinsam identifizierte Probleme der Organisationspraxis zu lösen. Dazu werden Regeln reflexiver Interaktion vereinbart, nach denen sich alle Beteiligten zu richten haben.

Organisationsentwicklung als sozialpsychologische Theorie und Methode zählt zu solchen Interventionsdesigns oder -strategien („Design" und „Strategie" werden in diesem Beitrag synonym gebraucht). Auch die Schulentwicklungsdiskussion hat zur Weiterentwicklung dieses Forschungsansatzes beigetragen. Dies trifft auch auf Beispiele zur Gründung neuer Schulen und auf Modellversuche zu, die während ihrer Arbeit Untersuchungen mit praktischem Beratungszweck durchführten. Gelegentlich wird in der Bildungsforschung für solche Ansätze der Terminus „Sozialtechnologie" vorgezogen. Dieser Terminus wird hier nicht in definitorischer Strenge aufgegriffen, weil darin die Verfahrensweise sozialer Steuerung im Mittelpunkt steht und nicht – wie bei der Interventionsforschung – die Verpflichtung auf vereinbarte Regeln reflexiver Interaktion einbezogen scheint. Die Organisationsentwicklung ist ein Beispiel für interventive Forschungsstrategien. Am Beispiel der Organisationsentwicklung können wesentliche Merkmale von Interventionsstrategien leicht nachvollzogen und veranschaulicht werden. Interventive Forschungsstrategien wurden als Organisationsentwicklungsdesign erst in den zurückliegenden zwei Jahrzehnten ausgearbeitet und implementiert. Der Gebrauch dieser Techniken habe eigentlich erst begonnen, schreiben SCHMUCK/MILES (vgl. 1971) im ersten Sammelband über Organisationsentwicklung.
1976 berichtete eine Arbeit von SIEVERS über Organisationsentwicklung im Kontext von Lehrerbildung. Vier Jahre später wurde eine europäische Bestandsaufnahme von TREBESCH (vgl. 1980) herausgegeben. In Konstanz nahm Mitte der 70er Jahre das Projekt „Konstruktive Schulforschung" seine Arbeit auf (vgl. BULLA 1976, BULLA u. a. 1977). Das Ziel dieses Schulforschungsprojektes besteht in der wissenschaftlichen und praktischen Kooperation mit Lehrern, Schülern und Eltern Konstanzer Schulen. Ausgehend von sich verstärkenden Anzeichen für Schulverdrossenheit wurde dieses Projekt eingerichtet, um Anknüpfungspunkte zur Verbesserung der Situation an dortigen Schulen zu finden. Dazu wurde die Konzeption des Survey Feedback aufgegriffen und als grundlegendes Element von Organisationsentwicklung in die als konstruktive Schulforschung bezeichnete Forschungstätigkeit aufgenommen (vgl. BULLA 1978, DOMNICK u. a. 1978).
Darüber hinaus wurden amerikanische Ansätze der Organisationsentwicklung in folgenden Arbeiten rezipiert: BESSOTH/BRAUNE (vgl. 1977) stellen die Organisationsentwicklung in den Kontext von Schulmanagement, KLEMM/ROLFF (vgl. 1977) formulieren ihre bildungssoziologische Schulentwicklungstheorie unter Einbezug von Organisationsentwicklung, und FUHR (vgl. 1979, S. 119 ff.) stellt sie in einen Zusammenhang mit der Konstruktion von Werkstattseminaren als Fortbildungsveranstaltungen für Lehrer. Als weitere Stationen der Rezeption sind Studien und Übersichten von CREMER/PHILIPP (vgl. 1983) und HAMEYER (vgl. 1983) zu nennen.
Die theoretischen Beiträge zur Handlungsforschung in deutschsprachigen Ländern lassen die Theorie der Organisationsentwicklung weithin unerwähnt, obwohl sie in der US-Soziologie an den originären Arbeiten zur Handlungsforschung (action research) anknüpft und es von daher nahegelegen hätte, diese Gesamtentwicklung auch im deutschsprachigen Raum kritisch zu würdigen. Andererseits werden westeuropäische Arbeiten zur Handlungsforschung in der US-amerikanischen Organisationsentwicklungstheorie nicht wahrgenommen. Dieses Phänomen ist in sehr vielen Gebieten der Bildungsforschung und Bildungssoziologie bekannt.
Die Parallele zwischen Handlungsforschung und Organisationsentwicklungstheorien besteht in dem Anspruch, Forschungs- und Innovationsprozesse als verschränkte Systeme zu begreifen und die Forschungsplanung in die Verantwortlichkeit aller am Arbeitszusammenhang oder am vereinbarten Ziel beteiligten Personen zu stel-

len. RUPRECHT (1978, S. 160) hat herausgestellt, daß solche Modelle *keine* Antithese gegenüber empirischer Forschung aufbauen, „sondern forschendes Lernen und lernendes Forschen in einer gegenüber der empirischen Tradition neuen Form so [...] realisieren, daß die Intersubjektivität des Ergebnisses trotz der Einbeziehung des Forschers gewahrt bleibt."
Entscheidende indirekte Impulse zur Interventionsforschung sind dem Münchener Projekt „Soziales Lernen" (vgl. ZIMMER 1973) zu entnehmen (zur Analyse des Projektes vgl. HAMEYER 1978a, S. 256 ff.). Dieses Curriculumprojekt hat forschende Tätigkeit und die Entwicklung von Curriculumeinheiten in einen Kooperationszusammenhang gestellt, an dem Forscher, Graphiker, Erzieher an Kindergärten, Verwaltungsbeamte und andere Gruppen beteiligt wurden. Forschungsfragen entstanden weitgehend erst im Rahmen dieser Zusammenarbeit.
Aus Nordrhein-Westfalen ist ein bezüglich der Kooperationsintensität ähnliches Modell bekannt, in dem alle Grundschulen einbezogen sind, um sich am Übergang zu einer zensurenfreien Leistungsbewertung in den Klassen 1 und 2 zu beteiligen (vgl. CHRISTIANI 1983). Die Beteiligung der Schulen wird als Kernstück des Innovationsprozesses erachtet. Um nicht abrupt die altvertraute Praxis zu entwerten, sollten sich die Schulen in der unterrichtswirksamen Umsetzung des zensurenfreien Bewertungskonzeptes „selbsterneuern". Systematische Erfahrungsberichte, öffentliche Diskussionen, intensive Elternarbeit und eine breite Fortbildungspalette unterstützen den Entwicklungsvorgang im Verbundmodell, mitgetragen von Schulaufsichtsbeamten und Moderatoren. Der Beitrag von Christiani ist einem Sammelband über die Evaluation von Modellversuchen entnommen (vgl. MEYLAN 1983), welcher weitere Beiträge zu interventiven Forschungsstrategien enthält (Bundesrepublik Deutschland, Österreich, Schweiz; vgl. dazu den Übersichtsbericht von HAMEYER 1984).
Auch in *Holland* und *Belgien* wurden Organisationsentwicklungsmodelle aufgegriffen (vgl. BERGENHENEGOUWEN 1983, LAGERVEIJ 1981). DECORTE (vgl. 1983) beschreibt in seiner Übersicht zur Curriculumforschung in Belgien, daß ein Anfang im Bereich forschungsunterstützter Entwicklungsarbeit mit aktiver Teilnahme der Lehrer und anderer Betroffener gemacht worden sei. Forschung, Curriculumentwicklung und Bildungspraxis werden dort zunehmend untereinander vernetzt. Für die *Schweiz* sind die Studien von ISENEGGER (vgl. 1977), CARDINET (vgl. 1983), FREY u. a. (vgl. 1976) und FEYLER/HUTIN (vgl. 1983) zu nennen. In *Großbritannien* macht eine neu gegründete Zeitschrift auf Ansätze zur Organisationsentwicklung aufmerksam (Educational Change and Development). Diese Zeitschrift erscheint seit April 1978 und versteht sich als Netzwerk für Organisationsentwicklung.

2 Zur Forschungsgeschichte

Angewandte sozialwissenschaftliche Disziplinen und Human-Relations-Theorien haben der Herausbildung von Organisationsentwicklung Anstöße gegeben (vgl. LIPPITT 1979, MANN/LIPPITT 1952). Dies gilt für die Entdeckung informeller Prozesse in Organisationen und für die Funktion von Gruppenentscheidungen in Hinsicht auf die Arbeitsmotivation (vgl. FRIEDLANDER/BROWN 1974, S. 313). T-Gruppen und Sensitivitätstraining wurden in den späten 40er Jahren im Bereich der Gruppendynamik eingesetzt. In diesen Ansätzen wird die Gruppen- und Interaktionsdynamik in Organisationen zum Bezugspunkt des Forschens gewählt.
Dadurch gerieten Möglichkeiten in den Blick, Organisationen aufgrund ihrer internen informellen Prozesse besser zu verstehen und geeignete Anknüpfungspunkte

für geplanten Wandel zu finden. Die Untersuchungen von MAYO (vgl. 1949) über Beziehungen zwischen den persönlichen Verbindungen unter Arbeitern und der Produktionsleistung ihrer Betriebe haben herausgestellt, daß Individual- und Gruppenbedürfnisse das Organisationsverhalten systematisch beeinflussen. In Anlehnung an diese Ansätze wurden Lehren vom Management und von der Menschenführung im Betrieb entworfen. Organisationsentwicklungsforscher haben sich von diesen Lehren und von Unternehmenberatungsmodellen eher distanziert. Gleichwohl werden in gegenwärtigen Ansätzen zur Organisationsentwicklung einige methodische Elemente übernommen (Fallbesprechungen, Rollenspiele, Soziodrama und Selbstanalysen; vgl. dazu im Überblick LANDSBERGER/FÜRSTENBERG 1972, S.351). Weiterhin lassen sich Verbindungen zur T-Gruppen-Theorie und zur Feldforschung (vgl. LEWIN 1963) nachweisen. Diese Richtungen in der Organisationsforschung setzten die Vereinbarkeit individueller und organisationsspezifischer Bedürfnisse voraus (vgl. BERG/WALLIN 1981, S.7).

In der zweiten Hälfte der 60er Jahre entstanden in den Vereinigten Staaten die ersten Organisationsentwicklungsprogramme. Zwischen 1968 und 1969 wurde eines der ersten Programme vom Michigan Institute of Technology an einer amerikanischen Schule durchgeführt (vgl. DERR 1970). 1967 startete das Projekt „Strategy of Organizational Change" von Schmuck und Runkel am Centre for the Advanced Study of Educational Administration an der Oregon University. 1973 erschien eine Bibliographie über Organisationsentwicklung (vgl. FRANKLIN 1973), die mehr als 200 Positionen enthält. Ein weiteres Anwachsen dieses Forschungszweiges wird von MILES u.a. (vgl. 1978a) beobachtet: 1978 zählen sie 308 Spezialisten für Organisationsentwicklung innerhalb von 76 Schuldistrikten. Sie räumen ein, längst nicht alle erfaßt zu haben. Die Übersicht von FULLAN u.a. (vgl. 1980) vergegenwärtigt das rapide Ansteigen der Literatur speziell im Bereich der Organisationsentwicklung.

In den letzten Jahren wurde die Organisationsentwicklung in den Vereinigten Staaten in vielen Bereichen vorangetrieben, so etwa in „Higher Education" (vgl. DILL/FRIEDMAN 1979) und bei der Beteiligung von „graduate students" in Organisationsentwicklungsprojekten (vgl. HOWES/NEWCOMB 1981). Multinationale Industrieunternehmen bedienen sich heute dieses Ansatzes genauso wie Kommunaleinrichtungen (vgl. WEISBORD u.a. o.J.), medizinische Zentren (vgl. RUBIN u.a. 1974) und Bildungssysteme. Es gibt kaum ein Gebiet, in dem Ansätze zur Organisationsentwicklung noch nicht erprobt wurden (vgl. ALDERFER 1977, S.200).

Das National Institute of Education in den Vereinigten Staaten, so berichten KYLE/MCCUTCHEON (vgl. 1980), unterstützt insbesondere Projekte im Bereich von „Collaboration Research". In ähnliche Richtung weist eine Studie von TALMAGE/HAERTEL (vgl. 1980) über „Participant Evaluation Research", derzufolge Bildungspraktiker in Forschungsprozesse einbezogen werden (vgl. SEITMAN 1983).

In der Bundesrepublik Deutschland gibt es nur wenige Adaptationen der Organisationsentwicklungstheorie (vgl. BULLA u.a. 1977). Für die Tätigkeit im Kontext internationaler Bildungsforschung sei die „International Learning Cooperative" genannt, die mit Methoden der Organisationsentwicklung arbeitet (vgl. DALIN 1979). Hinzuweisen ist auch auf eine Forschungsart, die nicht die Organisationsforschung rezipiert, aber in vielen Elementen mit dieser übereinstimmt. Es handelt sich um generative Schulforschung oder generative Leitsysteme. Die Weiterbildungsschule in Zug (vgl. FREY u.a. 1976, vgl. dazu einen Erfahrungsbericht in HAMEYER 1978a), die methodologische Studie von FREY/AREGGER (vgl. 1975) über das generative Leitsystem und in gewisser Weise auch Arbeiten im Rahmen der Kollegstufe in Nordrhein-Westfalen (vgl. GRUSCHKA 1976) sind dazu Beispiele.

Uwe Hameyer

Auch kulturanthropologische und sozialethnologische Wissenschaften haben zur interventiven Sozialforschung beigetragen. Aus kritischer Betrachtung von Phasenmodellen, die Forschung, Entwicklung und Dissemination als konsekutiv betrachten, erwuchs insbesondere in den USA der Versuch, die soziale Komplexität von Organisationssystemen und die Vielgestalt kultureller Lebenswelten innerhalb des jeweils in Frage stehenden Interventionsfeldes besser verstehen zu lernen. Das Interesse an *Feldforschung* wurde wiedererweckt. Klassische Forschungsmethoden schienen nicht ausgeschlossen zu werden. Diese aber wurden in einen eher ganzheitlichen genetisch-rekonstruktiven Forschungsansatz eingebunden (vgl. ERNY 1981, LECOMPTE/GOETZ 1980). Zu nennen sind darüberhinaus die Feldforschungsberichte von CLINTON (vgl. 1979) aus dem Bereich der Gemeindearbeit und einige aus der Edition von HERRIOTT/GROSS (vgl. 1979).
1971 und 1977 erschienen Studien von Sarason, der auf die kulturelle Identität einer Schule hinweist. Würde man die jeweilige *school culture* und ihre Subsysteme nicht verstehen lernen, bliebe jeder systematische Innovationsansatz an der Oberfläche. Das Scheitern von Innovationsversuchen in amerikanischen Schulen sei mit diesem Punkt verbunden, nämlich zu wenig Verständnis und Einsicht in die innere kulturelle Dynamik einer einzelnen Schule erbracht zu haben: „Nur wenige bedenken, daß jede Kultur innerhalb ihrer Normen uns *eine* Wirklichkeitsvorstellung erlaubt, die wirklichkeitsgetreu zu sein scheint, weil wir lernen, solche Vorstellungen als wirklichkeitsgetreu anzusehen und sie nicht in Frage stellen [können]. Es fällt uns beispielsweise schwer, eine andere [kontrastive] Wirklichkeitsvorstellung zu entwickeln [...]. Insoweit beeinflussen eine Kultur und ihre impliziten Normen nicht nur unsere Wahrnehmungen, sondern auch die Wertvorstellungen. Es überrascht daher nicht, wenn wir solche kulturellen Vorgegebenheiten, die unser Wahrnehmungsmuster und unser Handeln beeinflussen, unberührt lassen, während wir versuchen, die Wirklichkeit zu verändern" (SARASON 1977, S. 282; Übersetzung: U. H.).
GOODLAD u. a. (vgl. 1979, BENTZEN u. a. 1980) erforschen in einem Großprojekt das innere Schulleben und verschiedene kulturell geprägte Merkmale der Befindlichkeit und Zufriedenheit von Lehrern. Interessant ist die Parallele zu den Überlegungen von Sarason, weil die Wahrnehmung der Schule als Organisation und Arbeitsort unter vielerlei Gesichtspunkten im Mittelpunkt der empirischen Studie steht.

3 Grundannahmen interventiver Forschung

Die Bezeichnung „interventiv" ist der amerikanischen Sozialpsychologie und Organisationsentwicklung entnommen. Das lateinische Wort *intervenire* bedeutet „dazwischen-treten" oder „vermitteln". In politischer Redeart wird Intervention mit einem Eingriff in Angelegenheiten anderer Staaten gleichgesetzt. Der Beitrag knüpft an der ersten Variante an: Interventionsforschung erfolgt innerhalb eines (institutionellen) Handlungsfeldes und wird dort als Informations- und Beratungssystem in die Handlungspraxis einbezogen. Das Forschungsprogramm entsteht weitgehend in diesem institutionellen Handlungsfeld, oder es wird dort nach Kontaktnahme und aufgrund gemeinsamer Konsultationen über die Ziele weiterentwickelt. Die Forschungsergebnisse werden zumeist in mehreren Schritten in der betreffenden Institution beurteilt, ausgewertet und gegebenenfalls umgesetzt. Sie bilden in der Regel den Ausgangspunkt für weitere Untersuchungen.
Der Forscher interveniert in einer Institution durch Anwendung wissenschaftlicher Methoden der Problemanalyse und sozialer Interaktion. Dabei verfolgt er das Ziel,

die betreffende Institution und ihre Mitglieder zu beraten. Die Beratungsziele werden in der Regel während der Kontaktphase vereinbart. Der Forscher greift durch seine Anwesenheit und sein Handeln in das Ablaufgeschehen einer Organisation ein. Er kann sich auf Teile oder das Ganze seiner Organisation ausrichten, wobei allerdings die Organisationsforschung bislang noch nicht hinreichend untersucht hat, inwieweit situative Distanz und identifikatorische Integration vom Forscher in Einklang gebracht werden können. Einerseits ist er nicht nur „matchmaker", sondern genauso „Mitspieler" wie die Organisationsmitglieder selbst; andererseits muß er sich aus dem „Spiel" partiell lösen können, um es aus Distanz besser zu übersehen und zu verstehen. Diese Rollenambiguität ist gravierend und zur Klärung der Methodologie von Interventionsforschung ein entscheidender Punkt.

Das Ziel, eine Organisation und ihre Mitglieder zu beraten, setzt voraus, daß Probleme existieren, die gelöst werden können. Beratungsanlässe können innerhalb oder außerhalb der Institution artikuliert werden. Die Systemprobleme werden aber in jedem Fall durch die Organisationsmitglieder und die Forschergruppe gemeinsam exploriert und in eine Interventionszielformulierung überführt. Lösungen zu entwerfen ist dabei das Rahmenziel. Dabei können besondere Beurteilungsgesichtspunkte entscheidend sein, um die erörterten Lösungsvarianten zu beurteilen und eine Entscheidung über sie zu treffen. Die Bedeutsamkeit einer Lösungsvariante ist ein solcher Beurteilungsgesichtspunkt. Lösungen können komplex und einschneidend sein, was vielleicht von einzelnen Organisationsmitgliedern nicht hoch bewertet wird. Lösungen können aufwendig sein und gewisse Ordnungs- oder Wertsysteme betreffen, wogegen sich betroffene Organisationsmitglieder wenden (zur Differenzierung des Gesichtspunktes „Bedeutsamkeit" vgl. HAMEYER 1978b). Auch die Adaptabilität von Lösungsalternativen sowie der relative Vorteil in Hinsicht auf individuelle oder institutionelle Bewertungskategorien können sich als Beurteilungsgesichtspunkte herausstellen (vgl. HAMEYER 1982). Es ist allerdings kein Ansatz bekannt, der diese auch methodologisch folgenreiche Thematik, wie Prämissen der Beurteilung von Innovationen selbst erforscht werden können, befriedigend aufgreift. Ein Interventionsforschungsdesign ist keine Forschungsmethodik im engeren Sinne, sondern ein Plan oder eine Methodologie, derzufolge verschiedene Methoden der Forschung und Interaktion unter Bezugnahme auf vereinbarte Ziele und Systembesonderheiten im Interventionsfeld ausgewiesen sind. Die Tätigkeiten, welche in einem solchen Plan formuliert werden, bilden zusammengenommen einen Handlungsplan für die Organistion systematischer Erkenntnisgewinnung und praktischer Umgestaltung von Wirklichkeit (vgl. HAFT/HAMEYER 1975).

Der Strategiebegriff kommt dabei dem nahe, was HÜLST (vgl. 1973) unter einer Methodologie im Sinne einer Theorie der Methoden begreift. Schwerpunkte methodologischer Planung lassen sich nach zwei Aspekten unterscheiden:
- Analyse der Vorgehensweise einer theoretisch-erkennenden und praktisch-gegenständlichen Tätigkeit des Menschen einschließlich der diesem Vorgehen zugrundeliegenden Gesetze, Regeln und Normen sowie deren erkenntnistheoretisch-logische Struktur;
- Synthese allgemeiner, vielen Methoden gemeinsamen wesentlichen (invarianten) Züge, Eigenschaften und Relationen zu einem System von regulativen Prinzipien, Forderungen und Regeln (vgl. BÖNISCH 1970; vgl. HÜLST 1973, S.21).

Interventionsforscher arbeiten unter der Prämisse, sozialer Wandel innerhalb von Organisationen könne durch Nutzung von Forschungswissen hervorgebracht und unterstützt werden. Forschung könne aufklären und Probleme erhellen. Beides, Forschungsprozesse „vor Ort" und vorhandenes Forschungswissen, bilden die Informationsquelle, der sich ein Interventionsforscher während seiner Tätigkeit innerhalb einer Institution bedient. Forschung wird in diesem Modell zu einem Hilfsmittel bei der Weiterentwicklung (Differenzierung) von Institutionen durch soziale Interaktion. Diese Prämisse gilt unabhängig vom Interventionsgegenstand (Organisationsklima, Entscheidungsprozesse, Qualität der Arbeit, Qualifikationserwerb, ...). Es ist also nicht Ziel, extern erfundene Innovationen mit Hilfe des Forschers in eine Organisation möglichst effizient und umfassend zu inkorporieren. Die Beweggründe für Organisationswandel werden im Feld aufgespürt und dort praktisch konkretisiert. Generative Leitsysteme, die zur Spezies von Interventionsforschungsdesigns zählen, schließen wohl die Möglichkeit nicht aus, Organisationen für Innovationsideen zu interessieren, aber nicht in Form vorgefertigten Gedankengutes, sondern als disponible Anregung, die in den Prozeß sozialer Interaktion und Entwicklung von Systemen eingegeben wird. Die Forschung dient einem praktischen Zweck. Theoriebildung erscheint sekundär.

Folgende Prämissen liegen Leitideen von Interventionsforschungsdesigns zugrunde:

- Organisationen sollten grundlegenden psychologischen und sozialen *Bedürfnissen der Organisationsmitglieder* dienen.
- Organisationen sollten so strukturiert sein, daß sie die Individualkontrolle, die Partizipation und *commitment on all levels* maximieren (vgl. ELMORE 1978, S. 209).
- Effektive Entscheidungsprozesse in Organisationen setzen effektive Arbeitsgruppen voraus. *Interpersonale Beziehungen* sind entsprechend notwendig. Ziele sind von möglichst vielen anzuerkennen. *Offene Kommunikation* ist ein charakteristisches Merkmal sowie „mutual trust and support among group members" (ELMORE 1978, S. 209).
- Der Implementationsprozeß ist notwendigerweise ein Prozeß der *Konsenssuche* und der *Anpassung* („accommodation") zwischen „policy makers" und „implementors".

Je nach Art der Interventionsstrategie werden die Ziele unterschiedlich akzentuiert. FRIEDLANDER/BROWN (1974, S. 326) unterscheiden *Survey Feedback, Group Development* und *Intergroup Development*: „Diese drei Interventionsstrategien fußen auf einigen gemeinsamen Grundannahmen: eine möglichst weitgehende und alle Beteiligten einbeziehende Nutzung von Informationen kann wertvoll sein, besonders in solchen Fällen, wo bislang bestimmte Informationen nur für ausgewählte Organisationsmitglieder zugänglich waren und die Arbeit in der betreffenden Organisation beeinflußt hatte; die Zusammenarbeit kann verbessert werden, wenn Auffassungsunterschiede zwischen Mitarbeitern, die kooperieren, artikuliert und bewältigt werden können; die Beteiligung an Entscheidungsprozessen kann dazu führen, daß die Organisationsmitglieder stärker hinter ihrer Arbeit stehen. *Survey Feedback* involviert Gruppen innerhalb einer Organisation bei der Erörterung diagnostischer Informationen und bei der Planung von Maßnahmen. *Group Development* betont die Verbesserung oder Weiterentwicklung von Fähigkeiten, in einer Gruppe tätig zu sein, damit diese ihre Aufgaben adäquat lösen kann. *Intergroup Development* zielt auf ein verbessertes Management der Beziehungen zwischen den Gruppen. Diese drei Interventionsstrategien sind durchaus kompatibel untereinander. Sie werden oft in bestimmter Abfolge angewandt, beginnend mit Survey Feedback über Group Development hin zu Aktivitäten im Bereich von Intergroup Development" (Übersetzung und Hervorhebung: U. H.).

3.1 Leitidee „Reflexivität erzeugen"

In einem Interventionsforschungsdesign ist der Forschungszweck an eine pragmatische Situation gebunden. Die Interventionszeit ist begrenzt und der Erwartungshorizont für Ergebnisse demzufolge knapp bemessen. Ein praktischer Zweck kann beispielsweise darin begründet sein, das Spielangebot an allen Kindergärten einer Kleinstadt zu verbessern und dabei die Eltern einzubeziehen. Ein Interventionsforscher, der beauftragt wird, eine Projektgruppe zu gründen und am Vorhaben in Kooperation mit allen Beteiligten mitzuwirken, würde nicht gerade selbst neue Spiele erfinden und seine eigenen Lösungsvorschläge empfehlen. Vielmehr wäre es seine Aufgabe, innerhalb der vereinbarten Laufzeit des Projektes einen Prozeß einzuleiten und forschend zu unterstützen, der es allen Beteiligten erlaubt, selbst geeignete Strategien zu entwerfen, den Erfahrungsaustausch zu sichern, die Entwicklung von Spielangeboten auf die Grundlage gemeinsam akzeptierter Regeln der Interaktion zu stellen. Das Ziel der Intervention besteht nicht darin, daß der Forscher den Einsatz von Mediotheken oder das bisherige Spielverhalten empirisch untersucht. Sein übergreifendes Ziel ist die Herbeiführung eines Prozesses, der reflexives Handeln aller Beteiligten ermöglicht und die Grundlagen schafft, daß nach Ablauf der Projektzeit das System „Kindergarten" fähig ist, solche oder ähnliche Aufgaben später selbst zu lösen.

Ein Interventionsforschungsdesign ist, wie in diesem Beispiel, zumindest im Verständnis europäischer Vertreter darauf eingerichtet, die Problemlösekapazität einzelner Schulen oder anderer Organisationen im Sinne einer Hilfe zur Selbsthilfe zu erhöhen (vgl. BULLA 1978, S. 2); gleichwohl geht es dabei auch um die Verbesserung der individuellen Situation von Personen in ihrer Arbeitsumgebung. Dabei fällt auf, daß sich die Betonung der in der nordamerikanischen Kultur hervorgehobenen individuellen Werte sozusagen als Leitidee in einigen Ansätzen der Organisationsentwicklung widerspiegelt – auch in definitorischen Bestimmungsversuchen (vgl. KUBITSCHEK u.a. 1980, S. 286). In eher systembezogenen Denkansätzen sollen unausgeschöpfte Entwicklungs- und Verhaltenspotentiale in Organisationen durch Interventionen aktiviert werden (vgl. FRENCH/BELL 1977). Dieses Anliegen entspricht einer Entwicklung, die BENNIS (1971, S. 571) als *„organizational revitalization"* kennzeichnet. Die Philosophie fundamentalen Wandels in Organisationen, so Bennis, habe sich in den 60er Jahren grundsätzlich verändert und stütze sich auf folgende Konzepte: „1. Ein neuer Begriff vom *Menschen*, beruhend auf genauerer Kenntnis seiner komplexen und sich wandelnden Bedürfnisse, tritt an die Stelle der allzu simplen Knopfdruckvorstellungen; 2. ein neuer Begriff von *Macht*, beruhend auf Zusammenarbeit und Vernunft, ersetzt das Zwang- und Furchtmodell der Macht; 3. neue *Wertvorstellungen* der Organisation, die auf humanistisch-demokratischen Idealen beruhen, ersetzen das entpersönlichte, mechanistische Wertsystem der Bürokratie" (BENNIS u.a. 1975, S. 475).

Auf diesem Hintergrund ist auch die Leitidee der Reflexivität zu verstehen, nämlich einen Beitrag zur Selbstverwirklichung von Organisationsmitgliedern in ihrem Tätigkeitsfeld zu leisten. In der amerikanischen Diskussion ist von „human fulfilment" die Rede (vgl. FRIEDLANDER/BROWN 1974, HERMAN 1972). Die Selbstverwirklichung wird zumeist aber mit der Erneuerung der Organisation in Verbindung gebracht und damit auch mit Gesichtspunkten der Effektivität. CROCKETT (vgl. 1978; vgl. auch ALDERFER 1977, S. 197) betont, daß eine Balance dieser beiden Zielbereiche notwendig sei, eine Balance zwischen der individuellen Lebensqualität am Arbeitsplatz und der Produktivität der Arbeitsorganisation. KUBITSCHEK u.a. (vgl.

1980) bezweifeln jedoch an dieser Harmoniethese, daß für die Harmonie in erster Linie das Verhalten der Organisationsmitglieder verantwortlich sei.

Sozialer Wandel ist nun nach Maßgabe der Leitidee „Reflexivität erzeugen" darauf gerichtet, daß die Mitglieder einer Institution Regeln des gemeinsamen Weiterlernens vereinbaren und unter Befolgen solcher Regeln ein Entwicklungs- oder Organisationsziel einlösen, für welches sie sich entschieden haben. Während dieses regelorientierten Prozesses bilden sich entsprechende Metaqualifikationen heraus, die allerdings nur dann sinnvoll eingesetzt werden, wenn ein Minimalkonsens über das Entwicklungsziel vorher herbeigeführt werden konnte.

Welche Bedeutung der Konsensfähigkeit beigemessen wird, zeigt ein Beispiel aus der Schweiz. Dort können im Rahmen von SIPRI, einem Innovationsprojekt zur Verbesserung der Primarschulen, nur solche Schulen mitarbeiten, deren Kollegien sich einhellig mit den Zielen von SIPRI einverstanden erklären. Dies ist nun ein spezielles Problem der Eingangsphase des Interventionsdesigns, auf welches an späterer Stelle noch eingegangen wird.

3.2 Leitidee „Problemlösekapazität ausweiten"

Reflexivität entsteht aufgrund besonderer Bedingungen und Regeln der Kommunikation. Insoweit kann Reflexivität als Prozeßmerkmal bezeichnet werden. Auch die Problemlösekapazität kann durch besondere Bedingungen in einer Organisation erhöht oder eingegrenzt werden. Die Leitidee „Problemlösekapazität ausweiten" kennzeichnet darüber hinaus ein zu erreichendes Ziel, welches reflexive Prozesse voraussetzt. Spezielle Probleme, die bearbeitet werden („Unzufriedenheit im gegenwärtigen Spielangebot im Kindergarten"), sind nicht als solche entscheidend. Vielmehr geht es darum, die Problemlösekapazität der Organisationsmitglieder und der Organisation als System auszuweiten. Im Blick auf die Prämisse, Wandel und Entwicklung würden erst durch soziale Interventionen möglich, erweist sich die Leitidee „Problemlösekapazität ausweiten" als ein Problem der Verbesserung der Beziehungen sinnorientiert handelnder Menschen (vgl. KLEMM/ROLFF 1977, S.553). SCHMUCK (vgl. 1981) nennt die Selbstkorrektur als eine Voraussetzung menschlicher Systeme, die innere und äußere Beziehungen verbessern und die Problemlösekapazität erhöhen wollen.

Aus der Literatur sind einige Beispiele zu dieser Leitidee bekannt. FREY u.a. (vgl. 1976) berichten über die Entwicklung und Evaluation einer Weiterbildungsschule in der Schweiz. Dort beteiligte sich eine Forschungsgruppe am Aufbau dieser Schule mit dem Ziel, die Fördereinrichtungen, Lehrer, Schulleitung, Eltern und Betriebe zur gemeinsamen Beratung über die zu lösenden Probleme zusammenzuführen. Die Problemlösekapazität sollte in der gemeinsamen Beratung oder Entscheidung über die Schulziele und ihren Aufbau allmählich herausgebildet werden. In der Aufbauphase wurden entsprechende Bedingungen hergestellt, um voneinander zu lernen oder Erfahrungen auszutauschen und die erforderliche Sensibilität für die strukturellen Probleme der Weiterbildungsschule und der daran Beteiligten zu erreichen. Unterschiedliche Methoden wurden eingesetzt, um diesen Prozeß zu unterstützen (Lernzielerhebung, Feedback von Zwischenergebnissen, Vorlage von Evaluationsberichten,...).

Ähnlich gestaltet sind regionale und kantonale Schulentwicklungsansätze, wie sie von CARDINET (vgl. 1983) und FEYLER/HUTIN (vgl. 1983) vorgestellt wurden. Deren Methodologie stimmt mit wesentlichen Punkten der Organisationsentwicklung überein. Erwähnt seien weiterhin Studien, in denen wissenschaftliche Reflexion und praktisch-pädagogisches Handeln eine strukturelle Einheit bilden wie beispielsweise im hessischen Modellversuch KoRaG (Konkretisierung der Rahmenrichtlinien an Gesamtschulen), der in den Arbeiten von BONN (vgl. 1975, 1977) beschrieben wird. Auch das handlungsorientierte Begleitforschungssystem im Rahmen der Kollegstufenentwicklung in Nordrhein-Westfalen (vgl. GRUSCHKA 1976) sowie das Konzept praxisentwickelnder Unterrichtsforschung (vgl. FLECHSIG 1979) sind zu erwähnen.

3.3 Leitidee „Rückkoppelungsprozesse ermöglichen"

Die Forschung übernimmt bei den genannten Leitideen eine unterstützende Funktion. Forschungsergebnisse, die während des Prozesses gewonnen wurden, werden von den Beteiligten in der betreffenden Institution beraten. Auf diese Weise entsteht ein Rückkoppelungsmechanismus (Feedback), der es erlaubt, sich über den Sinn und möglichen Nutzen der Forschungsergebnisse zu vergewissern und gegebenenfalls Schlußfolgerungen zu ziehen. Rückkoppelungen sind nur dann sinnvoll, wenn die Informationen verstanden werden können und wenn die Interpreten sich über die Bewertung der Daten verständigen. Verstehen und Sich-Verständigen sind kommunikationsintensive Vorgänge, insbesondere weil gerade in komplexen Organisationen mit differenzierter Aufgabenteilung der Verständigungs- und Vergewisserungsbedarf wächst. Anders ausgedrückt: Rückkoppelungsprozesse erlauben eine produktive wechselseitige Korrektur der Handlungsschemata von Organisationsmitgliedern. Im Kindergartenbeispiel (vgl. 3.1) könnte dies bedeuten, daß die Eltern über Spielverhalten und Spielwünsche ihrer Kinder berichten oder die beteiligten Forscher dazu eine Erhebung durchführen und die Ergebnisse in die Beratungen über die Verbesserungen von Spielangeboten einbringen. Die Erzieher mögen ihre Beobachtungen über das Spielverhalten der Kinder unter Mitarbeit oder Anleitung der Forschungsgruppe systematisieren und ebenfalls in die Beratungen einbringen. Die Beobachtungen und Ergebnisse würden danach interpretiert. Die Interpretationen oder Hypothesen werden nach dem Prinzip rationaler Argumentation geprüft, unter Umständen korrigiert und zum Ausgangspunkt für die Ausarbeitung von Vorschlägen zur Verbesserung des Spielangebotes genommen.

3.4 Leitidee „Forschungsmethoden kombinieren"

In der oben beschriebenen Situation sind unterschiedliche weiterführende Forschungsmöglichkeiten denkbar. Es könnte sinnvoll sein, einzelne Kinder beim Spielen im Kindergarten gezielt zu beobachten oder zuständige Behörden zu interviewen, unter welchen Voraussetzungen neuartige Spiele angeschafft und eingesetzt werden können. Vielleicht wird ergänzend erwogen, die Literatur über Spiele nach praktischen oder systematischen Gesichtspunkten zu analysieren. Dieses macht deutlich, daß in einem Interventionsforschungsdesign unterschiedliche Forschungsmethoden sinnvoll eingesetzt und kombiniert werden können. Die Methoden werden zielgerichtet eingesetzt. Die Grenzen der methodischen Vielfalt liegen in der begrenzten Zeit, die einem Interventionsforschungsprojekt zur Verfügung steht, und in den Kompetenzen, die die Forscher in methodischer Hinsicht mitbringen. Ein derartiges Design ist also keinesfalls einer einzigen Forschungsmethode verpflichtet. Verstehend-interpretative, datenbezogene, präferenzanalytische, gruppendynamische, prozeßbezogene und inhaltsanalytische Methoden können kombiniert eingesetzt werden. Es gibt allerdings kaum Berichte darüber, inwieweit in der

Forschungspraxis eine derartige methodische Vielfalt tatsächlich eingelöst wird und welche Probleme der Konsistenz oder praktischen Durchführbarkeit dabei auftauchen. In jedem Fall dienen die angewandten Methoden dem Aufklärungs- und Beratungszweck.

3.5 Leitidee „Forschung im Feld nutzen"

Einige der Leitideen zeigen bereits, daß sich die Forschungsprozesse im Interventionsfeld konstituieren und dort der Pragmatik von Innovationsentwicklungen funktional zugeordnet sind. Es ist ohne weiteres möglich, auch auf andere extern vorliegende Forschungsergebnisse zurückzugreifen oder sogar Grundlagenforschung in Hinsicht auf die Interventionszwecke zu transformieren (vgl. GETZELS 1978, HAGI 1980). Die Forschung im Feld wird bei einem Interventionsforschungsdesign im Sinne einer klinischen Innovationsvorstellung eingelöst. PINCUS (vgl. 1974) stellt dazu die Frage, ob nicht ein klinisches Modell notwendig sei, welches allgemeine Forschungsbefunde auf spezielle Situationen leichter zu übertragen und umzuformulieren erlaube. Über Bemühungen solcher Art berichten LEITHWOOD u. a. (vgl. 1979): zwölf Projekte aus Ontario werden hinsichtlich der Frage analysiert, wie lokale Zentren in der Ontario-Region (Kanada) den Schulen bei der Lösung ihrer eigenen Probleme geholfen haben. Ähnliche Untersuchungen zum „district involvement" wurden von einer amerikanischen Forschungs- und Entwicklungsinstitution (Research for Better Schools – RBS) in Philadelphia durchgeführt (vgl. FIRESTONE/CORBETT 1981, FIRESTONE/HERRIOTT 1980).

Das Feld, in dem Interventionsforschung betrieben wird, kann, wie bereits beschrieben, eine Organisation oder ein größeres (reales) System von Bildungseinrichtungen sein. In nahezu allen Interventionsansätzen wird das Interventionsfeld als soziales System konzeptualisiert. Zumeist berufen sich die Autoren auf entsprechende organisationssoziologische Theorien (vgl. ABBOTT 1975, HAGE/AIKEN 1970, HYAMS-PETER 1983, MANN 1971, PETER 1973). Besonders zu nennen ist in diesem Zusammenhang eine Studie von FIRESTONE/HERRIOTT (vgl. 1980), welche Distriktschulen in den Vereinigten Staaten als soziale Gebilde untersucht und unter anderem dabei die Selbsterneuerungsbedingungen analysiert (weiterführend: vgl. LOUIS/ROSENBLUM 1978).

3.6 Leitidee „Systembesonderheiten in Rechnung stellen"

Innovation wird in einem Interventionsforschungsansatz wesentlich als Vorgang des Sich-Verständigens und der Entfaltung von Kompetenzen der Systemmitglieder betrachtet (vgl. ELMORE 1978, S. 207). Ohne das Sich-Einlassen auf die Bedingungen und auf die Personen im Feld ist Forschung weder möglich noch weiterführend. Diese Prämisse veranschaulicht eine sozialpsychologische Denkweise, die auch in der Form deutlich wird, welche ARGYRIS (vgl. 1965) eingebracht hat, nämlich die interpersonellen Kompetenzen als kardinalen Anknüpfungspunkt für die Weiterentwicklung von Organisationen, ihrer Qualität und Effektivität zu erachten. Interpersonelle Kompetenzen können dadurch erzielt werden, daß Organisationsmitglieder befähigt würden, Feedback zu geben, ohne Defensivität zu empfangen. Individuen mit interpersoneller Orientierung würden ihre Gefühle, Werte und Einstellungen frei äußern. Sie öffneten sich, so Elmore, stets neuen Ideen mit der Bereitschaft, diese wohlwollend zu prüfen. Solche Modelle gehen von der Annahme aus, daß Menschen eher bereit sind, ihre höchsten Fähigkeiten aufzubringen, wenn ih-

nen selbst die Kontrolle ihrer eigenen Arbeit überantwortet wird und wenn ein Maximum an Entscheidungspartizipation gewährleistet ist (vgl. ELMORE 1978, S. 209).
Systemtheoretisch kann nun der forschungsmäßige „Eingriff" in ein Interventionsfeld als Versuch gewertet werden, einen Problemlösebedarf zu befriedigen und eine in der Umwelt gewachsene Komplexität zu reduzieren. Dieser Problemlösebedarf kann dadurch verursacht sein, daß ein Ungleichgewicht zwischen extern geforderten Systemleistungen und systeminternen Interessen wahrgenommen wird.
Interventive Forschungsstrategien konzentrieren sich in Organisationsentwicklungsansätzen zumeist auf die „Binnenwelt". Die Leistungs- und Austauschbilanz zwischen System und Umwelt bleiben zumindest in den Anfängen einer Intervention noch verborgen. Schon gar nicht geht es um die Veränderung der Umwelt selbst. In der Terminologie von LUHMANN (vgl. 1973) bedeutet dies, daß Interventionsforscher sich mit *Binnendifferenzierungen eines Systems* beschäftigen. Erst in zweiter Linie geht es ihnen um damit verbundene Beziehungen zwischen System und Umwelt. Es gibt allerdings auch neuere Arbeiten, die Schule und Umwelt als systematisches Gefüge betrachten (vgl. DEAL/CELOTTI 1980, FIRESTONE/CORBETT 1981).
In jedem Fall bedienen sich interventive Strategien der von Luhmann beschriebenen Techniken der Subjektivierung und Binnendifferenzierung, nicht aber der Strategie der Umweltdifferenzierung, wenn darunter eine explizite Einflußnahme auf die Umwelt verstanden wird. Luhmann versteht Umweltdifferenzierung nicht als einen Eingriff in die Umwelt, sondern lediglich als gedankliche Auseinandersetzung mit der Umwelt in dem Sinne, daß die Umwelt vom System kognitiv und erlebnismäßig so erschlossen und gedeutet wird, daß das Systemhandeln sich auf jeweils neue Umweltkonstellationen überhaupt erst einrichten kann. Erst auf der Grundlage einer kognitiven Differenziertheit der Umwelt lassen sich, der Auffassung von Luhmann entsprechend, daraufhin interne Differenzierungen innerhalb einer Organisation oder eines Systems vornehmen. So versteht Luhmann diese beiden Strategien der Binnen- und Umweltdifferenzierung; sie bauen aufeinander auf. „Nur im Zusammenwirken beider Formen der Differenzierung ist ein System in der Lage, unkontrollierbare externe Komplexität zum Teil in kontrollierbare interne Komplexität umzusetzen und dadurch zu reduzieren" (LUHMANN 1973, S. 245).

4 Grundregeln der Forschungsorganisation

Regeln können in zwei größere Gruppen eingeteilt werden, solche, die eine Erkenntnismethodik beschreiben (Schlußregeln), und solche, die praktisches Handeln leiten wie Verkehrsregeln oder Regeln der Kommunikation. Grundregeln der Forschungsorganisation werden im Sinne handlungsleitender Funktionen herauszuarbeiten versucht. Die Regeln sind nicht designativ, sondern enthalten stets eine Sollenskomponente, wie sie der Auslegung von Leitideen der Interventionsforschung zugrundeliegt.

4.1 Situative Ausarbeitung der Forschungsthematik

Das Forschungsthema und die Auswahl der Methoden können erst in dem Augenblick konkretisiert werden, wo sich der Forscher mit der Organisation eingehend befaßt und diese von innen heraus kennenlernt. Natürlich liegt bei ihm die Entscheidung, welche Forschungsmethoden für das Interventionsziel angemessen sind und welche nicht. Aber die Forschungsthematik als solche resultiert erst aus dem Vorbereitungs- und Kontaktgespräch; was konkret untersucht werden soll, entscheidet sich in der Regel erst während der weiteren Aushandlungen und Kooperation im Feld. Daher ist die Leitidee „Reflexivität erzeugen" für diesen Punkt maßgeblich. Die Ergiebigkeit und das Erfolgversprechende einer Forschungsthematik ist abhängig von der Qualität der Gespräche, die in der Organisation geführt werden. Anders formuliert: Die Forschungsthematik kann erst auf der Grundlage reflexiver Erkenntnisprozesse, die gegebenenfalls einzuleiten sind, ausgehandelt und spezifiziert werden. Daher steht am Anfang eines Interventionsforschungsprogrammes nicht eine bereits vorgedachte „Intervention", sondern die Frage, wie die Verständigungsformen und Prozesse der Kooperation aussehen können, um die Innovations- und Forschungsziele für alle Beteiligten einsehbar beraten zu können. Die „situative Ausarbeitung der Forschungsthematik" bedeutet also, daß der Forscher Situationen im Feld herstellt, in denen Forschungsgespräche durchgeführt werden. In solchen Situationen besteht dann die Möglichkeit, den Nutzen der in Aussicht genommenen Forschungsaktivitäten in genauer Kenntnis der Organisation abzuschätzen und gegebenenfalls Eingrenzungen oder Spezifizierungen vorzunehmen. Solche Beratungen können neue Fragestellungen aufwerfen und den Interventionszweck präzisieren. Eine Ergänzungsregel zu diesem Komplex würde lauten, solche Forschungsgespräche nach Maßgabe der rationalen Argumentation und Analyse von Systembesonderheiten zu gestalten. Es ist notwendig, möglichst viele und gute Informationen zusammenzutragen, die in dieser Ausarbeitungsphase dazu beitragen, die Komplexität der Organisation als System zu begreifen und in Rechnung zu stellen.

4.2 Iterative Planung der Forschungsaktivitäten

Die situative Ausarbeitung der Forschungsthematik ist kein einmaliger Akt. Je nach konkretem Fall können zu verschiedenen Zeitpunkten einzelne Untersuchungen sinnvoll sein. Forschungsaktivitäten werden Schritt für Schritt geplant und ausgeführt. Den Rahmen dazu bildet ein fortschreitender Wechsel zwischen eher forschungsorientierten und eher beratungsintensiven Phasen im Gesamtverlauf der Organisationsentwicklung. Auch in der Entwicklungsforschung oder in generativen Modellen wird die Konsultation zur gestaltenden primären Kraft im Feld. Iterativ, schrittweise also, sollen Forschungsergebnisse etwa zur Frage, wie eine Schule ihren Erfahrungsaustausch mit anderen Schulen wirkungsvoll inszenieren kann, aufgearbeitet und auf besondere Situationen dieser Schule oder ihres Distriktes hin geprüft werden. Der Organisations- oder Interventionsforscher entwirft einen Ablaufplan, in dem Forschungs- und Konsultationsschritte als Vorschläge ausgewiesen sind. Folgendes Beispiel vermittelt einen Eindruck von einem derartigen Ablaufschema (vgl. Abbildung 1, S. 159).

Die Phasenorganisation ist ein entscheidendes Merkmal und besonders wichtig, um eine gewisse Klarheit über den Gesamtablauf des Interventionsprozesses zu verschaffen. Nicht jedes Organisationsmitglied wird von vornherein nachvollziehen, warum überhaupt Forschung in seiner Einrichtung betrieben wird und warum welche Untersuchungen durchgeführt werden. Daher ist es notwendig, über die Planung der Forschungsaktivitäten fortlaufend zu berichten und sie zur Diskussion zu stellen.

In iterativen Forschungsansätzen ist nun nicht nur ein Problem innerhalb der Organisation vorausgesetzt, sondern auch eine noch nicht ausgeschärfte Problem-

Abbildung 1: Ablaufschema für Forschungs- und Konsultationsschritte

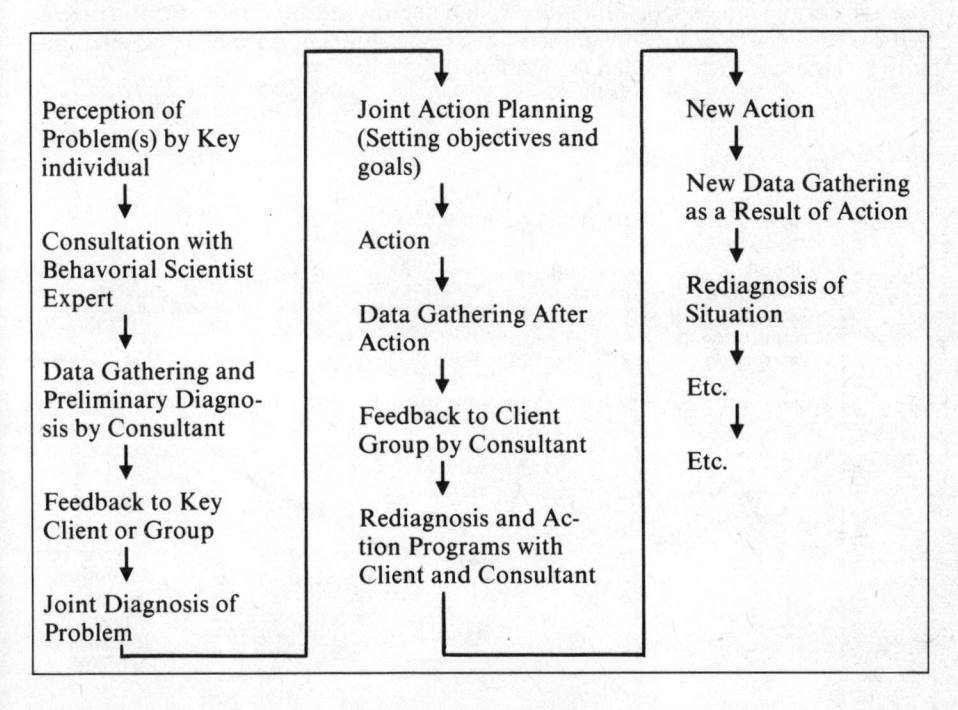

| Perception of Problem(s) by Key individual ↓ Consultation with Behavorial Scientist Expert ↓ Data Gathering and Preliminary Diagnosis by Consultant ↓ Feedback to Key Client or Group ↓ Joint Diagnosis of Problem | Joint Action Planning (Setting objectives and goals) ↓ Action ↓ Data Gathering After Action ↓ Feedback to Client Group by Consultant ↓ Rediagnosis and Action Programs with Client and Consultant | New Action ↓ New Data Gathering as a Result of Action ↓ Rediagnosis of Situation ↓ Etc. ↓ Etc. |

(Quelle: French 1969, zitiert nach HUSE 1975, S. 104)

lösekapazität. Gemeinsam empfundene Nöte oder drängende Probleme bilden also den Ausgangspunkt. BULLA (vgl. 1978) bezeichnet diese Phase als *Survey-* oder *Befragungsphase*. Ein Kernstück ist die Erhebung der Problemwahrnehmungen, Veränderungsperspektiven und Handlungsbereitschaften. Insbesondere Schulen sind komplexe soziale Organisationen, in denen sich Innovationen an einer bestimmten Stelle auf andere Elemente der Schule auswirken können (vgl. AREGGER 1975).

Eine zweite Phase umfaßt die Analyse der Daten und ihre Rückgabe in das Feld (*Feedback-* oder *Rückgabephase*). Die zurückgegebenen Informationen werden dort für alle zugänglich gemacht, diskutiert und interpretiert. Auf dieser Auswertungsgrundlage können Innovationsvorschläge unterbreitet werden (vgl. MANN 1971, S. 302 ff.; vgl. TUSTIN 1952).

In einer dritten Phase werden Problemlösungsvorschläge ausgearbeitet und durchgeführt (Handlungs- oder Implementationsphase). Inwieweit die Interventionsprogramme realisiert wurden, wird in einer vierten Phase, der *Evaluationsphase,* identifiziert und erörtert. Auf dieser Grundlage können neue Innovationsbemühungen einsetzen.

Solche Drei- oder Vierphasenkonzeptionen entsprechen dem Modell des Survey Feedback. Das Grundmuster besteht darin, ein praktisches Problem im Interventionsfeld zu identifizieren, die Kontakte mit dem Interventionsfeld anzubahnen, dort Kooperationsbeziehungen aufzugreifen (oder aufzubauen) und in Zusammenarbeit mit den Organisationsmitgliedern gemeinsam nach Lösungen zu suchen. Wie im einzelnen ein Organisationsentwicklungsprozeß bezüglich der Zufriedenheit mit den jeweiligen Maßnahmen aussehen kann, soll an einem Beispiel graphisch veranschaulicht werden (vgl. Abbildung 2).

Abbildung 2

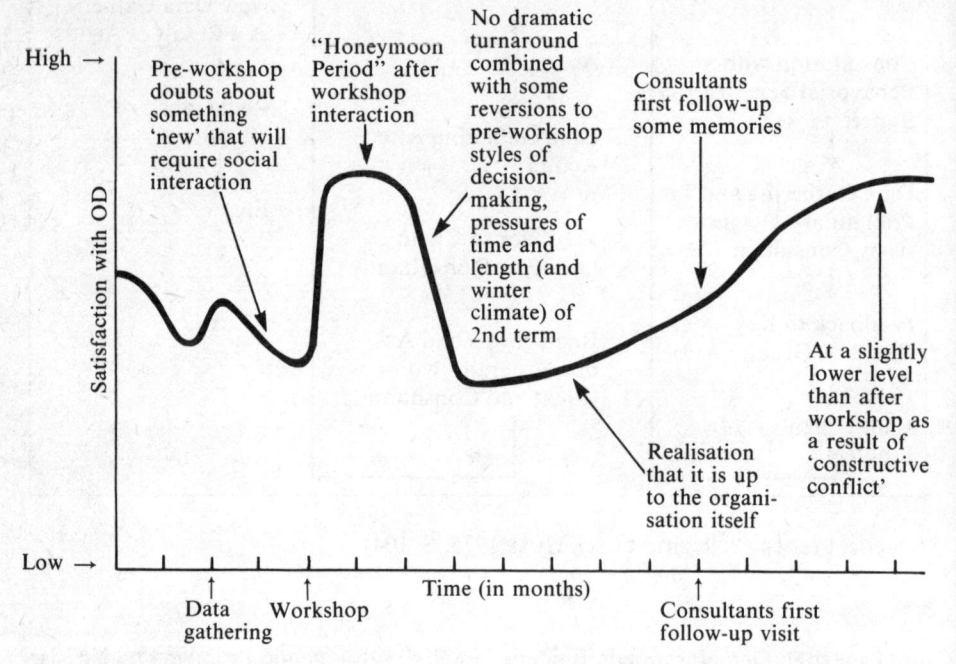

![Graph showing satisfaction with OD over time, with labels: Pre-workshop doubts about something 'new' that will require social interaction; "Honeymoon Period" after workshop interaction; No dramatic turnaround combined with some reversions to pre-workshop styles of decision-making, pressures of time and length (and winter climate) of 2nd term; Consultants first follow-up some memories; Realisation that it is up to the organisation itself; At a slightly lower level than after workshop as a result of 'constructive conflict'. X-axis: Time (in months) with markers for Data gathering, Workshop, Consultants first follow-up visit. Y-axis: Satisfaction with OD from Low to High.]

(Quelle: MULFORD 1979, S. 20)

4.3 Adaptiver Einsatz von Forschungsmethoden

Welche Methoden im konkreten Fall eingesetzt werden, kann hier nur generell beantwortet werden. Diese Frage ist vom Einzelfall und von der konkreten Situation abhängig. Zur Entscheidung darüber ist ein Schema von MILES/SCHMUCK (vgl. 1971) weiterführend, das *Interventionen* in der Organisationsentwicklung klassifiziert und diese Einzelproblemtypen zuordnet, die in einem Interventionsdesign bearbeitet werden (vgl. Abbildung 3).
Die Regel, Forschungsmethoden sollten adaptiv eingesetzt werden, würde in Anbetracht dieses Schemas bedeuten, daß Methodenentscheidungen in Hinsicht auf drei Dimensionen erfolgen:
– Art der Intervention,
– Problemtypus,
– Wirklichkeitsausschnitt, der im betreffenden System bearbeitet wird.

Abbildung 3

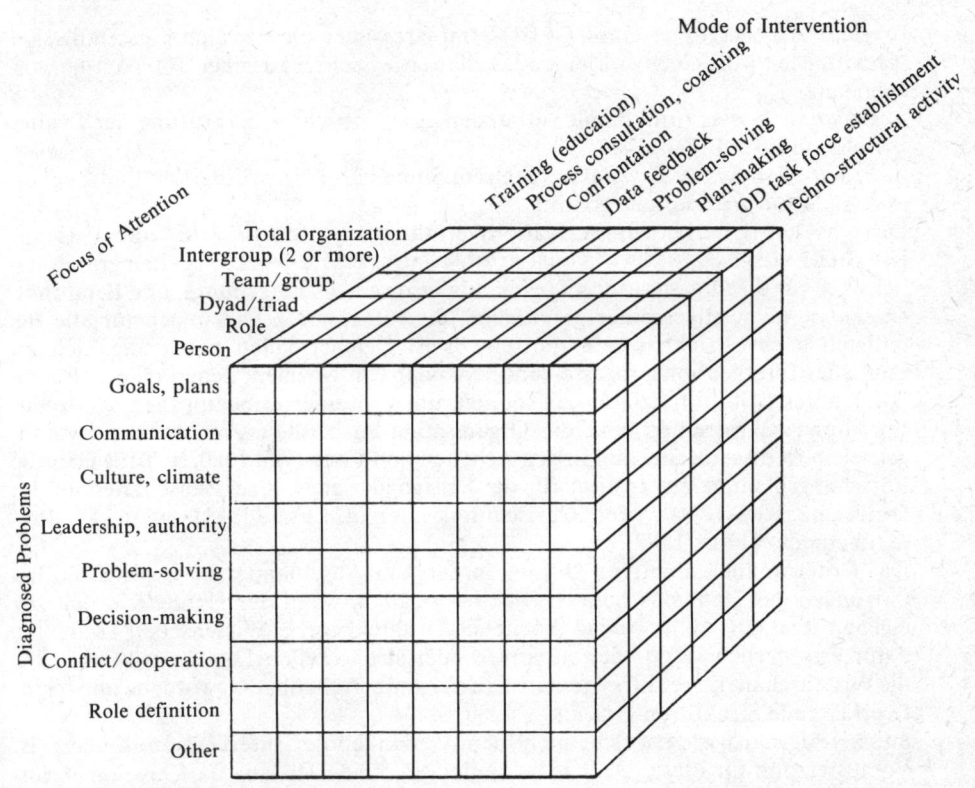

[Figure: Three-dimensional cube diagram with axes:
- Mode of Intervention: Training (education), Process consultation, coaching, Confrontation, Data feedback, Problem-solving, Plan-making, OD task force establishment, Techno-structural activity
- Focus of Attention: Total organization, Intergroup (2 or more), Team/group, Dyad/triad, Role, Person
- Diagnosed Problems: Goals, plans; Communication; Culture, climate; Leadership, authority; Problem-solving; Decision-making; Conflict/cooperation; Role definition; Other]

(Quelle: MILES/SCHMUCK 1971 S. 18)

Dabei sind die Methodenentscheidungen stets mit der übergeordneten Leitidee in Übereinstimmung zu bringen, nämlich den Organisationen – zum Beispiel Schulen – dabei zu helfen, ihre eigenen Probleme selber zu lösen und dafür angemessene Anstrengungen zu unternehmen (vgl. LIPPITT 1979, SCHMUCK 1981).

5 Forschungskriterien

Der Interventionsforscher berät mit den Mitgliedern einer Organisation die Ziele und Bedingungen für Innovationsprozesse und erforscht diese. Forschung übernimmt in dieser Konzeption explorative und konsultative Funktionen. In der US-amerikanischen Forschung erscheinen solche Strategien als *planned change* (vgl. BENNIS u. a. 1975, SCHMUCK/MILES 1971). Die ersten feldtheoretischen Überlegungen zu *interventiver Sozialforschung* wurden 1951 von LEWIN („Field Theory in Social Science", in deutscher Sprache 1963 veröffentlicht) dargelegt. Einige Kriterien, denen Interventionsforschungsstrategien folgen, sollen nachfolgend beschrieben werden.

Uwe Hameyer

5.1 Distanzsicherung

In einer Arbeitsgruppe eines OECD-Seminares über die „Evaluation schulischer Neuerungen" wurden zwei Elementarkriterien wissenschaftlicher Tätigkeit hervorgehoben:
- *Distanzsicherung* (und damit verbunden eine kritische Überprüfung der Evaluation und ihrer Ergebnisse),
- *Repetierbarkeit der Ergebnisse* (auch im Sinne von Überprüfbarkeit und Zugänglichkeit für methodische Kritik).

Diese beiden Kriterien für Evaluationsverfahren (vgl. BUND-LÄNDER-KOMMISSION FÜR BILDUNGSPLANUNG UND FORSCHUNGSFÖRDERUNG 1979, S. 35) gelten grundsätzlich auch für die Organisationsentwicklung insoweit, als Forschungs- und Beratungsergebnisse oder, allgemeiner gesprochen, die Interventionswirkungen für alle Beteiligten nachvollziehbar sein müssen. Es ist gleichermaßen notwendig, sich im Laufe der Interventionsprozesse vom Feld oder von Normen, denen man sich temporär unterstellt, distanzieren zu können, um von einer unbefangenen Warte aus Forschung zu betreiben oder die Organisation zu beraten. Am weitesten vorangetrieben ist dieses Kriterium in den Arbeiten von FREY (vgl. 1980, S. 40 ff.) über die Forschungsplanung am Institut für die Pädagogik der Naturwissenschaften an der Universität Kiel (IPN), in der „Curriculumkonferenz" (FREY 1981) und in „Die Projektmethode" (FREY 1982).

Das Kriterium der situativen Distanz fordere zur Auseinandersetzung mit den Bedingungen des Handelns heraus. Dies sei möglich, wenn der Handelnde sich zur eigenen Realität in eine bewußtmachende Distanz begebe. Wissenschaft könne die dafür erforderliche Kraft der situativen oder strukturellen Distanz entfalten. Sie, die Wissenschaft, kläre auf, systematisiere das unüberschaubar Gewordene und schaffe erklärende Strukturen (vgl. FREY 1980, S. 40 f.).

Situative Distanz widerspricht nicht dem Gedanken der Intervention, sondern ist Voraussetzung für diese. Der Gedanke der situativen Distanz darf also nicht verwechselt werden mit dem klassischen Kriterium der Objektivität und der anzustrebenden „Unversehrtheit" des Forschers hinsichtlich der Kräftedynamik im Untersuchungsfeld. Durch die situative Distanzschaffung begibt sich der Forscher im Gegensatz dazu in eine Situation, wo er lernt und sich selbst auf reflexive Prozesse einläßt, die seine Person mit einbeziehen.

5.2 Validität

Ein weiteres Kriterium ist die Validität und ihre prozessuale Konstituierung. Dieses Kriterium läßt sich in bezug auf den Prozeß dreifach dimensionieren: Einwirkungsfähigkeit, Rückmeldungspromptheit und Anerkennungsbereitschaft. Einwirkungsfähigkeit bezeichnet die Praxis derjenigen Wissenschaftler, die sich auf konkrete Situationen einlassen und aus eigener Verantwortung wirksam werden (vgl. GRUSCHKA 1976, S. 148). Rückmeldungspromptheit (feedback) entspricht dem gruppendynamischen Prinzip der Sensibilisierung interpersonaler Wahrnehmungen. Es ist notwendig, so Gruschka, daß die Rückmeldungsfähigkeit im Sinne der Rückmeldungspromptheit gegeben ist. Er beruft sich dabei auf STUFFLEBEAM u. a. (1971, S. 29): „Perfekte Informationen später weiterzugeben hat keinen Nutzen, aber rechtzeitig vernünftig verarbeitete Informationen, das macht den Unterschied". Anerkennungsbereitschaft schließlich bezeichne das Maß, so Gruschka, „in welchem die über Einwirkung und Rückmeldung durchgeführte Kommunika-

tion zu Ergebnissen geführt hat, die von den Beteiligten in der Mehrheit als gültig und auch von der überstimmten oder schweigenden Minderheit als verbindlich akzeptiert werden" (GRUSCHKA 1976, S. 148 f.).
An späterer Stelle fordert Gruschka, daß Bedingungen geschaffen werden müßten, daß Interaktionen zwischen Forschern und Betroffenen nicht die Ausnahme seien, sondern eine permanente Aushandlungssituation konstituieren (vgl. GRUSCHKA 1976, S. 153).

5.3 Komplexitätsadäquanz

Unter Komplexitätsadäquanz ist zu verstehen, daß die ausgewählten Forschungsprozesse und Beratungsformen geeignet sind, den Merkmalen der Komplexität einer Organisation, in der interveniert wird, zu entsprechen. Unter Komplexität ist die Anzahl der Tätigkeitsarten in der Organisation ebenso einzubeziehen wie die erreichte Professionalisierung der Arbeit sowie die Differenzierung der Aufgabenstrukturen einer Organisation (vgl. HAGE/AIKEN 1970; vgl. ZALTMAN u. a. 1973, S. 34).

5.4 Reziprozität der Kommunikation

Schließlich geht es um eine kontinuierliche Reziprozität der Kommunikation. Reziproke Prozesse sind solche, in denen mindestens zwei Personen anderen etwas zu sagen haben und gleichzeitig versucht wird, die andere Person zu verstehen. Nach diesem Kommunikationsverständnis ist eine an Beratungsprozessen beteiligte Person immer zugleich Sender und Empfänger. Reziprozität umfaßt das Verstehen und Nachvollziehen von Meinungen anderer Personen (vgl. dazu den Gedanken der Zwei-Weg-Kommunikation und transaktionale Kommunikationsprozesse).
Es besteht kein Zusammenhang zwischen geisteswissenschaftlicher Theorie und den Ansätzen der Organisationsentwicklung. Man kann aber sagen, daß beide Male die Forschung an Situationen der Erziehungswirklichkeit ansetzt und mit dieser während des Forschungsprozesses verknüpft bleibt. Die Art und Weise dieses Realitätsbezuges unterscheidet aber zugleich die Ansätze. Ein Organisationsentwicklungsansatz betont das Konsultative, das Gespräch und das Sich-Einlassen auf den anderen, während die geisteswissenschaftliche Theorie den Vorgang des Verstehens als Nachvollzug oder Interpretation zum wesentlichen Moment geisteswissenschaftlichen Arbeitens erklärt. „Leben als Zusammenhang von Leben, Erleben und Ausdruck, als Struktur, also als Einheit der verschiedenen nebeneinander liegenden Momente, bezogen auf ein in ihnen angelegtes Entwicklungs- und Ordnungsprinzip, Leben also bestimmt die Methode der Geisteswissenschaften, das Verstehen" (THIERSCH u. a. 1978, S. 55).

5.5 Diskursivität

Über diese Primärbedingung für Kommunikation weist das Kriterium der Diskursivität hinaus. Amerikanische Ansätze allerdings explizieren selten diese Grundregel des aufgeklärten und lernbereiten Miteinanderumgehens.
Kambartel nennt in seiner Arbeit über „Erkennen und Handeln – methodische Analysen zur Ethik" drei Kriterien für rationale Dialoge: Unvoreingenommenheit, Zwanglosigkeit und Nonpersuasivität. Unvoreingenommen bedeutet, daß alle Personen, die sich verständigen und einander verstehen wollen, bereit sind, die „theo-

retischen und praktischen Orientierungen ihres Handelns sämtlich in Frage stellen zu lassen" (KAMBARTEL 1974, S. 299). Zwanglos argumentieren weist auf eine Redesituation, in der Sanktionen ausgeschlossen werden können. Schließlich ist ein Dialog genau dann persuasiv, wenn „das Geben oder Verweigern einer Zustimmung durch den wider besseres Wissen erfolgenden Appell an fraglos hingenommene Vororientierungen gewonnen wird" (KAMBARTEL 1974, S. 299).

Habermas untersucht ebenfalls die Struktur rationaler Dialoge mit Hilfe der Analyse idealer Sprechsituationen. Eine Sprechsituation produziere dann und nur dann keine Zwänge, wenn für alle Beteiligten die Chancen, Sprechakte zu wählen und auszuüben, symmetrisch verteilt seien (vgl. HABERMAS 1972, S. 137). Diese Symmetrieannahme wird ergänzt durch die Forderung des Täuschungsverbotes (analog zur Nonpersuasivität bei Kambartel). Zusammenfassend nennt Habermas zwei Kriterien, denen ein Diskurs genügen muß: Wahrhaftigkeit der Äußerungen eines Sprechers und Ernsthaftigkeitsbedingungen der Sprechakte. Ernsthaftigkeitsbedingungen seien gegeben, wenn ein Sprechpartner den Sprechakt seines Gegenübers als verläßlich und wiederholbar annehmen könne.

Die Integration von Forschen und Lernen wird reflexiv, das heißt durch diskursive Verständigung und gegenseitig nachvollziehbare Interpretationen eingelöst (Reziprozität der Interpretation). Die Verknüpfung von Lernen und Forschen erfolgt dabei über Grundregeln und Leitideen sozialen Handelns im Interventionsfeld.

6 Implementationsbedingungen für interventive Forschungsprozesse

FULLAN u. a. (vgl. 1980) fassen einige Bedingungen für erfolgreiche Interventionen bei der Organisationsentwicklung unter Berufung auf empirische Studien und Projektbeispiele zusammen. Sie beziehen die Bedingungen auf Operationsphasen von Organisationsentwicklung (*entry und start-up*, transition [initial operation] und maintenance [institutionalization]). In generativen Schulforschungssystemen finden sich solche Tätigkeitsschwerpunkte wieder, wenngleich nicht in dieser Strenge regelrecht nach Phasen unterteilt.

6.1 Initialphase

RUNKEL/SCHMUCK (vgl. 1976) haben festgestellt, daß Interventionen bei der Organisationsentwicklung auf die sozialpsychologische Bereitschaft der Organisationsmitglieder angewiesen sind, sich für Organisationswandel zu interessieren und mitzuwirken. Diese Bereitschaft „ist dort am größten, wo eine offene Kommunikation gewährleistet ist und die Kommunikationsfähigkeit hoch ausgeprägt ist. Schließlich muß ein bestimmtes Ausmaß einer Bereitschaft für Kooperation vorliegen, und die Administration muß die Interventionen unterstützen oder wenigstens nicht negativ beeinflussen" (RUNKEL/SCHMUCK 1976, S. 13). Die Unterstützung durch Schulleitung und andere Verwaltungseinheiten betonen auch BASSIN/GROSS (vgl. 1978). Eingeschätzte Verbindungen zwischen Subsystemen innerhalb einer Organisation haben sich nach den Befunden von DERR/DEMB (vgl. 1974) als eine weitere Schwierigkeit in Initialphasen erwiesen.

Ähnliche Erfahrungen bezüglich der organisationsinternen Innovationsbereitschaft werden in einer Analyse von 43 Modellversuchen in der Bundesrepublik Deutschland, Schweiz und in Österreich berichtet (vgl. HAMEYER 1978a). Organizational renewal zeigt sich angesichts solcher Hinweise als eine sozialpsychologisch relevante Kategorie. Die Bedeutung des Organisationsklimas für Implementationsprozesse (vgl. MILES 1969, 1974, 1979) und der „sozialen Architektur" von Schulen als Interventionsfeld liegen auf der Hand (vgl. BERMAN/MCLAUGHLIN 1977). Eine Übersicht zum neuesten Stand der Bedingungen für die Innovation von Organisationssystemen bietet der Band von CLARK u. a. (vgl. 1981). Als besonders interessant erweist sich darin die Erörterung des in den Vereinigten Staaten seit geraumer Zeit diskutierten Konzepts der „loosely coupled systems" (vgl. WEICK 1976).

Aufklärungs- und Überzeugungsprozesse in Start-up-Phasen sind vonnöten – auch um Gewißheit für Organisationsmitglieder zu erzeugen, daß praktische Ergebnisse innerhalb überschaubarer Zeiträume von ein bis drei Jahren mit einiger Sicherheit erwartet werden können (vgl. BUCHANAN 1967, 1969; vgl. MILES/SCHMUCK 1971).

6.2 Elaborationsphase

Die Elaborations- oder Transitionsphase umfaßt Ereignisse während der erstmaligen Anwendung von Organisationsentwicklung etwa innerhalb des ersten Jahres (einschließlich des Beratungsaufwandes und auch Fragen des Einsatzes von Beratern, Fragen der Kontinuität von Gruppenleitern, Aufgreifen von Systemproblemen). RUNKEL/SCHMUCK (vgl. 1976) haben herausgefunden, daß ungefähr 70 Stunden pro „staff member" innerhalb eines Jahres notwendig sind für direktes Organisationsentwicklungstraining, um positive Ergebnisse und Erfolge zu erzielen. Dies bedeutet, daß sich Organisationsmitglieder ungefähr 27 Tage innerhalb eines Jahres an Organisationsentwicklungsmaßnahmen beteiligen müssen, um einen Effekt zu erreichen. Tagesworkshops etwa scheinen nicht ausreichend zu sein (vgl. BOWYER u. a. 1984).

Eine Möglichkeit, Organizational Renewal auf längere Sicht zu sichern, besteht in der Transitionsphase in einem Intensivtraining von Schulpersonal. Weitere Maßnahmen: Reguläre Zeiten für Information und Konsultation in Fach- und Lehrerkonferenzen reservieren, internen Koordinator für Organisationsentwicklung bestellen, der alle Querverbindungen in der Schule herstellt und pflegt (vgl. COHEN/GADON 1978).

Während der Transitionsphase sind Organisationsbesonderheiten der Schule zu beachten. Je nachdem, ob in einer Schule ein geringes oder ein hohes Maß der Kooperation besteht, ändern sich die Rahmenbedingungen für Intervention (vgl. DALIN 1978). Dies gilt auch für andere Merkmalsdimensionen wie „vulnerability" von Schulen bezüglich der Einflüsse durch ihre Umwelt, Grad der Zielfestgelegtheit, Schulklima und so fort (vgl. FEND 1977, 1980; vgl. ZALTMAN u. a. 1973).

6.3 Stabilisierungsphase

Organisationsspezialisten, die innerhalb der betreffenden Organisation arbeiten, erleichtern Organisationsentwicklungen. Dementsprechend ging man vielfach dazu über, Organisationsmitglieder selbst zu Spezialisten für Organisationsentwicklung auszubilden, um so die Selbsterneuerungschance der betreffenden Organisation zu erhöhen.

Die wichtigsten Bedingungen der fortgesetzten Selbsterneuerung von Schulen oder Schuldistrikten sehen MILES u. a. (vgl. 1978a, b) in sichtbaren Ergebnissen und Erfolgen während der Initiationsphase und in der Unterstützung durch das Management. In jedem Fall werden mindestens vier bis fünf Jahre als Voraussetzung für Organisationsentwicklungserfolge angenommen.

Uwe Hameyer

7 Beispiele für Interventionsansätze

7.1 Survey Feedback

Feedback („rückmelden") ist eine Forschungsstrategie, die erst in den letzten Jahren stärker beachtet und in der Organisationsentwicklung eingesetzt wurde (vgl. BULLA u. a. 1977, KLEMM/ROLFF 1977, SCHMUCK/MILES 1971). Der Begriff selbst ist älter. Survey Feedback besteht aus mindestens drei Komponenten:
- Zielgerichtete Rückkoppelung einer Information,
- Strukturierung oder Unterstützung von Beratungsgesprächen (im Sinne der Einleitung von Lernvorgängen der Teilnehmer) sowie
- Auswertung der Prozesse und Ergebnisse dieser Gespräche und Lernvorgänge.

7.1.1 Ziele

Die Strategie des Survey Feedback verfolgt das Ziel, die Problemlösungskapazität und, allgemeiner betrachtet, die Entscheidungsprozesse in Organisationen oder anderen Handlungsfeldern zu verbessern. Beratungsintensive Interventionen des Forschers im Handlungsfeld sollen dazu beitragen, daß einige der von Organisationsmitgliedern als bedeutsam erachteten Probleme in ihrer Organisation diagnostiziert und ausgelotet werden. Problemlösungsalternativen erarbeiten ist das damit verknüpfte übergreifende Ziel im Sinne von DERR (vgl. 1970).

7.1.2 Kennzeichen

Teilweise werden unterschiedliche Methoden zur Realisierung von Survey Feedback eingesetzt. Einige dieser Methoden werden hinsichtlich ihres Einsatzes angesprochen, um mit ihrer Hilfe Merkmale und Funktionen zu erläutern einschließlich der Grenzen des Einsatzes solcher Verfahren. Dies läßt sich anhand einiger der folgenden Erkenntnisgebiete leisten, die mit Survey Feedback erarbeitet werden können – sei es nun deskriptiv mit Hilfe von Beobachtungsdaten, sei es eher bewertend oder präferenzanalytisch:
- Divergierende gegenstandsbezogene Urteile oder Auffassungen unter den Mitgliedern einer Organisation oder den Akteuren in einem pädagogischen Handlungsfeld,
- Soziale oder auf Zusammenarbeit bezogene Konfliktpotentiale, die innerhalb der Organisation oder eher extern verankert sind,
- Kompetenzprofile und Kompetenzdefizite,
- Organisationsklima.

7.1.3 Instrumente

Amerikanische Forscher (vgl. HALPIN/CROFT 1963; vgl. MILES 1967, 1974; vgl. SCHMUCK 1980) und Arbeiten aus anderen Ländern (vgl. FEND 1977) machen auf das Organisationsklima als zentralem Beurteilungsgesichtspunkt bei der Beantwortung der Frage aufmerksam, wodurch Innovationsorientierungen, Zusammenarbeit und die Leistungsfähigkeit von Schulen gefördert werden können. Das informelle Leben in einer Organisation sei mitentscheidend nicht nur für das Wohlbefinden der Organisationsmitglieder, sondern auch für effektiven motivierten Arbeitseinsatz.

Forschungsergebnisse werden im Survey Feedback teilweise mit klassischen Methoden der erziehungswissenschaftlichen Forschung gewonnen (Interview, Beobachtung und teilnehmende Beobachtung, Interpretationsverfahren). Welche Methoden sinnvoll erscheinen, ist in der Strategie zu begründen. In diesem Abschnitt interessiert die Art der Rückmeldung von Informationen in Beratungssituationen. BULLA (vgl. 1978) unterscheidet im wesentlichen drei Varianten:
- Family-group-Konzeption,
- Peer-group-intergroup-Konzeption und
- natural work groups.

Diese Konzeptionen gehen von unterschiedlichen Vorstellungen darüber aus, wie Organisationen funktionieren. In der ersten Variante wird angenommen, eine Organisation funktioniere im Zusammenwirken verschiedener Arbeitsgruppen (vgl. LIKERT 1961, MANN 1971), die hierarchisch unterschieden sind. Der Feedback-Prozeß innerhalb solcher Modellannahmen weicht von der traditionellen Linienorganisation nicht ab und sieht vor, die Rückgabe von Daten auf dem „Mitteilungsweg" sowie auf dem „Vorschlagsweg" (BULLA 1978, S.6) erfolgen zu lassen. Dieses „Wasserfall-Design", wie Bulla es nennt, meint, daß die Daten zunächst an die Hierarchiespitze zurückgegeben werden, dann erst auf die nächstfolgende Ebene weitergeleitet werden und so fort. ALDERFER/HOLBROOK (vgl. 1973) sehen in der zweiten Variante einige Vorzüge. Peer-groups diskutieren zunächst unter sich Survey-Informationen. Erst nach der gruppeninternen Meinungsbildung treffen Vertreter aus diesen Gruppen mit anderen, auch hierarchisch höher stehenden Gruppenvertretern, zusammen und erörtern dieselben Survey-Informationen, um unterschiedliche Sichtweisen und Standpunkte kennenzulernen und mitzuteilen.

7.1.4 Funktionen von Feedback

Vergegenwärtigt man sich die vielfältigen Möglichkeiten, die oben durchgespielten Erkenntnisgebiete mit Hilfe von Survey Feedback zu untersuchen, so lassen sich folgende Funktionen dieser Forschungsstrategie ausgrenzen:
- *konfliktanalytische Funktion* („bringing conflicts into the open"),
- *katalytische Funktion* (Identifizierung von Grundlagen für Konsens oder von Bedingungen, die hervorzubringen sind, um Konsens und Entscheidungsreife in Hinsicht auf einen Erörterungsgegenstand herzustellen),
- *generative Funktion* (Erzeugung problemangemessener Lösungsalternativen).

7.2 Generative Schulforschung

Generieren bedeutet „erzeugen" oder „hervorbingen". Forschungsansätze dieser Art sind aus der Schulentwicklung und Curriculuminnovation hervorgegangen. Wegweisend dazu wurde das von FREY/AREGGER (vgl. 1975) entworfene und erprobte generative Leitsystem. Verwiesen sei auf BÜNDER (vgl. 1981), KÜNZLI (vgl. 1981) und WALGENBACH (vgl. 1979, 1983), die den Grundgedanken dieses generativen Systems, erstmals 1971 vorgestellt von Aregger und Frey, zum Ausgangspunkt ihrer Arbeiten nahmen, die am IPN entstanden. Das generative Leitsystem organisiert alle Forschungs- und Entwicklungstätigkeiten innerhalb von Projekten, welche aus überdauernden und temporären Leitsystemen aufgebaut sind. Temporäre Leitsysteme sind Teilprojekte wie etwa einzelne Experimente oder Evaluationen, die sich als Teil des überdauernden Leitsystems verstehen (vgl. AREGGER/FREY 1971, S.66).
Beispiel A: Curriculum-Konferenz. Ein erst kürzlich vorgelegtes Modell einer Cur-

riculumkonferenz über das Gebiet Mikroprozessoren (vgl. FREY 1981) wurde am IPN entwickelt und angewandt. Dieses Modell integriert Grundzüge einer allgemeinen Curriculumtheorie und eines generativen Rahmens zur Organisation von Forschungs- und Entwicklungsprozessen (vgl. FREY/AREGGER 1975). Die Grundidee besteht darin, den gesamten Prozeß der Ausarbeitung eines curricularen Rahmens für das Gebiet Mikroprozessoren so zu gestalten, daß alle Interaktionsteilnehmer (Forscher, Entwicklungsspezialisten, Lehrplanfachleute, Lehrer, ...) auf der Grundlage rationaler Argumentation zusammenarbeiten. Die Beteiligten eines Interventionsfeldes konstituieren in diesem Modell den Entwicklungs- und Forschungsprozeß – ähnlich dem Ansatz für die Entwicklung der Weiterbildungsschule in Zug (vgl. FÜGLISTER 1975, FREY u. a. 1976). Der Forscher beteiligt sich an der Identifizierung der zu bearbeitenden Probleme und Ziele im argumentativen Zusammenspiel mit den anderen. Dies ist ein Grundelement interventiver Forschungsstrategien.

Entscheidend ist die Gestaltung der Arbeitsweise auf der Konferenz nach Maßgabe von vier curriculumtheoretisch begründeten Prinzipien für interaktive Entwicklungs-, Reflexions- und Innovationsprozesse. Diese Prinzipien werden als Sonderpunkt im Anschluß an die folgenden Beispiele vorgestellt.

Beispiel B: Ein tätigkeitsorientierter Ansatz zum Systembilden. WALGENBACH (vgl. 1979, 1983) erarbeitet (teilweise in Anlehnung an Frey) ein heuristisches Modell zur Didaktik ästhetisch-wissenschaftlicher Praxis. Er führt dazu die Kategorie der Tätigkeit ein, die, entsprechend weit gefaßt, nicht mehr in einem strengen phasenlogischen Sinn zwischen (vorgängigen) Forschungstätigkeiten und (nachgängigen) Entwicklungsprozessen unterscheidet. Das Gemeinsame zwischen den Ansätzen von Aregger/Frey und Walgenbach ist darin zu sehen, daß „Ausgangspunkt der Didaktik nicht die Ergebnisse von Wissenschaft sind, sondern die am Curriculumprozeß Beteiligten als Erzeuger von Systemen" und „daß Didaktik keine verschließenden Theorien vorschreiben darf, die die Freiheit der Betroffenen einschränken" (WALGENBACH 1979, S. 205). Die Tätigkeit der Systembildung ist das eigentlich Schöpferische (vgl. WALGENBACH 1983). Als das Verbindende zwischen generativen Ansätzen erweist sich die Annahme, alle Systeme seien von Menschen konstruiert und durch die Menschen veränderbar. Grundlegend für (kooperatives) Lernen ist nicht mehr die Aneignung fertiger Systeme, sondern die Fähigkeit zur Bildung neuer Systeme.

Das diesen Beispielen zu eigen gemachte prozessuale Wissenschaftsverständnis betrachtet Forschung als kontinuierliche, nicht allein auf pragmatische Situationen bezogene Abfolge von Forschungstätigkeiten, die den gesamten Entwicklungsprozeß einer Schule, einer Schulregion oder einer neuen didaktischen Konzeption überdauern. Die Forschung trägt den Entwicklungsverlauf konstitutiv mit und erhellt Korrekturerfordernisse. Im Sinne einer kontinuierlichen Reflexion über auftretende Probleme werden praxisrelevante (adaptationsgeeignete) Lösungswege gefunden. Der Forschungsgegenstand wird nicht auf einen Teilaspekt reduziert. Die ganzheitliche, viele Faktoren einbeziehende Betrachtungsweise einschließlich des multidisziplinären Zugriffs kennzeichnet das Besondere dieses Genres einer interventiven Strategie (vgl. KÜNZLI 1981, S. 3).

Beispiel C: Ein generativer Rahmen für die Didaktik der Chemie. KÜNZLI (vgl. 1981) geht in dem Entwurf eines generativen Rahmens für die Didaktik der Chemie davon aus, daß pädagogische Forschung überhaupt erst durch intensive Kooperation und gemeinsame Lernprozesse der beteiligten Personen und Gruppen entstehen könne. Durch den generativen Rahmen wird ein reflexiver Kommunikationsverbund hergestellt, in dem nach diskursiven Regeln eine didaktische Konzeption ausgearbeitet und erforscht werden kann. Konsequent ist dabei die nähere Bezeichnung des Generativen mit dem Hinweis auf „Fülle, Vielfalt und Varianz" (KÜNZLI 1981, S. 24). Ein Weg wird nicht festgelegt, sondern durch den generativen Rahmen in seiner Verzweigtheit gerade geöffnet.

Der Unterschied zu Organisationsentwicklungsstrategien besteht darin, daß ein Forscher bei generativen Ansätzen nicht notwendigerweise in eine Organisation als entsprechendem Interventionsfeld hineingeht. Im Gegenteil: die Curriculum-Konferenz (vgl. FREY 1981) ist auf der Idee begründet, daß im Sinne der situativen Distanz es von Vorteil sein kann, wenn die am Prozeß beteiligten Personen zeitweilig ihr jeweiliges Praxisfeld verlassen (im Sinne temporärer Systeme, vgl. MILES 1967). Das Gemeinsame besteht in der Konstituierung von Forschungs- und Entwicklungsprozessen innerhalb eines die Vielfalt von möglichen Problemperspektiven einfangenden Interaktionsverbundes. Die Erzeugung von (adaptationsgeeigneten) Denkmodellen und Bearbeitungsperspektiven für bestimmte Probleme wird zum Programm sowohl in Organisationsentwicklungsstrategien als auch in generativen Schulforschungsansätzen. „Die organisatorische Leitidee der Kooperation bedeutet, daß bewußt darauf verzichtet wird, nur in einsamer Forschungsarbeit die Probleme zu lösen, um sie dann der Öffentlichkeit vorzustellen. Konkret hält sie an, als Konsequenz aus der pädagogischen Leitidee, zu einem frühzeitigen Zusammenarbeiten mit externen Gruppen und Problemgemeinschaften" (KÜNZLI 1981, S. 4).

Beispiele D und E: Weiterbildungsschule Zug (Schweiz) und Umwelterziehungsprojekt. In ihrem Aufsatz „Legitimation und Entwicklung einer neuen Schule" beschreiben FREY u. a. (1976) ein Evaluationskonzept, welches Grundelemente generativer Schulforschung vorstellt. Das Evaluationskonzept wird als revolvierendes Kreissystem (vgl. FREY u. a. 1976, S. 268) entworfen. An der Evaluation beteiligen sich die Schulentwicklungsforscher genauso wie die Lehrer und Förderverbände. Dem Prinzip der konsultativen Vermittlung von Evaluationsdaten entsprechend werden die Ergebnisse in die Weiterentwicklung eingebracht. Insofern unterstützt die Evaluation den Entwicklungsprozeß der Weiterbildungsschule im Verständnis einer *responsive enlighting evaluation* (vgl. FREY u. a. 1976, S. 268).

Einer prozeßorientierten Innovationsstrategie mit interdisziplinärem Kooperationsansatz folgt auch das am IPN initiierte Projekt zur Umwelterziehung (vgl. EULEFELD/FREY 1976). Das thematische Gebiet „Ökologie und Umwelterziehung" wird für die Primar- und Sekundarstufe I aufgearbeitet. Diese Aufarbeitung erfolgt in fachdidaktischer Hinsicht, zielt auf Lehrplanarbeit ab und stellt Überlegungen zur Entwicklung von Ökologie als Prinzip des Biologieunterrichts an. Das didaktische Konzept (vgl. EULEFELD u. a. 1981) wurde von Biologiedidaktikern, einem Soziologen, von Pädagogen und anderen entwickelt. Der Forschung wird in diesem Projekt die Funktion zugewiesen, didaktische Leitlinien zu erstellen und diese in Auseinandersetzung mit beteiligten Schulfächern, die im Bereich Umwelterziehung angesprochen sind, über Beratungsprozesse und Arbeitsgespräche umzuformulieren. Dieser didaktische Elaborationsprozeß zwischen den beteiligten Bezugsgruppen zur Umwelterziehung wird bewußt nicht in ein summatives Evaluationsverfahren eingebettet, sondern als argumentativer Aushandlungsprozeß angelegt. Didaktische und unterrichtspraktische Fragen der Umwelterziehung werden revolvierend beraten. Aus dieser Serie von kontinuierlichen Beratungsschritten entsteht eine argumentativ herbeigeführte Innovation.

Der ursprüngliche Projektmitarbeiterkreis als primäres Tätigkeitsfeld wurde später ausgeweitet. Empfehlungen zur Umwelterziehung wurden ausgearbeitet – basierend auf der Zwischenstaatlichen Konferenz über Umwelterziehung der UNESCO-Mitgliedsstaaten 1977 in Tiflis (vgl. EULEFELD/KAPUNE 1979). Die europäische UNESCO-Regionaltagung über Umwelterziehung in Essen (1980) bot ein weiteres Implementationsfeld, wo Ergebnisse aus dem Projekt einfließen konnten. Parallel dazu entstanden Unterrichtsmaterialien (vgl. KYBURZ-GRABER 1981) und die Adaptation eines amerikanischen Lehrerhandbuches „The environmental school" (MENESINI/SEYBOLD 1978).

Die Weiterbildungsschule und das Umwelterziehungsprojekt unterscheiden sich in mancherlei Hinsicht. Kontext und Reichweite sind unterschiedlich begrenzt. Im Schulentwicklungsbeispiel geht es um eine einzelne Schule und ihren Aufbau, während im Konzept der Umwelterziehung Unterrichtsentwicklung und überregionale Beratungsaktivitäten in den Vordergrund gestellt sind. Diese Aktivitäten werden von vielen Schulen, von internationalen Einrichtungen und Arbeitskreisen getragen.

Beiden Beispielen gemeinsam ist der Versuch, die ausgewählten Problemgebiete („Entwicklung einer Schule" und „Umwelterziehung") schrittweise zu entfalten. Dieser aktive Entfaltungsprozeß führt Vertreter der entsprechend relevanten mittelbaren und unmittelbaren Bildungspraxis zusammen. Konsultation, Forschung, Information, Entwicklung und Verdeutlichung einer Idee sind aufeinander bezogene gleichberechtigte Tätigkeitsformen in den genannten generativen Entwicklungsansätzen. Das Generative zeichnet sich in diesen Ansätzen dadurch aus, daß das Problem und die Bearbeitungsrichtung innerhalb des Problemgebietes erst schrittweise durch vielfältige Interaktionsprozesse ausgearbeitet und so definiert wird, daß es von möglichst vielen der am Interaktionsprozeß beteiligten Personen und Institutionen mitgetragen und mitverantwortet werden kann.

Das Umwelterziehungsprojekt wird von den Projektmitgliedern als Entwicklungsprojekt bezeichnet: „Ein Teil der Methoden und Fragestellungen wird erst während des Projektverlaufes selber entwickelt" (EULEFELD/FREY 1976, S. 277). Das Projekt will inhaltliche und strukturelle Prozeßhilfen geben, strebt aber nicht nach unumstößlichen Endprodukten, sondern nimmt (Zwischen-)Ergebnisse zum Ausgangspunkt für weitere Entwicklungen und Veränderungen.

Frey führt einige theoretische Kategorien ein, die aus diesen Arbeiten hervorgehen: *Verständigte Interaktion* soll stetige argumentative Interaktionsprozesse über einen gemeinsamen Ausarbeitungs- und Forschungsgegenstand gewährleisten. Das Prinzip der *situativen Distanz* erlaubt dabei die Aufarbeitung von Alltäglichem (vgl. FREY 1982) und erschließt die eigene Realität. Situative Distanz ermöglicht auch die Auseinandersetzung mit den Bedingungen des aufgeklärten Handelns. Der eigene Denk- und Handlungsrahmen kann erst so neu betrachtet und problemorientiert werden. Das weiterführende Erlebnis der Selbstentfaltung schaffte gegenüber der vorherigen und alltäglichen Befindlichkeit Distanz, welche kritisches Befragen von Gegebenheiten, aber auch Bejahung und Zustimmung einschließt (vgl. FREY 1982, S. 30).

Ein drittes Kriterium ist die *Zielorientierung*, nämlich alles Tun auf allgemein anerkannte Ziele unserer Welt- und Regionalgesellschaften (vgl. FREY 1981) auszurichten (zum Beispiel auf solche, die in den Menschenrechten verankert sind und auf solche, die menschliche Ausdrucksformen akzeptieren). Viertens schließlich sollen *spezifische Reflexionen* Wissen und Bewußtsein zu dem jeweiligen Tätigkeitsgebiet berücksichtigen. Abwägendes Nachdenken über das Gebiet und theoretisches sowie andere Formen des Sichbeschäftigens mit Aspekten des ablaufenden curricularen Prozesses (vgl. FREY 1981) zählen dazu.

Generative Schulforschung läßt sich nur realisieren, wenn von einem flexiblen Planungsmodell ausgegangen wird, in welchem Planungsschritte nicht anderen Tätigkeiten vorgeschaltet sind oder als abgeschlossene Phase gelten. Probleme und Erkenntnisse, die sich im Verlaufe der Entwicklung als relevant erweisen, müssen auf das Planungskonzept verändernd einwirken können. Planungstätigkeiten im Rahmen generativer Schulforschung müssen daher zu jeder Zeit revidierbar sein (vgl. HAMEYER/HAFT 1977, S. 28). Generative Schulforschungsansätze verfolgen ebenso wie Organisationsentwicklungsstrategien das Ziel, die Selbsterneuerungsfähigkeit von Systemen oder Organisationen zu erhöhen. Sie sind konzipiert als „Aufbau Sich-Selbst-Verändernder-Systeme" (ROLFF 1976, S. 25).

7.3 Weitere Ansätze

Im zurückliegenden Jahrzehnt wurden Arbeiten veröffentlicht, die – noch unspezifisch – als praxisnahe Curriculumentwicklung tituliert sind. Dazu zählen die Moderatorenmodelle in Berlin (vgl. BAUMERT/RASCHERT 1974) und Hessen (vgl. BONN 1975), das Marburger Curriculumprojekt (vgl. KLAFKI u.a. 1977, 1982) sowie die praxisnahe Entwicklung komplexer Lehrsysteme (vgl. GUTSCHMIDT u.a. 1974). Das Ziel des letztgenannten Ansatzes besteht darin, daß potentielle Abnehmer von Forschungsergebnissen in die Planung und Entwicklung eines neuen Curriculum einbezogen werden. An diesem Modellversuch wurden 56 berufliche Schulen aller Bundesländer beteiligt. In diesen Schulen wurden Gruppendiskussionen veranstaltet, um Probleme und Einstellungen der Lehrer und Schüler beim Einsatz komplexer Lehrsysteme zu ergründen. Forschung, die in diesem vom Bundesinstitut für Berufsbildung (BIBB) durchgeführten Modellversuch auf Entwicklungstätigkeiten bezogen ist, dient der Ermittlung konstruktionsheuristischer Daten, die aus rückgekoppelten Erfahrungen im Schulfeld hervorgehen. Einbezogen werden Erfahrungen von Institutionen, die an der ursprünglichen Entwicklung nicht beteiligt waren (vgl. GUTSCHMIDT u.a. 1974, S. 70). Die Gruppenarbeit spielt in diesem Modellversuch eine innovationsstrategische Rolle. Die Gruppenmitglieder nehmen aber nicht nur an solchen heuristischen Diskussionen teil, sondern entscheiden auch über Entwicklungsgrundsätze, über Curriculummaterialien und deren Einsatz.
PHILIPP/RÖSNER (vgl. 1978) berichten über empirische Schulerfahrungen aus dem Projekt „Systematische pädagogische Weiterentwicklung von Schulzentren der Sekundarstufe I – Schulforschung als Organisationsentwicklung". In diesem Ansatz wird Survey Feedback zum Zwecke der Intensivierung schulzweigübergreifender Kooperation an hessischen kooperativen Gesamtschulen instrumentiert. Diese pädagogische Weiterentwicklung soll über die Stimulation und Etablierung selbstreflexiver Mechanismen in den jeweiligen Kollegien gefördert werden (vgl. CREMER/PHILIPP 1983).
In Holland wird an einem Konzept der „autonomous school" gearbeitet. Dabei wird davon ausgegangen, daß durch den sozialen Wandel die Schule vor neue Aufgaben gestellt (vgl. VAN VELZEN 1979, S. 8 ff.) und zu praktischen Problemen geführt wurde (Problembeispiele: „changing moral values", „decreasing importance of religion in daily life", „gaps between primary and secondary education"; vgl. VAN VELZEN 1979, S. 8). Die Schule müsse durch bessere äußere Bedingungen und interne „supports" in die Lage versetzt werden, diese Probleme zu lösen und sich entsprechend umzustrukturieren. Die Nähe zum Denkansatz von Walgenbach fällt auf: Die einbezogenen Schulen sollen *selbst* lernen, eigene Probleme zu lösen, oder anders formuliert: Sie werden angeleitet, selbst Systeminnovationen zu entwerfen und zu im-

plementieren. Self-renewal bedürfe dabei einer „internal support staff" (DUTCH CATHOLIC SCHOOL COUNCIL 1979, S.5), die Beratungsaufgaben innerhalb von Schulen übernehmen solle. Eine ausgebaute „supportive structure" in Holland sei bereits vorhanden (etwa 60 lokale, regionale und pädagogische Zentren; vgl. VAN VELZEN 1979, S.2).
Die Internationale Lernkooperative (International Learning Cooperative, IMTEC Oslo) hat ein Institutional Development Program (IDP) entworfen (vgl. BENHAM 1981, INTERNATIONAL LEARNING... 1976). Mit diesem Programm können Schulen in Zusammenarbeit mit Forschern Innovationen innerhalb der jeweiligen Schule einleiten (vgl. DALIN 1979). Dazu wurde ein „Guide for Institutional Learning" (GIL) entworfen. GIL ist sozusagen eine Einstiegshilfe für Gespräche innerhalb von Schulen über deren „capacity to manage change" (INTERNATIONAL LEARNING... 1976, S.3). Feedback von schulintern erhobenen Daten ist dazu eine der angewandten Methoden. Der Vergleich von eigenen Problemen mit denen anderer Schulen führt über die Grenzen der eigenen Schule hinaus. Der Dialog mit anderen Schulen und Bildungsinstitutionen wird also geführt.
Um den Fragetypus, der dem GIL zugrundeliegt, zu veranschaulichen, werden zwei Fragen nachfolgend vorgestellt (vgl. INTERNATIONAL LEARNING... 1976):

Climate

We are interested in the overall "climate" or atmosphere of this institution. Even though this is an intangible quality, there is usually some agreement as to what the climate feels like at any given time. In essence, we are asking, "How does it *feel* when you cooperate with other people in this institution?"
Below, please give us your feeling about the climate by placing a mark in the appropriate space: For example:
encouraging ____ : ✓ : ____ : ____ : ____ : ____ : ____ : discouraging

This would show you thought the climate was quite encouraging, but not "fully" encouraging. A check toward the right-hand side would show that you felt the climate was more discouraging: a check in the middle would suggest that the climate is about equally encouraging and discouraging, or neutral.

For each of the pairs of words below, please give your best estimate of the feel of this institution. Work quickly, in order to give more spontaneous responses.

	1	2	3	4	5	6	7	
exploring								taking things as they are
co-operative								unco-operative
routine								experimental
supportive								not supportive
formal								informal
unprofessional								professional
creative								not creative
trusting								suspicious

overloaded	__:	__:	__:	__:	__:	__:	__:	not overloaded
	1	2	3	4	5	6	7	
arbitrary	__:	__:	__:	__:	__:	__:	__:	fair
	1	2	3	4	5	6	7	
conservative	__:	__:	__:	__:	__:	__:	__:	innovative
	1	2	3	4	5	6	7	
honest	__:	__:	__:	__:	__:	__:	__:	not honest
	1	2	3	4	5	6	7	
fearful	__:	__:	__:	__:	__:	__:	__:	not fearful
	1	2	3	4	5	6	7	
tentative	__:	__:	__:	__:	__:	__:	__:	sure
	1	2	3	4	5	6	7	
developing	__:	__:	__:	__:	__:	__:	__:	not developing
	1	2	3	4	5	6	7	
rigid	__:	__:	__:	__:	__:	__:	__:	flexible
	1	2	3	4	5	6	7	

In most institutions internal problems develop which must be solved if the institution is to do a better job. Listed below is a series of such potential problems. To what extent is each one of these actually a problem in your institution?

Very serious problem	Serious problem	Moderately serious problem	Not particularly serious	No problem
1	2	3	4	5

(Circle one)

a.	Inadequate physical plant	1	2	3	4	5
b.	Insufficient instructional materials and supplies	1	2	3	4	5
c.	Low student motivation to succeed	1	2	3	4	5
d.	Student behaviour and discipline	1	2	3	4	5
e.	Inadequate support services for staff (e.g. secretary help, etc.)	1	2	3	4	5
f.	Staff morale	1	2	3	4	5
g.	Ineffective teaching	1	2	3	4	5
h.	Lack of clear objectives and goals	1	2	3	4	5
i.	Racial or ethnic tensions	1	2	3	4	5
j.	Staff overload (too much work)	1	2	3	4	5
k.	Poor relations with students	1	2	3	4	5
l.	Inadequate numbers of staff to supply needed services	1	2	3	4	5
m.	Bureaucratic regulations	1	2	3	4	5

Are there other problems in the institution not listed above?
Please describe:

n.	_____	1	2	3	4	5
o.	_____	1	2	3	4	5
p.	_____	1	2	3	4	5
q.	_____	1	2	3	4	5

Uwe Hameyer

Bislang wurde dieses Programm in Norwegen, Belgien, in Großbritannien, in Kanada und in den USA eingesetzt und an 75 Schulen erprobt. Das Programm geht davon aus, daß sich Schulen in wesentlichen Merkmalsdimensionen deutlich voneinander unterscheiden. Es muß daher mit je besonderen Innovationsvoraussetzungen gerechnet werden. Die Unterschiede zwischen Schulen sind Ausgangspunkte für Innovationsmaßnahmen. Im Rahmen dieses Programms wird mit einzelnen Schulen ein Vertrag geschlossen – auch mit Schuldistrikten (ähnlich übrigens wie im Projekt SIPRI; vgl. SCHWEIZERISCHE KONFERENZ DER KANTONALEN ERZIEHUNGSDIREKTOREN 1980).
HOOD (vgl. 1981) beschreibt einen interaktiven Forschungs- und Entwicklungsansatz, der aus der Kritik an phasenstrukturierten Forschungs- und Entwicklungsstrategien entstanden ist. Dieser Ansatz, „Interactive Research and Development (IR & DT)" genannt, gründet Innovationsprozesse auf Teamarbeit: Jedes Teammitglied ist in bezug auf Verantwortungsübernahme und Entscheidungsbeteiligung mit den anderen gleichgestellt. Das interaktive Moment erstreckt sich auf folgende fünf Merkmale: Zusammensetzung des Teams, Art der Zusammenarbeit, Problemlösungsprozeß in bezug auf das Klassenraumgeschehen, Forschung und Fortbildung, Intervention in der Schule. Dieser projektorientierte Ansatz entstand am Far West Laboratory for Educational Research and Development unter finanzieller Beteiligung des National Institute of Education (Washington; zum Gesamtansatz vgl. TIKUNOFF u. a. 1979). Dieser Interaktionsansatz greift ein in den zurückliegenden Jahren verstärkt diskutiertes Konzept (mutual adaptation) auf, welches von BERMAN/MCLAUGHLIN (vgl. 1977) aufgrund einer vergleichenden Analyse von 296 amerikanischen Modellversuchen im Schulfeld entwickelt wurde. Die Verfügbarkeit von Projektgeldern und die Durchführung entsprechender Innovationen auf lokaler und Distriktebene in den Vereinigten Staaten, so zeigte diese vergleichende Studie, waren keine Gewähr dafür, daß die ausgearbeiteten Innovationen implementiert und nachhaltig in die Bildungspraxis umgesetzt wurden. Solange nicht durch kontinuierliche Interaktionen gewährleistet ist, daß eine neue Idee oder ein innovatives Curriculum von allen Beteiligten nachvollzogen und verinnerlicht werden kann, ist mit einer Adaptation nicht zu rechnen.
Mutual adaptation läuft darauf hinaus, daß während des gesamten Innovationsprozesses alle Beteiligten eine systematische Möglichkeit fortdauernder Art haben müssen, sich an allen wichtigen Aktivitäten zu beteiligen: um den Innovationsansatz und die Ziele besser verstehen zu lernen, um über ihre eigenen Probleme und ihre Situation beispielsweise dem Forscher berichten zu können und um die Möglichkeit, die Probleme, von denen ein Innovationsansatz ausgeht, gemeinsam ausgearbeitet und akzeptiert zu haben (zur Umsetzung solcher Gedanken vgl. LIEBERMAN 1979). Forschung und Fortbildung greifen in diesen Ansätzen unmittelbar ineinander. Lehrer werden beispielsweise angehalten, ihren eigenen Unterricht nach bestimmten gemeinsam akzeptierten Forschungsgesichtspunkten zu analysieren als Teil ihrer Fortbildung. Anlage und Ergebnisse solcher Untersuchungen werden im Team besprochen. Es wird die Hoffnung damit verknüpft, daß Lehrer eine offenere Einstellung gegenüber Forschung gewinnen in Hinsicht auf eigene Lehr- und Lerninteressen.

8 Schlußbetrachtung

Eine Schwierigkeit, Organisationsentwicklung einzuleiten, kann darin bestehen, daß die in Aussicht genommenen Kooperationspartner meinen, daß der von Organisationsentwicklungsaktivitäten ausgelöste höhere Grad an allgemeiner Problemkomplexität innerhalb der Organisation dem Bedürfnis entgegensteht, Probleme gerade zu vereinfachen und handhabbarer zu gestalten. BULLA u. a. (vgl. 1977) berichten über solche Schwierigkeiten. Viele Lehrer scheinen von einer Zusammenarbeit mit Wissenschaftlern zu erwarten, ihnen würden problemlos handhabbare Handlungsanweisungen geliefert werden können. De facto aber erzeugen Interventionen von Wissenschaftlern in der Regel eine Problemvielfalt im Interventionsfeld, wobei diese Problemvielfalt oft nicht ihrerseits ein analog dazu gewachsenes Problemlösungspotential nach sich zieht.

Beim Feedback und auch in generativen Forschungsansätzen ist das Prinzip der situativen Distanz (vgl. FREY 1982) nicht jederzeit einzulösen. Da sich der Forscher oder der Berater auf eine sich über mehrere Monate erstreckende Zusammenarbeit mit einer Schule oder einem Distrikt einlassen, wird es ihnen nicht immer möglich sein, sich je nach forschungssystematisch begründetem Bedarf für einige Zeit zurückzuziehen. Die „Muße" für Tätigkeiten des lektüreintensiven oder datenbearbeitenden Forschens und Recherchierens ist vor Ort nur selten möglich. Allerdings ist mit diesem Bedenken nicht die eigentliche Absicht, die mit dem Konzept der situativen Distanz verbunden wird, voll angesprochen. Situative Distanz ist nicht so sehr von faktischer oder räumlicher Distanz allein abhängig als vielmehr von der Fähigkeit, subjektiv Distanz zu schaffen (ähnlich beispielsweise der Distanz des Psychoanalytikers). Zur situativen Distanz gehört auch, daß sie dauernd wieder überschritten wird. Diese Überschreitung bleibt aber im Bewußtsein.

Grundsätzlich ist in allen genannten Ansätzen die Forschungsarbeit auf kurze Zeiträume angewiesen. Möglicherweise können deshalb komplexere empirische oder interpretative Verfahren weder ausgearbeitet noch eingesetzt werden, wenngleich gerade komplexe Handlungssituationen im Interventionsfeld möglicherweise den Einsatz solcher Verfahren notwendig machen können.

Interventive Forschungsstrategien sind weithin Neuland. Sie stehen unter dem Druck, den Beweis der Nützlichkeit und Praktikabilität im Wettbewerb mit klassischen Arbeitsformen ausweisen zu müssen. Rückschläge oder öffentliche Debatten über den bisherigen Einsatz solcher Strategien können diese in ihrer Verletzungsempfindlichkeit leicht beeinträchtigen, da eben der Erfolg des Einsatzes von Forschung im Rahmen solcher Strategien öffentlich diskutiert wird – ohne notwendigerweise dabei die gesamte Öffentlichkeit in die Vorteile und Schwierigkeiten solcher Ansätze einweisen zu können.

Der Konsultations- und Forschungsprozeß wird im Zeitablauf und auch in seiner Strukturierung stark beeinflußt durch die Verständigungsmodi. Dabei kann Beeinflussung auch Behinderung oder Paralysierung bedeuten, wenn Selbstdarstellungstendenzen dominieren oder freie Problemerörterungen aufgrund externen Druckes eingegrenzt werden, oder wenn es nicht gelingt, pyramidale Organisationsstrukturen in ihren negativen Einwirkungen auf organisationsinterne Reflexionsprozesse zurückzuhalten oder so einzubeziehen, daß die Strukturen sich selbst ändern oder zumindest diese Reflexionsprozesse ermöglichen. Interventive Ansätze können auch dahingehend verfälscht werden, daß Personen (Organisationsmitglieder) in einem individuell betrachtet glücklicheren Zustand versetzt werden sollen, allein um ihre Produktivität zu erhöhen (vgl. CROCKETT 1978).

Uwe Hameyer

Ein weiterer ernstzunehmender Kritikpunkt ist die „Macht- und Konfliktblindheit" von Organisationsentwicklungsansätzen (vgl. KLEMM/ROLFF 1977, S. 553). „Das Credo, Implementation dominiere das Ergebnis, verdeckt, daß Implementation selbst vom größeren sozialstrukturellen Zusammenhang und den diesem inne wohnenden Konflikten dominiert wird. Sozialer Wandel, der nicht nur ‚mehr des gleichen' ist, sondern auch qualitativ etwas ändert, berührt zwangsläufig das Verteilungsproblem" (KLEMM/ROLFF 1977, S. 553).

Zustimmung und Fähigkeit zur Zusammenarbeit mit Organisationen ist gefordert, in der Regel aber schwer einzulösen, weil die Zusammenarbeit oft vorher nicht geübt oder nur in geringem Maße ausgeprägt ist. Ein weiterer Grund für das Risiko eines Mißlingens von Organisationsentwicklungsinterventionen ist die kurze Zeit, die Organisationsentwicklungsspezialisten und den Beteiligten in der Organisation zur Verfügung steht.

Welche Personen oder Einheiten innerhalb einer Organisation sollen angesprochen werden? Es gibt erhebliche Auffassungsunterschiede dazu. Jene, die der Family-Group-Konzeption folgen, beziehen in ihre Interventionen das Lehrerkollegium als primären Adressaten ein, während andere auch an die Schüler und Eltern denken. Darauf aufbauend entsteht der Vorschlag, teilweise neue Arbeitsgruppen oder Kooperationsstrukturen in einer Organisation auszubilden, um im Rahmen dieser neuen Strukturen Organisationsentwicklung zu betreiben.

Organisationsentwicklungsstrategien können auf die pädagogische Praxis nicht in toto übertragen werden (vgl. FUHR 1979). Die Kontextbedingungen der pädagogischen Praxis (und der Lehrerfortbildung als eine Form pädagogischer Praxis) erlauben nicht die kontinuierliche und langfristige Arbeit mit Lehrerkollegien. Ein weiteres Handicap ist die Tatsache, daß einige Schulen, mit denen Organisationsentwicklung betrieben wird, nur Subsysteme in der Bildungsbürokratie darstellten, welche nur grundlegend verändert werden könnten, wenn die Gesamtkonzeption in den Veränderungsprozeß einbezogen werden würde (vgl. FUHR 1979, S. 123).

Eine Schwierigkeit kann entstehen, wenn interventive Forschungsansätze, die dem Prinzip der Institutionalisierung von Rationalität folgen, innerhalb der Interventionsfelder oder Organisationen ein Ausmaß an Reflexivität erzeugen, welches nicht durch parallel dazu in der Umwelt in Gang gesetzte Reflexionen honoriert wird. In solchen Fällen macht sich das Introversionsprinzip bemerkbar, nämlich die Aktivitäten auf das Innere einer Organisation zu richten (während dieses für generative Schulforschungsansätze nicht zutrifft). Es ist daher nicht unwahrscheinlich, daß reflexive Organisationen, die infolge interventiver Forschung zu einer beträchtlichen Lern- und Selbsterneuerungsqualität vorgedrungen sind, sich früher oder später einem time lag zwischen der Entwicklungsgeschwindigkeit der Umwelt und dem eigenen Entwicklungs- und Reflexionsvorsprung gegenübergestellt sehen.

Wie solche durchaus als produktiv und kreativ interpretierbaren Asymmetrien verarbeitet werden können, ist bis heute weder in der Organisationsforschung noch in der neueren Systemtheorie genügend thematisiert worden. Wenn LUHMANN (vgl. 1973, S. 230) annimmt, daß das Entscheiden durch Komplizierung der Systemstruktur vereinfacht werden könne, so kann analog dazu die These gelten, daß der Reflexivitätsgrad innerhalb einer Organisation durch Komplizierung der Binnenstrukturen dieser Organisation ermöglicht wird. Differenzierung der Binnenstrukturen bedeutet am Beispiel interventiver Forschungsstrategien die Einrichtung von Intergruppensitzungen oder die Bereitstellung eines organisationsinternen Beraters. Gleichzeitig aber muß die dadurch erreichte Binnendifferenzierung, die eine Reflexivitätserhöhung nach sich ziehen kann, sich mit entweder konstant gebliebenen oder veränderten Anforderungen an die Organisation, die von außen kommen, auseinandersetzen können. Die Absorbierung organisationsinterner Probleme durch interne Differenzierung ist also nicht automatisch eine Garantie für ein zukünftiges besseres Auskommen der Organisation mit ihrer Umwelt.

ABBOTT, M. G.: The School as Social System: Indicators for Change. In: BALDRIDGE, J. V./DEAL, T. E. (Hg.): Managing Change in Educational Organizations, Berkeley (Cal.) 1975, S. 176 ff. ALDERFER, C. P.: Organization Development. In: Ann. Rev. of Psych. 28 (1977), S. 197 ff. ALDERFER, C. P./HOLBROOK, J.: A New Design for Survey Feedback. In: E. and Urb. Society 5 (1973), S. 437 ff. AREGGER, K.: Qualifizierung des Lehrers für Innovationsprozesse. In: AREGGER, K. u. a.: Lehrerbildung für die Schulreform, Bern/Stuttgart 1975, S. 33 ff. AREGGER, K./FREY, K.: Curriculumtheoretische Ansätze in einem Entwicklungsprojekt, EBAC-Projekt 5, Basel 1971. ARGYRIS, CH.: Innovation and Organization, Homewood (Ill.) 1965. BASSIN, M./GROSS, T.: Organization Development: A Viable Method of Change for Urban Secondary Schools. Paper Presented at the Annual Meeting of the American Educational Research Association, Toronto 1978. BAUMERT, J./RASCHERT, J.: Partizipation an curricularen Entscheidungsprozessen. Vorbereitung der Berliner Mittelstufenzentren durch praxisnahe Curriculumentwicklung und Lehrerfortbildung. In: Z. f. P. 20 (1974), S. 887 ff. BECKHARD, R.: Organization Development. Strategies and Models, Reading (Mass.) 1969. BENHAM, B. J.: IDP Dramatization, Oslo 1981. BENNIS, W. G.: Changing Organizations. In: BENNIS, W. G. u. a. (Hg.): The Planning of Change, London/New York ²1971, S. 568 ff. BENNIS, W. G. u. a.: Änderung des Sozialverhaltens, Stuttgart 1975. BENTZEN, M. M. u. a.: A Study of Schooling: Adult Experiences in Schools. In: Phi Delta Kappan 61 (1980), S. 394 ff. BERG, G./WALLIN, E.: The School in an Organizational Perspective. Uppsala Report on Education, Uppsala 1981. BERGENHENEGOUWEN, G.: Curriculumforschung in den Niederlanden. In: HAMEYER, U. u. a. (Hg.): Handbuch der Curriculumforschung, Weinheim/Basel 1983, S. 795 ff. BERMAN, P./MCLAUGHLIN, M. W.: Implementation of Educational Innovations. In: The E. For. 40 (1976), S. 345 ff. BERMAN, P./MCLAUGHLIN, M. W.: Federal Programmes Supporting Educational Change, Bd. 3: Factors Affecting Implementation and Continuation, Santa Monica (Cal.) 1977. BESSOTH, R./BRAUNE, G.: Schule und Management, Braunschweig 1977. BÖNISCH, B.: Einige philosophisch-methodologische Fragen. In: FRIEDRICH, W. (Hg.): Methoden der marxistisch-leninistischen Sozialforschung, Berlin (DDR) 1970, S. 17 ff. BONN, P.: Konkretisierung der Rahmenrichtlinien an Gesamtschulen – Bericht über einen Modellversuch in Hessen. In: FREY, K. (Hg.): Curriculum-Handbuch, Bd. 1, München 1975, S. 363 ff. BONN, P.: Curriculumentwicklung an Gesamtschulen und kooperative Lehrerfortbildung. Werkstattbericht über den Modellversuch „Konkretisierung der Rahmenrichtlinien an Gesamtschulen" (KoRaG) in Hessen (1973–1976) – Abschlußbericht, Mimeo, Frankfurt/M. 1977. BOWYER, J. u. a.: Staff Development and Science Teaching. An Investigation of Selected Delivery Variables. In: J. of Res. in Sc. Teach. 21 (1984). BUCHANAN, P. C.: Crucial Issues in Organizational Development. In: WATSON, G. (Hg.): Change in School Systems, Washington 1967, S. 51 ff. BUCHANAN, B. C.: Laboratory Training and Organization Development. In: Admin. Sc. Quart. 14 (1969), S. 466 ff. BULLA, H. G.: Zur Entwicklung der Konzeption des Survey Feedback: Übersicht über Kontext, Verlauf und Probleme der klassischen Projekte, Mimeo, Konstanz 1976. BULLA, H. G.: Überlegungen zur Planung und Strukturierung des Feedback, Mimeo, Konstanz 1978. BULLA, H. G. u. a.: Probleme handlungsorientierter Innovationsforschung. Strategie und Konzeption des Projekts „Konstruktive Schulforschung". In: HAMEYER, U./HAFT, H. (Hg.): Handlungsorientierte Schulforschungsprojekte, Weinheim/Basel 1977, S. 87 ff. BÜNDER, W.: Kölner Modell: Chemie – Technik – Lebenswelt, Kiel 1981. BUND-LÄNDER-KOMMISSION FÜR BILDUNGSPLANUNG UND FORSCHUNGSFÖRDERUNG (BLK): Evaluation schulischer Neuerungen. Stuttgart 1979. CARDINET, J.: Auf der Suche nach einer kriterienbezogenen Beurteilung der Schülerleistungen. In: MEYLAN, J.-P. (Hg.): Evaluation …, Bern 1983, S. 226 ff. CHRISTIANI, R.: Auswirkungen des Übergangs von der zensurenbezogenen zur zensurenfreien Leistungsbewertung in den Klassen 1 und 2 der Grundschulen des Landes Nordrhein-Westfalen. In: MEYLAN, J.-P. (Hg.): Evaluation …, Bern 1983, S. 197 ff. CLARK, D. L. u. a. (Hg.): Alternative Perspectives for

Viewing Educational Organizations, San Francisco 1981. CLINTON, CH. A.: Local Success and Federal Failure. A Study of Community Development and Educational Change in the Rural South, Cambridge (Mass.) 1979. COHEN, A. R./GADON, H.: Changing the Management Culture in a Public School System. In: The J. of Appl. Behav. Sc. 14 (1978), S. 61 ff. CREMER, Ch./ PHILIPP, E.: Curriculumforschung aufgrund interventiver Forschungsstrategien (Handlungsforschung und Organisationsentwicklung). In: HAMEYER, U. u. a. (Hg.): Handbuch der Curriculumforschung, Weinheim/Basel 1983, S. 577 ff. CROCKETT, W.: No System is Forever. In: OD Practitioner 10 (1978), 1, S. 11 ff. DALIN, P.: Limits to Educational Change, London 1978. DALIN, P.: The Institutional Development Program (IDP), Oslo 1979. DEAL, T. E./CELOTTI, L. D.: How Much Influence Do (and Can) Educational Administrators Have on Classrooms? In: Phi Delta Kappan 62 (1980), S. 471 ff. DECORTE, E.: Curriculumforschung in Belgien. In: HAMEYER, U. u. a. (Hg.): Handbuch der Curriculumforschung, Weinheim/Basel 1983, S. 755 ff. DERR, C. B.: Organization Development in One Large Urban School System. In: E. and Urb. Society 2 (1970), S. 403 ff. DERR, C. B./DEMB, A.: Entry and Urban School Systems. The Context and Culture of New Markets. In: E. and Urb. Society 6 (1974), S. 135 ff. DILL, D. D./ FRIEDMAN, Ch. P.: An Analysis of Frameworks for Research on Innovation and Change in Higher Education. In: Rev. of E. Res. 49 (1979), S. 411 ff. DOMNICK, J. u. a.: Problemlösungslernen im Rahmen der Survey-Feedback-Strategie des Projekts „Konstruktive Schulforschung". In: SCHUCH, H. W. (Hg.): Der subjektive Faktor in der politischen Bildung, Stuttgart 1978, S. 146 ff. DUTCH CATHOLIC SCHOOL COUNCIL: Summary and Policy Recommendations of the Discussion Note „Developing an Autonomous School", The Hague 1979. EIGENMANN, J.: Das EBAC-PS-Projekt. In: FREY, K. (Hg.): Curriculum-Handbuch, Bd. 1, München 1975, S. 355 ff. ELMORE, R. F.: Organizational Models of Social Program Implementation. In: Publ. Pol. 26 (1978), 1, S. 185 ff. ERNY, P.: Ethnologie de l'éducation. Paris 1981. EULEFELD, G./FREY, K.: Innovationsstrategische Konzipierung von Curriculumprojekten mit Bezug auf verschiedene curriculare Instanzen und Informationsstrukturen, dargestellt am Projekt „Ökologie und Umwelterziehung". In: HAMEYER, U. u. a. (Hg.): Bedingungen und Modelle der Curriculuminnovation, Weinheim/Basel 1976, S. 267 ff. EULEFELD, G./KAPUNE, TH. (Hg.): Empfehlungen und Arbeitsdokumente zur Umwelterziehung. München 1978. IPN-Arbeitsbericht Nr. 36, Kiel 1979. EULEFELD, G. u. a.: Ökologie und Umwelterziehung – ein didaktisches Konzept, Stuttgart 1981. FEND, H.: Schulklima, Weinheim/Basel 1977. FEND, H.: Theorie der Schule, München 1980. FEYLER, J./HUTIN, R.: L'experience „Fluidite" (Canton de Genève). In: MEYLAN, J.-P. (Hg.): Evaluation ..., Bern 1983, S. 289 ff. FIRESTONE, W. A./CORBETT, H. D.: School Versus Linking Agent as Contributors to the Change Process. In: E. Eval. and Pol. Anal. 3 (1981), 2. FIRESTONE, W. A./HERRIOTT, R. E.: Images of the School: An Exploration of the Social Organization of Elementary, Junior High, and High Schools, Philadelphia 1980. FLECHSIG, K.-H.: Leitfaden zur praxisentwickelnden Unterrichtsforschung. Göttinger Monographien zur Unterrichtsforschung I, Göttingen 1979. FRANKLIN, J. L.: Organization Development. Annotated Bibliography, Mimeo, Ann Arbor (Mich.) 1973. FRENCH, W. L.: Organization Development: Objectives, Assumptions and Strategies. In: Calif. Managem. Rev. 11 (1969), 12. FRENCH, W. L./BELL, C. H.: Organisationsentwicklung. Sozialwissenschaftliche Strategien zur Organisationsveränderung, Bern/Stuttgart 1977. FRENCH, W. L./HOLLIMAN, R. W.: Management by Objectives: The Team Approach. In: Calif. Managem. Rev. 17 (1975), S. 13 ff. FREY, K.: Forschungsplanung am IPN. Konzeptionen, Bedingungen, Erfahrungen. IPN-Kurzbericht Nr. 20, Kiel 1980. FREY, K. (Hg.): Curriculum-Konferenz: Gebiet Mikroprozessor. IPN-Arbeitsbericht 45, Kiel 1981. FREY, K.: Die Projektmethode, Weinheim/Basel 1982. FREY, K./ AREGGER, K.: Ein Modell zur Integration von Theorie und Praxis in Curriculumprojekten: Das Generative Leitsystem. In: HAFT, H./HAMEYER, U. (Hg.): Curriculumplanung. Theorie und Praxis, München 1975, S. 133 ff. FREY, K. u. a.: Legitimation und Entwicklung einer neuen Schule. In: Z. f. P. 22 (1976), S. 253 ff. FRIEDLANDER, F./BROWN, L. D.: Organization Development: In: Ann. Rev. of Psych. 25 (1974), S. 313 ff. FÜGLISTER, P.: WS-Zug: Protokoll der Lernzielberatung mit Schülern der Klasse WS-2. In: KÜNZLI, R. (Hg.): Curriculumentwicklung. Begründung und Legitimation, München 1975, S. 171 ff. FUHR, R.: Das didaktische Modell Werkstattseminar. Göttinger Monographien zur Unterrichtsforschung Nr. 5, Göttingen 1979. FULLAN, M. u. a.: Organization Development in Schools. The State of the Art. In: Rev.

of E. Res. 50 (1980), S. 121 ff. GETZELS, J. W.: Paradigm and Practice: On the Impact of Basic Research in Education. In: SUPPES, P. (Hg.): Impact of Research and Education: Some Case Studies, Washington 1978, S. 477 ff. GOODLAD, J. I. u. a.: Curriculum Inquiry, New York 1979. GRUSCHKA, A. (Hg.): Ein Schulversuch wird überprüft. Das Evaluationsdesign für Kollegstufe NW als Konzept handlungsorientierter Begleitforschung, Kronberg 1976. GSTETTNER, P.: Organisationsstrukturen und Forschungsprobleme in einem komplexen Innovationsvorhaben. In: FREY, K. (Hg.): Curriculum-Handbuch, Bd. 1, München 1975, S. 445 ff. GSTETTNER, P.: Zur Organisation von Wissenschaftsprozessen und Handlungszusammenhängen im Projekt „Bildungsforschung in Südtirol". In: HAMEYER, U. u. a. (Hg.): Bedingungen und Modelle der Curriculuminnovation, Weinheim/Basel 1976, S. 309 ff. (1976a). GSTETTNER, P.: Handlungsforschung unter dem Anspruch diskursiver Verständigung - Analyse einiger Kommunikationsprobleme. In: Z. f. P. 22 (1976), S. 321 ff. (1976b). GUTSCHMIDT, F. u. a.: Bildungstechnologie und Curriculum. Die praxisnahe Entwicklung komplexer Lehrsysteme, Hannover 1974. HABERMAS, J.: Vorbereitende Bemerkungen zu einer Theorie der kommunikativen Kompetenz. In: HABERMAS, J./LUHMANN, N.: Theorie der Gesellschaft oder Sozialtechnologie - Was leistet die Systemforschung? Frankfurt/M. 1972, S. 101 ff. HAFT, H./HAMEYER, U.: Curriculumplanung als Ort der Vermittlung von Erkenntnis- und Handlungsprozessen. In: HAFT, H./HAMEYER, U. (Hg.): Curriculumplanung - Theorie und Praxis, München 1975, S. 11 ff. HAGE, J./AIKEN, M.: Social Change in Complex Organizations, New York 1970. HAGI, E.: From Research to Intervention: Organization Renewal in a Collective Community. In: TREBESCH, K. (Hg.): Organisationsentwicklung ..., Bd. 1b: Fälle, Bern/Stuttgart 1980, S. 279 ff. HALPIN, A. W./CROFT, D. B.: Organizational Climate of Schools, Chicago 1963. HAMEYER, U.: Innovationsprozesse. Analysemodell und Fallstudien zum sozialen Konflikt in der Curriculumrevision, Weinheim/Basel 1978a. HAMEYER, U.: Vier Gesichtspunkte zur Förderung von Innovationsprozessen im Bildungssektor. IPN-Kurzbericht Nr. 14, Kiel 1978b. HAMEYER, U.: Learning from the Evaluation of Educational Improvement in German Speaking OECD Countries, Mimeo, Paris 1982. HAMEYER, U.: Systematisierung von Curriculumtheorien. In: Hameyer, U. u. a. (Hg.): Handbuch der Curriculumforschung, Weinheim/Basel 1983, S. 53 ff. HAMEYER, U.: Evaluation von Modellversuchen. Bericht über die CERI-OECD-Seminarreihe 1977-1981: Bundesrepublik Deutschland, Österreich, Schweiz, Bonn 1984. HAMEYER, U./HAFT, H. (Hg.): Handlungsorientierte Schulforschungsprojekte. Praxisberichte, Analysen, Kritik, Weinheim/Basel 1977. HERMAN, S. M.: A Gestalt Orientation to Organization Development. In: BURKE, W. (Hg.): New Technologies in Organization Development, Bd. 1, La Jolla 1972, S. 69 ff. HERRIOTT, R. E./FIRESTONE, W. A.: Multi-Site Qualitative Policy Research: Optimizing Description and Generalizability. In: E. Reser. 11 (1983), 2, S. 12 ff. HERRIOTT, R. E./GROSS, N. (Hg.): The Dynamics of Planned Educational Change, Cambridge 1979. HOOD, P.: Interactive Research and Development on Teaching (IR & DT), Mimeo, San Francisco 1981. HOWES, N. J./NEWCOMB, S. E.: Graduate Student Involvement in Organization Development Projects: A Symbiotic Relationship for College Students Faculty and Local Organizations. In: E. Change and Dev. 4 (1981), S. 3 ff. HÜLST, D.: Regelmäßigkeit und Erfahrung. Zum Problem sozialwissenschaftlicher Theoriekonstruktion. In: HÜLST, D. u. a.: Methodenfragen zur Gesellschaftsanalyse, Frankfurt/M. 1973, S. 13 ff. HUSE, E. F.: Organization Development and Change, St. Paul/New York 1975. HYAMS-PETER, H.-U.: Merkmale und Strukturen von Organisationen als Bestimmungsfaktoren curricularer Lernereignisse. In: HAMEYER, U. u. a. (Hg.): Handbuch der Curriculumforschung, Weinheim/Basel 1983, S. 399 ff. INTERNATIONAL LEARNING COOPERATIVE (IMTEC): Guide to Institutional Learning (GIL) for Teacher Training Institutions, Oslo 1976. ISENEGGER, U.: Schulen und Schulsysteme. Grundlagen organisatorischer Neugestaltung, München 1977. KAMBARTEL, F.: Erkennen und Handeln - methodische Analysen zur Ethik. In: GADAMER, H.-G./VOGLER, P. (Hg.): Philosophische Anthropologie, 2. Teil, Stuttgart 1974, S. 289 ff. KLAFKI, W.: Werkstattbericht aus dem „Marburger Grundschulprojekt". Innovationsmöglichkeiten und Bedingungsfaktoren handlungsorientierter Schulreform. In: HAMEYER, U./HAFT, H. (Hg.): Handlungsorientierte Schulforschungsprojekte, Weinheim/Basel 1977, S. 139 ff. KLAFKI, W. u. a.: Das „Marburger Grundschulprojekt", Hannover 1977. KLAFKI, W. u. a.: Schulnahe Curriculumentwicklung und Handlungsforschung. Forschungsbericht des Marburger Grundschulprojekts, Weinheim/Basel 1982. KLEMM, K./ROLFF, H.-G.: Zur

Dynamik der Schulentwicklung. In: Z. f. P. 23 (1977), S. 551 ff. KORDES, H.: Evaluation in Curriculumprozessen. In: HAMEYER, U. u. a. (Hg.): Handbuch der Curriculumforschung, Weinheim/Basel 1983, S. 267 ff. KROGT, F. J. VAN DEN: Datafeedback, scholen en innovatie, Nijmegen 1976. KUBITSCHEK, H. u. a.: Organisationsentwicklung: Entwicklungsbedürftig und entwicklungsfähig. In: TREBESCH, K. (Hg.): Organisationsentwicklung ..., Bd. 1 a: Konzeptionen, Bern/Stuttgart 1980, S. 281 ff. KÜNZLI, R.: Generativer Rahmen für die Didaktik der Chemie, Mimeo, Kiel 1981. KYBURZ-GRABER, R.: Schutz des Waldes. IPN-Einheitenbank Biologie: Unterrichtseinheit für eine Kooperation der Fächer Biologie/Geographie/Sozialkunde und weitere Kombinationen je nach der Unterrichtssituation, ab Klassenstufe 7, Mimeo, Kiel 1981. KYLE, D. W./MCCUTCHEON, G.: Issues in Collaborative Research. Paper Presented at the Annual Meeting of the American Educational Research Association, Boston 1980. LAGERWEIJ, N. A. J.: De veranderbaarheid van onderwijs. In: KEMENADE, J. A. VAN: Onderwijs: Bestel en beleid, Groningen 1981, S. 501 ff. LANDSBERGER, H. A./FÜRSTENBERG, F.: Human Relations in Industry. In: BERNSDORF, W. (Hg.): Wörterbuch der Soziologie, Bd. 2, Frankfurt/M. 1972, S. 346 ff. LECOMPTE, M. D./GOETZ, J. P.: Ethnographic Data Collection and Analysis in Evaluation Research, Boston 1980. LEITHWOOD, K. A. u. a.: Helping Schools Change. Strategies Derived from Field Experience, Toronto 1979. LEWIN, K.: Feldtheorie in den Sozialwissenschaften, Bern/Stuttgart 1963. LIEBERMAN, A.: Interactive Research and Development on Teaching: Toward Adaptation of the IR & DT Strategy, San Francisco 1979. LIKERT, R.: New Patterns of Management, New York 1961. LIPPITT, R.: Consultation: Traps and Potentialities. In: HERRIOTT, R. E./GROSS, N. (Hg.): The Dynamics ..., Berkeley 1979, S. 258 ff. LOUIS, K. S./ROSENBLUM, S.: The Effect of School Structure and School Culture on the Implementation of Planned Change, Cambridge 1978. LUHMANN, N.: Zweckbegriff und Systemrationalität, Frankfurt/M. 1973. MANN, F. C.: Studying and Creating Change: A Means to Understanding Social Organization. In: HORNSTEIN, H. A. u. a. (Hg.): Social Intervention: A Behavioral Science Approach, New York 1971, S. 294 ff. MANN, F./LIPPITT, R. (Hg.): Social Relation Skills in Field Research. In: The J. of Soc. Issues 8 (1952), 3. MARX, E. Ch.: De Organisatie van scholengemenschappen in onderwijskundige optiek, Groningen 1975. MAYO, E.: Probleme industrieller Arbeitsbedingungen, Frankfurt/M. 1949. MENESINI, M./SEYBOLD, H.: Umweltschutz in der Schule, Köln 1978. MEYLAN, J.-P. (Hg.): Evaluation von Innovationen im Bereich der Primarschule, Bern 1983. MILES, M. B.: On Temporary Systems. In: MILES, M. B. (Hg.): Innovation in Education, New York ²1967, S. 437 ff. MILES, M. B.: The Development of Innovative Climates in Educational Organizations. Forschungsbericht des Stanford Research Institute, Menlo Park (Cal.) 1969. MILES, M. B.: Innovation in Education, New York ³1971. MILES, M. B.: Designing and Starting Innovative Schools. A Field Study of Social Architecture in Education, New York 1974. MILES, M. B.: Qualitative Data as an Attractive Nuisance: The Problem of Analysis. In: Admin. Sc. Quart. 24 (1979), S. 590 ff. MILES, M. B./SCHMUCK, R. A.: Improving Schools Through Organization Development: An Overview. In: SCHMUCK, R. A./MILES, M. B. (Hg.): Organization ..., Palo Alto 1971. MILES, M. B. u. a.: OD in Schools: The State of the Art, Bd. 3: OD-Consultants/OD-Programs in Schools Districts, Toronto 1978 a. MILES, M. B. u. a.: OD in Schools: The State of the Art, Bd. 5: Implications for Policy, Research and Practice, Toronto 1978 b. MOSER, H.: Anspruch und Selbstverständnis der Aktionsforschung. In: Z. f. P. 22 (1976), S. 357 ff. MULFORD, B.: Organization Development: An Octet of Dilemmas. In: E. Change and Dev. 1 (1979), 3, S. 13 ff. PETER, H.-U.: Die Schule als soziale Organisation, Weinheim/Basel 1973. PHILIPP, E./RÖSNER, E.: AFS-Schulforschung als Organisationsentwicklung – systematische pädagogische Weiterentwicklung von Schulzentren, Dortmund 1978. PINCUS, J.: Incentives for Innovation in the Public Schools. In: Rev. of E. Res. 44 (1974), S. 113 ff. ROLFF, H.-G.: Schulreform als geplanter organisatorischer Wandel. Ein Bericht über Schulreformplanung in den USA, Dortmund 1976. ROSENSTIEL, L. v. u. a.: Organisationspsychologie, Stuttgart 1972. RUBIN, I. u. a.: Initiating Planned Change in Health Care Systems. In: The J. of Appl. Behav. Sc. 10 (1974), S. 107 ff. RUNKEL, Ph. J./SCHMUCK, R. A.: Organization Development in Schools: A Review of Research Findings from Oregon, Eugene (Or.) 1976. RUPRECHT, H.: Die erfahrungswissenschaftliche Tradition der Erziehungswissenschaft. In: THIERSCH, H. u. a.: Die Entwicklung ..., München 1978, S. 109 ff. SARASON, S. B.: The Culture of the School and the Problem of Change, Boston 1971. SARASON, S. B.: A „Cultural" Limitation of System Approaches to Educational Reform. In: Am. J. of Community Psych. 5 (1977), S. 277 ff. SCHMUCK, R. A.: Organizational Climate and Innovativeness of Schools, Mimeo, Eugene (Or.) 1980. SCHMUCK, R. A.: Organization Development: A Strategy for School Improvement, Mimeo, Leuven 1981. SCHMUCK, R. A./MILES, M. B. (Hg.): Organization Development in Schools, Palo Alto 1971. SCHMUCK, R. A./RUNKEL, PH. J.: Handbook of Organization Development in Schools, Palo Alto 1972. SCHMUCK, R. A. u. a.: The Second Handbook of Organization Development in Schools, Palo Alto (Cal.) 1977. SCHWEIZERISCHE KONFERENZ DER KANTONALEN ERZIEHUNGSDIREKTOREN (PÄDAGOGISCHE KOMMISSION): Projekt SIPRI: Überprüfung der Situation der Primarschule, Genf 1980. SEITMAN, E. (Hg.): Handbook of Social Intervention, London 1983. SIEVERS, B.: Organisationsentwicklung als Strategie der Integration von Schulreform und Lehrerfortbildung. In: AREGGER, K. (Hg.): Lehrerfortbildung. Projektorientierte Konzepte und neue Bereiche. Weinheim/Basel 1976, S. 240 ff. STUFFLEBEAM, D. L. u. a.: Educational Evaluation and Decision Making, Bloomington 1971. TALMAGE, H./HAERTEL, G. D.: Participant Evaluation Research: A Parent, Teacher and Evaluator Partnership. Paper presented at the American Educational Association Conference, Boston 1980. THIERSCH, H. u. a.: Die Entwicklung der Erziehungswissenschaft, München 1978. TIKUNOFF, W. J. u. a.: Interactive Research and Development on Teaching. Report IR & DT-79-12, San Francisco (Cal.) 1979. TREBESCH, K. (Hg.): Organisationsentwicklung in Europa. Organization Development in Europe. Beiträge zum ersten europäischen Forum über Organisationsentwicklung in Aachen 1978, 2 Bde., Bern/Stuttgart 1980. TUSTIN, A.: Feedback. In: Sc. Am. (1952), 187, S. 48 ff. VELZEN, W. G. van: Policy Planning Concerning the Support Structure of Secondary Education in the Netherlands, AL's-Hertogenbosch 1979. WALGENBACH, W.: Ansätze zu einer Didaktik ästhetisch-wissenschaftlicher Praxis, Weinheim/Basel 1979. WALGENBACH, W.: Curriculumforschung aufgrund systemtheoretischer Strategien und Methoden. In: HAMEYER, U. u. a. (Hg.): Handbuch der Curriculumforschung, Weinheim/Basel 1983, S. 569 ff. WEICK, K. E.: Educational Organizations as Loosely Coupled Systems. In: Admin. Sc. Quart. 21 (1976), S. 1 ff. WEISBORD, M. R. u. a.: Improving Police Department Management Through Problem-Solving Task Forces, Reading (Mass.) o. J. ZALTMAN, G. u. a.: Innovations and Organizations, New York/London 1973. ZIMMER, J. (Hg.): Curriculumentwicklung im Vorschulbereich, 2 Bde., München 1973.

E Pädagogische Aktionsforschung

Hagen Kordes

Pädagogische Aktionsforschung

1 Pädagogische und sozialtechnologische Aktionsforschung
2 Praxis der Aktionsforschung
2.1 Einstiegspunkt: Katalysatorische Situationen gehen der Aktionsforschung voraus
2.2 Ausgangspunkt: Aktionsforscher binden die alltägliche berufliche Tätigkeit in ihre eigene Praxis ein
2.3 Bezugspunkt: Pädagogische Aktionsforschung ist Bildungsgangsarbeit
2.4 Standpunkt: Aktionsforscher stehen mit Ausbildern und Auszubildenden in einem unmittelbaren Tätigkeitszusammenhang
3 Methodologie
3.1 Drei Stufen einer Vermittlung zwischen Theorie und Praxis
3.2 Pädagogisch-dialektische Diagnose
3.3 Pädagogisch-dialektische Genese
3.4 Pädagogisch-dialektische Prognose
4 Methodik
4.1 Pädagogisch-katalysatorische Objektivierung
4.2 Pädagogisch-katalysatorische Zuverlässigkeit
4.3 Pädagogisch-katalysatorische Validierung
5 Praktiken
5.1 Feedback, Diskurs und pädagogisch-katalysatorischer Tätigkeitszusammenhang
5.2 Empirische Praktiken katalysatorischer Interaktion
5.3 Hermeneutisch-pädagogische Verfahren katalysatorischer Rekonstruktion
5.4 Statistische Techniken pädagogisch-dialektischer Interpretation
5.5 Katalog von Praktiken, Verfahren und Techniken pädagogischer Aktionsforschung

Zusammenfassung: Pädagogische Aktionsforschung steht in einem unmittelbaren Zusammenhang mit dem pädagogischen Feld und ist Bildungsarbeit und -analyse zugleich. Sie wird in dialektischer Auseinandersetzung mit psychischen Triebkräften und gesellschaftlich-institutionellen Regulationen vollzogen. Dieses Konzept einer pädagogischen Aktionsforschung wird erarbeitet durch die eigene konkrete und gesellschaftliche Praxis und zwar mit Hilfe pädagogisch-dialektischer Modelle für diagnostische, genetische und prognostische Analysen. Daraus ergeben sich auch Konsequenzen für das Verständnis der Gütekriterien empirischer Forschung. Die Prüfung der Objektivität, Zuverlässigkeit und Validität vollzieht sich als ein Erkennen mittels pädagogischer Interaktion und als Rückwirkung dieser Erkenntnis auf den Kommunikationszusammenhang einer pädagogischen Praxis. Diese Rückbindung empirischer Forschung an die Praxis hat zur Herausbildung spezifischer Praktiken geführt, deren Aufgabe gerade in dieser Vermittlung von Theorie und Praxis liegt. Ein Katalog von Praktiken, Verfahren und Techniken pädagogischer Aktionsforschung beschließt daher diesen Beitrag.

Hagen Kordes

Summary: Pedagogical action research is directly related to the whole field of pedagogics and is simultaneously work on and analysis of education. It consists in the dialectical confrontation between psychical impulses and socio-institutional regulations. This concept of pedagogical action research is developed via the researcher's own concrete and social practice with the aid of pedagogico-dialectical models for diagnostic, genetic, and prognostic analyses. This produces some consequences for the understanding of the criteria of empirical research. The examination of objectivity, reliability and validity consists in perception by means of pedagogical interaction and in the retroaction of this perception on the communication circumstances of pedagogical practice. This feedback from empirical research to practical pedagogics has led to the development of specific techniques, the task of which is precisely this interaction between theory and practice. Thus this contribution concludes with a catalogue of practices, procedures and techniques of pedagogical action research.

Résumé: La recherche en action pédagogique se situe dans une relation immédiate avec le domaine pédagogique et elle est à la fois travail et analyse de la démarche de formation. Elle s'accomplit en une confrontation dialectique avec des impulsions psychiques et des régulations socio-institutionnelles. Cette conception de la recherche en action pédagogique est élaborée par la pratique concrète et sociale elle-même, et ce, à partir de modèles de pédagogie dialectique pour des analyses de diagnostic, de génétique et de pronostic. En résultent également des conséquences quant à la compréhension des critères de qualité de la recherche empirique. L'analyse de l'objectivité, de la fiabilité et de la validité s'effectue en tant que reconnaissance à l'aide de l'interaction pédagogique et en tant que répercussion de cette reconnaissance sur la relation de communication d'une pratique pédagogique. Ce lien par répercussion qui unit la recherche empirique à la pratique a conduit au développement de procédés spécifiques qui ont précisément pour but la transmission de la théorie et de la pratique. Ainsi cet article se termine par une énumération de pratiques, procédés et techniques de recherche en action pédagogique.

1 Pädagogische und sozialtechnologische Aktionsforschung

Von Aktionsforschung läßt sich dann sprechen, wenn man mit jener Grundregel wissenschaftlichen Arbeitens bricht, welche die Trennung theoretischer von praktischer Arbeit verlangt: Jegliche Aktionsforschung besteht darin, ihren eigenen Entstehungs-, Begründungs- und Verwendungszusammenhang einerseits zu reflektieren und andererseits handlungsorientierend auf Entstehungs-, Entwicklungs- und Veränderungsprozesse sozialer Praxis einzuwirken (vgl. HABERMAS 1974, S. 9). Zum anderen wird mit Aktionsforschung dasjenige Grundkriterium empirischer Wissenschaft überschritten, nach der Forschung (um ihrer Objektivität, Zuverlässigkeit und Gültigkeit willen) von jedweder Aktion (Einwirkung) auf den Untersuchungsgegenstand freigehalten werden soll. Im Gegensatz dazu geht Aktionsforschung von dem Prinzip aus, daß Wirklichkeit um so gültiger, zuverlässiger und objektiver zu „messen" sei, je tiefer und breiter durch Aktionsforschung an ihrer Weiterentwicklung und Selbstaufklärung gearbeitet wird (vgl. BRONFENBRENNER 1976, S. 235; vgl. LEWIN 1968, S. 13; vgl. RUBINSTEIN 1958, S. 49). Von dieser theoretischen Grundposition ausgehend, läßt sich jedoch unterscheiden zwischen einer in der europäischen Tradition der Aufklärung und der kritischen Bildungs- und

Pädagogische Aktionsforschung

Gesellschaftstheorien stehenden Aktionsforschung, die als „pädagogische" oder „praxeologische" bezeichnet werden könnte (vgl. BENNER 1978, S. 319 ff.; vgl. HABERMAS 1974; vgl. HURRELMANN 1976, S. 5; vgl. KOTARBINSKI 1965, MÜLLER 1973) und einer im amerikanischen Pragmatismus und Humanismus verwurzelten „action research", in diesem Beitrag umfassend als „sozialtechnologische" oder „interventive" Aktionsforschung (vgl. HAMEYER 1984) benannt. Während letztere „ihre eigene Praxis" analog zur „Praxis" des Arztes und des Therapeuten in einem autonomen und voluntaristischen Akt zu „unterhalten" meint und als Beratung beziehungsweise Intervention den „blockierten" Institutionen oder Individuen „anbietet", weist pädagogische Aktionsforschung ihren „Gegenstand" nicht außerhalb ihrer selbst aus, sondern schließt sich als ein Teilmoment umfassender individuell-gesellschaftlicher Praxis ein, in welchem sie eine möglichst starke, entwicklungstreibende und katalysatorische Potenz zu entwickeln sucht. Die sozialtechnologische, interventive Struktur der „action research" wird insbesondere durch folgende Sozial- und Erziehungsforscher geprägt: ARGYRIS (vgl. 1970), BENNIS u.a. (vgl. 1975), CARTWRIGHT/ZANDER (vgl. 1968), CLARK (vgl. 1971), FAIRWEATHER (vgl. 1967), FOX/LIPPITT (vgl. 1977), KLÜVER/KRÜGER (vgl. 1972), LEWIN (vgl. 1968), PIEPER (vgl. 1977) und RAPOPORT (vgl. 1972). Demgegenüber ist ein Design pädagogischer Aktionsforschung in Vorgehensweisen solcher Bildungsforscher charakterisiert wie FREIRE (vgl. 1973a, 1973b, 1974), GRUSCHKA (vgl. 1976), HEINZE u.a. (vgl. 1975a), HORN (vgl. 1979a) oder ZINNECKER u.a. (vgl. 1975). In Reflexion auf ihren umfassenden Konstitutionszusammenhang ist Aktionsforschung aber immer erst dann pädagogisch, wenn sie von einer permanent zu explizierenden Vermittlung ihrer jeweilig spezifischen professionellen Tätigkeit und sozialen Praxis ausgeht. Insofern wird hier im folgenden ein Design pädagogischer Aktionsforschung beschrieben, welches beispielsweise zu differenzieren ist von analoger, therapeutischer Aktionsforschung (vgl. FIEDLER/HÖRMANN 1978, KANFER/SASLOW 1976, LORENZER 1970), didaktischer Aktionsforschung (vgl. BLOOM 1970, BRUNER u.a. 1976, LANG u.a. 1977, SCHURIAN 1978), sozioanalytischer Aktionsforschung (vgl. LAPASSADE 1975; vgl. WELLENDORF 1978, 1982) sowie politökonomischer Aktionsforschung (vgl. ALQUATI 1974, AUTORENKOLLEKTIV LANKWITZ 1972, WEILER/FREITAG 1971).

Publikationen zur pädagogischen Aktionsforschung lassen sich folgendermaßen gruppieren:
- Reader, die sozusagen den „state of art" in Betrachtungen, Kommentaren und Darstellungen zusammenfassen (vgl. HAAG u.a. 1972, HAMEYER/HAFT 1977, HORN 1979a, MITTER/WEISHAUPT 1977),
- Projektdokumentationen, die in zugleich selbstreflexiver und methodenkritischer Weise ihre Erfahrungen aufarbeiten und weitergeben (vgl. GRUSCHKA 1982, HEINZE-PRAUSE/HEINZE 1974, KLAFKI u.a. 1977, KORDES 1982, PROJEKT OSDORFER BORN 1972; vgl. SCHWEITZER u.a. 1976, 1977; vgl. ZINNECKER u.a. 1975),
- Versuche programmatischer Entwürfe zur Methodologie einer Aktionsforschung beziehungsweise zu ihrer Kritik (vgl. BLANKERTZ/GRUSCHKA 1975, FUCHS 1970/1971, GRUSCHKA 1976; vgl. HEINZE u.a. 1975a, b; vgl. v. HENTIG 1977, KLAFKI 1973, KORDES 1976, MOSER 1975).

Dazwischen liegen Versuche der Institutionalisierung von Aktionsforschung als einer für gesellschaftlichen Wandel und Demokratisierung, insbesondere für die Bildungsreform, adäquaten Forschungsweise (vgl. DEUTSCHE FORSCHUNGSGEMEINSCHAFT 1976, ROTH/FRIEDRICH 1976) als auch Versuche der Desavouierung ihres Anspruchs, eine „unverwechselbare Forschungsweise" zu sein (vgl. EICHNER/

SCHMIDT 1974, HAEBERLIN 1975; vgl. HEINZE u.a. 1975a, b; vgl. KARL 1977, MOLLENHAUER/RITTELMEYER 1975, MÜLLER 1975).
Trotz dieser vielschichtigen und reichhaltigen Dokumentationslage erscheint den meisten „der Wunsch nach einer der spezifischen pädagogischen Fragestellung angemessenen eigenen ‚praxeologischen' Gestalt von Forschungsprozessen [...] bisher unerfüllt geblieben" (HURRELMANN 1976, S. 5) zu sein. Gleichwohl läßt die Durcharbeitung einiger hundert dokumentierter Aktionsforschungsprojekte den Schluß zu, daß der „längst fällige Perspektivenwechsel" variantenreich und „systematisch durchgeprobt" worden ist (HURRELMANN 1976, S. 5). Trotzdem stellt, angesichts ihrer Eigenart und uneinholbaren Vielfältigkeit, der Versuch, pädagogische Aktionsforschung in die synthetische Form eines Designs zu bringen, ein Wagnis dar, das ausschließlich in der Verantwortung ihres Autors und seiner Art, aus eigenen wie fremden Erfahrungen mit Aktionsforschung zu lernen, liegen kann. Unter dieser Einschränkung, die sich auch in der gewählten Ausdrucksform der ersten Person (Plural) niederschlägt, soll das für diesen Beitrag konstitutive Verständnis einer pädagogischen Aktionsforschung mit einigen Stichworten vorweg charakterisiert werden:

Ausgangspunkt. Als Aktionsforscher verzichten wir darauf, durch vorzeitige Theoriebildung (Methodologie) und Methodenplanung (Methodik) die Forschungssituation als feste Struktur vorzugeben. Statt dessen erkennen wir an, daß die Mitglieder einer Organisation, die Praktiker, ihre Zusammenarbeit mit uns unabhängig von unserem gleichhaftenden oder gleichbepflichteten Implikationsniveau selber gestalten. Wir setzen allerdings voraus, daß sie dabei, genauso wie wir, auf „bewährte" bürokratisch-interaktionelle Muster zurückgreifen. Erst *katalysatorische Situationen* bringen sie und uns auf die Spur dieser teilweise unbewußten und verdrängten Handlungsmuster. Katalysatorische Situationen gehen also der Aktionsforschung voran, weil sie erst ein besonderes Schlaglicht auf den Zusammenhang der alltäglichen, professionellen Arbeit und unserer eigenen, zugleich konkreten und gesellschaftlichen Praxis werfen, und damit in besonderer Weise ein Reflexiv- und Produktivwerden eigener Bildungsarbeit und -analyse nahelegen.

Methodologie. Unsere methodologische Tätigkeit als Aktionsforscher steht vor folgender Aufgabe: Wie können wir den „Schwung" der von den katalysatorischen Situationen ausgelösten „ursprünglichen Interpretationen" der Praktiker nutzen und diese zum verbindlichen Ausgangspunkt der weiteren aufdeckenden Analyse machen? In begrenzter Analogie zu klinischen, therapeutischen und sozialtechnischen Aktionsforschungen, versuchen wir durch die gemeinsame Praxis hindurch mit Hilfe *dreier Stufen pädagogisch-dialektischer Analyse (Diagnose, Genese und Prognose)* zu einer aktionsorientierenden Theorie nicht nur *für die*, sondern auch *der* Praktiker zu gelangen.

Methodik. Die zweite methodisch zu bestimmende Aufgabe lautet: Wie können wir durch die gemeinsame mit dem Praktiker geteilte katalysatorische Erfahrung hindurch, mit Hilfe pädagogischer Dialektik von Aktion und Forschung zu einem erweiterten Erfahrungspotential und Aktionsradius der Bildungsforschung gelangen. Auch hier versuchen wir, in begrenzter Analogie an die praktischen Wendungen herkömmlicher therapeutisch-klinischer und sozialtechnologischer Aktionsforschungen anzuknüpfen und die ursprünglich erkenntniswissenschaftlich gemeinten Gütekriterien empirischer Forschung als Orientierungen für *das Herstellen objektiver, zuverlässiger und gültiger Bildungsgangsarbeit* auszulegen.

Praktiken. In pädagogischer Aktionsforschung dienen Methoden dazu, die sich gegenseitig befruchtende Verbindung von Aktion und Forschung, Erziehung und Untersuchung sicherzustellen. Entsprechend sind sie ständig aus der Bildungsgangsarbeit und ihrer Analyse zu rekreieren. Gegenüber einer bloß „erhebenden" Empirie herkömmlicher Sozialforschung erweitern wir unseren Erfahrungsraum und Aktionsradius, indem wir einen handlungsorientierten Zugang zu den Daten mittels verschiedener *Praktiken katalysatorischer Interaktion* eröffnen. Im Gegensatz zu einer bloß „sinnverstehenden" Hermeneutik bedeutet Aktionsforschung für uns *intensive Erfahrungsarbeit an einem Einzelfall pädagogischer Praxis*. Gegenüber einer „linear-regressiven" Wahrscheinlichkeitsrechnung betten wir das statistische Kalkül in eine komplexere, mit den neuzeitlichen elektronischen Produktivkräften möglich gewordene *Dialektik von Zufälligkeit und Notwendigkeit, Wahrscheinlichkeit und Innovation* ein.

2 Praxis der Aktionsforschung

2.1 Einstiegspunkt: Katalysatorische Situationen gehen der Aktionsforschung voraus

NEGT (1975/1976, S.36f.) gibt den Einstiegspunkt eines Musterbeispiels pädagogischer Aktionsforschung, des Schulversuchs Glocksee, wie folgt wieder: „Im Herbst 1972 herrschte in der Bundesrepublik Deutschland ein gesamtgesellschaftliches Klima, in dem die mit großen Erwartungen begonnene Reformarbeit auf allen Ebenen des Ausbildungssystems bereits wieder ins Stocken geraten war und die zweite politische Restauration der westdeutschen Nachkriegsgeschichte spürbar ihre Schatten vorauswarf. Die Schulrealität war durch zwei grundsätzliche Probleme gekennzeichnet: durch die Zunahme des diffusen Aggressionspotentials der Schüler (und das verstärkt noch in reformierten Grund- und Gesamtschulen) und durch die Tendenz der Motivationszerstörung sowie der sich verschlechternden Bedingung selbst für die Bildung von herkömmlichen Lernmotivationen. Gleichwohl war ein Überschuß von Erwartungen an eine Veränderung der schulischen Erziehung geblieben, der sich in dem Interesse an alternativen Schulkonzeptionen niederschlug: Als in Hannover, im weiteren Rahmen der ‚Aktion Kleine Klasse' eine öffentliche Veranstaltung über den vom Norddeutschen Fernsehen aufgenommenen Film über das ‚Rödelheimer Projekt' gemacht wurde, fanden sich an zwei Abenden jeweils über sechshundert Interessierte ein – vorwiegend Lehrer und Eltern, und zwar keineswegs nur Mittelschichteltern. Es wurde mehrere Stunden über Erziehungsfragen diskutiert. Dieses Interesse war bei vielen sicher kein politisches Interesse in dem Sinne, daß es bewußt gerichtet war auf eine Veränderung des gesamten Schulsystems oder gar der Gesellschaft – es war zunächst ein fundamentales Interesse an der besseren Erziehung der Kinder."
An diesen Beispiel läßt sich die „epistemologische Wende" verdeutlichen, die gemeint ist, wenn wir davon sprechen, daß katalysatorische Situationen der Aktionsforschung vorangehen (vgl. LAPASSADE 1975, S.107). Während sozialtechnologische Aktionsforschung in einem sozialen Feld interveniert oder sogar eine professionelle Praxis für ihre Klienten unterhält (vgl. RAPOPORT 1972), setzt sich pädagogische Aktionsforschung der Irruption der gesellschaftlichen Akteure in der pädagogischen oder sozialen Szene einer Organisation aus (vgl. LAPASSADE 1975, S.157). Diese epistemologische Wende von der Analyse zum Katalysator verdankt sich der Einsicht, daß wissenschaftliche Experimente, die im institutionellen Alltag stattfinden, die gesellschaftlich-realen Experimente nicht simulieren, geschweige denn ersetzen können (vgl. NEGT 1982, S.123f.). „Nicht die Analyse kann die Krise der In-

stitutionen vorbereiten, es ist im Gegenteil die Krise der Institutionen, die die Analyse provoziert, sie produziert und sozialisiert. In dieser Perspektive kann man sagen, daß es die Arbeit der Katalysatoren ist, die der Arbeit der Analyse vorangeht und sie begründet" (LAPASSADE 1975, S. 107). Aktionsforschung entsteht also weder im Kopf des Analytikers noch wird sie vom Klienten produziert. Vielmehr sind es Katalysatoren einer Organisation, welche tieferliegende Probleme an die Oberfläche des Routinealltags spülen und die ersten Elemente der Analyse, gleichsam ohne auf den Analytiker angewiesen zu sein, selber liefern. Dies entspricht der von WELLENDORF (vgl. 1982, S. 205) geforderten Grundhaltung des Sozioanalytikers, sich der konkreten Erfahrung ohne eine vorgefaßte Idee auszusetzen, bis sich aus ihr ein bislang verborgener Sinn ergibt.

Dieser epistemologische Umschlag wird zu Beginn der 80er Jahre besonders evident. Denn die meisten Aktionsforschungsprojekte, welche die Rezession der 70er Jahre überlebt haben, sind Projekte innerhalb sich tragender Bewegungen: Freie-Schule-Bewegungen, Frauen-, Friedens-, Umweltschutzbewegungen und diverse Selbsthilfegruppen. Allen diesen „Bewegungen" ist gemeinsam, daß sie geschichtliche, also nicht von Erziehungs- und Sozialforschern „konstruierte" oder „initiierte" Katalysatoren tieferliegender Strukturen und Dynamiken gesellschaftlicher und pädagogischer Praxis sind. Sozial- und Erziehungsforscher haben als Bürger, Erzieher, Frauen selbst Teil an diesen gesellschaftlichen Bewegungen und verdanken ihnen diese Problematisierung und weitergehende Theoriebildung. Und umgekehrt: Alle signifikanten Reformen, die sich als Versuche zur Emanzipation verstehen, „können im Hinblick auf [...] erzeugte Konflikte und auf vermeidbare Regressionen und Leiden" (HABERMAS 1974, S. 42) nur unter dieser Bedingung, sinnfällige Katalysatoren entwicklungstreibender, gesellschaftlicher und pädagogischer Widersprüche zu sein, plausibel gemacht und durchgehalten werden.

In diesem Sinn unterscheidet sich pädagogische Aktionsforschung fundamental von sozialtechnologischer oder interventiver dadurch, daß letztere davon auszugehen scheint, beliebig „kathartische" oder „innovative" Prozesse von außerhalb arrangieren zu können. Auf der anderen Seite schließt die Regel, „Katalysatoren gehen der Aktionsforschung voraus" nicht aus, daß katalysatorische Prozesse auch methodisch herbeigeführt werden können. Im Gegenteil, unter der Voraussetzung, an relevante, wenn auch möglicherweise latent unterdrückt bleibende Problemlagen anzuschließen, ist das katalysatorische „Hervorlocken" des befreienden Wortes und der befreienden Tat im Rahmen des Gestaltungsradius der Aktionsforschung eine praktische Notwendigkeit. Die Musterfälle solcher katalysatorisch strukturierten Methode pädagogischer Aktionsforschung stellen Freires bildungstherapeutische Methode der „Dekodierung" (vgl. ARBEITSGRUPPE PAOLO FREIRE ... 1973; vgl. FREIRE 1974, S. 79 ff.) und Lapassades sozioanalytisches Vorgehen der „institutionellen Analyseure" (vgl. LAPASSADE 1974, 1975; vgl. LOURAU 1974) dar. Diese Praktiken finden sich im oben zitierten Beispiel des Schulversuchs Glocksee wieder: Eine Gruppe von Wissenschaftlern und Praktikern, die allesamt auch als Eltern oder Erzieher von der präjudizierenden Problemlage betroffen waren, griffen diese auf und „kodierten" sie gewissermaßen für eine öffentliche Veranstaltung. Situationen lassen sich demnach dann als Katalysatoren bezeichnen, wenn sie „gesamtgesellschaftliche Konflikte brennpunktartig zusammenfassen" (NEGT 1982, S. 123). Sie legen eine enthüllend-aufschlußreiche Realität zutage, die normalerweise im Alltag verborgen oder tabuisiert bleibt. Ein solches enthüllendes Ereignis produziert in der Regel bereits eine erste „ursprüngliche Analyse" der Situation, indem sie Teilnehmern und Analytikern ein „Geheimnis" preisgibt und sie auf einige Spuren der bislang verborgen gebliebenen Probleme führt. Diesen ursprünglichen Analysen folgen erste Deutungen der Beteiligten. Diese stellen den verbindlichen Ausgangspunkt für die Erarbeitung einer aktionsorientierenden Theorie und für die Chance ihres Praktischwerdens im pädagogischen Feld dar (vgl. EHRHARDT 1975/1976, S. 124).

2.2 Ausgangspunkt: Aktionsforscher binden die alltägliche berufliche Tätigkeit in ihre eigene Praxis ein

Mit der epistemologischen Wende zu dem Primat der Katalysatoren ist auch eine besondere praktische Wende wissenschaftlicher Arbeit verbunden: Erstens wird von *Praxis* ausgegangen und nicht von Fiktionen einer „sozialen Situation" - eines „Feldes" oder „Projektes" - so als ob letztere im Kopf des Forschers erst erstellt und dann in die „Praxis" umgesetzt würden. „Praxeologische" Forschung entsteht im allgemeinsten Sinn erst durch die Praxis einer zugleich beruflichen und persönlichen Tätigkeit, die auf „Not-wendigkeit im Sinne von Not [...] antwortet, indem sie sie zu wenden sucht" (BENNER 1983, S. 285). Letztlich wird auf diejenige „Not" reagiert, die aus der Entwicklung der Arbeitsteilung zwischen theoretischen und praktischen Berufstätigkeiten erwachsen ist und eine institutionelle Struktur geschaffen hat, welche die Besonderheit zugleich reflexiver und produktiver Praxis verkennt oder verdrängt. Praxis geht weder in den Berufstätigkeiten der Wissenschaftler noch der Praktiker allein auf.

Zweitens wird von *konkreter Praxis* ausgegangen und nicht von Fiktionen einer umfassenden Vernunft, die alles in sich aufzunehmen und zu realisieren beansprucht, als ob durch das wissenschaftliche Arbeiten des Forschers erst der Produktion von Irrationalität in der Praxis Einhalt geboten werden könnte. Die Vernunft ist weder Herr in der Praxis noch in der Forschung und muß sich zu einer Anerkennung des „Anderen der Vernunft" durcharbeiten. Diese Anerkennung führt dazu, die Irruption politisch-ökonomischer (Geld, Interessen, Macht) und libidinös-psychischer Konstellationen (Trieb, Begierde, Lust) in die Praxis nicht nur zu erfassen, sondern als Symbole der Forschung selbst zu reflektieren und zu nutzen. Dieses Sich-einlassen-Können auf die Irritation des Unbekannten ist Voraussetzung für ein besseres Begreifen der Praxis und auch für die Chance, sie wirklich besser zu bewältigen. Diese konkrete Praxis geht in aller Regel weder in den wissenschaftlichen Konstruktionen und Indikatoren auf, die der empirische Forscher in der „Wirklichkeit" prüft, noch in den Kategorien und Konzepten, die der normative (Erziehungs-)Wissenschaftler in der von ihm hypostasierten Praxis zu klären sucht.

Drittens wird von *eigener Praxis* ausgegangen, also nicht von der Fiktion einer objektiven und interesselosen Erkenntnispraxis. Die subjektiven Regungen des Forschers stellen selbst zentrale Indikatoren für die zu untersuchende Struktur und Dynamik einer Praxis dar. Der Versuch, die Praxis anderer ohne die eigene verstehen und verändern zu wollen, ist als Ausdruck eines Abwehrkampfes zu begreifen, „den wir, gefesselt in unserer Identität, als ‚Wissenschaftler' gegen die unbotmäßigen und verpönten Wünsche, Gefühle und Phantasien führen, die in Situationen der eigenen Praxis aufsteigen" (WELLENDORF 1982, S. 203).

Viertens wird von *pädagogischer Praxis* ausgegangen und nicht von der Fiktion einer für jeden Aufgaben- und Arbeitsbereich gleich gültigen und universellen Gesamtpraxis, als ob diese ein Instrumentarium gleichzeitig für ökonomische und sittliche, politische und therapeutische, medizinische und religiöse Praxis lieferte. Vielmehr gilt es, die jeweilige Besonderheit einer Praxis herauszuarbeiten und dann auf den Zusammenhang gesellschaftlicher Gesamtpraxis zu beziehen.

Hagen Kordes

Im Gegensatz zu den um technische Effizienz bemühten Paradigmen, darf eine pädagogische Aktionsforschung selbst nicht wirken *wollen*, um pädagogisch auf Erziehende und zu Erziehende einzuwirken. Pädagogische Praxeologen (vgl. BENNER 1983, DERBOLAV 1977, SCHMIED-KOWARZIK 1974) haben überzeugend dargelegt, daß der Erzieher eine spezifisch pädagogische Wirkung erst über die freie und produktive Mitwirkung des Menschen erzielt. Die Mitwirkung des Heranwachsenden ist ihrerseits nicht direkt antizipier- und herbeiführbar, sondern wiederum nur durch Herstellung pädagogischer Situationen beförderbar, die Momente der Aufforderung zur *Selbsttätigkeit* enthalten.

Fünftens wird schließlich von *gesellschaftlicher Praxis* ausgegangen und nicht von der Fiktion einer autonomen pädagogischen Praxis, als ob pädagogische Aktionsforschung eine Wirklichkeit außerhalb und unabhängig vom gesellschaftlichen Determinationszusammenhang freisetzen könnte. Genau umgekehrt wird aber auch vorausgesetzt, daß die moderne spätkapitalistische Gesellschaft sich von ihren Praxisaufgaben zunehmend durch Funktionalisierung entlastet, also beispielsweise sittliche Praxis der Tendenz nach durch Formalisierung des Rechtsverkehrs, politische Praxis durch Bürokratisierung von Herrschaft, medizinische Praxis durch Technisierung des Gesundheitswesens.

Mit diesen Praxen gemeinsam steht pädagogische Praxis vor der Aufgabe, die Gesellschaft nicht davon zu entlasten, ihre eigenen Strukturen und Aufgaben gegenüber der ökonomisch determinierten gesellschaftlichen Praxis zu sichern und auf „die Konzentrationsaufgabe aller menschlichen Praxen, auf die gemeinsame Aufgabe der Höher-Entwicklung der Menschheit" (BENNER 1983, S. 297) zu beziehen.

2.3 Bezugspunkt: Pädagogische Aktionsforschung ist Bildungsgangsarbeit

Prozeß und Produkt pädagogischer *Arbeit* sind in *Bildung* ausgedrückt, das heißt in der Arbeit an der Entfaltung „fremder" Bildung, in der sich immer auch diejenige der eigenen widerspiegelt. Allerdings ist eine Bildungsarbeit nur da besonders effektiv und sinnvoll, wo „die Beziehung zwischen den Mikro- und Makroebenen" (ROLFF 1977a, S. 583) zusammenläuft. Deshalb muß eine pädagogische Aktionsforschung an *„Bildungsgängen"* ansetzen, sofern diese „transversale" Strukturen (vgl. LAPASSADE 1975, S. 44f.) widerspiegeln. Arbeiten am Bildungsgang heißt an jener Umschlagsstelle zu operieren, in der sich erziehungsbedürftige und bildungsfähige Individuen oder Gruppen in Auseinandersetzung mit libidinösen Triebbedürfnissen und gesellschaftlichen Bedarfsanforderungen eine Identität und Kompetenz durch verschiedenste Lebensphasen und Tätigkeitszusammenhänge hindurch „aufbauen". Die Erfahrungen mit der Bildungsreform in den 70er Jahren haben die „vanité répétitive" überwiegend organisatorischer Reformen bloßgestellt und die „médiocrité" einer Schulreform entlarvt, die auf wenige kompensatorische Dimensionen einer administrativ-funktionalen Innovation zurückgeschraubt wurde (vgl. ARDOINO 1975, S. 8). Damit ist Bildungsgangsarbeit auch Arbeit am gesellschaftlich und pädagogisch unbewußt Gewordenen oder Verdrängten.

Während eine interventive Aktionsforschung als Analogon zum Bildungsgang eine bestimmte Lernstörung oder ein bestimmtes Organisationsproblem bearbeiten würde, gilt das Hauptaugenmerk des pädagogischen Aktionsforschers der latenten Grundstruktur und Dynamik menschlicher Erziehung in der Perspektive entfalteter Bildungsgänge. Entsprechend versteht sich der Schulversuch Glocksee bewußt nicht als ein didaktisches Programm (vgl. ZIEHE 1975/1976), sondern als offener Erfahrungsraum, in welchem mit den Heranwachsenden Prozesse neuer, selbstre-

Pädagogische Aktionsforschung

gulierter Sozialisation gewagt, gefördert und bearbeitet werden. Analog versteht sich auf der anderen Seite der Modellversuch Kollegstufe Nordrhein-Westfalen als ein didaktisch-curriculares Programm doppelt qualifizierender Bildungsgänge, die immer mehr in die Selbstbestimmung der Jugendlichen übergehen sollen (vgl. KORDES 1983a).

2.4 Standpunkt: Aktionsforscher stehen mit Ausbildern und Auszubildenden in einem unmittelbaren Tätigkeitszusammenhang

Wenn die Katalysatoren der Analyse vorausgehen, und wenn der zentrale Bezugspunkt pädagogischer Aktionsforschung die Bildungsgangsarbeit ist, dann folgt daraus die grundsätzliche Verstricktheit (vgl. ADORNO 1974), die Implikation (vgl. LAPASSADE 1975, S.5, S.60ff.) der Forschungsarbeit in den Tätigkeitszusammenhang der Praktiker. Wir müssen „mit aller Kraft und Offenheit in diese katalysatorischen Situationen einsteigen, wenn wir zu ihrer Erhellung und Bewältigung beitragen wollen" (LAPASSADE 1975, S.7). Die Position des pädagogischen Aktionsforschers ist aus einem realen pädagogisch-gesellschaftlichen Tätigkeitszusammenhang und aus dem Aufbau einer entsprechend tragfähigen Arbeitsbeziehung heraus zu entwickeln. Eine besonders konsequente Form hierfür hat die Laborschule Bielefeld im Rotationsprinzip ausgebildet: Wissenschaftliche Begleiter und Lehrer wechseln im Unterrichten und Forschen ab (vgl. BIELEFELDER LEHRERGRUPPE 1979, v. HENTIG 1977). Läßt sich diese Gleichverhaftung nicht realisieren, muß sich der pädagogische Aktionsforscher zumindest in einen gleichbepflichteten Tätigkeitszusammenhang mit den Praktikern begeben (vgl. FRAUENHAUS KÖLN 1980; vgl. SCHWEITZER u. a. 1976, S.207).

3 Methodologie

Das Zusammenfallen wissenschaftlicher Theorie und pädagogischer Praxis kann in Formen pädagogischer Aktionsforschung gestaltet und im Rahmen einer Methodologie pädagogischer Analyse mit Regeln begründet werden. Dies soll zunächst an einem Beispiel, dem Bericht einer Lehrerin über ihre Schülerin Jessica veranschaulicht werden:
„Jessica kam mit Beginn des Schulversuchs in die erste Klasse [...] Von Anfang an wirkte sie äußerst ängstlich und verschüchtert und machte auf die Erwachsenen und Kinder den Eindruck, als erwarte sie überhaupt nicht von anderen, anerkannt und gemocht zu werden. Sie redete kaum, und wenn, dann leise, hastig und stolpernd. Sie äußerte keine Wünsche, keinen Kummer, nahm jede Art von Enttäuschung passiv hin. Wenn sie mit anderen Kindern Kontakt aufnahm, tat sie es fast immer, um Schutz zu finden.
Annäherungsversuchen anderer Kinder – sei es liebevoll oder aggressiv – wich sie stets aus, nicht nur im übertragenen Sinn, sondern tatsächlich. Sichtbaren Abstand zwischen sich und anderen wahrend, zeigte sie deutliche Berührungsängste und setzte sich weder körperlich noch verbal zur Wehr. Versuchte sie einmal verbal zu protestieren, so war es für alle Ausdruck äußerster Hilflosigkeit. Sie stampfte dann mit den Füßen auf, rief immer wieder mit sehr hoher, sich überschlagender Stimme: ‚Laßt das, laßt das doch!', ‚Ich will das nicht!', ohne jemals den Versuch zu machen, die Anderen nur mit einer Handbewegung abzuwehren, oder nur mit einem Wort von ihnen Hilfe zu verlangen. Unterstützt wurde dieser Eindruck durch Jessicas verkrampfte körperliche Haltung (Motorik, Gestik u. Mimik). Dadurch bot sie sich

stark autoritär fixierten Kindern geradezu als Aggressionsobjekt an, während sich Kinder mit ähnlichen Problemen in ihr wiedererkannten. Diese konnten sich jedoch in der Anfangsphase, in der sich stabile Gruppenbeziehungen erst noch entwickeln mußten, nicht mit ihr solidarisieren, weil sie Angst hatten, dann ebenfalls Aggressionen auf sich zu ziehen. Für beide Gruppen konzentrierten sich die eigenen Konflikte und Probleme, nämlich die der Angst, der Hilflosigkeit und der Aggression, auf die dieses einen Mädchens.

Dieser Konflikt, der zu einem gemeinsamen der ganzen Kindergruppe geworden war, hielt fast ohne Veränderung mehrere Monate an und war für das Kind selbst, für viele andere Kinder und für mich oft kaum noch auszuhalten. Er schien so ausweglos und die Verhaltensweisen so festgelegt [...] Jessica machte den ihr als einzig möglich erscheinenden Schritt zur Veränderung ihrer schulischen Situation: Sie suchte sich eine Bezugsperson (mich), die Klassenlehrerin, die ihr inmitten der für sie chaotischen Zugriffe der Kinder Sicherheit durch stabiles ‚ausgeglichenes' Verhalten bot [...] Sie war ständig in meiner Nähe, beteiligte sich an fast allen meinen Aktivitäten, half mir, wehrte andere Kinder ab, wenn sie mich angegriffen glaubte: ‚Laßt meine Anne in Ruhe! Seht Ihr denn nicht, daß sie jetzt nicht kann! Sie braucht auch mal Pause!' Sie setzte sich aber auch körperlich für mich ein, indem sie andere Kinder wegdrängte und sich zwischen sie und mich stellte [...] Trotz allem theoretischen Vorverständnis wurden in mir in dieser Situation – der Konflikt zwischen den Kindern bestand ja weiterhin – Ängste aus meiner eigenen Sozialisation aktualisiert. Ich entdeckte bei mir zeitweise Angst vor den Aggressionen der Kinder, aber auch eigene Aggressionen gegen die Kinder. Konnten sie Jessica nicht in Ruhe lassen? Mußten sie sich immer auf das doch offenbar hilflose Kind stürzen? Warum mußten sie sich so aggressiv auseinandersetzen? Mußte ich nicht doch eingreifen, den ‚Schwachen' gegen den ‚Starken' schützen?" (KROVOZA/NEGT 1975/1976, S. 51).

Hier gibt es kein Ansetzen an „eingeschliffenen Bahnen" der Didaktik oder an feinmaschige Planung von Lernzielen und Resultaten (vgl. NEGT 1975/1976, S. 18; vgl. ZIEHE 1975/1976, S. 132), erst recht nicht an „Über-Resultaten" (vgl. WEIGELT 1975/1976), die Ausbilder wie Auszubildende gleicherweise einschüchtern und lähmen würden, sondern erst einmal das Eröffnen eines Erfahrungsraums" (vgl. v. HENTIG 1973; vgl. NEGT 1975/1976, S. 36; vgl. NEGT/KLUGE 1972). Entsprechend begriffen die Mitarbeiter des Schulversuchs ihre Arbeit in den Schulklassen als „Gesamtprozeß der Erfahrungsverarbeitung und der Erfahrungsbildung" (NEGT 1975/1976, S. 19). Die katalysatorische Einstiegssituation hatte erste, ursprüngliche Deutungen bei den Beteiligten ausgelöst, die von zwei fundamental zu bearbeitenden Schulproblemen ausgingen: Die immer stärkere Abnahme der Lernmotivation sowie die entsprechende Zunahme der Lerneraggression, und alles dies radikalisiert durch die institutionelle Polarisierung, nach der sich die ohnehin motivierten Schüler auf die Gymnasien und der „Rest" auf die Gesamt- oder Hauptschulen konzentriert (vgl. LOTZ 1974, S. 111; vgl. NEGT 1975/1976; vgl. NEGT 1982, S. 110 ff.). Angesichts dieser Problemlage war den Beteiligten nun in allgemeiner Weise klar, daß den Kindern bei ihrem Eintritt in die Schule nicht aufs neue eine didaktisch-curricular vorfixierte Lernorganisation zu oktroyieren war -, sondern die Erarbeitung eines sich zunächst selbst regulierenden Bildungsgangs einzuräumen war. Es ist bezeichnend für dieses Vorgehen, daß es nicht versuchte, das Prinzip der Selbstregulation als fixen Begriff definitorisch festzumachen, „nicht deshalb, weil wir Mühe gescheut hätten, ihn zu präzisieren, sondern weil der Praxisinhalt ab einer bestimmten Reichweite pädagogische Begriffe undefinierbar macht [...] daß wirkliche historische Begriffe nicht in Definitionen zu fassen sind. Klar definierbar ist nur die tote Abstraktion. Darin liegt eben die Nuance, die den Unterschied ums Ganze ausmacht. Selbstregulierung als Kategorie und rein methodisches Prinzip, oder Selbstregulierung als Praxis. In der Umschreibung der Selbstregulierung treten deshalb nicht zufällig häufig negative Abgrenzungen auf, Aussagen über, was sie nicht ist. Die entfaltete Definition der Selbstregulierung, wie wir sie verstehen, wäre die Glocksee-Schule selber, in allen ihren Aspekten dargestellt und vom Endergebnis des Versuches aus betrachtet" (NEGT 1975/1976, S. 32). Um diese Entfaltung zuzulassen, bedarf der pädagogische Aktionsforscher der Fähigkeit „Zeit verlieren zu können" (NEGT 1982, S. 123), weil nur so aus dem pädagogischen Feld sich die umfassende Theorie herausentwickeln und wieder im pädagogischen Aktionszusammenhang praktisch werden kann (vgl. EHRHARDT 1975/1976, S. 123). Ähnlich, wenn auch stärker in sukzessiven Übergängen von einer praktischen Theorie zur nächsten, entwickelt die Wissenschaftliche Begleitung Kollegstufe NW (vgl. BLANKERTZ 1983, GRUSCHKA 1982, KORDES 1982) aus der mehrjährigen Begleitung jugendlicher Schüler der Sekundarstufe II eine aktionsorientierte Theorie der Bildungsgangsarbeit und -analyse.

3.1 Drei Stufen einer Vermittlung zwischen Theorie und Praxis

Die Vermittlung zwischen Theorie und Praxis, hier also zwischen Pädagogik und Erziehung, läßt sich in begrenzter Analogie zu anderen praktischen, klinischen, therapeutischen und interventiven Sozialwissenschaften über die drei Erkenntnistätigkeiten der *Diagnose, Genese* und *Prognose* vornehmen. Die über diese erfolgende Vorbereitung einer aktionsorientierten Theorie muß allerdings eine Reihe von Auflagen erfüllen. Die erste besteht darin, die Folgen dieser erkenntnistheoretischen Restrukturierung für die logische Form wissenschaftlicher Analyse und für die pragmatische Leistung wissenschaftlicher Erkenntnis (im Vergleich zu kausaler Erklärung und hermeneutischem Verstehen) zu explizieren. Da der herkömmliche nomologische Versuch einer Theorieanwendung über die logische Transformation der Erklärung in eine Prognose (vgl. HEMPEL/OPPENHEIM 1948) sowie über die nomopragmatische Bemühung um eine Transformation der Prognose in Technologie beziehungsweise in eine technologische Regel (vgl. BUNGE 1967, PRIM/TILMANN 1973) bereits an der eigenen Logik und insbesondere an der Praxis gescheitert ist (vgl. GROEBEN/WESTMEYER 1975, S. 76 ff.), hat die neuere sozialtechnologische Aktionsforschung die diagnose-logische Lösung pragmatischer Kunstlehren der Medizin und der Therapie aufgegriffen. Hierbei wird eine umfassende Bestandsaufnahme vor Ort unter Einbeziehung der Akteure versucht, die dann mit Hilfe teilnehmender Planung bis zur Realisierung und Evaluierung einer Innovation oder eines sozialen Wandels weitergetrieben wird (vgl. ARGYRIS 1970, GOTTWALD 1976, HAVELOCK 1976, LEWIN 1968). Die über diesen Ansatz hinausführende analoge Form der pädagogisch-dialektischen Vermittlung im Rahmen praxeologischer Aktionsforschung wird im folgenden aufzuweisen sein.

3.2 Pädagogisch-dialektische Diagnose

Diagnostische Aufgaben stehen am Anfang aller erziehungs- und sozialwissenschaftlichen Bemühungen, zwischen Theorie und Praxis zu vermitteln. Diagnose hat in den klinischen, therapeutischen, didaktischen, pädagogischen und sozialpädagogischen Handlungswissenschaften schon immer die „synchrone" Aufgabe ge-

habt, entweder allgemeine theoretische Erklärungen in konkret-praktische Begründungen zu überführen, oder bestimmte Problemsituationen in Assoziation zu verfügbarem theoretischem Wissen zu verstehen und Ansatzpunkte zu ihrer Bewältigung zu suchen.
Wie sieht aber *erkenntnistheoretisch* die Überführung herkömmlicher sozialtechnologischer Diagnose in eine pädagogische Diagnose aus? Zunächst ist festzuhalten, daß letztere Kritik der ersteren ist, also Kritik an Sozialtechnologie als einem Instrument der Optimierung latent herrschender Kräfte und Regeln (vgl. HURRELMANN 1977, S. 62). Demgegenüber ist die pädagogische Diagnose immer wieder realdialektisch vorgenommen worden: einmal angelehnt an symbolisch-interaktionistische Diagnosekonzepte als Entschlüsselung der latenten Beziehungen zwischen Lebens- und Arbeitswelt (vgl. ROLFF u. a. 1974) beziehungsweise zwischen außerschulischer Lebens- und innerschulischer Lernwelt (vgl. HEINZE u. a. 1975a, b; vgl. ZINNECKER u. a. 1975) dann ausdrücklich orientiert an historisch-materialistischen Kategorisierungen als Aufdeckung des Verhältnisses zwischen Wirklichkeit und Möglichkeit (vgl. V. HENTIG 1976) beziehungsweise zwischen tauschwert- und gebrauchswertorientiertem Lernen (vgl. MEYER 1983, S. 304 ff.; vgl. ROLFF u. a. 1974). Diese Diagnosebemühungen haben informationshaltigere und realitätsreichere Erfahrungen und Deutungen zutage gefördert, als dies herkömmliche Sozialforschung beziehungsweise sozialtechnologische Aktionsforschung vermocht hätte. Dennoch enthalten sie gleichzeitig eine ganz und gar undialektische Tendenz, nämlich theoretisch mehr oder weniger entfaltete pädagogisch-soziologische Deutungskategorien auf die Realität, gleichsam von außen, zu applizieren. Die Deutungskategorien liefern ein größermaschiges Netz für die Diagnose der katalysatorischen Situation als die der sozialtechnologischen Aktionsforschung. Sie überwölben aber die Bildungsgangsarbeit derartig mit pädagogischen und gesellschaftstheoretischen Überbaupostulaten, daß sie allzu oft das ursprüngliche Ziel jeder Aktionsforschung verfehlen, von den „wirklichen Interessen der Betroffenen" auszugehen (vgl. FACHBEREICH SOZIALPÄDAGOGIK AN DER PH BERLIN 1972, S. 65; vgl. HAAG 1972, S. 48). Man lese nur die Empörung der Betroffenen, sofern sie nur einmal zu Wort kommen (vgl. JETZT REDEN WIR 1975, S. 75 ff.). Die Interessen der Betroffenen lassen sich also nicht von außen identifizieren und explorieren, sondern müssen von ihnen selbst entdeckt und geäußert werden. Im Schulversuch Glocksee wird diese Einsicht radikal am Fall von kleinen Kindern vollzogen, für die normalerweise die Pädagogen als Sachwalter, die ja „stets das Beste wollen", advokatorisch-stellvertretend handeln (vgl. KROVOZA/NEGT 1975/1976). Die Lehrerinnen im Schulversuch Glocksee wenden beispielhaft eine Regel pädagogisch-dialektischer Analyse an, die Regel nämlich, im Gleichgewicht die Spannungen und Spannungsverhältnisse zu erkennen. Diese Dialektik wurde in zwei Auseinandersetzungsformen begriffen: Erstens als Auseinandersetzung der Lern- und Bildungsgangsarbeit der Kinder mit konkreten psychisch-affektiven und motorischen Antrieben, sozialen Bedürfnissen, mit konkretem Aggressionspotential und entsprechenden Verarbeitungsmöglichkeiten; zweitens in der Auseinandersetzung der Kinder mit den konkreten Machtverhältnissen in der pädagogischen Organisation und auch mit dem Überbau in Lehrplan und Schulformation. Pädagogisch-dialektisch wird die Diagnose erst dann, wenn die doppelte dialektische Kritik an libidinöser und gesellschaftlicher Determination unter der Fragestellung realer pädagogischer Determination libidinöser Ansprüche nicht deren altbekannte Abwehr und „Sublimation" meint und mit pädagogischer Determination politischer Ansprüche nicht die advokatorische Kanalisierung staatlich-öffentlicher Interessen angesprochen wird. Angezielt ist vielmehr das funda-

mentale Regelsystem, das in der erzieherischen Praxis das synchrone Zusammentreffen libidinöser Ansprüche mit pädagogisierter Repression und politischer Begehrungen mit pädagogisierter Kanalisierung real generiert; und erkenntnispraktisch die genauere Fixierung der „unteren und oberen Grenze" der Möglichkeiten zur Veränderung dieses generierenden Regelsystems.
Faßt man die bisherigen Überlegungen in methodologischer Absicht zusammen, so läßt sich das Verständnis für pädagogisch-dialektische Diagnose so skizzieren: Weder subjektiv noch objektiv, weder logisch noch diagnostisch lassen sich eindeutige und allgemein anerkennungsfähige Normen begründen, welche zwischen den gegensätzlichen Interessenartikulationen im Erziehungsfeld diskriminieren könnten. Andererseits können aus den diagnostizierten Gegensätzen und Kollisionen signifikante Bruchstellen herausgearbeitet werden, welche nicht nur Ausgangspunkt für eine Kritik, sondern langfristig auch für eine verändernde Rekonstruktion sind.
Pädagogische Aktionsforschung geht davon aus, daß in der gesellschaftlich verfaßten Erziehungspraxis und trotz des besten Willens der „Bildungsarbeiter" nicht allseitige Bildung stattfindet, sondern einige (beispielsweise affektive, produktive) Seiten institutionell-systematisch verbogen werden oder ausgeschlossen sind (vgl. KORDES 1982, 1984a), auch daß nicht selbstbestimmtes und -reguliertes Lernen stattfindet, sondern weitgehend fremdbestimmtes und entfremdetes (vgl. MEYER 1983, S. 204 ff.), und daß beides nur ansatzweise und widersprüchlich aufgehoben werden kann. Daher muß sich eine diagnostische Herausarbeitung an folgendem orientieren:
- an der Ausschließung rechtfertigungsfähiger Bildungsinteressen der „Erziehungsobjekte" (insbesondere der Heranwachsenden) und
- an der Entfremdung des Lernens von Leben und Arbeit (insbesondere von psychisch-affektiven und motorischen Bedürfnissen sowie sozialen Bedürfnissen).

Diagnose unter diesen Modellen sichert ihre der allgemeinen Fragestellung nach den dialektischen Verhältnissen zwischen Allgemeinem und Individuellem (vgl. SCHMIDT 1973), qualitativ-hermeneutisch in der Untersuchung des dialektischen Verhältnisses zwischen Partikular- und Allgemeininteressen (vgl. HABERMAS 1973) und quantitativ-statistisch in der Kalkulierung von Auftrittswahrscheinlichkeiten im dialektischen Verhältnis von Kontext (Wirklichkeit) und Kontingenz (Möglichkeit) (vgl. STUFFLEBEAM u. a. 1971, WELZ 1979).

3.3 Pädagogisch-dialektische Genese

Genetische Aufgaben in praktischer Sozial- und Erziehungswissenschaft dienen im Prinzip dazu, in der Wirklichkeit durchgesetzte und verdrängte Handlungsregeln auf ihre normative Geltung hin zu untersuchen. War beispielsweise schulpädagogische Diagnose vor allem von aktuellen Lernstörungen und Leistungsversagen ausgegangen, so erklärt und versteht pädagogische Genese diese nun umfassender im Zusammenhang von Bildungsgängen und somit von Bildungsgangskrisen oder -unterbrechungen. Dabei ist mit Bildungsgang allgemein jede Lerngeschichte und lernhistorische Biographie gemeint, sei sie „inoffiziell" vom Subjekt oder „offiziell" von einem Curriculum „verfaßt" (vgl. RUMPF 1981), sei sie sozial oder psychisch konstituiert. Die Hauptaufgabe der Genese ist somit als diachrone aufzufassen, und zwar wiederum in zweifacher Bedeutung: Einmal in dem Sinne, daß die aktuelle Problemsituation das Zusammentreffen vergangener Möglichkeit und zukünftiger Wirklichkeit zu untersuchen und nur aus diesem Zusammentreffen zu bewältigen ist, sodann auch in dem Sinne, daß sich mit der weiteren Entwicklung dieser Pro-

blemsituation und ihrer Subjekte auch die Erkenntnistätigkeit der Aktionsforscher selbst entwickeln muß (vgl. KOHLBERG 1977).
In pädagogischen Aktionsforschungsprojekten lassen sich sehr selten Hinweise auf explizite pädagogisch-genetische Rekonstruktionsbemühungen finden. Die wenigen rekurrieren immer mehr oder weniger direkt auf psychoanalytische Genese (vgl. LARCHER/RATHMAYR 1975, S. 691) oder auf die normative Genese der Erlanger Schule (vgl. LORENZEN 1974). Eine Genese ließe sich aber auch rekonstruieren mit Hilfe „progressiv-regressiver Methode" (vgl. LAPASSADE 1972, S. 201 ff.; vgl. SARTRE 1978, S. 43 f.), mit der wechselseitig das Neue (die Störung oder Krise) aus dem Alten (der Vorgeschichte), gleichzeitig aber auch das Alte (die krisenhafte Vorgeschichte) aus dem Neuen (dem Übergang in einen reflexiveren Systemzustand) begriffen wird. Dieses in der Einsicht darüber, daß die Normen der Entwicklung und des Fortschritts selbst einem begründeten Wandel unterliegen können: Was früher recht war, muß heute nicht recht, kann möglicherweise sogar zwingend unrecht sein. Daher kommen pädagogische Rekonstruktionsbemühungen nicht um dialektische Figuren der Genese herum, insbesondere um die Untersuchung des „Umschlags" von quantitativer Bewegung in qualitative Veränderung, und zwar in all ihren „progressiv-regressiven" Bewegungsformen.
Aus der Arbeit mit den Kindern im Schulversuch Glocksee entstehen genetische Untersuchungen besonderer Kraft. Die Erfahrung der Aktionsforscher, daß Kinder ihre eigenen Emotionen und Konflikte in Lernprozesse einbringen und diese wiederum institutionell geprägt werden, führt sie zu einer doppelten genetischen Analyse: Die Analyse des Entstehungsprozesses in der Vergangenheit, dessen Resultat die aktuellen Lerntätigkeiten der Kinder sind und die Analyse der Tendenzen, die über den gegenwärtigen Zustand hinausweisen (vgl. NEGT 1975/1976). Es ist kein Zufall, daß von einem Mitarbeiter dieses Schulversuchs die genetische Theorie des neuen Sozialisationstyps stammt (vgl. ZIEHE 1975). „Geht man nämlich von der Tatsache aus, daß die traditionellen Muster der Familiensozialisation: ödipale Konflikte, Funktionalisierung des Triebaufschubs der Kinder im Hinblick auf zukünftige Belohnungen in Frage gestellt sind, so läßt sich der Übergang von der privaten Sozialisation zur ersten Stufe öffentlicher, bewußt vergesellschafteter Sozialisation nicht mehr in einem bruchlosen Kontinuum von herkömmlichen Lernleistungen bewerkstelligen.
Den neuen Sozialisationsmechanismen, die vorwiegend durch narzistische Störungen und Identifikationsschwierigkeiten bestimmt sind, müßte eine veränderte Organisationsform der Schule entsprechen. Die bestehende Organisation der Schule setzt dagegen ein Maß gesamtgesellschaftlicher Verdrängungsleistungen voraus, die die Familie, die durch den Funktionsschwund der Vaterrolle gekennzeichnet ist, in einer Umwelt, die gleichzeitig von Verschwendung, von verwertungsnotwendigem Abfall und künstlich produzierter Armut geprägt ist, nicht mehr aufbringen kann. Da hilft keine noch so gut organisierte Didaktik" (NEGT 1975/1976, S. 21). Parallel zu dieser pädagogischen Mikrogenese sehen die Mitarbeiter des Modellversuchs ihre Arbeit gleichzeitig auch im Kontext einer gesellschaftlich-historischen Makrogenese. NEGT (vgl. 1982, S. 119 ff.) erklärt die Schulmisere teilweise als das Ergebnis einer doppelten Konstellation: Zum einen als das Ergebnis einer der eigenen nationalen Bildungsgeschichte verlustig gegangenen, bloß technokratisch-funktionalen Innovation, die alte Strukturen zerstörte, ohne neue angemessene Institutionen inhaltlich zu schaffen; zum anderen als das Ergebnis einer um zwanzig Jahre verspäteten Reform, die erst zu einem Zeitpunkt ansetzte, als die materiellen Träger auf-

Pädagogische Aktionsforschung

grund ökonomischer Rezession und politischer Restauration ausfielen. Der Status pädagogisch-dialektischer Genese läßt sich an folgendem erläutern:
- an der Unterbrechung aktualisierungsfähiger Bildung (Kompetenzentwicklung und Identitätsbildung) und
- an der Verdrängung von Antrieben und Bedürfnissen aus dem Bildungsgang.

Die Genese sieht hier ihre dialektisch-aufhellende Intention vor allem in der Fragestellung nach dem Verhältnis zwischen Notwendigkeit und Freiheit, qualitativ-hermeneutisch in der Untersuchung des dialektischen Verhältnisses zwischen Progression und Regression, quantitativ-statistisch in der Kalkulierung von Übergangswahrscheinlichkeiten im dialektischen Verhältnis von Kausalität und Implikation aufgehoben. Inhaltlich manifestiert sich eine Genese in Form dialektischer Pädagogik dann in der progressiv-regressiven Untersuchung des Verhältnisses von entfaltetem Bildungsgang und abschlußorientiertem Lernprozeß. Eine solche Genese hat noch keine Orientierung für konkretes Handeln anzubieten, wohl aber Begründungen zur Rechtfertigungsfähigkeit einer „Zone der nächsten Entwicklung" (vgl. SCHNOTZ 1984, S. 337). Diese entfaltet sie aus der Identifizierung entwicklungstreibender Widersprüche und ihrer Periodisierung in Epochen, aus der Rekonstruktion historischer, also gesellschaftliche Kämpfe und materiell-ideologischer Auseinandersetzungen einschließender Gesetze und lerngeschichtlicher, also die Entwicklung der Beziehungen zwischen latenten und manifesten Bildungsgängen implizierender Regeln.

3.4 Pädagogisch-dialektische Prognose

Prognostische Aufgabenstellungen sind für praktische Sozial- und Erziehungswissenschaften ebenso evident wie prekär. Sie sind evident, weil eine Vermittlung zwischen Theorie und Praxis notwendigerweise über die Vorhersage und Gestaltung zukünftiger Praxis erfolgt: In Fällen, in denen eine allgemein anerkannte Problemsituation, Störung oder Krise vorliegt, die einen unausweichlichen Handlungs- oder Innovationsdruck hervorruft, geht es darum, eine problematische Ausgangssituation in eine bewältigte Zielsituation zu überführen, also die gegenwärtige Praxis im Hinblick auf eine für die Zukunft angestrebte umzugestalten. Gleichzeitig sind prognostische Aufgabenstellungen prekär, wie nahezu alle Vorhersageversuche im Bereich der Sozial- und Erziehungswissenschaften beweisen. Prognosen beruhen in gewisser Weise auf einem Wagnis, weil aus der Erklärung einiger weniger gewußter Tatsachen nun Erwartungen über eine Vielzahl nicht gewußter, zukünftiger Ereignisse begründet werden müssen. Theorie kann nicht einfach durch Erklärung und Prognose zusammengeschlossen werden, sondern bedarf einer der Prognose vorgängigen Vorbereitung durch Diagnose und Genese. Während die letzteren auf syn- und diachrone Beschreibungen und Begründungen ausgerichtet sind, geht es bei der Prognose um „diasynchrone" Aussagen: Es geht um die diachronische Begründung der Fortentwicklung aus einem aktuellen in einen zukünftigen Zustand und die synchrone Benennung der Bedingungen, die zusammentreffen müssen, um diesen angestrebten Zielzustand tatsächlich zu erreichen und zu erhalten. Die praktische Möglichkeit diagnostischer Erkenntnis des generierenden Regelsystems und genetischer Erkenntnis der Perspektive ihrer begründeten Weiterentwicklung aus entwicklungstreibenden Widersprüchen heraus bedeutet gleichzeitig die Notwendigkeit des „Wirklich-Werdens" einer solchen Erkenntnis als bestimmendes Moment pädagogischer Aktionsforschung. Arbeitsverhältnisse können um so besser entwickelt werden, je mehr sie auf realistischen und zugleich perspektivischen

Theoretisierungen der Praxis beruhen (vgl. HOLZKAMP 1973, S. 311 ff.). Dabei wird die kritisch-pädagogische Forschung der gesellschaftlichen und psychischen Behinderungen und Bedingungen solcher umgreifenden Tätigkeit bei Mitarbeitern in der pädagogischen Organisation ein paralleles Moment kontinuierlicher gegenseitiger Aufklärung sein (vgl. HOLZKAMP 1973, S. 362).

Die erste Aufgabe pädagogischer Prognose besteht darin, sich Klarheit über die sozialen Konstituenten der verändernden Praxis, über die Akteure und gesellschaftlichen Gruppen, welche Träger der Reform oder der Veränderung sind, zu verschaffen und sich ihrer Beziehungen zu ihnen zu versichern. Es geht also nicht darum, Adressaten eines Aktionszusammenhangs zu benennen, auf die der Aktionsforscher handlungsorientierend einwirkt – so die seit HABERMAS (vgl. 1974, S. 9) nachempfundenen, häufig wiederholten Postulate der Aktionsforschung. Pädagogisch-dialektische Prognose gilt also zunächst den Auszubildenden, die sich über ihre individuell-gesellschaftlichen Entwicklungsaufgaben einer zunehmenden Mit- und Selbstbestimmung immer größere Klarheit verschaffen. Die Lehrer beziehungsweise die Gruppen der engagierten Lehrer gelten somit weniger als Konstituenten, sondern ebenso wie die Aktionsforscher als zu gewinnende Bündnispartner, die sich im Zusammenhang dialektischer Bildungsarbeit und -analyse über ihre Erzieherrolle im Medium von Institution und Bildungsgang, das heißt vor allem im Medium des vorgängigen „heimlichen Lehrplans" aufklären.

Zweitens sind pädagogisch-dialektische Prognosen begründete Erwartungen an die Aufhebung entfremdeten Lernens und die Entfaltung produktiv-reflexiver Bildungsgänge. Sie intendieren also eine Veränderung des Systemzustandes aus den vorgefundenen und latent oder manifest weiterwirkenden Bedingungen. Der neue Systemzustand ist perspektivisch als Übergang auf eine höhere Stufe der Interaktion und Organisation eines sozialen Systems charakterisiert, im Idealfall als Umgestaltung der gesellschaftlichen Produktionsweise. Die vorgefundenen Bedingungen sind diejenigen des alten Regelsystems und der alten Produktionsweise, von denen einige als sich wiederholende, regelmäßig auftretende Ereignisse und Ereignisfolgen mit in den Transformationsvorgang eingehen, von denen aber andere dagegen bereits vor der verändernden Praxis von relevanteren Widersprüchen in den Hintergrund gerückt worden waren.

In pädagogisch-dialektischer Prognose geht es sachlich um Erwartungen an eine veränderte Struktur pädagogisch-vermittelter Bildungsgänge, welche langfristig die Aufhebung der Trennung des Lernens von Leben und Arbeit (vgl. HEINZE u. a. 1975 a, b; vgl. ROLFF u. a. 1974, AUTORENKOLLEKTIV „GLOCKSEE" 1975/1976) und von beruflicher und allgemeiner Bildung (vgl. KULTUSMINISTER NORDRHEIN-WESTFALEN 1972) im Interesse ihres gegenseitigen Transfers und ihrer Integration ins Auge faßt.

Drittens sind pädagogisch-dialektische Prognosen Erwartungen an Evolutionsschübe in Bildungsgängen und gehen notwendig von diasynchronen Beschreibungen aus. Auf der einen Seite beschreiben sie die Strukturen des vorgefundenen Systems (Bildungsgang) und diejenigen der zukünftig angestrebten Systemveränderung (transformierter Bildungsgang), auf der anderen Seite begründen sie die neue Finalität aus den vorgefundenen entwicklungstreibenden Widersprüchen im bisherigen System und antizipieren aus den bisherigen Erkenntnissen über risikoreiche Auseinandersetzungen und Widersprüche die denkbaren Krisen und Rückfälle. Bezugspunkt der diasynchronen Beschreibung ist somit die „Zone der nächsten Entwicklung", womit „Zone" den Übergang auf eine historisch neue Stufe der Daseinsweise signalisiert: Sei es ein lerngeschichtlich signifikanter Perspektivenwechsel im Bildungsgang der Heranwachsenden, sei es ein gattungsgeschichtlich denkbarer Evo-

lutionsschub, der sich in veränderten Strukturen der selbstregulierten oder doppeltqualifizierenden Bildungsgänge widerspiegelt. Die Schwierigkeit pädagogischer Prognosen besteht mithin darin, Erwartungen an die eigene Aktion über die Dialektik „realistischer", wenn auch nicht gewußter, sondern nur antizipierter Prozesse zu begründen. Gerade für pädagogische Prognosen gilt, daß die Zukunft von subjektiven Bildungsgängen nicht in allen Bestimmungen vorweggenommen werden kann, sonst hätte das Lernen der Heranwachsenden keine Zukunft und wären die Bildungsgänge didaktische Zwangsanstalten.
Auf der Ebene der Schulentwicklung stellten die Glocksee-Aktionsforscher folgenden Strukturwandel fest: Ist die Phase der Selbstregulation von den Kindern erst einmal ausgeschöpft und sind die generierenden Konflikte und Aggressionen bewältigt, konzentriert sich ihr Anspruch um so mehr auf das inhaltliche Angebot einer Lern- und Bildungsorganisation durch Lehrer und Schule. „Je entschiedener Verhaltens- und Lernprozesse freigesetzt werden, von ständigen administrativen Eingriffen frei ablaufen, desto größere Bedeutung gewinnen inhaltliche Planung und didaktische Organisation, vorab geleisteter Arbeit der Lehrer" (NEGT 1975/1976, S. 35).
Viertens sind pädagogisch-didaktische Prognosen Erwartungen an Kämpfe um die Entfaltung der Bildungsgangsperspektive. Für sie ist der Umstand konstitutiv, daß Menschen „Detailprognosen" dadurch widerlegen können, daß sie ihnen entgegenhandeln (RITSERT 1975, S. 70) und das auf der anderen Seite „Perspektivpläne" nur „durchgesetzt" werden können, wenn sie von den geschichtlichen Subjekten in die Tat umgesetzt werden. Von daher sind „Strategien" der Akteure – „individuelle und kollektive Absichten, Ereignisse in Zukunft wirklich werden zu lassen, ein zentraler Aspekt der wirklichen Historizität" (RITSERT 1975, S. 70). Insofern muß eine dialektische Prognose den Aspekt des sozialgeschichtlichen Aktions- und Rekonstruktionszusammenhangs gegenüber der sachlich und zeitlich antizipierten Veränderung präzisieren. Eine dialektisch-materialistische Prognose gibt sich überdies keinen Illusionen hin, daß eine Innovation, Reform oder Evolution kampflos zu „haben" wäre. Sie hat die Dialektik zwischen Kommunikations- und Kampfformen bei der Auseinandersetzung um die Prognose und ihre Konsequenzen genauer zu bestimmen. Im Prinzip ist pädagogische Aktionsforschung eine auf Steigerung der Konsensbildung gerichtete Interaktion mit den Konstituenten des Aktionszusammenhangs, die aus ihrer existentiellen Lage heraus sich selbst in Konfrontation mit der Geschichte sehen und die Absicht haben, ihr Interesse in Auseinandersetzung mit gegensätzlichen Kräften zu verwirklichen. Je mehr die Gegensätze nicht solche der differenzierenden Situationsdeutungen, sondern der Macht-, Ressourcen- und Kompetenzverteilung sind (vgl. GRUSCHKA 1976, S. 195 ff.; vgl. MÜLLER 1975, S. 213) ist die vorsorgliche Reflexion auf Kampfstrategien und Taktiken ein grundsätzlich legitimes Element. Es gehört also zu dialektischer Prognose, daß die Maßnahmen des „Widerspruch-Setzens" (vgl. HOLZKAMP-OSTERKAMP u. a. 1977, JANTZEN 1979) oder des „Gegen-Instituierens" (vgl. LAPASSADE 1974, S. 42 f.) reflektiert und einer Legitimitätsprüfung unterzogen werden (vgl. BENNIS u. a. 1975, S. 413 f.).

4 Methodik

Das Zusammenfallen von pädagogischer Forschung und erzieherischer Aktion kann in einer pädagogischen Aktionsforschung gestaltet und im Rahmen einer pädagogisch-dialektischen Methodik begründet werden. Für die Methodik pädagogischer Aktionsforschung gilt dabei folgendes Bemühen:

Hagen Kordes

An die Erfahrungsdimension der Wirklichkeit so heranzugehen und das Erfahrungspotential sowie den Aktionsradius der Bildungsforschung insgesamt so zu steigern, daß eine unhintergehbare Relation zwischen generativen Themen und Bewegungen der pädagogischen Praxis und den erkenntnisleitenden Interessen praktischer Bildungsforschung entsteht. Ob dem Zusammenfallen von Theorie und Praxis (wie in der Methodologie der Aktionsforschung für Theoriebildung und Zusammenarbeit in der Praxis postuliert) auch ein Zusammenfallen von Aktion und Forschung in der Methodik (analog jener von Therapie und Empirie in der Analyse) folgen kann, ist umstritten. Einige Aktionsforscher (vgl. EHRHARDT 1975/1976) sind sich mit v. HENTIG (vgl. 1977, S. 174 ff.) darin einig, daß einerseits eine „sich selbst erforschende Anstalt" (v. HENTIG 1977, S. 188) „Wissenschaftler und Lehrer [...] zur Zusammenarbeit an dem einen Gegenstand ‚Schule' geradezu zwingen" müsse und „Lehrer [...] zugleich forschen, Forscher zugleich lehren" (v. HENTIG 1977, S. 175) sollten, daß andererseits aber „wer Handlungsforschung treibt, darauf angewiesen ist, sich strenge Regeln für die versuchsinterne Distanzierung von Handeln und Erkennen zu machen" (v. HENTIG 1977, S. 189).

Dabei sind es zwei Arten von Sorgen, die Aktionsforscher umtreiben: Die einen beunruhigen sich „nicht um die wissenschaftliche Objektivität eines Handlungsforschungskomplexes, sondern darum, daß die Handlung (die der Versicherung bedarf), die Forschung (die Verunsicherung bringt) auf die Dauer nicht aushält, die umgekehrt die Forschung (die ihre Voraussetzungen festlegen muß) die Handlung (die ihre nicht festlegen kann und in der Pädagogik auch nicht festlegen will) am Ende verfehlt" (v. HENTIG 1977, S. 213). Die anderen melden Zweifel an der Fähigkeit solch komplizierender, Aktion und Forschung verbindender Untersuchung an, Erfahrungen auch meßtheoretisch zu sichern und in ihrer Objektivität, Zuverlässigkeit und Gültigkeit überprüfbar zu machen (vgl. HURRELMANN 1977, S. 69). Dabei argumentiert Aktionsforschung (einschließlich ihrer sozialtechnischen Variante) umgekehrt: Die Trennung von Aktion und Forschung führe zu einer Serie uneinholbarer Anomalien, das heißt zu Aus- und Nebenwirkungen beim „Probanden" im „Untersuchungsfeld", auf die der empirische Forscher qua Methode nicht vorbereitet sei und welche im empirischen Untersuchungsprozeß nicht eigens reflektiert und dokumentiert werde: beispielsweise die repressiven Auswirkungen objektiver und zuverlässiger Instrumentalisierungen auf bloß noch defensive und reaktive „responses" der Versuchspersonen (vgl. ARGYRIS 1972) oder ihre regressiven Implikationen auf weit „unter ihrem Entwicklungsniveau" abgleitende Probanden (vgl. SEILER 1973, TURIEL 1977), oder schließlich ihre Neigung zu reduktiven Ausschneidungen der Wirklichkeit, indem die Untersuchungsobjekte nur noch parzelliert, partialisiert und labilisiert in einer bestimmten, relativ oberflächlichen Leistung erscheinen, ohne Chance etwas von ihrer ursprünglichen Kompetenz und Identität, schöpferischen Fähigkeit und selbstbewußten Persönlichkeit in die Untersuchung einzubringen (vgl. v. HENTIG 1977, S. 213; vgl. HOLZKAMP 1972, S. 49 f.; vgl. KORDES 1978 a, S. 171 ff.).

Schon aus untersuchungstechnischen Gründen erscheint daher jene Wendung empirischer Sozial- und Erziehungsforschung plausibel, die FUCHS (1970/1971, S. 3) wie folgt beschrieb: „Was bisher in empirischen Studien – nicht einmal in allen oder immer ausreichend systematisch – allein dem Nachweis der Objektivität und Validität der Untersuchungsergebnisse diente, nämlich die Beschreibung der Wirkungen der Forschungsanordnung auf das Forschungsobjekt, könnte als Funktion mit eigener Bedeutung begriffen werden und dann sowohl zum Fortschritt der Wissenschaft wie zum Fortschritt des Forschungsobjekts beitragen. Mit der Frage, wie man diesen Einflußweg rational und bewußt ausüben kann und welche Auswirkungen eine politische Planung dieser Einflußmöglichkeit auf die Methodenlehre selbst hätte, stellt sich die nach den Chancen der empirischen Sozialforschung, sich aus der Angewiesenheit auf die gesellschaftlich vorgegebenen Unterschiede des Wissens und der Orientierungsfähigkeit zu lösen, da aktiv an der Aufhebung mitzuarbeiten."

4.1 Pädagogisch-katalysatorische Objektivierung

Pädagogisch-katalysatorische Objektivierung vollzieht sich aus katalysatorischen Situationen heraus als ein Erkennen durch pädagogische Interaktion hindurch und als Einwirkung der Erkenntnis auf den Kommunikationszusammenhang einer pädagogischen Praxis (generative Symbolfunktion). In diesem Vollzug prüft sie die Verallgemeinerungsfähigkeit gegensätzlicher Interessen durch Versuche der Überführung fiktiver Entscheidungssituationen in wirkliche Auseinandersetzungsprozesse, und zwar auf dem Weg einer die Selbstreflexion steigernden katalysatorischen Interaktion (reflexive Symbolfunktion).

Herkömmliche Empirie stellt Objektivität dadurch her, daß ein Minimum an Kommunikation und ein Maximum an standardisierter oder formalisierter Interaktion, also eigentlich Stillegung von Kommunikation zwischen Forschern und Akteuren angestrebt wird. Demgegenüber hat die Kommunikation und ihre Eröffnung für pädagogische Aktionsforschung Symbolfunktion. In Bemühungen um Objektivität hat sie es allemal mit dem Tätigkeitsbereich der symbolischen, das heißt nicht nur über Sprache, sondern auch über gestische, *mimetische*, physische, emotionale, ästhetische, libidinöse, kräftemessende Symbole vermittelten Kommunikation zu tun. Dabei geht es um die Objektivierung der Erkenntnis über die Objektivierung von Interessen, um deren Rechtfertigung gerungen und gestritten wird. Aktionsforscher bemühen sich um umfassende Objektivität durch Partizipation am Kommunikationszusammenhang einer Praxis, der sie selbst angehören. Objektivierung im Sinne pädagogischer Aktionsforschung bedeutet auch den Erfahrungsraum menschlicher Kommunikation überhaupt und speziell denjenigen zwischen subjektiven und objektiven Interessen zu eröffnen. Das betrifft selbstverständlich auch die Wiedereinführung der Forschersubjektivität in die Aktionsforschung. Auch hier weisen viele Projekte nach, daß es sich fast immer rächt, wenn Aktionsforscher die eigenen Interessen unreflektiert lassen (vgl. FACHBEREICH SOZIALPÄDAGOGIK DER PH BERLIN 1972; vgl. HEINEKEN 1979, S. 231). Entscheidend für die Methodik der Aktionsforschung ist es, dezidiert die Objektivierung von Erkenntnissen auf die Objektivierung von Erkenntnis- und Handlungsinteressen zu lenken.

Eine genauere Bestimmung dieser Art von Objektivierung kann folgendes Aussehen haben: Das erste Kriterium ist das *generative*; dieses bemißt sich an der Verbindlichkeit mit der Aktionsforschung die Interessenartikulationen, Thematisierungen und Problematisierungen der Akteure zum *Ausgangspunkt* ihrer Erfahrungsarbeit macht. Dieses kann durchaus an Maßen der subjektiven Anerkennung und Wiedererkennung der Beteiligten festgemacht werden. Das zweite Kriterium ist dagegen das *reflexive*; dieses geht vom Endpunkt gewordener sozialer und pädagogischer Verteilung von Fähigkeiten und Möglichkeiten der Interessenartikulation und ihrer Durchsetzung aus. Reflexive Objektivierung symbolisiert dann diejenige Funktion objektivierender Erkenntnistätigkeit, die in der Überprüfung der gerechtfertigten oder ungerechtfertigten Verteilung liegt. Damit liegt dieses Kriterium der Objektivierung im Maßstab der Verallgemeinerungsfähigkeit von Interessen, wie es

HABERMAS (vgl. 1973, S. 155) expliziert hat. Die Aufgabe dieses Bemühens um Objektivierung besteht darin, das Maß an Ausschließungen artikulierter verallgemeinerungs- und rechtfertigungsfähiger Interessen beziehungsweise das Maß der Verdrängung dieser Ausschließungsrealität den Beteiligten erfahrbar zu machen. Es geht also darum, den theoretischen Modellen in Diagnose und Genese einen Zugang zur empirischen Erfahrungswelt zu verschaffen und die sinnlichen Wahrnehmungen der Akteure auf die damit verbundene kritische Praxis zu beziehen. Eine klassische Möglichkeit hierfür stellt für pädagogische Aktionsforschung die prozessuale Verbindung von generativen Themen und reflexivem Diskursmodell dar. Dieses kann dazu dienen, die im Organisationsalltag normalerweise vorherrschenden fiktiven Entscheidungssituationen über eine Entschluß- und Verständigungsgenese in eine wirkliche überzuführen. Im Rahmen eines Aktionsforschungsprojekts der Kollegstufe NW wurde folgendes Vorgehen erprobt:
„1. Stufe. *Generative Thematisierung:* Umformulierung der empirisch ermittelten Unterschiede und Widersprüche in entwicklungstreibende Handlungsorientierungen. Selbstexploration der den Normierungen zugrundeliegenden „Gefühle" der Lehrer (und Schüler).
2. Stufe. *Intersubjektive Dekodierung:* Assoziation der empirisch ermittelten Heterogenität mit impliziten Basisannahmen und „Lehrplänen". Explikation der Zusammenhänge der Basisannahmen mit Tätigkeitsdefinitionen in bezug auf Selektions-, Qualifikations- und Integrationsaufgaben der Lehrer.
3. Stufe. *Transsubjektive Willensbildung:* Übergang zu einem didaktischen Hin- und Herwechseln zwischen den kontroversen Basisannahmen und „Lehrplänen". Rationale Kritik der Praxis der alternativen/komperativen Lehrpläne und der mit ihnen verbundenen Handlungsinteressen sowie praktischen Folgen.
4. Stufe. *Transaktionale Aushandlung:* Übergang zu einer analytisch-didaktischen Selbstreflexion der real möglichen Realisierungsbereiche sowie ihrer einzulösenden Bedingungen und Folgen. Untersuchung der kurzfristig in den Handlungsräumen der Lehrer, Schüler und Schulorganisation herstellbaren Realisierungsbereiche" (KORDES 1979, S. 291).
Ein heikles Folgeproblem ergibt sich dann, wenn die Objektivierung eines verallgemeinerungsfähigen, gleichwohl unterdrückten, ausgeschlossenen oder verdrängten Interesses erfolgt ist. Die Auseinandersetzung um die Rechtfertigungsfähigkeit von Interessen kann dann nicht nur diskursiv erfolgen, sondern bedarf unweigerlich auch disruptiver Praktiken (vgl. BAHR/GRONEMEYER 1974, SPECHT 1973). Wenn sich eine objektive Realität, beispielsweise in Gesetzesform oder in der Aktionsform von Herrschaftsinstanzen als nicht rechtfertigungsfähig erweist, kann sich Aktionsforschung der Aufgabe nicht entziehen, Praktiken des Widerstands gegenüber dieser objektiv unrechtmäßigen Herrschaft zu untersuchen und in gewisser Weise zu objektivieren. Wenn eine Aktionsforschung im Bündnis mit größeren gesellschaftlichen Bewegungen kritisch ein Unrecht der Herrschenden erwiesen hat, muß sie auch Praktiken notwendiger Gegenwehr objektivieren.

4.2 Pädagogisch-katalysatorische Zuverlässigkeit

Pädagogisch-katalysatorische Zuverlässigkeit vollzieht sich als ein Erkennen durch pädagogische Realisation hindurch und als Rückwirkung dieser Erkenntnis auf den Realisationszusammenhang einer pädagogischen Praxis (regulative Symptomfunktion). In diesem Vollzug prüft sie die Verwirklichungsfähigkeit von Realisation durch Versuche der Überführung diffuser Organisationszustände in wirkliche Kooperationsprozesse, und zwar auf dem Weg einer die Selbstexploration steigernden katalysatorischen Zusammenarbeit (produktive Symptomfunktion). Herkömmliche empirisch-analytische Messung stellt zuverlässige Erkenntnis dadurch her, daß sie für die Untersuchungssituation ein Minimum an Veränderung und Variation und ein Maximum an Reproduktion und Konstanz anstrebt. Demgegenüber hat für pädagogische Aktionsforschung aber gerade umgekehrt Realisation und Veränderung (Erziehung und Entwicklung) Symptomfunktion, das heißt, in Bemühungen um Zuverlässigkeit hat sie es mit der gegenständlichen, Hand und Kopf, Sinne und Verstand wie Werkzeuge einsetzenden Herstellung eines Produkts zu tun. Wie für herkömmliche Messung die Zuverlässigkeit der Erkenntnis von der Zuverlässigkeit der Instrumente abhängt, so ist diese in pädagogischer Aktionsforschung nun eng mit der Verwirklichungsfähigkeit einer pädagogischen Tat verbunden.

Mit Zuverlässigkeit im Sinne pädagogischer Empirie ist also – analog zur Neubestimmung des Objektivitätskriteriums – eine unverhältnismäßig größere Öffnung des wissenschaftlichen und praktischen Erfahrungsraums für Aktion, für Ausagierenlassen, für Selbst*regulation* ermöglicht. Dieser Erfahrungsraum gilt als Voraussetzung für die praktische Schaffung einer Perspektive zukünftig *produktiver* Realisation. Entsprechend erfolgte die Herstellung einer zuverlässigen Erkenntnis und Aktion im Schulversuch Glocksee im folgenden: Dadurch, daß die Selbstregulation der Konflikte bei den Lernenden zugelassen wird, haben sie die Chance, eigene soziale sowie Arbeits- und Lernerfahrungen zu machen, Initiativen einer selbstregulierenden Lösung zu ergreifen und dann die Unterstützung der Lehrer für die Gestaltung ihrer Arbeitsvorhaben einzuklagen. Hierdurch wird den Lehrern die Chance gegeben, immer zuverlässiger werdende Erfahrungen über den Lernprozeß zu sammeln (vgl. EHRHARDT 1975/1976, S. 128). Weiterhin wird durch diesen selbstregulativen Vorgang allererst eine Voraussetzung für Effekte geschaffen, die bei den Kindern produktive Bedeutung gewinnen, nämlich dadurch, daß sie sich diese selbst herstellen und über ihren Gebrauch entscheiden konnten. Damit erhält auch der Beobachter eine Ahnung von dem, was produktives Lernen sein könnte und wie durch voreilige Auferlegung einer Erwachsenen-Regulation nicht nur das Reflexiv-, sondern auch das Produktiv-Werden der Kinder vorzeitig unterbrochen oder entfremdet worden wäre (vgl. KORDES 1982, 1983a).

4.3 Pädagogisch-katalysatorische Validierung

Pädagogisch-katalysatorische Validierung vollzieht sich als Realisationszusammenhang durch den erkannten Kommunikations- und Rekonstruktionszusammenhang hindurch und begründet neuerungsbedürftige Anforderungen dieser Rekonstruktion mit dem Kommunikations- und Aktionszusammenhang der pädagogischen Praxis (adaptive Signalfunktion). In diesem Vollzug prüft sie die Entwicklungsfähigkeit generierender Regelsysteme durch Versuche der Überführung der rekonstruierten Erkenntnisse in wirkliche Auseinandersetzungen um verändernde Praxis, und zwar auf dem Wege eines die Selbstrekonstruktion einer Gruppe oder Organisation steigernden Bündnisses (evolutive Signalfunktion).

Klassische Messung stellt Gültigkeit dadurch her, daß sie überprüft, inwieweit ein Meßinstrument tatsächlich das mißt, zu dessen Messung es vorbestimmt war. Pädagogische Empirie muß dagegen davon ausgehen, daß gerade Aktionsforscher im Verlauf ihrer Interaktion und Kooperation mit Praktikern und Betroffenen etwas kennenlernen, was sie vorher nicht wissen konnten, zum Beispiel die den subjektiven Interessen zugrundeliegenden objektiven Verhältnisse oder die den Performanzen zugrundeliegenden Kompetenzen. Gültige Erkenntnis erfolgt also durch die beschriebenen Kommunikationszusammenhänge objektiver Erkenntnis- und Realisationszusammenhänge hindurch und greift diese als Signale für die Rekonstruktion des diesen zugrundeliegenden Regelsystems auf. Aktionsforscher realisieren dies durch zeitweise distanzierende theoretische Rekonstruktion, die dann allerdings in Form „valider Information" dazu benutzt wird, wieder handlungsorientierend auf den Kommunikations- und Realisationszusammenhang der Praxis rückzuwirken.

Für die Bemühung um Validierung gilt in pädagogischer Aktionsforschung zunächst dasselbe, was auch schon für die beiden vorangegangenen Kriterien empirisch-praktischer Forschung galt. Sie dient dazu, ein Mehr an Erfahrungen und an Aktionsradius in pädagogische Empirie aufzunehmen: Über Tatsachenaussagen hinaus zu Behauptungen über Erfolg und Scheitern, An- und Aberkennung, über die valide Erkenntnis hinaus die Erkenntnis der Auseinandersetzung über ihre Verfügung und Nutzung; schließlich über die unmittelbaren Handlungs- und Forschungsergebnisse hinaus der zu belegende Verweis auf die für diese Ergebnisse teilweise mitverantwortlichen generierenden Regelsysteme.

Dementsprechend ist es unumgänglich, daß eine auf valide Erkenntnis bemühte Aktionsforschergruppe ihre Daten nicht „irgendwie" dem gesellschaftlichen und pädagogischen Aktionszusammenhang überläßt, sondern in erneut um Objektivierung und Zuverlässigkeit bemühter Weise methodisch implementiert (vgl. KORDES 1982, S.187). Dieses Vorgehen wird in der sozialtechnologischen Aktionsforschung mit dem Stichwort der Transformation der „valid knowledge" in „valid information" beschrieben (vgl. ARGYRIS 1970, CLARK 1971). Während jedoch bei dieser das herkömmliche Verständnis valider Erkenntnis unverändert und ihr damit für valide Information das „bloß naturalistische Feedback" dieser Erkenntnis bleibt, muß das Vorgehen pädagogischer Validierung anders aussehen. Zunächst muß sie von einer präzisierten Bestimmung des Validitätskriteriums ausgehen: Durch die objektivierende und zuverlässige Erkenntnis im Kommunikations- und Aktionszusammenhang der jeweils bestimmten pädagogischen Praxis hindurch, geht es bei der Validierung um die Überprüfung des progressiven versus regressiven Wandels, den die in Frage stehende Praxis faktisch genommen hat. „Progressiver Wandel" ist dabei als formaler Ausdruck eines Außenkriteriums der Sozial- und Bildungsforschung zu verstehen, das seinen inhaltlichen Ausdruck durch Bezug auf die in den jeweiligen Verhältnissen identifizierten Regelsysteme gewinnt. In einem methodisch zu verstehenden Sinn werden hier für Gültigkeit die Kriterienbegriffe „adaptiver" und „evolutiver Validierung" vorgeschlagen. *Adaptive Validität* meint jene Information, mit der angegeben wird, welche Adaptions- oder Innovationsmöglichkeiten einer Bildung beziehungsweise eines Bildungsgangs in den Grenzen generierender Regelsysteme möglich sind und inwieweit die Gestaltungsspielräume innerhalb dieser Grenzen ausgeschöpft sind. *Evolutive Validität* ist ausgedrückt in jener Information, in der angegeben wird, welche Veränderungs- und Umgestaltungsmöglichkeiten einer Bildungs- oder Bildungsgangsarbeit über die Grenzen aktuell geltender Regelsysteme hinaus gegeben sind und welche Verallgemeinerungs- sowie Verwirklichungschancen sie unter welchen Bedingungen haben beziehungsweise in welcher Weise und an welchen Stellen das generierende Regelsystem selbst sich auch praktisch als rechtfertigungs-, veränderungs- und entwicklungsbedürftig oder -fähig erweist.

Ein Beispiel für eine solche Untersuchung mit Hilfe der Methode progressiven Wandels gibt eine Bildungsgangsevaluation im Rahmen der Wissenschaftlichen Begleitung Kollegstufe NW: „Wenn nachgewiesen werden kann, daß Schüler mit der Doppelqualifikation eine signifikante Höherbildung erreichen und damit ein historisch neuartiges Reflexiv- und Produktiv-werden von Schüler-Kompetenz („Surplus-Kompetenz") ausbilden, dann ist mit dieser ersten ein neuer realer Maßstab möglicher ‚optimaler Kompetenzentwicklung' bestimmt, demgegenüber der Regelfall ‚sub-optimaler Kompetenzentwicklung' der meisten Schüler (in nicht-doppelqualifizierenden Bildungsgängen der Regelschulen) rechtfertigungsbedürftig wird und zweitens ein rechtfertigungsfähiger ‚progressiver Wandel', der nur unter Zwang oder Streß erneut unterbrochen oder unterbunden werden kann. Wenn weiterhin nachgewiesen wird, daß solche Unterbrechungen aktualisierungsfähiger Kompetenzentwicklung in einfachqualifizierenden Bildungsgängen der Regelschule systematisch erfolgen und auf der Fragmentierung und überflüssigen Partialisierung von Lern- und Bildungsmöglichkeiten beruhen, dann ist die relative Legitimität der doppelt qualifizierenden Bildungsgänge indirekt und kritisch gegenüber derjenigen einfach qualifizierender Bildungsgänge, zumindest in dieser Norm, als progressiver Wandel zum Beispiel im Verhältnis von Maßnahmen, welche Kompetenzentwicklung befördern (Progressoren) und behindern (Regressoren) bestimmbar geworden" (KORDES 1982, S.89; vgl. BLANKERTZ 1983, S.217ff.).

5 Praktiken

Aktionsforschung ist vor allem forschende Aktion und aktivierende Forschung. Deshalb erschöpft sich die Bestimmung ihres Designs nicht mit der Fixierung ihrer Methodologie und Methodik, sie muß sich in der Darstellung von Methoden materialisieren. Mit den Methoden haben wir prinzipiell sicherzustellen, daß „wir die Erscheinungen erkennen, indem wir auf sie einwirken" (RUBINSTEIN 1958, S.49). In der Aktionsforschung münzen wir diese allgemeine Voraussetzung auf den pädagogischen Spezialfall um: „Wir studieren das Kind, indem wir es unterrichten" (RUBINSTEIN 1958, S.49). Aus dieser Eigenart der Aktionsforschungsmethoden folgt eine andere Voraussetzung: Es werden keine fertigen Methoden für die Praxis der Forschung übernommen, sondern Praxis wird in Form pädagogischer Aktionsforschung methodisiert. Methoden werden also im Verlauf der Bildungsgangsarbeit und -analyse stets neu entwickelt (vgl. FREIRE 1973a). Entscheidend ist für Aktionsforschung, daß die grundlegenden Methoden in bezug auf ihre Praxis „nicht äußere Operationen, nicht von außen hinzutretende formale Verfahren" (RUBINSTEIN 1958, S.45) sind. Aktionsforschungsmethoden sind keine Techniken, die unter Umgehung menschlichen Bewußtseins die Verfügung von Handlungs-Effekt-Reaktionen anstreben, sondern Praktiken. Sie zielen auf ein Handeln unter geltenden Normen angesichts materiell-ideologischer Auseinandersetzungen zwischen bewußtseins- und handlungsfähigen Menschen ab. Daher verbietet sich sowohl eine bloße Übernahme herkömmlicher Forschungsmethoden, auch dann, wenn sie für den anderen Verwendungszusammenhang der Aktionsforschung adaptiert werden (vgl. HEINZE u.a. 1975 b, S.617; vgl. KLAFKI 1973, S.500), als auch eine methodenlose anarchische Vorgehensweise, wie sie im Anschluß an FEYERABEND (vgl. 1975) postuliert wird.

5.1 Feedback, Diskurs und pädagogisch-katalysatorischer Tätigkeitszusammenhang

Den genannten Voraussetzungen suchen sozialtechnologische und pädagogische Aktionsforschungen in unterschiedlicher Weise zu genügen. Lewin und Nachfolger meinten im Feedback (vgl. BENNIS u. a. 1975, S. 315 ff., S. 475 f.), also der gezielten Rückmeldung oder Rückerinnerung bestimmter kritischer Abläufe, den empirisch-pädagogischen Umschlagplatz zwischen Theorie und Praxis gefunden zu haben. Die eigentümliche Naturwüchsigkeit dieses Vorgehens wurde nicht nur kritisiert (vgl. ERHARDT 1975/1976), sondern im wesentlichen auch durch das Modell des Diskurses ersetzt (vgl. GSTETTNER 1979a; vgl. HEINZE u. a. 1975b; vgl. MOSER 1977a, b). Beide „Umschlagstellen" unterliegen jedoch derart starken Zweifeln, daß sie für eine pädagogische Aktionsforschung kaum reichen oder realisierbar erscheinen: Feedback-Prozesse, aufgrund wie auch immer kodierter Rückmeldungen valider Informationen, reichen nicht, weil ein blindes Dynamisieren sozialer Interaktionen zu einem Raubbau sozialer und pädagogischer Praxis aber nicht zu einer sinnfälligen Veränderung führt. Das Diskursmodell erscheint dagegen nicht realisierbar, weil es methodisch kaum herstellbar und praktisch folgenlos erscheint (vgl. KORDES 1983b, S. 296). Unter den augenblicklichen Bedingungen scheint es angebracht, statt von einer synthetischen Praktik von einem zusammenhängenden Tätigkeitszusammenhang der Bildungsgangsarbeit und -analyse auszugehen, wie er in den methodologischen Schritten Diagnose, Genese und Prognose, unter drei methodischen Erfahrungsstufen, expliziert worden ist. In diesem Tätigkeitszusammenhang ist die Funktion der drei erfahrungswissenschaftlichen Eckpfeiler, Empirie, Hermeneutik und Statistik, zu präzisieren und als jeweilige Praktiken für diagnostische, genetische und prognostische Analysen beziehungsweise für objektivierende, zuverlässige und validierende Vorgehensweisen zu spezifizieren.

5.2 Empirische Praktiken katalysatorischer Interaktion

Gegenüber einer bloß „erhebenden" Empirie herkömmlicher Sozial- und Erziehungsforschung wird unter pädagogisch-dialektischer oder „praxeologischer Empirie" (vgl. BENNER 1978, S. 319 ff.; vgl. HURRELMANN 1976, S. 5) ein umfassender handlungsorientierter Zugang zu den Daten verstanden (vgl. KORDES 1978a, 1984b). Diesen Zugang eröffnet sie sich mittels zahlreicher Praktiken katalysatorischer Interaktion. Diese haben den Kriterien pädagogischer Aktionsforschung entsprechend immer zugleich zwei Funktionen zu genügen: Zum einen ‚erheben' sie buchstäblich die im pädagogischen Alltag vielfach verborgenen und unterschwellig bleibenden tiefenstrukturellen Daten der Auseinandersetzung bildungsfähiger Menschen mit ihrer inneren und äußeren Natur und der in ihnen zum Ausdruck kommenden generierenden Gegensätze und entwicklungstreibenden Widersprüche; zum anderen versuchen sie dazu beizutragen, die überwiegend fiktiv bleibenden Entscheidungssituationen in generative und reflexive Auseinandersetzungsprozesse, diffuse Interaktionszustände in wirkliche Kooperationsprozesse und naive Erkenntnis- und Handlungssyndrome in innovative und evolutive Handlungsorientierungen zu überführen. Entsprechend werden pädagogisch-empirische Praktiken beispielsweise nicht mehr in herkömmlichen Formen der Befragung organisiert, sondern in bildungstherapeutischen, partizipatorischen, agitatorischen und diskursiven Praktiken katalysatorischer Interaktion. Methoden sind nicht mehr herkömmliche Formen der Beobachtung, sondern verstehende, bildungsgangsbegleitende und -aufklärende Praktiken beobachtender Teilnahme; nicht mehr herkömmliche Formen von Tests, sondern bildungsgangsdiagnostische, -genetische und -begleitende Praktiken einer Evaluation der „Zone der nächsten Entwicklung". Schließlich vollzieht sich das pädagogische Experiment in Form der Aktionsforschung auch nicht mehr als bloß bedingungskontrolliertes Feld- oder Quasi-Experiment, sondern über Ernstfall-Praktiken disruptiver, exemplarischer oder pädagogischer Experimente im Zusammenhang eines zugleich alltäglichen und historischen, gesellschaftlichen Gesamtexperiments.

5.3 Hermeneutisch-pädagogische Verfahren katalysatorischer Rekonstruktion

Gegenüber einer bloß sinnverstehenden Hermeneutik wird unter pädagogisch-dialektischer Hermeneutik die intensive Erfahrungsarbeit an einem Einzelfall pädagogischer Praxis verstanden. Für solche hermeneutischen Rekonstruktionen gibt es eine Reihe analoger Versuche, etwa in der Form *objektiv-hermeneutischer Sozialisationsforschung* (vgl. OEVERMANN u. a. 1976, 1979), diakritischer Hermeneutik in der historisch-materialistisch präzisierten Technik der Psychoanalyse (vgl. LORENZER 1970) beziehungsweise der Sozioanalyse (vgl. LAPASSADE 1975). Das Vorgehen intensiver Einzelfallauslegung eröffnet sich pädagogischer Aktionsforschung vermittels bestimmter dialektischer Verfahren. Diese lassen sich den Regeln der Methodologie entsprechend wie folgt umreißen: Lernziele, Bildungskategorien und institutionelle Regelungen erfassen den realen Bildungsprozeß nur an der Oberfläche. Sie konstituieren sich aber konkret immer in dialektischer Interaktion mit generierenden Regelstrukturen im Aktionszusammenhang von Bildungsgängen. Um Lernen und Bildung in ihrem institutionellen Kontext zu begreifen, bedarf es also einer Hermeneutik, welche die durch katalysatorische Interaktions- und Erhebungspraktiken hervorgebrachten Strukturen des Bildungsgangs pädagogisch-dialektisch zu durchdringen sucht: als Resultat von Auseinandersetzungen um Bildungsansprüche und -interessen (Dialektik von Partikular- und Allgemeininteresse in der Diagnose), als einen in der widerspruchsvollen Spannung zwischen Notwendigkeit und Freiheit erfolgenden *historisch-genetischen Prozeß* (Genese) und schließlich als eine durch die Dialektik von Determination und Revolution hindurch zu erkämpfende offene Zukunft von Bildungsgängen (Prognose).

5.4 Statistische Techniken pädagogisch-dialektischer Interpretation

Gerade im Rahmen pädagogisch-dialektischer Empirie wird mit der Reichweite einer so aufgefaßten Hermeneutik die Statistik nicht eliminiert. Im Gegenteil wird sie nun immer unerläßlicher auch zur hermeneutischen Dialektik synchronisierbar. Bahnt Empirie in Form *katalysatorischer Interaktion* eine Erkenntnis- und Einwirkungsfähigkeit auf lebendige, dynamische Wirklichkeit an, die Hermeneutik in Form *pädagogisch-dialektischer Analyse* intensiv ausdeutet, so muß und kann Statistik in den vielschichtigen und -dimensionalen, zyklisch hin- und her-, über- und durcheinandergehenden Erscheinungen zur Dialektik zwischen gewordenen, wirklichen und werdenden, möglichen Bildungs- und Bildungsgangsstrukturen durchdringen (vgl. RITSERT/BECKER 1971).

Gegenüber einer linear-regressiven Wahrscheinlichkeitsstatistik ist dann die Berechnung der mit Hilfe katalysatorischer Interaktionen hervorgebrachten Ereignisse, Auseinandersetzungen und Bewegungen eng mit ihrer dialektisch-hermeneutischen Ausdeutung zu verknüpfen. Was diese Verknüpfung bedeutet, läßt sich an quantitativen Gegenstücken dialektischer Analyse festmachen. Diese wird keineswegs künstlich gesetzt, da die statistische Wahrscheinlichkeitsrechnung in ihrem wesentlichen Sinn immer als eine Dialektik von Zufälligkeit und Notwendigkeit aufzufassen war. In der bloßen Anwendung statistischer Signifikanzberechnungen ist die sorgfältige Analyse dieser Dialektik allzu häufig verloren gegangen. Statt der blin-

den Feststellung von „überzufälligen" Ereignissen verlangt eine pädagogische Aktionsforschung die sorgfältige dialektisch-hermeneutische Analyse der inneren Struktur und Bedeutung eines Gesamtzusammenhanges in den überzufälligen „Notwendigkeiten" und den Zufälligkeiten gewesener oder latent werdender Abweichungen von diesen. Insofern wird man der statistischen Logik paradoxerweise dann am ehesten gerecht, wenn ihre Kalküle im Sinne probabilistischer Dialektik von Möglichkeit und Wirklichkeit geprüft und interpretiert werden:
- Auf der Ebene der Diagnose entspricht dann der hermeneutischen Dialektik von Partikular- und Allgemeininteresse beziehungsweise von Subjektivität und Objektivität die statistische Dialektik von Einzelnem und Allgemeinem. Statt aber dieses Allgemeine auf ein Generalmaß zu abstrahieren, erarbeitet sie nun ein relatives Maß, welches das Verhältnis zwischen der Auftrittswahrscheinlichkeit des Allgemeinen und derjenigen der vielen singulären Zusammenhänge angibt.
- Auf der Ebene der Genese entspricht der hermeneutischen Dialektik von Notwendigkeit und Freiheit die statistische Dialektik von Kausalität und Implikation. Das heißt, die genetisch-statistische Analyse muß über die Berechnung von Kausal- und Konditionalzusammenhängen hindurch quantitativ die „Implikationen" bestimmen, die in der Veränderung von Ursachen oder Randbedingungen selber gegeben sind. Statt sich also auf die Berechnung von Auftrittswahrscheinlichkeiten zu beschränken, erarbeitet sich eine dialektisch interpretierende Statistik ein Entwicklungsmaß, welches das Verhältnis kausaler beziehungsweise konditionaler Auftrittswahrscheinlichkeit eines Ereignisses zur „Übergangswahrscheinlichkeit" einer „Zone der nächsten Entwicklung" signalisiert.

Damit ist auch für die Prognose bereits das quantitative Gegenstück zur hermeneutischen Dialektik zwischen Progression und Regression angedeutet. In der statistischen Dialektik gilt es, den statistischen Normalfall der Probabilistik als einen „Zwischenfall" zwischen Determination und Innovation zu kalkulieren und zu interpretieren (vgl. BENDIXEN/KEMMLER 1972, S. 15 ff.). In diesem dialektischen Zwischenfall sind statistische Prognosen dann als rationale Erwartungen an zukünftige, noch nicht gewußte Tatsachen zu bestimmen (vgl. GROEBEN/WESTMEYER 1975, S. 103 ff.).

5.5 Katalog von Praktiken, Verfahren und Techniken pädagogischer Aktionsforschung

Katalysatorische Praktiken (allgemein)
- Methode der Kodierung von Schlüsselsituationen: Betroffene werden mit ihrer eigenen Situation in einer Weise konfrontiert, die brennpunktartig die Brüche in ihrem alltäglichen, intransitiven Bewußtsein offenlegt (vgl. ARBEITSGRUPPE PAOLO FREIRE ... 1973; vgl. FRAUENHAUS KÖLN 1980, S. 25 ff.; vgl. FREIRE 1974, S. 59 ff.; vgl. HEIMBUCHER 1977).
- Methode der konstruierten Analyseure: Soziale Situationen werden aus gegebenen Anlässen so hergestellt, daß sie „spontan" verbale und andere Energien individueller und kollektiver Akteure freilegen und Auseinandersetzungen über etwas ermöglichen, was bislang tabuiert war (vgl. LAPASSADE 1974, 1975; vgl. LOURAU 1974).
- Methode der kritischen Ereignisse: Voraussetzung ist das Herausfinden und Voranstellen eines Ereignisses, welches die Betroffenen zu einer für sie aktuell oder biographisch bedeutenden Situation Stellung nehmen läßt (vgl. BAACKE/SCHULZE 1979, S. 90 ff.; vgl. DEHLER 1974; vgl. NEUBERGER 1974, S. 61).

Pädagogische Aktionsforschung

Diagnostische Praktiken katalysatorischer Interaktion
- Beobachtende Teilnahme: Ein aufdeckendes Begreifen einer Situation erfolgt im Alltag durch Übernahme einer bestimmten Aktion (Unterricht, Sozialarbeit). Beobachtende Teilnahme bedarf einer Aufmerksamkeit für alle Einzelheiten, sowie bestimmter Praktiken der Tagebuch- und Protokollführung. Tonband- und Filmaufnahmen sollten unerläßlich sein (vgl. Goos/Manzke 1975/1976, v. Hentig 1976, Krovoza/Negt 1975/1976). Beobachtende Teilnahme wird insbesondere für Lebensweltanalysen benutzt (vgl. Heinze u. a. 1975a, Projektgruppe Jugendbüro und Hauptschülerarbeit 1975, Zinnecker u. a. 1975).
- Sozioanalyse: In Analogie zur psychoanalytischen Sitzung wird mit Mitarbeitern einer Organisation ein sozioanalytisches Medium auf der Basis tragfähiger Beziehungen hergestellt. Medien können Vollversammlungen, Wandtafeln und andere Öffentlichkeit herstellende soziale Inszenierungen sein (vgl. Kordes 1978, 1984a; vgl. Lapassade 1975; vgl. Wellendorf 1978, 1982).
- „Joint-diagnosis": Die Diagnose einer Problemsituation wird auf der Basis festgestellter Differenzen, Diskrepanzen oder Konflikte gemeinsam mit den Betroffenen vorgenommen, wobei verschiedene Momente des Feedbacks und des „self survey" in den Diagnoseprozeß mit einbezogen werden können (vgl. Bennis u. a. 1975, Rolff 1977a, b).
- „Self-survey": Beteiligte und Betroffene führen unter Beratung eines Forschers eine Untersuchung der eigenen Probleme durch. Diese Untersuchung können ebenso quantitative wie qualitative Informationen zum Ziel haben (vgl. Rolff 1977a, b).
- Krisenexperiment, Alltagsdiskurs und „Gaffe"-Analyse: Inhaltlich beabsichtigt, durch die gegensätzliche Position und Persönlichkeit des Aktionsforschers provoziert, werden in den Alltag von Mitgliedern einer Organisation Brüche, „Patzer" (*gaffe*) eingeführt. Die durch sie ausgelösten Auswirkungen auf die Beteiligten bilden den Ausgangspunkt einer möglichst gemeinsamen Analyse („joint diagnosis" „self survey") (vgl. Friedrichs 1973, S. 339; vgl. Garfinkel 1973, Gstettner 1984, Kordes 1984a, Neuberger 1974)
- Partizipatorische Forschung: Im Gegensatz zur teilnehmenden Forschung geht es der beteiligten Forschung um eine vielseitige Untersuchung von zwei teilweise im Gegensatz miteinander geratene Gruppen oder Instanzen (Verwaltung und Schule, Lehrer und Schüler, Gewerkschaftler und Arbeitgeber). Über Methoden der paradoxen Rollenübernahme (vgl. Mandel u. a. 1975) und der Fremd- und Selbstexploration (vgl. Rogers 1972, Vrolijk u. a. 1974) zielt sie auf eine gemeinsame Suche nach Problemlösungen (vgl. Kordes 1975, Swantz 1975).
- Konzeptorientiertes Rating: Ein Konzept wird bei der Befragung als Ganzes und so übersichtlich wie möglich den Beteiligten zur Selbstbeurteilung vorgestellt (vgl. Langer/Schulz v. Thun 1974, S. 175).
- Index und Kommentar: Zu einem Problemfeld wird in illustrativer Weise ein „Index" eingeführt. Dieser Index enthält über mehrere Merkmale die thematische Zusammenfassung einer Auseinandersetzung; der nachfolgende, den Beteiligten eröffnete Kommentarteil dient dazu, sie zu einer umfassenden Selbstdarstellung ihrer eigenen Befindlichkeit einzuladen (vgl. Neuberger 1974, S. 57 ff.).
- Skala mit Selbstverankerung: Umgekehrt zum Index mit Kommentar läßt sie die Befragten ihre eigene verbal-emotionale Skala entwickeln (vgl. Neuberger 1974, S. 70 ff.).
- Objektivierendes Interview: Unter der Annahme, daß er dieses Wissen mit mehr

Sachlichkeit mitteilen kann, wird ein Beteiligter als assoziierter Mitarbeiter über Handlungszusammenhänge anderer Personen befragt (vgl. FUCHS 1970/1971, S. 8).
- Gruppendiskussion: Individuelle Meinungen werden einer Gruppendiskussion ausgesetzt und kollektive Meinungsbildungsprozesse werden erprobt (vgl. FACHBEREICH SOZIALPÄDAGOGIK AN DER PH BERLIN 1972, S. 57 ff.; vgl. FRIEDRICHS 1973, S. 246 ff.; vgl. MANGOLD 1967, SEIDENSPINNER 1974, VOLMERG 1984).
- Realkontaktbefragung: In unzugänglichen, sich abschottenden, teilweise totalen Institutionen wird durch Übernahme einer innerhalb der Institution vertrauten Rolle eine zugleich subversive wie verstärkte Kommunikation zu anderen Rollenträgern der Organisation angestrebt, die alltäglich miteinander verkehren (vgl. KREUTZ 1972; vgl. WALLRAFF 1969, 1970).
- Konfrontationssitzung: Im Gegensatz zueinander stehende Gruppen werden in ihrer realen Umgebung miteinander konfrontiert, eventuell unter Teilnahme der Öffentlichkeit (vgl. BECKHARD 1975, S. 402 ff.).
- Befragungsfeedback: Im Gefolge einer Untersuchung werden deren Ergebnisse zum Zwecke einer Entscheidungsbildung und Handlungsplanung methodisch zurückgemeldet (vgl. HELLER 1974, S. 211 ff.; vgl. KLEMM/ROLFF 1977, PHILIPP 1984).
- Disruptives Experiment: Ein Forscher oder eine soziale Gruppe bricht mit ihrem Verhalten bewußt und intentional mit einem bisherigen Zustand und sucht über die konfliktuelle Zuspitzung, Prozesse der Neuverhandlung oder Gegeninstitutionalisierung zu erzeugen (vgl. BAHR/GRONEMEYER 1974, EBERT 1970, ROBERTS 1971, SPECHT 1973).

Diagnostisch-hermeneutische Verfahren der Rekonstruktion
- Ethnohermeneutische Verfahren: An bestimmte institutionelle und rituelle Vorgänge (des Unterricht, der Gerichtsverhandlung) anknüpfende verstehende Analyse impliziter und latenter Strukturen. Dieser Art Analyse ist insbesondere die Thematisierung des „heimlichen Lehrplans" zu verdanken (vgl. BAACKE 1978, HENRY 1955, SCHUMANN/WINTER 1971, ZINNECKER 1976).
- Objektiv-hermeneutische Verfahren (vgl. MATTHES-NAGEL 1984; vgl. OEVERMANN u. a. 1976, 1979).
- Dokumentarische Verfahren der Selbstexploration: Eine Situation wird nicht nur wie etwas objektiv vorgestelltes analysiert, sondern in Interaktion mit dem Beobachter selbst, also als Projektionsfläche von (institutioneller) Übertragung und Gegenübertragung (vgl. KROVOZA/NEGT 1975/1976; vgl. WELLENDORF 1978, 1982).

Diagnostisch-statistische Verfahren der Interpretation
- Statistische Diagnose: Bemühung um ein statistisches Situationsverständnis, welches auf der Basis von Wahrscheinlichkeitshypothesen und -wissen gewonnen wird (vgl. GROEBEN/WESTMEYER 1975, S. 87 ff., S. 106 ff.).
- Mehrebenenanalyse (vgl. WELZ 1984).

Genetische Praktiken katalysatorischer Interaktion
- Pädagogischer Diskurs: Gegenüber den Allgemeinfällen des theoretischen und praktischen Diskurses sowie den Spezialfällen therapeutischer und politischer Diskurse versucht der pädagogische Diskurs durch die Problematisierung erzieherischer Alltagsroutinen hindurch die Wiedereröffnung längerfristiger, päd-

agogischer Perspektiven zu thematisieren (vgl. HEINZE u. a. 1975 b, KORDES 1975).
- Bildungstherapeutische Gemeinschaft: Im Widerspruch zum etablierten institutionellen Klima in Anstalten und Schulen reinstitutionalisieren Analysanden und Analytiker, Ausbilder und Auszubildende eine Beziehungsstruktur, welche die Charaktermasken der Rollenträger und die Struktur der Macht demystifizieren und demaskieren soll. Dies geht nicht ohne Rekurs auf die Entstehung der Rollen und ihrer Institutionalisierungen ab (vgl. BASAGLIA 1971, LAPASSADE 1975).
- Bildungstherapeutisches Bündnis: Die Auseinandersetzung erfolgt weniger innerhalb der „Gemeinschaft" als vielmehr gegenüber außertherapeutischer und -pädagogischer Realität, sofern diese unmittelbar an Störungen, Deformationen und Entfremdungen beteiligt ist (vgl. HOLZKAMP-OSTERKAMP u. a. 1977).
- Lernerbiographisches Interview: Tiefeninterview, das die Auseinandersetzung des Subjekts mit seinen „Entwicklungsaufgaben" nachzukonstruieren sucht (vgl. GRUSCHKA 1982).

Genetisch-hermeneutische Verfahren der Rekonstruktion
- Mikrogenese: Eine Mikrogenese verlangt die Ermittlung von Informationen über die Entstehung und Entwicklung eines Leidens oder einer Krise in den authentischen Aussagen und über die sprachlich-mimetischen Repräsentanzen der Subjekte selber zu gewinnen (vgl. BECKMANN/PLAUM 1974).
- Makrogenese: Eine objektive Erkenntnis ist dann erreicht, wenn der Aktionsforscher in der Lage ist, die Situation in der Sprache und in der Bedeutung so wiederzugeben, daß sich das Subjekt vollständig darin wiedererkennt (vgl. BECKMANN/PLAUM 1974). Makrogenese zielt auf das Verstehen des Gesamtphänomens und analysiert dabei die ersten theoretischen Interpretationen der authentischen Aussagen und Repräsentanzen des Subjekts (Mikrogenese); die Makrogenese bezieht ihr Verstehen der besonderen Situation prinzipiell durch Bezug auf regelartige, das Handeln der Subjekte bestimmende, Wechselwirkungszusammenhänge zwischen den Instanzen (vgl. BECKMANN/PLAUM 1974; vgl. RICHTER 1973, S. 158 ff.).
- Normative Genese: Schrittweise Deutung der Entstehung und Entwicklung eines Wirkungs- und Gründezusammenhangs daraufhin, ob dieser als Resultat einer begründeten Entwicklung zu begreifen ist (vgl. LORENZEN 1974; vgl. MITTELSTRASS 1975, S. 145 ff.).
- Faktische Genese: Schrittweise Reproduktion des tatsächlichen Entstehungs- und Funktionsablauf eines Geschehens (vgl. LORENZEN 1974).
- Biographische Analyse: (vgl. CICOUREL 1978, S. 291 ff.; vgl. DÖBERT/NUNNER-WINKLER 1976, S. 83 ff.; vgl. GSTETTNER 1979 a, b).
- Szenisches Gesprächsverfahren der Selbstreflexion durch Übertragung (vgl. KORDES 1984 c).
- Diskursanalyse: Rekonstruktion der generativen Strukturen sozialer Interaktion im Spannungsverhältnis institutioneller verzerrter und über vernünftige Verständigung ermöglichter Willensbildungsprozesse (vgl. EHLICH 1984; vgl. GSTETTNER 1979 a, b; vgl. WUNDERLICH 1976).
- Szenisches Verstehen: Die Beschäftigung mit den Vorstellungen eines Subjekts, derart, daß es die Vorstellung als Realisierung von Beziehungen, als Inszenierung der Interaktionsmuster ansieht. Dieses Verstehen erfolgt, indem der Analytiker die in der Szene enthaltene situative und genetische Struktur begreift und sie in Richtung auf die Interaktionsstruktur hin komplettiert (vgl. LARCHER/RATHMAYR 1975, S. 695 ff.; vgl. LORENZER 1970).

Hagen Kordes

Genetisch-statistische Verfahren der Interpretation
- Statistische Genese: Sie erklärt die Entwicklung von Zuständen und Systemen, sofern sie nach bestimmten Übergangswahrscheinlichkeiten oder Entwicklungsgesetzen erfolgen (vgl. GROEBEN/WESTMEYER 1975, S. 93).
- Retrognose: Statistische Begründung gewußter, vergangener Tatsachen (vgl. GROEBEN/WESTMEYER 1975, S. 88 ff.).
- Zeitreihenanalyse: Eine Menge von Beobachtungen, die zu bestimmten Zeitpunkten gemacht, registriert und in einem bestimmten Kontinuum eingetragen werden (vgl. KLEITER/PETERMANN 1977).
- „Change analysis" (vgl. FISCHER u. a. 1984).
- Dynamische Mehrebenenanalyse: Anwendung der normalen Mehrebenenanalyse (zur Überprüfung echter Kontexteffekte) auf verschiedene Zeit- und Entwicklungszustände (vgl. HARDER 1973, vgl. WELZ 1984).

Prognostische Praktiken katalysatorischer Interaktion
- Rollenspiel als Entscheidungstraining (vgl. SHAFTEL/SHAFTEL 1972).
- Planspiel als dynamische Methode der Selbstorganisation (vgl. PRIM/RECKMANN 1975).
- Formative Evaluation: Fortlaufende, die Praxis der Planung, Einführung, Durchführung beurteilende und die Beurteilungsergebnisse in die Praxis wieder eingebende Evaluation (vgl. LARCHER/RATHMAYR 1975, SCRIVEN 1973).
- Bildungsgangsbegleitende Evaluation: Der über mehrere Jahre einen signifikanten Teil der Schullaufbahn eines Schülers begleitende, dokumentierende und in ihren Entwicklungsaufgaben rekonstruierende Aktionsforschungsprozeß (vgl. GRUSCHKA 1982; vgl. KORDES 1979,1982; vgl. NAUL 1984, SCHENK 1982).
- Pädagogisch-soziale Praktiken des Experiments: Zu ihnen gehören besonders bildungstherapeutische Änderungsprozesse als Auseinandersetzung mit außertherapeutischen und -schulischen Erfahrungen (vgl. HOLZKAMP-OSTERKAMP u. a. 1977, S. 228 ff.) auf der Mikroebene; auf der Makroebene dagegen Schulversuche zur Rekonstruktion oder Entfaltung von Bildungsgängen (vgl. AUTORENKOLLEKTIV „GLOCKSEE" 1975/1976, GRUSCHKA 1982, KORDES 1982).

Prognostisch-hermeneutische Verfahren
- Praxisdokumentation: Protokollführung, die die Aktualität ohne methodische Disziplinierungen einfängt und auch methodologisch für eine umfassende, später analysierbare Berichterstattung die Voraussetzungen schaffen soll (vgl. AUTORENKOLLEKTIV LANKWITZ 1972, SCHWEITZER u. a. 1976).
- Pädagogische Evaluation: Diese erfolgt in mindestens drei Stufen: als empirische Effektivitätsbewertung, als pragmatische Nutzwertbestimmung und schließlich als pädagogisch-dialektische Gebrauchswertkritik (vgl. KORDES 1984b).

Prognostisch-statistische Verfahren der Interpretation
- Statistische Prognose: Statistische Begründung rationaler Erwartungen (vgl. GROEBEN/WESTMEYER 1975, S. 103 ff.).
- Projektive Mehrphasenanalyse: Unter teilnehmender Planung entstandene Orientierungsmarken, die für bestimmte Zeiten bestimmte Absprachen einer erneuten, gemeinsamen Bewertung und Diagnose des bisher geleisteten vorsehen (vgl. BENDIXEN/KEMMLER 1972).

ADORNO, TH. W.: Minima Moralia, Frankfurt/M. 1974. ALQUATI, R.: Klassenanalyse als Klassenkampf. Arbeiteruntersuchungen bei Fiat und Olivetti, Frankfurt/M. 1974. ARBEITSGRUPPE BIELEFELDER SOZIOLOGEN (Hg.): Alltagswissen, Interaktion und gesellschaftliche Wirklichkeit, 2 Bde., Reinbek 1973. ARBEITSGRUPPE PAOLO FREIRE (HAMBURG): Paolo Freires „Pädagogik der Unterdrückten": Ein Weg zur Befreiung? In: betr. e. 6 (1973), 7, S. 22 ff. ARDOINO, J.: Le désir et l'institution. In: LAPASSADE, G.: Socianalyse ..., Paris 1975, S. 1 ff. ARGYRIS, CH.: Intervention. Theory and Method, Reading 1970. ARGYRIS, CH.: Unerwartete Folgen ‚strenger' Forschung. In: Grupdyn. 3 (1972), S. 5 ff. AUTORENKOLLEKTIV „GLOCKSEE": Schulversuch Glocksee. In: Ästh. u. Komm. 6/7 (1975/1976), 22/23, S. 24 ff. AUTORENKOLLEKTIV LANKWITZ: Kinderläden. Revolution der Erziehung oder Erziehung zur Revolution? Reinbek 1972. BAACKE, D.: Lebensweltanalyse von Fernstudenten. Mimeo, Zentrales Institut für Fernstudienforschung (ZIFF): Hagen 1978. BAACKE, D./SCHULZE, TH. (Hg.): Aus Geschichten lernen. Zur Einübung pädagogischen Verstehens, München 1979. BAHR, H.-E./GRONEMEYER, R.: Konfliktorientierte Gemeinwesenarbeit, Darmstadt/Neuwied 1974. BASAGLIA, F.: Die negierte Institution, Frankfurt/M. 1971. BECKHARD, R.: Die Konfrontationssitzung. In: BENNIS, W. G. u. a.: Änderung des Sozialverhaltens, Stuttgart 1975, S. 402 ff. BECKMANN, D./PLAUM, F. G.: Forschung in der Psychoanalyse. In: SCHRAMMEL, W. J./BAUMANN, U. (Hg.): Klinische Psychologie, Bd. 2: Methoden, Ergebnisse und Probleme, Stuttgart/Wien 1974, S. 234 ff. BENDIXEN, T./KEMMLER, H. W.: Planung, Organisation und Methodik innovativer Entscheidungsprozesse, Berlin/ New York 1972. BENNER, D.: Hauptströmungen der Erziehungswissenschaft, München ²1978. BENNER, D.: Grundstrukturen pädagogischen Denkens und Handelns. In: Enzyklopädie Erziehungswissenschaft, Bd. 1, Stuttgart 1983, S. 283 ff. BENNIS, W. G. u. a.: Änderung des Sozialverhaltens, Stuttgart 1975. BIELEFELDER LEHRERGRUPPE: Schule kann anders sein. Drei Versuche zu handlungsorientiertem Lernen in Hauptschulen und zur Arbeit im Lehrerteam, Reinbek 1979. BLANKERTZ, H. (Hg.): Lernen und Kompetenzentwicklung in der Sekundarstufe II. Abschlußbericht der Wissenschaftlichen Begleitung Kollegstufe NW zur Evaluation von vier doppelt qualifizierenden Bildungsgängen des Kollegschulversuchs in den Schwerpunkten Fremdsprachen, Physik, Erziehung, Sport, Münster 1983. BLANKERTZ, H./GRUSCHKA, A.: Handlungsforschung: Rückfall in die Empiriefeindlichkeit oder neue Erfahrungsdimension? In: Z. f. P. 21 (1975), S. 677 ff. BLOOM, B. S.: Toward a Theory of Testing Which Includes Measurement – Evaluation – Assessment. In: WITTROCK, M. C./WILEY, D. E. (Hg.): The Evaluation of Instruction, New York 1970, S. 25 ff. BRONFENBRENNER, U.: Ein Bezugsrahmen für ökologische Sozialisationsforschung. In: N. Samml. 16 (1976), S. 238 ff. BRUNER, J. S. u. a.: Play-Its-Role in Development and Evolution, Harmondsworth 1976. BUNGE, M.: Scientific Research, 2 Bde., Berlin/Heidelberg/New York 1967. CARTWRIGHT, D./ZANDER, A.: Group Dynamics, New York 1968. CICOUREL, A. V.: Mark. In: KOHLI, M. (Hg.): Soziologie des Lebenslaufs, Darmstadt/ Neuwied 1978, S. 202 ff. CLARK, A. W.: Experimenting with Organizational Life, New York 1971. DEHLER, J.: Jungarbeiterinnen, Starnberg 1974. DERBOLAV, J.: Anhang: Umrisse einer Praxeologie. In: DERBOLAV, J. (Hg.): Grundlagen und Probleme der Bildungspolitik, München 1977, S. 91 ff. DEUTSCHE FORSCHUNGSGEMEINSCHAFT: Empfehlungen zur Förderung erziehungswissenschaftlicher Forschung. In: Z. f. P. 22 (1976), S. 9 ff. DÖBERT, R./NUNNER-WINKLER, G.: Adoleszenzkrise und Identitätsbildung, Frankfurt/M. 1976. EBERT, TH.: Gewaltfreier Aufstand. Alternative zum Bürgerkrieg, Frankfurt/M. 1970. EHLICH, K.: Sprechhandlungsanalyse. In: Enzyklopädie Erziehungswissenschaft, Bd. 2, Stuttgart 1984, S. 526 ff. EHRHARDT, J.: Wissenschaftliche Arbeit und praktische Innovation. Bemerkungen zur wissenschaftlichen Begleitung im Schulversuch - Glocksee. In: Ästh. u. Komm. 6/7 (1975/1976), 22/23, S. 124 ff. EICHNER, K./SCHMIDT, P.: Aktionsforschung - eine neue Methode? In: Soz. Welt 25 (1974), S. 147 ff. FACHBEREICH SOZIALPÄDAGOGIK AN DER PH BERLIN: Überlegungen zur Handlungsforschung in der Sozialpädagogik. In: HAAG, F. u. a. (Hg.): Aktionsforschung ..., München 1972, S. 56 ff. FAIRWEATHER, G. W.: Method for Experimental. Social Innovation, New York/London/Sydney 1967. FEND, H.: Gesamtüberblick zu den Konstanzer Vergleichsuntersuchungen. Arbeitsmaterialien und Berichte zur Sekundarstufe I, Bde. 4–9, hg. v. Landesinstitut für Curriculumentwicklung, Lehrerfortbildung und Weiterbildung des Landes Nordrhein-Westfalen, Paderborn/München/Wien/Zürich 1979. FEYERABEND, P.: Against Method, London 1975. FIEDLER, P. A./HÖRMANN, G. (Hg.): Aktionsforschung in Psychologie und

Pädagogik, Darmstadt 1978. FISCHER, B. u. a.: Entwicklungslogische Erziehungsforschung. In: Enzyklopädie Erziehungswissenschaft, Bd. 2, Stuttgart 1984, S. 45 ff. FOX, R. S./LIPPITT, R.: Die Einführung psychohygienischer Verfahren im Unterricht. In: SKOWRONEK, H./SCHMIED, D. (Hg.): Forschungstypen und Forschungsstrategien in der Erziehungswissenschaft, Hamburg 1977, S. 272 ff. FRAUENHAUS KÖLN: Nachrichten aus dem Ghetto Liebe, Frankfurt/M. 1980. FREIRE, P.: Research Methods. Excerpts from a Seminar Conducted at the Institute of Adult Inducation. University of Dar es Salaam, Dar es Salaam 1973 a. FREIRE, P.: Pädagogik der Unterdrückten, Reinbek 1973 b. FREIRE, P.: Erziehung als Praxis der Freiheit, Stuttgart/Berlin 1974. FRIEDRICHS, J.: Methoden empirischer Sozialforschung, Reinbek 1973. FUCHS, W.: Empirische Sozialforschung als politische Aktion. In: Soz. Welt 21/22 (1970/1971), S. 1 ff. GARFINKEL, H.: Das Alltagswissen über soziale und innerhalb sozialer Strukturen. In: ARBEITSGRUPPE BIELEFELDER SOZIOLOGEN (Hg.): Alltagswissen ..., Bd. 1, Reinbek 1973, S. 189 ff. GOOS, H./MANZKE, E.: Methodenprobleme – Untersuchungsarbeit in der Glocksee-Schule. In: Ästh. u. Komm. 6/7 (1975/1976), 22/23, S. 113 ff. GOTTWALD, P.: Das adaptive Lernsystem. Ein Beispiel für die Verschränkung von Planung und kontrollierter Tätigkeit. In: Mitt. d. Dt. Gesellsch. f. Verhaltther. e. V., 1. Sonderheft: Zum Verhältnis von Theorie und Praxis in der Psychologie, München 1976, S. 205 ff. GROEBEN, N./WESTMEYER, H.: Kriterien psychologischer Forschung, München 1975. GRUSCHKA, A. (Hg.): Ein Schulversuch wird überprüft, Kronberg 1976. GRUSCHKA, A.: Wie Schüler Erzieher werden, Münster 1982. GSTETTNER, P.: Distanz und Verweigerung. Über einige Schwierigkeiten, zu einer erkenntnisrelevanten Aktionsforschungspraxis zu kommen. In: HORN, K. (Hg.): Aktionsforschung, Frankfurt/M. 1979, S. 163 ff. (1979 a). GSTETTNER, P.: Aktionsforschung – Diskurs der Könige? In: Köln. Z. f. Soziol. u. Sozpsych. 31 (1979), S. 337 ff. (1979 b). GSTETTNER, P.: Krisenexperiment. In: Enzyklopädie Erziehungswissenschaft, Bd. 2, Stuttgart 1984, S. 440 ff. HAAG, F.: Sozialforschung als Aktionsforschung. In: HAAG, F. u. a. (Hg.): Aktionsforschung ..., München 1972, S. 22 ff. HAAG, F. u. a. (Hg.): Aktionsforschung. Forschungsstrategien, Forschungsfelder und Forschungspläne, München 1972. HABERMAS, J.: Legitimationsprobleme im Spätkapitalismus, Frankfurt/M. 1973. HABERMAS, J.: Theorie und Praxis, Frankfurt/M. 1974. HAEBERLIN, U.: Empirische Analyse und pädagogische Handlungsforschung. In: Z. f. P. 21 (1975), S. 653 ff. HAMEYER, U.: Interventive Erziehungsforschung. In: Enzyklopädie Erziehungswissenschaft, Bd. 2, Stuttgart 1984, S. 145 ff. HAMEYER, U./HAFT, H. (Hg.): Handlungsorientierte Schulforschungsprojekte, Weinheim/Basel 1977. HARDER, T.: Dynamische Modelle in der empirischen Sozialforschung, Stuttgart 1973. HAVELOCK, R. G.: Schulinnovation – ein Leitfaden, Bern/Stuttgart 1976. HEIMBUCHER, B.: Von Paolo Freire lernen, München 1977. HEINEKEN, W.: Zur Integration der Aktionsforschung in den natürlichen gesellschaftlichen Fortschritt. Handeln, Forschen, Erziehen – und kritisieren? In: HORN, K. (Hg.): Aktionsforschung ..., Frankfurt/M. 1979 a, S. 206 ff. HEINZE, TH. u. a.: Handlungsforschung im pädagogischen Feld, München 1975 a. HEINZE, TH. u. a.: Handlungsorientierte Evaluation – Erfahrungen aus einem schulnahen Curriculumprojekt. In: FREY, K. (Hg.): Curriculum-Handbuch, Bd. 2, München 1975, S. 614 ff. (1975 b). HEINZE-PRAUSE, R./HEINZE, Th.: Unterrichtsforschung als Unterricht. Hauptschulprojekt: Schülertaktiken im Unterricht. In: betr. e. 7 (1974), 10, S. 49 ff. HELLER, K. (Hg.): Lern-Leistungsbeurteilung in der Schule, Heidelberg 1974. HEMPEL, C. G./OPPENHEIM, P.: Studies in the Logic of Explanation. In: Phil. of Sc. 15 (1948), S. 135 ff. HENRY, J.: Docility, or Giving Teachers what They Want. In: The J. of Soc. Issues 11 (1955), S. 33 ff. HENTIG, H. v.: Schule als Erfahrungsraum? Stuttgart 1973. HENTIG, H. v.: Aus dem, was wirklich ist, erkennen, was möglich ist. In: N. Samml. 16 (1976), S. 195 ff. HENTIG, H. v.: Erkennen und Handeln. In: FLITNER, A./HERRMANN, U.: Universität heute, München/Zürich 1977, S. 198 ff. HOLZKAMP, K.: Kritische Psychologie, Frankfurt/M. 1972. HOLZKAMP, K.: Sinnliche Erkenntnis. Historischer Ursprung und gesellschaftliche Funktion der Wahrnehmung, Frankfurt/M. 1973. HOLZKAMP-OSTERKAMP, U. u. a.: Psychologische Therapie und politisches Handeln, Frankfurt/New York 1977. HORN, K. (Hg.): Aktionsforschung: Balanceakt ohne Netz? Methodische Kommentare, Frankfurt/M. 1979 a. HORN, K.: Zur politischen Bedeutung psychoanalytischer ‚Technik'. Hinweise für eine kritische Sozialwissenschaft. In: HORN, K. (Hg.): Aktionsforschung ..., Frankfurt/M. 1979, S. 320 ff. (1979 b). HURRELMANN, K.: Forschungsprojekt „Sozialisationsprobleme jugendlicher Schulversager". Mimeo. Gesamthochschule Essen: Essen 1976. HURRELMANN, K.:

Pädagogische Aktionsforschung

Kritische Überlegungen zur Entwicklung der Bildungsforschung. In: betr. e. 10 (1977), 4, S. 58ff. JANTZEN, W.: Grundriß einer allgemeinen Psychologie und Psychotherapie, Köln 1979. „JETZT REDEN WIR": Betroffene des Märkischen Viertels. Wohnste sozial, haste die Qual, Reinbek 1975. KANFER, F. H./SASLOW, G.: Verhaltenstheoretische Diagnostik. In: SCHULTE, D. (Hg.): Diagnostik in der Verhaltenstherapie, München/Berlin/Wien 1976, S. 24ff. KARL, S.: Aktionsforschung – gesellschaftstheoretische Defizite und politische Illusionen. In: D. Arg. 19 (1977), 101, S. 67ff. KLAFKI, W.: Handlungsforschung im Schulfeld. In: Z. f. P. 19 (1973), S. 487ff. KLAFKI, W. u.a.: Das „Marburger Grundschulprojekt", Hannover 1977. KLEITER, E. F./ PETERMANN, F.: Abbildung von Lernwegen, München 1977. KLEMM, K./ROLFF, H.-G.: Zur Dynamik der Schulentwicklung. In: Z. f. P. 23 (1977), S. 551 ff. KLÜVER, J./KRÜGER, H.: Aktionsforschung und soziologische Theorien. In: HAAG, F. u.a. (Hg.): Aktionsforschung …, München 1972, S. 76 ff. KOHLBERG, L.: Eine Neuinterpretation der Zusammenhänge zwischen der Moralentwicklung in der Kindheit und im Erwachsenenalter. In: DÖBERT, R. u.a. (Hg.): Entwicklung des Ichs, Köln 1977, S. 225 ff. KORDES, H.: Ebenen einer handlungsorientierten Begleitforschung der Entscheidungsprozesse in den Instanzen, Münster 1975. KORDES, H.: Rückerinnerungsbericht über die Entscheidungsprozesse – verwirklicht von den überregionalen Lehrergruppen Deutsch und Fremdsprachen, Münster 1976. KORDES, H.: Measurement and Educational Evaluation. Plea for an Action Research Concept of Measurement Illustrated by an Evaluation of Educative Processes in Foreign and Native Languages. In: Stud. in E. Eval. 4 (1978), S. 163 ff. (1978 a). KORDES, H.: Curriculumentwicklung und Handlungsforschung – Anmerkungen zum ‚Marburger Grundschulprojekt'. In: Z. f. P. 24 (1978), S. 619 ff. (1978 b). KORDES, H.: Vier methodische Vorschläge für die Evaluation von Bildungsgängen: Diagnose, Genese, Prognose und Praktiken, Münster 1979. KORDES, H.: Vorwärtsrückwärts oder das unheimlich totale Lernen – Kompetenzentwicklung und Identitätsbildung im Medium fremdsprachlichen Lernens. Wissenschaftliche Begleitung Kollegstufe NW, Münster 1982. KORDES, H.: Kompetenzentwicklung und Identitätsbildung im Medium fremdsprachlicher Bildung. In: Z. f. P., 18. Beiheft, Weinheim/Basel 1983, S. 153 ff. (1983 a). KORDES, H.: Evaluation in Curriculumprozessen. In: HAMEYER, U. u.a. (Hg.): Handbuch der Curriculumforschung, Weinheim/Basel 1983, S. 267 ff. (1983 b). KORDES, H.: Gaffeanalyse – Störungsanalyse als Schlüssel zur Bewältigung interkultureller Probleme. Deutsch-Französisches Jugendwerk: Paris/Rhöndorf 1984 a. KORDES, H.: Evaluation. In: Enzyklopädie Erziehungswissenschaft, Bd. 2, Stuttgart 1984, S. 359 ff. (1984 b). KORDES, H.: Rekonstruktion, praktische. In: Enzyklopädie Erziehungswissenschaft, Bd. 2, Stuttgart 1984, S. 498 ff. (1984 c). KORDES, H.: Messung, empirisch-pädagogische. In: Enzyklopädie Erziehungswissenschaft, Bd. 2, Stuttgart 1984, S. 454 ff. (1984 d). KOTARBINSKI, T.: Praxiology. An Introduction to the Sciences of Efficient Action, Oxford 1965. KREUTZ, H.: Soziologie der empirischen Sozialforschung, Stuttgart 1972. KROVOZA, A./NEGT, I.: Selbstregulierung und Lernmotivation. In: Ästh. u. Komm. 6/7 (1975/1976), 22/23, S. 66 ff. KULTUSMINISTER NORDRHEIN-WESTFALEN (Hg.): Kollegstufe NW, Strukturförderung im Bildungswesen des Landes Nordrhein-Westfalen, Heft 17, Ratingen/ Katellaun/Düsseldorf 1972. LANG, P. u.a.: Aktionsforschung als Stadtteilarbeit, Mimeo, Heidelberg 1977. LANGER, I./SCHULZ V. THUN, F.: Messung komplexer Merkmale in Psychologie und Pädagogik, München/Basel 1974. LAPASSADE, G.: Gruppen, Organisationen, Institutionen, Stuttgart 1972. LAPASSADE, G.: L'analyseure et l'analyste, Paris 1974. LAPASSADE, G.: Socianalyse et potentiel humain, Paris 1975. LARCHER, D./RATHMAYR, B.: „Zielbezogene" versus „zielfreie" Evaluation von Curricula und Unterricht. In: FREY, K. u.a. (Hg.): Curriculum-Handbuch, Bd. 2, München 1975, S. 688 ff. LEWIN, K.: Resolving Social Conflicts, New York 1968. LORENZEN, P.: Konstruktive Wissenschaftstheorie, Frankfurt/M. 1974. LORENZER, A.: Sprachzerstörung und Rekonstruktion, Frankfurt/M. 1970. LORENZER, A.: Die Wahrheit der psychoanalytischen Erkenntnis, Frankfurt/M. 1974. LOTZ, H.: Disziplinschwierigkeiten und schulische Verhaltensauffälligkeiten. In: ROLFF, H.-G. u.a.: Strategisches Lernen in der Gesamtschule, Reinbek 1974, S. 111 ff. LOURAU, R.: L'analyseur, Paris 1974. MANDEL, K. H. u.a.: Einübung der Liebesfähigkeit, München 1975. MANGOLD, W.: Gruppendiskussionen. In: KÖNIG, R. (Hg.): Handbuch der empirischen Sozialforschung, Bd. 1, Stuttgart 1967, S. 209 ff. MARX, K.: Grundrisse der Kritik der politischen Ökonomie, Frankfurt/M. o.J. MATTHES-NAGEL, U.: Objektiv-hermeneutische Bildungsforschung. In: Enzyklopädie Erziehungswissenschaft, Bd. 2, Stuttgart 1984, S. 283 ff. MEYER, H.: Leitfaden zur Unterrichtsvorbereitung, Frankfurt/M. ⁵1983. MITTELSTRASS, J.: Über Interessen. In: MITTELSTRASS, J. (Hg.): Methodologische Probleme einer normativ-kritischen Gesellschaftstheorie, Frankfurt/M. 1975, S. 126 ff. MITTER, W./WEISHAUPT, H. (Hg.): Ansätze zur Analyse der wissenschaftlichen Begleitung bildungspolitischer Innovationen, Weinheim 1977. MITTER, W./WEISHAUPT, H. (Hg.): Strategie und Organisationsformen der Begleitforschung – vier Fallstudien, Weinheim/Basel 1979. MOLLENHAUER, K./RITTELMEYER, CH.: „Empirisch-analytische Wissenschaft" versus „Pädagogische Handlungsforschung": Eine irreführende Alternative. In: Z. f. P. 21 (1975), S. 687 ff. MOSER, H.: Aktionsforschung als kritische Theorie der Sozialwissenschaften, München 1975. MOSER, H.: Praxis der Aktionsforschung, München 1977a. MOSER, H.: Methoden der Aktionsforschung, München 1977b. MÜLLER, K. R.: Entscheidungsorientierte Betriebspädagogik, München/Basel 1973. MÜLLER, U.: Zur möglichen Bedeutung der empirischen Sozialforschung für die Marxsche Theorie. In: BACKHAUS, H.-G. u. a. (Hg.): Gesellschaft, Beiträge zur Marxschen Theorie, Heft 5, Frankfurt/M. 1975, S. 187 ff. NAUL, R.: Lernen und Kompetenzentwicklung in der Sekundarstufe II – Evaluation des doppelqualifizierenden Bildungsgangs Freizeitsportler Abitur, Mimeo, Münster 1984. NEGT, O.: Schule als Erfahrungsprozeß – Gesellschaftliche Aspekte des Glocksee-Projekts. In: Ästh. u. Komm. 6/7 (1975/1976), 22/23, S. 36 ff. NEGT, O.: Die Alternativpädagogik ist ohne Alternative. Vortrag auf der Jahrestagung der Kommission für vergleichende Erziehungswissenschaft am 16. 2. 1981. In: BECK, J./BOEHNCKE, H. (Hg.): Jahrbuch für Lehrer, Reinbek 1982, S. 114 ff. NEGT, O./KLUGE, A.: Öffentlichkeit und Erfahrung, Frankfurt/M. 1972. NEUBERGER, O.: Messung der Arbeitszufriedenheit, Stuttgart/Berlin/Köln/Mainz 1974. NIEDER, P.: Probleme arbeitnehmerorientierter Aktionsforschung. In: Soz. Welt 30 (1979), S. 212 ff. OEVERMANN, U. u. a.: Beobachtungen zur Struktur der sozialisatorischen Interaktion. In: LEPSIUS, M. R. (Hg.): Zwischenbilanz der Soziologie. Verhandlungen des 17. Deutschen Soziologentages, Stuttgart 1976, S. 274 ff. OEVERMANN, U. u. a.: Die Methodologie einer „Objektiven Hermeneutik" und ihre allgemeine forschungslogische Bedeutung in den Sozialwissenschaften. In: SOEFFNER, H.-G. (Hg.): Interpretative Verfahren in den Sozial- und Textwissenschaften, Stuttgart 1979, S. 352 ff. PHILIPP, E.: Feedback. In: Enzyklopädie Erziehungswissenschaft, Bd. 2, Stuttgart 1984, S. 368 ff. PIEPER, H.-R.: Theorie, Praxis, Technik und Alltag – Wissenstheoretische Grundlagen der Aktionsforschung, Diss., Hamburg 1977. PRIM, R./RECKMANN, H.: Das Planspiel als gruppendynamische Methode außerschulischer politischer Bildung, Heidelberg 1975. PRIM, R./TILMANN, H.: Grundlagen einer kritisch-rationalen Sozialwissenschaft, Heidelberg 1973. PROJEKT OSDORFER BORN: Projektstudium im sozialwissenschaftlichen Bereich. In: HAAG, F. u. a.: Aktionsforschung..., München 1972, S. 205 ff. PROJEKTGRUPPE JUGENDBÜRO UND HAUPTSCHÜLERARBEIT: Die Lebenswelt von Hauptschülern, München 1975. PROJEKTGRUPPE JUGENDBÜRO UND HAUPTSCHÜLERARBEIT: Karin S.: Wahnsinn – das ganze Leben ist Wahnsinn, München 1976. RAPOPORT, R. N.: Drei Probleme der Aktionsforschung. In: Grupdyn. 3 (1972), S. 44 ff. RICHTER, H.-E.: Patient Familie, Reinbek 1973. RITSERT, J.: Wissenschaftsanalyse als Ideologiekritik, Frankfurt/New York 1975. RITSERT, J./BECKER, E.: Grundzüge sozialwissenschaftlicher Argumentation, Opladen 1971. ROBERTS, A.: Gewaltloser Widerstand gegen Agressoren, Göttingen 1971. ROGERS, C. R.: Die nicht-direktive Beratung, München 1972. ROLFF, H.-G.: Mehrebenen-Analyse Ja – aber nicht irgendeine. In: betr. e. 10 (1977), 4, S. 66 ff. (1977a). ROLFF, H.-G.: Schulreform als geplanter organisatorischer Wandel. Ein Bericht über Schulreformplanung in den USA. In: D. Dt. S. 69 (1977), S. 357 ff. (1977b). ROLFF, H.-G. u. a.: Strategisches Lernen in der Gesamtschule, Reinbek 1974. ROTH, H./FRIEDRICH, D. (Hg.): Bildungsforschung. 2 Bde., Deutscher Bildungsrat: Gutachten und Studien der Bildungskommission, Bd. 50, Bd. 51, Stuttgart 1976. RUBINSTEIN, F. L.: Grundlagen der allgemeinen Psychologie, Berlin 1958. RUMPF, H.: Die übergangene Sinnlichkeit, München 1981. SARTRE, J.-P.: Kritik der dialektischen Vernunft, Reinbek 1978. SCHENK, B.: Entwicklung physikalisch-technologischer Kompetenz – eine Folge von Lösungen von Entwicklungsaufgaben im Jugendalter. In: PFEIFFER, H./STEINER, H.-G. (Hg.): Fragen der Differenzierung im Mathematikunterricht der gymnasialen Oberstufe, Institut für die Didaktik der Mathematik (IDM), Bielefeld 1982, S. 58 ff. SCHMIED-KOWARZIK, W.: Dialektische Pädagogik. In: WULF, CH.: Wörterbuch der Erziehung, München 1974, S. 145 ff. SCHMIDT, H.-D.: Allgemeine Entwicklungspsychologie, Berlin

(DDR) 1973. SCHNOTZ, W.: Diagnose (Lernfähigkeit). In: Enzyklopädie Erziehungswissenschaft, Bd. 2, Stuttgart 1984, S. 337 ff. SCHUMANN, K. F./WINTER, G.: Zur Analyse des Strafverfahrens. In: Kriminol. J. 3 (1971), S. 136 ff. SCHURIAN, W.: Exkurs-Beispiel einer handlungstheoretischen Orientierung von Aktionsforschungsprojekten. Handeln und Bewußtsein. In: FIEDLER, P. A./HÖRMANN, G. (Hg.): Aktionsforschung ..., Darmstadt 1978, S. 90 ff. SCHWEITZER, H. u. a.: Über die Schwierigkeit, soziale Institutionen zu verändern. Entwicklungsarbeit im sozialpädagogischen Feld 1, Frankfurt/New York 1976. SCHWEITZER, H. u. a.: Projektstudium in der Heimerziehung. Entwicklungsarbeit im sozialpädagogischen Feld 2, Frankfurt/New York 1977. SCRIVEN, M.: Goal Free Evaluation. In: HOUSE, E. (Hg.): School Evaluation, Berkeley 1973. SEIDENSPINNER, G.: Lehrlinge im Konfliktfeld Betrieb, München 1974. SEILER, TH. B.: Die Bereichsspezifität normaler Denkstrukturen. Konsequenzen für den pädagogischen Prozeß. In: FREY, K./LANG, M. (Hg.): Kognitionspsychologie und Unterricht, Bern 1973, S. 279 ff. SHAFTEL, F. R./SHAFTEL, G.: Rollenspiel als soziales Entscheidungstraining, München/Basel 1972. SPECHT, H.: Disruptive Taktiken in der Gemeinwesenarbeit. In: MÜLLER, C. W./NIMMERMANN, P. (Hg.): Stadtplanung und Gemeinwesenarbeit, München 1973, S. 208 ff. STUFFLEBEAM, D. L. u. a.: Educational Evaluation and Decision Making, Bloomington 1971. SWANTZ, L.: Research as an Educational Tool for Development. In: Convergence 3 (1975), S. 44 ff. TURIEL, E.: Entwicklungsprozesse des moralischen Denkens beim Kinde. In: DÖBERT, R. u. a. (Hg.): Entwicklung des Ichs, Köln 1977, S. 125 ff. VOLMERG, U.: Gruppendiskussion - Gruppenexperiment. In: Enzyklopädie Erziehungswissenschaft, Bd. 2, Stuttgart 1984, S. 400 ff. VROLIJK, A. u. a.: Gesprächsmodelle, Gelnhausen/Berlin 1974. WALLRAFF, G.: 13 unerwünschte Reportagen, Köln 1969. WALLRAFF, G.: Industriereportagen, Reinbek 1970. WEILER, D./FREITAG, R.: Ausbildung statt Ausbeutung. Der Kampf der Essener Lehrlinge, Reinbek 1971. WELLENDORF, F.: Sozioanalyse und Beratung pädagogischer Institutionen. Einige Probleme angewandter Sozialwissenschaft. In: BOLTE, K. M. (Hg.): Materialien aus der soziologischen Forschung. Verhandlungen des 18. Deutschen Soziologentages 1976, Darmstadt 1978, S. 594 ff. WELLENDORF, F.: Anmerkungen zu einer vergessenen Aufgabe erziehungswissenschaftlicher Forschung. In: KÖNIG, E./ZEDLER, P. (Hg.): Erziehungswissenschaftliche Forschung, München 1982, S. 196 ff. WEIGELT, P.: Langeweile. In: Ästh. u. Komm. 6/7 (1975/1976), 22/23, S. 141 ff. WELZ, R.: Selbstmordversuche in städtischen Lebensumwelten, Weinheim/Basel 1979. WELZ, K.: Statistik (Mehrebenenanalyse). In: Enzyklopädie Erziehungswissenschaft, Bd. 2, Stuttgart 1984, S. 565 ff. WUNDERLICH, D.: Studien zur Sprechakttheorie, Frankfurt/M. 1976. ZIEHE, TH.: Pubertät und Narzißmus, Frankfurt/Köln 1975. ZIEHE, TH.: Subjektive Bedeutung und Erfahrungsbezug. In: Ästh. u. Komm. 6/7 (1975/1976), 22/23, S. 132 ff. ZINNECKER, J. (Hg.): Der heimliche Lehrplan, Weinheim/Basel 1976. ZINNEKKER, J. u. a.: Die Praxis von Handlungsforschung - Berichte aus einem Schulprojekt, München 1975.

F Kommunikative Bildungsforschung

Ansgar Weymann

Kommunikative Bildungsforschung

1 Einleitende Überlegungen
2 Typische Einsatzmöglichkeiten kommunikativer Bildungsforschung
2.1 Kommunikative Sozialforschung
2.2 Kommunikative Bildungsforschung
3 Zur Struktur sozialer Wirklichkeit
3.1 Etische und emische Analysen
3.2 Normatives und interpretatives Paradigma
3.3 Regeln
4 Zur Methodologie kommunikativer Forschungsstrategien
5 Instrumente und Verfahren der Datenerhebung
5.1 Teilnehmende Beobachtung
5.2 Ethnotheorie und Komponentenanalyse
5.3 Ethnomethodologie
5.4 Ethnographie des Sprechens
5.5 Befragung
5.6 Inhaltsanalyse und Textanalyse
5.7 Regeln
6 Beispiele aus der Forschung
6.1 Über die soziale Situation psychiatrischer Patienten
6.2 Sozialpädagogische Intervention bei arbeitslosen Jugendlichen
6.3 Lernen in der politischen Weiterbildung
6.4 Leistung und Versagen in der Schule
6.5 Regeln
7 Die Validität kommunikativer Bildungsforschung
7.1 Korrespondenztheorie
7.2 Konsenstheorie
7.3 Qualitätskriterien

Zusammenfassung: Das Design kommunikativer Bildungsforschung leitet zur Untersuchung von Lebenswelten und sozialem Handeln in den verschiedensten Bereichen von Bildung und Erziehung an. Ohne den formalen Systemcharakter von Bildungsinstitutionen zu übergehen (Organisationsstruktur, Rechtsverhältnisse), ist das Ziel ein Verstehen der in den Systemen bestehenden Lebenswelten und des dort ablaufenden sozialen Handelns. Um dieses Forschungsziel zu erreichen, ist das Design kommunikativer Bildungsforschung darauf angelegt, die im Untersuchungsfeld vorhandenen Regeln und Strukturen der Alltagskommunikation nicht zu verändern, sondern sich methodisch ihnen anzupassen. Das Design kommunikative Bildungsforschung kann mit anderen Designs kombiniert werden.

Summary: The design of communicative educational research is an introduction to the investigation of milieus and social activity in the most varied sectors of education and upbringing. Without disregarding the formal character of educational institutions as systems (organizational structure, legal relationships), its aim is an understanding of the milieus existing within the system and of the social activity carried out therein. In order to achieve this research target the design of communicative educational research aims not to change the existing rules and structures of everyday communication in the field of investigation, but to adapt its methods to them. The design of communicative educational research can be combined with other designs.

Résumé: Le schéma de recherches de formation concernant la communication initie à l'examen des domaines de la vie et des actes sociaux dans les secteurs les plus variés de la formation et de l'éducation. Sans négliger le caractère de système formel d'institutions de formation (structure organisationnelle, conditions juridiques), l'objectif poursuivi est une approche des domaines de vie impliqués dans les systèmes et des actes sociaux qui s'y accomplissent. Pour parvenir à cet objectif de recherches, le schéma de recherches de formation concernant la communication ne vise pas à changer les règles et structures de communication quotidienne présentes dans le champ d'examen, mais à s'adapter à elles du point de vue méthodique. Le schéma de recherches de formation concernant la communication peut être combiné avec d'autres schémas.

1 Einleitende Überlegungen

„Designs", Strategien der Forschung, sind durch Tradition und Entwicklung von „Metatheorien" noch nicht so weit standardisiert, daß sie sich leicht in bestimmte Typen zerlegen und so kontrastiv unterscheiden lassen. Deshalb vorweg zwei Anmerkungen zum Design „kommunikative Bildungsforschung":
- Erstens wird der Leser möglicherweise unter diesem Design eine Strategie der Forschung finden, die ihm unter anderen Bezeichnungen schon einmal begegnet sein mag, zumindest in Teilen.
- Zweitens soll ausdrücklich noch vor Beginn der Entwicklung und Begründung des Designs „kommunikative Bildungsforschung" eine „pluralistische" Methodenposition unterstrichen werden: Designs haben ihre Qualität nicht abstrakt in sich, sondern nur im Kontext bestimmter wissenschaftlicher Fragestellungen. Ein Abwägen zwischen möglichen Designs vor Beginn eines Forschungsprojekts ist immer notwendig, eine Kombination nicht selten wünschenswert.

Das Stichwort „kommunikative Bildungsforschung" hat als Bezeichnung eines Designs den Vorzug, sogleich bestimmte Assoziationen auszulösen. Man denkt beispielsweise an Kommunikation als alltägliches Medium von Bildung und Erziehung; man denkt an die vielfältigen empirischen und theoretischen Untersuchungen zu eben diesen Kommunikationsprozessen im Bildungssystem; und es drängt sich möglicherweise auch die Vorstellung auf, daß die Methoden der Forschung weitgehend Kommunikation sind oder auf Kommunikation aufbauen. Alle drei Assoziationen treffen das Design kommunikative Bildungsforschung sehr genau, denn Kommunikation spielt in diesem Design auf allen drei Ebenen eine Rolle. Will man den Kerngedanken des Designs vorab definieren, so muß die Definition lauten: *Kommunikative Bildungsforschung ist jener Forschungstypus, der sich in seiner Methodologie an den Regeln und Strukturen von Kommunikation in alltäglichen Bildungs- und Erziehungsprozessen orientiert.*

Obwohl kommunikative Forschungsmethoden in den Sozialwissenschaften nicht neu sind, hat sich der Begriff doch erst in jüngster Zeit etwas mehr durchgesetzt

Kommunikative Bildungsforschung

(vgl. ARBEITSGRUPPE BIELEFELDER SOZIOLOGEN 1976, HOFFMANN-RIEM 1980). Es wird daher notwendig sein, den Kontext des Designs in den nächsten Abschnitten genauer nachzuzeichnen. Wichtig ist dabei, daß ein Design kommunikative Bildungsforschung auf mehreren Ebenen zugleich begründet werden muß: auf der Ebene theoretischer Vorannahmen über die Struktur sozialer Wirklichkeit, auf der Ebene der Einsatzmöglichkeiten eines solchen Designs in den praktischen Problemen des Bildungs- und Erziehungsalltags und auf der Ebene der Umsetzbarkeit in oder Kombinierbarkeit mit speziellen Verfahren der Datenerhebung.

2 Typische Einsatzmöglichkeiten kommunikativer Bildungsforschung

Um einer Beschreibung der typischen Einsatzmöglichkeiten kommunikativer Bildungsforschung näher zu kommen, muß man in einem ersten Schritt unter dem Stichwort „kommunikative *Sozialforschung*" etwas weiter ausholen. Denn kommunikative Verfahren der Bildungsforschung leiten sich nicht aus der Geschichte der Bildungsforschung ab, vielmehr wurden sie dort übernommen. Ihre wissenschaftsgeschichtliche Herkunft ist breit gefächert und läßt sich in den verschiedensten sozialwissenschaftlichen Forschungsfeldern zurückverfolgen. Aber auch dort taucht die Methodologie dieses Designs nicht notwendig unter dem Begriff „kommunikative Sozialforschung" auf, sondern unter durchaus verschiedenen Bezeichnungen. Gemeinsam aber ist allen Methoden kommunikativer Sozialforschung, ungeachtet ihrer jeweiligen Bezeichnung, daß sie sich auf die Analyse von Kommunikation im Untersuchungsfeld richten, und daß sie sich in ihren eigenen forschungslogischen Verfahren an Struktur und Regeln der Kommunikation im Forschungsfeld zu orientieren versuchen.

So definiert, läßt sich eine breite Tradition kommunikativer Sozialforschung benennen, die kurz angesprochen werden soll, bevor der engere Bereich kommunikativer Bildungsforschung in den Vordergrund tritt.

2.1 Kommunikative Sozialforschung

Kommunikative Sozialforschung hat eine ihrer Quellen in der Chicagoer Schule der Soziologie und in dem mit dieser Schule verknüpften Theorieansatz des *Symbolischen Interaktionismus*. Obwohl die einzelnen Untersuchungsgegenstände in dieser Forschungstradition sehr vielfältig waren und sind, haben sie es doch mit örtlich und sozial fest umrissenen Feldern zu tun, oder wie man heute sagen würde, mit „Lebenswelten". Auf soziale Felder, auf Lebenswelten richten sich beispielsweise die Untersuchungen von Kleinstädten (vgl. LYND/LYND 1956), von psychiatrischen Anstalten (vgl. GOFFMAN 1981) und Randgruppen (vgl. H.S. BECKER 1963). In diesen klassischen Studien treten die Forscher nicht als „Befrager" von „Objekten" auf mit der Zielsetzung, durch ein standardisiertes Instrument der Datenerhebung vorher ausformulierte und theoretisch begründete Hypothesen zu falsifizieren, sondern sie leben im „Feld", lernen die dort herrschende Lebenswelt kennen und übernehmen und versuchen, eine angemessene Theorie zu entwickeln.

Eine andere Tradition, aus der sich kommunikative Sozialforschung speist, ist die *anthropologische Forschung*. Dem Anthropologen ist in der Regel deutlicher als dem Erziehungswissenschaftler, dem Soziologen oder Psychologen, daß er oft zuwenig über sein Untersuchungsfeld weiß, um von vornherein theorieprüfend ihm gegenüber zu treten. In vielen Fällen beherrscht er nicht einmal die im Untersuchungsfeld gesprochene Sprache, geschweige denn die dort herrschenden sozialen und kulturellen Spielregeln. Der Anthropologe tut daher gut daran, sein Feld als terra incognita zu betrachten und seine „Objekte" als kompetente „Informanten" und Kooperationspartner zu behandeln. Nur so kann es ihm gelingen, auf Zeit ein Mitglied, und sei es minderen Ranges, der ihn interessierenden Lebenswelt zu werden. Erst diese Phase des „Sicheinlebens", man könnte auch sagen, der Erwachsenensozialisation des Forschers, verschafft ihm jene Vorkenntnisse, die er zur Theorieproduktion benötigt, und die dann eventuell zu einem Falsifikationsversuch spezieller Hypothesen führen können. Aus der großen Fülle anthropologischer Forschung dieses Typs seien die Sammelbände von TYLER (vgl. 1969) und GUMPERZ/HYMES (vgl. 1972) genannt.

Zwei Richtungen sind hier wiederum zu unterscheiden. Die *Ethnotheorie* interessiert sich vor allem für die „Weltsicht" der Subjekte, für die „Kognition" ihrer Informanden (vgl. FRAKE 1961, 1972, 1973). Die *Ethnomethodologie* arbeitet vor allem an der Analyse der formalen, universellen Regeln der Interaktion, an der Analyse der Interaktionslogik (vgl. GARFINKEL 1967, 1973; vgl. WEINGARTEN u.a. 1976).

Mit Methoden kommunikativer Sozialforschung arbeiten auch lebensgeschichtlich und historisch rekonstruierende Projekte, in denen es um die Analyse von Sinn- und Deutungsmustern geht. Unter diese Tradition fällt die „Wiederentdeckung" der Biographie und der Biographieforschung (vgl. BERTAUX 1981, KOHLI 1978, MATTHES u.a. 1981). Hierhin gehört aber auch das – oft neomarxistisch geprägte – und wiedererwachte Interesse an der kollektiven Entstehung von Deutungsmustern oder, um es mit anderen Worten zu sagen, an der subjektiven „Seite" des gesellschaftlichen (Klassen-)Bewußtseins (vgl. NIETHAMMER 1980).

2.2 Kommunikative Bildungsforschung

Die Bildungsforschung hat in reichhaltigem Maße von der vielfältigen Tradition kommunikativer Sozialforschung profitiert. Da weiter unten noch Beispiele im einzelnen ausgeführt und methodisch „rekonstruiert" werden sollen, genügt vorab eine summarische Nennung von Fragestellungen und Feldern kommunikativer Bildungsforschung.

Auch kommunikative Bildungsforschung richtet sich auf „Lebenswelten", also auf Bildung und Erziehung als Lebenswelt. Sie hat es zum Beispiel mit den Bildungsmillieus von sozialen Gruppen und Institutionen zu tun, sie interessiert sich für gruppenspezifische und kollektive Deutungsmuster von Bildung und Erziehung, sie untersucht Definitionen und Sinnstrukturen der Bildung oder auch die biographische Verarbeitung von Bildungskarrieren. Gegenstand kommunikativer Bildungsforschung kann die Schule sein, die Hochschule, der Kindergarten, das Jugendzentrum oder auch die Klasse beziehungsweise der Kurs. Hier geht es um die Analyse des Handelns innerhalb der Lebenswelt, um Sinn und Deutung sozialer Situationen in der Interaktion, um Strukturen, Regeln und Formen von Kommunikation. Dieses primäre Forschungsinteresse bedeutet jedoch nicht, daß die rechtlichen, finanziellen und organisatorischen Strukturen der Bildungssysteme als unwichtig angesehen würden. Es bedeutet lediglich, sich über Strukturanalysen hinaus für die individuelle und kollektive Verarbeitung der „systemischen" Existenzbedingungen in symbolischer Interaktion zu interessieren und das Augenmerk auf die Herstellung, Erhaltung und Veränderung spezieller Lebenswelten zu richten.

Kommunikative Bildungsforschung ist im Bildungs- und Erziehungsbereich dann einsetzbar, wenn sich das Forschungsinteresse auf ein definierbares, sozial und/oder örtlich begrenztes Feld richtet. Mit einem aktuellen Begriff würde man sagen, kommunikative Bildungsforschung ist bei der Untersuchung von sozialem Handeln in Lebenswelten dem Bildungs- und Erziehungssystem „angemessen". Sie befaßt sich mit der „lebensweltlichen Kommunikation".

3 Zur Struktur sozialer Wirklichkeit

Die skizzierten Forschungsbeispiele und Fragestellungen haben durch ihre Vielfalt schon gezeigt, daß kommunikative Bildungsforschung nicht mit einer einzigen wissenschaftlichen Theorie oder einem bestimmten Verfahren der Datenerhebung identisch ist. Eine Gemeinsamkeit zwischen den Beispielen läßt sich erst auf der Ebene der wissenschaftlichen Fragestellung finden („Verstehen von sozialem Handeln") und auf der Ebene der Definition von sozialer Wirklichkeit, die charakteristischerweise als „Lebenswelt" begriffen wird. Dieser speziellen Fragestellung und dieser, im Design kommunikativer Bildungsforschung immer vorausgesetzten, Definition von sozialer Wirklichkeit gelten die weiteren Überlegungen.

3.1 Etische und emische Analysen

Wenn der Begriff von sozialer Wirklichkeit, der dem Design kommunikativer Bildungsforschung zugrunde liegt, veranschaulicht und definiert werden soll, so ist das am leichtesten durch die Nennung bekannter Gegenbeispiele möglich. Alternativen sind zum Beispiel die kognitiven Kompetenz- und Entwicklungstheorien PIAGETS (vgl. 1959, 1974a, b; vgl. FURTH 1972) oder die behavioristische Verhaltenstheorie SKINNERS (vgl. 1957, 1973). Die soziale Wirklichkeit wird von ihnen als die eine, objektive soziale Realität verstanden, der der Forscher als „einsames", erkennendes Subjekt gegenübertritt wie der Physiker der Materie. Lebenswelt und soziales Handeln als bewußtseinsmäßige und kulturell typisierte Form der Auseinandersetzung hier nicht in Erscheinung, sondern sie werden als Sekundärphänomene aus den objektiven Bedingungen „abgeleitet".
den objektiven Bedingungen „abgeleitet".
PIKE (vgl. 1971) bezeichnet die physikalische Definition von sozialer Wirklichkeit mit dem Begriff „etisch" und stellt dieser „Prototheorie" die „emische" Analyse gegenüber. In einer *etischen Analyse* sind die Definition des Erkenntnisinteresses, die Struktur der Theorie als deduktiv und falsifizierbar und die Methode als Mittel der Falsifikation an den Maßstäben der Physik orientiert. Zweifellos lassen sich aus einer distanziert beobachtenden und protokollierenden Position zutreffende Aussagen über menschliches Verhalten machen (vgl. OPP 1972). Ein Zugang zur Sinnstruktur des sozialen Handelns wird auf diese Weise jedoch nicht herstellbar. Regelmäßigkeiten des Verhaltens als Reiz-Reaktion-Abfolgen zu beschreiben oder als Wahrscheinlichkeitsverteilung des Zusammentreffens von Ereignissen ist etwas anderes, als Sinn und Bedingungen sozialen Handelns zu verstehen (vgl. ARBEITSGRUPPE BIELEFELDER SOZIOLOGEN 1973; vgl. GOFFMAN 1970, 1971a, 1971b, 1977; vgl. HELLE 1977; vgl. MEAD 1968, 1969; vgl. SCHÜTZ 1960).
Der Versuch, neben der *etischen* Analyse auch eine verstehende Analyse zu betreiben, wird bei PIKE (vgl. 1971, S. 37 ff.) „emisch" genannt. Die kommunikative Analyse von Lebenswelt und Handeln in Bildungssystemen muß eine *emische Analyse* sein, denn soziales Handeln ist sinnhaft, zweckgerichtet und Bedingungen wie Folgen rekonstruierend und interpretierend. Handeln ist ein sozialer Vorgang, in den die physikalischen Realitäten zwar eingehen, aber doch unter selektiver Wahrnehmung, Gewichtung und Bewertung erst ihre spezifische Relevanz gewinnen. Zu

der objektiven Realität, die beispielsweise den Unterricht bestimmt, gehören Räume, Beleuchtung, Belüftung, zeitliche Belastung, Möblierung, technische Medien und darüber hinaus die am Unterricht beteiligten Menschen als biologische und sich in beobachtbarer Weise verhaltende Wesen. Jedoch sind diese Tatsachen erst dann ausreichend, um zum Beispiel eine didaktische Entscheidung zu strukturieren, zu begründen und zu veranlassen, wenn sie durch die Handelnden interpretiert worden sind. DEN HOLLANDER (1965, S. 206) formuliert den sozialwissenschaftlichen Tatsachenbegriff so: „Wissenschaftliche ‚Tatsachen' an und für sich gibt es nicht. Keine ‚Tatsache' ist jemals ‚rein' und ‚objektiv'. Tatsachen sind nicht einfach ‚gegeben', bringen niemals ihren Sinn und ihre Interpretation selbst mit [...] Sie sind immer Konstruktionen, von unserem Geist isoliert, aus einer sehr komplexen und zunächst verworrenen Wirklichkeit durch die Anwendung von Definitionen und Klassifikationen, die wir selbst gemacht haben".

Die Struktur sozialer Wirklichkeit ist also von der Struktur physikalischer Realität zu unterscheiden, und dementsprechend unterscheiden sich etische und emische Analysen. Die Unterscheidung ist allerdings keine „ontische", sondern eine pragmatisch auf das Forschungshandeln hin orientierte. Es stehen sich nicht zwei „seinsmäßig" verschiedene Wirklichkeiten gegenüber – wie etwa in der philosophischen Tradition der Dualismus von Materie und Geist. Vielmehr kommt – entsprechend dem Ausgangspunkt der Analyse – ein jeweils spezifischer Selektions- und Definitionsprozeß *derselben* Wirklichkeit und damit ein spezifischer Erkenntnisprozeß in Gang. Im Rahmen dieses Designs wird unterstellt, daß der Ansatzpunkt emischer Analyse der weitreichendere ist, weil er Sinnstrukturen sozialen Handelns einschließt.

3.2 Normatives und interpretatives Paradigma

Innerhalb des Ansatzes emischer Analysen lassen sich weitere, grundsätzliche Unterscheidungen treffen. WILSON (vgl. 1973) hat hier ein „interpretatives Paradigma" einem „normativen" gegenübergestellt.

Das *normative Paradigma* geht davon aus, daß Menschen einerseits mit erworbenen Verhaltensdispositionen ausgestattet sind und andererseits mit bestimmten Erwartungen von seiten der Gesellschaft konfrontiert werden. Die Erwartungen treten als Rollenerwartungen auf, so daß je nach Disposition und Erwartungsstruktur Rollenkonformität oder Abweichung möglich ist. Diese theoretische Annahme individueller Dispositionen und gesellschaftsspezifischer, kultureller Erwartungen kann aber nur dann reales soziales Verhalten zutreffend widerspiegeln, wenn zusätzlich angenommen wird, daß alle Handelnden die gleichen, zumindest aber wechselseitig verstandene kulturellen Normen, Symbole und Bedeutungen teilen.

Da sich die Handelnden in einem gemeinsamen kulturellen System von Symbolen, Bedeutungen und Normen bewegen, kann sich der Forscher, wenn er Mitglied der gleichen Kultur ist, von der Überlegung freistellen, wie er seinerseits Zugang zu der von ihm beobachteten Kultur einer Gesellschaft bekommt. Er hat diesen Zugang durch die gleiche Enkulturation, die Forscher und Erforschte in ausreichend übereinstimmender Weise im Laufe ihrer jeweiligen Sozialisation durchgemacht haben.

Im *interpretativen Paradigma* wird interaktives Handeln als ein Prozeß angesehen, in dem Kultur und Disposition nicht allein ausreichend Rückbezüglichkeit und Kontinuität stiften, in dem vielmehr situationsspezifische wechselseitige Zuschreibungen und Übernahmen von subjektiven Sinnstrukturen ablaufen. Die Interaktionspartner fassen ihr Handeln wechselseitig als sinnvoll und zielgerichtet auf und unterziehen es einer Interpretation, in der stufenweise die aktuellen und latenten Sinnstrukturen der Handelnden freigelegt werden. Jede einzelne Handlung wird auf dem Hintergrund eines allgemeinen Erwartungsmusters verstanden als „Dokument" des Musters. Andererseits wird das als Interpretationsfolie dienende Grundmuster durch die Abfolge von Dokumenten seinerseits beeinflußt und eventuell rekonstruiert, wenn es zum Verständnis der Dokumente nicht mehr ausreicht. „In diese Begrifflichkeit übertragen erscheint die in der Interaktion sich vollziehende Rollen-Übernahme als ein Prozeß, in dem sich die Beteiligten in eine dokumentarische Interpretation ihrer wechselseitigen Handlungen einlassen – in der Weise, daß das zugrunde liegende Muster aus dem gesamten Kontext ihrer Interaktion [...] besteht, und daß die einzelnen und besonderen Handlungen als ‚Ausdruck' dieses Musters gesehen werden. [...] An jeder ‚*Ereignisstelle*' im Verlaufe einer Interaktion werden die Handlungen, die die Beteiligten wechselseitig ausgeführt sehen, als solche im Bedeutungsrahmen des Kontextes bestimmt, und umgekehrt wird der Kontext als ein solcher verstanden durch eben diese gleichen Handlungen. Ebenso mag das, was als eine jeweils vergangene Situation in den Deutungsprozeß einbezogen wird, im Lichte später eintretender Ereignisse fortlaufend revidiert werden" (WILSON 1973, S. 60 f.).

3.3 Regeln

Die kommunikative Bildungsforschung ist als „emische" Analyse verfaßt. Sie unterstellt, daß die Realität nicht nur als physikalische Realität von Bedeutung ist, sondern daß sich die Bildungsforschung mit der sinnhaften und bedeutungsträchtigen, durch soziales Handeln konstituierten „sozialen Konstruktion von Wirklichkeit" befassen muß.
Wenn aber die „soziale Konstruktion von Wirklichkeit" das Objekt von Bildungsforschung ist, so stellt sich sogleich eine Anschlußfrage, die mit dem „normativen" oder mit dem „interpretativen" Paradigma beantwortet werden kann. Die kommunikative Bildungsforschung muß dem interpretativen Paradigma zugerechnet werden. Denn sie geht davon aus, daß die „soziale Konstruktion der Wirklichkeit" wiederum in sich nicht soweit normativ-kulturell durchstandardisiert ist, daß der Forscher im Prinzip gegenüber seinen „Objekten" genügend Vorwissen und Handlungskompetenz mitbringt. Vielmehr geht kommunikative Bildungsforschung von der Annahme aus, daß der Forscher über zu wenig Vorwissen verfügt. Er muß selbst in das Feld „hineinsozialisiert" werden; er muß durch Teilnahme an der Kommunikation die erforderliche kulturelle und soziale Kompetenz erwerben.
Ein konstruiertes Beispiel aus der Schulforschung mag die Regel veranschaulichen. Kommunikative Bildungsforschung geht davon aus,
- daß Schule nicht nur als verrechtliches Organisationssystem, sondern als Lebenswelt, als eigenartige Konstruktion sozialer Realität analysiert werden muß,
- daß diese Institution nicht als normativ durchstandardisiert angesehen werden kann, sondern als durch fortlaufende symbolische Interaktion sich stets neu konstituierende Lebenswelt.

Stimmt man dieser „Wirklichkeitsdefinition" zu, so ergeben sich Folgen für die Methodologie der Bildungsforschung: Sie muß Zugang zu der sie interessierenden Lebenswelt finden; sie muß Sinn und Bedeutung des dort ablaufenden, interaktiven Handelns verstehen lernen. Das kann sie nur durch Beachtung der Regeln und Strukturen der Kommunikation, durch Orientierung der Methoden der Datenerhebung an der interessierenden Alltagskommunikation in der Lebenswelt. Bevor im

nächsten Schritt aus der hier unterstellten Struktur sozialer Wirklichkeit methodologische Folgerungen gezogen werden sollen, seien noch einige Lesehinweise gegeben.
Als Einführung ist der Band von P. L. BERGER/LUCKMANN: „Die gesellschaftliche Konstruktion der Wirklichkeit" (1969) zu empfehlen; eine Übersicht über verschiedene Theorietraditionen, die hinter dem Design kommunikative Bildungsforschung stehen, gibt der Sammelband „Alltagswissen, Interaktion und gesellschaftliche Wirklichkeit" der ARBEITSGRUPPE BIELEFELDER SOZIOLOGEN (1973). Um zu verdeutlichen, daß die hier gemachten Ausführungen zur Struktur sozialer Wirklichkeit *nicht* auf der Ebene wissenschaftstheoretischer Schulstreitigkeiten („Positivismusstreit") abzubilden sind, sei weiterhin auf zwei neuere, grundlegende Veröffentlichungen verwiesen, die, obwohl aus unterschiedlichen wissenschaftstheoretischen Traditionen stammend, doch vergleichbare Ausgangsannahmen über die „emische" Struktur sozialer Realität machen. Es handelt sich einmal um die handlungstheoretisch begründete Gesellschaftstheorie von HABERMAS (vgl. 1981), zum anderen um die erkenntniskritischen Thesen zur „Dritten Welt" von POPPER/ECCLES (vgl. 1982). Zur Verortung in der Breite sozialwissenschaftlicher theoretischer Ansätze sei ferner auf die Einführungsbände von MATTHES (vgl. 1973), SPRONDEL/GRATHOFF (vgl. 1979), DECHMANN/RYFFEL (vgl. 1981) und der ARBEITSGRUPPE SOZIOLOGIE (vgl. 1978) sowie auf den Theorienvergleich bei HONDRICH/MATTHES (vgl. 1978) verwiesen. Kritiken finden sich bei J. BERGER (vgl. 1978) und GIDDENS (vgl. 1976).

4 Zur Methodologie kommunikativer Forschungsstrategien

Das Design kommunikative Bildungsforschung ist auf der Grundlage der theoretischen Annahmen als „emische" Analyse im Rahmen des interpretativen Paradigmas konzipiert worden. Aus den vorausgegangenen Annahmen ergeben sich Folgen für die Strategie empirischer, erziehungswissenschaftlicher Forschung.
Wenn soziales Handeln nur unter Einschluß subjektiver Deutung von Sachverhalten vollständig erklärbar ist, und wenn sich diese Deutungen als dokumentarische Interpretationen vollziehen, dann muß der Forscher versuchen, diesen Interpretationsprozeß zu verstehen und zu rekonstruieren. Das schließt die biographischen, gesellschaftlichen, situativen Kontextbedingungen ein. Man könnte das rekonstruktive Verfahren – unter Anlehnung an die Psychoanalyse – als „empirische Hermeneutik" bezeichnen (vgl. LEITHÄUSER/VOLMERG 1979, LEITHÄUSER u. a. 1977).
Die Rekonstruktion dürfte am leichtesten zu verwirklichen sein, wenn der Forscher an den Interaktionsabläufen der Handelnden unter unveränderten alltäglichen Bedingungen selbst partizipiert, wenn er alltäglicher Kommunikationspartner wird. Um es mit den eingeführten Begriffen auszudrücken: Der Forscher muß in die dokumentarische Interpretation, die der Handelnde ausführt, als Interaktionspartner eintreten. Er wird dadurch selbst Objekt dokumentarischer Interpretation sowie Subjekt von Reinterpretationen. *Die Forschungsstrategie vollzieht sich als dokumentarische Interpretation, und diese wiederum manifestiert sich in Sprache, in Kommunikation. Die Teilnahme an der alltäglichen Interaktion ist im wesentlichen Teilnahme an Kommunikation.*
Bei der Entscheidung für eine Forschungsstrategie ist zu prüfen, welche besonderen Möglichkeiten sie eröffnet und welche schwer lösbaren Probleme mit ihr verbunden sind. Im Falle der kommunikativen Bildungsforschung ist der Vorteil neben der (idealtypisch) geringen Veränderung des Untersuchungsfeldes das tiefgehende Ein-

treten in die „Lebenswelten" des Untersuchungsfeldes, das Verstehen dieser Lebenswelten. Die Kriterien der Wahrheit von Erkenntnissen sind deshalb nicht mit den bewährten Standards für Reliabilität und Validität, insbesondere mit mißlungenen Falsifikationsversuchen, erfaßt und erschöpft, sondern sie schließen das erfolgreiche, beziehungsweise erfolglose Partizipieren an der alltäglichen Interaktion im Untersuchungsfeld mit ein, das Wissen und Ausführen können von „normaler" kommunikativer Interaktion.

Diese Situation bedeutet jedoch zugleich, daß eine gewisse „Maß(stab)losigkeit" in der Forschungspraxis zu beobachten ist, ebenso in der methodologischen Grundsatzdiskussion, die gelegentlich idiosynkratische und anomische Züge trägt. Die Formulierung von methodologischen Regeln wird auch dadurch erschwert, daß es trotz einer „Hochkonjunktur" interpretativer, hermeneutischer, qualitativer Forschungsprojekte und theoretischer Abhandlungen bislang kein wirkliches Methodenlehrbuch gibt.

Einen pragmatischen Versuch zur methodologischen „Ortsbestimmung" kommunikativer Sozialforschung im interpretativen Paradigma hat Wilson unternommen. Sein Ausgangspunkt ist die „Natur des sozialen Objekts", die er als situatives Handeln begreift. Situatives Handeln ist immer durch drei Komponenten zugleich bestimmt, die in einer Methodologie berücksichtigt werden müssen:
- Situatives Handeln geschieht unter den Bedingungen verobjektivierter Sozialstruktur.
- Situatives Handeln vollzieht sich unter der Prämisse nicht hinterfragter Verständlichkeit.
- Situatives Handeln ist stets subjektiv sinngeleitet.

Die verschiedenen Methoden der Sozialforschung berücksichtigen diese drei Komponenten in unterschiedlicher Weise: Radikal theoriefalsifizierende Designs stellen allein die ersten beiden Komponenten in Rechnung, radikal verstehende Designs allein die letztgenannte. Idealerweise sollte ein Design jedoch alle drei Komponenten berücksichtigen.

Die methodologischen Regeln für ein Design kommunikativer Bildungsforschung lassen sich damit zusammenfassen:
- Das Design kommunikative Bildungsforschung kann dann eingesetzt werden, wenn sich das Forschungsinteresse auf Lebenswelten und soziales Handeln in Bildung und Erziehung richtet.
- Das Design kommunikative Bildungsforschung geht von einer Gegenstandsdefinition aus, die als „Konstruktion sozialer Wirklichkeit" durch symbolische Interaktion beschrieben wurde, wobei die Analyse emisch und interpretativ angelegt ist.
- Das Design kommunikative Bildungsforschung arbeitet mit hermeneutisch strukturierten Verfahren. Hierzu gehört die Kontextabhängigkeit, die Indexikalität und die Reflexivität des Forschungsprozesses. Das Verfahren ist als „dokumentarische Methode der Interpretation" begrifflich gefaßt worden.
- Die generelle Basisregel lautet: „Die soziologische Methode als Kommunikation kann die Regeln der Kommunikation im Forschungsbereich [...] nicht autonom festsetzen [...], sondern muß sich an die dem Forschungsprozeß vorgängigen Regeln der alltagsweltlichen Kommunikation anpassen. Die alltagsweltliche Kommunikation steht zur wissenschaftlichen Kommunikation nicht im Gegensatz, sondern ist deren Grundlage" (SCHÜTZE u. a. 1973, S. 434).
- Das Design kommunikative Bildungsforschung ist mit der Wilsonschen „Ortsbestimmung" gut umschrieben. Es ist gegenüber einer Vielfalt von Theorien und Techniken der Datenerhebung offen.

Zum besseren Verständnis und zur Vertiefung seien einige Lesehinweise gegeben: Überblicke über die Methodendiskussion enthalten die Bände der ARBEITSGRUPPE BIELEFELDER SOZIOLOGEN (vgl. 1976), von GERDES (vgl. 1979), HOPF/WEINGARTEN (vgl. 1979), SCHATZMAN/STRAUSS (vgl. 1973), SOEFFNER (vgl. 1979, 1982) und von WEINGARTEN u. a. (vgl. 1976). Einem Methodenlehrbuch kommen die Arbeiten von CICOUREL (vgl. 1970), GLASER (vgl. 1978), GLASER/STRAUSS (vgl. 1967), GOFFMAN (vgl. 1977) sowie von WEYMANN (vgl. 1979) am nächsten. Überblicke über den Stand der Literatur finden sich in den Rezensionen von HOFFMANN-RIEM (vgl. 1980) und KÜCHLER (vgl. 1980), Zusammenfassungen bei HOPF (vgl. 1978, 1982), KLEINING (vgl. 1982) und MOHLER (vgl. 1981). Aufschlußreich sind auch die Ergänzungen, die KROMREY (vgl. 1983) in der zweiten Auflage seines Methodenlehrbuchs gegenüber der ersten Auflage vornimmt.

5 Instrumente und Verfahren der Datenerhebung

5.1 Teilnehmende Beobachtung

Die Basistechnik, die den Grundstrukturen des Designs besonders entgegenkommt, ist die *teilnehmende Beobachtung* (vgl. KÖNIG 1956, MCCALL/SIMMONS 1969). Die Partizipation an den alltäglichen Ereignissen im Unterricht, bei der Organisation eines Lehrangebotes oder die alltägliche Interaktion mit einzelnen Menschen in der Erziehungsberatung führt zu einer Sammlung von Dokumenten, und deren Zusammenfügung schließlich zu einem Muster der Interpretation.
Man könnte diesen ersten Schritt der teilnehmenden Beobachtung auch als *Exploration* bezeichnen. Sie kann offen oder verdeckt, systematisch oder zunächst auch unsystematisch erfolgen. Wichtig ist nun, daß das Muster der Dokumenteninterpretation seinerseits Grundlage der Teilnahme des Beobachters an der Interaktion der Beobachteten wird. Der Beobachter benutzt seine Interpretation der Handlung selbst als eine zu verhandelnde Folie, als Hypothese gegenüber den Interaktionspartnern und meldet sie ihnen damit zur Reinterpretation und Korrektur zurück. Diese Teilnahme des Beobachters an der alltäglichen Interaktion erfolgt unter spezifischen Erkenntnisinteressen und theoretischen Zugriffen, weshalb nicht der jeweilige theoretische Zugriff oder das spezifische Erkenntnisinteresse das eigentümliche der Strategie ist, sondern das systematische, auf Validierung der dokumentarischen Interpretation angelegte Wiedereinbringen des Deutungsmusters in die alltägliche Kommunikation.
GOFFMAN (vgl. 1977) hat diese Verfahrensweise ausführlich beschrieben und als „Rahmen-Analyse" bezeichnet. Mit „Rahmen" sind jene Deutungsmuster gemeint, die jede Kultur enthält, um der Vielfalt der Ereignisse eine „lebensweltliche" Ordnung zu geben. Die Rahmen kanalisieren zahllose Handlungsprozesse zu einem zentralen Handlungsstrom. Durch die Kanalisierung wird das Wichtige vom Unwichtigen, das Sinnhafte vom Sinnlosen unterscheidbar. Eine besondere Form der Kanalisierung eines Handlungsstroms ist beispielsweise die Lebensgeschichte als bewußte Biographie und Identität. Aufgabe der Rahmenanalyse ist die Ermittlung von Rahmen, die Analyse von Brüchen und Beschädigungen von Rahmen, des Um-Rahmens bereits verstandener Ereignisse etwa als Täuschung, Scherz oder Spiel. Der Begriff des „Rahmens" entspricht dem des „Musters" in der dokumentarischen Interpretation (vgl. GOFFMAN 1977, WEYMANN 1979).
Die Phase der nach dem Muster dokumentarischer Interpretation angelegten teilnehmenden Beobachtung läßt sich problemlos in weiteren Schritten um andere Ver-

sionen der Beobachtung, zum Beispiel der verdeckten, nichtteilnehmenden, ergänzen. In diesen weiteren Phasen können die gewonnenen Interpretationsmuster zum Einsatz kommen und ihre Reliabilität und Validität kann nach den üblichen Standards, einschließlich der Falsifikation, geprüft werden.

5.2 Ethnotheorie und Komponentenanalyse

Da der Anthropologe mehr als der Erziehungswissenschaftler, Soziologe und Psychologe ganz unmittelbar vor das Problem gestellt wird, fremde Sprachen, Sprechweisen und Interaktionen zu verstehen, fremde kulturelle Normen und Regeln zu deuten, die zugrunde liegenden gesellschaftlichen Strukturen zu interpretieren und sich „richtig" zu verhalten, ist von dieser Wissenschaft ein umfangreicher Bestand von Techniken der „Lebensweltanalyse" entwickelt worden (vgl. TYLER 1969). Bekannt geworden sind die Verfahren der Ethnotheorie (vgl. FRAKE 1961, 1964, 1972, 1973).
Die Ethnotheorie hat den Versuch gemacht, aus dem pragmatischen Sprachgebrauch einer Sprachgemeinschaft in Kombinationen mit nichtsprachlichen Handlungsabläufen die sprachlich-semantische Gliederung der sozialen Wirklichkeitskonstitution (Lebenswelt) zu rekonstruieren. So hat sie beispielsweise alle Begriffe für Farben, Krankheiten oder die Tierwelt gesammelt und die kognitive Ordnung dieser Begriffe im semantischen Feld zu ermitteln versucht. Dahinter steht die Annahme, daß die semantische Struktur der Begriffe die kognitive Ordnung der sozialen Wirklichkeit widerspiegele.
Um die Ordnungssystematik herauszufinden, werden die pragmatischen Anwendungsregeln der Sprache einerseits von einem für kompetent erachteten Mitglied der Gruppe – dem Informanten – direkt erfragt (vgl. H. A. BECKER/VAN DEN BOS 1979) und andererseits die mit dem Sprachverhalten einhergehenden praktischen Verhaltensweisen nichtsprachlicher Art beobachtet.
Ist es nicht möglich, die pragmatischen Anwendungsregeln der Sprache und ihre semantische Ordnung direkt zu erfragen, weil diese nicht so bewußt sind wie die Regeln einer Grammatik, so kann der Forscher auf weitere Techniken zurückgreifen: Er bringt beispielsweise im Kontext der alltäglichen Interaktion und Kommunikation, an der er selbst teilnimmt, die Begriffe nach seinen Hypothesen in Ordnungen und zum handlungsbezogenen Einsatz und erfährt dann in der dokumentarischen Interpretation durch die Interaktionsteilnehmer eine Annahme oder Korrektur. Er kann das gleiche auch in vielfältigen Versionen von (sprachpsychologischen) Tests praktizieren, sofern diese in die alltägliche Kommunikation einzuflechten sind (vgl. WEYMANN 1973). Das bekannteste Beispiel für die Analyse semantisch-kognitiver Ordnungen von Begriffen im Kontext nichtsprachlichen Verhaltens ist die Komponentenanalyse (vgl. BURLING 1969; vgl. GOODENOUGH 1965, 1969; vgl. WALLACE 1969).

5.3 Ethnomethodologie

Während sich die Ethnotheorie auf die semantisch-kognitive, also die inhaltliche Analyse von Vorstellungswelten spezialisiert hat, versucht die Ethnomethodologie *universale* und *formale* Strukturen des Alltagswissens und des interaktiven Umgangs mit Alltagswissen zu erforschen (vgl. FRIEDRICH 1972, GARFINKEL 1967, PSATHAS 1979). Zu solchen universalen, formalen Strukturen gehören zum Beispiel die Vagheit des Alltagswissens, der „indexikalische" Umgang mit ad hoc identifizierten Dokumenten vor dem Hintergrund eines Musters, die Notwendigkeit der Herstellung von Reziprozität in der Interaktion, die Retrospektivität einerseits und Zukunftsorientiertheit von Interaktion und dokumentarischer Interpretation andererseits. Hinzuzufügen sind ferner Annahmen über Normalität, Regelhaftigkeit und Routiniertheit von Interaktion, aber auch so spezielle Regeln wie Sprecherwechsel in der Konversation. Wissenschaftsgeschichtlich ist die Ethnomethodologie nicht auf die Anthropologie, sondern auf die philosophische Phänomenologie zurückzuführen.

5.4 Ethnographie des Sprechens

Eine weitere Variante kommunikativer Forschung, die Ethnographie des Sprechens, weist enge Beziehungen zur allgemeinen Kommunikationstheorie auf (vgl. BADURA/ GLOY 1972, CHERRY 1967, GUMPERZ/HYMES 1972, WATZLAWICK u. a. 1969). Zu ihrem analytisch-begrifflichen Schema gehört die Erhebung von Sendern, Empfängern, Kanälen, Kodierung und Dekodierung, örtlichen, zeitlichen, psychischen, sozialen, physikalischen und historischen Bedingungen der Kommunikation. Die Ethnographie des Sprechens verfügt ihrerseits über Anknüpfungspunkte an die Informationstheorie, an soziolinguistische und psycholinguistische Techniken. Die Diskussion um soziolinguistische Techniken wurde lange Zeit von der umstrittenen Code-Theorie beherrscht (vgl. BERNSTEIN 1972, KLEIN/WUNDERLICH 1972). Im Kontext dieser Erforschung von Sprech-Codes sind syntaktische, semantische und vor allem pragmatische Sprechvarianten zwischen Angehörigen verschiedener sozialer Schichten untersucht worden. Zur Soziolinguistik gehört aber auch die Untersuchung von familienspezifischen, gruppenspezifischen, regionalen oder subkulturspezifischen Sprechweisen (vgl. DITTMAR 1973, FISHMAN 1968, HAGER u. a. 1973). Die Psycholinguistik schließlich steuert Techniken der Untersuchung des Spracherwerbs, Techniken der Analyse altersspezifischen Sprechens, der Analyse des Zusammenhangs von Sprache und Wahrnehmung, von Sprache und Kognition und Verfahren der Analyse sprachlicher Assoziationen, sowie sprachpathologischer Erscheinungen bei. Sie verfügt über ein erhebliches Reservoir verschiedenster Testverfahren (vgl. DECECCO 1967, HERRMANN 1972, HÖRMANN 1967, JAKOBOVITS/MIRON 1967, LEUNINGER u. a. 1972, MARKEL 1969, SLOBIN 1971).

5.5 Befragung

Die skizzierten speziellen Techniken kommunikativer Forschung sind nicht die einzigen Möglichkeiten im Rahmen der Strategie. Auch der „Königsweg" der bewährten Sozialforschung, das *Interview*, ist beschreitbar (vgl. ATTESLANDER/ KNEUBÜHLER 1975, ERBSLÖH u. a. 1973, KÖNIG 1952), wenn man sich an bestimmte Einsatzpraktiken und/oder Varianten hält.
„Kommunikativ einsetzbar" sind die qualitativen Interviewverfahren, um die seit einigen Jahren eine intensive methodologische Diskussion geführt wird (vgl. HOFFMANN-RIEM 1980; vgl. HOPF 1978, 1982; vgl. KÜCHLER 1980). Als besondere Varianten sind *biographische Interviews* (vgl. BERTAUX 1981, KOHLI 1978, MATTHES u. a. 1981) zu nennen, in denen der Interviewte den Gesprächsgegenstand des Interviews (zum Beispiel eine Lernbiographie) selbst unter retrospektiven und prospektiven biographischen Gesichtspunkten in freier Darstellung interpretiert. Er liefert selbst ein Deutungsmuster zum Verständnis der einzelnen Dokumente. Inhalt, Form und Relevanz des Interviewthemas werden damit vom Kontext aktueller, alltäglicher Lebensbewältigung bestimmt, d. h. der biographischen Identität des Sprechers.

Kommunikative Bildungsforschung

Ähnlich ist das Verfahren des *narrativen Interviews* (vgl. SCHÜTZE 1977) konzipiert. Hier benutzt der Erzählende Dokumente und Muster im Kontext des Interviewgegenstandes, wie er es auch in einem verbreiteten alltäglichen Konversationsspiel, der Erzählung, tun würde. Der Interviewer muß sich in die frei gestaltete Geschichte in kontrollierter Weise einbringen, wie er das als normaler Zuhörer einer Erzählung – zum Beispiel über Arbeitslosigkeit und Weiterbildungsabsichten – tun würde. Jedoch hat er zugleich seinen eigenen Interaktionspart als Zuhörer in Bedingungen und Folgen transparent zu halten. Der Interviewer bringt also seine Verständnisweise der angebotenen Dokumente und Muster als Zuhörer wiederum in das Gespräch kontrolliert ein und erfährt auf diesem Wege durch die reinterpretierende Reaktion des Interviewten eine Bestätigung oder Verwerfung seiner Deutung. Dieser Vorgang geht über eine Falsifikation hinaus, weil er Teil der ständigen Konstitution sozialer Wirklichkeit für beide Seiten wird.

Eine weitere Interviewform, die Zugang zur Wirklichkeitskonstitution des Gesprächspartners bieten kann, ist das *Gruppeninterview* oder die *Gruppendiskussion* (vgl. KRÜGER 1983, MANGOLD 1960). Die Interaktion zwischen Wissenschaftlern und Interviewpartnern ist in diesen Fällen in eine Kommunikationsform transformiert, die als Gespräch in einer Gruppe bei bestimmten Thematiken wesentlich besser den alltäglichen Bedingungen entspricht als eine Interviewsituation zu zweit. Die Gesprächssituation kann natürlicher sein, die Rückkoppelung und Reinterpretation der einzelnen Darstellungen durch die Interaktionspartner ist wesentlich vielfältiger und wahrscheinlich realitätsnäher, sofern die Thematik typisch für Gespräche in Gruppen ist.

Interpretierende, Zugang zur Wirklichkeitskonstitution eröffnende Darstellungen können auch in Form von *Tagebuchaufzeichnungen* oder *Aufsätzen* gefunden werden, wobei das Verständnis dieser Dokumente durch den analysierenden Forscher zusätzlich in Interviews oder Gruppendiskussionen geprüft werden kann (vgl. PAUL 1979).

Alle Formen der Befragung, die einen Einsatz im hermeneutischen Prozeß dokumentarischer Interpretation ermöglichen, sind im Rahmen der Strategie kommunikativer Forschung besonders geeignet. Es treten dabei allerdings die bekannten Probleme der Zuordnung von Indikatoren zu Variablen, der sprachlichen Operationalisierung von Indikatoren in Frageformen, der Realibilität des Einsatzes des Instruments (Interviewschulung) auf (vgl. FRIEDRICHS 1973). Wenn die Strategie kommunikativer Forschung mit diesen Instrumenten für sich allein steht, also keine Kombination mit anderen Strategien vorgesehen ist, stellt sich die Frage nach den Kriterien der Qualität der gewonnenen Erkenntnisse. Eine Antwort soll weiter unten versucht werden.

5.6 Inhaltsanalyse und Textanalyse

Den Tagebuchaufzeichnungen und Aufsätzen verwandt sind Verfahren der Inhaltsanalyse (vgl. HOLSTI 1969, LISCH/KRIZ 1978, RITSERT 1972). Auf den ersten Blick scheinen sie fast ideal zu sein, um im alltäglichen Kontext (unbeeinflußt) entstandene Kommunikationsdokumente – Lehrmaterialien, Prüfungsprotokolle, Unterrichtsmitschnitte, Lebensläufe – komplex empirisch-hermeneutisch auswerten zu können. Bei näherem Hinsehen jedoch entdeckt man vielfältige Probleme (vgl. FÜHLAU 1983, MAYRING 1983). Einmal ist die alltägliche, ursprüngliche Kommunikationssituation, in der der Text entstand (Schulbuchartikel, Aufzeichnung einer Unterrichtseinheit), nur unvollständig rekonstruierbar, weil die ursprünglichen

Sprecher/Schreiber oft nicht als Gesprächspartner aktuell zur Verfügung stehen. Aber selbst dann, wenn dieses so wäre, ist doch die gemeinsame retrospektive Rekonstruktion einer Kommunikationssituation niemals mit der ursprünglichen Situation identisch. Zum zweiten analysiert der Forscher den Text (das Dokument), indem er ihn unter analytische Kategorien subsumiert und verstehend zu reinterpretieren versucht. Diese analytischen Kategorien entsprechen dem Muster der dokumentarischen Interpretation; allerdings sind sie im Gegensatz zur aktuellen dokumentarischen Interpretation im alltäglichen Gespräch oder im Interview allein in der Hand des Forschers. Sie werden also nicht mehr zwischen den Sprechern und Hörern wechselseitig ausgetauscht, so daß eine Ebene der Reziprozität des Verständnisses nicht erreicht werden kann. Ob das Kategorienschema, das Muster also, ein Artefakt bleibt, ist deshalb nur schwer zu überprüfen. Denn die übliche Prüfung der Zuverlässigkeit der Anwendung eines Kategorienschemas, das heißt der Identität der Anwendung zwischen verschiedenen Forschern, sagt lediglich etwas über die gelungene wechselseitige dokumentarische Interpretation *zwischen den Forschern* aus, jedoch nichts über die „Wirklichkeitsnähe", Gültigkeit (Validität), gegenüber dem Text. Ohne eine solche Rückkoppelung der Kategorien (des Musters) mit dem Sprecher des analysierten Textes beziehungsweise einem Informanten aus derselben kulturellen Gemeinschaft bleibt eine Inhaltsanalyse problematisch. Sollten jedoch die analytischen Kategorien selbst noch der Methode dokumentarischer Interpretation unterwerfbar sein, so ist die Inhaltsanalyse ein adäquates Verfahren. Dieses dürfte in der Regel eher bei Tonbandaufzeichnungen aktueller Konversation (Unterricht, Beratung, Prüfung) realisierbar sein, als bei inhaltsanalytischen Auswertungen von Publikationen.

Die gleichen, einschränkenden Vorbehalte gelten gegenüber fortgeschrittenen, textanalytischen Verfahren der Sprachsoziologie (vgl. SOEFFNER 1979, 1982), die prinzipiell jedoch in ein Design kommunikativer Bildungsforschung eingefügt werden können. Nicht machbar hingegen ist eine Subsumption der „objektiven Hermeneutik" unter kommunikative Strategien, weil die latenten Sinnstrukturen allein durch den Forscher/die Forschergruppe ausgelegt werden können (vgl. BURKHART 1983, OEVERMANN u. a. 1979).

5.7 Regeln

Ziel des kommunikativen Designs ist es, die in sozialen Interaktionen sich entwikkelnden Deutungen von Handlungsbedingungen zu analysieren und den Prozeß der Situationsdefinition auf diesen Grundlagen sichtbar zu machen, wobei der Forscher sich selbst in verstehender Weise nach den Regeln des interpretativen Paradigmas mit einbezieht. Bislang sind eine Reihe von Techniken bezeichnet worden, die als Mittel der Datenerhebung dieses Ziel erreichbar machen sollen. Unter den Techniken waren relativ spezielle Verfahren, die wissenschaftsgeschichtlich, wissenschaftstheoretisch und methodologisch Affinität zur Grundstruktur des Designs haben. Andere Techniken hingegen waren Varianten der bewährten Instrumentarien sozialwissenschaftlicher Datenerhebung. Das spezifische an diesen Varianten liegt nicht notwendig oder allein in der inneren Konstruktion des Instrumentes selbst, sondern im forschungslogischen und forschungspraktischen Umgang mit ihm. Ein forschungslogisch durchdachter Umgang mit den bewährten Instrumenten der Datenerhebung macht auch den Einsatz weiterer Techniken innerhalb dieser Strategie sinnvoll, zum Beispiel von Tests, Soziometrie oder Fragebogen, ja selbst der Indikatorenforschung. Entscheidend ist dann allerdings, daß die mit dem jeweiligen Instrument gewonnenen Ergebnisse, besser noch so weit als möglich auch das Instrument selbst, zugleich als „Muster" der Interpretation von „Dokumenten" verstanden und eingesetzt werden. Dieses ist am leichtesten zu realisieren, wenn der Einsatz einer Technik in einer Weise erfolgt, die dem „Erforschten" in alltäglichen Formen der Kommunikation und Interaktion zugänglich ist. Die dabei zu beachtenden Regeln der Rückkoppelung wie Explorationsphase, Partizipation, dokumentarische Interpretation, Rekonstruktion und Reziprozität sind in verschiedenen, in den Erziehungswissenschaften weit verbreiteten Praktiken der Forschung geläufig. Zu denken ist hier an forschungsbegleitete Modellversuche, an Formen formativer Evaluation, an Expertengespräche, an das Delphi-Verfahren oder an die heftig umstrittene Aktionsforschung (vgl. HAAG u. a. 1972, HEINZE u. a. 1975, MOSER 1975, STRAKA 1974, WULF 1972).

6 Beispiele aus der Forschung

Das in seinen wesentlichen theoretischen und methodischen Grundzügen einschließlich spezifischer Verfahrenstechniken entwickelte Design läßt sich an einer großen Zahl von empirischen Forschungsprojekten veranschaulichen (vgl. ARBEITSGRUPPE SCHULFORSCHUNG 1980, S. 34f.). Einige besonders typische Beispiele für kommunikative Bildungsforschung sollen weiter unten vorgestellt werden. Es geht dabei nicht um die Ergebnisse dieser Projekte, sondern um eine Darstellung ihrer Vorgehensweise, um eine schrittweise Rekonstruktion ihres Designs als kommunikative Forschung.

6.1 Über die soziale Situation psychiatrischer Patienten

Die Arbeit „Asyle" (GOFFMAN 1981) ist zwar keine erziehungswissenschaftliche Untersuchung, aber nahezu ein Prototyp kommunikativer Forschung, auf den oft Bezug genommen wird. GOFFMAN (1981, S. 7) selbst beschreibt sein Untersuchungsziel so: „Das unmittelbare Ziel meiner Feldarbeit am St. Elizabeths Hospital [psychiatrische Klinik] war die Untersuchung des sozialen Milieus des Klinikinsassen, und zwar so, wie dieses Milieu von ihm selbst erlebt wird". Goffman interessiert sich also für die „Innenseite" dieser Klinik, für jene Konstruktion sozialer Wirklichkeit, die aus den symbolischen Interaktionen der Beteiligten hervorgeht, und die mit dem Rechtsstatus der Klinik, mit ihrer Finanzierung, mit ihrem Personalbestand und ihrer formalen Hierarchie nicht erfaßt wird, ohne daß der Einfluß dieser Rahmenbedingungen auf die „innere Seite" der Klinik bestritten oder auch nur herabgesetzt werden soll.
An die Sichtweise der in der Klinik Handelnden, an das Verstehen ihrer Handlungen führt nur eine Beteiligung am alltäglichen Leben in der Klinik wirklich heran. Der Forscher muß also als Kommunikationspartner an der Alltagskommunikation partizipieren. Er muß die Kompetenzen eines Insassen gewinnen, er muß eine Rolle übernehmen und anerkannt spielen können.
Diese Einblicke bekommt der Forscher aber nicht über eine Bestandsaufnahme der „Systemdaten" (Recht, Finanzierung, Personal), er bekommt sie auch nicht durch eine Fragebogenaktion oder durch eine Testserie. Er muß vielmehr „teilnehmend beobachten", er muß Kommunikationspartner werden: „Ich begann meine Arbeit in der Rolle eines Assistenten des Sportreferenten [...] Damals wie heute glaube ich, daß jede Gruppe von Menschen [...] ein eigenes Leben entwickelt, welches sinnvoll, vernünftig und normal erscheint, sobald man es aus der Nähe betrachtet, und daß

die beste Möglichkeit, eine dieser Welten kennenzulernen, darin besteht, daß man sich im Zusammenleben mit den Mitgliedern den täglichen Zufällen aussetzt, die ihr Leben bestimmen" (GOFFMAN 1981, S. 7). Die Methoden und Techniken, die Goffman verwendet, um an der Wirklichkeitskonstruktion der Handelnden zu partizipieren, sind durchaus vielfältig. Im Kern bestehen sie aus der Aufzeichnung von biographischen Erzählungen der Patienten, ergänzt um Interviews mit dem Personal und erweitert um eine Analyse der Krankenakten. An kleinen „Alltagsszenen" beschreibt Goffman, wie in der kommunikativen Interaktion zwischen Patient und Personal und zwischen Patient und Patient die Einfügung in eine andere Wirklichkeit, die der Klinik, erfolgt und wie diese Einfügung zugleich das Selbstverhältnis der Patienten völlig verändert. Der Patient wird schließlich „kooperationsbereiter" Mitkonstrukteur der inneren Klinikwelt; sie ist seine neue Alltagswelt geworden. Goffmans Form der Gesprächsführung und Aufzeichnung orientiert sich an den Regeln und Strukturen der Alltagskommunikation im Feld; er verändert sie nicht, er fügt sich mit seiner kommunikativen Strategie selbst ein, was ihm durch eine legitime Anfängerrolle in der Klinik (als Assistent des Sportreferenten) erleichtert wird.

6.2 Sozialpädagogische Intervention bei arbeitslosen Jugendlichen

Als zweites Beispiel läßt sich auf eine Untersuchung des Deutschen Jugendinstitutes über sozialpädagogische Programme für arbeitslose Jugendliche (vgl. BURGER/ SEIDENSPINNER 1977) Bezug nehmen. Diese Forschungsarbeit stellt sich selbst die Aufgabe, die subjektive Verarbeitung der objektiven Situation der Arbeitslosigkeit zu untersuchen. Die subjektive Verarbeitung wird durch die familiäre Sozialisationsgeschichte, die Lernbiographie, die Berufsbiographie, die Stabilität der Identität, die soziale Einbindung in Familie und Freundeskreis und durch zahlreiche weitere Faktoren bestimmt. Die individuellen Verhaltensweisen gegenüber der Arbeitslosigkeit sind deshalb bei den gleichen strukturellen ökonomischen und rechtlichen Bedingungen durchaus unterschiedlich. Sie können nicht aus den „objektiven" äußeren Bedingungen allein erklärt werden. Der Ansatz der Untersuchung ist der des interpretativen Paradigmas, beeinflußt durch phänomenologische, ethnomethodologische, symbolisch-interaktionistische Traditionen in der Sozialforschung. Das Ziel ist das Verstehen der subjektiven Definition gesellschaftlicher Wirklichkeit bei den betroffenen, arbeitslosen Jugendlichen, die Analyse des Alltagswissens.
Die Forschungsgruppe kann von ihrem theoretischen Ansatz her nicht auf eine Befragung mit standardisierten Fragebögen zurückgreifen, sondern muß sich in die „Situation hineinbegeben" (vgl. BURGER/SEIDENSPINNER 1977, S. 19). Das geschieht durch Gruppendiskussionen und ausführliche Einzelgespräche, die auf Tonbandgerät aufgezeichnet und später ausgewertet werden. Abgesehen von den wissenschaftlichen, analytischen Zielsetzungen der Arbeit ist das praktische Ziel, Anhaltspunkte für alternative sozialpädagogische Programme zu gewinnen. Diese sollen in Kooperation zwischen Forschungsteam und Betroffenen in ihren Grundzügen entwickelt und möglichst auch umgesetzt werden.

6.3 Lernen in der politischen Weiterbildung

Ein drittes Beispiel ist ein Projekt zum Lernen in der politischen Weiterbildung, also ein Unterrichtsforschungsprojekt (vgl. WEYMANN 1977). Die Forschungsfrage richtet sich auf die Beobachtung, daß die Weiterbildung nicht nur überwiegend Teilnehmer aus der Mittelschicht auf sich zieht, sondern daß diese auch die „erfolgreicheren Lernenden" sind. Aus den offiziellen Zielsetzungen der Weiterbildungsinstitutionen ist dieses Ergebnis nicht zu erklären – auch von den Dozenten ist es in der Regel nicht gewollt.

Das Forschungsvorhaben versucht, sich der jeweiligen Situationsdefinition der beteiligten Hörer und Dozenten schrittweise zu nähern, um die entscheidenden Kommunikationsbrüche zu entdecken. Es werden dazu alle ausgewählten Kurse teilnehmend beobachtet, es werden Tonbandprotokolle angefertigt, es werden aber auch Tests eingesetzt. Während es einsehbar ist, daß die teilnehmende Beobachtung am Unterricht sowie die Tonbandaufzeichnung der Unterrichtskommunikation sich in Anlage und Auswertung „an den Strukturen und Regeln der Kommunikation im Feld" orientieren, scheint das für Tests unmöglich zu sein. Die Tests wurden aber aus der beobachteten und aufgezeichneten Unterrichtskommunikation entwickelt (mit Originaltextmaterial), und sie wurden nach dem Einsatz mit allen Beteiligten im Ergebnis wie auch in der Zielsetzung und Verfahrensweise besprochen. Es handelt sich bei diesen Tests um einen Grenzfall kommunikativer Forschungsstrategie, der seine Berechtigung in der wechselseitigen Aufhellung der Sprechkompetenz hat, insbesondere in der Aufhellung der Fähigkeit zur Metakommunikation und zur kognitiven Bündelung.

6.4 Leistung und Versagen in der Schule

Ein ausgesprochenes Musterbeispiel für kommunikative Bildungsforschung ist das Projekt „Leistung und Versagen" der ARBEITSGRUPPE SCHULFORSCHUNG (vgl. 1980). Hintergrund der Fragestellung ist wiederum eine „systembezogene" Beobachtung – wie es schon bei den Beispielen aus der Psychiatrie, der Sozialpädagogik und der Weiterbildung der Fall war: Erfolg und Mißerfolg in der Schule bestimmen die Abschlußzeugnisse, diese wiederum haben weitreichende Folgen für die Verteilung von (beruflichen) Lebenschancen. So bekannt dieses Faktum ist, so wenig hat man sich für die „Innenansicht" der an der Auslese beteiligten Schüler, Lehrer und Eltern interessiert. Dieser Innenansicht, dem „Wirklichkeitsverständnis", der „subjektiven Sicht", dem „Selbstverständnis" der Handelnden, (vgl. ARBEITSGRUPPE SCHULFORSCHUNG 1980, S. 7f.) gilt das Forschungsinteresse der Projektgruppe.

Die soziale Wirklichkeit Schule erscheint also auch hier als *Konstruktion* der in ihr symbolisch Interagierenden, als eine Konstruktion allerdings, die nicht von den Systembedingungen der Institution Schule absieht: also von ihrer bürokratischen Verfaßtheit, von den sie bestimmenden Lehrplänen, oder von ihrer Funktion im Verhältnis zum Beschäftigungssystem oder zur Kultur einer Gesellschaft. Gleichwohl kann die Frage nach der „Handlungsrelevanz" der systemischen Bedingungen wie auch die Frage nach Spielräumen in der Institution nicht an der „emischen" Analyseebene, der Erforschung der Welt als „sozialer Konstruktion", vorbeigehen.

Bildung ist im Kern ein kommunikativer Interaktionsprozeß; die Konstruktion sozialer Realität ist ihr explizites Ziel: Einflußnahme auf Kognition, Emotion, Identität der Schüler, auf ihre Wirklichkeitswahrnehmung. Die symbolische Interaktion in der Schule ist allerdings brüchig, sie ist weithin einseitig. Besonders deutlich wird dieser Zustand im Verhältnis von Lehrer und Schulversager.

„Wir benötigen zunächst einmal detaillierte Informationen darüber, wie sich die Realitätsinterpretationen und Situationsdeutungen von Schülern und Lehrern im einzelnen unterscheiden, wie breit der gemeinsam geteilte ‚materielle' Bestand an Realitätssicht ist, welche unterschiedlichen Wahrnehmungsperspektiven in die Sicht-

weisen eingehen, ob voneinander stark abweichende Regeln für den Aufbau kognitiver Konzeptionen zu erkennen sind und ob sich die Praktiken der konkreten ‚Nutzung' dieser Konzeptionen bei der Interpretation und Deutung bestimmter Ereignisse unterscheiden [...] An dieser Stelle setzt unsere Studie theoretisch und methodisch an" (ARBEITSGRUPPE SCHULFORSCHUNG 1980, S. 28 f.).
Methodisch ist die Untersuchung so angelegt, daß mit 40 Schülern und 40 Lehrern „leicht strukturierte" Gespräche geführt wurden, wobei „leicht strukturiert" die Vorgabe von 10 Fragethemen bedeutet, die im Gespräch zu berühren waren. Die Gespräche dauerten im Schnitt eine Stunde.
Die Stichprobe war so gegliedert, daß in ihr je 20 Hauptschüler und je 20 Gymnasiasten enthalten waren. Jede dieser Gruppen wiederum bestand aus zehn Schulversagern („Sitzenbleibern") und zehn guten Schülern. Die Lehrer waren danach ausgewählt, daß sie persönlich mit je einem Schüler eng zu tun hatten. In Ergänzung wurden ferner einige Gespräche mit den Eltern sitzengebliebener Schüler geführt.
Der methodische Aufbau erlaubt die Herausarbeitung von Kontrastwelten. So können die Sichtweisen von Schülern und Lehrern jeweils paarweise kontrastiert werden; es können aber auch Gruppen kontrastiert werden, so zum Beispiel die Sichtweisen von schlechten Schülern gegen die von guten Schülern, oder die der Hauptschüler gegen die der Gymnasiasten.
Thematisch steht „Leistung und Leistungsversagen" im Vordergrund. Ohne eine solche Beschränkung des Themas ist eine Entwicklung von Kontrasten nicht möglich: „In diesem Kapitel wollen wir alle Äußerungen der von uns interviewten Schüler und Lehrer über Versagen und Erfolg in der Schule zum thematischen Kristallisationspunkt machen. Mit der Behandlung dieser Thematik glauben wir, gewissermaßen einen Knotenpunkt der institutionellen Realität ‚Schule' einzufangen" (ARBEITSGRUPPE SCHULFORSCHUNG 1980, S. 114). „Wir dokumentieren die Äußerungen je eines Schülers, der gerade ein sehr gutes Zeugnis erhalten bzw. ein Versagenserlebnis zu verarbeiten hat, und stellen sie den Äußerungen je eines Lehrers gegenüber, der als Klassen- und/oder Fachlehrer dieses Ereignis mit erwirkt hat. (‚Falldokumentation')" (ARBEITSGRUPPE SCHULFORSCHUNG 1980, S. 115). „Um [...] verallgemeinernde Typisierungen von Aussagezusammenhängen weiter abzusichern, haben wir außer den Einzelvergleichen auch ‚Gruppenvergleiche' angesetzt" (ARBEITSGRUPPE SCHULFORSCHUNG 1980, S. 116).
Der Forschungsbericht schließt mit Empfehlungen, die für Problemstellungen kommunikativer Bildungsforschung als typisch bezeichnet werden können: Die Schule muß als Lebenswelt begriffen werden, die ihren Sinn in sich hat (und nicht in weiter, instrumenteller Ferne); sie ist nicht nur Objekt von Bildungspolitik, sondern sie bietet Spielräume für die in ihr lebenden Schüler und vor allem Lehrer, die genutzt werden können, wenn sich der Lehrer weniger als Exekutor vorgegebener Verhältnisse, denn als verantwortlich Handelnder mit Entscheidungsfreiräumen begreift. Das Projektteam fordert deshalb auch nicht mehr Gesetze, Geld und Personal, sondern offene Kommunikationsbereiche in der Schule, Lehrertraining, Autonomiezugeständnisse und das Ausnutzen von Selbstbestimmungsmöglichkeiten durch die Lehrer.

6.5 Regeln

Ausgangspunkt des Designs sind in den vier Beispielen die „Lebenswelten" der Handelnden. Die Lebenswelten konstituieren sich in der alltäglichen Interaktion fortlaufend neu. In diesen Konstitutionsprozeß, in dem die Wirklichkeit selektiv wahrgenommen, interpretiert, verstanden und damit handlungsrelevant wird, muß die Wissenschaft eintreten. Sie tut dies, indem sie sich den alltäglichen Strukturen von Interaktion mit ihren eigenen methodischen Verfahren anpaßt, insbesondere indem sie an der alltäglichen Kommunikation zu partizipieren versucht. Die Struktur der alltäglichen Kommunikation führt zu methodologischen Folgerungen, die als kommunikative Strategie bezeichnet wurden. Die kommunikative Strategie bedarf – neben der Basistechnik der Teilnahme an der Kommunikation – einiger spezieller Techniken der Datenerhebung beziehungsweise einer speziellen Verwendung bewährter Verfahren. Durch die kommunikative Forschungsstrategie schließlich verändert sich auch die Form der Intervention von Wissenschaft in soziale Felder nicht notwendig zwar, aber potentiell. Es entsteht eine Grundlage von Partizipation in der Intervention zwischen Praxis und Wissenschaft.

7 Die Validität kommunikativer Bildungsforschung

Bis zu diesem Punkt ist die Forschungsstrategie ausgeführt worden, ohne die Frage nach der Gültigkeit der damit gewonnenen Ergebnisse systematisch und im Zusammenhang anzugehen. Man könnte anstelle von der „Gültigkeit" der Ergebnisse auch von ihrem „Wahrheitsanspruch" sprechen. Die Frage müßte dann lauten: Führt das vorgestellt Design zu richtigen/wahren Erkenntnissen und wie sollte der Wahrheitsanspruch geprüft werden?
Um eine Antwort zu finden, scheint es notwendig, eine weitere grundsätzliche Unterscheidung einzuführen, die mit der Unterscheidung zwischen etischer und emischer Analyse und zwischen normativem und interpretativem Paradigma korrespondiert. Diese Unterscheidung hebt auf zwei Alternativen ab, indem sie eine *Korrespondenztheorie* und eine *Konsenstheorie* der Wahrheit gegenüberstellt (vgl. SKIRBEKK 1977).

7.1 Korrespondenztheorie

Die Korrespondenztheorie der Wahrheit begreift das Verhältnis von wissenschaftlicher Theorie und Objektbereich als „Abbild", wobei sie jene Kriterien und Verfahrensweisen zu formulieren versucht, an denen die Richtigkeit des Abbildes zu messen ist. Die Korrespondenztheorie hat in der philosophischen Diskussion eine lange Tradition. Ihre Position kann hier nur kurz erläutert werden: Der „Logik der Forschung" (POPPER 1976) entsprechend lassen sich folgende Kernforderungen an die Methodologie des wissenschaftlichen Erkenntnisprozesses stellen;
- Wissenschaftliche Theorien können zwar induktiv „entdeckt", aber niemals als wahr bewiesen („verifiziert") werden.
- Die Prüfung des Wahrheitsanspruchs der Theorie geschieht auf deduktivem Wege durch Widerlegungsversuche („Falsifikation").
- Der Falsifikationsversuch richtet sich auf den Wahrheitsanspruch der theoretischen Aussage, nicht auf Wahrnehmungserlebnisse. Die Falsifikation muß intersubjektiv und wiederholbar sein.
- Ist die Falsifikation geglückt, so muß die Theorie modifiziert oder verworfen werden; ist sie mißglückt, so hat die Theorie vorläufig Bestand bis zum nächsten Falsifikationsversuch.

7.2 Konsenstheorie

Auch die Konsenstheorie der Wahrheit kann hier nur an einem Vertreter vorgestellt werden, an HABERMAS (vgl. 1971, 1973). Diese Wahl hat den Vorteil, daß man einen Disput zwischen Konsenstheorie und Korrespondenztheorie nachzeichnen kann, der über den bekannten Positivismusstreit (vgl. ADORNO u.a. 1970) hinausgeht.

Beginnen wir zunächst mit den kritischen Anmerkungen, die Habermas im Zuge des Positivismusstreits an Poppers Position geübt hat. Sie lassen sich in folgenden Punkten zusammenfassen:

An den singulären Aussagen (Basissätzen) soll die Theorie falsifiziert werden. Eben diese Theorie hat aber bereits vorweg die „Region des Erfahrbaren" ausgegrenzt und definiert, was überhaupt beobachtet werden soll und welche Merkmale es hat. Aus dieser Vorweg-Ausgrenzung einer subjektiv vor-verstandenen Wirklichkeit führen die singulare Aussage und die Falsifikation nicht mehr heraus.

Die Ausgrenzung von Wirklichkeit durch die Theorie geschieht nach Erkenntnisinteressen. Diese aber gelten als vorwissenschaftlich, weil sie dem Entdeckungszusammenhang angehören. Sie sind zwar Bestandteil wissenschaftlicher Arbeit, jedoch nicht wahrheitsfähig, weil nicht falsifizierbar. So wird wissenschaftliche Erkenntnis zwar in ihrer ganzen Komplexität gesehen, jedoch nur einem Teil des Gesamtprozesses „Wahrheitsfähigkeit" zuerkannt und nur für diesen eine Methode zur Prüfung des Wahrheitsgehaltes (die Falsifikation) entwickelt.

Das Falsifikationsprinzip und weitere Regeln der Logik der Forschung sind selbst nicht falsifizierbar (wie Popper sagt), sondern sie sind normativ, traditionalistisch oder pragmatisch zu nennen. Die Norm, die zur Setzung des Anspruchs dieser Methode als „richtig" geführt hat, ist ihr historischer Erfolg. Es gibt einen Widerspruch zwischen der Legitimierung der Methode als „richtig" über eine solche Norm und der gleichzeitigen Festlegung, daß Normen nicht wahrheitsfähig, sondern vorwissenschaftlich seien.

Die Konsenstheorie der Wahrheit versucht, aus der Kritik Schlüsse zu ziehen. Wahrheit wird als begründete Benutzung des Prädikators „ist wahr" in einer wissenschaftlichen Aussage des Typs: Die Aussage ‚x ist P' ist wahr definiert. Um den Wahrheitsanspruch erheben zu können, sind die folgenden Bedingungen zu erfüllen:

- Der Geltungsanspruch „ist wahr" wird für eine *Aussage* erhoben.
- Die Aussage beinhaltet einen *Sachverhalt*.
- Dieser Sachverhalt wird als *objektive Tatsache* behauptet.
- Die Behauptung vollzieht sich in einem *konstativen Sprechakt*.

Wahrheit ist also nicht mit der Gewißheit einer Wahrnehmung, einer Erfahrung (und sei sie kontrolliert) zu verwechseln, sondern Wahrheit kann ausschließlich für den Geltungsanspruch von (wissenschaftlichen) Aussagen – zum Beispiel über Wahrnehmungen – beansprucht werden. Die Aussagen beziehen sich auf Sachverhalte, zum Beispiel auf Beobachtungen, die jedoch als reale, objektive *Tatsachen* erst durch diese Aussagen *behauptet* werden. Die Tatsachenbehauptungen weisen sich *ausdrücklich* in ihrem Anspruch „wahr" zu sein, aus. Dies geschieht in einem feststellenden (konstativen) Sprechakt, also nicht durch einen befehlenden, fragenden oder normativen (performativen) Sprechakt.

Sind diese formalen Kriterien wissenschaftlicher Aussagen erfüllt, so folgt die Prüfung des Wahrheitsanspruchs der wissenschaftlichen Aussage im *Diskurs*. Der Diskurs wird bei Habermas in Anlehnung und zugleich Abhebung von der alltäglichen

Kommunikation definiert. Die *alltägliche Kommunikation* ist ein Austausch von Informationen und Erfahrungen. Sie hat als Merkmale:
- Die Sprache, in der gesprochen wird, muß verständlich sein. Dies ist die Elementarbedingung von Kommunikation überhaupt.
- Sprecher und Hörer müssen sich wechselseitig Wahrhaftigkeit (also keine Täuschung oder Selbsttäuschung) unterstellen.

Sind diese beiden Bedingungen erfüllt, so kann und wird in alltäglicher Kommunikation ein Wahrheitsanspruch an Aussagen gestellt. Es wird behauptet, daß Aussagen bestimmte Sachverhalte zu Recht und richtig als Tatsachen ausgeben. Dabei stützt sich der Sprecher auf sinnliche Wahrnehmung und auf seine psychische Gewißheitserfahrung. Den Geltungsanspruch, diese Wahrnehmung in einer Aussage richtig beschrieben zu haben, kann er jedoch nicht an seine und seiner Hörer sinnliche Gewißheit richten, sondern er richtet sie an die Anerkennung seiner Argumente. Im Normalfall werden weder die Gewißheit der sinnlichen Wahrnehmung, noch die Wahrheit einer diesbezüglichen Aussage bezweifelt werden, sondern beides wird – wenn die beiden Bedingungen erfüllt sind – als gegeben unterstellt. Wird jedoch der Wahrheitsanspruch einer Aussage bezweifelt, so ist die alltägliche Kommunikation unterbrochen, und es beginnt die Prüfung des Wahrheitsanspruchs im *Diskurs*.

Im Diskurs wird der Wahrheitsanspruch problematisiert, theoretisch mit Argumenten von Sprecher und Opponenten neu begründet und eventuell revidiert. Es gibt im Diskurs keine Handlungszwänge, außer dem der Verständigung über den Wahrheitsanspruch. Das setzt den örtlich und zeitlich freien Zugang von Sprechern voraus, das Fehlen von Herrschaftsverhältnissen zwischen den Sprechern, die Virtualisierung von persönlicher Erfahrung und den freien Wechsel zwischen Problematisierung des Anspruchs, stützender Begründung und Revision.

Der Diskurs endet mit einem Konsens über die Berechtigung des Wahrheitsanspruchs. Daraus kann allerdings nicht der Umkehrschluß gezogen werden, daß das Erreichen eines Konsenses in jedem Fall die Wahrheit einer Aussage bestätige. Sondern dies gilt nur dann, wenn anzugebende Begleitumstände des Diskurses, also eine bestimmte formale Struktur, gegeben waren. Diese formale Struktur wird als „ideale Sprechsituation" bezeichnet. Die Merkmale der *idealen Sprechsituation* sind:
- gleiche Chance für alle Sprecher zu problematisierenden Sprechakten,
- gleiche Chance zu begründenden Sprechakten,
- gleiche Chance zu repräsentativen Sprechakten (die die Wahrhaftigkeit betreffen),
- gleiche Chance zu regulativen Sprechakten (die die normativen Voraussetzungen betreffen).

Die ideale Sprechsituation ist der Ort, an dem sich alltägliche Kommunikation und der (wissenschaftliche) Diskurs unterscheiden. Sie ist zwar ein methodologisches Postulat, aber nicht a priori unmöglich. Vielmehr wird die ideale Sprechsituation bei der Diskussion von Wahrheitsansprüchen reziprok vielfältig als gegeben angenommen, beziehungsweise sie wird als antizipatorischer Vorgriff gefordert. In dieser Existenzweise, als „konstitutiver Schein des Diskurses" ist sie Wirklichkeit.

7.3 Qualitätskriterien

Korrespondenz- und Konsenstheorie der Wahrheit sind wissenschaftstheoretische, also metatheoretische Rekonstruktionen von Forschungstradition. Es sind keine wissenschaftssoziologischen Theorien (vgl. STEHR/KÖNIG 1975), die nach dem Muster der Korrespondenztheorie selbst falsifizierbar wären. (Davon geht auch die Korrespondenztheorie, jedenfalls in der Popperschen Fassung, aus.) Beide Positionen sollen idealtypisch verstanden und in entsprechender Weise mit der Strategie konfrontiert werden. Deshalb sind die methodologischen Probleme der hermeneutischen Rekonstruktion von Wissenschaftsgeschichte und die Frage, ob einzelne Autoren zu Recht in dieser oder jener Weise eingeordnet worden sind, an dieser Stelle weniger wichtig (vgl. FEYERABEND 1976; vgl. KUHN 1967, 1978; vgl. LAKATOS/ MUSGRAVE 1974, OESER 1976, OPP 1976, STEGMÜLLER 1979, WEINGARTNER 1979). Was läßt sich also an Qualitätskriterien gegenüber dem vorliegenden Design formulieren? Beginnen wir mit der Position der Korrespondenztheorie:

Die Korrespondenztheorie betont den Wert des induktiven Entdeckungszusammenhangs für die Forschung. Im Fall der Erziehungswissenschaft ist in besonderer Weise offenkundig, wie sehr die Probleme des Feldes in die wissenschaftlichen Fragestellungen eingehen. Insoweit gibt es auch keine Widersprüche zwischen der kommunikativen Strategie und der Korrespondenztheorie.

Problematischer ist die Forderung nach einer klaren Trennung von induktivem Entdeckungszusammenhang und deduktivem Begründungszusammenhang. Theorien und Theoreme der Erziehungswissenschaft sind in der Regel „alltagssprachlich" begrifflich formuliert. Würde man die Popperschen Anforderungen an die Struktur der Theorie strikt erfüllen (z. B. Widerspruchsfreiheit zwischen prognostischen Ableitungen und intersubjektiv zuverlässige Operationalisierbarkeit), so würde die Erziehungswissenschaft um den größten Teil ihres Theoriebestandes gebracht.

Speziell für die vorliegende Strategie tritt ein weiteres Problem hinzu: Die dokumentarische Interpretation kann die kontinuierliche, reflexive Rückkoppelung der theoretischen Analyse nicht an einer bestimmten Stelle abbrechen, um sie dann unter anderen Bedingungen fortzuführen, weil auf diese Weise die alltägliche Normalität der Kommunikation im Untersuchungsfeld zerstört würde. In die nicht gestörte alltägliche Normalität der Kommunikation aber versucht der Forscher gerade einzutreten, weil diese Partizipation den bestmöglichen Zugang zur fortlaufenden gesellschaftlichen, interaktiven Konstitution sozialer Wirklichkeit ermöglicht. Die beispielsweise in teilnehmender Beobachtung oder im biographischen Interview gewonnenen Theoreme sind nicht nur zu falsifizieren, sondern sie sind zugleich Grundlage der weiteren praktischen Interaktionsteilnahme des Forschers und damit über ein „Abbild" hinaus konstitutiver Teil des Interaktionsprozesses im Feld.

Mit der Forderung nach Abtrennung des Entdeckungszusammenhanges hängt das Falsifikationsprinzip als Methode der Prüfung des Wahrheitsanspruchs eng zusammen. Die Intersubjektivität der Falsifikation wird durch Wiederholbarkeit und zuverlässige Operationalisierung eingelöst. Bestimmte Formen der Operationalisierung von Theorie und Hypothesen sind jedoch nicht geeignet, in eine dokumentarische Interpretation einzugehen. Sie erlauben keine Teilnahme an einer ungestörten alltäglichen Kommunikation. Das gleiche gilt für die Wiederholbarkeit, die dazu führen kann, daß Laborbedingungen im Untersuchungsfeld hergestellt werden müssen. Es ist beispielsweise leichter, einen standardisierten persönlichkeitsdiagnostischen Test intersubjektiv zuverlässig einzusetzen als ein biographisches Interview. Die Operationalisierung nach dem ersten Verfahren jedoch schließt den Forscher von der Partizipation an der alltäglichen Konstitution von Wirklichkeit aus zugunsten intersubjektiver Zuverlässigkeit des Instruments. Das zweite Verfahren schließt ihn in die Konstitution ein zum Nachteil der intersubjektiven Zuverlässigkeit des Instruments.

Kommunikative Bildungsforschung

Ein weiteres Problem stellt schließlich die pragmatische Intervention des Forschers dar. Das Design kommunikativer Bildungsforschung geht davon aus, daß die Teilnahme an der alltäglichen kommunikativen Interaktion nicht nur die Erhebung bestimmter Daten besonders gut ermöglicht, sondern daß sie auch die Interventionsform von Wissenschaft in das Praxisfeld verändern kann. Denn die dokumentarische Interpretation im Forschungsprozeß ist bereits Teil der Abklärung von Handlungsbedingungen und Wissensalternativen. Die Intervention beginnt also nicht erst nach Abschluß der Analyse mit allen daraus resultierenden Überzeugungsproblemen und Abwehrhaltungen, sondern sie beginnt mit dem Forschungsprozeß selbst. Die Intervention ist tendenziell eher partizipativ als manipulativ. Die Evaluation der Intervention fügt sich nicht als ein weiterer externer Vorgang an, sondern sie findet im Zuge der Analyse statt. Das Problem hierbei ist nun, daß die Korrespondenztheorie für alle pragmatischen Aspekte des Verwendungszusammenhangs – ebenso wie für den Entdeckungszusammenhang – keine Maßstäbe rationaler Qualitätskontrolle formuliert, sondern stattdessen diesen Phasen wissenschaftlicher Arbeit einen nicht wahrheitsfähigen Status zuweist.

In verschiedener Hinsicht scheint die Konsenstheorie geeignet zu sein, die Korrespondenztheorie zu ergänzen. Dies beginnt mit der Frage nach der Rationalität des Entdeckungszusammenhangs und des Begründungszusammenhangs, die in der erziehungswissenschaftlichen Forschung allgemein und in der Strategie kommunikativer Forschung im besonderen nur schwer vom Begründungszusammenhang scharf zu trennen sind. Die Prüfung des Wahrheitsanspruchs im Diskurs bleibt nicht auf eine Phase des Forschungsprozesses beschränkt, sondern erfolgt für alle Phasen nach den gleichen Kriterien.

Ein anderes Problem, das mit Hilfe des Diskurses einer Lösung näher gebracht werden könnte, ist die reflexive Offenlegung und Kontrolle aller Einflußgrößen, die in die dokumentarische Interpretation eingehen, beispielsweise bei teilnehmender Beobachtung, in der Ethnotheorie oder in biographischen Interviews. Da es sich hier im wesentlichen um interpretative Verfahren handelt, ist eine Falsifikation oft nicht möglich, ohne die Prinzipien des reflexiven Zirkels und der Erhaltung der alltäglichen Kommunikationsbedingungen aufzugeben. Aber auch bei der zusätzlichen Anwendung von Strategien und Instrumenten, die eine Falsifikation erlauben (standardisierte Fragebogen oder Tests), kann der Diskurs ergänzend hinzutreten, um über die Reliabilität hinaus die Validitätskontrolle zu erhärten und um die Wiedereinführung der Ergebnisse in den fortlaufenden Interaktionsprozeß (beispielsweise in der Unterrichtsforschung) zu realisieren und zu kontrollieren.

Neben der reflexiven Offenlegung und Kontrolle der Interdependenzen zwischen Entdeckungszusammenhang/Verwendungszusammenhang einerseits und Begründungszusammenhang andererseits und neben der Kontrolle des Vorgangs dokumentarischer Interpretation kann im Diskurs auch entschieden werden, ob einer wissenschaftlichen Erkenntnis der Prädikator „ist wahr" zuerkannt werden soll. Die Probleme der Anerkennung wissenschaftlicher Erkenntnisse in der wissenschaftlichen Gemeinschaft als „wahr" haben Wissenschaftstheoretiker, Wissenschaftshistoriker und Wissenschaftssoziologen vielfältig beschäftigt und vielfältige Antworten gefunden. Das Prinzip des Diskurses hat für die vorliegende Strategie den Vorteil, daß es nicht nur auf die Anerkennung des Prädikators „ist wahr" in der wissenschaftlichen Gemeinschaft angewendet werden kann, sondern auch auf die Kommunikation über wissenschaftliche Erkenntnisse mit den „Objekten" von Forschung. Dieses Prinzip aber ist beim Einsatz von dokumentarischer Interpretation notwendig.

Ansgar Weymann

Das Prinzip des Diskurses scheint neben dem Falsifikationsprinzip Qualitätskriterien bereitzustellen, die für die Strategie kommunikativer Forschung wichtig sind. Beide Prinzipien schließen sich nicht aus, sondern sie haben bei der Realisierung der Strategie ihren jeweils besonderen Stellenwert. Während das Falsifikationsprinzip den Akzent eher auf den Meßvorgang/Operationalisierung legt, enthält das Prinzip des Diskurses im wesentlichen Kriterien für die Anerkennung wissenschaftlicher Argumente, die sich auf einen bestimmten Meßvorgang stützen. Das Prinzip des Diskurses selbst erlaubt keine Angabe von Qualitätskriterien zum Meßvorgang und ist insofern allein unzureichend.

Darüber hinaus ist festzuhalten, daß nicht nur das Falsifikationsprinzip auf substantielle Realisierungsprobleme in den Erziehungswissenschaften stößt, sondern auch das Prinzip des Diskurses. Die ideale Sprechsituation, die vorausgesetzt wird, ist in einem Forschungsprozeß, insbesondere zwischen Forschern und „Erforschten", wohl idealtypisch beschreibbar und intentional anstrebbar, jedoch niemals voll realisierbar (vgl. EICKELPASCH 1976, FACH 1974, HARTMANN/HARTMANN 1982, KRIESI 1982, WURZBACHER 1982). Deshalb soll abschließend noch einmal für eine komplexe Anlage von Forschungsprojekten plädiert werden, die eine Kombination mehrerer Techniken in einer Strategie und eventuell auch die Kombination zweier oder mehrerer Designs vorsieht.

ADORNO, TH. W. u. a.: Der Positivismusstreit in der deutschen Soziologie, Neuwied/Berlin 1970. ARBEITSGRUPPE BIELEFELDER SOZIOLOGEN: Alltagswissen, Interaktion und gesellschaftliche Wirklichkeit, 2 Bde., Reinbek 1973. ARBEITSGRUPPE BIELEFELDER SOZIOLOGEN: Kommunikative Sozialforschung, München 1976. ARBEITSGRUPPE SCHULFORSCHUNG: Leistung und Versagen. Alltagstheorien von Schülern und Lehrern, München 1980. ARBEITSGRUPPE SOZIOLOGIE: Denkweisen und Grundbegriffe der Soziologie, Frankfurt/New York 1978. ATTESLANDER, P./KNEUBÜHLER, H.-U.: Verzerrungen im Interview. Zu einer Fehlertheorie der Befragung, Opladen 1975. BADURA, B./GLOY, K.: Soziologie der Kommunikation, Stuttgart-Bad Cannstatt 1972. BECKER, H. A./BOS, A. A. VAN DEN: Observation by Informants in Theory and in Practice, Mimeo, Utrecht 1979. BECKER, H. S.: The Outsiders, New York 1963. BERGER, J.: Intersubjektive Sinnkonstitution und Sozialstruktur – Zur Kritik handlungstheoretischer Ansätze. In: Z. f. Soziol. 7 (1978), S.327ff. BERGER, P. L.: Einladung zur Soziologie, München 1977. BERGER, P. L./LUCKMANN, TH.: Die gesellschaftliche Konstruktion der Wirklichkeit, Frankfurt/M. 1969. BERNSTEIN, B.: Studien zur sprachlichen Sozialisation, Düsseldorf 1972. BERTAUX, D.: Biography and Society. The Life History Approach in the Social Science, Beverly Hills/London 1981. BURGER, A./SEIDENSPINNER, G.: Jugend unter dem Druck der Arbeitslosigkeit, München 1977. BURKHART, G.: Zur Mikroanalyse universitärer Sozialisation im Medizinstudium: Eine Anwendung der Methode der objektiv-hermeneutischen Textinterpretation. In: Z. f. Soziol. 12 (1983), S. 24ff. BURLING, R.: Cognition and Componential Analysis: God's Truth or Hocus-Pocus? In: TYLER, S. A.: Cognitive Anthropology, New York 1969, S.419ff. CHERRY, C.: Kommunikationsforschung – eine neue Wissenschaft, Frankfurt/M. 1967. CICOUREL, A. V.: Methode und Messung in der Soziologie, Frankfurt/M. 1970. DECECCO, J. P. (Hg.): The Psychology of Language, Thought and Instruction, London 1967. DECHMANN, B./RYFFEL, CH.: Soziologie im Alltag, Weinheim/Basel 1981. DITTMAR, N.: Soziolinguistik. Exemplarische und kritische Darstellung ihrer Theorie, Empirie und Anwendung, Frankfurt/M. 1973. EICKELPASCH, R.: Arbeit – Interaktion – Diskurs. Zur anthropologischen Begründung der Gesellschaftskritik bei Jürgen Habermas. In: Z. f. Soziol. 5 (1976), S.201ff. ERBSLÖH, E.: Das Interview. Techniken der Datensammlung, Bd.1, Stuttgart 1972. ERBSLÖH, E. u. a.: Studien zum Interview, Meisenheim 1973. FACH, W.: Diskurs und Herrschaft – Überlegungen zu Habermas' Legitimationslogik. In: Z. f. Soziol. 3 (1974), S.221ff. FACH, W./DEGEN, U.: Politische Legitimität, Frankfurt/M. 1978. FEYERABEND, P.: Wider den Methodenzwang. Skizze einer anarchistischen Erkenntnistheorie, Frankfurt/M. 1976. FISHMAN, J. A.

(Hg.): Readings in the Sociology of Language, Den Haag 1968. FRAKE, CH. O.: The Diagnose of Disease among the Subanun of Mindanao. In: Am. Anthropologist 63 (1961), S. 113 ff. FRAKE, CH. O.: Notes on Queries in Ethnography. In: Am. Anthropologist 66 (1964), S. 132 ff. FRAKE, CH. O.: Struck by Speech: The Yakan Concept of Litigation. In: GUMPERZ, J.J./HYMES, D.: Directions..., New York 1972, S. 106 ff. FRAKE, CH. O.: Die ethnographische Erforschung kognitiver Systeme. In: ARBEITSGRUPPE BIELEFELDER SOZIOLOGEN (Hg.): Alltagswissen..., Bd. 2, Reinbek 1973, S. 323 ff. FRIEDRICH, P.: Remarks on Ethnomethodology. In: GUMPERZ, J.J./HYMES, D.: Directions..., New York 1972, S. 301 ff. FRIEDRICHS, J.: Methoden empirischer Sozialforschung, Reinbek 1973. FÜHLAU, I.: Die Sprachlosigkeit der Inhaltsanalyse, Tübingen 1983. FURTH, H.G.: Intelligenz und Erkennen. Die Grundlagen der genetischen Erkenntnistheorie Piagets, Frankfurt/M. 1972. GARFINKEL, H.: Studies in Ethnomethodology, Englewood Cliffs (N.J.) 1967. GARFINKEL, H.: Das Alltagswissen über soziale und innerhalb sozialer Strukturen. In: ARBEITSGRUPPE BIELEFELDER SOZIOLOGEN (Hg.): Alltagswissen..., Bd. 1, Reinbek 1973, S. 189 ff. GERDES, K. (Hg.): Explorative Sozialforschung, Stuttgart 1979. GIDDENS, A.: New Rules of Sociological Method: A Positive Critique of Interpretative Sociologies, London 1976. GLASER, B.G.: Theoretical Sensitivity, Mill Valley 1978. GLASER, B.G./STRAUSS, A.L.: The Discovery of Grounded Theory, Chicago 1967. GOFFMAN, E.: Wir alle spielen Theater. Die Selbstdarstellung im Alltag, München 1970. GOFFMAN, E.: Verhalten in sozialen Situationen. Strukturen und Regeln der Interaktion im öffentlichen Raum, Gütersloh 1971a. GOFFMAN, E.: Interaktionsrituale. Über Verhalten in direkter Kommunikation, Frankfurt/M. 1971b. GOFFMAN, E.: Rahmen-Analyse. Ein Versuch über die Organisation von Alltagserfahrungen, Frankfurt/M. 1977. GOFFMAN, E.: Asyle. Über die soziale Situation psychiatrischer Patienten und anderer Insassen, Frankfurt/M. [4]1981. GOODENOUGH, W.H.: Componential Analysis and the Study of Meaning. In: Language 32 (1956), S. 195 ff. GOODENOUGH, W.H.: Yankee Kinship Terminology: A Problem in Componential Analysis. In: TYLER, S.A.: Cognitive Anthropology, New York 1969, S. 255 ff. GUMPERZ, J.J./HYMES, D.: Directions in Sociolinguistics. The Ethnography of Communication, New York 1972. HAAG, F. u.a. (Hg.): Aktionsforschung, München 1972. HABERMAS, J.: Vorbereitende Bemerkungen zu einer Theorie der kommunikativen Kompetenz. In: HABERMAS, J./LUHMANN, N.: Theorie der Gesellschaft oder Sozialtechnologie - Was leistet die Systemforschung? Frankfurt/M. 1971, S. 101 ff. HABERMAS, J.: Wahrheitstheorien. In: FAHRENBACH, H. (Hg.): Wirklichkeit und Reflexion. Zum sechzigsten Geburtstag für Walter Schulz, Pfullingen 1973. HABERMAS, J.: Theorie des kommunikativen Handelns, 2 Bde., Frankfurt/M. 1981. HAGER, F. u.a.: Soziologie und Linguistik, Stuttgart 1973. HAMMERICH, K./KLEIN, M.: Materialien zur Soziologie des Alltags. In: Köln. Z. f. Soziol., 20. Sonderheft, 1978. HARTMANN, H./HARTMANN, M.: Vom Elend der Experten. Zwischen Akademisierung und Deprofessionalisierung. In: Köln. Z. f. Soziol. u. Sozpsych. 34 (1982), S. 193 ff. HEINZE, TH. u.a.: Handlungsforschung im pädagogischen Feld, München 1975. HELLE, H.J.: Verstehende Soziologie und Theorie der Symbolischen Interaktion, Stuttgart 1977. HERRMANN, TH.: Sprache, Frankfurt/M. 1972. HOFFMANN-RIEM, CH.: Die Sozialforschung einer interpretativen Soziologie. In: Köln. Z. f. Soziol. u. Sozpsych. 32 (1980), S. 339 ff. HOFFMANN-RIEM, CH.: Sozialforschung, Lebensrecht und Erzählung. In: Soziol. Rev. 5 (1982), S. 177 ff. HOLLANDER, A.N.J. DEN: Soziale Beschreibung als Problem. In: Köln. Z. f. Soziol. u. Sozpsych. 17 (1965), S. 201 ff. HOLSTI, O.R.: Content Analysis for the Social Sciences and Humanities, Reading (Mass.) 1969. HONDRICH, K.O./MATTHES, J.: Theorienvergleich in den Sozialwissenschaften, Darmstadt/Neuwied 1978. HOPF, CH.: Die Pseudo-Exploration - Überlegungen zur Technik qualitativer Interviews in der Sozialforschung. In: Z. f. Soziol. 7 (1978), S. 97 ff. HOPF, CH.: Norm und Interpretation. In: Z. f. Soziol. 11 (1982), S. 307 ff. HOPF, CH./WEINGARTEN, E. (Hg.): Qualitative Sozialforschung, Stuttgart 1979. HÖRMANN, H.: Psychologie der Sprache, Berlin/Heidelberg/New York 1967. JAKOBOVITS, L.A./MIRON, M.S. (Hg.): Readings in the Psychology of Language, Englewood Cliffs 1967. KISS, G.: Einführung in die soziologischen Theorien, 2 Bde., Opladen/Wiesbaden [3]1977. KJOLSETH, R./SACK, F. (Hg.): Zur Soziologie der Sprache, Opladen 1971. KLEIN, W./WUNDERLICH, D. (Hg.): Aspekte der Soziolinguistik, Frankfurt/M. 1972. KLEINING, G.: Umriß zu einer Methodologie qualitativer Sozialforschung. In: Köln. Z. f. Soziol. u. Sozpsych. 34 (1982), S. 224 ff. KOHLI, M. (Hg.): Soziologie des Lebenslaufs, Darmstadt/Neuwied 1978. KÖNIG, R. (Hg.): Das Interview, Köln

1952. KÖNIG, R. (Hg.): Beobachtung und Experiment in der Sozialforschung, Köln/Berlin 1956. KRIESI, H. P.: Soziologische Methodologie und die Rebellion der Betroffenen. Überlegungen zur Lage der Soziologie. In: Köln. Z. f. Soziol. u. Sozpsych. 34 (1982), S. 748 ff. KROMREY, H.: Empirische Sozialforschung, Opladen ²1983. KRÜGER, H.: Überlegungen zur Rekonstruktion sozialer Wirklichkeit aus der Sicht der Betroffenen. In: Soz. Welt 34 (1983), S. 90 ff. KÜCHLER, M.: Qualitative Sozialforschung. Modetrend oder Neuanfang? In: Köln. Z. f. Soziol. u. Sozpsych. 32 (1980), S. 373 ff. KUHN, TH. S.: Die Struktur wissenschaftlicher Revolutionen, Frankfurt/M. 1967. KUHN, TH. S.: Die Entstehung des Neuen, Frankfurt/M. 1978. LAKATOS, I./MUSGRAVE, A. (Hg.): Kritik und Erkenntnisfortschritt, Braunschweig 1974. LEITHÄUSER, TH.: Formen des Alltagsbewußtseins, Frankfurt/New York 1976. LEITHÄUSER, TH./VOLMERG, B.: Anleitung zur empirischen Hermeneutik. Psychoanalytische Textinterpretation als sozialwissenschaftliches Verfahren, Frankfurt/M. 1979. LEITHÄUSER, TH. u.a.: Entwurf zu einer Empirie des Alltagsbewußtseins, Frankfurt/M. 1977. LEUNINGER, H. u.a.: Psycholinguistik. Ein Forschungsbericht, Frankfurt/M. 1972. LISCH, R./KRIZ, J.: Grundlagen und Modelle der Inhaltsanalyse, Reinbek 1978. LYND, R. S./LYND, H. M.: Middletown. A Study in Modern American Culture (1929), New York 1956. MADER, W./WEYMANN, A.: Zielgruppenentwicklung, Teilnehmerorientierung und Adressatenforschung. In: SIEBERT, H. (Hg.): Taschenbuch der Weiterbildungsforschung, Baltmannsweiler 1979. MANGOLD, W.: Gegenstand und Methode des Gruppendiskussionsverfahrens, Frankfurt/M. 1960. MARKEL, N. N. (Hg.): Psycholinguistics. An Introduction to the Study of Speech and Personality, Homewood (Ill.) 1969. MATTHES, J.: Einführung in das Studium der Soziologie, Reinbek 1973. MATTHES, J./SCHÜTZE, F.: Zur Einführung: Alltagswissen, Interaktion und gesellschaftliche Wirklichkeit. In: ARBEITSGRUPPE BIELEFELDER SOZIOLOGEN (Hg.): Alltagswissen..., Bd. 1, Reinbek 1973, S. 11 ff. MATTHES, J. u.a. (Hg.): Biographie in handlungswissenschaftlicher Perspektive, Nürnberg 1981. MAYRING, Ph.: Qualitative Inhaltsanalyse, Weinheim/Basel 1983. MCCALL, G. J./SIMMONS, J. L.: Issues in Participant Observation: A Text and a Reader, Reading (Mass.) 1969. MEAD, G. H.: Geist, Identität und Gesellschaft, Frankfurt/M. 1968. MEAD, G. H.: Philosophie der Sozialität. Aufsätze zur Erkenntnisanthropologie, Frankfurt/M. 1969. MOHLER, P.: Zur Pragmatik qualitativer und quantitativer Sozialforschung. In: Köln. Z. f. Soziol. u. Sozpsych. 33 (1981), S. 716 ff. MOSER, H.: Aktionsforschung als kritische Theorie der Sozialwissenschaften, München 1975. MÜLLER, U.: Reflexive Soziologie und empirische Sozialforschung, Frankfurt/New York 1979. NIETHAMMER, L. (Hg.): Lebenserfahrung und kollektives Gedächtnis. Die Praxis der „Oral History", Frankfurt/M. 1980. OESER, E.: Wissenschaft und Information, München 1976. OEVERMANN, U. u.a.: Die Methodologie einer „objektiven Hermeneutik" und ihre allgemeine forschungslogische Bedeutung in den Sozialwissenschaften. In: SOEFFNER, H.-G. (Hg.): Interpretative..., Stuttgart 1979, S. 352 ff. OPP, K.-D.: Verhaltenstheoretische Soziologie, Reinbek 1972. OPP, K.-D.: Methodologie der Sozialwissenschaften, Reinbek ²1976. PAUL, S.: Begegnungen. Zur Geschichte persönlicher Dokumente in Ethnologie, Soziologie und Psychologie, 2 Bde., Hohenschäftlarn 1979. PIAGET, J.: The Language and the Thought of the Child, London 1959. PIAGET, J.: Abriß der genetischen Epistemologie, Olten 1974a. PIAGET, J.: Der Aufbau der Wirklichkeit beim Kind, Stuttgart 1974b. PIKE, K. L.: Language in Relation to an Unified Theory of the Structure of Human Behavior, Den Haag ²1971. PODGORECKI, A./LOS, M.: Multi Dimensional Sociology, London 1979. POPPER, K. R.: Objektive Erkenntnis. Ein evolutionärer Entwurf, Hamburg 1973. POPPER, K. R.: Logik der Forschung, Tübingen 1976. POPPER, K. R./ECCLES, J. C.: Das Ich und sein Gehirn, München 1982. PSATHAS, G. (Hg.): Everyday Language: Studies in Ethnomethodology, Chichester 1979. RITSERT, J.: Inhaltsanalyse und Ideologiekritik. Ein Versuch über kritische Sozialforschung, Frankfurt/M. 1972. SACHS, H.: Das Erzählen von Geschichten innerhalb von Unterhaltungen. In: KJOLSETH, R./SACK, F.: Zur Soziologie..., Opladen 1971, S. 307 ff. SCHATZMAN, L./STRAUSS, A.: Field Research. Strategies for a Natural Sociology. Englewood Cliffs 1973. SCHÜTZ, A.: Der sinnhafte Aufbau der sozialen Welt, Wien 1960. SCHÜTZE, F.: Die Technik des narrativen Interviews in Interaktionsfeldstudien – dargestellt an einem Projekt zur Erforschung von kommunalen Machtstrukturen. Arbeitsberichte und Forschungsmaterialien der Universität Bielefeld, Fakultät für Soziologie, Nr. 1, Bielefeld 1977. SCHÜTZE, F. u.a.: Grundlagentheoretische Voraussetzungen methodisch kontrollierten Fremdverstehens. In: ARBEITSGRUPPE BIELEFELDER SOZIOLOGEN (Hg.): Alltagswissen..., Bd. 2, Reinbek 1973, S. 433 ff. SKINNER, B. F.: Verbal Behavior, New York 1957. SKINNER, B. F.: Wissenschaft und menschliches Verhalten, Stuttgart 1973. SKIRBEKK, G. (Hg.): Wahrheitstheorien. Eine Auswahl aus der Diskussion über Wahrheit im 20. Jahrhundert, Frankfurt/M. 1977. SLOBIN, D. I.: Psycholinguistics, Glenview/London 1971. SOEFFNER, H.-G. (Hg.): Interpretative Verfahren in den Sozial- und Textwissenschaften, Stuttgart 1979. SOEFFNER, H.-G. (Hg.): Beiträge zu einer empirischen Sprachsoziologie, Tübingen 1982. SPRONDEL, W. M./GRATHOFF, R. (Hg.): Alfred Schütz und die Idee des Alltags in den Sozialwissenschaften, Stuttgart 1979. STEGMÜLLER, W.: Rationale Rekonstruktion von Wissenschaft und ihrem Wandel, Stuttgart 1979. STEHR, N./KÖNIG, R.: Wissenschaftssoziologie. In: Köln. Z. f. Soziol. u. Sozpsych., 18. Sonderheft, 1975. STEINERT, H. (Hg.): Symbolische Interaktion, Stuttgart 1973. STRAKA, G. A.: Forschungsstrategien zur Evaluation von Schulversuchen, Weinheim/Basel 1974. TYLER, S. A.: Cognitive Anthropology, New York 1969. WALLACE, A. F. C.: The Problem of the Psychological Validity of Componential Analysis. In: TYLER, S. A.: Cognitive Anthropology, New York 1969, S. 396 ff. WALLNER, E. M./POHLER-FUNKE, M.: Soziologische Hauptströmungen der Gegenwart, Heidelberg 1977. WATZLAWICK, P. u. a.: Menschliche Kommunikation. Formen, Störungen, Paradoxien, Bern/Stuttgart/Wien 1969. WEINGARTEN, E. u. a. (Hg.): Ethnomethodologie. Beiträge zu einer Soziologie des Alltagshandelns, Frankfurt/M. 1976. WEINGARTNER, P.: Wissenschaftstheorie I-III, Stuttgart 1979. WEYMANN, A.: Empirische Analyse komplexer kognitiver Strukturen. Sind die Ansätze von Ethnotheorie und experimenteller Sprachpsychologie integrierbar? In: Z. f. Soziol. 2 (1973), S. 384 ff. WEYMANN, A.: Lernen und Sprache. Empirische Untersuchung zur Schichtenspezifität von Lernerfolg und verbaler Interaktion, Hannover 1977. WEYMANN, A.: (Rezension zu) GOFFMANN, E.: Rahmenanalyse. In: Soziol. Rev. 2 (1979), S. 270 f. WEYMANN, A. (Hg.): Handbuch für die Soziologie der Weiterbildung, Darmstadt/Neuwied ³1982. WEYMANN, A. u. a.: Der Hauptschulabschluß in der Weiterbildung. Erwachsenenbildung zwischen Bildungspolitik und Sozialpolitik, Paderborn 1980. WILSON, TH. P.: Theorien der Interaktion und Modelle soziologischer Erklärung. In: ARBEITSGRUPPE BIELEFELDER SOZIOLOGEN (Hg.): Alltagswissen..., Bd. 1, Reinbek 1973, S. 54 ff. WULF, CH. (Hg.): Evaluation, München 1972. WURZBACHER, G.: Sozialwissenschaftliche Forschung und gesellschaftspolitische Praxis. Probleme und Erfahrungen zu einer Didaktik des Wissenschaftstransfers. In: Köln. Z. f. Soziol. u. Sozpsych. 34 (1982), S. 767 ff.

G Pädagogisch-analytische Bildungsforschung

Dietmar Larcher/Bernhard Rathmayr

Pädagogisch-analytische Bildungsforschung

1   Grundsätzliche Erwägungen
2   Forschungsgeschichtliche und -systematische Bezugspunkte
3   Der zirkuläre Charakter pädagogisch-analytischer Bildungsforschung
4   Elemente pädagogisch-analytischer Bildungsforschung
4.1 Sondierung
4.2 Strukturierung
4.3 Eingriff
4.4 Dokumentation
4.5 Störungen
4.6 Integration
4.7 Prozeßreflexion
5   Grenzziehungen im Verfahrensbereich
5.1 Kriterien
5.2 Verfahrenstypen
5.2.1 Verfahren zum Sichtbarmachen der Beziehungsdynamik
5.2.2 Lebensweltforschung
5.2.3 Verfahren zum Generieren und Sichern des Diskurses

Zusammenfassung: Ausgehend von der erkenntnistheoretischen Prämisse, daß der Zusammenhang zwischen Wirklichkeit und Subjekt ein dialektischer Prozeß der Konstruktion von Wahrnehmung und Wirklichkeit ist; und von der gesellschaftstheoretischen Annahme, daß die dem Individuum verfügbare Sprache der Selbst-, Fremd- und Weltwahrnehmung gesellschaftlich geprägt ist, wird das Design pädagogisch-analytischer Forschung entwickelt: Eine radikal am Subjekt orientierte, (selbst)reflexive Archäologie der Genese des je eigenen Hier und Jetzt mit dem Ziel, die Brüche dieser Genese in den Blick zu bekommen; das heißt, eine Rekonstruktion lebensgeschichtlich bedeutsamer Interaktionszusammenhänge vorzunehmen, in denen das Subjekt seine ureigensten Deutungen der Wirklichkeit in den Kommunikationsprozeß einholen und dadurch Leidensdruck vermindern kann, der durch die Exkommunikation eben dieser eigenen Deutungen entstanden ist. Das zentrale Verfahren pädagogisch-analytischer Forschung, die Rekonstruktion unterdrückter Interaktionszusammenhänge in Prozessen diskursiver Reflexion in pädagogischen Gruppen, die einzelnen Elemente solcher Forschungsprozesse, ihre Standards und deren Abgrenzung werden auch in Hinblick auf andere sozialwissenschaftliche Forschungsstrategien erläutert.

Summary: Starting from the epistemological premise that the connection between reality and subject is a dialectical process of the construction of perception and reality, and adopting the assumption made by social theorists that the individual's language of his perception of himself, of others, and of the world is shaped by society, a design for pedagogical-analytical research is developed: a radically subject-oriented, (self) reflecting archaeology of the genesis of each individual's Here and Now, aimed at recognizing the breaks in this genesis, i.e. reconstructing significant interaction relationships in an individual's life history where the subject can catch up with his very own interpretations of reality in the communication process, thus reducing the burden of suffering which has arisen from the excommunication of these personal interpretations. The central process of pedagogical-analytical research, the reconstruction of suppressed interaction relationships in processes of discursive reflection in pedagogical groups, the individual elements of such research processes, their standards, and the delineation of these standards are explained with reference to other social-science research strategies.

Résumé: Partant de prémisses de la théorie de la cognition, prémisses selon lesquelles le rapport entre la réalité et le sujet est un processus dialectique de construction de la perception et de la réalité: partant, en outre, de l'hypothèse socio-théorique selon laquelle la langue de la perception de soi, des autres et du monde, dont dispose l'individu, est socialement marquée, on développe le schéma de la recherche pédagogico-analytique: une archéologie (auto-)réflexive et radicalement orientée vers le sujet, de la genèse de l'ici et du maintenant individuels, afin de décerner les ruptures de cette genèse, autrement dit, d'entreprendre une reconstitution des rapports d'interaction significatifs au niveau de l'historique de la vie, rapports dans lesquels le sujet peut découvrir ses interprétations les plus parfaitement personnelles de la réalité dans le processus de communication et, par là même, de réduire le sentiment d'oppression douloureuse qui est née précisément de la ex-communication de ces interprétations personnelles. Le procédé central de la recherche pédagogico-analytique, la reconstitution de rapports d'interaction refoulés, dans des processus de réflexion discursive en groupes socio-pédagogiques, les éléments de tels processus de recherche, le genre de ces éléments et leur limitation, sont expliqués également du point de vue d'autres théories de recherche en matière de science sociale.

1 Grundsätzliche Erwägungen

Wissenschaftliche Pädagogik präsentiert sich seit ihrer Entstehung als eine auf die Zukunft gerichtete Disziplin. Von der gesellschaftlichen Wünschbarkeit zukünftiger Leitbilder sollen Handlungen Erwachsener an Kindern abgeleitet und begründet werden, soll unangemessenes Erziehungshandeln kritisiert werden.

Der Status des Heranwachsenden reduziert sich bei dieser Blickrichtung auf den eines „educandus" oder, was die Einseitigkeit des Horizonts noch besser auszudrükken vermag, eines „educaturus". Unbeachtet bleibt dabei die horizontale Ebene des Lebenszusammenhangs zwischen Erwachsenen und Kindern, das „Hier und Jetzt" ihrer Be-ziehungsrealität, die höchst künstlich auf eine Er-ziehungsrealität reduziert wird. Dagegen erscheint die vertikale Dimension sozusagen in der Mitte abgebrochen, die in die Vergangenheit reichende Lebens- und Erziehungsgeschichte erscheint ohne Belang und ohne Bedeutung. Ins Blickfeld tritt ausschließlich, was sich – bildlich gesprochen – über der Erde befindet und in eine normativ vorausgewünschte Zukunft hineinwachsen soll. Die Wurzeln, die geheimnisvollen Antriebe, die schon vor aller Erziehung wirksam sind und im Erziehungsverhältnis wirksam bleiben, kommen nicht in Betracht.

Freuds Psychoanalyse, die mit viel Widerstand letztlich doch in den Kanon erziehungswissenschaftlicher Denkmöglichkeiten übernommen worden ist, orientiert sich dagegen radikal am Subjekt. Wiewohl sie eine übergreifende Theorie des Zu-

Pädagogisch-analytische Bildungsforschung

sammenhangs von psychischer Entwicklung und psychischer Struktur entwickelt hat, bleibt die Aufklärung psychischer Zustände an die Interaktion zweier Subjekte, des Analytikers und des Analysanden gebunden. Der Analysand, Gegenstück des Edukanden in der Pädagogik, wird nicht als grenzenlos biegsame und beugsame Existenz aufgefaßt, sondern als ein über zentrale Interaktionsvorgänge seiner Lebensgeschichte strukturiertes oder destrukturiertes Subjekt, das sich über die Nachinszenierung versäumter oder mißlungener Kindheitsinteraktionen – und gerade nicht durch unbeugsame Erziehungsgebote – verändern kann.

Die Sozioanalyse von LAPASSADE (vgl. 1972) legt den Akzent auf die Verankerung des einzelnen im gesellschaftlichen Gruppensystem. Diese Erkenntnis ist freilich in der Soziologie und Sozialpsychologie nichts Neues. Das Spezifische der Sozioanalyse besteht darin, daß die Repräsentanz dieser Tatsache im Subjekt anvisiert wird. Der einzelne hängt mit dem Sozialen nicht bloß so zusammen, daß er in seiner sozialen Umwelt und unberührt von dieser zu seiner individuellen Entfaltung gelangt. Er ist vielmehr per definitionem durch eingelebte Beziehungsformen, übernommene gesellschaftliche Formationen und Deformationen bestimmt und eben nicht deren freies Gegenüber.

Durch die Übernahme solcher Denkmuster in die Erziehungswissenschaft kommt es nicht nur zu einer Erweiterung, sondern zu einer alternativen Orientierung. Lebensgeschichte und soziale Verankerung der in erzieherischen Kontexten miteinander und aneinander Handelnden wurden nicht etwa nur als Voraussetzungen des „eigentlichen" Erziehungshandelns erkannt, das in seinem Kern weiterhin normativ bleiben würde, sondern als zentrale Kategorien, aus denen der normative Gehalt der Erziehungsbeziehung selbst erst erklärbar wird.

Die Annäherung an eine solche Auffassung von Erziehungswissenschaft, die hier unter der Bezeichnung „pädagogisch-analytische Bildungsforschung" unternommen wird, kann deshalb nicht von gegebenen Voraussetzungen ausgehen. Sie bedarf vielmehr, wie eingeschränkt auch immer möglich, grundsätzlicher Überlegungen bezüglich ihrer wissenschaftstheoretischen und forschungsmethodischen Grundlegung.

Die Grundannahme über die soziale Wirklichkeit, an der sich der hier darzustellende Forschungstyp orientiert, besteht mit Durkheim zunächst darin, daß die „faits sociaux" genauso wie die „faits psychiques" und – wie die neuere Wissenschaftstheorie festgestellt hat (vgl. FEYERABEND 1976, KUHN 1973) – wie die Naturtatsachen, eine konstruierte Wirklichkeit darstellen. Damit soll darauf verwiesen werden, daß das, was in einer Gesellschaft jeweils als Wirklichkeit anerkannt wird, auf spezifischen Konstruktionen beruht, für welche die Dichotomie von subjektiv und objektiv eine zwar in der Tradition vorherrschende, aber nichtsdestoweniger unzulässig verabsolutierende Konstruktion darstellt. Psychische und soziale Wahrnehmung stellen kein passives Einregistrieren einer äußeren objektiven Wirklichkeit dar, sondern aktive Auseinandersetzung mit ihr. In diesem Vorgang der Wahrnehmung spielen individuelle und kollektive Erfahrungen, persönliche und gesellschaftliche Interessen, sozioökonomische und soziokulturelle Strukturen eine entscheidende Rolle. Sie bedingen einerseits, daß ganz bestimmte Züge der sozialen Wirklichkeit in den Vordergrund der Aufmerksamkeit rücken und andererseits, daß die Aufmerksamkeit eben diese Züge der Wirklichkeit erst hervortreten läßt, indem sie sie erzeugt. Wir gehen also davon aus, daß es eine dialektische Beziehung zwischen der psychischen beziehungsweise sozialen Wirklichkeit und der menschlichen Wahrnehmung dieser Wirklichkeit gibt, und zwar dergestalt, daß nicht nur die Wirklichkeit die Wahrnehmung, sondern auch die Wahrnehmung die Wirklichkeit erzeugt (vgl. MOLLENHAUER/RITTELMEYER 1977, S. 38 ff.). Des weiteren geht als wesentliche Vorannahme in dieses Design ein, daß die Analyse sozialer und psychischer Wirklichkeit ihren Forschungsgegenstand von der Perspektive des Subjekts her bestimmen muß, wenn sie erzieherische Relevanz haben soll. Das heißt, daß die Begriffsnetze und Konstrukte der objektivierenden Humanwissenschaft, wie das Rollenkonzept oder die psychoanalytische Strukturhypothese, in diesem Zusammenhang von untergeordneter Bedeutung sind. Die Wirklichkeit des einzelnen Gesellschaftsmitgliedes und die in einer Gesellschaft herrschenden Wirklichkeitsvorstellungen durchdringen sich wechselseitig. Weder individuelle noch kollektive Wirklichkeitskonstruktionen spiegeln eine vom Beobachter unabhängige Wirklichkeit, sondern sowohl die Wirklichkeit des einzelnen wie auch die kollektive Wirklichkeit ist etwas Gemachtes. Zwar erlebt das einzelne Gesellschaftsmitglied seine Innen- und Außenwelt als wirklichste aller Wirklichkeiten, die kollektiven Wirklichkeitsdefinitionen dagegen als etwas Fremdes, doch läßt sich zeigen, daß beide Dimensionen miteinander verflochten sind. Es wäre angemessener, statt von Subjektivität und Objektivität von sozialer Subjektivität zu sprechen, um damit die Dialektik des symbolischen Austausches zwischen Individuen, Gruppen und Gesamtgesellschaft zu bezeichnen.

Eine der wichtigsten Vermittlungsinstanzen zwischen einzelnen Gesellschaftmitgliedern und gesellschaftlicher Gruppierung, die bei der Konstruktion von Wirklichkeit soziale Subjektivität erzeugt, ist Sprache, begriffen als soziale Institution. Indem ein einzelner sich sprachlich mitteilt (auch wenn es sich dabei um ein Selbstgespräch handelt), muß er sein allerpersönlichstes Erfahrungssubstrat zu gesellschaftlich vorgegebenen Deutungsmustern der Wirklichkeit (das ist die Sprache) in Beziehung setzen. Er muß einerseits die Einzigartigkeit seiner Erfahrung verallgemeinern, er muß andererseits die gesellschaftlich vorgegebenen allgemeinen Kategorien der Sprache seinen besonderen, einmaligen Inhalten anpassen. Dieser Vermittlungsprozeß mißlingt häufig; die Macht der vorgegebenen Strukturen setzt sich gegenüber den individuellen Aneignungsversuchen durch. Statt zwischen Allgemeinem und Besonderem zu vermitteln, subsumiert Sprache das Besondere unter die Kategorien des Allgemeinen. Damit werden subjektive Wirklichkeitsdeutungen nicht realisiert, dadurch entsteht Leid des subsumierten Bewußtseins an der als fremd erfahrenen offiziellen Wirklichkeitsdefinition. Leid ist in diesem Verständnis der Widerspruch zwischen eigener und gesellschaftlich geforderter Wirklichkeitsdefinition. Die Entscheidung, bei der Perspektive des einzelnen Gesellschaftsmitgliedes anzusetzen, bedeutet keinen Rückfall in die Auffassung, daß es so viele Wirklichkeiten wie Individuen gebe. Sie geht vielmehr davon aus, daß im Individuellen das Soziale steckt und daß es für das Individuum methodisch möglich ist, das Soziale in ihm zu erkennen. Dies ist ein Reflexionsprozeß, der dem Individuum nicht vom Forscher abgenommen werden kann. Das eigentliche Anliegen einer solchen selbstreflexiven Forschung ist es, dem Subjekt einen geeigneten Rahmen für die Erfahrung und Selbstdokumentation seiner Austauschprozesse zwischen Ego und Sozietät zu verschaffen.

Dazu kommt, daß es Aufgabe pädagogischer Forschung ist, die Kompetenz des Subjekts zur Teilnahme an der Konstruktion sozialer Wirklichkeit zu stärken, das heißt Partei zu ergreifen für die Möglichkeit des einzelnen, seine Wirklichkeit im Diskurs mit den anderen, in Auseinandersetzung mit gesellschaftlichen Wirklichkeitskonstruktionen selbst zu strukturieren.

Damit wird genauer formulierbar, welche Erkenntnisabsichten hinter dem hier zu beschreibenden Forschungstyp stehen. Sie zielen nicht auf die Wirklichkeit des Subjekts schlechthin, sondern auf jene Handlungen und Interaktionen, die geprägt sind von ohne Bewußtsein bleibenden, als anthropogen erlebten institutionellen und gesellschaftlichen Determinanten. Unter der Oberfläche des alltäglichen Routinehandelns wird Fremdbestimmung, wie vage auch immer, erfahren. Pädagogische Wissenschaft hat die Aufgabe, diese Erfahrung abzuwehren und solche Abwehr durch ihre Forschungsarbeit durchlässiger zu machen mit dem Ziel, die aus dem Erfahrungs- und Kommunikationszusammenhang des Subjekts verdrängten sozialen Determinanten individuellen Leides in diesen Zusammenhang zurückzuholen, sprachlich einzuholen und der Reflexion zugänglich zu machen. Leidensdruck wird als aus dem Bewußtsein abgedrängter sozialer Zwang zur Einordnung in vorgegebene Deutungsmuster der Wirklichkeit verstanden, der individuelle Erwartungen und Interpretationen stört.

Vorannahme ist also, daß die Deutung des Alltagslebens durch die Gesellschaftsmitglieder unangemessen ist, insofern sie dieses Leiden als naturwüchsig versteht. Das Anliegen einer pädagogisch analytischen Bildungsforschung besteht darin, diese unangemessenen Deutungen durch angemessenere zu ersetzen, die soziale Wirklichkeit unter größtmöglicher Beteiligung des Subjekts zu interpretieren beziehungsweise zu erzeugen und verschüttete Interaktionsprozesse freizulegen.

Es muß dazu dreierlei festgehalten werden: Zunächst, daß das Forschungsdesign, in dessen Rahmen dies geschehen soll, darauf basiert, daß angemessenere Interpretationen der psychischen und sozialen Wirklichkeit nur dadurch entstehen können, daß die „Objekte" als „theoriebildende Subjekte" akzeptiert und ernstgenommen werden, daß also Theoriebildung reflexiven Charakter beziehungsweise, da ja der Forscher demselben sozialen Kontext angehört, selbstreflexiven Charakter haben muß. Zum zweiten, daß die interaktive Grundstruktur des Untersuchungsgegenstandes sich in der Methode spiegelt, daß also keine beliebig wiederholbare Experimente, Tests oder Messungen möglich sind, ohne den Forschungsgegenstand zu zerstören. Schließlich, daß angemessene Wirklichkeitsinterpretationen, die durch solche Forschungsprozesse entdeckt, freigelegt, initiiert oder mitkonstruiert werden, nicht generalisierbar und transportierbar sind, sondern an die Interpreten gebunden bleiben. Selbstreflexion liefert keine generalisierbaren Ergebnisse.

Damit wird das Design einer Wissenschaft beschrieben, die den Rollenunterschied von Forschern und Erforschten in dem Sinne aufhebt, daß der Forscher nicht allein im Besitz der gültigen Wahrheitskriterien ist, sondern Wahrheit sich immer erst im Diskurs mit den Betroffenen herstellt. Eine weitere wichtige Vorannahme besteht darin, daß die Beweisführung der naiven Empirie durch den Verweis auf sinnliche Erfahrung („Ich habe es selbst gesehen!" „Ich habe es selbst gehört!") im Rahmen dieses Designs bis zu einem gewissen Grad für unersetzlich gehalten wird. In einer zunehmend komplexeren Gesellschaft, einer zunehmenden Entfremdung der Gesellschaftsmitglieder voneinander (die sich dann innerlich immer mehr voneinander zu distanzieren begannen, als sie äußerlich immer mehr zusammenrücken mußten, weil sie immer zahlreicher wurden) wird Sinnlichkeit und Primärerfahrung verschüttet (vgl. ELIAS 1965). Die Zerstörung der Sinnlichkeit und der Erfahrungsfähigkeit hat neue wissenschaftliche Methoden notwendig hervorgebracht. Gesellschaftswissenschaft in einer komplexen, arbeitsteiligen Massengesellschaft, in der primärgruppenhafte Beziehungen immer seltener, die Atomisierung der Individuen dagegen immer häufiger wird, muß für ihre Aussagen andere Gültigkeits- und Wahrheitsbeweise antreten als miteinander räsonierende Menschen in der vorindustriellen Gesellschaft (vgl. GSTETTNER 1979a, S. 147ff.). Man könnte ihre quantifizierenden, um numerische Repräsentativität bemühten Methoden als einen Versuch deuten, die weitgehend verlorengegangene (oder auch privatisierte oder durch Medien monopolisierte) Kommunikation zum Erzeugen einer gemeinsamen Wirklichkeit durch Aggregation möglichst vieler individueller Wirklichkeitsdeutungen zu ersetzen. Dieses Forschungsdesign will Möglichkeiten vorstellen, die verschüttete Sinnlichkeit und Erfahrungsfähigkeit wiederherzustellen. Das heißt, daß einerseits sinnliche Erfahrung als wichtigste Erkenntnisquelle wieder ihre Dignität erlangen sollte, daß andererseits die psychosozialen Bedingungen für solche sinnliche Erfahrung überhaupt erst zu schaffen sind. Auf der Basis der bisher getroffenen Annahmen und Entscheidungen soll eine definitionsähnliche Beschreibung vorgenommen werden:

Pädagogisch-analytische Forschung ist ein spezifischer Typus sozialwissenschaftlicher Projektforschung in pädagogischen Gruppen. Ihr Gegenstand ist gesellschaftlich verursachtes Leiden an Sprachzerstörung und Sprachlosigkeit, ihr Ziel das Überwinden unangemessener (naturhafter, geschichtsloser, personalisierender) Deutungen angebrochener oder abgewehrter Prozesse symbolischer Interaktion und die Entwicklung angemessener Deutungen im Rahmen egalitärer, von den Subjekten getragener und auf deren sinnliche Erfahrung rekurrierender Reflexionsprozesse. Leiden durch zerstörte Sprache soll durch symbolisch vermitteltes Verstehen aufgehoben werden.

2 Forschungsgeschichtliche und -systematische Bezugspunkte

Anknüpfungspunkte lassen sich vor allem bei der Entwicklung der wissenschaftlichen Beschäftigung mit der Kleingruppe festmachen. Eine eingehende Auseinandersetzung mit den Problemen und Gesetzmäßigkeiten der Gruppe beginnt mit Fourier, einem utopischen Denker aus der Zeit nach der französischen Revolution, der die Ordnung des menschlichen Zusammenlebens durch Assoziation von Gruppen gewährleistet sah, die auf leidenschaftliche Anziehung gegründet sind. Von einer neuen Art von Wissenschaft, die nicht mehr Wissenschaft vom Menschen, sondern menschliche Wissenschaft ist, konnte allerdings damals nicht die Rede sein, wenn auch Fourier mit den der Gruppe innewohnenden Kräften spekulierte. Die gesellschaftlichen Verhältnisse, die Entstehung und Ausbreitung des Kapitalismus und der damit verbundene soziale Wandel, die Zerstörung der traditionellen Gruppenbindungen der Menschen, stellten der Sozialwissenschaft andere Probleme: Untersucht werden sollten die gesellschaftlichen Makrostrukturen beziehungsweise das isolierte Individuum, und zwar mit dem technischen Interesse, mit Hilfe von Forschung die Lenkbarkeit der Menschen zu sichern. Auch die aus der Kritik der politischen Ökonomie entstandene Gesellschaftstheorie, die auf die radikale Veränderung der durch den Kapitalismus geschaffenen gesellschaftlichen Verhältnisse zielte, richtete ihren Blick nicht auf die Gruppen, sondern auf die Makrostrukturen.

Erst um die Jahrhundertwende wurde die Gruppe entdeckt, und zwar sowohl von der Tiefenpsychologie als auch von der Massenpsychologie und der Soziologie. Die Anstöße zur gruppendynamischen Forschung kamen von außen, von den Rationalisierungsbestrebungen der amerikanischen Großindustrie (Hawthorne-Untersuchung) und den amerikanischen militärischen Interessen an Gruppenlernverfahren angesichts des plötzlichen Kriegseintritts der USA im Ersten Weltkrieg und der Vorbereitungen für den Zweiten Weltkrieg sowie der Abwehr faschistischer Propaganda.

Die eigentlichen Initiatoren des wissenschaftlichen Paradigmenwechsels waren Moreno und Lewin. MORENO (vgl. 1959) sah aufgrund seiner Erfahrung mit Resozialisierungsversuchen von Prostituierten und Vertriebenen die Persönlichkeit als eine Gesamtheit von sozialen Rollen, die ihre Einheit durch die Möglichkeit, sie zu spielen und zu wechseln gewinnt. Aus dieser Einsicht entwickelte er das Psychodrama, das emotionale Nachspielen psychischer Konflikte in Gruppen. Der Österreicher Moreno traf 1934 in den USA mit dem emigrierten Deutschen Lewin zusammen. LEWIN (vgl. 1963) hatte in experimentellen Studien die „Theorie des psychischen Feldes" entwickelt, die Untersuchung individuellen Verhaltens im Kontext seines Lebensraums. Lewin übernahm von Moreno die soziometrische Methode zur Messung und Manipulation informell-affektiver Beziehungen in Gruppen. Moreno entwickelte die Technik der soziometrischen Intervention in Institutionen mit dem Ziel, Spontaneität und Kreativität freizusetzen, und zwar nicht bloß zu Forschungszwecken, sondern zur Veränderung der Institutionen selbst. Hier ist der Beginn des Paradigmenwechsels anzusetzen, der Forschung vom hier beschriebenen Typ erst möglich macht. Lewin hat in seiner wissenschaftlichen Entwicklung, von der Individualpsychologie ausgehend, zunächst die Untersuchung des psychologischen Feldes, dann des Gruppenfeldes und schließlich des sozialen Feldes in Angriff genommen. Er hat also nicht nur Laborexperimente mit Kleingruppen gemacht, sondern eine Wissenschaft vom sozialen Feld zu begründen begonnen, in der Interventionen des Wissenschaftlers im wirklichen Lebenskontext der Menschen anstelle des Laborexperimentes traten. Lewin entwarf damit das Konzept des action research, der aktiven, engagierten Forschung.

Für das Design der pädagogisch-analytischen Bildungsforschung ist die Entwicklung des action research (Aktionsforschung) aus den Impulsen Lewins wichtig. Sie zielt darauf ab, das faktische Handeln von Individuen in sozialen Räumen zu analysieren und zu verändern. Sie läßt sich aber aufgrund dieses Anspruches nicht schon ohne weiteres mit dem hier vertretenen Anspruch an pädagogisch-analytische Forschung in Zusammenhang bringen. Vielmehr gibt es eine Ausprägung von Handlungsforschung, die ausschließlich sozialtechnisch, also gerade nicht auf die Reflexion unter den Beteiligten ausgerichtet ist. So waren die ersten Aktionsforschungsprojekte in den USA auf die Verbesserung des Betriebsklimas mit dem Ziel der Erhöhung der Reibungslosigkeit und Effizienz der Arbeitsprozesse ausgerichtet (vgl. CLARK 1972, O'CONNELL 1968). LEWIN selbst (1968, S. 283 f.) bezeichnete sein Anliegen ausdrücklich als „sozialtechnisches" und illustrierte seine Vorstellung von Aktionsforschung am Beispiel der Bombardierung einer deutschen Fabrik. Gesellschaftskritischer und reflexiver Anspruch im vollen Sinn kommt erst jüngeren Projekten zu (vgl. HAAG u. a. 1972, HEINZE u. a. 1975; vgl. MOSER 1975, 1977 a, b; vgl. ZINNECKER u. a. 1975). Nach HAAG u. a. (1972, S. 50) geht es diesen Projekten um eine Neubestimmung wissenschaftlichen Arbeitens, in der die „sich in gesellschaftlicher Praxis entwickelnden Arbeits- und Lernverhältnisse [...] in darüber laufenden Kommunikationsprozessen aufgearbeitet, geplant und entschieden werden, wobei diese Rückkoppelung zwischen Arbeits- und Lernverhältnissen sowie Kommunikationsprozessen selbst wieder forschungspraktisch thematisiert und auf das Gesamtsystem rückbezogen werden müssen."

Nur dann rücken demnach die in Handlungsforschungsprojekten entwickelten Vorgänge der Ermittlung und Veränderung interaktiver, sozialer und politischer Gegebenheiten in die Nähe von pädagogisch-analytischer Bildungsforschung, wenn sie methodisch an der Selbstreflexion der Subjekte und inhaltlich an der symbolischen Rekonstruktion ihrer individuellen und sozialen Existenz als Voraussetzung veränderter Handlungsmöglichkeiten orientiert sind.

Was den forschungssystematischen Aspekt betrifft, wird mit Hilfe eines Rasters versucht, jene Momente der pädagogisch-analytischen Forschung ein wenig zu verdeut-

lichen, die sie mit der Psychoanalyse (vor allem in der Version, wie sie Lorenzer vertritt) einerseits, mit der Sozioanalyse (vgl. LAPASSADE 1972; vgl. WELLENDORF 1977, 1978) andererseits, verbinden und von ihnen trennen (vgl. Abbildung 1).
Am deutlichsten lassen sich Anknüpfungsmomente im Gegenstands- und Methodenbereich festmachen: es geht immer um systematisch verzerrte Kommunikation und ihre Wiederherstellung durch die Betroffenen selbst über Reflexion, wobei in allen drei Forschungstypen dem Forscher die Rolle des Mitspielers zukommt.
Zur Verdeutlichung dieser Gemeinsamkeit ist am besten Wellendorf zu fragen, der in mehreren Aufsätzen ein Konzept von Sozioanalyse vorstellt. Aus diesem Konzept seien hier jene Momente herausgegriffen, die strukturelle Gemeinsamkeiten markieren, welche für Psychoanalyse, Sozioanalyse und pädagogisch-analytische Forschung gleichermaßen gelten: Es handelt sich bei allen drei Verfahrensweisen erstens um eine Methode der Produktion von relevantem Material und seiner Analyse und zweitens um eine Methode, Veränderungsprozesse durch Selbsterforschung zu unterstützen (vgl. WELLENDORF 1982, S. 210). Interaktion und Kommunikation während der gemeinsamen Arbeit wiederholen die eingeschliffenen Störungen und Verzerrungen, selbst gegen den Willen der Beteiligten (Wiederholungszwang). Die Arbeitssituation und die Beziehungsmuster der Beteiligten in dieser Situation sind das Medium der Analyse von beschädigter Wahrnehmungs- und Deutungskompetenz. Die Analyse der in dieser Situation sich entwickelnden Übertragungen und Gegenübertragungen ist ein wichtiger Weg zum Aufdecken latenter Problematik. Änderung erfolgt durch Rekonstruktion von Lern- und Lebensgeschichte.
Die Konzepte unterscheiden sich vor allem hinsichtlich der sozialen Gebilde, in denen und für die sie betrieben werden: Einerseits das artifizielle Gebilde der psychoanalytischen Dyade, die das Einholen des Agierten in die Symbolsprache geradezu erzwingt und deren Interesse der individuellen Lebensgeschichte gilt; andererseits das reale soziale Feld von Organisationen (Betrieben, Gewerkschaften, Verwaltungsapparaten), in denen es zahlreiche unterschiedlich beschädigte formelle und informelle Beziehungsnetze und Kommunikationskanäle gibt; dazwischen die pädagogische Gruppe (Familie, Schulklasse und anderes), deren Existenzform Erfahrungen im Bereich der Dialektik von Individualität und Kollektivität ermöglichen würde, wenn nicht häufig die Wucht des Kollektiven so sehr das praktische Bewußtsein der Individuen bestimmte, daß der eigentlich individuelle Anteil an Erfahrung erdrückt wird.
Bei pädagogisch-analytischer Forschung geht es also um jene sozialen Gebilde, in denen sich die unmittelbare Erfahrung des gesellschaftlichen Lebens vollzieht. Die elaborierte Situation der Psychoanalyse ist dieser Forschungsaufgabe genauso wenig angemessen wie die aufwendige, auf große soziale Gebilde anwendbare Sozioanalyse. Ein weiterer Unterschied besteht in der theoretischen Grundlegung. Während die Psychoanalyse sich auf Freud beruft, die Sozialanalyse an Lewin anknüpft, fühlt sich die pädagogisch-analytische Forschung keiner derartigen Theorie, wohl aber einem Kriterium verpflichtet, das ihr nur solche Theorien auszuwählen gestattet, die in einem produktiven Spannungsverhältnis zu den subjektiven Wirklichkeitsinterpretationen der Gruppenmitglieder stehen.

3 Der zirkuläre Charakter pädagogisch-analytischer Bildungsforschung

Die Abbildung 2 versucht zu zeigen, daß zu jedem Zeitpunkt verschiedene Typen von Forschungstätigkeiten notwendig sind und daß jedes Forschungshandeln eine Reihe von Folgehandlungen notwendig macht, die letztlich wieder auf das ursprüng-

Pädagogisch-analytische Bildungsforschung

Abbildung 1: Das Verhältnis von pädagogisch-analytischer Forschung zu Psycho- und Sozioanalyse

Forschungselemente \ Forschungsrichtungen	Psychoanalyse	Sozioanalyse	Pädagogisch-analytische Forschung	Gemeinsamkeiten
Typischer Forschungsgegenstand	Zerstörte Sprache, in der sich ein Subjekt über sich selbst täuscht	Das erstarrte Sprechen in Institutionen und Organisationen	Unangemessene Wirklichkeitsdefinition in pädagogischen Primärgruppen	Sprachliche Verdinglichung und Entfremdung im Bereich menschlicher Beziehungen
Typisches Verfahren	Kritisch-hermeneutische Analyse der Lebensgeschichte mittels Übertragung und Deutung	Intervention nach dem Prinzip der Spiegelung bestehender Kommunikationsstrukturen	An der Psycho- und Soziogenese der Beteiligten orientierte Selbstreflexion	Selbstreflexion: Kommunikationssperren reflexiv durchbrechen
Typisches Ziel	Symbolische Rekonstruktion der Lebensgeschichte	Aufdecken der Institution in ihrer Wahrheits-Aufhebung der kollektiven Verdrängung der institutionellen Realität	Symbolische Rekonstruktion individueller und sozialer Existenz	Das aus der öffentlichen Kommunikation Verdrängte in die Öffentlichkeit zurückholen
Typische Theorie; Rolle der Theorie	Freudsche Metapsychologie, verstanden als lebenspraktische Vorannahme	Politische Psychosoziologie (LAPASSADE, SARTRE); Sozioanalyse (WELLENDORF)	„Vagabundierendes Prinzip"; Theorie als Hilfe zum kritischen Reflektieren der instrumentellen Rationalität der Praxis	Beteiligte machen letztlich ihre Theorie (über sich) selbst
Typische Rolle des Forschers	Teilnehmer an der Szene des Patienten; Beobachter, Deuter, Hilfs-Ich	Berater, Organisator, Informant, Analytiker – je nach Bedarf der Beteiligten	Rolle nicht vorweg beschreibbar – abhängig von der Reflexionskapazität der Beteiligten; Ziel, sich tendenziell überflüssig zu machen	Mitspieler, kontrollierter Einsatz eigener Subjektivität
Typischer Klient	Individuum unter Leidensdruck	Gewerkschaftliche, politische, kirchliche u. a. Organisationen	Pädagogische Gruppe (Schulklasse, Familie, Jugendgruppe ...)	Individuen, kleine und große Gruppen, die an Beziehungsstörungen leiden

liche Handeln zurückwirken und seine Veränderung bedingen. Dabei ist es gleichgültig, wo man dieses ursprüngliche Handeln des Forschers ansetzt, bei der Strukturierung, bei der Störung, bei der Dokumentation oder sonstwo: immer sind damit Konsequenzen für alle Elemente der Forschungstätigkeit verbunden.

Mit dem Innen- und Außenkreis soll verdeutlicht werden, daß es auf der Handlungsebene (dem Innenkreis) theoretisch möglich ist, einzelne Elemente des Forschungsprozesses aufgrund ihrer unterschiedlichen beziehungsdynamischen, inhaltlichen, organisatorischen und politischen Schwerpunkte analytisch voneinander zu trennen, obwohl sie in der Forschungspraxis selten so isoliert auftreten (wenn auch in einzelnen Projektphasen das eine oder andere Element überwiegen kann), daß aber auf der Metaebene der Reflexion (dem Außenkreis) ein solches Herauslösen von Elementen des Diskurses sinnwidrig wäre. Der permanente Diskurs ist geradezu die Klammer, die den pädagogisch-analytischen Forschungsprozeß zusammenhält.

Es sollte durch die Kreisdarstellung auch ersichtlich werden, daß pädagogisch-analytische Bildungsforschung kein punktueller Eingriff in soziale Wirklichkeit sein kann, sondern Voraussetzungen und Konsequenzen ihrer Eingriffe genauso in ihren Reflexionsprozeß mit einbeziehen muß wie die Eingriffe selbst.

Abbildung 2: Design pädagogisch-analytischer Forschung

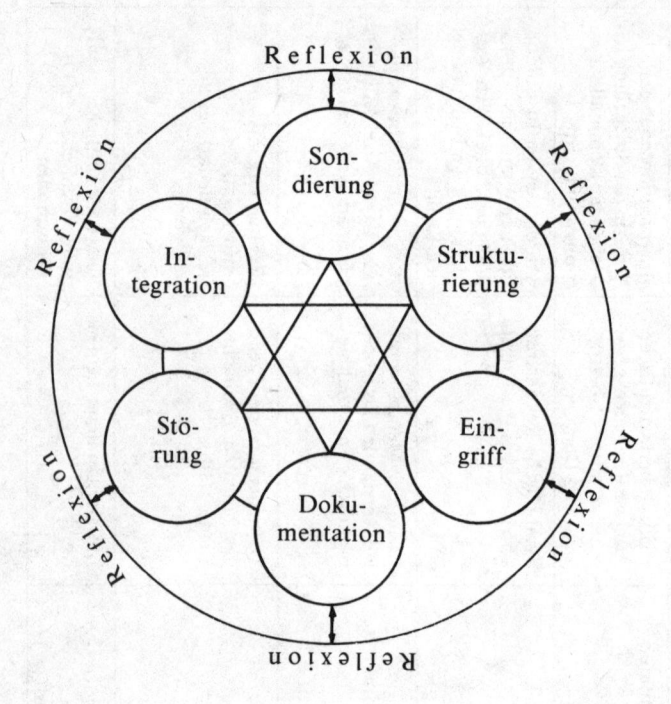

Die im folgenden versuchte Einzeldarstellung dieser Prozeßelemente birgt zweifellos die Gefahr unzulässiger Vereinzelung in sich. Sie sollte daher im Bewußtsein der hier dargestellten Zusammenhänge gelesen werden.

4 Elemente pädagogisch-analytischer Bildungsforschung

4.1 Sondierung

Alle Vorgänge, die mit der Initiation von Projekten pädagogisch-analytischer Forschung beziehungsweise mit ihrem partiellen Neubeginn während der Laufzeit zusammenhängen, sollen unter dem Stichwort Sondierung zusammengefaßt werden. Im einzelnen sind die personelle Zusammensetzung einer Projektgruppe, die Absicherung ihres ökonomischen Rückhalts, die wechselseitige Erkundung der Interessen, offener Austausch erster individueller Erwartungen und inhaltlicher Vorstellungen, ideologischer und politischer Standorte, die Deklaration der zeitlichen und sonstigen Ressourcen der Teilnehmer gemeint. Die Sondierungsphase läßt sich in etwa mit dem psychoanalytischen Erstinterview oder auch mit der sozioanalytischen Erstbegegnung zwischen Berater und „Klient" (Praktiker, Adressat) vergleichen: Sie dient vor allem dazu, eine gemeinsame Interaktionsstruktur zwischen den Beteiligten zu konstituieren. Dabei auftretende Interaktions- und Kommunikationsschwierigkeiten sind nicht unerwünschte Hindernisse, sondern, im Gegenteil, wichtige Wegweiser bei der Spurensicherung, bei der Suche nach dem Weg zu unterdrückten, Leid erzeugenden Interaktionszusammenhängen.

Es wäre falsch anzunehmen, die Sondierung diene nur der Vorbereitung der Forschung, die *dann* erst anfängt. Sie ist vielmehr deren integrierter Bestandteil und beeinflußt den Forschungsprozeß in allen seinen Elementen nachhaltig. Sondierung ist auch nicht etwas, das nur am Beginn eines Projekts seinen Platz hat; ein Projekt wird vielmehr immer dann, wenn Revisionen, Neuinterpretationen, Umorientierungen stattfinden, Sondierungsphasen haben.

Sondierung steht noch nicht unter dem Zwang der Einhaltung selbstgesetzter Ziele und der Durchführung selbstgetroffener Entscheidungen. Sie erfordert ein hohes Maß an Toleranz für divergierende Auffassungen über den Sinn und die Zielrichtung des Forschungsprozesses und kann gerade deshalb das Material für stringentere Prozesse der Zieldefinition und Entscheidungsfindung liefern.

4.2 Strukturierung

Pädagogisch-analytische Forschung hat zwei theoretisch unterscheidbare *Zielrichtungen,* eine horizontale und eine vertikale, das heißt eine im Hier und Jetzt liegende und eine ins Dort und Dann zurückreichende. Sie sind im Verständnis dieses Forschungskonzepts dialektisch miteinander verschränkt: Arbeit am Hier und Jetzt erfordert Rückgriff auf das Dort und Dann; die Rekonstruktion des Dort und Dann verlangt nach Veränderungen des Hier und Jetzt, wird vom Hier und Jetzt motiviert und gesteuert. Diese Rekonstruktionsarbeit ist das übergreifende Ziel der pädagogisch-analytischen Forschung.

Ziele pädagogisch-analytischer Forschung werden nicht „von außen", etwa in Verfolgung bestimmter systematischer Erkenntnisbestrebungen, als Momente sozialtechnischer Zweck-Mittel-Relationen oder als Teile politisch vorgeformter Reformstrategien konzipiert. Sie werden vielmehr „im Innern" der Teilnehmer des forschenden Kommunikationsprozesses gesucht. Entsprechend der Grundintention pädagogisch-analytischer Forschung, abgespaltene Anteile des Subjekts wieder in die öffentliche Kommunikation einzubringen, sind die Intentionen solcher Forschung nicht eindeutig und ein für allemal zu ermitteln, sie bleiben vielmehr in die Hermeneutik von Selbstreflexion, reflexiven Diskurs und Probehandeln eingebet-

tet. Der Forschungsprozeß dient mehr der Ermittlung von Zielen der Reflexion und des Handelns als der Verfolgung bereits ermittelter Ziele.
Dies erfordert zweierlei Konsequenzen: Die erste betrifft den Wissenschaftler. Er sollte in den Anfangsphasen eines Forschungsvorhabens vor allem darauf achten, die eigenen, infolge seiner Berufsrolle wissenschaftlich fundierten und präzisen Zielformulierungen zu relativieren. Die zweite bezieht sich auf den Status der Zielbestimmungen. Allen Teilnehmern sollte die Vorläufigkeit, die heuristische Funktion erster inhaltlicher Festlegungen bewußt sein. Die Tendenz zu steigender Verbindlichkeit jeder späteren Zielbestimmung sollte thematisiert werden.
Da Veranstaltungen pädagogisch-analytischer Bildungsforschung in sehr verschiedenen settings realisiert werden können, ergeben sich unterschiedliche *Anforderungen an Planung und Organisation.* Als hervorragendes Beispiel für ein „kleines" Projekt, für das zwar viel vorausgehende Überlegung, aber wenig projektinterne Organisation erforderlich ist, mag immer noch die Arbeit von REINKE (vgl. 1977) gelten. Den Kern der Forschungsinteraktion bildete dort eine Serie von Gesprächen mit dem Strafgefangenen Kurt W., sowie die Aufarbeitungen von Erfahrungen mit der vorübergehenden Aufnahme dieses Strafgefangenen in die eigene Wohngemeinschaft.
Jedes einigermaßen arbeitsintensive Projekt hat das Problem zu lösen, wie die anfallenden Aufgaben arbeitsteilig gelöst werden können, ohne daß dadurch einzelne Teilnehmer Informationsdefizite haben und die Projektkommunikation gestört wird. Betroffenheit und Entscheidungsfähigkeit jedes einzelnen in allen anfallenden Problemen, die als notwendige Voraussetzung für das hier vertretene Ziel der Konstruktion von sozialer Wirklichkeit unter maximaler Beteiligung des Subjekts erscheint, ist nur zu erreichen, wenn geklärt ist, wer was wie bearbeitet *und* in den Kommunikationsfluß des Projekts einbringt. Ungleiche Verteilung der Chancen, an der Projektkommunikation teilzunehmen, produziert ein Macht- und Statusgefälle unter den Projektmitgliedern und sabotiert die deklarierten Ziele: was inhaltlich erreicht werden soll, wird durch die Beziehungsstruktur zerstört.
Die grundsätzliche Forderung, daß das allgemeine Ziel von pädagogisch-analytischer Bildungsforschung, die Befähigung des Individuums zu möglichst großer Teilnahme am Forschungsprozeß sei, gilt auch für die Verfahren, die zu diesem Ziel führen: Beteiligung aller Projektmitglieder an allen Entscheidungen ist die prinzipielle Forderung. Wie weit in konkreten Situationen unter konkreten Bedingungen Abstriche in Kauf genommen werden dürfen, läßt sich nicht prinzipiell festlegen beziehungsweise im vorhinein planen. Beteiligung aller an allen Entscheidungen macht Projektarbeit mühsam und umständlich, ist aber die Voraussetzung für Identifikation und probehandelndes Vorwegnehmen der Projektziele.
Theorien sind in diesem Design vom Wissenschaftler in die gemeinsame Arbeit mitgebrachte (Vor-)Urteile, also sein spezifisches Berufswissen, das problematisierbar sein muß wie jenes der anderen Teilnehmer. Theorien sind einerseits Sprungbretter für das eigenständige Denken der Beteiligten, andererseits Hilfen zum kritischen Reflektieren der lebenspraktischen und instrumentellen Rationalität der Praxis. Sie dürfen nicht mit „Wahrheit" verwechselt, sondern müssen als Wirklichkeitskonstruktionen mit reflektierten Konstruktionsprinzipien begriffen werden.
Bei der Entscheidung für eine ganz bestimmte Theorie ist zu überprüfen, inwiefern sich die eigenen Probleme in den Problemen wiederfinden, mit denen eine Theorie zu Rande zu kommen sucht; genauso ist zu überprüfen, inwiefern die zur Theoriegewinnung gebrauchten Methoden sich mit den prozessualen Standards des eigenen Projektes decken. Die dialektische Identität von Methode, Begriff und Wirklichkeit

liegt diesen Überlegungen als Denkvoraussetzung zugrunde. Gerade die Einsicht in diesen Zusammenhang kann vor dem Rückfall in die Ideologie der Objektivität bewahren, derzufolge Methode ein neutraler Katalysator ist, mit dessen Hilfe bei immer genauerer Anwendung immer mehr Wahrheit ans Tageslicht gefördert wird.
All dies legt nahe, daß Forschungsprojekte, die dem Design pädagogisch-analytischer Forschung folgen, zwar von vornherein bestimmte Vorentscheidungen zur Theorieauswahl treffen können, daß aber erst während des Forschungsprozesses selbst sich herausstellen muß, welche Theorien am besten als Kristallisationskerne für die Teilnehmererfahrungen brauchbar sind.
In den Prozessen der Erwartungsklärung, Zielbestimmung, Organisationsplanung, Rollenverteilung, Entscheidungsfindung und Theorieauswahl werden *Standards* festgelegt, die irgendwann im Prozeßverlauf formalisiert werden sollten. Sie sind sozusagen die Gütekriterien der wissenschaftlichen Arbeit. Wenn sie transparent sind, ermöglichen sie die Beurteilung der Projektqualität durch die Beteiligten und durch Außenstehende. Verkürzt formuliert kann man sagen, je reflektierter die Standards, je reflektierter das Einhalten und Abweichen von den Standards, desto qualifizierter das Projekt. Standards in dem hier gemeinten Sinn sind also interpretative (das heißt jeweils der Interpretation bedürftige) Normen des Prozeßverlaufs, deren Bedeutung von Fall zu Fall auf diskursive Weise festgelegt wird. Sie sollen die Kommunikation über das eigene Handeln nicht ersetzen, sondern erleichtern.

4.3 Eingriff

Es geht, wie eingangs festgestellt wurde, in der pädagogisch-analytischen Forschung nicht um Institutionsberatung, sondern um wissenschaftlich angeleitete Erziehungsarbeit in Kleingruppen mit der Zielsetzung, nicht nur institutionelle, sondern auch individuelle lebensgeschichtliche Brüche, Blockaden und Unterdrückungsspuren von Wirklichkeitsdeutungen in Bildungsprozessen zu rekonstruieren, um die unterdrückten Wirklichkeitsdeutungen in den Kommunikationsprozeß einzuholen. Nicht nur institutionelle, sondern jede Übertragung und Gegenübertragung sollte daher thematisiert und in den Reflexionsprozeß einbezogen werden.
Während Sozioanalyse, zumindest in der von WELLENDORF (vgl. 1982) vorgestellten Konzeption, in erster Linie Beziehungsanalyse ist, Selbstaufklärung durch Reflexion eines in der sozioanalytischen Situation sichtbar werdenden Beziehungsmusters, gilt für pädagogisch-analytische Forschung, daß sie ihr Augenmerk durchaus auch auf inhaltliche Bereiche lenkt.
Es handelt sich um inhaltliche Arbeit, in deren Verlauf Beziehungsprobleme sichtbar werden, und zwar so deutlich, daß sie analysierbar werden und ihre Verschränkung mit der inhaltlichen Problematik erkennbar wird.
Im folgenden soll versucht werden, Teilelemente zu konstruieren, um etwas sichtbar zu machen, was als Prozeßablauf nicht in solch vergegenständlichter Form beobachtbar ist:
Mit der Erstellung von *Handlungsentwürfen* ist die Entwicklung von „Regiekonzepten", „Szenarios" beziehungsweise Interaktionsplänen gemeint, die den Inhalts- und Beziehungsbereich des gemeinsamen Handelns im Sinne der Projektziele vorstrukturieren. Im Zusammenhang eines Curriculumprojektes könnte damit die Entwicklung von Unterrichtseinheiten gemeint sein, im Zusammenhang eines Projektes zur familialen Sozialisation zum Beispiel die Entwicklung von Lernsituationen, in denen klischeehafte Beziehungsabläufe durchschaut und neue Alternativen erprobt werden. Für die hier zu verhandelnden Grundintentionen von pädagogisch-

analytischen Designs ist es konstitutiv, daß solche Handlungsentwürfe das Lebens- und Erfahrungssubstrat der Betroffenen zum Inhalt und die zunehmende Wahrnehmung, Thematisierung, diskursive Bearbeitung dieses Erfahrungssubstrats im symbolischen Medium der Sprache als Methode haben. Sozialwissenschaftliche Theorien und Methoden können dabei wertvolle Hilfe leisten, sofern es gelingt, damit jenen Dunkelbereich aufzuhellen, der die Wahrnehmung des Lebens als Austauschprozeß zwischen Individuum, Gruppe und Gesellschaft erschwert.

Die oben geschilderten „Regiekonzepte" werden von den Beteiligten an sich selbst erprobt, aber nicht mit der Absicht, sie für den Gebrauch an Außenstehenden zu verbessern, sondern um die Identität, die kommunikative Kompetenz, das Handlungspotential der eigenen Gruppe, des eigenen Ichs bewußt zu machen und zu vergrößern. Bewußt wird hier von „*Erprobung*" gesprochen statt von „Durchführung", um auf den vorläufigen Charakter und die Revidierbarkeit dieses Handelns hinzuweisen. Das „Erproben an sich selbst" sollte so verstanden werden, daß die Beteiligten an einem Projekt (sei es ein Curriculumprojekt, eine therapeutische Gemeinschaft oder Gemeinwesenarbeit) zwar die unmittelbar Betroffenen sind, daß aber dieses „Erproben an sich selbst" in der alltäglichen Umwelt der Beteiligten vor sich geht und Wechselwirkungen auslöst: Die unmittelbar Beteiligten ändern sich durch die steigende Fähigkeit, ihre eigene Lebenswelt zu verstehen; diese Änderungen werden in den Institutionen registriert und haben Auswirkungen auf die Interaktionsstrukturen.

Dies soll an einem Beispiel aus einem Projekt erläutert werden: Die Projektgruppe „Sprache als soziales Handeln" hat Unterrichtsmaterialien entwickelt, die im Anschluß an LORENZERS (vgl. 1970) Theorie von Sprachzerstörung und Rekonstruktion pädagogische Rekonstruktionen von gestörten (Identitäts-)Bildungsprozessen in Gang zu setzen versuchen. Hier soll zur Verdeutlichung des unter „Eingriff" Gemeinten die Erprobung einer Unterrichtseinheit mit dem Titel „Ohnmacht und Ordnung" geschildert werden; dabei folgt der Text weitgehend der Darstellung von LARCHER/RATHMAYR (vgl. 1975, S. 697 ff.).

In der zu evaluierenden Unterrichtseinheit geht es um die Erfahrung der Ohnmacht in einer ebenso unübersichtlichen, wie durch Reglements zugestellten und verriegelten Welt. Die Schüler wurden bei der Erprobung vor folgende Situation gestellt: Im Treppenhaus hat ein Schüler den Lehrer M. angerempelt. Lehrer M. geht mit dem Schüler und mit dem Zeugen, Lehrer L., zum Direktor. Der Klassensprecher begibt sich auch in die Direktionskanzlei, um die Interessen seines Mitschülers zu wahren... Die Schüler spielen die Situation. Die Evaluatoren staunen: Viel Eifer und Begeisterung, alle wollen spielen, viel mimischer und rhetorischer Aufwand, aber – der Klassensprecher bleibt stumm, der Schüler sagt nur Demutsformeln.

Der Schluß des Spiels (Tonbandaufzeichnung)

Schüler: Ich kann ja nichts dafür, ich möchte mich ja entschuldigen.

Lehrer M: Ja, das erste Mal...

Lehrer L: Lassen wir's so durchgehen.

Lehrer M: Und wenn es ein zweites Mal noch passiert, dann werde ich dir...

Direktor: Wirst du dir's merken fürs nächste Mal?!

Schüler: Ich danke schön.

Die Evaluatoren bitten: „Das Spiel wiederholen. Rollen neu besetzen, den Frechen dort vorne als Klassensprecher..." Die Schüler freuen sich über die Wiederholung. Diesmal geht es mit noch mehr Elan. Doch wieder: Schüler und Klassensprecher sind wie gelähmt. Direktor und Lehrer diktieren den Gang des Gesprächs allein. Sie genießen, auf der Seite des Rechts zu stehen und wollen strafen.

Pädagogisch-analytische Bildungsforschung

Ratlosigkeit auf seiten des Evaluationsteams. Dann ein Anstoß: „Wie würdet ihr euch selbst bestrafen, wenn ihr der Schüler wäret?" Die Frage findet bei den Schülern viel Echo. Fast alle melden sich zu Wort. Schließlich schreiben sie ihre Vorschläge zur Selbstbestrafung auf einen Zettel.
Einige typische Antworten:
- Ich würde mich vor allen niederknieen, dann würde ich mich schämen, und wenn es mir nochmals passieren würde, dann müßte ich mich wieder schämen.
- Ich würde die gleiche Strafe wie der Professor nehmen, denn da sehen die anderen Kinder, wie es mir ergangen ist, als ich die Regeln nicht befolgt habe. Denn ich möchte lieber nicht die ganze Gemeinschaft anstecken...
- Niederknieen und in beiden Händen Bücher halten, damit es mir recht weh tut. Das werde ich mir dann merken.

In der anschließenden Sitzung versuchten die Evaluatoren, die erlebten Szenen und die registrierten Übertragungs- und Gegenübertragungsphänomene zu deuten. Besonders wichtig schien, dies alles als Teil umfassender Strukturen des Verhaltens im Umgang mit sozialen Normen zu interpretieren. Der Eingriff machte – so zumindest die interpretationsleitende Annahme – Unterdrückungsspuren aus dem Kontext der Institution und der Lebensgeschichte sichtbar. Das Anliegen war nun, diesen Eingriff so zu verändern beziehungsweise zu ergänzen, daß künftig Schüler nicht nur Unterdrückungsspuren sichtbar reproduzieren, sondern sich auch damit reflexiv und kritisch auseinandersetzen konnten. Es entstand eine Unterrichtseinheit mit sehr viel zusätzlichem Diskussions- und Reflexionsangebot, die – das stellte sich bei späteren Erprobungen heraus – den kritischen Umgang mit eigener Erfahrung möglich machte und zur Formulierung unterdrückter Reaktionsmöglichkeiten anregte.

4.4 Dokumentation

Die Prozesse der Selbstreflexion bedürfen eines gewissen Maßes an Vergegenständlichung, sobald der Kreis der Beteiligten eine bestimmte Anzahl übersteigt.
Zunächst gibt es die Formen der Dokumentation von lebensweltlichen Arrangements und Prozessen. Sie können im Verlauf des Forschungsprozesses zu wichtigen Motiven werden, den Widerstand und die Abwehr gegen das Bewußtmachen und die Veröffentlichung von Erfahrungen durchlässiger zu machen.
Verschiedene Formen des Festhaltens der durch gezielte Inszenierung von Forschungshandlungen gewonnenen Erfahrungen (Protokolle, Tonband-, Videoaufzeichnung und anderes) sind geeignet, den sinnlich konkreten Kontext des Erfahrungsgewinns und -austausches zu überschreiten und – zumindest für die Beteiligten – Anlaß zu wiederholtem Durcharbeiten des Erfahrungssubstrats zu werden. Sie können aber nicht die Unmittelbarkeit und Sinnlichkeit der Situation des Erfahrungsgewinns und Austausches ersetzen; diese Unmittelbarkeit und Sinnlichkeit der Erfahrung ist vielmehr die unabdingbare Basis für pädagogisch-analytische Erziehungsforschung. Aber sie können Erinnerungsstützen bei der diskursiven Auseinandersetzung mit dieser Erfahrung sein.
Ein weiteres Beispiel aus der Erprobungsphase des genannten Projekts soll diesen zweiten Typ von Dokumentation veranschaulichen. Es ging um die Erprobung einer Unterrichtseinheit mit dem Titel „Rollenstereotype": Der Erprobende in der Lehrerrolle bittet alle Jungen und Mädchen in der Klasse, ein Plakat auszufüllen. Auf dem Plakat für die Mädchen steht „Typisch Jungen", auf dem Plakat für die Jungen steht „Typisch Mädchen". Die Plakate sind im Nu vollgeschrieben, und

zwar mit pauschalen Anschuldigungen. Als die Mädchen ihr Plakat vorstellen und erklären, werden sie durch die Fragen und Vorwürfe der Jungen gezwungen, ihre generalisierenden Behauptungen mit Erfahrungen zu belegen; ähnlich die Jungen, als sie ihr Plakat vorzeigen. Auffällig ist zweierlei: erstens, daß sich alle Gesprächsbeiträge, die sich um genaue Klärung vergangener Ereignisse bemühen, dann abgewehrt werden, wenn sie das Festhalten an einem Wahrnehmungs- und Sprachklischee bedrohen; zweitens, daß während des gesamten Gesprächs eine äußerst lustvoll-aggressive Atmosphäre herrscht. Nach der Diskussion schreibt der Evaluator in der Lehrerrolle der Klasse einen Brief, in dem er seine Wahrnehmung der Diskussion mitteilt. Dieser Brief illustriert, welche Funktion und welche Bedeutung die Dokumentation in der pädagogisch-analytischen Forschung haben kann:

Liebe(r)...
Eure Mädchen/Jungen-Diskussion hat's in sich. Was mir heute, am Montag, schon aufgefallen ist:
1. Es gibt bei euch einen Gruppendruck, und der ist gar nicht klein...
Für den einzelnen Jungen (wohl auch für das einzelne Mädchen) ist es schwer, wenn nicht unmöglich, so zu denken und zu reden, wie ihm/ihr ganz persönlich zu Mute ist. In der Diskussion muß er/sie als „Junge" bzw. als „Mädchen", nicht aber als Monika Preuner, Helmut Sima, Inge Juan, Karl Wallner oder sonstwer reden. Er/sie muß die Stereotype seiner/ihrer Gruppe herunterbeten. (Beispiel: „Die Mädchen lassen uns immer die Luft aus unseren Fahrrädern aus.")
Wenn jemand aus dem Stereotyp ausbricht und sagt: „Ich", dann stört er dieses bequeme Spiel, das in der Klasse gespielt wird – das alte Hickhack, das Schwarzerpeterspiel. Als einer sagte: „Ich habe das Zeug versteckt, nicht die Mädchen!" sprang er aus dem Klischee heraus und störte das altgewohnte Spiel. Man wollte ihn gar nicht wirklich hören, man ging gar nicht richtig auf ihn ein, denn sonst hätte man die bequemen Stereotype, die ihr euch zurechtgelegt habt („Alle Jungen dieser Klasse sind Bösewichte" – „Alle Mädchen dieser Klasse sind Großmäuler"), vielleicht anzweifeln müssen.
2. Es gibt bei euch viel Unausgesprochenes und Untergründiges. Mir kommt vor, daß viele Vorwürfe in dieser Diskussion eigentlich etwas ganz anderes bedeuten, als sie zu bedeuten scheinen. Oberflächlich klingen sie wie Beschimpfungen. Wäre es möglich, daß diese Beschimpfungen nur Tarnung und Maske sind? Daß man in Wirklichkeit etwas ganz anderes möchte? Nähe, Kontakt, Freundschaft? Daß man Angst hat, diese Wünsche sich selbst und den anderen einzugestehen? Was würden die anderen Jungen und Mädchen dann von mir denken? Und wenn ich abgelehnt würde? Angst im Spiel?
Streitet man deshalb lieber? Streiten ist ja bekanntlich auch eine Möglichkeit, um Nähe und Kontakt herzustellen.
Wenn ich sehe, wir ihr lustvoll streitet – man sieht euch dabei lachen und eure Augen glänzen – dann, ja dann denke ich mir halt, daß ihr vielleicht das Gegenteil wollt; daß der Streit nur getarnte Annäherung ist.
Bin ich völlig auf dem Holzweg?
Schreib mir bitte, was du davon hältst.
Einstweilen viele Grüße,
dein
Dietmar Larcher

Zu Beginn der nächsten Sitzung wurde der Brief ausgeteilt. Er bewirkte Nachdenklichkeit, grübelnde Auseinandersetzung mit der letzten Diskussion und Infragestellung der Klischees. Es wurde möglich, im Gespräch die klischeebedrohenden Erfahrungsgehalte zu thematisieren. In einer folgenden Stunde brachten die Jugendlichen ihre Fotoalben mit, um anhand der Bilder zu untersuchen, ob sie schon als Kleinkinder durch Kleidung, Spielzeug, aufgezwungene Körperhaltung, ... dazu gebracht wurden, eine bestimmte Vorstellung der Mädchen- beziehungsweise Jungenrolle zu erfüllen. Eine grüblerische, selbstreflexive Debatte, die versuchte, verschüttete Erfahrungsanteile im Prozeß der Identitätsbildung auszugraben.
Ein Beispiel für Dokumentation in dem hier vorgeschlagenen Sinn gibt auch VOLMERG (vgl. 1980); sie zeigt, wie in mehreren, der psychoanalytischen Tiefenhermeneutik entlehnten Verfahrensschritten, der latente Sinngehalt eines Diskussionsprotokolls sichtbar gemacht werden kann. Was bei Volmerg allerdings fehlt (zumindest in ihrem Aufsatz nicht erwähnt wird), ist für pädagogisch-analytische Forschung konstitutiv: die Auseinandersetzung aller Beteiligten mit dem interpretierten Protokoll. Das interpretierte Protokoll ist ein Deutungsangebot, das erst dann intersubjektive Gültigkeit erlangt, wenn es von allen Beteiligten akzeptiert wird (vgl. LORENZER 1974).

4.5 Störungen

Störungen treten in Projekten pädagogisch-analytischer Forschung auf verschiedenen Ebenen auf.
Beziehungsstörungen: Forschungsprozesse, die auf der Akzentuierung des symbolischen Austausches zwischen Individuum, Gruppe und Gesellschaft basieren, stellen die jeweils vorhandenen Beziehungsstrukturen zwischen den einzelnen Teilnehmern laufend in Frage. Erwartete Beziehungsmuster oder reale Beziehungen werden in ihrer Widersprüchlichkeit deutlich, lockern oder stabilisieren sich. Alternativen werden als wünschenswert erkannt. Der Projektkontext wird nicht selten zur Gegenwelt des gewohnten Alltagskontextes. Das Spektrum der realisierbaren Alternativen erweitert sich. Der Anspruch, eigene Beziehungen zum öffentlichen Thema des gruppenhaften Diskurses zu machen, kann Angst und Abwehr erzeugen. Beziehungsstörungen nicht im Stile eines selbstzerstörerischen Gruppenfetischismus, noch im Stile eines gruppenzerstörerischen Privatismus, sondern vermittels schrittweiser Lernprozesse zu lösen, die ihre Reichweite an dem jeweils gegebenen kritischen Vermögen der Gruppenteilnehmer bemessen, kann als eine der Kernleistungen pädagogisch-analytischer Forschung angesehen werden.
Identitätsstörungen: Die fortschreitende Wandlung eigener Wahrnehmungs- und Deutungsraster, das Hereinlassen neuer, unangepaßter Erfahrungen, das Tolerieren ungewohnter Kommunikationsformen, das Aufgeben von Herrschaftsansprüchen stellen hohe Anforderungen an die Identitätsbalance des einzelnen Projektmitgliedes. Es kann für den einzelnen schwierig werden, das Neue in seine bisherige und außerhalb des Projekts fortlaufende Lebensgeschichte diachron und synchron zu integrieren. Er sieht sich nicht selten zu einer „Kompartimentalisierung" – hie Projekt, da „normales" Leben – veranlaßt, zu einer gespaltenen Identität.
Es ist entscheidend, daß der einzelne die Notwendigkeit eventuell entstandener Krisen für die eigene Weiterentwicklung akzeptiert, und daß die Gruppe ihm hilft, vermittelnde Sichtweisen aufzufinden.
Kooperationsstörungen: Mit zunehmender Konkretisierung wächst vor allem bei größeren Problemen die Sorge der Mitglieder darüber, ob die aktuellen Ent-

scheidungen und Initiativen noch von den allgemeinen Zielsetzungen her zu legitimieren sind. Dazu kommt, daß am „grünen Tisch" gefertigte Entscheidungen im realen Kontext jeweils nur umgemodelt und in irgendeiner Weise angepaßt verwirklicht werden können. Es wächst die Angst vor Fehlinterpretationen oder Instrumentalisierung der eigenen Pläne, die Forderung nach Grundsatzdebatten tritt genau zu den Zeitpunkten auf, zu denen wenig Zeit und Kraft dafür vorhanden ist. Divergierende Richtungen können sich zur Fraktionierung oder zum Bruch entwickeln. Entscheidend ist, daß im Verlauf des Prozesses solche Fraktionierungen oder Ablösungen ohne gegenseitige Vernichtungstendenzen ermöglicht werden und daß zwischen den einzelnen Gruppierungen neue Kommunikationsformen aufgebaut werden, die einen inhaltlichen Diskurs jenseits des aktuellen Handlungsdrucks ermöglichen. – Damit ist nicht die Fiktion eines liberalistischen Pluralismus gemeint, sondern eine aktive, das heißt in organisatorische Formen umgemünzte Toleranz, die akzeptiert, daß im Kontext der gemeinsamen Zielrichtung niemand über das Monopol der absoluten Richtigkeit seiner Interpretation verfügt.

Als Beispiel für die Notwendigkeit von Störungen des alltäglichen Gleichgewichts und die Möglichkeit, dadurch bewirkte Verunsicherungen produktiv aufzuarbeiten, soll die Methode des als Ford Teaching Project (vgl. ADELMAN u.a. 1975, ELLIOTT/ ADELMAN 1975) bekanntgewordenen englischen Schulprojekts dienen. Dort wurden Störungen der alltagsüblichen Wahrnehmungen von Lehrern und Schülern gezielt erzeugt, um über ihre Aufarbeitung zu einer Veränderung der Unterrichtsbeziehung zu kommen.

Der wichtigste Schritt in der Durchführung des Projekts – sozusagen der Motor für die gesamte Forschungstätigkeit – war ein raffiniert ausgeklügeltes szenisches Arrangement: das Dreiecksinterview, im Methodenkanon der Sozialwissenschaft als Triangulation bekannt. Im Ford Teaching Project sah das so aus: Der Lehrer interpretierte seine eigene Unterrichtsstunde. Der (wissenschaftliche) Beobachter schnitt die Interpretation auf Band mit. Der Lehrer nannte dann Schüler, die seiner Vermutung nach den Unterricht genauso gesehen haben wie er selbst, und solche, die seiner Meinung nach den Unterricht ganz anders wahrgenommen haben. Der Beobachter/Interviewer führte nun Gespräche mit allen genannten Schülern, in denen er sie um ihre Interpretation der Unterrichtsstunde bat. Wieder schnitt er die Aussagen auf Band mit. Dann ließ er ein paar Tage verstreichen, während derer er die Tonbänder abtippte. Schließlich gab er jedem alles zu lesen.

Die Folgen waren zumeist, vor allem auf Seiten der Lehrer, dramatisch: Überraschung, zum Teil Schockwirkung, weil offenkundig wurde, daß die Interpretationen sich überhaupt nicht deckten. Die Erfahrung der Lehrer, daß ihre Interpretation der Wirklichkeit des Klassenzimmers keine geteilte Definition war, führte zu Identitätskrisen, zu Unsicherheit, zu Angst. Diese durch das Dreiecksinterview provozierte Störung machte es für die Betroffenen nötig, die Routinegrundlagen ihres Handelns zu prüfen, die Abwehr von identitätsbedrohenden Wahrnehmungen durchlässiger zu machen und offenere Kommunikation über eigene Ängste und Unsicherheiten zuzulassen.

Hier hätte im Sinne pädagogisch-analytischer Forschung die Geschichte, insbesondere die Geschichte der schulischen Sozialisation der Teilnehmer, thematisiert werden müssen. BRÜCK (vgl. 1978, S. 67 ff.) zum Beispiel zeigt, wie der Prozeß berufsspezifischer Qualifizierung mit dem Sich-einlassen auf – und Bearbeiten von unterdrückten Schulerfahrungen zusammenhängt. Dieses Moment ist im Ford Teaching Project nicht von Anfang an systematisch einbezogen worden, sondern hat sich erst durchsetzen müssen.

Pädagogisch-analytische Bildungsforschung

Die Störung wurde aber nicht als Gefahr, sondern als wichtiges Moment in der Problematisierung und Änderung kognitiver, affektiver und psychosozialer Haltungen gewertet. (Ob das auch für die fünfzehn Lehrer gilt, die irgendwann absprangen?) Sie war Auslöser und Motivation zugleich, sie markierte den Bruch und bezeichnete den Neubeginn. Sie war der Anlaß dafür, daß großes Bedürfnis nach intensiver Kommunikation mit Lehrerkollegen und dem Wissenschaftlerteam entstand. Sie war die eigentliche grundlegende Erfahrung, auf der das Projekt seinen weiteren Forschungsplan entwickeln konnte: nämlich die gemeinsame Reflexion von Lehrern über ihren eigenen Unterricht so zu verbessern, daß die Intervention von Beobachtern überflüssig wurde, weil genügend Sensibilität für Problemfelder und hinreichende Offenheit zum Reden über sie entstanden war.

Auf der Basis dieser durch die Bearbeitung der Störung veränderten Kommunikationssituation, die einherging mit der Veränderung der Rollenidentität der betroffenen Lehrer, war es möglich, Einsichten in konkrete Situationen des entdeckenden Lernens zu gewinnen und sie im Diskurs mit dem gesamten Projektteam vorsichtig zu verallgemeinern. Dabei stellte sich heraus, daß die beteiligten Wissenschaftler immer mehr ihre Rolle als Kommunikationsmanager, aber auch als Theorieformulierer an die Lehrer abgeben konnten. Eine Reihe von Projektpublikationen wurde von Lehrern allein und eine von Lehrern und Wissenschaftlern gemeinsam gestaltet.

4.6 Integration

Es ist ein wesentliches Merkmal pädagogisch-analytischer Forschung, daß sie in gegebenen sozialen Räumen erfolgt und nicht, wie etwa experimentelle Sozialforschung oder auch bestimmte Formen des sozialen Trainings oder der Therapie, in künstlich geschaffenen Gruppen angesiedelt ist. Daraus folgt, daß sich diese Forschung gegenüber ihrem unmittelbar einbezogenen sozialen Umfeld nicht abdichten kann und will. Das gilt sowohl für Forschungsprozesse in kleinen sozialen Räumen, wie etwa in einer Familie oder in einer Jugendgruppe, als auch für Projekte sozialer Veränderung etwa im Bereich einer Kommune oder einer Schule.

Bemühungen einer derartigen Integration unterscheiden sich wesentlich von dem, was eine sozialtechnisch orientierte Forschung unter Implementation versteht. Stellt diese eine abgehobene Phase des Innovationsprozesses dar, in der die gewonnenen Aussichten, die ausgeforschten und ausprobierten Veränderungen einem bislang unbeteiligten Publikum „eingepflanzt" werden sollen, so meint Integration gerade das Gegenteil.

Die Fiktion, daß der größere soziale Rahmen die Prozesse in der eigenen Gruppe nicht oder nur äußerlich berühre, wird nicht aufrechterhalten. Es wird ernst gemacht mit der Tatsache, daß alle am Forschungsprozeß Beteiligten in ein System von Interpretationen und Erwartungen bezüglich ihrer sozialen Umwelt verstrickt sind, das es aufzuklären und verhandelbar zu machen gilt. Dabei geht es zunächst um das, was man „Umweltrepräsentanzen" bei den Beteiligten nennen könnte: die keineswegs offen zutage liegenden Arten und Weisen, wie sie sich selbst im Zusammenhang mit der von ihnen als relevant erachteten sozialen Umwelt konzipieren, wovon sie sich beeinflußt, wofür sie sich verantwortlich, wieweit sie sich handlungsfähig und -berechtigt oder auch ohnmächtig fühlen. Thema dieser Ebene von Reflexion ist die Frage, wie sich ein jeder im Spiegel der anderen und der Umstände darstellt, wieweit er, von anderen und von anderem redend, sich selbst meint.

Eine andere Ebene dieses Aspekts pädagogisch-analytischer Forschung ist die Frage, wie weit der Prozeß der Reflexion über die Gruppe hinausgetragen wird in eine als betroffen oder betreffbar perzipiertes soziales Umfeld. Forschungsarbeit, die sich als Selbstreflexion versteht, ist keineswegs etwas Privates, sondern ein Unternehmen mit Auswirkungen, die über den Kreis der unmittelbar Betroffenen hinausgeht. Vor allem dann, wenn jemand Veränderung eines Leid erzeugenden Zustandes wünscht, jedoch erkannt hat, daß dazu die bloße Veränderung des eigenen Selbst nicht genügt, sondern daß die sozialen Umstände, die dieses Selbst umgeben, genauso mitverändert werden müssen.

4.7 Prozeßreflexion

Prozeßreflexion als übergreifende Kategorie pädagogisch-analytischer Forschung meint, daß in jeder Phase des Forschungsprojektes Handlungsabläufe auf der Metaebene kritisch diskutiert, das durch sie erzeugte Wissen integriert, die psychosozialen Probleme und Konflikte der Beteiligten in Zusammenhang mit der übrigen Forschungstätigkeit gebracht werden müssen. Wenn Prozeßreflexion in der Abbildung 2 als eigener Außenkreis dargestellt wird, dann nicht nur, um ihre Klammerfunktion zu signalisieren, sondern auch, um bewußt zu machen, daß für sie vor, während, nach jedem wichtigen Schritt in der inhaltlichen psychosozialen, organisatorischen und politischen Entwicklung eines Projektes Raum geschaffen werden muß.

Zuallererst ist Prozeßreflexion Selbstreflexion, interpretativer Umgang mit Erfahrungen, die durch das Erproben von „Regiekonzepten" an sich selbst gewonnen wurden; im weiteren Sinn ist es die Metadiskussion über das eigene Forschungsdesign.

Prozeßreflexion als Erfahrungsinterpretation. In der Praxis ist dieser hier getrennt dargestellte Teilabschnitt unlösbar mit dem Erstellen und Erproben von Handlungsentwürfen verbunden. Gemeint ist damit, daß Erfahrungen nicht nur vorgezeigt, sondern auch verstanden werden sollten. Der Prozeß des Verstehens bedarf in der Beschreibung dieses Forschungsdesigns besonderer Aufmerksamkeit. Damit ist ein Prozeß symbolischer Interaktion zwischen den Beteiligten gemeint, in dem versucht wird, den Erfahrungsanteilen, die im Verlauf der Selbstreflexion öffentlich gemacht wurden, eine gemeinsame Bedeutung zuzuschreiben. Es geht also um die gemeinsame Konstruktion eines Deutungsmusters, das sensibel sein sollte für die Austauschprozesse zwischen Individuen, Gruppen und Gesamtgesellschaft, gleichzeitig aber auch um die Revision und Kritik eigener aus dem Alltag (auch des Wissenschaftlers) mitgebrachter Theorien. Am ehesten lassen sich derartige Prozesse als „Erfahrungsverdichtungen" beschreiben: im Rahmen des Diskurses unter den Beteiligten, der gemeinsamen Analyse von Schilderungen, Selbstdarstellungen, Protokollen und Dokumenten beziehungsweise Beobachtungen, stellen sich Einsichten über Auffälliges, Gleichgerichtetes, Widersprüchliches, Extraordinäres her, die den Charakter einer besonderen Durchgängigkeit zu haben scheinen wie prävalente Schemata der Wirklichkeitsdimensionierung und Deutung, stabile Auffassungen über den Sinn und Zweck von Institutionen, vorherrschende Beziehungsstrukturen, verbreitete Tabus, eingewurzelte Vorurteile und Erfahrungsblindheiten. Für derartige Erfahrungsverdichtungen soll der Begriff „Muster" verwendet werden, da er geeignet ist, qualitativ sehr unterschiedliche Phänomene unter dem Aspekt von Regelhaftigkeit und Prävalenz zusammenzufassen. Solchen heuristischen Musterbildungen liegen Szenarios in tentativer Absicht zugrunde: Auf der Ebene von Hand-

lungsplänen sollen Spurensicherungen systematischer betrieben werden, um differenziertere Konstruktionen von Mustern und gezieltere Bearbeitungsmöglichkeiten ermittelter Muster zu ermöglichen.
Prozeßreflexion als Metadiskussion. Prozeßreflexion heißt aber auch die permanente Untersuchung der eigenen Forschungsarbeit unter der Fragestellung, ob die Erwartungen, Zielsetzungen, Organisationsmodi, Rollenverteilungen, Macht- und Entscheidungsverhältnisse, Theoriebezüge in der Alltagspraxis der Forschungsarbeit den eigenen Standards noch entsprechen, beziehungsweise ob die Standards unter dem Eindruck des Forschungsalltags aufrechterhalten werden können. Vor allem muß reflektiert werden, wie die unvermeidlichen Verkürzungen, Abstriche, Kompromisse und Inkonsequenzen in bezug auf das selbstgewählte Forschungsdesign die gesamte Arbeit und die Ergebnisse beeinflussen.
Der Prozeßreflexion kommt auch eine sozialtechnische Seite zu. Sie soll sichern, daß die Kooperation für alle Beteiligten zufriedenstellend verläuft, indem sie Spannungen, Probleme und Konflikte auf der Beziehungsebene nicht nur als willkommene Fundgrube zur Aufdeckung latenter Psycho- und Soziostrukturen betrachtet, sondern auch zu ihrer Lösung beiträgt.

5 Grenzziehungen im Verfahrensbereich

Prozesse pädagogisch-analytischen Vorgehens sind integrierte Bestandteile der Lebensprozesse der Beteiligten. Verfahren können aus dieser Integration nicht als Mittel zur Erreichung – irgendeines – Zweckes (wie der Anhäufung abstrakten Wissens, der Validierung von Instrumenten, der Bestätigung oder Widerlegung von Theorien, oder der Sammlung von Daten) herausgelöst werden. Sie unterliegen denselben Kriterien wie die bisher beschriebenen Elemente pädagogisch-analytischer Forschung selbst.

5.1 Kriterien

(1) *Integration in die Interaktionsgeschichte der Forschungsgruppe:* Verfahren im Kontext pädagogisch-analytischer Designs müssen eine sinnvolle, integrierbare Weiterentwicklung der laufenden Interaktion unter den Beteiligten darstellen. Es muß unter den Beteiligten Klarheit darüber bestehen, weshalb sie sich zu einem bestimmten Zeitpunkt entschließen, anstelle der ohne verfahrensmäßige Überformung sich ergebenden Kommunikation formalisierte Kommunikationsstrategien zu verwenden. Der Einsatz von Verfahren ist demnach nichts „Normales", er bedarf der Begründung innerhalb der Projektgruppe. Das bedeutet nicht, daß Verfahren zu inhaltlich leicht integrierbaren Ergebnissen führen müssen. Im Gegenteil: aufzuspüren sind gerade unbequeme, in bezug auf die laufende Projektinteraktion und die inhaltliche Orientierung des Projekts „schonungslose" Dokumentationen genuiner Erfahrung der Subjekte.
(2) *Öffentlichkeit:* Verfahren, die nur angewendet werden können, wenn das ihnen inhärente Erkenntnisinteresse verschwiegen oder falsch dargestellt wird, sind unzulässig. Alle Beteiligten müssen über Inhalt, Anwendung und mögliche Erkenntnisleistung eines Verfahrens informiert sein und das Verfahren akzeptieren. Die bewußte Entscheidung einer Gruppe, „verdeckte" Verfahren wie etwa Garfinkels Krisenexperimente, Festingers Experimente zur kognitiven Dissonanz oder manche gruppendynamische Techniken einzusetzen, stellt einen erlaubten Grenzfall dar.
(3) *Zielgerichtete Limitierung:* Die Anwendung eines Verfahrens wird durch seinen

Dietmar Larcher/Bernhard Rathmayr

von den Beteiligten festgelegten Zusammenhang mit den Intentionen des Projekts begrenzt. Es wird nur das ermittelt, was gebraucht wird, nicht das, was das Verfahren, aufgrund seiner inneren Logik, ermitteln kann.

(4) *Kommunikative Anwendung:* Verfahren müssen so angewandt werden, daß sie die Freiheit der Rede in der Gruppe nicht unzulässig reglementieren. Nicht die Gruppe hat sich der Logik des Verfahrens, sondern dieses hat sich der Logik des Gruppenprozesses anzupassen.

(5) *Diskurssicherung:* Die Sicherung des freien Diskurses darf durch die angewandten Verfahren nicht gefährdet, sie muß durch sie vielmehr garantiert werden. Es muß immer wieder von neuem sichergestellt werden, daß die Bedürfnisse, Interessen, Wünsche, Probleme, Schwierigkeiten, Ideen, Handlungsmöglichkeiten aller Beteiligten zum Zug kommen. Die Struktur der Diskurse muß sicherstellen, daß alle inneren und äußeren Beschränkungen des Kommunikationsprozesses so niedrig wie möglich gehalten werden; daß die Chance, zu Wort zu kommen und sich Gehör zu verschaffen, gleichmäßig verteilt ist.

(6) *Reflexionssicherung:* Es müssen verfahrensmäßige Sicherungen eingebaut sein, die das Bearbeiten der eingebrachten Wahrnehmungen und Erfahrungen im Unterschied zu bloßem Agieren garantieren. Solche Sicherungen können zum Beispiel in verpflichtender Auseinandersetzung mit einschlägiger Theorie bestehen, oder aber auch bloß darin, in festgelegten Abständen immer wieder von der Kommunikations- auf die Diskursebene zu wechseln.

Zusätzlich zur Beachtung solcher Kriterien ist für pädagogisch-analytische Designs eine spezifische Kompetenz der beteiligten Wissenschaftler notwendig. Sie sollen theoretisch und praktisch mit Gruppen umgehen können sowie imstande sein, solchen Gruppen zu mehr Selbständigkeit zu verhelfen. Ihre methodischen Kompetenzen müssen vor allem im Bereich des Selbst- und Fremdverstehens liegen unter der Berücksichtigung der gesellschaftlichen Determinanten sozialen Handelns. Im Sinne der tendenziellen Aufhebung ihrer Rolle werden sie freilich solche Kompetenzen nicht als privates Monopol verwalten, sondern anderen Beteiligten vermitteln.

Am Beispiel des Projekts „Osdorfer Born" sollen die genannten Kriterien erläutert werden: Im Rahmen eines hochschuldidaktischen Experiments zum Projektstudium an der Universität Hamburg (vgl. Projekt Osdorfer Born 1972, Schwärzel/Wildt 1972) arbeiteten mehrere Projektgruppen mit Kindern und Schülern aus dem Hamburger Neubaustadtteil Osdorfer Born. Es zeigte sich, daß der Arbeitsprozeß in den Gruppen durch Führungsrivalitäten, diffuse Kollektivansprüche und emotionale Spannungen (vgl. Schwärzel/Wildt 1972, S. 165f.) beeinträchtigt wurde. Es wurde immer häufiger die Frage gestellt, wie bei überwiegend sachorientierter und themenzentrierter Arbeit eine adäquate Form emotionaler Bearbeitung der Gruppenprozesse gefunden werden kann. Eine Untergruppe „Forschung" wurde damit beauftragt, soziodiagnostische Instrumente zur Erkundung der Gruppenprozesse zu adaptieren beziehungsweise zu entwickeln.

Es wurde in Anlehnung an den Fragebogen zur Prozeßanalyse von Brocher (vgl. 1967) ein Plenumsfragebogen entwickelt, der von allen Beteiligten diskutiert, verändert und dann über einen längeren Zeitraum hinweg nach den Plenumssitzungen ausgefüllt wurde. Die Ergebnisse wurden von der Untergruppe Forschung grob aufbereitet und mit den entsprechenden Plenumsprotokollen verglichen. Zusätzlich wurde ein Soziogramm ausgearbeitet.

Bemerkenswert erscheint der folgende Hinweis im Projektbericht: „Das Konzept der Forschungsgruppe, die Daten nicht auf jeder folgenden Sitzung zurückzumelden, sondern über neun Sitzungen hinweg zu sammeln [...] wurde akzeptiert" (vgl. SCHWÄRZEL/WILDT 1972, S. 167). Obwohl keine nähere Begründung für diese Verfahrensweise angegeben wird, und obwohl man deren Sinnhaftigkeit bezweifeln kann, zeigt sich in dieser Bemerkung, daß eine aus dem empirischen Forschungsparadigma entstammende antikommunikative Verfahrenskomponente aufgrund eines kommunikativen Prozesses unter den Beteiligten übernommen worden ist.

Das Beispiel illustriert die aufgestellten Kriterien in mehrfacher Hinsicht:
- Ein formales Verfahren wird aufgrund einer von den Beteiligten wahrgenommenen Defiziterfahrung eingesetzt und ist somit integrierter Bestandteil der Interaktionsgeschichte der Projektgruppe (Kriterium 1).
- Das Verfahren wird nicht als Vorgefertigtes übernommen, sondern dem gerade vorhandenen interaktiven Bedarf der Gruppe angepaßt. Diese Anpassung geschieht arbeits- aber nicht rollenteilig: Alle Beteiligten arbeiten an der Veränderung mit (Kriterium 2, 4).
- Die Auswertung der Ergebnisse und deren interpretative Anwendung bleibt selbst ein kommunikativer Akt: Sie ist Gegenstand des Diskurses unter den Beteiligten (Kriterium 4, 5).
- Antikommunikative Verfahrenskomponenten können nur über kommunikative Akte der Beteiligten übernommen werden. Sie werden nicht verbindlich, weil das Verfahren sie vorschreibt, sondern weil die Gruppe sie für sinnvoll hält (Kriterium 2).

5.2 Verfahrenstypen

Heuristisch läßt sich eine Unterscheidung zwischen drei unterschiedlichen Typen von Verfahren treffen: Einem, der seinen Fokus stärker auf die Beziehungsdynamik richtet; einem zweiten, der eher biographische und lebensweltliche Muster, damit auch die Regeln der subjektiven Wirklichkeitskonstruktion aufnimmt und einem dritten, der Diskurse generieren und sichern hilft.

5.2.1 Verfahren zum Sichtbarmachen der Beziehungsdynamik

Die Verfahren zum Sichtbarmachen der Beziehungsdynamik entstammen der sozialwissenschaftlichen Tradition der angewandten Kleingruppenforschung. Sie gehen auf Moreno und Lewin zurück. Wenn man als Einteilungskriterium das immer weitere Vordringen in Tiefenstrukturen der Beziehungsdynamik wählt, läßt sich unterscheiden zwischen gruppendynamischen beziehungsweise gestalttheoretischen Techniken und Praktiken einerseits und psychodramatischen beziehungsweise psychoanalytischen andererseits. Je nach der Inhaltlichkeit, auf die gezielt wird, scheint es sinnvoll, zwischen Verfahren zu unterscheiden, die elementare soziale Beziehungsdynamik in den Blick bekommen, solchen, die berufs- und arbeitsbezogene Determinanten stärker einbeziehen, und jenen, die ihren Aufmerksamkeitsschwerpunkt – zu therapeutischem Zweck – auf Beziehungsstörungen legen.

Das folgende Raster versucht, aus der Fülle von Verfahren zum Sichtbarmachen der Beziehungsdynamik die wichtigsten auszuwählen, nach theoretischer Herkunft und inhaltlichem Schwerpunkt zu systematisieren und übersichtlich darzustellen (vgl. Abbildung 3).

Abbildung 3: Verfahren zum Sichtbarmachen der Beziehungsdynamik

Inhaltlicher Schwerpunkt \ Herkunft	Gruppendynamik LEWIN (Feedback, Metakommunikation über das Hier und Jetzt)	Humanistische Psychologie ROGERS (Modellhafte Gefühlsunmittelbarkeit des Leiters)	Psychodrama MORENO (Aktionskatharsis; Rollentausch, Doppeln)	Psychoanalyse FREUD (Szenisches Verstehen, Deutung unbewußter Inhalte)
Elementare soziale Dynamik	Aktionsforschungsmodell der T-Gruppe und des T-Laboratoriums (vgl. SADER 1979)	Encounter-Technik (vgl. ROGERS 1974)	Problemzentriertes Psychodrama (vgl. PLOEGER 1979, YABLONSKY 1978)	Psychoanalytische Selbsterfahrungsgruppe (vgl. OHLMEIER/SANDNER 1979)
Berufs- und arbeitsbezogene Determinanten	Berufsbezogene gruppendynamische Arbeit (vgl. DEICHMANN/FÜRSTENAU 1979), Institutionenberatung (vgl. HEINTEL 1979)	Themenzentrierte Interaktion (vgl. COHN 1975)	Triadisches System (soziometrischer Test, Erstellung des Soziogramms, soziometrisches Interview, psychodramatische Rekonstruktion; vgl. LEUTZ 1979)	Balint-Gruppe (vgl. ARGELANDER 1979)
Verhaltensstörungen und Leidenszustände	T-Gruppe und T-Laboratorium im klinischen Modell (vgl. HÜRTER 1979)	Gestalttherapie (vgl. PERLS 1974), klientenzentrierte Methode (vgl. ROGERS 1974)	Therapiezentriertes Psychodrama (vgl. PLOEGER 1979)	Therapeutische Gemeinschaft (vgl. HEIGL-EVERS 1979)

5.2.2 Lebensweltforschung

Das Individuum eignet sich seine eigene Lebensgeschichte und seine soziale Umwelt nicht als historiographische beziehungsweise soziographische Kopie an, sondern vermittels sinnstiftender Verständnishorizonte.
Für diese vom sozialen Subjekt gebildeten Konstrukte bürgert sich immer mehr der Terminus „Lebenswelt" ein. Heinze definiert Lebenswelt als „den Kontext des Alltags, der sich als ein Vermittlungszusammenhang von persönlicher Biographie und sozialstrukturellen Bedingungen in ihrem gesellschaftlichen Kontext darstellt" (Heinze zitiert nach Baacke 1978, S. III). Nach den Annahmen der Lebensweltforschung verfügt das Individuum über spezifische Deutungsschemata, mit denen es den Sinn bestimmter Ereignisse konstatiert, es filtert die Wirklichkeit nach für es relevanten Objekten und erklärt sich die Zusammenhänge seiner Erfahrungen mit Hilfe von übergreifenden Alltagstheorien. Ihre Verfahren entwickelte die Lebensweltforschung in Anknüpfung an ältere theoretische und methodische Versuche (Biographieforschung: vgl. Szczepansky 1962; Texthermeneutik: vgl. Gadamer 1960; quantitatives Interview: vgl. Baacke 1978, Hopf 1978, Kohli 1978, Merton u.a. 1956; teilnehmende Beobachtung: vgl. Douglas 1976). Als besonders brauchbar werden „narrative", auf der Hervorlockung und Interpretation von Erzählungen („Geschichten") basierende Verfahren angesehen. Als Beispiele für spezielle Verfahren der Interpretation narrativer Texte zählen Baacke/Schulze (vgl. 1979, S. 32 ff.), aus der Kunstsoziologie übernommene Ansätze (vgl. Bourdieu 1970), an die psychoanalytische Tiefenhermeneutik (vgl. Lorenzer 1977) angelehnte Verfahren, Oevermanns (vgl. 1976) objektive Hermeneutik, Mannheims (vgl. 1964) dokumentarische Interpretation und Elias' (vgl. 1965) konfigurationale Analyse auf. Bei Köckeis-Stangl (vgl. 1980) werden noch Versuche zu einer pragmatischen Diskursanalyse (vgl. Ehlich/Rehbein 1972, 1977; vgl. Wunderlich 1976) erwähnt. Ein Verfahren zur maximalen Beteiligung des Subjekts an der Interpretation seiner eigenen Texte wurde unter der Bezeichnung „Hinweisanalyse" oder „kompetenzgeregelte Analyse" entwickelt (vgl. Rathmayr 1975).
Diese Praktiken haben den Nachteil, daß sie von sich aus nicht auf Selbstreflexion, sondern auf „kontrolliertes Fremdverstehen" (Köckeis-Stangl 1980, S. 51) ausgerichtet sind. Obwohl nicht wenige Projekte in der Nähe der Handlungsforschung angesiedelt sind, und obwohl im Unterschied zu klassischer empirischer Forschung die Schwierigkeit, die Ergebnisse zu verallgemeinern, zugegeben wird, bleibt die Erlangung allgemeiner Ergebnisse doch Zielhorizont dieser Forschung. Insofern aber die Verfahren der Lebensweltforschung durchwegs subjektorientiert und kommunikativ sind, lassen sie sich relativ leicht dem reflexiven Paradigma pädagogisch-analytischen Vorgehens anpassen und können bei der Dokumentation und Reflexion der die Einzelbewußtsein überformenden Schemata des Selbst- und Weltverständnisses gute Dienste leisten.

5.2.3 Verfahren zum Generieren und Sichern des Diskurses

Damit ist nichts anderes als die Anwendung von Diskursregeln gemeint, wie die Gesprächsregeln Cohn oder die Diskussionsregeln des „Humanities-Projekts" (vgl. Schools Council... 1970). In diesem Bereich gibt es aber weniger Techniken und Praktiken als in den Bereichen der Beziehungsdynamik und der Basisregeln, obwohl er von zentraler Bedeutung für die Qualität des Forschungsprozesses ist. Es scheint, als würden die meisten Projekte ihre eigenen Regeln erzeugen, ohne es jedoch der Mühe wert zu finden, sie öffentlich und kritisierbar zu machen, trotz ihrer konstitutiven Bedeutung für die Konstruktion dessen, was die Wirklichkeit dieser Forschung ausmacht. Eine der wenigen Ausnahmen bildet der Projektentwurf des Projekts „Sprache als soziales Handeln", der explizit seine diskurserzeugenden und diskurssichernden Praktiken anführt (vgl. RUMPF u. a. 1973, S. 458 ff.) und ihre Anwendung in der Praxis aufzeigt (vgl. RUMPF 1975).

Weitere Beispiele für die Reflexion der projektinternen Diskursregeln und -prozesse sowie die damit zusammenhängenden Schwierigkeiten finden sich in einigen Berichten über Handlungsforschungsprojekte (vgl. GSTETTNER 1976, 1979b; vgl. MOSER 1975, 1977a, b; vgl. RATHMAYR 1975).

ADELMAN, C. u. a.: The Stranger in the Classroom. Centre for Applied Research in Education, Norwich 1975. ADORNO, TH. W. u. a.: Der Positivismusstreit in der deutschen Soziologie, Darmstadt/Neuwied 1972. ARGELANDER, H.: Balintgruppen. In: HEIGL-EVERS, A. (Hg.): Lewin..., Zürich 1979, S. 822 ff. BAACKE, D.: Lebensweltanalyse von Fernstudenten. Zum Problem „Lebensweltverstehen". Zu Theorie und Praxis qualitativ-narrativer Interviews, Werkstattbericht Fernuniversität Hagen, Hagen 1978. BAACKE, D./SCHULZE, TH. (Hg.): Aus Geschichten lernen. Zur Einübung pädagogischen Verstehens. München 1979. BERGER, P. L./LUCKMANN, TH.: Die gesellschaftliche Konstruktion der Wirklichkeit. Eine Theorie der Wissenssoziologie, Frankfurt/M. 1971. BOURDIEU, P.: Zur Soziologie der symbolischen Formen, Frankfurt/M. 1970. BROCHER, T.: Gruppendynamik und Erwachsenenbildung, Braunschweig 1967. BRÜCK, H.: Die Angst des Lehrers vor seinem Schüler. Zur Problematik verbliebener Kindlichkeit in der Unterrichtsarbeit des Lehrers – ein Modell, Reinbek 1978. CLARK, P.: Action Research and Organizational Change, London 1972. COHN, R. C.: Von der Psychoanalyse zur themenzentrierten Interaktion, Stuttgart 1975. DEICHMANN, C./FÜRSTENAU, P.: Das Modell des berufsbezogenen gruppendynamischen Lernmediums. In: HEIGL-EVERS, A. (Hg.): Lewin..., Zürich 1979, S. 710 ff. DOUGLAS, J. D.: Investigative Social Research. Individual and Team Field Research, Beverly Hills (Cal.) 1976. EHLICH, K./REHBEIN, J.: Zur Konstitution pragmatischer Einheiten in einer Institution: Das Speiserestaurant. In: WUNDERLICH, D. (Hg.): Linguistische Pragmatik, Frankfurt/M. 1972, S. 209 ff. EHLICH, K./REHBEIN, J.: Wissen, kommunikatives Handeln und die Schule. In: GOEPPERT, H. C. (Hg.): Sprachverhalten im Unterricht, München 1977, S. 36 ff. ELIAS, N.: The Established and the Outsiders, London 1965. ELLIOTT, J./ADELMAN, C.: Classroom Action Research. Centre for Applied Research in Education, Norwich 1975. FEYERABEND, P.: Wider den Methodenzwang. Skizze einer anarchistischen Erkenntnistheorie, Frankfurt/M. 1976. GADAMER, H.-G.: Wahrheit und Methode. Grundzüge einer philosophischen Hermeneutik, Tübingen 1960. GSTETTNER, P.: Handlungsforschung unter dem Anspruch diskursiver Verständigung – Analyse einiger Kommunikationsprobleme. In: Z. f. P. 22 (1976), S. 321 ff. GSTETTNER, P.: Störungs-Analysen – Zur Reinterpretation entwicklungs-psychologisch relevanter Tagebuchaufzeichnungen. In: BAACKE, D./SCHULZE, TH. (Hg.): Aus Geschichten lernen..., München 1979a. GSTETTNER, P.: Über einige Schwierigkeiten, zu einer erkenntnisrelevanten Aktionsforschungspraxis zu kommen. In: HORN, K. (Hg.): Aktionsforschung: Balanceakt ohne Netz? Methodische Kommentare, Frankfurt/M. 1979b. HAAG, F. u. a. (Hg.): Aktionsforschung, Forschungsstrategien, Forschungsfelder und Forschungspläne, München 1972. HABERMAS, J.: Erkenntnis und Interesse, Frankfurt/M. 1973. HEIGL-EVERS, A. (Hg.): Lewin und die Folgen. Die Psychologie des 20. Jahrhunderts, Bd. 8, Zürich 1979. HEIGL-EVERS, A./HEIGL, F.: Konzepte der analytischen Gruppenpsychotherapie. In: HEIGL-EVERS, A. (Hg.): Lewin..., Zürich 1979, S. 763 ff. HEINTEL, P.: Zum Wissenschaftsbegriff der Gruppendynamik. In: D. Arg. 17 (1975), S. 494 ff. HEINTEL, P.: Institutions- und Organisationsberatung. In: HEIGL-EVERS, A. (Hg.): Lewin..., Zürich 1979, S. 956 ff. HEINZE, TH. u. a.: Handlungsforschung im pädagogischen Feld, München 1975. HOPF, CH.: Die Pseudo-Exploration. Überlegungen zur Technik qualitativer Interviews in der Sozialforschung. In: Z. f. Soziol. 7 (1978), S. 97 ff. HÜRTER, O.: T-Gruppe und T-Laboratorium im klinischen Modell. In: HEIGL-EVERS, A. (Hg.): Lewin..., Zürich 1979, S. 652 ff. KÖCKEIS-STANGL, E.: Methoden der Sozialisationsforschung. In: HURRELMANN, K./ULICH, D. (Hg.): Handbuch der Sozialisationsforschung, Weinheim/Basel 1980, S. 321 ff. KOHLI, M.: „Offenes" und „geschlossenes" Interview: Neue Argumente zu einer alten Kontroverse. In: Soz. Welt 29 (1978), S. 1 ff. KUHN, TH. S.: Die Struktur wissenschaftlicher Revolutionen, Frankfurt/M. 1973. LAPASSADE, G.: Gruppen, Organisationen, Institutionen, Stuttgart 1972. LARCHER, D.: Sprache als Symbolgebrauch. Theorie und Praxis des Curriculumprojektes „Sprache als soziales Handeln", Wien 1979. LARCHER, D./RATHMAYR, B.: „Zielbezogene" versus „zielfreie" Evaluation von Curricula und Unterricht – am Beispiel eines sprachwissenschaftlichen Curriculums. In: FREY, K. (Hg.): Curriculum-Handbuch, Bd. 2, München 1975, S. 688 ff. LEUTZ, G. A.: Das triadische System von J. L. Moreno. Soziometrie, Psychodrama und Gruppenpsychotherapie. In: HEIGL-EVERS, A. (Hg.): Lewin..., Zürich 1979, S. 830 ff. LEWIN, K.: Feldtheorie in den Sozialwissenschaften, Bern/ Stuttgart 1963. LEWIN, K.: Die Lösung sozialer Konflikte, Bad Nauheim 1968. LORENZER, A.: Sprachzerstörung und Rekonstruktion, Frankfurt/M. 1970. LORENZER, A.: Zur Begründung einer materialistischen Sozialisationstheorie, Frankfurt/M. 1972. LORENZER, A.: Die Wahrheit der psychoanalytischen Erkenntnis. Ein historisch-materialistischer Entwurf, Frankfurt/M. 1974. LORENZER, A.: Sprachspiel und Interaktionsformen, Frankfurt/M. 1977. MANNHEIM, K.: Beiträge zu einer Theorie der Weltanschauungs-Interpretation. In: MANNHEIM, K.: Wissenssoziologie. Auswahl aus dem Werk, eingel. u. hg. v. Kurt H. Wolff, Neuwied/Berlin 1964, S. 91 ff. MERTON, R. K. u. a.: The Focused Interview. A Manual of Problems and Procedures, Glencoe (Ill.) 1956. MOLLENHAUER, K./RITTELMEYER, CH.: Methoden der Erziehungswissenschaft, München 1977. MORENO, J. L.: Gruppenpsychotherapie und Psychodrama, Stuttgart 1959. MOSER, H.: Aktionsforschung als kritische Theorie der Sozialwissenschaften, München 1975. MOSER, H.: Methoden der Aktionsforschung, München 1977a. MOSER, H.: Praxis der Aktionsforschung, München 1977b. O'CONNELL, J. J.: Managing Organizational Innovation, Homewood (Ill.) 1968. OEVERMANN, U.: Theoretische und methodologische Fragen der Sozialisationsforschung. In: AUWÄRTER, M. u. a. (Hg.): Kommunikation – Interaktion – Identität, Frankfurt/M. 1976, S. 371 ff. OHLMEIER, D./SANDNER, D.: Selbsterfahrung und Schulung psychosozialer Kompetenz in psychoanalytischen Gruppen. In: HEIGL-EVERS, A. (Hg.): Lewin..., Zürich 1979, S. 812 ff. PERLS, F. S.: Gestalt-Therapie in Aktion, Stuttgart 1974. PEUKERT, H.: Wissenschaftstheorie, Handlungstheorie, Fundamentale Theologie. Analysen zu Ansatz und Status theologischer Theoriebildung, Frankfurt/M. 1978. PLOEGER, A.: Vom Psychodrama zur tiefenpsychologisch fundierten Psychodrama-Therapie. In: HEIGL-EVERS, A. (Hg.): Lewin..., Zürich 1979, S. 840 ff. PROJEKT OSDORFER BORN: Projektstudium im sozialwissenschaftlichen Bereich. In: HAAG, F. u. a.: Aktionsforschung..., München 1972, S. 205 ff. RATHMAYR, B.: Forschung für die Praxis. Das Problem der Verständigung in Projekten pädagogischer Handlungsforschung, Diss., Innsbruck 1975. REINKE, E. K.: Leiden schützt vor Strafe nicht. Soziotherapeutische Erfahrungen mit dem Gefangenen K., Frankfurt/M. 1977. ROGERS, C. R.: Encounter-Gruppen, München 1974. RUMPF, H.: Unterrichtsanalysen im Zug von Curriculumentwicklung. In: Z. f. P. 21 (1975), S. 843 ff. RUMPF, H. u. a.: Sprache als soziales Handeln. Ein friedenspädagogisch orientiertes Curriculumprojekt für die Sekundarstufe I. In: WULF, CH. (Hg.): Kritische Friedenserziehung, Frankfurt/M. 1973, S. 448 ff. SADER, M.: Das Aktionsforschungsmodell der T-Gruppe und des T-Laboratoriums. In: HEIGL-EVERS, A. (Hg.): Lewin..., Zürich 1979, S. 646 ff. SCHOOLS COUNCIL-NUFFIELD FOUNDATION (Hg.): The Humanities Project. An Introduction, London 1970. SCHÜLEIN, J. A.: Freuds Sozialpsychologie. In: HEIGL-EVERS, A. (Hg.): Lewin..., Zürich 1979, S. 78 ff. SCHWÄRZEL, W./WILDT, J.: Gruppendynamische Aktionsforschung in Arbeitsgruppen. In: HAAG, F. u. a. (Hg.): Aktionsforschung..., München 1972, S. 160 ff. SZCZEPANSKY, J.: Die biographische Methode. In: KÖNIG, R. (Hg.): Handbuch der empirischen Sozialforschung, Bd. 1, Stuttgart 1962, S. 551 ff. VOLMERG, B.: Das Verfahren der psychoanalytischen Textinterpretation am Beispiel eines Gruppendiskussionsprotokolls. In: HEINZE, TH. u. a. (Hg.): Interpretationen einer Bildungsgeschichte, Bensheim 1980, S. 202 ff. WELLENDORF, F.: Sozioanalyse – Eine neue Forschungsstrategie für die Bildungsforschung. In: betr. e. 10 (1977), 4, S. 67 ff. WELLENDORF, F.: Sozioanalyse und Beratung pädagogischer Institutionen. Einige Probleme angewandter Sozialwissenschaft. In: BOLTE, K. M. (Hg.): Materialien aus der soziologischen Forschung – Verhandlungen des 18. Deutschen Soziologentages, Darmstadt 1978, S. 594 ff. WELLENDORF, F.: Anmerkungen zu einer vergessenen Aufgabe erziehungswissenschaftlicher Forschung. In: KÖNIG, E./ZEDLER, P. (Hg.): Erziehungswissenschaftliche Forschung, München/Paderborn 1982, S. 196 ff. WESTMEYER, H.: Verhaltenstheorien: Anwendung von Verhaltenstheorien oder kontrollierte Praxis: Möglichkeiten und Probleme einer theoretischen Fundierung der Verhaltenstherapie. In: WESTMEYER, H./HOFFMANN, N. (Hg.): Verhaltenstherapie, Hamburg 1977, S. 187 ff. WUNDERLICH, D.: Studien zur Sprechakttheorie, Frankfurt/M. 1976. YABLONSKY, L.: Psychodrama. Die Lösung emotionaler Probleme durch das Rollenspiel, Stuttgart 1978. ZINNECKER, J. u. a.: Die Praxis von Handlungsforschung. Berichte aus einem Schulprojekt, München 1975.

H Objektiv-hermeneutische Bildungsforschung

Ulrike Matthes-Nagel

Objektiv-hermeneutische Bildungsforschung

1 Einführung
2 Texte als Forschungsmaterial
3 Sinnauslegung und Strukturrekonstruktion
4 Intersubjektive Sinnkonstitution und Individuierung
5 Feinanalyse und ein Beispiel
6 Sequentielles Vorgehen
7 Erkenntnistheoretische Grundlagen
8 Zur Forschungslogik
9 Fallanalyse und Theoriebildung

Zusammenfassung: Der Artikel gibt einen Überblick über das qualitative Verfahren einer objektiven Hermeneutik, das entwickelt worden ist in Untersuchungen zur sozialisatorischen Interaktion. In den ersten vier Kapiteln wird der Gegenstand, auf den das Verfahren sich richtet, der Interaktionstext und seine Sinnstrukturen, konzeptuell und grundlagentheoretisch dargestellt. Daraufhin wird das methodische Vorgehen verfolgt und mit einem Beispiel aus den Untersuchungen der Forschergruppe um Oevermann veranschaulicht (vgl. 5 und 6). In den Kapiteln sieben bis neun wird auf die erkenntnistheoretischen Grundlagen der objektiven Hermeneutik eingegangen und das damit verknüpfte Modell der Theoriebildung.

Summary: This article gives a survey of the qualitative procedure of objective hermeneutics which has been developed in investigations of socializatory interaction. In the first four chapters the concepts and theoretical principles of the subject of the procedure, the interaction text and its structures of meaning are presented. This is followed by a description of the methodological procedure illustrated with the help of an example taken from the research carried out by the group of researchers headed by Ulrich Oevermann (cf 5 and 6). Chapters seven to nine deal with the epistemological foundations of objective hermeneutics and the associated theory-formation model.

Résumé: L'article donne une vue d'ensemble du procédé qualitatif d'une herméneutique objective qui a été développé dans des enquêtes concernant l'interaction de socialisation. Dans les quatre premiers paragraphes, l'objet vers lequel s'oriente le procédé, le texte d'interaction et ses structures de sens sont présentés de façon conceptuelle et en fonction de théories fondamentales. Ensuite, on poursuit le processus méthodique et on l'illustre à l'aide d'un exemple tiré des investigations effectuées par le groupe de recherche Ulrich Oevermann (cf. 5 et 6). Dans les chapitres sept jusqu'à neuf, on traite des bases de la théorie de la cognition sur lesquelles se règlent l'herméneutique objective et le modèle de formation théorique qui s'y rattache.

Ulrike Matthes-Nagel

1 Einführung

Auf dem 17. Deutschen Soziologentag 1974 wurde in einem Beitrag von KRAPPMANN u.a. (1976, S.258) die Frage gestellt: „Was kommt nach der schichtspezifischen Sozialisationsforschung?". Es wurden zugleich Grundideen für die zukünftige Beantwortung dieser Frage vorgestellt, indem das Forschungsmodell von Kompetenztheorien unter dem Bezugspunkt soziologischer Sozialisationsforschung ausgelegt wurde. Der Vorschlag, der in dieser Perspektive begründet lag, lautete, Sozialisationsforschung nach dem Muster der Rekonstruktion von Strukturen sozialisatorischer Interaktion in Gestalt von Einzelfallanalysen auszurichten. Zum einen wurde damit zum Ausdruck gebracht, daß „äußere" Strukturen als konstitutiv für die Subjektgenese zu gelten hätten und den Gegenstand einer soziologischen Sozialisationsforschung ausmachten. Zum anderen war eine Position bezogen, mit der die Geltung von Strukturaussagen an ihre Erklärungskraft im Einzelfall geknüpft wurde. Darüber hinaus wurde dem Begriff von Kompetenz eine die Analyse „innerer" Strukturen insgesamt anleitende Funktion zugesprochen. Von diesen Grundideen ausgehend, ist inzwischen eine Forschungskonzeption entwickelt worden, die unter dem Namen „objektive Hermeneutik" diskutiert wird. Als Urheber zeichnen Oevermann, Allert, Gripp, Konau, Krambeck, Schröder-Caesar und Schütze (vgl. OEVERMANN u.a. 1976).
Über die Veröffentlichungen der Urheber der objektiven Hermeneutik hinaus lassen sich nur wenige Verwendungsnachweise für diese Methode angeben (vgl. BURKART 1983, ROETHE 1980); auch finden sich nur gelegentlich rezipierende Beiträge (vgl. BOHNSACK 1983, KÜCHLER 1980, TERHART 1981). Die folgenden Darstellungen fußen auf den Veröffentlichungen der Forschergruppe um Oevermann und bleiben weitgehend auf das ursprüngliche Untersuchungsgebiet, die sozialisatorische Interaktion, bezogen. Von den Vertretern der objektiven Hermeneutik wird allerdings darauf aufmerksam gemacht, daß die Betrachtung sozialisatorischer Interakation keine Eingrenzung der Betrachtung sozialen Handelns bedeutet, sondern im Gegenteil den Zugriff auf dessen Strukturen und kompetenzmäßige Voraussetzungen in besonderer Weise gewährleistet: Sozialisatorische Interaktion erscheint als genuiner Ort der Produktion gesellschaftlicher Strukturen.
Aus den „Beobachtungen zur Struktur der sozialisatorischen Interaktion" (OEVERMANN u.a. 1976) ist konsequenterweise nicht nur die Methode der objektiven Hermeneutik hervorgegangen, sondern die methodologische Postition einer objektiven Hermeneutik; für sie wird eine „allgemeine forschunglogische Bedeutung in den Sozialwissenschaften" (OEVERMANN u.a. 1979, S.352) in Anspruch genommen und das ursprüngliche, das auslösende Forschungsgebiet „Sozialisation" übernimmt im weiteren die Rolle des Demonstrationsobjekts für die methodologische Position. Sozialisatorische Interaktion erhält in diesem Prozeß der Ausarbeitung der „Methodologie einer ‚objektiven Hermeneutik'" (OEVERMANN u.a. 1979, S.352) den Status eines Spezialfalles praktischen Handelns, und mit dem Begriff praktischen Handelns ist der den Sozialwissenschaften gemeinsame Untersuchungsgegenstand bezeichnet.
Sozialisatorische Interaktion wird verstanden als ein strukturell mit besonderer Leistungsfähigkeit, mit besonderen Methoden ausgestattetes praktisches Handeln: es ermöglicht die Entwicklung des Kindes zu einem autonom handlungsfähigen, mit sich identischen Subjekt. Den Vorgaben von Kompetenztheorien folgend, ist die Analyse sozialisatorischer Interaktion darauf angelegt, gattungsspezifisch-universelle Strukturen einerseits und historische sowie individuelle Strukturen des soziali-

sierenden Interaktionssystems andererseits zu rekonstruieren. Gemeinsam gilt für diese Strukturen, daß sie das praktische Handeln konstituieren, und für ihre Rekonstruktion bilden sozialisatorische Interaktionsprozesse das Material.
Die Methode der objektiven Hermeneutik als Verfahren der Sinnauslegung ist entstanden aus der Untersuchung von Protokollen sozialisatorischer Interaktionen in Ausrichtung auf ebensolche Strukturen, die Entwicklung im allgemeinen und Individuierung im besonderen gewährleisten. Die Inanspruchnahme einer über die Sozialisationsforschung hinausreichenden, allgemeinen sozialwissenschaftlichen Geltung für Methoden der Sinnauslegung dokumentiert eine grundlagentheoretische Position, für die praktisches Handeln als objektiv sinnkonstituiert gilt. Aus dieser, die Kategorie des Sinns ins Zentrum von Strukturanalysen rückenden Sicht, erscheint das praktische Handeln im Einzelfall als je subjektive Realisierung von objektiv konstituiererten Bedeutungsmöglichkeiten; die nicht realisierten Bedeutungen bilden in dieser Betrachtungsweise die latente Sinnstruktur des praktischen Handelns. Verfahren der Rekonstruktion und Sinnauslegung werden von hier aus als die dem Gegenstand der Sozialwissenschaften angemessenen Verfahren begründet und mit ihnen ist das Gerüst einer objektiven Hermeneutik benannt. Mit ihnen ist zugleich der Bezugspunkt angegeben für eine kritische Betrachtung sozialwissenschaftlicher Forschung. Insbesondere richtet sich die Kritik aus der Position einer objektiven Hermeneutik gegen quantifizierende Ansätze der Datengewinnung, darüber hinaus auch gegen andere Interpretationsverfahren.

2 Texte als Forschungsmaterial

Für die als objektive, latente Sinnstrukturen bezeichnete Ebene praktischen Handelns wird geltend gemacht, daß es sich dabei um eine Realität „sui generis" handelt, um eine Realitätsebene, die nicht nur dank der Forschungsmethode betreten werden kann, sondern grundsätzlich – und das heißt auch dem Alltagswissen – zugänglich sei. Im Alltagsleben richten wir uns auf die latenten Sinnstrukturen, „wenn wir im Falle eines Mißverständnisses, und das heißt des Versagens der abkürzenden Verfahren der Erschließung der konkreten Absichten des Sprechers aus der Bedeutung des von ihm gesprochenen Textes, zum ursprünglichen Text und seiner Bedeutungsrealität zurückkehren. Wir differenzieren in derselben Weise diese Realitätsebene aus, wenn wir hinter die ‚wirklichen' Motive des Handelns einer Person kommen wollen. Wir interpretieren dann die Interaktionstexte dieser Person und unterstellen dabei, daß sie eine von den ursprünglichen Intentionen des ‚Sprechers' unabhängige, abgelöste Bedeutung tragen, in der das Subjekt sich ‚verrät'" (OEVERMANN u.a. 1979, S. 383). Eine Methode, mit der diese latente Sinnebene systematisch aufgedeckt werden soll, muß also einerseits genauer, ausführlicher als die Methoden des Alltagswissens sein, sie muß, wie es heißt, konstruktiv verfahren. Andererseits muß mit ihr gewährleistet sein, daß die im alltäglichen Handeln möglicherweise vorliegenden Sinnentstellungen aufgedeckt werden; dazu bedarf es der Explikation von Angemessenheitsurteilen.
Voraussetzung für die Anwendung einer diesen Anforderungen genügenden Methode ist ein Forschungsmaterial, das authentisch ist und dem Handlungsfluß Rechnung trägt. Authentische Protokolle praktischen Handelns sind in diesem Sinne Tonbandaufnahmen und wörtliche Mitschriften, also Texte, die weder von den Handlungssubjekten rezensiert noch von der Intention des Forschers motiviert worden sind. Texte sind als Dokumente praktischen Handelns wie dieses selbst interpretierbar, sie sind objektivierte Sinngebilde, die unabhängig von der Kenntnis

der Intentionen ihrer Autoren verstehbar sind, die aber zugleich die Intentionen, das Textmotiv – wie auch immer verschlüsselt – aufbewahren. Texte lassen sich also einmal als solche auslegen, zum anderen im Hinblick darauf lesen, was die Autoren sagen wollen. Auslegbarkeit ist eine Eigenschaft des Textes, er enthält Lesearten unabhängig davon, ob sie explizit gemacht werden oder nicht, ob sie realisiert werden oder nicht; sie sind in diesem Sinne objektiv, von der Realisierung unabhängig gegeben. LUHMANN (1980, S. 64f.) spricht in diesem Zusammenhang von dem Verweisungscharakter des Tatbestandes Sinn, wobei Sinn „nicht mit einem einfachen binären Schematismus bekannt/unbekannt, bewußt/unbewußt, zugänglich/unzugänglich erfaßt werden" kann, er zeichnet sich vielmehr aus durch einen „Überschuß an Verweisungen oder auch Redundanz der Möglichkeiten".
Der volle, in der latenten Sinnstruktur aufbewahrte Sinn eines Textes wird von hier aus beschreibbar als eine Größe, der man sich durch Sinnauslegung immer nur annähern kann: durch die Explikation von Lesearten der latenten Sinnstruktur. Mit dieser in der objektiven Hermeneutik ausgewiesenen transzendentallogischen Konstruktion latenter Sinnstrukturen ist die Angabe eines absoluten Wahrheitskriteriums ausgeschlossen. Das Kriterium für die Gültigkeit einer Interpretation ist der Text, an ihm nur kann geprüft werden, ob sie angemessen ist oder nicht.
Als kritikbedürftig erscheinen aus der Position einer objektiven Hermeneutik alle solche Forschungsansätze, mit denen der Tatbestand Sinn in einer vorab festgelegten Weise, zum Beispiel als Funktion, untersucht wird und vor allem solche, die bei der Analyse praktischen Handelns ohne diesen Tatbestand auszukommen scheinen, wie zum Beispiel behavioristische Forschungsansätze. Der Vorwurf unzulässiger Reduktion trifft insbesondere die sozialwissenschaftlichen Methoden der Datenerzeugung durch Befragung und Quantifizierung. Die Befragung erweist sich aus der Sicht einer objektiven Hermeneutik deshalb als unzuverlässig, weil mit ihr die dem Handeln eigene Sinnstruktur zerstört und an ihre Stelle die Sinnstruktur des Fragebogens oder Leitfadens gestellt wäre. Einer Quantifizierung von Daten wird entgegengehalten, daß sie Lesearten reproduziert ohne Rücksicht auf ihre Geltungsbedingungen. Aus dieser Kritik ergibt sich das Votum für ein hermeneutisches Verfahren, das selbst über qualitative Analyseverfahren hinaus geht: „Während in der üblichen methodologischen Auffassung in den Sozialwissenschaften qualitative Verfahren gerechtfertigt werden als explorative, vorgängige oder vorbereitende Vorgehensweisen, denen die standardisierten Verfahren und Techniken als die eigentlich wissenschaftlichen, Präzision, Gültigkeit und Objektivität sichernden Prozeduren zu folgen haben, gelten die hier in Anspruch genommenen hermeneutischen Verfahren als die fundamentalen, die Präzision und Objektivität der Analyse erst sichernden Erkenntnisinstrumente der Sozialwissenschaften. Alternative Verfahren werden demgegenüber nicht einfach dogmatisch abgelehnt, sondern pragmatisch dort, wo der mit ihrer Forschungs-*ökonomie* notwendig verbundene Verlust an Präzision und Objektivität angesichts der vorausgehenden – hermeneutisch konstituierten – Erfahrungen im Forschungsfeld toleriert werden kann, befürwortet" (OEVERMANN u.a. 1979, S. 352). Aus dieser Position gilt die Rekonstruktion der objektiven Sinnstrukturen praktischen Handelns als Voraussetzung dafür, daß die je im Handeln realisierte Bedeutungsmöglichkeit als Individualität erklärbar wird im Verhältnis zu anderen, eben den nicht realisierten, aber objektiv bestehenden Handlungsmöglichkeiten.

3 Sinnauslegung und Strukturrekonstruktion

Aus der methodologischen Position einer objektiven Hermeneutik stellt sich für die Sozialisationsforschung die Aufgabe, über die Interpretation von Interaktionstexten die objektiven Sinnstrukturen sozialisatorischer Interaktion zu rekonstruieren. Diese Sinnstrukturen werden als die für die Entfaltung von Kompetenzen und für die Individuierung des Subjekts konstitutiven sozialen Strukturen angesehen; sie bilden die äußeren Strukturen, die in innere umgesetzt werden müssen, damit es zur Bildung eines autonom handlungsfähigen, mit sich identischen Subjekts kommt. Die Struktur des Subjekts wird in einer mit der Methodologie einer objektiven Hermeneutik verknüpften „Theorie der Bildungsprozesse" definiert nach dem Modell von Kompetenzen, wobei der Kompetenzbegriff in einem sehr weiten Sinne in Anspruch genommen wird für Fähigkeiten und Möglichkeiten praktischen Handelns (vgl. OEVERMANN 1979, S. 152).
Als grundlegend für die Entfaltung von Handlungsfähigkeiten gilt die Teilnahme des Kindes an kompetentem Handeln, das die Struktur sozialisatorischer Interaktion hat. Eines der entscheidenden Merkmale sozialisatorischen Handelns wird ausgewiesen als „Methode der den Eltern der Kinder im Sinne stellvertretender und partiell fiktiver Bedeutungszuschreibungen zur Verfügung stehenden reichhaltigen Interpretation" (OEVERMANN 1979, S. 161). Mit dieser Methode der stellvertretenden Deutung werden dem Kind die Gegenstände des Lernens gleichsam vor-gesetzt in einer Weise, die den kindlichen Äußerungen Intentionen und dem wechselseitigen Geschehen Sinn unterlegen. Das Geschehen wird intersubjektiv strukturiert, als ob das Kind bereits zu kompetentem Interagieren in der Lage wäre. Die Sinnstrukturen kompetenten Handelns werden in der latenten Sinnstruktur der sozialisatorischen Interaktion objektiv zur Verfügung gestellt und über die stellvertretende Deutung durch die Erziehenden dem Kind zugänglich gemacht. Es sind in erster Linie die explizit werdenden Deutungen, für die eine subjektiv-intentionale Repräsentanz sich bildet. Aber verfügbar, das heißt subjektiv-intentional repräsentierbar, bleiben auch die nicht die Gestalt von Lesearten annehmenden Bedeutungsmöglichkeiten der objektiven Sinnstruktur, die latent bleibenden. Sie bleiben es in dem Maße, in dem die stellvertretende Deutung „nur" selektiv und nicht verzerrt erfolgt, indem die explizit werdende Deutung anstelle und nicht trotz anderer Lesearten steht. Verzerrung kann verstanden werden, und erweist sich in dieser Sicht, als ein systematisches Ablenken von der Realisierung von Bedeutungen, die das praktische Handeln haben kann; eine verzerrte Deutung verschleiert diese Bedeutungsmöglichkeiten, hält sie im Dunkeln, mit ihr wird jedoch nicht die Verfügbarkeit aufgehoben, sie vermag die latenten Möglichkeiten nicht zu vernichten. Auf der Ebene der latenten Sinnstruktur bleiben diese objektiven Bedeutungsmöglichkeiten aufbewahrt, sie bleiben reale Möglichkeiten, sie sind – wenn auch nicht im Augenblick – so doch immer noch verfügbar, und sie können durch eine nachträgliche Deutung des Handelns wieder zugänglich gemacht werden. Die Verfügbarkeit über den objektiven Sinn praktischen Handelns und die sukzessive, „möglichst vollständige subjektiv-intentionale Realisierung des objektiven Sinns des eigenen praktischen Handelns" (OEVERMANN u. a. 1979, S. 427) werden als Voraussetzung für die Individuierung des Subjekts ausgewiesen.
Im Einzelfall sozialisatorischer Interaktion kann es zu einer verzerrten Sinnrealisierung kommen. Es mangelt dann an einer angemessenen Sinnauslegung des praktischen Handelns. Dies verweist auf den Umstand sogenannter getrübter Urteile der Angemessenheit darüber, was das Geschehen für einen Sinn habe, was

eine angemessenen Deutung des Geschehens und der Motive und Intentionen des Kindes sei. Warum in einem solchen Fall fehlinterpretiert, mißgedeutet, falsch verstanden wird – und damit etwas qualitativ anderes als eine nur selektive Sinnrealisierung geschieht – läßt sich aus der Position einer objektiven Hermeneutik erst dann erklären, wenn die im praktischen Handeln in Anspruch genommenen Urteile der Angemessenheit explizit gemacht werden und auf ihren Geltungsanspruch hin kontrolliert werden. Dazu bedarf es der Kontrastierung mit konkurrierenden Urteilen der Angemessenheit, und es ist Aufgabe der Forscher, solche konkurrierenden Urteile ihrerseits explizit zu machen. In der objektiv-hermeneutischen Interpretation praktischen Handelns werden einerseits dessen objektive Bedeutungsmöglichkeiten konstruiert, zum anderen die dieses Handeln anleitenden Urteile der Angemessenheit expliziert. Hiermit sind die beiden wegweisenden Regeln der objektiven Hermeneutik als Verfahren der Sinnauslegung angegeben (vgl. OEVERMANN u.a. 1979, S. 388, S. 415).

- Zum einen, da man die latente Sinnstruktur nicht kennt, ja geradezu im pathologischen Fall der Sinn der Verzerrung darin besteht, das Latente latent zu halten und zu verbergen, wird nach anderer als der im Text realisierten Bedeutung gesucht. Verfahrensmäßig handelt es sich hierbei um sogenannte gedankenexperimentelle Konstruktionen von Bedeutungsmöglichkeiten eines Textes.
- Zum anderen werden, damit man den möglicherweise getrübten Angemessenheitsurteilen nicht aufsitzt und sie in der Interpretation nicht repliziert, diese Urteile von den Forschern expliziert und auf diese Weise einer Überprüfung ihres Geltungsanspruchs zugänglich gemacht. Die Regel der Explikation gilt sowohl im Hinblick auf Angemessenheitsurteile, die im untersuchten Fall in Anspruch genommen werden als auch für die eventuell konkurrierenden des Interpreten, der Forscher muß die Urteile, die er bei der Interpretation in Anspruch nimmt, darlegen und begründen.

Der Rekurs auf die normale Urteilskraft erweist sich als ein zentrales Argument für die Methode der objektiven Hermeneutik, und zugleich als ein zentraler Gegenstand ihrer Kritik. Dem Erklärungsansatz von Kompetenztheorien folgend, wird in der objektiven Hermeneutik davon ausgegangen, daß über die Explikation von im praktischen Handeln immer schon zur Geltung gebrachten Urteilen der Angemessenheit zuverlässige Daten für die Rekonstruktion objektiver Strukturen erzeugt werden. Dem wird entgegengehalten, daß es gerade an einem Validitätskriterium für die explizierten Urteile der Angemessenheit mangele. Insgesamt wird der von Kompetenztheorien beschrittene Weg der Erkenntnis von Strukturen praktischen Handelns als paradigmatisches Modell für eine objektive Hermeneutik ausgewiesen.

4 Intersubjektive Sinnkonstitution und Individuierung

In den Regeln der Konstruktion und Explikation ist eine grundlegende Annahme über den Gegenstand sozialwissenschaftlicher Erkenntnis enthalten, die die objektive Hermeneutik als „Kunstlehre" des Alltagswissen erscheinen läßt. Es wird im Anschluß an G.H. Mead davon ausgegangen, daß die objektiven Strukturen praktischen Handelns intersubjektiv konstituiert sind. Praktisches Handeln gilt in dieser Sicht als sozial konstituiert und als prinzipiell intersubjektiv verstehbar – und sei es noch so verzerrt.

In der Methode der objektiven Hermeneutik wird dem dadurch Rechnung getragen, daß ihr jede Textsequenz als Material dienen kann, daß jedes Textelement als interpretierbar gilt. Mit der Annahme intersubjektiver Sinnkonstitution wird die je im praktischen Handeln realisierte Bedeutung zu einer emergenten Eigenschaft des Interaktionsprozesses, sie ist das Ergebnis des wechselseitig aufeinander bezogenen Tuns, und für sie kann eine innere Repräsentanz angenommen werden. Die Subjektivität praktischen Handelns erscheint als Ergebnis eines Bildungsprozesses und das im Einzelfall beobachtbare Handeln als Ausdruck eines lebensgeschichtlichen und situativen Selektionsprozesses zugleich. Individuierte Strukturen praktischen Handelns gelten in dieser Betrachtungsweise grundsätzlich als Strukturen „mit Selektivität". In der Methode der objektiven Hermeneutik wird dem Rechnung getragen mit einem sogenannten sequenzanalytischen Vorgehen. Es sind gleichsam die nicht realisierten Möglichkeiten des Realisierbaren, die nach dem Verfahren einer objektiven Hermeneutik rekonstruiert werden. Im Verhältnis zu diesen nicht realisierten latenten Bedeutungsmöglichkeiten von Interaktionen ist die manifest werdende Bedeutungsrealisierung ein Dokument der Individualität des Interaktionssystems und der in ihm interagierenden Subjekte.

In dieser von Meads Arbeiten angeleitenden Position erweist sich Individualität als ein durch Selektivität gekennzeichnetes Verhältnis des Subjekts zu den latenten Sinnstrukturen und Individuierung als lebensgeschichtliche Ausgestaltung dieses Verhältnisses. Eine der zentralen Thesen einer Theorie der Bildungsprozesse findet hierin ihre Begründung: Es sind nicht die latenten Sinnstrukturen, die im Fall verzerrter Interaktion und Kommunikation verzerrt sind, sondern es ist das Verhältnis des Subjekts zu ihnen verzerrt. Anders, das heißt, wenn Verzerrtheit konstitutiv und nicht relativ begriffen würde, ließe sich von Heilung schlechterdings kein Begriff machen. Mit dieser Argumentation wird eine Gegenposition zu dem von HABERMAS (vgl. 1973a, S. 292; vgl. OEVERMANN u. a. 1979, S. 372 f.) entwickelten Ansatz einer Theorie verzerrter Kommunikation bezogen. Das Individuelle eines Handelns bestimmt sich aus der Position einer objektiven Hermeneutik als *differentes Verhältnis* zwischen latenter Sinnstruktur und subjektiv intentionaler Repräsentanz: „Ja, man kann davon ausgehen, daß der Begriff der Individuierung selbst ohne die Voraussetzung dieser Diskrepanz gar nicht explizierbar wäre, denn was ist Individuierung anderes als die subjektiv-intentionale Verfügbarkeit der objektiven, als Triebschicksal faßbaren Individualität auf der Ebene der Lebensgeschichte und als gesellschaftlicher Typus mit epochenspezifischem Organisationsprinzip greifbare Geschichte der Gesellschaft. Wir sehen also, daß zu einem angemessenen Begriff von Individualität selbst die Differenzierung zwischen den beiden Ebenen der latenten Sinnstruktur und der subjektiv-intentionalen Repräsentanz gehört: Der Grad der Individuierung eines einzelnen Subjekts oder eines sozialen Systems bestimmt sich nach Maßgabe des Grades, mit dem dessen auf der Ebene der latenten Sinnstruktur emergierende objektive Geschichte als subjektiv-intentional repräsentierte verfügbar und in Begriffen des Allgemeinen rekonstruierbar geworden ist. Und die einen Fall zu einem Zeitpunkt seiner historischen Entwicklung kennzeichnende Struktur der Besonderung – nicht nur als naturwüchsiges Resultat seiner objektiven Geschichte, sondern auch und wesentlich als Ausdruck seiner Individuierung – objektiviert sich wiederum auf der Ebene der latenten Sinnstruktur" (OEVERMANN u. a. 1979, S. 413 f.).

5 Feinanalyse und ein Beispiel

Die Rekonstruktion latenter Sinnstrukturen folgt dem Modell von Einzelfallanalysen, und das Material für eine Fallanalyse sind Handlungsprotokolle und darüber hinaus die äußeren, die sog. Globaldaten zur Lebensgeschichte und Lebenslage des Falles und seiner Mitglieder. In den Untersuchungen der Forschergruppe um OEVERMANN zu familialen Interaktionsprozessen bildeten das Textmaterial mehrere zwei- bis dreistündige Tonbandaufnahmen zur Zeit des Abendessens, wenn alle Mitglieder der Familie anwesend waren. Während der Tonbandaufnahmen waren zwei Beobachter anwesend; einer von ihnen fertigte ein Protokoll über die äußeren Abläufe an, der andere stand der Familie zur Verfügung, interagierte jedoch nur, wenn er dazu aufgefordert wurde (vgl. OEVERMANN u.a. 1976, S.293). Die Tonbandaufnahmen wurden transkribiert und einer sog. Feinanalyse unterzogen. Ihre Kennzeichen sind ein extensives Verfahren der Sinnauslegung und sequentielles Vorgehen.

Bei einer solchen Feinanalyse kommt es auf zweierlei an:
– zum einen darauf, alles das, was das Handeln bedeuten könnte, aufzulisten, und dabei „die Alltagspraxis des Motivverstehens gegen den Strich zu bürsten" (OEVERMANN u.a. 1979, S.393),
– zum anderen darauf, sozusagen alles und jedes zum Gegenstand der Interpretation zu machen und zu unterstellen, daß nichts von dem, was im Text steht, einschließlich Stottern, Pausen und Versprechern, zufällig auftritt, „sondern rekonstruierbar motiviert war" (OEVERMANN u.a. 1976, S.287f.).

Feinanalytisch wird nicht nur jede einzelne Äußerung, sondern jede Textsequenz behandelt: es wird jeder Interakt und jede Interaktionssequenz in seiner Bedeutungsstruktur rekonstruiert. Extensive Sinnauslegung bedeutet dabei, daß gedankenexperimentell möglichst viele verschiedene Bedeutungen konstruiert und Lesearten expliziert werden. Dies geschieht in der Weise, daß Kontexte entworfen werden, in denen die betrachtete Äußerung allgemein verständlich und angemessen gewesen wäre, und darüber hinaus wird die Intention dieser Äußerung für jeden der konstruierten Kontexte expliziert. Der Forscher aktualisiert dabei seine Alltagskompetenz des Sinnverstehens in eben dieser extensiven und explikativen Weise: Er verbalisiert die latenten Bedeutungsmöglichkeiten und die impliziten Urteile der Angemessenheit des beobachteten Handelns. Dabei muß jedwedes etwa beim Forscher vorhandene Wissen über den untersuchten Fall im allgemeinen und über den situativen Kontext im besonderen ausgeblendet werden. Insbesondere heißt dies, daß kein Wissen über den weiteren Verlauf der Interaktion in die Interpretation des je Vorangehenden eingebracht werden darf. Das Außerkraftsetzen von Wissen und Vorwissen gilt insbesondere auch im Hinblick auf Vermutungen des Forschers über etwaige abweichende Motive des Sprechers einer Äußerung; Äußerungen werden so weit wie möglich als normal angesehen.

Von dieser Normalitätsunterstellung wird erst dann abgerückt, wenn Kontextbedingungen für diese Äußerung gedankenexperimentell nicht gefunden werden, wenn man also über fallspezifische Informationen verfügen muß, um die Äußerung als sinnvoll gelten lassen zu können. Es werden dann Vermutungen über den sogenannten inneren Kontext der Äußerung angestellt im Sinne einer inneren Lage von Motiven des Sprechers, Vermutungen darüber, was gleichsam die innere Logik der Äußerung sei. Mit solchen Motivunterstellungen wird allerdings äußerst „sparsam" umgegangen. Aus der Position einer objektiven Hermeneutik gelten Motive und Dispositionen der Subjekte nicht als Konstituenten der latenten Sinnstruktur, sondern als bereits aus der Auseinandersetzung mit den objektiven Strukturen der Interaktion hervorgegangen; nicht sie können die latente Sinnstruktur erklären, sondern die Rekonstruktion der latenten Sinnstruktur bildet den Bezugspunkt für ihre Erklärung. Es wird hiermit einer genuin soziologischen Betrachtungsweise der Individuierung des Subjekts in objektiven sozialen Strukturen Ausdruck gegeben.

Objektiv-hermeneutische Bildungsforschung

In einem der unveröffentlichten Manuskripte Oevermanns und seiner Mitarbeiter zur objektiven Hermeneutik wird eindringlich auf die zentrale Bedeutung der Sparsamkeitsregel aufmerksam gemacht: mit ihr wird Gewähr geboten dafür, daß die Bedeutungsmöglichkeiten, die ein Text birgt, so weit wie möglich ausgeschöpft werden und nur im Ernstfall eine Diskrepanz zwischen dem Sinn der Äußerung und dem Motiv des Sprechers unterstellt wird. Es wird geltend gemacht, daß mit dieser Sparsamkeitsregel Widerstand geleistet wird gegen eine leichtfertige Etikettierung des Handelns und der Handlungssubjekte als abweichend oder pathologisch, ebenso wie gegen die lexikalische, unkritische Benutzung sozialwissenschaftlichen Wissens für die Erklärung des „entlarvten" Handelns.

Im folgenden wird die Demonstration einer Interpretation von OEVERMANN u. a. (1979, S. 415 ff.) auszugsweise wiedergegeben:

„In einem Interaktionsprotokoll kommt die Äußerung ‚Mutti, wann krieg ich denn endlich mal was zu essen, ich hab so Hunger' vor.

Zunächst wird man intiutiv typische Situationen – wie Geschichten – entwerfen, in denen diese Äußerung als sinnvolle hätte fallen können [...] Wir begnügen uns hier aus Platzgründen mit drei typischen Beispielen, die sich in wesentlichen Punkten unterscheiden.

1. Die Äußerung hätte ein kleines Kind zu einer Zeit machen können, zu der es normalerweise Essen gibt, oder nachdem es schon mehrere Male um Essen gebeten hatte.
2. Ein berufstätiger Ehemann, der – wie hierzulande in bestimmten Schichten sehr verbreitet – seine Ehefrau mit Mutti adressiert, sitzt nach seiner Rückkehr von der Arbeit seit längerem am Küchentisch oder kommt aus der Wohnstube vom Fernsehen ins Eßzimmer.
3. Ein krankes älteres Kind ruft aus seinem Schlafzimmer die Mutter.

Betrachtet man die Beispiele genauer, so haben sie drei für die pragmatische Erfüllung der Äußerung wesentliche Kontextbedingungen gemeinsam:

1. Der Sprecher der Äußerung muß wirklich Hunger haben und es darf für den Adressaten der Äußerung nicht überraschend sein, daß er Hunger hat.
2. Der Sprecher kann in Anspruch nehmen, daß zum Zeitpunkt seiner Äußerung das Essen schon überfällig ist; entweder, weil die normale Essenszeit schon überschritten ist oder weil er auf eine Forderung nach einem Essen außerhalb der Reihe schon eine Zusage erhalten hatte, und er nun mit Recht ungeduldig sein kann.
3. Dem Sprecher kann vom Adressaten der Äußerung nicht zugemutet werden, sich selbst um das Essen zu kümmern, und es gehört zu den Pflichten des Adressaten, für das Essen zu sorgen.

Die dritte Bedingung ist sicherlich die wichtigste, und sie kann konkret auf sehr verschiedene Weise erfüllt sein, wie die Beispiele zeigen. Im ersten Beispiel wäre sie erfüllt, weil das Kind noch zu klein dafür ist, sich das Essen selbst zuzubereiten. Im dritten Falle wäre es zwar vom Alter her prinzipiell dazu in der Lage, aber aufgrund lang- oder kurzfristig wirksamer körperlicher Gebrechen daran gehindert, und im zweiten Beispiel wäre der Ehemann aufgrund einer innerhalb der Familie geltenden traditionalistischen Rollenverteilung, die auch zu der Adressierung ‚Mutti' führt, zu seiner Forderung berechtigt.

Die Analyse zeigt des weiteren, daß für die Untersuchung der Erfüllungsbedingungen des pragmatischen Sinns der Äußerung es wichtig ist zu wissen, welcher Art das in Frage kommende Mahl ist, ob es leicht oder schwierig zu beschaffen ist. Wäre zum Beispiel zu diesem Zeitpunkt ein warmes Essen vereinbart, dann wären auch

Ulrike Matthes-Nagel

Personen des Haushalts, von denen erwartet wird, daß sie sich jederzeit selbst ein Brot schmieren, zu dieser Äußerung legitimiert.
Sicherlich lassen sich noch weitere Erfüllungsbedingungen und weitere konkrete Beispiele entwickeln, aber die genannten sollten hier zur Exemplifikation ausreichen. Bis zu dieser Stelle sind wir ausschließlich gedankenexperimentell konstruierend vorgegangen. Im nächsten Schritt konfrontieren wir die Liste der möglichen sinnvollen Kontexte der Äußerung mit dem tatsächlichen Kontext, in dem sie gefallen ist: Der Sprecher war ein sechsjähriger Junge, die Äußerung fiel, nachdem die Familie gerade zum Abendessen am Eßtisch Platz genommen hatte. Auf dem Tisch standen Brot, Aufschnitt, Butter und Tomaten. Mit dem Essen konnte jeder beginnen. Er mußte sich nur Brote schmieren.
Der Vergleich zeigt, daß der faktisch vorliegende Kontext in der Liste der gedankenexperimentell entworfenen, die Normalitätsbedingungen der Äußerung erfüllenden Kontextbedingungen nicht enthalten ist. Was bedeutet dann objektiv diese Äußerung?
Wir haben hier ein Beispiel vor uns, in dem die Liste der Lesarten als Konstituenten der latenten Sinnstruktur der Äußerung fallspezifisch erweitert werden muß. [...]
In unserem Beispiel läßt sich offensichtlich keiner der normalen, gedankenexperimentell konstruierbaren Kontexttypen mit dem faktisch gegebenen Kontext zur Deckung bringen. Daraus schließen wir, daß eine durch Abweichung von der Normalität indizierte Besonderheit des Falles zur Motivierung der Äußerung angenommen werden muß. Es könnte sein, daß vom sechsjährigen Sohn bisher noch nicht verlangt wurde, sich die Brote selbst zu schmieren. Dies wäre schon ein fallspezifisches Charakteristikum, denn in unserer Kultur wird in Mittelschichten von Kindern dieses Alters diese Form der Selbständigkeit verlangt. Eine solche Besonderheit ließe erkennen, daß die Familie diesen Sohn sozial kleiner typisiert als es normalerweise der Fall ist. Aus unseren Beobachtungen wissen wir jedoch, daß dieses Kind durchaus nicht selten sich seine Brote selbst zubereitet und dabei auch keine Ausführungsschwierigkeiten hat.
Als die Geltungsbedingungen erfüllender Kontexttyp bliebe dann noch die Möglichkeit, daß das Kind in dieser Situation den Wunsch hat, bewußt oder unbewußt, von der Mutter so behandelt zu werden, als ob er noch ein kleines Kind wäre. Dies würde auf Identitätsschwierigkeiten oder auf Nachholbedarf an mütterlicher Zuwendung oder auf Eifersucht gegenüber einem kleineren Geschwister verweisen. Von Interesse ist hier, daß selbst die Lesart des dritten Beispiels (Ehemann kommt nach Hause und verlangt das Essen) hierzu noch passen würde, auch wenn sie vom realen Kontext ausgeschlossen ist: Der Junge könnte die Phantasie haben, er wäre so mächtig wie jener ‚traditionalistische' Ehemann. Eine solche Potenzphantasie würde den anderen der beiden Pole bezeichnen, zwischen denen der unsichere Identitätsentwurf des Jungen hin und her schwankt.
Zur Kennzeichnung der Besonderheiten unseres Vorgehens ist hier zu betonen, daß wir nicht Behauptungen über die psychische Realität des Kindes aufstellen, sondern Möglichkeiten konstruieren, die den Interaktionstext sinnvoll machen. Diese Möglichkeiten können als Hypothesen für Interpretationen anderer Interaktionstexte desselben Falles fungieren. Tatsächlich bestätigte sich in der Rekonstruktion des Falles, aus dem das Beispiel stammt, die vermutete Identitätsunsicherheit als eines der zentralen psychischen Probleme des Kindes. Das Beispiel zeigt also, daß manchmal schon die extensive Auslegung des Sinnes einer einzelnen Äußerung über die spezifische Fallstruktur differenzierte Vermutungen motivieren kann.

Objektiv-hermeneutische Bildungsforschung

Aus dieser Konstruktion ergibt sich mit Hilfe einer einfachen Überlegung eine weitere Möglichkeit, die die Geltungsbedingungen der vorliegenden Äußerung erfüllen könnte: Das Kind könnte so tun, als ob es den Wunsch hätte, wie ein kleines Kind behandelt zu werden – vielleicht, um die Eltern zu provozieren, ihnen Schuldgefühle zuzuschreiben oder einfach mit ihnen ein Spielchen zu treiben. Es würde dann die von uns vorgeschlagene Konstruktion dem Sinne nach realisiert haben und sie strategisch instrumentalisieren."
Die Besonderheit eines Falles läßt sich zwar nicht an einer einzelnen Äußerung, auch nicht auf der Grundlage nur einer Textsequenz rekonstruieren, aber doch exemplifizieren. Es wird festgestellt, daß diese geradezu klassisch zu nennenden Beispiele insbesondere bei solchen Fällen sich finden, die in der Gestaltung ihrer Interaktionen wenig Spielraum haben, über wenig Freiheit im Umgang miteinander verfügen. Dies gilt insbesondere für pathologische Fälle; in ihnen setzt sich in ganz verschiedenen Situationen immer wieder das eine Interaktionsmuster durch, das dem heranwachsenden Kind den Zugang zu den objektiven Bedeutungsmöglichkeiten seines Handelns nicht sukzessive und seinen Entwicklungsprozessen angemessen aufstuft und erweitert, sondern gewissermaßen trichterförmig gestaltet. Es werden dann, gemessen am Fassungsvermögen des Kindes, nicht immer mehr und immer andere Lesarten der latenten Sinnstrukturen in den Erfahrungshorizont des Kindes eingeholt, sondern immer weniger und immer die gleichen. Die Geschichte einer solchen Sozialisation wäre eine Geschichte von ausgelassenen und ausgeschlossenen Handlungsmöglichkeiten in viel höherem Maße als eine Geschichte aufgeschlossener Möglichkeiten. Die Frage, was in einem solchen Fall krank macht, ist mit der Fallstruktur-Rekonstruktion beantwortet; die Frage, wann in einem solchen Fall Geschichte in Krankengeschichte umschlägt, kann – aus der Position einer objektiven Hermeneutik – nicht im Rekurs auf theoretische Erklärungsansätze beantwortet werden, sondern bedarf der Rekonstruktion der Lebensgeschichte des Interaktionssystems, der Fallstrukturgenese. Über diesen Teil von Fallanalysen liegen bisher keine Veröffentlichungen vor.

6 Sequentielles Vorgehen

Unter sequentiellem Vorgehen wird eine Feinanalyse verstanden, die den Interakten des Textes Schritt für Schritt folgt, in der jede Äußerung, und sei sie noch so unscheinbar, als so und nicht zufällig an ihrer Textstelle stehend interpretiert wird. Nicht nur jede Sinneinheit, sondern jede Textsequenz in Gänze wird als Sinngebilde betrachtet, das seine Eigenart in seinem spezifischen Ablauf als Gestaltungsprozeß hat. Eine Textsequenz ist zugleich anderes und mehr als die Summe der Bedeutung ihrer Elemente.
Wird nach dem Gebot der Extensität jede Äußerung so interpretiert, als stünde sie für sich allein, so wird durch das sequentielle Vorgehen jede Äußerung in den Kontext der ihr vorangehenden gerückt; sie wird als eine unter anderen möglichen Bedeutungsrealisierungen des Vorangegangenen betrachtet, sie erscheint als Lesart der latenten Sinnstruktur der je vorangegangenen Äußerung, diese wieder als der ihr vorangegangenen und so fort. Die je nachfolgende Äußerung erscheint ihrerseits als sogenannte Option für eine der Bedeutungsmöglichkeiten der vorangehenden Äußerung und der durch die ihr vorangehenden nicht ausgeschlossenen Bedeutungsmöglichkeiten. In der extensiven sequentiellen Feinanalyse wird für jede Äußerung die latente Sinnstruktur rekonstruiert und damit sind die Möglichkeiten der Bedeutungsrealisierung für die ihr nachfolgende Äußerung abgesteckt. Die

nachfolgende Äußerung ist zugleich eine Lesart der vorangehenden, sie bildet eine Selektion im Hinblick auf die latente Sinnstruktur der vorangehenden Äußerung; und für die nachfolgende Äußerung eröffnet sie ihrerseits ein Angebot für die Sinnrealisierung. Jede Äußerung stellt selbst eine Selektion dar und zugleich gibt sie gleichsam Selektionsmöglichkeiten frei. In der Interpretation einer Textsequenz wird die Selektion, die mit dem Text getroffen ist, expliziert und zugleich das rekonstruiert, woraus selektiert wurde. Zug um Zug werden alle diejenigen Bedeutungsmöglichkeiten, die zu Anfang der Sequenz noch plausibel erschienen, ausgeschlossen. Die übrig bleibende, im Idealfall einzige übrigbleibende Interpretation für jeden Interakt und demzufolge für den Text als Ganzes, ist die objektive Sinnstruktur der Interaktion. Die Interpretation des Interaktionstextes ist nicht unbedingt diejenige, die die Subjekte selbst als richtige Interpretation des Geschehens angeben würden. Diese Interpretation gibt nicht unbedingt den bei den Subjekten intentional repräsentierten Sinn wieder, sondern die objektive Bedeutung der Sinnrealisierung des Falles.

In diesem sequentiellen Vorgehen entscheidet nicht der Forscher darüber, welche Bedeutung eine je vorangehende Äußerung hat, sondern die nachfolgende Äußerung ist eine Entscheidung, ein Urteil darüber, was die Bedeutung der vorangehenden ist. Daß mit einer Äußerung die eine und keine von den anderen Bedeutungen realisiert wird, erweist sich als Feststellung eines Sachverhalts. Und so folgt die sequentielle Feinanalyse dem Text im Sinne einer Sachverhaltsdarstellung eines Prozesses, dessen Ende für den Interpreten ebenso offen ist wie für die im Interaktionsprozeß stehenden Personen.

Das zentrale Gebot des sequentiellen Vorgehens ist, dem Interaktionsprozeß *nachzugehen* und nur das Wissen über je Bisheriges bei der Interpretation in Anschlag zu bringen, also das, was die Handlungssubjekte selbst darüber wissen. Das Besondere und das den Verlauf der objektiv-hermeneutischen Interpretation Ausmachende ist, daß der Forscher an jeder Stelle des Prozesses die durch seinen Ablauf ausgeschlossenen Handlungsmöglichkeiten rekonstruiert. So erscheint am Ende einer Sequenzanalyse beides zugleich: das individuelle, fallspezifische Selektionsmuster des praktischen Handelns und seine latente Sinnstruktur als nicht realisierte Handlungsmöglichkeiten (vgl. OEVERMANN u. a. 1979, S. 401).

In den Untersuchungen mit dem Verfahren der objektiven Hermeneutik werden solche Textanalysen an verschiedenen Interaktionssequenzen einer Familie durchgeführt, und es wird gesagt, daß sich früher oder später für jede Familie ein Interaktionsmuster als immer wiederkehrend erweist. Dieses Muster gilt als für den Fall typisch, als Fallstruktur „mit Selektivität" (OEVERMANN u. a. 1979, S. 422). Insgesamt und insbesondere gilt, sowohl für die Feinanalyse einer Interaktionssequenz wie für die Analyse eines ganzen Falles, das Gebot der strikten Trennung von innerem und äußerem Kontext. Die Beachtung dieses Gebots erweist sich als zentral insofern, als sie für die Nicht-Zirkularität des gesamten Verfahrens Gewähr bietet. Mit der Beachtung dieses Gebots wird sichergestellt, daß der Text selbst die Informationen über den Fall liefert. Auch dann, wenn sich zeigt, daß ein Text eine Interpretation nicht ohne weiteres hergibt, muß dieses Gebot wirksam werden. Es werden dann nicht wissenschaftliche Theorien, Wissensbestände des Forschers – und das heißt Wissen aus einer dem Fall äußeren Sinn-Welt – herangezogen, für die der Text dann nur noch als Beleg-Material fungieren würde, sondern es wird immer nur auf fallspezifisches Wissen rekurriert, auf das, was man schon über den Fall herausgefunden hat.

Mit dieser Trennung von innerem und äußerem Kontext, die insbesondere die Nicht-Instrumentalisierung professionsspezifischen Wissens meint, wird auch dem zentralen Kritikpunkt hermeneutischer Verfahren, dem hermeneutischen Zirkel begegnet. Das Forschungsmodell der Fallanalyse nach der Strategie der extensiven sequentiellen Sinnauslegung gilt als Verfahren der Erzeugung *objektiver* Daten. Es wird geltend gemacht, daß damit die Gefahr verhindert ist, daß das Vorwissen über den Untersuchungsgegenstand an der Realität überprüft wird. Der Durchbrechung der Vorurteilsstruktur des beobachteten wie des wissenschaftlichen Denkens dienen insbesondere die Regeln der Explikation und Konstruktion im Sinne des Freilegens objektiver Strukturen des Handelns und Urteilens. Die Rekonstruktion einer Fallstruktur gilt aus der Position der objektiven Hermeneutik als Aufdecken einer Realität, die für den Fall selbst erfahrbar ist. Das Wissen, das die Fallstruktur-Rekonstruktion explizit macht, ist ein solches, das der Fall prinzipiell über sich selbst haben könnte, aber faktisch nicht hat. Daß er dieses Wissen nicht hat – dies ist die Aussage der Fallstruktur-Rekonstruktion. Warum er dieses Wissen nicht hat – dies gilt es in weiteren Analyseschritten zu klären.

Daß dieses Wissen, dieses Selbst-Bewußtsein angeeignet werden kann, daß der Fall selbst in der Lage wäre, mehr und anderes über sich zu erfahren als es der Fall ist, nämlich das, was die Fallanalyse zu Tage gefördert hat, erhält eine Begründung darin, daß Subjekte über die Fähigkeit verfügen, ihr Handeln zu objektivieren, es – entlassen vom Handlungsdruck – anders zu interpretieren als in der Situation.

Daß der objektiv-hermeneutisch vorgehende Interpret solche nicht realisierten Bedeutungsmöglichkeiten aufdeckt, schuldet er nicht Kompetenzen, die er im Unterschied zu den Textproduzenten hätte, sondern erstens der Erkennbarkeit von latentem Sinn und zweitens einer methodisch kontrollierten Bedeutungsrealisierung in der Situation der Handlungsentlastetheit. Für die objektive Hermeneutik wird geltend gemacht, daß sie sich – als Verfahren der Sinnauslegung – erkenntnislogisch nicht unterscheidet von den immer schon im praktischen Handeln in Anspruch genommenen Interpretationsmethoden, daß sie diese vielmehr nur umfassend und kontrolliert anwendet. Wenn die wissenschaftliche Methode die Auslassungen, Ungenauigkeiten und Irrtümer alltäglichen Handelns nicht replizieren will, wenn diese vielmehr aufgedeckt und damit einer Auffüllung, Korrektur und Revidierung zugänglich gemacht werden sollen, wenn die wissenschaftliche Methode zu Erkenntnissen führen soll darüber, was im Einzelfall Handlungsautonomie und Ich-Identität verhindert, dann muß sie dazu anleiten, den Fall besser zu verstehen als er sich selbst versteht. Daß dies grundsätzlich für möglich gehalten wird, ist Ausdruck einer erkenntnistheoretischen Annahme der objektiven Hermeneutik, für deren Begründung Peirce als Autor zeichnet.

7 Erkenntnistheoretische Grundlagen

PEIRCE (vgl. 1967, 1970) hat eine erkenntnistheoretische Position begründet, in der die Gegebenheitsweise des Realen bestimmt ist als Erkennbarkeit; Realität gilt als unabhängig von ihrer Erkenntnis gegebene, als erkennbare Realität. Die Erkennbarkeit des Realen – im Unterschied etwa zur Annahme einer Welt der „Dinge an sich" jenseits der erkennbaren Realität – gilt im Denkmodell von Peirce als Bedingung der Möglichkeit von Erkenntnis. Er unterscheidet zwischen einer noch nicht erkannten, gleichwohl erkennbaren Welt und einer Welt des bereits Erkannten. Das Erkannte ist das dem Erkennbaren Abgerungene, und Erkenntnis bestimmt sich als kontinuierliche Transformation von Erkennbarem in Erkanntes; dabei bildet das bereits Erkannte den Fluchtpunkt weiterer Erkenntnis. Von ihm aus wird das noch nicht Erkannte hypothetisch entworfen und einer Prüfung und Bewährung am Erkannten unterzogen.

Mit dieser Position der Erkennbarkeit des Realen und der Fundierung der Erkenntnis im Erkannten wird eine Gegenposition zu solchen Forschungsansätzen bezogen, in denen Realität als mit der Phänomenebene identisch angesehen wird. Desgleichen werden solche Ansätze kritisierbar, die in der Erforschung von Bewußtseinsstrukturen eine Gewähr für die Erkenntnis objektiver Strukturen geboten sehen.

Aus der Position einer Methodologie der objektiven Hermeneutik geraten solche erkenntnistheoretischen Modelle in den Verdacht positivistischer Theoriebildung. Ein Überwinden sowohl der objektivistischen wie auch der subjektivistischen Variante setzt aus dieser Sicht einen Realitätsbegriff voraus, der das zu Erkennende weder subjektlos (zum Beispiel aussagenlogisch) noch in Abhängigkeit vom Erkenntnissubjekt begreift, sondern ins Verhältnis setzt zum bereits Erkannten und darüber vermittelt zum Subjekt der Erkenntnis. Im Hin und Her zwischen Erkanntem und hypothetischen Entwürfen aufs zu Erkennende vollzieht sich in dieser Sicht der Erkenntnisprozeß, und dabei übernimmt das Subjekt die Rolle des Entdeckers und Schöpfers zugleich: Es entdeckt neue Realitäten und mit jeder Entdeckung schafft es Realität, und zwar gleichermaßen in sich selbst wie außerhalb seiner. In diesem Modell erscheint das Erkennbare als beides zugleich: als transzendentallogische Kategorie und als realer Gegenstand der Erkenntnis. Für die Kategorie objektiver latenter Sinnstrukturen wird dieser transzendentallogische Status geltend gemacht – und damit einer im praktischen Handeln fundierten Erkenntnislogik das Wort gesprochen.

Auch im Blick auf den erkenntnislogischen Anspruch der Methode der objektiven Hermeneutik erweist sich das Denkmodell von Peirce als grundlegend. Er legt dar, daß die Methode, die zum bereits Erkannten geführt hat, als Logik des Erkennens zu gelten habe, daß eine Verschiedenheit von einer Methode, die zum Erkannten geführt hat und einer solchen, die zum Erkennen führen soll, sinnlogisch nicht begründbar sei. Es wird damit ein Gegenmodell etwa zur Unterscheidung zwischen einer praktischen und einer theoretischen Vernunft formuliert. Für die Methodologie einer objektiven Hermeneutik begründet sich hierin die Forderung nach solchen sozialwissenschaftlichen Methoden, die erkenntnislogisch keinen Unterschied zu den Verfahren des Alltagswissens aufweisen.

8 Zur Forschungslogik

Das mit der Methodologie einer objektiven Hermeneutik begründete Forschungsmodell, für das die Theorien von Chomsky, Mead und Peirce wegweisend sind, erweist sich als sperrig gegenüber einer wissenschaftstheoretischen Zuordnung. Der als vorläufig ausgewiesene Name einer objektiven Hermeneutik bezeichnet eine Forschungskonzeption, in der das Kompetenztheorien eigene Verfahren der Explikation von Handelsregeln verknüpft ist mit einem an der Kategorie des Sinns ausgerichteten interaktionstheoretischen Strukturbegriff. Auf diese Weise ist ein Modell einer historisch-rekonstruktiven Strukturanalyse angelegt, und es wird in Anspruch genommen, daß mit diesem Modell eine nicht-reifizierende soziologische Analyse gewährleistet ist. Der zugrundegelegten strukturtheoretischen Konzeption wird Rechnung getragen mit einem sequenzanalytischen Verfahren der Sinnauslegung, das dadurch gekennzeichnet ist, daß in einer extensiven und konstruktiven Weise Gebrauch gemacht wird vom Alltagswissen und seinen Verfahren.

Die zentrale Vorkehrung dafür, daß in der objektiven Hermeneutik die Verfahren des Alltagswissens in unverstellter Weise zur Geltung kommen, ist das Explizitmachen von Urteilen der Angemessenheit. Dieses Gebot wird im Blick auf diejenigen Urteile, die der Forscher selbst vertritt, die er als gültig setzt, durch die Forderung verstärkt, daß die Textinterpretation von mindestens zwei Forschern vorzunehmen sei. Diese Forderung zielt darauf ab, die Selektivität der Sinnrealisierung, die bei den Forschern vorliegt, so weit wie möglich zu reduzieren und zu kontrollieren. Vor allem aber sind die Forscher aufgefordert, beim Interpretieren nicht verständigungsorientiert zu handeln, sondern gerade im Gegenteil, dem Muster des Streitens folgend, zu versuchen, Interpretationen wechselseitig hartnäckig zu widerlegen. Nicht Verifikation von Interpretationen ist das Ziel einer Analyse, sondern Härtung einer Interpretation dadurch, daß sie intensiven Versuchen der Falsifikation ausgesetzt wird (vgl. OEVERMANN u. a. 1979, S. 391, S. 393). Die Verhandlungen der Forschergruppe darüber, ob eine Äußerung eine gültige Lesart der latenten Sinnstruktur sei, folgt so einer Strategie der intensiven, kollektiven Prüfung der Falsifizierbarkeit von Interpretationen. Das Prüfkriterium ist der Text. Hier erweist sich in besonderer Weise der Sinn der Regel der Extensität: je genauer diese Regel befolgt wurde, desto genauer kann die Interpretation kontrolliert werden. Diese Kontrolle erweist sich als Kontrolle der Verhältnismäßigkeit von Text und Interpretation: eine Interpretation ist in dem Maße haltbar, in dem sie nicht am Text scheitert, in dem sie vom Text nicht widerlegt wird. Das Maß der Haltbarkeit, der Plausibilität ist demnach nicht, inwieweit sie den Forschern einleuchtet und bei ihnen Konsens erzeugt und auch nicht der Beweis ihrer Widerspruchsfreiheit in sich, als Argumentationskette, sondern wesentlich ihr Verhältnis zum Text.
Abgesehen von der immer schon im praktischen Handeln in Anspruch genommenen Basisregel der Idealisierung wird hier ein Maßstab für die Bewährung von Aussagen, von Hypothesen des Forschers postuliert, der die für den Untersuchungsgegenstand behauptete Objektivität methodisch einzuholen angelegt ist. Konstruktion und Explikation einerseits und der Versuch ihrer Widerlegung andererseits bilden die beiden Seiten der Methode. Mit ihnen soll die sukzessive Annäherung an das Erkennbare gewährleistet werden. Approximation und Falsifikation erweisen sich als die erkenntnislogischen Mittel einer objektiven Hermeneutik, und sie gehen eine Verbindung miteinander ein, für die der Begriff einer reflexiven Theoriebildung steht. Diese erkenntnislogischen Mittel haben insofern Methode, als sie in Verfahrensregeln der Sinnauslegung übersetzt sind: Das Diskutieren von Interpretationen im Sinne des Prüfens, inwieweit sie dem Text in seinen Elementen – auch den zufällig scheinenden – gerecht werden und das Abbrechen des Interpretationsprozesses, wenn eine plausible, möglicherweise auch lückenhafte Rekonstruktion erreicht ist. Pragmatischer Abbruch des Verfahrens und das Geltenlassen einer Interpretation „bis auf weiteres", bis zum Beispiel durch weiteres Textmaterial neue, die bisherigen Lücken auffüllende Informationen über den Fall geliefert werden – dies läßt sich als Interpretationsprinzip formulieren. Neue Informationen können dabei auch Anlaß zu der Vermutung sein, daß diese Lücken nicht zu schließen, nicht zufällig sind, sondern einen „falschen" Interpretationsansatz indizieren. Eine Interpretation gilt solange, wie eine triftigere und in diesem Sinne bessere Interpretation nicht gefunden ist.
Nicht nur die Interpretation einzelner Textsequenzen folgt diesem Annährungsverfahren, sondern die Fallanalyse insgesamt. Sie wird erst dann abgebrochen, wenn die Interpretation weiterer Texte keine neuen Informationen über den Fall liefert. Wenn im Verlauf einer Fallanalyse eine Interpretation immer wieder auftaucht,

dann gilt sie als die Interpretation, die die Fallstruktur wiedergibt. Diese Fallstruktur deckt gleichsam die Gesetze auf, nach denen das Interaktionssysstem handelt, mit ihr ist die sogenannte Logik des Handelns in diesem Falle rekonstruiert. Zugleich ist damit der Ausgangspunkt gegeben für Vermutungen über Dispositionen der beteiligten Personen, über typische Eigenschaften, die das dieser Struktur folgende Handeln für sie als sinnvoll und angemessen erscheinen lassen. Die Fallstruktur-Rekonstruktion bildet außerdem einen Bezugspunkt und ein Material für die Beantwortung der Frage nach der Genese dieser Struktur. Die Rekonstruktion der Fallstrukturgenese bildet den Abschluß der Einzelfallanalyse und das heißt der empirischen Datenerzeugung (vgl. OEVERMANN u. a. 1979, S. 427).
Fallanalysen gelten aus der methodologischen Position einer objektiven Hermeneutik als dasjenige Material, von dem die Theoriebildung ihren Ausgang nimmt, als „eigentliche" Daten für die Generierung von Strukturaussagen allgemeiner, fallübergreifender Natur. Und darin, daß für die empirische Datenerzeugung solches Material in Anspruch genommen wird, das der Fall geradezu von selbst und ungefragt liefert, begründet sich die für die Theoriebildung geltend gemachte Objektivität. Mit dem in das Modell der Datenerzeugung selbst eingebauten Falsifikationsprinzip wird methodisch die Voraussetzung für die Einlösung dieses Anspruchs hergestellt. Das Falsifizieren von Interpretationen – eines Textes ebenso wie eines Falles insgesamt – und die Annäherung an die objektive latente Sinnstruktur arbeiten dabei Hand in Hand; denn jedes Ausschließen einer Interpretation erhöht zugleich den Wahrscheinlichkeitswert der übrigbleibenden. Im Idealfall einer Analyse bleibt nur *eine* Interpretation von der Falsifikation verschont: dies ist dann die Strukturrekonstruktion, und sie kommt dem Modell der umfassenden, in Gänze den Fall erklärenden Analyse am nächsten. Im Verhältnis zu einem solchen idealen Modell einer vollständigen Erklärung erweist sich die je gemachte Fallanalyse als vorläufig richtige Theorie über den Fall, und sie gilt genau so lange, bis sie widerlegt wird.

9 Fallanalyse und Theoriebildung

Mit den forschungslogischen Regeln der Approximation und Falsifikation wird ein Modell der Theoriebildung angezeigt, das Elemente aus kritisch-rationalistischer und pragmatizistischer Tradition verknüpft, ohne einer der beiden Traditionen zugeordnet werden zu können. Mit der Fundierung von Erkenntnis im praktischen Handeln wird das Modell einer objektiv-hermeneutischen Theoriebildung beschreibbar als Hin- und Hergehen zwischen Daten und Theorie, zwischen Material und Interpretation, zwischen Einzelfallstrukturen und fallunspezifischen Strukturen. In diesem Modell verlieren die Aussagen des Wissenschaftlers niemals den Status von Hypothesen, sie erscheinen als immer nur mehr oder weniger gesichert. Dies gilt insbesondere auch für das professionsspezifische Wissen des Forschers. Es dient ihm in der objektiven Hermeneutik im Sinne einer Heuristik, und er geht damit ebenso um wie mit dem von ihm selbst erzeugten Wissen: Es wird der Bewährung am Einzelfall ausgesetzt und nicht als endgültig betrachtet.
Die Peircesche Position und die methodologische Position einer objektiven Hermeneutik stimmen in der Annahme überein, daß das Zustandekommen von in diesem Sinne wahren, bewährten Aussagen an eine bestimmte Erkenntnismethode gebunden ist. Wenn allerdings bei Peirce, wie HABERMAS (1973 b, S. 120) feststellt, „die Geltung von Aussagen an die Methode der Erzielung von Konsens" in der Forschergruppe gebunden wird, dann erscheint dies als der Punkt, an dem die objektiv-

hermeneutische Position sich von diesem Modell unterscheidet. Mit ihr wird vielmehr vertreten, daß die Geltung von Aussagen am Untersuchungsgegenstand zu bemessen sei, daß Bewährung eine Frage von Bewährung an den Daten ist. Dies gilt insbesondere dann, wenn die Theoriebildung, ausgehend von einer Anzahl von Einzelfallanalysen, zu Aussagen über allgemeine Strukturen, über fallunspezifische Strukturen gelangt. In der Sicht einer objektiven Hermeneutik „entstehen Theorien kumulativ aus Fallbeschreibungen, sie sind geronnene Fallbeschreibungen" (OEVERMANN 1979, S. 165).

Falsifikation erweist sich in dieser Theoriebildung als durchgängiges Prinzip. Es erhält seine besondere Auslegung darin, daß es in den Dienst von Rekonstruktionen gestellt wird: Aussagen werden nicht dadurch falsifiziert, daß sie in innerem Widerspruch zueinander stehen, beziehungsweise durch den Nachweis eines solchen Widerspruchs, sondern sie werden dann revidiert oder fallengelassen, wenn das Datenmaterial sie nicht bestätigt. Auf diese Weise wird das Potential der Kritik an den Aussagen des Forschers im Datenmaterial selbst verankert und nicht in die Ratio des Forschers und seine Professionsnormen hineinverlagert. Der in diesem Modell reflexiver Theoriebildung enthaltene Typus von Erkenntnis wird ausgewiesen als Erkennen des Allgemeinen im Besonderen.

Ausgehend von einer Reihe von Einzelfallanalysen werden Typen von Fallstrukturen gebildet und unter Inanspruchnahme allen verfügbaren Wissens die für immer mehr Typen geltenden gesellschaftlichen Strukturbedingungen in immer weiterem Maße rekonstruiert. In diesem Prozeß einer sich aufstufenden Theroriebildung erscheinen die Rekonstruktionen auf der je vorangehenden Ebene der Allgemeinheit als die Daten, an denen sich die je generalisierenden Aussagen bewähren müssen.

Im Verhältnis zur Einzelfallstruktur können diese gesellschaftlich allgemeinen Strukturen als die äußeren bezeichnet werden, die – über die Brechung durch die Einzelfallstruktur – in innere umgesetzt werden müssen. Darüber hinaus und zugleich damit werden über alle Stufen der Theoriebildung hin die im Einzelfall (zum Beispiel des Interaktionssystems, der Lebenswelt, der Gesellschaft) ausgeschlossenen Möglichkeiten praktischen Handelns sichtbar gemacht. Mit ihnen ist gleichsam der Bezugsrahmen für eine kritische Strukturbetrachtung gesetzt.

BOHNSACK, R.: Alltagsinterpretation und soziologische Rekonstruktion, Opladen 1983. BURKART, G.: Zur Mikroanalyse universitärer Sozialisation im Medizinstudium: Eine Anwendung der Methode der objektiv-hermeneutischen Textinterpretation. In: Z.f.Soziol. 12 (1983), S. 24ff. CHOMSKY, N.: Aspekte der Syntax-Theorie, Frankfurt/M. 1969. DÖBERT, R. u.a.: Zur Einführung. In: DÖBERT, R. u.a. (Hg.): Entwicklung des Ichs, Köln 1977, S. 9ff. HABERMAS, J.: Der Universalitätsanspruch der Hermeneutik. In: HABERMAS, J.: Kultur und Kritik. Verstreute Aufsätze, Frankfurt/M. 1973, S. 264ff. (1973a). HABERMAS, J.: Erkenntnis und Interesse. Frankfurt/M. 1973b. HOFFMANN-RIEM, CH.: Die Sozialforschung einer interpretativen Soziologie. Der Datengewinn. In: Köln. Z. f. Soziol. u. Sozpsych. 32 (1980), S. 339ff. KRAPPMANN, L. u.a.: Was kommt nach der schichtspezifischen Sozialisationsforschung? In: LEPSIUS, M.R. (Hg.): Zwischenbilanz der Soziologie. Verhandlungen des 17. Deutschen Soziologentages, Stuttgart 1976, S. 258ff. KÜCHLER, M.: Qualitative Sozialforschung. Modetrend oder Neuanfang? In: Köln. Z. f. Soziol. u. Sozpsych. 32 (1980), S. 373ff. LUHMANN, N.: Gesellschaftsstruktur und Semantik. Studien zur Wissenssoziologie der modernen Gesellschaft, Bd. 1, Frankfurt/M. 1980. MATTHES-NAGEL, U.: Latente Sinnstrukturen und objektive Hermeneutik. Zur Begründung einer Theorie der Bildungsprozesse, München 1982. MEAD, G. H.: Geist, Identität und Gesellschaft aus der Sicht des Sozialbehaviorismus, Frankfurt/M. 1973. OEVERMANN, U.: Programmatische Überlegungen zu einer Theorie der Bildungsprozesse und zur Strategie der Sozialisationsforschung. In: HURRELMANN, K. (Hg.): Sozialisation und Lebenslauf. Empirie und Methodik sozialwissenschaftlicher Persönlichkeitsforschung, Reinbek 1976, S. 34 ff. OEVERMANN, U.: Sozialisationstheorie. Ansätze zu einer soziologischen Sozialisationstheorie und ihre Konsequenzen für die allgemeine soziologische Analyse. In: Köln. Z. f. Soziol. u. Sozpsych., 21. Sonderheft: Deutsche Soziologie seit 1945, 1979, S. 143 ff. OEVERMANN, U. u. a.: Beobachtungen zur Struktur der sozialisatorischen Interaktion. Theoretische und methodologische Fragen der Sozialisationsforschung. In: LEPSIUS, M. R. (Hg.): Zwischenbilanz der Soziologie. Verhandlungen des 17. Deutschen Soziologentages, Stuttgart 1976, S. 274 ff. OEVERMANN, U. u. a.: Die Methodologie einer „objektiven Hermeneutik" und ihre allgemeine forschungslogische Bedeutung in den Sozialwissenschaften. In: SOEFFNER, H.-G. (Hg.): Interpretative Verfahren in den Sozial- und Textwissenschaften, Stuttgart 1979, S. 352 ff. PEIRCE, CH. S.: Schriften I, II. Mit einer Einführung, hg. v. K. O. Apel, Frankfurt/M. 1967/1970. POPPER, K. R.: Grundprobleme der Erkenntnislogik. Zum Problem der Methodenlehre (1934). In: SKIRBEKK, G. (Hg.): Wahrheitstheorien. Eine Auswahl aus den Diskussionen über Wahrheit im 20. Jahrhundert, Frankfurt/M. 1977, S. 109 ff. RICOEUR, P.: Der Text als Modell: hermeneutisches Verstehen. In: BÜHL, W. L. (Hg.): Verstehende Soziologie. Grundzüge und Entwicklungstendenzen, München 1972, S. 252 ff. ROETHE, TH. E.: Acht exemplarische Fallanalysen zur These von den zwei politischen Kulturen. Eine Rekonstruktion sozialer Deutungsmuster westdeutscher Industriearbeiter, Diss., Dortmund 1980. SCHÜTZE, Y.: Innerfamiliale Kommunikation und kindliche Psyche. Eine exemplarische Analyse der Kommunikations- und Rollenstrukturen zweier Familien. Max-Planck-Institut für Bildungsforschung: Materialien aus der Bildungsforschung, Nr. 7, Berlin 1977. TERHART, E.: Intuition – Interpretation – Argumentation. Zum Problem der Geltungsbegründung von Interpretationen. In: Z. f. P. 27 (1981), S. 769 ff.

Lexikon

Aktenanalyse

Problemaufriß. Unter Aktenanalyse versteht man das Verfahren, Prozesse und Resultate institutionellen Handelns und/oder die dabei wirksam werdenden pragmatischen Alltagstheorien durch Rekonstruktion des Zusammenhanges der Maßnahmen und der Bedingungen, unter denen sie zustande gekommen sind, beziehungsweise durch inhaltsanalytische Methoden zu erforschen.

Aktenanalysen haben ihr zentrales Einsatzgebiet in der Untersuchung von Institutionen. Große bürokratische Organisationen, vor allem solche, die rechtlicher Normierung unterliegen, also staatliche Institutionen, führen Akten; einmal, um die Wissensspeicherung und Kommunikation innerhalb der Organisation, aber auch zwischen kooperierenden Institutionen zu gewährleisten, zum anderen auch zur rechtlichen Absicherung ihres Handelns. Die Akten enthalten Angaben über die von den Institutionen getroffenen Maßnahmen, darüber hinaus führen sie in aller Regel auch Begründungen für diese an. Entsprechend gibt es, wie die einleitende Definition andeutete, zwei unterschiedliche, einander ergänzende, wenn auch nicht notwendig zusammenhängende Strategien, die Handlungslogik von Institutionen anhand von Akten zu untersuchen. Die erste Strategie, die man als *Strukturanalyse* bezeichnen könnte (vgl. BRUSTEN/HERRIGER 1978, S. 497), erforscht den Ablauf des institutionellen Verfahrens in Abhängigkeit von verschiedenen Bedingungen. Dabei fungiert die Akte als Datenquelle, die die für relevant erachteten Informationen zur Verfügung stellt, so daß diese vom Forscher „nur mehr" auf Zusammenhänge hin analysiert werden müssen. Das einschränkende „nur mehr" bezieht sich dabei auf die Datengewinnung: Die in der Akte enthaltenen Informationen werden als gültige Daten aufgefaßt, die bereits kategorisiert sind und nur der Verknüpfung durch den Forscher bedürfen. Welche Zusammenhänge zwischen den Bedingungen und Ergebnissen des Verfahrens herzustellen sind, ist hingegen durchaus kein triviales Problem; gerade hier kommt es darauf an, die vorgegebene Struktur der Akte zu durchschauen.

Auch die zweite Strategie, die Untersuchung der Begründungsinhalte, kann sich natürlich nur auf das in den Akten enthaltene Material beziehen. Sie verwendet diese aber nicht als Information über Sachverhalte, sondern versucht, Argumentationsinhalte und -figuren ideologiekritisch zu durchleuchten. Das dabei verwendete Verfahren ist die *Inhaltsanalyse,* wobei der spezifische Gegenstand, die aktenförmige (und aktengerechte, das heißt rechtlich abgesicherte) Begründung, einige Eigenheiten aufweist, die bei Durchführung der Analyse und Interpretation ihrer Ergebnisse zu berücksichtigen sind.

Dieser kurze Problemaufriß soll im folgenden anhand des Beispiels einer Analyse von Jugendamtsakten verdeutlicht werden. Dieser – in der Literatur bereits relativ gut dokumentierte – Bereich wird gewählt, weil sich beide genannten Aspekte der Aktenanalyse gut an ihm demonstrieren lassen.

Strukturanalyse. Die Strukturanalyse beginnt mit den Zuweisungsmechanismen, also mit der Frage, wie die einzelnen Fälle überhaupt entstehen. Hierzu gehört die Frage der Herkunft der Meldungen, die die Konstituierung eines Falles herbeiführen. Schon bei diesem Schritt zeigt sich, daß in aller Regel Jugendliche nicht selbst sich an das Jugendamt wenden, um ihr „Recht auf Erziehung" (§ 1 JWG) wahrzunehmen, sondern daß es andere Institutionen und Personen sind, die die Fallbearbeitung einleiten – Polizei, Schule und Eltern des Jugendlichen, um nur die wichtigsten zu nennen. Weiter wäre nach den Anlässen der Meldungen zu fragen – Straftaten, Leistungsverweigerung in der Schule und am Arbeitsplatz, das Sichentziehen der elterlichen Aufsicht, um auch hier nur die wichtigsten anzuführen.

Auf die Zuweisung eines Falles folgt in der Regel die Beschaffung weiterer Informationen. Auch bei diesen ist nach ihrer Herkunft und nach dem Inhalt zu fragen. Gerade im Falle des Jugendamtes, aber auch bei anderen Institutionen, zum Beispiel der Schule (vgl. BEST 1979), eröffnet sich hier über die Erforschung einer einzelnen Institution hinaus die Möglichkeit des Einstiegs in die Erfassung des Netzwerkes der sozialen Kontrolle.

Mit den Angaben über die einen Fall konstituierende Person – wobei zu den Angaben über die Auffälligkeiten (oder allgemein: Anlässe des Aktivwerdens einer Institution) auch solche über die soziale Stellung, Herkunft und Schullaufbahn treten – ist auch bereits eine Gruppe von Bedingungen für die Wahl der von der Institution zu treffenden Maßnahme bezeichnet, die man nach STEFFEN (vgl. 1977, S.94) als „normative" bezeichnen kann. Damit sind diejenigen Bedingungen gemeint, die sich auf das Vorliegen der rechtlichen Kriterien einer Entscheidung beziehen – wobei es die Aufgabe der Analyse ist herauszufinden, welche dieser Bedingungen sich tatsächlich in der Entscheidung für eine Maßnahme niederschlagen. Dazu kommen die pragmatischen Bedingungen, worunter diejenigen zu verstehen sind, die sich auf die zur Verfügung stehenden Ressourcen beziehen, also auf rechtlich und faktisch vorhandene Handlungsmöglichkeiten, Zeitaufwand, Kosten der jeweiligen Maßnahmen, aber auch die antizipierte Beschwerdemacht des von der Entscheidung Betroffenen. Diese Bedingungen in ihrer Relevanz einzuschätzen erfordert oft Erkenntnisse über die Institution, die aus der Analyse der Akten selbst nicht hervorgehen. Hier ist zur Ergänzung an unstrukturierte Interviews oder eine Phase der Feldforschung zu denken.

Der Abschluß der Analyse besteht in der Verknüpfung solcher Bedingungen untereinander und vor allem mit den getroffenen Entscheidungen. Resultat einer solchen Untersuchung ist nicht – wie anläßlich der Durchführung solcher Analysen im Bereich des Strafrechts irrtümlicherweise angenommen wurde (vgl. BARTON 1980) – eine Aussage über die subjektiven Entscheidungskriterien der Handelnden, sondern eine Rekonstruktion der anhand des Aktenmaterials objektiv sich zeigenden Zusammenhänge zwischen den „Input-Daten" (den normativen und pragmatischen Bedingungen) und dem „Output", dem Resultat des Entscheidungsprozesses (vgl. BLANKENBURG 1973, S.190). Eine solche Analyse ist auch nicht notwendig defizitär gegenüber einer Untersuchung, die etwa anhand von Interviews sich der subjektiven Sicht der Entscheidungsträger vergewisserte. Im Gegenteil, sie vermag Zusammenhänge zu entdecken, die den Handelnden gerade selbst nicht bewußt sind.

Eine solchermaßen durchgeführte Strukturanalyse könnte im Prinzip allerdings durch andere Verfahren ersetzt werden, etwa durch teilnehmende Beobachtung. Die Aktenanalyse hat dieser gegenüber den Vorzug, ein nicht-reaktives Verfahren zu sein. Sie erforscht Prozesse, die bereits abgelaufen und deren Ergebnisse in den Akten enthalten sind. Damit entfallen die Probleme, die sich aus dem Eingreifen des Forschers in soziale Prozesse ergeben. Der Nachteil der Aktenanalyse liegt darin, daß sie über andere als die in den Akten enthaltenen Informationen nicht verfügt. Informelle Handlungs- und Entscheidungsmöglichkeiten und -bedingungen entgehen also der Aufmerksamkeit (als Beispiel einer Institutionenanalyse durch Feldforschung: vgl. CICOUREL 1968).

Zugunsten der Aktenanalyse wurde in diesem Zusammenhang angeführt, daß die meisten Entscheidungen in Institutionen anhand der Akten getroffen würden – daß also demjenigen, dessen Handeln erforscht wird, ohnehin nicht mehr Informationen zur Verfügung stünden als dem analysierenden Forscher (vgl. STEFFEN 1977, S. 92 f.). Diese Feststellung dürfte in dem von Steffen gemeinten strafrechtlichen Bereich in hohem Maße zutreffen. Grundsätzlich ist aber diese Behauptung nicht zur Prämisse der Aktenanalyse zu machen, sondern selbst der empirischen Prüfung zu unterziehen.

Die Strukturanalyse durch Akten hat also im wesentlichen Berechtigung, wenn eine große Anzahl von Fällen quantitativ ausgewertet werden soll. Dann besteht neben dem Merkmal der Nicht-Reaktivität ihre Rechtfertigung in der Möglichkeit einer relativ zu anderen Methoden unaufwendigen Analyse, wobei zudem echte Stichproben gezogen werden können, so daß verallgemeinerbare Aussagen möglich sind. Zu überlegen wäre in jedem Falle, ob man sich der Triftigkeit der Resultate durch andere Methoden versichert, wobei solche der Feldforschung im Vordergrund stehen dürften.

Inhaltliche Analyse von Begründungen.
Die Maßnahmen von Institutionen müssen begründet werden, und zwar umso ausführlicher, je einschneidender sie sind. An diesen Begründungen haben viele ideologiekritische Untersuchungen angesetzt. Besonders der Begriff der Verwahrlosung, der im Jugendrecht eine zentrale Rolle spielt als Indikator für das Gebotensein von Fürsorgeerziehung, ist zum Gegenstand wissenschaftlicher Forschung geworden (vgl. CLEMENZ u. a. 1977, STEINVORTH 1973). Man versucht sich auf diese Weise den „pragmatischen Alltagstheorien" (vgl. KEUPP 1976, S. 143 ff.) der Handlungsträger in den Institutionen zu nähern und gleichzeitig damit auch Erkenntnisse über die gesellschaftliche Funktion der Institutionen öffentlicher Erziehung zu gewinnen. Die Begründungen bestehen meist aus Beschreibungen von Lebensverhältnissen, Persönlichkeitsmerkmalen und Verhaltensweisen der jeweils betroffenen Person. Sie müssen aber als selektiver Wirklichkeitsausschnitt betrachtet werden, der mehr über den Bezugsrahmen der aktenführenden Institution aussagt als über die beschriebenen Verhältnisse. Gefragt wird also nicht nur nach der „Richtigkeit" der Informationen, sondern auch danach, welche Sachverhalte und Ereignisse überhaupt thematisiert werden und welche nicht, und in welcher Sprache dies geschieht.

Grundsätzlich ist das methodische Vorgehen hier ein inhaltsanalytisches. Ob dabei nur hermeneutisch-ideologiekritisch (vgl. RITSERT 1972) vorgegangen und auf Quantifizierung verzichtet wird, oder ob man in statistisch-quantifizierender Weise verfährt, dürfte – nachdem die Kontroverse um Quantität versus Qualität auch bezüglich der Inhaltsanalyse keine exklusiven Alternativen, sondern eher zwei einander ergänzende Möglichkeiten beschrieben hat (vgl. LISCH/KRIZ 1978, S. 47 ff.) – eher eine Frage der zur Verfügung stehenden Mittel sein. Ohne Zweifel geht auch einer zu standardisierten und somit quantifizierbaren Ergebnissen kommenden Verfahrensweise eine intensive theoretische und interpretatorische Durchdringung des Materials anhand einer nicht zu kleinen Zahl von Fällen voraus. Dies dürfte mit ein Grund sein, warum bisher nur rudimentäre Versuche quantifizierenden Vorgehens vorliegen.

Anhand eines Auszugs aus einem (nicht publizierten) Jugendgerichtshilfebericht – der dem Richter in einem Jugendstrafverfahren Auskunft über die Person des Jugendlichen geben und einen Vorschlag zur Entscheidung machen soll – seien nun einige Aspekte der Interpretation angedeutet. Der Bericht beschreibt zunächst, wie aufgrund des frühen Todes der Mutter die Kinder in eine Pflegefamilie kamen. Weiter heißt es:
„Die Pflege der Kinder bei Familie A.

Aktenanalyse

lief insgesamt nicht optimal; die Pflegeeltern waren im Grunde überfordert und reagierten oft mit zu starken Sanktionen bis hin zu Schlägen. Ziel der Unterbringung war jedoch gewesen, den Geschwisterverband zu erhalten [...]
Seit Sommer des Jahres 1981 wurde L. zunehmend verhaltensauffällig.
Immer öfter schwänzte er die Schule, streunte umher und begann, kleine Diebstähle zu begehen. Im Klassenverband wurde er nicht mehr tragbar. Wir zitieren aus einem Schulbericht: [...]
Die Verhaltensauffälligkeiten L.s eskalierten alsbald zur zunehmenden Verübung von Straftaten.
[Nun werden einige der Delikte geschildert. Der Bericht schließt:]
Die Schwierigkeit in L.s Persönlichkeit liegt im wesentlichen darin, daß er überhaupt nicht mehr zugänglich ist. L. verschließt sich nach innen und läßt niemandem zu, zu ihm Zugang zu finden. In Gesprächssituationen lügt er nahezu ständig und versucht auch, Institutionen, die eine Betreuung versuchen, gegeneinander auszuspielen. Es besteht weiterhin die begründete Befürchtung, daß L. zunehmend straffällig wird. Es liegen Aussagen vor, wonach L. auch nach dem Urteil vom [...] Straftaten begangen hat, ohne daß die Beweiskraft von hier beurteilt werden kann."
Zunächst lassen sich an diesem Textausschnitt einige Besonderheiten solcher Beurteilungen von Personen aufzeigen, wie sie für Akten typisch sind. Gleich im ersten Abschnitt wird ein krasser Fehler des Jugendamtes, die Vermittlung eines Kindes zu ungeeigneten Pflegeeltern, erwähnt. Dieser Fehler wird durch die Notwendigkeit des Zusammenbleibens der Geschwister zu rechtfertigen versucht. Solche relativ häufig vorkommenden retrospektiven Erklärungen von Maßnahmen verweisen auf ein erstes Spezifikum von Akten: Sie dienen der (juristischen, aber auch „moralischen") Rechtfertigung des eigenen Handelns. Ein zweites Spezifikum ist der Verweis auf sekundäre Informationsquellen. Dem Bericht der Schule wird entnommen, daß der Jugendliche „verhaltensauffällig" wurde, und aus Aussagen, deren Beweiskraft nicht beurteilen zu können man selbst zugesteht, wird die „begründete Befürchtung" abgeleitet, daß der Jugendliche zunehmend straffällig werde. Solche Informationen werden also wie in einem Puzzle zu einem stimmigen Bild abgerundet; die eigene Beurteilung des Jugendlichen wird durch sie – ohne daß ihre Zuverlässigkeit oder Vollständigkeit überprüft wird – gleichzeitig ergänzt und gerechtfertigt. Zur Legitimation des eigenen Handelns tritt hier die möglichst vielseitige Absicherung der eigenen Beurteilung der Sachlage. All dies dient der Vorbereitung von Entscheidungen, die durch eine dritte Besonderheit abgeschlossen wird: Die Lebensgeschichte des Jugendlichen wird als eine Kumulation von Auffälligkeiten beschrieben, an deren Ende folgerichtig und zwangsläufig die nächste, wiederum eine Stufe härtere Maßnahme steht (im vorliegenden Fall wurde dem Jugendgericht die Verhängung einer unbestimmten Jugendstrafe empfohlen).
Zu diesen sich auf die Besonderheiten eines Aktenberichtes beziehenden Untersuchungen sollte die eigentliche *Inhalts*analyse treten, durch die geklärt würde, mit welchen kognitiven und sprachlichen Mitteln die Beschreibung des Falles erfolgt: die Ebenen der Beschreibung (Verhalten versus Persönlichkeitseigenschaften), die Schwerpunkte der Argumentation (Art der beschriebenen Auffälligkeiten, Verhältnis von „positiven" zu „negativen" Aussagen über den Jugendlichen), die Verwendung von Begriffen (alltagssprachliche – wissenschaftliche, beschreibende – implizit wertende – offen wertende, ...). Dieser kurze Katalog ließe sich natürlich beliebig erweitern. Zu beachten ist bei der Interpretation der Resultate, daß der Adressat des Aktenstückes nicht der

Jugendliche selbst ist. Die Art und Weise, mit der er in der Akte beschrieben wird, muß nicht mit der identisch sein, mit der Sozialarbeiter – oder andere Autoren von Aktenberichten – dem Jugendlichen interaktiv gegenübertreten. Die Aktensprache drückt nicht die individuell zurechenbare Einstellung des Verfassers der Akte dem Jugendlichen gegenüber aus, sondern spiegelt die institutionenspezifische „pragmatische Alltagstheorie" wider, worunter nach KEUPP (1976, S. 144) diejenige „je spezifische Gruppierung von Stereotypen, Typisierungen und erwartbaren Selbstverständlichkeiten [zu verstehen ist], die in der Bewältigung und routinemäßigen Abwicklung von alltagspraktischen Aufgaben entstanden sind und handlungsleitende Sicherheit verleihen". Verweist die inhaltliche Analyse der Aktensprache also auf die Funktion der Jugendhilfe als Institution der Ausgrenzung und Kontrolle abweichenden Verhaltens, so erschließt sich diese Funktion doch vornehmlich aus der Strukturanalyse ihres Handelns. Die sprachlichen Begründungsmuster zeigen eher, in welchem Ausmaß die Entscheidungsträger in den Institutionen sich in deren Logik reibungslos einfügen.

Zur Praxis der Aktenanalyse. Wie jede andere empirische Forschungsmethode führt auch die Aktenanalyse nur dann zu interpretierbaren Resultaten, wenn die theoretische Fragestellung und die Bedeutung, die die empirischen Daten innerhalb ihrer erhalten sollen, geklärt sind. Erst dann sollten die weiteren Forschungsschritte in Angriff genommen werden, was nicht bedeuten soll, daß man erst dann Akten aus der zu untersuchenden Institution hinzuziehen darf. Es ist natürlich wichtig, von Anfang an zu wissen, welches Material die Akten überhaupt enthalten, so daß man sich baldmöglichst einen Überblick über Inhalt und Aufbau einschlägiger Akten verschaffen sollte. Damit ist bereits das Zugangsproblem angesprochen. Es ist nicht immer zu erwarten, daß Organisationen sich gerne „in die Karten schauen" lassen. Auch ist damit zu rechnen, daß zwar die Analyse von Akten grundsätzlich genehmigt wird, nicht aber der Zugang von institutionsfremden Personen zu denselben, so daß die Akteninhalte durch Angehörige der zu untersuchenden Institution selbst in die Erfassungsbögen übertragen werden (vgl. GESSNER u. a. 1977). Angesichts der zunehmenden Berücksichtigung datenschützerischer Belange ist damit zu rechnen, daß solche Fälle häufiger werden. Die Frage des Zugangs oder etwaiger Beschränkungen ist daher ebenfalls zu klären, bevor weitergehende Vorbereitungen unternommen werden.

Das Erhebungsinstrument, das nach Maßgabe der theoretischen Fragestellung und der Struktur der zu untersuchenden Akten anzufertigen ist, wird je nach Vorgehensweise unterschiedlich ausfallen. Bei einem strukturanalytischen Vorgehen liegt das Datenmaterial schon in kategorisierter Form vor, da die Akten hier ja als Beschreibungen von Sachverhalten und Ereignissen aufgefaßt werden. Daher läßt sich hier in der Regel ein einfaches, standardisiertes Forschungsinstrument entwerfen, das den interpretativen Aufwand bei der Datenerhebung gering hält.

Anders verhält es sich mit der inhaltlichen Analyse der Aktensprache. Hier ist das sprachliche Material in die vom Forscher entworfenen Kategorien zu übertragen, was ein erhebliches Maß an Interpretationsleistung verlangt, das durch genaue Explikation der Kategorien und entsprechende Schulung zu fördern ist.

Aktenanalyse

BARTON, S.: Staatsanwaltliche Entscheidungskriterien. In: Monschr. f. Kriminol. u. Strafrreform. 63 (1980), S. 206 ff. BEST, P.: Die Schule im Netzwerk der Sozialkontrolle, München 1979. BLANKENBURG, E.: Die Staatsanwaltschaft im Prozeß sozialer Kontrolle. In: Kriminol. J. 5 (1973), S. 181 ff. BRUSTEN, M./HERRIGER, N.: Lehrerurteile und soziale Kontrolle im „Schulbericht". In: Z. f. P. 24 (1978), S. 497 ff. CICOUREL, A. V.: The Social Organization of Juvenile Justice, New York 1968. CLEMENZ, M. u. a.: „Verwahrlosung" – Sprache und Interaktion in Systemen sozialer Kontrolle. In: N. Prax. 7 (1977), S. 153 ff., S. 251 ff. GESSNER, V. u. a.: Prozeßproduzierte Daten in der Rechtssoziologie. In: MÜLLER, P. J. (Hg.): Die Analyse..., Stuttgart 1977, S. 179 ff. KEUPP, H.: Abweichung und Alltagsroutine. Die Labeling-Perspektive in Theorie und Praxis, Hamburg 1976. LISCH, R./KRIZ, J.: Grundlagen und Modelle der Inhaltsanalyse, Reinbek 1978. MÜLLER, P. J. (Hg.): Die Analyse prozeß-produzierter Daten, Stuttgart 1977. RITSERT, J.: Inhaltsanalyse und Ideologiekritik, Frankfurt/M. 1972. STEFFEN, W.: Grenzen und Möglichkeiten der Verwendung von Strafakten als Grundlage kriminologischer Forschung. In: MÜLLER, P. J. (Hg.): Die Analyse..., Stuttgart 1977, S. 89 ff. STEINVORTH, G.: Diagnose: Verwahrlosung, München 1973.

Wolfgang Ludwig

Befragung

Definition. Mit dem Begriff Befragung wird die Planung, Ausführung und Auswertung einer Frage-Antwort-Operation bezeichnet, bei der die Befragten durch eine Reihe von thematisch gezielten Fragen zu entsprechender Beantwortung veranlaßt werden. Die Befragung kann einzeln oder in Gruppen, mündlich oder schriftlich erfolgen. Hierbei werden ausgeschlossen sowohl das „Interview" wie die „Massenumfrage". Zur Befragung im hier gemeinten Sinn gehört deshalb nicht die persönliche, kommunikative Beziehung, Interaktion und Wechselrede zwischen Interviewer und Interviewtem, der explorative Duktus (Gesprächsleitfaden), die individuell zentrierte Problematik im Inhalt des Interviews. Ferner soll auch die anonyme Ausfüllung eines Fragebogens in einer Umfrage unberücksichtigt bleiben, bei der stark vereinfachte Thesen oder Fragen mit Antwortvorgaben in unzusammenhängender Folge beantwortet, beziehungsweise angekreuzt werden (vgl. ANGER 1969, NOELLE 1963, SCHEUCH 1967a).

Regeln der Befragung. Die wissenschaftliche Befragung richtet sich im Rahmen ihrer Zielsetzung an der thematischen und sprachlichen Kompetenz und Interessenlage der Befragten aus. Das spezielle Befragungsthema soll durch etwa 20 bis 40 Einzelfragen sowohl differenziert wie konsistent „aufgebaut" werden, um Einhelligkeit oder Widersprüche, Kompetenz oder Inkompetenz auf seiten der Befragten aufzudecken. Die Befragung geht dabei offen und direkt vor, das heißt, nicht projektiv oder verdeckt, und erwartet dementsprechende Antworten. Sie vermeidet Einstimmungen durch eine suggestive Formulierung und Kombination der Fragen oder einseitige Placierung möglicher Zustimmungen und Ablehnungen, verneinender und bejahender Thesen. Sie kann allerdings auch eine Reihenfolge mit Reizfragen und Folgefragen, allgemeinen Oberfragen und speziellen Unterfragen einhalten, um die Zuwendung der Befragten wachzuhalten. Durch Ich-Formulierung der Thesen und eventuell Antwortvorgaben soll ein Rückzug der Befragten auf vermeintlich sozial erwünschte Gemeinplätze vermieden werden. Die Beantwortung soll in der vorgegebenen Folge möglichst unmittelbar und eindeutig erfolgen. Allerdings soll den Befragten auch ein unentschiedenes Votum offengehalten werden (vgl. JAIDE 1980, LEVERKUS-BRÜNING 1966).

Ablauf einer Befragung. In der Durchführung einer Befragung lassen sich fünf Arbeitsschritte unterscheiden:
Erster Schritt (Vorbereitung des Fragebogens):
- Sammlung der Fragestellungen durch theoretische Vorgaben, informelle Befragungen in der Zielgruppe, Entlehnung und/oder Adaptierung aus analogen Untersuchungen, Beratungen im Team;
- Formulierung und Überprüfung der Fragen nach inhaltlichen und sprachlichen Kriterien, Reihenfolge und Kombination der Fragen, Beschränkung der Anzahl. Formulierung der Instruktion für die Befragten, die den obigen Kriterien entspricht;
- Festlegung der Auswertungsverfahren.

Zweiter Schritt (Prätest): An einer hinreichend großen Prätest-Stichprobe aus den Zielgruppen soll überprüft werden, ob die Fragen sinngemäß verstanden werden, ob sie zu transparenten und kontroversen Meinungsäußerungen anregen, ob bei der Länge des Fragebogens keine Ermüdungen eintreten. Aufgrund der quantitativen Berechnungen und qualitativen Analysen können Fragen umformuliert oder ausgewechselt oder fortgelassen beziehungsweise hinzugesetzt werden, so daß eine Beschränkung der Fragen möglich ist (vgl. FRIEDRICHS

1973, HELLER/ROSEMANN 1974).
Dritter Schritt: Druck/Herstellung und Fehlerkontrolle des Fragebogens; mündliche Einführung der Durchführer der Befragung (Lehrer, Tagungsleiter, Berufsberater, wissenschaftliche Mitarbeiter), Austeilung der schriftlichen Instruktionen für die Durchführer und für die Befragten, Verteilung der Befragungsorte.
Vierter Schritt: Durchführung der Befragung (im Gruppenversuch), Vermeidung von Störungen, unzulässigen Kommunikationen, Auslassungen im Fragebogen, wobei die Nichtverwertung einzelner Fragebögen oder auch von ganzen Gruppen kaum vermeidbar ist.
Fünfter Schritt: Auswertung je nach Frageformat und Auswertungsverfahren (vgl. AHRENS 1974, HOFSTÄTTER/WENDT 1974, KRAUTH/LIENERT 1973).

Fragetypen. In einer Befragung lassen sich unterschiedliche Typen von Fragen unterscheiden. So gibt es beispielsweise *Faktenfragen* nach demographischen, soziologischen, sozialpsychologischen Tatsachen – eventuell mit Antwortvorgaben zur Erzielung eindeutiger Angaben. Davon lassen sich die sogenannten *offenen Fragen* unterscheiden, das heißt Fragen mit freigestellten Antworten, mit denen Anschlußfragen kombiniert werden können und die Differenzierungen oder Begründungen der vorangehenden Antworten erfragen. Diese Antworten bedürfen meist eines konzeptorientierten Auswertungsmanuals, das die Bedeutungen (Codierung) und Bewertungen (Evaluierung) der Antworten erschließt und festlegt. Dies geschieht am besten mit Hilfe mehrerer Beurteiler (Rater/Rating-Team), wobei unter den Ratern die Übereinstimmungen und Durchschnittswerte in der Beurteilung der Befragten auf den einzelnen Codes festgestellt werden können (vgl. HARTMANN/WAKENHUT 1972, SILBERMANN 1967).
Fragen mit Hilfe *formalisierter Thesen*

und Antwortvorgaben arbeiten mit skalierter Zustimmung oder Ablehnung, die sich durch Zahlen (1-5) und Benennungen („trifft vollständig für mich zu") erheben lassen. Fragen nach der *Rangordnung* von Interessen, Problembereichen, Kompetenzen und Zufriedenheiten werden offen oder/und zusätzlich mit Checkliste dargeboten. Bestimmte *Skalen*, das heißt Fragenserien, die aus der Literatur bekannt sind (vgl. ELLWEIN 1970), können nach testanalytischer Bewährung in Befragungen eingesetzt werden (vgl. HERRMANN u.a. 1971, MODICK 1977). Dabei ist zu prüfen, ob die verschiedenen Fragen auf *einer* Sinn-Dimension liegen (zum Beispiel partnerschaftliche Hilfe im Elternhaus). Die persönlichen und gruppenspezifischen Meßwerte auf einer solchen Dimension lassen sich unter bestimmten Voraussetzungen und Regeln mit anderen Meßwerten korrelieren. Neben diesen Skalen kann auch eine Indexbildung vorgenommen werden, indem konzeptuell zusammengehörige Fragen/Antworten zusammengefaßt und Summenmeßwerte dafür gebildet werden. Schließlich lassen sich auch Fragenkataloge durch *semantische Differenzierungen* einzelner Wortfelder entwickeln (vgl. OSGOOD u.a. 1957): Eine Serie von beispielsweise 30 polarisierten Eigenschaftswörterpaaren (kalt – warm) wird zum Vergleich von Begriffen oder Erfahrungen (Mann – Frau; Vater – Mutter) eingesetzt. Die einzelnen polaren Dimensionen werden durch Ankreuzungen auf Meßskalen (1-5) zwischen den Polen von den Befragten eingeschätzt, und von den Auswertern werden Verbindungslinien (Polaritäten-Profile) pro Befragten und Befragtengruppe gebildet.

Varianten der Befragungsstrategie. Diese ergeben sich aus den oben erwähnten Techniken, dem thematischen Anwendungsbereich und der wissenschaftlichen Problemlage. Bei explorativen Pilotstudien in bisher wenig erforschten Bereichen wird man mehr mit offenen Fragen arbeiten. Das setzt allerdings Introspektions- und Verbalisierungsfähigkeiten und -bereitschaften bei den Befragten voraus. Je weniger dies zu erwarten ist, desto stärker wird man zu formalisierenden Techniken mit Antwortvorgaben und Checklisten greifen. Das hängt auch mit der konzeptuellen Einsicht in die Befragungsthematik von seiten der Forschung zusammen. Ist diese soweit fortgeschritten, daß man bestimmte Hypothesen testen kann, wird – allerdings mit Informationsverlusten und der Gefahr von Klischierungen – eher mit erprobten Skalen gearbeitet (vgl. TRIANDIS 1975, WEEDE 1977).

Gütekriterien. Die Beurteilung des methodischen Vorgehens und der Ergebnisse der Befragung gleicht derjenigen, die bei psychologischen Untersuchungen üblich ist. *Durchführungsobjektivität* ist durch eine sorgfältige Betreuung/Instruktion und Kontrolle und durch Gleichhalten der Präsentation beziehungsweise der Durchführungsbedingungen bei den verschiedenen Befragten innerhalb einer Befragtengruppe und zwischen solchen Gruppen einzuhalten. Gerade weil sich bei der Befragung die Formalisierung der Durchführung in Grenzen hält, andererseits ein Spielraum für Interaktionen zwischen Frager und Befragten per Definition und Zielsetzung nicht zugebilligt werden kann, ist auf eine sehr genau kontrollierte und protokollierte Durchführung zu achten. Dies gilt besonders für Befragungen, die im Zeitverlauf wiederholt werden sollen: als Erfolgs- und Bewährungskontrollen „vorher – nachher" oder während der verschiedenen Stadien eines Bildungs-, Wahl- oder Entwicklungsprozesses (vgl. JAIDE/HINZ 1979). Da hierbei Veränderungen der Situation und Reaktion gemessen werden sollen, müssen Test und Text zuverlässig gleich (*reliabel*) gehalten werden. Zur Klärung der Gültigkeit (*Validität*) der Ergebnisse können Außenkriterien (wie Schulerfolg oder Berufsentschluß) eingeholt werden, die sich zu den Antworten über Wünsche, Aussichten, Interessen in Bezug setzen lassen. Dadurch läßt sich die vermutliche Beeinträchtigung der Antworten durch die individuelle oder gruppenspezifische Rolle, Position, Vorgeschichte, Lebensphase, Bildung und Intelligenz kontrollieren (vgl. GEIGER 1964, LAZARSFELD u. a. 1972, NEHNEVAJSA 1967). Eine spezielle Auswertungsobjektivität wird durch bewährte, transparente Analyseverfahren gewährleistet.

Anwendungsbereiche. Der hier dargestellte Typus von Befragung ist speziell gedacht für folgende Themen:
– Erfahrungen in der Elternfamilie über Erziehungsstile, Interaktionen zwischen Eltern und Kindern,
– Erfahrungen in der Schule mit der Institution, den Schulfächern, Lehrern, Mitschülern, von Erfolgen und Mißerfolgen, Schullaufbahnberatungen und -entscheidungen,
– Berufswahlprozesse mit ihren Beweggründen, Problemlösungstechniken und Stationen,
– Konsumverhalten mit seinen Präferenzen, Möglichkeiten, Grenzen und Satisfaktionen,
– Freizeitverhalten mit seinen Wünschen, Präferenzen, Kombinationen, Befriedigungen und Enttäuschungen,
– Teilnahme, Mitgliedschaft und Mitwirkung in Vereinen, Verbänden, auf Tagungen und Kursen mit den damit zusammenhängenden Motivationen, Erlebnissen, Leistungen und Konsequenzen,
– Medieneinflüsse, Wirkungen von Fernsehen, Rundfunk, Zeitungen, Filmen und Lektüre.

In der Befragung sollen dabei weniger personalisierte, introspektive Problemlagen zu Wort kommen als vielmehr – bei Kindern, Schülern, Auszubildenden, Heranwachsenden – ihre Einschätzungen und Reaktionen in bezug auf die sie umgebenden, beeinflussenden, Chancen und Grenzen bietenden, näheren und weiteren, „natürlichen" und institutionalisierten Umweltbereiche. Reife, Adäquatheit, Konsistenz, Engagement der Antworten sollen weniger auf die Individuen als vielmehr auf ihre Lebens- und Bildungsverhältnisse bezogen werden. Befragungen dieses Typus gehören zur pädagogischen Praxis, obwohl diese nicht immer zu ihrem Gebrauch und zur Einholung von eventuell ungünstigen Resultaten ermuntert. Andererseits sind Befragungen zur Lernzielkontrolle oder anderen Effizienzuntersuchungen und für die Ziel-Mittel-Diskussion unentbehrlich. Denn sie liefern – im Ausschnitt ihrer Seriosität und Validität – Rückmeldungen für pädagogische, administrative und politische Praxis.

AHRENS, H.J.: Multidimensionale Skalierung, Weinheim/Basel 1974. ANGER, H.: Befragung und Erhebung. In: GRAUMANN, C.F. (Hg.): Handbuch der Psychologie, Bd.7.1, Göttingen 1969, S.567ff. ATTESLANDER, P.: Methoden der empirischen Sozialforschung, Berlin ^{3}1974. EHLERS, R./MERZ, F.: Erfahrungen mit einem Fragebogen zur Erfassung der Leistungsmotiviertheit. Berichte aus dem Institut für Psychologie an der Universität Marburg, Marburg 1966. ELLWEIN, TH.: Untersuchungen und Materialien zu den Bedingungen politischer Teilnahme. In: ELLWEIN, TH. (Hg.): Politisches Verhalten, München 1970, S.5ff. FRIEDRICHS, J.: Methoden empirischer Sozialforschung, Reinbek 1973. GEIGER, S.: Validität und Reliabilität. In: J. f. Marktfo. (1964), 8, S.44ff. HARTMANN, H./WAKENHUT, R.: Typenanalysen anhand gesellschaftlich-politischer Attitüden. In: Z. f. Sozpsych. 2 (1971), S.173ff. HARTMANN, H./WAKENHUT, R.: Zur Dimensionalität gesellschaftlich-politischer Attitüden bei unterschiedlichen Gruppen. In: Z. f. Sozpsych. 3 (1972), S.96ff. HELLER, K./ROSEMANN, B.: Planung und Auswertung empirischer Untersuchungen, Stuttgart 1974. HERRMANN, TH. u.a.: Die Marburger Skalen zur Erfassung des elterlichen Erziehungsstils. In: diagnostica 17 (1971), S.118ff. HILLE, B.: Interessen von Jugendlichen im interkulturellen Vergleich zwischen der Bundesrepublik Deutschland und der DDR. In: JAIDE, W./HILLE, B. (Hg.): Jugend im doppelten Deutschland, Opladen 1977, S.226ff. HOFSTÄTTER, P.R./WENDT, D.: Quantitative Methoden der Psychologie, Frankfurt/M. 1974. JAHODA, M. u.a.: Research Methods in Social Relations, New York 1951. JAIDE, W.: Das Verhältnis der Jugend zur Politik, Neuwied 1963. JAIDE, W.: Jugend und Demokratie, München 1970. JAIDE, W.: Achtzehnjährige zwischen Reaktion und Rebellion, Opladen 1978. JAIDE, W.: Junge Hausfrauen im Fernsehen, Opladen 1980. JAIDE, W./HINZ, D.: Jugendliche im Bildungsurlaub, Stuttgart 1979. KAASE, M.: Demokratische Einstellungen in der Bundesrepublik Deutschland. In: WILDENMANN, R. (Hg.): Sozialwissenschaftliches Jahrbuch für Politik, München 1971, 2, S.119ff. KRAUTH, J./LIENERT, G.A.: Die Konfigurationsfrequenzanalyse (KFA) und ihre Anwendung in Psychologie und Medizin. Ein multivariates nichtparametrisches Verfahren zur Aufdeckung von Typen und Syndromen, Freiburg/München 1973. KRISTOF, W.: Die Beziehungen zwischen mehrdimensionaler Skalierung und Faktorenanalyse. Psychologische Beiträge, Bd.7, Meisenheim 1963. LAZARSFELD, P.F. u.a.: The People's Choice, New York 1948. LAZARSFELD, P.F. u.a.: Die Panel-Befragung. In: KÖNIG, R. (Hg.): Das Interview, Köln/Opladen ^{8}1972, S.92ff. LEVERKUS-BRÜNING, I.: Die Meinungslosen, Berlin 1966. LIENERT, G.A.: Verteilungsfreie Methoden in der Biostatistik, Meisenheim ^{2}1973. MÖBIUS, G.: Zur Genauigkeit standardisierter Verbraucher-Befragungen, Wiesbaden 1966. MODICK, H.-E.: Ein dreiskaliger Fragebogen zur Erfassung des Leistungsmotivs – Bericht über eine deutschsprachige Weiterentwicklung des Prestatie Motivatie Test. In: diagnostica 23 (1977), S.298ff. NEHNEVAJSA, J.: Analyse von Panel-Befragungen. In: KÖNIG, R. (Hg.): Handbuch der empirischen Sozialforschung, Bd.1, Stuttgart 1967, S.197ff., S.716ff. NOELLE, E.: Umfragen in der Massengesellschaft, Reinbek 1963. OPP, K.-D./SCHMIDT, P.: Einführung in die Mehrvariablenanalyse, Reinbek 1976. OSGOOD, CH.E. u.a.: The Measurement of Meaning, Urbana 1957. PECK, R.F. u.a.: Coping Styles and Achievement: A Crossnational Study of School Children. U.S. Department of Health, Education and Welfare, Bd.5, Project No. HRD-167-65, Washington 1972/1973. SCHEUCH, E.K.: Das Interview in der Sozialforschung. In:

KÖNIG, R. (Hg.): Handbuch der empirischen Sozialforschung, Bd. 1, Stuttgart 1967, S. 136 ff., S. 707 ff. (1967a). SCHEUCH, E. K.: Skalierungsverfahren in der Sozialforschung. In: KÖNIG, R. (Hg.): Handbuch der empirischen Sozialforschung, Bd. 1, Stuttgart 1967, S. 348 ff., (1967b). SILBERMANN, A.: Systematische Inhaltsanalyse. In: KÖNIG, R. (Hg.): Handbuch der empirischen Sozialforschung, Bd. 1, Stuttgart 1967, S. 570 ff., S. 789 ff. TRIANDIS, H. C.: Einstellungen und Einstellungsänderungen, Weinheim/Basel 1975. WAKENHUT, R.: Messung gesellschaftlich-politischer Einstellungen mit Hilfe der Rasch-Skalierung, Bern 1974. WEEDE, E.: Hypothesen, Gleichungen und Daten, Kronberg 1977.

Walter Jaide

Beobachtung

Definition. Entgegen einer verbreiteten, aber überextensionalen Definition als „empirische Vorgehensweise" sei als Methode der Beobachtung die Erfassung sinnlich wahrnehmbarer Tatbestände definiert, wobei der Beobachter sich bewußt (gezielt, kontrolliert) an einem aktuellen Gegenstand (Situation, Ereignis, Menge von Situationen bei Ereignissen) in seiner Umgebung orientiert und sich diesem gegenüber rezeptiv verhält (vgl. GRÜMER 1974, S. 26; vgl. SCHEUCH 1967, S. 210). In dieser Definition wird Beobachtung als mehr oder minder *systematisch*, also im Gegensatz zur rein willkürlichen oder zufälligen Beobachtung oder Exploration verstanden. Von dieser Eigenschaft der Kontrolliertheit einer wissenschaftlichen Beobachtung gemäß Plan und Ziel ist allerdings ihr Standardisierungsgrad in bezug auf verschiedene Gegenstände, Einheiten und Beobachter zu unterscheiden. Weiter sei *direkte* Beobachtung unterstellt, das heißt, die Gleichzeitigkeit von Ereignis und Rezeption bei direktem oder mechanisch vermitteltem (Film, Video, Teleobjektiv) visuellen Kontakt (vgl. DECHMANN 1978, S. 15). Dies schließt Formen retrospektiver, rein auditiver oder technisch-artifiziell stark verfremdeter Beobachtungen aus, was nicht bedeutet, daß solche Techniken nicht *auch* in Beobachtungsstudien angewendet werden können. Außerdem beschränkt sich dieser Artikel auf *Fremdbeobachtung* (im Gegensatz zu Introspektion), was nicht ausschließt, daß Selbstbeobachtung und Selbstkontrolle des Beobachters eine zentrale methodische Komponente der Beobachtung von anderen (in Konnex mit ego) ist. Beobachtung sei auch auf die Erfassung menschlichen *Verhaltens* begrenzt, wobei der Registrierung von physischen Spuren, Eigenschaften des unbelebten Raums, Geräten und anderen Merkmalen der Personen- und Verhaltensumgebung ein wesentlicher Informationsgehalt zukommen kann (vgl. WEBB u. a. 1975). Wenn hier schließlich eine *passiv-rezeptive Haltung* des Beobachters gegenüber den Beobachteten betont wird, so betrifft dieses Postulat den Beobachtungsvorgang als solchen, nicht unbedingt aber den Gesamtrahmen einer Beobachtungsstudie: Man kann nicht in Situationen intervenieren, Handelnde manipulieren oder Verhalten evozieren und all dies *zugleich* systematisch beobachten.

Dimensionen der Beobachtung. Will man innerhalb eines gegebenen Rahmens (Forschungsziel; Verfügbarkeit von Personen, Geld, Zeit; Untersuchungsgegenstand) ein Beobachtungsprojekt entwerfen oder eine spezielle Beobachtungstechnik entwickeln, so werden Entscheidungen in mindestens sieben weitgehend unabhängigen Dimensionen notwendig (vgl. ATTESLANDER 1971, S. 131; vgl. DECHMANN 1978, S. 19; vgl. GRÜMER 1974, S. 31 ff.; vgl. LÜDTKE 1979, S. 118). Sie sind durch folgende methodologische Dichotomien definiert, die in der Praxis aber häufig teilweise als Kompromisse der graduellen Abstufung erscheinen oder mißverstanden werden:

Stellung des Beobachters: außenstehend – teilnehmend. Der Beobachter steht entweder außerhalb des beobachteten Geschehens, oder er ist als teilnehmender Akteur involviert.

Sichtbarkeit des Beobachters: offen – verdeckt. Der Beobachter als solcher ist den Beobachteten entweder bekannt, oder seine Beobachtungsaufgabe bleibt verdeckt oder wird systematisch verschleiert.

Standardisierungsgrad der Beobachtung: unstandardisiert – standardisiert. Nach dem Standardisierungsgrad bestimmt sich das Ausmaß, in dem – unabhängig vom einzelnen Beobachter, aber mit Interpretationsspielräumen – fixiert ist, was, wie, wo, wann und wie lange nach einem vorgegebenen Schema zu beobachten ist, welche Hilfsmittel dabei zu benutzen und in welcher Weise die Beobachtungen aufzuzeichnen sind.

Art der Beobachtungssituation: Labor – Feld. Diese klassische Unterscheidung bezieht sich einerseits auf die modellierte, streng kontrollierte künstliche Erhebungssituation (Laboratorium), andererseits auf eine Sequenz natürlich gegebener, im wesentlichen nicht manipulierter komplexer Situationen und Handlungen (Feld). Ein Grenzfall zwischen Labor und Feld wäre die Situation einer geplanten, kontrollierten Feldveränderung, die nach Auslösern und Ablauf auch auf natürliche, spontane oder immanente Weise entstehen kann.

Standort des Beobachters: stationär – variabel. Es kann für den Beobachter zwangsläufig oder zweckmäßig sein, eine mehr oder minder räumlich fixierte Position für seine Beobachtungen einzunehmen oder aber entsprechend mobil zu sein.

Zahl der Beobachtungsobjekte: Einzelfallstudie – Mehrfällestudie, komparative Studie. Der Beobachtungsgegenstand ist entweder singulär, oder er umfaßt eine Stichprobe mehrerer Gegenstände derselben oder verschiedener Bezugsklassen.

Interesse am Eingriff in die Beobachtungssituation: neutral – intervenierend. Der Beobachter hat sich in der Regel streng neutral, unparteiisch, zumindest aber nicht exponiert gegenüber den Beobachteten zu verhalten. Besteht das Untersuchungsziel jedoch in der Verfolgung von Veränderungen der Situation aufgrund gezielter Eingriffe, so kann es nützlich sein, dem Beobachter (und nicht anderen Mitgliedern der Forschungsgruppe) auch die Rolle des Eingreifers oder Störers zuzuweisen, woraus freilich erschwerte methodische Probleme erwachsen.

Methodische Problematik. Die wissenschaftliche Beobachtung ist, wie andere Methoden der Datensammlung auch, eine verfeinerte Form alltäglicher oder geschulter Beobachtungen. Fast jede Handlung einer Person ist unter anderem Resultat vorausgegangener und Schritt zu nachfolgenden Beobachtungen (aus Motiven wie etwa Vorsicht, Gewißheit, Neugier oder Aufgabenerfüllung), da Intensität und Richtung des Verhaltens von aktuellen Informationen der Umwelt abhängen. In ontogenetischer Perspektive basieren Identitätsbildung und Sozialisation einer Person auf dem zentralen kognitiven Medium der Beobachtung, der Verinnerlichung und innerpsychischen Verarbeitung derart rezipierter Kognitionen. Die erreichte Sozialisationsstufe ihrerseits ist Determinante weiterer Beobachtungen; insbesondere hierdurch erklärt sich die ausgeprägte Subjektivität naiver und zufälliger Beobachtungen. Eine höhere Objektivität kommt im allgemeinen der von vornherein auf einen bestimmten Gegenstand gerichteten und mehr oder minder geschulten Alltagsbeobachtung zu.

Noch problematischer werden die Anforderungen an gezielte Beobachtungen, wenn die zumeist verdeckten motivationalen Bedeutungen der Handlungen, der „subjektiv gemeinte Sinn" (vgl.

WEBER 1964, S. 4 ff., S. 8 f.), entschlüsselt werden sollen.

Eine weitere Komplikation der Qualität gezielter Beobachtungen ergibt sich unter der Bedingung des für den Beobachter kulturell unvertrauten Gegenstandes, vor allem in einer fremden Gesellschaft, aber auch in einer randständigen Subkultur der eigenen Gesellschaft. Hiervon betroffen sind insbesondere die älteren Studien der angloamerikanischen Sozial- und Kulturanthropologie, des klassischen Bereichs der teilnehmenden Beobachtung (vgl. FRIEDRICHS/ LÜDTKE 1977, S. 21 ff.). In diesen Studien wurde das Problem deutlich, daß Deutungen von Bräuchen und Verhaltensweisen fremder Völker dann verzerrt erscheinen, wenn sie aus der Perspektive der Eigenkultur des Forschers vorgenommen werden. Die prinzipielle Unmöglichkeit einer voraussetzungslosen „reinen" Beobachtung erhellt schon die Sapir-Whorf-Hypothese, nach der bereits unsere Wahrnehmung von Welt durch die Struktur unserer Sprache in Grundzügen organisiert ist (vgl. CICOUREL 1970, S. 56 f.; vgl. WHORF 1963, S. 12). Da überdies das beobachtbare soziale Geschehen auch schon in begrenzten Situationen hoch komplex und prinzipiell unüberschaubar ist, wird jede detaillierte Beschreibung von Vorannahmen geleitet und damit selektiv sein (vgl. DEN HOLLANDER 1965). Schließlich ist der Gebrauch der Alltagssprache durch die Konfusion von Tatsachen und Wertungen gekennzeichnet. Daher sind zwei *Grundvoraussetzungen der systematischen wissenschaftlichen Beobachtung* zu postulieren: Eine möglichst eindeutige Zielrichtung der Beobachtung mit *begrenzter Dimensionalität* des Gegenstandes muß festgelegt sein, und die Beobachtungskategorien müssen sich auf *eindeutige Tatbestände* beziehen, mit denen kritisch theoretische Hypothesen konfrontiert werden können. Zur Erfüllung dieser Forderungen bedarf es der Einhaltung eines Systems von Regeln, die geeignet sind, die Ausflüsse offenkundiger *Fehlerquellen der Beobachtung* möglichst gering zu halten.

Drei methodische Komponenten und ihre Wechselwirkungen sind zugleich die Hauptfehlerquellen der Beobachtung: die Person des Beobachters, das Instrumentarium der Beobachtung und die Erhebungssituation. Zufällige und systematische, bei ihrer Kenntnis auch planvoll beeinflußbare Unzulänglichkeiten der drei Komponenten sind in ihrer Wirkung mehr oder minder konfundiert. Dabei lassen sich jedoch fünf Haupttypen (mit Untertypen) von Fehler- und Verzerrungseffekten unterscheiden (vgl. FRIEDRICHS/LÜDTKE 1977, S. 37 ff.; vgl. GRÜMER 1974, S. 56 ff.; vgl. LÜDTKE 1979, S. 121; vgl. MCCALL 1969, S. 132 ff.), abgesehen davon, daß jeder Beobachter über ein Minimum an wissenschaftlich-kategorialer (Kenntnis des Beobachtungsschemas), technisch-operativer (Einübung der Techniken), kommunikativer (Vermeidung von Inter-Rollenkonflikten) und normativ-moralischer Kompetenz (Vermeidung von Intra-Rollenkonflikten) verfügen sollte:

Reaktivität des Beobachters. Im Gegensatz zur indirekten, nichtreaktiven Beobachtung (vgl. BUNGARD/LÜCK 1974, SECHREST 1979, WEBB u. a. 1975), externen und apparativ vermittelten automatischen Beobachtung (vgl. ISCHI 1982, S. 284) führt jedes Auftreten eines Beobachters zu entsprechenden Reaktionen der Akteure, das heißt zu einer Beeinflussung der Situation, auch wenn sein Erscheinen diesen plausibel ist. Dies gilt insbesondere für die offene Teilnahme. Aber auch auf indirekte Weise, das heißt ohne direkten Einfluß der Beobachtungsperson, etwa durch die Instruktion des Untersuchungsleiters oder das Arrangement der Situation zum Beobachtungszweck (Videokamera, Mikrofon, Einwegspiegel), können reaktive Effekte methodisch induziert werden. Bei der Untersuchungsplanung ist daher die wahrscheinliche Reaktivität der Beobachtungsmethode zu berücksichtigen. Sachliches Arrangement und Instruktion (im Labor), Zugang zum Feld, Einführung, Standort, Rolle, Kontaktaufnahme, Beobachtungsverhalten und Kommunikation des Beobachters, Information der betroffenen Akteure sind so zu gestalten und zu praktizieren, daß die Reaktivität möglichst niedrig gehalten wird. Offenkundig reaktive Effekte sind nach Möglichkeit unabhängig zu erfassen und in ihrer Wirkung auf die Daten abzuschätzen.

Selektive Perzeption und Interpretation des Beobachters. Die Wahrnehmungen, Situationsdeutungen und Aufzeichnungen des Beobachters können einseitig, verzerrt und lückenhaft sein, insbesondere aufgrund
- der Begrenzung der physischen Wahrnehmungsfähigkeit (Überforderung des Beobachters durch die Komplexität der Beobachtungskategorien, der Ereignisse oder durch die Beobachtungsdauer),
- der Überidentifikation mit den Akteuren (overrapport, going native), so daß mit schwindender Distanz sich auch die Objektivität und Intersubjektivität der Beobachtungsprotokolle verringert,
- bestimmter Einstellungen und Vorurteile, die einen einseitigen und unkontrollierten Bezugsrahmen der Auswahl und Interpretation von Beobachtungen liefern, vor allem in Form von Ethnozentrismus, das heißt der Neigung, die Beobachtung fremder Kulturen ausschließlich mit Blick durch die Brille der eigenen Kultur vorzunehmen.

Hieraus ergibt sich an den Beobachter die Forderung, daß er mittels Perzeptionstraining, Sensibilisierung durch Selbst- und Prozeßerfahrung, Einnahme möglichst neutraler Positionen, kategorialer Eindeutigkeit und Vertrautheit des Beobachtungsschemas, raum-zeitlicher und thematischer Begrenzung der Beobachtungssequenzen zu methodisch kontrollierter Selektivität befähigt sein sollte. Er sollte Alltagsphänomenen nicht weniger Aufmerksamkeit widmen als neuen und seltenen Ereignissen. Die Beobachtungsaufgabe erfordert im Erhebungsgeschehen häufig ein Hintanstellen sonst selbstverständlicher affektiver, kognitiver und sozialer Einseitigkeiten oder Routinen des Verhaltens. Dabei ist auch die Lösung des Inferenzproblems (vgl. GRÜMER 1974, S. 89 ff.) wichtig: Der Beobachter sollte im Training und anhand des Schemas veranlaßt werden, soweit wie möglich in seinen Aufzeichnungen explizit zu machen, wie er aus wahrnehmbaren Sachverhalten zu Schlüssen auf nicht beobachtete oder nicht beobachtbare (Motive, Einstellungen) gelangt ist, sofern nicht überhaupt nur offene, verbale wie nonverbale, Verhaltensakte beobachtet werden sollen.

Heteromorphie von Beobachtungsschema und -gegenstand. Das Beobachtungsschema beziehungsweise seine Kategorien und operationalen Indikatoren bilden ein Modell des Gegenstands; zwischen beiden wird also ein hoher Grad von Homomorphie unterstellt, für die der Beobachter treffende operationale Relative in Form von Anweisungen, Zeichen, deskriptiven Prädikaten und anderem zur Verfügung haben sollte. Werden die Beobachtungen nicht durch explizite Definitions- und Zuordnungsregeln sowie Meß-, Zähl- oder Klassifikationsoperationen des Schemas gesteuert und lassen sich die beobachteten Ereignissen nicht eindeutig Kategorien daraus zuordnen, so werden die Daten relativ willkürlich sein: Die vorgefundenen empirischen Dimensionen des Gegenstands entsprechen nicht den theoretisch intendierten und sind vielleicht dazu noch in einer unklaren, beliebigen Beobachtungssprache abgebildet. Soll zum Beispiel aggressives Verhalten von Kindern untersucht werden, die kaum körperlichen Kontakt miteinander haben, so wäre ein Beobachtungsschema unzulänglich, das nicht auch verbale, gestische und mimische Formen solchen Verhaltens vorsieht. Voraussetzung der systematischen Beobachtung ist somit die Kenntnis der Grunddimensionen des Gegenstands nach Teilsituationen, Bedeutungskontexten, Handlungsarten der Akteure und Verlaufsformen. Diese Dimensionen werden durch die Kategorien und operationalen Indikatoren des Schemas abgebildet. Sie sollten so vollständig sein, daß sie ein Maximum denkbarer Beobachtungen zu erfassen vermögen. Sie sollten den Beobachter zugleich auf die relevanten Aspekte des Gegenstands konzentrieren, so daß die Beobachtungen spezifisch strukturiert werden und nicht diffus ablaufen.

Unangemessenheit des Beobachtungsstandorts oder der Kontaktpersonen (Informanten). Insbesondere in Feldstudien mit komplexen Gegenständen besteht meist die Notwendigkeit, zwischen variablen oder alternativen Beobachtungsstandorten und (sofern dies Verfahrensbestandteil ist) verschiedenen Kontaktpersonen zu wählen. Es liegt auf der Hand, daß aufgrund „falscher" Wahlen dem Beobachter wichtige Ereignisse verborgen bleiben können; die Folge wäre ein verzerrtes Abbild des Feldes. Je komplexer ein Gegenstand (nach Zahl und Art der Teilsituationen und Gruppen) ist, je länger die Beobachtungsdauer und je zahlreicher die Beobachtungssequenzen sind, desto eher sollten daher die Kriterien, nach denen der Beobachter seinen Standort, die Teilklassen der Beobachtungskategorien und der Kontaktpersonen auswählt beziehungsweise verändert und aktualisiert, nach einem Stichprobenplan definiert sein (vgl. GRÜMER 1974, S.76ff.; vgl. FRIEDRICHS/LÜDTKE 1977, S.56ff.), der die verschiedenen person-raum-zeitlichen Ereigniswahrscheinlichkeiten berücksichtigt und der Vorkenntnis des Feldes entstammt.

Veränderungen der Situation. Unabhängig von Effekten der Reaktivität können sich im Verlauf einer Beobachtungsperiode die Situation und ihre Akteure verändern, während der Forscher von einer relativ konstanten Struktur ausging. Zu solchen unerwarteten Veränderungen aufgrund des Wandels von wichtigen Umwelt- und Randbedingungen oder des Mentalitätswechsels (bei kollektivem Lernen im Feld) gehören zum Beispiel Wechsel von Positionsinhabern, Reorganisationen, Konflikte zwischen Gruppen, politische Entscheidungen, Natur- und Wirtschaftskatastrophen oder technologische Innovationen. Werden solche Veränderungen durch das vorgesehene Routineinstrumentarium nicht registriert, so werden die Daten eine untypische Situation widerspiegeln. Das gilt erst recht für Studien, die Prozesse zum Gegenstand haben, in denen Veränderungen der Häufigkeit oder des Charakters von Ereignissen beobachtet werden, denen *kein* Strukturwandel zugrunde liegt. Prinzipiell dürfte die vollständige und exakte Erfassung solcher Veränderungen und ihrer Folgewirkungen, sofern sie nicht eindeutig experimentell kontrolliert werden können (die Ausnahme), unmöglich sein. Der Beobachter sollte aber möglichst alle Indizien erfassen, die auf derartige Strukturveränderungen hinweisen. Insbesondere in vergleichenden Studien erlauben sie eine zuverlässigere Analyse der Bedingungen von Unterschieden zwischen den verschiedenen Beobachtungsobjekten.

Ablaufschema einer Beobachtung. Nach Formulierung des *Forschungsproblems* (Fragestellung, Theorie, Hypothesen) erfolgt die Dimensionierung des Gegenstands (relevante Variablen, Stichprobe von Untersuchungseinheiten), der sich, nach vorbereitender *Exploration,* die *Wahl der Beobachtungsmethode* (nach den genannten sieben Dimensionen) anschließt. Diese Entscheidung erfolgt natürlich auch gemäß den jeweils gegebenen finanziellen und institutionellen Randbedingungen. Eine erste Fassung des *Beobachtungsschemas oder -leitfadens* (mit den operationalen Beobachtungskategorien, dem Zeichensystem, Code; dem Standort des Beobachters nach Art der Situation, der Technik der Protokollierung, den Strategien und Regeln für das Verhalten im Feld/Labor) wird nach *Schulung der Beobachter* in einem *Pretest* erprobt. Nach seinen Ergebnissen wird der Beobachtungsplan revidiert und verbessert (in bezug auf Schema, Beobachterrolle, Situationsstichproben, Strategie des Feldzugangs, Instruktion der Beteiligten, Zuverlässigkeit der Beobachter, weiteres Beobachtertraining, apparativ-technische Hilfsmittel und ergänzende Methoden und Techniken). Darauf folgt die *Hauptuntersuchung* mit diesem Instrumentarium, gegebenenfalls begleitet durch *Supervision der Beobachter,* Parallel- und Wiederholungsbeobachtungen zum Zweck der Gütekontrolle. Die gewonnenen Rohdaten werden dann *aufbereitet* (das heißt, in maschinenlesbare und/oder andere technisch modellierte Form gebracht), von fehlerhaften Teilen bereinigt und nach geeigneten (statistischen) Modellen *analysiert,* um empirische Regelmäßigkeiten, Beziehungen, Konstellationen, Verteilungsmuster aufzudecken beziehungsweise entsprechende Hypothesen zu testen. Es folgen die abschließenden Phasen der *Dokumentation, Berichterstattung* und *Dissemination der Ergebnisse.*

Varianten. *Externe, standardisierte Beobachtung nonverbaler Verhaltensweisen im Labor oder in engstrukturierter Feldsituation* (vgl. SCHERER 1974): Bei dieser Form der Mikroanalyse sind Augen, Mund, Stimme, Gesicht, Hände, Körperhaltung oder interpersonale Distanzen der Gegenstand von Beobachtungen verschiedener Formen nichtsprachlicher Kommunikation (Mimik, Gestik, Laute, Berührungen, Körperkonstellationen im Raum), unter Umständen auch in ihrer Beziehung zu verbalen Elementen. Für diese Spielart der Mikrobeobachtung liegen inzwischen sehr verfeinerte Schemata der Codierung und graphischen Signierung von Beobachtungen vor (vgl. WINKLER 1981).

Externe, standardisierte Beobachtung verbaler Verhaltensweisen im Labor oder in engstrukturierter Feldsituation (vgl. MANZ 1974): Das theoretisch anspruchsvollste und empirisch (in bezug auf Erprobung, Zuverlässigkeit und Gültigkeit) ausgereifteste Beobachtungssystem dieser Art ist wahrscheinlich das SYMLOG-Verfahren, eine systematische Mehrebenen-Beobachtung von Gruppen, das von BALES u. a. (vgl. 1982) entwickelt wurde. Es stellt die vorläufig letzte Weiterentwicklung der schon klassischen Interaktionsprozeßanalyse (IPA) von BALES (vgl. 1956) dar. Beobachtet werden die Gesprächsbeiträge jedes Gruppenmitgliedes (meist hinter einem Einwegspiegel) und klassifiziert nach drei Grunddimensionen: Verhalten (verbal – nonverbal), Vorstellungsbilder (Selbstbild, Bild der anderen, Bild der Gruppe, Bild der Situation und der Gesellschaft, Phantasiebilder), Werturteile (pro/kontra in bezug auf ein Einstellungsobjekt) sowie nach ihrer Lage auf drei Skalen: aufwärts (einflußnehmend) versus abwärts (auf Einfluß verzichtend), negativ (unfreundlich) versus positiv (freundlich), vorwärts (zielgerichtet – kontrolliert) versus rückwärts (gefühlsbestimmt – ausdrucksvoll). Nach diesen Daten lassen sich Diagramme von Feldern, Gruppenpositionen, Gesprächsverläufen und anderem aufzeichnen und ihre Parameter quantifizieren. Für die Aufzeichnung wurden bereits Möglichkeiten für Bildschirmeingaben und für die Elektronische Datenverarbeitung diverse Computerprogramme entwickelt. Da dieses Beobachtungssystem fast auf beliebige kleine Gruppen unter Laborbedingungen und beliebige

Gesprächsthemen angewendet werden kann, eröffnet es zahlreiche Möglichkeiten für vergleichende und theoretisch verallgemeinernde Untersuchungen.
Meist auf der Basis der Interaktionsprozeßanalyse und abgeleiteter Modelle wurden zahlreiche Kategoriensysteme und Schemata zur verdeckten standardisierten *Beobachtung der sprachlichen Kommunikation in Unterrichtssituationen* (Schulklassen) entwickelt und angewandt (vgl. BELLAK u. a. 1966), die sich vor allem nach dem speziellen Forschungsinteresse mehr oder minder voneinander unterscheiden (vgl. ZIEFUSS 1978). Sie stellen im wesentlichen inhaltsanalytische Kategoriensysteme zur Codierung der Transkripte von Unterrichtsgesprächen dar, die man heute auch mittels Video aufzeichnen kann (Unterrichtsmitschau).
Eine neuere, gleichwohl geisteswissenschaftlich traditionsreiche Spielart der Beobachtung verbalen Verhaltens ist die *konstruktivistisch-interpretativ orientierte Aufzeichnung und Analyse der verbalen Kommunikation* von Paaren und kleinen Gruppen, wie Familien oder Eltern mit Kindern (vgl. OEVERMANN u. a. 1976), zum Beispiel bei der Untersuchung von Kindergärten (vgl. WEBER 1981) oder Gerichtsverhandlungen (vgl. SCHÜTZE 1978). Dabei werden möglichst vollständige oder stichprobenartige Gesprächsaufzeichnungen angefertigt, anhand dieses Materials, etwa mittels „extensiver Sinnauslegung", wird versucht, die Grundstrukturen oder Muster der Kommunikation und Argumentation zu erschließen.
Komplexe externe Verhaltensbeobachtung in der Unterrichtssituation mit hohem Standardisierungsgrad: ISCHI (vgl. 1982) und andere haben die Beobachtung in Schulklassen (unter Quasi-Laborbedingungen) bedeutend perfektioniert (als einfachere Form: vgl. FELDMANN 1976). Ihr Beobachtungssystem umfaßt folgende Dimensionen und Kategorien:

Situation: Unterrichtsfach, Verhaltensweisen (wie singen, operieren, hantieren), Objekt/Person (wie Lehrperson, eigener Körper);
Schülerverhalten: Lokalisation (wie Pultzone), Verhaltensweisen (wie liest, willigt ein, berührt), Objekte/Person (wie Lehrperson, eigener Körper);
Verhalten der Lehrperson (jeweils nach drei Graden der Gering- oder Wertschätzung): zum Beispiel verabreicht positive Konsequenz; stellt eine Frage; informiert;
Verhaltensweise der Mitschüler: nach Art der Zuwendung;
Beobachtungen erfolgten in Fünf-Sekunden-Sequenzen mit automatischen Videoaufzeichnungen, die dann von geschulten Studenten nach dem Schema codiert wurden.
Standardisierte teilnehmende Beobachtung in komplexen Feldern: VOLKMANN-RAUE (vgl. 1977) beobachtete Kinder in einem Lehrkindergarten und einem „Kinderkotten" (also noch relativ wenig komplexen Feldern), wobei Aggressions-Interaktionen nach fünf Dimensionen erfaßt wurden: Anlaß, Form (verbal, physisch), Richtung, Reaktion des Angegriffenen und Beendigung. Diese Dimensionen mit insgesamt fast 100 Einzelkategorien waren aufgrund der Angaben von Beurteilern empirisch ermittelt worden. Die Aufzeichnungen erfolgten offen aus marginaler Position der „Pseudo-Teilnahme". Die Studie ist zum Teil hypothesentestend angelegt und von hohem methodologischen Niveau. So wird in ihr auch explizit auf das Rollenproblem, die Art der Beobachtungsstichproben und die Übereinstimmung von zwei Beobachtern eingegangen. In der Freizeitstätten-Studie (vgl. FRIEDRICHS/LÜDTKE 1977, LÜDTKE 1972, LÜDTKE/GRAUER 1973) wurden dreiundsiebzig offene Einrichtungen mehrere Wochen lang durch ausgebildete studentische Beobachter in der Rolle von Praktikanten teilnehmend beobachtet. Diese Untersuchung ist nach kom-

parativer Anlage und Umfang die erste Beobachtungsstudie ihrer Art. Das Beobachtungsschema war teilstandardisiert: Neben festen Kategorien hatten die Beobachter innerhalb eines vorgegebenen dimensionalen Rahmens auch Spielraum der Wahl eigener Kategorien. Einige Kategorien, zum Beispiel der Autoritätsstruktur, des Kommunikationsklimas zwischen Besuchern und Personal, der Rolle und des Verhaltens von Stammbesuchern, beinhalten verallgemeinernde Urteile der Beobachter aufgrund längerer Erfahrungen, beziehen sich also nicht nur auf aktuelle Verhaltensbeobachtungen. Der Beobachtungsstandort war gemäß der Verschiedenartigkeit der Situationen flexibel. Bestimmte Experten und Schlüsselpersonen hatten für die Beobachter als Informanten eine besondere Bedeutung. Die Studie ist teils deskriptiv, teils hypothesenüberprüfend angelegt. Neben den Beobachtungen wurden auch Interviews und Dokumentenauswertungen durchgeführt. Die Literatur zu dieser Untersuchung enthält auch kritisch-evaluative Aussagen zur Methode.

Einen Grenzfall systematischer Beobachtung eines sehr heterogenen Feldes stellt die *Teilnahme eines Forschers am Leben einer regionalen (Rand-)Gruppe* dar, mit einem Maximum an Offenheit und einem Minimum an Strukturierung. Ein jüngeres Beispiel hierfür ist die Studie von GIRTLER (vgl. 1980), der die „Sandler" (Nichtseßhaften) Wiens als mehr oder weniger erfolgreich verdeckter Beobachter begleitete, seine Beobachtungen regelmäßig protokollierte und mit einigen Biographien auf der Basis von tonbandprotokollierten Gesprächen verband. Abgesehen von der Grundhypothese, das Leben dieser Menschen verlaufe nicht ohne soziale Bindungen und Regeln, war die Studie deskriptiv angelegt. Sie erbrachte intensive Einsichten in den Lebenskontext und die Subkultur dieser Randgruppe. Hauptproblem der Beobachterrolle war dabei die häufige Gefahr, als fremder Eindringling, Schnüffler oder Spitzel identifiziert oder definiert zu werden (zu speziellen Problemen der Beobachtung von Gruppen und Felder abweichenden oder marginalen Verhaltens vgl. FRIEDRICHS 1973). Die teilnehmende Beobachtung in so komplexen Feldern wie Gemeinden hat in der Sozialforschung eine lange Tradition. Neuerdings scheint sich das Interesse daran bei der Untersuchung von Dörfern wieder zu verstärken (vgl. ILIEN/JEGGLE 1978).

Intervenierende Beobachtung bezieht sich auf alle Formen von Studien, in denen der Forscher und/oder Beobachter an einer bewußten Beeinflussung der Akteure und Situation interessiert ist. Hierzu gehören Beobachtungsstudien nach Anlage von Experimenten (vgl. BUNGARD/BAY 1982; vgl. KOCH 1976, 1977; vgl. MANZ 1974), in denen bestimmte Verhaltensbedingungen systematisch variiert und damit ihre Effekte kontrolliert werden. Im Bereich teilnehmender Beobachtung, wobei die Teilnahme zur aktiven Beteiligung wird, reicht die Intervention etwa von der Hospitation (Beobachtung mit zurückhaltender, eher sporadisch problemlösender Interaktion mit Schülern oder Klienten) bis zur *Handlungs- und Aktionsforschung* (vgl. MOSER 1977) mit enger, symmetrischer („diskursiver") und problemorientierter Kooperation von Forscher (Beobachter) und Akteuren. Problematisch und ungeklärt ist hierbei der Stellenwert der systematischen Beobachtung, weil von den meisten Vertretern der Handlungsforschung als eigenständiger Methode eine objektivierende Beobachtung des Feldes aus (zumindest vorübergehend) neutraler Perspektive abgelehnt wird. Daher wird ihr gelegentlich auch der wissenschaftliche Charakter abgesprochen (vgl. ZECHA/LUKESCH 1982).

Gütekriterien. Es fehlt bisher nicht an

Versuchen, analog zu den klassischen Regeln der diagnostischen Psychologie in Beobachtungsstudien die Probleme der *Zuverlässigkeit* (Verläßlichkeit, Reliabilität) und *Gültigkeit* (Validität) der Daten zu lösen (Übersichten: vgl. DECHMANN 1978, S. 231 ff.; vgl. GRÜMER 1974, S. 55 ff.). Gemäß dem großen Variantenreichtum der Methode sind hierfür wenige einheitliche, und noch dazu mehrfach bewährte Strategien nicht angebbar. Relativ einfach scheint noch die Angabe von Regeln zuverlässigen Beobachtens durch korrekte Anwendung der Kategorien durch den Beobachter, falls diese nicht mit anderen Fehlerquellen konfundiert ist: Messung der Übereinstimmung zwischen zwei Beobachtern des gleichen Ereignisses und der Konsistenz eines Beobachters zu verschiedenen Zeitpunkten (vgl. WEICK 1968, S. 404). Inzwischen liegen verschiedene, freilich teils auch mit Vorsicht zu interpretierende Maße der Beobachterübereinstimmung vor (vgl. ASENDORPF/ WALLBOTT 1979). MCCALL (vgl. 1969) prüfte Beobachtungsmerkmale hinsichtlich ihrer Verzerrung (Ja/Nein-Alternative) durch reaktive Effekte, Ethnozentrismus und Überidentifikation. Er berechnete danach für jede dieser Fehlerquellen und insgesamt einen Index der Datenqualität als Proportion: Zahl der unverzerrten Items/Gesamtzahl der Items. Demgegenüber erscheinen Versuche, die verschiedenen Dimensionen formaler und inhaltlicher, interner und externer Validität komplexer Beobachtungsdaten auf konventionelle Art zu prüfen, unangemessen. Realistischer sind wohl mehrdimensionale und zum Teil indirekte Prüfungen auf verschiedenen Ebenen der Beobachterrolle und des Schemas, wobei externe Validierungen, etwa anhand konkurrierender Variablen, nur unter bestimmten Bedingungen möglich sind (vgl. FRIEDRICHS/ LÜDTKE 1977, S. 153 ff.). KÖCKEIS-STANGL (vgl. 1980, S. 362) plädiert aus der Perspektive eines phänomenologisch-interpretativen Methodenkanons für eine „kommunikative Validierung" zur Absicherung eines methodisch kontrollierten Fremdverstehens: Nach erster Datengewinnung versucht man, durch neuerliche Gespräche mit den Akteuren und Einbeziehung weiterer Informanten zu ermitteln, ob man sie beziehungsweise die Lebenswelt „richtig verstanden" hat.

Anwendung und Geltung. Je nach dem Ort, wo eine Beobachtungsstudie auf der gleitenden Skala vom Mikrobereich (elementarste Akte und Teildimensionen davon) über den Mesobereich (Verhalten von Personen als Träger komplexer Eigenschaften und von kleinen Gruppen) bis zum Makrobereich angesiedelt ist, ergeben sich aber bei der Frage nach der Repräsentanz der Ergebnisse, dem Konkretionsgrad der Daten oder der Wiederholbarkeit der Beobachtungen erhebliche Unterschiede in bezug auf jeweilige Probleme der Stichprobe, der technischen Hilfsmittel des Zugangs und der Erhebung, des Zeitaufwands für Planung und Beobachtung, des Beobachterstandorts, der Aufzeichnung, der Aggregation und Analyse der Daten. Die genaue Abschätzung dieser Einzelfaktoren kann nur im konkreten Fall einer Studie erfolgen.

Die Entscheidung für die angemessene Strategie und Planung einer Beobachtungsstudie hängt schon bei Laborsituationen, erst recht aber in natürlichen Feldern, von verschiedenen Dimensionen ab, aus denen sich unterschiedliche Feldtypen mit spezifischen „Sachzwängen" ergeben (vgl. FRIEDRICHS/LÜDTKE 1977, S. 234 ff.). Für die praktische Realisierung des gewählten Konzepts finden sich in der Literatur zahlreiche Anwendungsbeispiele und Manuale (vgl. BALES u.a. 1982, BURGESS 1982, DECHMANN 1978, EGGER 1978, FRIEDRICHS 1973, ISCHI 1982, LÜDTKE/GRAUER 1973, SCHERER 1974, ZIEFUSS 1978).

Die Öffentlichkeit befindet sich in einem steigenden Trend der Sensibilisierung in bezug auf *Probleme des Datenschutzes* mit erwartbaren entsprechenden Reaktionen auf Seiten potentieller beobachteter Personen. Der Beobachter und Forscher gilt daher in Labor und Feld nicht nur als möglicher „Agent" und „Datenübermittler", sondern mit weiterer Verfeinerung der Methoden auch als „Voyeur", „Eindringling", „Manipulateur", „Lobbyist", ... – eine Gefahr der Zerstörung der notwendigen Vertrauensbasis einer Erhebung. Von daher versteht sich die skrupulöse Einhaltung von minimalen Grundsätzen einer *Ethik der wissenschaftlichen Beobachtung* von selbst (vgl. BULMER 1980, HOMAN 1980, FRIEDRICHS 1973, SCHULER 1982).

ASENDORPF, J./WALLBOTT, H.G.: Maße der Beobachterübereinstimmung: Ein systematischer Vergleich. In: Z. f. Sozpsych. 10 (1979), S. 243 ff. ATTESLANDER, P.: Methoden der empirischen Sozialforschung, Berlin ²1971. BALES, R.F.: Die Interaktionsanalyse: Ein Beobachtungsverfahren zur Untersuchung kleiner Gruppen. In: KÖNIG, R. (Hg.): Beobachtung und Experiment in der Sozialforschung, Köln/Berlin 1956, S. 148 ff. BALES, R.F. u.a.: SYMLOG ein System für die mehrstufige Beobachtung von Gruppen, Stuttgart 1982. BELLAK, A.A. u.a.: The Language of the Classroom, New York 1966. BULMER, M.: The Ethics of Covert Methods. In: The Brit. J. of Sociol. 31 (1980), S. 59 ff. BUNGARD, W./BAY, R.H.: Feldexperimente in der Sozialpsychologie. In: PATRY, J.-L. (Hg.): Feldforschung..., Bern/Stuttgart/Wien 1982, S. 183 ff. BUNGARD, W./ LÜCK, H.E.: Forschungsartefakte und nicht-reaktive Meßverfahren, Stuttgart 1974. BURGESS, R.G. (Hg.): Field Research: a Sourcebook and Field Manual, London/Boston/Sydney 1982. CICOUREL, A.V.: Methode und Messung in der Soziologie, Frankfurt/M. 1970. DECHMANN, M.D.: Teilnahme und Beobachtung als soziologisches Basisverhalten, Bern/Stuttgart 1978. EGGER, K.: Unterrichtsbeobachtung im Sportunterricht. In: Z. f. Sportp. 2 (1978), S. 432 ff. FELDMANN, K.: Selektion und Sozialisation in der Grundschule. In: ACHINGER, G. u.a.: Grund- und Hauptschule – reformbedürftig? Hannover 1976, S. 17 ff. FRIEDRICHS, J. (Hg.): Teilnehmende Beobachtung abweichenden Verhaltens, Stuttgart 1973. FRIEDRICHS, J./ LÜDTKE, H.: Teilnehmende Beobachtung, Weinheim/Basel ³1977. GIRTLER, R.: Vagabunden in der Großstadt, Stuttgart 1980. GRÜMER, K.-W.: Beobachtung, Stuttgart 1974. HOLLANDER, A.N.J. DEN: Soziale Beschreibung als Problem. In: Köln. Z. f. Soziol. u. Sozpsych. 17 (1965), S. 201 ff. HOMAN, R.: The Ethics of Covert Methods. In: The Brit. J. of Sociol. 31 (1980), S. 46 ff. ILIEN, A./JEGGLE, U.: Leben auf dem Dorf, Opladen 1978. ISCHI, N.: Methodologische Probleme systematischer Verhaltensbeobachtung im Feld. In: PATRY, J.-L. (Hg.): Feldforschung, Bern/Stuttgart/Wien 1982, S. 277 ff. KOCH, J.-J. (Hg.): Altruismus und Aggression, Weinheim/ Basel 1976. KOCH, J.-J.: Sozialer Einfluß und Konformität, Weinheim/Basel 1977. KÖCKEIS-STANGL, E.: Methoden der Sozialisationsforschung. In: HURRELMANN, K./ULICH, D. (Hg.): Handbuch der Sozialisationsforschung, Weinheim/Basel 1980, S. 321 ff. LÜDTKE, H.: Jugendliche in organisierter Freizeit, Weinheim/Basel 1972. LÜDTKE, H.: Teilnehmende Beobachtung in der Sozialpsychologie. In: HEIGL-EVERS, A. (Hg.): Lewin und die Folgen. Die Psychologie des 20. Jahrhunderts, Bd. 8, Zürich/München 1979, S. 117 ff. LÜDTKE, H./GRAUER, G.: Jugend – Freizeit – „Offene Tür". Methoden und Daten der empirischen Erhebung in Jugendfreizeitheimen, Weinheim/Basel 1973. MANZ, W.: Die Beobachtung verbaler Kommunikation im Laboratorium. In: KOOLWIJK, J. VAN/WIEKEN-MAYSER, M. (Hg.): Techniken der empirischen Sozialforschung, Bd. 3: Erhebungsmethoden: Beobachtung und Analyse von Kommunikation, München/Wien 1974, S. 27 ff. MCCALL, G.J.: Data Quality Control in Participant Observation. In: MCCALL, G.J./SIMMONS, J.: Issues in Participant Observation, Reading (Mass.) 1969, S. 128 ff. MOSER, H.: Methoden der Aktionsforschung, München 1977. OEVERMANN, U. u.a.: Beobachtungen zur Struktur der sozialisatorischen Interaktion. In: AUWÄRTER, M. u.a. (Hg.): Seminar: Kommunikation, Interaktion, Identität, Frankfurt/M. 1976, S. 371 ff. PATRY, J.-L. (Hg.): Feldforschung. Methoden und Probleme der Sozialwissenschaft unter natürlichen Bedingungen, Bern/Stuttgart/Wien 1982. SCHERER, K.R.: Beobachtungsverfahren zur Mikroanalyse nonverbaler Verhaltensweisen. In: KOOLWIJK, J. VAN/WIEKEN-MAYSER, M. (Hg.): Techniken der empirischen Sozialforschung, Bd. 3: Erhebungsmethoden, Beobachtung und Analyse von Kommunikation, München/Wien 1974, S. 66 ff. SCHEUCH, E. K.: Methoden. In: KÖNIG, R. (Hg.): Soziologie, Frankfurt/M. 1967, S. 194 ff. SCHULER, H.: Ethische Probleme der Feldforschung. In: PATRY, J.-L. (Hg.): Feldforschung, Bern/Stuttgart/Wien 1982, S. 341 ff. SCHÜTZE, F.: Strategische Interaktion im Verwaltungsgericht – eine soziolinguistische Analyse zum Kommunikationsverlauf im Verfahren zur Anerkennung als Wehrdienstverweigerer. In: INTERAKTION VOR GERICHT, Baden-Baden 1978, S. 19 ff. SECHREST, L. (Hg.): Unobtrusive Measurement Today, San Francisco/Washington/London 1979. VOLKMANN-RAUE, S.: Aggressions-Interaktionen bei repressionsfreier Erziehung, Münster 1977. WEBB, E. J. u. a.: Nichtreaktive Meßverfahren, Weinheim/Basel 1975. WEBER, I.: Sinn und Bedeutung kindlicher Handlungen, Weinheim/Basel 1981. WEBER, M.: Wirtschaft und Gesellschaft, Studienausgabe, hg. v. J. Winckelmann. 1. Halbband, Köln/Berlin 1964. WEICK, K. E.: Systematic Observational Methods. In: LINDZEY, G./ARONSON, E. (Hg.): Handbook of Social Psychology, Cambridge (Mass.) 1968, S. 357 ff. WEIDMANN, A.: Die Feldbeobachtung. In: KOOLWIJK, J. VAN/WIEKEN-MAYSER, M. (Hg.): Techniken der empirischen Sozialforschung, Bd. 3: Erhebungsmethoden: Beobachtung und Analyse von Kommunikation, München/Wien 1974, S. 9 ff. WHORF, B. L.: Sprache, Denken, Wirklichkeit, Reinbek 1963. WINKLER, P. (Hg.): Methoden der Analyse von Face-to-face-Interaktionen, Stuttgart 1981. ZECHA, G./LUKESCH, H.: Die Methodologie der Aktionsforschung. In: PATRY, J.-L. (Hg.): Feldforschung..., Bern/Stuttgart/Wien 1982, S. 367 ff. ZIEFUSS, H.: Methoden der Unterrichtsbeobachtung, Braunschweig 1978.

Hartmut Lüdtke

Beobachtung, prozeßbegleitende

Definition und Funktion. Die prozeßbegleitende Beobachtung ist eine empirische Forschungsmethode zur quantitativen Erfassung von Geschehensabläufen in einem definierten Handlungskontext mit dem Ziel, dieses Geschehen selbst zu kontrollieren und beratend oder therapierend darauf einzuwirken. Der Status dieser Methode in der Systematik der verfügbaren Vorgehensweisen ist nicht eindeutig, weil fließende Übergänge zur Verhaltensmodifikation, Systemberatung, experimentellen Einzelfallanalyse, Krisenintervention und Unterrichtsanalyse bestehen. Wie grundsätzlich bei der Beobachtung, so kann auch bei der prozeßbegleitenden Beobachtung eine Differenzierung nach dem Grad der Strukturiertheit (offen – geschlossen) und der Partizipation (teilnehmend – nichtteilnehmend) vorgenommen werden (vgl. BAILEY 1978, FRIEDRICHS/LÜDTKE 1973, GRÜMER 1974, MEES/SELG 1977, SCHWARZER 1975). Der Gegenstand der Beobachtung kann etwa in einem pädagogischen Problem liegen, das mit wissenschaftlichen Mitteln unter die Kontrolle des Forschers gebracht werden soll. Dazu gehören zum Beispiel zielerreichendes Lernen in einer Versuchsschule, geplante Lernumweltveränderungen, Angstreduktion bei einer Schülergruppe, Analyse von gestörtem Unterricht oder Integration eines konfliktbelasteten Lehrerkollegiums. Die prozeßbegleitende Beobachtung ist auf die Beschreibung und auf die Unterstützung von Veränderungsprozessen gerichtet. Sie eignet sich daher auch für die pädagogische Handlungsforschung und für die Erfassung geplanten Wandels von Institutionen.

Problematik. Beobachtungsverfahren sind wichtige Mittel zur Datenbeschaffung in der Sozialforschung und sind auch aus der Erziehungswissenschaft nicht wegzudenken. Allerdings hat die Anwendung von Beobachtungsschemata auf pädagogische Sachverhalte in der Vergangenheit zu Reduktionen und Verzerrungen geführt, die dem Ansehen empirischer Forschung geschadet haben. Wenn einmal Kategoriensysteme leicht zugänglich werden, verführen sie den

Forscher dazu, die Wahl der Methode bereits vor der theoretischen Abklärung des Gegenstands vorzunehmen. Im Zusammenhang mit Unterrichtsanalysen und Erziehungsstilforschung wurden Beobachtungssysteme schematisch eingesetzt, obwohl in der Fachdiskussion schon lange nicht mehr das Reiz-Reaktions-Geschehen im Klassenzimmer, sondern vielmehr die handlungsleitenden Kognitionen von zentralem Interesse waren. Solche elaborierten Beobachtungssysteme bergen – wie andere Methoden auch – die Gefahr der Verselbständigung in sich und können bei häufiger Anwendung dazu beitragen, einen veralteten Theoriestand zu stabilisieren. Damit ist das Problem der Inhaltsblindheit von Methoden angesprochen. Bei der prozeßbegleitenden Beobachtung ist diese Gefahr kaum gegeben, weil die Methode an einen einmaligen situativen Kontext gebunden ist und der konkrete Geschehensablauf die Art des Verfahrens bestimmt. Man denke zum Beispiel an die Evaluation eines neuen Tutorsystems in Gesamtschulen, wobei zuerst eine genaue theoretische Analyse dieses Gegenstands erforderlich ist, bevor eine quantitative Beobachtungsmethode eingesetzt werden kann.

Regeln, Vorgehensweisen und Techniken. Bei der prozeßbegleitenden Beobachtung haben wir es zugleich mit der Erfassung und mit der Schaffung von Erkenntnisgewinn zu tun. Praxis wird immer irgendwie erzeugt, auch wenn der Forscher sie vielleicht vorfindet und als „problematische Praxis" definiert. Im allgemeinen wird man im Anschluß an die vorläufige Analyse des Problems eine Induktion von Veränderungen vornehmen, indem man pädagogisch interveniert und die Wirkung dieser Intervention prozeßhaft überprüft, um in Abhängigkeit von den Ergebnissen den nächsten Interventionsschritt zu tun. Dies geschieht in Analogie zur Verhaltenstherapie in der klinischen Psychologie, wo zunächst eine Grundkurve auf der Basis von Häufigkeiten des Problemverhaltens bestimmt wird, um anschließend mit der eigentlichen Modifikation zu beginnen, die methodisch in gleicher Weise kontrolliert wird. Für den pädagogischen Forscher bedeutet dies, daß er das beobachtete Geschehen in zählbare Elemente zerlegen muß. Systematische Beobachtung erfordert also die Konstitution einer eigenen Beobachtungssprache mit künstlichen Symbolen und Regeln (vgl. WESTMEYER/MANNS 1977), wozu man ein System entwickelt, das mit Hilfe von einzelnen Zeichen oder umfassenderen Kategorien gebildet wird. Damit im Zusammenhang steht die Frage nach dem Grad der Inferenz der Beobachtung. Ein Ereignis kann registriert werden, indem man es aufschreibt oder das dafür vorgesehene Zeichen ankreuzt (Stuhl umwerfen, Schimpfwörter rufen, Frage stellen, Befehl geben, Text vorlesen, Aufgabe lösen und anderes). Dieses etwas unökonomische Vorgehen ist niedriginferent, weil der Beobachter selbst keine Schlußfolgerungen zieht und sozusagen wie ein Apparat alles registriert, was in ein vorgegebenes Raster paßt. Seine Beobachtung ist dann hochinferent, wenn er die Geschehnisse beurteilt und in relativ breite Kategorien einordnet (wie: verliert die Nerven, ist leistungsmotiviert, verfügt über Ambiguitätstoleranz). Im zweiten Fall ist es üblich, Ratingskalen zu verwenden, die sich sehr ökonomisch auswerten lassen. Der Nachteil der selektiven Perzeption und Gewichtung des Beobachters wird manchmal durch eine hohe kognitive Leistungsfähigkeit bei der schnellen Auffassung eines komplexen Geschehensverlaufs aufgewogen. Wie hoch man den Grad der Inferenz in einem Beobachtungssystem ansetzt, hängt von den konkreten Besonderheiten der Untersuchung ab – aber auch von den Möglichkeiten, qualifizierte Beobachter zu finden oder ausbilden zu können.

Die geläufige Unterscheidung zwischen Ereignisstichproben und Zeitstichproben ist auch bei der prozeßbegleitenden Beobachtung von Bedeutung. Da man aus ökonomischen Gründen nicht kontinuierlich beobachten kann, muß man sich für eine der beiden Techniken entscheiden. In der Verhaltensmodifikation als dem typischen Beispiel einer kontrollierten Praxis ist die Zeitstichprobe üblich. In bestimmten Zeitabständen wird die Person unter definierten Bedingungen beobachtet. Die Situationen, in denen kontrollierte Praxis stattfindet, werden jedesmal zu diesem Zweck geschaffen. In vielen Fällen wird man aber aufgrund sachlicher Gegebenheiten Ereignisstichproben bevorzugen. Die Erfassung kritischer Schulereignisse ist vor allem in „Krisensituationen" sinnvoll. Ein Beispiel dafür liegt in der Integration von Universitäten und Pädagogischen Hochschulen als einem geplanten Wandel, der der Systemberatung bedarf. Will man dabei anfallende Probleme mit Hilfe der prozeßbegleitenden Beobachtung analysieren und verändern, könnte man zum Beispiel die gemeinsamen Gremiensitzungen der Selbstverwaltungsorgane besuchen, was vor allem als teilnehmende Beobachtung leicht möglich ist. Die Sitzungstermine liefern die Ereignisstichprobe, in denen die Daten gesammelt werden.

Anwendungsbereiche. Prozeßbegleitende Beobachtung ist immer dann anwendbar, wenn Prozesse in Institutionen untersucht und verändert werden sollen und ein Zugang möglich ist, der nicht mit einer Erhöhung der Reaktivität verbunden ist, worin zum Beispiel ein Vorteil der niedrigstrukturierten teilnehmenden Beobachtung liegt. Andererseits liefert die prozeßbegleitende Beobachtung „weiche" Daten, so daß geklärt werden muß, ob die Hypothesen damit überhaupt prüfbar sind. Zugleich ist hier die Stellung der Methode im zeitlichen und logischen Ablauf des Forschungsprozesses angesprochen. Während sie im Entdeckungszusammenhang fast immer eine wertvolle Funktion übernimmt, könnte sie im Begründungszusammenhang öfter als untauglich erscheinen. Allerdings darf über die Tauglichkeit von Daten nicht aufgrund ihrer Computerfreundlichkeit geurteilt werden. Vielmehr verdient die Vereinbarkeit mit den theoretischen Vorannahmen und dem Grad der wissenschaftlichen Klärung des Problems besondere Beachtung. Die wichtige Frage zum Beispiel, ob mit den Daten Kausalannahmen geprüft werden können, erfordert vor allem einen Versuchsplan mit Variation der Bedingungen, was bei kontrollierter Praxis oft machbar ist. Man denke zum Beispiel an die Einzelfallexperimente in der Verhaltensmodifikation.

Ein Anwendungsbeispiel für prozeßbegleitende Beobachtung liegt im remedialen Unterricht (vgl. SCHWARZER/RONGEN 1980). Dabei geht es um die Behebung vor allem solcher Schwierigkeiten im Lernprozeß, die aufgrund eines kumulativen Defizits entstanden sind. Die Methode des zielerreichenden Lernens in Verbindung mit unterrichtsbegleitender Diagnose (= praxisbegleitende Beobachtung) ermöglicht in kontrollierter Weise den systematischen Aufbau von Arbeitsverhalten und Lehrer-Schüler-Interaktionsweisen, die durch hilfreiche Interventionen gefördert werden. Die statistische Auswertung kann in vielen Fällen genauso wie bei der Einzelfallanalyse erfolgen.

Ratschläge. Die prozeßbegleitende Beobachtung ist keine Methode, die primär in Konkurrenz zu anderen Methoden zu sehen ist, sondern eher ein multimethodischer Spezialfall des diagnostischen Vorgehens bei intendierten Veränderungen im Rahmen eines pädagogischen Handlungskontextes. Gerade in dieser Kontexteinbettung der Methode liegt ihr Vorteil, und man sollte daher nicht versuchen, allgemeine Beobachtungssysteme für kontrollierte Praxis zu entwickeln und schematisch anzuwenden. Wer beobachtet, sollte immer daran denken, daß die empirischen Daten allein nicht den Sinn geben, sondern daß dieser auch schon durch das Kategoriensystem vorgegeben ist. Ein entscheidender Mangel der Beobachtung liegt in der Ausklammerung von Interpretationen der Betroffenen. Ein objektives Ereignis wird von verschiedenen Personen unterschiedlich eingeschätzt und persönlich gewichtet. Die subjektive Deutung von Situationen hat einen höheren Erklärungswert für menschliches Handeln als das Auftreten von registrierbaren Ereignissen. Es wird daher empfohlen, die Validität von Beobachtungsdaten im Rahmen kontrollierter Praxis auf dem Wege über einen Dialogkonsens mit den Betroffenen zu prüfen.

BAILEY, K. D.: Methods of Social Research, New York 1978. FRIEDRICHS, J./LÜDTKE, H.: Teilnehmende Beobachtung, Weinheim/Basel ³1977. GRÜMER, K.-W.: Beobachtung, Stuttgart, 1974. MEES, U./SELG, H. (Hg.): Verhaltensbeobachtung und Verhaltensmodifikation, Stuttgart 1977. SCHWARZER, R.: Instrumente der empirischen Curriculumevaluation. In: FREY, K. (Hg.): Curriculum-Handbuch, Bd. 2, München 1975, S. 748 ff. SCHWARZER, R./RONGEN, R.: Remedialer und adaptiver Unterricht in der Grundschule. In: ROST, D. (Hg.): Unterrichtspsychologie für die Grundschule, Bad Heilbrunn 1980, S. 80 ff. WESTMEYER, H./MANNS, M.: Beobachtungsverfahren in der Verhaltensdiagnostik. In: TACK, W. H. (Hg.): Bericht über den 30. Kongreß der Deutschen Gesellschaft für Psychologie, Bd. 2, Göttingen 1977, S. 65 ff.

Ralf Schwarzer

Datenverarbeitung, elektronische

Bedeutung für die Erziehungswissenschaft. Die elektronische Datenverarbeitung (EDV) beeinflußt weite Bereiche des täglichen Lebens. Hier ist jedoch dieser Aktualitätsaspekt nur sekundär Grund, das Stichwort „EDV" einzubeziehen. Primär stellt die EDV eine wichtige und in vielen Fällen unerläßliche Voraussetzung für Forschungsvorhaben in der Erziehungswissenschaft dar. Das gilt besonders für empirische Arbeiten und Simulationsstudien, die ohne EDV-Einsatz praktisch kaum durchführbar wären – sowohl vom Umfang her als auch von den verwendeten Methoden. Gegenüber dieser Nutzung der „EDV als Forschungswerkzeug" darf jedoch nicht vergessen werden, daß EDV-Anwendungen einer neuen Generation in Gestalt von Mikroprozessoren zunehmend in Anwendungsbereiche vordringen, die bisher vom Großrechnereinsatz relativ unberührt geblieben waren. Daher können weder Erziehung noch Erziehungsforschung diesen Aspekt ignorieren.

Definition. Der Begriff „Elektronische Datenverarbeitung" kann anhand seiner Komponenten erläutert werden. Dabei ist jedoch wegen des engen konzeptuellen Zusammenhangs eine gewisse Redundanz kaum vermeidbar. Verarbeitung umfaßt den gesamten Prozeß der Eingabe, der maschinellen Umsetzung und der Ausgabe von Daten. Daten stehen für Informationen im weitesten Sinne, numerischer Art (Beispiel: Kontostand) und nichtnumerischer Art (Beispiel: Namen des Kontoinhabers). Man unterscheidet digitale Daten (durch eine Zeichenfolge dargestellt) und Analogdaten, beispielsweise Spannungswerte. Bei digitaler Darstellung mit den Zeichen 0 und 1, den Zeichen des Dualsystems, spricht man auch von binären Daten. Analogdaten haben in technisch-physikalischen Anwendungen einige Bedeutung (Steuerung, Regelung), aber kaum im Bereich der Erziehungswissenschaft. Elektronische Rechenanlagen sind Geräte, in denen die Darstellung und Verarbeitung von Daten auf elektronischem Weg erfolgt, beispielsweise mit Transistoren oder integrierten Schaltkreisen (Integrated Circuit – IC) im Gegensatz etwa zu elektromechanischen Schaltelementen wie Relais und Zählwerken. Diese technischen Elemente einer EDV-Anlage, einschließlich der Eingabe-, Ausgabe- und Speichergeräte, werden als *Hardware* bezeichnet, mit *Software* die auf der Anlage laufenden Programme.

Geschichte. Die geschichtliche Entwicklung der Datenverarbeitung läßt sich anhand von drei Teilaspekten erfassen, den theoretischen Grundlagen, der Technik der benutzten Geräte und der Art der Integration von Konzept und materieller Realisierung. Nach dem Typ dieser Synthese kann man die manuellen Rechenhilfen, die mechanischen Rechenmaschinen und die eigentlichen Rechenautomaten unterscheiden, auf denen die heutigen EDV-Anlagen aufbauen – für diese ist der Terminus *Rechen*anlage im Prinzip zu eng, da sie auch nichtnumerische Daten wie Texte und Bilder verarbeiten können.

Nachfolgend soll versucht werden, theoretische und technologische Entwicklungen auch in Beziehung zu gesellschaftlichen Bedingungen zu setzen sowie die chronologische Darstellung als logisches Gerüst für eine sinnvolle Einführung in Grundbegriffe der EDV zu nutzen:

Erste Zahlzeichen sind von den Sumerern (um 3000 v. Chr.) überliefert, damalige „Hardware" bildeten Rechensteine; frühe Rechenbretter sind seit etwa 1500 v. Chr. bekannt. Die benutzten Zahlensysteme waren meist additiv aufgebaut und genügten damit den Ansprüchen einer im wesentlichen agrarischen Gesellschaft. Bezeichnenderweise verwendeten die Babylonier mit ihrem hochentwickelten Handels- und Verwaltungswesen ein Stellenwertsystem mit der Basis 60 (vgl. GANZHORN/WALTER 1974, S.6f.). Trotzdem setzte sich, entsprechend der politischen Vormachtstellung, das System der römischen Zahlzeichen durch.

Das komplizierte Rechnen mit diesen Zahlen wurde – bereits vor der Zeitenwende – mit dem Abakus erleichtert. Nahezu identische Geräte sind der Suan-pan (China) und der Soroban (Japan), der auch heute noch in der Hand eines geübten Rechners ein wirkungsvolles Hilfsmittel darstellt. Grundprinzip ist die Anordnung von vier bis fünf „Einern" und ein oder zwei fünfwertigen Kugeln, verschiebbar auf Stäbchen angeordnet, zur Zwischenspeicherung von Ergebnissen.

Für eine weitere Mechanisierung des Rechnens sind die römischen Zahlzeichen jedoch höchst ungeeignet. Der nächste Entwicklungsschritt wurde daher durch die Wiederentdeckung des Stellenwertsystems in Indien um das Jahr 800 n.Chr. (Gwalior-Inschrift mit „Null") eingeleitet. Bereits 820 machte der Mathematiker Abu Abdullah Muhammed Ibn Musa Al Khwarizmi dieses System im arabischen Sprachraum bekannt. Aus seinem Namen leitet sich der Begriff „Algorithmus" her, der heute die Anweisungsfolge für ein Rechenverfahren bezeichnet. Erst viel später konnte sich die neue Rechenmethode auch in Europa durchsetzen (Adam Riese 1518, „Vom Rechenen auff den Linihen"), als die Ausdehnung des Handels die „Rechenkunst" als alltägliche Arbeit des Kaufmanns erforderlich machte.

In den Jahren 1623/1624 konstruierte Schickard, Professor für biblische Sprachen in Tübingen, eine „Rechenuhr", bei der die Ideen des Zählrades und des automatischen Zehnerübertrags grundlegend neu waren. Noch heute arbeiten mechanische Zählwerke (Kilometerzähler) nach diesem Prinzip. Schickard, der durch eine geistreiche Kombination seines Addier- und Subtrahierwerkes mit den Rechenstäbchen des Lord Napier (1614, bewegliche Einmaleins-Tafel) sogar die erste Vierspezies-Rechenmaschine gebaut hatte, starb jedoch 1635 an der Pest. Sein Werk ging in den Wirren des 30jährigen Krieges verloren und wurde erst 1957 in einem Briefwechsel aus dem Nachlaß Keplers wiederentdeckt. Daher galt Pascal (1623–1662) lange Zeit als Erfinder der Rechenmaschine. Er führte 1642 in Paris eine Addiermaschine vor, mit der er seinem Vater, einem Steuerpächter, die Arbeit leichter machen wollte. Leibniz (1646–1716) verbesserte die Pascalsche Maschine wesentlich. Seine Erfindungen der Staffelwalze und des gegenüber dem Resultatwerk beweglichen Einstellwerkes automatisierten die Multiplikation und Division durch fortgesetzte Addition/Subtraktion. Wie seine Vorgänger stieß Leibniz jedoch mit dem Bau seiner Maschine an die Grenzen der für die damalige Feinwerktechnik möglichen Toleranzen, so daß er die Verwendung des von ihm genauer untersuchten dualen Zahlensystems als Basis einer mechanischen Rechenmaschine erwog. Duale Zahlen bestehen nur aus den Ziffern Null und Eins und können daher auch durch zwei Stellungen eines Hebels dargestellt werden, im Gegensatz zu den zehn Positionen eines dezimalen Zählrades. Diese Idee wurde jedoch nicht weiter verfolgt. Eine Sonderstellung unter den Konstrukteuren von Rechenmaschinen nimmt Babbage (1792–1871) ein. Er entwarf um 1833 einen mechanischen Rechenautomaten, der seiner Zeit weit voraus war. Die „Analytical Engine" sollte, einen menschlichen Rechner nachahmend, folgende Komponenten haben:
– Geräte zur Ein- und Ausgabe von Zahlen,
– einen Speicher für Zahlen und Zwischenergebnisse *(store)*,
– ein arithmetisches Rechenwerk *(mill)*,

– eine Kontrolleinheit *(control)*, die die Arbeit der Maschine entsprechend einer auf großformatige Lochkarten kodierten Folge von Teiloperationen steuern sollte. Solche Lochkarten wurden im automatischen Webstuhl von Jaquard seit 1805 mit Erfolg verwendet.

Mit diesem Konzept sind die wesentlichen Funktionseinheiten moderner Rechenanlagen und das Prinzip der Programmierung vorweggenommen. Das Vorhaben scheiterte, primär wohl wegen der Probleme der mechanischen Realisierung, wahrscheinlich aber auch wegen Babbages Unvermögen, an einem Entwurf festzuhalten und die Anlage, zumindest in Teilen, fertigzustellen (vgl. MCCRACKEN 1980). Obwohl die englische Regierung Babbage massiv bei der Konstruktion seiner kleineren „Difference Engine" (ab 1823) unterstützte, wegen der Wichtigkeit exakter nautischer Tabellen für die Flotte, wurde ein solches Gerät schließlich von anderen nach Babbages Plänen fertiggestellt (vgl. STEINBUCH/WEBER 1974, S. 6).

Wesentlich erfolgreicher war Hollerith (1860–1929) mit seiner Idee, Lochkarten als Datenspeicher zu verwenden. Er konstruierte für die amerikanische Volkszählung 1890 elektrische Zähl- und Registrierapparate, in denen für jede gelochte Position auf der Karte ein Abfühlstift einen Kontakt schließen und dadurch etwa ein elektromagnetisches Zählwerk weiterbewegen oder die Klappen eines Sortierapparates steuern konnte. Auf diese Weise wurde in vier Wochen, mit 43 Zählmaschinen und ebensovielen Bedienungskräften, die Auswertung abgeschlossen. Beim „census" von 1880 hatten bis zu 500 Personen sieben Jahre gebraucht. Zeitweise hatte dabei auch Hollerith selbst mitgearbeitet und die manuelle Auswertung statistischer Angaben als besonders geisttötend und zeitaufwendig erlebt. Andererseits wurde auch schon damals der Aspekt der erheblichen Freisetzung von Arbeitskräften durch die Datenverarbeitung – von solcher kann man hier bereits sprechen – beachtet. Dieses Argument führte dazu, daß im damaligen Deutschen Reich die Hollerithschen Maschinen erst 1910 für die Volkszählung verwendet wurden (vgl. GANZHORN/WALTER 1974, S. 36 ff.). Zu dieser Zeit waren Tabelliermaschinen mit automatischem Karteneinzug bereits in der Lage, bis zu 18000 Lochkarten pro Stunde zu bearbeiten. Solche elektromechanischen Datenverarbeitungsanlagen wurden zur Kontenführung und Lohnabrechnung eingesetzt, wobei man die relativ wenigen dafür notwendigen Operationen dadurch „programmierte", indem man Schaltschnüre auf einer Schalttafel steckte.

Weder von der Rechengeschwindigkeit noch von der Zahl der möglichen Operationsschritte konnten solche Anlagen jedoch den Anforderungen technisch-wissenschaftlicher Probleme genügen. Ab etwa 1940 entstanden daher, unabhängig voneinander, die ersten funktionsfähigen Rechenautomaten in Deutschland und in den USA. Daß dabei Zuse und Aiken im wesentlichen das Grundkonzept von Babbage verwenden, ohne von ihm zu wissen, bestätigt die Leistungen dieses Pioniers der Datenverarbeitung trotz seines technischen Mißerfolges. Neu sind in Zuses Entwurf dagegen die Synthese der Verwendung des Dualsystems und der Booleschen Algebra (entwickelt von Boole, 1815 bis 1864), eines Logik-Kalküls mit den Grundoperationen UND, ODER und NICHT. Statt dekadischer Zählräder verwendet Zuse Serien- und Parallelschaltungen von „bistabilen Schaltelementen". Diese können zwei unterschiedliche Zustände haben, etwa Schalter (oder Relais) offen (Null, kein Strom) oder geschlossen (Eins, Strom fließt). Auf diese Weise kann man Dualzahlen darstellen, sowie mit verdrahteten logischen Schaltungen bearbeiten. Eine binäre Ziffernstelle, also zum Speichern einer Null oder Eins, wird Bit genannt, ebenso die einer solchen Ja/Nein-Alternative entsprechende Informationsmenge.

Zuses erste Maschine, die Z1, baute er von 1934 bis 1937 aus mechanischen Teilen zu Hause im Wohnzimmer für Statikberechnungen bei seiner Tätigkeit als Bauingenieur; sie funktionierte jedoch nicht in allen Teilen zufriedenstellend. Nach Kriegsausbruch fertigte er jedoch für die Deutsche Versuchsanstalt für Luftfahrt die Z3 (1941), die mit 2600 Fernmelderelais arbeitete und 20 Additionen in der Sekunde durchführen konnte. Das Originalgerät der Z3, der erste programmgesteuerte Rechenautomat, wurde zwar gegen Ende des Krieges zerstört, eine Rekonstruktion steht jedoch im Deutschen Museum in München.

Ohne Kenntnis der Arbeiten Zuses – bedingt durch die Isolation Nazi-Deutschlands auch im wissenschaftlichen Bereich bereits vor dem Krieg – begann Aiken, Professor für angewandte Mathematik an der Harvard-Universität, 1939 mit dem Bau eines Rechenautomaten. Dabei griff er, mit Unterstützung der IBM Corporation, auf Standardbauteile der Lochkartentechnik zurück, allerdings im vorher nicht gekannten Umfang. Die „Harvard Mark I" enthielt 700000 Einzelteile und 80 km Draht, war aber um den Faktor 6 langsamer als die Z3. Das lag daran, daß sie zwar mit dual verschlüsselten Befehlen arbeitete, jedoch dezimal mit elektrisch angetriebenen Zählrädern rechnete. 1944 fertiggestellt, wurde die Anlage (und ihre Weiterentwicklung) hauptsächlich für die US-Marine verwendet.

Logisch nächster Schritt der Entwicklung war die Verwendung von Elektronenröhren als bistabile Schalter – auch von Zuse erwogen, aber im Nachkriegsdeutschland nicht realisierbar. Zwei Elektronenröhren (Trioden), wie sie in der Rundfunktechnik verwendet wurden, können mittels der sogenannten Eccles-Jordan-Schaltung, auch Flip-Flop genannt, ein bistabiles Schaltelement bilden, das ohne weiteres etwa 10000 Arbeitstakte in der Sekunde ausführen kann. In dieser Größenordnung lag dann auch die Additionszeit des „ENIAC", für „Electronic Numerical Integrator And Computer", der von Eckert, Mauchly und anderen Mitarbeitern der University of Pennsylvania bereits 1946 in Betrieb genommen wurde. Hauptanwendungsfeld dieses mit über 18000 Röhren bestückten Rechners mit einem Stromverbrauch von 170 Kilowatt war die Berechnung ballistischer Tafeln (vgl. STEINBUCH/WEBER 1974, S. 16 f.).

Entwicklung ab 1948. Mit der IBM 603 (Nachfolgemodell 604 im Jahre 1948), einer Kombination aus einer gebräuchlichen Tabelliermaschine mit einer elektronischen Recheneinheit, beginnt die Anwendung der EDV für nichtmilitärische Zwecke. Diese Maschine, bei der bis zu 70 Programmschritte per Stecktafel definiert wurden, konnte immerhin etwa 3000 Zahlen in der Sekunde addieren. Eine Marktanalyse ergab einen Bedarf von etwa 75 Maschinen – verkauft wurden schließlich über 5600, was wesentlich zur marktbeherrschenden Position der Firma IBM beitrug (vgl. GANZHORN/WALTER 1974, S. 56 ff.). Eine vergleichbare Fehleinschätzung der Marktmöglichkeiten hat in den Jahren 1975 bis 1979 dazu geführt, daß der Bereich der *Mikrocomputer* von den etablierten Herstellern weitgehend ignoriert wurde (vgl. OSBORNE 1979, S. 28 ff.). Osborne leitet daraus die These ab, daß technologischer Fortschritt ab einer bestimmten qualitativen Stufe nicht mehr in seinen Wirkungen kalkulierbar (und damit kontrollierbar) ist. Daß heute sogar „Mikros" wesentlich leistungsfähiger sind als die frühen Riesenrechner, liegt jedoch nicht allein an der technischen Weiterentwicklung, sondern auch wesentlich an der Anwendung eines theoretischen Konzepts, der sogenannten *Speicherprogrammierung.* Die Anweisungsfolge für die bis 1948 gebauten Rechner war nämlich im wesentlichen starr, wurde entweder über einen Lochstreifen oder eine Schalttafel gesteuert. Änderungen des Arbeitsablaufes etwa in Abhängigkeit von einem Zwischenergebnis waren aufgrund dieser externen Steuerung nicht möglich. Das Prinzip der Speicherprogrammierung, das v. Neumann in den Jahren 1944/1945 entwickelte (vgl. GANZHORN/WALTER 1974, S. 23), besteht darin, die Anweisungen für die Arbeit des Rechners – also das Programm – genau wie die zu bearbeitenden Zahlen in codierter Form im Speicher der Anlage zu halten. Dadurch werden Anweisungen möglich wie „Wenn der Inhalt des Rechenwerkes gleich Null ist, mache bei dem Befehl in Speicherstelle 100 weiter". Dabei ist die Nummer der Speicherstelle (die Adresse), auf die „verzweigt" wird, frei wählbar – der Programmierer muß nur dafür sorgen, daß dort auch ein zulässiger Befehl für die Maschine steht und nicht irgendwelche Zahlenwerte, die keinen Befehlscode darstellen. Im „Selective Sequence Electronic Calculator" der IBM wurde dieses von v. Neumann entwickelte Konzept erstmalig realisiert – bereits 1948.

Ohne die durch die Speicherprogrammierung bedingte Flexibilität hätte die Technik der EDV wahrscheinlich lediglich zu schnellen Hochleistungs-Rechenautomaten für den technisch-wissenschaftlichen Bereich und zu effektiveren Tabelliermaschinen für den kommerziellen Einsatz geführt. So aber haben die EDV-Anlagen, nicht nur auf das reine Rechnen mit Zahlen beschränkt, in nahezu alle Felder, in denen formalisierbare Prozesse auftreten, eindringen können – nicht zu unterschätzen die erhebliche Bedeutung im militärischen Bereich. Diese hält WEIZENBAUM (vgl. 1976, S. 270 ff.) für den wesentlichen Motor der technischen Entwicklung der EDV. Mit dem Einsatz von Halbleiterelementen (Diode, Transistor) ab etwa 1958 und von integrierten Schaltungen (IC) ab etwa 1968 (vgl. GANZHORN/WALTER 1974, S. 59 ff.) sind die Schaltzeiten, die Abmessungen, der Energieverbrauch und auch die Störanfälligkeit der Bauelemente von EDV-Anlagen um mehrere Größenordnungen gesunken – Eigenschaften, wie sie besonders für die Raketentechnik von entscheidender Bedeutung sind. Um hier nicht mit wenig anschaulichen Zahlenfaktoren zu operieren, sei ein Beispiel genannt: die CRAY-1, eine der schnellsten verfügbaren EDV-Anlagen im Jahre 1979, kann in 12.5 Nanosekunden (Milliardstel Sekunden) bis zu 64 Additionen gleichzeitig ausführen – in dieser Zeitspanne legt das Licht etwas unter vier Meter zurück.

Besonders wichtig bei dieser Entwicklung der Hardware sind die sogenannten *Mikroprozessoren.* Sie vereinen auf einem Silizium-Chip von Konfettigröße die vollständige Rechen- und Steuereinheit eines einfachen Computers mit den entsprechenden Anschlüssen für weitere Speicher, Ein- und Ausgabegeräte. Die dazu notwendigen bis zu 100 000 Transistoren werden in einer miniaturisierten druckähnlichen Technik in mehreren Lagen auf den Chip aufgebracht (vgl. KNAPP 1979, vgl. OSBORNE 1979, S. 150 ff.).

Mikroprozessoren können, wie größere EDV-Anlagen, programmiert werden. Da jeder Rechnertyp von sich aus nur seinen eigenen, hardwaremäßig festgelegten Befehlscode ausführen kann, sozusagen seine Muttersprache, sind seit 1954 *höhere Programmiersprachen* entwickelt worden, etwa FORTRAN, ALGOL, COBOL, PL/I und PASCAL, um nur einige zu nennen. Wenn eine Datenverarbeitungsanlage über ein Programm zum Übersetzen von FORTRAN-Programmen in den eigenen Befehlscode verfügt (einen sogenannten *Compiler*), so kann sie auf diesem Umweg FOR-

TRAN-Programme ausführen. Damit stellen die höheren Programmiersprachen eine Art „Computer-Esperanto" dar. In der Praxis ergeben sich jedoch meist nicht unerhebliche Detailprobleme beim Übergang etwa mit einem FORTRAN-Programm auf eine andere EDV-Anlage. Zwar gibt es Normen für FORTRAN, aber die FORTRAN-Compiler verschiedener Hersteller enthalten in der Regel unterschiedliche Zusätze oder auch Einschränkungen gegenüber dem „Norm-FORTRAN". Trotz dieser etwas eingeschränkten Portabilität haben die höheren Programmiersprachen, die ohne die Speicherprogrammierung nicht möglich wären, wesentlich zur Verbreitung von EDV-Anwendungen beigetragen. Dafür wohl ebenso bedeutend war die durch die Miniaturisierung bedingte Verbilligung der Schaltelemente. Ein Flip-Flop kostete, aus Transistoren aufgebaut, 1960 etwa 5 DM, dagegen sind 1979 sogenannte LSI-Chips (Large Scale Integration), die für etwa 10 DM 16 000 Flip-Flops bieten (vgl. BARRON/CURNOW 1979, S. 56), im Einsatz. 1982 sind Chips mit über 150 000 Funktionen Industriestandard.

Einsatz in der Erziehungswissenschaft. Die Anwendung der EDV für erziehungswissenschaftliche Projekte steht häufig vor Schwierigkeiten, die nicht auf dem Gebiet der eigentlichen EDV liegen, sondern eher in den Schnittstellen zwischen den fachspezifischen Informationen, Fragestellungen oder Ergebnisinterpretationen und der Verarbeitung von Projektdaten mit einer EDV-Anlage.
Folgende Punkte sind von besonderer Bedeutung:
Selbst eine per EDV kompetent durchgeführte, hochkomplexe Analyse hat Werkzeugcharakter und kann die Qualität von eingegebenen Daten und untersuchten Fragestellungen nicht verbessern.
Ein einwandfreies Forschungsdesign (vgl. SKOWRONEK/SCHMIED 1977), eine sorgfältige Datenerhebung unter Vermeidung von methodischen Verzerrungen sind – mit oder ohne EDV – ebenso unerläßlich wie der Fragestellung und den Datentypen angemessene statistische Verfahren (vgl. HAAGEN/PERTLER 1976, HAAGEN/SEIFERT 1979, LOHNES/COOLEY 1968). Viele quantitative Daten sind relativ leicht erfaßbar, etwa durch standardisierte Tests, und auch auswertbar (Statistik-Programmsysteme); sie versperren daher leicht den Blick auf qualitative Methoden, die eventuell den eigentlichen Intentionen eines Forschungsprojektes näher liegen (vgl. WEIZENBAUM 1978, S. 311 ff.).
Bei Einsatz quantitativer empirischer Verfahren sollte bereits *vor* der Datenerhebung die Möglichkeit zur Datenverarbeitungsauswertung geklärt werden, etwa Rechnerzugang, Kosten, vorhandene Programmpakete wie beispielsweise SPSS (Statistik-Programm-System für die Sozialwissenschaften – vgl. BEUTEL u.a. 1978). Vom eigenen Erstellen umfangreicherer Programme sollte man absehen, wegen des enormen Zeitaufwandes, der Rechenkosten und der Tatsache, daß man damit meist Vorhandenes dupliziert.
Der Aufbau der Daten (Reihenfolge, Darstellung, Eingabeverfahren, Speicherung) sollte in Kooperation mit einem kompetenten Benutzer der zu verwendenden Programme erfolgen. Eine für die Auswertung ungünstige Datenorganisation – fachspezifisch vielleicht gerade sinnvoll – kann die Arbeiten stark verlangsamen.
Für mittels EDV gewonnene Ergebnisse, besonders in schließender Statistik, gelten die gleichen Einschränkungen wie für jede statistische Aussage. Selbst wenn alle Voraussetzungen für den Einsatz eines Verfahrens (etwa intervallskalierte Daten, Unabhängigkeit der Stichproben, Normalverteilung der Grundgesamtheit) erfüllt sind, können sich gelegentlich doch sogenannte stati-

stische Artefakte ergeben, durch Zufallseffekte bedingt.

Fazit. In der empirischen Erziehungsforschung kann die EDV also ein sehr nützliches Werkzeug darstellen, aber keineswegs Lücken in fachlicher Kompetenz oder Versuchsplanung überdecken. Für ein auch vom EDV-Einsatz her sachgerechtes Vorgehen bietet sich die Zusammenarbeit mit EDV-Spezialisten an. Dabei können allerdings Kommunikationsprobleme auftreten (Fachterminologien, Denkweisen), deren Überwindung interdisziplinäre Ansätze (Bildungsinformatik) erfordert.

BARRON, I./CURNOW, R.: The Future with Microelectronics. Forecasting the Effects of Information Technology, London 1979. BEUTEL, P. u. a.: SPSS 7 – Statistik-Programm-System für die Sozialwissenschaften, Stuttgart/New York 1978. GANZHORN, K./WALTER, W.: Die geschichtliche Entwicklung der Datenverarbeitung, Stuttgart 1974. HAAGEN, K./PERTLER, P.: Methoden der Statistik, Bd. 1, Stuttgart 1976. HAAGEN, K./SEIFERT, H. G.: Methoden der Statistik für Psychologen, Bd. 2, Stuttgart 1979. KNAPP, W.: Der Chip. Mikrocomputer bestimmen unser Leben. In: bild d. w. 16 (1979), 5, S. 50 ff. LOHNES, P. R./COOLEY, W.: Introduction to Statistical Procedures with Computer Exercises, New York/London 1968. MCCRACKEN, D. D.: John W. Mauchly, 1907–1980. In: communic. of the acm 23 (1980), S. 143. OSBORNE, A.: Running Wild. The Next Industrial Revolution, Berkeley 1979. SKOWRONEK, H./SCHMIED, D.: Forschungstypen und Forschungsstrategien in der Erziehungswissenschaft, Hamburg 1977. STEINBUCH, K./WEBER, W.: Taschenbuch der Informatik, Bd. 1, Berlin/Heidelberg/New York 1974. WEIZENBAUM, J.: Computer Power and Human Reason, San Francisco 1976. WEIZENBAUM, J.: Die Macht der Computer und die Ohnmacht der Vernunft, Frankfurt/M. 1978.

H. Jürgen Waldow

Diagnose (Leistungsmessung)

Begriff. „Leistungsmessung" hat sich im pädagogischen Bereich als Bezeichnung für die Ermittlung curricular geplanter Lernerfolge eingebürgert und wird häufig mit „Leistungsbeurteilung" synonym gebraucht. Wenn beide Begriffe unterschieden werden, dann wird „Leistungsmessung" für methodisch anspruchsvollere Vorgehensweisen benutzt, die sich in stärkerem Maße an den Kriterien der Objektivität, Zuverlässigkeit und Gültigkeit orientieren als die Leistungsbeurteilung.

Historische Entwicklung. Die Kontrolle des Lernerfolges ist schon immer Bestandteil planvollen Lehrens und Lernens gewesen und diente auch im Prinzip immer denselben Zwecken (vgl. INGENKAMP 1983). Nicht nur die Lehrenden, sondern auch die Lernenden brauchten von einem bestimmten Niveau der Motivation und Einsicht an Informationen über den bisher erreichten Lernfortschritt, da bei zielorientierten Lehrstrategien hiervon die Gestaltung der folgenden Lernschritte abhing. Diese Leistungsbeurteilung erfolgte intuitiv und ohne wissenschaftliche Reflexion, solange die Lehrveranstaltung individuell und informell gestaltet wurde und solange der Lernerfolg ohne Bedeutung für den gesellschaftlichen Aufstieg war. Das Benefizienzeugnis des Mittelalters war denn auch kein Leistungsnachweis, sondern eher eine Teilnahmebescheinigung zur Erlangung von Stipendien. Auch heute gibt es Lehrveranstaltungen, in denen die Erfolgsermittlung intuitiv und ohne formalisierte Regeln erfolgt, wie etwa den privaten Instrumentalunterricht.

Die Verfahren der Leistungsbeurteilung – schriftliche Arbeiten und mündliche Prüfungen – haben sich über Jahrhunderte hinweg kaum verändert. Erst die Anfänge wissenschaftlicher Didaktik haben auch zu Vorformen von Tests und Skalen geführt, wobei der Einfluß der sich verselbständigenden Psychologie nicht zu übersehen ist (vgl. AYRES 1918, MARSOLEK 1978). Zu dieser Zeit setzten auch Untersuchungen ein, die inzwischen die Schwächen tradierter Verfahren der Leistungsbeurteilung bewiesen haben (vgl. INGENKAMP 1977). In unserer Zeit haben Programmierte Instruktion und alle anderen Variationen adaptiven Unterrichts die didaktische Bedeutung der Lernerfolgskontrolle erhöht und wesentlich zur Weiterentwicklung der Verfahren beigetragen.

Wesentlich stärker wurde aber die Bedeutung der Erfolgskontrollen schulischen Lernens dadurch vergrößert, daß die Übernahme leitender Funktionen in den meisten Gesellschaften zunehmend von Geburt, Rasse und Religion abgekoppelt und stärker an individuell erworbene Qualifikationen gebunden wurde. Die Leistungsbeurteilung im Dienste des Berechtigungswesens begann im höheren Schulwesen und bei Berufszweigen, die für den Staat wichtig waren, und setzte sich bis zu Selektionsprozeduren am Ende der Grundschulzeit und im beruflichen Ausbildungswesen fort. Die Bindung sozialen Aufstiegs an erlernte Merkmale war für den Ausbau der Demokratien unvermeidbar (vgl. HOLMES/LAUWERYS 1969), ist in der Überspitzung aber in den letzten Jahren zunehmend auf Kritik gestoßen.

Leistungsbeurteilung im Dienst des Berechtigungswesens hat nur dort zu methodischen Verbesserungen geführt, wo Curricula und Schulorganisation wenig zentralisiert, regional recht unterschiedlich waren und daher externe Prüfungen eingeführt wurden. In anderen Ländern, wo man sich mit traditionellen Lernkontrollen und einer für das Berechtigungswesen ausreichenden Grobskala zur Leistungskennzeichnung begnügte, hat diese Form der Lernkontrolle die didaktisch notwendig differenzierte und stärker an Feinlernzielen orientierte Leistungsmessung überwuchert. Das Ausmaß der Selektion und speziell der sozialen Selektion ist in Ländern mit traditioneller Leistungsmessung höher, wie internationale Vergleiche zeigen (vgl. SCHINDLER 1979).

Wo wissenschaftlich orientierte Didaktik oder externe Examen mit größeren Schülerzahlen zu einer methodischen Neugestaltung des Verfahrens führten, setzte man neben Kriterienkatalogen und Skalen vor allem Schulleistungstests ein. Besonders in den angelsächsischen Ländern spiegelt eine reichhaltige Literatur Breite und Intensität anwendungsorientierter Forschung (vgl. THORNDIKE 1971). Für diese neuen Verfahren, die häufig unter der Sammelbezeichnung „objektive Verfahren" zusammengefaßt wurden, lassen sich generalisierend einige Konstruktionsschritte unterscheiden, die am Beispiel von Schulleistungstests beschrieben werden sollen.

Schulleistungstests. Die Konstruktionsschritte bei der Entwicklung von Schulleistungstests orientierten sich lange an der klassischen Testtheorie (vgl. LIENERT 1969). Die dort erarbeiteten wichtigsten Gütekriterien der Leistungsmessung haben aber auch über den Geltungsbereich dieser Theorie hinaus Bedeutung (vgl. FRICKE 1974). Es sind dies: erstens Objektivität, das ist die Forderung, subjektive Einflüsse des Versuchsleiters auf das Testergebnis zu verhindern, um zu intersubjektiv vergleichbaren Werten zu gelangen; zweitens Reliabilität oder Zuverlässigkeit, die eine möglichst hohe Meßgenauigkeit des Verfahrens sichern soll; drittens Validität oder Gültigkeit, die den Grad bezeichnet, zu dem ein Verfahren tatsächlich das mißt, was es messen soll. Für Schulleistungstests ist die curriculare Gültigkeit, die Übereinstimmung von Testaufgaben und Lernzielen, von besonderer Bedeutung. Objektivität und Reliabilität haben ihren Wert nicht in sich selbst, sondern als Voraussetzungen der Validität. Wenn über die Funktion des zu entwickelnden Verfahrens und über das Untersuchungsgebiet Klarheit besteht, dann läuft die Konstruktionsarbeit meist nach folgenden Schritten ab:

Beschreibung und Zusammenstellung der zu überprüfenden Lernziele: Bei thematisch orientierten Lehrplänen erfolgt die inhaltliche Analyse des Untersuchungsgebietes und die Auswahl der zu untersuchenden Groblernziele meist in einem wenig reflektierten Verfahren durch die Testautoren, seltener durch Expertenkommissionen. Programmierte Instruktion und Fortschritte der Curriculumentwicklung haben dazu geführt, daß die Lernziele wesentlich exakter beschrieben, zum Teil operationalisiert werden. Sie werden dann in Anlehnung an Taxonomien Anforderungsebenen zugeordnet, und in sogenannten Spezifikationstabellen wird festgelegt, welche Inhalte auf welchem Niveau überprüft werden sollen. Die ausführlichste Demonstration dieses Konstruktionsschrittes findet sich bei BLOOM u.a. (vgl. 1971).

Standardisierung der Aufgabenstellung und der Durchführungsbedingungen: Die Verringerung der vielfältigen Urteilsverzerrungen bei verschiedenen Beurteilern (vgl. KLEITER 1973) ist nur möglich, wenn die nach gleichen Curricula unterrichteten Lernenden auch gleiche oder vergleichbare Aufgaben unter möglichst gleichen Bedingungen lösen müssen. In Tests werden meist Aufgaben der Auswahlart benutzt, bei denen die richtige oder beste Lösung oder Antwort unter vorgegebenen ausgewählt werden muß. Bei Aufgaben der Konstruktionsart muß der Lernende die Lösung selbst formulieren, konstruieren oder je nach Material produzieren. Aufgaben dieser Art sind oft zeitraubender in der Bearbeitung und schwerer zu objektivieren, aber auch vielseitiger in ihren Anforderungen. Eine systematische Beschreibung der Aufgabentypen hat RÜTTER (vgl. 1973) vorgelegt. Die Wahl des Aufgabentyps und die Festlegung der Durchführungsbedingungen sollte den didaktischen Absichten entsprechen, und die Aufgabenentwürfe sollten von Experten auf ihre Übereinstimmung mit den Lernzielen (curriculare Validität) beurteilt werden.

Durchführung einer empirischen Aufgabenanalyse: Um Daten über den Schwierigkeitsgrad und die Trennschärfe der Aufgaben zu erhalten, werden sie zunächst einer empirischen Überprüfung unterzogen. Der Schwierigkeitsgrad ist durch den Prozentanteil der richtigen Lösungen bei den Schülern definiert, die die Aufgabe bearbeiteten. Expertenschätzungen von Aufgabenschwierigkeiten sind zu ungenau. Der Trennschärfekoeffizient ist ein Maß für den Zusammenhang zwischen der Lösung der jeweiligen Aufgabe mit der Lösung aller anderen Aufgaben. Je höher dieser Zusammenhang ist, desto homogener ist der Test. Bei Kriteriumstests ist man weniger interessiert, wie sehr eine Aufgabe zwischen „guten" und „schlechten" Schülern im Sinne des Gesamttests trennt. Hier versucht man meist zu ermitteln, wie gut sich in der Aufgabenlösung der Erfolg didaktischer Bemühungen niederschlägt.

Aufgabenauswahl: Bei der Auswahl der Aufgaben für die Endform des Verfahrens werden neben Schwierigkeitsgrad, Trennschärfe und anderen Merkmalen, die bei der Bearbeitung offenbar wurden (zum Beispiel Distraktoreneignung), vor allem die inhaltliche Repräsentanz und die Funktion des Verfahrens beachtet.

Ermittlung der Reliabilität und Validität des Verfahrens: Die Reliabilität oder Zuverlässigkeit eines Verfahrens betrifft die Frage, wie sehr man dem Ergebnis einer Messung vertrauen kann. Die Überbetonung des Reliabilitätskonzeptes hat in der psychologischen Diagnostik sicher zur Bevorzugung der Messung „stabiler" Merkmale und zu statischen Konzepten geführt. Für die Leistungsmessung, wo Übungseffekte beachtet werden müssen, stellt sich das Problem anders. Hier interessiert die innere Konsistenz der Verfahren und der daraus abzuleitende Meßfehler, der Beurteiler vor der Überinterpretation eines Meßergebnisses bewahren soll. Für die Validität oder Gültigkeit in der Leistungsmessung ist die Übereinstimmung mit den Lernzielen entscheidend, die meist durch Expertenschätzungen beurteilt wird. Korrelationen mit dem Lehrerurteil sind weniger bedeutsam, werden aber dennoch häufig berechnet, um zu überprüfen, wie sehr Zielrichtung des neuen Verfahrens und der Durchschnitt des Lehrerurteils (ungeachtet individueller Urteilsverzerrungen) übereinstimmen.

Ermittlung von Referenzmaßstäben zur Interpretation individueller Aufgabenlösungen: Bei normorientierten Verfahren hat man in der sogenannten Eichung festgestellt, wie die Aufgabenlösungen sich in einer möglichst repräsentativen Bezugsgruppe verteilen. Durch Vergleich des individuellen Prüfungserfolges mit den Normtabellen war die relative Position jedes Lernenden bestimmbar (Realnorm). Bei Kriteriumstests wird festgelegt, wieviel Lernziele erreicht werden müssen, damit man von einem erfolgreichen Lernvorgang in einem Unterrichtsabschnitt sprechen kann (Idealnorm), und wieviel Aufgaben gelöst sein müssen, damit ein Lernziel als erreicht gilt.

Diese Konstruktionsschritte werden (abgesehen vom letztgenannten) in vereinfachter Form auch bei der Entwicklung informeller Tests angewandt. Hierfür stehen dem Lehrer Anleitungen zur Verfügung (vgl. INGENKAMP 1978, WENDELER 1976). Allerdings hat die Praxis gezeigt, daß dieser Arbeitsaufwand nur bei der Zusammenarbeit von Kollegen durchgehalten wird. Die häufig geforderten Aufgabensammlungen (Itembanken), in denen Lehrer für ihren Unterricht nach Lernzielen gegliederte und erprobte Aufgaben abrufen können, wurden im deutschen Sprachraum nur als begrenzter Versuch realisiert.

Ausblick. Die Leistungsmessung mit Hilfe objektiver Verfahren ist in den letzten Jahren sowohl sachlich fundierten Änderungsvorschlägen als auch ideologisch orientierter radikaler Ablehnung ausgesetzt gewesen. Die radikale Testkritik war eigentlich radikale Gesellschaftskritik und bot zur Messung des Lernerfolges keine Alternative an (vgl. INGENKAMP 1980). Von den Modifikationstrends sind vor allem die Kriteriumstests, die Wendung zur Prozeßdiagnose und die Abwendung vom statischen Merkmalskonzept zu nennen. In den Kriteriumstests sollte man im Vergleich zu normorientierten Tests mit FRICKE (1974, S. 14) nicht einen neuen Testtyp, sondern „einen möglichen neuen Aspekt der Interpretation von Testergebnissen" sehen. Obwohl Kriteriumstests in der Bundesrepublik Deutschland bisher in der Praxis kaum eingesetzt wurden, sind sie eine wichtige Ergänzung für die didaktisch orientierte Leistungsmessung. Das gilt auch für die Messung und Analyse des Lernprozesses, die eine Verringerung der Meßintervalle bedeutet und uns in der Messung von Lernzuwachs vor noch ungelöste methodische Probleme stellt. Der Rückschluß von Testergebnissen auf eher statische Eigenschaften war in der Psychologie gebräuchlicher als in der Pädagogik, die einen aktuellen Leistungsstand im Prinzip immer als Ausgangspunkt für angestrebte Veränderungen durch Lernen nimmt.

In der Unterrichtspraxis deutscher Schulen gibt es – abgesehen von einigen Versuchsschulen – noch keine befriedigende Synthese objektiver und subjektiver Methoden der Leistungsmessung. Umfragen bei Lehrern (vgl. HAASE 1978) zeigen neben der geringen Anwendungshäufigkeit besonders bei Gegnern von Reformansätzen übermäßiges Zutrauen in die eigene Urteilskraft und Ablehnung objektiver Verfahren. Daher werden auch die Möglichkeiten, die Kriterienkataloge, Skalen, informelle und standardisierte Tests bieten, noch nicht annähernd zur Verbesserung der Leistungsmessung genutzt (zu einem Überblick über den Forschungsstand in Europa vgl. INGENKAMP 1975; zu den diagnostischen Möglichkeiten vgl. KLAUER 1978). Hier zeigt sich deutlich, daß ein modernes Schulwesen ohne methodisch ausgefeilte Verfahren zur Leistungsmessung weder seine gegenwärtigen Aufgaben erfüllen noch geplante Reformen kontrolliert realisieren kann.

AYRES, L. P.: History and Present Status of Educational Measurement. In: THE 17th YEARBOOK OF THE NATIONAL SOCIETY FOR THE STUDY OF EDUCATION, Teil 2, New York 1918, S. 9 ff. BLOOM, B.S. u.a.: Handbook on Formative and Summative Evaluation of Student Learning, New York 1971. FRICKE, R.: Kriteriumsorientierte Leistungsmessung, Stuttgart/Berlin/Köln/Mainz 1974. HAASE, H.: Tests im Bildungswesen. Urteile und Vorurteile. Göttingen 1978. HOLMES, B./LAUWERYS, J.A.: Education and Examinations. In: LAUWERYS, J.A./SCANLON, D.G. (Hg.): Examinations, London 1969, S. 1 ff. INGENKAMP, K.: Pädagogische Diagnostik, Weinheim/Basel 1975. INGENKAMP, K. (Hg.): Die Fragwürdigkeit der Zensurengebung, Weinheim/Basel [7]1977. INGENKAMP, K.: Tests in der Schulpraxis, Weinheim/Basel [6]1978. INGENKAMP, K.: Testkritik ohne Alternative. In: JÄGER, R. u.a. (Hg.): Tests und Trends 1981, Weinheim/Basel 1980, S. 71 ff. INGENKAMP, K.: Leistungsbeurteilung – Leistungsversagen. In: Enzyklopädie Erziehungswissenschaft, Bd. 8, Stuttgart 1983, S. 495 ff. KLAUER, K.J. (Hg.): Handbuch der pädagogischen Diagnostik, Düsseldorf 1978. KLEITER, E.F.: Über Theorie und Modell kategorialer Fehler des Lehrerurteils. In: Psych. Beitr. 15 (1973), S. 185 ff. LIENERT, G.A.: Testaufbau und Testanalyse, Weinheim/Berlin/Basel [3]1969. MARSOLEK, TH.: Historische Übersicht über die Testentwicklung in Deutschland – unter besonderer Berücksichtigung der Schultests. In: INGENKAMP, K. (Hg.): Tests in der Schulpraxis, Weinheim/Basel [6]1978, S. 11 ff. RÜTTER, TH.: Formen der Testaufgabe, München 1973. SCHINDLER, F.: Wi(e)der die Angst vor integrierten Schulen. In: N. Uprax 12 (1979), S. 196 ff. THORNDIKE, R.L. (Hg.): Educational Measurement, Washington [2]1971. WENDELER, J.: Standardarbeiten, Weinheim/Basel [7]1976.

Karlheinz Ingenkamp

Diagnose (Lernfähigkeit)

Lernfähigkeit und Zone der nächsten Entwicklung. Ein Unterricht, der die Entwicklung vorantreiben und lenken soll, muß vom Lernenden mehr verlangen, als dieser im Augenblick selbständig leisten kann und gleichzeitig dessen Lernfähigkeit berücksichtigen. Er muß sich innerhalb der Grenzen bewegen, die bestimmt sind durch das, wozu der Lernende bereits selbständig fähig ist, und wozu er noch nicht selbständig, wohl aber unter Anleitung fähig ist. Für diesen Bereich prägte WYGOTSKI (vgl. 1964) den Begriff „Zone der nächsten Entwicklung". Obgleich prinzipiell auf alle lernbedingten Veränderungen von Persönlichkeitsaspekten anwendbar, bezog man dieses Konzept bislang fast nur auf den kognitiven Bereich, beziehungsweise die intellektuelle Lernfähigkeit. Bei der Diagnose der „Zone der nächsten Entwicklung" werden Lernprozesse, die bei der traditionellen Fähigkeitsdiagnostik möglichst ausgeschaltet werden, zu einem integralen Bestandteil der diagnostischen Prozedur. Das Prinzip der sogenannten experimentell-genetischen Untersuchung (das Studium psychischer Veränderungen unter gezielter pädagogischer Einflußnahme) oder der „Pädagogisierung" der psychologischen Forschung (vgl. RUBINSTEIN 1958) wird damit auf den Bereich der Fähigkeitsdiagnostik ausgeweitet.

Diagnose (Lernfähigkeit)

Um die Lernfähigkeit unabhängig vom aktuellen Leistungsstand zu diagnostizieren, wurden Lerntests konstruiert. Ihr Grundprinzip ist, den unter Einwirkung eines Lehrenden ablaufenden Lernprozeß in einer Miniatur-Unterrichtssituation zu simulieren, indem man in die Testprozedur eine „Pädagogisierungsphase" einbaut, die aus standardisierten Rückmeldungen, Denkhilfen oder ganzen Trainingsstrecken besteht. Durch die Standardisierung der Durchführung und Auswertung sollen die Positiva des psychometrischen Ansatzes bewahrt und gleichzeitig dessen bisherige Mängel (ungenügende Berücksichtigung von Lernmöglichkeiten) vermieden werden. Lerntests wurden bisher vor allem für die Diagnose der allgemeinen intellektuellen Lernfähigkeit von Kindern entwickelt. Die Übertragung auf das Lernen von Erwachsenen befindet sich erst in den Anfängen (vgl. GÜNTHER 1980).

Langzeitlerntests. Bei Langzeitlerntests liegen zwischen Vor- und Nachtest mehrere Tage. Die Pädagogisierungsphase findet deutlich abgegrenzt in der Zwischenzeit statt. Aus zeitökonomischen Gründen erfolgt die Durchführung meist im Gruppenversuch. Ein Beispiel bietet der im Rahmen des Leipziger Projekts entwickelte Lerntest „Schlußfolgerndes Denken" (vgl. GUTHKE 1980). Er enthält als Aufgaben Zahlenfolgen, verbale Analogien und Figurenfolgen, die inhaltlich auf die Erfassung des „reasoning factor" der Intelligenz abzielen. In der ersten Sitzung wird eine der beiden Parallelformen als Vortest durchgeführt. In den nächsten Tagen arbeiten die Probanden während 2 × 45 Minuten ein programmiertes Lehrbuch individuell durch. Dieses vermittelt für die Lösung der Testaufgaben geeignete Denkstrategien, wobei auch auf Fehler eingegangen wird, die dem Probanden bei den im Programm enthaltenen Übungsaufgaben unterlaufen. Sieben Tage nach dem Vortest wird die jeweilige Parallelform als Nachtest durchgeführt. Als Indikator für die intellektuelle Lernfähigkeit wird der Nachtestwert verwendet.

Bei den im Rahmen des Cambridge-Projektes entwickelten Lerntests wurden die progressiven Matrizen von Raven, Kohs-Würfelaufgaben sowie Zahlenreihen und Bilderserien zur Erfassung des „Lernpotentials" verwendet (vgl. BABAD/BUDOFF 1974, BUDOFF 1978, BUDOFF/FRIEDMAN 1964). Hier wird das Training mit analogen Aufgaben zwischen Vor- und Nachtest nicht als programmierter Unterricht, sondern vom Versuchsleiter in standardisierter Weise durchgeführt. Die Versuchspersonen werden nach ihrem Lernpotential in drei Gruppen geteilt: „high scorers" (die bereits im Vortest hohe Werte erreichen), „gainers" (die vom Vor- zum Nachtest einen bestimmten Minimalfortschritt erzielen) und „non-gainers" (alle übrigen).

Kurzzeitlerntests. Bei Kurzzeitlerntests finden Training und Testung in einer einzigen Sitzung statt und sind eng miteinander verzahnt. Die Durchführung erfolgt im Einzelversuch. Ein Beispiel für einen relativ elaborierten Kurzzeitlerntest ist das Verfahren von Iwanowa zur Debilitätsdiagnose (vgl. GUTHKE 1980): Nach einer der Orientierung über das Aufgabenmaterial dienenden Vorphase ist eine Menge vorgegebener Figuren zunächst nach Farbe, dann nach Form und schließlich nach Größe zu klassifizieren. Bei Schwierigkeiten werden Lernhilfen nach einem System des dosierten Eingreifens gegeben: Die Hilfen sind zunächst knapp und sparsam. Reichen diese nicht aus, so werden die Hilfen immer massiver. Anschließend sind die gleichen Klassifizierungsprinzipien auf einen anderen Satz von Figuren anzuwenden, ohne daß Hilfen gegeben werden. Da für die Diagnose die Orientierungsaktivität, die Leistungshöhe, die Empfänglichkeit für Hilfen, der

Transfer von der einen Klassifikationsaufgabe zur anderen, die Perseverationstendenz (Unfähigkeit, von einem erkannten Klassifikationsprinzip zu einem anderen überzugehen), die Verbalisierung des jeweiligen Klassifikationsprinzips und das Lösungstempo herangezogen werden können, ergibt sich ein relativ differenziertes Bild der intellektuellen Möglichkeiten des Probanden.

Andere Varianten von Kurzzeitlerntests sind etwa der von GUTHKE (vgl. 1972) umgearbeitete Raven-Test, der Lerntest für Schulanfänger von Roether (vgl. GUTJAHR u. a. 1974) sowie der Mengenfolgentest von DIEDRICH u. a. (vgl. 1972), der nicht die allgemeine, sondern speziell die mathematische Lernfähigkeit bei Schulanfängern erfassen soll. Bei diesen Tests erhält der Proband nach jeder Itembeantwortung eine Rückmeldung und kann, sofern die Antwort falsch war, einen neuen Lösungsversuch machen. Zum Teil gibt es zwei Durchführungsvarianten: Entweder der Proband erhält nur Richtig-Falsch-Rückmeldungen, oder es wird zusätzlich eine auf den jeweiligen Fehler abgestimmte Denkhilfe angeboten. Diagnostische Lehrprogramme, bei denen beispielsweise die Regeln einer „Geheimschrift" vermittelt werden, die anschließend beim En- und Dekodieren von Testsätzen angewandt werden müssen (vgl. KLEIN 1978), stellen ebenfalls eine Variante von Kurzzeitlerntests dar.

Validierung. Eine Konstruktvalidierung (das heißt die Überprüfung theoretischer Annahmen über Interrelationen des fraglichen Konstrukts mit anderen Variablen) bereitet bei Lerntests insofern Schwierigkeiten, als der Begriff der Lernfähigkeit bislang nicht befriedigend von dem der Intelligenz abgegrenzt ist. Die bislang zur Validierung verwendeten Außenkriterien (etwa Lehrerschätzurteile der intellektuellen Fähigkeiten, Zensuren oder Schulleistungstests) sind die gleichen, die auch zur Validierung von Intelligenztests verwendet werden und stellen fragwürdige Indikatoren für die Lernfähigkeit dar. Dennoch ist bemerkenswert, daß in der Mehrzahl der Untersuchungen Lerntests mit diesen Kriterien höher korrelieren als die entsprechenden konventionellen Tests (vgl. FLAMMER 1975, GUTHKE 1972). Die Gleichsetzung von Intelligenzquotient und intellektueller Lernfähigkeit wird damit fragwürdig und mit ihr auch die Verwendung herkömmlicher Intelligenztests als Prädiktoren künftiger Lernleistungen.

Die durch die Pädagogisierungsphase bewirkte Validitätssteigerung ist bei leistungsschwachen Probanden besonders ausgeprägt. Allerdings müssen hier direktere Hilfen als einfache Richtig-Falsch-Rückmeldungen gegeben werden, denn die darin oder bei einer einfachen Testwiederholung vorhandenen Lernmöglichkeiten können von leistungsschwachen Probanden zu wenig genutzt werden. Die im Vergleich zum Vortest geringere Korrelation des Nachtests mit den häuslichen Förderungsbedingungen weist auf eine geringere Milieuabhängigkeit von Lerntests im Vergleich zu traditionellen Tests hin (vgl. GUTHKE 1980). BUDOFF (vgl. 1978) berichtet vor allem bei Kindern aus Slums von einem relativ hohen Anteil von „gainers", die sich in Längsschnittstudien meist als lebenstüchtiger erwiesen als „non-gainers". Die Pädagogisierungsphase scheint also Ungleichheiten in den bisherigen Lernchancen in gewissem Maße zu kompensieren.

Anwendungsbereich. Die bisherigen Ergebnisse zur differentiellen Validität ergeben als vorläufiges Gesamtbild, daß der Einsatz der vorliegenden Lerntests vor allem bei leistungsversagenden und bisher mangelhaft geförderten Kindern aus ungünstigem Milieu angezeigt ist, während ihr Einsatz bei „normal-intelligenten" Kindern aus „normalem" Milieu bislang vergleichsweise geringen zusätzlichen diagnostischen Gewinn verspricht. Es ist allerdings noch offen, wieweit hierfür Testdeckeneffekte und der Zuschnitt der Pädagogisierungsphase speziell auf leistungsschwache Probanden verantwortlich sind und ob durch geeignete Modifikationen auch im „Normalbereich" höhere Validitätssteigerungen erzielt werden können. Die Diagnose der Lernfähigkeit wird sich allerdings nie allein auf Lerntests stützen können, sondern auch Verfahren zur Exploration der Lebenswelt des Probanden, die Beobachtung in natürlichen Lernsituationen und dergleichen einbeziehen müssen. Diese Verfahren ergänzen einander und können erst in ihrer Gesamtheit ein einigermaßen valides Bild der jeweiligen intellektuellen Möglichkeiten vermitteln.

Bilanz und Perspektiven. Der in den letzten Jahren verstärkt geforderte „Paradigmenwechsel" in der pädagogischen Diagnostik (vgl. GARTEN 1977) ist mit dem Lerntestkonzept nur zum Teil realisiert: Zwar wird von einem lernorientierten Persönlichkeitsmodell ausgegangen, im Sinne des Rufs nach Chancengleichheit werden sozialbedingt unterschiedliche Lernchancen teilweise kompensiert und anstelle einer summativen Beurteilung wird eine Diagnose von Lernvoraussetzungen versucht. Mit der Beschränkung auf die allgemeine intellektuelle Lernfähigkeit fehlt jedoch die für eine formative Diagnose notwendige Verzahnung mit dem Curriculum: Die bisherigen Lerntests geben nur an, ob Förderungsmaßnahmen Lernerfolg erwarten lassen, nicht jedoch, wie diese Maßnahmen zu gestalten sind. Sie sind insofern auch eher auf eine Personenselektion denn auf eine Modifikation von Lernbedingungen zum Zweck der Förderung hin ausgerichtet (vgl. PAWLIK 1976). Die meisten bisherigen Lerntests erfassen de facto nur den nach einer kontrollierten pädagogischen Einwirkung erreichten Leistungsstand und verzichten wegen psychometrischer Probleme auf eine Analyse des Lerngewinns. Wieweit stochastische Meßmodelle hier hilfreich sind, ist noch offen (vgl. ROST 1979). Der eigentliche Lernprozeß wird von Lerntests bislang nicht erfaßt; die Forderung nach einer Prozeßdiagnose (vgl. GARTEN 1977, RÜDIGER 1978) bleibt insofern unerfüllt.

Um anstelle einer allgemeinen Lernfähigkeitsdiagnose die Art der individuellen Lernschwierigkeiten aufzudecken und daraus entsprechende Förderungsmaßnahmen abzuleiten, wird die Lerntestentwicklung in ein breiteres Spektrum von Forschungsrichtungen zu stellen sein. Lerntests müssen dann unmittelbar auf das Curriculum bezogen, kontentvalide (vgl. KLAUER 1978) und so konstruiert sein, daß sie eine kognitions- und lerntheoretisch fundierte und auf die Sachstruktur des jeweiligen Lerngegenstandes bezogene Diagnose des individuellen Entwicklungsstands erlauben (vgl. SCHNOTZ 1979). In den letzten Jahren hat ein zunehmender Austausch zwischen Kognitiver und Pädagogischer Psychologie begonnen, von dem auch wesentliche Anregungen für eine lern- und kognitionstheoretisch fundierte curriculumspezifische Diagnose der Lernfähigkeit zu erwarten sind (vgl. LESGOLD u. a. 1978). Schließlich wird auch zu fragen sein, wie Lerndiagnostik nicht nur den Lehrenden informieren, sondern sich auch an den Lernenden wenden und zur Förderung selbstreflexiver Lernaktivitäten beitragen kann. Insgesamt könnte auf diesem Wege schrittweise eine an den Interessen des einzelnen orientierte Einheit von Diagnose, Prognose und Lernförderung verwirklicht werden.

BABAD, E. Y./BUDOFF, M.: Sensitivity and Validity of Learning-Potential Measurement in three Levels of Ability. In: The J. of E. Psych. 66 (1974), S.439ff. BUDOFF, M.: Begutachtung auf der Grundlage des Lernpotentials: Eine Teststrategie zur Erhöhung der Relevanz psychodiagnostischer Daten für Pädagogen. In: CLAUSS, G. u.a.: Psychologie ..., Berlin 1978, S.61ff. BUDOFF, M./FRIEDMAN, M.: „Learning Potential" as an Assessment Approach to the Adolescent Mentally Retarded. In: J. of Cons. Psych. 28 (1964), S.434ff. CLAUSS, G. u.a. (Hg.): Psychologie und Psychodiagnostik lernaktiven Verhaltens, Berlin 1978. DIEDRICH, R. u.a.: Der Mengenfolgetest – ein programmierter Lerntest für Schulanfänger. In: Probl. u. Erg. d. Psych. (1972), 42, S.25ff. FLAMMER, A.: Individuelle Unterschiede im Lernen, Weinheim/Basel 1975. GARTEN, H.-K. (Hg.): Diagnose von Lernprozessen, Braunschweig 1977. GÜNTHER, R.: Ansätze zur Diagnostik der intellektuellen Lernfähigkeit im Erwachsenenalter. In: Probl. u. Erg. d. Psych. (1980), 72, S. 23 ff. GUTHKE, J.: Zur Diagnostik der intellektuellen Lernfähigkeit, Berlin 1972. GUTHKE, J.: Ist Intelligenz meßbar? Berlin ²1980. GUTJAHR, W. u. a.: Verfahren zur Diagnostik der Schulfähigkeit, Berlin 1974. KLAUER, K. J.: Kontentvalidität. In: KLAUER, K. J. (Hg.): Handbuch der pädagogischen Diagnostik, Bd. 1, Düsseldorf 1978, S. 225 ff. KLEIN, S.: Die Wirkung des elementaren Mathematikunterrichts auf die kognitive und Persönlichkeitsentwicklung der Schüler. In: CLAUSS, G. u.a.: Psychologie ..., Berlin 1978, S.31ff. KORMANN, A.: Lerntests – Versuch einer kritischen Bestandsaufnahme. In: ECKENSBERGER, L.H. (Hg.): Bericht über den 31. Kongreß der Deutschen Gesellschaft für Psychologie in Mannheim 1978, Göttingen 1979, S.85ff. LESGOLD, A.M. u.a. (Hg.): Cognitive Psychology and Instruction, New York 1978. PAWLIK, K.: Modell- und Praxisdimensionen psychologischer Diagnostik. In: PAWLIK, K. (Hg.): Diagnose der Diagnostik, Stuttgart 1976, S.13ff. ROST, J.: Lernerfolgsprognosen aufgrund von Lerntests. In: ECKENSBERGER, L.H. (Hg.): Bericht über den 31. Kongreß der Deutschen Gesellschaft für Psychologie in Mannheim 1978, Göttingen 1979, S.96ff. RUBINSTEIN, S.L.: Grundlagen der allgemeinen Psychologie, Berlin (DDR) 1958. RÜDIGER, D.: Prozeßdiagnose als neueres Konzept der Lernfähigkeitsdiagnose. In: MANDL, H./KRAPP, A. (Hg.): Schuleingangsdiagnose – Neue Modelle, Annahmen und Befunde, Göttingen 1978, S.66ff. SCHNOTZ, W.: Lerndiagnose als Handlungsanalyse, Weinheim/Basel 1979. WYGOTSKI, L.S.: Denken und Sprechen, Berlin (DDR) 1964.

Wolfgang Schnotz

Diagnose (zielerreichendes Lernen)

Zielerreichendes Lernen und Diagnostik. Das Konzept des *zielerreichenden Lernens* (*Mastery Learning,* Bewältigungslernen) geht davon aus, daß der Unterricht im Idealfall die vollständige Beherrschung des Lehrstoffs durch die gesamte Lerngruppe zum Ziel hat. Die curricularen und unterrichtlichen Voraussetzungen dazu müssen im Rahmen eines sorgfältig geplanten Programms geschaffen werden, dessen Durchführbarkeit an ein System von diagnostischen Informationen gebunden ist. Sie werden an mehreren Stellen des Programms erhoben.

Planung eines kompetenzorientierten Lehrgangs. Torshen, der 1977 einen ausführlichen Überblick über Theorie und Anwendung des *kompetenzorientierten Unterrichts* gibt, faßt die Planungsschritte wie folgt zusammen (vgl. TORSHEN 1977): Erstens werden die *Lehrziele* der Unterrichtseinheit definiert; zweitens die *minimalen Lernniveaus* festgelegt, die als ausreichend betrachtet werden, um einen bestimmten Lernabschnitt als abgeschlossen zu betrachten. Weiterhin werden in Form einer *Eingangsdiagnose* die Vorkenntnisse des Schülers ermittelt und seine „Einsprungstelle" in das Programm und der *Lernweg* festgelegt. Eine wichtige Funktion erfüllt die *lernprozeßbegleitende Diagnose,* die die Voraussetzung für die Anpassung des Unterrichts an die Bedürfnisse des Schülers bildet. *Remediale Passagen* sollen bestimmte Lerndefizite ausgleichen. *Neuplazierung* erfolgt, wenn sich im Laufe des diagnostischen Prozesses herausstellt, daß ein Schüler oder eine Lerngruppe von dem Programm nicht profitiert. *Enrichment* erfolgt, wenn die diagnostische Evaluation gezeigt hat, daß ein bestimmter Abschnitt erfolgreich bearbeitet wurde. Unter *Recycling* versteht man das Durchlaufen einer Schleife aus remedialen Passagen und Bearbeitung von zugeordneten, kriterienorientierten Tests, bis das für den Abschnitt festgelegte minimale Lernniveau erreicht ist. Die letzte Komponente des Modells betrifft die *Evaluation des Endniveaus* des gesamten Kurses. Eine Erweiterung des Modells ist möglich, indem man die Behaltensleistung nach einem definierten Zeitraum miteinbezieht. Das Modell von Torshen stellt die entwickeltste Form eines Konzepts des Mastery Learning dar. An ihm lassen sich daher die diagnostischen Fragestellungen im Rahmen des zielerreichenden Lernens paradigmatisch studieren.

Evaluationsformen. In der Terminologie von BLOOM u.a. (vgl. 1971) sind sowohl *formative* als auch *summative Evaluationen* des Lernerfolgs vorzunehmen. Summative Tests fassen dabei den Lernerfolg einer Lerneinheit zusammen, formative Tests begleiten den Lernvorgang und erlauben die Absicherung lernprozeßbezogener Entscheidungen. Werden nur punktuelle Aussagen über einen Lernstatus gemacht, so ist es zulässig, mit den Rohwerten, die im Rahmen der Lerndiagnose erhoben wurden, zu arbeiten. Probleme entstehen immer dann, wenn Aussagen über Veränderungen gemacht werden, da sie mit den Verfahren der Veränderungsmessung erfaßt werden müssen, um interpretierbar zu sein. Die komplexen diagnostischen Entscheidungen im Rahmen einer lernprozeßbegleitenden und -steuernden Evaluation sind nur im letzteren Fall in verantwortlicher Weise abzusichern. Die pädagogische Diagnostik im Bereich des zielerreichenden Lernens umfaßt daher alle diagnostischen Aktivitäten zur Evaluation und Steuerung des Lehrens und Lernens in bezug auf einen definierten Lehrzielbereich, wobei neben summativen vor allem formative Lerndiagnosen vorzunehmen sind.

Probleme der Testkonstruktion. Wichtige Voraussetzungen betreffen eine exakte Zuordnung der diagnostischen Informationen zu den Lehrzielen, die sie erfassen sollen. Im Idealfall sollte ein speziell konstruierter, lehrzielorientierter (kriterienorientierter) Test zur Verfügung stehen. Das Lehrerurteil ist wegen der bekannten Urteilsverzerrung wenig für diese Aufgabe geeignet (vgl. INGENKAMP 1977). Eine ausführliche Anleitung für die Konstruktion lehrzielorientierter Tests geben HERBIG (vgl. 1976) und BERK (vgl. 1980).

Testverfahren, die nach der klassischen Testtheorie (zur Einführung vgl. LIENERT 1969) konstruiert sind, eignen sich aus mehreren Gründen nicht für prozeßbegleitende Diagnosen:
- wegen der Aufnahme vieler mittelschwerer Aufgaben zur Erhöhung der Reliabilität wird der Lehrzielbereich nicht adäquat wiedergegeben;
- für Schüler aus dem unteren Leistungsbereich sind zu wenig Aufgaben vorhanden, um ihrem Leistungsstand zu entsprechen (im Gegensatz dazu soll bei den kriterienorientierten Verfahren der zu erfassende Lehrzielbereich im Test möglichst repräsentativ erfaßt werden, und zwar nicht nur, was die Aufgabentypen, sondern auch die Verteilung der Schwierigkeiten betrifft);
- der Vergleich mit dem Mittelwert einer Referenzpopulation als Norm ermöglicht keine Aussagen über den kriterienbezogenen Leistungsstand einer Person;
- da beim zielerreichenden Lernen nach Abschluß des Lernprozesses im Idealfall keine Varianz zwischen den Personen mehr besteht (da alle das

Lernziel erreicht haben), sind die klassischen Gütekriterien nicht mehr definiert.
Der gravierendste Einwand kommt jedoch von seiten der probabilistischen Testtheorie. Es kann nämlich nicht davon ausgegangen werden, daß das beobachtete Verhalten und die zugrunde liegende Verhaltensdisposition (im konkreten Fall ein bestimmter Lernzustand) einfach gleichgesetzt werden können. Eine massive Dispositionsänderung kann zu einem bescheidenen manifesten Lerngewinn führen und umgekehrt, und zwar in bezug auf denselben Lernvorgang. Besonders deutlich ist dieses bei sportlichen Trainingsprogrammen. Eine zusätzliche Schwierigkeit bedeuten Überlagerungen des interessierenden Lernprozesses durch weitere Faktoren, wie zum Beispiel die Tagesform. Daher können nur Aussagen über die Wahrscheinlichkeit des Auftretens der beobachtbaren Verhaltensäußerungen gemacht werden. Testwerte sind daher nicht, wie in der klassischen Testtheorie, als Summe von „wahrem Wert" und „Fehlerwert" aufzufassen, sondern als Schätzungen des wahren Meßwertes.

Neue Testmodelle. Die Aufarbeitung dieser Kritikpunkte führte zur Entwicklung neuer Testmodelle. Für Meßvorgänge im Rahmen des zielerreichenden Lernens hat sich beispielsweise das Einfehlermodell von KLAUER (vgl. 1972) gut eingeführt, für das Herbig Ablesetafeln bringt.
Reulecke benutzt die Poissonverteilung zur Schätzung des noch zulässigen Fehleranteils der Lernenden, die bereits als Könner einzustufen sind (vgl. REULEKKE/ROLLETT 1976). Zur Erfassung von Lernvorgängen entwickelte KEMPF (vgl. 1974) eine um einen Veränderungsparameter erweiterte Version des logistischen Testmodells, das dynamische Testmodell. Eine für den Praktiker besonders interessante Form stellt das LLRA (Linear Logistic Modell with Relaxed Assumptions) von FISCHER (vgl. 1974, 1978) dar, da es gestattet, einfache Beobachtungsdaten zu verarbeiten und außerdem von den strikten Homogenitätsforderungen des Rasch-Modells (vgl. RASCH 1960) abzugehen. ROP (vgl. 1977) verwendete es zur Überprüfung der Effektivität von drei Frühförderungsprogrammen (Frühlesen, logisches Denken und Sprachförderung). Es zeigte sich, daß alle drei Programme unabhängig von den Fähigkeitsparametern Verbesserungen im angezielten Bereich der kognitiven Fähigkeiten hatten, wobei im Vergleich das Frühleseprogramm am schlechtesten abschnitt.

Lernwegdokumentation als diagnostisches Instrument. Untersuchungen von Lernprozessen im Schulunterricht haben den Nachteil, daß die für die Erfassung des Lernfortschritts notwendigen Testungen zeit- und kostenintensiv sind. Die Vergleichbarkeit des Unterrichts verschiedener Lehrer ist ebenfalls nur mit Einschränkungen gegeben. Analysen der Lehrschrittbearbeitungen bei objektivierten Lehrformen sind besonders aufschlußreich, da sie gleichsam eine Lernwegdokumentation darstellen.
KAUL (vgl. 1975) unterzog die Lehrschrittbearbeitungen bei drei Lehrprogrammen aus den Fächern Deutsch, Mathematik und Physik einer hierarchischen Clusteranalyse und analysierte die resultierenden Lehrstoffgruppen nach Rasch. Es ergaben sich sowohl lehrstoffspezifische als auch lehrstoffübergreifende Gruppen. Letztere erbrachten drei Typen von Lehrschritten: Einführungs-, Übungs- und Wiederholungsschritte.
Für die Lerndiagnose von Bedeutung ist die Tatsache, daß sich die Lernenden bereits nach der Art der Bearbeitung der Lehrschrittgruppen unterschieden: Geringer Lernerfolg kovariierte mit Nichtbearbeitung der Übungs- und Wiederholungsschritte. Damit ist ein Weg zu einer differenzierten Lernwegdiagnostik

Diagnose (zielerreichendes Lernen)

als Grundlage für remediale Unterstützungen aufgezeigt.
Einen Schritt weiter geht GUTHKE (vgl. 1980a) in der Analyse und Diagnose von Lernverläufen. Lerntests erfassen neben dem Status die Auswirkung standardisierter Lernanregungen. Ein umfassendes Lehr-Lernsystem mit variablen Studienunterstützungen entwickelte WELTNER (vgl. 1978) mit seinem Leitprogrammsystem, das neben Inhalten explizit Arbeitstechniken vermittelt. BLOOM (vgl. 1976) und TORSHEN (vgl. 1977) betonen, daß remediales Lernen ohne genauere Kenntnis der Ursachen für schlechten Lernerfolg wenig förderlich ist. Weder haben einfache Rückmeldungen noch Wiederholungen derselben Lernsequenz einen nennenswerten Erfolg. Differenzierte Lernwegdiagnosen mit zugeordneten Treatments im Sinn eines adaptiven Unterrichts sind demgegenüber vorzuziehen.

Implementationsprobleme. Die Anwendung diagnostischer Verfahren zur Lernwegsteuerung in der Schulpraxis ist abhängig von den zur Verfügung stehenden Ressourcen, und zwar sowohl im Bereich der Lernmaterialien als auch der diagnostischen Hilfsmittel. Wegen des hohen Kostenaufwandes, der dafür benötigt wird, sind der Implementation des zielerreichenden Lernens Grenzen gesetzt, soweit dies die Schulpraxis betrifft. Im Rahmen der therapeutischen Einzelfallhilfe haben Konzepte des zielerreichenden Lernens als Interventionsstrategie bei Lernstörungen neue und erfolgversprechende Möglichkeiten eröffnet. Eine Übersicht über derartige Ansätze im Bereich der Schuleingangsdiagnose geben MANDL/KRAPP (vgl. 1978).

Hinweise für den Praktiker. Für die Entwicklung eines brauchbaren Meßverfahrens für Diagnosen im Rahmen des zielerreichenden Lernens ist in jedem Fall eine klare Spezifizierung des Lehrzielbereichs notwendig, den das Testverfahren abbilden soll. HAMBLETON (1980, S. 114) führt dazu folgendes aus: „Bereichsspezifizierungen liefern klare Aussagen über den gewünschten Inhalt und die Verhaltensweisen, die durch den lehrzielorientierten Test gemessen werden soll. Bereichsspezifizierungen sind wie eine gute Straßenkarte: wenn Sie sich im Dschungel der Testentwicklung verirren, dann können Sie immer wieder auf sie zurückgreifen und Ihren Weg finden."
Dazu ein illustratives Beispiel aus Magers klassischer Schrift „Lernziele und Programmierter Unterricht" (MAGER 1969, S. 36 ff.):

Abbildung 1

Betrachten wir nun folgendes Lernziel:
Eine einfache lineare Gleichung lösen können.
Welche der folgenden Prüfungsaufgaben ist diesem Lernziel angemessen?
Berechne x aus dem folgenden Ausdruck:
$2 + 4x = 12$ .... S. 37
Wenn sieben Hammer sieben Mark kosten, wieviel kostet
ein Hammer? .... S. 38

S. 37
Ausgezeichnet! Sie haben erkannt, daß der einzige Weg zu prüfen, ob ein Schüler Gleichungen lösen kann, ist, ihn Gleichungen lösen zu lassen.

Diagnose (zielerreichendes Lernen)

> S. 38
> Nun, wenn Sie diesmal falsch gewählt haben – und die Antwort ist tatsächlich falsch –, sollte ich vielleicht noch einmal wiederholen. Wir sprachen über diesen Abschnitt bereits früher, aber ich habe es wahrscheinlich nicht hinreichend deutlich erklärt, wenn Sie es so schnell wieder vergessen haben.
>
> Wenn ein Schüler eingekleidete Aufgaben lösen lernen soll, dann müssen Sie ihn lehren, eingekleidete Aufgaben zu lösen. Sie können nicht erwarten, daß er lernt, eingekleidete Aufgaben zu lösen, wenn Sie ihn Gleichungen lösen lehren. Das wäre so ähnlich, als erwarten Sie, jemand lerne dadurch Klavierspielen, daß Sie ihn Posaunespielen lehren. Sicherlich haben beide Fertigkeiten einige gemeinsame Elemente, sie reichen jedoch nicht aus, um mit Sicherheit beim Erlernen der einen Fertigkeit die andere automatisch mit erlernen zu lassen. Aus der Beschreibung unseres Lernzieles ging eindeutig hervor, daß wir unseren Schüler lehren wollten, Gleichungen zu lösen! Die einzige Möglichkeit zu erfahren, ob er das wirklich gelernt hat, ist daher, ihn Gleichungen lösen zu lassen. Es ist daher nicht angemessen, ihn Gleichungen beschreiben, Aufsätze über Gleichungen anfertigen oder ihn eingekleidete Aufgaben lösen zu lassen.

Sind die Prüfungsitems für das Meßinstrument ausgewählt, so sollte eine Itemanalyse und eine Ermittlung der Testgütekennwerte erfolgen. Die bloße Inspektion der Items – auch wenn diese durch ein Expertenteam erfolgt – gibt nur sehr unzureichende Informationen. Im ungünstigsten Fall spiegelt die Beurteilerübereinstimmung nur das gemeinsame Vorurteil der Rater wider. Eine wertvolle Zusatzinformation gibt die Rasch-Analyse der Testitems (vgl. RASCH 1960), da sie deutlich macht, ob eine oder mehrere „Fähigkeiten" zur Lösung der Aufgabe notwendig sind. Ebenso ist es durch sie möglich, Spezialistengruppen unter den Testenden auszumachen. So konnte etwa bei der Rasch-Analyse der Testitems des Anstrengungsvermeidungstests (ROLLETT/BARTRAM 1976) ein nicht Rasch-homogenes Item entdeckt werden: „Ich arbeite nicht gern, wenn ich es tun *muß*." Nach der klassischen Testanalyse handelt es sich um ein trennscharfes Item. Eine Konfigurationsfrequenzanalyse der Antworten zeigt jedoch, daß es nicht nur von Schülern mit hohen Leistungsverweigerungstendenzen angestrichen wird, sondern auch signifikant häufiger von einer Sondergruppe von Schülern mit niedrigen Anstrengungsvermeidungstendenzen: Es sind dies sehr bemühte Kinder, bei denen die Umgebung dazu neigt, sie zu überfordern und die daher Widerstände gegen allzu fordernde Erwachsene aufgebaut haben. Auf diese Information wäre man ohne eine Rasch-Analyse nicht aufmerksam geworden. Das nächste Beispiel soll dies weiter verdeutlichen. Es handelt sich um den Abschlußtest zu dem Lehrprogramm „Drehen und Klappen" von VIET/RAGNITZ (1970). Auch hierbei stellte es sich heraus, daß sowohl Rasch-homogene als auch nicht Rasch-homogene Aufgaben existieren (vgl. Abbildungen 2 und 3). Letztere rekrutieren sich bezeichnenderweise aus Aufgaben, bei denen eine zeichnerische Lösung gefordert war. Es leuchtet ein, daß hier eine zusätzliche Fähigkeit – neben der Beherrschung des Stoffes – gefordert war.

Ist für eine Gruppe von Prüfitems Rasch-Homogenität nachgewiesen worden, so hat dies den zusätzlichen Vor-

Diagnose (zielerreichendes Lernen)

Abbildung 2: Beispiele für Rasch-homogene Aufgaben aus dem Behaltenstest „Drehen und Klappen"

Nr.	Aufgabe	
1	Schreibe die Deckbewegungen des Quadrats auf! (Nur Abkürzungen) a) Drehungen	
2	b) Klappungen	
5	Welche Deckbewegung ist das	homogener Lernstoff
7	$K_3 \circ K_1 =$	
8	$D_3^1 \circ D_3^2 =$	
9	$K_2 \circ D_3^2 =$	
10	$K_3 \circ K_3 =$	
12	$D_4^1 \circ K_4 =$	
13	$K_3 \circ D =$	
14	$K_3 \circ K_2 =$	
15	$D_4^1 \circ D_4^3 =$	

(Quelle: KAUL 1975, S. 49)

Abbildung 3: Beispiele für nicht Rasch-homogene Aufgaben aus dem Behaltenstest „Drehen und Klappen"

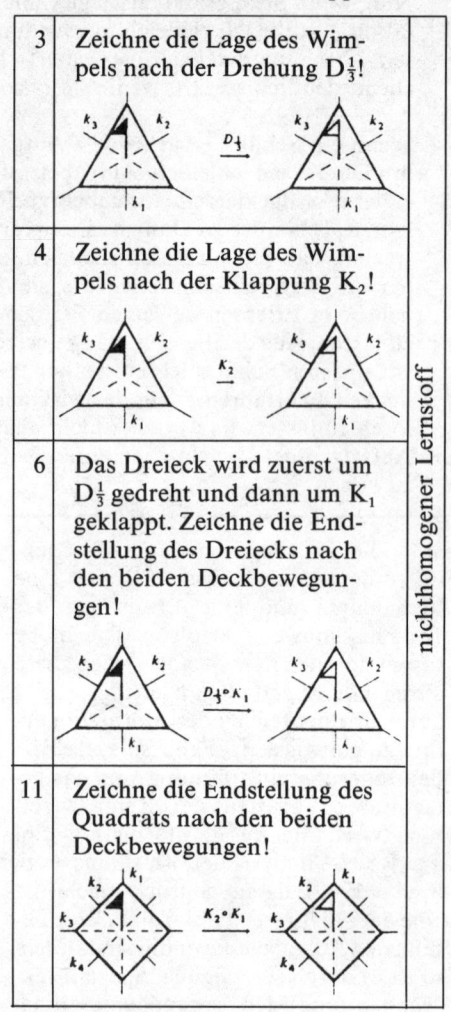

3	Zeichne die Lage des Wimpels nach der Drehung D_3^1!	
4	Zeichne die Lage des Wimpels nach der Klappung K_2!	
6	Das Dreieck wird zuerst um D_3^1 gedreht und dann um K_1 geklappt. Zeichne die Endstellung des Dreiecks nach den beiden Deckbewegungen!	nichthomogener Lernstoff
11	Zeichne die Endstellung des Quadrats nach den beiden Deckbewegungen!	

(Quelle: KAUL 1975, S. 51)

teil, daß eine Rationalskala angenommen werden kann. Bei den bekannten Schwierigkeiten einer Messung von Veränderungen ist dies günstig. Man sollte allerdings nicht, wie in der Vergangenheit öfter gefordert, nur solche Tests konstruieren, die den Anforderungen des Rasch-Modells genügen, da man wertvolle diagnostische Informationen verlieren würde. Falls ein Lehrstoffbereich viele Anforderungen enthält, bei denen die zugehörigen Prüfaufgaben nicht dem Rasch-Modell entsprechen, ist es günstiger, mit dem oben erwähnten Modell von Fischer zu arbeiten, das nicht so restriktiv vorgeht.

Bei Diagnosen im Rahmen des Konzeptes des zielerreichenden Lernens ist es immer vorteilhaft, auf einen gut konstruierten, kriterienorientierten Test zurückgreifen zu können. Wegen des hohen personellen und finanziellen Aufwandes sind der Eigenkonstruktion von Tests Grenzen gesetzt. Selbst wenn man mit den vereinfachten Verfahren arbeitet, die HERBIG (vgl. 1976) zusammengefaßt hat, ist der Aufwand sehr groß. Im folgenden soll das Ein-Fehlermodell von KLAUER (vgl. 1972, S. 161 ff.) an einem Beispiel dargestellt werden, das sich wegen der Einfachheit der Anwendung als Kurzinformation über den Leistungsstand in einem bestimmten Bereich gut eignet. Zunächst definiert man einen gewünschten Grad der Beherrschung des Stoffgebietes p_z und eine bestimmte Testlänge. Da bekanntlich die Reliabilität mit der Testlänge ansteigt, sollte sie nicht zu gering angesetzt werden. Bei der Beantwortung sollte eindeutig zwischen „gekonnt" und „nicht gekonnt" unterschieden werden können. Nimmt man einmal an, man hätte einen Test aus Einmaleins-Aufgaben zusammengestellt, der 20 Aufgaben enthält. Als gewünschter Grad der Beherrschung wäre 95 % definiert. Es ließe sich dann folgende Nullhypothese aufstellen:

H_0: Der zu prüfende Schüler verfügt über eine Lösungswahrscheinlichkeit p, die wenigstens so groß ist wie p_z ($p \geq p_z$)

Die Gegenhypothese H_1 lautet:
H_1: p ist kleiner als p_z (p 2 p_z)

Abbildung 4: Das Ein-Fehlermodell von Klauer für eine Testlänge von 20 und $p_z = 0{,}95$

Anzahl falscher Lösungen	0	1	2	3	4	5	6
Auftretenswahrscheinlichkeit	.358	.378	.188	.060	.013	.002	.000
Anteil aller auftretenden Fälle in % (cum)	35,8	73,6	92,4	98,4	99,7	99,9	

(Berechnung: B. R.)

Die Tabelle zeigt, daß 99,7 % der Schüler, die den Test zu 95 % beherrschen, höchstens 4 Fehler machen. 5 oder mehr Fehler kommen in weniger als 1 % aller Fälle vor. Für einen Schüler, der 4 oder weniger Fehler macht, kann daher die 0-Hypothese auf dem 1 %-Niveau verworfen werden. Es läßt sich mit großer Sicherheit annehmen, daß er „wirklich" über den gewünschten Kompetenzgrad verfügt. Die Praxis des Diagnostizierens beim zielerreichenden Lernen ist noch auf weiten Strecken darauf angewiesen, Neuland zu betreten. Die bereits vorliegenden Ergebnisse sind jedoch interessant genug, um davon ausgehen zu können, daß es sich um eine vielversprechende Weiterentwicklung handelt.

BERK, A. R. (Hg.): Criterion-Referenced Measurement. The State of the Art, Baltimore 1980. BLOCK, J. H. (Hg.): Mastery Learning. Theory and Practice, New York 1971. BLOOM, B. S.: Human Characteristics and School Learning, New York 1976. BLOOM, B. S. u.a.: Handbook on Formative and Summative Evaluation of Student Learning, New York 1971. CARROLL, J. B.: A Model of School Learning. In: Teachers Coll. Rec. 64 (1963), S. 723 ff. CRONBACH, L. J./FURBY, L.: How We Should Measure ‚Change" – or Should We? In: Psych. Bull. 74 (1970), S. 78 ff. CRONBACH, L. J./GLESER, G. C.: Psychological Tests and Personnell Decisions, Urbana (Ill.) 1965. DWYER, C. A.: Achievement Testing. In: Encyclopedia of Educational Research, Bd. 1, New York [5]1982, S. 12 ff. EIGLER, G./STRAKA, G. A.: Mastery Learning. Lernerfolg für jeden? München 1978. FISCHER, G. H.: Einführung in die Theorie psychologischer Tests, Bern 1974.

Diagnose (zielerreichendes Lernen)

FISCHER, G. H.: Probabilistic Test Models and their Applications. In: Germ. J. of Psych. 2 (1978), S. 298 ff. FRICKE, R.: Kriteriumsorientierte Leistungsmessung, Stuttgart 1974. GLASER, R.: Instructional Technology and the Measurement of Learning Outcomes. Some Questions. In: Am. Psychologist 18 (1963), S. 519 ff. GLASER, R.: Adaptive Instruction. Individual Diversity and Learning, New York 1976. GUTHKE, J.: Ist Intelligenz meßbar? Berlin ²1980 a. GUTHKE, J.: Veränderungsmessung und Psychodiagnostik intraindividueller Variabilität. In: 22. Internationaler Kongress für Psychologie: Kurzfassungen, Leipzig 1980, S. 64 (1980 b). HAMBLETON, K. R.: Test Score Validity and Standard-Setting Methods. In: BERK, A. R. (Hg.): Criterion-Referenced Measurement . . ., Baltimore 1980, S. 80 ff. HELLER, K. (Hg.): Leistungsbeurteilung in der Schule, Heidelberg ²1975. HERBIG, M.: Praxis lernzielorientierter Tests, Düsseldorf 1976. INGENKAMP, F. D.: Zielerreichendes Lernen – Mastery Learning, Ravensburg 1979. INGENKAMP, K.: Pädagogische Diagnostik, Weinheim/Basel 1975. INGENKAMP, K.: Die diagnostische Problematik des Aufsatzes als Prüfungsinstrument und die Bemühungen zur Verbesserung der Auswertungsqualität. In: BECK, O./PAYRHUBER, F. J. (Hg.): Aufsatzbeurteilung heute, Freiburg/Basel/Wien ²1976. S. 16 ff. INGENKAMP, K. (Hg.): Die Fragwürdigkeit der Zensurengebung, Weinheim/Basel ⁷1977. INGENKAMP, K.: Erfassen Testaufgaben andere Leistungen als traditionelle Prüfungsaufgaben? In: INGENKAMP, K. (Hg.): Tests in der Schulpraxis, Weinheim/Basel 1978, S. 113 ff. KÄHLER, G.: Das Lehrprogramm „Säuren und Salze" im Chemieunterricht, Mimeo, Kassel 1974. KAUL, P.: Prozeßanalysen des Lernerfolgs. Untersuchungen zur Konkordanz von Lernziel und Sachstruktur, Diss., Kassel 1975. KEMPF, W. F. (Hg.): Probabilistische Modelle in der Sozialpsychologie, Bern 1974. KLAUER, K. J.: Zur Theorie und Praxis des binomialen Modells lehrzielorientierter Tests. In: KLAUER, K. J. u. a.: Lehrzielorientierte Tests, Düsseldorf 1972, S. 161 ff. KLAUER, K. J. (Hg.): Handbuch der pädagogischen Diagnostik, Düsseldorf 1978. KLAUER, K. J. u. a.: Lehrzielorientierte Tests, Düsseldorf 1972. LIENERT, G. A.: Testaufbau und Testanalyse, Weinheim/Berlin/Basel ³1969. LIENERT, G. A.: Verteilungsfreie Methoden in der Biostatistik, Bd. 2, Meisenheim 1978. MAGER, F. R.: Lernziele und Programmierter Unterricht, Weinheim/Berlin ⁹1969. MANDL, H./KRAPP, A. (Hg.): Schuleingangsdiagnose, Göttingen 1978. PETERMANN, F.: Veränderungsmessung, Stuttgart 1978. RASCH, G.: Probabilistic Models for Some Intelligence and Attainment Tests, Kopenhagen 1960. REULECKE, W./ROLLETT, B.: Pädagogische Diagnostik und lernzielorientierte Tests. In: PAWLIK, K. (Hg.): Diagnose der Diagnostik, Stuttgart 1976, S. 179 ff. ROLLETT, B.: Kriterienorientierte Prozeßdiagnostik im Behandlungskontext. In: PAWLIK, K. (Hg.): Diagnose der Diagnostik, Stuttgart 1976, S. 131 ff. ROLLETT, B./BARTRAM, M.: Anstrengungsvermeidungstest, Braunschweig 1977. ROP, I.: The Application of a Linear Logistic Model Describing the Effects of Pre-school Curricula on Cognitive Growth. In: SPADA, H./KEMPF, W. F. (Hg.): Structural Models of Thinking and Learning, Bern/Stuttgart/Wien 1977, S. 28 ff. ROST, J./SPADA, H.: Probabilistische Testtheorie. In: KLAUER, K. J. (Hg.): Handbuch der pädagogischen Diagnostik, Bd. 1, Düsseldorf 1978, S. 59 ff. ROTH, L.: Effektivität von Unterrichtsmethoden, Hannover ²1977. RÜDIGER, D.: Prozeßdiagnose als neueres Konzept der Lernfähigkeitsdiagnose. In: MANDL, H./KRAPP, A. (Hg.): Schuleingangsdiagnose, Göttingen 1978, S. 66 ff. SCHWARZER, R./STEINHAGEN, K. (Hg.): Adaptiver Unterricht, München 1975. STRITTMATTER, P. (Hg.): Lernzielorientierte Leistungsmessung, Weinheim/Basel 1973. TORSHEN, K. P.: The Mastery Approach to Compentency-Based Education, New York 1977. TWELLMANN, W. (Hg.): Handbuch Schule und Unterricht, Düsseldorf 1971. VIET, U./RAGNITZ, H.: Drehen und Klappen, Stuttgart 1970. WELTNER, K.: Autonomes Lernen, Stuttgart 1978. ZIELINSKI, W.: Lernschwierigkeiten, Stuttgart 1980.

Brigitte Rollet

Einzelfallstudie

Definition. Einzelfallstudien sind Untersuchungen, in denen systematisch bedeutsame Merkmalszusammenhänge – gegebenenfalls unter Einbeziehung kontextueller Daten – an einem einzigen System wie einer Person, Gruppe oder Institution dargestellt werden. Darin unterscheiden sie sich von anderen Formen empirischer Forschung, bei denen die Analyse solcher Zusammenhänge Informationen über die Variation innerhalb einer Vielzahl als strukturell gleich betrachteter Fälle voraussetzt.

Bedeutung. Gelegentlich als neuer paradigmatischer Ansatz empirischer Forschung apostrophiert, findet die Einzelfallstudie zunehmend Anwendung und Beachtung, und zwar vor allem im Bereich innovationsorientierter Bildungsforschung (vgl. SMITH 1978, S. 316, S. 319 ff.). Ihre Zielsetzungen können zwischen distanzierter Beschreibung und veränderndem Eingriff variieren. Planung und Durchführung erfolgen unter flexibler Berücksichtigung des je verfügbaren Erkenntnisstandes, wobei Techniken teilnehmender Beobachtung besondere Fragen des Zugangs zum Feld, der Rollenwahl des Forschers und der Wahrung von Interessen der Betroffenen aufwerfen. Da die Aussagekraft von Einzelfallstudien nur in Sonderfällen über formale Kriterien bestimmt werden kann, bleibt ihre Einschätzung meist von pragmatischen Gesichtspunkten der theoretischen und praktischen Relevanz abhängig, wird also weitgehend dem Adressaten überlassen (vgl. STAKE/EASLEY 1978 b).

Abgrenzung gegen andere Methoden der empirischen Sozialforschung. Erfolge der auf Merkmalsvariation zwischen mehreren untersuchten Fällen gestützten quantitativen Verfahren sind nur dort möglich, wo – nach dem Vorbild genetischer Untersuchungen etwa – von einer Konstanz der Meßbedingungen ausgegangen werden kann und günstige Relationen zwischen Stichprobenumfang, Meßfehler und Zahl relevanter Merkmale erreichbar sind. Die Chance, solche Voraussetzungen anzutreffen, sinkt aber in dem Maße, wie die Anzahl verfügbarer Fälle schwindet, beziehungsweise die der zu berücksichtigenden Merkmale steigt. Solche Begrenzungen legen es nahe, statt allgemein definierter Populationen, die theoretisch unendlich groß sein können und dann durch endliche Stichproben „vertreten" werden müssen, einen einzelnen Merkmalsträger, eben den *Einzelfall,* entsprechend gründlicher zu studieren. Eine besonders im Bereich der Klinischen Psychologie (vgl. HERSEN/BARLOW 1976), aber auch im Rahmen der Pädagogischen Diagnostik (vgl. ROLLETT 1979) häufig angewandte Möglichkeit besteht dann darin, durch Vielfachmessung desselben Merkmals die Variation zwischen Merkmalsträgern durch die Variation zwischen den Meßpunkten zu ersetzen und diese zeitreihenanalytisch auszuwerten, wozu ein umfangreiches Methodeninventar zur Verfügung steht. Die Einzelfallstudie erscheint hier formal als Spezial- oder Grenzfall im Spektrum empirischer Forschungsmöglichkeiten (vgl. PETERMANN/HEHL 1979, S. 4 f.).

Dem Verlust solcher Verfahren, die sich auf die Annahme einer wesentlichen Gleichartigkeit vieler Untersuchungsgegenstände gründen, steht der Gewinn gegenüber, ein bestimmtes – unter Umständen nur einmal realisiertes – System einer Darstellung zugänglich zu machen, in der nicht nur spezifische Merkmalsausprägungen, sondern auch spezifische Merkmalszusammenhänge sichtbar gemacht werden. Wie naturwissenschaftliche Beispiele solchen Vorgehens (zum Beispiel ökologische Untersuchungen bestimmter Biosysteme) und der hochentwickelte Stand der Methodologie von Einzelfalluntersuchungen mit

Vielfachmessung (vgl. HERSEN/BARLOW 1976, PETERMANN/HEHL 1979) zeigen, sind mit dem Begriff der Einzelfallstudie weder grundsätzliche Vorbehalte gegen quantitative Methoden, noch antitheoretische Konnotationen notwendig verbunden.

Häufig finden in sozialwissenschaftliche Einzelfallstudien auch solche Daten Aufnahme, deren Interpretation nur situativ, also durch Berücksichtigung des spezifischen Kontextes gesichert werden kann. Mit dieser Erweiterung des methodischen Zugriffs sind indessen erhebliche Konsequenzen hinsichtlich der Datenerhebung und -auswertung verbunden. Insbesondere werden damit die Standardverfahren zur Sicherung der herkömmlichen Gütekriterien Objektivität, Reliabilität und Validität hinfällig. Zur Charakterisierung der statt dessen für die Geltung gegebener Deutungen konstitutiven Hintergrundannahmen findet sich in der Literatur die Bezugnahme auf die Phänomenologie Husserls und die damit begründete Tradition sinnverstehender Methoden, die über Schütz und Mead bis zur Ethnomethodologie (vgl. GARFINKEL 1967) reicht. SCHATZMAN/STRAUSS (vgl. 1973) sprechen in diesem Zusammenhang von einer *„naturalistischen Orientierung"*, und für den Sonderfall von Evaluationsstudien finden sich auch die Termini *„responsive"* (vgl. STAKE 1980) oder *„illuminative Evaluation"* (vgl. PARLETT/HAMILTON 1977). Die folgenden Ausführungen beziehen sich auf Einzelfallstudien einer solchen qualitativen Ausrichtung.

Zielsetzungen. Hinsichtlich der Zielsetzungen, zu deren Erreichung Einzelfallstudien unternommen werden, bestehen keine prinzipiellen Unterschiede zu den allgemeinen Zielen erziehungs- und sozialwissenschaftlicher Forschung überhaupt. Je nach wissenschaftstheoretischem Standort, Anlaß, Fragestellung und Adressat wird der Wissenschaftler seine Aufgabe eher als „beobachtend und beschreibend", „verstehend und erklärend", „beurteilend und bewertend", „beratend und helfend" oder „verändernd und verbessernd" sehen. Da diese Schwerpunkte miteinander kombiniert auftreten können, lassen die in der Literatur vertretenen Varianten der Einzelfallstudie eine eindeutige Zuordnung in dieses Schema nicht zu, auch wenn sich verschiedene Gewichtungen feststellen lassen, die ihren entsprechenden methodologischen Ausdruck finden.

So liegt für WALKER (vgl. 1980) der Schwerpunkt einer Einzelfallstudie in der Deskription unter weitgehender Vermeidung von Interpretationen durch den Autor. Ziel ist die „Portraitierung" des Ideosynkratischen um seiner selbst willen, ist der Aufweis der Möglichkeit und Existenz verschiedener Interpretationen ein und derselben Situation, ist die Überschreitung der Grenzlinie zwischen Wissenschaft und Kunst im Einfangen von Realität.

Auch STAKE (vgl. 1978) betont den berichtenden, gleichsam erzählenden Charakter von Einzelfallstudien und rückt sie in die Nähe der Geschichtsschreibung. Doch wie der Historiker ist der Verfasser von Einzelfallstudien auf eine Deutung der Fakten und Geschehnisse angewiesen, ist er Chronist *und* Interpret. Für Stake steht daher die Kategorie des „Verstehens" im Zentrum der Methodologie der Einzelfallstudie.

SCHATZMAN/STRAUSS (vgl. 1973; vgl. GLASER/STRAUSS 1967) schließlich sehen in der Einzelfallstudie ein Mittel zur direkten Gewinnung, Erweiterung und Begründung theoretischen Wissens. Statt vorgängige Hypothesen und Theorien mit der Realität zu konfrontieren, möchten sie – theoretisch weniger voreingenommen – substantielle Konzepte und Hypothesen erst im Prozeß der Feldforschung selbst gewinnen; darin freilich unterstützt von bereits entwickelten Theorien, wenn diese sich als relevant erweisen.

Sucht man nach Gemeinsamkeiten dieser Positionen, so kann man feststellen, daß Einzelfallstudien im allgemeinen stärker *prozeßorientiert* sind als herkömmliche Untersuchungen, die eher *effektorientiert* angelegt werden. Andererseits macht der Ansatz von Schatzman/Strauss deutlich, daß Einzelfallstudien auch zur Aufdeckung relativ stabiler Strukturen beitragen können, die über regelmäßig wiederkehrende („rekurrente") Ereignisse greifbar werden. Damit können für Teilfragestellungen – gewissermaßen unterhalb der durch die Untersuchungseinheit gegebenen Analyseebene – auch traditionelle quantitative Verfahren sinnvoll eingesetzt werden.

In dem Maße, wie die Ergebnisse einer Einzelfallstudie potentiell auf andere Fälle übertragbar sind, kann ihr eine *theoriengenerierende* Funktion zugesprochen werden. Ihr besonderer Vorzug gegenüber konventionellen Untersuchungen besteht darin, daß der Untersuchende sein begriffliches Instrumentarium nicht nur an, sondern zusammen mit den Beteiligten entwickeln und erproben kann. Damit ist jedoch nicht gesagt, daß es sich bei der Einzelfallstudie grundsätzlich nur um ein heuristisches Verfahren handelt; denn oftmals wird auch die Theorienprüfung nur über (weitere) Fallstudien erfolgen können.

Theorienprüfung ist somit eine weitere mögliche Zielsetzung beim Einsatz von Einzelfallstudien für Forschungszwecke. Gefragt ist dann, ob die Gesamtheit der zu erhebenden Daten mit einem vorgegebenen Deutungsschema vereinbar ist, wobei hier zwar nicht mehr der begriffliche Rahmen zur Disposition steht, wohl aber hinsichtlich der Erhebungsmethoden immer noch größere Flexibilität gegeben ist als in herkömmlichen Forschungsdesigns.

Tentative Hypothesenformulierung und -prüfung können (und werden häufig) in der Erhebungsphase ein und derselben Fallstudie einander ablösen. Die im Abschlußbericht gegebene theoretische Deutung stellt dann die – vorläufig – am besten mit den Daten vereinbare Rekonstruktion des untersuchten Systems dar. Man kann deshalb die Einzelfallstudie auch als ein *offenes Forschungsdesign* betrachten, dessen hohes Maß an Adaptivität sie in manchen Bereichen und im Hinblick auf bestimmte Zielsetzungen klassischen Designs überlegen macht.

Im Falle des Vorliegens evaluativer Zielsetzungen ist die Unterscheidung zwischen *summativer* (abschließender) und *formativer* (das untersuchte System in Form von Rückmeldungen beeinflussender) *Evaluation* wesentlich. Schon für die Anlage der Studie ist es entscheidend, für wen die zu treffenden Bewertungen bestimmt sind: Externe Abnehmer der Studie (Politiker, Entscheidungsgremien, Verwaltungen, …) werden häufig stärker an einer summativen Bewertung innovativer Projekte interessiert sein; sind die Adressaten hingegen primär die intern am Projekt Beteiligten (etwa Schüler, Eltern und Lehrer), so dürfte der formative Aspekt im Vordergrund stehen. Sogenannte *Handlungsforschungsprojekte* (vgl. LEWIN 1953) sind als spezielle Einzelfallstudien zu betrachten, die formativ-evaluativen Charakter haben.

Auswahl des „Falles" und Zugang zum Feld. Hinsichtlich der Auswahl des zu untersuchenden Einzelfalles muß der Forscher zwischen Konsequenzen abwägen, die sich unter anderem in folgenden Dimensionen ergeben: Einbringung vorhandenen Hintergrundwissens und methodische Kompetenz, Ausschöpfung verfügbarer Ressourcen und Beachtung forschungstechnischer Restriktionen, theoretische Fruchtbarkeit und praktische Relevanz der erwarteten Ergebnisse, Generalisierbarkeit der zu ziehenden Konsequenzen. Damit ist deutlich, daß bei der entsprechenden Entscheidung

Einzelfallstudie

forschungspraktische oder wissenschaftsexterne Faktoren dominieren können, ein Sachverhalt, der besonders für evaluative Projekte gilt.
Bei vorwiegend theoretischer Fragestellung gewinnt das Problem der Repräsentativität eines Falles besondere Bedeutung. Dieses entzieht sich bei Einzelfallstudien grundsätzlich einer quantitativen Behandlung. Intuitiv sinnvoll kann jedoch sowohl das Studium typischer oder exemplarischer Fälle, als auch die Untersuchung eines Einzelfalles mit bestimmten, möglicherweise extremen Merkmalsausprägungen sein. So versprechen beispielsweise im Bereich der Bildungsforschung nicht nur Analysen von alltäglichen Abläufen in durchschnittlichen Bildungsinstitutionen verwertbare Einsichten, sondern auch solche, die die Realisierung von Innovationen unter besonders günstigen Bedingungen zeigen oder die Ausgestaltung von Problemsituationen in besonders reformfeindlichen Kontexten.

Mit der Frage der Gegenstandswahl hängt eng das Problem zusammen, welche Rolle der Forscher im Feld für sich wählt, und wie er sie nachfolgend ausgestalten will; denn damit sind Art und Umfang der ihm zugänglichen Informationen und so auch der Erfolg der Studie weitgehend determiniert. Dieses Problem stellt sich am ausgeprägtesten im Zusammenhang mit Methoden der *teilnehmenden Beobachtung,* wie sie für viele Einzelfallstudien charakteristisch sind: Ziel des Forschers ist es hierbei, als quasi natürliches Mitglied an den internen Prozessen der untersuchten Institution teilzunehmen, „jedoch wie auch die wahren Mitglieder einer Kulturgemeinschaft bis hin zu dem Punkt, an dem seine innere Erfahrung ‚Einheit und Struktur des Ganzen' widerzuspiegeln vermag" (BRUYN 1966, S. 21; Übersetzung: R.H.L./D.V.). Welche Rolle sich dafür am besten eignet, wird von den individuellen Fähigkeiten des Forschers abhängen, aber auch von seinem vorgängigen Wissen über den Forschungsgegenstand, seiner Erfahrung mit ihm und schließlich von den Chancen, die sich bieten, Zugang zum Forschungsfeld zu gewinnen.

Leitende Gesichtspunkte für das Verhalten des Feldforschers vor allem in der Eingangsphase des Aufenthaltes im Feld sind: Wie kann das Vertrauen der Menschen, mit denen er es zu tun hat, gewonnen werden (vgl. SCHATZMAN/ STRAUSS 1973); wie kann er es vermeiden, mit einzelnen Gruppen oder Individuen und ihren Interessen identifiziert zu werden (vgl. SCOTT 1970); wie erlangt und bewahrt er die für möglichst vielfältige Kontakte erforderliche Beweglichkeit im Feld (vgl. BOGDAN/ TAYLOR 1975); wie trägt er der Rückwirkung der eigenen Anwesenheit auf die Situation und auf ihn selbst am besten Rechnung, ja, macht sie fruchtbar für die eigenen Forschungszwecke (vgl. BRUYN 1966)?

All diese Fragen stellen sich nicht nur unter pragmatischem Gesichtspunkt, sondern vor allem auch in Abhängigkeit von der jeweiligen Absicht oder Fragestellung.

Datengewinnung. Bei Einzelfallstudien, die sich auf qualitative Daten stützen, ist deren doppelte Kontextgebundenheit schon in der Erhebungsphase ständig zu berücksichtigen: Die Daten können weder vom Praxiszusammenhang, dem sie entstammen, noch vom Prozeß, in dem sie gewonnen wurden, isoliert betrachtet und behandelt werden: „Qualitative Daten sind außerordentlich komplex und nicht einfach überführbar in standardisiert meßbare Einheiten von Gesehenem oder Gehörtem; sie variieren im Grad der Abstraktion, in der Häufigkeit des Auftretens, in der Relevanz für zentrale Fragen der Untersuchung" (SCHATZMAN/STRAUSS 1973, S. 108; Übersetzung R.H.L./D.V.).

Typisch ist das Auftreten so unterschiedlicher Datentypen wie:

„ 1. Form und Inhalt verbaler Interaktionen zwischen Beteiligten
2. Form und Inhalt verbaler Interaktionen mit dem Forscher
3. Nonverbales Verhalten
4. Regelmäßigkeiten von Tätigkeit und Untätigkeit
5. Aufzeichnungen, archivierte Protokolle, Arbeitsergebnisse, Dokumente" (WILSON 1977, S. 255; Übersetzung: R.H.L./D.V.).

Prinzipiell kommen für Einzelfallstudien neben der teilnehmenden Beobachtung, inhaltsanalytischer und weiterer qualitativer Verfahren auch die herkömmlichen quantitativen Methoden der empirischen Sozialforschung in Betracht: die Heranziehung vorhandenen statistischen Materials, die Durchführung von Umfragen oder sogar der Einsatz experimenteller Methoden (vgl. v. ALEMAN/ORTLIEB 1975). Unbestritten ist jedoch die teilnehmende Beobachtung die klassische Erhebungstechnik der Einzelfallstudie, was manchmal sogar zu einer Gleichsetzung von Einzelfallstudie und teilnehmender Beobachtung geführt hat (vgl. SMITH 1978).

Im allgemeinen wird es weder sinnvoll noch möglich sein, den Prozeß der Datengewinnung vollständig vorzuplanen, wie dies für traditionelle Designs gefordert ist. Vielmehr wird der Prozeß der Informationssammlung erst über die im Verlauf des Feldaufenthalts gewonnenen Kenntnisse und Deutungsansätze gesteuert. Dies betrifft dann auch die anzuwendenden Erhebungsmethoden und sogar die verwendeten Erhebungsinstrumente (vgl. VOGEL 1981).

Auswertung und Publikation. Ein Teil der Datenanalysen muß im allgemeinen noch während des Prozesses der Datengewinnung erfolgen, da sich letzterer, wie bereits dargestellt, in Organisation, Methodik und Systematik an den Ergebnissen jener Analysen orientieren muß. Zur Erleichterung der Analyse und Disziplinierung bereits während der Erhebung der Daten (Problem der Datenfülle) schlagen viele Praktiker der Einzelfallstudie vor, schon bei den laufenden Notizen auch äußerlich streng zwischen Beobachtungen, Deutungen dieser Beobachtungen durch den Forscher und metastufigen Bemerkungen zu den Beobachtungen und Deutungen zu unterscheiden (vgl. BOGDAN/TAYLOR 1975; vgl. SCHATZMAN/STRAUSS 1973, S. 99 ff.; vgl. SMITH 1978). Wichtig für die Analyse ist das Notieren von Begleitumständen des Gehörten und Gesehenen, ja selbst der eigenen situationsbedingten Assoziationen. Auch zunächst Nebensächliches kann sich bei der späteren Rekonstruktion des Wechselwirkungsprozesses zwischen Forscher und Gegenstand, und damit des Erkenntnisprozesses, als relevant erweisen.

Schon während der Erhebungsphase sieht sich der Forscher ständig den beiden – sehr häufig gegensätzlichen – Forderungen ausgesetzt, einerseits seine Absichten, Vorgehensweisen und Ergebnisse gegenüber den Betroffenen und auch gegenüber der Forschergemeinschaft möglichst vollständig offenzulegen, andererseits die Vertraulichkeit der gewonnenen Informationen unter allen Umständen zu wahren. Dieser mögliche ethische Konflikt ist prinzipiell nicht auflösbar. Generell wird empfohlen, Inhalt und Form jeder Publikation je nach Adressaten mit den Betroffenen abzustimmen (vgl. WALKER 1980). Eine solche Absprache enthebt den Forscher jedoch nicht der Verpflichtung, mit Deutungen seiner Resultate durch andere zu rechnen, die den eigenen Intentionen oder denen der Betroffenen zuwiderlaufen.

Probleme der Aussagekraft. Grenzen sind dem Einsatz von Einzelfallstudien dort gezogen, wo die intersubjektive Geltung der Erkenntnisse nicht mehr konsensfähig ist. Da diese nicht – oder allenfalls in Teilaspekten – über die konventionellen wahrscheinlichkeitstheore-

Einzelfallstudie

tischen Standards herstellbar ist, war es erforderlich, alternative Verfahren zur Absicherung der Geltungsansprüche zu entwickeln. Dies läßt sich anhand der funktionalen Äquivalente für die traditionellen Gütekriterien empirischer Untersuchungen vielleicht am besten verdeutlichen:

Die *Objektivität* beobachteter und berichteter Daten bereitet über das auch für andere Designs geltende Maß hinaus Schwierigkeiten, sofern sie nicht durch Benutzungsanweisungen standardisierter Instrumente oder technische Dokumentation (Bild- oder Tonträger) gesichert werden kann. Insbesondere dann, wenn Techniken der teilnehmenden Beobachtung angewandt werden, kann im Grunde nur *unterstellt* werden, daß andere Beobachter mit gleicher Fragestellung und theoretischer Orientierung zu prinzipiell identischen Daten gelangt wären. Allgemein wird auch von den Befürwortern dieser Verfahren die Gefahr gesehen, daß der Beobachter Täuschungen unterliegt, falsch selektiert und ein trügerisches Gefühl der Sicherheit entwickelt. So spielen Kompetenz und Glaubwürdigkeit des Forschers in Einzelfallstudien wohl eine wichtigere Rolle als in anderen Untersuchungsformen, ein Umstand, dem in vielen Texten zur Methodologie der Einzelfallstudie mit forschungsethischen Appellen begegnet wird (vgl. WALKER 1980, S. 51 f.). Allerdings wird auch empfohlen, durch den hier möglichen simultanen Einsatz verschiedener Erhebungstechniken über wechselseitige Korrektur und Ergänzung (*„Triangulation"* vgl. DENZIN 1970, S. 26 f.) die Objektivität der Daten zu erhöhen. Ähnlich sind das Prinzip des „Methodenpluralismus" (vgl. V. ALEMAN/ORTLIEB 1975, S. 169 f.) und das Konzept „vielfältiger Realitäten" (vgl. WALKER 1980, S. 33) zu verstehen.

Hinsichtlich der *Reliabilität* der Daten verbietet sich eine quantitative Abschätzung durch entsprechende Koeffizienten. Statt dessen finden wiederum Verfahren der indirekten Bestätigung (zum Beispiel Rückfragen bei verschiedenen Mitgliedern der untersuchten Institution, Vergleiche mündlicher Berichte mit offiziellen Dokumenten) Anwendung, ebenso wie die Beteiligung mehrerer Untersucher an derselben Erhebungssituation. Beide Vorgehensweisen werden unter dem erwähnten Begriff der *Triangulation* subsumiert; im zweiten Falle handelt es sich eindeutig um ein am traditionellen Konzept der „inter-judge reliability" orientiertes Verfahren. Auf diese Weise läßt sich die Zuverlässigkeit einzelner Urteile beträchtlich erhöhen. Darüber hinaus werden bei der Analyse rekurrenter Ereignisse am ehesten die relativ lange Dauer und der zunehmende Systematisierungsgrad der Beobachtung Gewähr gegen die Einbeziehung unzuverlässiger Daten bieten.

Auch für die Einschätzung der *Validität* der Daten ist wegen des Fortfalls quantitativer Bestimmungsmethoden in Einzelfallstudien zunächst ein gewisser Unsicherheitsgrad gegeben. Die vielleicht wichtigste Maßnahme, die Gültigkeit von Daten und deren Deutung zu erhöhen, ist darin zu sehen, diese von den Beteiligten bestätigen zu lassen. Man kann geradezu den Kern der Methode der Einzelfallstudie in dem Versuch sehen, die am Beispiel gewonnenen Deutungsmodelle und theoretischen Konstrukte mit den Perspektiven der Betroffenen, ihren Erfahrungen und Begriffsbildungen zu vermitteln. Von vielen Methodologen dieser Untersuchungsform ist daher ihre Nähe zum Wissen der Praktiker als ein wesentliches Merkmal betont worden (vgl. CRONBACH 1975, STAKE 1978). Daß andererseits der Vorgang des Messens den Ablauf der untersuchten Prozesse selbst entscheidend beeinflussen kann, daß man also letztlich doch nur näherungsweise das mißt, was man zu messen vorgibt, ist auch für klassische Designs bekannt; für die formativ-evaluative Einzelfallstudie ist diese Beeinflussung konstitutives Merkmal. Insbesondere in diesem letzten Fall wird die Validierung berichteter Erfolge über Außenkriterien, also über eine summative, theoretisch gut fundierte Evaluation, unabdingbar sein.

Grundsätzlich gilt demnach, daß der Verzicht auf mehrdeutige, hochgradig interpretationsabhängige Daten zwar die Objektivität der Ergebnisse einer Einzelfallstudie steigert, zugleich aber deren inhaltliche Aussagekraft entscheidend mindern kann. Eng damit zusammen hängt das Problem, inwieweit die Resultate von Einzelfallstudien generalisiert werden können, falls dies Teil der Untersuchungsabsichten ist. Objektivität, Reliabilität und Validität der erhobenen Daten sind für jegliche Verallgemeinerung der Befunde und Interpretationen eine notwendige Voraussetzung. Hinreichende Bedingungen werden indessen dafür nicht angegeben werden können. Die Perspektive praktischer Relevanz und theoretischer Fruchtbarkeit über den Einzelfall hinaus, die Frage also, in welchem Sinne dieser „exemplarisch" für andere steht, kann deshalb nur per Konsens, durch Überzeugen am untersuchten Fall selbst, eingelöst werden.

ALEMAN, H. V./ORTLIEB, P.: Die Einzelfallstudie als Forschungsmethode. In: KOOLWIJK, J. VAN/WIEKEN-MAYSER, M. (Hg.): Techniken der empirischen Sozialforschung, Bd. 2, München 1975, S. 157 ff. BOGDAN, R./TAYLOR, ST.: Introduction to Qualitative Research Methods: A Phenomenological Approach to the Social Sciences, New York 1975. BRUYN, S. T.: The Human Perspective in Sociology, Englewood Cliffs 1966. CRONBACH, L. J.: Beyond the Two Disciplines of Scientific Psychology. In: Am. Psychologist 30 (1975), S. 116 ff. DENZIN, N. K.: The Research Act: A Theoretical Introduction to Sociological Methods, Chicago 1970. GARFINKEL, H.: Studies in Ethnomethodology, Englewood Cliffs 1967. GLASER, B. G./STRAUSS, A. L.: The Discovery of Grounded Theory: Strategies for Qualitative Research, Chicago 1967. HERSEN, M./BARLOW, D. H.: Single Case Experimental Designs: Strategies for Studying Behavior Change, New York 1976. LEWIN, K.: Tat-Forschung und Minderheitenprobleme. In: LEWIN, K.: Die Lösung sozialer Konflikte, Bad Nauheim 1953, S. 278 ff. PARLETT, M./HAMILTON, D.: Evaluation as Illumination: A New Approach to the Study of Innovatory Programmes. In: HAMILTON, D. u. a. (Hg.): Beyond the Numbers Game. A Reader in Educational Evaluation, Houndmills Basingstoke/London 1977, S. 6 ff. PETERMANN, F./HEHL, F.-J. (Hg.): Einzelfallanalyse, München/Wien/Baltimore 1979. ROLLETT, B.: Norm- vs. kriterienorientierte Diagnostik. In: PETERMANN, F./HEHL, F.-J. (Hg.): Einzelfallanalyse, München/Wien/Baltimore 1979, S. 90 ff. SCHATZMAN, L./STRAUSS, A. L.: Field Research. Strategies for a Natural Sociology, Englewood Cliffs 1973. SCHÜTZ, A.: Der sinnhafte Aufbau der sozialen Welt. Eine Einleitung in die verstehende Soziologie, Wien 1932. SCHÜTZ, A.: Gesammelte Aufsätze, 3 Bde., Den Haag 1971/1972. SCOTT, R. W.: Field Methods in the Study of Organisations. In: MARCH, J. G. (Hg.): Handbook of Organisations, Chicago ³1970, S. 61 ff. SMITH, L. M.: An Evolving Logic of Participant Observation, Educational Ethnography, and Other Case Studies. In: Rev. of Res. in E. 6 (1978), S. 316 ff. STAKE, R. E.: The Case Study Method in Social Inquiry. In: E. Reser. 7 (1978), 2, S. 5 ff. STAKE, R. E.: Program Evaluation, particulary Responsive Evaluation. In: DOCKRELL, W. B./HAMILTON, D. (Hg.): Rethinking Educational Research, London 1980, S. 72 ff. STAKE, R. E./EASLEY, J. A. (Hg.): Case Studies in Science Education, 2 Bde., Urbana-Champaign 1978 (Bd. 1: 1978 a, Bd. 2: 1978 b). VOGEL, D.: Reformkonzeptionen der Lehrerbildung in den USA, Weinheim/Basel 1981. WALKER, R.: The Conduct of Educational Case Studies: Ethics, Theory and Procedures. In: DOCKRELL, W. B./HAMILTON, D. (Hg.): Rethinking Educational Research, London 1980, S. 30 ff. WILSON, ST.: The Use of Ethnographic Techniques in Educational Research. In: Rev. of E. Res. 47 (1977), S. 245 ff.

Rainer H. Lehmann/Dankwart Vogel

Erkundung

Begriff. Erkundungen entstanden als eine Form „praktischer Wissenschaftskritik", die sich gegen die Irrelevanz vieler Ergebnisse sowie gegen Spezialisierung und Formalisierung etablierter Forschung wendet. Erkundungen zielen darauf, Alltagswissen und -handeln zu erfassen und ausgehend von dabei deutlich werdenden Widersprüchen aufzuklären. „Berufsfelderkundungen" werden ab 1970 als Studienreformveranstaltungen in der Hochschulausbildung organisiert, um Interessen und Fähigkeiten zur Aufklärung von Berufspraxisproblemen zu entwickeln. Ein Schwerpunkt solcher Projekte ist die Veränderung der Projektpartner im Untersuchungsfeld. Explorative Projekte gewinnen auch im etablierten Wissenschaftsbetrieb zur Systematisierung des Entdeckungszusammenhangs von Hypothesen an Bedeutung, hier wird vor allem die breite und offene Sammlung von Daten und ihre hermeneutisch-qualitative Interpretation betont.

Erkundungen als Studienveranstaltungen. Während die Forderung nach Verbesserung des Berufspraxisbezugs allgemein akzeptiert ist, sind die Vorstellungen, wie dieser Anspruch einzulösen ist, unterschiedlich. In einem funktionalistischen Verständnis wird darunter vor allem die Berücksichtigung von Problembereichen und Handlungsanforderungen in beruflichen Tätigkeitsfeldern verstanden. Ein emanzipatorisch-kritisches Verständnis schließt auch die Kritik einschränkender Rahmenbedingungen und die Analyse und Weiterentwicklung latenter Handlungs- und Veränderungsmöglichkeiten ein.

Die Realisierung von Berufspraxisbezug im Studium kann jedoch nur längerfristiges Ergebnis einer Orientierung von Forschungsanstrengungen an Problemlagen und Handlungsanforderungen in Berufsfeldern sein, da dies für viele Disziplinen eine Neuorientierung bedeutet. Es gehört zur Tradition speziell der deutschen Universität, daß sich die Wissenschaften gerade ohne explizite Reflexion ihres Verwertungs- und Verwendungszusammenhangs nach scheinbar immanenten fachsystematischen Gesichtspunkten weiterentwickelt haben.

Erkundungen in Studiengängen sind ein Ansatz, die Praxisdistanz des Studiums unmittelbar abzubauen und den Studenten – vorwiegend zu Beginn des Studiums – konkrete Erfahrungen in den von ihnen angestrebten Berufsfeldern zu vermitteln, die selbständige Informationssammlung und Verarbeitung anzuregen und die gedankliche Durchdringung komplexer Problemzusammenhänge und ihre Überführung in wissenschaftliche Fragestellungen anzuleiten. Erkundungen sollen die Studenten befähigen, Praxisbezüge ihrer Studien- und Berufsperspektive selbst zu erfahren und im Studium weiterzuverfolgen.

Im einzelnen sind Organisation und Verfahren von Erkundungen unterschiedlich. Sie können ausführlich vor- oder nachbereitet werden, eine zentrale Position in Studiengängen unter der Verantwortung hauptamtlicher Hochschullehrer haben oder aber einen eher peripheren oder ergänzenden Charakter bei Betreuung durch Lehrbeauftragte oder Tutoren. Informationen können in Erkundungen in unterschiedlicher Form gesammelt werden durch Gespräche, Teilnahme an einem Arbeits- oder Schultag, Auswertung von Materialien (vgl. OTTERSBACH 1978).

Charakteristisch für alle Formen von Erkundungen ist, daß Vorerfahrungen und Vorverständnis der Studenten selbst Ausgangspunkt für Erkundungen sind, diese thematisieren, verallgemeinern und aufklären (vgl. GÖTTINGER KOLLEKTIV 1973). Zentral in solchen Erkundungen als Studienveranstaltungen ist die Verarbeitung subjektiver Betroffenheit, die Grundlage des Interesses an weiterführender Aufklärung von Problemzusammenhängen im Berufsfeld und für die Qualifizierung für berufliche Aufgaben- und Veränderungsmöglichkeiten ist. Über inhaltliche Ergebnisse hinaus ist das Ziel von Erkundungen, erkundendes Verhalten im Studium und Beruf aufzubauen, das auf die Erweiterung und Aufklärung von Erfahrung durch eigenes Handeln und seine Reflexion zielt (vgl. BERNDT u. a. 1972, S. 52 ff.).

Zur Legitimation von Erkundungen. Die „action research" wurde im angelsächsischen Sprachbereich entwickelt, um die Passung zwischen Forschungsergebnissen und Handlungsproblemen im Feld zu verbessern und Forschungsergebnisse für die gezielte Veränderung in gesellschaftlichen Handlungsfeldern zu nutzen. In ihrer Rezeption in der Bundesrepublik Deutschland wurde die „Handlungsforschung" mit emanzipatorischen Ansprüchen einer demokratischen Forschungspraxis verbunden, die in der Studentenbewegung entwickelt worden waren. Handlungsforscher sehen die Personen im Untersuchungsfeld nicht als „Objekte", sondern sie beziehen sie als „Subjekte" bei der Sammlung und Interpretation der Daten ein (vgl. FUCHS 1970/1971, HEINZE u. a. 1975, MOSER 1975).

Wenn es in der Realität von Handlungsforschungsprojekten auch nur begrenzt gelingt, Unterschiede der Vorerfahrungen, der aktuellen Lebenssituation, der Kooperations- und Verwertungsinteressen abzubauen, so kann das Prinzip der Offenlegung von Interessen und Interpretationsansätze der Forscher und der Beteiligung der untersuchten Personen doch als fruchtbares Regulativ für die Erweiterung von Erkenntnis gelten (vgl. BERGER 1974).

Im Vergleich mit Handlungsforschungsprojekten sind Erkundungen kürzere Kontakte im Untersuchungsfeld. Dieser punktuelle Charakter schränkt die Möglichkeiten der Beteiligung der untersuchten Personen ein. Aber auch für Erkundungen gelten die leitenden Prinzipien der Handlungsforschung: Die „Forscher" sollen nicht als neutrale Gesprächspartner oder Beobachter erscheinen, sondern eigene Interessen mitteilen und besonders auch latente Zusammenhänge und Handlungsmöglichkeiten im Untersuchungsfeld erkunden. Erst durch eigene Beteiligung der Forscher werden Interessen und Handlungspotentiale der Gesprächspartner im Untersuchungsfeld deutlicher (vgl. HÄNDLE/OESTERREICH 1979). Allerdings ist es wichtig, daß die Forscher ihre Interessen im Kontext der Erfahrungen und des Problemverständnisses ihrer Gesprächspartner formulieren, beispielsweise in ihren Äußerungen nicht die Distanz, sondern die Nähe zu ihren Gesprächspartnern betonen. In Erkundungsgesprächen ist hierfür eine „indirekte" Gesprächsführung günstig, die sich eng auf Problemsicht und Problemverständnis der Gesprächspartner bezieht.

Explorative Projekte. Während eine Phase der Erkundung in der empirisch-analytischen Forschung bisher nur als Vorbereitung einer Untersuchung fungierte, wird in explorativen Projekten diese Phase nicht nur ausgeweitet, sondern sie ist die eigentliche Untersuchung.

Eine der Ursachen dieser Entwicklung ist die Kritik an jenen Forschungsergebnissen, die mit den gängigen hypothesenprüfenden und quantitativen empirischen Verfahren gewonnen wurden und wenig zur Aufklärung komplexer Zusammenhänge in gesellschaftlichen Handlungsfeldern beitragen. Im Unterschied zu den bisher dominierenden hypothesenprüfenden Forschungsprojekten sollen in explorativen Forschungsprojekten relevante Hypothesen erst entwickelt werden. In der Auseinandersetzung mit noch wenig erforschten Problemfeldern werden in Erkundungen ausgehend von globalen Annahmen de-

Erkundung

taillierte Hypothesen und plausible Zusammenhänge als vorläufige Ergebnisse formuliert.
Charakteristisch für Erkundungsprojekte sind offene Formen der Gewinnung von Daten und qualitative Interpretation bei Zurückstellen quantitativer Gewichtungen. Statt punktueller Erhebung von genau definierten Daten werden in explorativen Projekten häufig ganz unterschiedliche Fakten und eben auch nichtquantifizierbare Informationen einbezogen. Die Anstrengungen konzentrieren sich nicht auf exakte Auszählung und Verrechnung, sondern darauf, in wiederholter hermeneutisch-verstehender Auseinandersetzung mit dem Material dieses besser zu begreifen. Der Forschungsprozeß findet so vor allem als Lernprozeß der Forscher statt.
Die intersubjektive Überprüfung von Forschungsergebnissen muß in solchen explorativen Projekten anders bewältigt werden als mit den üblichen Neutralitätsregeln und formalisierten Verfahren. Ein Weg ist etwa, dem Leser zu ermöglichen, den Forschungsprozeß selbst nachzuvollziehen und sein eigenes Vorverständnis in Auseinandersetzung mit den Untersuchungsergebnissen aufzuklären. Dies verlangt, daß die Forscher ihre Interessen, ihr Vorverständnis und seine Veränderung in der Auseinandersetzung mit dem Untersuchungsgegenstand genau darstellen.

Ergebnisse von Erkundungen. In vielen Berichten über Erkundungen tritt die Darstellung von inhaltlichen Ergebnissen hinter die Darstellung organisatorischer Abläufe zurück. Das mag auf Schwierigkeiten, die mit der Neuartigkeit eines solchen Ansatzes verbunden sind, wie Komplexität der Zusammenhänge, Mitteilung neuer subjektiver relevanter Erfahrungen zurückzuführen sein, außerdem auch auf ungünstige Rahmenbedingungen wie begrenzte Finanzierung und befristete Verträge der Mitarbeiter.
Als Beispiel für Erkundungen, in denen relevante inhaltliche Ergebnisse erarbeitet wurden, sollen Ansatz und Vorgehen von zwei Arbeiten kurz skizziert werden (vgl. ARBEITSGRUPPE LAMBERTISTRASSE 1976, HÄNDLE 1977):
Träger der Erkundungen sind in der ersten Studie eine Gruppe von Studenten unter Beteiligung von Hochschullehrern, in der zweiten Studie eine Gruppe von praktizierenden Lehrern unter Beteiligung von Schulforschern. Beide Gruppen explizieren ihr Vorverständnis von zentralen Problemen schulischen Lernens in der Verständigung über ihre aktuellen Erfahrungen, die Studentengruppe unter Einbeziehung von Literatur, die Lehrergruppe in einer Folge von offenen Gruppendiskussionen über ihre Schulprobleme. In den Erkundungen werden vergleichend unterschiedliche Schularten, Unterrichtstage in ihrem Verlauf sowie Unterrichtsprobleme aus der Perspektive von Lehrern und Schülern erfaßt. Erkundungsergebnisse von Teilgruppen werden in Gedächtnisprotokollen festgehalten und in der Gesamtgruppe diskutiert und ausgewertet. In der Studentengruppe liegt der Schwerpunkt der Verarbeitung der Erkundungen auf der Verständigung über ihre eigene schulische Lernbiographie und der Präzisierung ihrer Handlungsperspektiven als Lehrer. Sie beschreiben ihre Erkundungserfahrungen in sehr persönlichen Berichten. Der Schwerpunkt der Arbeit der Lehrergruppe liegt auf der Anfertigung systematischer Fallstudien einzelner Schulen aufgrund einwöchiger Erkundungsbesuche. Die abschließende Auswertung der Erkundungsergebnisse für die auftraggebende Kommission wurde von den beteiligten Schulforschern verfaßt.

ARBEITSGRUPPE LAMBERTISTRASSE: Schule und Hochschule. Zur Situation von Lehrern und Studenten. Zentrum für pädagogische Berufspraxis: Oldenburg 1976. BERGER, H.: Untersuchungsmethode und soziale Wirklichkeit, Frankfurt/M. 1974. BERNDT, E.-B. u.a.: Erziehung der Erzieher. Das Bremer Reformmodell. Ein Lehrstück zur Bildungspolitik, Reinbek 1972. FUCHS, W.: Empirische Sozialforschung als politische Aktion. In: Soz. Welt 21/22 (1970/1971), S.1ff. GÖTTINGER KOLLEKTIV: Lehrerausbildung durch Projektstudium. Erfahrungen von Lehrenden und Lernenden, Reinbek 1973. HÄNDLE, CH.: Begründung und Realität von Demokratisierung in der Schule, Frankfurt/M. 1977. HÄNDLE, CH./OESTERREICH, D.: Erkundungen zur beruflichen Sozialisation von Lehrerstudenten. In: D. Dt. S. 71 (1979), S.609ff. HEINZE, TH. u.a.: Handlungsforschung im pädagogischen Feld, München 1975. MOSER, H.: Aktionsforschung als kritische Theorie der Sozialwissenschaften, München 1975. OTTERSBACH, H.-G. (Hg.): Berufsfeldanalysen II. Praxisbezug als Orientierungshilfe im Studium. Erfahrungen mit Berufsfelderkundungen. Interdiziplinäres Zentrum für Hochschuldidaktik: Hamburg 1978.

Christa Händle

Evaluation

Definition. Der Begriff Evaluation stellt eine präzisierende Neubildung für die früher „amtlich" gebrauchten Ausdrücke der „Begutachtung" und der „Bewährungskontrolle" dar. Er bezeichnet den Beitrag der Forschung bei der Durchführung von Innovationen oder bei der Behebung von Mißständen. Dabei ist auf die Frage, wie denn methodologisch dieser evaluative Beitrag der Wissenschaft für die Praxis aussehen soll, gerade in der Erziehungswissenschaft prinzipiell widersprüchlich reagiert worden. Es lassen sich, verkürzt gesprochen, zwei erkenntnistheoretische Positionen unterscheiden:

Die erste – technische Position – übernimmt im Prinzip das ingenieurwissenschaftliche Regelkreismodell von Planung – Realisation – Kontrolle:

Abbildung 1: Regelkreis von Planung, Realisierung und Kontrolle

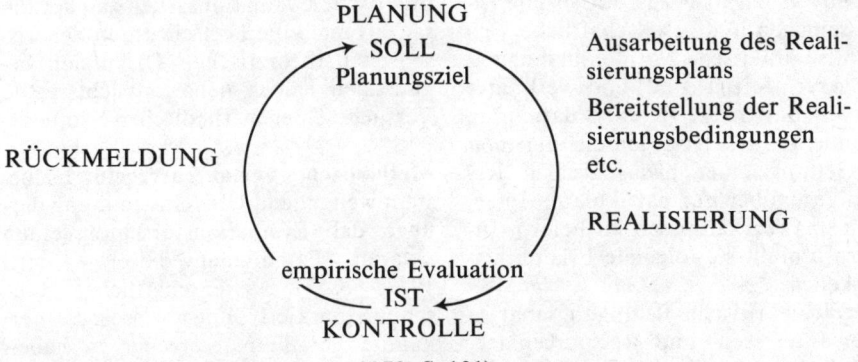

```
                    PLANUNG
                  ↗ SOLL ↘           Ausarbeitung des Reali-
                  Planungsziel        sierungsplans
                                      Bereitstellung der Reali-
RÜCKMELDUNG                           sierungsbedingungen
                                      etc.

                                      REALISIERUNG
                  empirische Evaluation
                  ↖ IST ↙
                  KONTROLLE
```

(Quelle: STRAKA/STRITTMATTER 1978, S. 101)

Eine solche Evaluation vollzieht sich in der Überprüfung der *Wirksamkeit,* mit der eine Maßnahme (Innovation) ihre selbstgesetzten Ziele tatsächlich erreicht.

„Die zielbezogene Verwertung ihrer Erkenntnisse" (STRAKA/STRITTMATTER 1978, S. 100) zielt darauf ab, Argumente für oder gegen die *Übertragbarkeit* einer innovativen Maßnahme auf das Gesamtsystem (Regelsystem) zu liefern. Insofern umfaßt sie folgende wesentliche Erkenntnistätigkeiten: Identifizierung und Operationalisierung der Zwecke (Projektziele), Qualitätskontrolle (im Projektablauf), Bewährungskontrolle (am Produkt der innovativen Maßnahme).

Von der zweiten - praktischen - Grundposition würde dieser Art erziehungswissenschaftlicher Kontrolle das Prädikat „good piece of research, but bad piece of evaluation" (MACDONALD 1974, S. 102) zuerkannt werden. Denn nach ihr induziert der Evaluator einen gravierenden erkenntnis- und handlungstheoretischen Fehlschluß, wenn er umstandslos mit der Wirksamkeit einer pädagogischen Innovation ihren Wert und ihre Geltung unterstellt. Nach dieser Position hat ein Evaluator nicht nur zur Aufgabe, die Wirkung eines Projekts (Reform) zu bestimmen, sondern auch darüber hinaus den *Wert* der mit diesem Projekt verknüpften Ziele und Normen so weit wie möglich kritisch-rational zu überprüfen. Diese Art der Evaluation vollzieht sich in der Prüfung der *Verallgemeinerungsfähigkeit*, mit der etwa ein Modellversuch in bezug auf soziale Interessenlagen und gesellschaftliche Verhältnisse praktische Normen beinhaltet, die gerechtfertigt sind und verbreitet werden können. Sie zielt also darauf ab, Argumente für oder gegen die allgemeine Geltung einer pädagogischen Reform gegenüber nur partikularen Interessen und Verhältnissen zu liefern. Insofern umfaßt sie folgende Erkenntnistätigkeiten:
- ideologiekritische Bedingungsanalyse der Interessen- und Ressourcenlage, die sich in den Projektnormen mehr oder weniger niederschlägt,
- kritisch-konstruktive Entscheidungshilfe bei der Realisierung und Weiterhilfe des Projekts,
- Rekonstruktion der Geltung, welche die Projektergebnisse sowohl für partikulare Weiterentwicklungen des Projekts selbst als auch für generelle Problemlösungen des Bildungssystems beanspruchen können (vgl. GRUSCHKA 1976, KORDES 1979).

Im Gegensatz zu den angelsächsischen und romanischen Ländern (vgl. GRONLUND 1971, DE LANDSHEERE 1979) waren unter den Erziehungswissenschaftlern der Bundesrepublik Deutschland lange Zeit beide Positionen weit auseinandergedriftet. Diese Kluft wurde dabei ebenso begünstigt durch die weitverbreitete Meinung der „Evaluationstechniker", eine Wertbestimmung, wie sie die zweite Position anstrebt, sei empirisch-rational nicht begründbar (vgl. BREZINKA 1971, KRUMM 1975, NIEDERMANN 1977, WEISS 1972), wie durch das Stereotyp der „kritischen Evaluatoren", nach der die einfache Wirkungskontrolle ein um echte Forschung verbilligtes, hinsichtlich der Gültigkeit ihrer Erkenntnisse zweifelhaftes und ansonsten dem ideologischen Verblendungszusammenhang der jeweils vorherrschenden gesellschaftlich-historischen Praxis hilflos und unkritisch ausgeliefertes Unternehmen darstelle (vgl. GRUSCHKA u.a. 1975). Sowohl die praktische Evaluationsarbeit „an der Basis" als auch die Fortschritte in der wissenschaftstheoretischen Diskussion begünstigen jedoch heute aussichtsreiche Versuche einer methodischen Synthese.

Methodische Verfahrensregeln. Es besteht weitgehend Übereinstimmung darüber, daß Evaluationsforschung einen „klaren Paradigmenwechsel" (FEND 1977, S.67) wissenschaftlicher Forschung markiert, ohne aber bereits anerkannte Paradigmen erzeugt zu haben (vgl. GRUSCHKA 1976, S.137ff.; vgl. KORDES 1983a). Dennoch lassen sich einige methodische Verfahrensregeln angeben, entlang derer eine wissenschaftlich begründete Evaluation geplant und durchgeführt werden sollte, insbesondere dann, wenn sie wirklich Evalua-

tion und nicht bloß Kontrolle oder eine Form angewandter Sozialwissenschaft sein will.
Erste Regel: Evaluation gewinnt ihre Theorien und Hypothesen nicht vorrangig aus dem Kontext (erziehungs-)wissenschaftlicher Erkenntnisziele, sondern aus den Wert- und Zielsetzungen des zu untersuchenden Projekts.
Wenn keine Forschung ausschließlich wissenschaftlichen Selbstzwecken genügt, so die „evaluative Forschung" (vgl. SUCHMAN 1967) am wenigsten. Denn auf sie rekurriert die Praxis mit der konkreten Erwartung, Auskunft darüber zu bekommen, wie erfolgreich und legitim ihre Ziele und Maßnahmen tatsächlich sind. Das klassisch-technische Vorgehen der Evaluationsforschung bestand daher zunächst darin, die Ziele zu identifizieren, die ein Projekt erreichen will und den Plan zu erfassen, über den die Ziele erreicht werden sollen (vgl. LINDVALL/COX 1970). Die Validierung der so fixierten Zweck-Mittel-Relationen erfolgte dann bestenfalls über Zielmatrixanalysen, denen Ziel-Hearings oder Zieldiskussionen vorausgehen und folgen können (vgl. KORDES 1976, S. 227 ff.). Ohne weitere Regeln würde der Evaluator nun jedoch in ein unauflösliches Dilemma schlittern: Folgt er umstandslos (und lediglich präzisierend und validierend) den Interessen der Projektplaner, macht er seine Evaluationstätigkeit zu einer unkritischen praktizistischen Instanz, die das vorab Festgelegte nachträglich zu rechtfertigen und durchzusetzen hilft. Weder überprüft er die Bedeutung, welche diese manifesten Ziele gegenüber den heimlichen, den Projektalltag unterschwellig bestimmenden Normstrukturen haben (wie es die „zielfreie Evaluation" versucht), noch überprüft er überhaupt Rechtfertigungsfähigkeit und Begründung der mit dem Projekt verbundenen Normen.
Zweite Regel: Evaluation besteht nicht einfach nur aus der Kontrolle, sondern aus der Rekonstruktion ihres konstitutiven Projektzusammenhangs.
Mit pädagogischer Evaluation ist immer die Ankoppelung erziehungswissenschaftlicher Erkenntnis an eine mehr oder weniger problematische oder krisenhafte Realität in der Erziehungspraxis gemeint. Daher muß sie die einlinige Relation von Zielen des Handlungssystems und des Wissenschaftssystems kritisch reflektieren. Durch die Praxis ihrer Zielfindung hindurch hat sie das Auftauchen der Nachfrage nach Innovation und Evaluation zu begreifen und ihre verschiedenen gesellschaftlichen Ursachen und Urheber zu identifizieren (vgl. GRUSCHKA 1976, KLEMM/ROLFF 1977). Hierzu genügt es einer Evaluationstätigkeit nicht mehr, die manifesten Zielsetzungen und Einstellungen zu kontrollieren, sondern die diese erst generierenden Regel-Systeme (Sinn- und Sozialstrukturen) müssen allererst rekonstruiert werden (vgl. GRUSCHKA 1976; KORDES 1983a). Unterläßt eine Evaluationsforschung solche kritisch-historische Rekonstruktion ihres und des Projektes Konstitutionszusammenhangs, würde sie einem verfehlten normativen Fehlschluß aufsitzen und damit weder glaubwürdig noch wahrheitsfähig sein.
Dritte Regel: Evaluation hat nicht nur den Entstehungszusammenhang eines Projekts zu kontrollieren und zu rekonstruieren, sondern auch Kriterien seiner Bewertung zu begründen.
Auch wenn sich pädagogische Evaluation nicht umstandslos in die normativen Vorgaben ihrer Auftraggeber fügt, muß sie doch Kriterien der Projektbewertung begründet entwickeln, die sowohl genügend nahe den tatsächlichen Zielen und Maßnahmen des Handlungssystems bleiben (sonst könnte sie nicht konstruktiv werden) als auch genügend distanziert und reflektiert sind, um die Voraussetzungen einer in pädagogischer Praxis gültigen, zuverlässigen und objektiven Forschung zu gewährleisten. In der klassischen Evaluationsforschung ge-

wann der Evaluator Kriterien vor allem im Anschluß an zwei Vorgehensweisen der Input-Evaluation (vgl. WEISS 1972). In der ersten, der Kosten-Nutzen- beziehungsweise der Aufwand-Ertrag-Evaluation, ermittelt und kodifiziert der Evaluator akzeptable Ober- und Untergrenzen (Maxima und Minima) der mit angemessenem Aufwand möglichen Effektivität oder Nützlichkeit eines Projekts. In der Bedürfnis- oder Kompetenz-Evaluation gewinnt der Evaluator Kriterien aus der Einsichtnahme in die Kluft, welche zwischen einem tatsächlichen Ziel-Zustand und einem erwünschten Zustand oder einem in der Zukunft zwingenden und real möglichen Zustand besteht. Es gilt hier allerdings zu bedenken, daß – vor aller Projektdurchführung – die Möglichkeit gering erscheint, die Kriterien absolut eindeutig zu formulieren und von vorneherein als allgemeingültige zu begründen. Daher bietet es sich an, solche konstruktivistisch formulierten Kriterien besser in kritisch-rückfragende Modelle zu transformieren, also statt lediglich Maxima und Minima zu statuieren, Modelle der Verhinderung oder Unterdrückung erwünschter Effekte zu explizieren. So schlägt HABERMAS (vgl. 1973, S. 153 ff.) für die Legitimierung politischer Entscheidungen ein „Modell der Unterdrückung verallgemeinerungsfähiger Interessen" vor, während LORENZER (vgl. 1970 a, S. 13) aus seinem Ansatz sozialwissenschaftlicher Psychoanalyse eine Art „Modell der Zerstörung bildungsfähiger Identität" postuliert. Allerdings sind diese Modelle inhaltlich für pädagogische Evaluation kaum anwendbar. Im ersten Fall bezieht sich Habermas auf politische Muster der Gewalt und Ungleichverteilung, die politische Lösungen und Bewertungsmodelle erfordern, im zweiten Fall thematisiert Lorenzer pathologische und krankhafte Handlungsmuster, die ihrerseits therapeutische Lösungen und Bewertungsmodelle nahelegen. Für eine pädagogische Evaluation müssen aber genuine Kriterienbegriffe für die Evaluation „normaler" Lern- und Bildungsprozesse herausgearbeitet werden. So orientierten Teile des Evaluationsprojekts zum Kollegschulversuch ihre Bewertung unter Modelle „der Unterbrechung aktualisierungsfähiger Kompetenzentwicklung", „der Auflösung und Fragmentierung integrierungsfähiger Bildungsstrukturen" und „der vorzeitigen Abschließung bildungsfähiger Identität" (vgl. KORDES 1979, S. 23 ff.; vgl. KORDES 1983 b, S. 300 ff.).

Vierte Regel: Evaluation ist nicht bloß Messung, sondern Messung an Kriterien. Wenn im Fall pädagogischer Evaluation der Erziehungsforscher bei Kindern, Jugendlichen oder Erwachsenen, deren Lernwachstum oder -stagnation, deren Kompetenzentwicklung oder -regression, deren Identitätsbildung oder -diffusion zu messen hat, kann er wohl nicht nur danebenstehen und zuschauen, wie zwischen dem wünschenswerten und dem tatsächlichen Lernprozeß womöglich die Diskrepanzen immer größer werden. Vielmehr liegt es jetzt nahe, durch Intervention und Beratung die Prozesse günstig zu beeinflussen. B. S. BLOOM zieht diese Konsequenz, und zwar nicht nur aus pädagogisch-bildungspolitischen Gründen, sondern auch aus pädagogisch-meßtheoretischen Erwägungen: „To measure [...] is appreciately to change" (BLOOM 1969, S. 41). Die Messung, welche auf Lernzuwachs ausgerichtet ist, erprobt notwendigerweise mit den Lernenden die Möglichkeit, bestimmte kritische Wachstumsschwellen zu überwinden. Oder wie es bei Merwin heißt: Den Lernzuwachs messen heißt „to move a child as far as possible for his maximum potential development" (MERWIN 1969, S. 16; vgl. BLOOM 1970, S. 36).

Fünfte Regel: Evaluationsergebnisse sind nicht allgemeine Meßergebnisse, sondern Aufklärungen über das Verhältnis zwischen erwarteten und tatsächlich erreichten Konsequenzen.

Eine Ergebnispräsentation im evaluativen Sinn soll primär auf folgende Frage eine erste Antwort geben: Wie groß ist die Übereinstimmung (Kongruenz) oder Nicht-Übereinstimmung (Diskrepanz) zwischen den erwarteten und tatsächlich erreichten Ergebnissen. Entsprechend sind die „begründeten Erwartungen" in die Aussageform einer Prognose und die Ergebnisse in die Aussageform einer „Retrognose" zu bringen (vgl. GROEBEN/WESTMEYER 1975, S. 101 ff.). Wenn der Evaluator im einzelnen die Gültigkeit der Zusammenhänge zwischen Erwartung und Ergebnis verifiziert hat, ist er somit in der Lage, eine umstandslose Ergebnispräsentation zu vermeiden und stattdessen eine valide Information vorzulegen.

Sechste Regel: Evaluative Ergebnisse bestehen nicht nur aus validen Informationen, sondern darüber hinaus auch aus begründeten Bewertungen.

Die Grenze der validen Information besteht darin, daß sie lediglich Werte über das zu Prognostizierende, nämlich über die tatsächlich erzielten Projektergebnisse vorlegt. Daher garantiert die Validität dieser Informationen keineswegs eine zutreffende Bewertung der Effektivität, Nützlichkeit und Legitimität des Projekts selbst. Diese kann erst in einer umfassenderen Ergebnisinterpretation, in Form begründeter Bewertung erfolgen. Im Zusammenhang der Evaluation von Bildungsgängen im Rahmen des Kollegschul-Versuchs ist diese mit Hilfe von evaluativer Prozeduren vorgenommen worden (vgl. KORDES 1983 b, S. 276 ff.): Die erste Prozedur begründeter Bewertung besteht darin, die Effektivität der Bildungsgänge genauer zu erfassen und das Ergebnis dieser Wirkungsanalyse zu einer *technischen Information* über den Zweck-Mittel-Zusammenhang zwischen Bildungsgang und seinen Wirkungen zusammenzufassen.

Das zweite Vorgehen geht einen Schritt weiter, indem es die Bildungsgänge hinsichtlich ihrer Nützlichkeit (zum Teil für verschiedene Gruppen von Betroffenen und Beteiligten) vergleicht und ihre Nutzwertanalyse in eine *pragmatische Information* hierüber überführt. Diese pragmatische Information wird also insbesondere die Wirkung-Nutzen-Relation überprüfen.

In der dritten Prozedur nähert sich die Evaluation schließlich vollends einer Bewertung (und nicht nur einer Bewährungskontrolle) an, indem sie die Effektivitäts- und Nützlichkeitsaussagen sowohl im genetischen (Kompetenzentwicklung und Identitätsbildung) als auch im historischen (Wandlung des Bildungssystems an der Schnittlinie zwischen Schule und Beruf/Studium) Entwicklungszusammenhang der Bildungsgänge reorganisiert und die Legitimität bestimmt, mit der der doppeltqualifizierende Bildungsgang Geltung dafür beanspruchen kann, nicht nur eine reale Möglichkeit, sondern eine für die Zukunft der jugendlichen Schüler und der Oberstufe in dieser Gesellschaft zwingende Möglichkeit darzustellen. Insofern überführt dieses Evaluationsvorgehen die valide Information in eine „begründete Entwicklung" (MITTELSTRASS 1975, S. 145) der differentiellen Bedeutung, welche die Lernorganisation des Bildungsgangs für die Zukunft des Bildungssystems beanspruchen kann oder nicht. Dementsprechend erfolgt die Bewertung in Form von Geltungsaussagen, welche die mit Ergebnissen und Analysen gefüllten Prognosen vervollständigen. Zu beachten ist fernerhin, daß es in dem letzten Schritt dieses Vorgehens, der *praktischen Information,* darum geht, das „Gesetz" kritisch zu evaluieren, unter dem der Wirkungs- und Interaktionszusammenhang zwischen Bildungsgang und Lernprozessen zustande kommt. Der Begriff des Gesetzes ist hier allerdings nicht auf die statische Form nomologischer Aussagen beschränkt; er ist hier weiter zu verstehen im Sinne historisch-genetischer Aussageformen, in denen auch latente Funk-

tionen und generierende Regelsysteme, soweit sie für den aktuellen oder zukünftigen Wirkungszusammenhang zwischen Bildungsgang und Lerner mitverantwortlich sind, rekonstruiert werden.
Siebte Regel: Evaluative Ergebnisse bestehen nicht nur aus validen Informationen und begründeten Bewertungen, sondern auch aus begründeten Empfehlungen.
Empfehlungen können nicht einfach Transformationen der validen Information und der begründeten Bewertung sein. Schon erkenntnislogisch ist dies nicht möglich, da der Erziehungsforscher und die Praktiker oft nur negativ die Hintergründe für den Mißstand oder Mißerfolg, nicht aber schon von vornherein Effektivität, Nützlichkeit und Legitimität einer neuen alternativen Maßnahme kennen können. Insofern handelt es sich bei diesen Empfehlungen um praktische oder handlungsorientierte Prognosen, also um Erwartungen, die teilweise empirisch (als Existenzhypothesen oder als historisch-genetische Hypothesen) erwiesen, teilweise diskursiv (als technische, praktische, pragmatische) begründet sind. Auf diese Begründungsfähigkeit und -bedürftigkeit der Handlungsorientierungen, soweit sie aus der Evaluationsuntersuchung resultieren, muß der Evaluationsforscher ausdrücklich hinweisen.
Man würde jedoch die Eigenart solcher pädagogischer und bildungspolitischer Prognosen mißverstehen, würde man von ihnen Patentrezepte oder Faustregeln erwarten. Das Ziel pädagogisch-evaluativer Empfehlungen muß daher vor allem darin liegen, aufzuzeigen, wo pädagogische Projekte in wichtigen und kritischen Punkten offen sind und wo für die Beteiligten und Betroffenen Spielräume liegen, die sie zur Behebung von Mißständen und zur Vertiefung ihrer Bildungsprozesse nutzen können. Allerdings enthalten auch und gerade solche Empfehlungen die neuerliche Gefahr in sich, „Schaufenstereffekte" zu erzielen.

Wegen der Sprache, in der sie ausgedrückt werden und aufgrund ihrer Komplexität könnten sie den Praktikern gleichzeitig ersehnenswert und uneinlösbar erscheinen. Um diesem Risiko zu entgehen, sollten Empfehlungen in einer Reihe von Einzelmaßnahmen aufgelistet werden, die bestimmte einzelne Schwierigkeiten mit angebbarer Sicherheit beheben könnten. Gleichzeitig ist jedoch anzumerken, daß solche isoliert eingesetzten Maßnahmen in der Regel die Eigenart haben, einen Mangel zu beheben, dadurch jedoch vielleicht gleichzeitig einen anderen zu verschärfen. Daher sollte eine zusammenhängende Empfehlung gegeben werden, die zunächst auf die *zweckrationale Optimierung* eines Projekts abhebt, also auf die Aufhebung von Mißständen einer Lernorganisation und die Vermehrung ihrer Wirksamkeit und Nützlichkeit. Dabei geht dieses Optimierungsmodell davon aus, daß die aktuell vorherrschenden Rahmenbedingungen im wesentlichen nicht verändert werden können und die Maßnahmen sich auf das Ziel beschränken, ein Gleichgewicht wiederherzustellen, welches aktuell und partiell gestört erscheint. Danach müßte die Empfehlung aber in einem weiteren Modell weitergehende Perspektiven aufzeigen. In diesem hebt die Evaluation auf die *Legitimierung* des Projekts ab, also auf die Frage, inwieweit mit ihm den grundlegenden individuellen und gesellschaftlichen Krisen begegnet werden kann. Ein solches Modell verbleibt dann selbstverständlich nicht mehr nur in dem unter den augenblicklichen Rahmenbedingungen gesetzten Grenzen, sondern sucht Stellen zu identifizieren, wo möglicher-, sinnvoller- und notwendigerweise für Schule und Bildungsgang „neue Grenzen" gezogen werden sollten (vgl. KORDES 1983 b).
Achte Regel: Evaluative Handlungsorientierungen können nicht nur abstrakt empfohlen, sondern müssen in methodischer Weise implementiert werden.

Mit der Übermittlung valider Information und begründeter Empfehlung ist die Evaluation nicht beendet. Denn Gültigkeit, Rechtfertigungsfähigkeit und Begründbarkeit mögen im Kontext des Wissenschaftssystems möglich sein, im Kontext des Handlungssystems, genauer: des bildungspolitischen Kräftemessens und psychosozialen Stresses, sind sie, für sich genommen, eine Illusion. Die sukzessive Veröffentlichung der Daten zum Gesamtschulvergleich (vgl. FEND 1979) „diente letztlich überwiegend ihrer standpunkt- und interessenbezogenen Verwertung durch Parteien und Verbände." (KORDES 1983a, S. 289). Aus diesem Grund ist es notwendig, daß der Evaluator die aus seinen Ergebnissen gewonnenen Informationen, Bewertungen und Empfehlungen selbst implementiert und seinen Auftraggebern (insbesondere den Kultus- und Sozialministerien) mindestens die Interpretation der Ergebnisse vorschreibt. Wichtiger ist aber, die Ergebnisübermittlung zu diskursiven Verständigungs- und Entscheidungsprozessen mit Betroffenen, Beteiligten und Interessierten zu nutzen.

BLOOM, B. S.: Some Theoretical Issues Relating to Educational Evaluation. In: TYLER, R. W./RICHEY, H. G. (Hg.): Educational Evaluation, Chicago 1969, S. 26 ff. BLOOM, B. S.: Toward a Theory of Testing which Includes Measurement-Evaluation-Assessment. In: WITTROCK, M. C./WILEY, D. E. (Hg.): The Evaluation of Instruction, New York/Chicago 1970, S. 25 ff. BREZINKA, W.: Von der Pädagogik zur Erziehungswissenschaft, Weinheim/Basel 1971. EIGLER, G. u. a.: Wissenschaftliche Begleituntersuchungen an Modellschulen. Bildung in neuer Sicht, Reihe A, Nr. 23, Villingen 1971. FEND, H.: Wissenschaftssoziologische Perspektiven für eine Analyse der Begleitforschung im Rahmen von Modellversuchen im Bildungswesen. In: MITTER, W./WEISHAUPT, H. (Hg.): Ansätze zur Analyse der wissenschaftlichen Begleitung bildungspolitischer Innovationen, Weinheim/Basel 1977, S. 48 ff. FEND, H. (Hg.): Arbeitsmaterialien und Berichte zur Sekundarstufe I, Bde. 4-9, Paderborn/München/Wien/Zürich 1979. GROEBEN, N./WESTMEYER, H.: Kriterien psychologischer Forschung, München 1975. GRONLUND, N. E.: Measurement and Evaluation in Teaching, New York/London ²1971. GRUSCHKA, A. (Hg.): Ein Schulversuch wird überprüft, Kronberg 1976. GRUSCHKA, A. u. a.: Bestimmung eines Evaluationsdesigns für die integrierte Sekundarstufe II. In: FREY, K. (Hg.): Curriculum-Handbuch, Bd. 2, München 1975, S. 701 ff. HABERMAS, J.: Zur Logik von Legitimationsproblemen. In: HABERMAS, J.: Legitimationsprobleme im Spätkapitalismus, Frankfurt/M. 1973, S. 131 ff. KLEMM, K./ROLFF, H.-G.: Zur Dynamik der Schulentwicklung. In: Z. f. P. 23 (1977), S. 551 ff. KORDES, H.: Curriculumevaluation im Umfeld abhängiger Gesellschaften - Quasiexperimentelle Felduntersuchung zur Ruralisierung eines Schulversuchs der Grunderziehung in Dahomey/Benin (Westafrika) mit ausführlicher Einführung in die Methode kriterienorientierter Evaluation, Saarbrücken 1976. KORDES, H.: Measurement and Educational Evaluation. Plea for an Action Research Concept of Measurement Illustrated by an Evaluation of Educative Processes in Foreign and Native Languages. In: Stud. in E. Eval. 4 (1978), S. 163 ff. KORDES, H.: Vier methodische Vorschläge für die Evaluation von Bildungsgängen. Wissenschaftliche Begleitung Kollegstufe NW, Münster 1979. KORDES, H.: Evaluation in Curriculumprozessen. In: HAMEYER, U. u. a. (Hg.): Handbuch der Curriculumforschung, Weinheim/Basel 1983, S. 267 ff. (1983 a). KORDES, H.: Evaluation individueller und schulischer Bildungsgänge: Wirkungs-, Nutzwert- und Legitimationsanalyse. Wissenschaftliche Begleitung Kollegstufe NW, Münster 1983 b. KRUMM, V.: Evaluation des Zusammenhanges von Lehrplan und Unterricht. In: FREY, K. (Hg.): Curriculum-Handbuch, Bd. 2, München 1975, S. 653 ff. LANDSHEERE, G. de: Dictionnaire de l'Evaluation et de la Recherche en Education, Paris 1979. LINDVALL, C. M./COX, R. C.: Evaluation as a Tool in Curriculum Development. The IPI Evaluation Program, American Educational Research Association Monograph Series on Curriculum Evaluation, Nr. 5, Chicago 1970. LORENZER, A.: Zur Begründung einer materialistischen Sozialisationstheorie, Frankfurt/M. 1970 a. LORENZER, A.: Sprachzerstörung und Rekonstruktion. Vorarbeiten zu einer Metatheorie der Psychoanalyse, Frankfurt/M. 1970 b. MACDONALD, B.: Evaluation and the Control of Education. In: SCHOOLS Council: Evaluation in Curriculum Development: The State of the Art, Mimeo, o. O. 1974, S. 102 ff. MERWIN, I. C.: Historical Review of Changing Concepts of Evaluation. In: TYLER, R. W./RICHEY, H. G. (Hg.): Educational Evaluation, Chicago 1969, S. 6 ff. MITTELSTRASS, J.: Über Interessen. In: MITTELSTRASS, J. (Hg.): Methodologische Probleme einer normativ-kritischen Gesellschaftstheorie, Frankfurt/M. 1975, S. 126 ff. MUSTO, S. A.: Evaluierung sozialer Entwicklungsprojekte, Berlin 1972. NIEDERMANN, A.: Formative Evaluation, Weinheim/Basel 1977. STRAKA, G. A./STRITTMATTER, P.: Wissenschaftliche Begleitung – Probleme der Forschung. In: Uw. 6 (1978), S. 100 ff. SUCHMAN, E.: Evaluative Research, New York 1967. WEISS, M.: Effizienz im Bildungswesen, Weinheim/Basel 1972.

Hagen Kordes

Experiment

Begriff. In einem Experiment wird ein Phänomen so untersucht, daß der beobachtbare Effekt (abhängige Variable) kausal und gesetzmäßig auf eine Ursache (unabhängige Variable) zurückgeführt werden kann. Damit die Ursache-Wirkungsbeziehung eindeutig zu interpretieren ist, muß die Einflußnahme anderer relevanter Variablen ausgeschlossen, das heißt, sie müssen kontrolliert werden (zur ausführlichen Darstellung der in diesem Abschnitt verwendeten Termini: vgl. GRAFF 1984, S. 639 ff.).

Da der Aspekt der Kontrolle in natürlichen Situationen fast immer wesentliche Schwierigkeiten bereitet (es können zum Beispiel unvorhergesehene Ereignisse eintreten und fast immer ist es unmöglich, die Versuchspersonen (Vpn) per Zufall auf die Experimentalgruppe zu verteilen), werden experimentelle Untersuchungen häufig nicht im Feld, sondern im Labor durchgeführt. Hier kann der Versuchsleiter (Vl) eine von Störungseinflüssen weitgehend befreite Situation herstellen. Gelingt es dem Versuchsleiter, alle Einflüsse auf das jeweils zu untersuchende Verhalten zu kontrollieren mit Ausnahme des einen Einflusses, den er selbst durch seine Manipulation festlegt, und er beobachtet daraufhin eine Veränderung des Verhaltens, dann kann geschlossen werden, daß dieser manipulierte Einfluß die Ursache für die Veränderung des Verhaltens ist. Insofern wird dem Experiment respektive dem Laborexperiment gegenüber anderen Methoden der Sozialforschung (wie Beobachtung, Interview oder Feldstudie) der Vorteil zugesprochen, Ursache-Wirkungs-Beziehungen *kausal* erklären zu können.

Versuchsplan. Zur empirischen Überprüfung einer Fragestellung bedarf es einer genauen Versuchsplanung, die sowohl methodologische als auch methodisch-statistische Aspekte impliziert (vgl. HENNING/MUTHIG 1979). Die methodologischen Aspekte umfassen die Operationalisierung der abhängigen und unabhängigen Variablen, die Auswahl einer geeigneten Stichprobe und anderes. Unter methodisch statistischen Gesichtspunkten zielt die Versuchsplanung in erster Linie auf die Kontrolle von Varianz ab, und zwar sowohl von systematischer Varianz (derjenigen Varianz, die auf die Variation der unabhängigen Variable zurückgeht), als auch von nichtsystematischer (zufälliger) Varianz. Hierzu sind eine Fülle von experimentellen Designs entwickelt worden. Eine ausführliche Diskussion solcher Designs einschließlich ihrer Vorzüge und Schwachpunkte findet sich bei IRLE (vgl. 1975), KERLINGER (vgl. 1978) und SCHULZ u.a. (vgl. 1981). An dieser Stelle soll deshalb nur auf einige häufig verwendete Designs eingegangen werden:

Als ein solches gilt der *Vortest-Nachtest-Kontrollgruppen-Versuchsplan* (pretest-posttest control group design). Dieser Plan benötigt eine Versuchsgruppe, an der eine experimentelle Manipulation (wie beispielsweise positive Verstärkung) vorgenommen und eine Kontrollgruppe, die keiner Manipulation unterzogen wird. Es muß gewährleistet sein, daß beide Gruppen ohne die experimentelle Manipulation im Mittel praktisch identische Positionen einnehmen würden. Ein weiteres Charakteristikum dieses Plans sind zwei Messungen der abhängigen Variable(n) einmal vor und einmal nach der experimentellen Herstellung der unabhängigen Variable(n). Schematisch läßt sich der Plan folgendermaßen symbolisieren:

R	Versuchsgruppe	M_1	X	M_2
	Kontrollgruppe	M_3		M_4

R symbolisiert die Zufallszuordnung der Vpn zu den zwei Gruppen; M_1 und M_2 stehen für Vor- und Nachtest der Versuchsgruppe, die der experimentellen Manipulation X unterzogen wird; M_3 und M_4 bezeichnen Vor- und Nachtest der Kontrollgruppe, die keiner experimentellen Manipulation unterzogen wird.

Der Nachteil dieses Designs besteht allerdings darin, daß mögliche Interaktionen zwischen Vortest und experimenteller Manipulation nicht kontrolliert werden können, da sie lediglich in der Experimentalgruppe zu finden sind. Eine solche mögliche Interaktion läßt sich vermeiden, wenn auf den Vortest verzichtet wird und ein *Nur-Nachtest-Kontrollgruppenplan* (posttest-only control group design) verwendet wird:

R	Versuchsgruppe		X	M_1
	Kontrollgruppe			M_2

R steht wieder für Zufallszuordnung und X für die experimentelle Manipulation. M_1 bezeichnet den in der Experimentalgruppe durchgeführten Nachtest und M_2 den Nachtest der Kontrollgruppe.

Diese beiden Grundmuster lassen sich zum *Solomon-Vier-Gruppen-Versuchsplan* vereinigen, der von vielen Autoren als optimal betrachtet wird, wegen seiner Aufwendigkeit jedoch nur selten Anwendung findet.

R	Versuchsgruppe$_1$	M_1	X	M_2
	Kontrollgruppe$_1$	M_3		M_4
	Versuchsgruppe$_2$		X	M_5
	Kontrollgruppe$_2$			M_6

Die Verwendung dieses Versuchsplans erlaubt es, zusätzlich zur Wirkung der experimentellen Manipulation auch die Wirkung des Vortests sowie einer Interaktion von Vortest und experimenteller Manipulation zu überprüfen (vgl. STROEBE 1980). Welcher Versuchsplan einer konkreten Problemsituation am angemessensten ist, läßt sich nicht grundsätzlich entscheiden, sondern muß von der konkreten Fragestellung abhängig gemacht werden.

Experimentelle Fehler und Kontrolltechniken. Ein experimenteller Fehler liegt dann vor, wenn andere Faktoren als die geplante Manipulation zur Variation des Verhaltens einer Versuchsperson beitragen. Dabei unterscheidet man zwischen (internen und externen) systematischen und zufälligen Fehlern (vgl. BREDENKAMP 1969).

Von einem *internen systematischen Fehler* oder einer *Konfundierung* spricht man dann, wenn die Vpn, die unter verschiedenen experimentellen Bedingungen beobachtet werden, sich zusätzlich hinsichtlich anderer Variablen unterscheiden. Ein solcher Fehler läge zum Beispiel dann vor, wenn die Wirksamkeit zweier Unterrichtsmethoden im Feld geprüft werden sollte und die eine Unterrichtsmethode in Schulklasse A, die andere in Schulklasse B angewendet würde ohne zu berücksichtigen, daß in der Klasse A vorwiegend Schüler aus ländlicher Umgebung sind, während Klasse B sich vorwiegend aus Stadtkindern zusammensetzt. Im Laborexperiment versucht man, durch die zufällige Aufteilung der Versuchspersonen auf die verschiedenen Experimental-Bedingungen (Randomisieren) diesen Fehler auszuschalten. Besteht die Möglichkeit, Störvariablen genau zu identifizieren, läßt sich der interne systematische Fehler auch durch Konstanthaltung und Elimination der Störvariablen oder durch Parallelisierung der Gruppen ausschalten (das heißt auf das Beispiel bezogen: jeder Untersuchungsbedingung werden gleichviel Land- und Stadtkinder zugewiesen). Besteht Grund zur Annahme, daß Unterrichtsmethode A vielleicht adäquater für Stadtkinder und Unterrichtsmethode B adäquater für Landkinder ist, kann man die Variable Wohnort auch als Faktor in den experimentellen Versuchsplan einbauen, das heißt, der Wohnort wird wie eine zusätzliche unabhängige Variable gehandhabt. Im Gegensatz zu den Techniken der Elimination und Konstanthaltung, die häufig mit einem Informationsverlust verbunden sind, erhält man bei der letztgenannten Kontrolltechnik zusätzliche Informationen.

Weichen die Bedingungen des Experiments beträchtlich von denen ab, für die eine Aussage gemacht werden soll, handelt es sich um einen *externen systematischen Fehler*. Eine Übertragung oder Generalisierung der im Experiment gemachten Beobachtungen ist unter diesen Umständen nicht möglich. Angenommen, die Wirksamkeit der beiden Unterrichtsmethoden wurde an einer studentischen Population überprüft und Methode A würde sich als die effektivere herausstellen, so könnte man diese Ergebnisse nicht ohne weiteres auf den Schulalltag übertragen. Wenn eine störende Bedingung in allen Versuchsbedingungen im Mittel in gleicher Ausprägung auftritt und so zu einer Erhöhung der Variabilität innerhalb der Gruppe beiträgt, liegt ein *zufälliger Fehler* vor.

Zufällige Fehler sind insofern unvermeidbar, als daß sie erst durch die Kontrolle systematischer interner Fehler respektiv durch Randomisieren entstehen. Angenommen, Unterrichtsmethode A wäre zwar nicht grundsätzlich aber ohne das Wissen des Forschers faktisch effektiver bei Stadtkindern, Unterrichtsmethode B erwiese sich dagegen als wirksamer bei Landkindern; durch die Zufallsaufteilung der Schüler zu den Bedingungen wird in diesem Fall der Wohnort zu einer störenden Bedingung. Da Stadtkinder besser bei Methode A und Landkinder besser bei Methode B lernen, wird in den Gruppen eine hohe Variabilität zu verzeichnen sein und zwischen ihnen kaum ein Unterschied. Zufällige Fehler verringern als solche die Präzision von Experimenten, so daß es bei faktischer Divergenz der Gruppen möglicherweise zu der irrtümlichen Annahme kommen kann, es bestünde kein Unterschied zwischen ihnen (vgl. HAYS 1963). Eine adäquate Versuchsplanung erfordert vom Forscher das Gespür, möglicherweise einflußnehmende Variablen zu identifizieren und gegebenenfalls als Faktoren (Kovariate) in den Versuchsplan einzubauen.

Vp und Vl als Störquellen. Jedes Experiment – wie auch jede Interview- und Beobachtungssituation – ist eine soziale Situation und insofern muß auch der sozialpsychologischen Dynamik einer experimentellen Situation besondere Beobachtung geschenkt werden. ORNE (vgl. 1962) entwickelte in diesem Zusammenhang das Konzept der „demand characteristics". Er ging davon aus, daß die Vpn im Labor bestrebt sind, die Hypothesen des Vl zu erraten und dementsprechend sensibel auf Hinweiszeichen (demand characteristics) reagieren. Solche Hinweise sind zum Beispiel Instruktionen, experimentelle Einrichtungen und die Person des Versuchsleiters. Bezüglich des Verhaltens von Vpn, unterscheidet BUNGARD (vgl. 1983, S. 376f.):

- Die kooperative Versuchsperson, die durch ihre Mitarbeit zum Gelingen des Experiments beitragen will;
- die Versuchsperson mit dem Bedürfnis nach sozialer Anerkennung *(need for social approval)* oder Bewertungsangst *(evaluation apprehension)*, die jede Situation als Bewertung der eigenen Fähigkeiten und Persönlichkeitsmerkmale auffaßt und sich so positiv wie möglich darzustellen versucht;
- die ideale Versuchsperson, die instruktionsgemäß reagiert;
- die negativistische Versuchsperson, die das Experiment zu sabotieren versucht, indem sie unerwünschte Reaktionsweisen zeigt.

In der experimentellen Praxis versucht man den obengenannten Störeinflüssen entgegenzuwirken, indem der Versuchsleiter die Versuchssituation so glaubhaft wie möglich gestaltet und jeweils plausible Begründungen für die zu erledigenden Aufgaben gibt. Darüber hinaus werden die Versuchspersonen nach Abschluß der experimentellen Untersuchung und vor der Aufklärung über den Zweck der Untersuchung ausführlich befragt.

Der Vl als wesentlicher Akteur in einem Experiment kann gleich in doppelter Hinsicht eine potentielle Störquelle darstellen. Zum einen wirkt er auf die Vp als Person, das heißt, seine bio- und psychosozialen Aspekte fließen in die Situation ein (Vl-Effekte), und zum anderen kann er (un)bewußt beispielsweise durch nonverbale Hinweise die Vpn zu hypothesenkonformen Verhaltensweisen verleiten (Vl-Erwartungseffekte; vgl. GNIECH 1976, ROSENTHAL 1969). Vl-Erwartungseffekte lassen sich am ehesten minimieren, indem man die Interaktionen zwischen Vl und Vpn weitgehend durch schriftliche Instruktionen und Fragebogen standardisiert, den Vl durch entsprechendes Training auf die Experimentalsituation vorbereitet und ihn im unklaren läßt, in welcher Versuchsbedingung sich die jeweilige Vp befindet (Blindversuch). Da die letztgenannte Maßnahme in der experimentellen Forschungspraxis häufig nicht zu verwirklichen ist, versucht man, die Fehlerquelle der Vl-Erwartungseffekte dadurch zu minimieren, daß der Forscher nicht selbst den Versuch durchführt, sondern als Vl eine Person engagiert, die neutral ist in dem Sinne, daß sie wenig Interesse an hypothesenkonformen Ergebnissen hat.

Problematik. Die vorangegangenen Ausführungen bedeuten keineswegs, daß das Experiment in den Sozialwissenschaften die einzige Methode ist, um eindeutige Informationen über Ursache-Wirkungsbeziehungen zu erlangen. Nur aufgrund der Klärung dieser Beziehungen aber können Ereignisse und Verhaltensweisen kontrolliert und vorhergesagt werden. Das Wissen um Ursachen-Wirkungsverhältnisse ist also die einzige Basis für eine fundierte Ableitung von sozialen Techniken und Technologien (vgl. FREY 1978, S.14). Dennoch werden gerade im Bereich der Erfahrungswissenschaften häufig Vorbehalte gegenüber dem Experiment insbesondere dem Laborexperiment geäußert. In Anlehung an IRLE (vgl. 1975, S.46ff.) sollen einige von ihnen hier aufgegriffen und diskutiert werden:
Laborexperimente simplifizieren komplexe Sachverhalte, indem nur einige Variablen herausgegriffen werden. Es ist sicherlich richtig, daß die experimentelle Realität im Vergleich zur sozialen Realität reduziert ist. Es ist aber auch nicht das Ziel von Laborexperimenten, exakt Realität zu duplizieren (dann könnte man ja gleich im Feld bleiben!), sondern Ursache-Wirkungsbeziehungen zwischen spezifischen unabhängigen und abhängigen Variablen zu klären. Das wiederum ist jedoch nur unter solch „reinen" Bedingungen möglich, wie sie in Laborexperimenten hergestellt werden können. Das Wesentliche

an einer Experimentalsituation ist nicht die vollständige Übereinstimmung mit der Wirklichkeit, sondern entscheidend ist, ob beide Male derselbe Geschehenstypus vorliegt.

In Laborexperimenten kann die Ich-Beteiligung, mit der Personen in ihrem „normalen" Leben Aufgaben bewältigen, nicht annähernd reproduziert werden. Dieses Argument läßt sich leicht mit einigen Beispielen aus der laborexperimentellen Forschung entkräften, in denen die Ich-Beteiligung der Vpn erschreckend hoch war. Dazu gehören die von MILGRAM (vgl. 1963) durchgeführten Gehorsamkeitsexperimente, in denen Vpn nur aufgrund der Instruktionen eines Vl bereit waren, anderen Personen Elektroschocks zu verabreichen.

Laborexperimente sind ethisch unverantwortbar. Häufig ist es erforderlich, daß Vpn zu Beginn oder während des Experiments getäuscht werden. Ethisch unverantwortbar wäre eine solche Strategie aber nur dann, wenn gravierende Konsequenzen für den Selbstwert und die persönliche Integrität der Vpn befürchtet werden müßten. Die versucht man durch eine intensive Aufklärung der Vpn über den Sinn und Zweck des Experiments sowie die Art der überprüften Hypothesen zu vermeiden.

Laborexperimente werden nicht mit repräsentativen Stichproben durchgeführt und arbeiten mit einer zu geringen Vpn-Anzahl. Weder Labor- noch Feldexperimente noch die meisten Befragungen arbeiten mit einer repräsentativen Stichprobe. Dies ist auch nicht notwendig, weil Hypothesen unabhängig von Raum und Zeit gelten sollen, also bei jeder beliebigen Population geprüft werden können. Dies bedeutet selbstverständlich nicht, daß die jeweiligen Meßinstrumente für die unabhängigen und abhängigen Variablen beliebig bei jeder Population eingeführt werden können. Ein positiver Verstärker muß zum Beispiel bei einer Studentenpopulation anders sein als bei einer Population von Grundschülern. Die Anzahl der untersuchten Personen ist zudem weder ein Indikator für die empirische Zuverlässigkeit der Daten noch ein Indikator für die Stärke des Zusammenhangs. Im Gegenteil müssen die Effekte in Laborexperimenten, die meistens nur mit kleinen Vpn-Zahlen arbeiten, weitaus stärker sein, wenn sie als die Hypothese unterstützend akzeptiert werden sollen.

Vpn zeigen im Labor andere Verhaltensweisen als in ihrer gewohnten Umwelt. Untersuchungen (vgl. ORNE 1926, FILLENBAUM 1966) über Motive und Verhalten von Versuchspersonen konnten tatsächlich demonstrieren, daß Vpn experimentelle Untersuchungen häufig als Bewertungssituation erleben. Sie fühlen sich vom Vl bezüglich ihrer Person und in ihren Leistungen bewertet (evaluation apprehension). Eine Minimierung dieser Ängste wird zu erreichen versucht, indem die Vpn oft vor Beginn der Untersuchung aufgeklärt werden, daß ihre Antworten vollkommen anonym bleiben. Dieses Problem stellt sich aber in jeder empirischen Untersuchung und nicht nur in Laborexperimenten.

In Laborexperimenten werden die Reaktionsmöglichkeiten der Vpn in hohem Maße eingeschränkt. Um eine strenge Hypothesentestung zu gewährleisten, müssen Versuchs- und Kontrollgruppen miteinander vergleichbar sein. Aus diesem Grunde müssen Handlungsalternativen vorgegeben werden. Eine derartige Restriktion wird aber kaum zu einem Problem, wenn der Forscher durch Voruntersuchungen alle Reaktionsmöglichkeiten erfaßt und die häufig gezeigten als Handlungsalternativen anbietet. Ähnliche Probleme gibt es bei Fragebogenuntersuchungen, zumindest dort, wo keine offenen Antworten möglich sind.

In Laborexperimenten werden Variablen nur auf ihre Signifikanz geprüft, die tatsächliche Einflußnahme in einer sozialen Situation bleibt unbekannt. Dieses Argument spricht nicht von vornherein gegen das Laborexperiment, denn es hat seine Berechtigung dort, wo die Wirkung von Variablen überprüft werden soll. Sollen aus den Forschungserkenntnissen aber praktische Anwendungsregeln, oder wie IRLE (vgl. 1975, S.37) es nennt, Techniken oder Technologien abgeleitet werden, sind in der Tat zusätzliche Untersuchungen im Feld notwendig.

BREDENKAMP, J.: Experiment und Feldexperiment. In: GRAUMANN, C. F. (Hg.): Handbuch der Psychologie, Bd. 7.1, Göttingen 1969, S. 332 ff. BUNGARD, W.: Artefakte. In: FREY, D./GREIF, S. (Hg.): Sozialpsychologie. Ein Handbuch in Schlüsselbegriffen, München 1983, S. 375 ff. FILLENBAUM, S.: Prior Deception and Subsequent Experimental Performance: The Faithful Subject. In: J. of Persty. and Soc. Psych. 4 (1966), S. 532 ff. FREY, D.: Kognitive Theorien der Sozialpsychologie, Bern 1978. GNIECH, G.: Störeffekte in psychologischen Experimenten, Stuttgart 1976. GRAFF, J.: Versuchsplanung. In: Enzyklopädie Erziehungswissenschaft, Bd. 2, Stuttgart 1984, S. 639 ff. HAYS, W. L.: Statistics for Psychologists, New York 1963. HENNING, J./MUTHIG, K.: Grundlagen konstruktiver Versuchsplanung, München 1979. IRLE, M.: Lehrbuch der Sozialpsychologie, Göttingen 1975. KERLINGER, F. N.: Grundlagen der Sozialwissenschaften, Bd. 1, Weinheim/Basel ²1978. MILGRAM, St.: Behavioral Study of Obedience. In: J. of Abnorm. and Soc. Psych. 67 (1963), S. 371 ff. ORNE, M. T.: On the Social Psychology of the Psychological Experiment: With Particular Reference to the Demand Characteristics and their Implications. In: Am. Psychologist 17 (1962), S. 776 ff. ROSENTHAL, R.: Interpersonal Expectations: Effects on the Experimentor's Hypothesis. In: ROSENTHAL, R./ROSNOW, R. L.: Artefact in Behavioral Research, New York 1969, S. 181 ff. SCHULZ, T. u. a.: Theorie, Experiment und Versuchsplanung in der Psychologie, Stuttgart 1981. STROEBE, W.: Grundlagen der Sozialpsychologie, Bd. 1, Stuttgart 1980.

Elke Benning/Dieter Frey

Experiment, klinisches

Begriff. Als klinische Experimente (später auch als „kritische Interviews") bezeichnete der Genfer Entwicklungspychologe Piaget seine Versuche zur Feststellung der kognitiven Entwicklung von Kindern bis hin zur Adoleszenz. In der von ihm bevorzugten Versuchssituation hat der Proband Gelegenheit, mit ihm überlassenen Materialien zu operieren um bestimmte, ihm vom Versuchsleiter gestellte Aufgaben zu lösen. Dieser ermittelt und präzisiert in einem freien Gespräch die für den Probanden typischen Verhaltensformen, Strategien zur Problembewältigung und Lösungen der Problemstellung (vgl. PIAGET/SZEMINSKA 1941, S. 9). Mit der Methode des freien Gesprächs lassen sich nicht nur verbale Aussagen, zu Ende gedachte Überlegungen und Entscheidungen des Probanden (wie etwa bei einem Multiple-choice-Test), sondern auch Ansätze dazu erfassen und vertiefen, Ansätze, die sich beispielsweise in einer Handlung am Versuchsgerät ausdrükken können. Es ist daher für das klinische Experiment wesentlich, daß der Proband mit einer konkreten Aufgabe konfrontiert wird, die effektiv ausführbare Handlungen zuläßt, sowohl seitens des Probanden, wie auch des Versuchsleiters. Gegenüber einem „Papier-und-Bleistift-Test", der sich hauptsächlich im Medium der verbalen Sprache bewegt, hat es den Vorteil der Unmittelbarkeit, das heißt, es appelliert nicht ausschließlich an sprachlich fixierte Begriffe und Vorstellungen des Probanden, sondern erleichtert die Verständigung zwischen ihm und dem Versuchsleiter insofern, als beide Gesprächsteilnehmer ihre Vorschläge und Überlegungen anhand des vorliegenden Materials dem Partner erläutern können. Die der klinischen Methode zugrunde liegende Betrachtungsweise setzt implizit voraus, daß man mit

Piaget geneigt ist, die Wurzeln des geistigen Geschehens in der physischen Auseinandersetzung des Organismus mit der Umwelt zu sehen, in seinen Aktionen und Reaktionen, die im Deutschen üblicherweise mit dem Term „Handlungen" übersetzt werden. Der Satz, daß zumindest das logische Denken auf das Handeln zurückgeht (vgl. PIAGET 1950, S. 26), liegt der Konzeption des klinischen Experiments zugrunde, wie sie hier dargestellt werden soll.

Ziele der klinischen Experimentation. Der klinische Test erfaßt im Idealfall das Verhältnis der Versuchsperson zu bestimmten Sachverhalten und läßt daraus Rückschlüsse auf ihre *Assimilationsweise* der äußeren Realität zu. Da – nach PIAGET (vgl. 1947, S. 10) – jeder Bezug des Organismus zur Realität, sei er geistig oder nicht, eine bestimmte Assimilation der Umwelt impliziert, eine bestimmte Art der Wechselwirkung mit ihr, das heißt eine Interpretation des Entgegentretenden, die nicht getrennt werden kann von seinen spontanen Reaktionen darauf, ist es naheliegend, das festgestellte Assimilationsniveau als Indikator für den Entwicklungsstand einer Versuchsperson zu verwenden, und diesen mit dem Stand der geistigen Entwicklung anderer Versuchspersonen zu vergleichen. Das klinische Experiment wird indessen erst sekundär für eine Diagnose des Entwicklungsstands verwendet werden. Für viele Anwendungen, wie etwa für die Planung von schulischen Curricula, interessieren nicht die einzelnen Probanden, sondern die Tatsache, daß diese sich relativ leicht zu Gruppen zusammenfassen lassen, die die Umwelt auf eine bestimmte Art assimilieren, sich also offenbar auf einer bestimmten Kognitionsstufe befinden. Wenn die klinische Experimentation erfolgreich verläuft, lassen sich die Merkmale der verschiedenen Kognitionsstufen zu einer Sequenz ordnen, welche die allgemeine Intelligenzentwicklung im Rahmen der untersuchten Fragestellung darstellt. Ziel der Untersuchung der mit dem klinischen Versuchsverfahren ermittelten geistigen Entwicklung ist daher nicht primär die Darstellung der Entwicklung eines einzelnen Probanden, sondern diejenige eines verallgemeinerten, des „epistemischen" Subjekts, das die den untersuchten Einzelsubjekten gemeinsamen Denkformen auf den verschiedenen Stufen des geistigen Verhaltens nacheinander repräsentiert und so den aus einer Vielzahl von Einzelfällen abstrahierten und schematisierten Idealfall der geistigen Entwicklung aufzeigt, der von einem bestimmten Einzelsubjekt nur in mehr oder weniger guter Näherung durchlaufen wird. Das Idealbild der Entwicklung kann als Maßstab verwendet werden, um sekundär den Entwicklungsstand eines einzelnen Probanden festzustellen, indem man ihn mit dem Versuchsmaterial operieren läßt und sein Verhalten mit den verschiedenen Verhaltensformen im Laufe der Idealentwicklung vergleicht.

Welches sind nun die *pädagogischen* Konsequenzen, die sich aus den Ergebnissen dieser Methode ableiten lassen? Einsichtiges Lernen impliziert offenbar, daß der Schüler mit dem ihm verfügbaren Kognitionspotential, mit seinen Assimilationsschemata, den Lerngegenstand aufschlüsseln, zergliedern und im Sinne des Lehrers nachvollziehend in einer bestimmten Weise neu konzipieren kann (vgl. KUBLI 1981). Am leichtesten gelingt dies, wenigstens in der Sicht von Piaget, wenn Lehrer und Schüler auch im Unterricht in einem freien Diskurs von Handlungen oder von Problemen im Zusammenhang mit Handlungen ausgehen können, die sich aus der Lehrer- und Schülerperspektive gleichermaßen ausführen oder lösen lassen. Das Handeln von verschiedenen, dem gleichen Handlungsobjekt gegenüberstehenden Subjekten ist das Medium, in dem Einverständnis über bestimmte durchzuführende Einzelhandlungen erzielt und wechselseitig als solches erkannt werden kann. Insofern verbindet das Handeln nicht nur das erkennende Subjekt mit dem Objekt der Erkenntnis, sondern auch das Denken verschiedener Erkenntnissubjekte, im Fall des pädagogischen Verhältnisses dasjenige von Lehrer und Schüler, und erlaubt so die Übermittlung von Erkenntnissen.

Es ist deshalb naheliegend, im Unterricht Schüler einzeln oder in Gruppen mit einem bestimmten Material so handeln zu lassen, wie es der Versuchsperson im klinischen Experiment ermöglicht wird und als Lehrer nur beratend einzugreifen, wie es der Versuchsleiter tut, allerdings jetzt nicht mehr mit dem Ziel eines möglichst objektiven Feststellens der Kognitionsstufe, sondern mit der Absicht, den Schüler seinen eigenen Assimilationsfähigkeiten entlang auf einen bestimmten Kognitionsstand zu führen. Auf diese Weise kann verhindert werden, daß der Unterricht ineffizient wird, weil er am Schüler vorbeigeht.

Anknüpfungspunkt für klinische Experimente. Beispiele für eine unterrichtsorientierte Anwendung der klinischen Methode wurden bereits beschrieben (vgl. KUBLI 1981, 1983). Es sei hier als Beispiel eine Experimentation zum Verständnis des Begriffs des Drehmoments genannt, also der Formel Drehmoment = Kraft × Hebelarm. Das klinische Experiment kann von einem einfachen Waagebalken ausgehen, an dem in bestimmten Abständen links und rechts vom Drehzentrum Gewichte festgemacht werden können, oder von einem Wellenrad. Die Kinder dürfen nun empirisch, durch forschendes Handeln, das Verhalten des Geräts erproben und die gewonnene Erkenntnis sprachlich festzuhalten versuchen, während der Versuchsleiter die Gemeinsamkeiten und Unterschiede in dem Verhalten verschiedener Versuchspersonen feststellt, um so zu einer Sequenz von Kognitionsstufen zu gelangen. Dies ist nicht schwer, denn generell scheinen die Versuchspersonen bei ihrem Explorationshandeln eine bestimmte Strategie anzuwenden, die sie, je nach den geistigen Fähigkeiten, verschieden weit verfolgen können.

Diese Strategie und die daraus resultierenden Kognitionsstufen können nun als Orientierungshilfe für den Unterricht dienen. Als erstes zeigt sich bei jüngeren Kindern, daß scheinbar selbstverständliche Einsichten noch fehlen. So meinen einige, dasselbe Gewicht wirke sich stärker aus, wenn es an einer kürzeren Schnur befestigt wird, als bei einer längeren Schnur am selben Ort. Hier lernt der Lehrer anhand der klinischen Experimentation, welche Vorurteile er ausräumen muß, wenn er die Kinder zu einem echten Verständnis führen soll. Ältere Kinder sehen wiederum wohl ein, daß ein Gleichgewicht entsteht, wenn Gewicht G_1, das fünfmal so schwer ist wie ein Gewicht G_2, am Hebel in einem Abstand 1_1 vom Drehzentrum festgemacht wird, der fünfmal kleiner ist als der Abstand 1_2 des zweiten Gewichts. Sie interpretieren diese Einsicht aber falsch, indem sie als Gewichtsregel angeben, daß die *Summe* von G_1 und 1_1 gleich der Summe von G_2 und 1_2 sein müsse. Auch hier zeigt erst das klinische Experiment an, wie die Kinder von sich aus zu einem allgemeingültigen Drehmomentbegriff gelangen können, und legt damit die Unterrichtsstrategie fest, die das eigenständige Denken der Schüler maximal auszuwerten versucht. Das klinische Experiment kann dem Lehrer wertvolle Einsichten über das Wesen des Denkens vermitteln, auch im Hinblick auf schwächere Schüler. Im klinischen Experiment, wo der Lehrer sich auf Schüler konzentrieren kann, die üblicherweise im Klassengespräch schweigen, werden erst die vielen Fehlassimilationen deutlich, die zumeist, bei nüchterner Betrachtung der Problemstellung, gar nicht so abwegig sind, und deshalb umso ernsthaftere Hindernisse gegenüber dem Vollzug eines bestimmten Lernschritts darstellen. Hier lernt der Lehrer seine Aufgabe praxisnah, beinahe handgreiflich kennen, eine Aufgabe, die er im Sinne Piagets dann vorbildlich löst, wenn es ihm gelingt, gestützt auf die klinische Experimentiermethode einen Unterrichtsstil zu pflegen, der der Eigenaktivität der Schüler maximalen Spielraum gewährt (vgl. KUBLI 1983).

Zur Bedeutung der Kognitionsstufen. Was läßt sich nun aus der Tatsache folgern, daß das Verhalten der Versuchspersonen in den verschiedensten Situationen sich relativ leicht auf wenige typische Verhaltensformen, die Kognitions*stufen* eben, reduzieren läßt? Im klinischen Versuch wie im Unterricht ist die Tatsache, daß eine instruierte Person die Befragung durchführt, nicht ohne Einfluß auf die Resultate der Reflexion der Versuchspersonen oder Schüler. Wenn die Versuchsperson im klinischen Experiment handelt und ihre Assimilationsweise enthüllt, darf sie davon ausgehen, daß die ihr vorgelegte Fragestellung eine Lösung hat, die dem Versuchsleiter bekannt ist. Ihr Denken und Interpretieren ist deshalb nicht völlig autonom, sondern steht im Schatten der Frage, wie der Versuchsleiter (oder Lehrer), der das Problem stellt, die Lösung sehen könnte. Das Denken der Versuchsperson ist ebenso sehr nachvollziehend wie originell, denn es versucht, eine vorerst verschwiegene, mögliche Perspektive des Versuchsleiters mit eigenen Mitteln aufzudecken. Die Perspektive des Versuchsleiters ist für den Probanden (oder Schüler) nicht nur von Bedeutung, weil zu vermuten ist, daß er die Lösung kennt; denn Denken soll ja zur Allgemeingültigkeit führen, zu einer für alle hinreichend informierten Individuen verpflichtenden Betrachtungsweise. Die Versuchsperson muß daher, wenn sie nach Allgemeinverbindlichkeit sucht, zu erraten versuchen, wie ein anderer, also zum Beispiel der Versuchsleiter, von sich aus eine bestimmte Realität strukturiert oder gar strukturieren muß, um denkend, das heißt, nach Allgemeingültigkeit strebend, einen Sachverhalt zu erfassen. Die scheinbaren Entwicklungsstufen könnten generell daraus resultieren, daß das Kind bei verschiedenen, allenfalls von einer tieferen Stufe aus gesehen gleichermaßen möglichen, Betrachtungsweisen, Argumente findet, von denen eine sich als die „richtige", überindividuell gültige auszeichnet. Die pädagogische Konsequenz einer derartigen Interpretation der Piagetschen Ergebnisse ist wohl die, daß den festgestellten Stufen nur indirekte, dem argumentierenden Dialog, der die Stufe überwinden hilft, prinzipielle Bedeutung zukommt. Die Bedeutung der klinischen Methode als ein Mittel zur Feststellung der dem unterentwickelten Denken fehlenden Argumente, die sich indirekt aus der Kognitionsstufe ergeben, würde durch diese Anmerkung nicht herabgesetzt, im Gegenteil.

Regeln des Vorgehens im klinischen Experiment. Die wichtige Eigenschaft des Denkens, nach Allgemeingültigkeit zu streben, läßt ein *gestuftes Vorgehen* ratsam erscheinen. Eingangs wird dem Probanden Gelegenheit gegeben, ohne äußere Hilfe seine Erwartungen und seine empirischen Feststellungen zu artikulieren. Es wird ersichtlich, wie umfassend und allgemeingültig sein Denken bereits geworden ist, insbesondere, ob er einen bestimmten Zugang als „denknotwendig" erachtet, das heißt, annimmt, daß jeder in einem vorgefundenen Denkhorizont Agierende zur selben Interpretation des Gegebenen veranlaßt ist. Wenn diese Phase abgeschlossen ist, wird der Versuchsleiter, behutsam Hilfe leisten, dem Probanden Aspekte zur Prüfung empfehlen, ihn auf Widersprüche hinweisen und prüfen, ob diese Hinweise eine selbsttätige Weiterentfaltung des

Denkens des Probanden ermöglichen, also eine Kognitionsstufe zu überwinden erlauben. Auf der letzten Stufe gibt der Versuchsleiter seine eigene Betrachtungsweise bekannt und überprüft, ob der Proband diese nachzuvollziehen oder gar ihre Berechtigung einzusehen vermag. Die mittlere Phase des Vorgehens ist wohl die pädagogisch interessanteste.

Qualifikationsanforderung. Für die Güte einer klinischen Experimentation ist entscheidend, wie deutlich sich die einzelnen Kognitionsstufen manifestieren und inwiefern in der Sequenz dieser Stufen eine immanente Logik zutage tritt. Für schulische Anwendungen sind die Übergänge von einer Stufe zur nächsten von besonderer Bedeutung, insbesondere die Hilfestellungen, die der Experimentator *oder* Lehrer leisten kann, um eine Weiterentwicklung des spontanen Denkens des Probanden zu ermöglichen.

Anwendungsbereich des klinischen Experiments. Auf den ersten Blick scheint es naheliegend, die Verwendung der klinischen Methode den pädagogischen Psychologen oder allenfalls den Individualpsychologen für diagnostische Zwecke zu empfehlen. Man könnte indessen einwenden, daß viele im klinischen Experiment hervortretende Charakterzüge des kindlichen Denkens einem sensibilisierten Lehrer auch im Unterricht auffallen müßten. Das klinische Experiment ist hervorragend geeignet, in der Lehrerausbildung angehende Lehrkräfte auf die Probleme der kindlichen Informationsverarbeitung aufmerksam zu machen. Es gestattet, die Unterrichtsrealität in Einzelaspekten zu objektivieren und gibt so eine wichtige experimentelle Grundlage für allgemein-pädagogische Betrachtungen ab, die allen schulpolitisch interessierten Personen zumindest als Methode bekannt sein sollten. Insofern ist zu wünschen, daß sie in das Bewußtsein einer weiteren Öffentlichkeit zu dringen vermag und nicht dem „Spezialisten" vorbehalten bleibt.

BEILIN, H.: Überlegungen zur Theorie von Piaget: Weiterentwicklung und Verbesserung oder Verwerfung der Theorie. In: KLUWE, R./SPADA, H. (Hg.): Studien zur Denkentwicklung, Bern/Stuttgart/Wien 1981, S. 413 ff. CASE, R.: Gearing the Demands of Instruction to the Developmental Capacities of the Learner. In: Rev. of E. Res. 45 (1975), S. 59 ff. INHELDER, B./PIAGET, J.: Von der Logik des Kindes zur Logik des Heranwachsenden, Olten 1977. KUBLI, F: Gesichtspunkte zur Anwendung erkenntnis- und entwicklungspsychologischer Konzepte bei Piaget in der Konstruktion naturwissenschaftlicher Curriculumseinheiten. In: FREY, K. (Hg.): Curriculum-Handbuch, Bd. 2, München 1975, S. 93 ff. KUBLI, F.: Piaget's Cognitive Psychology and its Consequences for the Teaching of Science. In: Eur. J. of Sc. E. 1 (1979), S. 5 ff. KUBLI, F.: Piaget und Naturwissenschaftsdidaktik, Köln 1981. KUBLI, F.: Erkenntnis und Didaktik. Piaget und die Schule, München 1983. PASCUAL-LEONE, J.: A Mathematical Model for the Transition Rule in Piaget's Developmental Stages. In: Acta Psych. 63 (1970), S. 301 ff. PASCUAL-LEONE, J./SMITH, J.: The Encoding and Decoding of Symbols by Children: A New Experimental Paradigm and a Neo-Piagetian Model. In: J. of Exp. Ch. Psych. 8 (1969), S. 328 ff. PIAGET, J.: La psychologie de l'intelligence, Paris 1947 /deutsch: Psychologie der Intelligenz, Olten 1972. PIAGET, J.: Introduction à l'épistémologie génétique, Bd. 1, Paris 1950 /deutsch: Die Entwicklung des Erkennens, Bd. 1, Stuttgart 1972. PIAGET, J./SZEMINSKA, A.: La genèse du nombre chez l'enfant, Neuchâtel 1941 /deutsch: Die Entwicklung des Zahlbegriffs beim Kinde, Stuttgart ³1972.

Fritz Kubli

Experiment, pädagogisches

Problemexplikation. Der Begriff des Experiments wird auch heute noch wie schon das griechische „πειρᾶν" und das lateinische „experiri" in zwei Bedeutungen, einer technischen und einer praktischen Bedeutung, verwendet: als „Versuch" oder „versuchen" im Sinne von „etwas versuchen", „erforschen", und als „Versuch" oder „versuchen" im Sinne von „sich versuchen", „sich bemühen", „wagen" (vgl. HEINTEL 1968, S. 735 f.).

Der *theoretisch-technische Experiment-Begriff* ist eng verbunden mit der Entwicklung neuzeitlicher Wissenschaft und Technik seit der Renaissance. Bacons „Novum organum scientiarum" von 1620 legt das theoretisch-technische Experiment der mathematischen Naturwissenschaft bereits auf die gesamte Wirklichkeit, die untermenschliche ebenso wie die menschliche „Natur", aus und strebt eine Einheitswissenschaft an, die auf der Basis der „Induktionsmethode Alles ohne Ausnahme", und zwar Fragen der Physik ebenso wie Fragen der Logik, der Psychologie, der Moral und Politik, klären soll (BACON 1974, S. 93 f.). Der Zusammenhang von theoretischer Erklärung und technischer Verfügung über das Erklärte wird schon von Bacon klar erkannt: „Menschliches Wissen und Können fallen in Eins zusammen [...] Denn der Natur bemächtigt man sich nur, indem man ihr nachgibt [Induktion, D. B.], und was in der Betrachtung als Ursache erscheint, das dient in der Ausübung zur Regel" (BACON 1974, S. 26).

Während für den Empiristen Bacon das Experiment „bloß eine kluge Frage an die Natur" darstellt, begreift sein Zeitgenosse Galilei das theoretisch-technische Experiment schon als einen „zielbewußte[n] Eingriff, durch den einfache Formen des Geschehens isoliert werden, um sie der Messung zu unterwerfen" (WINDELBAND/HEIMSOETH 1957, S. 333).

Kant hat dann die durch Kopernicus, Galilei und Newton begründete mathematische Naturwissenschaft in seiner „Kritik der reinen Vernunft" auf den Begriff gebracht: „Die Vernunft muß mit ihren Prinzipien [...] in einer Hand, und mit dem Experiment, das sie nach jenen ausdachte, in der anderen, an die Natur gehen, zwar um von ihr belehrt zu werden, aber nicht in der Qualität eines Schülers, der sich alles vorsagen läßt, was der Lehrer will, sondern eines bestallten Richters, der die Zeugen nötigt, auf die Fragen zu antworten, die er ihnen vorlegt" (KANT 1966a, S. 23).

Kants Vernunftkritiken führen eine zweifache Begrenzung der Gültigkeit neuzeitlicher Wissenschaft ein, indem sie zwischen den Aussagensystemen der Wissenschaft und einer diesen selbst unverfügbaren Wirklichkeit (Ding an sich) unterscheiden und die Selbstzweckhaftigkeit der Natur als Organismus und die Fragen der Praktischen Philosophie aus dem Geltungsbereich der mathematisch-experimentellen Wissenschaften ausklammern. Vor dem Hintergrund der schon zu Kants Zeit stattfindenden und von ihm vorausgesehenen weiteren Ausweitung des zunächst naturwissenschaftlichen Paradigmas auf andere Wirklichkeitsbereiche wird dabei die Praktische Philosophie um Disziplinen wie Ökonomie, Politik und Pädagogik verkürzt und auf eine Ethik beschränkt, welche die Beurteilung der Beweggründe individuellen Handelns am kategorischen Imperativ der Anerkennung der eigenen Person und der eines jeden Anderen als „Selbstzweck" ausrichtet. Mit dieser Begrenzung theoretischer Vernunft und neuzeitlicher Wissenschaft öffnet Kant zugleich den Zugang zu einem Begriff des *praktischen Experiments,* welcher zwischen Technik und Praxis unterscheidet (vgl. KANT 1966b, S. 177 f.) und Bacons Hypostasierung theoretisch-technischer Vernunft unter dem Primat praktischer Vernunft zu korrigieren sucht.

Die Beschränkung der Praktischen Philosophie auf eine Ethik des individuellen Gewissens gibt Kant schon in seinen Vorlesungen „Über Pädagogik" ansatzweise wieder auf. In Anlehnung an Rousseau begreift er die Erziehung als jene fundamentale Praxis, durch die der Mensch erst zum Menschen wird und durch die die Menschengattung die im kategorischen Imperativ formal antizipierte Vollkommenheit individueller und gesellschaftlicher Existenz schrittweise anstreben kann, ohne daß hierfür Regeln technischer Geschicklichkeit, die sich ja nur an einem schon erreichten Zustand der Vollkommenheit ausrichten könnten, bereitzustellen wären: „Da die Erziehung [...] teils den Menschen einiges lehrt, teils einiges auch nur bei ihm entwickelt: so kann man nicht wissen, wie weit bei ihm die Naturanlagen gehen. Würde hier wenigstens ein Experiment [...] gemacht: so würde auch das schon uns Aufschlüsse darüber geben, wie weit es der Mensch etwa zu bringen vermöge [...] Es ist entzückend, sich vorzustellen, daß die menschliche Natur immer besser durch Erziehung werde entwickelt werden, und daß man diese in eine Form bringen kann, die der Menschheit angemessen ist. Dies eröffnet uns den Prospekt zu einem künftig glücklicheren Menschengeschlechte" (KANT 1964a, S. 699 f.).

Indem Kant so das Experiment der Vervollkommnung der Natur des Menschen durch Erziehung und Bildung in das weiterreichende praktische Experiment der Vervollkommnung der gesamten Menschengattung einbindet, distanziert er sich zugleich von aufklärerischen Vorstellungen, die die Pädagogik in linearer Abhängigkeit von Ökonomie und Politik als eine technisch-experimentelle Disziplin im Dienste des sich herausbildenden bürgerlichen Staates zu begründen suchten und eine Erziehung zum „industriösen" Staatsbürger propagierten (vgl. HEYDORN 1979, RESEWITZ 1975, SEXTRO 1968). Zugleich bereitete er damit die Entwicklung einer pädagogischen Handlungstheorie vor, welche in den folgenden Jahrzehnten, zum Teil in Anknüpfung und Auseinandersetzung mit Rousseaus „Emile" und „Contrat social", erziehungstheoretisch von Fichte und Schleiermacher, bildungstheoretisch von Humboldt und Herbart ausgearbeitet wurde und die Pädagogik als eine der Politik gleichgeordnete praktische Handlungswissenschaft begründete (vgl. BENNER 1978, 1983; vgl. BENNER/PEUKERT 1983, HEYDORN 1979, MENZE 1976, SCHMIED-KOWARZIK 1974).

Wir verdanken Kant die *Unterscheidung* zwischen *technischem und praktischem Experiment*. Die Lösung des Vermittlungsproblems zwischen technischer und praktischer Vernunft kann jedoch heute der kritischen Philosophie Kants nicht mehr entnommen werden (vgl. ADORNO 1969). Kant hoffte noch, die theoretisch-technische Erklärung der Erscheinungswirklichkeit mit der Idee der Freiheit dadurch versöhnen zu können, daß er den Erkenntnisfortschritt neuzeitlicher Wissenschaft an das regulative Prinzip eines „teleologischen Ordnungszusammenhangs" der Natur zurückband, gegen welches zu verstoßen ihm nur um den Preis eines weiteren Erkenntnisfortschritts neuzeitlicher Wissenschaft möglich schien. Mit der Ausdehnung des ursprünglich auf die physikalische und chemische Natur angewandten Paradigmas mathematischer Naturwissenschaft auf die psychisch-soziale Wirklichkeit büßte jedoch Kants Annahme einer Vereinbarkeit technischer und praktischer Experimente ihre Plausibilität ein. Nachdem zunehmend auch der Bereich individueller Meinungs- und Gesinnungsbildung technischer Manipulation unterworfen wird, rettet die Unterscheidung zwischen technischem und praktischem Experiment Autonomie, Freiheit und Spontaneität nur mehr für das intelligible Subjekt (vgl. BENNER 1979a, DAHRENDORF 1973, SCHELSKY 1979). Und die Idee eines teleologischen Ordnungszusammenhangs der Natur leitet nicht mehr ohne weiteres den Fortschritt wissenschaftlicher Technologie und Erkenntnis. Vielmehr erweist sich die Sicherung eines teleologischen Ordnungszusammenhangs von Mensch und Natur gerade in dem Maße, in dem neuzeitliche Wissenschaft und Technologie die Natur als deren eigene und des Menschen Lebensgrundlage zu gefährden drohen, selber als eine eminent praktische Aufgabe (vgl. SCHMIED-KOWARZIK 1981, S.179ff.). Damit aber wird zugleich die klassische Trennung zwischen theoretischer und praktischer *Vernunft* problematisch. Von dieser Problematik zeugen alle Positionen zu Fragen des pädagogischen Experiments.

Erziehungswissenschaftliche Positionen. In der Erziehungswissenschaft entwickelte sich Ende des 19., Anfang des 20.Jahrhunderts zunächst eine *Experimentelle Pädagogik,* welche „jede pädagogische Erscheinung als Wirkung von Ursachen" zu erklären, eine „auf biologischer Grundlage stehende [...] Weltpädagogik" (LAY 1920, S.72) zu entwickeln und für die Resultate ihrer Experimente, sofern diese einer Übertragung auf die komplexeren Bedingungen des Alltagshandelns standhielten, den Anspruch zu erheben versuchte, „pädagogische Einsichten und Maßnahmen" zugleich bereitzustellen (LAY 1908, S.8f.). Gegen diese Richtung konnte sich die Geisteswissenschaftliche Pädagogik durchsetzen, weil die erhofften Resultate wegen der Komplexität pädagogischer Prozesse ausblieben und der nur selten glückende retrospektive Nachweis, daß bestimmte Ursachen bestimmte Wirkungen hervorrufen, zur prognostisch-normativen Begründung erzieherischen Handelns untauglich war (vgl. BENNER 1978, S.137ff.; vgl. HENNINGSEN 1981, S.103ff.).

Während die Experimentelle Pädagogik der Jahrhundertwende eine Vermittlung zwischen theoretischer und praktischer Vernunft durch Überführung pädagogischer Experimente in technische Experimente intendierte und dabei nach Naturgesetzen der Erziehung suchte, die es so gar nicht gibt, bemühte sich die *Pädagogische Tatsachenforschung* Petersens umgekehrt um die Überführung technischer Experimente in pädagogische, indem sie der praktischen Gestaltung „pädagogischer Situationen" in einer Versuchsschule, der Jena-Plan-Schule, den Vorrang einräumte und so eine erste Konzeption für eine pädagogische Begleitforschung entwickelte, welche nicht mehr nach vermeintlichen Naturgesetzen der Erziehung suchte, sondern Reformkonzepte des Erziehungs- und Bildungswesens durch die Erforschung von Neben- und Folgewirkungen verschiedener Reformmaßnahmen absicherte (vgl. PETERSEN/PETERSEN 1965). Ungelöstes Problem dieses Ansatzes blieb jedoch die Frage, wie die Erfahrungen der Begleitforschung über den Aufweis der pädagogischen Qualität verschiedener organisatorischer und methodisch-didaktischer Maßnahmen innerhalb der Reformschule hinaus für die Weiterentwicklung pädagogischer Handlungstheorie nutzbar gemacht werden können (vgl. BENNER 1978, S.153ff.).

Während die Experimentelle Pädagogik das praktische Experiment in ein technisches überführte und die Pädagogische Tatsachenforschung sich im Dienste der Optimierung und Legitimierung eines vorentworfenen Reformplanes verstand, geht es neueren, sich zum *Kritischen Rationalismus* Poppers bekennenden Bemühungen wieder vorrangig um den Aufbau einer dem technischen Experimentbegriff verpflichteten nomologischen Theorie, die sich jedoch konstruktivistisch versteht und auf Annahmen einer in der Natur des Menschen gründenden Gesetzlichkeit der Erziehung (Bacon/Lay) ebenso verzich-

tet wie auf den Anspruch, durch Bereitstellung zweckrationalen Wissens normative Fragen pädagogischen Handelns klären zu können (vgl. BREZINKA 1971, KLAUER 1973): „Der Unterschied zwischen Sein und Sollen ist *logisch* [Hervorhebung: D.B.] nicht zu überbrücken" (BREZINKA 1971, S.7). Die Überbrückung der von Kant getrennten Bereiche des Seins (Erscheinung) und des Sollens ist diesem Konzept zufolge nur technisch möglich. Unter „Erziehung" werden darum ausschließlich solche „Handlungen" verstanden, „durch die Erwachsene [...] versuchen, in den Prozeß des Werdens heranwachsender Persönlichkeiten [...] einzugreifen, um Lernvorgänge zu unterstützen oder in Gang zu bringen, die zu Dispositionen und Verhaltensweisen führen, welche von den Erwachsenen als seinsollend oder erwünscht angesehen werden" (BREZINKA 1971, S.26f.). Auf diese Weise wird hier versucht, Bacons Programm des „Wissen ist Macht" (vgl. BLOCH 1972, S.85ff.; vgl. POPPER 1973, S.31) unter Vermeidung der Irrtümer des naiven Empirismus einzulösen. Zu diesem Ansatz hat Brezinka folgende Stellung bezogen: „Eine solche absolut vollständige Wissenschaft von den Bedingungen für die Beeinflussung des individuellen menschlichen Erlebens und Verhaltens wäre auch mit unseren Wertvorstellungen von der Würde und den Freiheitsrechten der Person unverträglich. Tatsächlich werden wir aber über ein prinzipiell unvollständiges System statistischer Gesetzeshypothesen nie hinauskommen" (BREZINKA 1971, S.84f.; vgl. BENNER 1979a, S.48ff.).
Nicht mehr in der universellen Bedeutung des Programms technischer Rationalität und seiner gleichzeitig begrenzten Gültigkeit (Kant), sondern in seiner „nur" wahrscheinlichkeitstheoretischen Anwendbarkeit gründet sich hier die Hoffnung auf eine Vereinbarkeit von technischem und praktischem Experiment, Herrschaftswissen und individueller Freiheit. Folgerichtig wurde inzwischen ein „Technologiedefizit" aller Pädagogik eingestanden und vorgeschlagen, den Begriff „Technologie" durch den einer Komplexität reduzierenden „Ersatztechnologie" zu ersetzen (vgl. LUHMANN/ SCHORR 1979 a,1979 b; vgl. BENNER 1979b, 1979c). Dieser Vorschlag hat inzwischen eine breite Resonanz gefunden (vgl. LUHMANN/SCHORR 1982). In der Diskussion wurde aufgezeigt, daß die Pädagogik keineswegs unter einem generellen Technologiedefizit leidet, sondern über eine Fülle von Ersatztechnologien verfügt, deren Wirksamkeit jedoch eher auf eine Verhinderung nichtwünschenswerter Verhaltensweisen und weniger auf eine quasi-technologische Steuerung von Lernprozessen gerichtet ist (vgl. DIEDERICH 1982). Die Bedeutung solcher Ersatztechnologien geht dabei keineswegs in der für sie unterstellten Komplexität reduzierenden Funktion auf: „Das Technologieproblem der Pädagogik ist, jedenfalls bis heute, praktisch [gemeint ist „technisch", D.B.] unlösbar. Man muß die Gründe nicht in der Willensfreiheit suchen, so lange man nicht einmal die Komplexität kausal erklärbarer Faktorenketten im Griff hat. Nicht Willensfreiheit, sondern Komplexität heißt zunächst einmal die Erklärung für das Technologiedefizit der Pädagogik [...]: die hochgradige Komplexität läßt nur untergeordnete Technologien zu" (HENNINGSEN 1981, S.104).
Einen Vermittlungsvorschlag zwischen technischem und praktischem Experiment, der die nach-kantischen Aporien der Unvereinbarkeit von individueller Freiheit und technologischer Erziehungswissenschaft zu überwinden und das Technologieproblem der Pädagogik zu lösen verspricht, hat in später Nachfolge zu Bacons 1638 erschienenen „Nova Atlantis" Skinner mit seiner 1945 verfaßten Utopie „Futurum Zwei" vorgelegt. SKINNER (vgl. 1976) durchschaut nicht nur die Irrationalität jeglichen Su-

chens nach sogenannten Naturgesetzen der Erziehung, sondern gesteht zugleich zu, daß es kein gesichertes nomologisches Wissen zur Herbeiführung wünschenswerter Verhaltensweisen, sondern allenfalls Ersatztechnologien zur Verhinderung nicht-wünschenswerter Verhaltensweisen geben kann. An die Stelle aller bisherigen Versuche einer Integration, Vermittlung oder Aufhebung der Differenz von praktischem und technischem Experiment tritt bei Skinner die Konzeption *„operanten Konditionierens"*, welche wünschenswertes Verhalten, wenn es spontan auftritt, durch positive Verstärkung stabilisieren zu können beansprucht. Der Zusammenhang von Ursachen und Wirkungen wird dabei nicht mehr linear-nomologisch, sondern interaktiv gesteuert. Zufälliges Verhalten des lernenden Subjekts avanciert zur Ursache für die positive Verstärkung, die gerade dadurch, daß sie Verhalten nicht selbst bewirkt, zur Konditionierung wünschenswerten Verhaltens führt. Skinners *pragmatischer Behaviorismus* verzichtet so nicht nur auf die „nutzlose" Suche nach nomologischem Wissen, sondern beansprucht zugleich, die kantische und nach-kantische Antinomie von Kausalität und Freiheit interaktionistisch durch eine Erziehungs-Dressur auflösen zu können, in welcher das vom Experimentator intendierte, ihm wünschenswerte Verhalten vom lernenden Subjekt „spontan" hervorgebracht wird: „Nun, wo wir wissen, wie positive Verstärkung funktioniert [...], können wir zielbewußter und daher auch nachhaltiger [...] vorgehen. Wir können eine Art Aufsicht ausüben, unter der sich die Beaufsichtigten frei fühlen, obgleich sie einem Kodex gehorchen, der viel genauer ist, als es je zuvor in dem alten System der Fall war. Dennoch fühlen sie sich frei. Sie tun, was sie zu tun wünschen, nicht, was ihnen zu tun auferlegt wird. Das ist die Wurzel der ungeheuren Kraft, die in der positiven Verstärkung liegt – hier gibt es kein Sträuben und keine Revolte. Durch eine sorgsam ausgearbeitete Kulturaufsicht überwachen und lenken wir nicht das definitive Verhalten, sondern die Voraussetzungen dazu – die Motive, Wünsche, Neigungen" (SKINNER 1976, S. 237).

Die Vermittlung zwischen technischem und praktischem Experiment „gelingt" in „Futurum Zwei" jedoch nur fiktiv auf der Seite der Versuchsobjekte, die zwar an der Konditionierung ihres eigenen Verhaltens quasi-selbsttätig mitwirken, nicht jedoch an der Beratung darüber, welches Verhalten positiv verstärkt werden soll und welches nicht wünschenswert ist. Die Verhaltenstechnologie wird dadurch in „Futurum Zwei" zu einer Geheimwissenschaft im Besitz einer herrschenden Klasse von Managern und Staatsgründern (vgl. SKINNER 1976, S. 151 ff.), die für sich den begnadeten Status einer schöpferischen Gottähnlichkeit beanspruchen, sich am Ende der Weltgeschichte wähnen (vgl. SKINNER 1976, S. 264 ff.) und so das praktische Experiment der Vervollkommnung der Menschengattung (Kant) zum parapädagogischen Experiment im Dienste eines romantisch-christlichen Sozialismus verkürzen (vgl. SKINNER 1976, S. 187 ff.), welcher die Aufgaben und Probleme ökonomischer, sittlicher, politischer und religiöser Praxis als gelöst unterstellt.

Zur Stellung des pädagogischen Experimentierens im Kontext technischen und praktischen Experimentierens. Während alle Versuche, pädagogische Experimente als technische zu fassen, die Ziel- und Aufgabenperspektive pädagogischen Handelns ausklammern, indem sie diese entweder als gelöst unterstellen oder außerwissenschaftlichen Instanzen zur Entscheidung überlassen, stellt ein dem praktischen Experiment-Begriff verpflichtetes pädagogisches Experiment ein Bildungsexperiment dar, das sich sowohl auf die Fragen nach Ziel und Aufgabe der pädagogischen Praxis als auch auf die Fragen nach der richtigen Art und Weise pädagogischer Interaktion und das Verhältnis der pädagogischen Praxis zu den anderen gesellschaftlichen Handlungsfeldern bezieht. Vom technischen Experiment unterscheidet sich das praktische pädagogische Experiment dadurch, daß es weder ein theoretisches Verifikationsexperiment, noch ein technologisches Anwendungsexperiment, noch ein separates Teilexperiment ist.

Das theoretische Experiment ist im wesentlichen ein *Verifikationsexperiment,* in welchem Produkt und Prozeß des Experimentierens dem Zweck dienen, eine vorab explizierte Theorie zu überprüfen (vgl. FESTINGER 1962, WALTER 1979). Im Gegensatz hierzu erkennt eine Konzeption praktischen Experimentierens jedem erzieherischen Handeln prinzipiell Experimentcharakter zu, und dies in einem zweifachen Sinne: Zum einen folgt das Handeln von Lehrern, Erziehern und Sozialpädagogen nicht unmittelbar einer normativ-prognostischen Theorie, deren vorgängige Stimmigkeit an der Praxis überprüft werden könnte, sondern hat insofern experimentellen Charakter, als die Planung und Gestaltung pädagogischer Situationen stets im Hinblick auf die Vorerfahrungen, Fragen und Deutungen der in ihnen Lernenden erfolgen muß. Im Unterschied zum Verifikationsexperiment zielt also das pädagogische Experiment auf die *Partizipation der handelnden Pädagogen.* Zum anderen stellt sich der Erfolg im praktischen Experiment niemals auf dem Wege der Verifikation einer prognostischen Theorie ein, sondern ist von Wirkungen abhängig, die erst vermittelt über die Lernprozesse der Lernenden zustande kommen. Insofern zielt das pädagogische Experiment immer auch auf die *Partizipation der Lernenden.*

Aufgrund dieser von der Konzeption des praktischen Experiments her geforderten Partizipation von Lehrenden und Lernenden unterscheidet sich der Zusammenhang, in dem Theorie, Praxis und Forschung im pädagogischen Experiment stehen, von demjenigen, welcher dem technologischen Anwendungsexperiment zugrunde liegt. Technologische Experimente sind im wesentlichen *Anwendungsexperimente.* In ihnen werden validierte Ergebnisse eines vorausgegangenen theoretischen Verifikationsexperiments auf komplexe Alltagsbedingungen gemäß normativen Zielvorgaben angewandt. So verstanden sich etwa die Programme kompensatorischer Erziehung, die auf eine bedingungskontrollierte, sozialtechnologische Umsetzung der soziolinguistischen Sprachcode-Forschung BERNSTEINs (vgl. 1970a) zielten. Daß eine solch lineare Ableitung pädagogischer Praxis aus sozialisationstheoretischen Befunden „Unfug" ist (vgl. BERNSTEIN 1970b), hat nicht nur die wissenschafts- und handlungstheoretische Kritik (vgl. GROEBEN/ WESTMEYER 1975, S. 157 ff.; vgl. WESTMEYER 1976, S. 174 ff.), sondern auch die Praxis der kompensatorischen Erziehung und die Evaluation ihrer Programme gezeigt (vgl. BRONFENBRENNER 1976). An die Stelle des linearen Anwendungsbezugs von Theorie und Praxis im technischen Experiment und in der technologischen Forschung tritt im pädagogischen Experiment *ein differenziertes Verhältnis von Theorie, Praxis und Forschung.* Der pädagogischen Forschung kommt hier die doppelte Aufgabe zu, pädagogische Handlungstheorie mit ihrem über die Planung und Gestaltung pädagogischer Situationen vermittelten Praktischwerden und pädagogische Praxis mit den Folgen und Nebenwirkungen ihrer Bemühungen zu konfrontieren und so zugleich einen Beitrag zur Weiterentwicklung pädagogischer Theorie und zur Aufklärung und Verbesserung pädagogischer Praxis zu leisten (vgl. BENNER 1978, S. 322 ff.; vgl. KORDES 1983).

Wissenschaftliche pädagogische Experi-

mente in diesem Sinne unterscheiden sich von technologischen Experimenten auch dadurch, daß sie nicht als *partiale Teilexperimente* angelegt und durchgeführt werden können. Theoretisch-technische Experimente zielen in der Regel auf eine Kontrolle von Ursachen und eine Reproduktion von Effekten, was jedoch nur dort gelingt, wo einzelne Randbedingungen isoliert und in ihren beliebig wiederholbaren Wirkungen kontrolliert werden können (vgl. KLAUER 1973, STRAKA 1974). Dieser methodische Zugriff hat sich für die Erforschung individueller und gesellschaftlicher Praxis als weitgehend unfruchtbar erwiesen und ist auf die pädagogische Praxis nur um den Preis ihrer Verkürzung auf zweck-rationales Handeln anwendbar (vgl. KÖNIG/ZEDLER 1982, MOSER 1975). Während technologische Experimente den Zweck verfolgen, Technologien zu entwickeln, mit deren Hilfe gewünschte Effekte im Sinne einer Verminderung von Störungen oder einer Erhöhung von Wirkungen verläßlich herbeigeführt werden können, intendieren pädagogische Experimente eine Ermöglichung von Lernprozessen und Erfahrungen, die auf dem Wege einer linearen Anwendung statistisch relevanter Gesetzmäßigkeiten oder ihrer Außer-Anwendung-Setzung nicht abzusichern sind.

Die in pädagogischen Experimenten angestrebten Lernprozesse und Erfahrungen beziehen sich nicht auf Leistungen, die nur von den Lernenden zu erbringen sind und deren Resultate schon im vorhinein feststehen, sondern auf Aufgaben, die Lehrende und Lernende gemeinsam betreffen und auf die Einführung der Lernenden in gesellschaftliche Handlungsfelder ausgerichtet sind. So zielt beispielsweise das Erlernen der Uhrzeit im Kindesalter keineswegs lediglich auf eine kognitive Aneignung des Sachverhalts „Einteilung der Zeit", sondern erhält pädagogische Relevanz erst im Zusammenhang mit der Förderung von Handlungskompetenz im Gebrauch der Uhr, was jedoch nur gelingen kann, wenn den Lernenden über eine unterrichtliche Vermittlung der Zeiteinteilung in Stunden und Minuten zugleich Mitwirkungsmöglichkeiten an der gemeinsamen Gestaltung der Zeit – innerhalb wie außerhalb der Schule – eingeräumt werden (vgl. BENNER/RAMSEGER 1983). Im Unterschied zu partialen Teilexperimenten technologischer Forschung geht es im pädagogischen Experiment also um Lernprozesse, die sowohl eine Förderung von Einsicht und Sachkompetenz als auch eine Förderung von Sozial- und Handlungskompetenz intendieren.

Im wissenschaftlichen pädagogischen Experiment ist der Forscher Begleitforscher, der das Praktischwerden pädagogischer Handlungstheorie im konkreten Experiment der Lehrenden und Lernenden berät, analysiert und auswertet. Forscher und handelnde Akteure stehen dabei nicht in einem Verhältnis von Experimentator und Versuchsperson als Objekt des jeweiligen Experiments, sondern bilden eine Experimentiergemeinschaft, deren gemeinsames Anliegen die Verwirklichung „praktischer Hypothesen" (HABERMAS 1971, S. 42) ist, welche sich nicht auf partiale Einzel- und Teilleistungen von Subjekten, sondern auf *das gesellschaftliche Experiment individueller Bildung und sozialer Höherentwicklung der Menschheit* beziehen. Sofern pädagogische Experimente die Unverfügbarkeit der Subjekte und die Unwiederholbarkeit ihrer Selbstbestimmungsanstrengungen und Änderungsversuche als konstitutive Merkmale pädagogischer Praxis anerkennen, können die Ergebnisse pädagogischer Handlungsforschung niemals eine Beendigung des Experimentiercharakters pädagogischer Praxis und ihrer Überführung in zweck-rationales Handeln anstreben. Vielmehr gewinnen die Ergebnisse pädagogischer Experimente ihre Handlungsrelevanz stets erst in Zusammenhang mit der erneuten Planung, Gestaltung und Überprüfung pädagogischer Situationen. Darum strebt wissenschaftliche Forschung im pädagogischen Experiment keine lineare Übertragbarkeit ihrer Ergebnisse im Sinne einer Anwendung erfolgsichernder Technologie an und weiß darum, daß Erfahrungssammlung und -verarbeitung im pädagogischen Experiment nicht vorrangig dem Schema bedings- und erfolgskontrollierter Empirie folgen kann. Versuche, diese unter einem Paradigma zugleich sinnverstehender und handlungsorientierter Empirie zu reorganisieren, haben zu Konzeptentwürfen für eine „Empirie zweiter Art" (HOLZKAMP 1972, S. 144, S. 258) beziehungsweise für eine „praxeologische Empirie" (vgl. BENNER 1972, 1978) geführt. Einzelaspekte, Bedingungsmöglichkeiten und methodologische Zugriffe einer solchen Empirie werden zur Zeit diskutiert (vgl. KORDES 1978, ZEDLER/MOSER 1983).

ADORNO, TH. W.: Einleitung. In: ADORNO, TH. W. u. a.: Der Positivismusstreit in der deutschen Soziologie, Neuwied/Berlin 1969, S. 7 ff. BACON, F.: Nova Atlantis (1683). In: HEINISCH, K. J. (Hg.): Der utopische Staat, Reinbek, 1960, S. 171 ff. BACON, F.: Neues Organ der Wissenschaften (1620), übers. u. hg. v. A. Th. Brück (1830), Darmstadt 1974. BENNER, D.: Pädagogisches Experiment zwischen Technologie und Praxeologie. Wissenschaftstheoretische Überlegungen zum Erfahrungsbegriff in der Pädagogik. In: P. Rsch. 26 (1972), S. 25 ff. BENNER, D.: Hauptströmungen der Erziehungswissenschaft. Eine Systematik traditioneller und moderner Theorien, München ²1978. BENNER, D.: Die praxeologisch-erfahrungswissenschaftliche Position im Positivismusstreit. In: BÜTTEMEYER, W./MÖLLER, B. (Hg.): Der Positivismusstreit in der deutschen Erziehungswissenschaft, München 1979, S. 45 ff. (1979 a). BENNER, D.: Läßt sich das Technologieproblem durch eine Technologieersatztechnologie lösen? Eine Auseinandersetzung mit den Thesen von N. Luhmann und K. E. Schorr. In: Z. f. P. 25 (1979), S. 367 ff. (1979 b). BENNER, D.: Ist etwas, wenn man es durch sich selbst ersetzt, nicht mehr dasselbe? Bemerkungen zur Replik von N. Luhmann und K. E. Schorr. In: Z. f. P. 25 (1979), S. 803 ff. (1979 c). BENNER, D.: Grundstrukturen pädagogischen Denkens und Handelns. In: Enzyklopädie Erziehungswissenschaft. Bd. 1, Stuttgart 1983, S. 283 ff. BENNER, D./PEUKERT, H.: Erziehung, moralische. In: Enzyklopädie Erziehungswissenschaft. Bd. 1, Stuttgart 1983, S. 394 ff. BENNER, D./ RAMSEGER, J.: Erziehender Unterricht und Projekte in der Grundschule. In: D. Grunds. 15 (1983), 8, S. 9 ff. BERNSTEIN, B.: Lernen und soziale Struktur. Ein sozio-linguistischer Aufsatz. In: BERNSTEIN, B. u. a.: Lernen und soziale Struktur, Amsterdam 1970, S. 7 ff. (1970 a). BERNSTEIN, B.: Der Unfug mit der „kompensatorischen Erziehung". In: BERNSTEIN, B. u. a.: Lernen und soziale Struktur, Amsterdam 1970, S. 34 ff. (1970 b). BLOCH, E.: Vorlesungen zur Philosophie der Renaissance, Frankfurt/M. 1972. BREZINKA, W.: Von der Pädagogik zur Erziehungswissenschaft. Eine Einführung in die Metatheorie der Erziehung, Weinheim/Basel 1971. BRONFENBRENNER, U.: Ökologische Sozialisationsforschung, Stuttgart 1976. BRÜGGEN, F.: Strukturen pädagogischer Handlungstheorie, München 1980. DAHRENDORF, R.: Homo Sociologicus. Ein Versuch zur Geschichte, Bedeutung und Kritik der Kategorie der sozialen Rolle, Opladen 1973. DIEDERICH, J.: Bemessene Zeit als Bedingung pädagogischen Handelns. In: LUHMANN, N./SCHORR, K. E. (Hg.): Zwischen Technologie ..., Frankfurt/M. 1982, S. 51 ff. DILTHEY, W.: Entwürfe zur Kritik der historischen Vernunft. In: DILTHEY, W.: Gesammelte Schriften, Bd. 7, Stuttgart/Göttingen 1973, S. 191 ff. FESTINGER, L.: Laboratoriumsexperimente. In: KÖNIG, R.: Beobachtung und Experiment in der Sozialforschung. Praktische Sozialforschung, Bd. 2, Stuttgart 1962, S. 275 ff. FICHTE, J. G.: Grundlage des Naturrechts nach Prinzipien der Wissenschaftslehre (1796). Werke. Auswahl in sechs Bänden, hg. v. F. Medicus, Bd. 2, Darmstadt 1962, S. 1 ff. (1962 a). FICHTE, J. G.: Reden an die deutsche Nation (1808). Werke. Auswahl in sechs Bänden, hg. v. F. Medicus, Bd. 5, Darmstadt 1962, S. 365 ff. (1962 b). GROEBEN, N./WESTMEYER, H.: Kriterien psychologischer Forschung, München 1975. GRUBER, E.: Nicht-hierarchische Verhältnistheorie und pädagogische Praxis. Zum Problem der Herrschaftsaufhebung, München 1979. HABERMAS, J.: Erkenntnis und Interesse, Frankfurt/M. 1968. HABERMAS, J.: Theorie und Praxis. Sozialphilosophische Studien, Frankfurt/M. 1971. HEINTEL, E.: Die beiden Laby-

Experiment, pädagogisches

rinthe der Philosophie. Systemtheoretische Betrachtungen zur Fundamentalphilosophie des abendländischen Denkens, Wien/München 1968. HENNINGSEN, J.: Die Impotenz der Schule. In: GROTH, G. (Hg.): Horizonte der Erziehung. Zu aktuellen Problemen von Bildung, Erziehung und Unterricht. Festgabe für Th. Wilhelm zum 75. Geburtstag, Stuttgart 1981, S. 96 ff. HERBART, J. F.: Über die ästhetische Darstellung der Welt als das Hauptgeschäft der Erziehung (1804). Pädagogische Schriften, hg. v. W. Asmus, Bd. 1, Düsseldorf/München 1964, S. 105 ff. (1964a). HERBART, J.F.: Die ersten Vorlesungen über Pädagogik (1802). Pädagogische Schriften, hg. v. W. Asmus, Bd. 1, Düsseldorf/München 1964, S. 121 ff. (1964b). HERRMANN, U.: Die Pädagogik Wilhelm Diltheys, Göttingen 1971. HEYDORN, H.J.: Bildungstheoretische Schriften, Bd. 2: Über den Widerspruch von Bildung und Herrschaft, Frankfurt/M. 1979. HOLZKAMP, K.: Kritische Psychologie, Frankfurt/M. 1972. HUMBOLDT, W. V.: Theorie der Bildung des Menschen (1793). Werke in fünf Bänden, hg. v. A. Flitner und K. Giel, Bd. 1, Darmstadt 1960, S. 234 ff. (1960a). HUMBOLDT, W. V.: Über den Geist der Menschheit (1797). Werke in fünf Bänden, hg. v. A. Flitner und K. Giel, Bd. 1. Darmstadt 1960, S. 506 ff. (1960 b). KANT, I.: Über Pädagogik (1776/1803). Werke in sechs Bänden, hg. v. W. Weischedel, Bd. 6, Darmstadt 1964, S. 691 ff. (1964a). KANT, I.: Kritik der praktischen Vernunft (1788). Werke in sechs Bänden, hg. v. W. Weischedel, Bd. 4, Darmstadt 1964, S. 103 ff. (1964b). KANT, I.: Kritik der reinen Vernunft (1787). Werke in sechs Bänden, hg. v. W. Weischedel, Bd. 2, Darmstadt 1966, S. 5 ff. (1966a). KANT, I.: Erste Fassung der Einleitung in die Kritik der Urteilskraft (1790). Werke in sechs Bänden, hg. v. W. Weischedel, Bd. 5, Darmstadt 1966, S. 171 ff. (1966b). KLAUER, K.J.: Das Experiment in der pädagogischen Forschung, Düsseldorf 1973. KÖNIG, E./ZEDLER, P. (Hg.): Erziehungswissenschaftliche Forschung: Positionen, Perspektiven, Probleme, München/Paderborn 1982. KORDES, H.: Measurement and Educational Evaluation. Plea for an Action Research Concept of Measurement Illustrated by an Evaluation of Educative Processes in Foreign and Native Languages. In: Stud. in E. Eval. 4 (1978), S. 163 ff. KORDES, H.: Evaluation in Curriculumprozessen. In: HAMEYER, U. u.a. (Hg.): Handbuch der Curriculumforschung, Weinheim/Basel 1983, S. 267 ff. LAY, W. A.: Experimentelle Pädagogik mit besonderer Rücksicht auf die Erziehung durch die Tat, Leipzig 1908. LAY, W. A.: Experimentelle Didaktik (1903), Leipzig ⁴1920. LUHMANN, N./SCHORR, K. E.: Das Technologiedefizit der Erziehung und die Pädagogik. In: Z. f. P. 25 (1979), S. 345 ff. (1979a). LUHMANN, N./SCHORR, K. E.: Hat die Pädagogik das Technologieproblem gelöst? Bemerkungen zum Beitrag von Dietrich Benner. In: Z. f. P. 25 (1979), S. 799 ff. (1979b). LUHMANN, N./SCHORR, K. E. (Hg.): Zwischen Technologie und Selbstreferenz. Fragen an die Pädagogik, Frankfurt/M. 1982. MENZE, C.: Die Wissenschaft von der Erziehung in Deutschland. In: SPECK, J. (Hg.): Problemgeschichte der neueren Pädagogik, Bd. 1, Stuttgart/Berlin/Köln/Mainz 1976, S. 9 ff. MOSER, H.: Aktionsforschung als kritische Theorie der Sozialwissenschaften, München 1975. PETERSEN, P./PETERSEN, E.: Die pädagogische Tatsachenforschung, Paderborn 1965. POPPER, K. R.: Logik der Forschung (1935), Tübingen 1973. RESEWITZ, F. G.: Die Erziehung des Bürgers (1787), Glashütten 1975. ROUSSEAU, J.-J.: Der Gesellschaftsvertrag (1762), Stuttgart 1958. ROUSSEAU, J.-J.: Emile oder über die Erziehung (1762), Paderborn/München/Wien/Zürich 1981. SCHELSKY, H.: Der Mensch in der wissenschaftlichen Zivilisation. In: SCHELSKY, H.: Auf der Suche nach der Wirklichkeit. Gesammelte Aufsätze zur Soziologie der Bundesrepublik, München 1979, S. 148 ff. SCHLEIERMACHER, F. E. D.: Theorie der Erziehung (1826). Ausgewählte pädagogische Schriften, hg. v. E. Lichtenstein, Paderborn ²1964. SCHMIED-KOWARZIK, W.: Dialektische Pädagogik. Vom Bezug der Erziehungswissenschaft zur Praxis, München 1974. SCHMIED-KOWARZIK, W.: Die Dialektik der gesellschaftlichen Praxis. Zur Genesis und Kernstruktur der Marxschen Theorie, Freiburg/München 1981. SEXTRO, H. PH.: Über die Bildung der Jugend zur Industrie. Ein Fragment. (1785).Quellenschriften zur Industrieschulbewegung, Bd. 1, Frankfurt/M. 1968. SKINNER, B. F.: Futurum Zwei. Die Vision einer aggressionsfreien Gesellschaft (1948), Reinbek 1976. STRAKA, G. A.: Forschungsstrategien zur Evaluation von Schulversuchen, Weinheim/Basel 1974. WALTER, H.: Experimentelle Unterrichtsforschung – eine esoterische Sezessionswissenschaft? In: Z. f. P. 25 (1979), S. 307 ff. WESTMEYER, H.: Verhaltenstherapie: Anwendung von Verhaltenstheorien oder kontrollierte Praxis? In: GOTTWALD, P./ KRAIKER, Ch. (Hg.): Zum Verhältnis von Theorie und Praxis. Mitt. d. Dt. Gesellsch. z. Förd. d. Verhaltther., 1. Sonderheft, München 1976, S. 9 ff. WINDELBAND, W./HEIMSOETH, H.: Lehrbuch der Geschichte der Philosophie, Tübingen ¹⁵1957. ZEDLER, P./MOSER, H. (Hg.): Aspekte qualitativer Sozialforschung. Studien zu Aktionsforschung, empirischer Hermeneutik und reflexiver Sozialtechnologie, Opladen 1983.

Dietrich Benner

Feedback

Definition und Anknüpfungsmomente. Feedback bezeichnet allgemein Rückkopplungsprozesse in sich selbst steuernden Systemen. Als Feedback bezeichnet man weiterhin die zielgerichtete und systematische Rückkopplung einer objektiven Information, die Gestaltung des mit dem Feedback erreichten Lernvorgangs sowie die Auswertung der Prozesse und Ergebnisse. Das Alltagsverständnis von Feedback bedeutet die Rückmeldung eines Eindrucks, den eigenes Verhalten auf das eines anderen ausgelöst hat. Dabei wird nicht allen Benutzern der Ursprung des Feedback-Begriffs aus der kybernetischen Terminologie geläufig sein, in der Rückkopplungsprozesse in Regelkreisen das Systemgleichgewicht gegenüber Störungen aufrechterhalten (vgl. WIENER 1949).

Im sozialwissenschaftlichen Bereich werden Feedback-Verfahren geradezu als Schlüssel zum Verständnis und zur Initiierung gruppendynamischer Entscheidungs- und Lernprozesse angesehen (vgl. BRADFORD u.a. 1972, S. 45). Zudem wird Feedback angewendet, um – in Weiterentwicklung der Interviewmethode – die Objektivität und Validität von Befragungen und Interviews zu erhöhen (vgl. BEER 1976, S. 950 f.).

Ein weiterer Bezugspunkt für Feedback-Verfahren ergibt sich sowohl aus US-amerikanischen als auch westeuropäischen Beobachtungen im Schulsystem, wonach Lehrer und Erzieher zunehmend die pädagogisch-praktische Relevanz der in den zurückliegenden Jahren durchgeführten empirisch-analytischen Schulforschungsprojekte in Frage stellen (vgl. HAMEYER 1978, S. 282; vgl. SCHMUCK u.a. 1972, S. 340; vgl. SIEVERS 1976, S. 270). Im Sinne handlungs- und innovationsorientierter Schulforschung ist mit Feedback-Verfahren eine systematische Forschungs- und Implementationsstrategie angegeben, die dem theoretischen Kontext der Organisationsentwicklung entstammt (vgl. FRENCH/BELL 1977, SIEVERS 1977). Im Unterschied zu den bislang überwiegenden Verfahren empirisch-analytischer Erziehungsforschung, die die beteiligten Schulen oftmals nur als Datenlieferanten betrachteten, zeichnet sich das *Befragungs-Feedback* (*survey-feedback* vgl. MILES u.a. 1975) durch die praktische Intervention der Forscher im Forschungsfeld – unter der selbstreflexiven Zielsetzung des Handlungszusammenhangs – aus.

Methodische Grundannahmen. Das sozial- und erziehungswissenschaftliche Verfahren der Feedback-Forschung hebt sich von anderen Forschungsverfahren ab durch seinen Interventionscharakter: Daten, Informationen und Ergebnisse werden an die jeweiligen Feedback-Adressaten (Individuen, Gruppen, Organisationen) rückgemeldet, um Veränderungsprozesse zu initiieren. Feedback-Verfahren werden daher treffend als „effective ‚bridge' between diagnostic activities […] and active intervention" bezeichnet (FRIEDLANDER/BROWN 1974, S. 327).

Zum zweiten zielen Feedback-Forschungen auf die Initiierung selbst-reflexiver und -innovativer Bildungsprozesse in den Forschungs- und Handlungszusammenhängen. Diese mäeutische Funktion der Feedback-Verfahren und deren Interventionsorientierung charakterisieren derartige Forschungskonzepte allgemein als Methode der *Handlungsforschung*.

Varianten und Kombinationen. Die beiden zentralen Varianten des Feedback bestehen in dem gruppendynamischen Verfahren des Laboratoriumlernens (vgl. BRADFORD u.a. 1972) und dem Organisationsentwicklungskonzept des Befragungs-Feedback (survey-feedback; vgl. MILES u.a. 1975).

In den *Trainingsgruppen* (T-Gruppen) des Laboratoriumslernens werden kognitive und sozial-emotionale Lernprozesse der beteiligten Individuen mittels wechselseitiger Rückkopplung initiiert. Dabei bezeichnet hier „Feedback [...] die von anderen auf eine Verhaltenseinheit abgegebenen verbalen und nonverbalen Reaktionen, die zeitlich so eng wie möglich an das Verhalten anschließen und die von dem Individuum, von dem das Verhalten ausging, wahrgenommen und genutzt werden können" (BRADFORD u. a. 1972, S. 45).

Die Zielsetzung des „persönlichen" Feedback im T-Gruppentraining liegt bezüglich des ursprünglichen Verhaltens in dessen Validierung, in der Steuerung und Orientierung des anschließenden Verhaltens, schließlich in Veränderungen von Gefühlen, Verhalten, Einstellungen, Wahrnehmungen und Kenntnissen des Individuums. Dabei setzen Feedbackprozesse in gruppendynamischen Trainingslaboratorien, in denen diesem Verfahren ein zentraler Stellenwert zugesprochen wird, immer an den Hier-und-jetzt-Situationen der Klienten an. Aus dem personenorientierten Fokus des Feedback im Laboratoriumstraining ergibt sich als Qualifikationsziel an die Trainingsgruppenteilnehmer, Feedback nehmen und geben zu können (vgl. PORTER 1977). In aller Regel wird der Feedbackprozeß im Gruppentraining vom Trainer und der Gruppe gemeinsam gesteuert.

Eine besondere Variante interpersonalen Feedbacks stellt die *instrumentierte Trainingsgruppe (development-group)* dar, in der der Gruppentrainer nicht direkt an den Gruppensitzungen teilnimmt. Individuelles Lernen und Steuerung der Gruppenaktivitäten werden hier zentral durch die Vorbereitung und Durchführung des Feedbackprozesses angeleitet (vgl. BRADFORD u. a. 1972, S. 147 ff.).

Eine weitere Variante von Feedbackverfahren im T-Gruppentraining stellt die *Triangulationsgruppe* dar, die dem Ziel dient, die Nützlichkeit des persönlichen Feedbacks in Trainingsgruppen zu effektivieren. Das Triangulationsverfahren, das ein hohes Maß an Gruppenvertrauen und -kohäsion voraussetzt, umfaßt drei Phasen, und konnte bislang erfolgreich in einer Anzahl von Trainingsgruppen angewandt werden (vgl. BRADFORD u. a. 1972, S. 422).

Allgemein kann zur Evaluation des Feedback in Trainingslaboratorien festgehalten werden, „daß Mitglieder einer T-Gruppe, die von den anderen in ihrer Gruppe ein Feedback erhalten, für interpersonale Beziehungen und soziale Interaktion sensitiver werden" (MYERS u. a. 1970, S. 364).

Im *Befragungs-Feedback,* auch *survey-feedback, organizational feedback* oder *data-feedback* genannt, werden die systematische und umfassende Datensammlung, Diagnose und Feedback fokussiert auf Gruppen- und Organisationsprobleme mit der Zielsetzung, Veränderungsprozesse zu initiieren. Konkreter wird mit dem Befragungs-Feedback das mäeutische Ziel verfolgt, in der Kooperation externer Forscher und Organisationsmitglieder die Selbstanalyse und -innovation des jeweiligen Handlungskontexts zu erreichen. Dabei erweist sich das Befragungs-Feedback einmal als eine spezifische Veränderungsstrategie aus dem theoretischen Kontext der Organisationsentwicklung (vgl. SIEVERS 1977). Andererseits gilt: „OD [organizational development, E. P.] theoreticians usually concur that some form of data feedback constitutes an integral part of a standard organizational intervention" (SCHMUCK 1973, S. 1).

Eine umfassende Definition des Befragungs-Feedback stammt von den Initiatoren des ersten survey-feedback im Schulbereich: „Survey-feedback is a procedure in which outside consultants and members of a system collaboratively gather, analyze, and interpret data that deal with various aspects of a systems functioning, and it's members professional lives. Using such data as a base, the participants, with consultive help, begin problem-solving efforts to improve the organizational processes and the working relationships among members" (McElvaney/Miles 1971, S. 113 f.).

Das 'Befragungs-Feedback umfaßt drei zentrale Komponenten: das Material („data"), die Gruppenzusammenkünfte („group-meeting") und die Prozeßanalyse („process-analysis" – vgl. McElvaney/Miles 1971, S. 116 ff.):

- Die Vorlage des Materials hat insbesondere die motivationale Funktion, Veränderungsaktivitäten zu initiieren und anzuleiten.
- Die Gruppenzusammenkünfte sollten Erfolgserlebnisse vermitteln, möglichst keinen Konformitätsdruck ausüben und offene Diskussionen ermöglichen (vgl. Miles u. a. 1975, S. 380 f.).
- Die Prozeßanalyse schließlich soll das „Mitteilen von Informationen" ermöglichen und über „kooperative Aktivitäten innovationsfreundliche Normen und Problemlösungsmöglichkeiten bewirken" (Miles u. a. 1975, S. 383).

Sowohl die genannte Forschungsgruppe als auch andere Autoren stimmen darin überein, daß survey-feedback zu verschiedenen Zeitpunkten in unterschiedlicher Häufigkeit als Interventionsstrategie in Schulen eingesetzt werden kann (vgl. Schmuck 1973, S. 9). Hier gilt, was bereits allgemein für Organisationsentwicklungsverfahren konstatiert wurde: Auch das Befragungs-Feedback muß „prinzipiell [...] von Fall zu Fall unterschiedlich angewandt, [...] d. h. maßgeschneidert werden" (Rolff 1977, S. 368). Zur Effektivität des Befragungs-Feedback finden sich differenzierte Aussagen in einer großformatigen „state-of-the-art"-Übersichtsstudie zu Organisationsentwicklungsprojekten in Nordamerika (vgl. Fullan u. a. 1978). Demzufolge scheinen vorliegende Evaluationsstudien – trotz methodischer Mängel – zum einen folgendes Resümee nahezulegen: „The results indicated that Survey-Feedback was associated with the greatest number of changes" (Fullan u. a. 1978, S. 32). Andererseits lassen die Evaluationsstudien zum Befragungs-Feedback kaum Aussagen darüber zu, unter welchen Bedingungen Veränderungsprojekte am erfolgreichsten implementiert werden können (vgl. Fullan u. a. 1978, S. 34).

Neben den diskutierten zwei zentralen Feedback-Varianten in der Erziehungsforschung lassen sich insbesondere fünf Interventionsverfahren nennen, mit denen Feedback kombiniert wird:

- Das *diagnostische Feedback* wird in der Diagnose von Organisationsproblemen verwendet (vgl. Lorsch/Lawrence 1975). Um tatsächlich relevante Probleme zu identifizieren, wird hier der gemeinsamen Diagnose von Forschern und Klienten ein hoher Stellenwert eingeräumt.
- In der *Prozeßberatung („process consultation")* werden Beobachtungen und Daten während der Prozeßanalyse als Feedback an Gruppen und Individuen vermittelt (vgl. Schein 1969, S. 110 ff.).
- Im Verfahren der *Konfrontationssitzung („confrontation meeting")* sind Feedback-Mechanismen etabliert, die der wechselseitigen Spiegelung von Gruppendaten dienen (vgl. Beckhard 1972, S. 58 ff.).
- *Feedback durch Widerspiegelung („organization mirror")* sieht Feedbackverfahren in der Regel zwischen drei und mehr Gruppen vor (vgl. French/Bell 1977, S. 157 f.).
- Schließlich ist noch die *Gruppen-Feedback-Analyse* (GFA – vgl. Heller 1972) zu erwähnen, die Elemente des Befragungs-Feedback und der Konfrontationssitzung in sich vereinigt.

Methodisches Vorgehen. Das methodische Vorgehen von Feedbackverfahren sieht unterschiedliche Phasenmodelle vor (vgl. French/Bell 1977, S. 34). Exemplarisch wird die Phasierung einer Feedbackforschung präsentiert, die – in

Einzelfallstudien – an bundesdeutschen kooperativen Gesamtschulen Survey-Feedback als selbstreflexive Implementationsstrategie eingesetzt hat (vgl. PHILIPP/RÖSNER 1978). Das verwendete Phasenmodell orientierte sich dabei an der Phasierung der Mehrzahl von Organisationsentwicklungsprogrammen, wie sie etwa LAKE/CALLAHAN (vgl. 1971, S. 139) idealtypisch schildern. Das Modell umfaßt die folgenden fünf Forschungs- und Handlungsphasen, die am Beispiel einer Fallstudie knapp skizziert werden:
Kontakt/Einstieg (entry): Projektpräsentation vor der Schulleitung, dem Personalrat und der Gesamtkonferenz: Alle Gremien sprechen sich mehrheitlich für eine Projektteilnahme aus, von der – entsprechend einer weiteren Projektzielsetzung – eine Intensivierung der schulzweigübergreifenden Kooperation (personell, curricular-didaktisch, organisatorisch) erwartet wird.
Diagnose (Institutionelle Ist-Analyse): In dieser 14tägigen Feldphase des Projektteams werden offene Lehrerinterviews und standardisierte Schüler- und Lehrerbefragungen durchgeführt und Dokumente analysiert.
Daten-Feedback: Nach einer Vorbereitungssitzung der Feedback-Veranstaltung mit Schulleitung und Personalrat werden die Ergebnisse der Diagnosephase auf einer Gesamtkonferenz präsentiert: Dort wird – nach eingehender Diskussion der Ergebnisse – eine Projekt-Kontaktgruppe gebildet, die in der weiteren Zusammenarbeit mit dem Forschungsteam ein neues Schulorganisationsmodell entwickeln soll. Damit ist das Feedback von der Ist-Analyse in die Soll-Analyse überführt worden.
Maßnahme-Planung: In mehreren eintägigen Arbeitsgruppensitzungen zwischen Forschungsteam und Projekt-Kontaktgruppe in der Schule wird ein neues Organisationsmodell („Schulverfassung") gemeinsam erarbeitet. Dieses Modell wird abschließend dem Kollegium auf einer Gesamtkonferenz vorgestellt und von dieser diskutiert und konsentiert.
Implementation/Evaluation: Das beschlossene neue Schulorganisationsmodell wird im Schulalltag praktiziert. Eine erneute Ist-Analyse zur Evaluation ist anzuschließen (vgl. PHILIPP/RÖSNER 1978).

Besondere Techniken und Praktiken. Techniken und Instrumente der Feedbackverfahren liegen vor in Ratingskalen und Ratingverfahren zur Bestimmung von Selbst- und Fremdbildern, Merkmallisten („check-lists") und Rangeinstufungen *(instrumentiertes Feedback)*. Weitere Techniken sind Intensivinterviews, Gruppengespräche und teilnehmende Beobachtungen (Prozeßanalyse). Neben dem Einsatz qualitativer Verfahren werden alle Formen der Sammlung und Auswertung quantitativer Daten im Feedback benutzt und mit den qualitativen Ergebnissen gekoppelt: Nach standardisierten Befragungen werden Gruppen-Mittelwerte (Befragungs-Feedback) errechnet, Selbst- und Fremdbilder über Polaritätenprofile ermittelt. Die statistische Auswertung der Daten im Feedback läßt auch multivariate Forschungsdesigns zu.
Besondere Praktiken des Feedbacks sind Vorgehensweisen der Informierung, Aktivierung, Dekodierung sowie der Gestaltung von Gruppen -und Intergruppen-Laboratorien. Für die Rückkopplungspraktiken und -verfahren lassen sich folgende Konzepte nach Merkmalen unterscheiden:
– Ort des Feedback: am Arbeitsplatz oder in anderen Handlungszusammenhängen;
– Medium des Feedback: mündlich, schriftlich oder über technische Medien;
– Interpretation der Feedback-Daten: Interpretatives versus noninterpretatives Feedback (vgl. STRAUSS 1976, S. 633);

Feedback

– Zusammensetzung der Feedback-Adressaten: erstens die Organisationsmitglieder der gleichen organisatorischen Position, zweitens die hierarchischen „Familiengruppen" und drittens die Kombination aus erstens und zweitens (vgl. DEAL 1975, S. 15).

Qualifikationsanforderungen. Für die in der Kopplung mit Feedback eingesetzten Techniken und Methoden gelten über die klassischen Gütekriterien empirischer Forschung hinaus weitere Gütemaßstäbe, die aus dem interventiven Charakter dieses Forschungsverfahrens herrühren: Neben der „Rückmeldungspromptheit" (vgl. GRUSCHKA 1976, S. 148) und der Objektivität des rückgemeldeten Materials müssen Feedbackverfahren insbesondere das Relevanzkriterium erfüllen („Situations-, Ziel- und Praxisrelevanz" – GRUSCHKA 1976, S. 150).
Indes gilt auch für Feedbackverfahren die an allen Organisationsentwicklungskonzepten vielfach bemängelte defizitäre Theoriefundierung (vgl. FULLAN u.a. 1978, S. 49), deren Behebung als Desiderat für die Zukunft von Organisationsentwicklung in Schulen formuliert wird (vgl. FULLAN u.a. 1978, S. 49).

Anwendungs- und Geltungsbereich. Die Anwendung von und Forderung nach Feedbackverfahren in der Erziehungsforschung ist insbesondere in drei Forschungsbereichen zu beobachten:
– In der schulischen Innovations- und Implementationsforschung (vgl. FULLAN/POMFRET 1975, VAN DEN KROGT 1976, PHILIPP/RÖSNER 1978), in der Feedbackverfahren „implementationstreuere" Umsetzungen von Reformprogrammen leisten sollen.
– In der Schulentwicklungsplanung (vgl. ROLFF 1977) und der Schulentwicklungsforschung (vgl. ROLFF/TILLMANN 1980), in der feedbackorientierte Einzelfallstudien gefordert werden.
– Schließlich in der Lehrerfortbildung (vgl. SIEVERS 1976), in der Survey-Feedback als Bestandteil umfassender Organisationsentwicklung konzipiert ist.

Feedbackverfahren sind im deutschsprachigen Raum erst in Ansätzen in der Erziehungsforschung und -praxis etabliert. Dies überrascht insofern, als mit Feedbackkonzepten handlungsorientierte Forschungsverfahren vorliegen, deren Ziel es ist, die Schulpraxis gemeinsam mit den betroffenen Lehrern und Erziehern zu verändern. In der Bundesrepublik Deutschland ist lediglich ein systematisches Trainingsprogramm mit Feedbackverfahren im Rahmen der Organisationsentwicklung aus der evangelischen Kirche Hessens als „Gemeindeberatung" bekannt (vgl. ADAM/SCHMIDT 1977).
In Großbritannien sind dagegen Organisationsentwicklungstechniken wie das Befragungs-Feedback etablierter: Lehrer und Erziehungswissenschaftler, die mit derartigen Verfahren arbeiten, haben sich zu einem „Network for Organization Development in Education" (NODE) zusammengeschlossen, veranstalten regelmäßig Seminare und geben seit 1978 eine eigene Zeitschrift für den Schulbereich heraus („Educational Change and Development").

ADAM, D./SCHMIDT, E.R.: Gemeindeberatung. Ein Arbeitsbuch, Gelnhausen/Berlin 1977. BECKHARD, R.: Organisationsentwicklung. Strategien und Modelle, Baden-Baden 1972. BEER, M.: Technology of Organization Development. In: DUNNETTE, M.D. (Hg.): Handbook of Industrial and Organizational Psychology, Chicago 1976, S. 948 ff. BRADFORD, L.P. u.a. (Hg.): Gruppen-Training. T-Gruppentheorie und Laboratoriumsmethode, Stuttgart 1972. DEAL, T. E.: Survey Feedback: A Tool for Development New Organizational Responses to Complex-Educational Envirements. Research and Development Memorandum Nr. 135, Stanford Centre For Research And Development In Teaching, Stanford University, Stanford (Cal.) 1975. FRENCH, W. L./BELL, C. H.: Organisationsentwicklung. Sozialwissenschaftliche Strategien zur Organisationsveränderung, Bern/Stuttgart 1977. FRIEDLANDER, F./BROWN, L. D.: Organization Development. In: Ann. Rev. of Psych. 25 (1974), S. 313 ff. FULLAN, M./POMFRET, A.: Review of Research on Curriculum Implementation, Ontario 1975. FULLAN, M. u. a.: OD in Schools: The State of the Art, Bd. 2: Review of Research on OD, Toronto 1978. GRUSCHKA, A. (Hg.): Ein Schulversuch wird überprüft. Das Evaluationsdesign für Kollegstufe NW als Konzept handlungsorientierter Begleitforschung, Kronberg 1976. HAMEYER, U.: Innovationsprozesse. Analysemodell und Fallstudien zum sozialen Konflikt in der Curriculumrevision, Weinheim/Basel 1978. HELLER, F. A.: Gruppen-Feedback-Analyse als Methode der Veränderung. In: Grupdyn. 3 (1972), S. 175 ff. KROGT, F. J. VAN DEN: Datafeedback, scholen en innovatie, Nijmegen 1976. LAKE, D. G./CALLAHAN, D. M.: Entering and Intervening in Schools. In: SCHMUCK, R. A./MILES, M. B. (Hg.): Organization Development in Schools, Palo Alto 1971, S. 139 ff. LORSCH, J. W./LAWRENCE, P.: Die Diagnose von Organisationsproblemen. In: BENNIS, W. G. u. a. (Hg.): Änderung des Sozialverhaltens, Stuttgart 1975, S. 389 ff. MCELVANEY, C. T./MILES, M. B.: Using Survey Feedback and Consultation. In: SCHMUCK, R. A./MILES, M. B. (Hg.): Organization Development in Schools, Palo Alto 1971, S. 113 ff. MILES, M. B. u. a.: Feedback von Befragungsergebnissen: Theorie und Bewertung. In: BENNIS, W. G. u. a. (Hg.): Änderung des Sozialverhaltens, Stuttgart 1975, S. 374 ff. MYERS, G. E. u. a.: Soziometrisches Feedback und interpersonale Sensitivität in T-Gruppen. In: Grupdyn. 1 (1970), S. 357 ff. PHILIPP, E./RÖSNER, E.: AFS-Projekt 8. Schulforschung als Organisationsentwicklung – Systematische pädagogische Weiterentwicklung von Schulzentren, Mimeo, Dortmund 1978. PORTER, L.: A Longer Look at Feedback. In: SCHMUCK, R. A. u. a. (Hg.): The Second Handbook of Organization Development in Schools, Palo Alto 1977, S. 142 ff. ROLFF, H.-G.: Schulreform als geplanter organisatorischer Wandel – Ein Bericht über Schulreformplanung in den USA. In: D. Dt. S. 69 (1977), S. 357 ff. ROLFF, H.-G./TILLMANN, K. J.: Schulentwicklungsforschung: Theoretischer Rahmen und Forschungsperspektiven. In: ROLFF, H.-G. u. a. (Hg.): Jahrbuch der Schulentwicklung, Bd. 1, Weinheim/Basel 1980, S. 237 ff. SCHEIN, E. H.: Process Consultation: Its Role in Organization Development, Reading 1969. SCHMUCK, R. A.: Incorporating Survey Feedback in OD Interventions. Paper for the Symposion of AERA Annual Meeting, New Orleans 1973. SCHMUCK, R. A. u. a.: Handbook of Organization Development in Schools, Palo Alto 1972. SCHMUCK, R. A. u. a. (Hg.): The Second Handbook of Organization Development in Schools, Palo Alto 1977. SIEVERS, B.: Organisationsentwicklung als Strategie der Integration von Schulreform und Lehrerfortbildung. In: AREGGER, K. (Hg.): Lehrerfortbildung. Projektorientierte Konzepte und neue Bereiche, Weinheim/Basel 1976, S. 240 ff. SIEVERS, B. (Hg.): Organisationsentwicklung als Problem, Stuttgart 1977. STRAUSS, G.: Organization Development. In: DUBIN, R. (Hg.): Handbook of Work, Organization and Society, Chicago 1976, S. 631 ff. WIENER, N.: Cybernetics, New York 1949.

Elmar Philipp

Feldexperiment

Definition. Ein Feldexperiment ist eine Untersuchung in einer natürlichen Situation, in der – unter so sorgfältig kontrollierten Bedingungen, wie es die Situation ermöglicht – die Auswirkung einer oder mehrerer, vom Versuchsleiter variierter, unabhängiger Variablen auf mindestens eine abhängige Variable empirisch überprüft wird (vgl. KERLINGER 1964, S. 382). Dem Feldexperiment liegt also dieselbe Fragestellung zugrunde wie dem Experiment: Überprüfung der Auswirkung unabhängiger Variablen (X) auf abhängige Variablen (Y). Ferner hat es mit dem Experiment das konstitutive Merkmal der *kontrollierten Bedingungsvariation* gemeinsam. Sie besagt, daß bestimmte Bedingungen kontrolliert (durch Elimination, Zufallszuweisung, Parallelisierung oder Konstantsetzung) und andere Bedingungen vom Versuchsleiter verändert werden können (vgl. KLAUER 1973, S. 38 ff.). Das Feldexperiment unterscheidet sich jedoch graduell vom Laborexperiment bei dem die Kontrolle potentiell störender Bedingungen (vgl. GADENNE 1976, S. 61 ff.) weitgehend als realisierbar angesehen, während beim Feldexperiment diese Kontrolle nur graduell für möglich gehalten wird. Dies ist eine Konsequenz aus der Durchführung der Untersuchung in natürlichen Situationen, im pädagogischen Feld, während dem Laborexperiment eine gewisse Künstlichkeit beziehungsweise Realitätsferne der Untersuchungssituation nachgesagt wird.

Zum Problem der Gültigkeit. Beurteilt man die beiden Untersuchungstypen mittels der von CAMPBELL/STANLEY (vgl. 1963) entwickelten Gütekriterien der *inneren und äußeren Gültigkeit* so wird dem Feldexperiment eine höhere äußere Gültigkeit zugeschrieben und oft geringere innere Gültigkeit, während dem Laborexperiment hohe innere und oft geringe äußere Gültigkeit zugebilligt wird. Inwieweit diese Beurteilung der Untersuchungstypen jedoch immer zutrifft, ist von Fall zu Fall zu entscheiden (auch Laborexperimente können nicht nur innere, sondern auch äußere Gültigkeit haben, wie Untersuchungen auf dem Gebiet der Lehr-Lernforschung zeigen) und hängt unter anderem wesentlich davon ab, welche Aspekte der äußeren Gültigkeit (vgl. BRACHT/GLASS 1968, COOK/CAMPBELL 1976) angesprochen sind und wie die Gütekriterien selbst wissenschaftstheoretisch begründet und definiert werden (vgl. GADENNE 1976).

Aussagen wie „X bewirkt Y" sind gerechtfertigt, wenn die Einwirkung störender Bedingungen ausgeschlossen werden kann und damit das Gütekriterium innere Gültigkeit erfüllt ist. Zur Kontrolle der potentiell störenden Bedingungen wird vor allem das Verfahren der Zufallszuweisung der Untersuchungsobjekte zu den Versuchsgruppen und die Zufallszuweisung der unabhängigen Variable zu den Versuchsgruppen vorgeschlagen (vgl. KERLINGER 1964, S. 299), ferner Kontrolltechniken wie Konstantsetzung oder Elimination. Aber gerade das Prinzip der Zufallszuweisung ist unter den Bedingungen des pädagogischen Feldes häufig nicht realisierbar und aus pädagogischen Gründen oft auch nicht vertretbar. Sieht man von spezifischen Fragestellungen ab – wie Erprobung von per Zufall zuweisbaren alternativen, selbstlehrenden Lernmaterialien in einer Schulklasse – so lassen sich nicht und sollen auch nicht bestehende Schulklassen zwecks Durchführung von Feldexperimenten zerschlagen werden. Denn damit könnte eine Stärke des Feldexperiments, die der natürlichen Situation, verloren gehen.

Für das pädagogische Feldexperiment böte sich als Alternative an, ganze Schulklassen oder gar ganze Schulen unterschiedlichen Versuchsbedingungen per Zufall zuzuweisen. Die damit verbundenen Klassen- oder Schuleffekte lassen sich in gewissen Grenzen kontrollieren, indem Klassen oder Schulen als Faktor in der Versuchsanordnung berücksichtigt und/oder komplexe statistische Verfahren verwendet werden (vgl. STRAKA 1974, S. 169 ff., S. 190 ff.). Im allgemeinen ist jedoch die Strategie der Zufallszuweisung ganzer Klassen oder Schulen zur Kontrolle potentiell störender Bedingungen nicht möglich, da bildungspolitische, verwaltungsrechtliche und organisatorische Entscheidungen festlegen, welche Schüler und Lehrer dieser oder jener Schulklasse oder Schule zugeordnet werden.

Quasiexperiment. CAMPBELL/STANLEY (vgl. 1963) und KERLINGER (vgl. 1964) haben für diese Untersuchungsbedingungen den quasiexperimentellen Untersuchungstyp aus der Taufe gehoben. Ein *Quasiexperiment* ist eine Untersuchung, mit der die gleichen Ziele und Fragestellungen verfolgt werden wie beim Feldexperiment. Beim Quasiexperiment ist jedoch die Kontrolle potentiell störender Bedingungen im Vergleich zu Feldexperimenten weit weniger erfüllt. Der entscheidende Unterschied zum Feldexperiment ist, daß das Prinzip der Zufallszuweisung der Versuchspersonen zu den Untersuchungsbedingungen nicht realisiert wird. Da die meisten Untersuchungen in den Sozialwissenschaften quasiexperimenteller Art sind, schenken CAMPBELL/STANLEY (vgl. 1963), COOK/CAMPBELL (vgl. 1976) und KERLINGER (vgl. 1964) diesem Untersuchungstyp besondere Aufmerksamkeit.

Ex-post-facto-Experiment. Ein *Ex-post-facto-Experiment* liegt vor, wenn die unabhängige(n) Variable(n) (X) bereits realisiert wurde(n) und der Untersuchungsleiter mit der Beobachtung der abhängigen Variable(n) (Y) beginnt. Er studiert also rückwirkend die möglichen Beziehungen und Auswirkungen der unabhängigen Variable(n) auf die als abhängig angenommene(n) Variable(n) (vgl. KERLINGER 1964, S.360). Bei diesem Untersuchungsverfahren können daher die unabhängigen Variablen in keinem Fall vom Untersuchungsleiter variiert werden und eine Kontrolle potentiell störender Bedingungen durch Zufallszuweisung ist nicht mehr möglich. Als Kontrollverfahren – die bei den bisher genannten Verfahren prinzipiell auch möglich sind – werden genannt: nachträgliche Parallelisierung der Untersuchungsobjekte oder statistische Parallelisierung von Meßwerten mittels Kovarianzanalyse. Es handelt sich hierbei um Kompromißstrategien, mit denen die Kontrolle der potentiell störenden Bedingungen nicht das Niveau der Kontrolle mittels Zufallszuweisung erreicht. So ist bei der Parallelisierung nur gewährleistet, daß die Untersuchungsobjekte in den parallelisierten Variablen annähernd vergleichbar sind. Die so kontrollierten Variablen können jedoch systematisch mit potentiell störenden Bedingungen in Beziehung stehen. Außerdem kann die Parallelisierung nach mehr als einer Variablen zu erheblichen Ausfällen von Beobachtungswerten führen. Dies beeinträchtigt wiederum die äußere Gültigkeit (vgl. STRAKA 1974, S.45ff.). Die Weiterentwicklung der Auswertungsmethoden zu multivariaten und multifaktoriellen Verfahren und ihre erleichterte Anwendbarkeit durch die elektronische Datenverarbeitung haben dazu geführt, daß heute bei derartigen Untersuchungen eine statistische Kontrolle potentiell störender Bedingungen angestrebt wird (vgl. STRAKA 1974, S.190ff.). Diese hier nur angedeutete methodologische Entwicklung hat dazu geführt, daß die Grenzen zwischen einem Ex-post-facto-Experiment und einer Felduntersuchung vom statistischen Aspekt und von der Aussagekraft her weitgehend verwischt worden sind.

Ex-ante-facto-Experiment. In der methodologischen Literatur werden das Feldexperiment und das Quasiexperiment auch als *Ex-ante-facto-Experimente* bezeichnet beziehungsweise dem Ex-ante-facto-Forschungstyp zugeordnet. Der charakteristische Unterschied zwischen diesen beiden Forschungstypen läßt sich wie folgt darstellen:

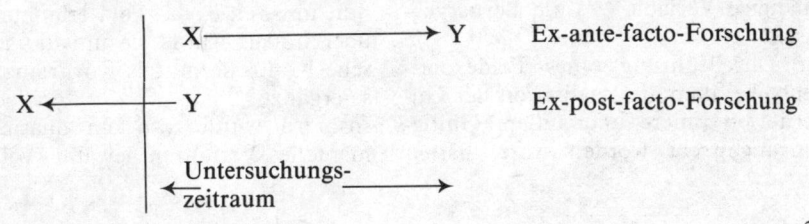

X ⟶ Y	Ex-ante-facto-Forschung
X ⟵ Y	Ex-post-facto-Forschung
⟵ Untersuchungszeitraum ⟶	

Feldexperiment

Bei der Ex-ante-facto-Forschung wird also die unabhängige Variable X *während des Untersuchungszeitraumes realisiert* und anschließend ihr Einfluß auf die abhängige Variable Y beobachtet, während die Ex-post-facto-Forschung mit der Beobachtung von Y einsetzt und *rückwirkend* fragt, welche mögliche unabhängige Variable X auf Y eingewirkt haben könnte.

Forschungspraxis. Feldexperiment, Quasiexperiment und Ex-post-facto-Experiment wurden hier in ihrer idealtypischen Form vorgestellt. Durch Bedingungen des Untersuchungsfeldes, denen die Forschungspraxis ausgesetzt ist, erfahren diese Idealtypen jedoch graduelle Abstriche in der Möglichkeit, potentiell störende Bedingungen zu kontrollieren. Nach dem Kriterium der Kontrolle potentiell störender Bedingungen lassen sich die Untersuchungstypen in folgende Rangordnung bringen, mit in der Praxis fließenden Übergängen: Feldexperiment – Quasiexperiment – Ex-post-facto-Experiment.

Abschließend sollen an einem Beispiel aus der Praxis empirisch-pädagogischer Forschung die drei vorgestellten Typen von Experimenten konkretisiert werden:

Im Rahmen eines Schulversuchs wurde empirisch überprüft, ob die Unterrichtsorganisation „Unterricht mit in den Unterricht integrierten Hausaufgaben und Ganztagsschulbetrieb" im Vergleich zu „Unterricht mit Hausaufgaben und Halbtagsschulbetrieb" zu höheren Lernergebnissen in bestimmten Fächern geführt hat (vgl. EIGLER u.a. 1977). Die unabhängige Variable (X) war hier also die Art der Unterrichtsorganisation, die abhängige Variable (Y) die Lernergebnisse.

Zur Durchführung eines Feldexperiments, bei dem die Realisation der Gütekriterien innere und äußere Gültigkeit angestrebt worden wäre, hätten Schulen per Zufall ausgewählt und innerhalb der ausgewählten Schulen Versuchsgruppen per Zufall gebildet werden müssen; von ihnen hätte ein Teil Unterricht mit integrierten Übungen im Rahmen des Ganztagsschulbetriebs erhalten und der andere Teil Unterricht und Hausaufgaben im Rahmen des Halbtagsschulbetriebs. Es bedarf wohl keiner weiteren Erläuterungen, daß dieses Vorgehen, das den methodologischen Erfordernissen weitgehend gerecht geworden wäre, aus pädagogischen und schulorganisatorischen Gründen nicht realisierbar war. Aufgrund der Bedingungen des pädagogischen Feldes war weder eine Zufallsauswahl der Schulen noch eine Zufallszuweisung der Schüler zu Versuchsgruppen innerhalb der Schule möglich.

Ferner sollte in einer bildungspolitisch festgelegten Schule Unterricht mit integrierten Übungsphasen und Ganztagsschulbetrieb in Zusammenarbeit mit der Forschungsgruppe erprobt werden. Insofern war im begrenzten Umfang eine kontrollierte Bedingungsvariation derart möglich, daß die Realisation der unabhängigen Variable in gewissen Grenzen mit Absprache der Lehrer festgelegt, beobachtet und anschließend ihre Auswirkung auf die Lernergebnisse untersucht werden konnte. Die Ergebnisse wurden mit denen aus einer Halbtagsschule mit Unterricht und Hausaufgaben verglichen. Die Vergleichsschulen wurden nach dem Kriterium Ähnlichkeit im soziokulturellen Umfeld von der Untersuchungsgruppe ausgewählt; das heißt die Vergleichsgruppe wurde nicht durch Zufallszuweisung gebildet und eine Kontrolle weiterer potentiell störender Bedingungen erfolgte nur, insoweit es das Feld erlaubte. Darüber hinaus wurde sie um die statistische Kontrolle mittels Kovarianzanalyse ergänzt.

Insofern wurde also ein quasiexperimentelles Verfahren gewählt (vgl. EIG-

LER u. a. 1977, S.57ff.). Ein Ex-post-facto-Experiment hätte vorgelegen, wenn diese beiden Formen der Unterrichtsorganisation schon in Erprobung gewesen wären, die Lernergebnisse erhoben und rückwirkend Beziehungen zu unabhängigen Variablen hergestellt worden wären.

BRACHT, G. H./GLASS, G., V: The External Validity of Comparative Experiments in Educational and Social Sciences. In: Am. E. Res. J. 5 (1968), S. 437ff. CAMPBELL, D.T./STANLEY, J.C.: Experimental and Quasi-experimental Designs for Research on Teaching. In: GAGE, N.L. (Hg.): Handbook of Research on Teaching, Chicago 1963, S. 171 ff. COOK, T. D./CAMPBELL, D.T.: The Design and Conduct of Quasi-experiments and True Experiments in Field Settings. In: DUNNETTE, M. D. (Hg.): Handbook of Industrial and Organizational Psychology, Chicago 1976, S. 223 ff. EIGLER, G. u. a.: Lernen in einer Ganztagsschule, Frankfurt/M. 1977. GADENNE, V.: Die Gültigkeit psychologischer Untersuchungen, Stuttgart/Berlin/Köln/Mainz 1976. KERLINGER, F.N.: Foundations of Behavioral Research, New York 1964. KLAUER, K.J.: Das Experiment in der pädagogischen Forschung, Düsseldorf 1973. STRAKA, G.A.: Forschungsstrategien zur Evaluation von Schulversuchen, Weinheim/Basel 1974.

Gerald A. Straka

Gesprächsmodelle

Begriff. Das Wort „Gespräch" ist eine Kollektivbildung zu „Sprache" und „sprechen", das heißt Sprache und Sprechwerkzeuge gebrauchen. Diese Vereinigung bedeutet einen Wechsel von Sprech- und Verstehensleistungen und kennzeichnet gleichzeitig das Gespräch als interaktiv (vgl. KAINZ 1965, S. 495). Aus diesem Wortverständnis heraus ergeben sich drei vom Schwerpunkt her unterschiedliche Ansatzmöglichkeiten zur zwar künstlichen, aber doch anschaulichen Systematisierung wesentlicher Merkmale eines Gespräches:
– der Gebrauch von Sprache,
– die Bestimmungsstücke des interindividuellen Austausches,
– die intraindividuellen Prozesse der Wahrnehmungsverarbeitung.
Sprache wird in großer Vielfalt gebraucht. Zur Systematisierung spezifischer Parameter des Sprachgebrauchs trägt die Semiotik, die allgemeine Lehre von den Sprachen und Zeichen, bei. Sie wird untergliedert in Syntaktik, Semantik und Pragmatik. Die Syntaktik befaßt sich mit dem Zeichenrepertoire, die Semantik mit der Bedeutungsgebung von sprachlichen Symbolen und die Pragmatik mit den verhaltensmäßigen Auswirkungen der sprachlichen Vermittlung (vgl. MORRIS 1979).
Folgende konstitutive Bestimmungsstücke des Gesprächs lassen sich unter interindividuellen Aspekten voneinander unterscheiden: die Gesprächspartner, die aktuellen Redeleistungen, das Normsystem der vertrauten Sprache, die erfaßten Sinn- und Sachverhalte der inneren und äußeren Wirklichkeit, die Situationseinbettung (vgl. KAINZ 1965, S. 488). Weitere Differenzierungen ergeben sich im Hinblick auf die intraindividuellen Wahrnehmungs- und Verarbeitungsprozesse während eines Gesprächs (wie Empfang von internen und externen Reizen, Ausfilterung der Reize in einem Diskriminationsprozeß, Umgruppierung der Reize nach Dringlichkeit und Sinngebung in einem Dekodierungsprozeß). Diese Vorgänge stehen in ständiger Wechselwirkung zur Umweltorientierung des Individuums. Parallel dazu verlaufen Prozesse der Ideation (Denken, Planen, Organisieren), der Inkubation (Kristallisieren von Gedanken) und der Enkodierung (Übermittlung der Gedanken in Worten, Gesten oder anderen Zeichen – vgl. PASCHEN 1974, S. 60). Weiterhin ist für die inhaltliche Charakterisierung von Gesprächen deren Zielsetzung zentral. Sie entscheidet letztlich darüber, wer sich mit wem in welchem situativen Kontext trifft und in welcher Weise die Gesprächsprozesse ablaufen. Das gilt auch für die Extremsituation des Selbstgespräches (vgl. TAUSCH/TAUSCH 1974). Entsprechend der Vielfalt unterschiedlicher Zielsetzungen für Gespräche werden beispielsweise im Rahmen wissenschaftlicher Forschungsmethoden Befragung, Interview, Diskurs, Diskussion und weitere Arten differenziert.
Die vorgenannten Differenzierungen spannen den Rahmen für die Entwicklung von Gesprächsmodellen. Kompliziert wird dieses Bild jedoch durch eine sehr heterogene Verwendung des Begriffs „Modell", etwa eher wissenschaftlich, analytisch, oder eher praxisnah, handlungsleitend (vgl. MOSER 1974, STACHOWIAK 1973). Unterschiedliche theoretische Erwägungen, die mannigfachen, teils sehr speziellen Anforderungen beim sozialen Handeln und das wissenschaftliche Verfolgen verschiedenartigster, isolierter Problemstellungen haben dazu beigetragen, daß eine große Zahl von Gesprächsmodellen entwickelt wurde (vgl. LOTZMANN 1973). Diese enthalten zwar gemeinsame Strukturelemente, sind jedoch überwiegend nicht oder nur schwer ineinander überführbar.
Als zentrale Beispiele für die konstruktive Modellbildung in bezug auf das Gespräch benennt KOPPERSCHMIDT (vgl.

1973) kommunikationstheoretische Ansätze sowie unter Anwendungsbezug Konzepte und Modelle aus dem Bereich der Psychotherapie (vgl. HARPER 1979), die daher im folgenden vorgestellt werden sollen.

Theorien und Modelle. Der Vorklärung zufolge handelt es sich bei dem Gespräch um ein zentrales, überaus komplexes Phänomen sowohl alltäglicher als auch professionalisierter zwischenmenschlicher Interaktion. Entsprechend vielschichtig sind die einzelnen Gesprächsmodelle, welche zum einen eher im Hinblick auf theoretische Fruchtbarkeit, zum anderen eher auf praktische Nützlichkeit konzipiert wurden. Die angeführten kommunikationstheoretischen und die psychotherapeutisch orientierten Modelle werden theoretisch sehr unterschiedlich in der Literatur behandelt (vgl. GRAUMANN 1972, TSCHEULIN 1975, WATZLAWICK u.a. 1969): einerseits ohne Bezug zueinander, andererseits unter wechselseitiger Integration, indem psychotherapeutische Vorstellungen in der Kommunikationstheorie oder kommunikationstheoretische Vorstellungen in der Psychotherapie Eingang finden.

Kommunikationstheoretische Modelle sind hinsichtlich ihrer theoretischen Grundlagen (Informationstheorie, Kybernetik, strukturelle Ansätze aus der Organisationssoziologie) sehr uneinheitlich. Auf der Informationstheorie basierende Kommunikationsmodelle orientieren sich an Problemen der Nachrichtenübermittlung, die sich in folgenden Faktoren auftun können: Sender, Empfänger, Übertragungskanal, Kanalkapazität, Rauschen, Redundanz und andere statische Eigenschaften der Sprache. Ein grundlegendes Modell, welches Prinzipien der Telekommunikation auf die menschliche Kommunikation zu übertragen sucht, stammt von SHANNON/WEAVER (vgl. 1949). Das Gespräch bleibt in diesem Modell nur formal abbildbar als Austausch der Sender- und Empfängerrolle. Eine Erweiterung dieses Modellentwurfs, welche dem Prozeßcharakter sowie der dialogischen Funktion interpersoneller Kommunikation Rechnung trägt, legte Tubbs (vgl. PASCHEN 1974, S.62) vor. Über die bereits erwähnten Aspekte hinaus berücksichtigt er als mögliche Störquellen beim interpersonellen Informationsaustausch physikalische (wie Geräusche, Entfernung), semantische (wie die unterschiedliche Bedeutung von Symbolen für die Interaktionspartner) und psychologische Barrieren (wie Affekte oder Einstellungen der Interaktionspartner). Dem Systemcharakter menschlicher Kommunikation trägt das Modell von WATZLAWICK u.a. (vgl. 1969) Rechnung. Dabei werden kybernetische Vorstellungen zu selbstregulierenden Systemen auf die menschliche Kommunikation übertragen. Manifeste Kommunikation, das heißt konkrete Gesprächsbeiträge, werden dabei in unmittelbarem Zusammenhang mit strukturellen Eigenarten des betrachteten Systems gesehen. Die Autoren leiten auf diesem Hintergrund eine Axiomatik menschlicher Kommunikation ab. Ihr Gesprächsmodell ist im wesentlichen an Phänomenen der gestörten Kommunikation (wie paradoxe Kommunikation oder Doppelbindung) orientiert. Damit ergibt sich eine unmittelbare Verbindung zur Psychotherapie. Andere Modelle, etwa solche, die im Rahmen der Organisationssoziologie ausformuliert wurden, legen ihren Schwerpunkt auf die Struktur von Kommunikationsnetzen. Es handelt sich dabei um formale Modelle, die aufgrund ihrer Überschaubarkeit zur Analyse und Strukturierung von Gruppengesprächen mit unterschiedlicher Zielsetzung herangezogen werden können. KOPPERSCHMIDT (vgl. 1973) etwa wendet Modellvorstellungen dieses Typs auf die Analyse der Struktur von Gruppengesprächen an und stellt das Gespräch idealtypisch als Vollstruktur eines Kom-

munikationsnetzes dar, in dem zwischen Gruppenmitgliedern gleiche Chancen zum Kommunikationskontakt bestehen. Auch die Alltagsbedeutung solcher Modelle, etwa für Unterrichtsgespräche, wird reflektiert.
Eng mit derartigen Gesprächsmodellen sind auch solche verbunden, die der sozialpsychologischen Theorienbildung zuzuordnen sind. Deren Schwerpunkte liegen dann eher auf Faktoren wie Gruppenprozessen, Rollenverhalten, Umgang mit sozialer Macht und Einflußnahme, Argumentationsformen, Sprachstil, Sprachgewohnheiten (vgl. McGuire 1969, Sjølund 1976, Teigeler 1968). Mit den letztgenannten Faktoren werden die Beziehungen zur Linguistik, besonders zur Pragmalinguistik und Soziolinguistik deutlich (vgl. Quasthoff 1978, Viereck 1976).
Auch den *psychotherapeutischen Gesprächsmodellen* mangelt es an einer allgemein akzeptierten oder gar einheitlichen Theorie. Das Gespräch stellt ein zentrales Medium der meisten psychotherapeutischen Verfahren dar. Die einzelnen Verfahren (etwa Psychoanalyse, Gesprächspsychotherapie oder Verhaltenstherapie) gehen jedoch von sehr unterschiedlichen Grundannahmen aus (vgl. Corsini 1973, Small 1979, Wittling 1980). Jeweils spezifische persönlichkeits-, devianz-, therapie- und wissönlichkeits-, devianz-, therapie- und wissenschaftstheoretische Prämissen determinieren die einzelnen Gesprächsmodelle sowohl in formalen Aspekten (wie Arrangement der Gesprächssituationen durch Gruppen- oder Zwiegespräche; Kontakthäufigkeit) als auch in inhaltlichen Aspekten (wie Thematisieren von Gefühlen, Kognitionen oder Verhalten; Ansprechen des Erlebens im „Hier und Jetzt" oder Aufgreifen relevanter Ereignisse der Vergangenheit), und in ihren interaktionsbezogenen Aspekten (wie aktive oder passive, direktive oder nondirektive Haltung des Therapeuten; hierarchische oder partnerschaftliche Beziehung).
Neben der schulenspezifischen Ausdifferenzierung psychotherapeutischer Gesprächsmodelle treten in jüngster Zeit zunehmend integrative Bemühungen bei der wissenschaftlichen Analyse der Wirkmechanismen therapeutischer Gespräche in den Vordergrund (vgl. Linsenhoff u. a. 1980). Im Zuge dieser Entwicklung entsteht ein Bedarf an sehr differenzierten Analyseschemata und Untersuchungsmethoden, an übergreifenden Systematisierungsmodellen sowie an einer stärkeren Orientierung der Forschung an der therapeutischen Praxis, innerhalb derer unterschiedlichste Modellannahmen ohnehin verknüpft werden.

Aspekte der Gesprächsführung. Auf dem Hintergrund der bisherigen Ausführungen dürften die Grundlagen für die Durchführung von Gesprächen, gleich welcher Art, sehr vielseitig und gleichzeitig sehr umstritten sein. Trotzdem finden sich Hinweise auf das Gestalten von Gesprächen in unterschiedlichen Anwendungssituationen, die wenig umstritten und äußerst praktikabel scheinen. So legten etwa Vrolijk u. a. (vgl. 1974) mehrere anwendungsbezogene Gesprächsmodelle in Form einer programmierten Instruktion vor. Die Autoren gehen dabei auf folgende Gesprächssituationen mit spezifischen Eingangsbedingungen und Zielsetzungen ein: das freie Meinungsinterview, das Beratungsgespräch, das „Schlechte-Nachrichten"-Gespräch, das Beurteilungsgespräch, das Gutachtengespräch, das Diziplinargespräch und das „Zwei-Reihen"-Gespräch.
Einen anderen Zugang zu dieser Thematik wählt Minsel (vgl. 1977), der, ausgehend von der Situation des *Beratungsgesprächs,* folgende übergreifende Gesichtspunkte planvoller und zielgerichteter Gesprächsführung differenziert:
– Aspekte der Gesprächsvorbereitung

(wie Zeiteinteilung, Raumgestaltung, Vorbereitung auf die Thematik),
- die Aufgaben des Gesprächsleiters während des Gesprächs (wie Beobachten und Registrieren von sprachlichen, mimischen, gestischen und physiologischen Reaktionen des Gegenübers; Planen und Ausführen der eigenen Handlungen gemäß der vorgegebenen Zielsetzungen; Berücksichtigen interaktiver Phänomene im Gespräch, wie Einstellungen und Haltungen gegenüber dem Gesprächspartner, Nähe und Distanz, Übertragungsprozesse),
- Verarbeitung der Information und Schlußfolgerung aus dem Gespräch (wie Registrieren durch Protokoll, Tonband- oder Videoaufzeichnung; Beurteilen der Information durch Feststellen von Validität und Reliabilität; Ergebnisdarstellung etwa in Gutachten).

In solchen und ähnlichen Erfahrungsansätzen werden theoretische Aussagen und empirische Befunde aus unterschiedlichen Wissenschaftsbereichen zu anwendungsbezogenen Vorstellungen zusammengefaßt. Der feststellbare Einfluß psychotherapeutischer Modelle für den Bereich der Erziehung, Beratung oder allgemein der helfenden Beziehung ist wohl zum Teil darauf zurückzuführen, daß in diesem Theorie- und Praxisfeld differenzierte Aussagen und Befunde für unterschiedliche Funktionsbereiche der Gesprächsführung vorliegen.

Das *therapeutische Gespräch* ist sowohl Ausgangspunkt der Informationsgewinnung und Problemanalyse (vgl. SCHRAML 1970) als auch zentrales Medium einzelner Veränderungsmaßnahmen (vgl. ELLIS 1977, LORENZER 1973, ROGERS 1978). Den unterschiedlichen Therapiemodellen entsprechend, lassen sich dabei spezfische Gesprächstechniken unterscheiden. So wird in der klientenzentrierten Gesprächspsychotherapie dem Klienten sehr viel Raum für eigene Gesprächsbeiträge gelassen, während der Therapeut sich eher passiv verhält (vgl. ROGERS 1978). Der Klient hat die Möglichkeit, seine Ausführungen ohne Zeitdruck zu Ende zu führen. Inhaltlich sind die Äußerungen des Therapeuten sehr eng an den Angeboten des Klienten orientiert und beziehen sich im wesentlichen auf die vom Klienten angesprochenen inneren Erlebniszustände. Gleichzeitig gehen die Gesprächsbeiträge des Therapeuten auch über die Darstellung des Klienten hinaus und begünstigen so deren weitere und differenziertere Auseinandersetzung mit seinen Gefühlen. Demgegenüber stehen zum Beispiel gestalttherapeutisch orientierte Gesprächsmodelle, in denen der Therapeut einen eher fordernden Standpunkt einnimmt (vgl. PERLS 1976). Der Therapeut ist hier direktiv, unterbricht und dirigiert den Gesprächsverlauf, fordert zu Handlungen auf. Die verbalen Angebote des Klienten werden in den Kontext des Gesamtverhaltens in der therapeutischen Situation gestellt; nonverbale Äußerungen der Klienten erhalten eine besondere Bedeutung. Der Therapeut bezieht wertende Positionen und engagiert sich persönlich im Dialog und provoziert so unmittelbare Gefühlsäußerungen des Klienten. Die Beziehung zwischen Therapeut und Klient erhält damit ein besonderes Gewicht. Die rational-emotionale Therapie von ELLIS (vgl. 1977) steht gleichsam zwischen diesen beiden Techniken therapeutischer Gesprächsführung. Sein Konzept sieht einen ausgewogenen Dialog zwischen Therapeut und Klient vor. Der Therapeut sollte inhaltlich auf die Gedanken, Vorstellungen und inneren Dialoge des Klienten eingehen. Er bezieht einen argumentativen Standpunkt, konfrontiert den Klienten mit eigenen Meinungen, realistischen Einschätzungen sowie Konsequenzen irrationaler Selbstindoktrination. Er versucht zu überzeugen. Das Gespräch ist stark am Inhaltsaspekt orientiert.

CORSINI, R.: Current Psychotherapies, Itasca 1973. ELLIS, A.: Die rational-emotive Therapie. Das innere Selbstgespräch bei seelischen Problemen und seine Veränderung, München 1977. GRAUMANN, C.F.: Interaktion und Kommunikation. In: GRAUMANN, C.F. (Hg.): Handbuch der Psychologie, Bd. 7.2, Göttingen 1972, S. 1109 ff. HARPER, R.A.: Die neuen Psychotherapien, Salzburg 1979. KAINZ, F.: Psychologie der Sprache, Bd. 3: Physiologische Psychologie der Sprachvorgänge, Stuttgart 1965. KOPPERSCHMIDT, J.: Gespräch in kommunikationstheoretischer Sicht. In: LOTZMANN, G. (Hg.): Das Gespräch..., Heidelberg 1973, S. 23 ff. LINSENHOFF, A. u.a.: Schulenübergreifende Perspektiven in der Psychotherapie. In: Integrat. Ther. 4 (1980), S. 302 ff. LORENZER, A.: Über den Gegenstand der Psychoanalyse oder: Sprache und Interaktion, Frankfurt/M. ²1973. LOTZMANN, G. (Hg.): Das Gespräch in Erziehung und Behandlung, Heidelberg 1973. MCGUIRE, W.J.: The Nature of Attitudes and Attitude Change. In: LINDZEY, G./ARONSON, E. (Hg.): The Handbook of Social Psychology, Reading (Mass.) 1969, S. 136 ff. MINSEL, W.-R.: Gesprächsführung in der Beratung. In: SCHWARZER, R. (Hg.): Beraterlexikon, München 1977, S. 78 ff. MORRIS, CH.W.: Grundlagen der Zeichentheorie, Frankfurt/Berlin 1979. MOSER, U.: Modellkonstruktion im Bereich der klinischen Psychologie. In: SCHRAML, W.J./BAUMANN, U. (Hg.): Klinische Psychologie, Bd. 2, Bern 1974, S. 28 ff. PASCHEN, H.: Kommunikation, München 1974. PERLS, F.S.: Grundlagen der Gestalttherapie, München 1976. QUASTHOFF, U. (Hg.): Sprachstruktur – Sozialstruktur. Zur linguistischen Theorienbildung, Königstein 1978. ROGERS, C.R.: Die klientenzentrierte Gesprächstherapie, München 1978. SCHRAML, W.J.: Das klinische Gespräch in der Diagnostik. In: SCHRAML, W.J. (Hg.): Klinische Psychologie, Bern 1970, S. 207 ff. SHANNON, C.E./WEAVER, W.: The Mathematical Theory of Communication, Urbana 1949. SHOSTROM, E.: Three Approaches to Psychotherapy, Santa Anna 1965. SJØLUND, A.: Gruppenpsychologie für Erzieher, Lehrer und Gruppenleiter, Heidelberg 1976. SMALL, L.: The Briefer Psychotherapies, New York 1979. STACHOWIAK, H.: Allgemeine Modelltheorie, Wien 1973. TAUSCH, R./TAUSCH, A.-M.: Interpersonelle Kommunikationsprozesse, Zusammenhang mit Psychoneurotizismus. In: ECKENSBERGER, L.H./ECKENSBERGER, U.S. (Hg.): Bericht über den 28. Kongreß der Deutschen Gesellschaft für Psychologie in Saarbrücken 1972, Bd. 4, Göttingen 1974, S. 154 ff. TEIGELER, P.: Verständlichkeit und Wirksamkeit von Sprache und Text, Stuttgart 1968. TSCHEULIN, D.: Gesprächspsychotherapie als zwischenmenschlicher Kommunikationsprozeß. In: GESELLSCHAFT FÜR WISSENSCHAFTLICHE GESPRÄCHSPSYCHOTHERAPIE – GwG (Hg.): Die klientenzentrierte Gesprächspsychotherapie, München 1975, S. 98 ff. VIERECK, W. (Hg.): Sprachliches Handeln – soziales Verhalten. Ein Reader zur Pragmalinguistik und Soziolinguistik, München 1976. VROLIJK, A. u.a.: Gesprächsmodelle, Gelnhausen/Berlin 1974. WATZLAWICK, P. u.a.: Menschliche Kommunikation. Formen, Störungen, Paradoxien, Bern/Stuttgart/Wien 1969. WITTLING, W. (Hg.): Handbuch der klinischen Psychologie, Hamburg 1980.

Gary Bente/Wolf-Rüdiger Minsel

Gruppendiskussion – Gruppenexperiment

Begriffsentwicklung und -bedeutung. Das *Gruppenexperiment* ist eine Methode, die vom Frankfurter Institut für Sozialforschung entwickelt wurde (vgl. MANGOLD 1960, POLLOCK 1955), um Meinungen und Einstellungen von Individuen und Gruppen zu einem vorgegebenen Thema zu untersuchen, wie sie sich in einer sozialen Gruppe manifestieren. Im strengen Sinne handelt es sich hierbei nicht um ein experimentelles Verfahren, weil weder vorweg definierte Hypothesen über kausale Zusammenhänge überprüft werden, noch das methodische Vorgehen den Anforderungen eines Experiments genügt. Ein experimentelles Element enthält die Repräsentation des Themas, das als „Grundreiz" (Film, Tonbandaufnahme, mündlicher Vortrag) in die Erhebungssituation eingebracht wird und die Gruppenmitglieder zu spontanen Äußerungen und Interaktionen anregen soll. Vom *Gruppeninterview* unterscheidet sich das Verfahren darin, daß es nicht auf die gleichzeitige Erhebung von Einzelmeinungen abzielt, sondern erfassen will, wie sie in Abhängigkeit vom Gruppenprozeß geäußert werden. Dabei können zwei unterschiedliche Erkenntnisziele verfolgt werden: Einmal richtet sich der Blick auf den einzelnen in der Gruppe, zum anderen darauf, was sich als gemeinsamer Konsens der Gruppe insgesamt, als informelle Gruppenmeinung herausbildet. In der Forschungspraxis hat sich das zweite Erkenntnisziel durchgesetzt, weil die erhobenen Gruppentexte keine hinreichenden und vergleichbaren Erkenntnisse über die je einzelnen in der Gruppe liefern. Aber auch dieses Ziel, informelle Gruppenmeinungen zu erheben, kann das Verfahren nur bedingt einlösen. Die Quantifizierbarkeit der Ergebnisse ist aus systematischen Gründen begrenzt: Die sozialen Prozesse, die während eines Gruppenexperiments ablaufen und ein konstitutiver Bestandteil der Methode sind, sind so vielfältig und komplex, daß sie sich nicht hinreichend kontrollieren lassen, ohne die Methode selbst in Frage zu stellen. Im Zusammenhang mit diesen Erfahrungen wurde der experimentelle Anspruch aufgegeben und der Begriff Gruppenexperiment durch den der *Gruppendiskussion* ersetzt (unter dieser Bezeichnung ist das Gruppenexperiment in den meisten Lehrbüchern der empirischen Soziologie zu finden). Untersuchungen, die an quantifizierbaren Daten interessiert sind, verwenden heute die Methode allenfalls zur Vorbereitung der statistischen Erhebung oder zur Ergänzung der Ergebnisse aus Einzelbefragungen. Ihre spezifische Aussagefähigkeit gewinnt die Methode dagegen im Rahmen qualitativ angelegter Forschungen. Dort bietet sie die Möglichkeit, gruppenspezifische Deutungsmuster der sozialen Realität und ihre Verankerung in typischen Alltagserfahrungen einer Gruppe (etwa einer Berufsgruppe) zu untersuchen.

Methodisches Vorgehen. In der Analyse von Gruppendiskussionen sind insbesondere zwei *methodische Prinzipien* zu beachten: die strukturelle Übereinstimmung der Erhebungssituation mit Alltagssituationen, in denen der Forschungsgegenstand relevant ist und die systematische Verfremdung des Themas. Das erste Prinzip erfordert, daß die untersuchten Gruppen in sich homogene, auf Praxiserfahrungen beruhende Kommunikationsgemeinschaften darstellen, und daß die Forscher sich in den Kommunikationsstil der Gruppe einfühlen (Diskussionsleitung nach der Methode Themenzentrierter Interaktion). Des weiteren soll die Gruppe von dem gestellten Thema betroffen sein und ein Interesse haben, es zu bearbeiten, schließlich müssen die Forschungsziele mit den Gruppeninteressen verknüpft werden können.

Das zweite Prinzip bezieht sich auf die inhaltliche Gestaltung der Themenvorgabe. Sie soll ungewohnte Perspektiven und Widersprüche aufzeigen, um die Gruppe zu veranlassen, ihre Deutungsmuster, die sie im Alltag nicht bewußt und routinemäßig einsetzt, verbal zu rekonstruieren. Die Gruppenprozesse werden protokolliert und auf Tonband festgehalten.

Der gesamte Verlauf einer derartigen Untersuchung läßt sich idealtypisch so beschreiben:

- Theoretische Bestimmung der typischen Alltagsbedingungen, unter denen sich der Forschungsgegenstand konstituiert (aufgrund vorhandener Sozioanalysen, eventuell auch Vorstudie mit teilnehmender Beobachtung);
- Kontaktaufnahme mit interessierten Gruppen (Abklärung gemeinsamer Interessen, der Möglichkeiten der Zusammenarbeit);
- Konstruktion der Erhebungssituation (Festlegung des sozialen Rahmens der Untersuchung, der Regeln des Forscherverhaltens, Erstellung eines Dis-

kussionsanreizes, Festlegung der Regeln der Diskussionsleitung, der Kriterien für die Dokumentation des Gruppenprozesses, der Fragestellungen für die Bildung eines Kontextwissens über die Gruppe);
- Schulung der Forscher in der Diskussions- und Gruppenleitung (Themenzentrierte Interaktion, gruppenpädagogische/-therapeutische Verfahren);
- Pretest (Realitätshaltigkeit der Erhebungssituation, Brauchbarkeit des thematischen Anreizes für die Gruppendiskussion);
- Durchführung der Erhebung;
- Aufbereitung der Daten für die Auswertung (Systematisierung des Kontextwissens, Transkription der Tonbandmitschnitte der Gruppendiskussionen und Kontrolle);
- Auswertung der Gruppendiskussion (qualitative Verfahren der Inhaltsanalyse, Überprüfung der Stimmigkeit der Interpretation im Diskurs einer Forschergruppe).

Auswertung. Die transkribierten Texte dokumentieren sowohl, was aus der Verständigung ausgeschlossen wurde, als auch das, worauf die Gruppe sich geeinigt hat. Sie werden nach einem hermeneutischen Verfahren der Inhaltsanalyse ausgewertet, das sich an psychoanalytischen Fragestellungen orientiert (vgl. LEITHÄUSER/VOLMERG 1979). In dieser Perspektive werden Äußerungen zum Thema zugleich auch als Äußerungen über die Gruppe verstanden. Im Hier und Jetzt der Gruppensituation bilden sich typische Sprachfiguren und Interaktionsfiguren der Gruppe ab, mit deren Hilfe der Konsens über das Thema hergestellt wird. Diese Interaktionsfiguren aufzufinden und ihren Sinn zu verstehen, ist das Ziel der Interpretation des je einzelnen Gruppentextes. Sie fragt zunächst nach dem manifesten und latenten Sinngehalt des Textes (logisches Verstehen) und sucht die metakommunikative Funktion der Beiträge für den Einigungsprozeß der Gruppe (psychologisches Verstehen) nachzuvollziehen. Einen Zugang zu tieferliegenden Textstrukturen eröffnet der Umgang der Teilnehmer mit Widersprüchen (immanenten Widersprüchen des Themas, Widersprüchen zwischen den Gruppenmitgliedern, zwischen kommunikativem und metakommunikativem Gehalt oder zwischen einzelnen Diskussionsabschnitten). Wie und auf welche Weise die Gruppe diese aktuellen Konflikte löst, weist auf ein Interpretationsmuster, das der Interpret im szenischen Verstehen zu entschlüsseln sucht. Der letzte Schritt der Interpretation (tiefenhermeneutisches Verstehen) gilt der Frage, welche eigenen Konflikte der Gruppe in diesen Mustern zum Ausdruck kommen und mit ihnen auf das Thema übertragen werden.

Der Vergleich der Texte verschiedener Gruppen untereinander in einem zweiten Auswertungsschritt, verdeutlicht die für die Gruppe spezifische Problematik des Themas und die Art und Weise ihrer Bearbeitung. Verallgemeinerbar sind die Ergebnisse in dem Sinne, in dem sie zeigen, wie typische Problemsituationen (etwa Berufssituationen, Ausbildungssituationen) kollektive Wahrnehmungs- und Verarbeitungsprozesse beeinflussen. Das qualitativ gewendete Verfahren des Gruppenexperiments beruft sich auf ein interpretatives Paradigma der Sozialwissenschaft. Danach ist die Objektivität von Forschungsergebnissen (im Sinne externer Validität, Realitätshaltigkeit) von der Möglichkeit der Erforschten abhängig, sich in der Forschungssituation ebenso zu verhalten wie in der Realität. Durch strukturelle Übereinstimmung der Erhebungssituation mit natürlichen Situationen (Anwesenheit einer vertrauten sozialen Gruppe, Interessenübereinstimmung zwischen Forschern und Erforschten, alltägliche Formen der Kommunikation) sucht das Verfahren, dieses Kriterium zu sichern, wobei seine Überprüfbarkeit eine genaue und möglichst vollständige Dokumentation des Forschungskontakts erfordert. Für die Auswertung gilt Entsprechendes: Die Äußerung eines Gruppenmitglieds wird von ihrer Funktion her verstanden, die sie im Kontext des kollektiven Bearbeitungsprozesses hat; die Stimmigkeit der Interpretation erweist sich dann am tatsächlichen Verlauf des Gruppenprozesses.

Anwendungs- und Geltungsbereich. Die Analyse von Gruppendiskussionen befindet sich noch im Stadium der Entwicklung und Erprobung. Es ist aber bereits deutlich geworden, daß eine wesentliche Voraussetzung für derartige Untersuchungen die reale Kommunikationsgemeinschaft der jeweiligen Gruppen ist. Nur dann bildet sich ihre alltägliche Kommunikationspraxis auch in der Gruppendiskussion ab und ist nicht das Ergebnis einer zufälligen Gruppendynamik. Um solche Gruppen für die Mitarbeit zu gewinnen, empfehlen sich informelle Wege (Kontaktaufnahme mit Vertrauenspersonen). Auf diese Weise erfährt der Forscher auch am ehesten etwas über den Erfahrungshintergrund der Gruppe und ihre Probleme, was für eine einfühlende Diskussionsleitung von großer Wichtigkeit ist. Gruppendiskussionen sind dann am effektivsten, wenn sie nicht isoliert, sondern im Rahmen einer längeren Zusammenarbeit mit den Gruppen durchgeführt werden, durch die sich das vertrauensvolle Klima herstellen kann, das für die Gültigkeit der Methode notwendig ist. Ihre Anwendung erfordert deshalb Erfahrungen in der Gruppenleitung und Erfahrungen mit tiefenhermeneutischen Verfahren der Textinterpretation (vgl. LEITHÄUSER/VOLMERG 1979).

Für die pädagogische Handlungsforschung ist die beschriebene Gruppendiskussionsmethode deshalb geeignet, weil die vom Forscher angeleitete Arbeit am eigenen Diskussionstext zum praktischen Ansatzpunkt von Aktionsforschungsprojekten gemacht werden kann. Hierbei empfiehlt es sich, um Widerstände der Teilnehmer zu umgehen, die Fragestellungen der Interpretation zunächst an den Texten anderer Gruppen zu erproben. Dann kann die Selbstinterpretation der Betroffenen
- zur Bewußtwerdung von Übertragungen problematischer Gehalte aus der eigenen Praxis auf das gestellte Thema
- und zur Rekonstruktion der in den Konfliktlösungsmustern des Textes verdrängten Gehalte führen.

Hierin liegen die pädagogisch-praktischen Möglichkeiten des Verfahrens.

LEITHÄUSER, TH./VOLMERG, B.: Anleitung zur empirischen Hermeneutik. Psychoanalytische Textinterpretation als sozialwissenschaftliches Verfahren, Frankfurt/M. 1979. LEITHÄUSER, TH. u. a.: Entwurf zu einer Empirie des Alltagsbewußtseins, Frankfurt/M. 1977. MANGOLD, W.: Gegenstand und Methode des Gruppendiskussionsverfahrens, Frankfurt/M. 1960. MANGOLD, W.: Gruppendiskussionen. In: KÖNIG, R. (Hg.): Handbuch der empirischen Sozialforschung, Bd. 1, Stuttgart 1967, S. 209 ff. POLLOCK, F.: Gruppenexperiment, Frankfurt/M. 1955.

Ute Volmerg

Hospitation

Definition. Hospitation meint die in der Regel passive Teilnahme an organisierten Veranstaltungen in Bildungsinstitutionen, politischen und anderen Gremien. Ein Hospitant ist eine Person, die als Zuhörer und Beobachter zum Beispiel in einer Schulklasse versucht, einen Einblick in den Unterrichtsalltag zu erhalten. Der Besuch im Unterricht (Hospitation) kann verschiedenen Zwecken dienen: der gemeinsamen Planung von Unterricht innerhalb eines Lehrerkollegiums, der Begutachtung eines Lehrers durch die Schulaufsicht, der Lehrerausbildung und Lehrerfortbildung, der Forschung. In all diesen Fällen ist dem Hospitanten die Aufgabe gestellt, das Unterrichtsgeschehen entweder unvoreingenommen und so umfassend wie möglich oder aber gezielt im Hinblick auf vorab festgelegte, präzise Beobachtungsaufgaben zu registrieren.

Unterrichtshospitation und Lehrerausbildung. Die Hospitation im Unterricht spielt in der Lehrerausbildung eine herausragende Rolle: Sie soll den Studenten (Studienanfänger) mit der Schulwirklichkeit in Kontakt bringen. Die Hospitation stellt damit *ein* Bindeglied bei dem Versuch dar, Theorie (pädagogische Lehre) und Praxis (pädagogisches Handeln in der Schule) miteinander zu verknüpfen. Hospitation mit dem Ziel der systematischen Beobachtung und Analyse von Unterricht hat dabei folgende Funktionen:
- Sie fordert den Lehrerstudenten (zukünftigen Lehrer) zur Konstruktion von schulischer Realität auf.
- Sie ermöglicht ihm ein differenziertes Feedback über die Schul- und Unterrichtspraxis.

Wünschenswert bei der Vorbereitung, Durchführung und Auswertung von Unterrichtshospitation wäre es, daß der Hospitant (die Hospitantengruppe) „gleichzeitig mehrere Verfahren der Unterrichtsanalyse, der Unterrichtsbeobachtung etc. bearbeitet, an ihnen die häufig unterschiedlichen theoretischen Konzeptionen und Prämissen feststellt, dann identische Unterrichtssequenzen mit unterschiedlichen Verfahren analysiert, um einerseits die relative Leistungsfähigkeit und andererseits die Spezifität der einzelnen Verfahren zu erkennen und deren Wert abzuschätzen" (ROTH/PETRAT 1974, S. 18).

Diese Forderung ist allerdings in der Praxis nur schwer zu verwirklichen. Einerseits zeichnen sich zwar einige Unterrichtsbeobachtungsverfahren und -analysen, beispielsweise die Systeme von FLANDERS (vgl. 1971) oder ROEDER/SCHÜMER (vgl. 1976), durch demokratische Zielsetzungen aus, wie: Der Lehrer soll in der Lehrerausbildung lernen, die Folgen seines Handelns zu reflektieren; er muß versuchen, der implizit autoritären Struktur der Unterrichtssituation entgegenzuwirken und sie weitgehend abzubauen; er soll in seinem Unterricht Unabhängigkeit, Eigeninitiative und Selbststeuerung der Schüler fördern. Andererseits sind die meisten Kategoriensysteme zu komplex oder – wie etwa bei PETRAT (vgl. 1974) – zu introvertiert, als daß sie von Studenten ohne großen Aufwand gehandhabt oder sogar weiterentwickelt und umstrukturiert werden könnten. Für die Hospitation sind aber besonders Kategorien und Instrumente zur Beobachtung und Analyse von Unterricht geeignet, die explorativen Charakter und in ihrer wissenschaftlichen Dignität heuristische Funktion haben, wie die Systeme von VORSMANN (vgl. 1972), THIEMANN (vgl. 1974) und HEINZE (vgl. 1978). Dies können relativ grobe, nicht bis ins letzte Detail operationalisierte Kategorien sein, über deren Bedeutung und Anwendung sich Studenten im Diskurs vergewissern und verständigen sollen. Solche Kategorien müßten so offen sein, daß Studenten die Möglichkeit haben, durch persönlichen Erfahrungsaustausch zu entscheiden,

welches unterrichtliche Verhalten und welche unterrichtlichen Dimensionen sie über den kategorialen Rahmen hinaus für relevant und für nicht relevant halten. Wie man zusammen mit Studenten an einem bestehenden System zur Unterrichtsbeobachtung (vgl. FLANDERS 1971) arbeiten und sich dabei an Prinzipien von *Handlungsforschung* (vgl. HEINZE u. a. 1975) orientieren kann, dazu hat FRECH (1974, S. 161 f.) einen Vorschlag unterbreitet:
„Die Konfrontation von Kategorien mit konkretem Unterrichtsverhalten setzt sofort den Prozeß der Kritik an den Kategorien unter sehr unterschiedlichen theoretischen Konzepten oder praktischen Intentionen in Gang. Nicht das ‚Einpauken‘ von Kategorien war das Ziel des von der ‚Arbeitsgruppe Lehrerausbildung‘ (AGLA) unterstützten ‚Projektes KaBIU‘ an der Pädagogischen Hochschule Berlin, sondern gerade die Kritik einfacher Kategoriensysteme unter theoretischen Gesichtspunkten und unter solchen der konkreten Unterrichtspraxis [...] Kriterium dieses Lernprozesses war nicht das Beherrschen der Kategorien, sondern (sicher schwerer zu erfassen) die aktive Teilnahme am Diskurs, die wachsende Kritik und die Bereitschaft zur selbständigen Veränderung [...] Im zweiten Schritt sollte die Gruppe (die über drei Semester in ihrer Zusammensetzung relativ konstant blieb) überprüfen, in welcher Weise das KaBIU in der Unterrichtspraxis für Lehrerstudenten fruchtbar gemacht werden kann. Dazu besuchten wir Studentengruppen, die im Rahmen des Didaktikums praktische Unterrichtsübungen durchführten, und nahmen aktiv an der anschließenden Stundenbesprechung teil".
Die Schwierigkeiten, die diese Gruppe bei der Analyse von Unterricht hatte, sind wohl auf die – wenn auch überarbeiteten – formalen und inhaltsneutralen Kategorien von Flanders zurückzuführen. FRECH (1974, S. 162) beschreibt diese Schwierigkeiten wie folgt: „Angesichts der Intentionen, die einer einzelnen Unterrichtsstunde zugrunde liegen, blieben die Aussagen, die sich aus der Unterrichtsbeobachtung nach dem KaBIU ergaben, losgelöst vom Inhalt recht unverbindlich und ohne erheblichen Erkenntniswert für die Unterrichtenden". Die Konsequenz war, daß man sich von den Kategorien mehr und mehr entfernte und wichtige Prozesse im Unterricht, etwa Steuerungsimpulse, wörtlich mitprotokollierte. „Dieses Verfahren war zwar wesentlich ungenauer und erbrachte kaum noch quantitativ verwertbare Ergebnisse. Jedoch konnte die Diskussion mit den Unterrichtenden innerhalb der Kategorie sich auf konkrete Verhaltensweisen beziehen" (FRECH 1974, S. 163).

Interaktionistische und kommunikative Verfahren der Unterrichtsbeobachtung. Die Lage der Unterrichtsforscher insgesamt und ihre Ineffektivität bezüglich einer Erneuerung der Unterrichtspraxis (vgl. VORSMANN 1972, S. 45) machen zunächst eine stärkere Hinwendung zu phänomenologischen (beschreibenden) Verfahren der Unterrichtsbeobachtung und -analyse notwendig. Diese Verfahren sind eher in der Lage, die Kluft zwischen Theoretikern und Praktikern zu überbrücken und die einseitige Blickbeschränkung zu vermeiden, weil sie ein hohes Maß an Konkretheit und ganzheitlichem Bezug besitzen (vgl. SCHNEIDER 1970, S. 149). Um die differenzierten Interaktions- und Kommunikationsvorgänge im Unterricht zu erfassen, erscheint es notwendig, daß Studenten im Rahmen der Vorbereitung auf die Hospitation sich mit Theoriekonzepten des *Symbolischen Interaktionismus,* der bisher nur auf einem relativ allgemeinen Diskussionsniveau (vgl. BRUMLIK 1973, MOLLENHAUER 1972) oder aber unter dem Gesichtspunkt von institutionalisierten Regelungen und Ritualen in der Schule (vgl. WELLENDORF 1973) in der

Hospitation

Erziehungswissenschaft rezipiert wurde, auseinandersetzen und diese Theoriekonzepte auf ihre Relevanz für Unterrichtsbeobachtung und -analyse befragen, wie es HEINZE (vgl. 1978) versucht hat. Dadurch wird vermieden, daß der Hospitant die Komplexität der im Unterricht ablaufenden Prozesse auf vorab festgelegte Variablen reduziert und isoliert.

Zwei methodische Verfahren der Hospitation gewinnen in diesem Zusammenhang besondere Bedeutung. Zunächst *Gruppendiskussionen,* die zu folgenden Schwerpunkten veranstaltet werden können:

- Gruppendiskussionen im Anschluß an den Unterricht, aufgrund von Unterrichtsbeobachtungen über Schülerverhalten und deren Taktiken während des Unterrichts (vgl. HEINZE 1980). Impulse sind zum Beispiel geistige Abwesenheit oder Störungen des Unterrichtsverlaufs durch Schüler.
- Diskussion zur Schul- und Klassensituation, wobei die Selbstdefinition der Situation durch die Schüler im Mittelpunkt steht.
- Diskussion in Form von informellen Interviews mit einzelnen Schülern während der Pause, auf dem Schulhof oder bei sonstigen informellen Anlässen.

Ein weiteres Verfahren, auf das hier zurückgegriffen werden kann, stützt sich auf die Methode der *teilnehmenden Beobachtung.* Mit ihrer Hilfe werden zum einen Lernprozesse im Unterricht beobachtet und protokolliert. Kriterien für die Beobachtung sind:

- der Grad der Beteiligung der gesamten Lerngruppe an einer Diskussion;
- der Grad der Selbststeuerung und Fremdsteuerung des Unterrichts;
- die Fähigkeit der Schüler, Fragen in bezug auf den Lerngegenstand zu formulieren;
- Formen der Interaktion zwischen Schülern untereinander beziehungsweise zwischen Lehrern und Schülern sowie die Veränderung dieser Interaktion während einer bestimmten Unterrichtsphase;
- die von Lehrern und Schülern in die Unterrichtssituation eingebrachten Taktiken und Strategien.

Gegenstand der Beobachtung sollte darüber hinaus auch die *Lebenswelt Schule* sein. Hierbei geht es darum, möglichst viele relevante Orte und Situationen auch außerhalb des Unterrichtsgeschehens in die Beobachtung mit einzubeziehen. Das sind Pausensituationen auf dem Schulhof oder auf den Fluren, Interaktions- und Kommunikationsformen der Schüler außerhalb und innerhalb des Klassenzimmers oder Verhaltensweisen und Aktivitäten der Schüler an bestimmten Orten. Die Grundlage für die Auswertung der Beobachtungen kann ein Tagebuch sein, in dem Lehrer/Hospitant/Schüler die wichtigsten Ereignisse, Eindrücke und Reflexionen des Unterrichts- und Schulalltags festhalten. Unterstützt werden können die Tagebuchnotizen durch Tonbandmitschnitte und Videoaufzeichnungen des Unterricht.

Eine in diesem Sinne kommunikative Hospitation könnte über folgende Stufen erfolgen:

- Der Hospitant befragt eine oder mehrere kleine Schülergruppen über eine Unterrichtsstunde und spielt das Interview mit Erlaubnis der Schüler dem unterrichtenden Lehrer vor. Der Lehrer bekommt eine Kopie der Umschrift des Bandes zur Auswertung und Diskussion mit den Schülern.
- Der Hospitant befragt Lehrer und Schüler, spielt die Stellungnahmen beiden vor und leitet eine Diskussion zwischen ihnen, die, sofern möglich, auf Band aufgezeichnet wird. Der Lehrer erhält eine Umschrift oder eine Kopie der Bänder für die weitere Auswertung.
- Lehrer und Schüler besprechen gemeinsam Unterrichtsereignisse mit Hilfe ihrer Protokollnotizen und Ta-

gebücher. Der Hospitant kann, muß aber nicht mehr dabei sein. Die Diskussion sollte für weitere Untersuchungen aufgezeichnet werden.

Hospitation als eingreifende Unterrichtsbeobachtung. Eine besondere Form der Unterrichtshospitation stellt das Konzept der *„eingreifenden Unterrichtsbeobachtung"* dar. Hierbei greift der Hospitant als *beteiligter Beobachter* direkt ins Unterrichtsgeschehen ein.

Das Ziel dieser Art von Hospitation besteht darin, Einschätzungen, Beobachtungen, ja sogar spontane subjektive Urteile unmittelbar oder doch mit geringstmöglichem Verzug in die Schulklasse zurückzugeben, in der sie entstanden waren. Aufgrund der Reaktionen auf bestimmte Eingriffe des Hospitanten ist zu erwarten, daß neue Aufschlüsse über die Struktur und Dynamik der Beziehungen aller Handelnden untereinander (Lehrer/Schüler; Schüler/Schüler) gewonnen werden. Durch das problematisierende Eingreifen des Hospitanten ergibt sich die Möglichkeit, bestehende Lernverhaltensweisen von Schülern in ihren Erscheinungsformen und Entstehungshintergründen nicht nur zu analysieren, sondern auch eine wirkungsvolle Strategie zu deren Veränderung zu erarbeiten. Wichtig bei diesem Konzept, das in der Bundesrepublik Deutschland zunächst von ZEHRFELD (vgl. 1975) entwickelt und praktiziert worden ist, ist die Klärung des spezifischen Rollenverständnisses und der Aufgabendifferenzierung von Hospitant und Lerngruppe (Lehrer/Schüler). Das heißt, daß der Hospitant die Gestaltung der Bewußtmachungs- und Veränderungsprozesse zwar weitgehend dem Lehrer überläßt, aber seine eigenen Qualifikationshintergründe (im Rahmen der Hochschulsozialisation erworben) immer dann einbringt, wenn durch unangemessene Kommunikationsformen oder durch unzureichende Impulse und Lösungsangebote die Gefahr besteht, daß sich die Veränderungsprozesse in eine nicht beabsichtigte Richtung bewegen.

An dem Projekt „Unterrichtsforschung als Unterricht" (HEINZE-PRAUSE/HEINZE 1974) kann das Konzept der Hospitation als *„aktivierende Unterrichtsforschung"* veranschaulicht werden. Dieses Projekt baut auf Erfahrungen und Ergebnissen zum sozialen Lernen in der Sekundarstufe I auf, die vom Autor im Rahmen eines Curriculumprojekts des ehemaligen Bildungstechnologischen Zentrums in Wiesbaden gesammelt wurden. Didaktische Planung und praktische Umsetzung erfolgten durch die Lehrerin selbst. Das Projekt wurde in einer städtischen Hauptschule (7. Schuljahr) durchgeführt. Der folgende Auszug aus der Projektbeschreibung soll einen Eindruck über den konzeptionellen Rahmen dieses Ansatzes vermitteln:

„Die Klasse befragt sich selbst. Ein Fragebogen zum Problem der Unterrichtsstörungen. Wir eröffnen das Projekt mit einer Selbstbefragung der Klasse:
- Wie sehen die Schüler die Unterrichtssituation?
- Warum eigentlich stören sie gelegentlich?
- Wie reagiert die Lehrerin auf Unterrichtsstörungen, und wie fühlt sie sich dabei?

Mit dem *Fragebogen* verfolgen wir ein doppeltes Ziel. Ein Ziel ist, den Schülern und uns einige Kategorien vorzugeben, anhand derer sich ein Unterrichtsgespräch führen läßt. Die andere Absicht ist, ein Beispiel dafür zu geben, wie man als Lehrer Unterricht und die Untersuchung von Unterricht im Sinne der *Handlungsforschung* miteinander verbinden kann. Der Lehrer verschafft sich nicht Informationen über die Klasse, um diese pädagogisch besser handhaben zu können, sondern er untersucht zusammen mit den Schülern deren und seine Lage. Die Untersuchung und deren Auswertung sind Bestandteil des Unterrichts und eines gemeinsamen Lernpro-

zesses. Die Entwicklung des Fragebogens ist Gegenstand einer Unterrichtsstunde. Die Lehrerin bringt die Idee ein: Wenn wir über Unterricht und Unterrichtsprobleme sprechen wollen, ist es gut zu wissen, wie die einzelnen in der Klasse darüber denken. Ein Weg, um das herauszubekommen, ist der Fragebogen. Die Lehrerin ist es auch, die die Kategorien vorschlägt: Warum machst du Unsinn im Unterricht? Macht der Klassenlehrerin der Unterricht Spaß? Die Schüler helfen mit, mögliche Vorgaben für Antworten zu den einzelnen Fragen zu finden:
– weil es dir Spaß macht;
– weil du nicht lange sitzen kannst usw.
Indem sie sich mögliche Antworten ausdenken, erarbeiten sie bereits die ersten, noch groben Interpretationsmuster für Schüler- und Lehrerhandlungen. In der folgenden Unterrichtsstunde wird der Fragebogen in der Klasse ausgefüllt. Die Auswertung erfolgt in Gruppen. Bei den geschlossenen Fragen fertigen die Schüler Strichlisten an, bei den offenen schreiben sie alle Antworten auf und versuchen, daraus Gruppen zu bilden. Die Ergebnisse der Auswertung werden an der Tafel festgehalten und in der Klasse diskutiert" (HEINZE-PRAUSE/HEINZE 1974, S. 50).

An diesem Beispiel wird deutlich, daß eine methodische Konsequenz des Konzeptes „Unterrichtsforschung als Unterricht" darin besteht, daß die Instrumente, die zur Analyse, Dokumentation und Bewertung von Unterricht verwendet werden, von den Betroffenen unmittelbar gehandhabt werden können. Sie müssen für Lehrer und Schüler durchschaubar und akzeptierbar sein, zur Intervention wichtige Informationen liefern und die Betroffenen für Auffälligkeiten der ablaufenden Prozesse sensivieren.

Es dürfte einleuchtend sein, daß diese Art von Unterrichtshospitation unter den gegebenen institutionellen und gesellschaftlichen Bedingungen schulisch organisierten Lernens nur dann zu verwirklichen sein wird, wenn insbesondere die betroffenen Lehrer sich mit den unterrichtstheoretischen Zielvorstellungen der Hospitanten identifizieren können und bei beiden Parteien (Lehrer/Schüler; Hospitant) ein hohes Maß an gegenseitigem Vertrauen und Sensibilität hergestellt werden kann. An diesem Ansatz werden zudem die vielfältigen theoretischen und methodologischen Probleme „*aktivierender Unterrichtsforschung*" besonders deutlich (vgl. ZINNECKER u. a. 1975, S. 107 f.). Hier sei nur verwiesen auf die Ablösungsproblematik: Der Hospitant verläßt die Schulklasse. Möglicherweise wurden gerade durch seine Initiative bestimmte Veränderungsprozesse eingeleitet. Sind Lehrer und Schüler fähig, auch ohne den Hospitanten den eingeleiteten Veränderungsprozeß selbst zu tragen, oder bricht dieser Prozeß zusammen? Ein weiteres Problem tritt auf, wenn die Schüler den Hospitanten mit eventuell erreichten Veränderungen und nicht den Lehrer identifizieren.

Gütekriterien einer „aktivierenden Unterrichtsforschung". Es ist davon auszugehen, daß generell und deshalb auch im Rahmen der Unterrichtshospitation sowohl eine totale Erfassung von Unterricht als auch die Analyse von Unterricht in seiner Gesamtheit mit nur einem Verfahren unmöglich ist, „denn die Ereignisse sind nicht nur zeitlich nacheinander angeordnet, sie überlagern sich in mehreren Dimensionen, laufen parallel nebeneinander, gliedern sich aber auch hierarchisch. So wäre bei einer Unterrichtsstunde gleichzeitig u. a. folgendes zu beobachten: Lehrinhalt – soziale Prozesse – Lehrerfragen – Medienwahl – Lern- und Denkformen – fachdidaktischer Aufbau der Stunde – Steuerungsimpulse des Lehrers – Schwierigkeitsgrad des Lehrinhalts – gesellschaftliche Legitimation" (BACHMAIR 1974, S. 17). Deshalb ist eine Schwerpunktsetzung bei der Kategorienbildung notwendig, die sich entweder auf das theoretische Erkenntnisinteresse, das von den Studenten vorab formuliert wird, bezieht, oder aber man geht induktiv vor, indem zunächst das Unterrichtsgeschehen von den Studenten weitgehend unvoreingenommen betrachtet und möglichst reichhaltig dokumentiert wird, um daran anschließend Kategorien zu bilden, die sich an spezifischen Fragestellungen (Problemen) des dokumentierten Unterrichts orientieren. Denkbar ist auch ein dritter Weg: Der dokumentierte Unterricht wird mittels der vorab konzipierten Interpretationskategorien analysiert. Im Verlauf der Analyse werden diese Kategorien verfeinert und ergänzt. Sie sind dann an konkretem Unterricht erprobt worden (*valide*) und können zum Zwecke weiterer Unterrichtsbeobachtungen oder -analysen im Kontext von Unterrichtshospitation verwendet werden.

In welcher Weise vermag nun dieser Ansatz „Gütekriterien" wissenschaftlichen Handelns einzulösen und nach welchem Maßstab läßt sich der „Erfolg" von Unterrichtshospitation als „aktivierende Unterrichtsforschung" nachweisen? Diese Frage soll im folgenden beantwortet werden.

Untersuchungen stellen im Kontext „aktivierender Unterrichtsforschung" praktische Tätigkeiten dar, die dem Ziel dienen, neue Situations- und Handlungsdeutungen – sei es für neuartige Praxiszusammenhänge, sei es im Rahmen einer Uminterpretation vertrauter Praxis – zu finden. Kern ist dabei das Konzept der *kommunikativen Validierung* als Bestandteil und Prozeß diskursiver Verständigung (vgl. HEINZE u. a. 1981). Relevant sind folgende Fragestellungen: Wie schätzen Lehrer/Schüler subjektiv den Erfolg, die Schwierigkeiten, den Lerneffekt konkreter Veränderungen von Unterricht ein? Wie sehen die evaluierenden Unterrichtshospitanten dies? Alle am Forschungsprozeß Beteiligten verständigen sich über die Gültigkeit ihrer Deutungsmuster in einem kommunikativen Prozeß. Während es in diesem Zusammenhang zunächst darum geht, die Alltagstheorien und Situationsdefinitionen der Beteiligten in Erfahrung zu bringen und zu strukturieren, ist im weiteren Verlauf des Forschungsprozesses der Versuch zu unternehmen, dieses Alltagswissen im Kontext theoriegeleiteter Erklärungsmuster gemeinsam zu validieren. Unter theoriegeleiteten Erklärungsmustern sind die auf strukturelles Wissen abhebenden wissenschaftlichen Theorien (Interaktions- und Kommunikationstheorien oder organisationstheoretische Analysen von Schule und Unterricht) zu verstehen.

Ein Beispiel soll dies verdeutlichen: Um reflexiv in diesem Sinne innerhalb der beteiligten Gruppe über Unterricht ins Gespräch zu kommen, ist es notwendig, über eine Dimensionierung von Unterricht zu einer ersten Systematisierung der theoretischen Basis zu gelangen, wie sie sich aus der Problematisierung persönlicher Erfahrungen zunächst ergeben hat. Wichtig für den Verständigungsprozeß ist, daß Übereinstimmung über den Bedeutungsraum der Kategorien durch *konkretisierende* Diskussion erreicht wird, nicht durch den Versuch einer Elementarisierung der Kategorien auf der Ebene eindeutig beobachtbarer Handlungspartikel. Was nicht heißen soll, daß eine solche Elementarisierung völlig auszuschließen ist. Sie wird vielmehr auf das ihr zustehende Maß, nämlich als untergeordnete Tätigkeit, reduziert, die zusätzliche Informationen zur Erhellung von Sinnzusammenhängen im Unterricht bereitstellen soll. Daraus ergeben sich die folgenden methodologischen Konsequenzen „aktivierender Unterrichtsforschung". Im Rahmen einer Strategie von Unterrichtshospitation, die in praktischer Absicht sich unmittelbar auf eine Veränderung der unterrichtlichen Handlungssituation bezieht, indem sie die an der Konstitution dieser Situation Beteiligten für Formen und Grade von Unterrichtsproblemen zu sensibilisieren sucht, sind relativ grobe Kategorien oder auch nur Fragestellungen, die an den Unterricht gestellt werden, von größerem Erkenntniswert, da sie den Sinnzusammenhang Unterricht nicht im Interesse an Auszählung vorzeitig zerstören. Da die Strategie auf Erzeugung handlungsleitender Schemata zielt und nicht auf die Gewinnung begrifflich-abstrakter und logisch-konsistenter Modelle der Wirklichkeit, kann an sie nicht der Anspruch gestellt werden, verallgemeinerbare Resultate hervorzubringen. Ihre Resultate sind zunächst nur von Bedeutung für die Betroffenen. Insofern muß Übereinstimmung in der Anwendung der Kategorien nur unter ihnen bestehen. Die Forderung, daß jeder andere zu jeder anderen Zeit mit demselben Instrument zum gleichen Ergebnis kommen müsse, die dann eine Definition von Kategorien in Termini beobachtbaren Verhaltens fast notwendig zur Folge hat, verliert in diesem Zusammenhang ihren Sinn.

ARGYLE, M.: Soziale Interaktion, Köln 1972. BACHMAIR, G.: Unterrichtsanalyse, Weinheim/Basel 1974. BRUMLIK, M.: Der symbolische Interaktionismus und seine pädagogische Bedeutung, Frankfurt/M. 1973. FLANDERS, N. A.: Künftige Entwicklungen bei der Analyse der verbalen Kommunikation in der Klasse. In: Progr. Lern., Utech. u. Ufo. 8 (1971), S. 133 ff. FRECH, H. W.: Interaktionsanalyse in Schulforschung und Lehrerbildung. Die Beobachtung von Unterricht nach dem Verfahren von Flanders. In: ROTH, L./PETRAT, G.: Unterrichtsanalysen in der Diskussion. Beiträge zur empirischen Unterrichtsforschung, Hannover 1974, S. 141 ff. GOFFMAN, E.: Verhalten in sozialen Situationen. Strukturen und Regeln der Interaktion im öffentlichen Raum, Gütersloh 1971. HEINZE, TH.: Unterricht als soziale Situation. Zur Interaktion von Schülern und Lehrern, München ²1978. HEINZE, TH.: Schülertaktiken, München/Wien/Baltimore 1980. HEINZE, TH. u. a.: Handlungsforschung im pädagogischen Feld, München 1975. HEINZE, TH. u. a.: Praxisforschung, München/Wien/Baltimore 1981. HEINZE-PRAUSE, R./HEINZE, TH.: Unterrichtsforschung als Unterricht. Hauptschulprojekt: Schülertaktiken im Unterricht. In: betr. e. 7 (1974), 10, S. 49 ff. MOLLENHAUER, K.: Theorien zum Erziehungsprozeß, München 1972. PETRAT, G.: Unterrichtssignaturen. In: ROTH, L./PETRAT, G.: Unterrichtsanalysen ..., Hannover 1974, S. 206 ff. ROEDER, P. M./SCHÜMER, G.: Unterricht als Sprachlernsituation, Düsseldorf 1976. ROTH, L./PETRAT, G.: Unterrichtsanalysen in der Diskussion. Beiträge zur empirischen Unterrichtsforschung, Hannover 1974. SCHNEIDER, K.: Unterrichtsbeschreibung und Unterrichtsplanung. In: DOHMEN, G. u. a.: Unterrichtsforschung und didaktische Theorie, München 1970, S. 145 ff. THIEMANN, F.: Unterrichtsbeurteilung, Essen 1974. VORSMANN, N.: Wege zur Unterrichtsbeobachtung und Unterrichtsforschung, Ratingen 1972. WELLENDORF, F.: Schulische Sozialisation und Identität, Weinheim/Basel 1973. ZEHRFELD, K.: Eingreifende Unterrichtsforschung. Praktische Beispiele aus einer Aktionsgruppe. In: ZINNECKER, J. u. a.: Die Praxis ..., München 1975, S. 179 ff. ZINNECKER, J. u. a.: Die Praxis von Handlungsforschung. Berichte aus einem Schulprojekt, München 1975.

Thomas Heinze

Inhaltsanalyse

Begriffserläuterungen. Die Inhaltsanalyse ist eine wissenschaftliche Methode, die auf der Grundlage theoretischer Abklärung eines bestimmten Objektbereichs *und* nach Maßgabe definierter Regeln Deskriptionen von symbolischen (zumeist sprachlichen) Bedeutungsdarstellungen produziert.
BERELSON (1952, S. 18) definiert noch markanter: „Content analysis is a research technique for the objective, systematic and quantitative description of the manifest content of communication" – wobei als manifester Inhalt diejenige Bedeutung gilt, „die einem Wort (oder längerem Ausdruck) üblicherweise in einem bestimmten Sprachkreis beigemessen wird" (LISCH/KRIZ 1973, S. 4 f.).
Berelson stellt damit ausschließlich auf die Regelbildung inhaltsanalytischer Verfahren ab, ohne sicherzustellen, daß dies auf dem Hintergrund einer Theorie des jeweiligen Objektbereichs geschieht. Diese Einseitigkeit könnte damit zusammenhängen, daß er sich auf die Frage konzentriert, wie mit dem zu untersuchenden Material verfahren werden soll (Operationsregeln) und so von der unhintergehbaren Selektivität einer Inhaltsanalyse absieht. Wäre diese in der Definition inbegriffen, müßte auch der Theoriebedarf der Inhaltsanalyse anerkannt werden, und die Festlegung von Selektionsregeln würde sich als unverzichtbar erweisen. So ist Inhaltsanalyse für FRIEDRICHS (1973, S. 315) eine Methode, „um Aussagen zu gewinnen, indem man systematisch und objektiv zuvor festgelegte Merkmale von Inhalten erfaßt", das heißt „eine Methode, Texte, Sendungen, Töne oder Bilder als Teile sozialer Kommunikation einer quantitativen Analyse zu unterziehen". Diese Definition unterscheidet sich von der bisherigen insofern, als sie neben der Systematik der Analyse (Operationsregeln) das Moment der Selektivität heraushebt, da zuvor festgelegte Merkmale von Inhalten erfaßt werden sollen. Der damit notwendig verbundene Theoriebezug mag als Voraussetzung unterstellt sein. Sein Stellenwert ergibt sich aber erst dann, wenn feststeht, welche Reichweite der Inhaltsanalyse zugestanden werden soll. Reichweite ist dabei ein zweistelliges Kriterium: Sie betrifft erstens den Umfang, in dem die Analyse über das vorliegende Datenmaterial hinausgreift, Vergleichsmaterial und -kontextelemente einbezieht (Konstruktionsreichweite) und zweitens die Bandbreite der zugelassenen textimmanenten Verarbeitungsweisen (Operationsreichweite). Die Definition von Berelson läßt als Inhaltsanalyse nur Beschreibungsverfahren gelten, die sich innerhalb eines vorgegebenen Zeichenvorrats bewegen. Demgegenüber ist ein Übergreifen auf Elemente des jeweiligen Kontexts schon in der ansonsten ebenfalls das Prinzip der Regelbildung voranstellenden Begriffsbestimmung von Friedrichs angelegt, die von einer Inhaltsanalyse verlangt, ihre Gegenstände „als Teil sozialer Kommunikation" zu untersuchen. Was mit dieser allgemeinen Richtungsangabe gemeint sein soll, muß für jedes konkrete Vorhaben theoretisch bestimmt werden. Eine ähnliche Öffnungsklausel sehen auch MAYNTZ u. a. (1972, S. 151) vor, indem sie die Inhaltsanalyse als eine Forschungstechnik definieren, „die sprachliche Eigenschaften eines Textes objektiv und systematisch identifiziert und beschreibt", und hinzufügen, dies geschehe, um daraus „Schlußfolgerungen auf nicht-sprachliche Eigenschaften von Personen und gesellschaftlichen Aggregaten zu ziehen." Welcher Art solche Schlußfolgerungen sein sollen, welche „Personen und Aggregate" sie zum Gegenstand haben sollen, ist wiederum eine theoriefordernde Frage.
Von den bislang vorgestellten Definitionsversuchen beziehen sich die beiden ersten (Berelson und Friedrichs) explizit auf eine quantitative Inhaltsanalyse. Die

Operationsreichweite der Inhaltsanalyse endet für sie, wo abzählbare Mengen nicht mehr zu bilden sind. Mayntz u. a. betonen zwar auch die Notwendigkeit von „Objektivität" und „Systematik" der Analyse, aber sie lassen offen, ob diese Anforderungen nur durch Beschränkung auf Quantifizierbares erfüllt werden können.

Konstruktions- und Operationsreichweite der Inhaltsanalyse sind als Definitionskriterien nicht prinzipiell voneinander abhängig. Eine geringe Operationsreichweite muß also nicht unbedingt mit einer geringeren Konstruktionsreichweite einhergehen. Dies zeigt als Beispiel die Begriffsbestimmung von Friedrichs, der die Operationsreichweite der Inhaltsanalyse auf quantifizierende Verfahren beschränkt, die Konstruktionsreichweite hingegen auf den jeweiligen Kontext sozialer Kommunikation ausgedehnt wissen will. Daraus ergibt sich allerdings das Risiko, daß der jeweiligen Referenztheorie mit einem rein quantitativen Analyseverfahren nur ungenügend Rechnung getragen werden kann. Will man dann das Problem nicht einfach umdeuten, indem man es als Defizit der Theorie und/oder der verfügbaren Analyseinstrumente bezeichnet, so verbliebe als Lösung nur noch die Preisgabe des ursprünglichen Erkenntnisinteresses. Die Untersuchungsabsicht müßte mit ihren theoretischen Bezügen soweit reduziert werden, daß der eingeschränkte Operationsbereich quantifizierender Verfahren nicht mehr überschritten würde. Das Erkenntnisinteresse wäre dann in seiner Funktion als reduktionsleitendes Prinzip (vgl. FISCHER 1982, KRIPPENDORF 1980) der methodischen Vorentscheidung geopfert worden.

Ein solches Vorgehen muß nicht von vornherein als paradox verworfen werden. Es mag im Einzelfall gute Rechtfertigungsgründe auf seiner Seite haben – dann zumal, wenn auf einer gegebenen Entwicklungsstufe der vom jeweiligen Erkenntnisinteresse geforderten Theoriebildung die konsistente Einhaltung gleich welcher Verfahrensregeln noch nicht möglich erscheint.

Im Hinblick auf die Forschungspraxis bleibt festzuhalten, daß Konstruktions- und Operationsreichweite zwar als voneinander unabhängige Kriterien in die Definition der Inhaltsanalyse eingehen können, daß aber zumindest ein *eingeschränktes* Primat des Erkenntnisinteresses und damit der Konstruktionsreichweite zu fordern ist: Das in Theorie und Selektionsentscheidungen umgesetzte Erkenntnisinteresse darf nicht allein an der Begrenzung der Operationsreichweite scheitern.

Quantitative versus qualitative Inhaltsanalyse. Gegen eine Beschränkung inhaltsanalytischer Operationsreichweite auf quantifizierende Verfahren werden vorwiegend zwei Argumentationsfiguren vorgebracht. Beide klagen das Primat der Konstruktionsreichweite ein, indem sie das Problem etwa nach folgendem Schema diskutieren: Es gibt sinnvolle und theoretisch ausformulierbare Fragestellungen, die durch Inhaltsanalysen zu beantworten wären, quantizierenden Verfahren aber kaum oder gar nicht zugänglich sind (vgl. MAYRING 1983). Die Konsequenz daraus darf nicht sein, daß diese Fragestellungen von der Inhaltsanalyse ausgesperrt werden. Vielmehr ist die methodische Selbstbeschränkung zu überprüfen. Diese Argumentationsfigur wird ausgeführt als Forderung nach *Einbeziehung von Kontextbedingungen* und *Dechiffrierung von Sinnzusammenhängen*. Die Öffnung der Inhaltsanalyse, das heißt ihre Operationsreichweite, für die Erfassung von Kontextbedingungen wurde zuerst von KRACAUER (vgl. 1959) gegenüber Berelson, wenig später auch von GEORGE (vgl. 1959) geltend gemacht. Die Folgerung einer solchen Ausdehnung der Konstruktionsreichweite sind bereits skizziert worden. Zu betonen ist noch, daß die Einbeziehung von Kontextbedingun-

gen nicht quasi-automatisch eine Ausdehnung der inhaltsanalytischen Operationsreichweite über das Spektrum quantitativer Verfahren hinaus erzwingen muß.
Die demgegenüber schwierigere Problematik wirft die Forderung auf, die Inhaltsanalyse auf die Erfassung von Sinnzusammenhängen auszudehnen, das heißt, neben dem manifesten (Berelson) auch den latenten Bedeutungsgehalt zu untersuchen. Den Ausgangspunkt dieser Richtung markiert Adornos Wendung gegen das „Primat der Quantifizierung", die er als Auseinandersetzung mit der statistischen Semantik vollzog (vgl. RITSERT 1972, S. 28). Inhaltsanalysen gehen dann auch von einer größeren Konstruktionsreichweite aus, dem Interesse an Sinnerfassung, das bei einer Beschränkung auf quantitative Operationen nicht erfüllt werden kann. So müssen Analysen, die sich mit der Auszählung kategorial bestimmter Einheiten begnügen, ohne Beweismöglichkeit unterstellen, daß die Häufigkeit des Auftretens bestimmter Bedeutungsträger ein Indiz für die Stärke der in ihnen aufgehobenen Einstellungen oder Reaktionsbildungen sei (vgl. RITSERT 1972, S. 17).
Sinnzusammenhänge erschließen sich aber nicht schon durch Häufigkeitsauszählungen, sondern erst durch Vergleiche mit mutmaßlich unterlegbaren, theoretisch postulierten Deutungsmustern. Die in diesem Satz eingeführten Begriffe „schon" und „erst" stehen für die Ambivalenz der Auslegbarkeit: Ist Interpretation etwas grundsätzlich anderes als Quantifizierung (also: Austausch einer Menge zugelassener Operationen gegen eine andere, ohne daß dadurch die Operationsreichweite notwendig vergrößert werden müßte) oder ein zusätzlicher Verfahrensschritt, der unter bestimmten Erkenntnisinteressen und theoretischen Prämissen erforderlich wird (also: Ausdehnung der Operationsreichweite)?

Für Adorno (zitiert nach RITSERT 1972, S. 28) stehen Sinnerfassung und Quantifizierung im Widerspruch zueinander, wenn er kritisiert, daß der „Sinnzusammenhang [...] bei Quantifizierung verloren geht." Der Widerspruch besteht darin, daß quantifizierende Verfahren einen Text in größere und kleinere, jedenfalls diskrete Einheiten zerlegen müssen, während seine latente Sinnschicht nur ganzheitlich erfaßt werden kann.
Auszählung allein unterschlägt die jeweilige Art der Begriffsverwendung. Nur die Kontexteinbettung kann zeigen, ob Begriffe beispielsweise in der Funktion eines Appells, einer Zustandsbeschreibung oder einer Persiflage gebraucht werden. Als Gegenthese gilt: Eine Inhaltsanalyse, die sich interpretativen Aufgaben stellt, fällt ohne Beibehaltung auch quantifizierender Operationen auf naives Fremdverstehen zurück. Sie würde so zu einem Verfahren, das voraussetzungslos in die Interpretation einsteigt und damit kaum noch kontrollierbare Ergebnisse zeitigt.
Diese Anmerkungen verweisen darauf, daß die Kontroverse zwischen quantitativer und qualitativer Inhaltsanalyse einen Großteil ihrer Schärfe verliert, sobald die Operationsreichweite quantifizierender Verfahren nicht mehr nur, wie etwa noch bei Kracauer oder in den zitierten Einwänden von Ritsert und Adorno, auf die Auszählung der Auftretenshäufigkeiten kategorial bestimmter Textelemente eingeschränkt wird. Erweitert man statt dessen die zugelassene Menge quantifizierender Operationen, zum Beispiel um die Regeln der Prädikatenlogik, so ergibt sich die Möglichkeit der Bildung mehrstelliger Relationen. Hierdurch ließe sich dann etwa abzählen, wie häufig und wie ein Begriff mit appellativen, feststellenden oder ironisierenden Indizierungen verknüpft ist (vgl. OSGOOD 1959, OSGOOD u. a. 1955). Der verbleibende Bedarf an Interpretation würde wesentlich verringert. Völlig

auszuschalten ist er aber nur dann, wenn schon von der Konstruktionsreichweite her darauf verzichtet wird, hinter den manifesten Bedeutungen deren subjektive Akzentuierung freizulegen. Im Gegensatz hierzu erfaßt eine ideologiekritische Inhaltsanalyse manifeste Bedeutungen von vornherein als Verschleierung des Latenten auf. Dies hat auch Auswirkungen auf die Operationsreichweite von Inhaltsanalysen. „Für eine ideologiekritische Inhaltsanalyse wird es allerdings ausschlaggebend, ob sie im Stande ist, ein ideologisches Syndrom […] aufzudecken, das latente Sinnstrukturen umgreift, Einzelfällen besondere Relevanz verleihen kann (Singularität) und Nichterscheinendes (Präsenz) zu gewichten vermag" (RITSERT 1972, S. 31). Ob die Fragen nach Singularität und Präsenz quantitativer und/oder qualitativer Antworten bedürfen, bleibt in dieser Aussage unentschieden; sie sollten es auch bleiben, im Sinne des Primats der Konstruktionsreichweite und der diese jeweils ausfüllenden Theorie. Im Hinblick auf die Operationsreichweite einer Inhaltsanalyse stellt sich schließlich noch die Frage, welche Konsequenzen sich aus dem *Kohärenzgrad der jeweils unterlegten Theorie* ergeben. Eine Theorie soll dabei hochkohärent genannt werden, wenn sie so durchstrukturiert ist, daß sie eindeutige Prognosen ermöglicht. Zunächst ist davon auszugehen, daß sich eine Inhaltsanalyse von alltäglichem Fremdverstehen durch einen unverzichtbaren Theoriebezug abgrenzt, der sich von den Vorverständnissen alltäglichen Fremdverstehens durch Erfüllung des Kriteriums der Widerspruchsfreiheit zu unterscheiden hat. Über das Ausmaß der noch zulässigen „Lückenhaftigkeit" einer Theorie ist damit nichts ausgesagt. Das Problem ist vielmehr mit Hilfe wechselnder Formeln (wie „Überprüfung einer Theorie", „Verbesserung eines Vorverständnisses" oder „explizite, gegebenenfalls provisorische Theorie") ausgeklammert

geblieben. Wenn festgelegt wird, daß die Inhaltsanalyse sich sehr wohl auf konsistente, nicht notwendig aber auch auf geschlossene Theorie(n) beziehen muß, wird die Frage nach der Art ihrer Abgrenzbarkeit vom naiven Fremdverstehen, graduell oder prinzipiell, in Absehung vom Kriterium der Regelbindung zugunsten der erstgenannten Akzentuierung zu beantworten sein. Wichtig wird damit die Unterscheidung zwischen Inhaltsanalysen, die der Überprüfung vorweg spezifizierter Hypothesen dienen, und solchen, die differenziertere als die vorab formulierbaren Thesen erst hervorbringen sollen, zwischen denotativen und konnotativen Inhaltsanalysen. Praktisch markieren diese Begriffe Endpunkte eines Kontinuums, entlang dessen sich auch die Operationsreichweite von Inhaltsanalysen verändert: Je fragmentarischer die zugrundeliegende Theorie, desto breiter muß – bei gegebener Konstruktionsbreite – die Operationsreichweite einer Inhaltsanalyse offengehalten werden. Der Übergang von hypothesengenerierendem zu hypothesenprüfendem Vorgehen kann sich dabei in spiralig angelegten Wiederholungen vollziehen, indem mit wachsender Dichte der Referenztheorie die Offenhaltung der Operationsreichweite schrittweise zurückgenommen wird. Das besagt allerdings nicht, daß hochkohärente Theorien stets quantitative, wenig kohärente dagegen grundsätzlich qualitatitve Analyseverfahren bedingen. Derartige Zuordnungen bleiben willkürlich, solange vom jeweiligen Erkenntnisinteresse, und damit von der Konstruktionsreichweite, abstrahiert wird.

Ebenen der Inhaltsanalyse. Aufgrund der bisherigen Überlegungen scheint es unzweckmäßig, verschiedene einander ausschließende Typen einer Inhaltsanalyse (etwa: quantitative versus qualitative) zu definieren. Vielmehr ist entsprechend den verschiedenen Bedeutungsschichten von Äußerungen zwischen un-

terschiedlichen, aufeinander aufbauenden Analyseebenen zu unterscheiden.
Auf der ersten Ebene fragt die Inhaltsanalyse nach Frequenzen, das heißt nach der (relativen) Häufigkeit bestimmter Bedeutungsträger. Es werden, in Abhängigkeit von der Kohärenz der anleitenden Theorie, mehr oder weniger systematisch aufeinander bezogene Kategorien definiert, denen die innerhalb der Konstruktionsreichweite liegenden Symbole zuzuordnen sind. Voraussetzung ist, daß der Textproduzent seinerseits Bedeutungskodierungen vorgenommen hat, wie sie in der jeweiligen Sprachgemeinschaft gebräuchlich sind.
Die zweite Ebene der Inhaltsanalyse ist die Präsenzuntersuchung. Sie fragt danach, ob bestimmte, kategorial vordefinierte Bedeutungssymbole vorkommen oder nicht. Die Präsenzanalyse zielt also, für sich genommen, nicht auf Aussagen über Häufigkeiten, sondern auf positive oder negative Existenzsätze. Sie kann als Erweiterung oder als Einschränkung der Frequenzanalyse betrachtet werden. Fragt man darüber hinaus nach der Art der benötigten Referenztheorie, so löst sie die Ambivalenz der Stellenwertbestimmung auf. Präsenzuntersuchungen können innerhalb einer textimmanenten Konstruktionsreichweite noch gar nicht durchgeführt werden und werden daher zu Recht auf einer höheren Komplexitätsstufe als Frequenzanalysen angesiedelt. Die Frequenzanalyse kann noch mit einem aus dem Text selbst (immanent) gewonnenen Kategoriensystem auskommen. Die Präsenzanalyse verlangt immer ein von außen herangetragenes, externes begriffliches Bezugssystem, da anders nicht zu entscheiden wäre, welches Nicht-Vorkommen erfaßt werden soll. Umgekehrt: Solange die Konstruktionsreichweite der Untersuchung gegenstandsimmanent bleibt, besteht weder der Bedarf noch die Möglichkeit, über die Stufe der Frequenzanalyse hinauszugehen. Transzendiert die Konstruktionsreichweite dagegen den Untersuchungsgegenstand, können Frequenzanalysen ebenfalls dem Erkenntnisinteresse genügen; es besteht dann aber auch die Möglichkeit und unter Umständen ein Bedarf, zusätzlich Präsenzanalysen durchzuführen: Wenn zum Beispiel eine Inhaltsanalyse von Vorlesungsverzeichnissen zum Fach Pädagogik an westdeutschen Hochschulen vorgenommen wird, könnte dies eine Bestandsaufnahme der unterschiedlichen Gewichtungen nach Art einer Frequenzanalyse sein (vgl. HAFT 1976). Hat man dagegen bestimmte Vorstellungen darüber, welche Bereiche des Fachs eigentlich abzudecken wären, so müßte zur Feststellung eventueller Defizite eine Präsenzanalyse durchgeführt werden.
Auf der dritten Ebene fragt die Inhaltsanalyse nach *latenten* Bedeutungen und Tendenzen. Enthält ein Text Bedeutungen, denen keine bestimmte, abgrenzbare Zeichenmenge eindeutig zugeordnet werden kann, („ironische Untertöne", „verdeckte" Wertungen und anderes), und/oder Kodierungen, die zusätzlich für andere als die in der jeweiligen Sprachgemeinschaft üblichen Bedeutungszuordnungen stehen (mehrdeutige Dechiffrierbarkeit von Metaphern, allegorische Figuren und anderes)? Zur Beantwortung derartiger Fragen müssen nicht nur Präsenz- und Frequenzanalysen durchgeführt werden, sondern gleichzeitig ist ein erheblicher Komplexitätsgrad der Bezugstheorie vorauszusetzen. Diese muß nicht nur ausweisen, warum und nach welchen manifesten Bedeutungen gesucht werden soll, sondern überdies darlegen, wie solche manifesten Bedeutungen latente Sinnzusammenhänge spiegeln und in welchem Kontext sie entstanden sind.
Die vierte Ebene der Inhaltsanalyse betrifft die Frage nach der (subjektiven) *„thematischen Relevanz"* (SCHÜTZ/ LUCKMANN 1975, S. 190), das heißt danach, ob dem Textproduzenten nicht in Wirklichkeit eine andere Aussage als

die manifest formulierte wichtiger war (vgl. KÖCKEIS-STANGL 1980, S. 359). Von der Art der Theoriebildung her reicht diese Ebene in die vorige hinein. Besondere Bedeutung behält die Frage nach der subjektiven Bedeutung einer Äußerung immer dann, wenn ein Text als Teil eines Rituals und/oder unfreiwillig zustande gekommen ist. In derartigen Fällen ist die Gefahr besonders groß, daß der subjektiv gemeinte Sinn nicht unverfälscht an die Oberfläche gerät, sondern in den manifesten Äußerungen nur verzerrt erscheint. Damit stellt sich die Aufgabe, zu prüfen, welches *System subjektiver Relevanz* einer Äußerung zugrunde liegt, das heißt festzustellen, welche thematischen Relevanzen untereinander konkurrieren und in welchem (hierarchischen) Verhältnis sie stehen.

Weder latente Tendenzen noch die thematische Relevanz sind an der Textoberfläche erkennbar. In beiden Untersuchungsfällen muß eine zusätzliche Verknüpfungstheorie über Kontextbedingungen den Übergang zur Tiefenschicht vermitteln (vgl. KRIPPENDORF 1980, S. 28). Diese besteht für die Latenzuntersuchungen in Abweichungen von der lexikalischen Bedeutung einer bestimmten Aussage. Thematische Relevanz erschließt sich demgegenüber erst aus dem relativen Gewicht eines anderen, konkurrierenden Themas. Die Frage nach der thematischen Relevanz verlangt somit eine Inhaltsanalyse unter verschiedenen thematischen Gesichtspunkten.

Inhaltsanalyse als sozialwissenschaftliche Forschungsmethode. Im folgenden geht es darum, auszuweisen, wie die generellen Vorgehensweisen sozialwissenschaftlichen Forschens inhaltsanalytische Verfahren strukturieren – ohne daß dabei deren spezifische Fragestellungen desavouiert würden:

Die Inhaltsanalyse beginnt, wie jede Forschungsarbeit, mit der *Problemformulierung*. Das Forschungsproblem ist in möglichst präzisen Hypothesen zu fassen. Hypothesen sind, in weitester Formulierung, mutmaßende Äußerungen über die Beziehungen zwischen Phänomenen, hier: Phänomene in Texten und/oder im Kontext. Im Zusammenhang mit der Durchführung einer inhaltsanalytischen Untersuchung versteht es sich, daß die „Art" (vgl. FRIEDRICHS 1973) der Hypothesen entscheidend davon abhängt, wie sich die theoretische Vorarbeit darstellt und welche der genannten Analyseebenen angezielt wird. Beides wiederum steht in Wechsel- und/oder Folgebeziehung. Die oben so genannten „Phänomene", in Hypothesen in Beziehung gesetzt, werden gewöhnlich als Variable bezeichnet. Prinzipiell bezeichnet der Begriff „unabhängige Variable" das Phänomen, das in einer Hypothese als Bedingungs- und Kausalfaktor steht, während das in Abhängigkeit von ihr sich verändernde Phänomen als „abhängige Variable" bestimmt wird.

In einem zweiten Schritt, dem der *Operationalisierung,* geht es um die exakte Definition der Variablen, um sie der Zählung und Messung zugänglich zu machen, das heißt, es geht um die Festlegung empirisch auffindbarer und meßbarer Indikatoren. Zumeist beinhaltet Operationalisierung „zwei eng miteinander verbundene Teilschritte: die Bestimmung der sprachlichen Einheiten, an denen die relevanten Inhalte aufgesucht werden, und die Entwicklung eines Kategorienschemas zur Klassifikation der Inhalte" (MAYNTZ u. a. 1972, S. 156). Um die relevanten Aspekte des Inhalts aufnehmen zu können, ist zuerst die Bestimmung der Analyseeinheiten (vgl. BERELSON 1952, S. 135 ff.) notwendig. Diese Einheiten können zum Beispiel Worte, Satzteile, Paragraphen, Aufsätze, Radiosendungen oder Artikel in Zeitungen sein. Die Abgrenzung der Analyseeinheit *(recording unit)* beeinflußt indirekt die sich später anschließende Bestimmung der Auswahleinheit*(sampling unit)* für das Material; „es gilt generell die Ungleichung: Analyseeinheit ≤ Auswahleinheit" (KOPS 1977, S. 243). Der zweite Teilschritt und wichtigste Schritt der Operationalisierung ist die Entwicklung des Kategorienschemas zur Klassifizierung der Inhalte: „Die Inhaltskategorien, unter die die sprachlichen Einheiten des Textmaterials subsumiert werden sollen, bilden das eigentliche Verbindungsstück zwischen Variablen der Hypothese und den sprachlichen Konfigurationen, die als Indikatoren für sie und ihre einzelnen Merkmalsausprägungen gelten" (MAYNTZ u. a. 1972, S. 157). Das Ziel der Kategorienbildung besteht vornehmlich in einer sinnvollen Informationsreduktion, ohne daß wichtige Informationen verlorengehen. Aus diesem Grunde muß die Aufstellung der Kategorien unter genauester Beobachtung der erstellten Hypothesen erfolgen, die die theoretischen Bezüge repräsentieren. Kategoriensysteme lassen sich weitgehend standardisieren, dabei müssen die Kategorien bestimmten Anforderungen gerecht werden.

- Die Kategorien müssen die *Zwecke der Untersuchung* widerspiegeln.
- Das Kategorienschema muß *erschöpfend* sein, das heißt, die Erfassung der relevanten Informationen muß vollständig sein.
- Die Kategorien müssen *eindeutig* sein, so daß die Zuordnung von Textelementen zu einer oder mehreren Kategorien zweifelsfrei möglich ist.
- Die Kategorien müssen *unabhängig* voneinander sein, so daß die Einordnung eines Textelements in eine bestimmte Kategorie nicht die Kodierung anderer Teile des Textes beeinflußt.
- Bei der Formulierung sämtlicher Kategorien muß nach dem *gleichen Klassifizierungsprinzip* verfahren werden, das heißt, alle Kategorien müssen sich auf die Bedeutungsdimension beziehen, die durch die Fragestellung festgelegt wurde (vgl. RITSERT 1972, S. 52).

Der dritte Schritt gilt der *Auswahl des Materials*. Man kann von der Voraussetzung ausgehen, daß es nur in seltenen Fällen möglich sein wird, alle materialen Elemente, die zur Beantwortung der Forschungsfragestellung wichtig sind, in die Analyse einzubeziehen. KOPS (vgl. 1977, S. 95) zeigt differenziert, wie die sozialwissenschaftlichen Auswahlverfahren auf inhaltsanalytische Probleme zu beziehen sind.

Selbst der vierte Arbeitsschritt liegt noch im Vorfeld der eigentlichen Auswertung des Materials. Er umfaßt wiederum zwei Teilschritte: erstens die Aufstellung von *Kodierplänen/Kodieranweisungen,* die Reformulierung des entwickelten Kategorialsystems in handlungsanleitende und handlungserläuternde Schemata, sowie zweitens die Durchführung eines *Pretests*. Kodierpläne sind dann notwendig, wenn zum Beispiel die den Kategorien zugeordneten Items gleich auf ein Codeblatt übertragen werden, von dem unmittelbar auf eine Lochkarte übertragen werden kann. Kodieranweisungen helfen durch ausführliche (und möglichst vollständige) Erläuterungen zu den Kategorien *und* zu ihrer Umsetzung die gleichartige Zuordnung der symbolischen/sprachlichen Einheiten in den Kategorien sichern (vgl. HAFT 1973). Kodierpläne und Kodieranweisung müssen somit in vorläufiger Gestalt vorliegen, um den Pretest durchführen zu können, dessen Ziel darin liegt, die Gültigkeit des Verfahrens vorab zu kontrollieren (vgl. SCHRADER 1971, S. 143). Im Pretest wird an einer begrenzten Zahl von Fällen, die strukturell denen der endgültigen Auswahl entsprechen, eine (Vor-)Untersuchung durchgeführt. Nach den Ergebnissen der Voruntersuchung richtet sich die endgültige Festlegung des Vorgehens der Hauptuntersuchung.

Die sich anschließende Schritte Datenerhebung, Datenauswertung, Darstellung und Interpretation der Ergebnisse im Kontext der theoretischen Vorgaben sind den Vorgehensweisen anderer empirischer Methoden adäquat. Hinsichtlich der Datenauswertung spielen die statistischen Methoden eine Rolle, die vom Skalenniveau her in Frage kommen (vgl. WOLF 1984). Verbindungen und Verschränkungen mit anderen Vorgehensweisen, etwa der dokumentarischen Methode der Interpretation und der Sprachanalyse, sind zahlreich gegeben.

Das „klassische" *methodologische Kriterium* der *Objektivität* wird in der Inhaltsanalyse durch Diskursfähigkeit der Ergebnisse gesichert. Entsprechend ergibt sich das Kriterium der *Reliabilität* als Konsistenz der Anwendung der Verfahrensregeln (zum Beispiel *Kodierreliabilität;* vgl. BESSLER 1970, S. 43 ff.). Validität ist in dem Maße gegeben – ebenfalls in analogisierender Auslegung – wie ausgeprägt die Verfahrensregeln keine anderen als textimmanente Bedeutungsgehalte herausfiltern *(interne Validität)*.

Als weiteres Validitätskriterium kommt der Grad der Kongruenz von Text und unabhängig erhobenen Kontext-Daten in Betracht (Plausibilitätsbeleg der Interpretation: *externe Validität*). Die behauptete Stimmigkeit von theoretischen Vorannahmen und Verfahrensregeln wäre schließlich aufzuweisen am Versuch, aus verarbeiteten Mitteilungen innerhalb einer Auswahl Idealtypen zu formulieren *(Konstruktvalidität)*.

ARBEITSGRUPPE SCHULFORSCHUNG: Leistung und Versagen, München 1979. BERELSON, B.: Content Analysis in Communication Research, Glencoe 1952. BESSLER, H.: Aussagenanalyse, Bielefeld 1970. DEICHSEL, A.: Elektronische Inhaltsanalyse, Berlin 1975. FISCHER, M.: Inhaltsanalytische Auswertung von Verbaldaten. In: HUBER, L./MANDL, H. (Hg.): Verbale Daten,Weinheim/Basel 1982, S. 179 ff. FRIEDRICHS, J.: Methoden empirischer Sozialforschung, Reinbek 1973. GEORGE, A. L.: Quantitative and Qualitative Approaches to Content Analysis. In: POOL, I. DE S. (Hg.): Trends in Content Analysis, Urbana (Ill.) 1959, S. 7 ff. HAFT, H.: Zu Inhalten des Curriculums der Fächer der Erziehungswissenschaften an den Pädagogischen Hochschulen Nordrhein-Westfalens, Diss., Münster 1973. HAFT, H.: Aussagenanalyse in der Curriculumforschung, Weinheim/Basel 1976. HOLSTI, O. R.: Content Analysis for the Social and Humanities, Reading/Menlo Park/London/Don Mills 1969. KÖCKEIS-STANGL, E.: Methoden der Sozialisationsforschung. In: HURRELMANN, K./ULICH, D. (Hg.): Handbuch der Sozialisationsforschung, Weinheim/Basel 1980, S. 321 ff. KOPS, M.: Auswahlverfahren in der Inhaltsanalyse, Meisenheim 1977. KRACAUER, S.: The Challenge of Qualitative Content Analysis. In: The Publ. Opin. Quart. 16 (1959), S. 631 ff. KRIPPENDORF, K.: Content Analysis. An Introduction to its Methodology, Beverly Hills/London 1980. KUTTNER, H. E.: Zur Relevanz text- und inhaltsanalytischer Verfahrensweisen für die empirische Forschung, Frankfurt/M. 1981. LISCH, R./KRIZ, J.: Grundlagen und Modelle der Inhaltsanalyse, Reinbek 1973. MAYNTZ, R. u. a.: Einführung in die Methoden der empirischen Soziologie, Opladen ³1972. MAYRING, PH.: Qualitative Inhaltsanalyse, Weinheim/Basel 1983. NORTH, R. C. u. a.: Content Analysis, Evanston 1963. OSGOOD, CH. E.: The Representational Model and Relevant Research Methods. In: POOL, I. DE S. (Hg.): Trends in Content Analysis, Urbana (Ill.) 1959, S. 33 ff. OSGOOD, CH. E. u. a.: Evaluative Assertion Analysis. In: Litera 2 (1955), S. 47 ff. POOL, I. DE S.: Trends in Content Analysis Today: A Summary: In: POOL, I. DE S. (Hg.): Trends in Content Analysis, Urbana (Ill.) 1959, S. 189 ff. RITSERT, J.: Inhaltsanalyse und Ideologiekritik, Frankfurt/M. 1972. SCHRADER, A.: Einführung in die empirische Sozialforschung, Stuttgart/Berlin/Köln/Mainz 1971. SCHÜTZ, A./LUCKMANN, TH.: Strukturen der Lebenswelt, Darmstadt/Neuwied 1975. STONE, P. J. u. a.: The General Inquirer: A Computer Approach to Content Analysis, Cambridge (Mass.)/London 1966. STONE, P. J. u. a.: User's Manual for the General Inquirer, Cambridge (Mass.)/London 1968. WERSIG, G.: Inhaltsanalyse, Berlin 1968. WOLF, W.: Statistik, beschreibende. In: Enzyklopädie Erziehungswissenschaft, Bd. 2, Stuttgart 1984, S. 539 ff.

Henning Haft

Interpretation (dokumentarische Methode)

Begriff und Geschichte. Die „Dokumentarische Methode der Interpretation" bezeichnet ein (ethno-)methodisches Verfahren, mittels dessen einzelne Sachverhalte, Ereignisse oder Handlungen als Objektivationen auf ein singuläres, zugrunde liegendes Muster bezogen werden und darüber ihre Sinnbedeutung und ihren Wirklichkeitscharakter erhalten. Entsprechend der einleitenden Definition besteht das Grundprinzip der dokumentarischen Methode der Interpretation darin, einzelne beobachtete Erscheinungen als Dokument, als Spur, als Ausprägung eines zugrunde liegenden Musters zu betrachten. Dabei ergibt sich einerseits aus den jeweiligen dokumentarischen Evidenzen, welcher Art das zugrunde liegende Muster im Einzelfall ist. Andererseits dient das Wissen über das zugrunde liegende Muster als wesentliche Ressource für die Identifikation und Interpretation einzelner dokumentarischer Manifestationen. Bei der Anwendung der dokumentarischen Methode der Interpretation findet also eine Pendelbewegung zwischen „dokumentarischem Ereignis" und „zugrunde liegendem Muster" statt, – ein hermeneutischer Zirkel.

In Alltagsgesprächen hören wir zum Beispiel das, was eine Person sagt, als Ausdruck und Manifestation dessen, was sie meint. Ausgehend von den Äußerungen einer Person bestimmen wir also das, was sie im Sinn hat, als das ihren Äußerungen zugrunde liegende Muster. Diese Beziehung kehrt sich um, wenn wir bei der Wahrnehmung und Interpretation der Äußerungen einer Person auf unser Wissen über das, was sie meint, rekurrieren. Dokumentarische Objektivationen und zugrunde liegendes Muster dienen also wechselseitig dazu, die jeweils andere Seite zu identifizieren und zu interpretieren.

Eingeführt wurde der Begriff der „dokumentarischen Interpretation" ursprünglich von MANNHEIM (1964, S. 123), der im Rahmen seines Versuchs, einzelne Sinnschichten eines „Kulturgebildes" zu unterscheiden, neben dem „objektiven Sinn" und dem „intendierten Ausdruckssinn" auch die Gegebenheit eines besonderen „Dokumentsinns" eines Kulturobjekts postulierte. Anfang der 60er Jahre griff der amerikanische Soziologe GARFINKEL (vgl. 1967, 1973) in mehreren Arbeiten auf das Mannheimsche Konzept der „dokumentarischen Interpretation" zurück, ohne freilich dessen Unterscheidung dreier Sinnschichten mitzuübernehmen. Für Garfinkel bildet der von Mannheim beschriebene Vorgang der dokumentarischen Interpretation eine – wenn nicht die zentrale – „Methode" des alltagsweltlichen Denkens und Handelns. Der Begriff „Methode" mag in diesem Zusammenhang zunächst merkwürdig erscheinen, doch Garfinkel geht in der Tat davon aus, daß nicht nur Wissenschaftler in ihrer Arbeit, sondern alle „kompetenten" Gesellschaftsmitglieder in der Abwicklung ihrer Alltagsangelegenheiten „methodisch" verfahren. Eben diese alltäglich-praktischen Methoden – und darunter auch die dokumentarische Methode der Interpretation – bilden den Untersuchungsgegenstand des von Garfinkel begründeten Forschungsansatzes der *Ethnomethodologie*.

Interpretationsstruktur. Nach Garfinkel erschöpft sich die Funktionsweise der dokumentarischen Methode der Interpretation nicht darin, daß über einzelne dokumentarische Gegebenheiten das hinter den Objektivationen stehende Muster gesucht wird, oder umgekehrt: von einem bekannten Muster her einzelne dokumentarische Momente interpretativ bestimmt werden. Zur dokumentarischen Methode der Interpretation gehört vielmehr auch der Modus ihrer zeitlichen Strukturierung.

In vielen Interaktions- und Entscheidungssituationen ist es den Handelnden nicht möglich, den fortlaufenden Ereignisstrom auf Anhieb in eine stimmige Beziehung zu einem kohärenten zugrunde liegenden Muster zu bringen. Vieles bleibt daher seiner Bedeutung nach zunächst unklar; der Sinn einzelner Äußerungen oder Ereignisse bleibt oftmals ungewiß. Hier zeigt sich eine besondere Eigenschaft der dokumentarischen Methode der Interpretation: ihr prospektiver, auf die zukünftige Klärung der Dinge gerichteter Charakter. Es ist ein wesentliches Kennzeichen der dokumentarischen Methode der Interpretation, daß sie es ihren Benutzern ermöglicht, die nachfolgenden Ereignisse abzuwarten, um aus der weiteren Entwicklung der Dinge die „eigentliche", „wirkliche" Bedeutung gegenwärtiger Situationen und Handlungen bestimmen zu können. Diese Antizipation einer zukünftigen Klärung gestattet es den Handelnden, im Moment unklare Ereignisse ungeklärt „passieren" zu lassen.

Der vorausschauende Charakter der dokumentarischen Methode der Interpretation ist ganz offenbar mit einem rückschauenden Prinzip verknüpft: Ein einmal identifiziertes Muster kann dazu dienen, retrospektiv die Bedeutung und den Wirklichkeitsgehalt vergangener Ereignisse zu bestimmen. Ebenso können neue dokumentarische Momente zur Reinterpretation eines bereits identifizierten Bedeutungsmusters führen.

Nach Garfinkel besteht die dokumentarische Methode der Interpretation im wesentlichen aus der *vorausschauend-rückschauenden Interpretation* momentaner Ereignisse. Sie sorgt dafür, daß ein Objekt durch seine nach Ort und Zeit sich ändernden Erscheinungsweisen hindurch als „konstanter" Gegenstand, als „objektiver" Sachverhalt wahrgenommen und behandelt werden kann.

Methodologische Bedeutung. Im Sinn der Ethnomethodologie Garfinkels ist die dokumentarische Methode der Interpretation zunächst einmal zu verstehen als eine von den Mitgliedern einer Gesellschaft in alltäglichen Handlungs- und Entscheidungssituationen praktizierte Vorgehensweise, die bestimmten Regeln folgt und insofern auch als „Methode" rekonstruiert werden kann. Sie kommt immer dort zur Anwendung, wo Handlungen und Handlungsmotive, Äußerungen und ihre Bedeutungen, situative Ereignisse und Situationsdefinition, Verhaltensweisen und typische Eigenschaften einer Person in eine stimmige Beziehung gebracht werden.

Die methodologische Bedeutung der dokumentarischen Methode der Interpretation liegt darin, daß ihre Anwendung nicht auf den außerwissenschaftlichen Handlungsbereich beschränkt ist, sondern sich auf alle Gebiete der sozialwissenschaftlichen Forschung erstreckt. In der Praxis des Interviews, der Inhaltsanalyse, der nichtreaktiven Verfahren, der Soziographie, der Ethnographie und selbst im Fall „harter" Methoden machen Sozialwissenschaftler fortwährend von der dokumentarischen Methode der Interpretation Gebrauch (vgl. GARFINKEL 1973, S. 200). Die dokumentarische Methode der Interpretation ist ein wesentlicher Bestandteil der sozialwissenschaftlichen „logic-in-use" (KAPLAN 1964, S. 8), sie ist sozusagen eine „Methode in der Methode", deren Einsatz in der Forschungspraxis im allgemeinen stillschweigend und selbstverständlich vorausgesetzt wird. Dieser Sachverhalt kann methodologisch auf mehrfache Weise reflektiert werden:

Die erste Möglichkeit besteht darin, daß sich der Sozialwissenschaftler bei seiner Analyse auch die Frage stellt, auf welche Weise er selbst in seiner Forschungsarbeit von dieser Interpretationsmethode Gebrauch gemacht hat. Angewandt wurde diese analytische Strategie bislang vor allem von ethnomethodologischen Autoren (vgl. FENGLER/FENGLER 1980, WIEDER 1974), die auf diese Weise deutlich die reflexive Struktur der von

ihnen untersuchten sozialen Tatbestände aufzeigen konnten.
Eine weitere Möglichkeit der methodologischen Reflexion sehen einige Autoren darin, formale Muster der Alltagskommunikation, die die Anwendung der dokumentarischen Methode der Interpretation implizieren, nicht naiv in die Forschungskommunikation einzuführen, sondern in gleichsam okulierter Gestalt für spezifische Forschungszwecke einzusetzen. Zu erwähnen ist hier exemplarisch der Versuch von Schütze, aufbauend auf einer Analyse der Struktur alltäglicher Erzählungen den besonderen Typus eines „narrativen Interviews" zu entwickeln (vgl. ARBEITSGRUPPE BIELEFELDER SOZIOLOGEN 1976, S. 159 ff.).
Eine dritte Möglichkeit, die unvermeidbare Anwendung des Verfahrens in der Forschungspraxis methodologisch zu reflektieren, ergibt sich aus der folgenden Überlegung: Die Daten, mit denen Sozialwissenschaftler arbeiten und die sie in ihren Berichten präsentieren, sind im allgemeinen bereits hoch transformiert, das heißt, üblicherweise bilden „Aussagen" über die Wirklichkeit wie Interviewantworten, Urteile und Beschreibungen von Beobachtern, Akten und amtliche Statistiken und deren numerisch-statistische Transformationen das Analysematerial, nicht aber dokumentierte Ausschnitte dieser Wirklichkeit selbst. Bei dieser Art der Material- und Datentransformation bleibt sowohl für den Forscher als auch für den Rezipienten des Forschungsberichts vieles ungeklärt. Immer mehr Sozialwissenschaftler gehen daher in letzter Zeit dazu über, dokumentierte Wirklichkeitsausschnitte anstelle hoch transformierter Beschreibungsversionen als Datengrundlage zu benutzen und in entsprechender Form zusammen mit den Analysen zu veröffentlichen, - wie dies etwa konversationsanalytische Autoren mit ihren Gesprächstranskripten tun (vgl. BERGMANN 1981).

ARBEITSGRUPPE BIELEFELDER SOZIOLOGEN: Kommunikative Sozialforschung, München 1976. BERGMANN, J.R.: Ethnomethodologische Konversationsanalyse. In: SCHRÖDER, P./STEGER, H. (Hg.): Dialogforschung: Jahrbuch 1980 des Instituts für deutsche Sprache, Düsseldorf 1981, S. 9 ff. FENGLER, C./FENGLER, T.: Alltag in der Anstalt - Wenn Sozialpsychiatrie praktisch wird. Eine ethnomethodologische Untersuchung, Rehburg-Loccum 1980. GARFINKEL, H.: Common Sense Knowledge of Social Structures: The Documentary Method of Interpretation in Lay and Professional Fact Finding. In: GARFINKEL, H.: Studies in Ethnomethodology, Englewood Cliffs 1967, S. 76 ff. GARFINKEL, H.: Das Alltagswissen über soziale und innerhalb sozialer Strukturen. In: ARBEITSGRUPPE BIELEFELDER SOZIOLOGEN (Hg.): Alltagswissen, Interaktion und gesellschaftliche Wirklichkeit, Bd. 1, Reinbek 1973, S. 189 ff. KAPLAN, A.: The Conduct of Inquiry: Methodology for Behavioral Science, San Francisco 1964. MANNHEIM, K.: Beiträge zur Theorie der Weltanschauungs-Interpretation. In: MANNHEIM, K.: Wissenssoziologie. Auswahl aus dem Werk, Berlin/Neuwied 1964, S. 91 ff. WIEDER, D.L.: Language and Social Reality. The Case of Telling the Convict Code, The Hague/Paris 1974.

Jörg R. Bergmann

Interview, narratives

Begriff. Mit dem Begriff Interview wird in den Sozialwissenschaften zunächst die alltägliche Vorstellung verbunden, daß ein Informant einem Interviewer Antworten auf gezielte Fragen gibt. Das Interview findet als Wechselspiel von Frage und Antwort statt.
In narrativen Interviews dagegen läßt sich der Interviewer vom Informanten die Geschichte von Ereignissen erzählen, die der Informant selbst erlebt hat. Während des Hauptteils des Interviews

Interview, narratives

ist der Interviewer in der Rolle des Zuhörers, nicht des Fragers. Gegenstand des Interviews können nur Ereignisse sein, die der Informant erstens selbst erlebt hat und die zweitens in der Form einer Geschichte erzählbar sind. So kann ein Informant etwa seine gesamte Lebensgeschichte erzählen (biographisches narratives Interview – vgl. SCHÜTZE 1983) oder Aspekte davon, wie etwa die Geschichte seines Berufslebens (thematisch fokussiertes, biographisches narratives Interview; vgl. HERMANNS 1982) oder er kann die Geschichte eines besonderen selbsterlebten Geschehens erzählen, wie etwa eine Naturkatastrophe (vgl. SCHATZMAN/STRAUSS 1966) oder den Prozeß einer Gemeindezusammenlegung (vgl. SCHÜTZE 1976). Da die vorherrschende Darstellungsform im narrativen Interview das Erzählen ist, kann nur der Verlauf singulärer Ereignisse Thema des narrativen Interviews sein. Statische Gegebenheiten, Situationen oder Zustände, oder stets gleichförmig ablaufende routinisierte Prozesse können dagegen nur durch Beschreibungen dargestellt werden, nicht durch erzählte Geschichten.

Erzählungen im Alltag und im narrativen Interview. Das Erzählen selbsterlebter Geschichten ist eine alltagsweltliche Darstellungsform, die jedem vertraut ist und von jedermann beherrscht wird. Alltagsweltliche Erzählungen haben stets eine zwischen den Kommunikationspartnern ausgehandelte Funktion (vgl. GÜLICH 1980; vgl. KALLMEYER/ SCHÜTZE 1976, 1977). Um diese Funktion zu realisieren, einigen sich die Interaktionspartner auf ein gemeinsames Handlungsschema: Man verständigt sich darüber, gemeinsam eine Folge von Handlungen zu vollbringen, die einen gemeinsam geteilten Sinn haben, etwa sich in gemütlicher Runde durch abwechselndes Geschichtenerzählen zu unterhalten, einen Sachverhalt durch Fragen und Antworten aufzuklären oder sich einem anderen gegenüber zu erklären oder darzustellen. Immer muß die Geschichte als ganze einen Beitrag leisten zur Realisierung des übergeordneten Handlungsschemas. Alle in dieser Geschichte erzählten Episoden, alle eingelagerten Hintergrundkonstruktionen, durch die etwas beschrieben oder begründet werden soll, werden vom Zuhörer in ihrer Funktion für die Gesamterzählung und damit für das übergeordnete Handlungsschema interpretiert. Wenn die Darstellung der Lebensgeschichte als übergeordnetes Handlungsschema ausgehandelt wurde, dann ist die Lebensgeschichte der Bezugspunkt, auf den hin der Erzähler die Auswahl und die Darstellung von Sachverhalten organisiert.

Das bedeutet nicht, daß alles, was der Informant erzählt, nun von besonderer Relevanz für die Lebensgeschichte ist, er kann sich auch in die Erzählung verwickeln, und sich an Dingen festhalten, die nicht besonders relevant für seinen Lebensablauf sind. Wenn ihm dies widerfährt, muß er jedoch die Relevanz der erzählten Episode markieren, etwa indem er betont, daß dies nur „nebenbei" bemerkt sei.

Für den Interviewer ist es von größter Bedeutung, den Aufbau der Erzählung des Informanten und damit die Logik seiner Erzählung nicht durch Zwischenfragen zu zerstören. Erzählt etwa ein Informant in einem berufsbiographischen Interview von Prestigeproblemen an einem Arbeitsplatz, ohne die Arbeitstätigkeit näher zu erwähnen, so sollte der Interviewer den Erzähler an dieser Stelle nicht unterbrechen, um diese zum Gesprächsthema zu machen. Er würde damit ein anderes Handlungsschema (Beschreibung der Arbeitstätigkeit) konkurrierend zu dem ursprünglich ausgehandelten Handlungsschema (Erzählen der Lebensgeschichte) einbringen. Der Informant würde nun schwanken zwischen zwei Handlungsschemata (die in diesem Fall noch verbunden sind mit zwei verschiedenen Darstellungsschemata – erzählen und beschreiben). Die Logik des Ablaufs der Geschichte, so wie sie sich für den Erzähler darstellt, wäre damit zerstört. Eine Funktionsbedingung des narrativen Interviews besteht daher darin, die Ausgestaltung der zu erzählenden Geschichte voll und ganz dem Erzähler zu überlassen, auch wenn der Interviewer fürchtet, daß Themen, Gegenstände, Ereignisse, die ihn interessieren, in der Haupterzählung des Informanten nicht vorkommen (vgl. HERMANNS 1982, SCHÜTZE 1976).

Erzähltheoretische Grundlagen narrativer Interviews. Die grundlegende Funktionsbedingung des narrativen Interviews ist das Zustandekommen einer zusammenhängenden Erzählung eines selbsterlebten Geschehens. Ein Interview, in das gelegentlich eine Anekdote einfließt, ist daher noch nicht narrativ (zur Diskussion um die Methoden der „Oral History": vgl. GRELE 1980, NIETHAMMER 1980; zur Erschließung von Geschichten im Kontext pädagogischer Forschung: vgl. BAACKE/SCHULZE 1979). Im Gegensatz etwa zu „anekdotischen Interviews" stellt die ausführliche Erzählung einer zusammenhängenden Geschichte im narrativen Interview in besonderer Weise die Repräsentation vergangener Erfahrungsaufschichtung aus der heutigen Sicht dar (vgl. SCHÜTZE 1981).
Einer willkürlichen Zurechtbiegung der Erzählung in der Interviewsituation sind dadurch erzählungsimmanente Grenzen gesetzt, daß die Geschichte für den Zuhörer als Dokumentation des vergangenen Geschehens plausibel und glaubwürdig sein muß. So stellen sich nach KALLMEYER/SCHÜTZE (vgl. 1977) im Verlauf der Erzählung nach und nach gewisse *Zugzwänge des Erzählens* ein. Der Erzähler kann sich aufgrund dieser Zugzwänge nicht im Geschichtenerzählen verlieren, er kann sich auch nicht zu weit vom tatsächlichen vergangenen Geschehen loslösen, etwa um gegenüber dem Zuhörer einen guten Eindruck zu machen. Damit die erzählte Geschichte plausibel, glaubwürdig und verständlich ist, muß sich der Erzähler am tatsächlichen Geschehen orientieren. Er muß dabei detailliert erzählen *(Detaillierungszwang),* wo die Geschichte eine Detaillierung erfordert: Er muß etwa die Chronologie des Ablaufs der Ereignisse beachten, er muß die Übergänge von einem Ereignis zum nächsten darstellen, er muß die Schauplätze und Akteure benennen, und er muß die einzelnen Akteure in etwa charakterisieren, um ihre Handlungsweisen plausibel zu machen.
Ein weiterer Zugzwang des Erzählens besteht darin, daß begonnene Darstellungen von Sachverhalten, von Ereignissen und Ereignisfolgen auch zu Ende gebracht werden müssen, sonst würde der Erzähler durch seine Ankündigungen ein „Versprechen" geben, das er dann nicht einlöst *(Gestaltschließungszwang).* Da der Erzähler nicht im Wortsinn sein ganzes Leben erzählen kann, ist er gezwungen, signifikante Ereignisse aus dem Lebensstrom auszuwählen, die für die erzählte Geschichte relevant sind. Der Erzähler muß also aufgrund seiner Relevanzkriterien aus der Fülle von Ereignissen, Handlungen und Erfahrungen diejenigen auswählen und seine Erzählung auf die Dinge begrenzen, die es ihm ermöglichen, die Geschichte in seiner Weise zu präsentieren *(Relevanz-, Festlegungs- und Kondensierungszwang).* Aufgrund dieser Zugzwänge des Erzählens berichtet der Erzähler „auch über Vorgänge und Handlungsmotivationen [...], über die er in der normalen Interviewkommunikation schweigen würde" (vgl. SCHÜTZE 1976, S. 163).
Narrative Interviews bringen aus diesen Gründen eine Fülle von Material hervor, die mit anderen Formen offener Interviews oder gar standardisierter Verfahren nicht zu erreichen sind. Die große Stärke des narrativen Interviews liegt

darin, daß der Informant nicht nur über relevante Sachverhalte aufklärt, sondern die Ablauflogik eines Prozesses rekonstruiert, und das Verhältnis von handlungsrelevanten und theoretischen Ordnungsstrukturen der eigenen Orientierung gegenüber der Welt darstellt (vgl. SCHÜTZE 1981). Der Erzähler konstruiert die Ablauflogik einmal durch die in der Geschichte dargestellten Zusammenhänge der historischen Ereignisse, die in der Erzählung final, kausal oder zufällig verknüpft sind und durch die Beziehungen, in denen er zu diesen Ereignissen steht. Die Erzählung gibt die jeweils vorherrschende Beziehung, die der Erzähler zur Entwicklung seiner Lebensgeschichte – vom heutigen Standpunkt aus gesehen – hat, und deren Veränderungen wieder.

Zwischen der Erzählung des Ablaufs von Ereignissen und den theoretischen Kommentaren dieses Prozesses können erstaunliche Brüche auftreten, etwa in dem Sinn, daß ein Informant die Geschichte eines beruflichen Abstiegs erzählt und sie gleichzeitig als die Geschichte eines Aufstiegs kommentiert. Narrative Interviews besitzen so ein internes Korrektiv gegenüber der Verabsolutierung von alltagstheoretischen Äußerungen, wie sie häufig in anderen Interviewverfahren erhoben werden, ohne daß dort über die Handlungsrelevanz der erhobenen Meinungen, Einstellungen und Motive eine Aussage gemacht werden könnte (vgl. HERMANNS 1982, SCHÜTZE 1981).

Regeln der Interviewführung. Der Kern eines narrativen Interviews ist die Stegreif-Erzählung des Informanten. Die wichtigste Voraussetzung für das Gelingen eines narrativen Interviews ist daher ein setting, in dem der Informant auch die Möglichkeit hat, spontan seine Geschichte zu erzählen (vgl. HERMANNS 1982, SCHÜTZE 1977). Diese Grundregel ist sowohl bei der Gesprächsanbahnung als auch in der Einstiegsphase des Gesprächs von besonderer Bedeutung.

Der kritischste Punkt für den Interviewer ist die unmittelbar vor Interviewbeginn liegende Phase, in der ein gewisses Vertrauen zwischen Erzähler und Interviewer aufgebaut werden muß. Dies kann am besten durch allgemeinen small-talk erreicht werden, wobei interviewrelevante Themen möglichst ausgespart bleiben sollten. Ist die nötige Vertrauensgrundlage aufgebaut, dann kann der Interviewer seine Erzählaufforderung anbringen: Er muß den Informanten darüber aufklären, daß das folgende Interview nicht nach dem Muster Frage – Antwort – Frage abläuft, sondern daß der Interviewer an der ganz persönlichen Geschichte seines Gegenübers interessiert ist. Der Informant muß ausdrücklich gebeten werden zu erzählen, was er selbst erlebt hat. Der Interviewer darf nicht den Eindruck erwecken, daß er den Informanten als Repräsentanten einer sozialen Gruppe ansieht, etwa einer Berufsgruppe, der als Experte allgemeine Auskünfte über den Beruf als solchen gibt und dabei stellvertretend für viele spricht. Die Erzählaufforderung kann nur gelingen, wenn der Stimulus, den der Interviewer gibt, auch ein Erzählstimulus ist: Es wäre geradezu kontraproduktiv für eine Erzählung, würde der Interviewer nach Motiven fragen – „Erzählen Sie bitte, warum Sie Lehrer geworden sind" – oder nach Alltagstheorien – „Erzählen Sie bitte, wie sich in Ihrer Erfahrung der Lehrerberuf in den letzten 30 Jahren verändert hat".

Eine Erzählaufforderung, die nicht nur zum „Erzählen" im Sinne von „eine Geschichte erzählen" animiert, sondern auch noch andere Stimuli enthält, kann man im narrativen Interview nur als „Stimulussalat" (Schütze) bezeichnen. Dieser hat Interviews zur Folge, in denen keine durchgehende ausführliche Erzählung zustande kommt. Die Erzählaufforderung muß zum Erzählen einer Geschichte animieren, in der Ereignisse in einer Ereigniskette (oder mehreren) auf gewisse Erzählhöhepunkte zustreben, die gleichzeitig bedeutsame Situationen im Ereignisverlauf waren (vgl. KALLMEYER/SCHÜTZE 1977, LABOV/WALETZKY 1973). Nur wenn die Erzählaufforderung des Interviewers eindeutig ist und dem Informanten verdeutlicht hat, daß der Interviewer von ihm in diesem Sinne die Erzählung einer Geschichte wünscht, kann ein narratives Interview gelingen.

Hat der Informant seine Geschichte beendet, beginnt der Interviewer mit Nachfragen. Er fragt dann nach Ereignissen oder Sachverhalten, die der Informant in seiner Erzählung dargestellt hat und die dem Interviewer aus verschiedenen Gründen auffällig waren. So gibt es Sachverhalte in der Erzählung, die zwar eingeführt, dann aber nicht weiter behandelt wurden, oder es gibt Stellen in der Erzählung, die dem Zuhörer nicht plausibel erscheinen. Tangierte, aber abgebrochene Sachverhaltsdarstellungen sind nicht prinzipiell „verdächtig", man kann nicht grundsätzlich unterstellen, der Erzähler habe etwas verbergen wollen. Aufgrund der Logik der Gesamterzählung muß er während des Erzählens immer wieder sich auf das für das Ganze wesentliche beschränken und anderes, was „eigentlich" auch noch interessant ist, fortlassen. Dennoch sollte der Interviewer solche Stellen im Nachfrageteil ansprechen und sich erkundigen, was weiter geschehen ist. Es kann so geklärt werden, ob der Erzähler etwas Unangenehmes verbergen wollte, oder ob der aufgenommene Erzählfaden abgeschnitten wurde, weil er für das Ganze nicht relevant ist.

Die andere Gruppe von „auffälligen Stellen" in der Erzählung sind die Stellen mangelnder Plausibilität (vgl. SCHÜTZE 1976). Mangelnde Plausibilität der Erzählung für den Interviewer kann eine Folge seines mangelnden Kontextwissens sein, etwa, wenn der Interviewer in einem berufsbiographischen Interview zu wenig über den Beruf seines Informanten weiß. Stellen mangelnder Plausibilität können aber auch ein Versuch des Informanten sein, den Zuhörer und vielleicht auch sich selbst über gewisse Ereignisse, Verläufe, Zustände und Wertungen hinwegzutäuschen. Stellen mangelnder Plausibilität liegen etwa vor, wenn ein Ereignisträger (eine Person oder ein Gegenstand, um den eine Episode zentriert ist) über längere Zeit „grundlos" ausfällt, wenn chronologische Sprünge in Ereignisketten auftreten, wenn situative Höhepunkte (Punkte, an denen sich der weitere Verlauf der Ereignisse entscheidet) als alternativlos dargestellt werden, wenn logische, sachliche oder zeitliche Unverträglichkeiten auftreten, wenn Differenzen zwischen der Modalität der Darstellung und den Inhalten auftreten.

In der ersten Phase des Nachfrageteils sollte sich der Interviewer darauf beschränken, den Informanten zu bitten, noch einmal genau zu erzählen, was an diesen Stellen passiert sei. Dies hat den Sinn, das narrative Potential der Erzählung weitgehend auszuschöpfen, bevor in der abschließenden Phase das Prinzip des Erzählens aufgegeben und der Informant gebeten wird, Kommentare zu seiner Darstellung abzugeben.

Qualitätskriterien narrativer Interviews. Das oberste Qualitätskriterium eines narrativen Interviews ist das Zustandekommen einer ausführlichen Haupterzählung, die in ihrer Binnenstruktur auch den Charakter einer erzählten Geschichte aufweist. Dazu gehört, erstens daß die Geschichte indexikalisch ist, das heißt, es werden nicht nur allgemeine Begriffe verwendet, sondern auch Eigennamen von Personen, Schauplätzen und Dingen; zweitens, daß die vergangene Realität „nachinszeniert" wird, etwa indem direkte Rede nachgeahmt wird, oder in detaillierten Passagen das Präsens verwandt wird (vgl. QUASTHOFF 1980, S. 112) und drittens, daß die Geschichte eine zusammenhängende, in sich geschlossene Geschichte ist, und nicht eine Sammlung unverbundener Anekdoten, die jeweils vom Interviewer durch ein Stichwort ausgelöst werden. Die Qualität des Nachfrageteils hängt davon ab, ob es dem Interviewer gelungen ist, die Stellen mangelnder Plausibilität während des Interviews zu entdecken und entsprechende Nachfragen anzubringen.

BAACKE, D./SCHULZE, TH. (Hg.): Aus Geschichten lernen. Zur Einübung pädagogischen Verstehens, München 1979. GRELE, R.J.: Ziellose Bewegung – Methodologische und theoretische Probleme der Oral History. In: NIETHAMMER, L. (Hg.): Lebenserfahrung..., Frankfurt/M. 1980, S. 143 ff. GÜLICH, E.: Konventionelle Muster und kommunikative Funktionen von Alltagserzählungen. In: EHLICH, K. (Hg.): Erzählen im Alltag, Frankfurt/M. 1980, S. 335 ff. HEINZE, TH. u. a. (Hg.): Interpretationen einer Bildungsgeschichte. Überlegungen zur sozialwissenschaftlichen Hermeneutik, Bensheim 1980. HERMANNS, H.: Berufsverlauf und soziale Handlungskompetenz von Ingenieuren. Eine biographieanalytische Untersuchung, Diss., Kassel 1982. KALLMEYER, W./SCHÜTZE, F.: Konversationsanalyse. In: Stud. Ling. (1976), 1, S. 1 ff. KALLMEYER, W./SCHÜTZE, F.: Zur Konstitution von Kommunikationsschemata der Sachverhaltsdarstellung. In: WEGENER, D. (Hg.): Gesprächsanalysen, Hamburg 1977, S. 159 ff. LABOV, W./WALETZKY, J.: Erzählanalyse: mündliche Versionen persönlicher Erfahrungen. In: IHWE, J. (Hg.): Literaturwissenschaft und Linguistik: Ergebnisse und Perspektiven, Bd. 2, Frankfurt/M. 1973, S. 78 ff. NIETHAMMER, L. (Hg.): Lebenserfahrung und kollektives Gedächtnis. Die Praxis der „Oral History", Frankfurt/M. 1980. QUASTHOFF, U.: Gemeinsames Erzählen als Form und Mittel im sozialen Konflikt oder Ein Ehepaar erzählt eine Geschichte. In: EHLICH, K. (Hg.): Erzählen im Alltag, Frankfurt/M. 1980, S. 109 ff. SCHATZMAN, L./STRAUSS, A. L.: Social Class and Modes of Communication. In: SMITH, A. G. (Hg.): Communication and Culture. Readings in the Code of Human Interaction, New York 1966, S. 442 ff. SCHÜTZE, F.: Zur Hervorlockung und Analyse von Erzählungen thematisch relevanter Geschichten im Rahmen soziologischer Feldforschung. In: ARBEITSGRUPPE BIELEFELDER SOZIOLOGEN: Kommunikative Sozialforschung, München 1976, S. 159 ff. SCHÜTZE, F.: Die Technik des narrativen Interviews in Interaktionsfeldstudien – dargestellt an einem Projekt zur Erforschung von kommunalen Machtstrukturen. Universität Bielefeld, Fakultät für Soziologie: Arbeitsberichte und Forschungsmaterialien, Nr. 1, Bielefeld 1977. SCHÜTZE, F.: Prozeßstrukturen des Lebensablaufs. In: MATTHES, J. u. a. (Hg.): Biographie in Handlungswissenschaftlicher Perspektive. Kolloquium am Sozialwissenschaftlichen Forschungszentrum der Universität Erlangen/Nürnberg, Nürnberg 1981. SCHÜTZE, F.: Biographieforschung und narratives Interview. In: N. Prax. 13 (1983), S. 283 ff.

Harry Hermanns

Interview, strukturiertes

Definition und methodologische Grundlagen. Das standardisierte oder strukturierte Interview ist eine spezifische Form der mündlichen Befragung, bei der versucht wird, die Befragungssituation möglichst weitgehend zu kontrollieren oder auch zu standardisieren. Dadurch sollen Einflußgrößen des Erhebungsinstruments auf den Meßvorgang beziehungsweise die Datenerhebung ausgeschaltet werden. Die entsprechenden methodischen Vorkehrungen im strukturierten Interview beziehen sich auf eine dem Datenerhebungsprozeß vorausgehende Festlegung der Frageformulierung, das heißt des Wortlauts der Fragen und der Reihenfolge der Antwortkategorien (bei geschlossenen Fragen) sowie auf die Bestimmung der Fragenanordnung. Außerdem wird die Kontrolle von sozialen Einflußgrößen beim Interviewen angestrebt. Die Begriffe strukturiertes und standardisiertes Interview werden synonym verwendet (vgl. ATTESLANDER 1975, S. 89).

Die Kontroll- und Systematisierungsgebote erwachsen aus der empirisch-analytischen Wissenschaftsauffassung, welche für dieses Interviewverfahren grundlegend ist. In diesem Forschungsverständnis ist die Objektivität wissenschaftlicher Erkenntnis durch ein Intersubjektivitätspostulat gewährleistet, als dessen methodologische Spezifizierung Reproduzierbarkeit, Standardisierung und Meßbarkeit in der Erhebungssituation gelten (vgl. MERTENS 1975, S.17). Dadurch sollen valide (gültige) und reliable (zuverlässige) Beobachtungsdaten erzeugt werden, mit denen die zur Überprüfung anstehenden Forschungshypothesen zu konfrontieren sind. Diese Hypothesentestung ist für die Entwicklung von Theorien über den jeweiligen Gegenstandsbereich zentral (vgl. GADENNE 1976, POPPER 1966). Theorieentwicklung wie auch die damit verbundenen wissenschaftlichen Erklärungen orientieren sich an dem deduktiven Erklärungsmodell der Naturwissenschaften (vgl. HEMPEL/OPPENHEIM 1948).

Entsprechend den Kontroll- und Systematisierungsgeboten dieser Wissenschaftsauffassung enthalten die gängigen Methodenlehren zum strukturierten Interview ausführliche Regeln und Hinweise zur Formulierung und Anordnung der Fragen, zu störenden Einflußgrößen bei der Befragung, Interviewerverhalten und angemessenen Interviewtechniken. Sie gehen aber nicht auf eine Theorie der Befragung zurück, wie dies angesichts des wissenschaftlichen Selbstverständnisses, der erheblichen Verbreitung der Methode und der technischen Verfeinerung des Instrumentariums erwartet werden könnte. Vielmehr handelt es sich um Erfahrungsregeln ohne übergreifende theoretische Bezüge, deren Anwendung als in langer Erfahrung erworbene „Kunst" angesehen wird (vgl. MAYNTZ u.a. 1974, NOELLE 1963, SCHEUCH 1973).

In den Methodenlehren wird der Einsatz strukturierter Interviews empfohlen, um qualitative Anhaltspunkte für das Vorhandensein bestimmter Variablen und quantitative Auskünfte über deren Verteilung zu erlangen. Strukturierte Interviews „erlauben die vergleichende Analyse von Untergruppen und dienen nicht nur der Hypothesenbildung, sondern können gezielt zur Prüfung von Hypothesen herangezogen werden" (ANGER 1969, S.573f.; vgl. FRIEDRICHS 1973, S.208, S.226; vgl. SCHEUCH 1973, S.123).

Frageformulierung. Die Erfahrungsregeln für die Frageformulierung sollen sicherstellen, daß der Befragte die Fragen im vom Forscher intendierten Sinn versteht und sie möglichst unverfälscht und eindeutig beantwortet. Die Regeln sind deshalb wichtig, weil das strukturierte Interview selbst keine Kontrollmöglichkeit dazu enthält, ob eine Übersetzung der Frage in den Code des Befragten gelungen ist. Im allgemeinen werden die nachfolgenden Erfahrungsregeln angegeben (vgl. ANGER 1969, S.576f.; vgl. GOODE/HATT 1966, S.115ff.; vgl. KAHN/CANNELL 1957, S.110ff.; vgl. MACCOBY/MACCOBY 1966, S.47; vgl. SCHEUCH 1973, S.77ff.):

Einfache Formulierungen: Die Frage sollte so einfach formuliert sein, wie es noch eben mit dem sachlichen Zweck der Fragestellung vereinbar ist. Fremdwörter, Fachtermini und komplizierte Satzkonstruktionen sollten vermieden werden.

Keine langen Fragen: Zu lange Fragen verletzen ebenfalls das Prinzip der Einfachheit. Sie können den Befragten überfordern, demotivieren und/oder nur noch auf Teile der Frage reagieren lassen.

Eindeutige Fragen: Mehrdeutige Begriffe und unklare Formulierungen sind zu vermeiden, Synonyme sollten möglichst nicht abwechselnd benutzt werden. Im Rahmen eines Satzes sollten nicht mehrere Fragen miteinander gekoppelt werden.

Keine Überforderung des Befragten: Der Wissensstand des Befragten sollte nicht überschätzt werden. Vorsicht ist geboten, wenn der Befragte Erinnerungsleistungen zu erbringen hat. Auch zu hohe Erwartungen bezüglich des Bewußtheitsgrades, mit dem der Befragte eigenes Verhalten und das seiner Umwelt wahrnimmt, sind nicht angebracht. Eine Unterschätzung der Möglichkeiten des Befragten ist jedoch ebenfalls zu vermeiden. So kann zum Beispiel eine übergroße Einfachheit der Sprache vom Befragten als Anbiederung und Herablassung empfunden werden.

Konkrete, keine allgemeinen Fragen: Fragen, die sich auf typisches oder durchschnittliches Verhalten beziehen, sind wenig ergiebig, besonders wenn dabei ein längerer Zeitraum zugrunde gelegt wird. Die Frage soll darauf hinzielen, daß der Befragte Tätigkeiten, Einstellungen und Überzeugungen, Zeitpunkte und weiteres möglichst genau angibt.

Neutrale, nicht suggestive Fragen: Nichtneutral oder suggestiv sind Fragen, die die Wahl einer bestimmten Antwortkategorie nahelegen. Suggestive Wirkungen ergeben sich durch sprachliche Wendungen mit starken oder einseitigen Wertassoziationen wie Prestigefragen. Nicht nur die Frageformulierung, sondern ebenso der Fragerahmen kann suggestiv wirken. Suggestivfragen brauchen nicht unbedingt vermieden werden, ihr geplanter Einsatz kann zum Beispiel die Intensität einer Einstellung besonders gut erfassen helfen. Dabei ist aber die Kenntnis der Suggestionswirkung unbedingt erforderlich, um Fehlinterpretationen der Beantwortung zu vermeiden.

Frageformen. Strukturierte Interviews können auf offenen oder geschlossenen Fragen beruhen. Offenheit oder Geschlossenheit einer Frage bezeichnen den Spielraum, der dem Antwortenden gelassen wird. Bei offenen Fragen unterliegt der Antwortende keinen Beschränkungen. Inhalt, Form, Spezifität und Ausführlichkeit der Antwort liegen ganz in seinem Ermessen. Bei geschlossenen Fragen ist der Spielraum der Antwortmöglichkeiten durch vorgegebene Antwortkategorien mehr oder minder stark eingeschränkt.

Für den Einsatz *geschlossener Fragen* sprechen technische Vorzüge wie schnelle und genaue Protokollierung, Verschlüsselung und Auswertung. Geschlossene Fragen erbringen im Gegensatz zu offenen Fragen eine größere Einheitlichkeit der Antworten verschiedener Befragter und erleichtern die Vergleichbarkeit. Diese Vorteile gehen jedoch verloren, wenn das persönliche Bezugssystem des Befragten aufgrund der Einordnung in vorgegebene Antwortkategorien nur ungenügend oder verzerrt erfaßt ist. Bei *offenen Fragen* werden die spezifischen Ansichten und Deutungen des jeweiligen Befragten eingehender erfaßt. Die technischen Nachteile dieser Frageform sind aber erheblich, zum Beispiel der Protokollierungs- und Auswertungsaufwand, aber auch der Einsatz kompetenter und geschulter Interviewer. Offene Fragen stellen darüberhinaus höhere Anforderungen an das Ausdrucksvermögen des Befragten; Befragte mit geringer Schulbildung und aus unteren sozialen Schichten sind relativ häufiger überfordert (vgl. SCHEUCH 1973, S. 84).

In den herkömmlichen Methodenlehren werden folgende Empfehlungen für den Einsatz offener und geschlossener Fragen gegeben: „Zur Prüfung spezieller Hypothesen sollten nach Möglichkeit stets geschlossene Fragen benutzt werden, da sie die für bestimmte Programmpunkte relevanten Verhaltensdimensionen wesentlich präziser definieren als offene Fragen". Offene Fragen sollten „im allgemeinen dort eingesetzt werden, wo es entweder um relativ unkomplizierte oder aber um noch nicht genügend vorgeklärte Sachverhalte geht" (ANGER 1969, S. 581). Strukturierte Interviews sollten eine Mischung dieser Frageformen enthalten. „Eine solche Mischung von Frageformen dürfte auch im Hinblick auf den Befragten angemessener sein, denn eine unablässige Folge von Fragen gleicher Form und insbesondere eine ununterbrochene Folge geschlossener Fragen dürfte Willigkeit und Aufmerksamkeit des Befragten leicht überfordern, also zu einer Verminderung in der Qualität der Antworten führen" (SCHEUCH 1973, S. 86).

Fragetypen. Strukturierte Interviews, die sich geschlossener Fragen bedienen, können auf unterschiedliche Fragetypen zurückgreifen (vgl. ANGER 1969, S. 578; vgl. ATTESLANDER 1975, S. 103 f.; vgl. MAYNTZ u. a. 1974, S. 106 ff.; vgl. SCHEUCH 1973, S. 81 ff.):
Die *Alternativfrage* legt den Befragten im einfachsten Fall auf eine Ja-Nein-Reaktion fest. Diese Form wird in der Regel durch eine Restkategorie „unentschieden" oder „weiß nicht" ergänzt. Möglich ist auch die Vorgabe von zwei inhaltlich bezeichneten Alternativen, zwischen denen der Befragte wählen soll. Fehlt eine Mittelposition oder Restkategorie, so handelt es sich um ein Entscheidungsverfahren mit Zwangscharakter (forced choice).
Die *Skalenfrage* ist eine besondere Form der Antwortauswahlfrage, bei der mehr als zwei Antwortkategorien zur Wahl stehen. Mit ihr sollen Werte, Meinungen, Gefühle oder Handlungen bezüglich ihrer Intensität oder Häufigkeit gemessen werden. Der Befragte soll auf einem Kontinuum oder anhand einer Reihe verbal formulierter, abgestufter Zwischenkategorien verschiedene Grade der Zustimmung oder Ablehnung bekunden. Es wird hier auch von Fragen mit interner Antwortvorgabe gesprochen, wenn die Antwortmöglichkeiten in die Frage selbst eingebaut sind. Dabei wird empfohlen, nicht mehr als drei und keine in längeren Sätzen formulierten Alternativen zu verwenden.
Die *Katalogfrage* stellt eine Antwortauswahlfrage mit externer Antwortvorgabe dar. Dem Befragten wird eine Reihe qualitativ verschiedener Antwortmöglichkeiten zur Wahl gestellt, die sich keinem Kontinuum zuordnen lassen. Dabei können auch Mehrfachnennungen erwünscht sein. Die Anzahl der Vorgaben kann sehr unterschiedlich sein. Als Vorgabe kann auch grafisches Material, Bilder und anderes fungieren. Sollen längere Sätze oder Statements vorgegeben werden, so sollte dabei nicht über fünf bis sechs Kategorien hinausgegangen werden.
Die *Antwortvorgaben* können in unterschiedlicher Form dargeboten werden. Das *Listen*verfahren gibt die Katalogfragen in Form einer Liste vor. Dabei können Positionseffekte entstehen. Das *Karten*verfahren will solche Effekte mildern, indem für jede einzelne Kategorie eine Karte verwendet wird. Dadurch soll eine bessere gleichzeitige Berücksichtigung der Stimuli erreicht werden. Für die Formulierung von Antwortvorgaben wird auf folgende „Faustregeln" verwiesen (vgl. SCHEUCH 1973, S. 85):
- Je länger die Vorgaben, desto niedriger die Verläßlichkeit der Frage, aber um so geringer die Nachteile der geschlossenen Frage.
- Je komplexer die einzelne Antwortkategorie, um so eher ist externe Antwortvorgabe (Listen, Karten) erforderlich.
- Die einzelne Frage sollte um so weniger Antwortvorgaben aufweisen, je weniger vertraut diese dem Befragten sind.
- Die aufgeführten Vorgaben sollten sorgfältig ausgewählt werden; eine Häufung verwandter Kategorien sollte vermieden werden, notwendige Vorgaben sollten nicht ausgelassen werden.
- Je länger und je komplizierter die Vorgaben, desto größer der Einfluß der Reihenfolge.

Aufbau eines Fragebogens. Strukturierte Interviews basieren auf einem Interviewleitfaden (Fragebogen), für dessen Aufbau einige Regeln zu beachten sind. Sie beziehen sich auf die Festlegung der Reihenfolge benachbarter Fragen sowie auf das optimale Zusammenfügen einzelner Fragegruppen und -themen. Die dabei zur Anwendung kommenden Techniken des Trichterns, des Filterns und der Gabelung sollen hier außer acht gelassen werden (vgl. MAYNTZ u. a. 1974, S. 112 f.). Für die Anordnung der Fragen wird eine „psychologisch richtige" statt einer „logischen Folge" empfohlen (vgl. GOODE/HATT 1966, S. 115). Eingangsfragen sollten keinesfalls heikel, kontrovers oder leicht zu beantworten sein. Sie sollten den Befragten interessieren und anregen. Herausfordernde oder heikle Fragen (vgl. VAN KOOLWIJK 1969) sollten erst gegen Ende der Befragung gestellt werden, wenn der Befragte entsprechend vorbereitet ist und es ihm schwerfällt, die Befragung von sich aus abzubrechen. Da die Spannungskurve der Aufmerksamkeit des Befragten zu Anfang und gegen Ende des Interviews flach verläuft und meist einen Einschnitt nach zwei Dritteln des Interviews aufweist, sollten die wichtigsten Fragen – sofern sie nicht ausgesprochen heikle Themen betreffen – im mittleren Drittel der Interviews gestellt werden (vgl. SCHEUCH 1973, S. 92). Demographische Fragen sind am Schluß des Interviews zu plazieren, da für sie nur eine geringe Motivation des Befragten erforderlich ist. Im allgemeinen kann ein Interview eine bis anderthalb Stunden dauern, ohne daß mit gravierenden Ermüdungserscheinungen von seiten des Befragten zu rechnen ist. Bei der Planung der Dauer sollten das mögliche Interesse des Befragten und der Typ der Situation, den ein gegebenes Interview erfordert, berücksichtigt werden (vgl. SCHEUCH 1973, S. 93).

Fehlerquellen. Bei der Festlegung der Fragenfolge ist der sogenannte *Ausstrahlungseffekt* zu beachten. Er ist „darauf zurückzuführen, daß jede Frage einen Bezugsrahmen für die folgende Frage setzt, und speziell auf das Bemühen des Befragten um Widerspruchslosigkeit seiner Antworten" (vgl. SCHEUCH 1973, S. 91). Eine beantwortete Frage kann also auf die Beantwortung der nachfolgenden Frage einwirken. Dabei sind nicht nur inhaltliche, sondern ebenso emotionale Gesichtspunkte von Bedeutung: Eine Frage kann zum Beispiel ein Gefühl der Verstimmung oder Zufriedenheit hervorrufen, das sich auf den folgenden Fragenkontext auswirkt (vgl. MAYNTZ u. a. 1974, S. 112). Zum Auftreten und zur Behandlung von Ausstrahlungseffekten lassen sich kaum generelle Aussagen machen. Analog dem Ausstrahlungseffekt einzelner Fragen ist die Wirkung der Plazierung von Fragengruppierungen (Fragenbatterien) zu berücksichtigen (*Plazierungseffekt*). Auch durch Fragengruppen werden Bezugsrahmen geschaffen und Vorstellungen aktualisiert, die auf die folgenden Themen ausstrahlen können (vgl. SCHEUCH 1973, S. 91).

Für strukturierte Interviews soll nicht nur Formulierung und Abfolge der Fragen festgelegt werden, sondern es wird darüber hinaus die Kontrolle der *sozialen Einflußgrößen* der Befragungssituation angestrebt. Der Interviewte reagiert nicht nur auf die Frage und die Fragenabfolge, sondern ebenso auf den Kontext in dem diese präsentiert wird. Deshalb versuchen die Methodenlehren, möglichst detaillierte Kenntnisse über Art und Ausmaß der den Befragungsprozeß beeinflussenden Faktoren zu vermitteln.

Den Erwartungen und Ansichten des Interviewers, seinem Auftreten und Erscheinungsbild wird ein unter Umständen erheblicher Einfluß auf die Reaktionen des Befragten zuerkannt *(Interviewerfehler)*. Als Hauptgefahrenquellen gelten dabei die Vorurteile und Überzeugungen des Interviewers selbst (vgl. MACCOBY/MACCOBY 1966, S. 73 f.). Diese können nicht nur ungünstige Reaktionen beim Befragten hervorrufen, sondern sich auch verzerrend auf die Wahrnehmung und Protokollierung auswirken, und insbesondere bei offenen Fragen kann dieser Effekt die Datengewinnung negativ beeinflussen (vgl. SCHEUCH 1973, S. 103). Verzerrend erweist sich dabei auch eine Einstellungsstrukturerwartung des Interviewers. Es handelt sich dabei um die Neigung, beim Befragten eine einheitliche und konsistente Einstellungs- und Meinungsstruktur zu unterstellen, wobei die tatsächliche Konsistenz der Antworten des Befragten überschätzt wird (vgl. MAYNTZ u. a. 1974, S. 118). Ebenfalls als eine Fehlerquelle kann sich die Zugehörigkeit des Interviewers zu einer anderen sozialen Schicht als die des Befragten erweisen. Dadurch können Einstellungs- und Verhaltenserwartungen beim Befragten bewirkt werden, die die Befragung verzerren (vgl. MAYNTZ u. a. 1974, S. 114 ff.).

Das *Verhalten des Befragten* ist wesentlich davon beeinflußt, daß er normative Vorstellungen von Rollenbeziehungen, die der Beziehung zwischen ihm und dem Interviewer ähnlich sind, auf die Interviewsituation überträgt. Eine Möglichkeit, daraus resultierende Verzerrungen aufzufangen, bietet die Kenntnis des jeweiligen Milieus des Befragten, so daß der Interviewer unterschiedliche Interpretationen der Befragungssituation antizipieren und berücksichtigen kann (vgl. SCHEUCH 1973, S. 112; vgl. MAYNTZ u. a. 1974, S. 116). Die mangelnde Bereitwilligkeit des Befragten zu wahren Antworten sowie Stimmungsschwankungen können sich als eine weitere Fehlerquelle erweisen. Einen entscheidenden Einfluß hat nach SCHEUCH (1973, S. 116) aber die unterschiedliche Fähigkeit von Befragten zu relevanten Antworten; ungünstig wirken in diesem Zusammenhang „Überforderung von Gedächtnisleistung, Überschätzung vorhandener Informationen […] und ganz allgemein falsche Annahmen über den Bewußtseinsgrad, mit dem der Befragte eigenes Verhalten und das seiner Umwelt registriert".

Dem *Einfluß des Interviewers* auf den Gesprächspartner kommt der größte Stellenwert in der Methoden-Literatur zu (vgl. ANGER 1969, S. 594). Es wird die Bindung an den Interviewleitfaden und ein adäquates Interviewerverhalten empfohlen. SCHEUCH (vgl. 1973, S. 95) weist nach Durchsicht der entsprechenden Literatur zum Interviewerverhalten darauf hin, daß keineswegs einheitliche Vorstellungen über wünschenswertes Verhalten im Interview bestehen. Für strukturierte Befragungen wird im allgemeinen die sogenannte neutrale Befragungstechnik vorgeschlagen:

„Beim ‚neutralen Interview' soll der Interviewer prinzipiell nur Forschungswerkzeug sein, ein gewissermaßen leider nicht zu entbehrender Übermittler von Stimuli und Berichterstatter für Reaktionen. In den an dieser Konzeption orientierten Lehren steht im Vordergrund die Kontrolle des Interviewerverhaltens mit dem Ziel, möglichst gleichartige Stimulisituationen zu schaffen. Die hiermit geforderte Objektivität des Verhaltens beziehungsweise der Austauschbarkeit des Erhebungssubjektes bei Konstanz der Reaktionen läßt ein möglichst unpersönliches Verhältnis zum Befragten empfehlenswert erscheinen" (SCHEUCH 1973, S. 97).

Zur Problematik des Standardisierungsanspruchs. Die aufgezeigten Probleme erwachsen aus dem Bemühen, die methodologischen Postulate der empirisch-analytischen Forschungsauffassung umzusetzen, nach der die strikte Kontrolle beziehungsweise Standardisierung der Datenerhebungssituation gefordert ist. Entsprechend wird der Befragung das Modell eines Datenabrufs mittels eines neutralen Instruments (Interviewer mit Fragebogen) unterlegt, wobei Abweichungen als Verzerrungen gelten, die durch die Perfektionierung des Instruments soweit wie möglich zu eliminieren sind (vgl. KOHLI 1978). Die auftretenden Standardisierungsprobleme, wie in bezug auf "response-sets", Interviewereinflüsse, unterschiedliche Interpretationen des Sinngehalts von Fragen und Instruktionen, hypothesengenerierende Versuchspersonen, werden zwar in differenzierten methodischen Abhandlungen ausführlich diskutiert, zwecks objektiver Datenermittlung wird jedoch zu deren Ausschaltung und/oder Kontrolle gefordert, die Untersuchungssituationen immer strengeren Standardisierungsbemühungen zu unterwerfen (vgl. KÖCKEIS-STANGL 1980, S. 344; mit Verweis auf ARONSON/CARLSMITH 1968, CANNELL/KAHN 1968, FRIEDRICHS/LÜDTKE 1973, SECHREST 1968).

Aus der Perspektive einer interpretativen Sozialforschung (vgl. ARBEITSGRUPPE BIELEFELDER SOZIOLOGEN 1973) erweist sich ein solches Vorgehen als obsolet. Nach dieser Forschungsauffassung lassen sich sprachliche Äußerungen oder Verhaltensweisen, wie über die Standardisierungsbemühungen angestrebt, zwar raum-zeitlich exakt erfassen, oder – wie es die Ethnotheorie formuliert – sie sind auf der „etischen" Ebene (vgl. SCHÜTZE u. a. 1973, S. 435) zu erschließen. Ihre Bedeutungskomponente entzieht sich jedoch dem objektivierenden Zugriff: Die Bedeutung einer sprachlichen Äußerung zum Beispiel ist indexikal (vgl. GARFINKEL 1973), das heißt, sie ist an den Kontext der Äußerung, etwa den Intentionen von Sprecher und Hörer und deren Beziehung zueinander, wie an einen Index gebunden und losgelöst von diesem Kontext nicht faßbar. Da einer Äußerung nach Garfinkel nicht ihre Indexikalität genommen werden kann, ohne daß ihr Sinn verfehlt wird, kann Sozialforschung die soziale Wirklichkeit auf ihrer „emischen" Ebene (vgl. SCHÜTZE u.a. 1973, S. 435) nur geleitet durch das Prinzip der Offenheit aufnehmen (vgl. HOFFMANN-RIEM 1980, S. 344). Von diesem Standpunkt her vermögen auch immer weitergehendere Standardisierungsversuche die Objektivität der Daten nicht zu erhöhen. Dazu erscheinen einzig offene, nichtstandardisierte Verfahren in der Lage, durch die das kommunikative Regelsystem des Beforschten erhalten bleibt und der Beforschte über die autonome Darstellung seiner Wirklichkeitskonzeption den erforderlichen Auswertungskontext liefert, der den Zugang zu den bedeutungsstrukturierten Daten ermöglicht (vgl. HOFFMANN-RIEM 1980, KÖCKEIS-STANGL 1980, KOHLI 1978).

Vom Standpunkt einer interpretativen Sozialforschung ist auch das Bemühen um eine Theorie der Befragung, die seit KAHN/CANNELL (vgl. 1957) gefordert und von der her eine Lösung der Standardisierungsprobleme erwartet wird (vgl. ATTESLANDER/KNEUBÜHLER 1975, HIPPLER 1983), grundsätzlich in Frage gestellt. Eine solche Theorie, die dem selbstzugerechneten Wissenschaftsverständnis nach deduktiv-nomologischen Charakter haben müßte, wäre mit der notwendigerweise interpretativen Beschreibung von Interaktion, das heißt mit der Kontextabhängigkeit der Daten unvereinbar (vgl. WILSON 1973). Dennoch werden in diesem Zusammenhang jüngste systematische Aufarbeitungen empirischer Befunde (vgl. DIJKSTRA/VAN DER ZOUWEN 1982, SCHUMAN/PRESSER 1981, SUDMAN/BRADBURN 1982), welche verschiedene „Störquellen" bei der Befragung besser einzugrenzen versuchen, als erfolgversprechender Ausgangspunkt angesehen (vgl. HIPPLER 1983, S. 4).

Die strikte Auffassung, die Befragungssituation einer immer strengeren Standardisierung zu unterwerfen, findet sich nicht durchgängig in der Methodenliteratur. MAYNTZ u.a. (vgl. 1974, S. 114f.) gestehen zum Beispiel ausdrücklich nicht kontrollierbare Einflüsse des

Befragungsprozesses auf die Ergebnisse zu und lehnen es ab, den Interviewprozeß als verzerrenden Störfaktor zu interpretieren, den es immer weitergehender zu kontrollieren gilt. Sie verweisen darauf, daß „die in der sozialen Situation des Interviews liegenden Einflußgrößen jeweils zu identifizieren und zu kontrollieren [sind], um sie bei der Interpretation der Daten in Rechnung zu stellen" (MAYNTZ u. a. 1974, S. 119). Die Widersprüchlichkeit dieser Position, die für weite Bereiche der empirischen Sozialforschung typisch sein dürfte, liegt aber darin, daß sie sich gleichzeitig entsprechend dem Intersubjektivitätspostulat auf die Reliabilitäts- und Validitätsgebote als testtheoretisch verankerte Kriterien bezieht, deren Anwendung aber gerade die strikte Kontrolle beziehungsweise Standardisierung der Erhebungsprozesse erfordert.

Die prinzipiellen Schwierigkeiten strukturierter Befragungen fallen nicht immer gleich schwer ins Gewicht; auf forschungspraktischer Ebene haben strukturierte Befragungen nicht so viele Nachteile, wie man aus einer Beurteilung unter kommunikationstheoretischer Perspektive folgern könnte (vgl. KOHLI 1978, S. 22). Gegenüber offenen Befragungsverfahren sind strukturierte Interviews ökonomischere Verfahren, die eine schnellere Datenauswertung und einen größeren Stichprobenumfang ermöglichen. Auch lassen sich die Probleme strukturierter Befragungen durch ein stichprobenweises offenes Nachfragen (random probing) mindern, so daß Bedeutung und Bezugsrahmen der Antwort des Befragten wenigstens teilweise überprüfbar sind (vgl. KOHLI 1978, S. 23).

ANGER, H.: Befragung und Erhebung. In GRAUMANN, C. F. (Hg.): Handbuch der Psychologie, Bd. 7.1, Göttingen 1969, S. 567 ff. ARBEITSGRUPPE BIELEFELDER SOZIOLOGEN (Hg.): Alltagswissen, Interaktion und gesellschaftliche Wirklichkeit, 2 Bde., Reinbek 1973. ARONSON, E./CARLSMITH, J. M.: Experimentation in Social Psychology. In: LINDZEY, G./ARONSON, E. (Hg.): The Handbook of Social Psychology, Bd. 2, Reading (Mass.) ²1968, S. 1 ff. ATTESLANDER, P.: Methoden der empirischen Sozialforschung, Berlin/New York 1975. ATTESLANDER, P./KNEUBÜHLER, H.-U.: Verzerrungen im Interview, Opladen 1975. CANNELL, C. F./KAHN, R. L.: Interviewing. In: LINDZEY, G./ARONSON, E. (Hg.): The Handbook of Social Psychology, Bd. 2, Reading (Mass.) ²1968, S. 526 ff. DIJKSTRA, W./ZOUWEN, J. VAN DER: Response Behaviour in the Survey-Interview, London 1982. FRIEDRICHS, J.: Methoden empirischer Sozialforschung, Reinbek 1973. FRIEDRICHS, J./LÜDTKE, H.: Teilnehmende Beobachtung. Einführung in die sozialwissenschaftliche Feldforschung, Weinheim/Basel ²1973. GADENNE, V.: Die Gültigkeit psychologischer Untersuchungen, Stuttgart/Berlin/Köln/Mainz 1976. GARFINKEL, H.: Das Alltagswissen über soziale und innerhalb sozialer Strukturen. In: ARBEITSGRUPPE BIELEFELDER SOZIOLOGEN (Hg.): Alltagswissen..., Bd. 1: Symbolischer Interaktionismus und Ethnomethodologie, Reinbek 1973, S. 189 ff. GOODE, W. J./HATT, P. K.: Beispiel für den Aufbau eines Fragebogens. In: KÖNIG, R. (Hg.): Das Interview. Praktische Sozialforschung I, Köln/Berlin ⁵1966, S. 115 ff. HEMPEL, C. G./OPPENHEIM, P.: Studies in the Logic of Explanation. In: Phil. of Sc. 15 (1948), S. 135 ff. HIPPLER, H.-J.: ZUMA - Forschung zur Methodenentwicklung: Bericht über das Projekt „Befragungsexperimente". ZUMA - Nachrichten, Nr. 12, Mannheim 1983. HOFFMANN-RIEM, CH.: Die Sozialforschung einer interpretativen Soziologie. Der Datengewinn. In: Köln. Z. f. Soziol. u. Sozpsych. 32 (1980), S. 339 ff. HRON, A.: Interview. In: HUBER, G. L./MANDL, H. (Hg.): Verbale Daten, Weinheim/Basel 1982, S. 117 ff. KAHN, R. L./CANNELL, C. F.: The Dynamics of Interviewing, New York 1957. KÖCKEIS-STANGL, E.: Methoden der Sozialisationsforschung. In: HURRELMANN, K./ULICH, D. (Hg.): Handbuch der Sozialisationsforschung, Weinheim/Basel 1980, S. 321 ff. KOHLI, M.: „Offenes" und „geschlossenes" Interview: Neue Argumente zu einer alten Kontroverse. In: Soz. Welt 29 (1978), S. 1 ff. KOOLWIJK, J. VAN: „Unangenehme Fragen". In: Köln. Z. f. Soziol. u. Sozpsych. 21 (1969), S. 864 ff. MACCOBY, E. E./MACCOBY, N.: Das Interview: ein Werkzeug der Sozialforschung. In: KÖNIG, R. (Hg):

Das Interview. Praktische Sozialforschung I, Köln/Berlin ⁵1966, S. 37 ff. MAYNTZ, R. u. a.: Einführung in die Methoden der empirischen Sozialforschung, Opladen ⁴1974. MERTENS, W.: Sozialpsychologie des Experiments, Hamburg 1975. NOELLE, E.: Umfragen in der Massengesellschaft, Reinbek 1963. POPPER, K. R.: Logik der Forschung, Tübingen 1966. SCHEUCH, E. K.: Das Interview in der Sozialforschung. In: KÖNIG, R. (Hg.): Handbuch der empirischen Sozialforschung, Bd. 2, Stuttgart ³1973, S. 66 ff. SCHUMAN, H./PRESSER, S.: Question Answer in Attitude Surveys. Experiments on Question Form, Wording and Context, New York 1981. SCHÜTZE, F. u. a.: Grundlagentheoretische Voraussetzungen methodisch kontrollierten Fremdverstehens. In: ARBEITSGRUPPE BIELEFELDER SOZIOLOGEN (Hg.): Alltagswissen..., Bd. 2: Ethnotheorie und Ethnographie des Sprechens, Reinbek 1973, S. 433 ff. SECHREST, L.: Testing, Measuring and Assessing People. In: BORGATTA, E. F./LAMBERT, W. W. (Hg.): Handbook of Personality Theory and Research, Chicago 1968, S. 529 ff. SUDMAN, S./BRADBURN, N. M.: Asking Questions, San Francisco 1982. WILSON, TH. P.: Theorien der Interaktion und Modelle soziologischer Erklärung. In: ARBEITSGRUPPE BIELEFELDER SOZIOLOGEN (Hg.): Alltagswissen..., Bd. 1: Symbolischer Interaktionismus und Ethnomethodologie, Reinbek 1973, S. 54 ff.

Aemilian Hron

Introspektion

Formen der Introspektion. In der Introspektion läßt sich zwischen *Selbstbeobachtung* und *Selbstwahrnehmung* unterscheiden:

Fern von jeder Wissenschaft ist die *Selbstbeobachtung* durch die Gewissensinstanz den meisten Menschen geläufig. Insofern im Gewissen – oder wie die Psychoanalyse in einem erweiterten Sinn sagt, im Über-Ich – äußere Instanzen ins Subjekt verinnerlicht wurden, bildet dieses ein inneres Außen, eine verinnerlichte zweite Person (oder auch Personen), die das Ich aus dem Blickwinkel eines anderen in seinen Regungen, Handlungen und Motiven beobachten und beurteilen kann. Hierin scheinen sich verschiedene Ansätze moderner Sozialwissenschaft einig zu sein (vgl. S. FREUD 1969, 1972; vgl. MEAD 1969, SKINNER 1969). Selbstbeobachtung läßt sich nun selbst wieder betrachten entweder als *Selbstkontrolle* oder als *Selbstreflexion:*

Selbstkontrolle ist das Thema kognitiv lerntheoretisch orientierter Ansätze der Verhaltenstherapie, seit sie ihre Interessen nicht nur auf die äußere Konditionierung beschränkt, sondern das Subjekt wenigstens als „intervenierende Variable" mit eigener Regulationsfähigkeit anerkennt. Sie erscheint dabei als eine verschärfte Form von Selbstbeobachtung, insofern hier die Selbstbeobachtung klar in den Dienst eines bestimmten, zu erreichenden Verhaltens gestellt wird. Drei Merkmale sind von Bedeutung:

– Selbstkontrolle richtet sich immer auf Verhalten, beobachtet also stets den auf die Umwelt gerichteten Anteil der Vorgänge am und im Ich;
– sie ist in einen Ziel-Mittel-Konflikt eingespannt und dient der Lösung dieses Konflikts durch bewußte Steuerung der Verhaltensmittel;
– schließlich bedient sich die Selbstkontrolle der gleichen Techniken, die auch in der Kontrolle durch ein anderes Individuum Verwendung finden (vgl. HARTIG 1975, S. 8 ff).

Dem Begriff der Selbstreflexion gibt HABERMAS (vgl. 1968a, 1968b, 1971) drei unterscheidbare Deutungen, von denen nur die erste für dieses Thema bedeutsam ist. Sie bezieht sich auf den Bereich praktischen Handelns: Hier bringt „Selbstreflexion [...] jene Determinanten eines Bildungsprozesses zum Bewußtsein, die eine gegenwärtige Praxis des Handelns und der Weltauffassung ideologisch bestimmen. Die analytische Erinnerung erstreckt sich mithin auf Partikulares, auf den besonderen Bildungsgang eines individuellen Subjektes (oder eines durch Gruppenidentität zusammengehaltenen Kollektivs) [...] Sie führt zur Einsicht dadurch, daß ein zuvor Unbewußtes praktisch folgenreich bewußt gemacht wird" (HABERMAS 1971, S. 29) und „löst das Subjekt aus der Abhängigkeit von hypostasierten Gewalten" (HABERMAS 1968b, S. 159).

Selbstreflexion unter diesem Gesichtspunkt findet immer am Schnittpunkt zwischen individuellem und gesellschaftlichem Sein statt. Sie faßt die inneren psychischen und physischen Bedingungen gleichermaßen ins Auge wie die äußeren sozialen sowie sozioökonomischen und sucht sie miteinander kritisch in Verbindung zu bringen. Selbstreflexion in dieser Form beruft sich auf ein bewußtes theoretisches Wissen, wie auf praktische Handlungserfahrung. Sie nimmt ihren Ausgangspunkt von der situativen „Selbstbetroffenheit" (SCHÜLEIN 1977) und tastet sich zwischen den beiden Polen, dem des Erfahrens und dem der über das Ich hinausgehenden „theoretischen Nachkonstruktion" selbstreflexiv voran.

Der zweite Aspekt der Introspektion wurde oben *Selbstwahrnehmung* genannt. Wahrnehmen stellt gegenüber dem Beobachten einen passiven, empfangenden Anteil heraus, den einer ungerichteten Aufmerksamkeit (vgl. REIK 1976), die geduldig abwartet, was sich ihr zeigt. Sie beschäftigt nicht die Fernsinne (wie etwa Sehen und Hören), denn ihr Gegenstand stellt sich nicht entfernt, sondern hauptsächlich der Empfindsamkeit für coenästhetische, kinästhetische und insbesondere affektive Vorgänge und dem propriozeptiven Wahrnehmungssystem. Selbstwahrnehmung kann sehr unterschiedliche Grade der Bewußtheit haben. Sie bietet sich der Untersuchung an als *Selbstbewußtheit* und als *Vorwissen*:

Vor einem reflexiven Bewußtsein, wie es sich prototypisch in der Selbstreflexion vorstellt, gibt es noch eine andere Form von Bewußtsein, die Bewußtheit. SARTRE (1962, S. 18) verdeutlicht, daß „jedes setzende Bewußtsein vom Objekt zu gleicher Zeit nichtsetzendes Bewußtsein von sich selbst" ist. Am Beispiel eines Mannes, der seine Zigaretten zählt, legt er dar, daß im gleichen Augenblick, in dem dieser objektiv die Anzahl seiner Zigaretten erfaßt, er ein nicht reflektiertes Bewußtsein seiner Addiertätigkeit besitzt. Es gibt also einen „unmittelbar gewissen Inhalt" (SARTRE 1971, S. 43), der dem Sprechen und Nachdenken zugrunde liegt. Diese unmittelbare Gewußtheit, die jeder von sich – in eine Situation verflochten – hat, läßt sich, in Abgrenzung zum mehr reflektierenden und reflektierten Bewußtsein, Bewußtheit nennen. Damit wird auch ihr passiver Charakter gegenüber dem Bewußtsein herausgestellt (vgl. GRAUMANN 1966).

In der Selbstbewußtheit wurde die unmittelbare Erfahrung der Ichbefindlichkeit im situationsbezogenen Erleben betont. Was Empfindung und Gefühl unmittelbar gegenwärtig ist, verfolgt einen längeren inneren Gestaltungsweg, bis es schließlich in differenzierten und logisch gegliederten Sprachsymbolen Selbstbewußtsein erlangt. „Wir merken selbst, daß in uns ein Vorwissen ist, während wir auf Erleuchtung warten" (REIK 1976, S. 200). Auch dieser Weg des Vorwissens, obwohl er oftmals unbeachtet bleibt, ist der Selbstwahrnehmung zugänglich, vor allem wenn er eine genügend lange Zeit der Differenzierung erfordert und nicht durch blitzartige Prozesse der Aufmerksamkeit entgeht.

Als wenig symbolisch gemusterter Bereich entgeht die vorsprachliche Dimension von Wahrnehmen und Denken zwar dem reflexiven Selbstbewußtsein, zeigt sich aber der Selbstwahrnehmung in vielerlei Handlungs- und Bildgestalten, denn in diesen beiden Gestaltungsweisen scheint sich dieses vorsprachliche Denken auszudrücken. Bilder- und Handlungsgestalten sind auf einer unmittelbareren, sinnlich-empfindungsmäßigen Wahrnehmungsebene gegenwärtig. Sie gehören daher eher in den inneren Bereich der Selbstwahrnehmung und der unmittelbaren Selbstbewußtheit, als in den über eine Außeninstanz vermittelter Selbstbeobachtung.

Introspektion im erziehungswissenschaftlichen Feld. Aus tiefenpsychologischer Perspektive wird das Konzept der Introspektion in eine qualitativ und hermeneutisch orientierte Empirie eingefügt. Vor diesem Hintergrund bekommt die Introspektion überall da Bedeutsamkeit, wo der wissenschaftliche Zugriff eine strenge Unterscheidung zwischen Untersucher und Untersuchtem nicht für opportun erscheinen läßt, oder, anders ausgedrückt, der Untersucher immer auch Mituntersuchter ist, und sei es dadurch, daß er selbst seine Stellung im interpersonellen Geschehen zu begreifen sucht.

In dreierlei Hinsicht scheint es wichtig, daß der Untersucher sich in seinem Bezug zur Untersuchung thematisiert. Den ersten Gesichtspunkt hat DEVEREUX (vgl. 1967) an vielfältigem sozialwissenschaftlichen Material herausgearbeitet: Die Ereignisse des sozialen Feldes können dem Untersucher Angst machen. Er muß sich davor hüten, wissenschaftliche Methoden dazu zu benutzen, diese Angst zu kaschieren. Vielmehr hat er danach zu trachten, diese mögliche Angst als wesentliches Datum seiner Untersuchung zu behandeln und sie auf ihren Sinn im soziopsychischen Zusammenhang zu befragen. Tut er dies nicht und bedient sich einer Untersuchungstechnik, die Angst verschleiert, läuft er Gefahr, wichtige Daten seines Untersuchungsfeldes auszuschließen. Gleiches kann auch für erziehungswissenschaftliche Untersuchungen gelten (insbesondere solche über Störungen des Erziehungs- und Bildungsprozesses). Introspektion gibt Kunde von den Daten der Selbstbetroffenheit des Forschers.

Zweitens, insoweit erziehungswissenschaftliches Interesse darauf gerichtet ist, einen Menschen mit den Beweggründen seines Handelns zu verstehen, ist der Untersucher darauf angewiesen, auch sich selbst zu verstehen. In der sich einfühlenden Identifikation begibt er sich nämlich mit dem eigenen Erleben in die Position eines anderen und erfährt sich selbst an dessen Stelle. In dem Maße, in dem er sich selbst in dieser empathischen Entäußerung versteht, hat er einen Schlüssel zum Verständnis des anderen. Dieser wird differenziert und korrigiert an der Wahrnehmung von Übereinstimmung und/oder Unterschiedenheit zwischen dem einfühlenden Erleben und dem Selbsterleben des Betroffenen. Introspektion ist in dieser Hinsicht ein Instrument, um Erkenntnis über andere Menschen zu erlangen (vgl. KOHUT 1977).

Drittens zerreißt die empirische Isolierung einzelner Verhaltensverläufe allzuoft die Zusammenhänge alltäglicher pädagogischer Interaktion. Um diese, sei es im Hinblick auf psychosoziale, oder auf Lern- und Bildungsprozesse zu untersuchen, darf man dieses Geflecht, welches zu untersuchen ist, nicht auseinandernehmen. An diesem Interaktionszusammenhang ist der Pädagoge handelnd, sinngebend und dadurch beeinflussend beteiligt. Der Forscher ist darauf angewiesen, etwas von ihm über die Beweggründe seines Handelns zu erfahren, bedarf seiner introspektiven Daten über seine Sicht seiner Einflußnahme auf diesen Zusammenhang. Sein narrativ niedergelegtes introspektives Material kann zum Ausgangspunkt wissenschaftlicher Untersuchungen werden (vgl. BAACKE/SCHULZE 1979). In der Handlungsforschung, in der der Untersucher selbst zum Handelnden wird, erlaubt die Introspektion dem Handlungsforscher, etwas über seinen eigenen Beitrag zur Gestaltung einer pädagogischen Situation auszusagen.

Psychische Widerstände gegenüber der Introspektion und Methoden zu ihrer Überwindung. Introspektive Selbsterforschung stößt häufig auf Bereiche, die das Bewußtsein verdrängt hat. In ihnen finden sich, wie die Psychoanalyse nachgewiesen hat, diejenigen psychischen Ereignisse, die das Ich des Subjekts nicht ertragen konnte und daher genötigt war, von seinem Bewußtsein fernzuhalten. Ein emotionaler Widerstand schützt diese Bereiche vor dem Entdecktwerden. Sind diese Widerstände nicht zu beseitigen, tritt die Introspektion auf der Stelle und kann im fraglichen Punkt zu keinem tieferen Verständnis gelangen.

Psychische Inhalte sind unterschiedlich symbolisch organisiert. Nicht alle besitzen eine sprachliche Struktur, die unser Bewußtsein unmittelbar lesen kann. Es scheint symbolische Strukturierungen zu geben, die in der Lage sind, komplexe Situationen ganzheitlicher wiederzugeben, als es Sprache vermag und die dieser gegenüber auch im Vorteil sind, wenn es um die Aufnahme emotionaler Gehalte und persönlicher Bedeutungsheftigkeit geht. Es gibt darüber bisher keine einheitlichen Theorien. Beschäftigt hat sich mit diesen Problemen die Gestaltpsychologie und die Psychoanalyse. Das Spektrum solcher komplexer symbolischer Gestaltungen reicht von bildhaften Symbolen über Aktionsgestalten (vgl. WERNER 1953), über Organ-Objekt-Bilder (vgl. SZÉKELY 1977) bis zu „physiognomischen Gestalten" (vgl. LINCKE 1972, SPITZ 1973). Während die Grammatik objektgerichteten Denkens einigermaßen geläufig ist, hat die Grammatik subjektgerichteten Denkens beim Heranwachsen der meisten Menschen wenig Schulung erfahren und wurde als unlogisch, magisch oder phantastisch in der Regel ausgetrieben. Diese Grammatik, die das kleine Kind – allerdings auf Kosten dessen, was Erwachsene Bewußtsein nennen – noch beherrscht, gilt es wiederzuerlernen, wenn man innere Vorgänge besser verstehen will.

Es gibt Methoden, die der Überwindung der eben genannten Schwierigkeiten dienen. Die erste könnte man *Abtasten der inneren Widerstände* nennen. Weiß man um die Möglichkeiten, die der psychische Apparat benutzt, um Widerstände in bewußtes Verhalten einfließen zu lassen – Primärprozeß (vgl. S. FREUD 1973) und Abwehrmechanismen (vgl. A. FREUD 1964) – so kann man versuchen, sich an diesen Formen und Umformungen entlangzutasten, sie rückgängig zu machen, um auf diesem Weg zum ursprünglichen Sinn zurückzufinden.

Als dazu geläufigste Methode benutzt die Psychoanalyse die *freie Assoziation.* Hierbei schaltet man alle bewußten Kontrollen aus und überläßt sich der Kette der sich einstellenden Gedanken und Bilder, bis sie sich zu einem verständlichen Sinn zusammenfügen. Besonders hilfreich setzt die freie Assoziation an Träumen an.

Beim *Umweg über neue Erfahrungen* muß man vorübergehend von der Introspektion lassen und sich wieder den üblichen Tätigkeiten zuwenden. Behält man dabei das ungelöste Problem im Auge, so mag eine neu eintretende Situation ein anderes Licht auf einstmals verlassene Sachverhalte werfen und zu neuen Einsichten verhelfen. Man kann aber auch den *Umweg über eine andere Person* wählen, die sich als Spiegel für die eigenen Probleme zur Verfügung stellt, indem sie ihre Eindrücke zurückgibt. Was sich derart im zwischenmenschlichen Bereich inszeniert, läßt sich häufig als Erläuterung innerpsychischer Vorgänge verwenden.

Über die sprachliche Strukturierungsschwelle in nichtsprachliche Bereiche einzutreten, bedeutet für die meisten Menschen, stabil gewordene Denkgewohnheiten wenigstens zeitweise wieder aufzugeben. Dabei kann die Beschäftigung mit künstlerischen Produktionen, mit Spiel, mit Märchen, Mythen und Sagen, mit religiösen Erfahrungen, mit völker- und volkskundlichen Materialien nützlich sein. Gerade wenn man Motive, die man bei sich wahrnimmt, in solche überindividuelle Gestaltungen hineinverfolgt, wenn man eine Vielzahl motivisch verwandter Aspekte auf sich wirken läßt, öffnet sich oftmals auch ein Verständnis für die subjektive innere Befindlichkeit (*Amplifikation* – vgl. SCHÄFER 1981).

Methodische Kontrollmöglichkeiten. Die Objektivität, Zuverlässigkeit und Gültigkeit einer Introspektion kann nur ein Geflecht von flexiblen methodischen Kontrollmöglichkeiten sichern; das heißt, ihre methodische Regulierung gelingt einigermaßen zufriedenstellend, wenn man die Komplexität nicht reduziert – dadurch würden zu viele unvermeidbare Faktoren unbemerkt und daher verzerrend wieder einfließen – sondern geradezu voll ausgenützt. Die wichtigsten Kontrollmöglichkeiten seien herausgegriffen:

Kontrolle durch die reale Situation: Die Ergebnisse einer Introspektion müssen sich immer wieder in realen pädagogischen Situationen bewähren und erfahren dadurch unter Umständen eine Korrektur.

Perspektivische Zusammenfassung: Auch wenn die Genauigkeit einer einzelnen introspektiven Betrachtung zu wünschen übrig läßt – was meistens wegen der Nachgängigkeit der Introspektion gegenüber dem tatsächlichen Vorgang der Fall ist – so läßt sich dieser Mangel doch dadurch ausgleichen, daß man die Ergebnisse vieler Introspektionsvorgänge aus verwandten Situationen unter einer gemeinsamen Perspektive zusammenfaßt.

Gegenseitige Überprüfung von innerer und reflexiver Stimmigkeit: Die Empfindung innerer Stimmigkeit bei introspektiven Aussagen muß durch reflexive Stimmigkeit bestätigt werden und umgekehrt. Der Reflexion können dabei schon gesicherte Daten einer Theorie zuhilfe kommen.

Subtraktion von Abwehrverzerrungen: Die Kenntnis möglicher Abwehrmechanismen und primärprozeßhafter Umgestaltungen erleichtert es, aus verzerrten Wahrnehmungen gültige Aussagen herauszufiltern.

Kontrolle durch die Supervisionsgruppe: Wo immer es möglich ist, empfiehlt es sich die Introspektionsdaten, soweit sie Beiträge über pädagogisch bedeutsames Geschehen enthalten, in Supervisionsgruppen zu überprüfen. Solche Gruppen, wenn sie nach einem tiefenpsychologisch orientierten Modell geführt werden wie etwa Balint-Gruppen (vgl. LOCH 1969), oder entsprechend geführte Psychodramagruppen, erleichtern den Trennungsprozeß zwischen empathisch wahrgenommenen Daten und unempathischen Projektionen subjektiven Erlebens auf einen anderen Menschen, helfen ferner über manche Schwelle der Abwehr hinweg und schärfen die Selbst- und Fremdwahrnehmung.

Als Einzelmaßnahmen erscheinen diese Kontrollmöglichkeiten unzulänglich. Aber zu einem kontrollierenden dialektischen Geflecht zusammengebunden, vermögen sie introspektive Daten objektiver, gültiger und zuverlässiger zu machen. Eine Absicherung derartiger Daten im Sinne quantitativer empirischer Verfahren scheint weder möglich noch wünschenswert, müßte sie doch durch die Preisgabe des Situationsbezugs, einem zentralen Vorteil introspektiven Vorgehens, erkauft werden. Daher ist die Kontrolle der Introspektion als qualitativer, hermeneutischer Methode auch nur innerhalb eines vorgegebenen Sinnhorizontes möglich.

BAACKE, D./SCHULZE, TH. (Hg.): Aus Geschichten lernen. Zur Einübung pädagogischen Verstehens, München 1979. DEVEREUX, G.: Angst und Methode in den Verhaltenswissenschaften, München 1967. FREUD, A.: Das Ich und die Abwehrmechanismen, Wien 1964. FREUD, S.: Neue Folge der Vorlesungen zur Einführung in die Psychoanalyse (1932). Gesammelte Werke, Bd. 15, Frankfurt/M. 1969. FREUD, S.: Das Ich und das Es (1923). Gesammelte Werke, Bd. 13, Frankfurt/M. 1972, S. 237 ff. FREUD, S.: Die Traumdeutung (1900). Gesammelte Werke, Bd. 2/3, Frankfurt/M. 1973. GRAUMANN, C. F.: Bewußtsein und Bewußtheit. Probleme und Befunde der psychologischen Bewußtseinsforschung. In: METZGER, W. (Hg.): Handbuch der Psychologie, Bd. 1.1, Göttingen 1966, S. 79 ff. HABERMAS, J.: Erkenntnis und Interesse, Frankfurt/M. 1968a. HABERMAS, J.: Technik und Wissenschaft als „Ideologie", Frankfurt/M. 1968b. HABERMAS, J.: Theorie und Praxis, Frankfurt/M. 1971. HARTIG, M.: Selbstkontrolle, München/Berlin/Wien ²1975. JAMES, W.: The Principles of Psychology, 2 Bde., New York 1890. KOCH, M.: Introspektion. In: RITTER, J. (Hg.): Historisches Wörterbuch der Philosophie, Bd. 4, Basel 1971, S. 522 ff. KOHUT, H.: Introspektion, Empathie und Psychoanalyse, Frankfurt/M. 1977. LINCKE, H.: Wirklichkeit und Illusion. In: Psyche 26 (1972), S. 821 ff. LOCH, W.: Balint-Seminare: Instrumente zur Diagnostik und Therapie pathogener zwischenmenschlicher Verhaltensmuster. In: DRÄGER, K. u. a. (Hg.): Jahrbuch der Psychoanalyse, Bd. 6, Bern/Stuttgart/Wien 1969, S. 141 ff. MEAD, G. H.: Sozialpsychologie, Neuwied/Berlin 1969. REIK, TH.: Hören mit dem dritten Ohr, Hamburg 1976. SARTRE, J.-P.: Das Sein und das Nichts, Hamburg 1962. SARTRE, J.-P.: Das Imaginäre, Reinbek 1971. SCHÄFER, G. E.: Introspektion und Pädagogik. In: Psychoanal. 2 (1981), S. 256 ff. SCHÜLEIN, J. A.: Selbstbetroffenheit. Über Aneignung und Vermittlung sozialwissenschaftlicher Kompetenz, Frankfurt/M. 1977. SKINNER, B. F.: Science and Human Behavior, New York 1969. SPITZ, R. A.: Vom Säugling zum Kleinkind, Stuttgart ³1973. SZÉKELY, L.: Sinn, Deutung und Selbsterkenntnis in der Psychoanalyse. In: EICKE, D. (Hg.): Freud und die Folgen, Teil 2, Die Psychologie des 20. Jahrhunderts, Bd. 3, Zürich 1977, S. 1078 ff. WERNER, H.: Einführung in die Entwicklungspsychologie, München 1953.

Gerd Schäfer

Krisenexperiment

Experimentelle Störung der Alltagsroutine. A winkt freundlich B zu und ruft: „Wie stehts?"
B: „Wie steht es mit was? Meiner Gesundheit, meinen Geldangelegenheiten, meinen Aufgaben für die Hochschule, meinem Seelenfrieden, meinem ..."
A (Rot im Gesicht und die Kontrolle verlierend): „Hör zu. Ich unternahm gerade den Versuch, höflich zu sein. Offen gesagt, kümmert es mich einen Dreck, wie es mit dir steht!"
(Beispiel aus GARFINKEL 1973, S. 207).
Bei dieser eigenartigen Interaktion steht die Person A für den Alltagsmenschen, der sich so verhält, wie es in seiner Gesellschaft üblich und normal ist. Die Person B, die dem gegenüber als übergeschnappt oder zumindest bösartig-naiv erscheint, spielt die Rolle eines Forschers, der A gerade in ein *Krisenexperiment* verwickelt hat.
Auf den ersten Blick und bei einer großzügigen Auslegung des Begriffs Experiment weist diese Situation tatsächlich einige Merkmale der experimentellen Versuchsanordnung auf: B ist der Versuchsleiter, der eine Reizkonstellation willkürlich herstellt. A ist die (unwissende) Versuchsperson, deren Reaktion von B beobachtet und gedeutet wird. Es ist denkbar, daß dieses Experiment (mit jeweils anderen Versuchspersonen) wiederholt wird und durch eine kontrollierte Beobachtung systematisierbare Erkenntnisse hervorbringt. Allerdings kann von einer Konstanthaltung oder Variation aller „Variablen" ebensowenig gesprochen werden, wie von einer exakten Definition und Elimination von Störfaktoren. Eine Messung des beeinflußten Verhaltens ist also streng genommen nicht möglich oder zumindest nicht als Bestätigung einer „Wenn-dann-Beziehungshypothese".
Bei einem Krisenexperiment besteht der Eingriff des Forschers darin, daß er ein System von kulturell selbstverständlichen Hintergrunderwartungen und Gewißheitserfahrungen stört. Diese Störungen werden von dem amerikanischen Soziologen GARFINKEL (vgl. 1967, 1973), der diesen Typ von Experimenten bekannt gemacht hat, auch „böse Überraschungen" genannt. In der Sprache der systemtheoretischen Sozialwissenschaft müßte man sagen, daß böse Überraschungen dann zu Krisen werden, wenn die von den handelnden Subjekten unbewußt vorausgesetzten Sinnzusammenhänge so anhaltend gestört werden, daß die Integration des Interaktionssystems gefährdet ist.

Verstehende Soziologie als Tradition. Entgegen dem ersten Eindruck gehört – wissenssoziologisch betrachtet – das Krisenexperiment nicht der Tradition klassischer Experimentalwissenschaft an. Seit Garfinkel ist es fester Bestandteil des Methodenrepertoires der *ethnomethodologischen Feldforschung*. Die Bezeichnung ethnomethodologisch verweist auf ein relativ eigenständiges Spezialgebiet der sogenannten Ethnowissenschaften. Ist deren Forschungsgegenstand das Wissen, welches die Mitglieder einer Kultur zur Hand haben, um sich die gegenständliche, soziale und ideelle Umwelt anzueignen, so geht es der Ethnomethodologie speziell um die Erforschung der Methoden, mit deren Hilfe die Mitglieder ihren Alltag organisieren, das heißt in Form von praktischen Handlungen darstellen. Der Ethnomethodologe will feststellen und verstehen, *wie* Alltagshandeln als rational erkennbare und berichtbare Interaktion hervorgebracht wird und abläuft.
Der Alltagsmensch ist in diesem Konzept der immer schon kompetent Handelnde. Er verhält sich selbstverständlich immer so, daß er in der Regel verstanden, akzeptiert und für normal gehalten wird. Indem der ethnomethodologische Forscher *verstehen* will, wie dies gelingt, gehört sein Vorhaben zu jenen Theorieansätzen, die die Brücken

zu den deterministischen Modellen behavioristischer und strukturell-funktionaler Herkunft abgebrochen haben (vgl. WEINGARTEN/SACK 1976, S. 21).
Der deutsche Phänomenologe Simmel hat wesentliche Anstöße für eine „verstehende Soziologie des Alltagslebens" gegeben. Er wird von den Ethnomethodologen als Urheber der Idee angesehen, daß Subjekte ihre gesellschaftlichen Beziehungen interaktiv aufbauen, in diesen Darstellungen selbst aber niemals völlig aufgehen. Diese Idee wurde von den „Alltagsweltsoziologen" SCHÜTZ (vgl. 1932), GOFFMAN (vgl. 1959) und CICOUREL (vgl. 1964) aufgegriffen und weiterentwickelt (vgl. LEVINE u. a. 1981, S. 32 ff.).

Methodologische Annahmen und Prinzipien. Die Ethnomethodologen beschäftigen sich mit den *formalen* Strukturen alltäglichen Handelns, wo und durch wen immer diese hervorgebracht werden. Nach Garfinkel liegt die Rechtfertigung für eine Forschungsstrategie, die die alltagspraktischen Methoden und Regeln erkundet, im Aufweis der Wirksamkeit von Basisregeln. Diese Basisregeln stellen gesellschaftlich gebilligte, von allen Gesellschaftsmitgliedern geteilte „natürliche Einstellungen" dar, die die intersubjektive Welt des Alltagslebens ausmachen.
Vor dem Hintergrund des eingangs zitierten Beispiels können solche Basisregeln, die unter Normalbedingungen die Interaktion krisenfrei und unproblematisch gestalten, wie folgt ausformuliert werden (vgl. GARFINKEL 1973, S. 202 ff.):
- Es werden situationsspezifische Gelegenheitsausdrücke benutzt; das heißt, es werden sprachliche oder nichtsprachliche Handlungen gesetzt, deren jeweilige Bedeutung sich entweder aus der Absicht des Benutzers und/oder aus dem situativen Äußerungsumstand beziehungsweise -kontext ergibt. Jede gelingende Interaktion beruht auf der Kenntnis und Anerkennung dieses unausgesprochenen gemeinsamen Einvernehmungszusammenhanges, der die Verwendung von Gelegenheitsausdrücken und Floskeln ermöglicht und regelt.
- Alltagsdarstellungen lassen infolge der Vagheit von Ausdrücken stets mehrere Deutungen zu. Während etwa der wissenschaftliche Diskurs Bedeutungsüberschüsse, aber auch Bedeutungsunterstellungen, durch das Anstreben größtmöglicher Darstellungsexaktheit eliminiert und damit Eindeutigkeit, Konsistenz und Abbildgenauigkeit herzustellen bestrebt ist, wird in der Alltagskommunikation die „unverbesserliche Vagheit" von Ausdrücken erwartet und als „eine Bedingung der richtigen Anwendung" (GARFINKEL 1973, S. 204) gebilligt.
- In Alltagssituationen schreiben sich die Handelnden stets wechselseitig den Anspruch und die Unterstellung von Sinneinverständnis zu. Dies gilt als praktisch-fortlaufende Leistung, die in jedem Interaktionsfeld „kompetente Mitgliedschaft" ausmacht.

Die genannten Basisregeln gehören zu den konstitutiven Merkmalen der Methoden, mittels derer alltägliche Sinnzusammenhänge produziert, beschrieben, berichtet und gedeutet werden. Diese Merkmale sind handlungsleitend, aber nicht rechenschaftspflichtig und in der Verwendung zumeist unbewußt. Die Ethnomethodologen gehen davon aus, daß Basisregeln solange unbeachtet bleiben, wie sie nicht selbst zum Objekt der Aufmerksamkeit oder Gegenstand der Reflexion werden. Sie gehen davon aus, daß dies nur sehr unzureichend gelingt, wenn Forscher zur Reflexion auffordern. Deshalb sind krisenhafte Bedingungen so herzustellen, daß zum Beispiel eine Basisregel durch eine inszenierte „Interaktionswidersinnigkeit" durchbrochen wird; dann und nur dann wird die Interaktionssituation ihre konstitutiven Regeln und Muster als les- und deutbare „Texte" hervorbringen.

Inszenierungsbeispiele. Zahlreiche Feldexperimente verstehen sich nicht explizit als ethnomethodologisch orientierte Forschungen, obgleich sie von einem vergleichbaren Erkenntnisinteresse und Versuchsplan ausgehen. Zum festen Bestandteil des Versuchsplans gehört die theatralische Inszenierung der Krisensituation. Folglich kann von Schauspielern gesprochen werden, die als Forscher das Geschehen steuern, oft aber auch nur Beobachterrollen innehaben und zum Publikum gehören. Für diesen Typ von Theater ist charakteristisch, daß es keine Bühne gibt, und daß die Zuschauer keine Ahnung davon haben, daß für sie eine Inszenierung gemacht wird. Einige Beispiele sollen dies beleuchten:

Erstes Beispiel: Die Forschungsfrage lautet, wie sich Menschen in einer anonymen Situation verhalten (während einer U-Bahnfahrt), wenn sie Augenzeuge eines Unfalls werden, und das Opfer einmal offenkundig krank und das andere Mal offenkundig betrunken ist. Als weitere Variable wird die Hautfarbe oder Rassenzugehörigkeit des Opfers eingeführt. Während der Fahrt zwischen zwei Stationen wird folgende Szene in einem U-Bahnwagen gespielt: Ein Schauspieler mimt das Opfer, das zu Boden fällt und bis zur Hilfeleistung liegen bleibt. Ein anderer Schauspieler stellt den Helfer dar, der bei einem Versuch rasch zu Hilfe eilen muß, in einem anderen erst nach etwa $2^{1}/_{2}$ Minuten. Im selben Wagen befinden sich zwei weitere Schauspieler, die die Reaktionen der Fahrgäste beobachten und protokollieren (vgl. PILIAVIN u. a. 1976, S. 39 ff.).

Zweites Beispiel: Gefragt ist, wie sich Studenten in einer alltäglichen Kommunikationssituation verhalten (Universitätsseminar), wenn sie mit den Entfremdungsmerkmalen dieser Situation konfrontiert werden. Folgende Szene wird während einer Seminarsitzung, bei der eine Studentengruppe ihre Arbeitsergebnisse referieren soll, gespielt: Die Schauspieler-Studenten stellen schweigend einen Kassettenrecorder auf und legen eine Kassette ein. Das Gerät wird angeschaltet und zwanzig Minuten lang läuft das Band leer ab. Die Schauspieler verweigern jede verbale Kommunikation unter gestischem Hinweis auf den unhörbaren Vortrag. Anschließend wird eine Zusammenfassung der Diskussion angekündigt. Es folgen auf Band aufgenommene Sätze, die aus Zeitungen wahllos zusammengestellt worden sind. Nachdem diese Inszenierung bei den Seminarteilnehmern viele und heftige Reaktionen hervorgerufen hat, die Schauspieler darauf aber inhaltlich nicht eingegangen sind, kündigen sie nun ihrerseits einen abschließenden Bericht an. Die Kassette läuft vor den erwartungsvollen Zuhörern abermals leer ab. (vgl. HEINZE u. a. 1981, S. 113 ff.).

Drittes Beispiel: Es soll untersucht werden, wie sich Menschen in einer alltäglichen Streßsituation verhalten (Straßenverkehr), wenn sie plötzlich mit der Forderung nach mehr Lebensqualität (Erholungs- und Grünflächen) praktisch konfrontiert werden. Folgende Picknickszene wird auf einer verkehrsreichen Straße aufgeführt: Eine Schauspielerfamilie (Mutter, Vater, Sohn, Tochter) setzt sich mit Campingstühlen und einem Tischchen gemütlich zum Teetrinken auf die Fahrbahn, nachdem sie drei herannahende Autos (von anderen Schauspielern gelenkt) aufgehalten haben. Es entsteht eine Diskussion, an der sich immer mehr Fußgänger (darunter auch weitere Schauspieler) und Autofahrer beteiligen. Die Auseinandersetzung, wo denn eigentlich die Leute, die weder ein Auto noch einen Garten besitzen, ihre „Erholung im Grünen" konsumieren sollen, wenn nicht hier, unmittelbar vor den Häusern und dem einzigen sonnigen Platz, löst vorübergehend eine Verkehrsstauung aus (vgl. BOAL 1979, S. 79 ff.).

Aus den Beispielen kann unschwer erschlossen werden, daß für Krisenexperimente sowohl detaillierte Planungsarbeiten als auch Offenheit und Dynamik konstitutiv sind. Da diese Experimente nicht nur „realistisch" sondern ganz real in den Alltag eingreifen, kann Unvorhergesehenes und Ungeplantes passieren. Improvisationsvermögen und Risikobereitschaft gehören zu den Eigenschaften, über die ethnomethodologische Schauspieler verfügen sollten.

Experimentverlauf. Idealtypisch lassen sich folgende Phasen in einem Krisenexperiment unterscheiden:
Erste Phase: Das Thema (die Alltagssituation) wird im gesellschaftlichen, sozialen und personalen Zusammenhang verortet und ausformuliert. Es geht hier zunächst um die Gewinnung theoretisch reflektierter Vorbegriffe und hypothetischer Verweisungszusammenhänge.
Zweite Phase: Die Alltagssituation wird problematisiert, vermutete Handlungsroutinen kritisiert. Als Ergebnis dieser Diskussion muß ein theoretisch begründetes Krisenszenario resultieren.
Dritte Phase: Der Ort der Handlung wird festgelegt und inspiziert. Die Vorannahmen über die Konstitutions- und Rahmenbedingungen der Alltagssituation erfahren hier ihre erste empirische Erhärtung.
Vierte Phase: Die Inszenierung der Krise wird geplant und handlungstheoretisch begründet. Mit der Verteilung der Rollen und einigen Proben, mit den erforderlichen Konzeptkorrekturen und Detailplanungen sind die der Aktion vorlaufenden Phasen beendet.
Fünfte Phase: Die Krisensituation wird vor Ort hergestellt, systematische Beobachtungen durchgeführt und Dokumentationsmaterial gesammelt. In dieser eigentlichen Forschungsphase wird handelnd, das heißt in tätiger Auseinandersetzung mit der Situation und den anderen handelnden Subjekten, erforscht, wie gestörte Situationen alltagsweltliche Motive, Wissensbestände und Interessenkonstellationen zur Darstellung bringen. Weil dabei nicht nur vollendet und verifiziert wird, was man im theoretischen Vorgriff immer schon wollte und wußte, sondern man an der Entstehung neuer Situationen fortlaufend beteiligt ist, geht diese Phase in die nächste fließend über.
Sechste Phase: Interpretativ wird hier zu formulieren versucht, was man handelnd eigentlich getan und erreicht hat. Diese Auswertungsphase dient der wissenschaftsimmanenten Systematisierung und Argumentation, der kritischen Reflexion über Alltagsmethoden und -routinen.

Kritik. Kritische Positionen greifen zumeist drei Argumentationsstränge auf: Das *wissenschaftstheoretische* Argument: Die Krisenexperimente entsprechen jenem konventionalistischen Forschungsdenken, das immer wieder nichts anderes macht, als mehr oder weniger explizit von dem auszugehen, was eigentlich erst erwiesen werden soll. Auch die Krisensituationen werden in Vorkenntnis bestimmter Basisregeln ausgewählt und geplant. Die systematischen Variationen und Beobachtungen dienen lediglich der Bestätigung der schon vorher bekannten Basisregeln. Sind neue Erkenntnisse durch das Verfolgen konventioneller Forschungsvorstellungen ausgeschlossen, ist umgekehrt auch keine Verifikation von exakten Hypothesen über Existenz und Funktion bestimmter Basisregeln möglich, weil diese aus dem dokumentierten Material bislang „nur in einer recht beliebigen Interpretation herausgezogen werden können" (SCHÜTZE u. a. 1973, S. 477).
Das *forschungsethische* Argument: Das demonstrative Herbeiführen von Verhaltenskrisen und das damit verbundene Sichtbarmachen von Konventionen, Ordnungen und Regeln, haben Gouldner dazu veranlaßt, Krisenexperimente mit Happenings zu vergleichen. Bei beiden soll durch ein gewolltes Chaos die

Krisenexperiment

Welt der gemeinsam geteilten Normen und Werte demaskiert und demoliert werden. Diese „Attacke gegen den common sense von Realität" (GOULDNER 1974, S. 470) verursacht soziale und emotionale Kosten (Verunsicherung, Verwirrung, Angst und Isolation), die einseitig zu Lasten des Alltagsmenschen gehen. Seine „gequälten Reaktionen" sind Gegenstand der Untersuchung; ihre methodische Hervorbringung ist nach Ansicht Gouldners „kein Zeichen einer leidenschaftslosen und distanzierten Einstellung zur sozialen Welt, sondern der Bereitschaft, sie in grausamer Weise zu verwenden. Hier werden Objektivität und Sadismus aufs Eleganteste miteinander verwoben" (GOULDNER 1974 S. 471). Das *forschungspolitische* Argument: Die konventionalistischen Elemente in der Forschungsstrategie und das Prinzip der ethnomethodologischen Indifferenz (das ist die Auffassung, die Ethnomethodologie habe ausschließlich formale Strukturen zu untersuchen und enthalte sich aller Werturteile, Erfolgseinschätzungen und Adäquatheitsaussagen) stehen in einem gewissen Widerspruch zu dem Ziel der praktischen Aufklärung des Alltagshandelns. Dieses Ziel ist deshalb allerdings nicht prinzipiell unerreichbar, wie die Versuche von BOAL (vgl. 1979) mit dem „unsichtbaren Theater" und von HEINZE u. a. (vgl. 1981) mit der „reflexiv-aktivierenden Praxisforschung" zeigen. Wichtig ist allerdings, daß das ethnomethodologische Erkenntnisinteresse mit einer gesellschaftspolitisch relevanten Auswahl und Definition des Gegenstandsbereiches kombiniert wird. Mehrere Autoren, die für eine „kritische Ethnomethodologie" plädieren (vgl. MÜLLER 1979), sehen diese Forderung bisher am besten von Aktionsforschungsprojekten eingelöst, die strukturelle Erkenntnisse mit der parteilichen Option für Aufklärung und Emanzipation zu verbinden vermochten.

BOAL, A.: Theater der Unterdrückten, Frankfurt/M. 1979. CICOUREL, A. V.: Method and Measurement in Sociology, New York 1964. GARFINKEL, H.: Studies in Ethonomethodology, Englewood Cliffs 1967. GARFINKEL, H.: Das Alltagswissen über soziale und innerhalb sozialer Strukturen. In: ARBEITSGRUPPE BIELEFELDER SOZIOLOGEN (Hg.): Alltagswissen, Interaktion und gesellschaftliche Wirklichkeit, Bd. 1, Reinbek 1973, S. 189 ff. GOFFMAN, E.: The Presentation of Self in Everyday Life, New York 1959. GOULDNER, A. W.: Die westliche Soziologie in der Krise, Bd. 2, Reinbek 1974. HEINZE, TH. u. a.: Praxisforschung. Wie Alltagshandeln und Reflexion zusammengebracht werden können, München/Wien/Baltimore 1981. LEVINE, D. N. u. a.: Simmels Einfluß auf die amerikanische Soziologie. In: LEPENIES, W. (Hg.): Geschichte der Soziologie, Bd. 4, Frankfurt/M. 1981, S. 32 ff. MÜLLER, U.: Reflexive Soziologie und empirische Sozialforschung, Frankfurt/New York 1979. PILIAVIN, I. M. u. a.: Barmherzige Samariter in der U-Bahn. In: KOCH, J. J. (Hg.): Altruismus und Aggression. Das Feldexperiment in der Sozialpsychologie, Bd. 1, Weinheim/Basel 1976, S. 39 ff. SCHÜTZ, A.: Der sinnhafte Aufbau der sozialen Welt, Wien 1932. SCHÜTZE, F. u. a.: Grundlagentheoretische Voraussetzungen methodisch kontrollierten Fremdverstehens. In: ARBEITSGRUPPE BIELEFELDER SOZIOLOGEN (Hg.): Alltagswissen, Interaktion und gesellschaftliche Wirklichkeit, Bd. 2, Reinbek 1973, S. 433 ff. WEINGARTEN, E./SACK, F.: Ethnomethodologie. Die methodische Konstruktion der Realität. In: WEINGARTEN, E. u. a. (Hg.): Ethnomethodologie. Beiträge zu einer Soziologie des Alltagshandelns, Frankfurt/M. 1976, S. 7 ff.

Peter Gstettner

Lehr-/Lernforschung

Forschungsgegenstand. Seit HERBART (vgl. 1887) seine Theorie des „erziehenden Unterrichts" mit einer Theorie des Lernens fundierte, versucht die sich wissenschaftlich begründende Pädagogik, Zielsetzungen pädagogischen Handelns und Annahmen über psychologische Voraussetzungen handlungsrelevanter Veränderungen individueller Verhaltensdispositionen in einer pädagogischen Methodenlehre aufeinander zu beziehen. In Abgrenzung zu Theoriebildungen pädagogischer Einflußnahme über unmittelbar verhaltenssteuernde Interventionen und Erziehungsmittel einerseits (vgl. GEISSLER 1973, TAUSCH/TAUSCH 1973), über die Organisation und Rituale institutionalisierter Erziehung, Bildung und Ausbildung andererseits (vgl. LANGEVELD 1960, REICHWEIN 1968, WELLENDORF 1973) ist die Lehr-/Lernforschung zunächst als ein der Didaktik zuzuordnender Forschungsbereich zu verstehen. Sie thematisiert den Zusammenhang zwischen Veränderungen individueller Verhaltensdispositionen und Maßnahmen der Anregung und Unterstützung des Erwerbs spezifischer Kenntnisse, Einsichten, Handlungsbereitschaften und Fertigkeiten und untersucht insbesondere das Verhältnis wechselseitig fördernder und erschwerender Bedingungen von Lehren und Lernen. Von der Curriculumforschung abhebbar durch die weitgehende Ausklammerung der Probleme einer Legitimation der Lernziele und Lerninhalte, im Vergleich zur Unterrichtsforschung in der Fragestellung nicht eingeschränkt auf institutionalisiertes Lehren und Lernen in der Schule und bei der Beschreibung konkreter Lehr-/Lernbedingungen auf Ergebnisse der Sozialisationsforschung angewiesen, erweist sich Lehr-/Lernforschung zu einem nicht unerheblichen Teil als jeweils bestimmbare und gemeinsame Schnittmenge dieser Forschungsgebiete (vgl. HOSFORD 1973, S. 39 f.). Darüber hinaus ist sie als Forschung zur Aufklärung des Handlungs- und Bedingungsfeldes aufeinander bezogener und zu beziehender Lehr- und Lernprozesse zu verstehen.

Die sehr unterschiedlichen Definitionsversuche von Lernen und Lehren in behavioristischer (vgl. SKINNER 1965), funktionalistischer (vgl. DEWEY 1949), strukturalistischer (vgl. PIAGET 1973), informationstheoretischer (vgl. KLIX 1971), kulturhistorischer (vgl. LEONTJEW 1966) oder geisteswissenschaftlicher (vgl. KLAFKI 1959) Forschungstradition lassen darin Übereinstimmung erkennen, daß sie begriffliche Bestimmungen mit einem hohen Allgemeinheitsgrad anstreben. Die Kluft zwischen theoretischer Grundlegung und alltäglichem Lehren und Lernen insbesondere in der Schule konnte so trotz einiger weiterführender Ansätze (vgl. AEBLI 1963, AUSUBEL 1974, BRUNER 1974, GAGNÉ 1969, LOMPSCHER 1971; zusammenfassend: vgl. BONNE 1978, EDELSTEIN 1978, THIEM/WECK 1978) bisher kaum überbrückt werden. Zunehmende Bedeutung wird daher Forschungsprogrammen mit einer fachdidaktisch oder lernbereichsspezifisch konkretisierten Schwerpunktsetzung beigemessen.

Für die Konstituierung des Forschungsgegenstandes sind unabhängig von wissenschaftstheoretischen Prämissen zwei im Ansatz konkurrierende Problemdefinitionen folgenreich: Als Weiterführung lernpsychologischer Forschung und Theoriebildung entwickelte sich seit Beginn der 60er Jahre verstärkt eine lerntheoretisch fundierte Instruktionsforschung, die Lehren als eine spezifische und manipulierbare Umweltbedingung menschlichen Lernens klassifiziert und ein auf lernpsychologische Forschungsergebnisse gestütztes, erfahrungswissenschaftlich zu sicherende Technologie lernzielorientierter Verhaltensbeeinflussung anstrebt. Auch dort, wo Ergebnisse der Verhaltenspsychologie als Grundlage einer Steuerung komplexer Lernprozesse in Frage gestellt und kognitive Theorien menschlichen Lernens zur Begründung lernfördernder Lehrverfahren herangezogen werden, bleibt die zentrale Problemstellung, auf der Grundlage lernpsychologischer Erkenntnisse oder zumindest in Anlehnung an sie, eine Theorie des Lehrens zu entwickeln (vgl. GAGNÉ/BRIGGS 1974, GLASER 1976). Nicht nur die skeptische Einschätzung der Bedeutsamkeit bisher vorliegender grundlagentheoretischer Befunde und der methodologisch problematische Schritt von der Deskription experimentell belegbarer Gesetzmäßigkeiten des Lernens zur Präskription lernsteuernder Lehrverfahren, sondern vor allem die Frage nach der grundsätzlichen Angemessenheit der vorgenommenen Konstituierung des Forschungsgegenstandes für die Strukturierung und Erfassung des zu untersuchenden Handlungs- und Bedingungsfeldes führte demgegenüber zur Neubelebung einer auf die Komplexität der Unterrichtssituation verweisenden Lehrforschung, die die Bedingungen und Formen des Lehrens insbesondere im institutionalisierten Unterricht und ihre Auswirkungen auf Lernprozesse und Lernergebnisse bei den Lernenden zum Forschungsgegenstand erklärte (vgl. KOSKENNIEMI 1971, TERHART 1978). Die vielfachen Versuche, Forschungsbefunde der beiden Grundpositionen in der Lehr-/Lernforschung miteinander zu vermitteln, stehen vor dem grundsätzlichen Dilemma, „daß Forschung, die durch ein einflußreiches Modell generiert worden ist, notwendigerweise an dieses Modell angekettet ist. Forschung, die von unterschiedlichen Modellen ausgeht, kann nicht einen einheitlichen Grundstock empirischen Wissens konstituieren, welcher als unabhängig von diesen Modellen gelten kann" (vgl. NUTHALL/SNOOK 1977, S. 91). Es stellt sich der Lehr-/Lernforschung daher zunehmend die Aufgabe, die ihr selbst zugrundeliegenden Modelle realitätsbestimmender Problemdefinitionen im Kontext einer Analyse notwendiger Leistungen für eine pädagogisch zu verantwortende Praxis als zentralen Forschungsgegenstand zu bestimmen.

Forschungsfelder und Fragestellungen. Es ist kein neues, wohl aber ein sachlich besonders fundiertes Urteil, wenn Travers im Vorwort zum „Second Handbook of Research on Teaching", das ein Jahrzehnt auch unterrichtsrelevanter Lehr-/Lernforschung zusammenfaßt, den Mangel an substantiell bedeutsamer Forschung beklagt und ein Mißverhältnis feststellt zwischen dem erheblichen Aufwand an öffentlichen Mitteln und tatsächlichem Erkenntnisfortschritt (vgl. TRAVERS 1973, S. VII f.). Nach Jahren bewußter Spezialisierung und der Konzentration auf Detailprobleme, der Ausdifferenzierung von Fragestellungen und Verfeinerung der Forschungsmethoden wächst die Einsicht, daß nicht die Quantität der Untersuchungen und das Streben nach methodischer Perfektion, sondern vorrangig die wissenschaftlich reflektierte theoretische und praktische Relevanz der Problemstellung über ihre Bedeutung entscheiden.
Mit zunehmender Überwindung der alten, von der Verhaltenspsychologie reaktivierten Illusion, die vielfältigen und komplexen, alltagssprachlich als „Lernen" bezeichneten Prozesse auf wenige Gesetzmäßigkeiten zurückführen und aus diesen ein allgemeines Lehrverfahren für die Schule ableiten zu können, ist das Forschungsfeld nicht nur differenzierter, sondern durch eine Vielzahl sehr verschiedenartiger theoretischer und methodischer Zugänge nahezu unüberschaubar geworden. Einen ersten Überblick über Arbeitsvorhaben der vergangenen Jahre ermöglicht eine Zusammenstellung von HEIDENREICH/HEYMANN (vgl. 1976). Folgende thematische Schwerpunktsetzungen verdienen für eine schulbezogene Lehr-/Lernforschung besondere Beachtung:

Wesentlich beeinflußt durch Gagnés Unterscheidung von internen und externen Bedingungen des Lernens und lernpsychologisch beschreibbaren Lerntypen einerseits und durch Vertreter einer kognitiven Lernpsychologie wie Ausubel und Bruner andererseits, wurden hypothetische Konstrukte und elaborierte Modellvorstellungen zur Erklärung und gezielten Unterstützung komplexer Lernprozesse in Forschungskonzepte der Lehr-/Lernforschung eingeführt. Diese können nicht nur empirisch prüfbare Analysen notwendiger Lernvoraussetzungen für die Bewältigung spezifischer Aufgaben ermöglichen und die Planung von Lehr-/Lernprozessen theoretisch anleiten, sondern auch Zusammenhänge zwischen Lernprozessen und spezifischen Lehraktivitäten in Form detaillierter Ansprüche an das Lehrverfahren in operationalisierter Begrifflichkeit beschreibbar machen (vgl. EIGLER 1976, 1978). Auch wenn die Validierung von Lern- und Lehrhierarchien erhebliche Schwierigkeiten bereitet, eine eindimensionale Organisation von Lernprozessen unter dem Aspekt des kognitiven Transfers insbesondere von Forschungsansätzen in der Nachfolge Piagets als Einschränkung entwicklungsfördernder Lernanreize problematisiert wird und das Konzept eines lernvoraussetzungsorientierten Aufbaus intellektueller Fähigkeiten und kognitiver Strukturen Unterrichtssituationen oft in pädagogisch und didaktisch bedenklicher Weise vorstrukturiert und determiniert (vgl. RUMPF 1973, WOHLWILL 1970), gehen von schulbezogen konkretisierten Lerntheorien viele die Lehr-/Lernforschung anregende Impulse aus. Weiterführende Untersuchungen sind insbesondere zu Fragen der Lernziel- und Aufgabenanalyse ausgelöst worden, aber auch zur Diagnose von Lernprozessen und Lernschwierigkeiten, zur Differenzierung und Individualisierung von Lernwegen und Lernumwelten für zielerreichendes Lernen, zur Entwicklung von Lehrverfahren und Lernhilfen sowie zur systematischen Förderung einer allgemeinen Lern- und Leistungsfähigkeit (vgl. EINSIEDLER 1976, GARTEN 1977, SCHWARZER/STEINHAGEN 1975, WEINERT 1977).

Während die durch Unterricht zu vermittelnden Lerninhalte traditionell vorwiegend einer (Fach-)Didaktik zugeordnet werden, gewinnen mit dem Aufweis eines „Implikationszusammenhanges" (BLANKERTZ 1969, S.92) zwischen inhaltlichen und unterrichtsmethodischen Entscheidungen und der Einsicht in die gegenstandskonstituierende Funktion der Methode (vgl. KAISER 1972) Forschungsvorhaben an Interesse, die diesen bisher eher theoretisch erörterten Zusammenhang zwischen dem Lerngegenstand und der Methode seiner Erfassung und Aneignung für die Organisation von Lehr-/Lernprozessen fruchtbar machen. Klärungen, die über Analysen zur Begründung von Projektunterricht und Entscheidungsimplikationen bei der Curriculumentwicklung hinausgehen, sind jedoch noch kaum geleistet. Dagegen mehren sich Untersuchungen zu Ansätzen einer Lehrstoffanalyse, zu Bedingungen der Verständlichkeit sprachlicher Texte und zur Algorithmenforschung, in denen die Bedeutung von spezifischen Strukturen des Lerngegenstandes für die Organisation von Lehr-/Lernprozessen hervorgehoben wird (vgl. ACHTENHAGEN u.a. 1975, GROEBEN 1972, KLAUER 1974).

Im Grenzbereich zwischen Lehr-/Lern- und Unterrichtsforschung sind Untersuchungen einzuordnen, die Interaktions- und Kommunikationsprozesse in Lehr-/Lernsituationen analysieren, die „dialogische Konstitution eines Themas" (vgl. KOKEMOHR/UHLE 1976, S.861) in der Konfrontation divergierender Deutungsmuster einer Unterrichtssituation aufzeigen und damit den Aufbau von Wissenszusammenhängen unter unterrichtlichen Kommunikationsbedingungen rekonstruieren, motivationale Probleme, Ängste und Barrieren institutionalisierten Lernens aufklären und Zusammenhänge zwischen konkreten Lehr-/Lernbedingungen in der Schule und spezifischen Lernergebnissen aufweisen (vgl. NICKEL/FENNER 1974, SIMONS u. a. 1975, THIEMANN 1973). Aufmerksamkeit verdienen dabei vor allem auch jene Forschungsansätze, die den nicht beabsichtigten oder zumindest nicht unmittelbar angestrebten Effekten von Lehr-/Lernprozessen nachgehen, dem sogenannten heimlichen Curriculum konkurrierender Nebenwirkungen planmäßigen Lehrens und Lernens (vgl. ZINNECKER 1975).

Forschungsinteressen und -methoden. Folgt man der von MOLLENHAUER/RITTELMEYER (1977, S. 38) formulierten Einsicht, „daß in jeder Forschungsprozedur nicht nur mehr oder weniger zweckmäßige Verfahren angewendet, sondern die sozialen ‚Tatsachen', auf welche diese Verfahren sich richten, zugleich *konstruiert* werden", dann wird auch die Lehr-/Lernforschung immer neu zu klären haben, welches Vorverständnis von ihrem Forschungsgegenstand sie bestimmt, welche Prämissen und Interessen im Prozeß kontrollierter Erkenntnisgewinnung sie leiten und welche Handlungs- und Erkenntnismöglichkeiten sie eröffnet, fördert, hemmt oder ausschließt. Wesentlich beeinflußt und bis in die jüngste Zeit auch weitgehend mitgetragen von einer experimentell arbeitenden Lernpsychologie, hat sich die Lehr-/Lernforschung nach einer langen geisteswissenschaftlich-hermeneutischen Forschungstradition und einer nur zögernden Anerkennung empirischer Untersuchungsansätze (vgl. BROUDY 1963, WALLEN/TRAVERS 1963) auch im europäischen Raum in den vergangenen zwei Jahrzehnten als eine vorwiegend empirisch forschende Wissenschaft etabliert. Sie steht mit dieser Entwicklung trotz der unbestrittenen Fortschritte in Problemdifferenzierung und kategorialer Erschließung ihres Forschungsfeldes und bemerkenswerter Anstrengungen bei der Verbesserung ihrer Methoden und Verfahren kontrollierter Erkenntnisgewinnung unter dem von HABERMAS (vgl. 1964) formulierten Vorbehalt des „positivistisch halbierten Rationalismus" einer auf technisch verwertbares Wissen zielenden empirisch-analytischen Sozialwissenschaft. Insbesondere drei Orientierungen, die unabhängig von spezifizierten Problemstellungen und Untersuchungsansatz eher implizit als argumentativ ausgewiesen das wissenschaftliche Interesse bestimmen, erscheinen in der Lehr-/Lernforschung als dominant:

Auch wenn nur relativ wenige Untersuchungen den hohen Anforderungen theoriebezogener Hypothesenprüfung einer auf Erklärung, Prognose und technisch verfügbares Wissen ausgerichteten Forschungsmethodologie entsprechen und keineswegs nur kausalanalytische Fragestellungen verfolgt werden, wird in der Regel von der am Modell einer nomothetischen Wissenschaft orientierten Erwartung ausgegangen, daß die jeweiligen Untersuchungsergebnisse auf vergleichbare Situationen übertragen werden können. Es wird eine allgemeine Struktur von Lehr-/Lernprozessen unterstellt, die dem Muster zweckrationalen Handelns analog ist und die instrumentelle Verwertung der empirisch gewonnenen Forschungsergebnisse erlaubt. Kritiker sehen in dieser Ausrichtung des Forschungsprozesses die Entwicklung zu einer „Taylorisierung des Unterrichts" (vgl. BRUDER 1971).

Eng verknüpft mit diesem die empirische Lehr-/Lernforschung weitgehend leitenden Vorverständnis ist ein auf die Effektivität und Optimierung von Lehr-/Lernprozessen gerichtetes Interesse. Zwar unterscheidet GAGE (vgl. 1963) bei der Analyse vorherrschender Forschungsparadigmen zwischen dem Versuch, Zusammenhänge zwischen dem als abhängige Variable spezifizierten Unterrichtserfolg und den dieses Kriterium beeinflussenden Bedingungen aufzuklären und einem Interaktionsprozesse nur beschreibenden Forschungsmuster, doch wird auch in deskriptiv-analytischen Ansätzen in Fragestellung und Interpretation der Untersuchungen in der Regel ein spezifisches Effektivitäts- und Optimierungsdenken erkennbar: Lehr-/Lernforschung hat sich als ein Beitrag zu erfolgssicherndem Handeln zu legitimieren.

Mit der vorherrschenden Bestimmung dieser forschungsleitenden Perspektive ist zugleich die dritte typische Orientierung der Lehr-/Lernforschung aufgewiesen. Der sehr komplexe Beziehungs- und Wirkungszusammenhang von Lehren und Lernen wird geradezu selbstverständlich aus der Sicht des Lehrenden wahrgenommen. Dies gilt selbst für die meisten Untersuchungen zur Individualisierung des Unterrichts, denn nicht die Schülerpersönlichkeit mit ihrer spezifischen Sozialisationsgeschichte, mit ihren Erwartungen, Ängsten und Ansprüchen steht im Zentrum der Bemühungen, sondern die Vermittlung eines bestimmten Lerninhalts, deren angestrebte Optimierung die Berücksichtigung individueller Lernvoraussetzungen und Lernstrategien erfordert. Nun ist grundsätzlich jeder Lehr-/Lernprozeß durch ein Kompetenzgefälle zwischen Lehrenden und Lernenden bestimmt, und auch die Lehr-/Lernforschung muß der didaktischen Aufgabe der geplanten, erfolgskontrollierten Anregung und Unterstützung von Lernprozessen Rechnung tragen. Dies impliziert aber nicht notwendigerweise ein auf den Lehrprozeß und auf die Bedingungen seines Erfolgs zentriertes Forschungsinteresse. Eine solche Orientierung ist zwar aus der Sicht verbreiteter didaktischer Theorien und bildungsökonomischer Erwägungen naheliegend und verständlich, in ihrer gegenwärtigen Dominanz aber der Einsicht in die Bedeutung diskursiver Erkenntnisgewinnung und dem Anspruch der Förderung selbstbestimmten Lernens kaum angemessen.

Die Methoden der empirischen Lehr-/Lernforschung sind weitgehend auf den konkreten Forschungsgegenstand bezogene Präzisierungen und Weiterentwicklungen der vorwiegend in der Psychologie und Soziologie elaborierten Methoden empirischer Sozialforschung, wobei insbesondere bei experimentellen Versuchsplänen zuweilen eine an naturwissenschaftlichen Vorbildern angelehnte problematische Vereinfachung von Variablenkomplexen festzustellen ist. Im folgenden sollen typische methodische Ansätze der Lehr-/Lernforschung unterschieden werden, in denen zugleich spezifische Erkenntnisziele ihren Ausdruck finden:

Experimentelle Forschungsansätze erstreben die Klärung ursächlicher Zusammenhänge zwischen Situationsbedingungen und Ereignissen und haben insbesondere als Effektivitätsprüfung von Unterrichtsmethoden eine lange, wenn auch nicht überzeugende Tradition. Der zentrale Konflikt bei dem Versuch einer bedingungskontrollierten Prüfung der Voraussetzungen des Lernerfolgs ist (neben der Frage einer angemessenen Definition und Erfassung der Kriteriums-Variable) in den entgegengerichteten Anforderungen, der Sicherung interner Validität durch strenge Variablenkontrolle mit einer Tendenz zum praxisfernen Laborexperiment einerseits und in der Gewährleistung von externer Validität als Übereinstimmung von Experimental- und Realbedingungen mit einer Tendenz zu vor- und quasi-experimentellen Feldstudien mit eingeschränkter Bedingungskontrolle (vgl. CAMPBELL/STANLEY 1963) andererseits, zu erkennen. Eine Balance in dieser Dialektik von wissenschaftlicher Exaktheit und Realitätsnähe, die sich in der Regel darstellt als isolierte Wirkungskontrolle künstlich hergestellter Lernbedingungen und relativ pauschalem Vergleich vieldimensionaler, komplexer

Bedingungsgefüge mit Ergebnissen präziser Belanglosigkeit und widersprüchlicher Vieldeutigkeit, wird in Experimentalanordnungen gesucht werden müssen, die als theoriegeleitete Hypothesenprüfung unter feldähnlichen Bedingungen eine wechselseitige Optimierungsstrategie zwischen theoretischer Stringenz und praktischer Relevanz verfolgen (vgl. RIEDEL 1973). Zunehmende Bedeutung haben multifaktorielle Versuchspläne gewonnen, die eine Reduktion komplexer Lehr-/Lernbedingungen auf nur eine bedingungskontrollierte unabhängige Variable überwinden und auch Wechselwirkungen zwischen verschiedenen Einflußgrößen auf den Lernerfolg untersuchen (vgl. SIEGEL/SIEGEL 1967). So versucht die sogenannte ATI-Forschung eine Integration der traditionellen Orientierungen experimenteller und differenzieller Psychologie, in dem sie den Einfluß des Lehrverfahrens *(treatment)* unter dem Gesichtspunkt individueller Leistungsvoraussetzungen *(aptitude)* differenziert und mit statistischen Methoden Wechselbeziehungen *(interaction)* zwischen beiden Variablen zu erfassen sucht (vgl. CRONBACH/SNOW 1977). Die bisher enttäuschende Leistungsfähigkeit dieses Ansatzes wird vor allem auf die noch unzureichende Generierung von Untersuchungshypothesen und auf untersuchungstechnische Probleme zurückgeführt. Von herausragendem theoretischen wie praktischen Interesse, methodisch von der Lehr-/Lernforschung aber noch kaum zu bewältigen, erweisen sich Langzeituntersuchungen mit kausal-analytischer Fragestellung.

Auch den meisten *deskriptiv-analytischen Forschungsansätzen,* in denen die Beschreibung eines vermuteten Bedingungsfeldes von Lehr-/Lernprozessen angestrebt wird, geht es um die Aufklärung relevanter Wirkungszusammenhänge, doch lassen sich diese weder in Einzelfallanalysen noch durch vergleichende Statistiken und korrelationsstatistische Analysen als Ursache-Wirkungs- oder Bedingungs-Folge-Beziehung identifizieren und prüfen. Dennoch erlaubt der sichere Nachweis, insbesondere der nicht zufälligen Koexistenz beobachteter/ermittelter Daten oder der zeitlichen Folge von Ereignissen, eine über Alltagserfahrungen und spekulative Erörterungen hinausgehende Fundierung von Hypothesen zum Bedingungsgefüge von Lehr-/Lernprozessen und kann zu weiterführenden Analysen und experimenteller Hypothesenprüfung wie zur begründeten Veränderung von Lehr-/Lernsituationen anregen. Bedeutung gewonnen haben vor allem Untersuchungen über Zusammenhänge von Lernleistungen einerseits und individuellen Leistungsdispositionen, Lehrer- und Unterrichtsvariablen sowie außerschulischen Sozialisationsbedingungen andererseits, Prozeßanalysen von Interaktionen im Unterricht mit korrelationsstatistisch aufweisbaren Beziehungen, aber auch Fallstudien zur Sozialökologie der Schule. Dagegen sind Ansätze zur Inhalts- und Prozeßanalyse von (didaktisch vermittelten) Erkenntnisvorgängen noch unterentwickelt. Die methodischen Probleme deskriptiv-analytischer Lehr-/Lernforschung, der man die in der Größenordnung einzigartigen IEA-Studien zurechnen kann (vgl. LOOSE 1977), konzentrieren sich auf die zuverlässige, gültige und je nach Untersuchungsziel repräsentative Erfassung von bedeutsamen Daten und auf deren informations- und intentionsadäquate Analyse und Interpretation. Den Ansprüchen empirisch-analytischer Forschungsmethodologie entsprechend, ist prinzipiell jede Untersuchung von der Entwicklung der Beobachtungs- und Erhebungsinstrumente bis zur Datenauswertung als ein hypothesengeleiteter Forschungsprozeß zu organisieren. Nicht nur die Anlage und Durchführung vieler veröffentlichter Studien, sondern auch die in sie investierte theoretische Vorarbeit lassen demgegenüber

ein erhebliches Theorie-Defizit der Lehr-/Lernforschung erkennen.
Interaktionistisch-interpretative Forschungsansätze, die entscheidende Impulse aus der Gegenstandsbestimmung sozialer Realität im Symbolischen Interaktionismus, der Methodologie-Diskussion der phänomenologisch orientierten Soziologie und zuweilen aus gesellschaftskritischen Positionen der Kritischen Theorie erhalten haben (vgl. TERHART 1978), können in gewisser Weise als Weiterführung hermeneutischer Forschungstraditionen der Erziehungswissenschaft gelten. Sie lassen bei aller Verschiedenartigkeit der erst in Anfängen entwickelten Alternative zur empirisch-analytischen Lehr-/Lernforschung darin Übereinstimmung erkennen, daß die Kategorien zur Analyse und Deutung einer Lehr-/Lernsituation nicht als klar definierte und selektiv wirksame Wahrnehmungs- und Deutungsmuster dem Verfahren empirischer Datenerhebung vorgegeben werden, sondern im Forschungsprozeß selbst, in der Annäherung an das interpretierte Situationsverständnis der „Forschungsobjekte" gewonnen werden. Während in Anlehnung an Handlungsforschungskonzepte bei allen im Forschungsprozeß Beteiligten Lernprozesse über die Bedingungen des eigenen Lernprozesses angestrebt und in der Regel reflexiv dokumentiert werden (vgl. PROJEKTGRUPPE „TEXTINTERPRETATION UND UNTERRICHTSPRAXIS" 1974), versuchen interaktionistisch-interpretative Forschungsansätze in teilnehmender Beobachtung oder durch Dokumentenanalyse, den Lehr-/Lernprozeß als sozial-kommunikativen Interaktionsprozeß zu erfassen. Forschungsergebnisse werden hier nicht als Grundlage zweckrational und effektivitätsorientiert organisierter Lehr-/Lernstrategien verfügbar, sondern sollen insbesondere die Sensibilität und Kompetenz für eine kommunikative Praxis in Lehr-/Lernsituationen erhöhen. Das Problem der Übertragbarkeit und „Anwendung" von Erkenntnissen, die in interpretativen Analysen gewonnen wurden, dürfte bei zunehmender Resonanz dieses Forschungsansatzes die Technologiediskussion in der Lehr-/Lernforschung neu beleben (vgl. DRERUP/TERHART 1979).

ACHTENHAGEN, F./WIENHOLD, G.: Lehren und Lernen im Fremdsprachenunterricht, 2 Bde., München 1975. AEBLI, H.: Psychologische Didaktik, Stuttgart 1963. AUSUBEL, D. A.: Psychologie des Unterrichts, Weinheim/Basel 1974. BLANKERTZ, H.: Theorien und Modelle der Didaktik, München 1969. BONNE, L.: Lernpsychologie und Didaktik. Zur Integration der kognitiven Lernpsychologie in der Didaktik, Weinheim/Basel 1978. BROUDY, H. S.: Historic Exemplars of Teaching Method. In: GAGE, N. L. (Hg.): Handbook of Research on Teaching, Chicago 1963, S. 1 ff. BRUDER, K.-J.: Taylorisierung des Unterrichts. Zur Kritik der Instruktionspsychologie. In: Kursbuch (1971), 24, S. 113 ff. BRUNER, J. S.: Entwurf einer Unterrichtstheorie, Berlin 1974. CAMPBELL, D. T./STANLEY, J. C.: Experimental and Quasi-Experimental Designs for Research on Teaching. In: GAGE, N. L. (Hg.): Handbook of Research on Teaching, Chicago 1963, S. 171 ff. CRONBACH, L. J./SNOW, R. E.: Aptitudes and Instructional Methods. A Handbook for Research on Interactions, New York 1977. DEWEY, J.: Demokratie und Erziehung (1916), Braunschweig/Berlin/Hamburg ²1949. DFG-KOMMISSION ERZIEHUNGSWISSENSCHAFT: Erziehungswissenschaftliche Schwerpunktprogramme der Deutschen Forschungsgemeinschaft. In: Z. f. P. 20 (1974), S. 967 ff. DRERUP, H./TERHART, E.: Wissensproduktion und Wissensanwendung im Bereich der Erziehungswissenschaft. In: Z. f. P. 25 (1979), S. 377 ff. EDELSTEIN, W.: Theorie der Entwicklung und Praxis des Unterrichts. In: N. Samml. 18 (1978), S. 221 ff. EIGLER, G.: Lernhierarchien. In: Uw. 4 (1976), S. 285 ff. EIGLER, G.: Kognitive Struktur – Kognitive Strukturen. Zur Funktion des Konstrukts kognitive Struktur in der Lehr-Lern-Forschung. In: Uw. 6 (1978), S. 277 ff. EINSIEDLER, W.: Lehrstrategien und Lernerfolg, Weinheim/Basel 1976. FEGER, H./TROTSENBURG, E.: Paradigmen für die Unterrichtsforschung. In: INGENKAMP, K. (Hg.): Handbuch der Unterrichtsforschung, Teil 1, Weinheim/

Lehr-/ Lernforschung

Basel 1970, S. 269 ff. GAGE, N. L.: Paradigms for Research on Teaching. In: GAGE, N. L. (Hg.): Handbook of Research on Teaching, Chicago 1963, S. 94 ff. GAGNÉ, R. M.: Die Bedingungen des menschlichen Lernens, Hannover 1969. GAGNÉ, R. M./BRIGGS, L. J.: Principles of Instructional Design, New York 1974. GARTEN, H.-K. (Hg.): Diagnose von Lernprozessen, Braunschweig 1977. GEISSLER, E. E.: Erziehungsmittel, Bad Heilbrunn ⁴1973. GLASER, R.: Componente of a Psychology of Instruction: Toward a Science of Design. In: Rev. of E. Res. 46 (1976), S. 1 ff. GROEBEN, N.: Die Verständlichkeit von Unterrichtstexten, Münster 1972. HABERMAS, J.: Gegen einen positivistisch halbierten Rationalismus. In: Köln. Z. f. Soziol. u. Sozpsych. 16 (1964), S. 636 ff. HEIDENREICH, W.-D./HEYMANN, H. W.: Lehr-Lern-Forschung. Neuere Unterrichtswissenschaftliche Literatur im Spiegel eines neuen Forschungsansatzes. In: Z. f. P. 22 (1976), S. 225 ff. HERBART, J. F.: Allgemeine Pädagogik aus dem Zwecke der Erziehung abgeleitet (1806). Sämtliche Werke, hg. v. K. Kehrbach, Bd. 2, Langensalza 1887, S. 1 ff. HOSFORD, P. L.: An Instructional Theory. A Beginning, Prentice Hall 1973. KAISER, H. J.: Erkenntnistheoretische Grundlagen pädagogischer Methodenbegriffe. In: MENCK, P./THOMA, G. (Hg.): Unterrichtsmethode, München 1972, S. 129 ff. KLAFKI, W.: Das pädagogische Problem des Elementaren und die Theorie der kategorialen Bildung, Weinheim 1959. KLAUER, K. J.: Methodik der Lehrzieldefinition und Lehrstoffanalyse, Düsseldorf 1974. KLIX, F.: Information und Verhalten, Berlin/Stuttgart/Wien 1971. KOKEMOHR, R./UHLE, R.: Themenkonstitution und reflexive Legitimation in Lehr-Lern-Prozessen. In: Z. f. P. 22 (1976), S. 857 ff. KOSKENNIEMI, M.: Elemente der Unterrichtstheorie, München 1971. LANGEVELD, M. J.: Die Schule als Weg des Kindes, Braunschweig 1960. LEONTJEW, A. N.: Das Lernen als Problem der Psychologie. In: KOSSAKOWSKI, A./LOMPSCHER, J. (Gutachter): Probleme der Lerntheorie, Berlin (DDR) 1966, S. 11 ff. LOMPSCHER, J.: Psychologie des Lernens in der Unterstufe, Berlin (DDR) 1971. LOOSE, G.: Interkultureller Vergleich über Beziehungen von Schulleistung und familialer Sozialisation: Die IEA-Studien. In: Z. f. P., 13. Beiheft, 1977, S. 327 ff. MOLLENHAUER, K./RITTELMEYER, CH.: Methoden der Erziehungswissenschaft, München 1977. NIKKEL, H./FENNER, H. J.: Direkte und indirekte Lenkung im Unterricht in Abhängigkeit von fachspezifischen und methodisch-didaktischen Variablen sowie Alter und Geschlecht des Lehrers. In: Z. f. Entwpsych. u. P. Psych. 6 (1974), S. 178 ff. NUTHALL, G./SNOOK, I.: Modelle des Lehrens. In: LOSER, F./TERHART, E. (Hg.): Theorien des Lehrens, Stuttgart 1977, S. 50 ff. PIAGET, J.: Der Strukturalismus, Olten 1973. PROJEKTGRUPPE „TEXTINTERPRETATION UND UNTERRICHTSPRAXIS": Projektarbeit als Lernprozeß, Frankfurt/M. 1974. REBEL, K.: Das Problem der Unterrichtsmethode, dargestellt an Beispielen aus der Geschichte der Pädagogik. In: INGENKAMP, K. (Hg.): Handbuch der Unterrichtsforschung, Teil 1, Weinheim/Berlin/Basel 1970, S. 1 ff. REICHWEIN, G.: Die Schule als Methode und die Methode in der Schule (1928). In: RÖHRS, H.: Theorie der Schule, Frankfurt/M. 1968, S. 197 ff. RIEDEL, K.: Lehrhilfen zum entdeckenden Lernen, Hannover 1973. RUMPF, H.: Divergierende Unterrichtsmuster in der Curriculumentwicklung. In: Z. f. P. 19 (1973), S. 391 ff. SCHWARZ, E.: Experimentelle und quasi-experimentelle Anordnungen in der Unterrichtsforschung. In: INGENKAMP, K. (Hg.): Handbuch der Unterrichtsforschung, Teil 1, Weinheim/Berlin/Basel 1970, S. 445 ff. SCHWARZER, R./STEINHAGEN, K. (Hg.): Adaptiver Unterricht, München 1975. SIEGEL, L./SIEGEL, L. C.: Multivariate Paradigm for Educational Research. In: Psych. Bull. 68 (1967), S. 306 ff. SIMONS, H. u. a.: Untersuchungen zur differentialpsychologischen Analyse von Rechenleistungen. In: Z. f. Entwpsych. u. P. Psych. 7 (1975), S. 153 ff. SKINNER, B. F.: Die Wissenschaft vom Lernen und die Kunst des Lehrens. In: CORRELL, W. (Hg.): Programmiertes Lernen und Lehrmaschinen, Braunschweig 1965, S. 66 ff. TAUSCH, R./TAUSCH, A.-M.: Erziehungspsychologie, Göttingen 1973. TERHART, E.: Interpretative Unterrichtsforschung, Stuttgart 1978. THIEM, W./WECK, H.: Die Abhängigkeit der Unterrichtsführung von den Gesetzmäßigkeiten des Aneignungsprozesses. In: P. 33 (1978), S. 110 ff. THIEMANN, F.: Der Beitrag empirischer Unterrichtsforschung für die Konzeption von Unterricht, Bad Heilbrunn 1973. TRAVERS, R. M. W. (Hg.): Second Handbook of Research on Teaching, Chicago 1973. WALLEN, N. E./TRAVERS, R. M. W.: Analysis and Investigation of Teaching Methods. In: GAGE, N. L. (Hg.): Handbook of Research of Teaching, Chicago 1963, S. 448 ff. WEINERT, F. E.: Analyse und Untersuchung von Lehrmethoden. In: INGENKAMP, K. (Hg.): Handbuch der Unterrichtsforschung, Teil 2, Weinheim 1970 S. 1217 ff. WEINERT, F. E.: Entwicklungsgemäßer Unterricht. Probleme der Anpassung des Unterrichts an den kognitiven Entwicklungsstand der Schüler. In: Uw. 5 (1977), S.1ff. WELLENDORF, F.: Schulische Sozialisation und Identität, Weinheim/Basel 1973. WOHLWILL, J.F.: Place of Structured Experiences in Early Cognitive Development. In: Interchange 1 (1970), 2, S.13ff. ZINNECKER, J. (Hg.): Der heimliche Lehrplan, Weinheim/Basel 1975.

Klaus Riedel

Messung, empirisch-pädagogische

Definition. Eine „pädagogisierte Messung" (RUBINSTEIN 1958, S. 49) geht davon aus, daß die Sozialwissenschaft ihre umfassendsten Erkenntnisse vom Menschen im Prozeß seiner Umgestaltung gewinnt. Für Untersuchungen an Kindern, Jugendlichen und Erwachsenen, bei denen sich das Fortschreiten in der Entwicklung und die Veränderung der psychischen und sozialen Eigenschaften im Bildungsprozeß vollziehen, ergibt sich daher im Sinne Rubinsteins die Forderung nach einer Pädagogisierung der sozialwissenschaftlichen Meßoperation (vgl. GUTHKE 1974). - Mit diesem Vorgehen „praxisnaher" oder „praxeologischer Messung" (BENNER 1978, S. 319 ff.) wird seit einigen Jahren „ein längst fälliger Perspektivenwechsel" gegenüber einer bislang nur empirisch-analytischer Methodik approbierenden Wissenschaft „durchgeprobt" (HURRELMANN 1976, S. 6). Es ist wohlgemerkt von Perspektivenwechsel, nicht von Paradigmenwechsel die Rede, denn die Perspektive empirisch-pädagogischer Messung versteht sich keineswegs als im Gegensatz zur Grundoperation jedweder wissenschaftlicher Messung stehend. Diese ist geläufigerweise wie folgt definiert: sie überprüft Theorie an Empirie, indem sie Sachverhalte intersubjektiv überprüfbar und nachvollziehbar erfaßt, und zwar durch regelorientierte Zuordnung von Werten (Symbole, Zahlen) zu diesen Sachverhalten, so daß eine gegenüber der vorwissenschaftlichen Erfahrung systematischere, gesichertere und bedeutungshaltigere Erkenntnis gewonnen wird.

Vergleich mit der empirisch-analytischen Messung. Während das empirisch-analytische oder technische Meßkonzept (vgl. PETERSEN 1984) in der Regel vorab ihren Meßgegenstand theoretisch expliziert und ihren Bedeutungsgehalt in Konstrukten festlegt - ist es empirisch-pädagogischer Messung prinzipiell möglich, ihre theoretischen Vorstellungen und Begriffe im Verlauf der Messung zu verändern und zu vertiefen, so daß sie zu „Rekonstrukten" kommt, welche über umfassende praktische Bildungs- und Entwicklungsstrukturen aufklären.

Während weiterhin das klassische Meßkonzept seine Instrumente über möglichst formalisierte oder standardisierte Verfahren wie Beobachtung, Befragung, Test und Experiment so zu erfassen sucht, daß der Einfluß des Versuchsleiters und der sozialen Umwelt minimiert wird - kann empirisch-pädagogische Messung gerade umgekehrt aus der Beziehung des Versuchsleiters (welcher als Pädagoge Bildungsprozesse „inszeniert") mit dem Probanden als Lerner und aus der Interaktion des letzteren mit seiner sozialen und pädagogischen Lernumwelt ein Maximum an Erkenntnisprofit zu ziehen suchen.

Gegenüber dem Bemühen der empirisch-analytischen Messung, die zu messende komplexe soziale Wirklichkeit zunächst in viele einzelne kontrollier- und isolierbare Teilmerkmale („items") aufzulösen, um sie danach durch Verfahren wieder in einer Dimension zusammenzufügen (aggregieren) - versuchen empirisch-pädagogische Meßoperationen die Gestalt und den Fluß der realen Lernprozesse und Bildungsstrukturen ihrem Entstehen (Genese) und ihrem Aufbau (Konstitution) entsprechend nachzuvollziehen und zu rekonstruieren. Dadurch, daß sich empirisch-pädagogische Messung nicht nur um die Sicherung unmittelbar beobacht- und reproduzierbarer Erkenntnis der Oberflächen, sondern um gesicherte Deutungen auch latenter, impliziter und *generativer Tiefenstrukturen* (zum Beispiel der Kompetenzentwicklung, der Identitätsbildung, objektiver Sinnstrukturen der Lehrer-Schüler-Interaktion) bemüht, ist ihr die Gewinnung einer gegenüber der empirisch-analytischen Messung bedeutungshaltigeren Erkenntnis gewiß.

Ungewisser erscheint jedoch vielen Sozial- und Erziehungswissenschaftlern die Fähigkeit dieser Art Messung, solche Erkenntnisse auch zu sichern und in ihrer Objektivität, Zuverlässigkeit und Gültigkeit überprüfbar zu machen. Sie meinen, daß mit solchen alternativen Meßoperationen „jegliche erfahrungswissenschaftliche Absicherung und Kontrolle von theoretischen Vermutungen und Spekulationen desavouiert" (HURRELMANN 1976 S. 9) werden könnte. Der Umstand, daß eine Vielzahl ursprünglich nach traditioneller Meßoperation arbeitender Sozialwissenschaftler (Psychologen: vgl. BRUNER u. a. 1976, CRONBACH 1972, LEWIN 1968, NUNNALLY 1967; Soziologen: vgl. ARGYRIS 1972, HURRELMANN 1976; vgl. OEVERMANN u. a. 1976, 1979) nicht nur fundamentale Kritik an der empirisch-analytischen Konvention der Erkenntnisgewinnung geübt und die Ausrichtung ihrer Forschung an ihr aufgegeben haben, sondern auch, jeder auf seine Weise, eine methodisch explizierte „Wende" (vgl. GRUBER u. a. 1978) ihrer Messung praktizieren, läßt jedoch die wissenschafts- und erkenntnistheoretischen Voraussetzungen für eine erfahrungswissenschaftliche Fundierung *genuin-pädagogischer Messung* günstiger erscheinen. Dies um so mehr, als von den meisten betont wird, daß diese „Wende" die *„ursprüngliche" Grundoperation wissenschaftlicher Messung* in ihren Zwecken, Mitteln und Funktionen wiederherstelle, wohingegen die normierten, überkommenden Meßverfahren lediglich ökonomische, forschungspraktische Abkürzungen darstellten (vgl. OEVERMANN u. a. 1979, S. 352).

Gegenstandskonstitution und -rekonstruktion. Empirisch-pädagogische Messung hat nicht nur wie jede andere empirisch-analytische Messung auch ihre jeweiligen theoretischen Begriffe, sondern mehr noch auch ihren grundlegenden Gegenstand zu explizieren. Als pädagogische Messung kann sie sich nicht jedes Gegenstandes annehmen, sondern muß im Gegenteil ihre Identität aus der Eigenart der Erziehungspraxis gewinnen.

In gewisser Analogie zum Bezugspunkt der Psychoanalyse, welche ihren Ausgang von den Symptomen gestörten menschlichen Verhaltens oder falschen Verständigtseins nimmt und in diesen mögliche neurotische oder psychotische Genesen untersucht, geht empirisch-pädagogische Messung von der Grundvoraussetzung menschlicher Unvollkommenheit und Erziehungsbedürftigkeit aus und versucht zum Beispiel unterbrochene Bildungs- und Lernprozesse auf *latente Strukturen* partialisierender, fragmentierender, restringierender oder parzellierender Bildungsgänge beziehungsweise Lernorganisationen zu beziehen.

Ähnlich wie die psychoanalytische Messung und analog zur „objektiven Hermeneutik" (vgl. OEVERMANN u. a. 1979) betrachtet der empirische Pädagoge Oberflächenphänomene wie etwa das Leistungsversagen als Symptom für tieferliegende Bildungsstrukturen. Denn die Ebene erzieherischer Praxis, auf die sich empirisch-pädagogische Messung bezieht, ist nicht die Oberflächenstruktur der Leistung selbst, sondern das dahinterliegende und sie allererst hervorbringende („generierende") Regelsystem, primär also die latenten Strukturen der Kompetenzentwicklung. Da jedoch unterstellt werden muß, daß jeder menschliche Lerner seine Leistung (oder sein Leistungsversagen) notwendig über Motivation vermittelt realisiert, ist zusammen mit Leistung die „Einstellung" oder genauer die sie hervorbringende latente Struktur der Identitätsbildung zu rekonstruieren. Ziel empirisch-pädagogischer Messung ist also über die wertfreie Aussage zum Leistungsstand eines Schülers hinaus die

Aufschlüsselung der für diesen zuständigen Entwicklungs- und Bildungsstrukturen sowie ihres pädagogischen Interaktions- und gesellschaftlichen Determinationszusammenhangs. Mittel empirisch-pädagogischer Leistungsmessung ist hierfür zunächst die durch pädagogisierte Interaktion erfolgende Hervorlockung von Bildungsprozessen (und die dadurch teilweise möglich werdende Aktualisierung von Strukturen der Kompetenzentwicklung und Identitätsbildung), die dann durch ein *„rekonstruierendes Textverstehen"* verdeutlicht werden sollen. Mit diesem Verfahren wird ein pädagogisches Rohdatum in Form von protokollierten Interaktions-Texten gewonnen: Diese können pädagogisierten Interaktionsszenen entstammen, die der pädagogische Forscher „methodisch inszeniert" oder die der praktische Erzieher mit Hilfe seiner professionellen Alltagskunst hervorbringt. – In allen Fragen der Gegenstandskonstitution und -rekonstruktion folgt dieses Vorgehen empirisch-pädagogischer Rekonstruktion den Prinzipien der „objektiven Hermeneutik", wie sie OEVERMANN u.a. (vgl. 1979) entworfen haben, präzisieren diese aber unter besonderen Gesichtspunkten pädagogisierter Messung.

Gegenüber der Messung über hohe Fallzahlen von meist anonym bleibenden Datenträgern realisiert sich empirisch-pädagogische genau wie objektiv-hermeneutische Messung als Fall-Rekonstruktion. Doch während objektive Hermeneutik an den Fall gleichsam von außen herangeht und „vollständige Entlastung vom Handlungsdruck" postuliert (OEVERMANN u.a. 1979, S.393), ist die empirisch-pädagogische Messung, genau wie diejenige der Psychoanalyse, darauf ausgerichtet, ein Maximum an begleitender Meß- und Interpretationsleistung zu sichern unter gleichzeitiger Verpflichtung, den Entwicklungs- und Bildungsprozeß nicht abbrechen zu lassen. Insofern ist sie mehr als Fall-Rekonstruktion, nämlich *Projekt-Rekonstruktion:* Projekt einmal im formalen Sinn, weil sie weder nur das „Feld" der Erzieher und der zu Erziehenden teilnehmend beobachtet noch in kritikloser Distanz zum „System", wohl aber in einem Aktions- und Kooperationszusammenhang zu den Akteuren steht – und zwar mit dem Ziel, die Selbstreflexions- und Selbstregulationsfähigkeit des Systems zu erhöhen (vgl. KORDES 1983, S.285ff.; vgl. PAGÈS/ MÜLLER 1980); Projekt sodann aber auch im inhaltlich-pädagogischen Sinn, weil empirisch-pädagogische Messung weder voraussetzungslos noch normunkritisch agiert, sondern im wesentlichen an der wirklichen, also nicht nur theoretischen, Rekonstruktion unterbrochener Bildungsprozesse ausgerichtet ist.

Meßoperationen. Grundsätzlich muß jede Meßoperation, somit auch diejenige der empirisch-pädagogischen Messung, die gleichen methodischen Probleme bearbeiten und einigermaßen befriedigend lösen. In eine Schrittfolge gebracht sind es diese:

Erster Schritt: Empirisch-pädagogische Messung entwickelt aus der Erziehungspraxis heraus ihre meß- und handlungsanleitenden Vorstellungen und Begriffe (Rekonstrukte).

Die empirisch-analytische Operation sieht, ohne jede weitere erkenntnis- oder wissenschaftstheoretische Voraussetzung zu machen, lediglich die Festlegung von Vorstellungsinhalten für den zu messenden Begriff (Konstrukt) vor.

Die Lösung, mit der empirisch-pädagogische Messung das Problem des Verhältnisses zwischen objektiver Realität und wissenschaftlicher Erkenntnis begriffsmäßig zu bearbeiten sucht, folgt demgegenüber einem Muster, welches in vielfacher und analoger Weise beschrieben worden ist: als generative Thematisierung (vgl. BERGER 1974), als thematische Decodierung (vgl. FREIRE 1973), als kritisch-hermeneutische Re-

konstruktion (vgl. LORENZER 1972) und schließlich als Prinzip der Bildung von Rekonstrukten (vgl. SCHMIDT 1977). Bei dieser Aufgabe geht empirisch-pädagogische Messung im wesentlichen so vor: Sie fragt zunächst danach, wie die Akteure zum Beispiel mit ihrer Situation umgehen, so daß sie Leistung oder Nicht-Leistung hervorbringen und mit mehr oder weniger normentsprechenden oder -abweichenden Vorstellungen verbinden. Um über die Grenze bloß subjektiven Sinns hinauszugelangen, ist dann die Integration der individuellen Leistung mit der pädagogischen und gesellschaftlichen Umwelt zu untersuchen und auf den Begriff zu bringen. Die Erschließung der gleichsam hinter der Ebene der Erscheinungen liegenden latenten Strukturen und damit die Gewinnung von Rekonstrukten schließen sich an. Rekonstrukte sind notwendig *historisch-genetisch* zu fassen, weil sie nicht nur aus beobachteten Interaktionen der Schüler heraus, sondern auch aus begleiteten Übergängen von einer Entwicklungszone zur nächsten erschlossen werden.
Charakteristisch für dieses Vorgehen ist, daß es beständig zwischen der Alltagssprache der Akteure und der Wissenschaftssprache der Forscher hin- und herwechselt, um zu der beabsichtigten Erschließung verdeckter, aber für die beobachteten Erscheinungen zuständiger Strukturen zu kommen.

Zweiter Schritt: Empirisch-pädagogische Messung gewinnt durch die Prozesse sozialer Interaktion hindurch ihre ganzheitlich-operationalen Begriffe (Segregate).

Unter den verschiedenen Versuchen, ein intersubjektiv prüfbares Verhältnis zwischen Rekonstrukten (Bedeutungsmöglichkeiten) und empirischer Erziehungswirklichkeit zu bestimmen, erscheint folgendes, in Analogie zu anthropologisch-ethnographischer Forschung entstandene Vorgehen die größten Chancen zu haben, in der Bildungsforschung adaptiert zu werden: Wesentliches Charakteristikum empirisch-pädagogischer „Operationalisierung" ist, daß nicht nur Handlungen, sondern ebenso auch die mit diesen Handlungen verbundenen Vorstellungsinhalte und Deutungen der Akteure mit zu erfassen sind. Im Prinzip lautet der Vorschlag hier, Redewendungen oder „Topoi" (vgl. NEGT 1971, S. 44), die das Bewußtsein von diesen Handlungen repräsentieren, zu erkunden (vgl. ARBEITSGRUPPE BIELEFELDER SOZIOLOGEN 1973, S. 344). Diese Topoi werden generations-, lage-, geschlechts-, schicht-, berufsspezifisch, ... sein. Wenn man den Bedeutungszusammenhang, in dem diese Topoi jeweils gebraucht werden, versteht, hat man die Basis für eine erfolgreiche Kommunikation. Gelingt das aber nicht, so werden diese Redewendungen zu Privatsprachen, die den Kommunikationszusammenbruch zwangsläufig machen. Das Sichangleichen der Topoi oder das wechselseitige Verstehen der Topoi ist dagegen ein Indikator für gelingende Rollenübernahme und für erfolgreiches soziales Lernen (vgl. ARBEITSGRUPPE BIELEFELDER SOZIOLOGEN 1973, S. 344 f.) In welcher Weise diese Topoi weitergehend expliziert werden können, wie Veränderungen zu messen sind, soll in Teilschritten spezifiziert werden:

Bestimmung von contrast-sets. Weil Rekonstrukte grundsätzlich reale Widersprüche in der Wirklichkeit nicht glätten, sondern im Gegenteil den dialektischen Zusammenhang gegensätzlicher Seiten zu charakterisieren aufgefordert sind, können sie nicht erst im Operationalisierungsprozeß in viele Einzelteile gespalten („desaggregiert") und dann als Aggregatbegriff wieder zusammengesetzt werden. Statt Aggregate bemüht sich daher empirisch-pädagogische Messung darum, „Segregate" zu bestimmen (vgl. FRAKE 1973 a, b; vgl. ARBEITSGRUPPE BIELEFELDER SOZIOLOGEN 1973, S. 146 ff.). Die Vorstufe zur Segregatenbildung besteht darin, nach solchen kontrastierenden Handlungseinheiten solange zu suchen, bis die Differenz zwischen diesen für die Definition eines Segregats konstitutiv ist. Zu suchen ist also nach Handlungen, „die klare Alternativen in bestimmten Situationstypen darstellen und wo sich die Kategorien größtenteils wechselseitig ausschließen" (FRAKE 1973a, S. 329).

Beispiele für contrast-sets liefert empirisch-pädagogische Forschung bei der Messung der Alltagstheorien von Schülern und Lehrern in bezug auf Leistungserfolg und -versagen (vgl. ARBEITSGRUPPE SCHULFORSCHUNG 1980) oder bei der Repräsentation von Schülertaktiken zur Unterrichtsstörung (vgl. HEINZE 1976).

Taxonomisierung der Handlungs- und Vorstellungsmuster. Wenn sich die Handlungs- und Vorstellungssysteme nicht nur horizontal gegeneinander als Handlungsalternativen (contrast-set) abgrenzen lassen, sondern auch vertikal miteinander verbunden werden können, dann läßt sich ein aufeinander bezogenes System von Gegensatzanordnungen mit einer Spitze (also einem Segregat, das alle anderen einschließt) bestimmen (vgl. ARBEITSGRUPPE BIELEFELDER SOZIOLOGEN 1973, S. 122; vgl. FRAKE 1973a, S. 330).

Sequentierung der Handlungs- und Vorstellungsmuster. Ein wichtiges zusätzliches Moment der Taxonomisierung stellt die Sequenzanalyse dar, in der die zeitliche Hintereinanderschaltung von Orientierungsmustern in routinisierten oder pädagogischen Ablaufprozessen beschrieben und verknüpft wird. Das Vorgehen der Sequenzanalyse ist gleicherweise zu Hause und bedeutsam in der pragmatischen Linguistik (vgl. EHLICH/REHBEIN 1972), in der Ethnographie (vgl. ARBEITSGRUPPE BIELEFELDER SOZIOLOGEN 1973, S. 291) wie in der objektiven Hermeneutik Oevermanns. Für letzteren hat sie eine doppelte Bedeutung. Die inhaltliche Bedeutung ergibt sich daraus, daß die sequentiell arbeitende, Interakt für Interakt interpretierende Rekonstruktion der latenten Sinnstruktur einer Szene erst die fallspezifische Struktur und damit jene Struktur sichtbar macht, in der die Besonderung des Falles sich objektiviert. Gleichzeitig stellt sie ein elementares Prüfungsvorgehen dar, denn in einem strengen sequentiellen Vorgehen dürfen keine Informationen aus und Beobachtungen an späteren Interakten zur Interpretation eines vorausgehenden Interakts benutzt werden (vgl. OEVERMANN u.a. 1979, S. 414ff.) Quantitative Hilfsverfahren hierfür sind die change analysis (vgl. HELMREICH 1977), die Konstellations – Frequenz-Analyse (vgl. KRAUTH/LIENERT 1973), diverse Entwicklungsmessungen (vgl. WOHLWILL 1977) sowie Markov-Ketten für die Rekonstruktion hierarchisch-sequentieller Pläne (vgl. EHLICH/REHBEIN 1972, VOLPERT 1972). In längsschnittorientierten Messungen, wie sie für empirisch-pädagogische Forschung typisch sind, wird es dann in der Regel möglich, die Linie des Lernfortschritts der Schüler in Phasen- oder Stadienmerkmalen genauer zu bestimmen.

Diese Neukonturierung von Phasenmodellen ist nicht nur notwendig, weil sie die unmittelbare Erziehungswirklichkeit besser widerspiegelt, sondern auch, weil sie die Reproduktion des Verhältnisses von individueller Lebensgeschichte und der gesellschaftlichen Geschichte von Lernzielsetzungen, das heißt den realen Prozeß der Selektivität, des Ausschließens oder Fragmentierens von Lernmöglichkeiten durch die Bildungsorganisation freilegt (vgl. KORDES 1982, S. 22; vgl. OEVERMANN u.a. 1979, S. 414, S. 422).

Explizierung von Segregaten. Im Gegensatz zu Aggregaten stellen Segregate somit sprachliche Repräsentationen komplexer sozialer Handlungen dar, also grundsätzlich „Muster", zum Beispiel „Deutungsmuster" (vgl. GRUSCHKA u.a. 1981, LEMPERT u.a. 1979), „Alltagstheorien" (vgl. ARBEITS-

GRUPPE SCHULFORSCHUNG 1980), „Taktiken" (vgl. HEINZE 1976) oder „Strategien" (vgl. OEVERMANN u.a. 1979).
Dritter Schritt: Empirisch-pädagogische Messung erfolgt als beobachtende Teilnahme am Entwicklungsprozeß und Bildungsgang der Subjekte.
Empirisch-pädagogische Messung setzt immer teilnehmende Beobachtung (vgl. CICOUREL 1970; vgl. HABERMAS 1974, S.18; vgl. OEVERMANN u.a. 1979) an menschlichen Interaktionen voraus. Diese ist notwendig auf sprachliche Kommunikation zwischen Forschern und Meßobjekten gerichtet, beschränkt ihre Daten aber keineswegs auf das, was Eingang in diese Kommunikation findet. Vielmehr nimmt der Beobachter teil an über ihn hinausgehende Interaktionsszenen einer sozialen Praxis und der von ihr gelieferten Daten. Mit ihnen bewegt sich die Meßoperation vorwärts. Dieses in der Devise „to move with the data" (FRIEDLANDER 1972, S.23) ausgedrückte Konzept einer beweglichen, sensiblen, entdeckungsorientierten und für Unvorhergesehenes offenen Empirie findet vor allem in der ethnographischen Feldforschung einen fruchtbaren Boden (vgl. ARBEITSGRUPPE BIELEFELDER SOZIOLOGEN 1973, S.124). Dieses Vorgehen spiegelt die Vorstellung, daß Beobachtungen nicht nur Tatsachen abbilden, sondern auch Erfolge oder Mißerfolge der Meßoperationen sind, diese mithin als Intervention in soziale Interaktionen anzusehen und entsprechend zu gestalten sind (vgl. KORDES 1978).
In diesem Sinne reflektieren Ansätze empirisch-handlungsorientierter oder empirisch-pädagogischer Messung nicht nur eine Einsicht in den im wesentlichen transaktional verlaufenden Prozeß sozialer Interaktionen, sondern auch eine Wende hin zu einer Messung, die sich selbst als eine transaktionale Gestaltung zwischenmenschlicher Kommunikationsprozesse versteht: „Die Forschung gibt weitgehend das Modell eines einbahnig-herrschaftlich strukturierten Kommunikationsprozesses auf und entwickelt eine transaktionale, auf Problemlösung gerichtete Perspektive" (BENNE u.a. 1975, S.413ff).
Interaktionen werden demnach nicht nur simuliert und beobachtet. Vielmehr werden, analog zur diagnostisch-therapeutischen Messung der Verhaltenstherapie und zum diskursiv-analytischen Vorgehen der Psychoanalyse, Beobachtung und pädagogische Einwirkung synchronisiert. Intervention und Messung sind also nicht zwei voneinander getrennte oder nur aufeinanderfolgende Vorgänge, sondern zwei Seiten einer zusammengehörigen pädagogischen Meßoperation – und das auch dann, wenn aus forschungspraktischen Gründen eine Arbeitsteilung zwischen dem intervenierenden Pädagogen und dem beobachtenden Forscher vorgenommen wird.

Neukonturierung der herkömmlichen Gütekriterien. Für die empirisch-pädagogische Messung bedeutet Objektivität die Überführung fiktiver Interaktionsprozesse beim Lerner in Erkenntnis- und Verständigungsprozesse zwischen Lerner und Forscher, also Herbeiführung reflexionsbildender Kommunikation (durch Entscheidungsprozesse, Feedback, Diskurs). Geprüft wird Objektivität somit durch gegenseitige Verständigung zwischen Lernern und Forschern (bei gleichzeitigem Konstatieren der Grenzen dieser Verständigung und durch gegenseitige Verständigung zwischen den pädagogischen Interpreten). Weiterhin wird davon ausgegangen, daß die *Zuverlässigkeit* von Erkenntnisprozessen sich gerade durch ein Maximum an erprobter Veränderung und Variation vollzieht: als ein Erkennen durch pädagogische Realisation (durch den Lern- und Erkenntnisprozeß der Lerner) hindurch und als begründete Rückwirkung des Erkennens (Feedback) auf den Lernzusammenhang der Akteure. Reliabilitätsherstellung heißt dann Rationalisierung, also wirkliche Überführung diffuser Lernorganisation (Performanz) zu strukturierter Reorganisation des Lernzusammenhangs (Kompetenz) durch kompetenzaufklärende Kooperation zwischen Forscher und Lerner. Diese geschieht durch Einstufung/Deutung und deren Überprüfung mittels Rückkoppelungen. Geprüft wird Zuverlässigkeit also durch Prüfung der Konstanz/Veränderung eines Vergleichs der Teilaufgaben untereinander sowie durch methodisch-technisch geregeltes gemeinsames Vorgehen der Berater und Akteure.

Validierung bedeutet im Kontext empirisch-pädagogischer Messung die Überführung der rekonstruierten Entscheidung und Begründung in evolutive Erkenntnisprozesse (beim Lerner), also Herbeiführung entwicklungstreibender Selbstregulation, Selbstkontrolle und Selbstreflexion bei dem an der Forschung teilhabenden Lerner-Subjekt. Geprüft wird Validität erstens an der Möglichkeit oder Unmöglichkeit der Lerner, strukturelle Übergänge zu meistern und den Lernprozeß – mindestens teilweise – selbst zu regulieren und zweitens durch permanente Überprüfung der erarbeiteten Muster oder Skalen, insbesondere unter der Frage, ob und inwieweit intra- oder interindividuelle Streuungen auf den einzelnen Werten zu einer Verbesserung, Modifikation oder Aufgabe der Meßgrößen führen müssen (vgl. KORDES 1983).

ARBEITSGRUPPE BIELEFELDER SOZIOLOGEN (Hg.): Alltagswissen, Interaktion und gesellschaftliche Wirklichkeit, 2 Bde., Reinbek 1973. ARBEITSGRUPPE BIELEFELDER SOZIOLOGEN: Kommunikative Sozialforschung, München 1976. ARBEITSGRUPPE SCHULFORSCHUNG: Leistung und Versagen, München 1980. ARGYRIS, CH.: Unerwartete Folgen ‚strenger' Forschung. In: Grupdyn. 3 (1972), S. 5 ff. ARGYRIS, CH.: Gefahren bei der Anwendung von Ergebnissen aus der experimentellen Sozialpsychologie. In: GOTTWALD, P./KRAIKER, CH. (Hg.): Zum Verhältnis von Theorie und Praxis in der Psychologie. Mitt. d. Gesellsch. z. Förd. d. Verhaltther., 1. Sonderheft, Tübingen 1976, S. 121 ff. BENNE, W. C. u. a.: Veränderung sozialen Verhaltens, Stuttgart 1975. BENNER, D.: Hauptströmungen der Erziehungswissenschaft, München ²1978. BENNER,D.: Grundstrukturen pädagogischen Denkens und Handelns. In: Enzyklopädie Erziehungswissenschaft, Bd. 1, Stuttgart 1983, S. 283 ff. BERGER, H.: Erfahrung und Gesellschaftsform. Methodologische Probleme wissenschaftlicher Beobachtung, Stuttgart/Berlin/Köln/Mainz 1972. BERGER, H.: Untersuchungsmethode und soziale Wirklichkeit. Eine Kritik an Interview und Einstellungsmessung in der Sozialforschung, Frankfurt/M. 1974. BLOOM, B.S.: Toward a Theory of Testing Which Includes Measurement-Evaluation-Assessment. In: WITTROCK, M. C./WILEY, D. E. (Hg.): The Evaluation of Instruction, New York/Chicago 1970, S. 25 ff. BLUMER, H.: Der methodologische Standort des Symbolischen Interaktionismus. In: ARBEITSGRUPPE BIELEFELDER SOZIOLOGEN (Hg.): Alltagswissen..., Bd. 2, Reinbek 1973, S. 80 ff. BRONFENBRENNER, U.: Ein Bezugsrahmen für ökologische Sozialisationsforschung. In: N. Samml. 16 (1976), S. 238 ff. BRUNER, J.S. u. a.: Play-Its-Role in Development and Evolution, Harmondsworth 1976. CICOUREL, A. V.: Methode und Messung in der Soziologie, Frankfurt/M. 1970. CRONBACH, L.J.: Essentials of Psychological Testing in Education, New York 1972. EHLICH, K./REHBEIN, J.: Zur Konstitution pragmatischer Einheiten in einer Institution: Das Speiserestaurant. In: WUNDERLICH, D. (Hg.): Linguistische Pragmatik, Frankfurt/M. 1972, S. 209 ff. EICHHORN, W. I. (Hg.): Wörterbuch der marxistisch-leninistischen Soziologie, Köln/Opladen 1969, S. 377 ff. FRAKE, CH. O.: How to Enter a Yakan House, Mimeo, o. O. 1973 a. FRAKE, CH. O.: Die ethnographische Erforschung kognitiver Systeme. In: ARBEITSGRUPPE BIELEFELDER SOZIOLOGEN (Hg.): Alltagswissen..., Bd. 2, Reinbek 1973 b, S. 323 ff. FREIRE, P.: Pädagogik der Unterdrückten, Reinbek 1973. FRIEDLANDER, F.: Die weiße und die schwarze Forschung. In: Grupdyn. 3 (1972), S. 23 ff. GOWIN, H.: Is Educational Measurement Distinctive. In: BERG, H. D. (Hg.): Evaluation in Social Studies, New York 1975, S. 9 ff. GRUBER, K. H. u. a.: Bruner's Wende. Vom experimentalpsychologischen Saulus zum handlungsforschenden Paulus. In:

Messung, empirisch-pädagogische

betr. e. 11 (1978), 8, S. 38 ff. GRUSCHKA, A. u. a.: Kompetenzentwicklung in Bildungsgängen: Entwicklungsaufgaben, Deutungsmuster. In: Z. f. Sozialisatfo. und Esoziol. 1 (1981), S. 269 ff. GUTHKE, J.: Mitteilung über einen Lerntest zur Untersuchung des schlußfolgernden Denkens (LTS). In: BÖTTCHER, H. R. u. a.: Psychodiagnostik, Berlin 1974, S. 116 ff. HABERMAS, J.: Theorie und Praxis, Frankfurt/M. 1974. HELMREICH, R.: Strategien zur Auswertung von Längsschnittdaten, Stuttgart 1977. HEINZE, TH.: Unterricht als soziale Situation,München 1976. HEINZE, TH. u. a.: Handlungsorientierte Evaluation – Erfahrungen aus einem schulischen Curriculum – Projekt. In: FREY, K. (Hg.): Curriculum-Handbuch, Bd. 2, München 1975, S. 614 ff. HOLZKAMP, K.: Kritische Psychologie, Frankfurt/M. 1972. HURRELMANN, K.: Forschungsprojekt „Sozialisationsprobleme jugendlicher Schulversager", Mimeo, Essen 1976. KANFER, F. H.: Die Aufrechterhaltung des Verhaltens durch selbsterzeugte Stimuli und Verstärkung. In: HARTIG, M. (Hg.): Selbstkontrolle, München/Berlin/Wien 1975, S. 83 ff. KLAUER, K.J. (Hg.): Handbuch der pädagogischen Diagnostik, Düsseldorf 1978. KLEITER, E. F./PETERMANN, F.: Abbildung von Lernwegen, München 1977. KOHLBERG, L.: Eine Neuinterpretation der Zusammenhänge zwischen der Moralentwicklung in der Kindheit und im Erwachsenenalter. In: DÖBERT, R. u. a. (Hg.): Entwicklung des Ichs, Köln 1977, S. 225 ff. KOHLBERG, L./TURIEL, E. (Hg.): Moralization – the Cognitive Developmental Approach, New York 1973. KORDES, H.: Entwicklungshelfer zwischen Bedürfnis und Ideologie. In: Entw. u. Zusarb. 13 (1972), 4, S. 5 ff.; 6/7, S. 17 ff.; 8, S. 18 ff. KORDES, H.: Measurement and Educational Evaluation. In: Stud. in E. Eval. 4 (1978), S. 163 ff. KORDES, H.: Vorwärts rückwärts oder das unheimliche totale Lernen – Kompetenzentwicklung und Identitätsbildung im Medium fremdsprachlichen Lernens. Wissenschaftliche Begleitung Kollegstufe NW, Münster 1982. KORDES, H.: Evaluation in Curriculumprozessen. In: HAMEYER, U. u. a. (Hg.): Handbuch der Curriculumforschung, Weinheim/Basel 1983, S. 267 ff. KRAUTH, J./LIENERT, G. A.: Die Konfigurationsfrequenzanalyse (KFA) und ihre Anwendung in Psychologie und Medizin, Freiburg/München 1973. KRUMM, V.: Leistung – Schulleistung – Schulleistungsmessung. In: WULF, CH. (Hg.): Wörterbuch der Erziehung, München 1974, S. 383 ff. LEMPERT, W. u. a.: Konzeptionen zur Analyse der Sozialisation durch Arbeit. Max-Planck-Institut für Bildungsforschung: Materialien aus der Bildungsforschung, Nr. 14, Berlin 1979. LEWIN, K.: Resolving Social Conflicts,New York 1968. LORENZER, A.: Sprachzerstörung und Rekonstruktion, Frankfurt/M. 1972. NEGT, O.: Soziologische Phantasie und exemplarisches Lernen, Frankfurt/M. 1971. NUNNALLY, J. C.: Psychometric Theory, New York 1967. OEVERMANN, U.: Zur Analyse der Struktur sozialer Deutungsmuster, Berlin 1973. OEVERMANN, U. u. a.: Beobachtungen zur Struktur der sozialisatorischen Interaktion. In: LEPSIUS, M. R. (Hg): Zwischenbilanz der Soziologie – Verhandlungen des 17. Deutschen Soziologentages, Stuttgart 1976, S. 274 ff. OEVERMANN, U. u. a.: Die Methodologie einer „objektiven Hermeneutik" und ihre allgemeine forschungslogische Bedeutung in der Sozialwissenschaft. In: SOEFFNER, H.-G. (Hg.): Interpretative Verfahren in den Sozial- und Textwissenschaften, Stuttgart 1979, S. 352 ff. PAGÈS, M./MÜLLER, H.: Animation Existentielle. Deutsch-Französisches Jugendwerk, Paris/Bad Honnef 1980. PETERSEN, J.: Messung (Konstrukte, Operationalisierung). In: Enzyklopädie Erziehungswissenschaft, Bd. 2,Stuttgart 1984, S. 462 ff. RUBINSTEIN, S. L.: Grundlagen der allgemeinen Psychologie, Berlin (DDR) 1958. SCHMIDT, H.-D.: Methodische Probleme der entwicklungspsychologischen Forschung. In: Probl. u. Erg. d. Psych. (1977), 62, S. 5 ff. SCHULTE, D. (Hg.): Diagnostik in der Verhaltenstherapie, München 1974. SCHULZE, TH.: Autobiographie und Lebensgeschichte. In: BAACKE, D./SCHULZE, TH. (Hg.): Aus Geschichten lernen. Zur Einübung pädagogischen Verstehens, München 1979, S. 51 ff. TURIEL, E.: Entwicklungsprozesse des moralischen Denkens beim Kinde. In: DÖBERT, R. u. a. (Hg.): Entwicklung des Ichs, Köln 1977, S. 125 ff. VOLPERT,W.: Handlungsstrukturanalyse. Mimeo, Berlin 1972. WOHLWILL, J. F.: Strategien entwicklungspsychologischer Forschung, Stuttgart 1977.

Hagen Kordes

Messung (Konstrukte, Operationalisierung)

Begriffsstruktur. „Konstrukt" meint die begriffliche Zusammenfassung angenommener Eigenschaften (Merkmale) von Personen (Objekten), die sich nicht direkt beobachten lassen, und die zur Erklärung oder auch nur Beschreibung spezifischer Verhaltensweisen im Rahmen theoretischer Konzeptionen (Theorien und Modelle) dient. Über die Formulierung von Korrespondenzregeln (Zuordnungsregeln) werden Konstrukte mit der Beobachtungsebene in Verbindung gebracht.

„Lernerfolg", „Intelligenz", „Leistungsmotivation" und „Schulangst" sind nur einige dieser begrifflichen Zusammenfassungen, für die sich in der empirisch orientierten Forschung der Begriff „Konstrukt" eingebürgert hat. Vereinzelt finden sich hierfür auch die Begriffe „Dispositionsterm" (CARNAP 1974, S. 67 ff.), „theoretisches Konstrukt" (HEMPEL 1974, S. 39 f.), „intervenierende Variable" (TOLMAN 1958, S. 115 ff.) und „hypothetische Konstrukte" (TRAVERS 1972, S. 33). Für diese Ausführungen können diese Begriffe synonym verwendet werden, obwohl ihre Differenzierung in Abhängigkeit von den verschiedenen Forschungsfeldern und Forschungssituationen durchaus sinnvoll sein kann. Der Umgang mit Konstrukten aus den Bereichen Psychologie, Soziologie und Pädagogik ist bis hinein in den alltagssprachlichen Gebrauch zur Selbstverständlichkeit geworden, wobei oftmals allerdings von der Spezifik der einem sprachlichen Zeichen(system) empirischen Gehalt zuordnenden Korrespondenzregeln abstrahiert wird. Korrespondenzregeln (semantische Regeln, Zuordnungsregeln) legen die Bedeutung und den empirischen Gehalt eines sprachlichen Zeichens fest, indem die Beziehungen zwischen dem sprachlichen Zeichen (Beispiel: Lernerfolg) und den zu bezeichnenden Merkmalen (Beispiel: Punktzahl in einem informellen Test) sprachlich-methodologisch festgelegt werden. Die Festlegung, in welcher Bedeutung ein sprachliches Zeichen gebraucht werden soll, geschieht durch Definitionen. Ein Blick in die umfangreiche Literatur zum Problem des Definierens zeigt schnell, daß eine hohe Anzahl ganz unterschiedlicher Vorstellungen und daraus resultierender Definitionsverfahren unterschieden werden müssen (vgl. GORSKI 1967, MENNE 1980, MORRIS 1938). Um die folgenden Darstellungen nicht unnötig zu komplizieren, wird hier bewußt mit einem weiten Definitionsbegriff operiert. Dabei muß bedacht werden, daß Begriffe – bedingt durch komplizierte Wechselbeziehungen zwischen den Definitionsverfahren, den bezeichneten Merkmalen (Ereignisse, Verhaltensweisen; kurz: Designata), den sprachlichen Zeichen und dem theoretischen Umfeld der Begriffsbildung und Begriffsverwendung – nie den Status semantisch isolierter Wörter haben, sondern kontextabhängig sind.

Um Mißverständnissen vorzubeugen, sei hier besonders darauf hingewiesen, daß nicht Begriffe definiert werden, sondern *sprachliche Zeichen*. In diesem Sinn läßt sich der Begriff *„Begriff"*, wie man hier wohl quadrierend sagen muß, als eine mindestens vierstellige Relation darstellen: R (SZ, DV, D, T). Dabei meint SZ das sprachliche Zeichen, DV das Definitionsverfahren, D die Designata und T das theoretische Umfeld. Zur Verdeutlichung des Konstruktbegriffs müssen wir die relationale Struktur an einer Stelle aufbrechen und uns besonders mit den Eigenschaften der Designata (D) befassen. Die sprachlichen Zeichen (SZ) von Begriffen erfahrungswissenschaftlich orientierter Aussagen lassen sich nach dem Grad der Beobachtbarkeit der durch sie bezeichneten Objekte und ihrer Merkmale (D) unterscheiden.

KAPLAN (vgl. 1964, S. 54 ff.) unterscheidet zwischen: *„observational terms"*, die sich auf direkt beobachtbare Objekte und ihre Merkmale beziehen; *„indirect observables"*, die sich auf Objekte und ihre Merkmale beziehen, die – wie beispielsweise das sprachliche Zeichen „Traum" einem besonderen Verhalten eines Schlafenden zugeordnet wird (Rapid-eye-movement-Phase) – nur indirekt beobachtbar sind; *„constructs"*, die sich auf Objekte und ihre Merkmale beziehen, die weder direkt noch indirekt beobachtbar sind, obwohl sie aufgrund direkt oder indirekt beobachtbarer Objekte und ihrer Merkmale definiert werden, und *„theoretical terms"*, die auch aufgrund indirekt oder direkt beobachtbarer Objekte und ihrer Merkmale nur partiell definierbar sind.

Nach dem „Zweistufenkonzept der Wissenschaftssprache" (vgl. CARNAP 1956, 1966, 1974) lassen sich die beiden letztgenannten Typen sprachlicher Zeichen der „theoretischen Sprache" (L_T) zuordnen; definiert nennt man sie *„theoretische Begriffe"* in Gegenüberstellung zu den *„deskriptiven Begriffen"* (Beobachtungsbegriffen), denen sich die erstgenannten beiden Typen sprachlicher Zeichen zuordnen lassen, die ihrerseits der „Beobachtungssprache" (L_B) zugeordnet werden. „Diese Unterscheidung wurde für Carnap notwendig, als sich herausstellte, daß sein ursprünglich konzipiertes Programm zur Konstruktion einer empirizistischen Sprache L_E aus verschiedenen Gründen undurchführbar ist. L_E sollte sowohl theoretische Begriffe wie auch Beobachtungsbegriffe (Observable) enthalten, wobei die theoretischen Terme definitorisch vollständig auf die Observablen zurückführbar sein sollten" (BESOZZI/ZEHNPFENNIG 1976, S. 14; zur Kritik an diesem Programm vgl. HEMPEL 1952, POPPER 1973, STEGMÜLLER 1970). Gegen die Dichotomisierung „theoretische Sprache – Beobachtungssprache" sind mehrfach Einwände erhoben worden (beispielsweise durch das einleuchtende „Turmargument" von FEYERABEND – vgl. 1976, S. 108 ff.); zu Recht, wenn man bedenkt, daß das Zweistufenkonzept, das als Versuchstyp eine Einführung theoretischer Begriffe ermöglichen sollte, von einigen Autoren als quasimethodische Regel der Forschung mißverstanden wird. Zusammenfassend kann man hier von der „Theoriegeladenheit aller Beobachtungsaussagen", aber auch von der zumindest „anekdotischen Erfahrungsbasis" theoretischer Aussagen sprechen (vgl. ERDMANN/PETERSEN 1979a, S. 40 ff.). Weiter muß bedacht werden, daß Begriffe aufgrund ihrer relationalen Struktur auf einem Kontinuum lokalisiert werden können, dessen Extremwerte allenfalls durch die Bezeichnungen „deskriptiv" und „theoretisch" umschrieben werden können. Die genaue Ortszuweisung auf diesem Kontinuum bestimmt das theoretische Umfeld (T) der Begriffsbildung und Begriffsverwendung. HANSON (vgl. 1958) gibt für die Verschiebung von Begriffen auf diesem Kontinuum aufgrund der Weiterentwicklung oder Neuformulierung theoretischer Umfelder im Wissenschaftsprozeß einleuchtende Beispiele aus der Physik, wenn er sagt, daß ein vormals theoretischer Begriff (construct) mit dem sprachlichen Zeichen „Neutrino" im Laufe der Weiterentwicklung experimentalphysikalischer Beobachtungsverfahren zu einem deskriptiven Begriff avancierte, hingegen der vormals deskriptive Begriff mit dem sprachlichen Zeichen „Elektron" aufgrund zunehmender Schwierigkeiten bei der Interpretation von Beobachtungsbefunden mehr und mehr zu einem theoretischen Begriff wird.

Für den Bereich der erziehungswissenschaftlichen Forschung nennt TRAVERS (vgl. 1972) drei verschiedene Ursprünge, von denen Konstrukte abgeleitet sein können: die Neurologie, den Beobachtungshorizont des Forschers (phenomenal field) und die Physik. Mit dem letztgenannten Bereich verbindet sich beispielsweise der Name Lewin, dessen bekannte Arbeit zur „Feldtheorie in den

Sozialwissenschaften" (1963) den Konstrukttyp andeutet, der wiederum über die Arbeiten des Kreises um Winnefeld (vgl. WINNEFELD u.a. 1971) Eingang in die erziehungswissenschaftliche Forschung gefunden hat. Bezüglich der Bedeutung dieser drei Hauptquellen von Konstrukten läßt sich nach Travers noch kein abschließendes Urteil bilden. Mit Recht kann man jedoch behaupten, daß erziehungswissenschaftliche Theorien und Forschungskonzeptionen mit Konstrukten durchsetzt sind, die aus den verschiedensten Nachbardisziplinen der Erziehungswissenschaft stammen. Diese leicht zu bestätigende Behauptung und die Ausführungen von SNOW (vgl. 1973) über „Theoriekonstruktionen in der Unterrichtsforschung", nach denen Konstrukte einen eigenständigen Theorietypus konstituieren (können), weisen zusammen auf den *theoretischen Doppelcharakter von Konstrukten* hin, denn: Erstens können Konstrukte bezüglich ihres Bedeutungsinhaltes und ihres Bedeutungsumfanges eigenständige Theorien bilden, und zweitens können sie als Aussagenbestandteile in anderen Theorien auftauchen. Das pädagogisch bedeutsame Konstrukt „Leistungsmotivation" kann hierfür als Beispiel herangezogen werden. Während beispielsweise die Forschungen von ATKINSON/FEATHER (vgl. 1966) und im deutschsprachigen Raum von HECKHAUSEN (vgl. 1963) über dieses Konstrukt zu einer Theorie der Leistungsmotivation führten, taucht dieses Konstrukt in anderen Forschungen – so auch in den empirischen Untersuchungen zur Unterrichtssprache (vgl. PETERSEN/SCHYMANSKI 1979) – als ein Konstrukt neben anderen (wie Intelligenz, Einstellung[en] und Angst) auf. Gleiches läßt sich über das Konstrukt „Lernerfolg" im Rahmen der empirischen Unterrichtsforschung sagen, das in den weiteren Ausführungen möglichst häufig zur Veranschaulichung herangezogen werden soll. Dabei muß jedoch bedacht werden, daß die Konstruktion und Begründung von Korrespondenzregeln bis hin zur Formulierung meßtheoretischer Vorschriften konstruktspezifisch sind und folglich nicht jedes Regelsystem durch das gleiche Konstruktbeispiel verdeutlicht werden kann.

Über die forschungslogische Einbindung von Konstrukten berichten unter anderen SCHRADER (vgl. 1971), FRIEDRICHS (vgl. 1973) und ERDMANN/PETERSEN (vgl. 1979a, b). Dabei geht man in aller Regel davon aus, daß die Korrespondenzregeln zwischen dem sprachlichen Zeichen (SZ) und dem Bezeichneten (D), also die Verbindungen zwischen der sprachlich-theoretischen und der Beobachtungsebene, als weitgehend geklärt gelten können. Dies und die Beachtung des theoretischen Umfeldes (T), aus dem die übernommenen Konstrukte stammen, sind zwei der wesentlichen Voraussetzungen zur Herstellung möglichst hoher Präzision und Konsistenz theoretischer Begriffe, ohne die eine Vergleichbarkeit erziehungswissenschaftlicher Forschungen und Forschungsergebnisse nicht möglich ist (vgl. PETERSEN 1979, S.59ff.).

Konstrukte und Indikatoren – drei Strategien der Operationalisierung. Konstrukte haben, wie andere Begriffe auch, aufgrund ihrer relationalen Struktur nie den semantischen Status isolierter Wörter. Für die Bildung von Konstrukten im Wissenschaftsprozeß bedeutet dies, daß die Einführung von Konstrukten theorie- und erfahrungsabhängig ist. In diesem Sinn kann man sagen: Konstrukte sind keine Produkte reiner Spekulation, aber auch keine simple Verallgemeinerung von Beobachtungsbefunden. Konstrukte haben „added meaning" (KERLINGER 1972, S.32), und der Forscher ist gezwungen – will er über rein deskriptive Aussagensysteme hinaus zu Erklärungen und Prognosen gelangen – Konstrukte einzuführen, die unmittelbar erfahrungsmäßiger Bedeutung ermangeln, dennoch mittelbar im Forschungsprozeß durch geeignete Operationen mit der Ebene der Beobachtung in Verbindung gebracht werden müssen. In den empirischen Wissenschaften spielen hierbei *Hypothesen* eine entscheidende Rolle. In ihnen und durch sie werden unter anderem die Konstrukte systematisch in Beziehung gesetzt, gleichzeitig mit dem theoretischen System verknüpft und durch bestimmte Operationen mit der Beobachtungsebene verbunden. HEMPEL (1974, S. 39 f.) hat dieses Zusammenwirken durch folgende Metapher verdeutlicht: „Eine wissenschaftliche Theorie könnte daher mit einem räumlichen Netzwerk verglichen werden: ihre Terme stellen die Knoten dar, während die sie verbindenden Fäden teilweise den Definitionen und den grundlegenden oder derivativen Hypothesen entsprechen, die in der Theorie enthalten sind. Das ganze System schwebt gewissermaßen über der Ebene der Beobachtung und ist durch Interpretationsregeln in ihr verankert [...] Auf Grund solcher interpretativer Verbindungen kann das Netzwerk als wissenschaftliche Theorie arbeiten: von bestimmten Beobachtungsdaten können wir über einen interpretativen Strang zu einem Punkt im theoretischen Netzwerk hinaufsteigen, von dort über Definitionen und Hypothesen zu anderen Punkten weitergehen, von denen ein anderer interpretativer Strang es uns erlaubt, auf die Ebene der Beobachtung hinabzusteigen." Einige dieser Knoten, um im Bild zu bleiben, sind nun Konstrukte, die über eine bestimmte Klasse von Korrespondenzregeln *(Interpretationsregeln)* mit der Beobachtungsebene verbunden sind. In der Literatur hat sich für diese Klasse von Interpretationsregeln der Begriff „*Operationalisierung*" eingebürgert. FRIEDRICHS (vgl. 1973, S. 78 f.) weist mit Recht darauf hin, daß ganz verschiedene Korrespondenzregeln innerhalb dieser Klasse unterschieden werden müssen. Die in der methodologischen Literatur häufig anzutreffende Gleichsetzung der Begriffe „Operationalisierung" und „*operationale Definition*" – so etwa bei KERLINGER (vgl. 1978) – erscheint nicht zweckmäßig, da, wie sich noch zeigen wird, operationale Definitionen nur eine von drei grundlegenden Möglichkeiten der Konstruktion adäquater Korrespondenzregeln sind. Die Verwendung des Ausdrucks „operational" kommt nicht von ungefähr. Der Ausdruck weist darauf hin, daß hier Tätigkeiten, Forschungshandlungen festgelegt werden, um intersubjektiv nachvollziehbar entscheiden zu können, ob in der Realität die Beobachtungsprädikate vorliegen, die dem Konstrukt zugeordnet werden. Der Operationalisierungsvorgang insgesamt zielt im allgemeinen über eine qualitative Bedeutungsexplikation durch die Angabe von Indikatoren und den notwendigen Operationen zur empirischen Erfassung dieser Indikatoren hinaus auf eine möglichst exakte Metrisierung von Konstrukten (vgl. PETERSEN 1984). Die Messung entsteht somit in einiger Entfernung vom Konstrukt, aber auch „in einiger Entfernung vom Objekt selbst und kommt erst nach Brückenschlägen zustande, die jeweils mit eigenem Risiko behaftet sind" (HARTMANN 1972, S. 109). Für jede Stufe dieses komplizierten Vorgangs der *Operationalisierung von Konstrukten* stellt sich dabei die Frage nach den Grundlagen der jeweiligen Ableitung. So erfolgt beispielsweise in der Physik die Messung der Dichte auf der Grundlage eines numerischen Gesetzes, das die beiden fundamental meßbaren Eigenschaften „Masse" und „Volumen" zueinander in Beziehung setzt. In der Erziehungswissenschaft fehlen derartige Gesetzmäßigkeiten weitgehend, und es ist auch noch keineswegs ausgemacht, daß diese jemals erreichbar sind. Im Normalfall handelt es sich in der erziehungswissenschaftlichen Forschung um Messungen, die auf Setzungen beruhen („measurement by fiat" –

Messung (Konstrukte, Operationalisierung)

TORGERSON 1958, S. 21 ff.), die jeweils einer gesonderten Begründung bedürfen. Eine graphische Verdeutlichung der verschiedenen Ableitungsebenen vom Konstrukt zur Konstruktion von Meßinstrumenten zur quantitativen Erfassung der Ausprägungsgrade von Konstrukten findet sich bei FRIEDRICHS (1973, S. 164), die wir zur Verdeutlichung des Gesagten hier übernehmen wollen (vgl. KERLINGER 1972, S. 35; vgl. TORGERSON 1958, S. 5):

Abbildung 1: Der Weg vom Konstrukt zum Meßinstrument

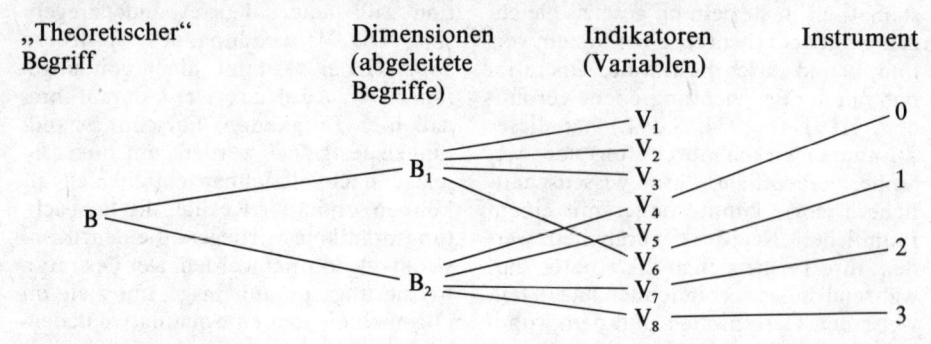

„Theoretischer" Begriff — Dimensionen (abgeleitete Begriffe) — Indikatoren (Variablen) — Instrument

$B \rightarrow B_1, B_2 \rightarrow V_1, V_2, V_3, V_4, V_5, V_6, V_7, V_8 \rightarrow 0, 1, 2, 3$

Um Mißverständnissen vorzubeugen, muß auf die Verzerrungen hingewiesen werden, die durch derartige Darstellungen auftreten. Erstens stehen Konstrukte, darauf wurde bereits eingegangen, nicht isoliert von anderen Begriffen im theoretischen System. Sie sind durch vielfältige Definitionen, Hypothesen oder auch nur vorläufige Annahmen mit anderen Begriffen und damit mit dem Systemganzen untrennbar verbunden. Zweitens führt der Weg, bei genauer Analyse der Begriffsstruktur, eben nicht vom „Begriff" über Indikatorenbildung und so fort zum Meßinstrument, sondern vom sprachlichen Zeichen des Konstrukts; Definitionsvorschriften, Indikatorenauswahl und -begründung, Dimensionsannahmen und vieles mehr gehören zur Begriffsstruktur. Diese Differenzierung ist wesentlich, da nur durch diese Unterscheidungen innerhalb der relationalen Begriffsstruktur gleiche sprachliche Zeichen durch beispielsweise unterschiedliche Indikatorenzuweisung unterschiedliche Begriffe repräsentieren (können). Die Vieldeutigkeit des Konstrukts „Lernerfolg" in der erziehungswissenschaftlichen Diskussion durch unterschiedliche Indikatorenzuweisungen (von der einfachen Abbildung von Zeugniszensuren über die Definition von Lernzuwachsmaßen in Vortest-Nachtest-Experimenten bis zur Einbeziehung sozialer Verhaltensweisen und der Einbindung weiterer Konstrukte wie beispielsweise „Konzentration", „Leistungshaltung" und „soziales Lernen") ist hierfür geradezu ein klassisches Beispiel. Drittens führt in der tatsächlichen empirischen Forschungspraxis der Weg eben nicht so linear vom Konstrukt zum Meßinstrument. Die Gesamtheit der Entscheidungen innerhalb der Ableitungsebene und zwischen den einzelnen Ableitungsebenen bildet im konkreten Forschungsprozeß ein komplexes Interdependenzgefüge. Mit dieser Problematik wird gleichzeitig der enge Zusammenhang zwischen Theoriebildung und Messen im Gesamtregelkreis der Erkenntnis deutlich, der sich als Weg von der Beschreibung zur Erklärung der Phänomene und zurück vollzieht. Der einheitliche Charakter dieses Prozesses macht deutlich, daß Meßstrukturen und Meßinstrumente „nicht erst nach einer umfassenden empirischen

Erforschung eines Gegenstandsbereichs formuliert werden können [...], sondern im Zusammenwirken mit empirischen Untersuchungen die eingehende Erforschung eines Gegenstandsbereiches entscheidend vorantreiben können" (ORTH 1974, S. 98).

Durch eine Klasse von Korrespondenzregeln werden also die Konstrukte und damit mittelbar das theoretische System mit der Beobachtungsebene verbunden. Im Mittelpunkt steht dabei die Wahl geeigneter Indikatoren. Unter *Indikatoren* versteht man beobachtbare und/oder befragbare Eigenschaften von Objekten, deren Vorhandensein als „empirische Äquivalente" (SKOWRONEK/SCHMIED 1977, S. 31) mit einer möglichst hohen Wahrscheinlichkeit auf das Zutreffen eines Konstrukts schließen lassen. Die grundlegende Fragestellung bei der Indikatorenbildung, -auswahl und -begründung ist die nach dem Verhältnis von Konstrukt und Indikatoren. Es stellt sich hierbei das Problem, daß die Indikatoren aus einer Theorie des Objektbereichs hergeleitet sein müssen, um eine Korrespondenz von Begriff und Messung herzustellen. Dabei muß zweierlei beachtet werden: Erstens bilden Indikatoren nur empirisch erfaßbare Anzeichen für das Zutreffen eines Konstrukts; sie sind mit dem Konstrukt natürlich nicht identisch. Wäre dies der Fall, so würde das Konstrukt seine spezifische Eigenschaft als hypothetische Erklärungs- und Beschreibungskategorie verlieren und zu einem Beobachtungsbegriff werden. In diesem Zusammenhang stellt sich auch die Frage, ob die Operationalisierung eines Konstrukts durch die Angabe von Indikatoren erstens in jedem Fall, das bedeutet unabhängig von der konkreten Formulierung einer Korrespondenzregel, und zweitens überhaupt als Definition angesehen werden kann. Die erste Frage wird weiter unten wieder aufgenommen. Die zweite Frage ist sicher dann zu verneinen, wenn man den Standpunkt vertritt, daß ein notwendiges Merkmal aller Definitionen die Austauschbarkeit von Definiens und Definiendum ist. Zweitens muß bedacht werden, daß Indikatoren den Bedeutungsgehalt von Konstrukten stets nur partiell aufgliedern. BESOZZI/ZEHNPFENNIG (vgl. 1976, S. 16) sprechen in diesem Zusammenhang von einer asymmetrischen Beziehung zwischen Observablen und theoretischen Begriffen. So begründet und fordert beispielsweise eine restriktive Theorie des Unterrichts, die nur Leistungssteigerungen im kognitiven Bereich als „Lernerfolg" begreift, andere Indikatoren als eine theoretische Konzeption, die auch psychomotorische und affektiv-emotionale Qualitäten diesem Konstrukt unterordnet. Die Unterschiedlichkeit der Begriffe, bei Identität des sprachlichen Zeichens „Lernerfolg", hebt die Partialität der empirischen Repräsentation jedoch nicht auf. Eine wichtige wissenschaftstheoretische Konsequenz aus diesen beiden Punkten hat HEMPEL (1974, S. 41) beschrieben. Danach „kann eine interpretierte wissenschaftliche Theorie nicht äquivalent in ein System von Sätzen übersetzt werden, dessen konstituierende extralogischen Terme alle entweder Beobachtungsprädikate sind oder von Beobachtungsprädikaten mittels Reduktionssätzen zu erlangen sind; und a fortiori ist keine wissenschaftliche Theorie mit einer endlichen oder unendlichen Klasse von Sätzen, die denkbare Erfahrungen beschreiben, äquivalent." So erfahren auch Schlüsselkonstrukte der erziehungswissenschaftlichen Forschung wie beispielsweise „Lernerfolg", „Mündigkeit" und „Emanzipation" und mit ihnen die zugehörigen theoretischen Systeme durch empirische Forschungsprozesse stets nur eine partielle empirische Interpretation. Nicht nur für den Bereich der Soziologie weisen BLALOCK (vgl. 1968) und COSTNER (vgl. 1969) darauf hin, daß zwischen theoretischen Konzepten (Konstrukten) und den in der Forschungspraxis verwendeten Indikatoren eine methodologische Lücke klafft. Gerade hier, wo sich die Theorien der jeweiligen Objektbereiche mit den Theorien sozialwissenschaftlichen Messens verbinden müssen, scheint die sozialwissenschaftliche Methodologie bis heute auf der Stelle zu treten. Eine schmale und ausbaubedürftige Brücke über dieses methodologische Loch besteht in der Explikation unterschiedlicher Korrespondenzregeln. BESOZZI/ZEHNPFENNIG (vgl. 1976, S. 20 ff.) formulieren drei Strategien zur Bestimmung von Korrespondenzregeln, die als methodologische Aussagen die grundlegenden erziehungswissenschaftlichen Forschungsoperationen in dem hier beschriebenen Problembereich beinhalten. Danach können die Beziehungen zwischen Indikatoren und Konstrukten unter drei verschiedenen Perspektiven betrachtet werden.

So können erstens die Indikatoren Bestandteile der Definition eines Konstrukts sein. Die Korrespondenzregel ist hier nichts anderes als eine operationale Definition. Eine *operationale Definition* ordnet dem sprachlichen Zeichen eines Konstrukts durch die Angabe durchzuführender Forschungsoperationen Indikatoren zu und gliedert dadurch den Bedeutungsgehalt des Konstrukts (partiell) auf. Ein prominentes Beispiel hierfür ist die operationale Definition des Konstrukts „Lernerfolg" durch die Angabe beispielsweise der als fundamental meßbar angenommenen Indikatoren „Lösung fachspezifischer Lernaufgaben" (Klassenarbeiten) oder „Grad der richtigen Lösung von Testitems" (informelle Tests). Das Konstrukt „Lernerfolg" kann dabei in dem Maße in seiner Bedeutung variieren, als (halbwegs) operationalisierte Lernziele aufgestellt werden können. Die Korrespondenz zwischen der begrifflichen Ebene und der Beobachtungsebene hängt hier ganz entscheidend davon ab, ob aus der Theorie des Objektbereichs begründet werden kann, warum diesem Konstrukt per definitionem gerade diese und nicht andere Indikatoren zugewiesen werden.

Zweitens können Konstrukte mit den Indikatoren über wahrscheinlichkeitstheoretische Relationen verbunden werden. Konstrukte werden hier als *latente Variablen* aufgefaßt, die die beobachtbaren Wechselwirkungen und Kovariationen von Indikatoren, die man in diesem Zusammenhang als *manifeste Variablen* bezeichnet, erklären. Die Korrespondenzregel wird hier zu einer *probabilistischen Induktionsregel*. Konstrukte (latente Variablen) werden mit Hilfe von Wahrscheinlichkeitsschlüssen aus der durch bestimmte statistische Datenverarbeitungsverfahren ermittelten Kovariation manifester Variablen inferiert. Dieser klassifikatorisch-inferentiale Ansatz ist eng mit dem Namen Lazarsfeld verbunden, dessen Modell der „*latenten Strukturanalyse*" (vgl. LAZARSFELD 1968) der hier skizzierten Korrespondenzregel folgt. Ein weiteres, in der erziehungswissenschaftlichen Forschungspraxis häufiger anzutreffendes Modell im Rahmen dieser Korrespondenzregel ist die *Faktorenanalyse*, die, deterministisch aufgebaut, restriktivere Annahmen voraussetzt und als Sonderfall der latenten Strukturanalyse aufgefaßt werden kann. So extrahierte beispielsweise KRAPP (vgl. 1973) durch faktorenanalytische Verfahren in einer Untersuchung an 2 498 Erstklässlern aus der Interkorrelation von 17 manifesten Variablen, die nach der ersten Korrespondenzregel nahezu vollständig dem Konstrukt „Lernerfolg" definitorisch zugeordnet werden konnten, zwei Faktoren (Dimensionen), die er mit „Schreibleistung" (visuell-motorische Koordination) und „kognitive Gesamtschulleistung" (Rechnen, Deutsch) bezeichnet.

Drittens können die Indikatoren mit den Konstrukten über kausaltheoretische Annahmen verbunden werden. Ein dem klassifikatorisch-inferentialen Ansatz entgegengesetzter Lösungsversuch, die Lücke zwischen einem theoretischen System und der empirischen Überprüfbarkeit dieses Systems zu überbrücken, ist die von BLALOCK (vgl. 1961, 1968) vorgeschlagene Konstruktion kausaltheoretischer Systeme (vgl. DUNCAN 1966, LAND 1969, ZIEGLER 1970). Die Indikatoren sind hier Elemente eines kausalen Systems. „Die Korrespondenzregeln [...] bilden in diesem Zusammenhang eine auxiliäre Theorie, die neben der Haupttheorie bestimmte Annahmen über die Beziehungen zwischen den theoretisch relevanten Variablen (den Elementen der Haupttheorie) und den Indikatoren (den gemessenen Variablen) sowie über die Wirkung der störenden Variablen auf diese Beziehungen spezifiziert" (BESOZZI/ZEHNPFENNIG 1976, S. 27). Der kausalanalytische Lösungsversuch ist zur Zeit noch mit einer Anzahl ungelöster methodologischer Probleme behaftet und ist in der erziehungswissenschaftlichen Forschungspraxis relativ selten anzutreffen (Ausnahmen: vgl. WINTELER 1973, ZIEGLER 1970).

ATKINSON, J. W./FEATHER, N. T. (Hg.): A Theory of Achievement Motivation, New York 1966. BESOZZI, C./ZEHNPFENNIG, H.: Methodologische Probleme der Indexbildung. In: KOOLWIJK,J. VAN/WIEKEN-MAYSER, M. (Hg.): Techniken der empirischen Sozialforschung, Bd. 5: Testen und Messen, München/Wien 1976, S. 9 ff. BLALOCK, H. M.: Causal Inferences in Nonexperimental Research, Chapel Hill 1961. BLALOCK, H. M.: The Measurement Problem: A Gap between the Languages of Theory and Research. In: BLALOCK, H. M./BLALOCK, A. B. (Hg.): Methodology in Social Research, New York 1968, S. 5 ff. CARNAP, R.: Meaning and Necessity,Chicago/London ²1956. CARNAP, R.: Philosophical Foundations of Physics, New York 1966. CARNAP, R.: Theoretische Begriffe der Wissenschaft. In: EBERLING, G. u. a. (Hg.): Forschungslogik der Sozialwissenschaften, Düsseldorf 1974, S. 47 ff. COSTNER, H. L.: Theory, Deduction,and Rules of Correspondence. In: The Am. J. of Sociol. (1969), S. 245 ff. DUNCAN, O. D.: Path Analysis: Sociological Examples. In: The Am. J. of Sociol. 72 (1966), S. 1 ff. ERDMANN, H. W./PETERSEN, J.: Strukturen empirischer Forschungsprozesse. Einführung in die wissenschaftstheoretischen, methodologischen und statistischen Grundlagen empirisch-pädagogischer Forschung, 2 Bde., Kastellaun ²1979. (Bd. 1: 1979a; Bd. 2: 1979b). FEYERABEND, P.: Wider den Methodenzwang. Skizze einer anarchistischen Erkenntnistheorie, Frankfurt/M. 1976. FRIEDRICHS, J.: Methoden empirischer Sozialforschung, Reinbek 1973. GORSKI, P.: Über die Arten des Definierens und ihre Bedeutung in der Wissenschaft. In: STUDIEN ZUR LOGIK DER WISSENSCHAFTLICHEN ERKENNTNIS. Deutsche Ausgabe besorgt von G. Kröber, Berlin (DDR) 1967, S. 361 ff. HANSON, N. R.: Patterns of Discovery, Cambridge 1958. HARTMANN, H.: Empirische Sozialforschung, München ²1972. HECKHAUSEN, H.: Hoffnung und Furcht in der Leistungsmotivation, Meisenheim 1963. HEMPEL, C. G.: Fundamentals of Concept Formation in Empirical Science, Chicago 1952. HEMPEL, C. G.: Grundzüge der Begriffsbildung in der empirischen Wissenschaft, Düsseldorf 1974. KAPLAN, A.: The Conduct of Inquiry, San Francisco 1964. KERLINGER, F. N.: Foundations of Behavioral Research, London/New York/Sydney/Toronto ⁴1972. KERLINGER, F. N.: Grundlagen der Sozialwissenschaften, 2 Bde., Weinheim/Basel ²1978/1979 (Bd. 1: ²1978; Bd. 2: 1979). KRAPP, A.: Bedingungen des Schulerfolgs, München 1973. LAND, K. C.: Principles of Path Analysis. In: BORGATTA, E. F./BOHRNSTEDT, G. W. (Hg.): Sociological Methodology, San Francisco 1969, S. 3 ff. LAZARSFELD, P. F.: Latent Structure Analysis, Boston/New York/Atlanta u. a. 1968. LEWIN, K.: Feldtheorie in den Sozialwissenschaften, Bern/Stuttgart 1963. MENNE, A.: Einführung in die Methodologie, Darmstadt 1980. MORRIS, CH. W.: Foundations of the Theory of Signs, Chicago 1938. ORTH, B.: Einführung in die Theorie des Messens, Stuttgart/Berlin/Köln/Mainz 1974. PETERSEN, J.: Zur Problemlage der empirischen Unterrichtsforschung. In: PETERSEN, J./SCHYMANSKI, R. (Hg.): Unterricht...,Kastellaun 1979, S. 39 ff. PETERSEN, J.: Messung (Skalierung, mehrdimensionale Verfahren). In: Enzyklopädie Erziehungswissenschaft, Bd. 2, Stuttgart 1984, S. 470 ff. PETERSEN, J./SCHYMANSKI, R. (Hg.): Unterricht – Sprache – Lernerfolg. Methodologische und empirische Beiträge zur Unterrichtsforschung und zur Theorie der Unterrichtssprache, Kastellaun 1979. POP-

PER, K. R.: Logik der Forschung, Tübingen ⁵1973. SCHRADER, A.: Einführung in die empirische Sozialforschung, Stuttgart/Berlin/Köln/Mainz 1971. SKOWRONEK, H./SCHMIED, D.: Forschungstypen und Forschungsstrategien in der Erziehungswissenschaft, Hamburg 1977. SNOW, R. E.: Theory Construction of Research on Teaching. In: TRAVERS, R. M. W. (Hg.): Second Handbook of Research on Teaching, Chicago 1973, S. 77 ff. STEGMÜLLER, W.: Probleme und Resultate der Wissenschaftstheorie und Analytischen Philosophie, Bd. 2: Theorie und Erfahrung, 2 Halbbände, Berlin/Heidelberg/New York 1970/1973. TOLMAN, E.: Behavior and Psychological Man, Mimeo, Berkeley 1958. TORGERSON, W. S.: Theory and Methods of Scaling, New York/London/Sydney 1958. TRAVERS, R. M. W.: Einführung in die erziehungswissenschaftliche Forschung, München 1972. WINNEFELD, F. u. a.: Pädagogischer Kontakt und Pädagogisches Feld, o. O. ⁵1971. WINTELER, A.: Determinanten der Wirksamkeit akademischer Lehrveranstaltungen, Diss., Berlin 1973. ZIEGLER, R.: Soziale Determinanten der Begabungsauslese – Ein neues Verfahren zur Analyse komplexer Kausalbeziehungen. In: Z. f. ew. Fo. 4 (1970), S. 161 ff.

Jörg Petersen

Messung (Skalierung, mehrdimensionale Verfahren)

Skalierung, Indizierung und Objektivierung. Während die Ausführungen über die Operationalisierung von Konstrukten (vgl. PETERSEN 1984) die Struktur empirisch orientierter pädagogischer Forschung als ein durch Korrespondenzregeln geleitetes Zusammenspiel von theoretischen Systemen und beobachtbaren Eigenschaften von Objekten darstellten, tritt mit der Erörterung unterschiedlicher Skalierungs- und Objektivierungsverfahren der meßtheoretische Aspekt der Konstruktbildung in den Vordergrund. Dabei muß gleich zu Anfang darauf hingewiesen werden, daß über die Eigenschaften des Zusammenwirkens von Theorien der Objektbereiche und der Messung der Eigenschaften dieser Objekte zur Zeit noch Unklarheit herrscht. Das zeigt sich schon daran, daß, trotz der Formulierung spezieller Korrespondenzregeln, die in der Forschungspraxis verwendeten und in der methodologischen Literatur dargestellten Skalierungsverfahren eine Korrespondenz zu den Korrespondenzregeln und damit mittelbar zu den Theorien vermissen lassen.

Messen in den Sozialwissenschaften besteht in der Zuordnung von Zahlen zu Objekten oder Ereignissen (vgl. STEVENS 1968), wobei jedoch bedacht werden muß, daß die Zuordnungsregeln nicht beliebig sind, sondern aus der Eigenschaftsstruktur des Objektbereichs begründet werden müssen. Dazu benötigt man jedoch wiederum eine Theorie des Objektbereichs: ein Zirkel, der nicht nur für die Sozialwissenschaften charakteristisch ist.

Die Begriffe *„Skala"* und *„Index"* werden in der Literatur nicht einheitlich gebraucht. Während übereinstimmend die Fragen der Objektivierung (des Meßvorgangs) als der *Skalierung* und mit Einschränkungen auch der *Indizierung* inhärent angesehen werden, werden die Begriffe „Skala" und „Index" teilweise synonym gebraucht (vgl. BETZ 1976; vgl. HOLM 1970a, b), teilweise wird die Skalierung als einschränkenderen Bedingungen unterworfene Untermenge der Indexbildung verstanden (vgl. SCHEUCH 1967), und teilweise wird auf Definitionsversuche überhaupt verzichtet, obwohl zumindest einer dieser Begriffe in den jeweiligen Buchtiteln auftaucht (vgl. TORGERSON 1958). SCHEUCH (1967, S. 352) schlägt vor, von einer Skala nur dann zu sprechen, wenn folgende vier Bedingungen vorliegen oder erfüllt sind: „1. Es werden Objekte nach den an ihnen beobachteten Eigenschaften auf Grund einer interpersonell konstanten Vorgehensweise auf einem Kontinuum plaziert, wobei 2. ein Modell der Verteilungsgesetze für die Indikatoren, ihre Interaktion und die Verteilung der Objekte vorausgesetzt wird, 3. objektive Kriterien zur Beurteilung des Grades an Übereinstimmung zwischen Modellannahmen und Beobachtungsmaterial vorliegen, sowie 4. auf die Verwendung eines äußeren Maßstabes verzichtet werden kann und die Ordnung lediglich aus dem Beobachtungsmaterial heraus erfolgt." Für alle Verfahren der Gewinnung von Variablen durch die Zusammenfassung verschiedener Indikatoren, die den oben dargestellten Bedingungen nicht vollständig genügen, verwendet man auch den Begriff „Index". Aus meßtheoretischer Sicht läßt sich eine Skala wie folgt definieren: Es sei E ein empirisches Relativ und N ein numerisches Relativ; f sei eine Abbildungsvorschrift, die E mindestens homomorph in eine Teilmenge von N abbildet. Das geordnete Tripel (E, N, f) bezeichnet man als eine Skala. Skalen lassen sich in diesem Sinn als *Meßinstrumente* beschreiben, wobei die Skalierungsverfahren die Konstruktionsregeln dieser Meßinstrumente definieren. Auch die *Indexbildung* läßt sich als Meßoperation verstehen. GALTUNG (vgl. 1967) definiert den Index als die Abbildung oder auch Reduzierung eines mehrdimensionalen *manifesten Eigenschaftsraumes* auf eine eindimensionale Variable. SCHEUCH/ZEHNPFENNIG (vgl. 1974) weisen darauf hin, daß die Reduktion eines mehrdimensionalen manifesten Eigenschaftsraumes auf nur eine *latente Dimension* nicht zwingend ist, sondern auf mehrdimensionale latente Eigenschaftsräume erweitert werden kann. Prominentes Beispiel hierfür ist die Indizierung komplexer sozialer Verhaltensweisen von Schülern im Unterricht durch die sogenannten „Kopfzensuren". Ein Beispiel für eine eindimensionale Indizierung eines mehrdimensionalen manifesten Eigenschaftsraumes stellt die „Messung" des Konstrukts „Sozialstatus" dar.

An diesen Beispielen wird auch deutlich, daß aus meßtheoretischer Sicht die meisten Skalierungs- und Indizierungsverfahren eigentlich gar keine Abbildung von empirischen Strukturen auf numerische Strukturen leisten, sondern unter modellimmanenten Annahmen numerische Strukturen in andere numerische Strukturen transformieren. Die Messung beruht weiterhin auf willkürlicher Setzung (vgl. TORGERSON 1958), das bedeutet, sie führt zu keinem wirklichen Isomorphismus zwischen einem empirischen und einem numerischen Relativ.

In Abhängigkeit von den Eigenschaften der Indikatoren und den jeweiligen Skalierungs- oder Indizierungsverfahren unterscheidet man vier Möglichkeiten resultierender Skalenniveaus: Nominal-, Ordinal-, Intervall- und Ratioskala (vgl. CLAUSS/EBNER 1977, ERDMANN/PETERSEN 1979a). Die Spezifizierung der jeweiligen Skalen- oder Meßniveaus geschieht durch die Formulierung der Transformationseigenschaften der Skala, also durch die Formulierung der Klasse von zulässigen Transformationen, die diese wiederum in eine strukturtreue Abbildung überführen. Dazu ist natürlich die Formulierung des Repräsentations- und Eindeutigkeitstheorems notwendig. Die Praxis der erziehungswissenschaftlichen Forschung handhabt aus den schon beschriebenen Gründen diese Vorschriften recht liberal; so werden Meß- oder Skalenniveaus mit wenigen Ausnahmen eher durch Plausibilitätsüberlegungen denn durch meßtheoretische Beweise akzeptiert.

Zur Zeit existieren in den Sozialwissenschaften sehr unterschiedliche Skalierungs- und Indizierungsverfahren und folglich auch sehr unterschiedliche Systematiken der Darstellung. Zusätzliche Schwierigkeiten ergeben sich dort, wo unterschiedliche Verfahren unter gleichen Bezeichnungen aufgeführt sind et vice versa. Skalierungsverfahren und -systematiken, die sich explizit auf pädagogisch bedeutsame Ereignisse und Eigenschaften beziehen, existieren zur Zeit nicht; das ist um so bedauerlicher, da nicht nur wegen des wissenschaftlichen Prestiges der Begriff „Skala" mit Interessenstandpunkten verknüpft ist (vgl. SCHEUCH 1967, S. 352), sondern auch die realitätsschaffende Funktion aller Meßvorgänge allzu leicht aus dem pädagogischen Blick gerät. „Die metrische Weltform ist zweifelsohne notwendig und darum berechtigt; dabei darf aber nicht übersehen werden, daß sie uns nicht ursprünglich gegeben ist, sondern daß wir sie ‚gemacht' haben" (HOFSTÄTTER 1951, S. 19). Wohl die meisten Skalierungsverfahren sind in der Psychologie in den vergangenen 40 Jahren – vornehmlich anhand von Einstellungsmessungen – entwickelt worden. So orientiert sich auch die überwiegende Mehrzahl der Skalierungssystematiken in methodischer Hinsicht an der Entwicklung spezieller Skalierungsverfahren des Konstrukts „Einstellung zu ...". Ein weiterer Grund für die Vielfalt der vorliegenden Bezeichnungen und Darstellungen liegt wohl in der ungenauen Differenzierung zwischen der Skalierung als Meßoperation, der Anwendung statistischer Verfahren zur Analyse oder Zusammenfassung der resultierenden Daten und dem Endprodukt der Skalierung oder Indizierung, nämlich der Skala oder dem Index.

BETZ (vgl. 1976, S. 131 ff.) stellt eine praktikable Abfolge von *Skalierungsverfahren* vor, die sich in ihrer Stufung auf die „logische Rafinesse" der jeweiligen Verfahren beruft; die Übertragung dieser Verfahren auf pädagogische Fragestellungen bedarf jeweils einer gesonderten Begründung. Eine detaillierte Vorstellung der einzelnen Verfahren kann hier nicht erfolgen; wir verweisen auf die Literatur, die für das Verständnis der Techniken und *der methodologischen Probleme* grundlegend ist.

Ad-hoc-Verfahren. Hierzu gehören alle Verfahren, die aus meßtheoretischer Sicht eigentlich nicht als Skalierung angesehen werden können. In der erziehungswissenschaftlichen Forschung sind Ad-hoc-Skalen jedoch relativ häufig anzutreffen. Hierzu gehören in erster Linie die *Rangordnungs-* und *Zuordnungsskalen*. Im primitivsten Fall werden hierbei Personen aufgefordert, eine Reihe von Objekten bezüglich operational definierter Eigenschaften innerhalb standardisierter Untersuchungssituationen in eine Rangordnung zu bringen. Rangordnungsverfahren sind häufig auch Bestandteile wesentlich genauerer Verfahren, wie beispielsweise im *Polaritätenprofil* (vgl. FISHBEIN 1967, FRIEDRICHS 1973, SCHEUCH 1967, SIXTL 1967). Wohl die bekannteste „Skala" in diesem Bereich für das Konstrukt „Lernerfolg" ist die „Zensurenskala".

Skalierungsverfahren, die auf Einengung der Antwortmöglichkeiten beruhen. Hierzu gehören in erster Linie die *Skalogrammanalyse* (vgl. GUTTMAN 1950), die *Parallelogrammanalyse* (vgl. COOMBS 1964) und die *Unfoldingtechnik* (vgl. COOMBS 1964). Gemeinsam ist diesen Skalierungsverfahren, daß von n möglichen Reaktionen von Personen auf Indikatoren nur k Reaktionen (k < n) in das Skalierungsverfahren eingehen. Das am häufigsten verwendete Verfahren aus dieser Klasse ist die Skalogrammanalyse, die sowohl eine Skalierung von Personen als auch von Indikatoren oder Items liefert. Die Skalierung des Konstrukts „Lernerfolg", definiert als latente Fähigkeit, bestimmte Items eines lehrzielorientierten Tests zu lösen und andere nicht, ist eine bekannte Anwendung der Skalogrammanalyse in der empirischen Unterrichtsforschung. So läßt sich beispielsweise bei Kenntnis des Ausprägungsgrades der latenten Variablen (unter Gültigkeit bestimmter Modellannahmen) vorhersagen, welche Personen welche Items lösen werden. Andererseits ist es möglich, bei Kenntnis der Item-Charakteristiken, eine Rangordnung von Personen bezüglich des Ausprägungsgrades der latenten Variablen zu erstellen.

Schwellenmethoden. Hierzu gehören die hauptsächlich von Thurstone entwickelten Skalierungsverfahren nach dem *„Gesetz der vergleichenden Urteile"* (law of comparative judgement) und dem *„Gesetz der Kategorialurteile"* (law of catagorial judgement). Über die empirische Bestimmung der Dichtefunktion bezüglich der Beurteilung eines items durch Personen werden bei diesem Skalierungsverfahren Wahrscheinlichkeiten in Distanzen transformiert (vgl. THURSTONE 1927, 1959, 1967; vgl. EDWARDS 1957, TORGERSON 1958). Gemeinsam ist diesen Verfahren, daß sie eine Skalierung subjektiver Präferenzen gegenüber alternativen Reizobjekten (in erster Linie physikalische Reize – Lichtreize –, dann auch Einstellungen) liefern. Außer der Verknüpfung mit probabilistischen Testmodellen und entsprechenden Modifikationen ist eine Anwendung dieser Verfahren zur Skalierung von Konstrukten wie „Lernerfolg" und „Schulleistung" nicht bekannt.

Probabilistische Skalierungsverfahren. Hierzu gehören die *„latente Strukturanalyse"* und die Skalierung nach dem *„Rasch-Modell"*. Beide Modelle haben den entscheidenden Vorteil, daß sie nicht mehr von deterministischen Datenmodellen ausgehen, sondern explizit die Fehlerhaftigkeit aller Meßoperationen in das Modell einbeziehen. Während die ersten drei Klassen von Skalierungsverfahren eine hohe Affinität zu der operationalistischen Lösung des Korrespondenzproblems zeigen, ist bei diesen Modellen die theoretische Relevanz der Konstrukte nicht a priori festgelegt, sondern sie wird induktiv-inferential aus den beobachteten Kovariationen manifester Eigenschaften erschlossen. Die Skalierung von Konstrukten wie „Lernerfolg" und „Schulleistung" mit dem Rasch-Modell hat gegenüber der latenten Strukturanalyse und der klassischen Testtheorie (rechnet man diese einmal zu den Skalierungsverfahren, was nicht unumstritten ist) den ganz entscheidenden Vorteil, daß das Meßmodell populationsunabhängig ist. Der Vorteil dieses Modells wird insbesondere im Zusammenhang mit der Überprüfung der Reliabilität der Meßoperation deutlich, da die üblichen Skalierungsverfahren ihre Meßgenauigkeit als zweistellige Relation definieren ($R(S, P)$), also als Relation zwischen dem Skalierungsverfahren (S) und einer Referenzpopulation (P). Für die erziehungswissenschaftliche Forschung, die sich auch mit Entwicklungsverläufen erzieherischer Einflüsse beschäftigt, hat diese Populationsabhängigkeit schwerwiegende Folgen, da bei der Analyse von Längsschnittdaten die Referenzpopulation häufig wechselt. Bei der Analyse des Konstrukts „Lernerfolg" über beispielsweise die ersten vier Schuljahre ändert sich die Population durch Abgänge und Zugänge derart, daß der Informationswert beispielsweise von Rangdaten über den Längsschnitt erheblich abnimmt (vgl. AHRENS 1974, RASCH 1960).

Mehrdimensionale Verfahren. Fast alle angesprochenen Verfahren setzen voraus, „daß jeder Urteiler für sich eine lineare (eindimensionale) Skala der Objekte wahrnimmt. Es ist nun die Frage zu stellen, ob diese Voraussetzung im Bereich der Verhaltenswissenschaften jemals erfüllt ist. Wenn sie nicht erfüllbar ist, liefern die Methoden, auf die sie aufbauen, Artefakte" (SIXTL 1967, S. 271). In diesem Zusammenhang ist es wichtig, zwischen den Modellen der *multidimensionalen Skalierung* (als Meßtheorie) und der *multivariaten statistischen Analyse* (als statistische Theorie) der durch die multidimensionale Skalierung gewonnenen Meßdaten zu unterscheiden. Ein Prototyp dieses Zusammenwirkens von multidimensionaler Skalierung und multivariater statistischer Analyse ist das Verfahren der *Polaritätenprofile* (vgl. HOFSTÄTTER 1966, OSGOOD 1952, ÜBERLA 1971). Grundlage der multidimensionalen Skalierung ist gewöhnlich die Ähnlichkeitswahrnehmung von Personen gegenüber Reizpaaren. Das grundlegende Problem der multidimensionalen Skalierung kann wie folgt dargestellt werden: Gegeben sei ein Satz von Reizen (Reizpaaren), die in Abhängigkeit von den abgegebenen Urteilen von Personen in einer unbekannten Anzahl von Dimensionen variieren. Zu bestimmen ist das Minimum der Dimensionen des Reizpaarensatzes und die Projektion der Dimensionen auf eindimensionale, voneinander möglichst unabhängige Skalen (vgl. TORGERSON 1958, S. 247 ff.) Die grundlegenden Zielsetzungen der multidimensionalen Skalierung liegen in der Exploration von Urteilsstrukturen, der Formulierung von Urteilstheorien, der Analyse impliziter Persönlichkeitstheorien, Intelligenztheorien und ähnlichem. Neben den metrischen und nonmetrischen Verfahren der multidimensionalen Skalierung, bei denen die Gewinnung der Meßdaten explizit wird, existieren viele Verfahren der multivariaten statistischen Analyse, bei denen die Reduktionsabsicht als gegeben angenommener Datensätze im Vordergrund steht. Hierzu gehören vor allem die Verfahren der *klassischen Testtheorie* und die unterschiedlichen Ansätze der *Faktorenanalyse* (vgl. ÜBERLA 1971). Die Veränderung und Ausdifferenzierung des Konstrukts „Intelligenz" durch die Weiterentwicklung faktorenanalytischer Verfahren, von den ersten Ansätzen durch SPEARMAN (vgl. 1904) bis zu den modernen Ansätzen nach THURSTONE (vgl. 1947), die zunehmende Verwendung standardisierter psychometrischer Tests in der erziehungswissenschaftlichen Forschung (vgl. BRICKENKAMP 1975, HILTMANN 1977) und der Einsatz standardisierter und informeller Tests zur Skalierung des Konstrukts „Lernerfolg" (vgl. HELLER 1978, INGENKAMP 1976) sind hierfür anschauliche Beispiele.

Ein noch im Entwicklungsstadium befindliches multivariates Verfahren der statistischen Analyse bereits skalierter Variablen, das die Uneindeutigkeit der Zuordnung von Personen aufgrund der skalierten Interaktion zwischen Stimuli und Personen überwinden will, rekursiv zur Konstruktexplikation führen und hohen Vorhersagewert erreichen kann, soll hier noch erwähnt werden: die *Konfigurationsanalyse* (configural analysis, configural scoring, pattern analysis). Stellt man sich einmal die aus einer Skalierung resultierende typische Punktwertmatrix vor, so stehen in den Spalten die Variablen oder items und in den Zeilen die sogenannten Meßwertträger. Es ist leicht zu sehen, daß die additiv ermittelte Punktzahl einer Person auf ganz unterschiedliche Weise zustande kommen kann. So kann beispielsweise in einem lehrzielorientierten Test der Punktwert „5" bei fünf richtig beantworteten items etwas ganz anderes bedeuten als der gleiche Punktwert bei einer anderen Kombination richtig beantworteter items. Die Konfigurationsanalyse versucht nun die Antwortkonfigurationen von Personen im Verhältnis zu allen möglichen Antwortkonfigurationen herauszufinden, die geeignet sind, Personen voneinander zu unterscheiden. Klassifikationsmethoden wie die Konfigurationsanalyse dürften für die Explikation von Konstrukten wie „Lernerfolg" in Zukunft von großem Nutzen sein. Die mathematisch-statistischen Schwierigkeiten sind zur Zeit jedoch noch beträchtlich. Insbesondere aufgrund der hohen Anzahl möglicher Antwortkonfigurationen schon bei geringer Item- oder Variablenzahl, darstellbar anhand des allgemeinen multivariaten Polynomialmodells, bildet die theoretische Ableitung und Interpretation latenter

Konfigurationsmuster noch erhebliche Schwierigkeiten. Im übrigen mehren sich die Anzeichen, daß zwischen der latenten Strukturanalyse und der Konfigurationsanalyse enge Beziehungen bestehen (vgl. HORST 1971a, LUBIN/ OSBURN 1957).

Mit einer ähnlichen Fragestellung wie bei der Konfigurationsanalyse beschäftigt sich die *Diskriminanzanalyse,* die hier zum Abschluß mehr benannt denn erläutert werden kann. Die grundlegende Fragestellung ist hier, wie man aufgrund der Kenntnis skalierter konstruktrelevanter Variablen Personengruppen im Sinne der Konstrukte zusammenfassen oder untereinander diskriminieren kann (vgl. SODEUR 1974). Ist es beispielsweise gelungen, die Konstrukte „Lernerfolg" und „Lernversagen" (als mehrdimensionale Konstrukte) zu skalieren, stellt sich das Problem, „auf der Grundlage einer solchen Einteilung Linearkombinationen einer Reihe von Prädiktormeßwerten zu finden, die zwischen Probanden, die noch nicht gruppiert worden sind, diskriminieren" (HORST 1971b, S.434). Die Diskriminanzanalyse, die vor allem im Bereich der klinischen Psychologie entwickelt wurde, beginnt sich erst zögernd in der erziehungswissenschaftlichen Forschung zu etablieren. Das findet seinen Grund nicht nur in den restriktiven Modellannahmen, sondern in der grundsätzlichen Problematik schematischer Klassifizierungsverfahren unter pädagogischen Handlungsmaximen.

Zuverlässigkeit, Gültigkeit und Eichung.
Bei allen Skalierungs- und Indizierungsverfahren gibt es ein Zuverlässigkeitsproblem (Reliabilitätsproblem), ein Gültigkeitsproblem (Validitätsproblem) und ein Eichungsproblem.

Die *Reliabilität* einer Meßoperation gibt an, wie genau das Meßinstrument Relationen des empirischen Relativs in Relationen des numerischen Relativs abbildet, unabhängig davon, welche Strukturen des empirischen Relativs tatsächlich abgebildet werden. Die gebräuchlichsten Methoden der Reliabilitätsermittlung von Skalen und Indizes sind: Test-Retest-Methoden, Paralleltest-Methoden, Split-Half-Methoden und deren Verfeinerungen bis hin zur Konsistenzanalyse.

Fast alle Verfahren der Reliabilitätsüberprüfung basieren auf den Axiomen der klassischen Testtheorie, mit deren Hilfe auch das Reliabilitätskonzept definiert wird. So fordert beispielsweise das Fehleraxiom, daß die Meßfehler zweier Tests unkorreliert sind; es wird also experimentelle Unabhängigkeit vorausgesetzt. Im Existenzaxiom wird vorausgesetzt, daß der „wahre Wert" der Person ein über die Zeit konstanter Parameter ist. Für eine ganze Anzahl von Skalierungen in der erziehungswissenschaftlichen Forschung ist diese Voraussetzung geradezu absurd, denn die Explikation von Konstrukten wie „Lernerfolg", „Motivation" und „Angst" setzt wahre Merkmalsschwankungen geradezu voraus. Eine Ausnahme bildet die schon erwähnte Skalierung nach dem Rasch-Modell, bei dem die Messung als Schätzung der Parameter von Zufallsverteilungen definiert werden kann. Die Populationsunabhängigkeit des Reliabilitätskonzepts erkauft man sich jedoch durch die Einführung komplizierter mathematischer Formalismen.

Die *Validität* eines Meßinstruments oder einer Meßoperation gibt den Grad an, mit dem das Meßinstrument tatsächlich das mißt, was es zu messen vorgibt. Auch auf die gängigen Verfahren zur Überprüfung der Gültigkeit von Skalen und Indizes braucht hier nur hingewiesen werden: die prognostische Gültigkeit, die Überprüfung der Gültigkeit mit Hilfe eines Außenkriteriums, die Überprüfung der Gültigkeit aufgrund von Expertenurteilen und die inhaltliche Gültigkeit. Die Gültigkeit der Messung von Konstrukten wäre beweisbar, wenn es möglich wäre, Konstrukte zu beobachten. Das ist jedoch, wie es schon aus der Konstruktdefinition hervorging, nicht möglich. Folglich gibt es auch keine endgültige Lösung des Gültigkeitsproblems, die Annahme ist immer nur mehr oder weniger plausibel.

Zwei Methoden der Überprüfung der Gültigkeit konstruktorientierter Meßoperationen sollen zum Abschluß noch erwähnt werden: erstens die Überprüfung der *formalen Gültigkeit* mit Hilfe der *Pfadanalyse* und zweitens die Überprüfung der *inhaltlichen Gültigkeit* durch die *Konstruktvalidierung*. Die erstgenannte Methode korrespondiert mit der Korrespondenzregel der Konstruktion kausaltheoretischer Systeme (vgl. BLALOCK 1961). Die formale Gültigkeit, die als eindimensionale Messung definiert ist, wird in der Pfadanalyse durch die kausalhypothetische Formulierung der Beziehung zwischen zwei Konstrukten (X verursacht Y kausal) und der zwischen den Konstrukten und ihren Indikatoren theoretisch begründet. Die Pfadkoeffizienten werden dann als Koeffizienten der formalen Gültigkeit interpretiert.

Das Verfahren der Konstruktvalidierung beruht stärker als alle hier angesprochenen Verfahren auf den theoretisch formulierten Beziehungen zwischen den Konstrukten eines theoretischen Systems. Läßt sich beispielsweise theoretisch begründen, daß die Ausprägungsgrade zweier Konstrukte (zum Beispiel „Angst" und „Lernerfolg") in bestimmten Meßwertbereichen negativ miteinander korrelieren müßten, und wird diese Hypothese durch das empirische Material bestätigt, so ist der Schluß plausibel, daß die Meßoperationen tatsächlich das erfaßt haben, was mit den Konstrukten gemeint war. Eine hypothesenkonforme Korrelation empirischer Daten ist jedoch kein logisch zwingender Beweis für die Gültigkeit von Skalen und Indizes (vgl. HOLM 1970b).

Die *Eichung* eines Meßinstruments geschieht, unter der Voraussetzung genügender Reliabilität und Validität, an einer für den späteren Einsatzbereich der Skala repräsentativen Stichprobe (mit Ausnahme bei der Rasch-Skalierung), der sogenannten *Eichstichprobe*. Ob eine Eichung nach der Skalen- oder Indexkonstruktion vorgenommen wird oder der Konstruktion inhärent ist, hängt entscheidend von dem Bedeutungsgehalt des Konstrukts ab. Während beispielsweise die Messung der Konstrukte „Lernerfolg" und „Intelligenz" mit der Absicht vorgenommen wird (werden kann), die relative Position einzelner Personen innerhalb des Spektrums aller Meßwerte vergleichbarer Personengruppen zu bestimmen, ist die skalierte „Einstellung zu ..." einer Person häufig nur eine Relationsgröße innerhalb der Meßwertmatrix der Untersuchungspopulation. Im ersten Beispiel wird die Eichung nach der (vorläufigen) Konstruktion eines Meßinstruments vorgenommen, im zweiten Fall ist die Eichung der Skalierung inhärent. Um die Skalierungsergebnisse verschiedener Skalierungen des gleichen Konstrukts (Beispiel: verschiedene Intelligenzskalierungen) miteinander vergleichen zu können und um die relative Position einzelner Meßwerte innerhalb vergleichbarer Bezugsgruppen bestimmen zu können, werden die Skalierungsergebnisse (Rohwertverteilungen) durch lineare und nichtlineare Transformationen zu einer bestimmten Verteilungsform mit gewünschten Verteilungsparametern transformiert. Die wohl am häufigsten angestrebte Verteilungsform ist die Normalverteilung, deren Gesetzmäßigkeiten und wahrscheinlichkeitstheoretische Interpretationen allgemein bekannt sind. Zu unterscheiden ist noch zwischen einer populationsabhängigen und einer populationsunabhängigen Eichung. Während Skalenbatterien wie die heute üblichen Intelligenz- und Fähigkeitstests mit wenigen Ausnahmen populationsabhängig geeicht sind, versucht die Rasch-Skalierung die Forde-

rung nach personenfreier Testeichung (und testfreier Personenmessung) zu realisieren.
Die Probleme der Korrespondenz zwischen theoretischen Systemen und der Beobachtungsebene (vgl. PETERSEN 1984), der empirischen Erfassung als repräsentativ angenommener Indikatoren, der Validierung, Objektivierung und Eichung haben – mit wenigen Ausnahmen – einen gemeinsamen Nenner: Die vorgeschlagenen Problemlösungen sind nicht im Bereich der erziehungswissenschaftlichen Forschung, sondern in Nachbardisziplinen wie der Soziologie und Psychologie oder im Bereich der Analytischen Philosophie entwickelt worden. Methoden der empirischen Forschung sind jedoch nicht inhaltsneutral; sie erfassen die Ausschnitte der Realität, die durch die speziellen Fragerichtungen der Disziplinen, in denen sie entwickelt wurden, gleichsam vorbestimmt sind. Die unkritische Übernahme derartiger Methoden auch bei strukturähnlichen Problemen führt in die Gefahr, an den spezifisch pädagogischen Fragestellungen und Problemen vorbeizuforschen und eine Einordnung erziehungswissenschaftlicher empirisch orientierter Forschung in den Zusammenhang von pädagogischer Theorie und erzieherischer Erfahrung zu erschweren. Eine systematische Adaption der hier benannten Methodengruppen für die erziehungswissenschaftliche Forschung ist noch zu leisten.

AHRENS, H.J.: Multidimensionale Skalierung, Weinheim/Basel 1974. BESOZZI, C./ZEHNPFENNIG, H.: Methodologische Probleme der Indexbildung. In: KOOLWIJK, J. VAN/WIEKEN-MAYSER, M. (Hg.): Techniken der empirischen Sozialforschung, Bd. 5: Testen und Messen, München/Wien 1976, S. 9 ff. BETZ, D.: Skalierungsverfahren. In: KOOLWIJK, J. VAN/WIEKEN-MAYSER, M. (Hg.): Techniken der empirischen Sozialforschung, Bd. 5: Testen und Messen, München/Wien 1976, S. 131 ff. BLALOCK, H. M.: Causal Inferences in Nonexperimental Research, Chapel Hill 1961. BRICKENKAMP, R. (Hg.): Handbuch psychologischer und pädagogischer Tests, Göttingen 1975. CLAUSS, G./EBNER, H.: Grundlagen der Statistik für Psychologen, Pädagogen und Soziologen, Frankfurt/M. 1977. COOMBS, C. H.: A Theory of Data, New York 1964. EDWARDS, A. L.: Techniques of Attitude Scale Construction, New York 1957. ERDMANN, H. W./PETERSEN, J.: Strukturen empirischer Forschungsprozesse. Einführung in die wissenschaftstheoretischen, methodologischen und statistischen Grundlagen empirisch-pädagogischer Forschung, 2 Bde., Kastellaun ²1979 (Bd. 1: 1979 a; Bd. 2: 1979 b). FISHBEIN, M. (Hg.): Attitude Theory and Measurement, New York/London/Sydney 1967. FRIEDRICHS, J.: Methoden empirischer Sozialforschung, Reinbek 1973. GALTUNG, J.: Theory and Methods of Social Research, London 1967. GUTTMAN, L.: Relation of Scalogram Analysis to other Techniques. In: STOUFFER, S. A. u. a.: Measurement and Prediction, Princeton 1950, S. 172 ff. HELLER, K. (Hg.): Leistungsbeurteilung in der Schule, Heidelberg ³1978. HILTMANN, H.: Kompendium der psychodiagnostischen Tests, Bern ³1977. HOFSTÄTTER, P. R.: Die Psychologie und das Leben, Wien 1951. HOFSTÄTTER, P. R.: Einführung in die Sozialpsychologie, Stuttgart 1966. HOLM, K.: Zuverlässigkeit von Skalen und Indizes. In: Köln. Z. f. Soziol. u. Sozpsych. 22 (1970), S. 356 ff. (1970 a). HOLM, K.: Gültigkeit von Skalen und Indizes. Theorie der Gültigkeit. In: Köln. Z. f. Soziol. u. Sozpsych. 22 (1970), S. 693 ff. (1970 b). HORST, P.: An Overview of the Essentials of Multivariate Analysis Methods. In: CATTELL, R. B. (Hg.): Handbook of Multivariate Experimental Psychology, Chicago ²1971, S. 129 ff. (1971 a). HORST, P.: Messung und Vorhersage. Eine Einführung in die psychologische Testtheorie, Weinheim/Berlin/Basel 1971 b. INGENKAMP, K. (Hg.): Tests in der Schulpraxis, Weinheim/Basel ⁵1976. LUBIN, A./OSBURN, H. G.: A Theory of Pattern Analysis for the Production of a Quantitative Criterion. In: Psychometrika 22 (1957), S. 63 ff. OSGOOD, CH. E.: The Nature and Measurement of Meaning. In: Psych. Bull. 49 (1952), S. 197 ff. PETERSEN, J.: Messung (Konstrukte, Operationalisierung). In: Enzyklopädie Erziehungswissenschaft, Bd. 2, Stuttgart 1984, S. 462 ff. RASCH, G.: Probabilistic Models for some Intelligence and Attainment Tests, Kopenhagen 1960. SCHEUCH, E. K.:

Methode, biographische

Skalierungsverfahren in der Sozialforschung. In: KÖNIG, R. (Hg.): Handbuch der empirischen Sozialforschung, Bd. 1, Stuttgart ²1967, S. 348 ff. SCHEUCH, E. K./ZEHNPFENNIG, H.: Skalierungsverfahren in der Sozialforschung. In: KÖNIG, R. (Hg.): Handbuch der empirischen Sozialforschung, Bd. 3 a: Grundlegende Methoden und Techniken, 2. Teil, Stuttgart ³1974, S. 97 ff. SIXTL, F.: Meßmethoden der Psychologie, Weinheim 1967. SODEUR, W.: Empirische Verfahren zur Klassifikation, Stuttgart 1974. SPEARMAN, C.: General Intelligence, Objektively Determined and Measured. In: Am. J. of Psych. 15 (1904), S. 201 ff. STEVENS, S. S. (Hg.): Measurement, Statistics, and the Schemapiric View. In: Science 161 (1968), S. 849 ff. THURSTONE, L. L.: A Law of Comparative Judgement. In: Psych. Rev. 34 (1927), S. 273 ff. THURSTONE, L. L.: Multiple Factor Analysis, Chicago 1947. THURSTONE, L. L.: The Measurement of Values, Chicago 1959. THURSTONE, L. L.: Attitudes can be Measured. In: FISHBEIN, M. (Hg.): Attitude Theory and Measurement, New York/London/Sydney 1967, S. 77 ff. TORGERSON, W. S.: Theory and Methods of Scaling, New York/London/Sydney 1958. ÜBERLA, K.: Faktorenanalyse, Berlin ²1971.

Jörg Petersen

Methode, biographische

Definition. Für die Definition der biographischen Methode müssen zwei Ebenen deutlich unterschieden werden: die methodische Bildung und Verwendung biographischer Schemata im Alltag einerseits und der Einsatz biographischer Dokumente und Modelle als Forschungsinstrument in Fachwissenschaften andererseits:
- Biographische Methode als gegenwarts-perspektivisches Ordnen von *eigenen Lebenserfahrungen* in vorwiegend narrativer Form durch Gesellschaftsmitglieder (autonome Konstitution) zur Erhaltung und Herstellung konsistenter Eigen- und Fremderwartungen angesichts kontingenter Ereignisse oder heteronom gegebener Abläufe aus Anlaß spezifischer Infragestellungen des sozialen und personalen Selbst; Zuordnung von *institutionellen Ablaufmustern* (careers) zu Individuen und Gruppen (heteronome biographische Produktion) zur Sicherstellung institutioneller Ziele; Verknüpfung dieser autonomen und heteronomen Konstrukte zu *Verlaufskurven* (trajectories), *Lebensläufen* und *Lebensgeschichten* (biographische Gesamtkonstruktion) als interaktive Leistung in pragmatisch variierenden Kommunikationskontexten.
- Biographische Methode als *instrumenteller Rückgriff* auf biographische Konstrukte und biographiegenerierende Fähigkeiten durch Fachwissenschaften (zum Beispiel Literaturwissenschaften; Historiographie; Medizin; Psychologie; Anthropologie; Soziologie) zur Deskription und Rekonstruktion fachspezifischer Aspekte der sozialen Wirklichkeit. Die gelingende nicht-naive Verwendung in Fachwissenschaften setzt eine Analyse von Form und Funktion der alltagsweltlichen biographischen Methode voraus.

Theoriegeschichte. Die wissenssoziologische Perspektive von biographischer Methode als protowissenschaftlicher, alltagstheoretischer Methode der Konstitution sozialer Wirklichkeit ist allerjüngsten Datums. Ihr geht eine rund 200jährige instrumentelle Nutzung und Methodenreflexion in den Fachwissenschaften voraus. Es sind zunächst die *Literaturwissenschaften* (Herder) und die *Historiographie,* die im zweiten Drittel des 18. Jahrhunderts auf die vehemente gattungsgeschichtliche Entwicklung der *Autobiographie* reagieren (vgl. NIGGL 1977, SLOTERDIJK 1978, WUTHENOW 1974). Die (apologetisch-)religiösen und säkularen Selbsterzeugnisse, zunächst ständisch typisiert (Abenteuer- und Reisebiographien der Bürger und Handwerker, Kriegserinnerungen der Militärs,

Künstler- und Gelehrtenbiographien), gespeist durch Tagebuch- und Briefliteratur, können als kulturelle Produkte einer alltagsweltlichen Konsolidierung des bürgerlichen Subjekts angesehen werden, bei deren Formfindung auf die alltagsweltlich universelle soziale Fähigkeit des Erzählens rekurriert wird. Seine literarische Hochform erreicht die Gattung mit Goethes „Dichtung und Wahrheit" (1815), und noch Dilthey preist zu Anfang unseres Jahrhunderts aus derselben kulturellen Stimmung die Selbstbiographie als höchsten Zugang zum „Verstehen des Lebens" (DILTHEY 1958, S. 199). Ohne auf diese kulturellen Produkte oder gar die historischen Gründe ihrer Entstehung zu reflektieren, haben mit Beginn unseres Jahrhunderts die *Psychologie* (vgl. ALLPORT 1942), die *Anthropologie* und *Soziologie* (vgl. GOTTSCHALK u. a. 1945) die biographische Methode verwandt. In der Soziologie war es vor allem die Chicago School, die seit THOMAS/ZNANIECKIS „The Polish Peasant in Europe and America" (1927) eine Serie qualitativer Studien einleitete, die biographische Dokumente (Tagebücher, Briefe, Autobiographien) und biographische Interviews verwendete (vgl. CAREY 1975). Außer in der im Westen nur unzureichend rezipierten polnischen Soziologie (vgl. BUKOWSKI 1974, SZCZEPANSKI 1962) und im Symbolischen Interaktionismus wurde die biographische Methode nie ein prominentes Forschungsinstrument.

Generell ist kritisch anzumerken, daß die biographische Methode instrumentell eingesetzt wurde, ohne daß die Biographie selber als soziales Konstrukt in ihren Formen und Funktionen zum Gegenstand soziologischer Untersuchung wurde. Erst in den letzten Jahren hat sich die wissenschaftsgeschichtliche Situation dadurch grundlegend geändert, daß in verschiedenen Teildisziplinen die Voraussetzungen für eine solche Fragestellung geschaffen wurden und sich allmählich das Interesse an Form und Funktion von Biographien verdichtete. Dabei ist es bis heute weder zu einer ausgearbeiteten Biographietheorie noch zu einer benutzer- und situationsneutralen biographischen Methode gekommen. Die *moderne Wissenssoziologie* (vgl. BERGER/LUCKMANN 1969) hat von SCHÜTZ (vgl. 1962–1966, 1971; vgl. SCHÜTZ/LUCKMANN 1975) eine theoretische Sensibilität für die biographische Dimension in der Konstitution sozialen Wissens übernommen. Untersuchungen zum Relevanzbegriff und der Typisierung, über Schütz und Gurvitsch an Traditionen phänomenologischer Philosophie angeschlossen (vgl. GRATHOFF 1970), thematisierten temporale und biographische Dimensionen der Lebensweltanalyse. Die an G. H. Mead anknüpfende pragmatische Diskussion der Identität im späten Symbolischen Interaktionismus (vgl. KRAPPMANN 1971, MARQUARD/STIERLE 1979, STRAUSS 1968) hat im Zusammenhang mit Laufbahntheoremen („career": GOFFMAN 1972, S. 127; „status passage", „trajectory": GLASER/STRAUSS 1968, S. 1 ff.; vgl. GLASER/STRAUSS 1971) personale und soziale Elemente der Identitätsbildung in ihrer temporalen Ordnung herausgearbeitet. In diesem Umkreis entstandene *berufssoziologische Studien* (vgl. FISCHER 1976, KOHLI 1973, MARHOLD u. a. 1977) formulierten Ansätze von Biographietheorien. Einen wichtigen forschungspraktischen und theoriestimulierenden Beitrag lieferten *erzählanalytische Untersuchungen* (vgl. APPLEBEE 1978, CHAFE 1980, LABOV/WALETZKY 1973; vgl. SCHÜTZE 1976, 1983) und Ansätze der *linguistischen Pragmatik,* die für die Analyse lebensgeschichtlicher Erzählungen zu nutzen sind (vgl. FISCHER 1978). Schließlich wurden auch außerhalb dieser einem kommunikativen Forschungsparadigma verpflichteten Traditionen in den letzten Jahren Interessen an einer „Soziologie des Lebenslaufs" (KOHLI 1978) geäußert: Die *Jugend- und Alterssoziologie* (vgl. ROSENMAYR 1979) versucht ihre Studien in Konzepte des Gesamtlebenslaufs einzubinden; *Kulturanthropologen* haben auf die Altersstruktur als Mittel sozialer Differenzierung aufmerksam gemacht; aus Mobilitätsuntersuchungen wurde das Konzept der Kohortenanalyse entwickelt (vgl. MÜLLER 1978), in dem familienzyklische und berufliche Stadien für Geburtskohorten zu sozialstatistischen Mustern aggregiert werden.

Ebenen biographischer Produktion und ihre Analyse. Biographische Schemata sind ein sozial konstituiertes Mittel unter anderen, den temporalen Charakter von Leben zu bewältigen. Sie ermöglichen Gesellschaftsmitgliedern, Institutionen und Gesellschaften Flexibilität in der Verarbeitung von emergenten Ereignissen und können reziproke Verläßlichkeit von Erwartungen herstellen und aufrechterhalten, indem sie individuelle und überindividuelle Erfordernisse in einer Sinnstruktur integrieren. Im Unterschied zu statischen sozialen Konstrukten (wie „Rolle" oder „Status") thematisieren sie Veränderungen, die den einzelnen betreffen, über Zeiträume als konsistente Verknüpfung von Kontingenzen und heben diese somit auf, ohne sie durchzustreichen. Analytisch lassen sich die *autonome Konstitution, heteronome biographische Produktion* und die *biographische Gesamtkonstruktion* unterscheiden; in der sozialen Wirklichkeit verschmelzen diese Bereiche. Es bedarf der empirischen Untersuchung von Situationen, in denen biographische Schemata verwendet oder gebildet werden, um Dominanzen einer dieser Ebenen zu erkennen. Den Ebenen lassen sich spezifische Instrumente soziologischer Erhebung und Analyse zuordnen, die bei einer Verwendung biographischer Daten für andere Erkenntnisinteressen als die der Biographie selber zu berücksichtigen sind:

Die universelle alltagsweltliche Methode der *autonomen Konstitution* von Biographie ist die Erzählung in einem Face-to-face-Kommunikationskontext. Aufgrund einer Anfrage an den Erzähler oder einer Infragestellung seiner Identität wird in einer Erzähler-Hörer-Interaktion ein interpretationsbedürftiges Ereignis als Element der Lebensgeschichte des Erzählers konstituiert. Zeitlogische und räumliche Referenzen der Geschichte vergegenwärtigen die abgelaufene Ereigniskette als Teil sozialer Wirklichkeit, evaluative Äußerungen konstituieren und repräsentieren die Gegenwartsperspektive und als solche die plausible und selektive Deutung der immer auch anders auslegbaren Erfahrungen des Erzählers. Tondokumente (Transkriptionen) solcher aktualsprachlicher Interaktionen sind die Datengrundlage für eine pragmatische und semantische Analyse der autonomen Konstitution. Die Gewinnung solcher Dokumente, ohne die Situation zu bestimmen oder zu stören, stellt ein besonderes forschungstechnisches Problem dar. Die temporale Organisation von Karrieren (wie berufliche, künstlerische, deviante, familiäre, krankheitsbedingte) durch Institutionen, Organisationen oder andere soziale Agenturen erscheint dem einzelnen als vorgegebenes Verlaufsschema. Materialisiert sind solche in bezug auf den einzelnen in *heteronomer biographischer Produktion* gebildeten Schemata in verschiedenen Manifestationen (wie Stellenausschreibung, polizeiliches Verhör, Aufnahmegespräch beim Arzt, berufliche Ideologien, Volljährigkeitsgesetze, Patientenkarteien, Lebensläufe in Bewerbungsschreiben). Sozialwissenschaftliche Analyse hat hier bei pragmatischer Berücksichtigung der Kommunikationssituation primäres Datenmaterial, das mit Hilfe des ganzen Reservoirs soziologischer Erhebung und Analyse – von der teilnehmenden Beobachtung bis zu statistischen Methoden – situationsspezifisch nutzbar zu machen ist.

Die Kenntnis institutioneller biographischer Schemata reicht nicht aus, wenn man die Frage stellt, *wie* tatsächlich Gesellschaftsmitglieder diese Schemata *leben,* das heißt sie übernehmen, modifizieren, erfahren, verbinden und mit sonstigen emergenten Ereignissen ihres Lebens koordinieren. Die *biographische Gesamtkonstruktion* ist die Synthese von autonomer Konstitution und heteronomer biographischer Produktion, die grundsätzlich in Interaktionen im Laufe des Lebens ausgebildet wird. Von der Gegenwartsperspektive aus entsteht ein Bild der Vergangenheit und Zukunft, das die Ich-Perspektive und die heteronomen Schemata jeweils modifizierend umgreift. Die als wissenschaftliches Unternehmen im narrativen Interview gewonnene lebensgeschichtliche Großerzählung (und in zweiter Linie auch Autobiographien) liefern Daten, die in Relation gesetzt werden können zu den oben genannten Daten heteronomer biographischer Produktion.

Der situationsgerechte Einsatz der biographischen Methode ist dann angemessen und erfolgversprechend, wenn das Interesse sich auf soziale Phänomene mit einer zeitlichen Erstreckung richtet und der Erfahrungsaspekt relevant erscheint. Die gelingende Verwendung setzt eine Reflexion auf den alltagsweltlichen Gebrauch von Biographien und ihre empirische Zugänglichkeit in den unterschiedlichen Manifestierungen voraus.

ALLPORT, G. W.: The Use of Personal Documents in Psychological Science, New York 1942. APPLEBEE, A. N.: The Child's Concept of Story, Chicago 1978. BERGER, P. L./LUCKMANN, TH.: Die gesellschaftliche Konstruktion der Wirklichkeit, Frankfurt/M. 1969. BERTAUX, D. (Hg.): Biography and Society, Beverly Hills/London 1981. BUKOWSKI, J.: Biographical Method in Polish Sociology. In: Z. f. Soziol. 3 (1974), S. 18 ff. CAREY, J. T.: Sociology and Public Affairs: the Chicago School, Beverly Hills 1975. CHAFE, W. L.: The Pear Stories. Cognitive, Cultural, and Linguistic Aspects of Narrative Production, Norwood 1980. DILTHEY, W.: Der Aufbau der geschichtlichen Welt in den Geisteswissenschaften. Gesammelte Schriften, Bd. 7, hg. v. B. Groethuysen, Stuttgart/Göttingen 1958. FISCHER, W.: Legitimationsprobleme und Identitätsbildungsprozesse bei evangelischen Theologen, Diss., Münster 1976. FISCHER, W.: Struktur und Funktion erzählter Lebensgeschichten. In: KOHLI, M. (Hg.): Soziologie..., Darmstadt/Neuwied 1978, S. 311 ff. FISKE-LOWENTHAL, M. u. a.: Four Stages of Life, San Francisco 1975. GLASER, B. G./STRAUSS, A. L.: Time for Dying, Chicago 1968. GLASER, B. G./STRAUSS, A. L.: Status Passage, Chicago 1971. GOFFMAN, E.: Asyle. Über die soziale Situation psychiatrischer Patienten und anderer Insassen, Frankfurt/M. 1972. GOTTSCHALK, L. u. a.: The Use of Personal Documents in History, Anthropology, and Sociology, New York 1945. GRATHOFF, R. H.: The Structure of Social Inconsistencies, The Hague 1970. KOHLI, M.: Studium und berufliche Laufbahn, Stuttgart 1973. KOHLI, M. (Hg.): Soziologie des Lebenslaufs, Darmstadt/Neuwied 1978. KOHLI, M.: Wie es zur „biographischen Methode" kam und was daraus geworden ist. In: Z. f. Soziol. 10 (1981), S. 273 ff. KRAPPMANN, L.: Soziologische Dimensionen der Identität, Stuttgart 1971. LABOV, W./WALETZKY, J.: Erzählanalyse: mündliche Versionen persönlicher Erfahrung. In: IHWE, J. (Hg.): Literaturwissenschaft und Linguistik, Bd. 2, Frankfurt/M. 1973, S. 78 ff. LANGNESS, L. L.: The Life History in Anthropological Science, New York 1965. LEVY, R.: Der Lebenslauf als Statusbiographie, Stuttgart 1976. MARHOLD, W. u. a.: Religion als Beruf, 2 Bde., Stuttgart 1977. MARQUARD, O./STIERLE, K. (Hg.): Identität, München 1979. MISCH, G.: Geschichte der Autobiographie, 4 Bde., Frankfurt ³1949–1969. MÜLLER, W.: Der Lebenslauf von Geburtskohorten. In: KOHLI, M. (Hg.): Soziologie..., Darmstadt/Neuwied 1978, S. 54 ff. MYERHOFF, B. G./SIMIC, A.: Life's Career – Aging: Cultural Variations in Growing Old, Beverly Hills 1977. NIETHAMMER, L. (Hg.): Lebenserfahrung und kollektives Gedächtnis. Die Praxis der „Oral History", Frankfurt/M. 1980. NIGGL, G.: Geschichte der deutschen Autobiographie im 18. Jahrhundert, Stuttgart 1977. OLNEY, J.: Metaphors of Self: The Meaning of Autobiography, Princeton 1973. PASCAL, R.: Die Autobiographie. Gehalt und Gestalt, Stuttgart 1965. PAUL, S.: Begegnungen. Zur Geschichte persönlicher Dokumente in Ethnologie, Soziologie und Psychologie, 2 Bde., Hohenschäftlarn 1979. ROSENMAYR, L.: Lebensalter, Lebensverlauf und Biographie. In: KLINGENSTEIN, G. (Hg.): Biographie und Geschichtswissenschaft, Wien 1979. SCHÜTZ, A.: Collected Papers, 3 Bde., The Hague 1962–1966. SCHÜTZ, A.: Das Problem der Relevanz, Frankfurt/M. 1971. SCHÜTZ, A./LUCKMANN, TH.: Strukturen der Lebenswelt, Darmstadt/Neuwied 1975. SCHÜTZE, F.: Zur soziologischen und linguistischen Analyse von Erzählungen. In: Internationales Jahrbuch für Religions- und Wissenssoziologie, Bd. 10, Opladen 1976, S. 7 ff. SCHÜTZE, F.: Biographieforschung und narratives Interview. In: N. Prax. 13 (1983), S. 283 ff. SLOTERDIJK, P.: Literatur und Organisation von Lebenserfahrung: Autobiographien der 20er Jahre, München 1978. STRAUSS, A. L.: Spiegel und Masken. Die Suche nach Identität, Frankfurt/M. 1968. SZCZEPAŃSKI, J.: Die biographische Methode. In: KÖNIG, R. (Hg.): Handbuch der empirischen Sozialforschung, Bd. 1, Stuttgart 1962, S. 551 ff. THOMAS, W. I./ZNANIECKI, F.: The Polish Peasant in Europe and America, 2 Bde., New York ²1927. WUTHENOW, R. R.: Das erinnerte Ich. Europäische Autobiographie und Selbstdarstellung im 18. Jahrhundert, München 1974.

Wolfram Fischer

Methode, interpretative

Definition. Interpretative Methode bedeutet die kontrollierte Erfassung von individuellen und/oder kollektiven Deutungsmustern zu sozialen Situationen und Prozessen anhand der Analyse von relevanten Dokumenten, durch teilnehmende Beobachtung oder eingreifende Experimente zu dem Zweck, die Konstitutionsbedingungen und -regeln dieser Deutungsmuster den Betroffenen transparent zu machen und hierdurch ihren Handlungsspielraum zu erweitern.

Das interpretative Paradigma. Die mit der Orientierung an pädagogischem Alltagshandeln und -wissen verbundene Renaissance interpretativer Methoden ist zu einem Teil als ein Rekurs auf traditionelle, geisteswissenschaftlich-hermeneutische Ansätze zu verstehen, zum anderen jedoch ein Resultat der Übernahme methodologischer Prinzipien aus der Tradition des „*interpretativen Paradigmas*" in der Soziologie (vgl. WILSON 1973, S. 58 ff.). Speziell dem Symbolischen Interaktionismus sowie hierauf aufbauenden Theorieansätzen (Ethnographie, Ethnomethodologie) kommen für die Methode der Interpretation entscheidende Bedeutung zu (vgl. ARBEITSGRUPPE BIELEFELDER SOZIOLOGEN 1973).

Der Symbolische Interaktionismus wendet sich gegen eine reduzierende Reiz-Reaktions-Psychologie wie auch gegen solche soziologischen Konzepte, die das Handeln der Menschen primär aus der Befolgung gesellschaftlicher Normen erklären. Statt dessen bilden die Absichten, Wahrnehmungen und Weltsichten des einzelnen den Ausgangspunkt für die Erklärung seines Handelns. Der zentrale Begriff des Symbolischen Interaktionismus – „Handeln" – umfaßt die Fähigkeit des Menschen, sinnhaft geleitet zu agieren, anstatt lediglich mechanisch auf äußere Anstöße zu reagieren. Aus der Bestimmung (zwischen-)menschlichen Handelns als interpretativ und symbolisch vermittelt, ziehen die Vertreter des Symbolischen Interaktionismus die methodologische Konsequenz, daß Sozialforschung – will sie sich auf das konkrete Handeln konkreter Individuen beziehen – ebenfalls interpretativ organisiert sein muß.

Da soziales Handeln den zentralen Gegenstand des Symbolischen Interaktionismus bildet, liegen seine Erklärungsdefizite sowohl „oberhalb" dieser Ebene im gesamtgesellschaftlichen Bereich als auch „unterhalb" der Handlungsebene im intra-individuellen, psychischen Sektor. Parallel zu diesen Erklärungsschwächen auf der gegenstandsbezogenen Seite weist die interpretative Methode die problematische Tendenz auf, den Alltagstheorien in den Köpfen der Handelnden inhaltlich ebenso gleichgültig gegenüberzustehen wie der (vermeintlich) objektive Beobachter seinem Gegenstand (vgl. LEITHÄUSER u.a. 1977, SCHREIBER 1977).

Forschungsregeln und Qualitätskriterien. Bevor auf einzelne Verfahren und Techniken eingegangen wird, sollen die Regeln und Qualitätskriterien der interpretativen Methode und ihrer kontrollierten Anwendung genannt werden:
Situationsorientierung: Beobachtete Ereignisse sind niemals als isolierte Einheiten zu begreifen, sondern immer in den Kontext derjenigen Situation einzubeziehen, dem sie entnommen sind.
Erfahrungsorientierung: Beobachtete Ereignisse sind nicht in ihrer „objektiven" Bedeutung von Interesse; es kommt vielmehr darauf an, die Erfahrung der Betroffenen von diesen Ereignissen zur Grundlage für die Theoriebildung zu machen.
Prozeßorientierung: Beobachtbare Ereignisse dürfen gerade nicht objektiv „festgestellt" werden, sondern sind als Momente eines Prozesses zu verstehen, in dessen Verlauf individuelle und kollektive Deutungsmuster sich entwickeln, stabilisieren und verändern.
Interpretationsorientierung: Diese – wohl wichtigste – Regel verlangt, daß jede Form des Handelns der Beteiligten auf seinen subjektiv gemeinten Sinn befragt wird, daß zugleich aber auch die Sinnhaftigkeit individuell-situativen Handelns in zeitlich und räumlich überdauernde Handlungslinien und institutionell vorgeprägte Handlungsnetze eingeordnet wird. Hierdurch wird die Ebene des subjektiven Sinns überschritten zugunsten eines objektiv-sinnverstehenden Ansatzes.
Die Regeln der interpretativen Methode werden ergänzt durch folgende Qualitätskriterien:
Kommunikativität: Dieses Kriterium kann dann als erfüllt gelten, wenn allen am Forschungsprozeß Beteiligten das Zustandekommen der „Daten" sowie auch der Projektablauf insgesamt durchschaubar gemacht wird. Hiermit ist die Offenlegung aller Hintergrundsysteme gemeint, über die die Forschungsgruppe verfügt. „Kommunikativität" könnte somit als Prozeßkriterium bezeichnet werden.
Transparenz: Die Einhaltung des Kriteriums der Transparenz stellt sicher, daß die erzielten Ergebnisse die von allen Beteiligten (auch den Forschern!) fraglos vorausgesetzten Regeln des Handelns und Interpretierens in ihrer Wirkungsweise verdeutlichen. Interpretative Forschung zielt auf die Erhellung der impliziten Grammatik der sozialen Interaktion; Transparenz kann somit als Ergebniskriterium gelten.
Intervention: Damit die Anwendung der interpretativen Methode nicht einfach nur beschreibende Ergebnisse erbringt, muß das Kriterium der Intervention beachtet werden, welches sicherstellen soll, daß die Aufklärung über Deutungs- und Handlungsmuster auch tatsächliche Folgen für die Betroffenen nach sich zieht. Intervention kann daher als Folgekriterium gelten.

Die interpretative Methode in der Unterrichtsforschung. Die Entwicklung und Erprobung entsprechender Verfahren ist vor allem innerhalb der Unterrichtsforschung initiiert worden und hat hier mittlerweile zu einer ganzen Anzahl von theoretischen Ansätzen und Projekten geführt (vgl. LOSER 1979; vgl. TERHART 1978, 1979). Entsprechend den methodologischen Prinzipien des interpretativen Paradigmas wird die Unterrichtssituation aus der Perspektive der Betroffenen – Lehrer wie Schüler – thematisiert, um deren Erfahrungen von der Situation zur Grundlage des Forschungs-, Theoriebildungs- und Innovationsprozesses zu machen. Auf diese Weise bildet erst die Kombination von interpretierendem Beobachter und Beobachtungssystem das Instrument der Analyse. Bei den interpretativen Methoden verschiebt sich das Gewicht immer deutlicher zugunsten der „hineintragenden" Rolle des Analytikers. Parallel zu dessen wachsender Bedeutung steigt auch die Notwendigkeit zur Offenlegung seiner Voreinstellungen und Vorannahmen zum jeweiligen Beobachtungsgegenstand, denn diese bilden den emotionalen und kognitiven Hintergrund für seine Interpretationen. Die Offenlegung der Vorannahmen ist deshalb notwendig, weil das auf ihrer Basis erfolgende interpretierende „Hineintragen" in einem unauflöslichem Zusammenhang zu den „herausgeholten" Ergebnissen steht. Die Sicherung der gemeinsamen Verständigungsbasis zwischen Interpreten, Interpretierten und dem Leser von Interpretationen wird damit zu einem entscheidenden Problem der kontrollierten Anwendung interpretativer Methoden in der Erziehungswissenschaft.

Varianten interpretativer Unterrichtsforschung. Bei der Bewertung des folgenden Katalogs interpretativer Methoden muß berücksichtigt werden, daß die einzelnen Verfahren in enger Verbindung zu den jeweiligen Projekten stehen. Interpretative Methoden unterliegen bisher noch nicht wie die herkömmlichen Methoden der Sozialforschung (Experiment, Beobachtung, Test, Feldstudie, Fragebogen, ...) bestimmten standardisierten, das heißt: auch unabhängig von den jeweiligen Anwendern geltenden Forschungsregeln.

Unterricht über Unterricht: Bei dieser Methode wird im Anschluß an eine Unterrichtsstunde mit Schülern (und/oder Lehrern) eine Diskussion geführt, in der sowohl die vorangegangene Stunde als auch der Unterricht generell zum Thema wird. Die Betroffenen machen sich auf konträre/kongruente Wahrnehmungen und Definitionen aufmerksam. In diesen Gruppendiskussionen berichtet der Forscher über eigene Wahrnehmungen und bietet Erklärungshypothesen an, die im gemeinsamen Diskussionsprozeß geklärt werden (vgl. HEINZE-PRAUSE/HEINZE 1974, ROSENBUSCH 1977). Varianten eines solchen Gruppendiskussionsverfahrens werden auch von anderen Forschungsgruppen praktiziert: „handlungsdetachiertes Interview" (vgl. ARBEITSGRUPPE SCHULFORSCHUNG 1979); „Methode des Nachträglichen Lauten Denkens" (vgl. WAGNER u. a. 1977).

Störtechnik: Bei dieser Methode wird einem Lehrer die von ihm gehaltene Unterrichtsstunde erneut auf einem Videosystem vorgespielt, wobei er die Gründe für sein jeweiliges Verhalten angeben soll. Diese Begründungen werden dann durch den Interviewer/Forscher „gestört", so daß nicht nur die handlungsleitende naive Verhaltenstheorie, sondern auch das „Legitimationswissen" in Erscheinung tritt (vgl. WAHL u. a. 1977). Wie bei der „Methode des Lauten Nachdenkens" bildet auch hier die Kognitive Psychologie den theoretischen Hintergrund.

Narratives Interview: Die Störtechnik thematisiert und problematisiert das Wissen des Lehrers im Nachhinein, bei der Methode des narrativen Interviews begleitet der Forscher einen Lehrer über einen ganzen Schultag hinweg und fordert ihn in einzelnen Situationen auf, Begründungen für sein Handeln zu geben. Diese Begründungen werden dann als zu interpretierendes Material herangezogen, um das Alltagswissen des Lehrers über Unterricht sowie auch sein Selbstverständnis zu ermitteln (vgl. SCHULTE/THIEMANN 1979).

Krisenexperimente: Eine andere Methode zur Erzeugung von Verfremdungseffekten besteht darin, durch gezielte Verletzung alltäglicher Handlungsregeln diese allererst ins Bewußtsein zu heben. Es ergibt sich allerdings das Problem, wie hoch man als Krisenexperimentator die Konfliktbereitschaft von Lehrern, Schülern, Eltern und Schulverwaltung ansetzen kann und wie nach der Destruktion von routinisierten Handlungsmustern ein konstruktiver Lernprozeß einzuleiten ist. Bedingt durch diesen doch sehr direkten und weitgehenden Eingriff in die soziale Realität stellt sich hier ganz besonders deutlich die Frage nach der Legitimation der Anwendung interpretativer Methoden (vgl. GARFINKEL 1973; zur Methode der Verfremdung vgl. TERHART 1980).

Dimensionale Protokollanalyse: Während alle bisher genannten interpretativen Methoden eine aktive Einbeziehung von Schülern und Lehrern implizieren, ist dies bei den folgenden Varianten nicht unbedingt der Fall. Bei der dimensionalen Protokollanalyse werden auf der Basis einzelner Regeln der Kommunikationstheorie bestimmte Dimensionen (Kommunikationsökonomie, Komplexität der Beziehungen, Universalität, Öffentlichkeit, Integration von Lebensweltelementen, Ritualisierung,...) an ein schriftliches Unterrichtsprotokoll herangetragen und dieses dann unter Maßgabe der Dimensionen interpretiert (vgl. HEINZE 1976, HEINZE/SCHULTE 1973).

Dokumentenanalyse: Die Erfahrungen der Schüler und Lehrer von Unterricht schlagen sich nicht nur in direkten Äußerungen der Betroffenen nieder, sondern ebenso auch in einzelnen „Dokumenten" wie Schülerzeichnungen über die Schule/den Unterricht (vgl. LENZ/HEINE 1972), Schulbankkritzeleien (vgl. BRACHT 1978), Pausenverhalten (vgl. REINERT/ZINNECKER 1978), vom Lehrer eingezogene Schülerkassiber, Spötteleien, Karikaturen und Persiflagen über Lehrer und Schüler, „Bierzeitungen" von Abschlußklassen, Pennälerwitze, ...

Protokollexplikation: Bei der Anwendung dieser Methode geht man davon aus, daß der sprachliche Austausch zwischen Lehrer und Schüler, so wie er sich in einem transkribierten Unterrichtsprotokoll darstellt, lediglich den kleineren Teil des viel umfasseneren unterrichtlichen Verständigungsprozesses widerspiegelt. Ohne die Hinzufügung des beim Leser immer schon vorhandenen Wissens über Unterricht wären Unterrichtsprotokolle überhaupt unverständlich. Eine exzessive Protokollexplikation transformiert versuchsweise das tatsächlich Gesagte in das hiermit eigentlich Gemeinte, wobei auch hier natürlich das Vorverständnis des Interpreten eine ganz entscheidende Rolle spielt (vgl. UHLE 1978).

Mikroanalyse von Unterrichtssequenzen: Bilden bei den geschilderten deskriptiven Methoden schriftliche Unterrichtsprotokolle die Forschungsgrundlage, so wird bei dem mikroanalytischen Ansatz von EHLICH/REHBEIN (vgl. 1977) zusätzlich auf Videomitschnitte zurückgegriffen. Der Zusammenhang von akustischer und optischer Unterrichtsaufnahme verdeutlicht, daß jede noch so periphere und verstümmelte Äußerung ebenso wie jede mimische Regung letztlich für die im Interaktionsprozeß Stehenden als auch für den Interpreten von entscheidender Bedeutung sein kann.

Schlußbemerkung. Es ist sicherlich irreführend, pauschal von „dem" interpretativen Methodenansatz zu sprechen, denn mittlerweile haben sich hier eine ganze Reihe von Binnendifferenzierungen und internen Unterschieden ergeben. So ist bei allen Beiträgen zur methodologischen Diskussion um interpretative Verfahren wie auch bei der Beschäftigung mit konkreten Forschungsprojekten zu klären, welches Verständnis von Interpretation vorliegt und welche Absichten verfolgt werden. Die Spannweite reicht hier von ethnographisch-deskriptiven Varianten, bei denen es um die Erfassung von subjektiven Sinnstrukturen geht, über kommunikativ-aufklärerische Varianten, die zwar auch zunächst subjektiven Sinn

Methode, verstehende

verstehen, darüber hinaus aber auf möglicherweise eingelagerte Verzerrungen, Selbsttäuschungen und Blockaden aufmerksam machen und diese beseitigen wollen (wobei diese Intentionen auch den/die Forscher selbst mit einschließt), bis hin zu strukturalistisch-rekonstruktiven Varianten, bei denen es um die Rekonstruktion des formal-pragmatischen Regelapparates geht, der sich als latente Sinnstruktur *durch die Akteure hindurch* auf der Oberfläche des Textes niederschlägt (objektive Hermeneutik – vgl. OEVERMANN u. a. 1979, KADE 1983, TERHART 1983).

ARBEITSGRUPPE BIELEFELDER SOZIOLOGEN (Hg.): Alltagswissen, Interaktion und gesellschaftliche Wirklichkeit, 2 Bde., Reinbek 1973. ARBEITSGRUPPE SCHULFORSCHUNG: Alltagstheorien von Schülern und Lehrern über Schulversagen. In: SCHÖN, B./HURRELMANN, K. (Hg.): Schulalltag und Empirie, Weinheim/Basel 1979, S. 172 ff. BRACHT, U.: Bilder von der Schulbank, München 1978. EHLICH, K./REHBEIN, J.: Wissen, kommunikatives Handeln und die Schule. In: GOEPPERT, H. C. (Hg.): Sprachverhalten im Unterricht, München 1977, S. 36 ff. GARFINKEL, H.: Das Alltagswissen über soziale und innerhalb sozialer Strukturen. In: ARBEITSGRUPPE BIELEFELDER SOZIOLOGEN (Hg.): Alltagswissen..., Bd. 1, Reinbek 1973, S. 189 ff. HEINZE, TH.: Unterricht als soziale Situation, München 1976. HEINZE, TH./SCHULTE, H.: Theoretische und pragmatische Aspekte zur Beobachtung der sozialen Situation Unterricht. In: Beitr. z. Btech. 3 (1973), 2, S. 20 ff. HEINZE-PRAUSE, R./HEINZE, TH.: Soziale Interaktion in der Schulklasse. In: Westerm. P. Beitr. 26 (1974), S. 265 ff. KADE, S.: Methoden des Fremdverstehens, Bad Heilbrunn 1983. LEITHÄUSER, TH. u. a.: Entwurf zu einer Empirie des Alltagsbewußtseins, Frankfurt/M. 1977. LENZ, O./HEINE, G.: Bilder über die Schule. In: Kunst u. U. (1972) 17, S. 18 ff. LOSER, F.: Konzepte und Verfahren der Unterrichtsforschung, München 1979. OEVERMANN, U. u. a.: Die Methodologie einer „objektiven Hermeneutik" und ihre allgemeine forschungslogische Bedeutung in den Sozialwissenschaften. In: SOEFFNER, H.-G. (Hg.): Interpretative Verfahren in den Sozial- und Textwissenschaften, Stuttgart 1979, S. 352 ff. REINERT, G.-B./ZINNECKER, J. (Hg.): Schüler im Schulbetrieb, Reinbek 1978. ROSENBUSCH, H.: Einleitung von Metakommunikation bei Hauptschülern. In: Uw. 5 (1977) S. 207 ff. SCHREIBER, W.: Interaktionismus und Handlungstheorie, Weinheim/Basel 1977. SCHULTE, H./THIEMANN, F.: Alltagswelt als subjektive Konstruktion. In: B. u. E. 32 (1979) S. 431 ff. TERHART, E.: Interpretative Unterrichtsforschung, Stuttgart 1978. TERHART, E.: Ethnographische Schulforschung in den USA. In: Z. f. P. 25 (1979), S. 291 ff. TERHART, E.: Erfahrungswissen und wissenschaftliches Wissen über Unterricht. In: THIEMANN, F. (Hg.): Konturen des Alltäglichen. Interpretationen zum Unterricht, Königstein 1980, S. 83 ff. TERHART, E.: Schwierigkeiten (mit) der objektiven Hermeneutik. In: GARZ, D./KRAIMER, K. (Hg.): Brauchen wir andere Forschungsmethoden? Frankfurt/M. 1983, S. 154 ff. UHLE, R.: Verstehen und Verständigung im Unterricht, Hermeneutische Interpretationen, München 1978. WAGNER, A. C. u. a.: Die Analyse von Unterrichtsstrategien mit der Methode des „Nachträglichen Lauten Denkens" von Lehrern und Schülern zu ihrem unterrichtlichen Handeln. In: Uw. 5 (1977), S. 244 ff. WAHL, D. u. a.: Naive Verhaltenstheorie von Lehrern, Mimeo, Weingarten 1977. WILSON, TH. P.: Theorien der Interaktion und Modelle soziologischer Erklärung. In: ARBEITSGRUPPE BIELEFELDER SOZIOLOGEN (Hg.): Alltagswissen..., Bd. 1, Reinbek 1973, S. 54 ff. *Ewald Terhart*

Methode, verstehende

Definition. Verstehende Methode ist der zusammenfassende Ausdruck zur Bezeichnung kontrollierter Auslegung, Deutung, Interpretation, Übersetzung und Exegese von menschlich gestalteter Wirklichkeit (beispielsweise Dokumenten, Kunstwerken, sozialen Handlungen und Sprechtätigkeiten) dadurch, daß diese Wirklichkeit auf Sinn- oder Bedeutungszusammenhänge zurückgeführt wird, die diese Wirklichkeit begreifbar werden lassen.

Alltägliche Verwendung. Der Ausdruck „verstehen" hat ursprünglich die Bedeutung von „dicht vor etwas stehen" (vgl. DIEMER 1977, S.25). Im gegenwärtigen alltäglichen Sprachgebrauch wird er zumeist dazu verwendet, etwas als ein bestimmtes Etwas zu identifizieren. So spricht man davon, die Handlungen von Personen oder geschriebene und gesprochene Worte zu verstehen, wenn man etwa eine Handbewegung als Winken auffaßt oder Worte als Ausdruck von Absichten, die jemand kundtut. „Verstehen" bezeichnet aber auch ein Wissen oder Können, wenn etwa gesagt wird: Ich verstehe (weiß, vermag) zu schreiben. Das Gegenteil von „Verstehen" ist das „Nicht-verstehen", von dem man sowohl spricht, wenn Mitteilungsabsichten etwa nicht begriffen werden, als auch dann, wenn etwas absurd oder unsinnig erscheint: ich verstehe nicht, warum du so reagierst. Man kann aber auch „mißverstehen", wenn etwa das Schlagen einer Person nur als freundschaftlicher Klaps gemeint wird, aber der Geschlagene dies als Züchtigung auffaßt. Man kann „anders verstehen", wenn der gemeinte freundschaftliche Klaps als Ausdruck beispielsweise sexueller Annäherung gesehen wird. Dann können Außenstehende auch sagen, sie würden die Handlung „besser verstehen" als der, der sie vollzieht, weil dieser sich der eigenen Motive und Absichten nicht bewußt ist.

„Verstehen" hat so in der Alltagssprache des deutschen Sprachraums eine dreifache Bedeutung:
- die „einfache spezifische Begegnungsweise", in der etwas *als* dieses Etwas verstanden wird,
- die „spezifische Interpretation", in der etwas als Ausdruck eines Sinnes (Motivs, Absicht) miß-, anders, besser oder genau so gemeint verstanden wird, und
- die Bedeutung des „Vorverständnisses", insofern Menschen immer schon Gegebenheiten verstehen und die gegebene Welt immer im Lichte von bereits Verstandenem erscheint (vgl. DIEMER 1977, S.123).

Theoriegeschichtlicher Hintergrund. Alltägliches Verstehen nennt DILTHEY (vgl. 1958, S.207ff.) „elementares Verstehen" und grenzt davon das „höhere Verstehen" ab, das sich durch den Versuch auszeichnet, ein Mißverstehen und Nicht-verstehen durch Methodik und durch den Bezug auf eine Wirklichkeit zu überwinden, die in irgendeiner Form dokumentiert ist (als Text, Bild, Zeichen). Dann nämlich kann man im Verstehen immer wieder auf Gegebenes rekurrieren und anderen verdeutlichen, warum und zu welchem Zweck man so und nicht anders versteht. Solches Verstehen heißt dann je nach Wissenschaftsdisziplin „historisches Verstehen", „Interpretation", „Auslegung", „Exegese" oder „Deutung". In der Hermeneutik oder in „Verstehenslehren" werden dazu bestimmte philosophische Annahmen über den zu verstehenden Sinn von Gegebenheiten, über die Aufgaben und über die Leistung von Verstehen entwickelt (vgl. DILTHEY 1958).

Dabei lassen sich folgende Akzentuierungen des Verstehens unterscheiden: der lebensphilosophische Ansatz (vgl. DILTHEY 1958), der neukantianistische Ansatz (vgl. RICKERT 1929, WEBER 1973), der phänomenologische und auch der existenzphilosophische Ansatz (vgl. GADAMER 1972, HEIDEGGER 1963), der psychoanalytische Ansatz (vgl. LORENZER 1970, 1973, 1974), der kommunikationstheoretische Ansatz (vgl. HABERMAS 1970, 1971, 1973) und der ideologiekritische Ansatz (vgl. APEL 1973).

Forschungsregeln des Verstehens. Verstehen ist aufgrund der vorhergehenden Überlegungen nur in einem metatheoretischen Zusammenhang zu sehen, von dem aus zu bestimmen ist, was als „verstehen" gilt.

Methode, verstehende

So unterscheidet der neukantianistische Ansatz zwischen „Nacherleben" oder „Einfühlung" als Verstehen und wissenschaftlichem Deuten. Deutung bezieht sich auf Wertideen, aufgrund derer soziale Ereignisse, Personen oder Gebilde als an sich sinnlose Gegebenheiten sinnvoll werden; (so wird etwa ein dreieckiges Ding durch menschliches Ordnungsdenken zu einem Verkehrszeichen mit bestimmter Bedeutung innerhalb einer Kultur). Deutung konstruiert idealtypisch solche Wertideen oder Sinnzusammenhänge, um einzelne Gegebenheiten als durch sie motiviert zu erläutern. Das Hauptproblem solchen deutenden Verstehens liegt darin, daß den Personen, die sinnvolle Gegebenheiten produzieren, gar nicht zu Bewußtsein zu kommen braucht, aufgrund welcher Absichten oder Motive sie handeln oder sprechen, daß solche erzeugten Gegebenheiten auf verschiedene Sinn- oder Bedeutungszusammenhänge zurückgeführt werden können oder miteinander konkurrieren. Für diese Problemstellung stellt WEBER (vgl. 1973, S. 548 ff.) die Forderung nach „Sinn-" und „Kausaladäquanz" von Deutungen auf: Deutungen müssen so vollzogen werden, daß der Sinnzusammenhang, in den Gegebenes verstehend gestellt wird, „von uns nach den durchschnittlichen Denk- und Gefühlsgewohnheiten als typischer (wir pflegen zu sagen: ‚richtiger') Sinnzusammenhang bejaht wird" (*sinnhaft adäquat*) beziehungsweise prozeßhaft Gegebenes als „ein Aufeinanderfolgen von Vorgängen [...] nach Regeln der Erfahrung" (*kausal adäquat*) verstanden wird (vgl. WEBER 1973, S. 550). Dies gelingt nur schwer bei verstehenden Deutungen von Gegebenheiten als Ausdruck von Affekten wie Angst, Zorn oder Neid, weil hier das Moment des Typischen unklar ist. Dagegen sind Zwecke, Werte und Gewohnheiten als Motive oder Bedeutungszusammenhänge von Ereignissen, Handlungen, Texten oder Objektivationen rational einsehbar und verstehbar; (so ist zum Beispiel aufgrund von Schultraditionen das Aufzeigen von Schülern als Wortmeldung verstehbar). Rationale Deutungen solcher Art sind auf Begriffe angewiesen, mit denen Zwecke, Werte und Gewohnheiten in einzelnen Gegebenheiten zusammenfassend verstanden werden können. WEBER (1973, S. 191) nennt solche Ausdrücke „Idealtypen", wenn verstehend Einzelereignisse mit differierenden Sinnzusammenhängen auf bestimmte Gesichtspunkte zurückgeführt werden, die diese Ereignisse „klar" werden lassen. Der Idealtypus hebt halb- und unbewußte sowie konkurrierende Sinnzusammenhänge in Hinsicht auf konkrete Fragestellungen des Deutenden ins Bewußtsein, so daß zu verstehende Wirklichkeit diskutiert werden kann.

Methodisches Vorgehen beim Verstehen. Verstehen kann sich auf Dinge, Personen, Handlungen, Texte und Werke beziehen. Wenn zum Beispiel Sprechen nach dem Muster des Verstehens von Texten aufgefaßt wird, dann lassen sich für die Deutung von Sprechhandlungen in Interaktionen sieben Schritte unterscheiden, die anhand des nachfolgenden Eltern-Kind-Gespräches exemplifiziert werden sollen:

K: Ich möchte was Süßes! Gib's du mir was, Mama?
M: Ne, man braucht nicht den ganzen Tag was Süßes zu essen. Dann kriegst du faule Zähne und 'nen dicken Bauch.
K: Ich möchte aber 'nen dicken Bauch haben.
M: Aber ich nicht!
K: Aber Papa, du willst das doch!
V: Nein, ich auch nicht!

Erster Schritt: Texterstellung. Bei dem vorliegenden Beispiel handelt es sich bereits um eine Übersetzung mündlicher Rede in schriftsprachliche Form. Intonation, Sprechpausen, Dialektformen oder Redeverstümmelungen sind bereits getilgt, obwohl diese den Sinn der Sätze

festlegen könnten (Aber *ich* nicht! - Aber ich *nicht*!). Wichtig ist von daher für deutendes Verstehen sprachlicher Interaktionen die Fixierung von Umschreiberegeln (Pausenzeichen: .../Interjektionszeichen: - ?!) (vgl. EHLICH/ REHBEIN 1976), um die Deutung von Gemeintem plausibel zu machen.
Zweiter Schritt: Kontextbeschreibung. Die vorliegende Rede könnte in vielerlei Situationen formuliert sein. Die Gesprächspartner könnten etwa in ausgelassener, ernsthafter oder ärgerlicher Stimmung sein. Jeder dieser Faktoren beeinflußt den Sinn ihrer Äußerungen, der fremdverstehend gedeutet werden muß. Von daher gehört zur Deutung die Beschreibung raum-zeitlicher Faktoren (Wohnzimmer, Schlafenszeit) sowie der Beteiligten (dreijährige Tochter, Eltern) zur Erstellung eines Interaktionstextes.
Dritter Schritt: Explikation der Deutungsfragestellung. Situationen und damit auch die vorliegende situierte Rede sind immer vieldeutig. Von daher bedarf fremdverstehende Deutung immer der Explikation der leitenden Fragestellung oder des Vorverständnisses an den erstellten Text, der auf solche Frage antworten soll, indem hypothetische Behauptungen des Deutenden an ihm überprüft werden. Gleichzeitig dienen aus dem Text eruierte Begründungen und Rechtfertigungen für das hypothetisch Behauptete der Überprüfung des Gedeuteten durch mögliche andere Interpreten. Die Explikation des Vorverständnisses ermöglicht den Bezug auf gemeinsamen Sinn, wenn sich Deutender und mögliche andere etwa zunächst darüber einigen, daß an dem Beispiel Inhalts- oder Beziehungsaspekt (vgl. WATZLAWICK u. a. 1972), Wahrnehmungsaktivitäten, Rollen- oder Sprachverhalten verstanden werden soll, aus welchen Kontexten dieses Vorverständnis stammt und in welcher Begrifflichkeit es am Text ausgelegt werden soll.
Vierter Schritt: Vergewisserung der Deutungsgemeinsamkeit. Jeder Teilnehmer der Beispielsinteraktion verfolgt ihm eigene Empfindungen, Absichten und Meinungen. Wie kann Deutung solche „Innerlichkeit" des Redens und Handelns auslegen, ohne den Sinn der zu verstehenden Gegebenheiten zu verfehlen? Möglich wird dies nur durch eine Unterstellung von Gemeinsamkeiten im Reden und Handeln der Beteiligten des Beispiels, des Deutenden und möglicher anderer. Auf solche Gemeinsamkeit der Sprachverwendung, Situationsdeutungen und Handlungsregularitäten als etwas, was man „üblicherweise" tut oder wie „im allgemeinen" bestimmte Personengruppen reagieren, muß der Deutende rekurrieren, um Zwecke, Motive und Befindlichkeiten der Interaktionspartner als gemeinte zu begründen. (Zum Beispiel kann für die Äußerung des Vaters „Nein, ich auch nicht!" die Absicht des Diskussionsabbruchs angenommen werden, weil das Kind keine weiteren Erläuterungen erhält und darüber hinaus die Situation des Zu-Bett-Gehens gegeben ist.)
Fünfter Schritt: Verwendung des hermeneutischen Zirkels. Deutendes Verstehen von Zwecken, Absichten, Gemeintem oder von Sinnzusammenhängen kann sich nicht mit einzelnen Indikatoren zufrieden geben, um etwa die oben genannte Absicht des Vaters auf Diskussionsabbruch aus einzelnen Worten herauszulesen, sondern muß sowohl Worte als auch Intonation, den Redezusammenhang und die situativen Bedingungen heranziehen, um die genannte Äußerung als eine bestimmte Absicht enthaltend zu übersetzen. Dieser notwendige Bezug auf einzelnes und Ganzes (sei es von Rede und Gegenrede, sei es von Situationen und Kenntnissen über die beteiligten Personen) bedeutet die Anwendung des hermeneutischen Zirkels, insofern das einzelne aus dem Ganzen und das Ganze aus Einzelheiten verstanden wird.
Sechster Schritt: Ideographisches Vorgehen. Deutung kann sich auf Singuläres

Methode, verstehende

wie eine Person oder Personengruppe oder eine bestimmte Zeit richten. Zwar kann das Verstehen dieses und keines anderen Ereignisses für bestimmte Zwecke von Interesse sein, etwa um pädagogisch handelnd sich darauf zu beziehen. Im allgemeinen sucht man jedoch Typisches, Übergreifendes, Generelles am singulär Gegebenen zu zeigen, um dessen Besonderheit und allgemeine Kennzeichnung zu erfassen. Von daher ist es notwendig, über den immanenten Zusammenhang der Deutung des einzelnen herauszugehen und etwa die Äußerungen des vorgetragenen Beispiels im Kontext von Ausführungen zur Kommunikationsstruktur in Kleinfamilien, in Gruppen und im Zusammenhang des interaktiven Verhaltens zu erörtern, um Typisches zu erhalten.

Siebter Schritt: Hermeneutische Kritik. Deutung enthält neben dem Aspekt des Verstehens, wie etwas gemeint ist, auch den Aspekt des besseren Verstehens, also den Aspekt, daß etwas aus psychischen oder sozialen Zwängen so und nicht anders gemeint ist. Solche „Entlarvungen" von Gegebenem geben quasi-kausale Erklärungen für Motive, Absichten, Sinnzusammenhänge, die nicht aus dem inneren Wollen und Meinen von zu verstehenden Personen gedeutet werden, sondern aus determinierenden Bedingungen und Einflüssen – sei es der biologischen, psychischen oder soziologischen Sphäre von Ereignissen, Handlungen oder Personen. Diese Deutungen können mit den Beteiligten in therapeutischen Diskursen erörtert werden *(Selbstreflexion)* oder den gemeinten Sinnzusammenhängen gegenüber gestellt werden *(Ideologiekritik).*

Qualifikationsanforderungen. Für das verstehende Deuten gibt es aufgrund seiner engen Verbindung mit dem elementaren alltäglichen Verstehen keine festen Regeln, um das Verfahren als „wissenschaftliches" auszuweisen. Als Gegenbegriff zur „Erklärung" wird Verstehen als „Einfühlung" in Motive und Absichten zum Teil als wissenschaftliches Verfahren bestritten und ihm der Charakter bloßer Heuristik zugeschrieben. Inzwischen zeichnet sich eine gegenseitige Annäherung der beiden Ansätze ab (vgl. APEL 1978, 1979; vgl. STEGMÜLLER 1969, WRIGHT 1974).

Als Richtpunkte für ein stärker wissenschaftliches oder objektivierendes Verstehen können genannt werden:
- es verläuft „nach den Regeln einer auf Verständigung zielenden Kommunikation" (MOLLENHAUER/RITTELMEYER 1977, S.59) mit dem zu Verstehenden und möglichen anderen;
- es muß „durchsichtig, die einzelnen [...] Schritte von anderen potentiellen Interpreten nachvollziehbar" (MOLLENHAUER/RITTELMEYER 1977, S.60) sein;
- es ist auf prinzipielle Reversibilität angelegt, so daß es keine endgültigen Deutungen gibt;
- es wird abgebrochen, wenn „Deutung [...] einen intersubjektiv akzeptablen Stand erreicht hat" (MOLLENHAUER/ RITTELMEYER 1977, S.61);
- es beruht auf der Annahme, daß „der Sinn aller Gedanken [...] öffentliche Gültigkeit" (APEL 1979, S.327) hat, so daß über Konventionen und Regeln der innere oder private Sinn als verstandener Sinn intersubjektiv begründet werden kann.

Anwendungsbereiche und Varianten des Verstehens. Verstehen gehört zu den anthropologisch notwendigen Tätigkeiten des Menschen. Ob es Texte, Bilder, Sprachen, Personen oder Ereignisse der Vergangenheit und Gegenwart, der eigenen oder fremden Kultur sind, immer handelt es sich beim Verstehen um das Hereinholen von Fremdem in den eigenen Lebenshorizont. In der Pädagogik sind es vornehmlich schriftliche oder bildliche Zeugnisse des pädagogischen Handelns, auf das sich historisches Verstehen richtet, aber auch Bedeutungen von Erziehungshandlungen – „bei der Frage etwa, wie wir bei einem Kind, das vielleicht neurotisch ist, sein Verhalten [...] zu deuten haben; was es bedeutet, wenn Jugendliche in einem scheinbar unpersönlichen Jargon kommunizieren; wenn wir versuchen zu ermitteln, welchen Regeln eine Gruppe von Kindern folgt, wenn sie ihre Handlungen als für sie sinnvoll organisiert" (MOLLENHAUER/ RITTELMEYER 1977, S.61) –, die der Interpretation bedürfen.

Entsprechend der Vielfalt der Anwendungsgebiete des Verstehens als Auslegung, Deutung, Interpretation gibt es verschiedene typologische Unterscheidungen des Verstehens: So bezogen sich die bisherigen Ausführungen auf das, was WEBER (vgl. 1973, S.547ff.) *rationales Sinnverstehen* nennt, insofern vornehmlich auf Werte, Zwecke oder Traditionen als hinter Erscheinungsformen wirksamer Sinn abgehoben wurde. Demgegenüber liegt *irrationales Sinnverstehen* vor, wenn Affekte oder Triebe Gegenstand der Deutung werden. Von *psychoanalytischem Verstehen* wird gesprochen, wenn Gegebenheiten „als Verhüllung, Vorbeireden, Tabuisierung, Verzerrungen usw." (DIEMER 1977, S.95) auf der Grundlage psychoanalytischer Ideen und Konzeptionen gedeutet werden. Eine spezifische Konzeption hiervon ist das *szenische Verstehen*, in der es darum geht, in der Interaktion von Arzt und Patient in einem Prozeß des „Verstehens in kleinen Schritten" verzerrte Elemente von Interaktionen reflexiv zu Bewußtsein zu bringen (LORENZER 1970, S.141). Ausgangspunkt ist dabei, daß Interaktionen sich immer in Situationen oder Szenen vollziehen, die in einer persönlichen „Frühszene" oder in kollektiven „Urszenen" gestört wurden (LORENZER 1970, S.141). Über die Momente der „aktuellen Situation, der infantilen und der Übertragungssituation" gilt es, solche Störungen zu beseitigen (LORENZER 1970, S.141).

Wenn Verstehen von seinen Aufgabenstellungen typologisch unterschieden wird, dann läßt sich Deutung (Interpretation, Auslegung) mit BETTI (vgl. 1967, S.142ff) differenzieren in:

Rekognitive Auslegung, wenn philologisch schwer verständliche Texte (aufgrund des Zeitabstandes, aufgrund von Verstümmelungen) so nachkonstruiert werden, wie sie gedacht wurden, oder wenn in historischem Verstehen aus Quellen der Vergangenheit Verhaltensweisen der Zeit wiedererkannt werden.

Technische Auslegung, wenn die Aufbauprinzipien von Werken (etwa die Technik eines Bildungsromans) rekonstruiert werden.

Reproduktive Auslegung, wenn es etwa darum geht, geschriebene Worte im mündlichen Vortrag zu verlebendigen oder schriftlich Fixiertes in musikalische oder dramatische Formen umzudeuten, so daß nicht verstanden wird, was einmal gedacht wurde, sondern was Hörern oder Zuschauern davon mitzuteilen ist.

Normative Auslegung, wenn es in der Rechtssprechung oder in der Theologie darauf ankommt, einen Kanon von festgesetzten oder geglaubten Texten auf Lebensverhältnisse zu beziehen. Verstanden wird hier für bestimmte Zwecke, sei es zu fragen, ob gewisse Gesetzesabschnitte auf bestimmte Verhaltensweisen angewendet werden können, sei es zu fragen, ob für Probleme sozialen Zusammenlebens in der Heiligen Schrift Antworten gegeben werden. In der Pädagogik geht es darum, aus nichtkanonisierten Texten Aufforderungen an eigenes Engagement für bestimmte Zwecke zu erhalten.

Psychologische Auslegung, wenn es gilt, in der oben genannten Form Lebensumstände von Personen zu verstehen.

Verstehen und Vorverständnis. Verstehen ist eigentlich eine einfache, alltägliche Tätigkeit. Problematisch wird Verstehen nur in dem Augenblick, in dem wir versuchen, unser privates Verständnis intersubjektiv zu machen. Dafür aber gibt es vornehmlich metatheoretische Hinweise über Vorannahmen, Prinzipien und Funktionen des Verstehens sowie Wissenschaftstraditionen zum Zwecke der Einigung darüber, was als gelungene Deutung gilt. Da zu verstehender Sinn an Gegebenheiten so vielfältig ist, gibt es auch keine Techniken oder Verfahrensweisen, derer man sich bedienen könnte, um zu verstehen. Vielmehr bedarf es der Entwicklung eines subjektiven Vorverständnisses, mit dessen Hilfe man überhaupt verstehen kann, eines Dialogs mit dem zu Verstehenden, um nicht aneinander vorbei zu verstehen. So kann jemand beim Betrachten eines ablaufenden Schachspiels verstehen, daß Figuren auf dem Brett abwechselnd bewegt werden, wenn er nichts vom Spiel versteht, daß die Figuren nur bestimmte Bewegungen erlauben, wenn er länger zusieht, daß bestimmte Pläne gemacht und durchkreuzt werden, wenn er selbst Schachspieler ist und daß sich solche Strategien und Gegenstrategien auf historische Vorbilder beziehen, wenn er Schachbücher liest. Verstehend kann man sich zwar nicht in andere hineinversetzen, aber auf dem Hintergrund von Vorwissen und Können lassen sich eingespielte Konventionen, Ereignisse und Personen in ihren Vermittlungszusammenhängen begreifen. Um überhaupt pädagogisch zu handeln, Einfluß zu nehmen auf andere, brauchen wir alle solches Vorwissen. Es sich zu erarbeiten, bedarf der eigenen Kreativität und Lektüre.

APEL, K.O.: Transformation der Philosophie, Bd. 2: Das Apriori der Kommunikationsgemeinschaft, Frankfurt/M. 1973. APEL, K.O. (Hg.): Neue Versuche über Erklären und Verstehen, Frankfurt/M. 1978. APEL, K.O.: Die Erklären: Verstehen-Kontroverse in transzendentalpragmatischer Sicht, Frankfurt/M. 1979. BETTI, E.: Allgemeine Auslegungslehre als Methodik der Geisteswissenschaften, Tübingen 1967. DIEMER, A.: Elementarkurs Philosophie Hermeneutik, Düsseldorf/Wien 1977. DILTHEY, W.: Gesammelte Schriften, Bd. 7, Göttingen ²1958. EHLICH, K./REHBEIN, J.: Halbinterpretative Arbeitstranskriptionen (HIAT). Arbeitspapier 3 des Projekts „Kommunikation in der Schule (KidS)". In: Ling. Berichte (1976), 45, S. 21 ff. GADAMER, H.-G.: Wahrheit und Methode. Grundzüge einer philosophischen Hermeneutik, Tübingen ³1972. HABERMAS, J.: Zur Logik der Sozialwissenschaften, Frankfurt/M. ²1970. HABERMAS, J.: Vorbereitende Bemerkungen zu einer Theorie der kommunikativen Kompetenz. In: HABERMAS, J./LUHMANN, N.: Theorie der Gesellschaft oder Sozialtechnologie – Was leistet die Systemforschung? Frankfurt/M, 1971, S. 101 ff. HABERMAS, J.: Erkenntnis und Interesse, Frankfurt/M ²1973. HEIDEGGER, M.: Sein und Zeit (1927), Tübingen ¹⁰1963. LORENZER, A.: Sprachzerstörung und Rekonstruktion. Vorarbeiten zu einer Metatheorie der Psychoanalyse, Frankfurt/M. 1970. LORENZER, A.: Über den Gegenstand der Psychoanalyse oder: Sprache und Interaktion, Frankfurt/M. ²1973. LORENZER, A.: Die Wahrheit der psychoanalytischen Erkenntnis. Ein historisch-materialistischer Entwurf, Frankfurt/M. 1974. MOLLENHAUER, K./RITTELMEYER, CH.: Methoden der Erziehungswissenschaft, München 1977. RICKERT, H.: Die Grenzen der naturwissenschaftlichen Begriffsbildung. Eine logische Einleitung in die historischen Wissenschaften, Tübingen ⁵1929. STEGMÜLLER, W.: Die sogenannte Methode des Verstehens. In: STEGMÜLLER, W.: Probleme und Resultate der Wissenschaftstheorie und Analytischen Philosophie, Bd. 1, Berlin/Heidelberg/New York 1969, S. 360 ff. WATZLAWICK, P. u. a.: Menschliche Kommunikation. Formen, Störungen, Paradoxien, Bern/Stuttgart/Wien ³1972. WEBER, M.: Gesammelte Aufsätze zur Wissenschaftslehre, Tübingen ⁴1973. WRIGHT, G. H. v.: Erklären und Verstehen, Frankfurt/M. 1974.

Reinhard Uhle

Objektivität

Definition. Die kritische Prüfung des Geltungsanspruchs sozialwissenschaftlicher Theorien wird in modernen Wissenschaftskonzeptionen übereinstimmend an ihre Konfrontation mit der Realität gebunden. Vor allem ihre empirische Prüfbarkeit, Prüfung und Bestätigung können demnach vermeiden, daß Meinung, Glaube und Hoffnung als Wissenschaft deklariert werden können. Während diese epistemologische Zielsetzung von Wissenschaft weithin akzeptiert wird, bestehen über die dafür geeigneten empirischen Prüfinstanzen und die dazu führenden Prüfverfahren erhebliche Differenzen. Beispiel dafür ist die variable Bedeutung von *Objektivität* (vgl. GROEBEN/WESTMEYER 1975) als Forschungsregulativ in verschiedenen Methodologieprogrammen.

Das empirisch-analytische Standardprogramm macht die Güte empirischer Überprüfungen zunächst von ihrer methodischen Objektivität abhängig (vgl. POPPER 1971): Der gleiche Sachverhalt soll von mehreren (im Prinzip auch von allen) Wissenschaftlern überprüft werden (können), und seine intersubjektive Erkenntnis soll von der spezifischen Situation der Untersuchung ebenso unabhängig sein wie vom spezifischen Standpunkt des Beobachters. Objektivität wird also expliziert als Realitätsadäquanz, die nicht direkt zu sichern ist, und als Intersubjektivität, die anhand der sinnlichen Wahrnehmung der Beobachter approximiert wird. Dazu ist es nötig, die Durchführungs-, Auswertungs- und Interpretationsregeln für empirische Prüfversuche präzise zu formulieren und diese Regeln auch konsequent zu befolgen. Zur methodisch-systematischen Ermöglichung und Sicherung der geforderten deskriptiven Objektivität sind zunächst syntaktische Kriterien (vor allem der Präzision und logischen Konsistenz) einzulösen: wissenschaftliche Aussagen haben danach möglichst widerspruchsfrei, eindeutig, klar und verständlich zu sein. Sind sie es, können die sprachlich so repräsentierten empirischen Sachverhalte auch eher intersubjektiv nachvollziehbar in Beobachtung, Interview oder Experiment aufgesucht oder hergestellt und als objektive Falsifikationsinstanzen interpretiert werden (semantisches Kriterium der Nachprüfbarkeit). Dazu sind dann auch die forschungspraktisch verwendeten Erhebungsinstrumente, Verfahren, Methoden und Regeln präzise zu beschreiben, in standardisierter Form anzuwenden, die durch sie erfaßten Ergebnisse vorschriftsmäßig auszuwerten und ebenso einheitlich zu interpretieren. Die Normierungsansprüche des Objektivitätskriteriums erstrecken sich demnach auf alle Phasen des empirischen Prüfprozesses und sollen eine weitgehende Unabhängigkeit der dabei erhobenen Daten von der Subjektivität des Forschers sichern. Entsprechend wird zwischen drei Aspekten von Objektivität unterschieden:

Erhebungsobjektivität kann durch zwei Störquellen gefährdet werden und zwar erstens durch Unterschiede zwischen einzelnen Forschern in der Art ihrer Datenerhebung. Zur Verringerung dieses Störfaktors ist durch explizite Verhaltensregeln festzulegen, ob und wie in bestimmten Untersuchungssituationen zu reagieren und welches Verhalten dabei erlaubt oder unerlaubt ist. Dazu trägt auch eine hinreichende Standardisierung der Erhebungssituation durch im voraus schriftlich fixierte Instruktionen für den Umgang mit dem Forschungsobjekt bis hin zu deren wörtlicher Wiedergabe in der Erhebungssituation durch den Forscher oder ein ihn ersetzendes Ton- oder Videoband bei. Die soziale Interaktion zwischen Forschungsobjekt und -subjekt wird durch diese Vorkehrungen also drastisch eingeschränkt und auf einige wenige im voraus festgelegte Verhaltensdimensionen konzentriert (vgl. HOLZKAMP 1972).

Aber auch in Fällen, in denen vorfindbare Sachverhalte wie eine Lehrer-Schüler-Interaktion aufgezeichnet werden, wird dem Forscher angeraten, sich auf die niedrig-inferente Protokollierung einiger theoriespezifischer Ausschnitte in einem eindeutig beschriebenen Beobachtungsschema zu beschränken, dessen Kodierregeln die Zahl der zulässigen beziehungsweise erforderlichen Kodierungen in einer bestimmten Zeiteinheit oder auch ihre Reihenfolge ebenso festlegt wie eine dafür geeignete Protokollschrift. Die zweite Störquelle ergibt sich daraus, daß Forschungsobjekte auf verschiedene Forscher – auch bei an sich konstanten Erhebungsbedingungen – unterschiedlich reagieren. Dies ist ausführlich in Arbeiten zur Sozialpsychologie des Experiments untersucht worden (vgl. MERTENS 1975) und hat sich dabei als eine ebenso schwer identifizierbare wie kontrollierbare Störquelle erwiesen.

Auswertungsobjektivität. Sie wird am ehesten in standardisierten Erhebungssituationen gewährleistet, in denen dem Forschungsobjekt nur auf einigen vorgegebenen Reaktionsdimensionen wenige Äußerungsmöglichkeiten zugebilligt werden (zum Beispiel das Ankreuzen von Mehrfach-Wahl-Antworten in einem Fragebogen oder Leistungstest), beziehungsweise in denen sich der Forscher auf die selektive Protokollierung von im voraus umschriebenen Segmenten bestimmter Sachverhaltsbereiche beschränkt: Diese Daten können dann nämlich leicht mit Schablonen, Tabellen, Auswertungsschlüsseln oder in maschinenlesbarer Form auch von einem Computer ausgewertet und in geeignete Maßzahlen (zum Beispiel als Summenwerte der Zustimmungen in einem Fragebogen oder als Anzahl richtiger Lösungen in einem Leistungstest) umgerechnet werden. Sind hingegen freie Antwortmöglichkeiten zugelassen, wird durch einen genauen Kodierplan mit möglichst repräsentativen Auswertungsbeispielen im einzelnen festgelegt, wie die erhobenen Daten zu quantifizieren und im weiteren zu verrechnen sind.

Interpretationsobjektivität. Viele Meßinstrumente enthalten neben einem Auswertungsschlüssel zur Sicherung der Auswertungsobjektivität auch genaue Anweisungen, wie ein bestimmtes numerisches Ergebnis (etwa in einem Leistungstest oder einem Persönlichkeitsfragebogen) zu interpretieren ist: Einer zuvor ermittelten Maßzahl wird so die relative Position eines Individuums auf einer „latenten" Fähigkeits- oder Motivdimension zugewiesen. In anderen (beispielsweise projektiven) Verfahren sind die Zuordnungsregeln zwischen numerischem Meßwerten und empirischen Meßobjekten hingegen sehr viel weniger festgelegt und führen denn auch zu weniger objektiven Interpretationen empirischer Sachverhalte.

Ob und in welchem Ausmaß empirische Sachverhalte objektiv erfaßt wurden und damit unabhängig von spezifischen Bedingungen der Erhebung, Auswertung und Interpretation sowie der Person des Forschers sind, ist auf verschiedene Weise zu überprüfen:
- durch den Vergleich der von verschiedenen Forschern gleichzeitig erhobenen Daten,
- im Vergleich eines Forschers mit einem Gütekriterium (zum Beispiel mit der exemplarischen Kodier-, Auswertungs- und Interpretationsleistung eines besonders geübten Experten),
- im Vergleich der Auswertung und Interpretation des gleichen Datenmaterials durch einen Forscher zu verschiedenen Zeitpunkten.

Das Ausmaß der dabei erzielten Übereinstimmung läßt sich über verschiedene Konkordanz- und Korrelationskoeffizienten beschreiben (vgl. FRICK/SEMMEL 1978).

Voraussetzungen. Die Durchsetzung des Objektivitätskriteriums in der empirischen Forschungspraxis ist allerdings an

Voraussetzungen gebunden, die vielfach als fragwürdig gelten müssen. Sie ist ferner mit bestimmten Folgeproblemen belastet, die eine zutreffende Rekonstruktion empirischer Sachverhalte zum Teil empfindlich erschweren. Dadurch wird die wichtigste Zweckbestimmung methodologischer Erfolgskriterien, nämlich eine in ihren Anwendungsvoraussetzungen realistische und in ihren Konsequenzen erkenntnisfördernde Regulation gehaltvoller Forschungsprogramme zu ermöglichen und zu erleichtern (vgl. GROEBEN 1978), in Frage gestellt: So erfordert die dem Objektivitätsanspruch folgende Routinisierung und Standardisierung der Bedingungen, unter denen empirische Sachverhalte erfaßt und als prüfrelevante „Tatsachen" interpretiert werden, einen vom Forscher definierten einheitlichen Beschreibungsraum, in dem sich „Tatsachen" in Beobachtungssätzen sprachlich eindeutig, vollständig und zuverlässig repräsentieren lassen. Bei expliziter Überprüfung ist diese Annahme jedoch häufig für die wichtigsten Repräsentanzdimensionen (Reaktion, Situation, Zeit und Person) drastisch zurückzunehmen (vgl. TREIBER/ WEINERT 1982, S. 248 ff.). (So wurde zum Beispiel die Annahme der allgemeinen Verwendbarkeit der Testintelligenz als Indikatorklasse für kognitive Fähigkeiten inzwischen aufgegeben und bereichsspezifisch präzisiert.)
Aber nicht nur die Realisierbarkeit, sondern auch die Wünschbarkeit eines einheitlichen Beschreibungsraumes wird bezweifelt (vgl. TREIBER/WEINERT 1982, S. 258): Dem (deskriptiven) Objektivitätskriterium liegt nämlich eine empiristische Überschätzung der „Erfahrung" als einer epistemologisch von vornherein privilegierten Prüfinstanz zugrunde, die sich als eine angeblich theorieunabhängige, autonome neutrale und durch „harte Tatsachen" verkörperte Bezugsbasis am ehesten für die Überprüfung von Theorien eignet, sofern Objektivitätsregeln nur hinreichend konsequent eingehalten werden. Die nachweislich hohe Theoretizität des gesamten Prüfprozesses führt indes dazu, daß die Strenge und Effektivität empirischer Prüfverfahren weniger von der Rigorosität entsprechender methodologischer Vorkehrungen und Kriterien abhängen als vielmehr von der Existenz und Anwendbarkeit alternativer Beschreibungstheorien, die erst zur vollen Deutung und Bewertung prüfrelevanter „Tatsachen" beitragen.

Folgeprobleme. Die Methodologiekritik hat daher vor allem auf zwei mögliche Folgeprobleme hingewiesen, die sich bei der forschungspraktischen Herstellung objektiver Erhebungsbedingungen einstellen können: Erstens ergibt sich dabei eine oft nur geringe Repräsentanz der erfaßten empirischen Sachverhalte für die eigentlich interessierenden Person- und Umgebungspopulationen. Dies wurde mehrfach sowohl für die Ergebnisse aus strukturierten Einzelinterviews (vgl. BERGER 1974) wie für Laborexperimente (vgl. MERTENS 1975) verdeutlicht. Rahmenbedingungen und Struktur dieser Untersuchungsarrangements ermöglichen zwar eine objektive Meinungserhebung oder Verhaltensbeobachtung, liefern aber zugleich Ergebnisse, deren Gültigkeit und Generalisierbarkeit schwer abzuschätzen, zum Teil stark eingeschränkt und zuweilen ganz zu vernachlässigen sind. Ersichtlich behindern so die Folgeprobleme einer objektiven Datenerhebung den erwarteten Erkenntniszuwachs, der durch sie doch hätte gefördert werden sollen. Zudem unterbinden die gleichen forschungsmethodischen Vorkehrungen auch die „Entdeckung" neuer Sachverhaltsbereiche und ihre theoretische Rekonstruktion, sofern diese noch von Ambivalenz, Inkohärenz, Unstrukturiertheit und Unsicherheit geprägt sind.
Eine weitere Konsequenz der Normierung und damit auch Entsubjektivierung des Forschungsprozesses durch das

Objektivität

Regulativ der (deskriptiven) Objektivität besteht darin, daß hierdurch eine weitreichende Wertabstinenz der empirischen Sozialwissenschaften festgeschrieben wurde.

Dies hat allerdings auch vor allem forschungshistorische Vorteile: Es unterstreicht die kognitiv-informative Zielsetzung der Sozialwissenschaften, wirkt als anti-metaphysische und -ideologische Sperre und unterzieht Normen und Wertungen einer fundierten Kritik ihrer empirisch prüfbaren Voraussetzungen und Implikationen. Das in der empirischen Sozialwissenschaft weithin anerkannte Postulat der Werturteilsfreiheit hat aber auch zu mehreren unerwünschten Konsequenzen geführt (vgl. GROEBEN/ SCHEELE 1977): So hat der rigorose Rückzug der empirischen Wissenschaft aus dem Bereich der Ziel- und Normentscheidung und -begründung ihr eigenes normkritisches und zielalternativenfindendes Potential neutralisiert. Dies wirkt sich ungünstig bereits für die kritische Bewertung von wissenschaftsendogenen Forschungsentscheidungen über die Problemperspektiven, Theoriealternativen, Untersuchungsverfahren und Interpretationsversionen, aber auch die ihnen zugrunde liegenden Menschenbildannahmen aus.

Aber auch im außerwissenschaftlichen Bereich wird ein bei wissenschaftlicher Wertabstinenz entstehendes Vakuum außerwissenschaftlichen Normsetzungsinstanzen überlassen und von diesen auch wirksam ausgefüllt. Diese Instanzen können dann an wichtigen Entscheidungen sowohl im Entstehungs- wie im Verwertungsbereich von Wissenschaft beteiligt sein, sowie den übrigen Bereich der Zielsetzungen, Normen und Wertungen nachhaltig und möglicherweise auch a-rational beeinflussen. Die evaluative Selbstbeschränkung einer nur am Objektivitätskriterium orientierten Wissenschaft kann so den forschungsinternen Erkenntnisfortschritt ebenso beschränken wie sie auf eine Verbesserung ihrer eigenen Forschungsbedingungen und eine Nutzung ihrer Forschungsergebnisse verzichtet.

Die Kritik der empiristischen Anwendungspraxis des Objektivitätskriteriums (vgl. GROEBEN/WESTMEYER 1975, S. 226 ff.) hat deshalb seither zu einer methodologischen Problemverschiebung und Gewichtsverlagerung geführt, die der Ermöglichung und Förderung des wissenschaftlichen Erkenntnisfortschritts und der Nutzung seiner Ergebnisse eine eindeutig größere Priorität zuweist als der konsistenten und konsequenten Durchsetzung des Normierungsanspruchs zum Beispiel objektivistischer Forschungskriterien. Diesem klassischen empirisch-analytischen Kriterium – wie auch den übrigen syntaktisch-semantischen Kriterien – wird vielmehr eine nur mehr instrumentelle Rolle bei der Erstellung neuer Theorien, der Entdeckung neuer Problembereiche, der Ermöglichung von Theorievergleichen und der Erprobung ihrer praktischen Anwendung zugewiesen. Damit sind wechselnde Kontexte für die Ausarbeitung wissenschaftlicher Problemlösungen genannt, denen folglich auch unterschiedliche Kriterien (wie Anregungsgehalt, Überraschungswert, Anwendbarkeit, empirische Prüfbarkeit – vgl. HERRMANN 1976) zuzuordnen sind. In diesem Kriterienverbund muß die bisher – in ihrer tatsächlichen Normierungsfähigkeit wohl überschätzte – Bedeutung des Objektivitätskriteriums jeweils neu begründet und festgelegt werden. Allerdings behält das Objektivitätskriterium auch in solch unterschiedlichen Methodologiekonzeptionen seine wichtige – wenngleich variable – Regulativfunktion.

BERGER, H.: Untersuchungsmethode und soziale Wirklichkeit. Eine Kritik an Interview und Einstellungsmessung in der Sozialforschung, Frankfurt/M. 1974. FRICK, T./SEMMEL, M.I.: Observer Agreement and Reliabilities of Classroom Observational Measures. In: Rev. of E. Res. 48 (1978), S. 157 ff. GROEBEN, N.: Auf dem Weg zu einer realistischen Wissenschaftsrekonstruktion. In: Z. f. Sozpsych. 9 (1978), S. 338 ff. GROEBEN, N./SCHEELE, B.: Argumente für eine Psychologie des reflexiven Subjekts, Darmstadt 1977. GROEBEN, N./WESTMEYER, H.: Kriterien psychologischer Forschung, München 1975. HERRMANN, TH.: Die Psychologie und ihre Forschungsprogramme, Göttingen 1976. HOLZKAMP, K.: Kritische Psychologie, Frankfurt/M. 1972. MERTENS, W.: Sozialpsychologie des Experiments, Hamburg 1975. POPPER, K. R.: Logik der Forschung, Tübingen 1971. TREIBER, B./WEINERT, F. E.: Gibt es theoretische Fortschritte in der Lehr-Lern-Forschung? In: TREIBER, B./WEINERT, F. E. (Hg.): Lehr-Lern-Forschung, München 1982, S. 242 ff.

Bernhard Treiber/Norbert Groeben

Rekonstruktion, praktische

Definition. Im umfassenden Sinn lassen sich alle Tätigkeiten im pädagogischen Handlungsfeld als Projekte der Rekonstruktion von Bildungsprozessen charakterisieren. Im Verlauf von Bildungsprozessen brechen fortwährend neue individuelle Bedürfnisse, aber auch gesellschaftliche Anforderungen auf, die mehr oder weniger gut befriedigt aber auch verdrängt beziehungsweise unterdrückt werden. In eine Krise gerät der Bildungsvorgang dann, wenn der Abstand zwischen Bedürfnissen und Bedarfslagen so groß wird, daß er durch faktisches individuelles oder institutionelles Handeln nicht mehr in entwicklungstreibender Weise überbrückt werden kann. Von Rekonstruktion im elementaren Sinn sprechen wir dann, wenn es um die Wiederherstellung einer (wenn auch nur relativen) Übereinstimmung zwischen individuellen Interessen und institutionellen Anforderungen geht. Unter Rekonstruktion ist daher nicht nur das theoretische Verfahren der tiefenstrukturellen Analyse zu verstehen, sondern auch ein praktisches Vorgehen zur wirklichen Wiederherstellung von Bildungsprozessen. So wie der Begriff theoretischer Rekonstruktion seinen Sinn aus der Ebenendifferenz zwischen empirischer Wahrnehmung der vielfältigen Oberflächenerscheinungen und wahrer Erkenntnis der Tiefenstrukturen gewinnt (vgl. MATTHES-NAGEL 1984), so ist praktische Rekonstruktion von bloß technischem Handeln (Konstruktion) zu unterscheiden: letzteres bezieht sich auf Mittel, um einen einzelnen Zweck zu erfüllen, erstere organisiert dagegen „richtige" Handlungen, also Veränderungsprozesse im Sinne kommunikativer Praxis, weil ihr Ziel die grundlegende Erkenntnis und Behebung von Krisen oder Beschädigungen ist.

Im sozialwissenschaftlich-therapeutischen Sinn hat ein Begriff praktischer Rekonstruktion Eingang in die Sozialwissenschaften gehalten, seit LORENZER (vgl. 1970) das Freudsche Musterbeispiel der Heilung des kleinen Hans als Methodologie der Rekonstruktion gestörter Identität in der Absicht expliziert hat, die „Eigenart der psychoanalytischen Untersuchung [...], die zugleich eine Besonderheit ihres Gegenstandes ausmacht" genauer zu problematisieren und als „ein Untersuchungsverfahren, das nahezu völlig als sprachliche Verständigung – in Diagnostik wie in Therapie – abläuft" (LORENZER 1970, S. 191) zu rekonstruieren.

Die therapeutische Rekonstruktion ist damit ein analytisches Gesprächsverfahren der Selbstreflexion durch Übertragung – mit dem Zweck, eine bildungsfähige aber gestörte Identität wiederherzustellen. Es ist von drei anderen therapeutischen, aber nur annähernd analytischen und rekonstruktiven Gesprächsverfahren abzugrenzen: der verhaltenstherapeutischen Technik der Regulation durch Selbstkontrolle und Selbstverbalisierung (vgl. KANFER 1975), der gesprächspsychotherapeutischen Beratung durch Selbstexploration (vgl. ROGERS 1973, VROLIJK u. a. 1974) und den historisch-materialistischen Veränderungen der Praxis durch „Selbst-Agitation" (vgl. KAPPLER u. a. 1977). Es findet weiterhin Analogien auch in Versuchen partizipatorischer Sozialisationsforschung (vgl. FREIRE 1973). Auf die Ebene sozial- und schulpädagogischer (Aktions-)Forschung wurde und wird dieses Vorgehen hier und da überführt, und zwar meist im Sinne der Rekonstruktion gestörter erzieherischer Kommunikation zwischen Eltern und Kindern (vgl. RICHTER 1975), zwischen Strafgefangenen im Übergangsvollzug und Beratern (vgl. REHN/PONGRATZ 1972) sowie zwischen Lehrern und Schülern (vgl. LARCHER/RATHMAYR 1975).

Derartige Versuche einer pädagogischen Umsetzung des analytischen Gesprächsverfahrens dienen der Ermöglichung von Bildung durch Selbstreflexion, aber auch der Ausweitung empirischer Befragungsverfahren. Gegenüber den restringierenden (weil objektivierenden) Formen der Befragung und des Interviews stellt das gesprächsanalytische Vorgehen einen Musterfall der von HABERMAS (1974, S. 18) reklamierten genuin sozialwissenschaftlichen Meßoperation dar: „An die Stelle der kontrollierten Beobachtung, die die Anonymität (Austauschbarkeit) des beobachtenden Subjekts und damit die Reproduzierbarkeit der Beobachtung garantiert, tritt eine partizipierende Beziehung des verstehenden Subjekts zu einem Gegenüber (Alter ego). Das Paradigma ist nicht länger die Beobachtung, sondern die Befragung, eine Kommunikation also, in die der Verstehende wie immer kontrollierbare Teile seiner Subjektivität einbringen muß, um dem Gegenüber auf der Ebene der Intersubjektivität möglicher Verständigung überhaupt begegnen zu können".

Regeln therapeutisch-pädagogischer Rekonstruktion. Lorenzers erklärte Absicht ist es, unter dem Begriff der Rekonstruktion die mit ihr verknüpfte therapeutisch-sozialwissenschaftliche Forschungsmethode zu explizieren. In diesem Sinne sollen die wichtigsten Prinzipien regelhaft festgehalten werden.

Ausgangsregel aller praktisch-rekonstruktiven Bemühung des Therapeuten oder Pädagogen ist das Verstehenwollen des Anderen angesichts immer wieder auftretender Erfahrungen falscher oder abgebrochener Verständigung. Ähnlich wie beim Diskurs der Regelfall nichtdiskursiver Kommunikation, so stellt auch für die Rekonstruktion das vorherrschende Faktum gestörter Verständigung *nicht* eine Sperre für Forschung dar, sondern diese nimmt nachgerade von hier aus ihren Ausgangspunkt und stellt diese Problematik in den Mittelpunkt ihrer Tätigkeit. Dabei nimmt sie, zusammengefaßt, folgende Aufgaben wahr:

- die Erfahrung des Fremdpsychischen, die mit objektivierenden Interviewformen nicht zu gewinnen ist, sondern der Konstitution einer gemeinsamen Interaktionsstruktur zwischen Analytiker und Patient bedarf;
- das Aufbrechen falscher Verständigung (durch den mutativen Einsatz von Deutungen),
- den effektiven „Durchbruch" durch unterdrückte Interaktionsformen (mit Hilfe der Wiederherstellung bewußter sprachlicher Verständigung und Selbstverständigung).

Erste Regel: Das Erstinterview dient nicht der Objektivierung von Informationen, sondern vielmehr dem Aufbau einer Beziehung (therapeutische Gemeinschaft, pädagogisches Bündnis).

Wenn es in der therapeutischen Rekonstruktion um wirkliche Wiederherstellung einer gestörten Identität geht, dann kann das Erstinterview nicht unabhängig von diesem Ziel verfahren. Im Gegenteil, es entscheidet über das relevanteste Mittel der Therapie, nämlich den interpersonellen Kontakt zwischen Interviewer und Befragtem. Positive Beziehungen fördern den Informations- und Übertragungsaustausch, der unerläßlich ist für die weitergehende Rekonstruktionsarbeit auf beiden Seiten. Insofern bewirkt das Erstinterview bereits Erlebnis- und Verhaltensdispositionen bei beiden Seiten auch dann, wenn es noch nicht von Rückkoppelungen diagnostischer Aussagen oder gar von Übertragungen analytischer Deutungen begleitet ist.

Zweite Regel: Der Erkenntnisprozeß des Analytikers ist nicht auf irgendein Verstehen, sondern methodisch auf diakritisches Verstehen bezogen.

Gegenüber dem Erstinterview weist die Befragungs- oder Gesprächssituation in der analytischen Arbeit eine signifikant neue und andere Qualität auf. Sie muß nämlich so arrangiert werden, daß in kleinen Schritten des Verstehens das Unbekannte im Patienten ausgelotet und die Grenze seines Bewußtseins oder seines Vorbewußten allmählich hinausgeschoben wird. Der Analytiker hat dabei die Aufgabe, das zu verstehen, was dem Patienten selbst noch verschlossen ist. Das Erkennen kommt bei diesem analytischen Prozeß aber erst dadurch zustande, daß der Analytiker einen Vorsprung im Verstehen dieser Prozesse vor dem Patienten hat und „die vorauseilende Erweiterung des Verstehensspielraumes beim Analytiker ausnützt" (LORENZER 1970, S. 42). – Das Gespräch beruht auf einem scheinbar sehr einfachen Prinzip. Beide – Patient und Analytiker – sollen versuchen, sich freizumachen für die Leistung, auf stets wechselnde Inhalte überzugehen. Der Patient wird aufgefordert zum freien Assoziieren, der Analytiker zur freischwebenden Aufmerksamkeit („dis-cursus"), dabei allerdings zusehen muß, daß sich allmählich Aussage an Aussage knüpft, um so den geistigen Zusammenhang, den Sinn der Symbole als Ganzes zu erfassen.

Dritte Regel: Der Erkenntnisprozeß des Analytikers steht nicht für sich, sondern im Wechselspiel zwischen Deutung und Mitteilung.

Was Lorenzer und viele Psychoanalytiker oft unerwähnt lassen, ist das Wechselspiel zwischen der Fähigkeit des Patienten „sich freizumachen" und der Fähigkeit des Analytikers, dem Patienten dabei so zu helfen, daß ein mutativer Verständigungsprozeß zustande kommt. Die kognitive Funktion des Therapeuten kann selbstverständlich positives wie negatives Feedback auf die Übertragungsleistungen des Patienten bewirken. Diese kognitive Funktion des Therapeuten drückt sich in den Teiloperationen seiner Analyse aus, den Deutungen: Durch die Ausrichtung des Analytikers auf die „Spuren", die das freie Assoziieren des Patienten zurückläßt, wird es möglich, daß ganz disparate Themen in einen Deutungszusammenhang aufgenommen werden (vgl. LORENZER 1970, S. 104). Nun behält der Analytiker diese Deutungen aber nicht für sich, sondern er teilt diese in transformierter Form dem Patienten mit. Erst das „Zusammenspiel von Deutung und Mitteilung" (LORENZER 1970, S. 142) bringt den analytischen Prozeß in Gang. Diese Deutungen haben dabei ein klares handlungsorientierendes Ziel: Sie sollen als Hilfe in der Vervollständigung der Wiedererinnerung wirken und dazu verhelfen, Lücken des Verstehens und der Verständigung zu schließen. Die Deutungen haben jeweils spezifische Operationsziele, je nachdem in welcher Phase der Analyse sie eingesetzt werden:

Die erste Deutungsarbeit (aktuelle Komplettierung) zielt darauf hin, die Situationsgestalt herauszuarbeiten. Deutung als Klarstellen (Klarifikation) geht also meist von der aktuellen Übertragungsszene aus und konfrontiert den Psychoanalytiker mit dem Vergleich dieser aktuellen Szenen mit einer anderen aktuellen Szene (der Realität oder der Analyse): „Wie-Deutungen" sind also das wichtigste Instrument in dieser Phase.

Für die vollständige aktuelle Komplettierung hat die Deutungsarbeit auch die Aufgabe der *Konstruktion*. Dieser Idealfall des szenischen Verstehens wird möglich, wenn die verschiedenen Fälle, die auf dem Weg der Komplettierung einer Situation gewonnen werden, zum Punkt der Ursprungssituation zurückverfolgt wurden. Die Versuche der vollständigen aktuellen Komplettierung durch „Wie-damals"-Rückdeutung (von der damals-Szene auf die aktuelle), scheitern aber notwendigerweise. Sie können ohne die Auflösung der – nur historisch zu beseitigenden – Verdrängungen nicht gelingen. Wenn auch diese Deutung von geringem Übertragungsgehalt ist, so ist sie dennoch von hohem Informationsgehalt.

Damit ist bereits die *historische Komplettierung* ausgesprochen, die damit einsetzt, daß auch die Szenen der Infantil-Periode thematisiert werden, weil erst hiermit der situative Bedeutungsgehalt aktueller Szenen vollständig hervortritt. Erzielt die Deutung die mutative Wirkung der Analyse, dann hat sie die Qualität einer Re-Konstruktion. Historische Komplettierung und aktuelle Komplettierung fallen zusammen. Die Lage des Patienten wird zugleich an den beiden Verankerungsstellen, an dem lebensgeschichtlich relevanten Ort damals und in der Aktualität des Hier und Jetzt gelöst.

Die *Auflösung der Analyse* geschieht schließlich durch den Überstieg vom unbewußten Mitdeuten zur bewußtverstehenden Selbstreflexion. Ging der Analytiker dem Patienten im Verständnis voraus, so kann der Patient von Mitdeutung zu Mitdeutung der wiederholten und ausagierten Szenen immer besser die Beziehung verstehen, in die er gefangen ist.

Vierte Regel: Die analytische Technik der Re-Konstruktion erfolgt nicht einfach durch die Imposition des Analytikers auf den Patienten, sondern ist nur erfolgreich durch die Herstellung einer gegenseitigen Beteiligung.

Der Analytiker gewinnt einen Teil seiner Einsicht nicht zuletzt durch (zumindest vorübergehende) Identifizierungen mit dem Patienten. Vereinfachend lassen sich die Zuwendungsweisen des Analytikers zum Patienten in folgenden Stufen und methodischen Erkenntnisvorgängen beschreiben:

Erste Stufe: Die *Teilhabe* des Analytikers an der Lebenspraxis des Patienten wird durch *Identifizierung* bewerkstelligt, und zwar als eine *funktionelle Regression*. Die Identifizierung ist also eine vorübergehend eingenommene agressive Position des Analytikers in der Beziehung zum Patienten. Sie muß ein „zuviel" wie ein „zuwenig" an Engagement vermeiden helfen, so daß in dieser Teilhabe die Übereinstimmung der Bedeutungen gestiftet wird, die für das Verstehen des Fremdpsychischen unerläßlich sind.

Zweite Stufe: Das Heraufholen dieser Bedeutungsspuren im Begreifen der Szene als „verstandene" Situation verläuft freilich nicht automatisch. Es setzt die bewußte *Teilnahme* an der Situation des Patienten voraus, um dessen aufgespaltenes Sprachspiel wieder komplettieren zu können. Dieses Heraufholen in bewußte Teilnahme wird durch *topische Progression* erbracht, das heißt, der Analytiker steigt zur diakritischen Position auf. Es kommt wohl nicht zum Loslassen des Patienten, wohl aber dazu, daß die Teilhabe am Patienten verarbeitet und auf eine höhere Stufe gehoben wird. Die Regression (beziehungsmäßige Identifizierung) wird aufgelöst und in verstehende Teilnahme an der bewußt gewordenen Situation überführt. Hier kommt es zur *Verbalisierung* der nun sprachlich faßbaren, dem Analytiker bewußt gewordenen Interaktion. Distanzierung bedeutet also nicht Betrachtung des Patienten mit Distanz, sondern Betrachtung der Beziehung zum Patienten mit Distanz.

Dritte Stufe: Die *gegenseitige Beteiligung* von Patienten und Analytiker an der Interaktion wird schließlich durch *mutative Deutung* (mit konsekutivem Verstehen durch den Patienten) angestrebt.

Gütekriterien. Das Vorgehen einer solchen therapeutischen Rekonstruktion kann in vielfacher Weise als ein radikales sozialwissenschaftliches Paradigma diakritischer Befragung und Kommunikation angesehen werden. Am radikalsten mag es jedoch in zwei Forderungen erscheinen, in denen es sich den inhaltlichen Gütekriterien herkömmlicher sozialwissenschaftlicher Forschung vollständig entzieht:

Eine *zuverlässige* Kenntnis der wirklichen fremdpsychischen Inhalte versucht diese analytische Gesprächsoperation sich nicht aus eigener Kraft zu verschaffen. Denn als analytische Kommunikation versäumt sie es nicht nur, die Mitteilung des Patienten mit zusätzlich eingeholten Fremdbeobachtungen zu konfrontieren, sie empfindet ein solches Vorgehen schlichtweg als Störung (vgl. LORENZER 1972, S. 47), und das sowohl für den guten Fortgang der Heilung, als auch für den Fortschritt des wissenschaftlichen Verstehens.

Der Verzicht auf Validierung der Patientenmitteilungen durch Prüfung der Tatsachen ergänzt konsequenterweise das Prinzip des Verzichts auf Fremdbeobachtungen.

Noch radikaler läßt sich mit diesem Paradigma das herkömmlich erkenntnisorientierte Gütekriterium der Sozialforschung in ein neuartiges *Praxiskriterium* reformulieren. Denn mögen die Deutungen und Mitteilungen auch dem Fundus psychoanalytischen Vorverständnisses entstammen, so erweist sich ihre Richtigkeit oder Geltung doch erst in der Praxis, das heißt in der wahrhaftigen Selbst-Erkenntnis und -Reflexion des Patienten, mit der dieser sich in den Deutungen wiedererkennt und seine Situation zu begreifen lernt.

Zur Rekonstruktion von Bildungsprozessen. Nach den bisherigen Ausführungen stellt sich allerdings die Frage, inwieweit das explizierte Verfahren einer therapeutischen Rekonstruktion auf die Evaluation von Bildungsprozessen übertragbar ist. Dabei ist zunächst sicherlich davon auszugehen, daß die Interaktion in pädagogischen Prozessen nicht in dem Maße gestört ist und auch der Verlauf von Bildungsprozessen nicht so traumatisch erlebt wird, wie dies für Fälle psychoanalytischer Praxis kennzeichnend ist. Darüber hinaus ist eine Evaluation soweit sie sich auf organisierte Bildungsprozesse bezieht, mit den Strukturen institutionellen Lernens konfrontiert, die sich in zumeist stereotypen Interaktionsschemata manifestieren. LARCHER/RATHMAYR (1975, S. 695) sehen daher auch für den pädagogischen Evaluator eine dem Analytiker methodisch analoge, aber inhaltlich differente Rolle: „Während die Psychoanalyse [...] auf die Rekonstruktion der infantilen Szene zielt und in der Deutung zeigt, daß die gegenwärtige Szene wie eine frühere Szene ist, um im Orginalvorfall das Zusammenfallen von Interaktionsmuster und Interaktion erlebbar zu machen und damit die Verbindung von Symbol und Praxis zu leisten, kann es im schulischen Unterricht nicht um die gleiche Zielsetzung gehen."

In der Evaluation von Bildungsprozessen geht es vielmehr darum, „eingeschliffene Interaktionsfiguren kenntlich zu machen, sie ihrer Naturwüchsigkeit zu entreißen und mit anderen Interaktionsmustern zu kontrastieren" (LARCHER/RATHMAYR 1975, S. 696).

EIGLER, G.: Erziehungswissenschaft als Rekonstruktion und als Konstruktion von Praxis. In: Uw. 3 (1975), S. 45 ff. FREIRE, P.: Research Methods. In: STUDIES IN ADULT EDUCATION. Mimeo,Dar Es Salaam 1973. HABERMAS, J.: Einige Schwierigkeiten beim Versuch, Theorie und Praxis zu vermitteln. In: HABERMAS, J.: Theorie und Praxis, Frankfurt/M. 1974, S. 9 ff. KANFER, F. H.: Die Aufrechterhaltung des Verhaltens durch selbsterzeugte Stimuli und Verstärkung. In: HARTIG,M. (Hg.): Selbstkontrolle – lerntheoretische und verhaltenstherapeutische Ansätze, München/Berlin/Wien 1975, S. 83 ff. KAPPLER, M. u. a.: Psychologische Therapie und politisches Handeln,Frankfurt/New York 1977. LARCHER, D./RATHMAYR, B.: „Zielbezogene" versus „zielfreie" Evaluation von Curricula und Unterricht – am Beispiel eines sprachwissenschaftlichen Curriculums. In: FREY, K. (Hg.): Curriculum-Handbuch, Bd. 2, München 1975, S. 688 ff. LORENZER, A.: Sprachzerstörung und Rekonstruktion. Vorarbeiten zu einer Metatheorie der Psychoanalyse, Frankfurt/M. 1970. LORENZER, A.: Symbol, Interaktion und Praxis. In: LORENZER, A. u.a.: Psychoanalyse als Sozialwissenschaft, Frankfurt/M. 1971, S. 9 ff. LORENZER, A.: Zur Begründung einer materialistischen Sozialisationstheorie, Frankfurt/M. 1972. LORENZER, A.: Die Wahrheit der psychoanalytischen Erkenntnis, Frankfurt/M. 1974.

MATTHES-NAGEL, U.: Rekonstruktion, theoretische. In: Enzyklopädie Erziehungswissenschaft,Bd.2, Stuttgart 1984, S. 503 ff. REHN, G./PONGRATZ, L.: Probleme der Zielfindung in einem Aktionsforschungsprojekt im Strafvollzug. In: HAAG, F. u.a. (Hg.): Aktionsforschung,München 1972, S. 189 ff. RICHTER, H.E.: Familienberatung. In: BOSZORMENYI-NAGY, I./FRAMO, J.L. (Hg.): Familientherapie, Bd. 1 Reinbek 1975, S. 158 ff. ROGERS, C.R.: Die klientbezogene Gesprächstherapie,München 1973. VROLIJK, A. u. a.: Gesprächsmodelle, Gelnhausen/Berlin 1974. WESPEL, M./HAGE, D.: „Wenn alles schweigt und einer spricht..." Zum Widerspruch zwischen Kommunikationsnormen und kommunikativen Handlungen im Unterricht. In: GLOY, K./PRESCH, D. (Hg.): Sprachnormen III, Wiesbaden 1976, S. 94 ff.

Hagen Kordes

Rekonstruktion, theoretische

Eingrenzung. In den Sozialwissenschaften wird mit dem Begriff der Rekonstruktion ein analytisches Prinzip der Theoriebildung bezeichnet. In Abgrenzung von hermeneutischen Rekonstruktionen in der Geschichtswissenschaft einerseits und von kausalanalytischen Konstruktionsprinzipien andererseits verbindet sich der forschungslogische Begriff der Rekonstruktion in der Soziologie mit dem Konzept objektiver sozialer Sinnstrukturen. Wenn von deren Rekonstruktion die Rede ist, dann heißt dies zweierlei:
- zum einen ist damit der Gegenstand soziologischer Erkenntnis und Theoriebildung konstituiert als objektiv strukturierter Sinnzusammenhang - und nicht etwa als Träger von Merkmalen und Eigenschaften;
- zum anderen wird damit auf eine Logik oder Strategie der Erkenntnis und Theoriebildung rekurriert, die in Verfahren der Interpretation gründet.

Strukturanalysen, die dem forschungslogischen Prinzip der Rekonstruktion folgen und in Verfahren der Interpretation vorgenommen werden, gelten in der Soziologie nicht als zwingend, sie konkurrieren vielmehr hinsichtlich ihres Geltungsanspruchs mit solchen Strukturanalysen, die aussagenlogisch oder auch normativ begründet sind und über den Einsatz induktiver und deduktiver Verfahren zu Kausalerklärungen sozialer Tatsachen führen sollen.
Während die kausale Erklärung ihren Ausgang nimmt von begründeten Annahmen über die sozialen Phänomene, ist es für eine rekonstruktive Analyse entscheidend, die beobachtbaren Phänomene in dem von ihnen selbst konstituierten Erfahrungszusammenhang zu erfassen. Sie nimmt ihren Ausgang nicht von vorab wissenschaftslogisch begründeten Hypothesen und Aussagen, sondern von der Unterstellung des Dokumentcharakters sozialer Phänomene: Die sozialen Phänomene werden angesehen als Dokumente für eben die Begründungszusammenhänge, die es zu erklären gilt (vgl. MANNHEIM 1964). Indem davon ausgegangen wird, daß die soziale Wirklichkeit in immer schon intersubjektiv geltenden Regeln der Sinnkonstitution begründet ist, erhält die soziologische Forschung die Aufgabe, diese Regeln an den von ihnen erzeugten sozialen Phänomenen aufzudecken, zu re-konstruieren.

Methodologische Vorgaben. Gegenstand einer rekonstruktiv verfahrenden Analyse ist das von Subjekten gestaltete soziale Handeln einerseits und sind die in der Geschichte sozialen Handelns objektivierten Gebilde andererseits, wie zum Beispiel Institutionen, Gesellschaften, gesellschaftliche Gruppierungen oder Interaktionssysteme. Als Datenmaterial für die an der theoretischen Rekonstruktion dieser Gegenstände orientierten empirischen Forschung gelten allem voran sprachliche Texte wie Akten, Berichte, Protokolle von Interaktionen, Interviews, Erzählungen. Läßt sich für die

Auswahl solcher Texte feststellen, daß sie vom jeweiligen Gegenstand und Erkenntnisinteresse abhängig ist, so ist der im Dienste einer theoretischen Rekonstruktion stehende auswertende Umgang mit solchen Texten durchgängig ein interpretativer. Von einem sogenannten *interpretativen Verfahren* der Textanalyse läßt sich ein Typus der Textauswertung abgrenzen, der sich als quantitative Bestimmung von Merkmalen und deren Verteilung in einer bestimmten Gesamtheit richtet. Dabei wird ein Klassifikationssystem vorangestellt, das die quantitative Auswertung des Textmaterials ermöglicht. In diesem Klassifikationssystem sind Kriterien der Auswahl und der Erhebung von Textmaterial sowie der Operationalisierung von Begriffen und Hypothesen bestimmt; eine solche quantitative Datenanalyse ist eine auf die Prüfung von Hypothesen ausgerichtete Methode.

Die demgegenüber als qualitativ bezeichneten interpretativen Verfahren gründen ihrerseits auf Voraussetzungen und Vorannahmen, auch sie sind nicht voraussetzungslos. Der hermeneutischen Tradition verhaftet, setzen sie theoretische Konzepte voraus, die die Textanalyse kategorial anleiten sollen. Solche Konzepte, Kategorien, Begrifflichkeiten haben – im Unterschied zu den Klassifikationen im hypothesenprüfenden Modell der Theoriebildung – den Status von erkenntnisleitenden Ideen. Mit ihnen wird auf regelhafte und nach Regeln generierte Sinnzusammenhänge verwiesen, die für die soziale Wirklichkeit und für die Erfahrung der Wirklichkeit als konstitutiv gelten sollen. Eben diese Sinnzusammenhänge sollen aufgedeckt werden, indem ihre Strukturen und die Regeln der Strukturbildung an den Erfahrungsgegenständen selbst rekonstruiert werden (vgl. BERGER/LUCKMANN 1969).

Die Entscheidung für die eine oder andere der bezeichneten Forschungsmethoden und der mit ihnen jeweils verknüpften Forschungslogik, das heißt der systematischen und erfahrungswissenschaftlichen Theoriebildung, hat in der Soziologie die Bedeutung einer paradigmatischen Abgrenzung gegenüber der je anderen Position (vgl. HABERMAS 1970; vgl. WILSON 1973, 1982).

Im Überblick über diejenigen Rekonstruktionsversuche, die in ihren Forschungsvorhaben die immer schon gegebene soziale Wirklichkeit als Erkenntnispotential betrachten – und nicht als Prüfinstanz für hypothetische Aussagen –, lassen sich insbesondere zwei Erkenntisrichtungen voneinander unterscheiden, die für die Sozialisationsforschung von Bedeutung sind:

– zum einen die Ausrichtung auf die Rekonstruktion von universellen konstitutiven Regeln und Regelsystemen, wie sie etwa in sprachanalytischen und interaktionslogischen Theorien aufgearbeitet werden;

– zum anderen die Ausrichtung auf die Rekonstruktion von genetischen Strukturen.

Habermas faßt diese Unterscheidung in den Begriffen einer *horizontalen* und einer *vertikalen Rekonstruktion*. Während Rekonstruktionen der erstgenannten Art gattungsspezifisch-universelle Gesetzmäßigkeiten und Voraussetzungen der Konstitution intersubjektiv verstehbaren Handelns aufdecken wollen, zielen vertikale – genetische – Rekonstruktionen darauf ab, Strukturen beobachtbarer sozialer Phänomene als Resultate einer Entwicklung, einer Geschichte, einer Lebensgeschichte zu erklären und die Bedingungen aufzuzeigen, die als Gründe für diese Entwicklung gelten können.

Vor allem gegenüber genetischen Rekonstruktionsversuchen, die auf Vorannahmen über die zu rekonstruierenden Strukturen nicht verzichten können, wird der Einwand einer unausweichlich zirkulären Begründungs- und Erklärungsgestalt erhoben. Dieser geradezu klassische Einwand gegen eine in der

Tradition hermeneutischer Wissenschaften stehenden Sozialforschung richtet sich auf das Verhältnis von Theorie und Daten.

Zum Problem des hermeneutischen Zirkels. In einer interpretativen Analyse besteht die Gefahr, daß die erkenntnisleitenden Kategorien als geltend vorausgesetzt und eben nicht in ihrer Geltung für den Erklärungsgegenstand qualifiziert werden. Im Bezug auf solche Kategorien hat man der hermeneutischen Rekonstruktion immer wieder den Vorwurf einer nicht vorurteilsfreien Analyse gemacht; im Hinblick auf solche Rekonstruktionen, die mit dem Anspruch einer Theorie auftreten, wird diese Kritik in Ideologieverdacht gewendet.
Eine von Ideologie und Vorurteilen freie theoretische Rekonstruktion folgt dem Prinzip des sogenannten guten hermeneutischen Zirkels: Hier übernehmen die erkenntnisleitenden Ideen und Kategorien die Aufgabe einer Heuristik, die selbst einem Prozeß der Bewährung durch die theoretisch-empirische Analyse ausgesetzt ist.
Dieses hermeneutische Vorgehen führt zu einer spiralenförmig sich fortsetzenden Theoriebildung: die theoretische Rekonstruktion von Strukturen eines empirischen Phänomens, eines gesellschaftlichen Produkts oder eines sozialen Sachverhalts – wie immer der Forschungsgegenstand bezeichnet sein mag – gibt Anlaß zu Generalisierungen, deren Gültigkeit dann wiederum an weiteren Fällen, auch „Teilen", nachweisbar sein muß. Die Bewegung zwischen Teil und Ganzem, zwischen Allgemeinem und Besonderem ist ebenso charakteristisch für theoretische Rekonstruktionen wie die fortschreitende Aufstufung im Generalisierungsprozeß.
Während sich der Schritt der empirischen Generalisierung als Ausdifferenzierung, als ein Herauskristallisieren von typischen Fällen und Strukturen vollzieht, bedeutet Aufstufung im Generalisierungsprozeß die Explikation von je gesellschaftlich allgemeineren Strukturen und Strukturbedingungen.

Theoretische Rekonstruktion am Beispiel einer „objektiven Hermeneutik". In der neueren Sozialisationsforschung scheint vor allem der Ansatz einer Theorie der Bildungsprozesse in Verbindung mit der Methodologie einer objektiven Hermeneutik (vgl. OEVERMANN u. a. 1979) geeignet, das Prinzip der theoretischen Rekonstruktion zur Geltung zu bringen. Theoretische Rekonstruktion bedeutet hier zunächst Rekonstruktion von einzelfallspezifischen Strukturen familialer sozialisatorischer Interaktion und – im weiteren Vollzug der Theoriebildung – von allgemeinen Strukturen sozialisatorischer Interaktion als konstitutive soziale Bedingungen für die Ontogenese des Subjekts.
In diesem soziologischen Ansatz einer Sozialisationstheorie ist der erste Schritt bei einer Fallanalyse die *Rekonstruktion der Fallstruktur,* wie sie sich in den Interaktionen einer Familie als sogenannte latente Sinnstruktur dokumentiert. Die Methode der Fallstruktur-Rekonstruktion ist dabei so angelegt, daß zugleich begründete Vermutungen über die Genese der Struktur aufgestellt werden können. Die Rekonstruktionen auf dieser Ebene stellen sich dar als beides zugleich: als Theorie über den Fall und als Ausgangspunkt für die Gewinnung sozialisations-theoretischer Aussagen (vgl. OEVERMANN 1979, OEVERMANN u. a. 1976). Die Theorie über den Einzelfall eines Familiensystems ist das Ergebnis eines Interpretationsverfahrens, das zwei Regeln folgt, und deren unbestechliche Einhaltung erst die Zirkularität hermeneutischen Erklärens verhindert. Diese Regeln lassen sich als Regel der extensiven Sinnauslegung und als Regel des sequenzanalytischen Vorgehens fassen; mit ihnen ist das Interpretationsverfahren der sequentiellen Feinanalyse gekennzeichnet (vgl. OEVERMANN u.a.

1979): Als extensiv gilt die Sinnauslegung von wörtlichen Protokollen von Familieninteraktionen dann, wenn jede Äußerung als von ihrem Kontext losgelöst, von gleichsam keinem Kontext getrübter Träger von Bedeutungen betrachtet wird und das so erst greifbare Gesamt an Bedeutungsmöglichkeiten explizit gemacht wird. Als sequentiell soll die Sinnauslegung gelten, wenn nichts anderes als die je folgende Äußerung darüber entscheidet, welche Bedeutung die je vorangehende Äußerung objektiv hat.

Angelegt an eine Interaktionsszene, gerät die extensive sequentielle Interpretation zur Explikation des objektiven latenten Sinns der familialen Interaktion, der Interaktions- und Beziehungsmuster der Familie, und in der Anwendung auf eine Anzahl von Interaktionsprotokollen zur Rekonstruktion derjenigen sozialen Strukturen, die das Familiensystem zu dem ihm eigenen Handeln motivieren – und so dieses Handeln in seiner Logik erklären.

Die Regeln der Extensität und Sequentialität sind darauf angelegt, innerhalb eines hermeneutischen Verfahrens Objektivität zu gewährleisten, sie geben gleichsam die Bedingungen einer „objektiven" Hermeneutik ab. Im Rahmen des Oevermannschen Ansatzes bilden die Einzelfallanalysen nun ihrerseits das Material für die Rekonstruktion von Strukturen sozialisatorischer Interaktion, für die Geltung in einem gesellschaftlich und kulturell allgemeineren Sinne beansprucht werden kann.

Die Generierung von strukturtheoretischen Aussagen auf dieser Ebene läßt sich beschreiben als *Rekonstruktion von typischen Strukturen* sozialisatorischer Interaktion, von Strukturen, die für eine Anzahl von Fällen gleichermaßen konstitutiv sind. Sind einmal solche Typen gebildet, dann kann in weiterer Aufstufung nach den ihnen wiederum gemeinsamen Strukturen gefragt werden bis hin zu quasi-universellen Regeln der Konstitution des Subjekts in Strukturen sozialisatorischer Interaktion. Wesentlich für den rekonstruktiven Prozeß der Strukturgeneralisierung ist, daß die Schrittfolge nicht umkehrbar ist. Es werden also nicht Annahmen allgemeiner Art über empirische Phänomene formuliert, die dann an diesen überprüft werden. Gerade das Ausgehen von einem empirischen Fall und die folgende Reflexion auf fallübergreifende Strukturen, das reflexive Verhältnis, in das Empirie und Theorie gesetzt werden, kann gewährleisten, daß die Theorie die Empirie erklärt und nicht etwa die Empirie das Prüfmaterial für die vorab aufgestellten theoretischen Sätze liefert. Der Hauptstrom der soziologischen Sozialisationsforschung folgt nicht dem Prinzip theoretischer Rekonstruktion. Erst mit der zunehmenden Rezeption des kompetenztheoretischen Paradigmas läßt sich eine Rückbesinnung auf die Rekonstruktion von Strukturen – in Abgrenzung von der Analyse von Variablen und Merkmalen – feststellen. Mit der Theorie der Bildungsprozesse und der Methodologie einer objektiven Hermeneutik ist ein Modell angegeben für die theoretische Erklärung von Voraussetzungen, Strukturen und Bedingungen der Sozialisation in einem zugleich strukturanalytischen und gesellschaftskritischen Sinne.

BERGER, P. L./LUCKMANN, TH.: Die gesellschaftliche Konstruktion der Wirklichkeit. Eine Theorie der Wissenssoziologie, Frankfurt/M. 1969. HABERMAS, J.: Zur Logik der Sozialwissenschaften. Materialien, Frankfurt/M. 1970. MANNHEIM, K.: Beiträge zur Theorie der Weltanschauungs-Interpretation. In: MANNHEIM, K.: Wissenssoziologie. Auswahl aus dem Werk, eingel. u. hg. v. Kurt H. Wolff, Berlin/Neuwied 1964, S. 91 ff. OEVERMANN, U.: Sozialisationstheorie. Ansätze zu einer soziologischen Sozialisationstheorie und ihre Konsequenzen für die allgemeine soziologische Analyse. In: Köln. Z. f. Soziol. u. Sozpsych., 21. Sonderheft: Deutsche Soziologie seit 1945, 1979, S. 143 ff. OEVERMANN, U. u. a.: Beobachtungen zur Struktur der sozialisatorischen Interaktion. Theoretische und methodologische Fragen der Sozialisationsforschung. In: LEPSIUS, M. R. (Hg.): Zwischenbilanz der Soziologie. Verhandlungen des 17. Deutschen Soziologentages, Stuttgart 1976, S. 274 ff. OEVERMANN, U. u. a.: Die Methodologie einer „objektiven Hermeneutik" und ihre allgemeine forschungslogische Bedeutung in den Sozialwissenschaften. In: SOEFFNER, H.-G. (Hg.): Interpretative Verfahren in den Sozial- und Textwissenschaften, Stuttgart 1979, S. 352 ff. WILSON, TH. P.: Theorien der Interaktion und Modelle soziologischer Erklärung. In: ARBEITSGRUPPE BIELEFELDER SOZIOLOGEN (Hg.): Alltagswissen, Interaktion und gesellschaftliche Wirklichkeit, Bd. 1, Reinbek 1973, S. 54 ff. WILSON, TH. P.: Qualitative „oder" quantitative Methoden in der Sozialforschung. In: Köln. Z. f. Soziol. u. Sozpsych. 34 (1982), S. 487 ff.

Ulrike Matthes-Nagel

Reliabilität

Definition. Reliabilität bezeichnet die formale Genauigkeit, mit der ein Beschreibungsinstrument ein bestimmtes (Persönlichkeits- oder Verhaltens-)Merkmal erfaßt, und zwar unabhängig davon, ob das Instrument auch tatsächlich das mißt, was es zu messen vorgibt. Neben der Objektivität und Validität zählt die Reliabilität zu den wichtigsten Gütekriterien wissenschaftlicher Beschreibungen. Die Genauigkeit eines wissenschaftlichen Beschreibungsverfahrens für ein bestimmtes Merkmal setzt zunächst eine präzise festgelegte und objektiv angewandte Beschreibungsanweisung voraus, durch die folgendes festgelegt wird:
- ein empirisches Relationensystem, das durch eine Menge von Objekten und beobachtbaren Beziehungen zwischen diesen definiert ist (etwa „A ist größer als B");
- ein numerisches Relationensystem, das den Beschreibungsobjekten objektive Meßwerte (wie „A = 120 cm, B = 130 cm") zuordnet;
- eine (Nominal-, Rang-, Intervall- oder Verhältnis-)Skala.

Theorien der deskriptiven Reliabilität sagen jedoch über die Art, Zweckmäßigkeit und Gültigkeit der semantischen Voraussetzungen, durch die empirische Sachverhalte oder Gegebenheiten mit mathematisch definierten Größen in Beziehung gebracht werden, ebenso wenig etwas aus wie darüber, wie ein Meßwert zustande kommt und wie er qualitativ zu interpretieren ist. Als Theorien beziehen sie sich vielmehr nur auf bereits vorgegebene Meßwerte und entwickeln dafür ein syntaktisches Aussagengerüst, das die formalen, logischen und mathematischen Relationen zwischen den Elementen von Beschreibungsmodellen in Form eines Axiomensystems und Formelapparats festlegt (vgl. FISCHER 1974, S. 26).

Grundannahmen. Die immer noch wichtigste Theorie der Reliabilität ist als Meßfehlertheorie im Rahmen der klassischen Testtheorie entwickelt worden (vgl. FISCHER 1974). Ihr geht es vor allem um:
- die Bestimmung des Fehleranteils, der die Meßgenauigkeit eines Beschreibungsverfahrens mindert;
- die Ermittlung von Zufallsschwankungen, denen ein gegebener Meßwert unterworfen ist;
- die Schätzung von Konfidenzintervallen, innerhalb derer ein unbekannter wahrer Meßwert fallen wird;
- die Entwicklung von Techniken, um den Meßfehler möglichst klein zu halten.

Grundlegend dafür sind folgende Annahmen:

Reliabilität

- Jede empirische Messung X ist fehlerbehaftet.
- Jeder Messung X ist ein wahrer Wert T zuzuordnen, der die – unter ansonsten gleichen Bedingungen – konstante individuelle Merkmalsausprägung abbildet.
- Dieser wahre Wert unterscheidet sich von dem beobachtbaren um eben jenen Meßfehler e.
- Der beobachtete Meßwert X setzt sich additiv aus dem wahren Wert T und der Fehlerkomponente e zusammen: $X = T + e$.

Die Meßgenauigkeit (Reliabilität) eines Beschreibungsverfahrens ist demnach umso größer, je größer der Anteil der wahren Varianz an der Testvarianz und je geringer dementsprechend der Anteil der Fehlervarianz ist. Der Reliabilitätskoeffizient (zumeist ein Korrelationskoeffizient) entspricht dabei dem Verhältnis von wahrer zur beobachteten Varianz. Nur bei sehr geringem Meßfehler nähert sich dieser Koeffizient dem Betrag 1 (= perfekte Genauigkeit), wie es etwa bei sorgfältig erprobten Intelligenz- und Schulleistungstests der Fall ist.

Diese Annahmen haben zwei unmittelbare Anwendungskonsequenzen:

- Der wahre Meßwert entspricht der unter ansonsten gleichen Bedingungen konstanten individuellen Merkmalsausprägung (die bei möglichst vielen Testwiederholungen approximiert wird). Dies erlaubt die Schätzung des Meßfehlers und der Genauigkeit von Messungen ebenso wie die Festlegung von Vertrauensintervallen für den wahren Wert.
- Der wahre Wert entspricht demnach dem beobachteten vor allem bei rigoroser Kontrolle und gesicherter Konstanz der Erhebungsbedingungen; entsprechend wird dann der Meßfehler zunehmend kleiner. Durch präzise Festlegung von objektiven Erhebungs-, Auswertungs- und Interpretationsregeln und ihre konsequente Befolgung läßt sich die Genauigkeit von Messungen demnach auch praktisch verbessern.

Reliabilitätskonzepte. Für die Bestimmung der Meßgenauigkeit eines Beschreibungsinstruments wurden verschiedene Reliabilitätskonzepte (der Stabilität, des Item-sampling und der Homogenität entwickelt – vgl. DIETERICH 1977, S. 148 ff.) und daraus resultierende Verfahren ausgearbeitet. Sie erfordern zumeist die Schätzung von Korrelationskoeffizienten, die bei maximaler Reliabilität den Betrag 1 annehmen. Die gebräuchlichsten Verfahren sind:

Retest-Reliabilität: Dabei wird einer Stichprobe von Probanden derselbe Test – mit einem gewissen Zeitintervall (beispielsweise von mehreren Wochen) – zweimal vorgelegt. Dann werden die Ergebnisse der beiden Testungen miteinander korreliert.

Paralleltest-Reliabilität: In dieser Methode müssen zunächst zwei inhaltlich streng vergleichbare Tests vorliegen, die das gleiche Merkmal messen. Dann werden beide Paralleltests einer Stichprobe von Probanden vorgelegt und die Ergebnisse korreliert.

Halbierungs-Reliabilität: Dafür wird einer Stichprobe von Probanden ein Test nur einmal vorgegeben. Dann werden die Aufgaben in zwei Hälften aufgeteilt, die Testergebnisse der Probanden in beiden Testhälften getrennt ermittelt und schließlich korreliert (Testhalbierungsmethode).

Konsistenz-Reliabilität: Wird ein Test in seine Einzelaufgaben zerlegt und wird dann die durchschnittliche Korrelation aller seiner Aufgaben untereinander ermittelt, so gibt der resultierende Korrelationskoeffizient Aufschluß über die innere Zusammensetzung des Tests.

Probleme. Die Meßgenauigkeit eines Beschreibungsinstrumentes wird durch verschiedene *Störquellen* gemindert, die

sich auf die einzelnen statistischen Schätzverfahren für Reliabilitätskoeffizienten aber unterschiedlich auswirken. Wichtig sind vor allem Effekte
- mangelnder Bedingungskonstanz (kritisch für die Paralleltest-Reliabilität),
- mangelnder Merkmalskonstanz der Testwiederholung (Übung, Vertrautsein mit der Testsituation) und Erinnerung (kritisch für die Retest-Reliabilität)
- und der instrumentellen Inkonsistenz innerhalb eines Tests (kritisch für die Konsistenz-Reliabilität).

Die drei Reliabilitätskennwerte (Retest-, Paralleltest- und Konsistenzkoeffizienten) können somit durchaus voneinander abweichen und Aufschluß über die Art und Bedeutung der einzelnen Störquellen wie über Möglichkeiten ihrer Kontrolle geben.

Die für ein Beschreibungsinstrument nachgewiesene Reliabilität seiner Messungen ist zunächst auf eine bestimmte Menge von Testaufgaben, Antwortkategorien oder Beobachtungseinheiten beschränkt. In der Regel soll aber von gegebenen Meßwerten, die unter bestimmten Bedingungen erhoben wurden, auf all jene Fälle verallgemeinert (generalisiert) werden, von dem die gegebenen Meßwerte nur eine Stichprobe sind. Deshalb soll die Reliabilität auch ein Maß für die Genauigkeit von Messungen in der intendierten Population (Testuniversum) sein und nicht nur auf eine gegebene Stichprobe beschränkt bleiben. Nach der Theorie der *Verallgemeinerung von Messungen* (vgl. CRONBACH u.a. 1972) muß der Forscher deshalb auch im voraus explizit festlegen, auf welches spezifische Universum er seine Messungen generalisieren wird, um die dafür zutreffende Reliabilität zu schätzen. Die sechs wichtigsten Generalisierungsdimensionen (Facetten) dafür sind: Beschreibungsinstrumente (etwa Beobachter), Personen, Zeitpunkte, Kontexte (Settings), Situationen und Kategorien. Die Schnittpunkte einiger oder aller Bedingungen definieren dann das jeweilige Generalisierbarkeitsuniversum. Über die relativen Verallgemeinerungsgrenzen hinsichtlich jeder dieser Facetten geben Schätzungen der Varianzkomponenten der wahren Meßwerte sowie ihrer Interaktionen in varianzanalytischen Auswertungsplänen Auskunft.

Die in der klassischen Testtheorie entwickelten Reliabilitätskonzepte stoßen jedoch in der anwendungsorientierten Forschung und Technologie auf kritische Grenzen:

Die Meßgenauigkeit eines Tests ist eine diesem Test *und* einer Bezugspopulation gemeinsame Eigenschaft, da die dafür geschätzten Reliabilitätskoeffizienten von der beobachteten Stichprobenvarianz abhängen. Auf diese Populationsabhängigkeit hat als Problem bereits die Theorie der Verallgemeinerung von Messungen hingewiesen. Sie führt unter anderem dazu, daß am Ende einer erfolgreich abgeschlossenen Unterrichtseinheit, deren Lehrziele von allen Personen erreicht wurden, die Varianz der beobachteten Werte Null beträgt. Dann ist aber auch der Reliabilitätskoeffizient nicht mehr definiert. Er setzt also in seiner klassischen Fassung die Variabilität von Meßwerten einer bestimmten Stichprobe voraus, was auch praktische Konsequenzen hat. Alternative Vorschläge für eine populationsunabhängige Definition von Zuverlässigkeitskoeffizienten wurden sowohl in der Generalisierungstheorie von CRONBACH u.a. (vgl. 1972) wie in der probabilistischen Testtheorie (vgl. ROST/SPADA 1978) entwickelt.

Eine weitere Kernannahme herkömmlicher Reliabilitätskonzepte ist, daß mit der Formel $X = T + e$ der wahre Wert als zeit- und bedingungsinvarianter Parameter behandelt wird (vgl. PAWLIK 1976, S. 25). Dies legt zweierlei nahe: einmal eine dispositionstheoretische Rekonstruktion des empirischen Merkmals, zum Beispiel als stabile Fähigkeits- oder Motivdimension, und zweitens eine eher stabilitäts- als veränderungsorientierte Diagnostik: Die unterstellte Stabilität der jeweiligen Beschreibungsdimensionen legt eher eine Personenzuordnung zu fixen Lernumwelten aufgrund individueller Merkmalsausprägungen nahe, als daß sie zur gezielten Beeinflussung intraindividuell variabler Merkmalsausprägungen auffordert. Eine hohe Reliabilität wird häufig – gerade in der herkömmlichen Testtheorie – als notwendige, nicht aber schon als hinreichende Bedingung für das Vorliegen einer hohen Gültigkeit eines Beschreibungsinstrumentes gesehen. In einzelnen Fällen kann sie aber auch in Konflikt zu diesem Kriterium geraten (Reliabilitäts-Validitäts-Dilemma). Andere Folgeprobleme einer maximalen Durchsetzung dieses (deskriptiven) Forschungskriteriums belasten beispielsweise die Entdeckung „neuer" empirischer Sachverhalte, die Entwicklung von Theorien und die Erprobung ihrer praktischen Anwendbarkeitsimplikationen. Dies erfordert im Einzelfall ein sorgfältiges voraussetzungs- und zielspezifisches Ausbalancieren der syntaktischen und semantischen Forschungskriterien (vgl. GROEBEN/WESTMEYER 1975).

CRONBACH, L.J. u.a.: The Dependability of Behavioral Measurements. Theory of Generalizability for Scores and Profiles, New York/London/Sydney/Toronto 1972. DIETERICH, R.: Psychodiagnostik, München 1977. FISCHER, G.H.: Einführung in die Theorie psychologischer Tests, Bern 1974. GROEBEN, N./WESTMEYER, H.: Kriterien psychologischer Forschung, München 1975. PAWLIK, K.: Modell- und Praxisdimensionen psychologischer Diagnostik. In: PAWLIK, K. (Hg.): Diagnose der Diagnostik, Stuttgart 1976, S.13ff. ROST, J./SPADA, H.: Probabilistische Testtheorie. In: KLAUER, K.J. (Hg.): Handbuch der pädagogischen Diagnostik, Bd.1, Düsseldorf 1978, S.59ff.

Bernhard Treiber

Repräsentativität

Definition. Unter Repräsentativität versteht man die Übereinstimmung der Verteilungseigenschaften einer Stichprobe mit den Verteilungseigenschaften der Grundgesamtheit, so daß die Stichprobe ein „Miniaturbild" der Gesamtheit liefert.

Zielsetzung und Überprüfbarkeit der Repräsentativität. In der Praxis wird die Repräsentativität von Stichproben verlangt, um aus der Untersuchung von Verteilungseigenschaften der Stichprobe Aussagen über Verteilungseigenschaften der Gesamtheit ableiten zu können. So strebt man etwa bei Wahlprognosen die Repräsentativität der Stichprobe der befragten Wähler an, um die (sofern sich die Wählergunst nicht bis zum Wahltermin wandelt) zu erwartenden Stimmanteile der kandidierenden Parteien abschätzen zu können. Indem sich die Stichprobenerhebung erübrigen würde, wenn die Verteilungseigenschaften der Grundgesamtheit schon bekannt wären, kann über die Repräsentativität einer Stichprobe in der Regel nicht definitiv entschieden werden, indem man die Verteilungseigenschaften der Stichprobe mit denen der Gesamtheit vergleicht. Es lassen sich lediglich Methoden angeben, mit deren Hilfe repräsentative Stichproben konstruierbar sind. Für die Repräsentativität der Stichprobe spielt dabei sowohl das Verfahren der Stichprobenauswahl als auch der Stichprobenumfang eine Rolle.

Beurteilung der Repräsentativität. Bei der Auszeichnung einer Stichprobe als „repräsentativ" wird der Terminus Repräsentativität zudem nicht als Beschreibungsterminus, sondern als *Beurteilungsterminus* verwendet. Das heißt: wenn eine Stichprobe als „repräsentativ" bezeichnet wird, so bedeutet dies nicht, daß ihre Verteilungseigenschaften mit den Verteilungseigenschaften der Grundgesamtheit vollständig übereinstimmen, sondern lediglich, daß sie hinreichend gut übereinstimmen. Was als „hinreichend gute" Übereinstimmung zu gelten hat, hängt dabei von der jeweiligen Forschungsintention und den praktischen Konsequenzen der Forschungsergebnisse ab. Ein Beispiel: Wenn bei einer Wahl zwei politische Parteien auftreten, von denen bei der letzten Wahl die eine 49%, die andere 51% der Stimmen erhielt, und nun aufgrund einer Stichprobe vorausgesagt werden soll, wer bei der kommenden Wahl die Mehrheit gewinnen wird, so wird man verlangen, daß die Stimmanteile der beiden Parteien mit einer Mindestgenauigkeit von ± 0.5% bestimmt werden können. Hatten die beiden Parteien bei der letzten Wahl dagegen Stimmanteile von 40% und 60% erhalten, so ist eine so hohe Genauigkeit ebensowenig nötig, wie wenn es etwa darum geht, ein ungefähres Bild davon zu erhalten, wieviele Wähler den Kanzlerkandidaten für eine „dynamische Persönlichkeit" halten.

Bewußte Stichprobenauswahl und Zufallsauswahl. Hinsichtlich der Stichprobenauswahl kann man mit Pfanzagl (vgl. 1965, S. 145) zwischen einer bewußten Auswahl und einer Zufallsauswahl unterscheiden. Bei der *bewußten Auswahl* (wie sie - unter Ausnützung der Wahlanalyse früherer Wahlen und bevölkerungsstatistischer Daten - etwa bei Wahlhochrechnungen verwendet wird) werden die in die Stichprobe einzubeziehenden Einheiten (Stichprobenelemente) von Experten nach Gutdünken ausgewählt. So wird bei Wahlhochrechnungen die Auswahl der Stichprobenelemente unter anderem dadurch begründet, daß diese Auswahl bei früheren Wahlen ein repräsentatives Bild der Wahlergebnisse ergeben hätte, daß die so gewonnene Stichprobe in vielen für das Wählerverhalten als relevant erachteten sozioökonomischen Aspekten mit der Grundgesamtheit der Wähler übereinstimmt, und so weiter. Bei der *Zufallsauswahl* werden die Stichprobenelemente unter Anwendung eines Zufallsgenerators (im Prinzip durch „Würfeln" oder „Auslosung") ausgewählt, so daß für jedes Element der Grundgesamtheit eine bestimmte, zahlenmäßige Wahrscheinlichkeit besteht, in die Stichprobe aufgenommen zu werden. Diese Wahrscheinlichkeit ist dabei nichts anderes, als der nach dem Gesetz der Großen Zahl aus den Konstruktionsprinzipien für Zufallsgeneratoren (Eindeutigkeit, Ununterscheidbarkeit und Wiederholbarkeit - vgl. LORENZEN 1974, S. 209 ff.) herleitbare Grenzwert der relativen Häufigkeit, mit der ein Element einbezogen würde, wenn man nicht eine, sondern unendlich viele Stichproben bilden würde. Wie PFANZAGL (1965, S. 146) betont, erscheint es „theoretisch grundsätzlich denkbar (wenngleich es von der Praxis nicht bestätigt wird), daß eine bewußte Auswahl zu genaueren Ergebnissen [das heißt zu einem genaueren Abbild der Grundgesamtheit] führt als eine Zufallsauswahl. Entscheidend ist jedoch, daß man nur bei Zufallsauswahl aus der Stichprobe heraus Angaben über die Genauigkeit der Ergebnisse [und damit über die Repräsentativität der Stichprobe] machen kann", ohne die Verteilungseigenschaften der Grundgesamtheit selbst bereits zu kennen. Während eine bewußte Auswahl zu *systematischen Stichprobenfehlern* (das heißt zu systematischen Abweichungen der Verteilungseigenschaften der Stichprobe von denen der Gesamtheit) führen kann, sind die Stichprobenfehler bei der Zufallsauswahl ausschließlich *Zufallsfehler*, und als solche unter Anwendung der Wahrscheinlichkeitsrechnung quantitativ bestimmbar. Nur für die Zufallsstichproben besteht auch eine eindeutige Beziehung zwischen dem Stichprobenumfang und der Repräsentativität der Stichprobe und nur für Zufallsstichproben lassen sich genaue zahlenmäßige Angaben darüber machen, wie sich die Repräsentativität der Stichprobe verbessern läßt, indem man den Stichprobenumfang erhöht. Besonders einfach ist die Berechnung der Stichprobenfehler einer Zufallsstichprobe, wenn jedes Element der Grundgesamtheit die gleiche Chance besitzt, in die Stichprobe aufgenommen zu werden. Eine solche Stichprobe wird als „reine Zufallsstichprobe" bezeichnet.

Fehlerquellen bei der Stichprobenauswahl. Bei Meinungsumfragen, wie sie häufig von den Massenmedien veröffentlicht werden, kann man mitunter einen Hinweis darauf finden, daß die zugrunde liegende Stichprobe nicht repräsentativ sei. In diesem Falle dürfen keinerlei Aussagen über Verteilungseigenschaften der Stichprobe auf die Grundgesamtheit übertragen werden. Daß die Stichprobe nicht repräsentativ ist, besagt ja nichts anderes, als daß ihre Verteilungseigenschaften eben nicht die Verteilungseigenschaften der Grundgesamtheit widerspiegeln. Die Verteilungseigenschaften einer nicht repräsentativen Stichprobe sind daher grundsätzlich nur dann von Bedeutung, wenn die Stichprobe selbst (etwa bei Fallstudien) von Interesse ist. Hier ist besondere Vorsicht geboten. Vorsicht ist aber auch dann geboten, wenn eine Stichprobe als „repräsentativ" bezeichnet wird. Denn häufig kommt darin allenfalls ein Wunsch zum Ausdruck. Tatsächlich ist es in den Sozialwissenschaften äußerst schwierig, die Repräsentativität einer Stichprobe mittels Zufallsauswahl sicherzustellen:
Erstens ist eine *Auswahl aufs Geratewohl* keine Zufallsauswahl. Wird etwa ein Interviewer auf die Straße geschickt, um aufs Geratewohl die Passanten zu befragen, so ergibt sich eine systematische Verzerrung der Stichprobe schon daraus, daß nicht alle Personen mit gleicher Wahrscheinlichkeit zu einer bestimmten Zeit, in einer bestimmten Gegend auf der Straße anzutreffen sind (Hausfrauen, Berufstätige, ...). Viele Meinungsforschungsinstitute verwenden daher eine *Quotenauswahl*, bei der versucht wird, die Verzerrungen, die sich bei einer Auswahl aufs Geratewohl ergeben, dadurch zu verringern, daß die Stichprobe bezüglich bestimmter Merkmale die gleichen Verteilungseigenschaften aufweist wie die Gesamtheit. Damit kann zwar die Repräsentativität der Stichprobe bezüglich der Verteilung dieser durch Quoten vorgeschriebenen Merkmale erzielt werden, nicht jedoch die Repräsentativität der Stichprobe bezüglich der eigentlich interessierenden Merkmale, deren Erhebung die Befragung gilt. Durch Quotenauswahl kann die Repräsentativität einer Stichprobe *nicht* sichergestellt werden.
Zweitens ist es zwar verhältnismäßig einfach, eine Zufallsauswahl zu treffen, wenn eine Liste vorliegt, in der alle Einheiten der Gesamtheit verzeichnet sind, wie ein Wählerverzeichnis oder ein Einwohnermeldeverzeichnis, doch muß man auch hier beachten, daß eine Zufallsauswahl aus einer Kartei oder Liste nicht unbedingt auch eine Zufallsauswahl aus der Gesamtheit darstellt. Denn die Kartei kann - etwa durch Veralterung - selbst fehlerhaft sein.
Drittens ergibt sich selbst wenn es gelungen ist, eine Zufallsauswahl der zu befragenden Personen zu treffen, das Problem nachträglicher Verzerrungen der Stichprobe, die daher rühren, daß manche der ausgewählten Personen nicht anzutreffen sind oder sich weigern, an der Befragung teilzunehmen.
Eine ausführliche Darstellung der Fehler bei der Auswahl von Stichproben in den Sozialwissenschaften enthält KELLERER (vgl. 1958), PFANZAGL (vgl.

1965) und die dort angegebene Literatur.

Geschichtete Zufallsstichproben. Während die Konstruktion reiner Zufallsstichproben dann als optimal anzusehen ist, wenn die Grundgesamtheit homogen ist, ist es bei inhomogenen Grundgesamtheiten zweckmäßig, geschichtete Zufallsstichproben zu konstruieren. Dabei werden die Teilmassen, in die eine inhomogene Grundgesamtheit zerfällt, als „Schichten" bezeichnet. Eine geschichtete Zufallsstichprobe erhält man dann, wenn man aus jeder der Schichten durch Zufallsauswahl eine (Teil-)Stichprobe zieht. Ist der Stichprobenumfang der einzelnen Teilstichproben hinreichend groß, so gibt jede der Teilstichproben ein repräsentatives Abbild der Schicht der Grundgesamtheit, aus der sie gezogen wurde. Soll auch die Gesamtstichprobe repräsentativ für die Grundgesamtheit sein, so wird der Stichprobenumfang der einzelnen Teilstichproben proportional zu dem Anteil gewählt, den die Schichten, aus denen sie gezogen wurden, an der Grundgesamtheit haben. Man spricht dann von einer *proportionalen Stichprobe*. Sind manche Schichten sehr schwach, andere sehr stark besetzt, so ist es zweckmäßig, auf die Konstruktion proportionaler Stichproben zu verzichten und die schwach besetzten Schichten bei der Erhebung stärker zu berücksichtigen als es ihrem Anteil an der Gesamtheit entspricht. Bei hinreichend großem Umfang der Teilstichproben erhält man dann wieder ein repräsentatives Abbild jeder einzelnen Schicht, womit ein repräsentativer Vergleich der Schichten untereinander ermöglicht wird, noch nicht jedoch ein repräsentatives Abbild der Grundgesamtheit selbst. Ist man an einem solchen interessiert, so kann man es aber auf rechnerischem Wege herstellen, indem man die aus den einzelnen Schichten gezogenen Teilstichproben proportional zu deren Anteil an der Gesamtheit gewichtet.

Klumpenstichproben. Oft ist es nicht möglich, die Stichprobe durch Zufallsauswahl aus den einzelnen Elementen der Grundgesamtheit zusammenzustellen, da diese von vornherein zu „Klumpen" gruppiert sind, wie etwa bei Wahlhochrechnungen, wo alle Stimmen eines Stimmbezirkes gemeinsam ausgezählt werden, oder in der didaktischen Forschung, wo man es kaum mit einzelnen Schülern, sondern in der Regel mit ganzen Schulklassen zu tun hat. Man betrachtet dann die Klumpen als Erhebungseinheiten und bestimmt durch das Auswahlverfahren, welche Klumpen in die Stichprobe einbezogen werden. Von den ausgewählten Klumpen werden dann alle Elemente in die Erhebung einbezogen. Man spricht dann von einer Klumpenstichprobe. Bei Zufallsauswahl und hinreichend großer Anzahl der ausgewählten Klumpen liefert auch die Klumpenstichprobe ein repräsentatives Abbild der Gesamtheit. Der Stichprobenfehler der Klumpenstichprobe ist jedoch größer als bei einer reinen Zufallsstichprobe und zwar um so mehr, je homogener die einzelnen Klumpen sind und je stärker sich die Klumpen voneinander unterscheiden.

KELLERER, H.: Statistik. In: WAX, K./WESSELS, TH. (Hg.): Handbuch der Wirtschaftswissenschaft, Bd. 2, Köln 1958, S. 1 ff. LORENZEN, P.: Zur Definition von „Wahrscheinlichkeit". In: LORENZEN, P.: Konstruktive Wissenschaftstheorie, Frankfurt/M. 1974, S. 209 ff. PFANZAGL, J.: Allgemeine Methodenlehre der Statistik, Bd. 1, Berlin 1965.

Wilhelm Kempf

Sozialexperiment

Definition. Das Sozialexperiment als sozialwissenschaftliche Methode integriert eine Reihe aufeinanderbezogene Techniken und Verfahren unterschiedlicher Komplexität und Reichweite. In seiner Grundstruktur stellt es ein wissenschaftliches Problemlösungsmodell mit intensiver Kommunikationsdichte zwischen Forschern und sozialen Gruppen dar. Es ist perspektivisch verbunden mit der Aktivierung/Reaktivierung sozialer Lebensräume. Sozialexperimente sind definitorisch zu fassen als kooperative Lehr-, Lern- und Forschungsprozesse, in deren Verlauf Wissenschaftler und Kooperandengruppen ihre Bedürfnisse, Zielsetzungen, Problem- und Fragestellungen herausfinden, ordnend formulieren, Prioritäten setzen und Strategien von Veränderungsmöglichkeiten erarbeiten. Vom Verfahren des Sozialexperimentes lassen sich definitorisch abgrenzen: Die Labor-, Simulations- und Ex-post-facto-Experimente (vgl. MANGOLD 1967, S. 38). Rekurrieren diese Verfahren auf kontrollierte Variablenzusammenhänge im streng naturwissenschaftlichen Verständnis, so setzen Sozialexperimente an realen sozialen Phänomenen an, analysieren die Beziehungen zwischen den Tätigkeiten der Menschen und ihrem Lebensraum und versuchen über kooperative Innovationsentwicklung auf ihre Gestaltung Einfluß zu nehmen. Vom Charakter her ist das Sozialexperiment damit den interventiven Forschungsstrategien zuzurechnen.

Anknüpfungsmomente. Sozialexperimente sind auch unter anderen Bezeichnungen bekannt: Die eher formal zu kennzeichnenden Aktionsprojekte und Aktionsuntersuchungen (vgl. RITTER 1970, SEIPPEL 1976a; vgl. SEIPPEL 1979b, S. 215 ff.), soziale Aktion, experimentelle Praxis (vgl. HENDRIKS 1973, HESSEL 1973); ergänzend hierzu sind die thematisch-inhaltlichen Sozialexperimente zu benennen, wie therapeutische Wohngemeinschaft (vgl. LIEBEL 1972), Gemeinde-Selbstuntersuchung (vgl. SEIPPEL 1976a, S. 218 ff.), aktivierende Gemeinwesenarbeit (vgl. SEIPPEL 1976a, S. 247 ff.), Stadtteilarbeit (vgl. BAHR 1972; vgl. SEIPPEL 1976b, S. 109 ff.) sowie die stärker mit Forschung verbundenen Vorgehensweisen (vgl. MOSER 1975, 1977, 1978). Obwohl diese umfassenden Verfahren hinsichtlich ihrer Theorie und Methode, sowie hinsichtlich ihrer Entstehung und ihres Gebrauchs sehr unterschiedlich sind, haben sie dennoch einiges gemeinsam:
- den Bezug zu innergesellschaftlichen Konfliktstrukturen mit dem Ziel ihrer Bewältigung,
- die Herstellung einer kritisch, aktiven Öffentlichkeit (vgl. BAHR 1972, S. 27 ff.),
- das Ansetzen an Lebenszusammenhängen des Alltags ethnischer Minoritäten, stigmatisierter und sozial deprivierter Gruppen.

Methodische Grundannahmen. Das Vorgehen orientiert sich an dem Leitsatz, ein genaues Bild einer Problemlage, eines Feldes oder eines sozialen Lebensbereiches zu erschließen (vgl. BLUMER 1973, S. 122 f.). Obwohl in das explorative Vorgehen des Forschers schon von vornherein eine Verwendung mannigfaltiger Techniken einbezogen ist, liegen dem Prozeß der Erkenntnisgewinnung dennoch einige orientierende Regeln des Vorgehens zugrunde:
Transparenz: Nachvollziehbarkeit des Forschungsprozesses für alle am Prozeß Beteiligten mittels Offenlegung von Zielen und Zwecken der Forschungsarbeit (vgl. MOSER 1977, S. 18).
Stimmigkeit zielt auf die Vereinbarkeit von Zielen und Methoden der Forschungsarbeit. Die einzelnen Vorgehensweisen sollten also nicht nur den jeweiligen Umständen angepaßt sein (Situations-Kontext), sondern darüber hinaus den gesamten Lebensbereich und damit

verbunden die Lebenserfahrungen der Kooperanden berücksichtigen.
Einflußnahme des Forschers: Kooperationsprojekte erfordern eine wechselnde Funktionsaufteilung und partielle Distanzierung eines Forschungsteams im Feld um Übertragungssituationen und bewußt verzerrende Datensammlungen zu verhindern (vgl. DEVEREUX 1967; vgl. MOSER 1977, S. 18).
Die Kontrolle der Erfüllung dieser Gütekriterien erfolgt über ihre Verhandlung durch alle am Prozeß Beteiligten im Diskurs. Der Vorgehensweise liegt die Annahme zugrunde, daß selbst verrechenbare Datensätze nur „vorläufige Wahrheiten" präjudizieren. Alle zu akzeptierenden Wahrheitsansprüche, die für Interpretationen oder soziale Interventionen von Bedeutung sind, können nur über die Thematisierung durch alle Beteiligten angegangen werden, da sonst Abwehrhandeln und psychische Blockaden das Scheitern der Methode hervorrufen können.

Phasen eines Sozialexperimentes. Das Sozialexperiment ist insgesamt als ein sozialer Prozeß organisiert, in dem soziale Zustände, zumeist Lebenskontexte von sozial deprivierten Gruppen Anlässe für interventive Forschungsprozesse darstellen. Der Ablauf eines solchen Prozesses kann beispielhaft am Modell einer stadtteilbezogenen Bewohneraktivierung dargestellt werden (vgl. SEIPPEL 1976b, S. 158ff., S. 247ff.):
Nach der Projektgruppenkonstitution wird das Vorhaben fixiert (vgl. SEIPPEL 1976a, S. 254).
Erste Phase: Zielformulierung. „1. Kennenlernen der Wohn- und Lebensverhältnisse in einem Neubaugebiet; 2. Das Wohngebiet sollte in seiner sozialen Struktur und in seinem Kommunikationsnetz durchsichtig werden; 3. Die Bewohner sollten ermutigt werden an der Gestaltung ihres Lebensraumes aktiv teilzunehmen. Sie sollten angeregt werden, ungewollte Isolation und Vereinsamung durch Kontaktangebote und durch gemeinsame Übernahme von sozialer Verantwortung zu überwinden" (SEIPPEL 1976a, S. 254).
Zweite Phase: Kontaktaufnahme und Kontaktbildung. Die Bewohnerversammlung ist das Forum zur Vorstellung, zum Interessenaustausch und zur Diskussion gegenseitiger Erwartungen und Verbindlichkeiten (vgl. SEIPPEL 1976a, S. 254ff.).
Dritte Phase: Voruntersuchung. Ihr Ziel besteht darin, das in einer ersten Hypothese gefaßte Problem zu überprüfen. Die Voruntersuchung bemüht sich im Suchverfahren herauszufinden, wie sich die Probleme in der Wirklichkeit zeigen und wie sie subjektiv von den Betroffenen empfunden wurde. In der Voruntersuchung wurden besonders Rückgriffe auf statistisches Zahlenmaterial relevant (vgl. SEIPPEL 1976a, S. 247ff.).
Vierte Phase: Auswertung der Voruntersuchung. Die auf engem Raum gebaute Wohnanlage weist weitgehend „markante Kennzeichen der Schlechterversorgung der Bevölkerungs- und Siedlungsstruktur auf" (SEIPPEL 1976a, S. 248), so beispielsweise keine Gemeinschaftseinrichtungen, schlechte verkehrsmäßige Anbindung, unterdurchschnittliches Bildungsniveau, kinderreiche Familien, großer Anteil von Sozialhilfeempfängern.
Fünfte Phase: Hauptuntersuchung. Das Hauptaugenmerk ist auf die Betroffenen gerichtet – aktivierende Befragung (vgl. HAUSER 1971, S. 38f.; vgl. RITTER 1970, S. 64). Auf der Grundlage der vorherigen Ist-Analyse besteht das Ziel der Untersuchung darin, durch Fragen nach Problemen, Ideen und Möglichkeiten von Veränderungen zu entwickeln sowie die Bereitschaft zur Mitarbeit zu erkunden. „Die Befragung von Experten und unter Bewohnern [...] dokumentieren einen hohen Grad der Unzufriedenheit mit der Wohnlage" (SEIPPEL 1976a, S. 254, S. 160ff.).
Sechste Phase: Auswertung und Rück-

meldung. Die Auswertungsergebnisse werden den Betroffenen in gemeinsamen Zusammenkünften mitgeteilt. Darüber hinaus wird ihre Bedeutung für die Initiierung von praktischen Handlungsschritten diskutiert.

Siebte Phase: Entwicklung von Handlungsstrategien. In dieser Phase gründet sich aus der Bewohnerversammlung eine Interessengemeinschaft, die nachhaltig die Aktivierung der Bewohner nach innen und die Interessenvertretung gegenüber dem Vermieter übernimmt (vgl. SEIPPEL 1976a, S. 254).

Es gilt, daß je nach Feld und Zielbestimmung die konkrete Ausformung der Phasen unterschiedlich sein wird. Den empirischen Elementen der einzelnen Phasen folgt nach Ziel, Zweck und situationsspezifischen Bedingungen differierend eine Reihe spezifischer Techniken.

Besondere Techniken und Praktiken. Alle Techniken, die in Sozialexperimenten angewandt werden, verstehen sich als Lehr- und Lernverfahren, die die Beobachtungs- und Wahrnehmungsfähigkeit der Beteiligten bezogen auf kritische Umweltadaption ermöglichen sollen. Ihr Einsatz orientiert sich an folgenden Zielen:
- Rollenverhalten durchschaubar machen (Rollenidentifikation und Rollendistanz),
- Angst vor unbekannten Situationen abbauen,
- Möglichkeiten zur Solidarität aufzeigen,
- solidarisch-aktives Konfliktverhalten erwerben (vgl. RECKMANN 1971, S. 79 ff.),
- Ideenentwürfe und Planungsphantasien entwickeln,
- antizipatorische und alternative Entwürfe von Gruppenhandlungsmodellen entdecken.

Ohne hier auf die Vielfalt aller Techniken eingehen zu können (vgl. RECKMANN 1971, S. 83 ff.; vgl. VOPEL/KIRSTEN 1977), seien einige exemplarisch benannt: Darstellungstechniken (Wandzeitungen, Ausstellungen, Informationsmärkte, Debatten, Tagungen); Pressuretechniken (Briefe, Erklärungen, Petitionen, Flugblätter); Symboltechniken (gängige Symbole werden so abgewandelt und umgedreht, daß sie neue Zielsetzungen transportieren, beispielsweise durch Dramatisierung oder Bloßstellung eines Bildes mit konträren Bildunterschriften, Offenlegung alltäglicher Handlungsstrukturen über Karikaturen des Alltags); Rollenstörtechniken (über Spielsequenzen einüben von Rollendistanz und Rollenbewußtmachung, Antizipation von alternativen Handlungsentwürfen) (vgl. SEIPPEL 1976a, S. 275).

Die verschiedensten Variationsmöglichkeiten sind dem Begriff „Sozialexperiment" subsumiert. Je nach Zielsetzung, Situationskontext, Adressatenbezug, finanziellen Ressourcen sowie organisatorischen Rahmenbedingungen treten entweder die wissenschaftlich experimentellen Anteile oder die politische Aktivierung der Betroffenen in den Vordergrund.

Kombinationen des Sozialexperiments sind möglich mit:
- wissenschaftlich begleiteten Bürgerinitiativen, Stadtplanungs- und Entwicklungsmodellen,
- Organisationsentwicklungsmodellen (vgl. SIEVERS 1977),
- Aktionsforschungsprojekten (vgl. MOSER 1975, 1977).

Anwendungs- und Geltungsbereich. Über den Anwendungsbereich von Sozialexperimenten findet man speziell unter diesem Begriff wenig Literatur. Es ist aber eine umfangreiche Literatur zu den strukturverwandten Methoden vorhanden. Zusammenfassend läßt sich damit feststellen, daß das Sozialexperiment besonders geeignet ist, die Lücke zwischen Forschung und praktischer Innovation in sozialpädagogischen Feldern zu schließen. Es reduziert die Probleme des

Wissenschaftstransfers in die Praxis. Implementation und Adaption der Ergebnisse werden erleichtert durch hohe Kommunikationsdichte im kooperativen Arbeitszusammenhang. Ein struktureller Vorteil der Methode liegt darin, kollektive Konfliktlösung und sozialen Wandel mit wissenschaftlicher Forschung zu verbinden. Die Methode erfordert vom Forschungs*team* Qualifikationen auf mehreren Ebenen – empirisch-statistische Kenntnisse, gruppendynamische Erfahrungen, politisch-strategisches Geschick, therapeutisch-pädagogische Befähigung, individuelle Empathie und Rollendistanz. Die Grenzen der Anwendung sind dadurch charakterisiert, daß die komplexen Aufgaben ein interdisziplinär zusammengesetztes Team sowie erhebliche finanzielle, organisatorische und zeitliche Ressourcen erfordern und daß die hohe Kommunikationsdichte und die Mitarbeit der Forscher im Feld zu Identifikations- und Übertragungsproblemen führt. Emotional gebundene Lernprozesse, die beziehungsstiftend wirken, unterliegen einem zeitlich befristeten Ende. Trennungs- und Bedrohungsängste können sowohl bei Forschern als auch bei den Betroffenen folgen. Die konkrete Handhabbarkeit erscheint aufgrund des geringen Entwicklungsstandes dieses Verfahrens problemhaft. Trotz dieser Beschränkungen können Musterbeispiele in sozialpädagogischen (vgl. KARAS/HINTE 1978, OPASCHOWSKI 1976), schul- und hochschulreformerischen Bereichen (vgl. KLAFKI 1977, ZINNECKER u. a. 1975) sowie Projekten kooperativer Sozialforschung Anregung und Orientierung liefern (vgl. JANSSEN/RICHTER 1979).

BAHR, H.-E.: Politisierung des Alltags. Gesellschaftliche Bedingungen des Friedens, Darmstadt/Neuwied 1972. BLUMER, H.: Der methodologische Standort des symbolischen Interaktionismus. In: ARBEITSGRUPPE BIELEFELDER SOZIOLOGEN (Hg.): Alltagswissen, Interaktion und gesellschaftliche Wirklichkeit, Bd. 1, Reinbek 1973, S. 80 ff. DEVEREUX, G.: Angst und Methode in den Verhaltenswissenschaften, München 1967. HAUSER, R.: Die kommende Gesellschaft. Handbuch für soziale Gruppenarbeit und Gemeinwesenarbeit, München/Wuppertal 1971. HENDRIKS, A.: Social aktie, Alphen aan den Rijn 1973. HESSEL, P.: Fibel für soziale Aktion, Gelnhausen/Berlin/Freiburg 1973. JANSSEN, J./RICHTER, W.: Arbeitsbedingungen der Bauarbeiter. Anlage und Ergebnisse der kooperativen Sozialforschung, Mimeo, Dortmund 1979. KARAS, F./HINTE, W.: Grundprogramm Gemeinwesenarbeit, Wuppertal 1978. KLAFKI, W.: Werkstattbericht aus dem „Marburger Grundschulprojekt". Innovationsmöglichkeiten und Bedingungsfaktoren handlungsorientierter Schulreform. In: HAMEYER, U./HAFT, H. (Hg.): Handlungsorientierte Schulforschungsprojekte: Praxisberichte, Analysen, Kritik, Weinheim/Basel 1977, S. 139 ff. LIEBEL, M.: Jugendwohnkollektive, Alternative zur Fürsorgeerziehung? München 1972. MANGOLD, W.: Empirische Sozialforschung, Teil 2: Grundlagen und Methoden, Heidelberg 1967. MOSER, H.: Aktionsforschung als kritische Theorie der Sozialwissenschaften, München 1975. MOSER, H.: Praxis der Aktionsforschung, München 1977. MOSER, H.: Internationale Aspekte der Aktionsforschung, München 1978. OPASCHOWSKI, H. W.: Soziale Arbeit mit arbeitslosen Jugendlichen. Streetwork und Aktionsforschung im Wohnbereich, Opladen 1976. RECKMANN, P.: Soziale Aktion, Strategie und Methodik, Nürnberg 1971. RITTER, M.: Die Aktionsuntersuchung – Eine kleine Methodik. In: SCHNEIDER, W. (Hg.): Aktion Gemeinde heute, Wuppertal 1970, S. 57 ff. SEIPPEL, A.: Handbuch aktivierender Gemeinwesenarbeit. Konzepte – Bedingungen – Strategien – Methoden, Gelnhausen/Berlin 1976 a. SEIPPEL, A.: Stadtteilarbeit im Ruhrgebiet. Zwei Fallstudien, Gelnhausen/Berlin 1976 b. SIEVERS, B. (Hg.): Organisationsentwicklung als Problem, Stuttgart 1977. VOPEL, K. W./KIRSTEN, R. E.: Kommunikation und Kooperation, München 1977. ZINNECKER, J. u. a.: Die Praxis von Handlungsforschung. Berichte aus einem Schulprojekt, München 1975.

Christa Cremer

Sozioanalyse

Begriff. Sozioanalyse ist erstens die aufdeckende Analyse der verborgenen institutionellen Struktur und Dynamik gesellschaftlicher Gruppen und Organisationen mit Hilfe des Mediums der sozioanalytischen Situation, in dem sie sich reproduzieren und analysierbar werden; zweitens eine spezifische Form der Intervention in sozialen Gruppen oder Organisationen auf der Basis einer Beratungsbeziehung. Intervention und Analyse gehören untrennbar zusammen.

Quellen und Bezüge. Das Konzept der Sozioanalyse führt Ansätze fort, die vor allem folgenden Quellen entstammen:
Gruppendynamik. Die Sozioanalyse ist aus einer kritischen Auseinandersetzung mit dem Konzept der Trainings- oder Diagnosegruppe (T-Gruppe) entstanden, das seit 1945, zuerst in den USA von Lewin, Lippitt, Benne, Bradford und anderen entwickelt worden ist. Die Sozioanalyse greift zwei Prinzipien dieses Konzeptes auf:
– das Prinzip der Verbindung von Diagnose und Intervention: die Mitglieder der T-Gruppe untersuchen, unterstützt vom Trainer, die interpersonalen Beziehungen in der eigenen Gruppe und die Voraussetzungen und Auswirkungen ihres eigenen Handelns im Kontext dieser Beziehungen;
– das Prinzip der Nicht-Direktivität beziehungsweise der Selbstbestimmung: der Trainer verzichtet darauf, Zwang auf die Mitglieder der Gruppe auszuüben, um sie auf ein bestimmtes Ziel zu lenken; er beschränkt sich auf die Unterstützung der Kräfte und Fähigkeiten, die die Teilnehmer selbst besitzen, um *ihre* Ziele und Methoden zu finden.

Zugleich basiert die Sozioanalyse auf einer Kritik des Konzepts der T-Gruppe. Nach Lapassade, Lobrot und anderen vernachlässigt das Konzept der T-Gruppe das institutionelle System, da sie die Veranstaltung von Trainings ermöglicht und seine Auswirkungen auf die Prozesse in der T-Gruppe nicht genügend berücksichtigt. Lapassade ging deshalb dazu über, das Trainingsseminar als Institution zu analysieren. Die T-Gruppen sind Inseln eines neuen Lernens außerhalb der offiziellen gesellschaftlichen Gruppen und Organisationen. Die offiziellen gesellschaftlichen und organisatorischen Strukturen bleiben unberührt. Lapassade meint, daß die Nachfrage nach T-Gruppen, wenn sie von Mitgliedern sozialer Organisationen kommt, oft eine verdeckte Nachfrage nach institutioneller Intervention ist.

Psychoanalyse: Die Sozioanalyse integriert vier Prinzipien der Psychoanalyse in die eigene Konzeption:
– das Konzept der analytischen Situation: die psychoanalytische Situation und die sie bestimmende künstliche Beziehung zwischen Analytiker und Analysand sind das Medium, mit dessen Hilfe das Material der Analyse (freie Assoziationen) produziert wird;
– Entschlüsselung: die Psychoanalyse geht davon aus, daß die Bedeutung der Träume, Phantasien, der Rede und des Handelns des Analysanden nicht unmittelbar zugänglich ist, sondern erst durch die Analyse hervortritt; Struktur und Dynamik psychischer Manifestationen sind unbewußt und äußern sich in Symptomen, die entschlüsselt werden müssen;
– die Grundregel, alles auszusprechen: der Analysand soll alles, was ihn in der analytischen Situation beschäftigt, auch das scheinbar Nebensächliche, aussprechen, damit das Gesamt der psychischen Phänomene der Analyse zugänglich wird;
– Übertragung und Gegenübertragung: der Analysand versucht die künstliche und nicht strukturierte Beziehung zum Analytiker nach ihm vertrauten Wahrnehmungs- und Erfahrungsmustern zu strukturieren; er „überträgt" Affekte, Wahrnehmungen und Vor-

stellungen, die aus Beziehungen zu für ihn wichtigen Menschen außerhalb der analytischen Beziehung (insbesondere aus seiner Kindheit) stammen, auf den Analytiker. Der Analytiker reagiert auf diese Übertragung durch eine „Gegenübertragung", deren affektiver und kognitiver Gehalt ihm Hinweise darauf gibt, welche unbewußte Thematik der Analysand in die Beziehung einbringt. Diese Thematik wird so der Analyse zugänglich. Die Sozioanalyse wendet diese Prinzipien bei der Analyse sozialer Gruppen und Organisationen und bei den Interventionen an, die diesem Zweck dienen. Sie erweitert somit das Konzept der Psychoanalyse. Zugleich verbindet sie die Erweiterung mit einer Kritik: Wie die Gruppendynamik seit Lewin, vernachlässigt die Psychoanalyse seit Freud die institutionellen Bedingungen ihrer Ausübung (das Geld; die Berufsverbände; die Macht des Analytikers, das Setting zu bestimmen).

Institutionelle Pädagogik: Es gibt zahlreiche Beziehungen zwischen der Bewegung der „institutionellen Pädagogik" in Frankreich und der Sozioanalyse. Die institutionelle Pädagogik versucht das Prinzip der pädagogischen Selbstbestimmung ernst zu nehmen, indem sie von der „instituierenden" Kraft der Schüler, das heißt ihrer Fähigkeit, ihre eigenen Institutionen zu schaffen, ausgeht. „Institutionelle Pädagogen" wie Lapassade, Lobrot, Tosquelles gehen von der realen Existenz und Macht der äußeren Institution Schule aus. Sie geben sich nicht der Illusion hin, diese Institutionen auf einmal verändern zu können, noch ziehen sie sich resigniert aus den Institutionen öffentlicher Erziehung zurück. Sie vertreten eine Art subversiver Strategie: Wo immer es möglich ist, werden die Voraussetzungen der pädagogischen Selbstbestimmung der Schüler hergestellt; die Schüler haben die Institutionen ihrer Klasse in der Hand. Der Lehrer interveniert nur in dem von den Schülern gesteckten Rahmen. – Die Sozioanalyse übernimmt von der institutionellen Pädagogik vor allem das Prinzip der Nachfrage: Der „institutionelle Pädagoge" beschränkt sich darauf, *nur* auf Verlangen der Schüler zu intervenieren.

Institutionelle Psychotherapie: Die französischen Vertreter der Sozioanalyse weisen immer wieder auf parallele Intentionen in der Psychiatrie hin, die sie „institutionelle Psychotherapie" nennen. Auch hier spielt das Prinzip der Selbstbestimmung und die Differenz zwischen den institutionalisierten Organisationsformen und Praktiken der herrschenden Psychiatrie und den instituierenden Potenzen der Patienten eine zentrale Rolle. Die Patienten schaffen ihre eigenen Institutionen (Clubs, Vollversammlungen, offene Stationen, ...), mit denen sie den Zwang der psychiatrischen Einsperrung des Wahnsinns Schritt für Schritt negieren.

Partizipatorische Formen der Sozialforschung: Die Bezüge der Sozioanalyse zu partizipatorischen Formen der Sozialforschung, wie etwa zur Aktionsforschung, sind unübersehbar. Die Verbindung besteht vor allem in zwei Punkten:
- Verknüpfung von Intervention (Aktion) und Analyse (Forschung): in der handelnden Auseinandersetzung werden Struktur und Dynamik des sozialen Feldes der wissenschaftlichen Erforschung zugänglich.
- Prinzip der gemeinsamen Forschung: der Forscher untersucht nicht länger ein von ihm isoliertes Forschungsobjekt, sondern beide erforschen gemeinsam die sozialen Phänomene.

Revolutionäre Bewegungen: Die französischen Sozioanalytiker weisen immer wieder auf den Zusammenhang der Sozioanalyse mit revolutionären politischen Bewegungen hin. In „heißen" Augenblicken der Geschichte (etwa beim Erstarken der Arbeiterbewegung im 19. Jahrhundert oder im Mai 1968) ist es die gesellschaftliche Bewegung selbst, die die Analyse durchführt und institutionelle Strukturen sichtbar macht. Es bedarf dann keines künstlichen Arrangements und keiner sozioanalytischen Spezialisten. Sozioanalyse ist nur in Zeiten geschichtlicher Latenz möglich.

Grundprinzipien. Die Bedeutung dessen, was in einer sozialen Organisation geschieht, liegt nicht auf der Hand. Meist ist sie nicht identisch mit dem, was die Mitglieder für die Bedeutung ihres Tuns und Lassens halten. Die institutionelle Bedeutung kommt nur verschlüsselt zum Ausdruck: In der Art der Beziehungen, die die Mitglieder zueinander, zur Organisation und ihren Zielen, Verfahrensweisen und Ordnungen und zur Umwelt haben; in den offenen und verdeckten Konflikten; in dem, worüber gesprochen wird, wie in dem, worüber geschwiegen wird. Sie ist anwesend in den verschlüsselten Botschaften, die ununterbrochen gesendet werden, und zugleich abwesend, da die Botschaften stets verschlüsselt, ideologisch verdeckt ausgesendet werden. Ziel der Sozioanalyse ist es, im Feld der Organisation einen Katalysator für die verdeckten Bedeutungen zu konstruieren.

Der Katalysator und das erste Medium der Analyse ist die sozioanalytische Situation, in der der Analytiker und sein Klient aufgrund von dessen Nachfrage eine Beziehung eingegangen sind. In dieser Situation bilden sich die strukturellen und dynamischen Probleme der Institution ab, indem die Mitglieder der Organisation all die institutionellen Strategien und Mechanismen ins Spiel bringen, die weitgehend verdeckt den Alltag der Organisation bestimmen, um den Sozioanalytiker als eine Art Fremdkörper oder Störenfried zu integrieren (indem sie ihm ihnen vertraute Rollen wie die des Leiters, des Rivalen, des Koalitionspartners zuweisen). Diese „institutionelle Übertragung" in der sozioanalytischen Situation produziert das Material der gemeinsamen Analyse. Außerhalb des Mediums der sozioanalytischen Situation gibt es keinen Zugang zur Institution.

Die Analyse der Nachfrage ist ein zentraler Bestandteil der Sozioanalyse. Sie hat drei Aspekte:
- Wer ist der Adressat? Inwiefern ist der Auftraggeber auch der Adressat der Beratung? Welche institutionellen Phantasien sind mit dem Präsentieren eines bestimmten Klienten verbunden?
- Was ist der Inhalt der Nachfrage? Es kann sein, daß der offizielle Auftrag nur vorgeschoben ist, um ein anderes Problem zu verdecken oder daß es stillschweigende Annahmen über das Ziel der Analyse und Intervention gibt.
- Wer ist der Sozioanalytiker? Der Sozioanalytiker hat seine eigenen institutionellen Bindungen (an eine Universität, ein Forschungsinstitut). Bestimmte Interessen am Klienten und er verdient mit seiner Arbeit Geld.

Die Analyse der Nachfrage unter diesen drei Aspekten ist von entscheidender Bedeutung, weil damit die Analyse noch ihre eigenen Voraussetzungen in Frage stellt. Damit kommt oft verborgenes Material zum Vorschein. Denn in den Modi der Nachfrage manifestiert sich die latente Struktur und Dynamik der Institution in der sozioanalytischen Situation.

Der Sozioanalytiker reagiert auf die institutionelle Übertragung mit einer entsprechenden Gegenübertragung. Diese Reaktionen in der sozioanalytischen Situation (Affekte, Phantasien, Ängste, Wünsche und Neigung zur Übernahme bestimmter Rollen) sind ein wichtiges diagnostisches Instrument zum Verständnis der institutionellen Dynamik. Ihre Analyse und die der ihr entgegentretenden Schwierigkeiten (weil zum Beispiel der Sozioanalytiker affektiv verstrickt ist oder Partei nimmt) liefern weiteres Material, in dem sich latente institutionelle Prozesse manifestieren.

Alles, was an einem selbst und an den

anderen, an institutionellen Vollzügen, Gesetzmäßigkeiten, kleinen und großen Ereignissen affektiv und kognitiv – in der „Alltagserfahrung" oder mit Hilfe wissenschaftlicher Instrumente – wahrgenommen wird, hat eine Bedeutung, die analysiert werden muß. Die Institution zeigt ihre verborgene Struktur und Dynamik nie unmittelbar; sie werden oft eher in Nebensächlichkeiten, im Belanglosen, im scheinbar Bedeutungslosen sichtbar. Sozioanalyse erfordert deshalb die Einstellung der Aufmerksamkeit auf die ganze analytische Situation, ohne daß bestimmte Phänomene vorab durch methodische Vorkehrungen ausgeschlossen werden.

Selbstbestimmung des Klienten ist ein wesentliches Merkmal der Sozioanalyse. Zielsetzung und Zeitplan der Arbeit, Gruppenbildung und die Anforderungen an den Sozioanalytiker bestimmen die Klienten. Es geht also um *ihre* institutionelle Analyse und nicht darum, daß der Sozioanalytiker ihnen *seine* Analyse aufdrängt (nebst den Schlußfolgerungen aus ihr). Die Hindernisse, die sich der Selbstbestimmung entgegenstellen, werden in die Analyse einbezogen. Sie enthüllen die geheimen institutionalen Bedingtheiten.

Qualifikationsanforderungen. Die Komplexität des sozialen Feldes gesellschaftlicher Organisationen und die verborgene Macht der Institution stellen dem Sozioanalytiker eine Fülle von Fallen (nicht zuletzt die Falle, sich selbst für den eigentlichen Analytiker zu halten). Die Qualifikation, die er für die Sozioanalyse haben muß, besteht deshalb aus einer engen Verflechtung von analytischer und Interventionskompetenz und Person, das heißt in der persönlichen Integration seiner theoretischen Orientierungen, seiner sozioanalytischen Konzeption und seiner praktischen Erfahrungen. Diese Integration kann nicht durch die traditionelle psychologische, soziologische oder pädagogische Ausbildung allein erworben werden. Dies erfordert vielmehr eine Kommunikation und Ausbildung, in deren Zentrum das reflektierende Durcharbeiten der konkreten praktischen Erfahrungen steht. Dabei kommt dem Durcharbeiten der institutionellen Übertragung und Gegenübertragung besonderes Gewicht zu. Ein spezifisches Ausbildungsangebot für die Sozioanalyse gibt es bisher nicht.

LAPASSADE, G.: Gruppen, Organisationen, Institutionen, Stuttgart 1972. LAPASSADE, G.: Institutionsanalyse und Sozio-Analyse. In: Grupdyn.4 (1973), S.377ff. LAPASSADE, G.: Der Landvermesser oder Die Universitätsreform findet nicht statt, Stuttgart 1976. LOBROT, M.: La pédagogie institutionelle, Paris 1966. LOURAU, R.: L'analyse institutionelle, Paris 1970. TOSQUELLES, F.: Pédagogie et psychothérapie institutionelle, Paris 1977. WELLENDORF, F.: Zur Praxis der Beratung pädagogischer Institutionen. In: HEISE, H./ARNOLD, W. (Hg.): Texte zur Schulpsychologie und Bildungsberatung, Bd.3, Braunschweig 1978, S.38ff. WELLENDORF, F.: Sozioanalyse und Beratung pädagogischer Institutionen. In: GEISSLER, K.A. (Hg.): Gruppendynamik für Lehrer, Reinbek 1979, S.67ff.

Franz Wellendorf

Soziometrie

Gegenstandsbestimmung. Soziometrie wird meist verstanden als Erhebung, Darstellung und Analyse interpersoneller Beziehungen innerhalb von Gruppen, gelegentlich auch als Bezeichnung für jede Art der strukturellen Erhebung und Analyse zwischen soziologisch/sozialpsychologisch relevanten Subjekten/Objekten. Gegenstand der Soziometrie ist nicht nur die Beziehung eines Individuums zu anderen innerhalb einer Gruppe, sondern insbesondere die Gesamtheit aller individuellen Beziehungen in ihrer strukturellen Verkettung, die der einzelne im Alltag nur selten und wenn, dann meist nur unvollständig erkennen kann. Insofern liefern soziometrische Techniken überindividuelle Erkenntnisse aus der Verknüpfung individueller Beziehungsperspektiven. In der Erziehungswissenschaft werden mit Hilfe der Soziometrie vornehmlich Binnenstrukturen von Lerngruppen, Außenseiter, Integrationsprobleme von Subgruppen und informelle Rangreihen als überindividuelle Strukturphänomene im Kontext bedingender Variablen des Erziehungs- und Bildungssystems untersucht und verändert (vgl. DOLLASE 1979a, HURRELMANN 1971).

Moreno (1892–1974) gilt als der Begründer der Soziometrie. Seine Konzeption sah eine „soziometrische Revolution" vor, in der die Tiefenstruktur (informelle Struktur bestehend aus Abstoßungen und Anziehungen zwischen Individuen) gegen die Oberflächenstruktur (formelle Gesellschaftsordnung) durchgesetzt werden sollte. Soziometrie war für ihn nicht nur wissenschaftliches Meßinstrument, sondern in erster Linie Interventionstechnik im Rahmen eines gesellschaftsverändernden Handlungsforschungsansatzes (vgl. MORENO 1949; vgl. auch DOLLASE 1975).

Zielsetzungen soziometrischer Untersuchungen. Eine für soziometrische Analysen relevante Erfassung interpersoneller Beziehungen in Gruppen orientiert sich an bestimmten Richtzielen: Das Ziel der *Realitätsangemessenheit* verpflichtet zur Berücksichtigung der Vielschichtigkeit zwischenmenschlicher Beziehungen (Forderung nach multivariater Erhebung; Berücksichtigung verschiedener Kriterien wie Wunsch, Wahrnehmung, Erinnerung oder Beobachtung) und ihrer möglichen Flüchtigkeit und Prozessualität (Forderung nach wiederholten Erhebungen). Das Ziel der *Konstruktangemessenheit* (worunter die Ermöglichung der Gewinnung typischer soziometrischer Variablen aus der Verknüpfung individueller Beziehungsperspektiven zu verstehen ist) zwingt zur Erfüllung verschiedener Kriterien: Relationalität (es müssen Wer-wen-Daten sein, Sender und Empfänger zu jedem Datum muß existieren), doppelte Identifizierung (Sender und Empfänger müssen eindeutig identifiziert sein), Gruppenspezifität (Lokalisierung der Daten innerhalb eines definierten Kollektivs) und Einschränkungsfreiheit (jedes Subjekt/Objekt des Kollektivs muß in gleicher Weise Sender und Empfänger sein können). Jede vorkommende und denkbare Methode der Erfassung zwischenmenschlicher Beziehungen reduziert zwangsläufig deren reale Komplexität. Es wird also eine neue Realitätsebene erschaffen: die Realität der soziometrischen Daten.

Die *Erhebung* der Daten folgt mittels mündlicher oder schriftlicher Befragung (Wahlverfahren, Beurteilungsverfahren, Rangordnungsmethode und Paarvergleich) oder Beobachtungen. Ziel ist dabei die (simultane oder sukzessive) Gewinnung von Informationen über die Beziehungen eines jeden zu jedem anderen (Anzahl: N (N-1); N = Gruppengröße). Im einfachsten Fall teilen die Gruppenmitglieder auf einem mit ihrem Namen gekennzeichneten Zettel mit, wen sie auf eine Frage „Mit wem möchten Sie zusammen ein Referat ausarbeiten?" (schriftliche Befragung, Wahlverfahren, unbegrenzte Wahlerlaubnis) nennen wollen. Die graphische *Darstellung* soziometrischer Daten dient vor allem dem Praktiker zur Veranschaulichung der Datenstruktur und geschieht meist in einer von zwei möglichen Grundformen: dem *Soziogramm* (wobei beispielsweise jede Person durch einen Kreis und jede Wahl durch einen Pfeil von der wählenden zur gewählten Person dargestellt wird) und der *Soziomatrix* (quadratische Tabelle; Gruppenmitglieder werden am waagerechten und senkrechten Rand in der gleichen Reihenfolge als Wähler beziehungsweise Gewählte abgetragen; die Wahlen zwischen den Personen können dann wie in einem Koordinatensystem in der Tabelle eingetragen werden). Unübersehbar vielfältig sind die *Auswertungsmöglichkeiten* soziometrischer Daten, bei denen es meist um eine „Kondensation" der Datenmenge (vgl. BJERSTEDT 1956) auf im Sinne der Untersuchungsfragestellung sinnvolle Variablen, Meßwerte oder Strukturgegenstände geht – also um Operationalisierungsmöglichkeiten. Erst nach diesem typisch soziometrischen Aufbereitungsprozeß kann eine übliche deskriptiv-statistische, oder inferenzstatistische Auswertungstechnik eingesetzt werden. Typische Globalstrategien der Kondensation sind: semantische Kondensation, Bildung von Rollensystemen, Enumeration, Indexbildung, korrelative und dimensionsanalytische Strategien, daten-modellspezifische Auswertungen wie Matrixalgebra, zufallstheoretische, graphentheoretische, informationstheoretische und balancetheoretische Auswertungen (Übersichten: vgl. BRÜGGEN 1974, CAPPEL 1971, DOLLASE 1976, ELBING 1975, ENGELMAYER 1973, HÖHN/SEIDEL 1976, OSWALD 1977, PFABIGAN 1968).

Prototypische Abläufe soziometrischer Untersuchungen gibt es nicht, es sei denn, man meint die logische Phasenabfolge: Erhebung – Darstellung – soziometrische Auswertung – statistische Auswertung – Intervention (Konsequenz der Untersuchung), die der Praktiker gewöhnlich auf: Erhebung – Darstellung – Intervention, der Wissenschaftler meist auf: Erhebung – soziometrische Auswertung – statistische Auswertung verkürzt.

Soziometrische Untersuchungen in der Erziehungswissenschaft. Ein Beispiel für eine typisch erziehungswissenschaftliche soziometrische Untersuchung gibt PETILLON (vgl. 1978), der sich sowohl mit der längsschnittlich erfaßten Veränderung des soziometrischen Beliebtheitsstatus beim Wechsel von der Grundschule zu Hauptschule, Gymnasium und Realschule befaßt, als auch mit der empirischen Validität dieses Status Vergleiche etwa mit Schicht, Lehrer-Schüler-Beziehung, Schulleistung, Intelligenz, Angst, soziales Verhalten und soziale Erfahrung oder Selbstkonzept. Insgesamt wurde die Untersuchung an 1960 Schülern in 60 Klassen durchgeführt. Petillon verwendet als Erhebungstechnik das Wahlverfahren (unbegrenzte Anzahl von Wahlen erlaubt) zum Kriterium des „Sitznachbarn" (positiv: „Nun schreibt untereinander die Namen der Schüler oder Schülerinnen auf, neben denen ihr am liebsten sitzen wollt." [und negativ:] „Jetzt schreibt bitte die Namen aller Schüler oder Schülerinnen auf, neben denen ihr auf keinen Fall sitzen wollt." PETILLON 1978, S. 102). Bei seiner Auswertung fungiert die Soziomatrix als Datenurliste, aus der heraus die erhaltenen und abgegebenen Wahlen beziehungsweise Ablehnungen bestimmt und zu an der Schulklassengröße und der klassenspezifischen Wahl- oder Ablehnungshäufigkeit normierten Indexwerten (Wahlablehnungsstatus) verrechnet werden. Aus der Kombination des trichotomisierten Wahl- oder Ablehnungsstatus (niedrig, mittel, hoch) werden sodann noch „soziometrische Typen" (PETILLON 1978, S. 108 – Ausgestoßene, Abgelehnte, Unbeachtete, Unauffällige, Anerkannte, Beachtete und Stars) als nominale Kategorien bestimmt. Diese soziometrischen Variablen als Ergebnis der soziometrischen Auswertung nehmen sodann an der statistischen Auswertung (insbesondere korrelationsstatistische Auswertungen, Kontingenzprüfung, chi^2-Tests, Mittelwertvergleiche und multiple Varianzanalyse) teil, wobei es insbesondere im Validitätsteil der Studie um Unterschiede zwischen Beliebten und Unbeliebten geht. Ihr Ergebnis – eine differenzierte Beschreibung der Merkmale von Schülern in unterschiedlichen Beliebtheitspositionen (vgl. PETILLON 1978, S. 95 ff.) – veranlaßt PETILLON (vgl. 1978, S. 179 ff.) zur ausführlichen Zusammenstellung von Maßnahmen zur Integration von unbeliebten Kindern, gewissermaßen die „Konsequenz" der Untersuchung.

Variationen soziometrischer Techniken. Die Spannbreite der Varianten und Kombinationen soziometrischer Techniken verdeutlicht eine Auswahl von Ansätzen. Im therapeutisch-diagnostisch zu bewertenden *Autosoziogramm* (vgl. RÖSSNER 1968) stellen Gruppenmitglieder auf einer Hafttafel mit Hilfe von Symbolen die Beziehungen in der Gruppe (ohne ausdrückliche Identifizierung der gemeinten Person) dar. Im *„peer nomination inventory"* (WIGGINS/WINDER 1961) wird der soziometrische Status (Anzahl erhaltener Wahlen oder auch Durchschnitt erhaltener Beurteilungen einer Person) erfolgreich als diagnostischer Leistungs- und Persönlichkeitskennwert, der soziometrische Test mithin als Alternative zum herkömmlichen Leistungs- oder Persönlichkeitstest genutzt. KRÜGER (vgl. 1976) entwickelt mit grundsätzlich ähnlicher Zielsetzung ein schulpraktisch einsetzbares Erhebungs- und Auswertungssystem, das sich insbesondere auf die Kriterienaspekte „miteinander sprechen" und „übereinander ärgern" stützt. Das wohl umfangreichste und wissenschaftstheoretisch am besten begründete Indexsystem zur Verarbeitung soziometrischer Antworten zu unbegrenzten Wahlfragen enthält die *Feldsoziomatrix* (vgl. SCHMIDT 1967). Diese zeichnet sich insbesondere durch die kombinierte Digitalisierung von Status- und Strukturaspekten der soziometrischen Lage einzelner Individuen aus. Wenn jedes Gruppenmitglied seine Wahrnehmung sämtlicher Beziehungen zwischen allen anderen Gruppenmitgliedern (inklusive seine eigenen Beziehungen) angeben muß, spricht man von „totalrelationalen" soziometrischen Datensätzen (vgl. DOLLASE 1974, FEGER 1976, LANGEHEINE 1979), deren aufwendige Auswertung komplexe Aussagen über die Verknüpfung individueller (impliziter) Strukturwahrnehmungen ergibt.

Zur Qualität der Untersuchungen. Die traditionellen Gütekriterien werden von den verschiedenen Erhebungsverfahren und -kriterien, wie auch von den Darstellungs- und Auswertungstechniken in unterschiedlichem Maße, aber im allgemeinen zufriedenstellend erfüllt (vgl. PETILLON 1981). Beispielsweise können negative Beziehungsaspekte zuverlässiger erfaßt werden als positive, das aufwendige Paarvergleichsverfahren ergibt die zuverlässigsten soziometrischen Variablen, die soziometrischen Statusvariablen erweisen sich stabiler als Strukturgegenstände (zum Beispiel Cliquen). Grundsätzliche Probleme bestehen allerdings immer dann, wenn aufgrund soziometrischer Befragungen praktische Restrukturierungen und Interventionen geplant sind. Relativierungen der Zuverlässigkeit und Gültigkeit von Antworten auf soziometrische Fragen wirken in diesen Fällen oft wie Mißtrauen gegenüber der Ehrlichkeit und Selbständigkeit der Gruppenmitglieder, obwohl einstellungsinkongruente Wahlstrategien und -taktiken empirisch nachgewiesen worden sind (vgl. BLUMBERG/DE SOTO 1968). Die subjektiv-phänomenal erfahrbare Fluktuation und Flüchtigkeit struktureller Gegenstände und Beziehungen läßt die Forderung nach Stabilität der erhobenen Daten als problematisch, weil vielleicht nicht konstruktvalide, erscheinen (vgl. SCHULZE 1981).

Anwendungsfelder soziometrischer Techniken. Soziometrische Techniken können in der Erziehungswissenschaft und -praxis vielfältig eingesetzt werden. Als *Lehr- und Lerngegenstand* sind sie nicht nur in geistes- und gesellschaftswissenschaftlichen, sondern auch in naturwissenschaftlichen Fächern als Illustrationsmittel für Strukturproblematiken mit einem herstellbaren Bezug zur informellen Schulklassenstruktur einsetzbar. Als *Grundlage sozialer Lernprozesse* kann die Rückmeldung (anonym) erhobener soziometrischer Daten einer Gruppe dienen. *Gruppierungsprobleme in Lerngruppen* (wie Maßnahmen der inneren Differenzierung, Subgruppenbildung) lassen sich mit Hilfe von Soziogrammen systematisch lösen. Soziometrische Statuswerte zu kognitiven, psychomotorischen und sozialen Leistungskriterien können als *Grundlage und Ergänzung von Beurteilungen* bei Selektionsentscheidungen genutzt werden *(peer rating)*. Zur *Begründung und Evaluation sozialerzieherischer Maßnahmen* wie Integration von Außenseitern, Verbesserung des Klassenklimas, Integration von Untergruppen, etwa: Junge – Mädchen, Deutsche – Ausländer, Behinderte – Nichtbehinderte, sind soziometrische Techniken unerläßlich (Design: Pretest-Treatment – Posttest). Zur *Durchsetzung informeller Strukturen* im Morenoschen Sinne können soziometrische Techniken im Rahmen der Selbst- und Mitbestimmung von Gruppen eingesetzt werden. Sie sind flexibler, informationshaltiger und variantenreicher als herkömmliche Abstimmungstechniken (Soziometrie als Wissenschaft von demokratischen Abstimmungen).

Schließlich sind die soziometrischen Techniken zur *Kontrolle der Genauigkeit sozialer Beziehungswahrnehmungen* für Gruppenmitglieder und Gruppenleiter nützlich (vgl. auch DOLLASE 1979 b).

Ausblick. Jede wissenschaftliche wie praktische, soziometrierelevante Fragestellung erfordert jeweils eine spezifisch adaptierte soziometrische Technik in Erhebung und Auswertung. Die Vielzahl der verfügbaren Techniken und die Kompliziertheit des Gegenstandes generieren Schwierigkeiten in der Handhabung (zeitlicher und materieller Aufwand); in der Forschung ist ein EDV-Einsatz unerläßlich wie auch die Versuchung, sich in abseitigen Zahlenspielereien zu verlieren (zur Bestimmung der Redundanz von Kettenstrukturen: vgl. ROSS/HARARY 1952). Nur klare Untersuchungsfragestellungen können in Verbindung mit professioneller Konstruktion von Erhebungs- und Auswertungstechniken die große Affinität der Soziometrie zum pädagogischen Tätigkeitsbereich und zu zentralen erziehungswissenschaftlichen Problembereichen deutlich machen. Als Hindernis auf dem Wege zu mehr Relevanz der soziometrischen Forschung erweist sich die mit Hinweis auf die Datenschutzgesetzgebung häufig versagte Genehmigung soziometrischer Untersuchungen im schulischen und außerschulischen Erziehungs- und Bildungssystem.

BJERSTEDT, A.: Interpretations of Sociometric Choice Status, Lund/Kopenhagen 1956. BLUMBERG, H. H./DESOTO, C. B.: Avoiding Distortions in Sociometric Choices. In: Int. J. of Sociom. and Sociat. 5 (1968), S. 16 ff. BRÜGGEN, G.: Möglichkeiten und Grenzen der Soziometrie, Neuwied 1974. CAPPEL, W.: Das Kind in der Schulklasse, Weinheim [5]1971. DOLLASE, R.: Struktur und Status, Weinheim 1974. DOLLASE, R.: Soziometrie als Interventions- und Meßinstrument. In: Grupdyn. 6 (1975), S. 82 ff. DOLLASE, R.: Soziometrische Techniken, Weinheim/Basel [2]1976. DOLLASE, R.: Sozial-emotionale Erziehung in Kindergärten und Vorklassen, Hannover 1979 a. DOLLASE, R.: Soziometrische Techniken im Sport. In: Grupdyn. 10 (1979), S. 19 ff. (1979 b). ELBING, E.: Das Soziogramm der Schulklasse, München[5]1975. ENGELMAYER, O.: Das Soziogramm in der modernen Schule, München [6]1973. FEGER, H.: Probleme einer quantitativen Soziometrie. In: BRANDSTÄTTER, H./SCHULER, H. (Hg.): Entscheidungsprozesse in Gruppen, Bern 1976, S. 167 ff. HÖHN, E./SEIDEL, G.: Das Soziogramm, Göttingen [4]1976. HURRELMANN, K.: Unterrichtsorganisation und schulische Sozialisation, Weinheim 1971. KRÜGER, H. P.: Soziometrie in der Schule, Weinheim/Basel 1976. LANGEHEINE, R.: Strukturanalytische Untersuchungen der Schulklasse, Frankfurt/M. 1979. MORENO, J.L.: Who shall Survive? Washington 1934. MORENO, J.L.: Sociometry and Marxism. In: Sociometry 12 (1949), S. 106ff. OSWALD, W.D.: Grundkurs Soziogramm, Paderborn 1977. PETILLON, H.: Der unbeliebte Schüler, Braunschweig 1978. PETILLON, H.: Validität und Reliabilität des soziometrischen Tests. In: INGENKAMP, K. (Hg.): Wert und Wirkung von Beurteilungsverfahren, Weinheim/Basel 1981, S. 177ff. PFABIGAN, E.: Soziometrie für die Erziehungspraxis und GKT, Wien 1968. ROSS, I. C./HARARY, F.: On the Determination of Redundancies in Sociometric Chains. In: Psychometrika 17 (1952), S. 195ff. RÖSSNER, L.: Das Autosoziogramm, München/Basel 1968, SCHMIDT, E.A.F.: Das Feldsoziomatrix, Diss., Köln 1967. SCHULZE, P.: Grundsätze der Reliabilitätsschätzung soziometrischer Verfahren. In: BOLDE, F. (Hg.): Untersuchungen zum zwischenmenschlichen Verhalten. Wissenschaftliche Beiträge der Friedrich-Schiller-Universität Jena, Jena 1981, S. 116ff. WIGGINS, J.S./WINDER, C.L.: The Peer Nomination Inventory: An Empirically Derived Sociometric Measure of Adjustment in Preadolescent Boys. In: Psych. Rep. 9 (1961), S. 643ff.

Rainer Dollase

Sprechhandlungsanalyse

Die Linguistik bewegt sich – trotz teilweise erheblicher theorietechnischer Innovationen – noch immer weitgehend in den Grenzen grammatisch-syntaktischer beziehungsweise semantischer Analyse von Sprache, die in der Antike gezogen wurden. Die wichtigsten Analysekategorien gehen auf jene Forschungstradition zurück. Diese Kategorien sind über die schulische Vermittlung zugleich Bestandteil des Standardwissens geworden. Kategorien wie die der Wortarten („partes orationis", beispielsweise „Verb", „Adjektiv") oder solche wie „Subjekt", „Prädikat" gehören dazu ebenso wie die elementaren Einheiten der Wort- und Formenlehre.

Die neueren linguistischen Bemühungen haben zu neuen Terminologien und zur Einbeziehung neuer Theoriehintergründe geführt, doch sind die Einsichten in die Strukturen von Sprache dadurch nur zum Teil wirklich weiterentwickelt worden. Daraus ist einerseits abzulesen, daß die antike Analyseweise von Sprache relativ erfolgreich war und für viele Zwecke der Beschäftigung mit Sprache ausreichte. Andererseits geht daraus aber auch hervor, daß es nicht gelungen ist, die Reduktionen des Analyseobjekts rückgängig zu machen, die am Anfang dieser Analysetradition stehen.

Demgegenüber haben in diesem Jahrhundert verschiedentlich Nichtlinguisten, Wissenschaftler aus Disziplinen wie der Ethnologie (Malinowski), der Psychologie (Bühler), der Soziologie (Garfinkel) oder der Philosophie (Wittgenstein, Austin) bedeutende Anstöße für die Erforschung von Sprache jenseits jener traditionellen Grenzen gegeben. Die Reduktionen des Gegenstandes von Sprachwissenschaft zeigen sich vor allem in der Eingrenzung auf Laut (Phonem), Flexionsform (Morphem), Wort und Satz. Diese elementaren Einheiten von Sprache sind aus schriftlichen Texten unmittelbar zu entnehmen. Schriftliche Texte, insbesondere literarische, waren denn auch der hauptsächliche Gegenstandsbereich, mit dem sich Sprachwissenschaftler befaßten, es sei denn, sie produzierten die „Beispiele" für ihre Untersuchungen selbst nach Art von Ausschnitten aus schriftlichen Texten. WITTGENSTEINS (vgl. 1969) Überlegungen zum „Sprachspiel", BÜHLERS (vgl. 1934) Ausdifferenzierung von verschiedenen Funktionen von Sprache und vor allem AUSTINS programmatische Schrift „How to do things with words" (1962) sind Ausdruck einer Neubesinnung auf die Fülle und den Reichtum von Sprache und von ihren

Funktionen innerhalb der menschlichen Gesellschaft. Auf dem Hintergrund solcher theoretischer Bemühungen ist in den letzten zwei Jahrzehnten in verschiedenen Ländern eine neue Art, Linguistik zu betreiben, entstanden, die vor allem in der sogenannten linguistischen Pragmatik (Handlungslehre) konzentriert ist (vgl. SCHLIEBEN-LANGE 1979). Ein zentraler Bereich davon ist die Sprechhandlungsanalyse. Sie bezieht sich auf das Verhältnis von Sprache und Handeln. Unter dieser Fragestellung ist auch die Kommunikation in der Schule in den letzten Jahren häufiger untersucht worden. (Ergebnisberichte aus verschiedenen deutschen Projekten finden sich in EHLICH/REHBEIN - vgl. 1983.)

Anhand eines schulischen Beispiels sollen im folgenden wichtige Verfahrensweisen der Sprechhandlungsanalyse dargestellt werden.

Die Sprechhandlungsanalyse bezieht sich zunehmend mehr auf die konkrete, gesprochene Sprache. (Für einen Überblick über Verfahren der Analyse von gesprochener Sprache vgl. HENNE/REHBOCK 1982.) Diese wird mit Hilfe von mechanischen Aufnahmegeräten „vor Ort" aufgenommen und anschließend in einem meist recht arbeitsaufwendigen Prozeß verschriftlicht („transkribiert" - vgl. EHLICH/SWITALLA 1976, REDDER 1982). Das Beispiel (B1) gibt ein solches Transkript wieder, und zwar in einer weiter bearbeiteten Form, nämlich mit einer Einteilung in verschiedene kommunikative Einheiten oder „Segmente". (Die einzelnen Segmente werden in den Beispielen mit hochgestellten Ziffern [wie ^{1})], im Text mit „s 1" benannt.) An diesem „segmentierten Transkript" wird zunächst ein kommunikationstechnischer Aspekt beschrieben, der „turn-Apparat". Daran schließt sich die illokutive Analyse an, und zwar in zwei unterschiedlichen Formen. Schließlich wird der Bezug von sprachlichem Handeln und Institutionen, hier der Institution Schule, erörtert.

Beispiel 1 (B 1):

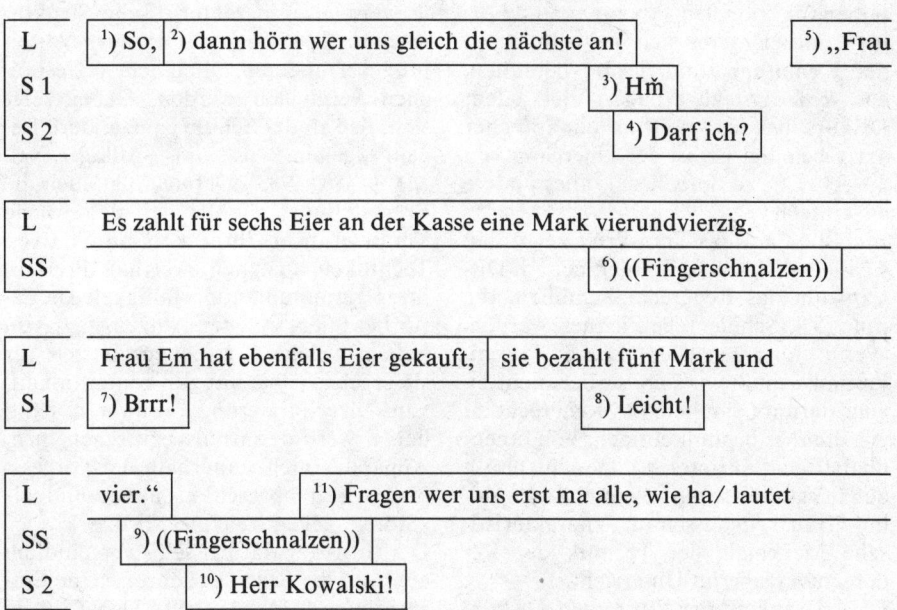

L	^{1}) So,	^{2}) dann hörn wer uns gleich die nächste an!		^{5}) „Frau
S 1			^{3}) Hm̌	
S 2			^{4}) Darf ich?	

L	Es zahlt für sechs Eier an der Kasse eine Mark vierundvierzig.
SS	^{6}) ((Fingerschnalzen))

L	Frau Em hat ebenfalls Eier gekauft,	sie bezahlt fünf Mark und
S 1	^{7}) Brrr!	^{8}) Leicht!

L	vier."	^{11}) Fragen wer uns erst ma alle, wie ha/ lautet
SS	^{9}) ((Fingerschnalzen))	
S 2	^{10}) Herr Kowalski!	

Sprechhandlungsanalyse

L	die Frage aus dieser Aufgabe?	((ca. 6 sec))		
S 1		12) Ej, hast du dat aufgeschrieben?		
S 2			13) Jä	

L	14) Andreas, keine Meinung?	15) ... Sabine!	
Sa			16) Für fünf Mark vier bekommt

L		17) Já,	18) laß uns (das) nur n bißchen anders
Sa	man gleich ix Eier?		

L	ausdrücken!	19) Gerlinde!	
G			20) Wieviel Eier bekommt sie für fünf Mark

L	21) Ganz genau!	So!	22)
G	vier?		

(Quelle: REDDER 1982, S. 103 f.)

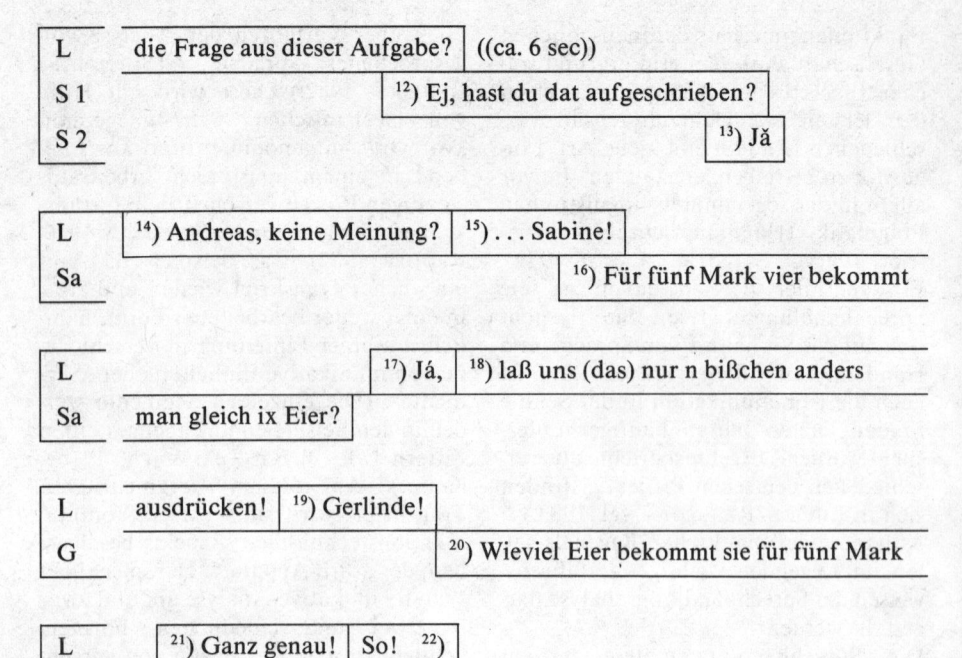

turn-Apparat. Eine Gruppe von Segmenten (s 4, s 6, s 9, s 10) gehört offenbar demselben funktionalen Typ zu: Es sind Formen, mittels derer sich Teilnehmer an der Kommunikation darum bemühen, das *Rederecht* zu erhalten. Bei jedem Diskurs, bei dem mehr als ein Sprecher aktiv beteiligt ist, ist der Übergang von Sprecher S_1 zu Sprecher S_2 alles andere als einfach.

Ein Blick auf das Transkript zeigt, daß sich lediglich solche Teilnehmer am Diskurs um das Rederecht bemühen, die mit „S" (Schüler) bezeichnet werden. Wenn hingegen der Lehrer „drankommt", müßte er sich vorher nicht eigens darum bemühen, das Rederecht zu erhalten; er beginnt einfach. Von einem analytisch-deskriptiven Gesichtspunkt aus zeigt schon so ein beliebig ausgewählter Transkriptausschnitt charakteristische Merkmale der Technik der Rederechtvergabe im Unterricht.

Das „Drankommen" in einem Diskurs (nicht allein in der Schule!) bezeichnet man mit dem englischen Ausdruck „turn". Die turn-Verteilung in der Schule weist also charakteristische Strukturen auf. Sie können mit der turn-Verteilung bei anderen, alltäglichen Gesprächen verglichen werden. Dabei zeigt sich, daß in der Schule ganz andere Regeln gelten als im Alltag (vgl. MAZELAND 1983). Daraus folgt auch die Fragestellung, wie Kinder sich solche Veränderungen ihrer kommunikativen Techniken aneignen, welchen Preis in ihrer Kommunikationsfähigkeit sie dafür bezahlen, welchen Nutzen sie davon haben, welche Konsequenzen sich für sie ergeben – bis hin zur kommunikativen Diskriminierung, wenn ein Kind den Erwerb des schulspezifischen turn-Apparates nicht innerhalb der vorgesehenen Zeit abgeschlossen hat und als „Störer" gekennzeichnet wird.

Der turn-Apparat hat selbstverständlich auch auf der Seite des Lehrers seine Entsprechung (s 14, s 15, s 19). Dabei ist die turn-Zuteilung häufig nicht allein die

Zuweisung des Rede*rechts*, sondern vielmehr die Zuweisung einer Rede*pflicht* (vgl. besonders s 14). Die turn-Verteilung im Unterricht regelt das Auftreten der Schüler im kommunikativen Handlungsraum. In der Schule ist der turn-Apparat nicht einfach ein neutrales Instrument, sondern direkter Ausdruck der schulischen Machtverhältnisse.

Illokutive Analyse. Die Äußerung s 2 kann als „*Selbstaufforderung*" beschrieben werden. Eine solche Beschreibung bezieht sich zwar auch auf den Inhalt der Äußerung, aber sie geht eigentlich darüber hinaus. Mit dem Wort „Aufforderung" wird eine Art von *Handlung* bezeichnet, die ein Sprecher ausführt. Man nennt diese Dimension von Sprache die Illokution. Jede sprachliche Äußerung weist eine spezifische Illokution auf, etwa *Versprechen* oder *Frage*. Eine komplexe Sprechhandlungsanalyse hat eine zentrale Aufgabe darin, die illokutive Struktur sprachlicher Handlungen zu bestimmen; denn in ihr sind die gesellschaftlich ausgearbeiteten wie die individuellen Zwecke des sprachlichen Handelns gebunden. Diejenige Analyse, die die Bestimmung der illokutiven Qualität von sprachlichen Handlungen zum Gegenstand hat, wird illokutive Analyse genannt. Zwei Formen sind dabei zu unterscheiden. Die erste, einfache illokutive Analyse versucht, einen Zuordnungsmechanismus zu finden, der jeder beliebigen sprachlichen Äußerung eine illokutive Beschreibung zuordnet (vgl. B 3). Dieses Verfahren ist, obwohl sein Ziel sich von den herkömmlichen sprachwissenschaftlichen Analysezielen unterscheidet, methodisch doch weitgehend orientiert an den Standards der traditionellen Sprachanalyse.
Die zweite, komplexe illokutive Analyse sieht die illokutive Qualität von Äußerungen als Teil ihres allgemeinen Handlungscharakters. Sie fragt: Welche sprachlichen Handlungsformen stehen den Sprechern einer Sprache zur Verfügung; welche Funktionen nehmen diese Formen wahr, und für welche Zwecke wurden sie gesellschaftlich entwickelt und individuell angeeignet? Eine solche Fragestellung beschränkt sich nicht auf die methodischen Vorgaben der traditionellen Sprachanalyse, sondern versucht, Sprachanalyse als Teil einer Gesellschaftsanalyse zu verstehen. Aus der allgemeinen Analyse menschlicher Handlungen lernt sie, daß häufig das, was an der Oberfläche sichtbar ist, noch keineswegs auch die Wahrheit über die Erscheinung zur Geltung kommen läßt, daß vielmehr die Oberflächenerscheinungen (zum Beispiel die konkreten Äußerungen) oft von einer Vielzahl von Bedingungen und Strukturen hervorgebracht werden, die erst durch sorgfältige Analyse deutlich werden können. Diese Analyse sprachlicher Handlungen versucht also zugleich, deren Zusammenhang und Stellenwert innerhalb größerer sozialer Umgebungen zu erkennen. Schuldiskurse sieht sie beispielsweise als Diskurse innerhalb einer Institution an, die ganz spezifische Bedingungen für die Kommunikation etabliert und die Unterordnung der sprachlich Handelnden unter diese Bedingungen verlangt. Die Kommunikation verläuft nach dieser Auffassung in Mustern, die die Handelnden aktualisieren, und die Sprechhandlungsanalyse hat die Aufgabe, die illokutiven Muster herauszuarbeiten und ihre Verwendungen zu beschreiben.

Transkriptvereinfachung. Die verschiedenen Segmente in (B 1) haben sehr unterschiedlichen Charakter und Stellenwert:
- s 6, s 9 und s 10 sind Äußerungen, die zur turn-Zuteilung führen sollen,
- s 14, s 15 und s 19 sind Äußerungen, mit denen der turn zugeteilt oder auch oktroyiert wird,
- s 2 hat es mit der Eingliederung des ganzen Abschnittes in ein größeres Gefüge zu tun,

Sprechhandlungsanalyse

- s1 und s22 („so") erweisen sich als Schaltelemente zwischen verschiedenen Abschnitten.
- Der Hauptteil des Abschnitts umfaßt die Segmente (s3, s4) s5, (s7, s8) s11, s16, s17, s18, s20, s21. Die meisten dieser Äußerungen verteilen sich systematisch auf zwei Sprechergruppen: eine, die nur ein einziges Mitglied, den Lehrer, hat und eine mit mehreren Mitgliedern, den Schülern. Dies läßt sich so darstellen:

(B 2):

L	S
„Frau Es zahlt für sechs Eier an der Kasse eine Mark vierundvierzig. (s 5a) Frau Em hat ebenfalls Eier gekauft, (s 5b) sie bezahlt fünf Mark und vier." (s 5c) Fragen wer uns erst ma alle, wie lautet die Frage dieser Aufgabe? (s 11)	
	Für fünf Mark vier bekommt man gleich ix Eier? (s 16)
Já, (s 17) laß uns das nur n bißchen anders ausdrücken! (s 18)	
	Wieviel Eier bekommt sie für fünf Mark vier? (s 20)
Ganz genau! (s 21)	

(B2) weist eine *Anordnung* auf, die sich vom segmentierten Transkript (B1) unterscheidet. Außerdem ist (B2) gegenüber (B1) vereinfacht oder „gereinigt". Die Vereinfachung dient also einer schärferen Konturierung bestimmter Aspekte – sie bedeutet aber immer auch eine Verarmung und Reduktion gegenüber den im originären Transkript enthaltenen Informationen.

Sprechhandlungssequenzen. Das gereinigte Transkript (B2) läßt eine kommunikative Struktur des Stundenausschnitts deutlich werden: Es handelt sich um eine Abfolge sprachlicher Handlungen, die in offenbar *systematisch bedingtem Wechsel* stattfindet. Daß die Verteilung der Äußerungen auf die zwei Sprechergruppen nicht beliebig ist, läßt sich leicht durch eine Vertauschungsoperation der Sprechersiglen feststellen, indem L durch S und S durch L ersetzt wird.

Eine Abfolge sprachlicher Handlungen, die systematisch bedingten Sprecherwechsel aufweist, wird Sprechhandlungssequenz genannt. (Der Ausdruck „Sequenz" wird in der Literatur zum Teil auch pauschal für *alle* Formen von Abfolgen verwendet.)

In der Abfolge als solcher ist jedes Segment durch ein Vorher und ein Nachher gegenüber anderen Segmenten bestimmt. Insofern sind alle Segmente einander gleich. Systematisch gesehen liegen die Dinge jedoch nicht so einfach: Der Übergang von s5a zu s5b oder von s5c zu s11 ist ein anderer als der Übergang von s11 zu s16. Andererseits ist die Beziehung von s16 zu s20 eine andere als die von s20 zu s21. s16 und s20 weisen große Parallelitäten auf – die im Widerspruch zu ihrem einfachen zeitlichen Nacheinander stehen. Beide Sprechhandlungen haben denselben Stellenwert, sie sind zwei Äußerungen, die systematisch an ein und derselben Stelle stehen.

Die illokutive Qualität von Äußerungen. Um die Unterschiede und Gemeinsamkeiten der verschiedenen Äußerungen genauer zu bestimmen, helfen die einfache Paraphrase oder das bloße Zitat aus dem Transkript oder seine neue Anordnung nicht mehr weiter. Vielmehr ist eine neue kategoriale Dimension erforderlich: Die illokutive Qualität der einzelnen Segmente muß bestimmt werden.

Dies geschieht im folgenden Beispiel nach Art der Zuordnungsverfahren, wie sie in der einfachen Form der illokutiven Analyse gebraucht werden.

(B 3):

Segment	illokutiver Typ	illokutiver Indikator, illokutives Merkmal
s 5a	Assertion	Aussagesatzform
s 5b	Assertion	Aussagesatzform
s 5c	Assertion	Aussagesatzform
s 11	Frage oder Selbstaufforderung	illokutive Selbstqualifizierung „fragen" 1. pl., Inversion plus fallende Intonation
s 16	Assertion? Frage?	Aussagesatzform Frageintonation
s 17	?	?
s 18	Aufforderung	Kohortativ
s 20	Frage	Frageintonation
s 21	Zustimmung	propositionaler Gehalt plus Ausrufform

Die Schwierigkeiten dieses Verfahrens liegen darin begründet, daß es nur selten möglich ist, die Zuordnung von Illokutionsbeschreibungen zu Äußerungen *an sich* vorzunehmen. Vielmehr ist die Bestimmung der illokutiven Qualität Teil eines hermeneutischen Prozesses: Die jeweiligen Interpretationen einer Äußerung bestimmen das Verständnis der anderen Äußerungen mit, dieses wirkt wieder auf die Interpretation der ersten Äußerung zurück und so weiter. In die Bestimmung der illokutiven Kraft einer Sprechhandlung geht also die analytische Gesamtleistung mit ein, und erst wenn diese zu einem gewissen Abschluß gebracht worden ist, ist jene hinreichend deutlich, und umgekehrt. Betrachten wir ein Beispiel: s 11 („Fragen wer uns erst ma alle, wie lautet die Frage aus dieser Aufgabe?"). s 11 erscheint auf den ersten Blick als Frage. Tatsächlich fragt L aber nicht; er will nur etwas erreichen, was gemeinhin durch eine Frage beim Adressaten ausgelöst wird, nämlich eine bestimmte mentale Aktivität, und zwar nicht bei allen, auf die er sich mit „wer" bezieht, sondern lediglich bei den Schülern. *Sie* sollen bestimmen, wie „die Frage aus dieser Aufgabe" lautet. Mit s 11 stellt der Lehrer den Schülern also in Wirklichkeit eine *Aufgabe*. Die Aufgabenstellung hat einen bestimmten propositio-

Sprechhandlungsanalyse

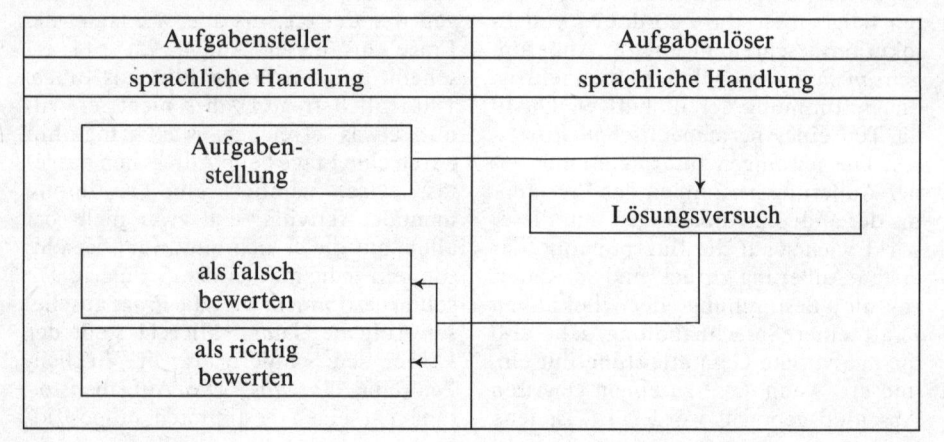

nalen Gehalt. Dieser propositionale Gehalt von s11 kann zugleich zur weiteren Analyse von s5 herangezogen werden. Er weist nämlich der Äußerung s5 explizit eine spezifische illokutive Qualität zu: auch s5 ist eine *Aufgabe*.

Sprachliche Handlungsmuster. Der illokutive Typ der *Aufgabenstellung* verlangt normalerweise eine feste Fortsetzung auf der Seite des Angesprochenen. Darin liegt gerade der Zweck der *Aufgabenstellung*, den anderen vermittels der sprachlichen Handlung zur Ausführung von Tätigkeiten zu bewegen, die er nicht ohnehin tun würde, nämlich dazu, die Lösung zu finden und zu verbalisieren. Darin unterscheidet sich die *Aufgabenstellung* etwa von der *Mitteilung* oder dem *Dank*, denen sich keine Abschlußhandlung des Angeredeten systematisch anzuschließen braucht.

Aufgabenstellen und *Lösung-Verbalisieren* sind also zwei Sprechhandlungen, die eng aufeinander bezogen sind. Sie bilden zusammen ein komplexes sprachliches Handlungsmuster, das mindestens diese zwei einzelnen sprachlichen Handlungen umfaßt. (Auch diese können wiederum als Muster angesehen werden.) Das sprachliche Handlungsmuster ist eine gesellschaftlich erarbeitete Handlungsform, die der Bearbeitung von Zwecken dient, welche immer neu aktuell werden.

s16 und s20 erweisen sich nun unschwer als sprachliche Handlungen, die die Position des *Lösungs-Verbalisierens* einnehmen. Genauer: beide sind *Lösungsversuche*, s16 ein nicht ganz gelingender, s20 ein gelingender. Weil s16 nicht ganz gelingt, ist der Zweck des Musters nicht erreicht, und das Muster wird ein weiteres mal „abgearbeitet".

Da der Lehrer bestimmt, was richtig oder falsch ist, also was als Lösung gilt oder nicht, enthält das *Aufgabe-Lösungs-Muster* in der Schule eine weitere Position, nämlich die der *Bewertung*. Diese wird zweimal realisiert: in s17 und in s21. (Man könnte übrigens Argumente dafür anführen, daß mit s17 das Muster einmal erfolgreich durchlaufen wäre und daß mit s18 eine neue Aufgabenstellung erfolgt. Ob dies wirklich der Fall ist oder ob s17 in Verbindung mit s18 eine Nicht-Anerkennung des Lösungsversuchs ausdrückt, hängt von der internatorischen Struktur des „ja" ab.)

Die elementaren Strukturen des *Aufgabe-Lösungs-Musters* können nun dargestellt werden:

(B 4):

Aufgabensteller	Aufgabenlöser
sprachliche Handlung	sprachliche Handlung
Aufgabenstellung →	
	Lösungsversuch
als falsch bewerten ←	
als richtig bewerten ←	

Sprechhandlungsanalyse

Wenn der propositionale Gehalt der Bewertung „falsch" lautet, so beginnt die ganze Abfolge von neuem, so daß das Muster so verbessert werden kann:

(B 5):

Aufgabensteller	Aufgabenlöser
sprachliche Handlung	sprachliche Handlung
Aufgabenstellung → Lösungsversuch	
als falsch bewerten ←	
als richtig bewerten ←	

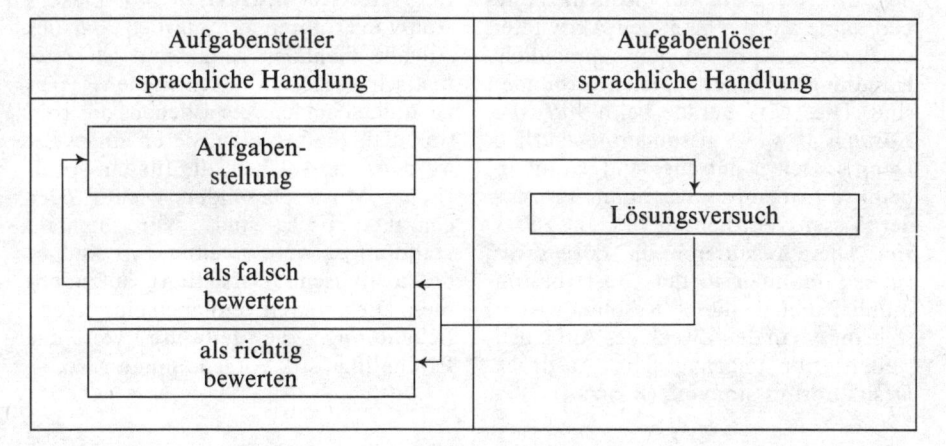

Die konkreten Äußerungen lassen sich nun unschwer dem Handlungsmuster zuordnen:

(B 6):

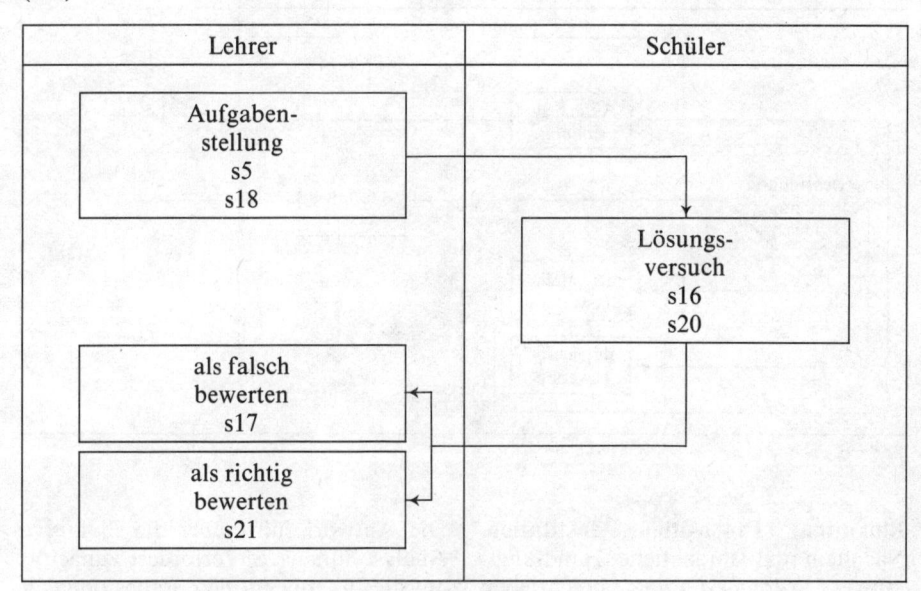

Lehrer	Schüler
Aufgabenstellung s5 s18	Lösungsversuch s16 s20
als falsch bewerten s17	
als richtig bewerten s21	

Diese Darstellung zeigt uns die Struktur der sprachlichen Handlungsabläufe in Beispiel (B1) – und macht deutlich, daß das Beispiel in der Tat Beispiel für eine allgemeinere Handlungsstruktur ist.

533

Sprechhandlungsanalyse

Die mentale Dimension. (B5) gibt die sprachlichen Handlungen und die systematischen Abfolgebeziehungen wieder, die innerhalb der Sequenz bestehen, ohne auf die mentalen Aktivitäten einzugehen, mit denen sprachliche Handlungen immer zugleich verbunden sind. Dies wird gerade beim *Aufgabe-Lösungs-Muster* besonders deutlich. Denn es zielt ja entscheidend darauf ab, beim Aufgabenlöser bestimmte Prozesse der Wissensverarbeitung in Gang zu setzen. Diese resultieren im *Lösungsversuch*. Gibt man in der Musterbestimmung lediglich dieses Resultat wieder, so bringt man den Zweck des Aufgabenstellens nur ungenau zum Ausdruck. Deshalb ist es sinnvoll, (B5) zu (B7) zu erweitern. Selbstverständlich sind die mentalen Vorgänge nicht unmittelbar sinnlich wahrnehmbar. Deshalb sind für ihre Rekonstruktion komplexere Analyseverfahren erforderlich. Bei der Angabe mentaler Tätigkeiten ist systematisch zwischen verschiedenen Typen zu unterscheiden, etwa denen, die routinemäßig beim Verbalisieren eingesetzt werden, und solchen, die für ein spezifisches Muster besonders wichtig oder charakteristisch sind. Nur mentale Handlungen vom zweiten Typ sind in die analytische Darstellung aufzunehmen. Die anderen verdienen eine eigene Behandlung, die teilweise von der Psycholinguistik vorgenommen wird.

(B 7):

Aufgabensteller		Aufgabenlöser	
mentale Tätigkeit	sprachliche Handlung	sprachliche Handlung	mentale Tätigkeit

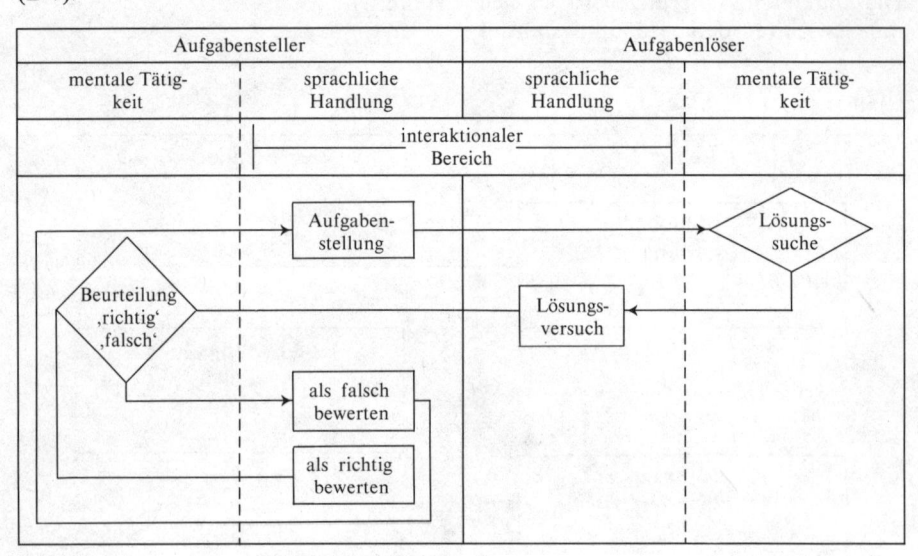

interaktionaler Bereich

- Aufgabenstellung
- Lösungssuche
- Beurteilung ‚richtig' ‚falsch'
- Lösungsversuch
- als falsch bewerten
- als richtig bewerten

Illokution, Proposition, Institution. Nachdem das sprachliche Handlungsmuster *Aufgabe-Lösung* beschrieben wurde, kann die Frage aufgenommen werden, wieso Teile von ihm in (B1) gleich zweimal hintereinander vorkommen. Die Antwort führt über die illokutive Analyse hinaus. Sie erfordert zunächst, auf die Inhalte, auf den propositionalen Gehalt, einzugehen. Illokutive wie propositionale Struktur sind bezogen auf institutionelle Zwecke und Besonderheiten. Sie dienen der Bearbeitung gesell-

schaftlicher Probleme, hier des Widerspruchs von Praxisferne der wissensvermittelnden Institution Schule und dem Alltagswissen der Schüler.
Mit s11 beginnt eine Realisierung des Musters *Aufgabe-Lösung,* mit s21 endet sie. Diese Realisierung ist eingelagert in eine andere Aufgabenstellung, nämlich s5, die Aufgabenstellung (a) genannt werden soll. Aufgabenstellung s11 soll dagegen als Aufgabenstellung (b) bezeichnet werden.
Aufgabenstellung (a) hat ein mathematisches Problem zum Thema. Aufgabenstellung (b) unterscheidet sich davon. Die Aufgabe dient der Klarstellung einer Aufgabe, oder, anders gesagt, sie ist eine sprachliche Aufgabe: Die Schüler sollen in der Assertionsverkettung eine darin selbst nicht genannte Frage identifizieren und verbalisieren. Die Schüler sollen also eine Umformulierung von s5 vornehmen, um die Aufgabenstellung von (a) schärfer herauszuarbeiten. Wieso ist das aber schwierig, wieso ist es eine Aufgabe eigener Art? Die Antwort ergibt sich aus der Lösung von Aufgabe (b), nämlich aus s20, dem Lösungsversuch, der die Zustimmung des Lehrers findet. s20 unterscheidet sich charakteristisch von s5.
s20 hat nämlich die Form einer rechnerischen Gleichsetzung:
5,04 DM entsprechen × Eiern
oder
5,04 a = × b
Erst in dieser Form ist der Aufgabentyp deutlich. Was liegt demgegenüber aber in s5 vor? Nähme man s5 für sich, wäre keineswegs sicher, daß es sich um eine Aufgabenstellung handelt. Die drei Untereinheiten s5a, s5b und s5c könnten auch ganz anders weiterentwickelt werden, zum Beispiel zu einer kleinen Alltagserzählung. Daraus wird der unterschiedliche Status von Aufgabenstellung (a) gegenüber Aufgabenstellung (b) deutlich. (a) gibt sich als „Bericht aus dem Alltagsleben".
Die mathematische Aufgabenstruktur ist eingekleidet in die Form eines alltäglichen Vorfalls. Die mathematische Aufgabe tritt als Ausschnitt aus dem „wirklichen Leben" auf. Damit wird an das alltägliche Handlungswissen der Kinder angeknüpft. Nicht die relativ abstrakte mathematische Struktur, sondern eine konkrete alltägliche Erfahrung wird vorgegeben. Diese Vorgabe könnte eine Antwort der eigentlichen Aufgabensteller, der Schulbuchverfasser, auf die Praxisferne der Schule gegenüber der alltäglichen Wirklichkeit sein. Sie könnte auch einen didaktischen Zweck verfolgen, nämlich, deutlich zu machen, daß in alltäglichen Situationen mathematische Aufgabenstrukturen verborgen sein können, die herauszufinden sich lohnt und die durch die Anwendung mathematischer Kenntnisse (hier des Dreisatzes) gelöst werden können.
Die unterrichtspraktische Umsetzung stimmt damit jedoch nicht umstandslos überein. Die Behandlung der Aufgabe „aus dem Leben" vollzieht sich vielmehr gerade über den Schritt einer Transformation zur Aufgabe aus dem Mathematikunterricht. Die Aufgabenstellung (b) besagt ja: bevor die Schüler sich der Aufgabe (a) inhaltlich zuwenden können, müssen sie die mathematische Form aus der „alltäglichen" entwickeln. Auch dieser Umsetzungsprozeß *kann* als sinnvoller didaktischer Schritt gelten – solange den Schülern daran deutlich wird, wie sie die mathematischen Kenntnisse in die Alltagswelt übertragen können, indem sie *dort* den hier, im Unterricht, ausgeführten Schritt praktizieren.
Doch weist die Gesamtstruktur sowohl dieses Falles – wie der weiteren innerhalb dieser Stunde – in eine andere Richtung. Die Überführung von (a) zu (b) bekommt angesichts ihrer Häufigkeit in der Stunde und angesichts des Umgehens mit der „alltagsweltlichen" Aufgabe bei der Behandlung einen Untersinn. An das zitierte Beispiel (B1) schließen sich 8 Minuten Unterrichtsdiskurs rein

Sprechhandlungsanalyse

mathematisch-rechnerischen Charakters an. In ihnen ist noch *einmal* vom „Ei" die Rede, sonst geht es nur um Zahlen. Betrachtet man das Verhältnis von Aufgabe (a) und dem, was folgt, so frappiert die Ungleichgewichtigkeit zwischen beiden Teilen. Aufgabe (a) wird sozusagen zur Vorschaltung vor die – vom Arbeitsaufwand her gesehen – eigentliche Aufgabe, die rein mathematische. Die Bezüge zum Alltag erweisen sich – nachdem Aufgabe (b) einmal gelöst ist, die mathematische Form also zur Verfügung steht – als zumindest gleichgültig, wenn nicht gar als ausgesprochen störend, als Zutat, die den bearbeitungsfähigen Aufgabenstrukturen hindernd im Weg steht. Was vielleicht als Einkleidung in Alltägliches dazu bezweckt war, die Aufgabe „schmackhaft" zu machen (ihr Motivationskraft zu verleihen), erscheint demnach als Verschlüsselung, die rückgängig gemacht werden muß, um an die schulgemäße Aufgabe überhaupt erst heranzukommen. Diese Entschlüsselungsleistung ist die „Aufgabe in der Aufgabe", Aufgabe (b). Vom Resultat, der Lösung (b) und den folgenden acht Minuten Rechnen her, erweist sich die Umformulierung von s5 zu s20 als ein komplexer Prozeß, in dessen Verlauf eine relativ wirklichkeitsferne, „nackte", schulische Form hergestellt wird.

Diese Analyse läßt selbstverständlich die Frage aufkommen, wie die Gesamtlösung nach den acht Minuten aussieht. Da es bei der Unterrichtsstunde um die Besprechung einer Klassenarbeit geht, ist ein Nachdruck auf der richtigen sprachlichen Form zu vermuten.

In der Tat versucht der Lehrer, von der rechen-internen Aufgabe wieder zur ursprünglichen Textaufgabe zurückzukommen (B8).

Der Übergang, der zwischen s1, s20 beziehungsweise s22 in (B8) liegt, illustriert deutlich die Schwierigkeiten, die eben herausgearbeitet wurden.

Mit s3 bezieht L sich auf die Aufgabe (a). Er tut dies aber in einer Weise, die den unterrichts*internen* Charakter der Formulierung von (a) deutlich werden läßt: es geht darum, den „Schlußsatz" zu finden. Rechenaufgaben haben, so steht im Hintergrund, eine feste Form mit einem Schlußsatz. Diese Form ist gleichgültig gegen den Inhalt, gegen die All-

Beispiel 2 (B 8):

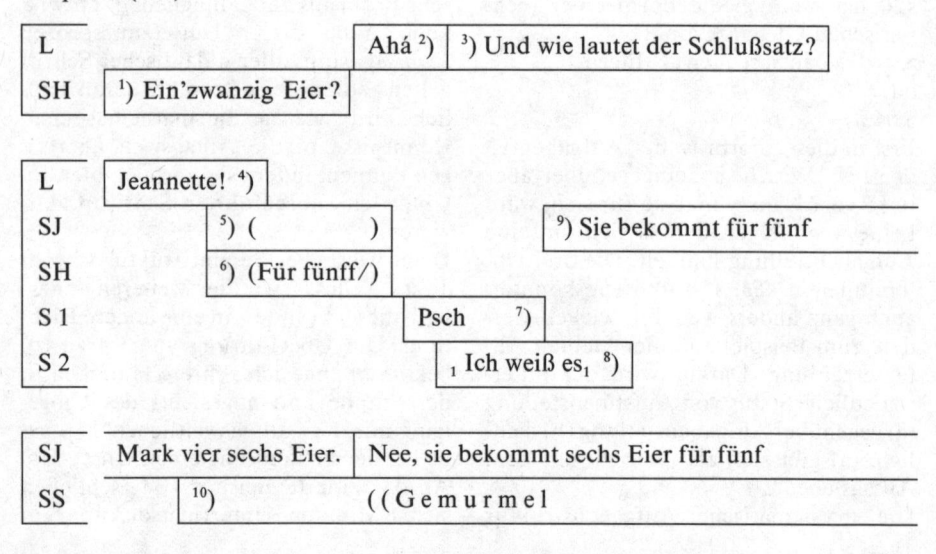

L			Ahá [2])	[3]) Und wie lautet der Schlußsatz?
SH	[1]) Ein'zwanzig Eier?			

L	Jeannette! [4])			
SJ		[5]) ( )		[9]) Sie bekommt für fünf
SH		[6]) (Für fünff/)		
S 1			Psch [7])	
S 2			₁ Ich weiß es₁ [8])	

SJ	Mark vier sechs Eier.	Nee, sie bekommt sechs Eier für fünf
SS	[10])	((G e m u r m e l

Sprechhandlungsanalyse

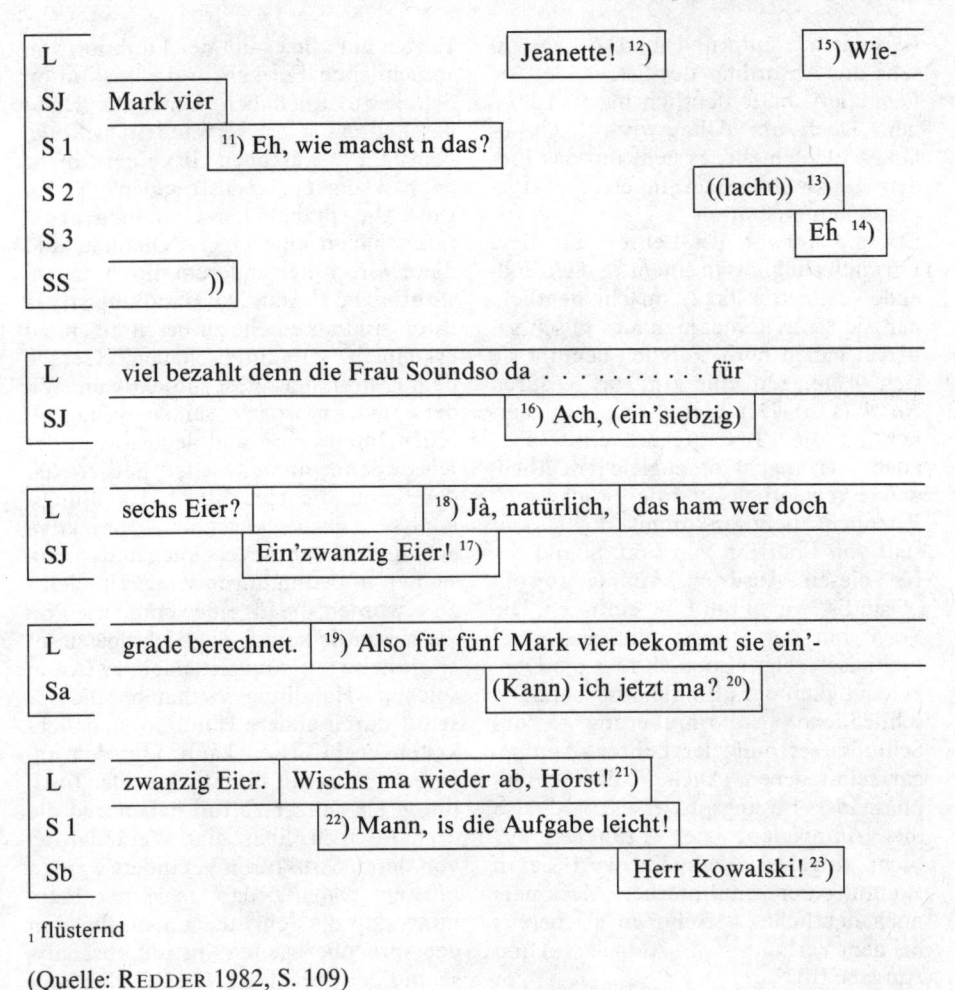

L		Jeanette! [12]	[15] Wie-
SJ	Mark vier		
S 1	[11] Eh, wie machst n das?		
S 2		((lacht)) [13]	
S 3			Eñ [14]
SS	))		

L	viel bezahlt denn die Frau Soundso da . . . . für
SJ	[16] Ach, (ein'siebzig)

L	sechs Eier?	[18] Jà, natürlich,	das ham wer doch
SJ		Ein'zwanzig Eier! [17]	

L	grade berechnet.	[19] Also für fünf Mark vier bekommt sie ein'-
Sa		(Kann) ich jetzt ma? [20]

L	zwanzig Eier.	Wischs ma wieder ab, Horst! [21]	
S 1		[22] Mann, is die Aufgabe leicht!	
Sb			Herr Kowalski! [23]

₁ flüsternd

(Quelle: REDDER 1982, S. 109)

tagserfahrung der Kinder. Es kommt darauf an, die Formulierung zu finden, die der schulischen Form entspricht. Jeanette bewegt sich in ihrer Antwort auf diesem vorgegebenen Terrain – allerdings vergeblich. Sie bietet zwei „Kandidaten" als Lösung an. Beide scheinen ihren Anforderungen zunächst zu genügen – es sind eben wieder „Einkleidungen" des Satzes „x ist gleich y". Als das Gemurmel der anderen Schüler ihr zu verstehen gibt, daß s 9a nicht stimmt, versucht sie es mit einer anderen Form; beide sind letztlich beliebig – und enthalten als Resultat eine Verschmelzung der beiden Angaben aus der Aufgabenstellung (a). Dort hatte es geheißen: „Frau Es zahlt für sechs Eier ... eine Mark vierundvierzig. Frau Em ... bezahlt fünf Mark und vier" (s 5 in B 1). Jeanette wandelt die Struktur von „bezahlen für" um zu „bekommen für", nimmt als Thema-Teil das Thema des zweiten Satzes, als Rhema-Teil (als „Satzaussage") hingegen das Rhema des ersten Satzes. Eine Überschlagsrechnung im Kopf hätte ihr zeigen können, daß das Ei nun beinahe eine Mark kostet – was ihr möglicherweise gerade aufgrund ihres Alltagswissens die Absurdität des Satzes, den sie formuliert, hätte deutlich machen können. Doch um Alltagswissen geht es längst nicht mehr, es geht um das Finden des Schlußsatzes in einer mathematischen Operation.

Erst die Antwort des Lehrers auf diese Formulierung, das in einem Seufzen endende „Jeanette" (s12), macht deutlich, daß sie etwas Fundamentales falsch gemacht haben muß. Folglich bemüht sie sich weiter um eine Antwort – durch *Raten* (s16). Der Lehrer geht nun stärker auf die „Textaufgabe" ein – aber auch hier macht er zugleich deutlich, daß es eigentlich auf die „konkreten" Personen nicht ankommt. Er spricht statt von Frau Em von Frau Soundso – für diesen Ausdruck könnte sowohl „Frau Es" wie „Frau Em" eintreten. Die Form mit der Unbestimmtheitsformel „soundso" zeigt also auch hier die Doppeldeutigkeit der „Einkleidung" an. Die schließliche Formulierung des Schlußsatzes muß der Lehrer dann sogar selbst geben. Auch in der Schlußphase des Lösungsprozesses wird also die Ambivalenz der „Einkleidung" nicht aufgelöst. Vielmehr wird sie in Richtung der schulinternen Merkmale noch deutlicher verschoben als bereits bei dem Verhältnis von Aufgabe (a) und Aufgabe (b).

Das Beispiel (B1)/(B8) wirft eine Reihe Fragen auf, die es mit der Funktion von sprachlichen Formen in der Institution Schule zu tun haben. Unter der Hand des Lehrers selbst verwandeln sich „lebensnahe" Aufgaben in einen mehr oder weniger „lebensfremden" Schulstoff. Die sprachlichen Handlungsstrukturen haben eine eigene Qualität, und diese wird unter anderem durch die Institution bestimmt. Die Handlungsstrukturen sind als solche zu beschreiben, zu erkennen, zu durchschauen. Gerade dem Lehrer, der selbst subjektiv am Widerspruch zwischen seinen pädagogischen Intentionen und dem, was in der Klasse dann „immer wieder" passiert, leidet, kann die sprachliche Handlungsanalyse dazu verhelfen, objektive Schwierigkeiten zu verstehen und so Einsichten in Bedingungen seines Handelns zu gewinnen, die für eine veränderte Praxis wesentlich sind. Zugleich aber lernt er, präzise zu unterscheiden zwischen solchen Handlungsresultaten, die er selbst durch andere Handlungsmöglichkeiten beeinflussen kann, und den anderen, die es mit der Struktur der Institution als ganzer zu tun haben und die deshalb auch über eine Veränderung von deren Strukturen verändert werden müssen. Dabei bedarf es keiner Betonung, daß die Schritte sinnvoll nur von der sprachbezogenen Institutionsanalyse und den sprachlich Handelnden kooperativ vollzogen werden können.

AUSTIN, J.: How to Do Things with Words, hg. v. J.O. Urmson/M. Sbisâ, Oxford 1962. BÜHLER, K.: Sprachtheorie, Jena 1934. EHLICH, K./REHBEIN, J.: Sprachliche Handlungsmuster. In: SOEFFNER, H.-G. (Hg.): Interpretative Verfahren in den Sozial- und Textwissenschaften, Stuttgart 1979, S. 243 ff. EHLICH, K./REHBEIN, J. (Hg.): Kommunikation in Schule und Hochschule. Linguistische und ethnomethodologische Analysen, Tübingen 1983. EHLICH, K./SWITALLA, B.: Transkriptionssysteme – Eine exemplarische Übersicht. In: Stud. Ling. (1976), 2, S. 78 ff. GARFINKEL, H.: Studies in Ethnomethodology, Englewood Cliffs (N.J.) 1967. HENNE, H./REHBOCK, H.: Einführung in die Gesprächsanalyse, Berlin/New York [2]1982. MALINOWSKI, B.: Argonauten des westlichen Pazifik, Frankfurt/M. 1979. MAZELAND, H.: Sprecherwechsel in der Schule. In: EHLICH, K./REHBEIN, J. (Hg.): Kommunikation..., Tübingen 1983, S. 77 ff. REDDER, A. (Hg.): Schulstunden 1. Transkripte, Tübingen 1982. SCHLIEBEN-LANGE, B.: Linguistische Pragmatik, Stuttgart [2]1979. WITTGENSTEIN, L.: Schriften 1. Philosophische Untersuchungen, Frankfurt/M. 1969.

Konrad Ehlich

Statistik, beschreibende

Vorbemerkungen. Die Ausgangssituation für die Verwendung von Verfahren der beschreibenden oder deskriptiven Statistik läßt sich formal in folgender Weise kennzeichnen: Ein Forscher verfolgt eine ihn interessierende Fragestellung in der Weise, daß er bei einer Stichprobe von n Objekten (Stichprobenumfang n) eine empirische Untersuchung durchführt, in der für jedes Objekt i (i = 1, ..., n) m Merkmale (Variablen) erhoben werden. Im einfachsten Fall (m = 1) liegen nach der Untersuchung 1m Meßwerte x_{ij} vor, im allgemeinen Fall sind es mn. Die Meßwerte x_{ij} lassen sich zu einer Datenmatrix zusammenfassen, aus der dann eindimensionale (m = 1), zweidimensionale (m = 2) usw. Häufigkeitsverteilungen gewonnen werden. Das Problem des Forschers besteht nun darin, die Gesamtheit dieser (mn) Meßwerte zu einer Maßzahl zu bündeln, zu verdichten, die die gesamte Stichprobe bezüglich der verfolgten Fragestellung kennzeichnet. Solche Maßzahlen werden *Stichprobenparameter, Statistiken* oder *Kennwerte* genannt.

Die Auswahl eines Parameters hängt zusätzlich zur Fragestellung des Forschers noch von der Qualität des Meßprozesses, vom *Meßniveau* ab. Dabei werden qualitative, komparative und quantitative Merkmale unterschieden. Bei den qualitativen oder klassifikatorischen Variablen wie zum Beispiel bei dem Merkmal Geschlecht mit den beiden Ausprägungen männlich und weiblich besteht nur die Möglichkeit, die einzelnen Objekte entsprechend ihren Merkmalsausprägungen zu klassifizieren. Man spricht in diesem Fall von einem nominalen Meßniveau. Bei komparativen Merkmalen besteht zusätzlich die Möglichkeit, die Objekte entsprechend der Intensität der vorliegenden Merkmalsausprägung in eine Rangreihe zu bringen. Betrachtet man zum Beispiel in einer Schulklasse das Merkmal Schulleistung in Deutsch mit den Ausprägungen sehr gut, gut und so weiter bis ungenügend, so lassen sich hier die Objekte nicht nur klassifizieren, sondern es lassen sich auch Ordnungsbeziehungen im Sinne einer „Größer-Kleiner-Relation" interpretieren. So hat der Schüler A mit der Note gut eine bessere Deutschleistung als der Schüler B mit der Note ausreichend. In solchen Fällen spricht man von einem ordinalen Meßniveau. Bei diesem Meßniveau existiert zwar eine interpretierbare Größer-Kleiner-Beziehung zwischen unterschiedlichen Meßwerten, ohne daß jedoch von Abständen oder Differenzen zwischen verschiedenen Merkmalsausprägungen gesprochen werden kann. Ist zusätzlich aber auch noch dieses möglich wie etwa bei dem Merkmal Zeit mit den Ausprägungen Minuten, so spricht man von quantitativen Merkmalen. Das entsprechende Meßniveau heißt, je nachdem, ob der Merkmalsausprägung 0 eine empirische Bedeutung zukommt – absoluter Nullpunkt; 0 kg bedeutet keine Masse – oder ob dieses nicht der Fall ist – relativer Nullpunkt; zum Beispiel 0°C bedeuten nicht „keine" Temperatur, sondern eine Temperatur von 0° – Verhältnismeßniveau oder Intervallmeßniveau. Die Meßniveaus sind in der Reihenfolge nominal, ordinal, intervall und verhältnis kumulativ aufgebaut. Jedes nachfolgende Meßniveau enthält mehr Informationen als jedes vorhergehende. Bei der statistischen Verarbeitung der Häufigkeiten von Merkmalsausprägungen ist es möglich, Daten so zu behandeln, als seien sie auf einem niedrigeren Niveau gemessen; die Umkehrung jedoch ist unzulässig. So darf – mit Informationsverlust – zwar beim Intervallmeßniveau ein Median (siehe unten) berechnet werden, nicht aber bei ordinalem Meßniveau ein arithmetischer Mittelwert.

Die Aufgabe der beschreibenden Statistik läßt sich somit in folgender Weise kennzeichnen: Sie bietet dem Benutzer in Abhängigkeit von der Fragestellung

Statistik, beschreibende

und dem Meßniveau der Variablen Konzepte und Verfahren zur Berechnung von Stichprobenparametern an. Sie hilft bei einer gezielten Beschreibung aller erhobenen Daten mit Hilfe eines oder weniger Parameter. Diese Parameter lassen sich in Abhängigkeit von der formalen Fragestellung zu Parametergruppen bündeln, die im folgenden für ein- und zweidimensionale Fragestellungen (m = 1, m = 2) dargestellt werden sollen.

Eindimensionale Verteilungen. *Lokalisationsparameter* ermöglichen eine Antwort auf die Fragestellung, auf welchen Punkt der Meßwertachse (auf welche Merkmalsausprägung) das Verteilungsschwergewicht der n Meßwerte x_i konzentriert ist. Umgangssprachlich werden Formulierungen wie „durchschnittlich" oder „im Mittel" verwendet. Zum Beispiel: Wie groß sind die durchschnittlichen Ausgaben für den Bereich Bildung in Vierpersonenhaushalten? Wie groß ist die mittlere Fehlerzahl in einem Diktat? Die wichtigsten Lokalisationsparameter sind der arithmetische Mittelwert $\bar{x}$, der Median (Mdn) oder Zentralwert Z und der Modalwert Mod.

Der *arithmetische Mittelwert* $\bar{x}$ ist definiert als die Summe aller Meßwerte x_i dividiert durch deren Anzahl n:

$$\bar{x} = \frac{1}{n} \sum_{i=1}^{n} x_i$$

Bildlich betrachtet ist $\bar{x}$ der Punkt der Meßwertachse (Merkmalsachse), in dem die Verteilung aller Stichprobenmeßwerte unterstützt werden müßte, um im Gleichgewicht zu sein. Wenn es sich um eine quantitative Variable handelt, ist $\bar{x}$ insbesondere bei unimodalen und symmetrischen Verteilungen der angemessene Lokalisationsparameter.

Der *Median* oder *Zentralwert* ist definiert als der Punkt der Meßwertachse, oberhalb dessen und unterhalb dessen jeweils die Hälfte (0,5 oder 50%) der n Meßwerte liegen. In einfachen Fällen wird er durch Auszählen bei den nach ihrer Größe geordneten Meßwerten (Rangreihe) ermittelt. Bildlich betrachtet ist bei einer Verteilungskurve der Median der Punkt der Meßwertachse, oberhalb dessen ($x_i >$ Mdn) und unterhalb dessen ($x_i <$ Mdn) je 50% der Fläche zwischen Verteilungskurve und Meßwertachse liegen. Da bei der Medianermittlung die Ordnungsrelation beim Bilden der Rangreihe ausgenutzt wird, ist er bei ordinalem Meßniveau, insbesondere bei unimodalen Verteilungen, der angemessene Lokalisationsparameter.

Werden anstelle der Hälfte (0,5) der Meßwerte beliebige Anteile zwischen 0 und 1 betrachtet, so führt dieses zum Konzept der *Quantile*. Bestimmte Quantile erhalten spezifische Namen. So heißen die Quantile mit a = 0,25 und a = 0,75 erstes (Q_1) und drittes (Q_3) Quartil; Quantile mit einem ganzzahligen Vielfachen von a = 0,01 heißen Prozentränge.

Der *Modalwert oder Modus* ist definiert als der in einer Meßwertverteilung am häufigsten auftretende Meßwert. Bei komparativen und quantitativen Merkmalen können auch mehrere relative Modalwerte auftreten. Modalwerte sind einfach bei der Durchsicht einer Häufigkeitsverteilung zu bestimmen. Bildlich betrachtet ist der Modalwert derjenige Punkt der Meßwertachse, zu dem die größte Ordinate gehört. Bei qualitativen Variablen ist der Modalwert der angemessene Lokalisationsparameter.

Vergleicht man die drei betrachteten Lokalisationsparameter bei quantitativen Variablen, so sind folgende Feststellungen erwähnenswert: Im Falle unimodaler und symmetrischer Verteilungen stimmen alle drei Parameter in ihrem numerischen Wert überein. Bei unimodalen, aber unsymmetrischen Verteilungen ist häufig die Verwendung von Mdn angemessener als die von $\bar{x}$; gleiches gilt bei offenen Randklassen. Bei polymodalen Verteilungen ist im Regelfall die

Angabe der Modalwerte angemessener als die von x̄ oder Mdn. Liegt eine rechtsgipflige Verteilung vor, so gilt x̄ < Mdn < Mod; bei linksgipfligen Verteilungen ist es umgekehrt.

Weitere, wenn auch nicht sehr häufig verwendete Lokalisationsparameter sind das geometrische Mittel (GM) und das harmonische Mittel (HM). Bei n Meßwerten ist GM definiert als die n-te Wurzel aus dem Produkt der n Meßwerte. GM kann nur dann berechnet werden, wenn ein Verhältnismeßniveau vorliegt, da bei der Definition als Wurzel alle Meßwerte positiv sein müssen. Es sollte immer dann verwendet werden, wenn es um die Bestimmung durchschnittlicher relativer Veränderungen geht. HM ist definiert als der Stichprobenumfang n dividiert durch die Summe der reziproken Meßwerte $1/x_i$. Es beschreibt Durchschnittsleistungen, wenn verschiedene Anzahlen von Arbeitseinheiten in der gleichen Zeiteinheit vorliegen (zum Beispiel die Berechnung von Durchschnittsgeschwindigkeiten).

Dispersionsparameter ermöglichen eine Antwort auf die Fragestellung, ob sich die Meßwerte auf ein großes oder ein kleines Intervall der Meßwertachse (auf viele oder auf wenige Merkmalsausprägungen) verteilen. Umgangssprachlich werden Formulierungen wie „Streubreite" oder „Merkmalshomogenität" oder „-inhomogenität" verwendet. Zum Beispiel: Über welchen Bereich streuen die in einem Angsttest erzielten Punktwerte? Wie homogen sind die Schulleistungen in den Kursen A, B und C einer Gesamtschule? Bei der Definition von Dispersionsparametern geht man im Regelfall in der Weise vor, daß Intervalle um den Lokalisationsparameter gekennzeichnet werden, in denen häufig Meßwerte anzutreffen sind. Die wichtigsten Dispersionsparameter sind die Varianz und der Quartilabstand.

Die *Varianz s^2* ist definiert als die Summe der quadrierten Differenzen der Meßwerte x_i von ihrem Mittelwert x̄, dividiert durch $(n-1)$:

$$s^2 = \frac{1}{n-1} \sum_{i=1}^{n} (x_i - \overline{x})^2$$

Die Quadratwurzel aus der Varianz bezeichnet man als *Standardabweichung s*. Bildlich betrachtet kennzeichnet s in der Form x̄ ± s das Intervall der Meßwertachse um x̄, in dem die Mehrzahl der Meßwerte konzentriert ist. So liegen bei einer Normalverteilung im Intervall von x̄ − s bis x̄ + s zirka zwei Drittel aller Meßwerte. s^2 und s dienen zur Quantifizierung der Dispersion bei quantitativen Variablen. Eine Möglichkeit, zwei Stichproben bezüglich der Dispersion eines Merkmals zu vergleichen, besteht darin, die Varianzen zueinander in ein Verhältnis zu setzen und diesen Quotienten zu interpretieren.

Bei komparativen Variablen wird als Dispersionsparameter das Intervall der Meßwertachse angegeben, in dem sich die „mittleren" 50% aller Meßwerte befinden: der Quartilabstand QA.

$$QA = Q_3 - Q_1$$

Anstelle von QA wird auch der mittlere Quartilabstand MQA verwendet, der gleich $1/2 QA$ ist.

Bei qualitativen Variablen besteht die einzige Möglichkeit zur Erfassung der Dispersion in der Interpretation der Häufigkeitsverteilung, beziehungsweise in der Interpretation der häufig auftretenden Merkmalsausprägungen.

Weitere Dispersionsparameter sind der Variationskoeffizient (V) und die Spannweite (S). V, der ein Verhältnisniveau voraussetzt, ist definiert als der Quotient aus s und x̄. Er berücksichtigt, daß gleiche Varianzen bei unterschiedlichen Mittelwerten eine unterschiedliche Bedeutung haben können. Da V eine dimensionslose Zahl ist, können mit ihrer Hilfe die relativen Streuungen unterschiedlicher Variablen verglichen werden. S ist definiert als Differenz von größtem und kleinstem Meßwert. S ist zwar schnell zu bestimmen, ist aber nur ein relativ grobes Maß für die Dispersion.

Dispersionsparameter sind nicht in gleicher Weise anschaulich wie Lokalisationsparameter. Dennoch gehören sie zu den wichtigsten Parametern, da sie mit Hilfe des *Varianzkonzeptes* die Beschreibung möglicher Ursachen unterschiedlicher Merkmalsausprägungen gestatten. Die Grundzüge dieses Konzepts sollen an einem Beispiel kurz illustriert werden (für eine weiterführende Diskussion: vgl. KERLINGER 1975, WOLF 1974): Bei n Kindern im Alter von fünf Jahren wird der Wortschatz als Aspekt der sprachlichen Leistungsfähigkeit mit Hilfe eines Wortschatztests gemessen. In der Gesamtstichprobe G werden $\bar{x} = 100$ und $s = 25$ berechnet. Da die Meßwerte über einen großen Bereich streuen, ist das Merkmal Wortschatz in der Stichprobe sehr inhomogen verteilt: Die Wortschatzunterschiede zwischen den Kindern sind groß. Es wird nach der Ursache dieser großen Unterschiede gefragt, und dabei wird die Vermutung geäußert, daß ein „verursachender" Faktor in der Schichtzugehörigkeit liegen könne. Zur Überprüfung wird G mit Hilfe eines Schichtungskriteriums in zwei Teilstichproben – Unterschicht U und Mittelschicht M – aufgeteilt. Ist die Vermutung, daß die Unterschichtenkinder einen geringeren Wortschatz aufweisen als die Mittelschichtenkinder, richtig, so werden in U und M die folgenden Ergebnisse gewonnen werden:

$$\bar{x}_U < \bar{x}_G < \bar{x}_M$$
$$s_U^2, s_M^2 < s_G^2$$

Die Varianzen in den Teilstichproben sind kleiner als in G, die Leistungen in U und M sind homogener als in der Gesamtstichprobe G; gleichzeitig rücken die Mittelwerte der Teilstichproben auseinander. Trifft die Vermutung hingegen nicht zu, so bleiben die drei Mittelwerte etwa gleich groß; gleiches gilt für die Varianzen. Falls die Vermutung zutrifft, beschreibt man den Sachverhalt in der Weise, daß man die Gesamtvarianz in einen systematischen Varianzanteil, der zu Lasten des Merkmals soziale Schicht gehe und einen Restvarianzanteil zerlegt habe. Je kleiner dieser Restanteil ist, desto größer ist der Einfluß der betrachteten Variablen.

Dieses Verfahren läßt sich durch die Einführung weiterer als relevant angesehener Faktoren wie Berufstätigkeit der Mutter, Sprachverhalten in der Familie und Geschwisterzahl fortsetzen. Falls die Erwartungen jeweils zutreffen, werden die Varianzen in den Teilgruppen immer kleiner. In einem solchen Ansatz ist es möglich, die Gesamtvarianz in einzelne Komponenten zu zerlegen, die den Einfluß relevanter Faktoren spiegeln. Im nicht realisierbaren Extremfall würde das Verfahren nach einer endlichen Zahl von Schritten abbrechen, und die Objekte der Teilgruppen der letzten Stufe hätten alle dieselbe Merkmalsausprägung. Im Realfall bleibt aber immer eine mehr oder minder große Restvarianz.

Das Varianzkonzept spielt in der empirischen sozialwissenschaftlichen Forschung, insbesondere bei der Planung und Auswertung von Experimenten, eine große Rolle. Es wurde hier für den Fall der Erklärung einer quantitativen Variablen geschildert. Im Sinne einer Variabilitätsaufklärung existieren jedoch auch analoge Verfahren im Bereich der Informationsstatistik (vgl. GARNER 1962).

Zusätzlich zu den beiden bislang betrachteten Parametergruppen sind oft noch weitere Gruppen bedeutsam, von denen die Gestaltparameter und die Strukturparameter erwähnt werden sollen. Als *Gestaltparameter* werden Parameter bezeichnet, die über die Gestalt wie Schiefe oder Exzeß einer Verteilung informieren. *Strukturparameter* liefern Aussagen über Ordnung und Konzentration einer Verteilung. Sie gehen wie die Unbestimmtheit oder die Redundanz von einem informationsstatistischen Ansatz aus.

Zweidimensionale Verteilungen. Bei zweidimensionalen Verteilungen der Merkmale X und Y interessiert häufig die Frage, ob beide Merkmale zusammen oder gemeinsam variieren, oder ob dieses nicht der Fall ist und sie voneinander unabhängig sind. Eine gemeinsame Variation, die als Kovariabilität bezeichnet wird, liegt dann vor, wenn die n Meßwertpaare (x_i, y_j) nicht gleich häufig auftreten, sondern sich auf bestimmte Kombinationen (i, j) konzentrieren. In solchen Fällen enthält die Kenntnis der Merkmalsausprägung x_i des Merkmals X auch immer Information über mögliche (wahrscheinliche) Merkmalsausprägungen y_i des Merkmals Y. Bei der Auswertung und Interpretation solcher Fälle werden zwei Ansätze, der Korrelations- und der Regressionsansatz, unterschieden:

Der *Korrelationsansatz* zielt auf die Frage nach der Stärke des Zusammenhangs zwischen zwei Variablen ab. Dabei werden auf der Basis des Meßniveaus der beiden Variablen zwei Fälle unterschieden. Haben beide Variablen mindestens ordinales Meßniveau, so spricht man von *Korrelation*, hat hingegen mindestens eine Variable nur nominales Meßniveau, so spricht man von *Kontingenz*. Im Prinzip können zwar alle Kombinationen von Meßniveaus auftreten; es werden hier aber nur die „reinen" Fälle – X und Y sind zum Beispiel beide qualitativ – betrachtet. Eine systematische Diskussion aller möglichen Fälle findet sich bei GLASS/STANLEY (vgl. 1970). Weiter wird im Falle der Korrelation unterschieden, ob die Beziehung zwischen den beiden Merkmalen linear oder ob sie nicht-linear ist (vgl. Abbildung 1a und b).

Im folgenden wird nur der lineare Fall betrachtet. Hier lassen sich bei komparativen und quantitativen Merkmalen Beziehungen der Art „Je..., desto..." überprüfen. Zum Beispiel: Je höher die Mathematiknoten (Merkmal X) von Schülern sind, desto höher sind im allgemeinen auch die Physiknoten (Merkmal Y). In einem solchen Fall (vgl. Abbildung 1a) spricht man von einer positiven Korrelation. Oder: Je größer ein Schulsystem ist (Merkmal X), desto niedriger ist der unmittelbare Informationsfluß zwischen den Lehrern (Merkmal Y). In diesem Fall spricht man von einer negativen Korrelation (vgl. Abbildung 1c und d). Lassen sich Sachverhalte dieser Art nicht finden (vgl. Abbildung 1f), so nennt man die Merkmale linear unkorreliert. Das Ausmaß der Stärke eines linearen Zusammenhangs, das sich in den Korrelationsdiagrammen bildlich in der mehr oder minder breiten ellipsenförmigen Punktwolke (vgl. Abbildung 1c mit d) zeigt, wird mit Hilfe von Korrelationskoeffizienten quantitativ beschrieben.

Für den Fall zweier quantitativer Merkmale ist das Konzept des *Produkt-Moment-Korrelationskoeffizienten* entwickelt. Zunächst wird die gemeinsame Variation s_{xy} der Merkmale X und Y, die hier Kovarianz genannt wird, so definiert:

$$r_{xy} = \frac{s_{xy}}{\sqrt{s_x^2 \cdot s_y^2}} = \frac{s_{xy}}{s_x \cdot s_y}$$

s_{xy} wird durch Division durch das geometrische Mittel der beiden Einzelvarianzen auf die Grenzen zwischen -1 und $+1$ zum Produkt-Moment-Korrelationskoeffizienten r_{xy} normiert.

$$s_{xy} = \frac{1}{n-1} \sum_{i=1}^{n} (x_i - \bar{x})(y_i - \bar{y})$$

r_{xy} hat folgende Eigenschaften: Es werden nur Werte aus dem Intervall von -1 bis $+1$ ($-1 \leq r_{xy} \leq +1$) angenommen.

Statistik, beschreibende

Abbildung 1: Korrelationsdiagramme
- a) linearer Zusammenhang; positive Korrelation; Regressionsgerade
- b) nicht-linearer Zusammenhang
- c) negative Korrelation; niedrige Korrelation
- d) negative Korrelation; hohe Korrelation
- e) funktionaler Zusammenhang ($r = 1$)
- f) linear unkorrelierte Merkmale

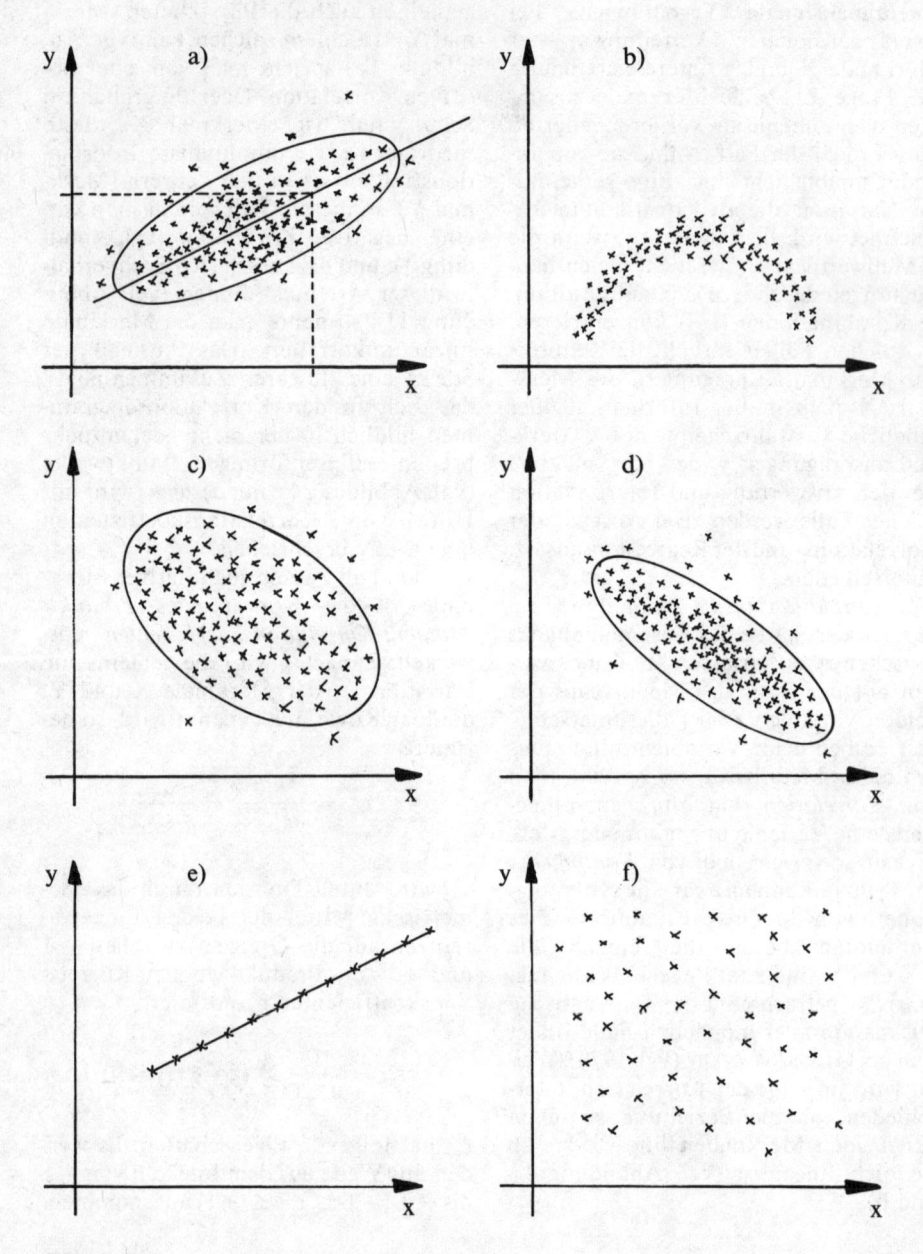

Je stärker die lineare Beziehung ausgeprägt ist, desto näher liegt $|r_{xy}|$ bei 1. Falls eine funktionale Abhängigkeit zwischen den beiden Meßwertreihen besteht (vgl. Abbildung 1e), so ist $|r| = 1$. Bei einer positiven linearen Korrelation ist $r_{xy} > 0$, bei einer negativen ist $r_{xy} < 0$, und liegt keine lineare Korrelation vor, so ist r_{xy} etwa gleich null.

Die Konzepte der *Rangkorrelationskoeffizienten* gehen von einem mindestens ordinalen Meßniveau aus. Der am weitesten verbreitete Rangkorrelationskoeffizient ist der von Spearman entwickelte Koeffizient r_s. Für jedes der beiden Merkmale werden Rangreihen aufgestellt, und es werden die Rangplätze der Objekte korreliert:

$$r_s = 1 - \frac{1}{n^3 - n} \sum_{i=1}^{n} d_i^2$$

d_i stellt die Rangplatzdifferenz des i-ten Objektes bezüglich der beiden Rangreihen dar. Die Formel läßt sich aus der Formel für r_{xy} algebraisch gewinnen, wenn man von Meßwerten zu Rangplätzen übergeht. Ein weiterer wichtiger Rangkorrelationskoeffizient ist der von Kendall entwickelte Koeffizient τ. Die Eigenschaften der Rangkorrelationskoeffizienten entsprechen denen von r_{xy}. Im folgenden werden einige zulässige und unzulässige Interpretationen von Korrelationskoeffizienten aufgelistet:

- Korrelationskoeffizienten geben nur Auskunft über die Stabilität der gemeinsamen Variation beider Merkmale. Sie dürfen nicht im Sinne von Meßwerten kausal interpretiert werden. $r = 1$ bedeutet beispielsweise nicht, daß sich Lokalisation und Dispersion beider Merkmale nicht unterscheiden dürfen.
- Korrelationen dürfen nicht im Sinne von Ursache und Wirkung kausal interpretiert werden.
- Durch +0,60 und −0,60 werden zum Beispiel gleich enge Zusammenhänge repräsentiert. Das Vorzeichen sagt nichts über die Stärke aus, sondern beschreibt nur die Richtung des Zusammenhangs.
- Bei Korrelationen ist die Gefahr von „Scheinkorrelationen" groß. Solche Korrelationen können zum Beispiel dann auftreten, wenn die beiden betrachteten Merkmale ihrerseits mit unterschiedlichem Vorzeichen mit einem dritten Merkmal korrelieren.
- Bei der Interpretation von Korrelationskoeffizienten ist der Stichprobenumfang n zu berücksichtigen. Bei großem n können auch kleinere Koeffizienten bedeutsam sein.
- Bei quantitativen Merkmalen gibt r^2 ($r^2 = B$, Bestimmtheitsmaß) den Varianzanteil an, der auf die gemeinsame Variation der beiden Variablen zurückgeführt werden kann (aufgeklärte Varianz).

Bei der Verwendung von Korrelationskoeffizienten tritt häufig das Problem auf, daß bei einer (nm)-Datenmatrix alle m Merkmale interkorreliert werden. Dieses führt zu einer Interkorrelationsmatrix von $\frac{1}{2} m(m+1)$ Korrelationskoeffizienten, deren Interpretation im Regelfall nur schwer möglich ist. Hier wird versucht, mit Hilfe spezifischer Techniken k hypothetische Faktoren zu ermitteln, die zur Beschreibung und Interpretation aller Korrelationen verwendet werden (Faktorenkonzept). Die Anzahl k der Faktoren ist im Regelfall kleiner als die Anzahl m der Merkmale. Die Faktoren kann man sich als eine Verdichtung der Merkmale vorstellen.

Auch bei qualitativen Variablen stellt sich im zweidimensionalen Fall oft die Frage nach der Stärke des Zusammenhangs. Sie kann beispielsweise mit Hilfe des von Pearson entwickelten *Kontingenzkoeffizienten* CC beantwortet werden. CC ist dann null, wenn in einer zweidimensionalen Häufigkeitstabelle die einzelnen Feldhäufigkeiten proportional zu ihren jeweiligen Randsummen sind; in diesem Fall sind die beiden Merkmale voneinander unabhängig. Je stärker die beobachteten Werte von den zu den Randsummen proportionalen Werten (erwartete Werte) abweichen, desto stärker ist der Zusammenhang der beiden Merkmale. Die Berechnung von CC erfolgt mit Hilfe des sogenannten χ^2-Verfahrens.

Bei zwei korrelierten quantitativen Merkmalen X und Y kann die Frage gestellt werden, um wieviel Einheiten sich das Merkmal Y durchschnittlich ändert, wenn sich das Merkmal X um eine Einheit ändert. Es wird – Regression – die Variable Y auf die Variable X zurückgeführt. Zum Beispiel: Um wieviel DM steigen in Familien durchschnittlich die Ausgaben für den Bildungsbereich (Merkmal Y), wenn das Einkommen um 100 DM (Merkmal X) wächst. Umgekehrt ist auch eine Regression von X auf Y möglich. Regressionen, bei denen ebenfalls lineare und nicht-lineare unterschieden werden, ermöglichen auch eine Vorhersage, eine Schätzung der Werte einer Variablen – Kriteriumsvariable –, wenn die Werte einer korrelierten anderen Variablen – Prädikatorvariable – vorliegen. Zum Beispiel: Wieviel DM werden in den Familien für den Bildungsbereich ausgegeben (Kriteriumsvariable), die ein Einkommen von 2 500 DM (Prädikatorvariable) haben? Das statistische Problem wird in der Weise gelöst, daß bei der Regression von Y auf X durch die n Meßwertpunkte (x_i, y_i) eine Gerade mit folgender Eigenschaft (vgl. Abbildung 1 a)) ermittelt wird: Die Summe der quadrierten vertikalen Abstände der y_i-Werte von dieser Geraden soll ein Minimum sein (Methode der kleinsten quadratischen Abstände). Wenn eine solche Gerade zur Vorhersage von y-Werten benutzt wird, hat sie die Eigenschaft, daß sie zu der kleinsten Fehlersumme führt. Für die Regression von Y auf X hat die Regressionsgerade die folgende Form:

$$\hat{y}_i - \overline{y} = b_{yx}(x_i - \overline{x})$$

Dabei sind $\hat{y}_i$ der zu einem x_i geschätzte Y-Wert und $b_{yx} = \frac{s_{xy}}{s_x^2}$ der sogenannte *Regressionskoeffizient*.

Er gibt als Steigung der Regressionsgeraden an, um wieviel Einheiten sich Y durchschnittlich ändert, wenn sich X um eine Einheit ändert. Für die Regression von X auf Y wird in analoger Weise verfahren. Jede Korrelation läßt sich somit in Form von zwei Regressionen weiter verfolgen.

Auch bei komparativen Variablen besteht die Möglichkeit, Regressionsüberlegungen bezüglich der Rangplätze – Rangregression – durchzuführen (vgl. LIENERT 1973).

Bei der Interpretation von Regressionen ist auf den Regressionseffekt zu achten, der darin besteht, daß bei einer zweiten Messung desselben Merkmals die Extremwerte der ersten Messung näher beim Durchschnitt liegen. Er tritt bei unvollständigen Korrelationen immer dann auf, wenn Extremgruppen betrachtet werden.

CLAUSS, G./EBNER, H.: Grundlagen der Statistik, Zürich/Frankfurt ²1975. GARNER, W. R.: Uncertainty and Structure as Psychological Concepts, New York/London 1962. GLASS, G., V/ STANLEY, J. C.: Statistical Methods in Education and Psychology, Englewood Cliffs (N.J.) 1970. HAYS, W. L.: Statistics for the Social Sciences, London/New York/Sydney/Toronto ²1974. KERLINGER, F. N.: Grundlagen der Sozialwissenschaften, Bd. 1, Weinheim/Basel 1975. LIENERT, G. A.: Verteilungsfreie Methoden in der Biostatistik, Bd. 1, Meisenheim ²1973. SACHS, L.: Angewandte Statistik, Berlin/Heidelberg/New York ⁵1978. WOLF, W.: Statistik. Eine Einführung für Sozialwissenschaftler, Bd. 1, Weinheim/Basel 1974.

Willi Wolf

Statistik, darstellende

Begriff. Mit dem Begriff Statistik werden zwei unterschiedliche Entwicklungsrichtungen bezeichnet. Einmal geht es um die sogenannte *amtliche Statistik,* deren Vorläufer seit mehreren Jahrtausenden auffindbar sind und zu der inhaltlich festgelegte Bereiche wie Bevölkerungs-, Wirtschafts- und Sozialstatistik gehören. Zum andern wird als *mathematische Statistik* eine Disziplin der angewandten Mathematik verstanden, deren Grundlage die Wahrscheinlichkeitsrechnung ist und die auf das Bereitstellen formaler mathematischer Modelle und Verfahren für Auswertungen in unterschiedlichen Bereichen abzielt. Im Bereich der darstellenden Statistik sind die Einflüsse der Entwicklung der amtlichen Statistik weit größer als beispielsweise im Bereich der deskriptiven oder gar in dem der schließenden Statistik.

Tabellarische Darstellungen. Die Ausgangssituation läßt sich in der Weise kennzeichnen, daß bei n Untersuchungsobjekten m Variablen oder Merkmale erhoben werden. Zum Beispiel können n = 100 Schüler mit einem Fragebogen, der m = 20 Fragen enthält, befragt werden. Dieses führt zu einer *Urliste* oder *Datenmatrix* aller Ergebnisse x_{ij} (vgl. Abbildung 1).

Abbildung 1: Datenmatrix in tabellarischer Darstellung

Nummer i des Objektes	Nummer j des Merkmals				
	1	2	... j	...	m
1	x_{11}	x_{12}	... x_{1j}	...	x_{1m}
2	x_{21}	x_{22}	... x_{2j}	...	x_{2m}
.	.	.	... .	...	.
.	.	.	... .	...	.
i	x_{i1}	x_{i2}	... x_{ij}	...	x_{im}
.	.	.	... .	...	.
.	.	.	... .	...	.
n	x_{n1}	x_{n2}	... x_{nj}	...	x_{nm}

Die Datenmatrix bildet die Basis aller weiteren Überlegungen. Die erste Verarbeitung einer Datenmatrix zielt im Regelfall auf die Gewinnung von *Häufigkeitsverteilungen* ab. Diese können ein-, zwei- oder mehrdimensional sein. *Eindimensional:* Wie häufig treten die Merkmalsausprägungen eines Merkmals auf? Zum Beispiel: Wie verteilen sich n Objekte auf Altersjahrgänge? *Zweidimensional:* Wie häufig treten die möglichen Paare der Merkmalsausprägungen zweier Merkmale auf? Werden zum Beispiel bei Schülern die Mathematiknote und das Geschlecht ermittelt, so lautet die Frage: Bei jeweils wieviel der n Schüler treten die Kombinationen (Note 1, Geschlecht m), (1, w), (2, m) bis (6, w) auf? *Mehrdimensional:* Es werden bei k Merkmalen die Anzahlen möglicher k-Tupel ausgezählt. Alle Auszählungen werden, insbesondere bei großem n, mit Hilfe der elektronischen Datenverarbeitung durchgeführt. Handauswertungen

Statistik, darstellende

Abbildung 2: Schematische Darstellung eines Tabellenaufbaus

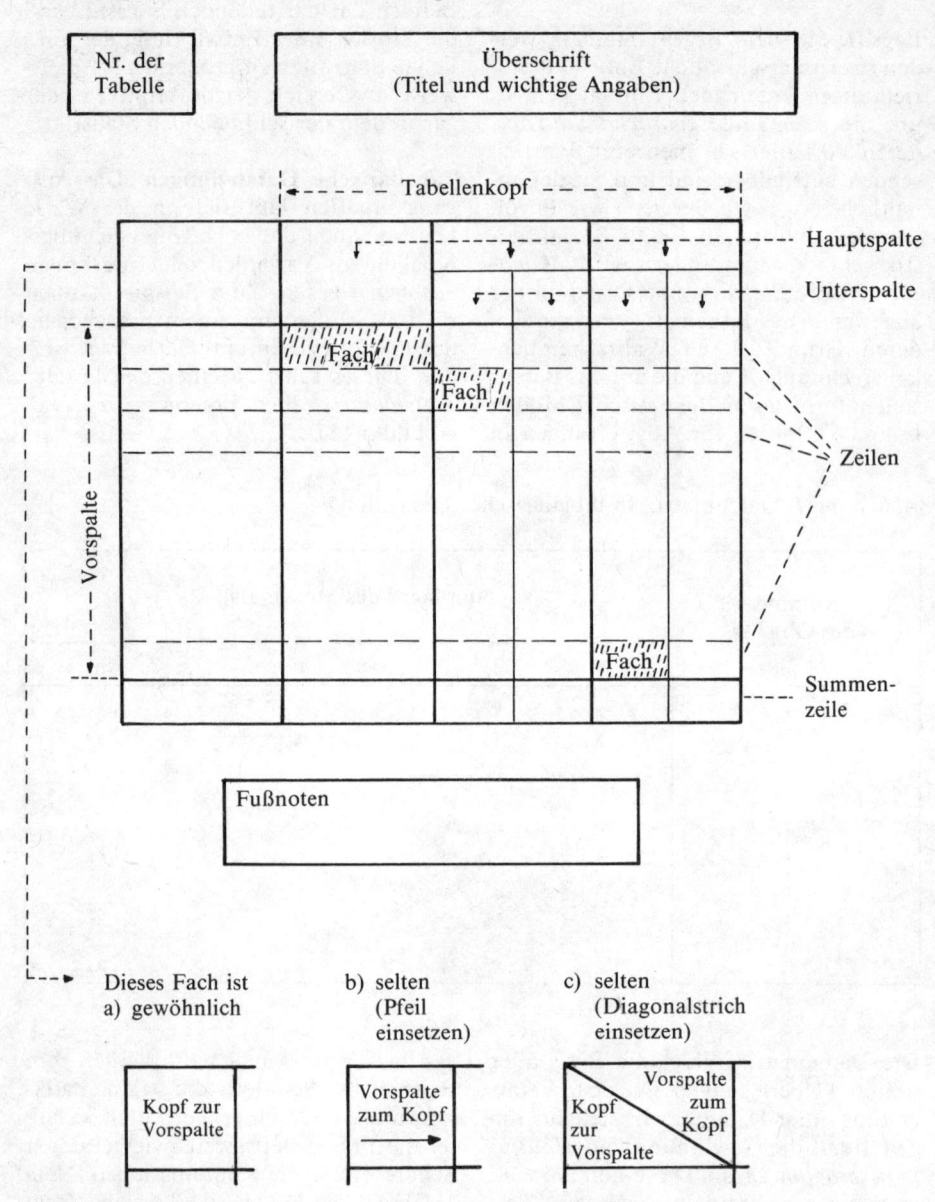

sind, insbesondere im zwei- oder mehrdimensionalen Fall, sehr zeitaufwendig und fehleranfällig.
Die Verteilungen werden in Form von *Tabellen* dargestellt. Solche Tabellen bilden die Grundlage einer ersten Interpretation und die Basis weiterführender Berechnungen.
Für die Anlage der Tabellen und die Kennzeichnung der Tabellenbestandteile existieren Vorschriften, die in der DIN 55301 zusammengefaßt sind. Diese

Vorschriften, die insbesondere im Bereich der amtlichen Statistik eingehalten werden, sind in der Abbildung 2 im wesentlichen enthalten.
Bei einer Tabelle sollte jedes Fach ausgefüllt sein. Wenn keine, nur vorläufige oder nur ungenaue Angaben vorliegen, so werden diese in der amtlichen Statistik mit bestimmten Symbolen gekennzeichnet. Bei umfangreichen Tabellen empfiehlt es sich, die Zeilen (römische Zahlen) und die Spalten (arabische Zahlen) zu numerieren. Im folgenden werden ein-, zwei- und mehrdimensionale Tabellen betrachtet. Beispiel für eine *eindimensionale Tabelle* ist Tabelle 1.

Tabelle 1: Beispiel einer eindimensionalen Häufigkeitsverteilung
Altersverteilung von Bewerbern für den Zweiten Bildungsweg[1]

Alter in Jahren	zusammen	in %
18 Jahre und jünger	154	*4,4*
19	634	*18,1*
20	751	*21,4*
21	619	*17,6*
22	425	*12,1*
23	344	*9,8*
24	217	*6,2*
25	144	*4,1*
26 Jahre und älter	217	*6,2*
insgesamt	3505	*99,9*

[1] Es handelt sich um eine Totalerhebung aller Bewerber für den Zweiten Bildungsweg in Form des Hessenkollegs für die Jahre von 1958 bis 1968.

(Quelle: WOLF 1975, S. 178).

Werden wie hier in ein Fach mehrere Zahlenangaben geschrieben, so sollte aus Gründen der Übersichtlichkeit eine andere Schriftart oder -stärke verwendet werden. Tabelle 1 ist eine Häufigkeitstabelle für die absoluten und die prozentualen (relativen) Häufigkeiten einer Verteilung. Selbstverständlich können auch andere Zahlen als Häufigkeiten in dieser Tabellenform dargestellt werden; zum Beispiel die jährlichen Ausgaben für den Bildungsbereich von 1965 bis 1975 oder die jährlichen relativen Anteile der Ausgaben für den Bildungsbereich an den gesamten öffentlichen Ausgaben.
Bei allen Verteilungen taucht oft das Problem auf, daß die Tabelle zu unübersichtlich ist, weil das betrachtete Merkmal zu viele Ausprägungen aufweist. In solchen Fällen faßt man (vgl. Tabelle 2a) benachbarte Merkmalsausprägungen zu Klassen oder Gruppen zusammen. Diesem Vorgehen, Klassenbildung oder Klassierung genannt, liegt die Vorstellung zugrunde, daß alle in einer Klasse liegenden Meßwerte in der Klassenmitte konzentriert seien. Dem damit verbundenen Informationsverlust stehen die Vorteile gegenüber, daß Tabellen klassierter Daten übersichtlicher sind und im Regelfall die Gestalt der Verteilung deutlicher hervortreten lassen. Wichtige Begriffe bei der Klassenbildung sind: (untere und obere) Klassengrenzen, Klassenmitte, Klassenbreite und der als Reduktionslage bezeichnete Anfangspunkt der ersten Klasse.

Statistik, darstellende

Tabelle 2: Beispiel einer eindimensionalen Verteilung einer klassierten Variablen
Verteilung der wöchentlichen Arbeitszeit von Gymnasiallehrern[1]
a) Prozentuale Häufigkeitsverteilung
b) Prozentuale Summenhäufigkeitsverteilung

a)	Wöchentliche Arbeitszeit in Stunden	in %	b)	in Summenprozent
	bis 35,1	4,8		4,8
	35,1 bis 40,0	9,0		13,8
	40,1 bis 45,0	17,4		31,2
	45,1 bis 50,0	22,2		53,4
	50,1 bis 55,0	18,0		71,4
	55,1 bis 60,0	10,8		82,2
	60,1 bis 65,0	12,0		94,2
	über 65,0	6,0		100,2[2]
	insgesamt	100,2[2]		

[1] Es handelt sich um eine Befragung von n = 167 Gymnasiallehrern aus Marburg und Umgebung aus dem Jahre 1965.
[2] Rundungsfehler beim Prozentuieren.

(Quelle: SIMON 1966, S. 25)

Durch ungeschickte oder manipulative Wahl der Klassenbreite und der Reduktionslage kann die Verteilungsform jedoch stark verfälscht werden. Die Auswirkung der Klassierung auf die Größe von Stichprobenparametern lassen sich hingegen abschätzen und zum Teil kompensieren.
Für bestimmte Betrachtungen ist oft die Zusammenfassung der Ergebnisse zu einer Summenhäufigkeitstabelle sinnvoll. Dieser Tabellentyp setzt voraus, daß das in der Vorspalte erfaßte Merkmal mindestens ordinales Meßniveau besitzt. Summenhäufigkeitstabellen informieren über die Frage, welche Anzahl oder welcher Anteil der Ausprägungen kleiner oder gleich einem vorgegebenen Meßwert sind. So kann Tabelle 2 b entnommen werden, welcher Anteil der befragten Lehrer jeweils bis einschließlich einer bestimmten Stundenzahl in der Woche arbeitet. Summenhäufigkeiten werden durch sukzessive Addition der absoluten oder relativen Häufigkeiten gewonnen.

Ein Beispiel für eine *zweidimensionale Tabelle* ist Tabelle 3.
Sie ist eine sogenannte Aufgliederungstabelle. Werden nur die Anzahlen der weiblichen Schülerinnen betrachtet, so heißt die Tabelle Ausgliederungstabelle (vgl. Abbildung 3 a).
Es besteht durchaus die Möglichkeit, ein Merkmal (Vorspalte) bezüglich mehrerer anderer Merkmale auf- und/oder auszugliedern (vgl. Abbildung 3 b). Auch besteht die Möglichkeit, den gewonnenen Daten andere relevante Daten kontrastierend gegenüberzustellen (vgl. Abbildung 3 c). Die Randsummen einer zweidimensionalen Aufgliederungstabelle stellen die eindimensionalen Verteilungen der beiden betrachteten Merkmale dar; sie werden Randverteilungen genannt.
Die Interpretation zweidimensionaler Häufigkeitstabellen erfordert im Regelfall eine Prozentuierung der Besetzungszahlen der Fächer. Es sind Prozentuierungen auf die Zeilensummen, die Spaltensummen und auf die Ge-

Statistik, darstellende

Tabelle 3: Beispiel einer zweidimensionalen Tabelle

Soziale Herkunft und Geschlecht von Schülern der Klasse 13 im Jahr 1965[1]

Soziale Herkunft (Stellung des Vaters im Beruf)	Schüler der Klasse 13		
	zusammen	davon	
		männlich	weiblich
Beamter	14 559	8 937	5 622
Angestellter	16 904	10 799	6 105
Arbeiter	3 403	2 494	909
Selbständig	9 655	5 941	3 714
Freiberuflich	6 565	3 875	2 690
Ohne Beruf und ohne Angabe	1 740	1 090	650
insgesamt	52 826	33 136	19 690

[1] Diese Angaben sind die Ergebnisse einer Individualbefragung von über 50 000 Schülern der Klasse 13 an öffentlichen und privaten Gymnasien am 15. Mai 1965.

(Quelle: BUNDESMINISTER FÜR BILDUNG UND WISSENSCHAFT 1970, S. 32)

Abbildung 3: Übersicht über verschiedene Formen von Tabellenköpfen
       a) Kopf einer Ausgliederungstabelle
       b) Kopf einer Tabelle mit zwei Aufgliederungen und einer Ausgliederung
       c) Kopf einer Tabelle, in der eine weitere Verteilung (Spalte 3, „dagegen")
          zum Vergleich hinzugefügt ist
       d) Kopf einer dreidimensionalen Tabelle für die Variablen Geschlecht
          und Konfession in Abhängigkeit von der sozialen Herkunft

a)

Soziale Herkunft	zusammen	darunter weiblich

b)

Soziale Herkunft	zusammen	Geschlecht		Konfession			darunter Fahrschüler
		männlich	weiblich	ev	rk	sonst.	

c)

Soziale Herkunft	zusammen	dagegen männliche Erwerbstätige über 40 Jahre

d)

Soziale Herkunft	zusammen	Geschlecht							
		männlich				weiblich			
		zusammen	davon			zusammen	davon		
			ev	rk	sonst.		ev	rk	sonst.

samtsumme möglich. Je nach Interpretationsabsicht ist eine dieser Möglichkeiten zu wählen. Sollen die durch die Kopfspalte gebildeten Gruppen bezüglich der Vorspalte verglichen werden (vgl. Tabelle 3; Vergleich männlicher und weiblicher Schüler bezüglich ihrer sozialen Herkunft), so erfordert dieses eine Prozentuierung auf die jeweiligen Spaltensummen. Sollen die durch die Vorspalte gebildeten Gruppen bezüglich der Kopfspalte verglichen werden (vgl. Tabelle 3; Vergleich der Gruppen sozialer Herkunft nach ihrem Geschlecht), so erfordert das eine Prozentuierung auf die jeweiligen Zeilensummen. Sollen die Besetzungszahlen der Fächer bezüglich ihres Anteils an der Gesamtzahl verglichen werden, so erfordert das eine Prozentuierung auf n. Im Prinzip in gleicher Weise wie zweidimensionale Tabellen lassen sich auch (vgl. Abbildung 3d) drei- und mehrdimensionale Tabellen aufbauen.

Graphische Darstellungen. Der Bereich der graphischen Darstellungen ist ein zentraler Bereich der darstellenden Statistik (vgl. RIEDWYL 1979). Er befaßt sich mit der bildlichen Veranschaulichung von Zahlen und von Beziehungen zwischen Zahlen. Die bildlichen Darstellungen, die im Regelfall von einer Tabelle ausgehen, enthalten zwar nicht mehr – eher weniger – Informationen als die zugrunde liegenden Zahlen. Die bildliche Information hat jedoch gewisse Vorteile, da gute Graphiken schneller überschaubar sind, sich leichter einprägen und das Wesentliche deutlicher hervorheben als die Information durch Zahlen in Form von Tabellen. Diesen Vorteilen stehen allerdings auch Nachteile gegenüber wie beispielsweise, daß kleine, aber bedeutsame Unterschiede bildlich nicht hinreichend exakt erfaßt werden können, daß bei vielen Einzelheiten Graphiken sehr unübersichtlich sein können und vor allem, daß bildliche Darstellungen enorm manipulationsanfällig sind. Deshalb sollten graphische Darstellungen immer auch im Zusammenhang mit den zugrunde liegenden Tabellen interpretiert werden. Bei den folgenden Erläuterungen geht es im Schwerpunkt um graphische Darstellungen in Form von Diagrammen. Je nach Art der darzustellenden Variablen lassen sich zwei Formen von Diagrammen unterscheiden. Flächen- und Stabdiagramme werden insbesondere bei qualitativen oder diskreten Variablen verwendet; Kurvendiagramme kommen bei quantitativen oder stetigen Variablen zum Einsatz. Die sogenannte Bildstatistik wird abschließend erwähnt.

Flächen- und Stabdiagramme. Bei den Flächen- und Stabdiagrammen (Strichdiagramme) werden geometrische Figuren wie Rechtecke, Quadrate, Kreise, Geraden oder Punkte für die Darstellung gewählt. Dabei müssen bestimmte Eigenschaften dieser Figuren den Größen der beziehungsweise den Verhältnissen zwischen den Zahlen entsprechen. Bei den Flächendiagrammen ist das die Größe der Fläche und bei den Stabdiagrammen die Länge von Stäben oder Strichen. Flächen erfordern, geometrisch betrachtet, optisch zweidimensionale Vergleiche; Längen hingegen nur den optisch einfacher durchzuführenden eindimensionalen Vergleich. Deshalb werden häufig Flächen mit einer konstanten Eigenschaft ausgewählt – zum Beispiel Rechtecke mit konstanter Breite –, um so den Vergleich auf einen eindimensionalen – Vergleich der Länge der Rechtecke – zu beschränken.

Bei den Einsatzmöglichkeiten von Flächendiagrammen lassen sich, an sachlogischen Problemen orientiert, in einer groben Übersicht drei Fälle unterscheiden:

Ein erster Fall bezieht sich auf die *Veranschaulichung einer eindimensionalen Verteilung* (vgl. Abbildung 4).

Bei einem Rechteck- oder Säulendiagramm (vgl. Abbildung 4a) und

Statistik, darstellende

Abbildung 4: Veranschaulichung einer eindimensionalen Verteilung

Soziale Herkunft von Schülern der Klasse 13 (vgl. Tabelle 3)

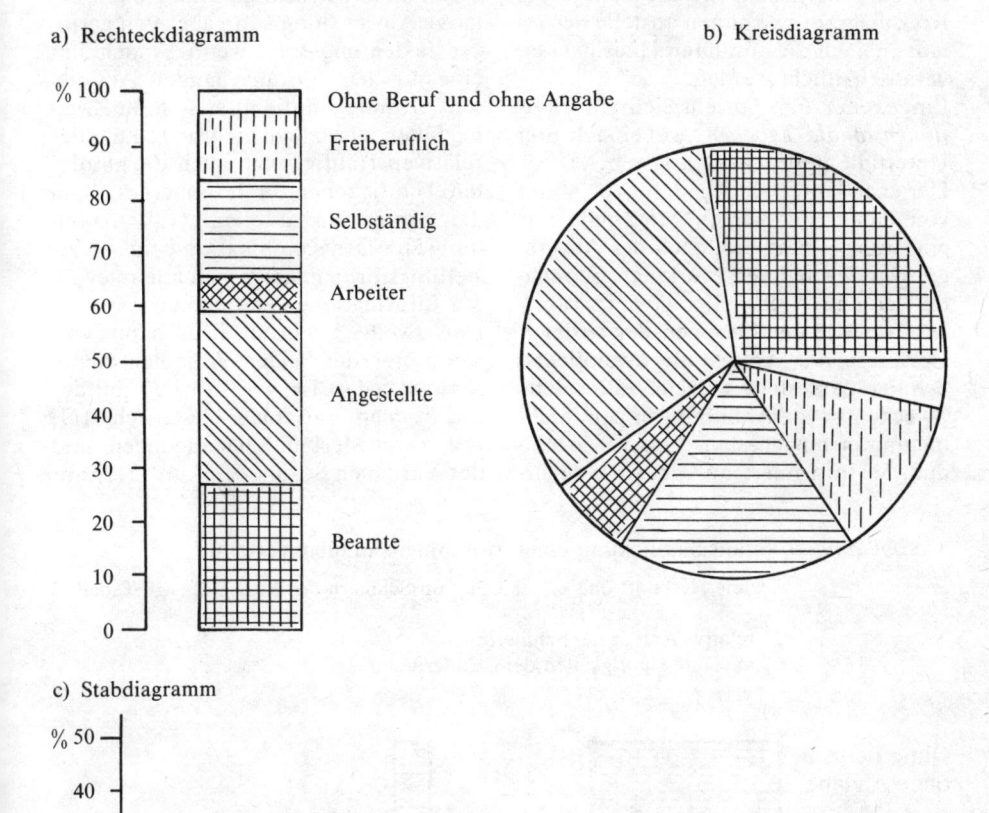

a) Rechteckdiagramm

b) Kreisdiagramm

c) Stabdiagramm

auch bei einem Kreisdiagramm (vgl. Abbildung 4 b) wird die Vorstellung der Aufteilung eines Ganzen in seine Teile optisch unterstützt. Die jeweils unterschiedlich schraffierten Flächen entsprechen den relativen Anteilen der Merkmalsausprägungen. (Hier hat die unterschiedliche Schraffur nur den Zweck, die Flächen voneinander abzugrenzen. In anderen Fällen – so in Abbildung 8 – kann die Abnahme der Tönung einer Schraffur der Zu- oder Abnahme von Merkmalsausprägungen parallel laufen.) In einem Stabdiagramm hingegen (vgl.

553

Statistik, darstellende

Abbildung 4 c) werden mehr die Verhältnisse zwischen den Merkmalsausprägungen hervorgehoben. Mit Ausnahme des Kreisdiagramms können anstelle der relativen auch die absoluten Häufigkeiten veranschaulicht werden.

Ein zweiter Fall bezieht sich auf *zweidimensionale Tabellen,* wobei sich drei Unterfälle unterscheiden lassen:

Der erste Unterfall liegt dann vor, wenn von einem der beiden Merkmale nur eine Ausprägung bezüglich der Ausprägungen des anderen Merkmals betrachtet werden soll. So sollen etwa in Tabelle 3 für jede der Gruppen der sozialen Herkunft die Anteile der weiblichen Schüler dargestellt werden. Für solche Zwecke ist (vgl. Abbildung 5 a) ein Stabdiagramm am ehesten geeignet. Abbildung 5 a informiert nur über die relativen Anteile in den einzelnen Gruppen, der absolute Umfang dieser Gruppen bleibt unberücksichtigt. Eine größere relative Abweichung kann aber von geringer Bedeutung sein, wenn es sich um eine nur kleine Gruppe handelt. Aus diesem Grunde empfiehlt es sich, in Zweifelsfällen zusätzlich zur Darstellung der relativen Häufigkeiten auch die absoluten Häufigkeiten in Form eines Stabdiagramms darzustellen (vgl. Abbildung 5 b). Der Kombination beider Darstellungsformen lassen sich alle relevanten Informationen entnehmen.

Der zweite Unterfall liegt dann vor, wenn eine der beiden Variablen dichotom gegliedert ist; wie Tabelle 3 mit der dichotomen Variablen Geschlecht (G) mit zwei Merkmalsausprägungen und der Variablen Soziale Herkunft (H) mit

Abbildung 5: Veranschaulichung einer zweidimensionalen Verteilung

Soziale Herkunft und Geschlecht von Schülern der Klasse 13 (vgl. Tabelle 3)

a) relative Anteile der Schülerinnen
b) absolute Häufigkeiten der Schülerinnen

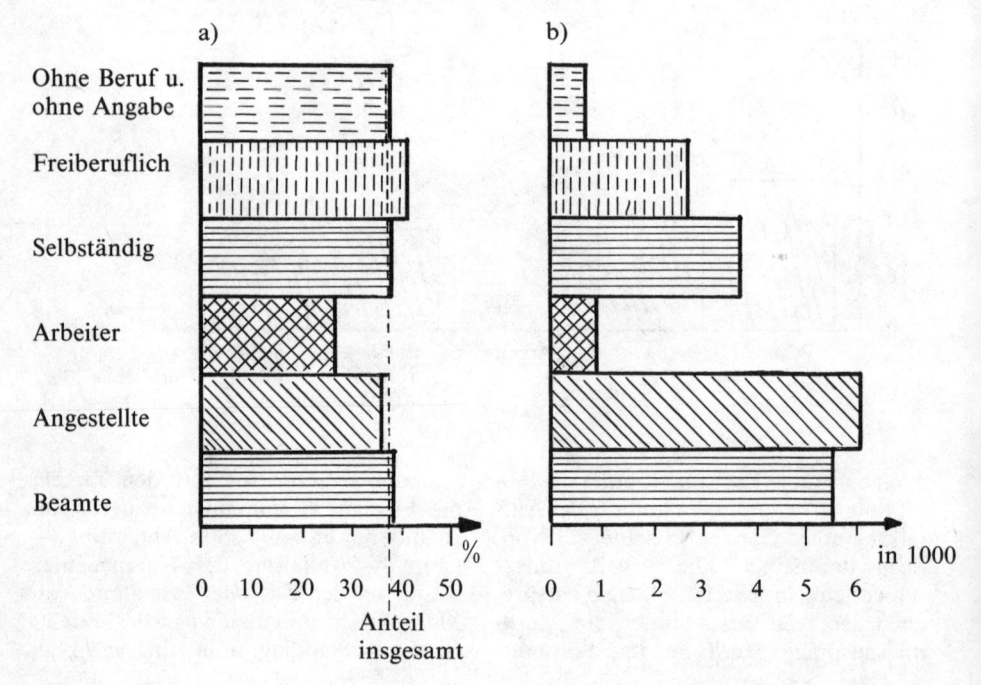

Statistik, darstellende

Abbildung 6: Beispiel eines symmetrischen Stabdiagramms

Verteilung von Schülern der Klasse 13 nach Geschlecht in Abhängigkeit von der sozialen Herkunft (vgl. Tabelle 3)

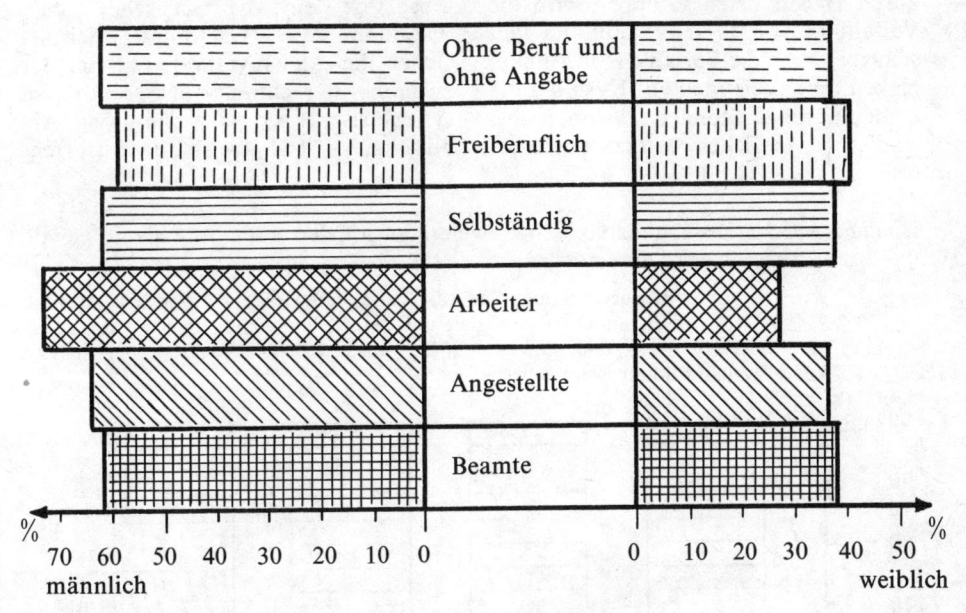

	Ohne Beruf und ohne Angabe	
	Freiberuflich	
	Selbständig	
	Arbeiter	
	Angestellte	
	Beamte	

% 70 60 50 40 30 20 10 0   0 10 20 30 40 50 %
männlich   weiblich

Abbildung 7: Beispiel eines symmetrischen Kreisdiagramms

Verteilung von Schülern der Klasse 13 nach sozialer Herkunft in Abhängigkeit vom Geschlecht (vgl. Tabelle 3)

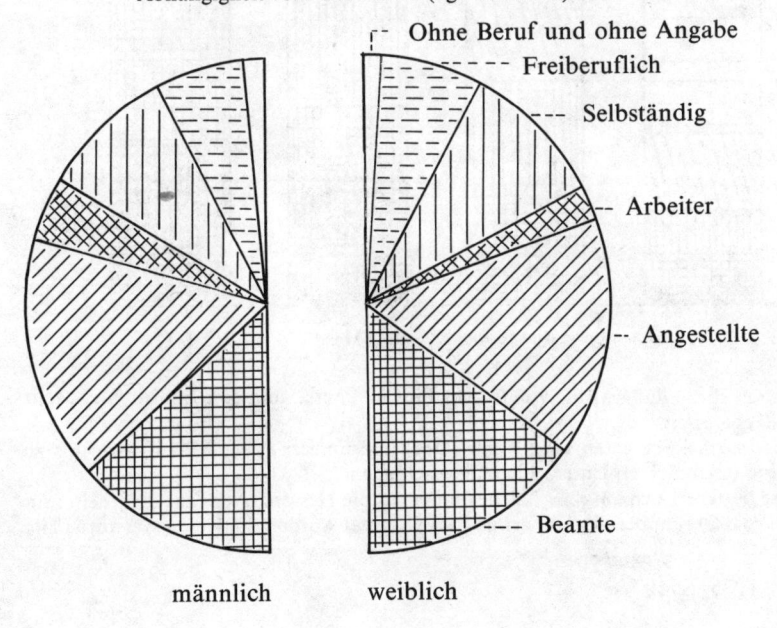

- Ohne Beruf und ohne Angabe
- Freiberuflich
- Selbständig
- Arbeiter
- Angestellte
- Beamte

männlich   weiblich

Statistik, darstellende

sechs Ausprägungen. In diesem Teilfall läßt sich nun Variable G in Abhängigkeit von H darstellen: In den sechs durch H gebildeten Gruppen wird die Verteilung von G dargestellt. Es läßt sich aber auch die Variable H in Abhängigkeit von G betrachten: Es sollen die beiden durch G gebildeten Gruppen bezüglich H verglichen werden. Beide Betrachtungsweisen führen zu symmetrischen Diagrammen. Bei der ersten Betrachtungsweise (vgl. Abbildung 6) ergibt sich ein symmetrisches Stabdiagramm, dessen bekanntestes Beispiel sicher die Alterspyramide ist. Bei der zweiten Betrachtungsweise kann ein symmetrisches Kreisdiagramm (vgl. Abbildung 7 - jede Kreishälfte entspricht

Abbildung 8: Veranschaulichung einer zweidimensionalen Verteilung als Folge von Rechteckdiagrammen

Relative Antwortverteilung[1] auf die Einstellungsfrage, in welchem Ausmaß „Der Wunsch, eine bessere soziale und berufliche Stellung als der Vater zu erreichen!" - in Abhängigkeit von der sozialen Schicht[2] - Bewerber für den Zweiten Bildungsweg[3] motiviert hat.

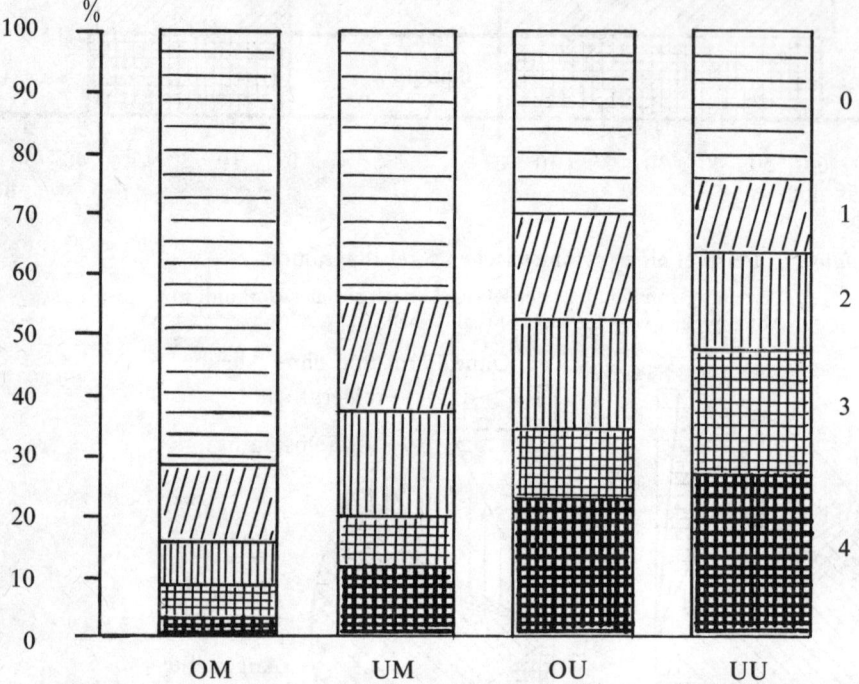

[1] Die Intensität der Einstellung wurde von 0: kein Einfluß über 2: mittlerer Einfluß bis 4: sehr starker Einfluß gemessen.
[2] Es wurden vier soziale Schichten von oberer (OM) und unterer (UM) Mittelschicht bis zu oberer (OU) und unterer (UU) Unterschicht unterschieden.
[3] Die Ergebnisse beziehen sich auf n = 711 Bewerber für die Hessenkollegs aus dem Zeitraum von 1966 bis 1968. Gegenüber der Darstellung im Original wurden die Keine-Antwort-Fälle herausgerechnet.

(Quelle: WOLF 1975, S. 407)

Statistik, darstellende

100%) oder ein symmetrisches Säulendiagramm verwendet werden.

Der dritte Unterfall liegt dann vor, wenn beide Merkmale mehr als zwei Ausprägungen haben. Als Beispiel seien eine Einstellungsfrage (Merkmal E) mit fünf Ausprägungen und die soziale Schicht (Merkmal S) mit vier Ausprägungen gewählt (vgl. Abbildung 8) und es sollen die vier durch S gebildeten Gruppen bezüglich ihrer Einstellung verglichen werden. Liegt die Absicht mehr auf einer Darstellung der Einstellungsstruktur der vier Gruppen, so wählt man (vgl. Abbildung 8) eine Folge von vier Rechteckdiagrammen; soll hingegen die abhängige Variable E über die Gruppen hinweg betrachtet werden, so kann die Folge der Rechteckdiagramme zu einer Folge von fünf Stabdiagrammen (vgl. Abbildung 9) umstrukturiert werden. In bestimmten Fällen ist es zweckmäßig, anstelle von oder zusätzlich zu den relativen auch die absoluten Anteile darzustellen.

Ein dritter und letzter Fall stellt sich dann, wenn ein *Vergleich zwischen zwei sachlich aufeinanderbezogenen, eindimensionalen Tabellen* geleistet werden soll. Als Beispiel sei der in Abbildung 3c angedeutete Fall gewählt, in dem es um die Zusammensetzung der Schüler nach der beruflichen Stellung ihrer Väter und der Zusammensetzung männlicher Erwerbstätiger nach beruflicher Stellung geht (vgl. auch Abbildung 10).

Die graphische Darstellung *dreidimensionaler Tabellen* ist im Regelfall aufwendig und führt häufig zu wenig übersichtlichen und prägnanten Ergebnissen. Oft kann man hier besser mit einer Folge von zweidimensionalen Veranschaulichungen arbeiten.

Abbildung 9: Veranschaulichung einer zweidimensionalen Verteilung als Folge von Stabdiagrammen

Relative Antwortverteilung der Antworten auf eine Einstellungsfrage in Abhängigkeit von der sozialen Schicht und geordnet nach Intensitätsstufen (vgl. Abbildung 8)

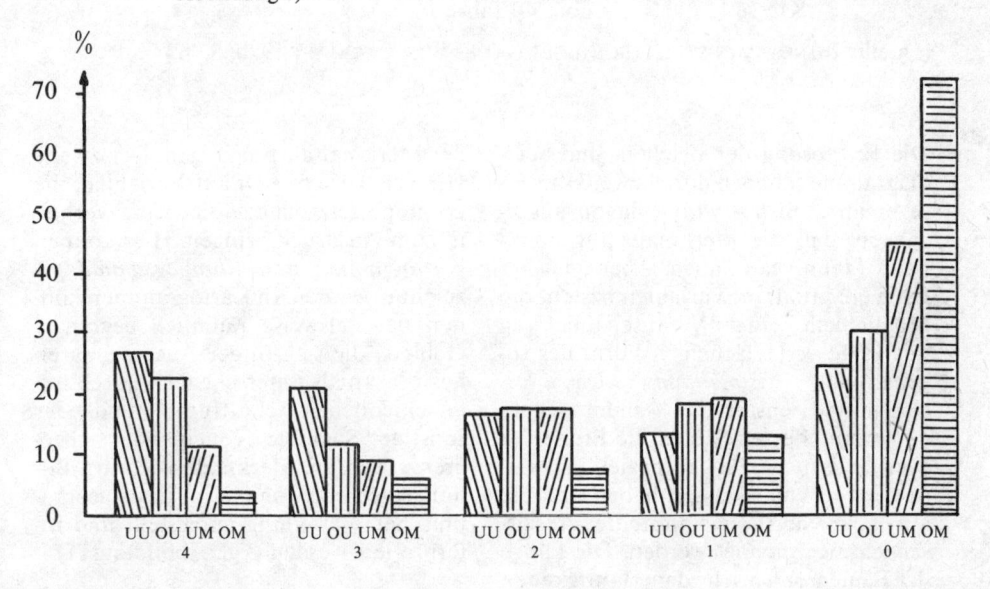

Statistik, darstellende

Abbildung 10: Veranschaulichung zweier aufeinander bezogener eindimensionaler Verteilungen

Schüler der Klasse 13 nach beruflicher Stellung des Vaters und männliche Erwerbstätige über 40 Jahre nach Stellung im Beruf (vgl. Abbildung 3 c)

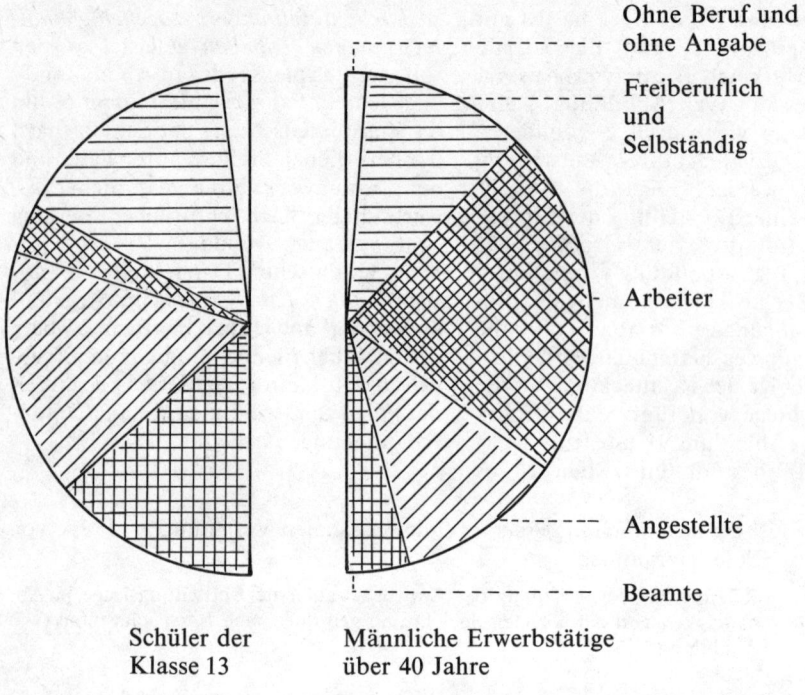

Ohne Beruf und ohne Angabe

Freiberuflich und Selbständig

Arbeiter

Angestellte

Beamte

Schüler der Klasse 13

Männliche Erwerbstätige über 40 Jahre

(Quelle: BUNDESMINISTER FÜR BILDUNG UND WISSENSCHAFT 1970, S. 32)

Die Erörterung der Flächen- und Stabdiagramme sei noch durch zwei Hinweise ergänzt. Bisher wurde davon ausgegangen, daß die Merkmale nur nominales Meßniveau haben. Aber auch im Falle quantitativer Variablen besteht die Möglichkeit einer Veranschaulichung mit Hilfe von Flächen in Form des sogenannten *Histogramms.* Das Histogramm enstpricht einem Stabdiagramm, dessen Säulen die Breite der Merkmalsausprägungen beziehungsweise der Merkmalsklassen haben und die auf eine metrisch unterteilte Abszissenachse gezeichnet werden. Die Länge der Säulen entspricht den Häufigkeiten der Merkmalsausprägungen. Der zweite Hinweis bezieht sich auf Variablen, die geographische oder zeitliche Sachverhalte zum Ausdruck bringen. Hier können *Kartogramme* und *Chronogramme* gezeichnet werden. In Kartogrammen können beispielsweise räumlich begrenzte Gebiete, die sich in der Ausprägung eines Merkmals unterscheiden, durch unterschiedliche Schraffuren und/oder sonstige Symbole voneinander abgegrenzt werden. Merkmale wie etwa Bildungsdichte können so in ihrer geographischen Verteilung dargestellt und interpretiert werden (vgl. Abbildung 11).

Statistik, darstellende

Abbildung 11: Beispiel für ein Kartogramm

Die Herkunft der Abiturienten (1955–1964) aus der sozialen Schicht der „Dorfintelligenz" und der Bauernschaft

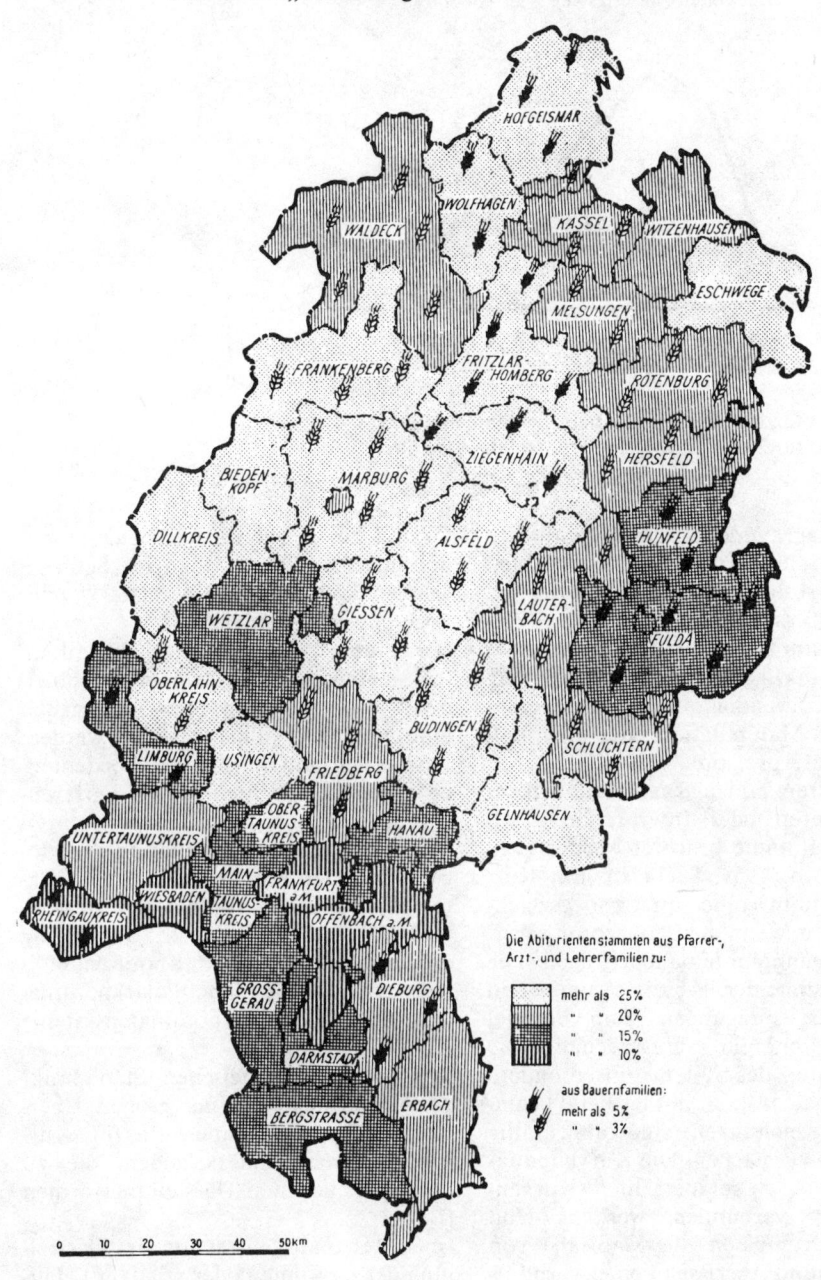

(Quelle: GEIPEL 1965, S. 99)

Abbildung 12: Beispiel eines Häufigkeitspolygons zur Darstellung einer eindimensionalen Verteilung

Relative Altersverteilung von Bewerbern für den Zweiten Bildungsweg (vgl. Tabelle 1)

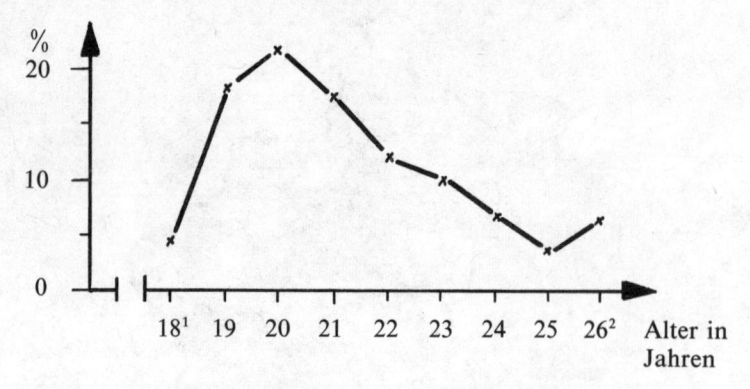

[1] Der Wert für 18 Jahre repräsentiert „18 Jahre und jünger".
[2] Der Wert für 26 Jahre repräsentiert „26 Jahre und älter".

Kurvendiagramme. Liegen quantitative und sich stetig verändernde Variablen vor, so erfolgen die Darstellungen am zweckmäßigsten in der Form von Kurvendiagrammen (Häufigkeitspolygonen) in rechtwinkligen Koordinatensystemen. Da bei Kurvendiagrammen die Gefahren einer Manipulation oder einer falschen Interpretation besonders groß sind, sollten einige Sachverhalte beim Konstruieren oder Interpretieren solcher Diagramme beachtet werden (vgl. FLASKÄMPER 1959, S. 214 ff.). Ein Kurvendiagramm sollte nur dann gezeichnet werden, wenn die Beobachtungswerte dicht genug aufeinander folgen. Die Unterteilung der Abszisse muß den Merkmalsausprägungen, zum Beispiel der Klassenbreite, entsprechen. Die Koordinaten des Systems, insbesondere die Ordinate, sollten immer bei 0 beginnen. Abweichungen sind augenfällig kenntlich zu machen. Die Kurvenpunkte sollten durch gerade Linien (Kurvenpolygone) verbunden werden. Und schließlich müssen die Maßstäbe von Ordinate und Abszisse in einer vernünftigen Relation zueinander stehen. Die Gestalt der Kurve ist entscheidend von diesem Verhältnis abhängig; Schwankungen können beliebig verstärkt oder abgeschwächt werden.

Bei einem rechtwinkligen Koordinatensystem kann anstelle einer gleichbleibenden Unterteilung einer Achse auch eine ungleichmäßige gewählt werden. Lassen sich zum Beispiel gleichbedeutende Unterschiede nicht durch Differenzen, sondern durch Quotienten beschreiben, dann ist eine Verwendung einer logarithmischen Skala anstelle einer linearen angebracht. In wichtigen Anwendungsfällen kann es auch zweckmäßig sein, von rechtwinkligen Koordinatensystemen abzugehen und Polarkoordinaten- oder Dreieckskoordinatensysteme zu verwenden.

Von einem sachlogischen Standpunkt aus lassen sich in einer groben Übersicht vier Anwendungsfälle für Kurvendiagramme unterscheiden, die zu drei verschiedenen Darstellungsformen führen:

Im ersten Fall geht es um die Darstellung der (absoluten oder relativen) Häufigkeiten der Merkmalsklassen einer

Statistik, darstellende

Abbildung 13: Beispiel eines Kurvenpolygons zur Darstellung einer zeitlichen Entwicklung

Entwicklung der Abiturientenzahlen von 1965 bis 1974 (in 1000)

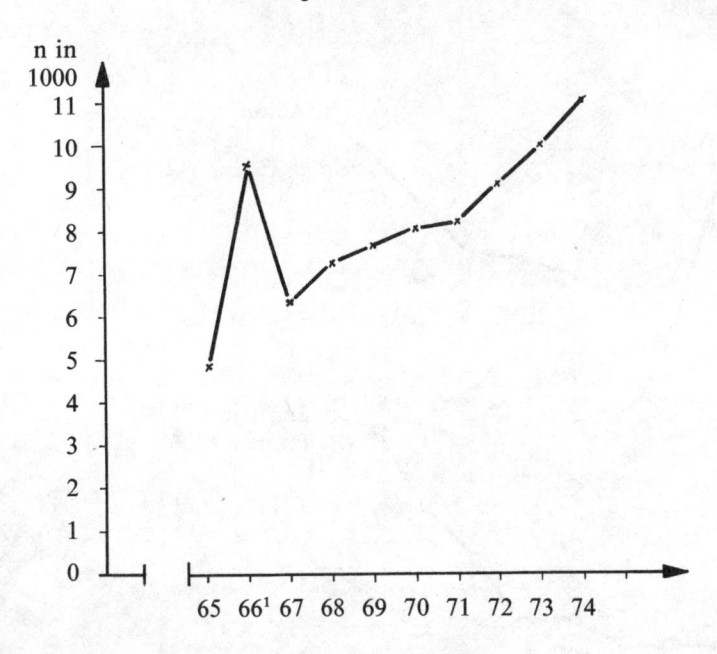

[1] Abgänge aus zwei Kurzschuljahren.

(Quelle: GÖBEL/KRAMER 1976, S. 42)

quantitativen Variablen wie etwa der Darstellung der Altersstruktur von Bewerbern für den zweiten Bildungsweg.
Im zweiten Fall geht es um die Darstellung der zeitlichen Entwicklung einer Variablen, beispielsweise der „Entwicklung der Abiturientenzahlen für die Jahre von 1965 bis 1974" oder „Entwicklung des relativen Anteils von Studentinnen an allen Studierenden für die Jahre von 1968 bis 1978" oder „Entwicklung der Ausgaben für den Hochschulbereich". Im zweiten Fall wird die Abszisse als Zeitachse gewählt. In beiden Fällen resultieren Kurvendiagramme mit einer Kurve in einem (rechtwinkligen) Koordinatensystem (vgl. Abbildung 12 und 13).
In einem dritten Fall geht es um die Darstellung der Beziehungen zwischen zwei Variablen, von denen die zweite (abhängige) Variable in k Ausprägungen untergliedert ist. Hier sollen etwa die Entwicklungen der Anzahlen der Hochschulzugangsberechtigten in Form des Abiturs und in anderen Formen für einen ausgewählten Zeitraum miteinander verglichen werden; in diesem Fall und in analogen Fällen kommt es zu Kurvendiagrammen mit zwei oder mehr Kurven (vgl. Abbildung 14).
Für die einzelnen Kurven sollten dabei unterschiedliche Symbole verwendet werden. Es besteht auch die Möglichkeit, durch eine Schraffur bestimmter Flächen, Struktur- oder Entwicklungsaspekte hervorzuheben; so könnte in Abbildung 14 die Fläche zwischen den beiden Kurven auch schraffiert werden.

Statistik, darstellende

Abbildung 14: **Beispiel eines Kurvendiagramms mit zwei Kurven**

Entwicklung der Abiturientenzahlen und Entwicklung der Zahlen sonstiger Formen von Hochschul- und Fachhochschulreife von 1965 bis 1974 (vgl. Abbildung 13)

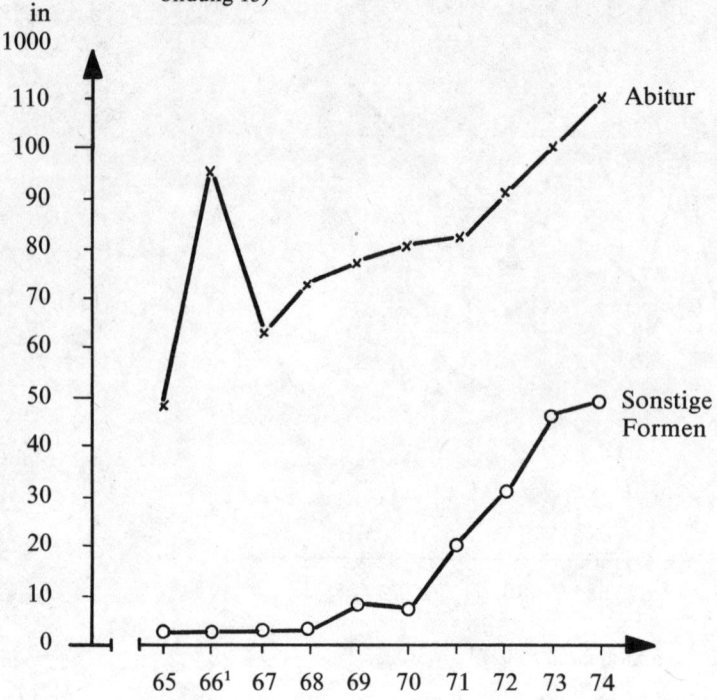

[1] Abgänge aus zwei Kurzschuljahren

Im vierten und letzten Fall geht es um den Vergleich zweier Variablen bezüglich einer dritten; zum Beispiel sollen die Entwicklung der Studienanfängerzahlen und die Entwicklung der Ausgaben der öffentlichen Hand für einen bestimmten Zeitraum verglichen werden. Das Problem besteht darin, daß die beiden bezüglich ihrer zeitlichen Entwicklung zu vergleichenden Variablen in unterschiedlichen Einheiten (Zahl der Fälle und DM) gemessen werden. Es existieren zwei unterschiedliche Ordinaten. Je nach Wahl der Maßstäbe auf den Ordinaten resultieren Kurven, die sehr unterschiedliche Sachverhalte suggerieren können. In diesen Fällen empfiehlt es sich, die Maßstäbe beider Ordinaten so zu wählen, daß die Mittelwerte beider Verteilungen gleichen Ordinatenabschnitten entsprechen (vgl. Abbildung 15).

Abschließend sei noch kurz auf die Summenhäufigkeitskurve verwiesen (vgl. Abb. 16). Einer solchen Kurve kann die Anzahl (absolutes Summenhäufigkeitspolygon) oder der Anteil (relatives Summenhäufigkeitspolygon) der Meßwerte entnommen werden, der kleiner oder gleich einem vorgegebenen ist (aufsteigende Kurve), oder der größer oder gleich einem vorgegebenen ist (absteigende Kurve). Bei einer relativen Kurve in aufsteigender Darstellung werden unmittelbar die Quantile abgelesen.

Statistik, darstellende

Abbildung 15: Beispiel für einen Vergleich zweier Merkmale in Abhängigkeit von der Zeit

Vergleich der Studienanfängerzahlen und der Ausgaben für den Hochschulbereich für die Jahre von 1965 bis 1974 (vgl. Abbildung 13)

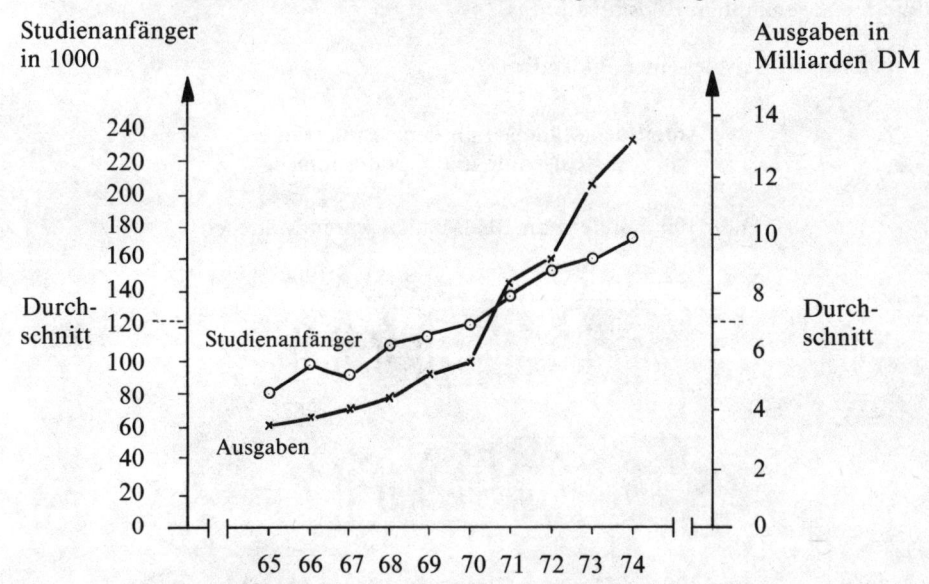

Abbildung 16: Beispiel einer relativen (aufsteigenden) Summenhäufigkeitskurve[1]

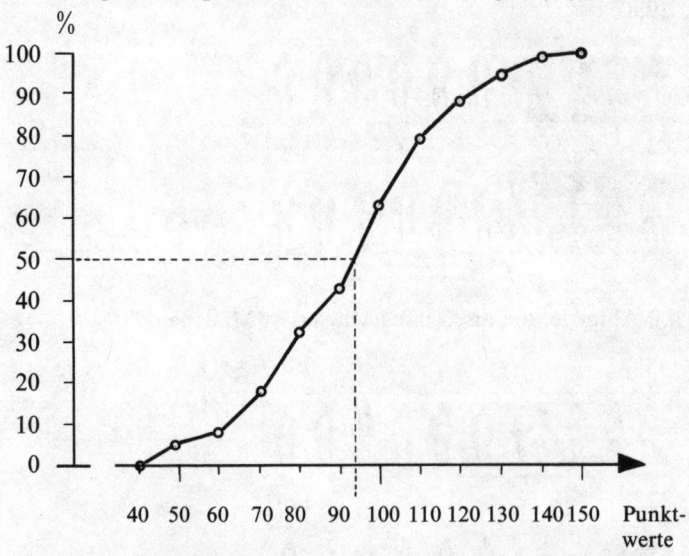

Mdn: 50 % aller Meßwerte
liegen unterhalb von 94 Punkten

[1] Es könnte sich z. B. um die Verteilung von Punktwerten in einem Leistungstest in einer großen Schülerpopulation handeln.

Statistik, darstellende

Bildstatistik. Graphische Darstellungen statistischer Sachverhalte in der Tagespresse oder in populärwissenschaftlichen Darstellungen bedienen sich häufig der sogenannten Bildstatistik (vgl. NEURATH 1933), in der (vgl. Abbildung 17) anstelle der geometrischen Symbole Figuren wie Männchen, Autos oder Münzen gewählt werden.

Abbildung 17: Beispiel einer Bildstatistik

Anteil der Mädchen an den Schülerzahlen
von Realschule und Gymnasium

Von 100 Schülern an Realschulen waren Mädchen

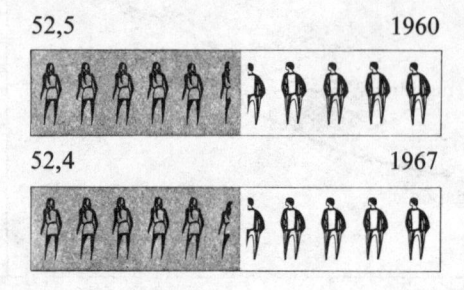

52,5   1960

52,4   1967

Von 100 Schülern an Gymnasien waren Mädchen

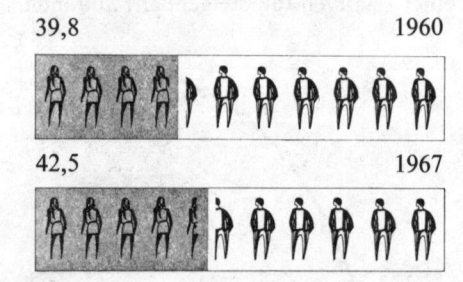

39,8   1960

42,5   1967

Von 100 Abiturienten an Gymnasien waren Mädchen

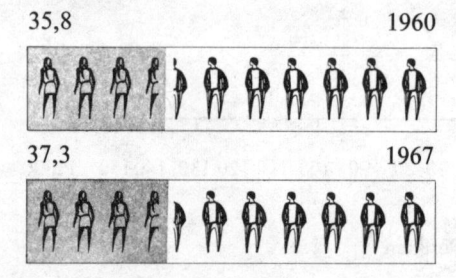

35,8   1960

37,3   1967

(Quelle: BUNDESMINISTER FÜR BILDUNG UND WISSENSCHAFT 1970, S. 53)

Bundesminister für Bildung und Wissenschaft: Bildungsbericht '70, Bonn 1970. Flaskämper, P.: Allgemeine Statistik. Theorie, Technik und Geschichte der Sozialwissenschaftlichen Statistik, Hamburg 1959. Geipel, R.: Sozialräumliche Strukturen des Bildungswesens, Frankfurt/M. 1965. Göbel, N./Kramer, W.: Daten und Argumente in der Bildungspolitik, Köln 1976. Koller, S.: Neue graphische Tafeln zur Beurteilung statistischer Zahlen, Darmstadt ⁴1969. Neurath, O.: Bildstatistik nach der Wiener Methode in der Schule, Wien 1933. Riedwyl, H.: Graphische Gestaltung von Zahlenmaterial, Bern/Stuttgart 1979. Simon, K.: Zur Beanspruchung der Lehrer an Gymnasien. Mimeo, Marburg 1966. Wolf, W.: Selektionsprozesse im Zweiten Bildungsweg, Kronberg 1975. Zeisel, H.: Die Sprache der Zahlen, Köln/Berlin 1970.

Willi Wolf

Statistik (Mehrebenenanalyse)

Datenebenen der empirischen Sozialforschung. Die Mehrebenenanalyse beschäftigt sich mit Problemen, die sich bei der Inbeziehungsetzung von Daten mehrerer Untersuchungsebenen ergeben. Sofern sich die zur Durchführung einer Untersuchung benötigten Daten auf Individuen oder „Fälle" beziehen, spricht man von *Individualdaten,* beziehen sie sich auf Gruppen, Institutionen, Gebiete oder Gesellschaften, so hat man es zu tun mit *Kollektiv-* oder *Aggregatdaten.* Entsprechend der theoretischen und methodischen Verknüpfung von Individual- und Kollektivdaten lassen sich mindestens vier Arten von Beziehungen unterscheiden:
- Beziehungen zwischen nur durch Kollektivdaten beschriebenen Merkmalen,
- Beziehungen zwischen nur durch Individualdaten beschriebenen Merkmalen,
- Beziehungen zwischen sowohl durch Individual- und Kollektivdaten beschriebenen Merkmalen und
- Beziehungen zwischen Merkmalen, die durch unterschiedlich hoch aggregierte Kollektivdaten beschrieben werden.

Die Beziehungen der beiden zuerst genannten Arten werfen Probleme hinsichtlich der Möglichkeit ökologischer und individualistischer Fehlschlüsse auf, während mehrebenenanalytische Studien, die von der simultanen Verwendung von Individual- und Kollektivdaten ausgehen, geeignet erscheinen, um individuelle oder strukturelle Effekte mit und ohne Interaktion auf die zu untersuchende Variable nachzuweisen. So führt die simultane Verwendung von Daten unterschiedlicher Ebenen einerseits zu recht interessanten Ergebnissen, aber auch zu mancherlei Staunen über empirisch widersprüchliche Ergebnisse bei vermeintlich für logisch gehaltenen Schlußfolgerungen.

Aggregatdaten und Individualmerkmale. Bei mehrebenenanalytisch konzipierten Untersuchungen werden nun freilich nicht im wörtlichen Sinne Kollektive verschiedener Ebenen in Beziehung zueinander zu setzen versucht, sondern nur die sie charakterisierenden Merkmale, die hinsichtlich ihrer logischen Struktur unterschiedlich komplex konstruiert sein können. Von Lazarsfeld (vgl. 1959, S. 119 ff.) stammt die folgende Taxonomie sozialwissenschaftlicher Daten (vgl. Abbildung 1).

Bei der hier vorgeschlagenen Klassifikation werden Individualmerkmale und Kollektivmerkmale zu insgesamt sieben verschiedenen Typen aufgeteilt. Absolute Eigenschaften von Individuen sind einstellige Prädikate. In dem Satz „X ist ledig" oder „X befindet sich in psychiatrischer Behandlung" wird X durch jeweils ein absolutes Individualmerkmal charakterisiert. Die meisten Daten, die im Rahmen der Umfrageforschung erhoben werden, sind absolute Individual-

Statistik (Mehrebenenanalyse)

Abbildung 1

Ebene des Merkmals	Individuum	Kollektiv
logische Struktur des Merkmals	absolut relational komparativ kontextuell	global analytisch strukturell

merkmale. Globalmerkmale sind Eigenschaften von Kollektiven, die nicht auf Informationen über die Eigenschaften der sich in den Kollektiven befindenden Individuen zurückgeführt werden können. Beispiel für Globalmerkmale sind: das Alter der Verfassung einer politischen Einheit, die Wirtschaftsstruktur eines Gebietes, oder die sich im Umlauf befindende Geldmenge. Bei den relationalen, komparativen und kontextuellen Merkmalen von Individuen handelt es sich um mehrstellige Prädikate. Relationale Eigenschaften charakterisieren bestimmte Individuen aufgrund bestimmter Beziehungen zu anderen Individuen; bei einem komparativen Merkmal wird ein relationales oder absolutes Individualmerkmal zur Verteilung des gleichen Merkmals im Kollektiv in Beziehung gesetzt. Kontextuelle Merkmale charakterisieren ein Individuum durch ein Merkmal eines sozialen Kollektivs, dessen Mitglied es ist. Analytische Merkmale eines Kollektivs werden durch logisch-mathematische Operationen gebildet, wobei Individualdaten zugrundeliegen. Analytische Merkmale sind demnach die Parameter der Verteilung der konstitutiven Individualvariablen, zum Beispiel der Anteil von geschiedenen Personen in einem Erhebungsgebiet. Strukturelle Eigenschaften werden ebenfalls von Informationen über Individuen sowie deren Relationen untereinander gebildet. Der Anteil, mit dem sich in verschiedenen Schulklassen soziometrische Wahlen auf wenige Personen konzentrieren, stellt für das Kollektiv „Schulklasse" ein strukturelles Merkmal dar. Von den oben dargestellten Merkmalskategorien kommen bei mehrebenenanalytischen Forschungen vorwiegend absolute und kontextuelle Individualmerkmale und analytische Kollektivmerkmale zur Anwendung.

Das ökologische Problem. Bei der Möglichkeit, forschungsleitende Hypothesen auf Individuen und auf soziale Kollektive zu beziehen, treten immer dann Schwierigkeiten auf, wenn sich die Forschungshypothese auf eine andere Ebene bezieht, als die, welche der Datengewinnung zugrunde lag. SAINSBURY (vgl. 1955) fand bei einer Untersuchung über Selbstmorde in London einen von ihm nicht erwarteten und überraschenden Effekt. Er errechnete auf der Ebene von 25 Londoner Metropolitan Boroughs zwischen der Suizidrate und der Arbeitslosenquote einen Korrelationskoeffizienten von R = −.18. Er besagt, daß mit steigendem Anteil von Arbeitslosen in einem Gebiet die Selbstmordrate zurückgeht, und umgekehrt. Nun standen Sainsbury aber auch die Individualdaten von 409 Selbstmordfällen des gleichen Ortes und Zeitraums zur Überprüfung eines Teils der auf ökologischer Ebene gefundenen Zusammenhänge zur Verfügung, wobei sich ein divergierender Befund ergab. Ein Drittel der von SAINSBURY (vgl. 1955, S. 55) untersuchten Suizidenten waren arbeitslos gewesen. Im Gegensatz zu der auf ökologischer Ebene gefundenen inversen Beziehung zwischen der Arbeitslosenquote und der Suizidrate hat sich die Variable „Arbeitslosigkeit" auf der Individuenebene als ein

Risikofaktor für Selbstmord erwiesen. Das Staunen über dieses divergierende Ergebnis läßt sich aus der Erwartung Sainsburys erklären, von kollektiven Korrelationen auf gleichsinnige individuelle Korrelation schlußfolgern zu können. Solche Differenzen sind jedoch immer möglich, da die kollektive Korrelation auf Randsummen beruht, jedoch in der Berechnung der Individualkorrelation auch die interne Kovarianz berücksichtigt wird. Zur besseren Veranschaulichung dieses Sachverhaltes soll ein Beispiel aus der Bildungsforschung gewählt werden. Angenommen, die sozialen Kollektive, um die es in diesem Zusammenhang gehen soll, seien die Schüler der 10. Klassen von vier verschiedenen Schulen. Von jedem dieser sozialen Kollektive kennen wir den Anteil von Schülern aus Akademikerfamilien (x) und den Anteil der Schüler, die bei einem Leistungstest über (y) und unter ($\bar{y}$) 80 Punkte erreicht haben, so daß wir bei dichotomen Variablen die folgende Randverteilung erhielten (vgl. Abbildung 2).

Abbildung 2

	x	$\bar{x}$		x	$\bar{x}$		x	$\bar{x}$		x	$\bar{x}$
y		20			40			60			80
	I		II			III			IV		
$\bar{y}$		80			60			20			20
	20	80		40	60		60	40		80	20

Die Verteilung der beiden Variablen in den vier Schulen ergibt eine perfekte Korrelation. Mit der Zunahme des Anteils von Schülern aus Akademikerfamilien (x) an allen Schülern steigt der Anteil derjenigen, die bei einem bestimmten Leistungstest über 80 Punkte erzielt haben (y) (vgl. Abbildung 3).

Abbildung 3

```
80              IV
60           II
40        II
20    I
     20  40  60  80
r = 1.0
```

Dieser für auf der Kollektivebene als gültig festgestellte Zusammenhang ist nun mit mindestens drei Interpretationen vereinbar:
- Schüler aus Akademikerfamilien schneiden in Leistungstests besser ab als andere Schüler,
- in Schulen mit hohem Anteil von Schülern aus Akademikerfamilien schneiden sowohl Schüler aus Akademikerfamilien wie auch Schüler aus Arbeiterfamilien in Leistungstests besser ab als es in Schulen mit niedrigem Anteil von Schülern aus Akademikerfamilien der Fall ist;
- in Schulen mit hohem Anteil von Schülern aus Akademikerfamilien schneiden Schüler aus Arbeiterfamilien mehrheitlich in den Leistungstests besser ab.

Aufgrund der Daten, die für Kollektive vorliegen, ist demnach nicht entscheidbar, welche Beziehung zwischen den betreffenden Variablen auf der Individuenebene gilt. Randverteilungen bestimmen nicht die Eingänge in die Zellen. Jede der vier Tabellen besitzt einen Freiheitsgrad und kann somit im Rahmen der durch die Randverteilung fest-

gelegten Minimal- und Maximalwerte frei variieren.
Es läßt sich in unserem Beispiel für die vier Kollektive sogar eine Verteilung der individuellen Werte finden, bei der sich der auf Kollektivebene festgestellte Sachverhalt für Individuen genau umkehrt (vgl. Abbildung 4). Weil die Werte für die kollektive und die individuelle Korrelation aus unterschiedlichen Verteilungen stammen, sind solche Schlüsse nicht zulässig. Die kollektive Korrelation ergibt sich aus der Randverteilung; die individuelle Korrelation erhält man über die Werte der internen Verteilung.

Abbildung 4

	x I $\bar{x}$		x II $\bar{x}$		x III $\bar{x}$		x IV $\bar{x}$				x	$\bar{x}$	
y	0	20	20	0	40	40	20	40	60	60	20	80	IV	y	80	120	200
$\bar{y}$	20	60	80	40	20	60	40	0	40	20	0	20	$\to \Sigma$ $k = I$	$\bar{y}$	120	80	200
	20	80		40	60		60	40		80	20				200	200	

$$r = -.20$$

Schätzungen der individuellen Korrelation. Wenn auch aus ökologischen Randverteilungen nicht auf die individuelle Verteilung geschlossen werden kann, so legen die Randverteilungen dennoch die Häufigkeit des Auftretens der jeweiligen Merkmalskombination fest. DUNCAN/DAVIS (vgl. 1953) haben gezeigt, wie man durch einfache Zahlenkombinatorik der mit den Randsummen vereinbarenden minimalen und maximalen Zellenhäufigkeit auch die obere und untere Grenze des individuellen Korrelationskoeffizienten berechnen kann. Allerdings ist durch die Anwendung der *Duncan-Davis-Technik* zur Bestimmung der minimalen und maximalen individuellen Korrelation bei gegebenen Randverteilungen nichts gewonnen, weil zu wenig Fälle ausgeschlossen werden und immer noch unterschiedliche Kombinationen von Individualmerkmalen mit Zahlen für das gleiche Kollektiv vereinbar sind.
Andere Verfahren (vgl. GOODMAN 1953, 1959; vgl. HARDER/PAPPI 1976) schlagen zur Schätzung der individuellen Parameter regressionsanalytische Verfahren vor. Diese sind jedoch an problematische Bedingungen geknüpft, da sie eine geringe Varianz der Aggregatdaten, die apriori Abwesenheit von Konttexteffekten (vgl. ZIEGLER 1972) oder Annahmen über die Art der Gruppierung der Kollektivdaten (vgl. SHIVELEY 1969) voraussetzen. Ein Koeffizient der Kollektivkorrelation ist somit immer dann uninterpretierbar, wenn man nicht apriori über eine gewisse Kenntnis der individuellen und kollektiven Effekte verfügt, die in dem zu analysierenden Sachverhalt wirksam sind. Weil man diese Kenntnis nicht besitzt, wenn man nur von Kollektivdaten ausgeht, hat man es mit einem circulus vitiosus zu tun.

Typologie der Fehlschlüsse. Verschiedene Autoren (vgl. ALKER 1965, SCHEUCH 1966, VALKONEN 1969) haben nachgewiesen, daß der *ökologische Fehlschluß* nur ein Spezialfall von „Gruppenfehlschlüssen" ist, die auf der Unkenntnis einzelner Komponenten der totalen Kovarianz beruhen. Neben dem ökologischen Fehlschluß, der oben eingehend dargestellt wurde, trifft man häufig auch den *individualistischen Fehlschluß* an. Hierbei bezieht sich die Hypothese

auf soziale Kollektive, während Daten verwendet werden, die sich auf Individuen stützen. Das generelle Problem individualistischer und ökologischer Fehlschlüsse kann leicht darauf übertragen werden, wo es darum geht, Aussagen miteinander zu vergleichen, die sich auf unterschiedlich hoch aggregierte Ebenen beziehen. Auch bei einem solchen reinen Aggregatdaten-Vergleich ist Vorsicht gegenüber einer generalisierenden Interpretation angebracht. In einer mehrebenenanalytischen Untersuchung über die städtische Verteilung von Selbstmordversuchen (vgl. WELZ 1979) konnte zunächst deskriptiv gezeigt werden, daß überdurchschnittlich hohe Selbstmordversuchsraten in bestimmten Stadtteilen nicht ausschließen, daß sich die Selbstmordversuchsraten nur in ganz bestimmten Straßenzügen oder kleinräumigen Einheiten, die in dem jeweils übergeordneten Zählbezirk enthalten waren, häuften und sonst eher selten waren. Die gleichen Überlegungen gelten selbstverständlich auch für diejenigen gebietsbezogenen Merkmale, die in einem Zusammenhang mit der Selbstmordversuchsrate gesehen werden. Wenn beispielsweise in einem Stadtteil Selbstmordversuche im westlichen Teil sich konzentrieren und ältere Menschen vorwiegend im östlichen Teil des Stadtteils leben, wie soll dann ein Zusammenhang zwischen der Selbstmordversuchsrate und dem Faktor „Überalterung" beziehungsweise der Variablen „hoher Anteil alter Menschen" zustandekommen? Er wäre das Ergebnis eines ökologischen *Gebietsfehlschlusses*. Von den auf der Ebene von Stadtteilen und kleinräumigen statistischen Unterbezirken berechneten Rangkorrelations-Koeffizienten zwischen der Suizidversuchsrate und sozial-strukturellen Gebietsmerkmalen ergaben sich erhebliche Unterschiede sowohl in der Richtung wie in der Stärke der Korrelationskoeffizienten (vgl. WELZ 1979, S. 121 f.).
Weitere Formen der sogenannten „Gruppenfehlschlüsse" sind der *universalistische* und *selektive Fehlschluß*, der *kontextuelle Fehlschluß* und der *Cross-level-Fehlschluß*. Obwohl die Bestimmungsgründe für die hier dargestellten Fehlschlüsse bekannt sind, sind solche Fehlschlüsse immer noch häufig anzutreffen. SCHEUCH (vgl. 1967) interpretiert dies als Indiz dafür, daß vielfach ein Wunsch besteht, Phänomene auf unterschiedlichen Beobachtungsebenen in Beziehung zueinander zu setzen. Wenn man dies tun will und die Prämisse der Interpretation eines zu erklärenden Sachverhaltes nicht durch apriori gesetzte Annahmen einengen will, dann müssen die gleichen untersuchungsleitenden Fragen häufig für jede Ebene der Analyse neu gestellt und untersucht werden. Daß es nur sehr wenige empirisch durchgeführte echte Mehrebenenanalysen gibt, hängt vor allem mit drei Sachverhalten zusammen:
- wegen der Variation individueller und kollektiver Merkmale und einer ausreichenden Repräsentation individueller Merkmale in den verschiedenen Kollektiven fallen sehr hohe Kosten bei der Durchführung von Kontext-Surveys an;
- es fehlen häufig geeignete Theorien, die in der Lage sind, gleiche oder gegensinnige Ergebnisse auf unterschiedlichen Ebenen zu integrieren und
- wegen der Schwierigkeit, eine theoretisch angenommene Hierarchie von Einflußgrößen empirisch ausreichend zu berücksichtigen und die theoretische Modellstruktur ausreichend in der empirischen Analyse zu repräsentieren.

Mehrebenenanalyse und strukturelle Effekte. Wenn auf verschiedenen Ebenen Daten erhoben werden, dann besteht die Möglichkeit, individuelle, strukturelle und gemeinsam wirkende Effekte auf die abhängige Variable nachzuweisen (vgl. BLAU 1961). Ein rein *struktureller*

Effekt würde vorliegen, wenn der Nachweis erbracht wäre, daß sich die Individuen mit gleichen individuellen Merkmalen oder Dispositionen in übergeordneten Kontexten unterschiedlicher Struktur trotz gleicher individueller Disposition unterschiedlich verhalten. DAVIS u. a. (vgl. 1961) unterscheiden fünf mögliche Formen des Zusammenhangs zwischen individuellen und kollektiven Einflüssen (vgl. Abbildung 5). Es werden dabei drei Typen von Variablen unterschieden:
- ein individuelles Merkmal Y, welchem die Bedeutung der abhängigen Variablen zukommt,
- ein individuelles Merkmal X (vereinfacht mit zwei Ausprägungsstufen X und $\overline{X}$) als unabhängige Variable und
- eine weitere unabhängige Variable x_k als kollektive Variable, die als Funktion der Verteilung von X innerhalb des Kollektivs zustande kommt.

Als Beispiel für eine Mehrebenenanalyse mit den drei Typen von Variablen ist die Untersuchung von COLEMAN u. a. (vgl. 1966, S. 49 ff.) über die Gleichheit der Bildungschancen und den Einfluß der Rasse und der Schulsegregation auf die Leistung der Schüler. Coleman führte die Untersuchung in 900 Schulen mit insgesamt 27 645 Schülern durch. Das individuelle Merkmal Y mit der Bedeutung der abhängigen Variablen war dabei der Wert eines „verbal - achievement - score" eines Schülers i in einer Schule k. Mit dem individuellen Merkmal X ist die rassische Zugehörigkeit (X = 1 für weiß; X = 0 für farbig) bezeichnet und x_k stellt als kollektive Variable den Anteil der weißen Schüler in der Schule k dar.

Typ 0: Beim Vorliegen dieses Typus würde weder einer individuellen Variablen X noch einer kollektiven Variablen x_k ein Einfluß auf die Auftrittswahrscheinlichkeit der abhängigen Variablen Y zukommen. Angewand auf das Beispiel der amerikanischen Untersuchung über die Gleichheit der Bildungschancen würde dies besagen, daß weder der Anteil der weißen Schüler in einer Schule noch die rassische Zugehörigkeit zu der Gruppe der Weißen oder der Farbigen einen Einfluß auf den erreichten Wert eines „verbal-achievement-score" ausübt.

Typ 1: Hier wird ein reiner Struktureffekt deutlich. Sowohl für weiße Schüler wie auch für farbige Schüler nimmt der Wert in dem Testergebnis zu, je höher der Anteil weißer Schüler in einer Schule ist.

Typ 2: Er verkörpert einen reinen Individualeffekt, wonach sich weiße und farbige Schüler gesamthaft in ihren Testergebnissen unterscheiden, unabhängig davon wie hoch der Anteil weißer oder farbiger Schüler in einer Schule ist.

Typ 3 und *Typ 4:* Sie treffen auf gleichzeitig wirkende Individualeffekte und Kollektiveffekte zu. Genau ein solcher Effekt konnte durch ZIEGLER (vgl. 1972) in einer Sekundäranalyse der Daten von COLEMAN u. a. (vgl. 1966) nachgewiesen werden. Die Kontextanalyse ergab, daß weiße Schüler in überwiegend „farbigen Schulen" schlechter abschneiden als ihre farbigen Mitschüler. Die bei den Weißen insgesamt besseren Leistungen wären hiernach allein auf die positive Wirkung einer „weißen Umgebung" zurückzuführen. Der Übergang von einer völlig schwarzen zu einer völlig weißen Umgebung läßt sowohl die Leistung eines farbigen wie auch eines weißen Schülers ansteigen, wobei der Anstieg bei den weißen Schülern deutlich höher ist. ZIEGLER (vgl. 1972) folgert daraus, daß die Segregation jeweils der Majorität zugute kommt, allerdings einer weißen stärker als einer farbigen.

Für jeden dieser Typen lassen sich in der Sprache der linearen Kausalkonstruktion exakte Vorschriften angeben, so daß der Nachweis von rein individuellen, rein strukturellen oder dem gemeinsamen Auftreten individueller und struktureller Effekte mit und ohne Interaktion auch im Rahmen regres-

Abbildung 5

Unterschied auf der Individuenebene	Interaktion	Unterschied auf Gruppenebene	
		liegt nicht vor	liegt vor
NEIN	NEIN	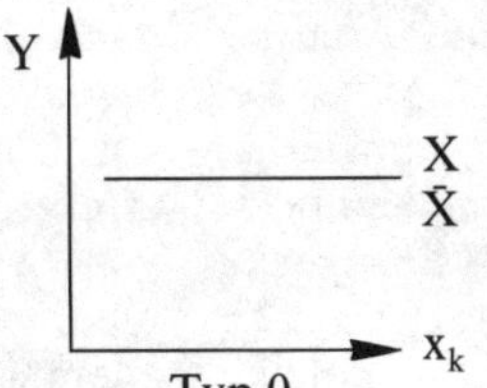 Typ 0	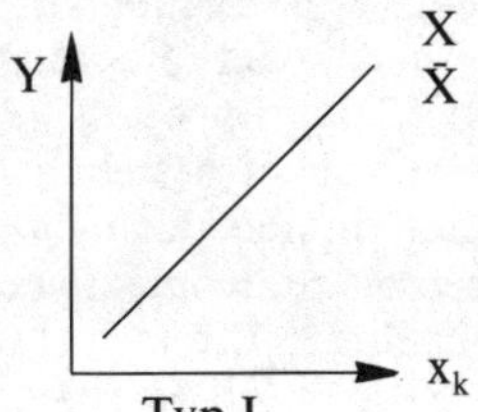 Typ I
JA	NEIN	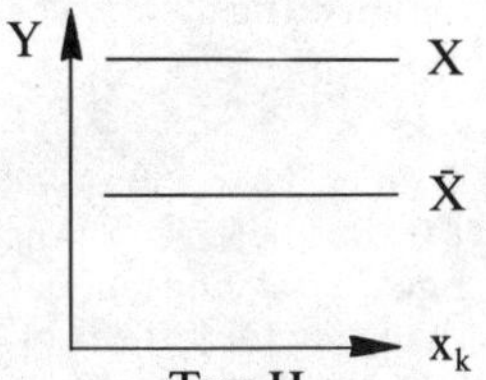 Typ II	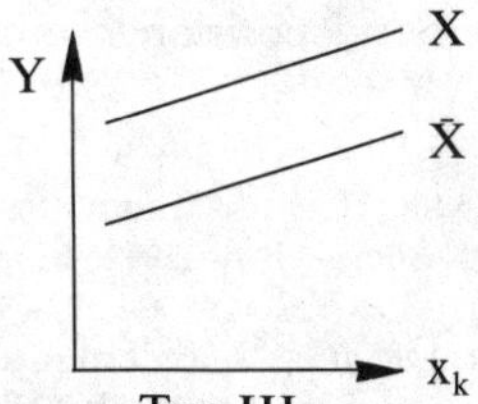 Typ III
JA	JA	dieser Fall ist logisch ausgeschlossen	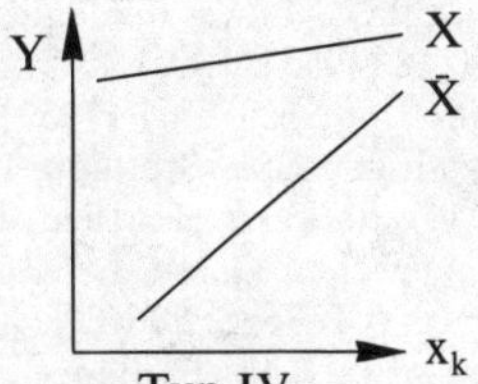 Typ IV

sionsanalytischer Verfahren erbracht werden kann (vgl. HUMMEL 1972). Dies gilt jedoch nur für den Fall, daß ökologische *und* individuelle Daten zur Verfügung stehen. Aufgrund nur kollektiver Daten ist keiner der Fälle eindeutig identifizierbar. Nicht einmal das Fehlen eines jeglichen individuellen und kontextuellen Effekts kann bei einer Analyse der Aggregatdaten zuverlässig festgestellt werden (vgl. ZIEGLER 1972).

Dynamische Mehrebenenanalyse. Eine interessante Weiterentwicklung hat die theoretische Diskussion in dem Versuch der Anwendung mehrebenenanalytischer Konzeptualisierungen auf dynamische Systeme gefunden. Im Mittelpunkt der dynamischen Betrachtung steht das Problem, daß ein Individuum, das genau zu einem Kontext gehört, nicht über mehrere Kontexte hinweg konstant gehalten werden kann. Das Problem, daß der Kontext ein und desselben Individuums nicht variierbar ist, ist der Anknüpfungspunkt für dynamische Mehrebenenanalysen (vgl. HARDER 1974). Sie setzen hohe Anforderungen an Forschungstechnik und Untersuchungsdesign voraus. Entweder könnte eine Gruppe von Individuen sukzessiv über einen längeren Zeitraum verfolgt werden, wobei der Zeitraum lange genug sein muß, um mehrere Kontextwechsel desselben Individuums zu ermöglichen. Weitere Möglichkeiten (vgl. HARDER 1973, S. 105 ff.) sind die retrospektive Befragung, die biographische Methode oder die relationale Analyse von Kleingruppen.

Nicht zuletzt bestehen auch Schwierigkeiten in der Kontrolle von Kontextwechsel zu Kontextwechsel sich rückkoppelnder Effekte. HARDER (vgl. 1973 S. 105) gibt ein Beispiel, wie der kollektive Zustrom auf die Besetzung bestimmter Berufspositionen eine Rückwirkung auf den Zustrom zu ihnen hat und über mehrere Zwischenstadien die Nachfrage zu bestimmten Positionen schichtenspezifisch drosselt. Hier sind dann die Grenzen von Mehrebenenanalysen zur dynamischen Simulation fließend. Wie bei der herkömmlichen *statischen* Mehrebenenanalyse stellen sich auch bei der dynamischen Mehrebenenanalyse Probleme der hierarchischen Abhängigkeit von Ebenen, der Messung von Kontexteffekten und des möglichen Transfers von Aussagen hoch aggregierter auf niedriger aggregierte Ebenen. Alles in allem stellt die dynamische Mehrebenenanalyse noch mehr Fragen, als sie zu lösen vermag.

ALKER, H. R.: Mathematics and Politics, New York 1965. BLAU, P. M.: Structural Effects. In: Am. Sociol. Rev. 26 (1961), S. 178 ff. BOUDON, R.: L'Analyse mathématique des faits sociaux, Paris 1967. COLEMAN, J. S. u. a.: Equality of Educational Opportunity, Washington 1966. DAVIS, J. A. u. a.: A Technique for Analyzing the Effects of Group Composition. In: Am. Sociol. Rev. 26 (1961), S. 213 ff. DUNCAN, O. D./DAVIS, B.: An Alternative to Ecological Correlation. In: Am. Sociol.Rev. 18 (1953), S. 665 f. DURKHEIM, E.: Der Selbstmord, Neuwied/Berlin 1973. GOODMAN, L. A.: Ecological Regression and the Behavior of Individuals. In: Am.Sociol. Rev. 18 (1953), S. 663 ff. GOODMAN, L. A.: Some Alternatives to Ecological Regression. In: The Am. J. of Sociol. 64 (1959), S. 610 ff. HARDER, T.: Dynamische Modelle in der empirischen Sozialforschung, Stuttgart 1973. HARDER, T.: Contextuality and Dynamics. In: Z. f. Soziol. 3 (1974), S. 229 ff. HARDER, T./PAPPI, U.: Mehrebenen-Regressionsanalyse von Umfrage- und ökologischen Daten. In: HUMMEL, H. J./ZIEGLER, R. (Hg.): Korrelation und Kausalität, Bd. 3, Stuttgart 1976, S. 506 ff. HUMMEL, H. J.: Probleme der Mehrebenenanalyse, Stuttgart 1972. LAZARSFELD, P. F.: Evidence and Inference in Social Research. In: LERNER, D.: Evidence and Inference, Glencoe (Ill.) 1959, S. 107 ff. SAINSBURY, P.: Suicide in London, London 1955. SCHEUCH, E. K.: Cross-National Comparisons Using Aggregate Data. In: MERRIT, R. C./ ROKKAN, S. (Hg.): Comparing Nations, New Haven 1966, S. 131 ff. SCHEUCH, E. K.: Entwicklungsrichtungen bei der Analyse sozialwissenschaftlicher Daten. In: KÖNIG, R. (Hg.): Handbuch der empirischen Sozialforschung, Bd. 1, Stuttgart 1967. S. 655 ff. SHIVELEY, W. P.: Ecological Inference. The Use of Aggregate Data to study Individuals. In: The Am.Pol.Sc.Rev. 63 (1969), S. 1183 ff. VALKONEN, R.: Individual and Structural Effects. In: DOGAN, M./ROKKAN, S.: Quantitative Ecological Analysis in the Social Sciences, Cambridge 1969, S. 53 ff. WELZ, R.: Selbstmordversuche in städtischen Lebensumwelten. Eine epidemiologische und ökologische Untersuchung über Ursachen und Häufigkeit, Weinheim/Basel 1979. ZIEGLER, R.: Theorie und Modell, München 1972.

Rainer Welz

Statistik (Mehrvariablenanalyse)

Vorbemerkungen. Mit Mehrvariablenanalyse oder multivariater Analyse werden in der Statistik solche Verfahren und Modelle bezeichnet, in denen zwei oder mehr Variablen gemeinsam und vorwiegend simultan analysiert werden. Liegen bei k Stichproben etwa die Variablen A, B und C vor, so wird bei univariater Betrachtungsweise gefragt, ob sich die k Stichproben zum Beispiel bezüglich der Lokalisation von A unterscheiden. Ist man jedoch an der Frage interessiert, ob sich die drei Stichproben bezüglich der Lokalisation aller drei Variablen unterscheiden, so handelt es sich um eine multivariate Fragestellung, bei der die k Stichproben gleichzeitig bezüglich der Lokalisation aller drei Variablen betrachtet werden. In diesem Fall ist es zum Beispiel unzulässig, drei univariate Verfahren durchzuführen, da dann der α-Fehler nicht kontrolliert wird.

Die *Fragestellungen* der Mehrvariablenanalyse sind teilweise Erweiterungen univariater Konzepte, wie zum Beispiel Regression oder Korrelation, teilweise treten sie aber auch, wie das Interaktionskonzept oder das Konzept der Ermittlung latenter Variablen, erst bei der Betrachtung des Zusammenwirkens mehrerer Variablen auf. Eine erste *Zielsetzung* der Mehrvariablenanalyse besteht – *deskriptive Betrachtungsweise* – in einer im Hinblick auf die Fragestellung der Untersuchung erfolgenden Informationsbündelung großer Datenmengen. Diese Bündelung kann auf Parameter abzielen, die jedoch häufig nicht in gleicher Weise anschaulich interpretierbar sind wie im univariaten Fall. Sie kann aber auch im Hinblick auf explizite Modelle erfolgen, die die Gesamtstruktur der Datenmenge, zum Beispiel Abhängigkeiten, Zusammenhänge, Interaktionen und Ursache-Wirkungs-Verhältnis optimal beschreiben sollen. Eine zweite Zielsetzung der Mehrvariablenanalyse – *analytische Betrachtungsweise* – besteht darin, die Parameter einer inferenz-statistischen Prüfung zu unterziehen beziehungsweise in Form von Anpassungstests zu überprüfen, ob die gefundenen Daten mit dem postulierten Modell verträglich sind. Trifft dieses zu, so werden mit Hilfe spezifischer Verfahren wie der Maximum-Likelihood-Methode oder der Methode der kleinsten Quadrate aus den Modellannahmen Modellparameter geschätzt, die dann im Hinblick auf die Fragestellung der Untersuchung zu interpretieren sind. Gegenwärtig wird das modellorientierte Vorgehen stärker gefordert als das verfahrens- oder technikorientierte (vgl. OPP/SCHMIDT 1976).

Mehrvariablenanalysen sind im Regelfall mit großem Rechenaufwand verbunden, so daß sie erst mit dem Ausbau der Elektronischen Datenverarbeitung (EDV) in den Sozialwissenschaften häufiger eingesetzt wurden. Mit der steigenden Verwendungstendenz korrespondieren auch Entwicklungsstand und Literaturlage, die in den letzten zehn Jahren deutlich verbessert wurden. Die mathematisch-statistische Komplexität der multivariaten Ansätze und ihre inzwischen leichte Realisierbarkeit durch den EDV-Einsatz bergen jedoch die Gefahr einer unkritischen Anwendung (zum Beispiel etwa Auswahl eines angemessenen Ansatzes, Interpretation der Ergebnisse) der Mehrvariablenanalyse.

In diesem Stichwort werden im folgenden einige Begriffe erläutert, die für die Systematisierung von Ansätzen der Mehrvariablenanalyse bedeutsam sind. Im Anschluß daran werden wichtige Ansätze kurz dargestellt. Zur Illustration der Begriffe und Ansätze erscheint es zweckmäßig, vorab einige formale und fiktive Beispiele zu geben.

Beispiel 1a): Bei n Schülern der Grundschule werden die folgenden fünf Variablen gemessen:

1. Allgemeine Intelligenz (AI), 2. logisches Denkvermögen (LD), 3. Konzentrationsfähigkeit (KF), 4. Sprachvermö-

Statistik (Mehrvariablenanalyse)

gen (SV) und 5. Rechenfertigkeit (RF). Diese fünf Variablen werden als metrisch angesehen.

Beispiel 1b): Zusätzlich zu den fünf Variablen von 1a) wird als sechste Variable noch erhoben, welche Einführung in die Mathematik (EM) – mengenlehreorientiert (m) oder konventionell (k) – diese Schüler erfahren haben. Die Variable EM ist nominal.

Beispiel 2a): Bei n Bewerbern für den Eintritt in eine Institution des Zweiten Bildungsweges werden die folgenden fünf Variablen erhoben: 1. Geschlecht des Bewerbers (GB), 2. Beruf des Bewerbers (BB), 3. Schulabschluß des Bewerbers (SB), 4. Sozialstatus der Herkunftsfamilie (SH) und 5. Familiengröße der Herkunftsfamilie (FH). Die ersten vier Variablen sind nichtmetrische Variablen, und die fünfte Variable ist eine metrische Variable.

Beispiel 2b): Zusätzlich zu den fünf Variablen von 2a) wird als sechste Variable noch das Ergebnis bei der Aufnahmeprüfung (EA) – bestanden (b), nicht bestanden (nb) erhoben. Diese Variable ist nichtmetrisch.

Bei den a)-Beispielen liegen nach der Erhebung Datenmatrizen von n-Zeilen (Einheiten) und 5 Spalten (Variablen) vor; bei den b)-Beispielen erhöht sich die Spaltenzahl auf 6.

Zur Systematisierung von Ansätzen der Mehrvariablenanalyse. In der Literatur liegt noch keine überzeugende, geschlossene und vollständige Systematisierung aller Ansätze der multivariaten Analyse vor. Aus diesem Grunde werden im folgenden nur einige Systematisierungsdimensionen erläutert, die als hilfreich zum besseren Verständnis der Ansätze angesehen werden:

Eine erste Dimension betrifft das *Meßniveau* der Variablen. Für zumindest auf dem Intervallniveau gemessene Variablen wurden multivariate Verfahren im Rückgriff auf mehrdimensionale Normalverteilungen bereits frühzeitig entwickelt (vgl. ANDERSON 1958). Da deren Voraussetzungen im Hinblick auf Meßniveau und Verteilungsform jedoch in vielen Bereichen häufig nicht erfüllt werden können, wurden in jüngerer Vergangenheit insbesondere multivariate Ansätze für nominale Variablen konzipiert. Das Instrumentarium für ordinale Variablen ist demgegenüber weit weniger entwickelt. Dieser Sachverhalt führt zu dem Ratschlag, bei ordinalen Variablen die für nominale Variablen entwickelten Ansätze zu verwenden (vgl. TATSUOKA/TIEDEMAN 1963). – Für den hier verfolgten Zweck erscheint es sinnvoll, nicht alle vier Meßniveaus zu betrachten, sondern nur metrische (Verhältnis- und Intervallniveau) und nichtmetrische (Ordinal- und Nominalniveau) Variablen zu unterscheiden. Die in 1a) genannten Variablen gehören zur ersten Gruppe und die aus 2a) überwiegend zur zweiten Gruppe. Diese Unterscheidung wird hier auch als Grobeinteilung bei der Darstellung der multivariaten Ansätze zugrunde gelegt. Fachmonographien umfassen im Regelfall nur die Ansätze einer der beiden Gruppen. Es soll noch darauf verwiesen werden, daß bei der ersten Gruppe die Verteilungsvoraussetzungen vor allem bei analytischer Betrachtungsweise wichtig sind, bei deskriptiver Betrachtungsweise aber kaum eine Rolle spielen.

Eine zweite Systematisierungsdimension bezieht sich auf die mit den Untersuchungsabsichten korrespondierende *statistische Fragestellung*. Wird etwa im Beispiel 1b) danach gefragt, wie sich die Variablen AI und LD auf die Variable EM auswirken, so geht es um ein Abhängigkeitsproblem; wird hingegen gefragt, wie die Variablengruppe AI und LD mit der Variablengruppe SV und RF korreliert, so geht es um ein Zusammenhangsproblem. Zur Kennzeichnung des gemeinten Sachverhaltes werden auch die Begriffe asymmetrisch und symmetrisch verwandt. Asymmetrische Fragestellungen sind solche, bei denen vorab einige oder mehrere Variablen als Zielvariablen oder abhängige Variablen ausgewählt werden; die übrigen Variablen bilden die unabhängigen Variablen. Bei symmetrischen Fragestellungen erfolgt eine solche Vorentscheidung nicht. Eine dritte Unterscheidungsdimension bezieht sich darauf, ob die Ansätze auf *Einheiten* oder auf *Variablen* hin orientiert sind, ob der Untersuchungsgegenstand auf Stichprobenelementen (oder Teilstichproben) oder Variablen besteht. Wird zum Beispiel in 2a) gefragt, ob sich die Bewerber anhand der fünf betrachteten Variablen in sinnvoll interpretierbare Teilgruppen aufteilen lassen, so handelt es sich um eine einheitenorientierte Betrachtungsweise. Wird aber im gleichen Beispiel gefragt, wie eng der Zusammenhang zwischen der Variablengruppe GB, BB und SB und der Variablengruppe SH und FH ist, dann geht es um eine variablenorientierte Betrachtungsweise. Im Hinblick auf die Datenmatrix geht ein einheitsorientierter Ansatz von den Zeilen der Matrix aus, ein variablenorientierter jedoch von ihren Spalten.

Eine vierte und letzte Systematisierungsdimension bezieht sich auf die Frage, ob sich die Untersuchung nur auf der Basis der gemessenen Variablen bewegt – an *manifesten Variablen* orientierte Ansätze –, oder ob aus den gemessenen Variablen neue Variablen gewonnen und der weiteren Analyse und Interpretation zugrunde gelegt werden – an *latenten Variablen* orientierte Ansätze. Soll zum Beispiel in 2b) die Abhängigkeit des Prüfungsergebnisses von allen fünf anderen Variablen ermittelt werden, so wird mit manifesten Variablen gearbeitet. Liegt hingegen in 1a) eine vollständige Korrelationsmatrix der Korrelationen aller möglichen Variablenpaare der fünf Variablen vor und wird gefragt, ob diese Zusammenhänge nicht auch durch weniger als fünf neue Variablen, die im Verlaufe der Analyse erst noch zu bestimmen sind, hinreichend beschrieben werden können, dann sind diese neuen Variablen latente Variablen.

Die genannten Systematisierungsdimensionen sind zwar keineswegs eindeutig, voneinander unabhängig und erschöpfend, sie stellen aber brauchbare Orientierungshilfen dar. In unterschiedlicher Hinsicht nützliche Klassifizierungen von multivariaten Ansätzen finden sich zum Beispiel bei OPP/SCHMIDT (vgl. 1976), SCHLOSSER (vgl. 1976), STEINHAUSEN/LANGER (vgl. 1978) und TATSUOKA/TIEDEMAN (vgl. 1963).

Der nachfolgenden Beschreibung von Ansätzen der Mehrvariablenanalyse ist als Grobgliederung eine Einteilung in metrische und nichtmetrische Ansätze zugrunde gelegt worden. Diese Einteilung ist zwar nicht völlig trennscharf – Pfadanalyse, AID und Clusteranalyse sind nicht auf metrische Variablen beschränkt –, sie wird aber als brauchbarer Systematisierungsvorschlag angesehen. Im Regelfall verbergen sich hinter jedem Ansatz weitere spezifische Ansätze; so gibt es zum Beispiel nicht *die* Faktorenanalyse, sondern mit Faktorenanalyse werden unterschiedliche, aber den gleichen Grundgedanken aufweisende Verfahren zusammenfassend bezeichnet.

Mehrvariablenanalyse bei metrischen Variablen. Hier werden in Abhängigkeit von den statistischen Fragestellungen zwei Teilgruppen, die abhängigkeits- und die zusammenhangsorientierten Ansätze, betrachtet, wobei diese Systematisierung ebenfalls nicht durchgehend trennscharf ist. Sofern analytische Fragestellungen verfolgt werden, müssen die metrischen Variablen multivariat normalverteilt sein.

Den *abhängigkeitsorientierten Ansätzen* ist gemeinsam, daß ihnen eine zeilenweise Betrachtung der Datenmatrix zugrunde liegt, wobei im Regelfall jeweils mehrere Zeilen zu Teilstichproben zusammengefaßt werden. Den ersten drei Ansätzen ist zusätzlich gemeinsam, daß es sich um manifeste Variablen handelt: Die *multivariate Varianzanalyse* dient der Prüfung der Frage, ob sich zwei oder mehr Gruppen von Einheiten (Teilstichproben) bezüglich der Mittelwerte von zwei oder mehr metrischen Variablen unterscheiden. Die Teilstichprobenbildung erfolgt über die Ausprägungen einer unabhängigen und nichtmetrischen Variablen. Die metrischen Variablen, deren Mittelwerte verglichen werden sollen, bilden die abhängigen Variablen. Zur Illustration kann das obengenannte Beispiel 1b) dienen: Die beiden nach AM gebildeten Teilstichproben m und k werden simultan bezüglich der Mittelwertunterschiede der fünf Variablen AI bis RF überprüft. Über den Gesamtansatz, spezifische Ausprägungsformen und Techniken der Durchführung informieren zum Beispiel MARINELL (vgl. 1977) oder CHATFIELD/COLLINS (vgl. 1980) und über die Anwendung dieses Ansatzes innerhalb der experimentellen Forschung WINER (vgl. 1962).

Die *multivariate Kovarianzanalyse* entspricht bis auf folgende Modifizierung der multivariaten Varianzanalyse: Die Gruppe der abhängigen metrischen Variablen wird in zwei Teilgruppen aufgeteilt. Dann lassen sich zwei oder mehr Teilstichproben bezüglich der Mittelwertsunterschiede der Variablen der ersten Teilgruppe beurteilen, wobei zuvor die Einflüsse der Variablen der zweiten Teilgruppe ausgeschaltet wurden. Zur Illustration kann erneut das Beispiel 1b) dienen: Bestehen Mittelwertunterschiede zwischen den beiden Teilstichproben m und k bezüglich der Variablen SV und RF, wenn zuvor die Einflüsse der Variablen AI, LD und KF ausgeschaltet wurden? Über den Gesamtansatz, spezifische Ausprägungsformen und Techniken der Durchführung informiert die bei der multivariaten Varianzanalyse genannte Literatur.

Die *Diskriminanzanalyse* verfolgt die Analyse der Abhängigkeit einer im Regelfall nichtmetrischen und zur Bildung von Teilstichproben verwendeten abhängigen Variablen von einer Gruppe metrischer und unabhängiger Variablen in folgender Form: Liegen für ein Stichprobenelement alle Variablenwerte der unabhängigen Variablen vor, dann wird gefragt, welcher Teilstichprobe (welchem Ausprägungsgrad der abhängigen Variablen) dieses Element vermutlich zuzuordnen ist. Zur Illustration kann wieder das Beispiel 1b) dienen: Bei einem Schüler sind die Meßwerte der ersten fünf Variablen bekannt, unbekannt ist jedoch die Art seiner Einführung in die Mathematik. Welche Einführung in die Mathematik wird der Schüler vermutlich gehabt haben? Erfolgreiche Diskriminanzanalysen setzen voraus, daß die unabhängigen Variablen bezüglich der abhängigen Variablen diskriminierende Eigenschaften haben. Diskriminanzanalysen führen zu Gewichtungsfaktoren für die unabhängigen Variablen, aus denen dann Diskriminanzfunktionen (Linearkombinationen von individueller Merkmalausprägung und Gewichtungsfaktor) gewonnen werden. Über Ansatz und Durchführungstechniken informiert zum Beispiel MARINELL (vgl. 1977).

Die *Clusteranalyse* ist ein vorwiegend einheitenorientierter und nicht auf metrische Variablen beschränkter Ansatz und weist eine gewisse Analogie zur Diskriminanzanalyse auf. Bei Clusteranalysen wird im Sinne von Klassifizierung das Ziel verfolgt, die Einheiten einer Stichprobe anhand ihrer Variablenmeßwerte zu Teilstichproben – Clustern – mit ähnlichen Variablenprofilen zusammenzufassen. Dazu bedarf es einer Quantifizierung von Ähnlichkeit. Zur Illustration kann das Beispiel 2a) dienen. Ein Ergebnis einer Clusteranalyse könnte zum Beispiel darin bestehen, daß mit Hilfe der fünf gemessenen Variablen zwei Bewerbertypen identifiziert würden, die sich im Sinne von „Wunsch nach sozialem Aufstieg" und von „Vermeidung des sozialen Abstiegs" interpretieren lassen. Bei der Clusteranalyse werden jedoch im Gegensatz zur Diskriminanzanalyse die Gruppen nicht bezüglich der Ausprägung einer manifesten Variablen gebildet, sondern es werden „natürliche" Gruppen gewonnen (zu den spezifischen Ausprägungsformen und Techniken der Auswertung: vgl. SCHLOSSER 1976, STEINHAUSEN/ LANGER 1978).

Den *zusammenhangsorientierten Ansätzen* ist gemeinsam, daß sie variablenorientiert sind und daß ihnen somit eine spaltenweise Betrachtung der Datenmatrix zugrunde liegt.

Die *kanonische Analyse* ist eine Verallgemeinerung der einfachen Korrelation, in der nach der Stärke des Zusammenhangs zwischen zwei Gruppen metrischer Variablen gefragt wird. Zur Illustration kann das Beispiel 1 a) dienen: Wie stark ist der Zusammenhang zwischen der ersten Variablengruppe AI, LD und KF und der zweiten Variablengruppe SV und RF? Die kanonische Analyse führt zu kanonischen Korrelationskoeffizienten. Besteht eine Variablengruppe nur aus einer Variablen, so gelangt man zur multiplen Korrelation (zum Gesamtansatz, zu spezifischen Ausprägungsformen und Techniken der Durchführung: vgl. GAENSSLEN/SCHUBÖ 1973, MARINELL 1977).

Die *multivariate Regression* (vgl. KERLINGER/PEDHAZUR 1973) stellt eine Verallgemeinerung der einfachen Regression und einen Spezialfall der kanonischen Analyse dar. Bei ihr werden die Zusammenhänge zwischen einer manifesten, metrischen und abhängigen Variablen und einer Gruppe manifester, unabhängiger Variablen betrachtet. Zur Illustration kann erneut das Beispiel 1 a) in folgender Form dienen: Welches Meßergebnis läßt sich bei der abhängigen Variablen RF vorhersagen, wenn die Meßwerte der unabhängigen Variablen AI, LD und KF (Gruppe der unabhängigen Variablen) bekannt sind? Eine erfolgreiche multivariate Regressionsanalyse setzt einen Zusammenhang zwischen der abhängigen Variablen und der Gruppe der unabhängigen Variablen voraus. Sie führt zu Regressionsfunktionen, in denen jeder unabhängigen Variablen ein Gewichtungsfaktor – partieller Regressionskoeffizient – zugeordnet wird und die eine Schätzung des Meßwertes der abhängigen Variablen ermöglichen.

Der Grundgedanke der multivariaten Regressionsanalyse läßt sich auch in der Form realisieren, daß die unabhängigen Variablen nicht simultan, sondern sukzessiv in die Analyse einbezogen werden. Erfolgt die Auswahl der Reihenfolge der Variablen durch Vorgaben des Forschers – zum Beispiel in Form eines ihm sinnvoll erscheinenden Modells –, so führt der Ansatz zu *Pfadanalysen* (vgl. OPP/SCHMIDT 1976). Erfolgt die Auswahl nach festen Kriterien wie zum Beispiel sukzessive Einbeziehung der unabhängigen Variablen nach dem Ausmaß, in dem sie zur Erklärung der abhängigen Variablen beitragen, so gelangt man zu der völlig von Computern durchführbaren „*Automatischen Interaktionsanalyse*" (AID). Pfadanalyse und AID (vgl. SONQUIST 1970, SONQUIST/ MORGAN 1964) sind nicht auf metrische Variablen beschränkt.

In der *Hauptkomponenten-* und *Faktorenanalyse* sind variablenorientierte Ansätze zusammengefaßt, bei denen aus einer größeren Gruppe metrischer und manifester Variablen eine kleinere Zahl latenter Variablen – Hauptkomponenten oder Faktoren – extrahiert werden. Bei dieser symmetrischen Fragestellung soll die Anzahl der Hauptkomponenten/Faktoren möglichst klein sein, und es sollen dennoch die in der Untersuchung gewonnenen Daten hinreichend genau abgebildet werden. Grundlage ist zum Beispiel eine aus der Datenmatrix gewonnene Korrelationsmatrix der Korrelationskoeffizienten aller möglichen Variablenpaare der Variablengruppe. Die in dieser Matrix gespeicherte Information ist in dem Ausmaß redundant, in dem sich die Korrelationskoeffizienten von null unterscheiden; denn bei r≠0 enthält der Meßwert der einen Variablen gleichzeitig Information über den Meßwert der anderen.

Bei der *Hauptkomponentenanalyse* werden mit Hilfe spezifischer Verfahren aus den ursprünglichen Variablen Hauptkomponenten extrahiert, die ihrerseits unkorreliert (orthogonal) sind und die nach abnehmender Bedeutsamkeit (im Sinne einer Varianzaufklärung) auftauchen. Das Konzept der Hauptkomponentenanalyse, die als spezifische Form des faktorenanalytischen Ansatzes aufgefaßt werden kann, ist mit einigen Schwierigkeiten behaftet. So ändert sich zum Beispiel die Hauptkomponentenstruktur in Abhängigkeit von der Definition der ursprünglichen Variablen (zum Beispiel Alter in Monaten statt Alter in Jahren); nachteilig ist ebenfalls, daß Zufallsfehler (Stichprobenauswahl, Meßfehler) nicht berücksichtigt werden. Über den generellen Ansatz, spezifische Ausprägungsformen und Techniken der Auswertung informieren CHATFIELD/COLLINS (vgl. 1980), GAENSSLEN/SCHUBÖ (vgl. 1973) und MARINELL (vgl. 1977).

Die weiteren *faktorenanalytischen Ansätze* (vgl. VANDEGEER 1971) verfolgen die gleiche Zielsetzung wie die Hauptkomponentenanalyse. Bei ihnen werden zwar Zufallsfehler in Rechnung gestellt, sie sind jedoch von ihren Voraussetzungen und Ergebnissen her noch stärker als die Hauptkomponentenanalyse mit Schwierigkeiten behaftet. Das führte dazu, daß der Wert dieser in der Vergangenheit weit verbreiteten Ansätze immer stärker bezweifelt wird (vgl. CHATFIELD/COLLINS 1980).

Mehrvariablenanalyse bei nichtmetrischen Variablen. Die hier zusammengefaßten Ansätze sind primär für nominale Variablen entwickelt worden, sie sind aber nicht auf dieses Meßniveau beschränkt. Auch bei analytischen Fragestellungen enthalten sie keine Verteilungsvoraussetzungen. Ausgangspunkt sind m-dimensionale Häufigkeitsverteilungen (Kontingenztabellen), die aus der m-spaltigen Datenmatrix (m Variablen) gewonnen werden. Der allen Ansätzen gemeinsame Grundgedanke läßt sich in folgender Form darstellen: Jede Zelle der m-dimensionalen Kontingenztabelle ist durch die sie kennzeichnenden Variablenausprägungen eindeutig definiert, und für jede Zelle existiert eine Zellhäufigkeit. Die durch die m Variablenausprägungen definierten Zellen lassen sich nun ihrerseits wieder als Ausprägungen einer neuen Variablen interpretieren, denen die Zellhäufigkeiten als Meßwerte zugeordnet werden. Die so metrisierte Variable ist Grundlage der weiteren Überlegungen, die darauf abzielen, die in Untersuchungen gewonnenen empirischen Häufigkeiten mit den theoretischen Häufigkeiten zu vergleichen, die bei Gültigkeit bestimmter Hypothesen und/oder Modelle zu erwarten wären. Das Ausmaß der Abweichung entscheidet dann über die Gültigkeit der geprüften Hypothese oder auch des Modells.

Im Regelfall sind die Ansätze der Mehrvariablenanalyse bei nichtmetrischen Variablen stärker auf eine EDV-Unterstützung angewiesen als bei metrischen Variablen. Sie bedürfen insbesondere bei der Prüfung komplexer Hypothesen größerer Stichprobenumfänge als metrische Ansätze, und ihre Ergebnisse sind oft weniger anschaulich interpretierbar als die bei metrischen Variablen. Die nichtmetrischen Ansätze können überwiegend einheiten- und variablenorientiert eingesetzt werden und erlauben überwiegend symmetrische und asymmetrische Fragestellungen und die Ermittlung latenter Strukturen. Sie sind sehr flexibel im Hinblick auf die Hypothesen/Modelle, die mit ihnen geprüft werden können. So lassen sich etwa im Beispiel 2b) die Auswirkungen der Va-

riablen GB, BB und SB auf die Zielvariable EA unter Ausschaltung der Einflüsse der Variablen SH und FH ermitteln.
Die Mehrvariablenanalyse bei nichtmetrischen Variablen ist nicht in gleicher Weise systematisierbar, wie dieses bei metrischen Variablen der Fall war; hier werden demgegenüber Ansätze unterschieden, die auf einzelne Autoren oder Autorengruppen zurückgehen. Die ihrer Verbreitung in Literatur und Forschungspraxis nach wichtigsten Ansätze sind der auf GOODMAN (vgl. 1978) zurückgehende Ansatz über *log-lineare Modelle* (vgl. HABEMAN 1978, 1979; vgl. KÜCHLER 1979), der auf KULLBACK (vgl. 1959, KULLBACK u. a. 1962) zurückgehende *informationsstatistische Ansatz* und die von KRAUTH/LIENERT (vgl. 1973, LIENERT 1978) entwickelte *Konfigurationsfrequenzanalyse* und deren Weiterentwicklungen. Alle drei Ansätze sind im oben genannten Sinn sehr flexibel und umfassend und unterscheiden sich aus der Sicht des Anwenders in spezifischen Details wie verwendete Prüfstatistiken, Modellorientierung usw. (zur Diskussion von Unterschieden vgl. KRAUTH 1980).

ANDERSON, T.W.: An Introduction to Multivariate Statistical Analysis, New York/London 1958. CHATFIELD, C./COLLINS, A.J.: Introduction to Multivariate Analysis, London/New York 1980. GAENSSLEN, H./SCHUBÖ, W.: Einfache und komplexe statistische Analyse, München/Basel 1973. GOODMAN, L. A.: Analyzing Qualitative Categorical Data, Cambridge (Mass.) 1978. HABEMAN, S.J.: Analysis of Qualitative Data, 2 Bde., New York 1978/1979. KRAUTH, J.: Ein Vergleich der Konfigurationsfrequenzanalyse mit der Methode der log-linearen Modelle. In: Z. f. Sozpsych. 11 (1980) S. 233 ff. KRAUTH, J./LIENERT, G. A.: Die Konfigurationsfrequenzanalyse (KFA) und ihre Anwendung in Psychologie und Medizin, Freiburg 1973. KERLINGER, F. N./PEDHAZUR, E.J.: Multiple Regression in Behavioral Research, New York/London 1973. KÜCHLER, M.: Multivariate Analyseverfahren, Stuttgart 1979. KULLBACK, S.: Information Theory and Statistics, New York 1959. KULLBACK, S. u. a.: An Application of Information Theory to the Analysis of Contingency Tables. In: J. of Res. of the Nation. Bur. of Stand. 66 (1962), 4, S. 217 ff. LIENERT, G. A.: Verteilungsfreie Methoden in der Biostatistik, Bd. 2, Meisenheim 1978. MARINELL, G.: Multivariate Verfahren, München/Wien 1977. OPP, K.-D./SCHMIDT, P.: Einführung in der Mehrvariablenanalyse, Reinbek 1976. SCHLOSSER, O.: Einführung in die sozialwissenschaftliche Zusammenhangsanalyse, Reinbek 1976. SONQUIST, J. A.: Multivariate Model Building, Ann Arbor 1970. SONQUIST, J. A./MORGAN, J.N.: The Detection of Interaction Effects, Ann Arbor 1964. STEINHAUSEN, D./LANGER, K.: Clusteranalyse, Berlin/New York 1978. TATSUOKA, M.M./TIEDEMAN, D.V.: Statistics as an Aspect of Scientific Method in Research on Teaching. In: GAGE, N.L. (Hg.) Handbook of Research on Teaching, Chicago 1963, S. 142 ff. VANDEGEER, J.P.: Introduction to Multivariate Analyses for the Social Sciences, San Francisco 1971. WINER, B.J.: Statistical Principles in Experimental Design, New York/London 1962.

Willi Wolf

Statistik (Metaanalysen)

Defizite des Signifikanztests. Der Signifikanztest stellt nach wie vor das gebräuchlichste statistische Verfahren zur Überprüfung wissenschaftlicher Theorien dar. Die bei seiner Anwendung möglichen Fehler und die daraus resultierenden Konsequenzen sind bekannt (vgl. ACHTENHAGEN/HÄRKE 1984), eine angemessene Berücksichtigung dieser Probleme – insbesondere die Einhaltung von wünschenswerten Teststärken (vgl. COHEN 1969) – ist in der praktischen Forschungsarbeit allerdings häufig mit Schwierigkeiten verbunden. GAGE (vgl. 1979, S. 18 ff.) macht dies am Beispiel von Untersuchungen zur Lehr-Lern-

Forschung deutlich: Hier kann zwar in den meisten Fällen von real bestehenden Zusammenhängen zwischen den interessierenden Variablen ausgegangen werden, doch sind diese Zusammenhänge häufig als sehr schwach anzusehen, so daß eine große Anzahl von Versuchspersonen erforderlich wird, um einen tatsächlich vorhandenen Effekt auch mit großer Wahrscheinlichkeit als statistisch signifikant nachzuweisen. Diese Forderung steht im Widerspruch zu den Gegebenheiten der Forschungspraxis: Untersuchungen zur Lehr-Lern-Forschung sind angesichts vorgegebener Klassengrößen häufig auf sehr kleine Stichproben angewiesen; die zur Einhaltung einer Mindestteststärke erforderliche Zahl von Versuchspersonen steht nicht zur Verfügung.

Bei einer Teststärke von 0,5 kommt die Durchführung eines Signifikanztests dem Werfen einer Münze gleich, was die Entdeckung eines tatsächlich vorhandenen Effekts betrifft. Es kann also kaum überraschen, wenn in Einzeluntersuchungen zum jeweils gleichen Problemkreis immer wieder unterschiedliche Ergebnisse erzielt werden. Bei DUNKIN/BIDDLE (1974, S. 115) – um nur ein Beispiel zu nennen – werden 25 unabhängige Untersuchungen über den Zusammenhang zwischen „Lehrstil des Lehrers" und „Leistung des Schülers" referiert: Zehn Untersuchungen berichten über ein statistisch signifikantes Ergebnis, bei den übrigen liegt keine statistische Signifikanz vor.

Konzept der Metaanalyse. Als Ausweg aus dieser unbefriedigenden Situation schlägt GLASS (vgl. 1976) eine zusammenfassende Analyse der Ergebnisse von Einzelstudien vor, um so zu Aussagen zu gelangen, die sich auf das Insgesamt einer Vielzahl von unabhängigen Untersuchungen stützen und die nicht darauf angewiesen sind, ihre Rechtfertigung aus der bloßen Aneinanderreihung von häufig widersprüchlichen Ergebnissen verschiedener Einzelstudien zu beziehen. Derartige zusammenfassende Analysen werden nach GLASS (1976, S. 3) als „Metaanalysen" bezeichnet (vgl. auch KLAUER 1981a, S. 304; als neuere Lehrbücher vgl. GLASS u.a. 1981, HUNTER u.a. 1982).

Die statistischen Verfahren, die der Metaanalyse zugrunde liegen, sind seit langem bekannt; ihre Anwendbarkeit wird allerdings häufig durch ein Problem in Frage gestellt, das bei GAGE (1979, S. 20f.) unter dem Stichwort „Dunkelziffer-Argument" diskutiert wird: Haben statistisch signifikante und statistisch insignifikante Ergebnisse die gleiche Chance, veröffentlicht zu werden? Während BREDENKAMP (vgl. 1972; vgl. auch BAKAN 1971, BREDENKAMP/FEGER 1970) diese Frage so beantwortet, daß eine eindeutige Bevorzugung signifikanter Ergebnisse vorliegt, meint GAGE (vgl. 1979, S. 20f.) aufgrund der von ihm ausgewählten Belege berechtigt zu sein, es vernachlässigen zu können beziehungsweise – schärfer – es vernachlässigen zu müssen; denn nach ihm entwertet „das ‚Dunkelziffer-Argument' für alle Zukunft die Ableitung gültiger Schlüsse aus den vorliegenden Forschungsresultaten" (GAGE 1979, S. 21). Dagegen sehen COHEN/HYMAN (vgl. 1979) es durch die Tatsache bestätigt, daß trotz geringer Teststärken in den meisten Veröffentlichungen über statistisch signifikante Ergebnisse berichtet wird (vgl. auch FRICKE 1977a, S. 22f.). Neben dem „Dunkelziffer-Argument" spielt natürlich auch die wissenschaftsmethodische Frage eine Rolle, ob die wissenschaftliche Hypothese in geeigneter und über die Studien vergleichbarer Weise durch die Alternativ- und Nullhypothesenformulierung repräsentiert wird (vgl. HAGER/WESTERMANN 1983).

Träfe das „Dunkelziffer-Argument" zu, bedeutete die Durchführung von Metaanalysen ein Arbeiten mit systematisch verzerrten Stichproben und damit eine Vorentscheidung gegen die Nullhypothese (vgl. BREDENKAMP/FEGER 1970, S. 45; vgl. STERLING 1959). Für die im folgenden ansatzweise dargestellten Verfahren der Metaanalyse gilt damit, daß ihre Ergebnisse nur dann angemessen interpretiert werden können, wenn statistisch signifikante wie insignifikante Ergebnisse in gleicher Weise zur Veröffentlichung gelangen. Die Wahrung von Forschungsstandards bei der Datenerhebung und -auswertung ist dabei natürlich vorausgesetzt. Anders formuliert: Empirisch-pädagogische Studien sind so zu planen, daß durch die Gewährung fairer Chancen für die Bewährung von H_1 *und* H_0 auch die Qualität sich anschließender Metaanalysen gesteigert werden kann (vgl. auch die Hinweise bei ACHTENHAGEN 1973, ACHTENHAGEN/HÄRKE 1984). Für die Verfahren der Metaanalyse sollen hier beispielhaft drei Typen unterschieden werden: deskriptive Verfahren, Verfahren der Teststatistik und Verfahren der Bayes-Statistik.

Deskriptive Verfahren. Deskriptive Verfahren der Metaanalyse verfolgen das Ziel, zusammenfassende Aussagen über die Größe von interessierenden Effekten zu formulieren und die Abhängigkeit der Effektgrößen von anderen Faktoren sichtbar zu machen (vgl. KLAUER 1981a, S. 305f.). Die wichtigsten deskriptiven Verfahren sind in einer Übersicht bei GLASS (vgl. 1977) zusammengestellt. Hier finden sich auch verschiedene Vorschläge zur Lösung von Problemen, die sich ergeben, wenn die zur Durchführung einer Metaanalyse erforderlichen Informationen in den untersuchten Veröffentlichungen nur unvollständig zur Verfügung gestellt werden. Ein Beispiel für die Anwendung deskriptiver Techniken liefert KLAUER (vgl. 1981a) im Rahmen einer Metaanalyse von Arbeiten über die Wirksamkeit des zielorientierten Lehrens und Lernens bei Lehrtexten.

Verfahren der Teststatistik. Im Rahmen der klassischen Teststatistik sind Verfahren zur Zusammenfassung der Ergebnisse unabhängiger Signifikanztests, die jeweils die gleiche Nullhypothese zum Gegenstand haben, seit langem bekannt. Angestrebt werden Aussagen darüber, ob durch die Zusammenfassung von Einzelergebnissen insgesamt ein statistisch signifikanter Effekt festgestellt werden kann. Erste Ansätze zur Lösung dieses Problems gehen auf Arbeiten von FISHER (vgl. 1932), K. PEARSON (vgl. 1933) und E. S. PEARSON (vgl. 1938) zurück. Eine Zusammenstellung der wichtigsten Verfahren in Verbindung mit Informationen über deren Vor- und Nachteile sowie über die Voraussetzungen für deren Anwendbarkeit findet sich bei ROSENTHAL (vgl. 1978; vgl. auch JONES/FISKE 1953; ROSENTHAL/RUBIN 1979).

Das gegenwärtig bekannteste und am häufigsten angewandte Verfahren ist die – von ROSENTHAL (1978, S. 187) so genannte – *Fisher-Methode* (vgl. FISHER 1948, S. 30). Für die Anwendung dieses Verfahrens werden die Stichprobenwerte der Teststatistiken sowie die zugehörigen Freiheitsgrade benötigt. Daraus läßt sich für jede von K untersuchten Einzelstudien die Wahrscheinlichkeit p_k (Daten $|H_0)$ ($k=1, ..., K$) bestimmen. Angesichts der vorausgesetzten Unabhängigkeit der Einzelstudien können die Größen $p_1, ..., p_K$ als unabhängige Zufallsvariablen angesehen werden, die bei Gültigkeit der Nullhypothese rechtecksverteilt sind. Daraus ergibt sich (vgl. GLASS 1977, S. 361; KENDALL 1948, S. 132f.), daß die Zufallsvariable

$$-2 \sum_{k=1}^{K} \ln p_k$$

einer Chi-Quadrat-Verteilung mit 2 K Freiheitsgraden folgt.

Als Beispiel sollen vier einseitige t-Tests (Signifikanzniveau jeweils 0,05) zusammenfassend analysiert werden. Das Beispiel ist FISHER (vgl. 1948, S. 30) entnom-

Statistik (Metaanalysen)

men; die in der folgenden Tabelle zusammengestellten Werte mußten teilweise neu berechnet werden:

k	df	t	Signifikanz	p_k	$\ln p_k$
1	14	−0,68	ns	0,7462	− 0,2928
2	18	+1,53	ns	0,0717	− 2,6353
3	22	+2,21	s	0,0189	− 3,9686
4	25	+1,85	s	0,0381	− 3,2675
					−10,1642

Daraus ergibt sich für die Teststatistik der Wert 20,3284, so daß bei 8 Freiheitsgraden aufgrund von

$$p\left(-2\sum_{k=1}^{4} \ln p_k \geq 20,3284\right) = 0,0092 \quad (\leq \alpha = 0,05)$$

durch die zusammenfassende Analyse der vier Einzelergebnisse insgesamt ein statistisch signifikanter Effekt nachgewiesen werden kann.

Das einfachste statistische Verfahren der Metaanalyse ist der *Vorzeichentest* (vgl. KLAUER 1981b). Wie bei der Fisher-Methode sind für den Vorzeichentest Informationen über die statistische Signifikanz der Einzelergebnisse nicht ausreichend; auch hier werden die einzelnen t-Werte benötigt. Allerdings wird nicht deren Größe, sondern lediglich deren Vorzeichen zur Grundlage der Signifikanzentscheidung gemacht. Die Wahrscheinlichkeit, daß im obigen Beispiel wenigstens drei von vier t-Werten ein positives Vorzeichen besitzen, berechnet man auf der Grundlage der Binomialverteilung als

$$\binom{4}{3} 0,5^4 + \binom{4}{4} 0,5^4 = 0,3125 \quad (> \alpha = 0,05).$$

Es läßt sich also kein statistisch signifikanter Effekt nachweisen.

Die Fisher-Methode und der Vorzeichentest führen hier auf die gleichen Daten angewandt zu unterschiedlichen Ergebnissen. Ursache ist die unvollständige Ausnutzung vorhandener Informationen durch den Vorzeichentest. Eine Anwendung dieses Tests sollte deshalb nur der Gewinnung eines ersten Überblicks dienen; denn mit seiner Hilfe lassen sich lediglich große Unterschiede erkennen (vgl. HORNKE 1983; vgl. KLAUER 1981a, S. 305 f., dort auch weitere Literatur).

Falls lediglich Informationen über die statistische Signifikanz der zusammenzufassenden Einzelergebnisse vorliegen, kann der *Binomialtest* zur Anwendung kommen (vgl. JONES/FISKE 1953, S. 375 f.). Die Wahrscheinlichkeit, unter vier Ergebnissen – wie im untersuchten Beispiel – wenigstens zwei (bei $\alpha = 0,05$) statistisch signifikante Ergebnisse zu erhalten, ergibt sich als

$$\sum_{k=2}^{4} \binom{4}{k} 0,05^k \, 0,95^{4-k} = 0,014 \, (\leq \alpha = 0,05)$$

Wie bei der Anwendung der Fisher-Methode läßt sich für das untersuchte Beispiel also insgesamt ein statistisch signifikanter Effekt nachweisen.

Eine Anwendung des Binomialtests sollte auf solche Situationen beschränkt bleiben, in denen andere Verfahren – wie etwa die Fisher-Methode – angesichts fehlender Informationen nicht eingesetzt werden können. Bei Vorliegen der Wahrscheinlichkeiten p_k bedeutet eine Anwendung des Binomialtests einen unnötigen Verzicht auf Informationen. Die Beispiele bei JONES/FISKE (vgl. 1953, S. 377) machen deutlich, daß sich daraus leicht Fehlentscheidungen ergeben können.

In den letzten Jahren hat das Verfahren der Metaanalyse insbesondere in den USA in einer Fülle von Publikationen seinen Niederschlag gefunden, wie ein Blick in die einschlägigen Zeitschriften (vgl. ROSENTHAL/RUBIN 1978, SHAPIRO/SHAPIRO 1982) oder die neuere Lehrbücher (vgl. GLASS u.a. 1981, HUNTER u.a. 1982) zeigt. Daneben wird intensiv an einer Verfeinerung der statistischen Maße gearbeitet (vgl. HEDGES 1981, 1982, 1983; vgl. HEDGES/STOCK 1983, HSU 1980, KOELE 1982, KRAEMER/ANDREWS 1982, ROSENTHAL/RUBIN 1982a, 1982b).

Verfahren der Bayes-Statistik. Die zentrale Frage im Rahmen der bislang betrachteten Verfahren der klassischen Teststatistik ist die nach der Wahrscheinlichkeit, mit der beobachtete Stichprobendaten unter Zugrundelegung einer Nullhypothese in Erscheinung treten: Die Nullhypothese wird abgelehnt, wenn diese Wahrscheinlichkeit $p(\text{Daten}|H_0)$ das vorgegebene Signifikanzniveau nicht überschreitet. Als Ergebnis lassen sich Aussagen über die Signifikanz von beobachteten Stichprobendaten formulieren.

Die Bayes-Statistik stellt diese Betrachtung auf den Kopf und fragt ausgehend von beobachteten Stichprobendaten nach der Wahrscheinlichkeit für die Richtigkeit der betreffenden Nullhypothese (vgl. NOVICK/JACKSON 1974). Werden zu einer Nullhypothese

H_0: Es liegt kein Effekt vor.

die Alternativhypothesen

H_1: Es liegt ein kleiner Effekt vor.

H_2: Es liegt ein mittlerer Effekt vor.

H_3: Es liegt ein großer Effekt vor.

formuliert, so lassen sich – ausgehend von den beobachteten Stichprobendaten – mit Hilfe der Bayes-Statistik neben der Wahrscheinlichkeit $p(H_0|\text{Daten})$ auch die entsprechenden Wahrscheinlichkeiten $p(H_i|\text{Daten})$ ($i = 1, 2, 3$) bestimmen: Im Gegensatz zur klassischen Teststatistik, die aufgrund ihrer eindeutigen Entscheidungsregel als Ergebnis lediglich die Beibehaltung der Nullhypothese oder die Annahme der Alternativhypothese kennt, ermöglicht die Bayes-Statistik Aussagen über die Wahrscheinlichkeit, mit der bestimmte Hypothesen angenommen werden können, und damit Aussagen über die Wahrscheinlichkeit der Größe von interessierenden Effekten (vgl. FRICKE 1977b, S. 208).

An dieser Stelle tritt eine für die Bayes-Statistik charakteristische Denkfigur zutage: Effektgrößen werden nicht als feste Parameter angesehen, sondern sie erhalten den Status von Zufallsvariablen, über die sich Wahrscheinlichkeitsaussagen treffen lassen. Dabei werden die oben angesprochenen Wahrscheinlichkeiten $p(H_i|\text{Daten})$ als Aposteriori-Wahrscheinlichkeiten bezeichnet, da sie sich erst nach Erhebung der Stichprobendaten mit Hilfe des Bayes-Theorems in folgender Weise bestimmen lassen (vgl. MENGES 1972, S. 108f.):

$$p(H_i|\text{Daten}) = \frac{p(\text{Daten}|H_i) \cdot p(H_i)}{\sum_{j=0}^{3} p(\text{Daten}|H_j) \cdot p(H_j)} \quad (i = 0, 1, 2, 3)$$

Der Laufindex i bezeichnet die Hypothese, die jeweils beurteilt wird; über den Laufindex j, der dieselben Werte wie i annimmt, werden alle Hypothesen berücksichtigt, die bei dem gerade betrachteten Problem zur Diskussion stehen (vgl. PHILLIPS 1973, S. 63 f.). Hier wird deutlich, daß zur Berechnung der Aposteriori-Wahrscheinlichkeiten zwei unterschiedliche Typen von Informationen herangezogen werden: Einmal die sogenannten *Apriori-Wahrscheinlichkeiten* $p(H_i)$, von denen vorausgesetzt wird, daß sie bereits vor der Erhebung der Stichprobendaten bekannt sind, und in die Informationen aus früheren Untersuchungen, aus einer vorliegenden Theorie oder aus allgemeinen Erfahrungen eingehen. Zum anderen die Wahrscheinlichkeiten $p(Daten|H_i)$, mit denen die aus den Beobachtungsdaten einer vorliegenden Stichprobe verfügbaren Informationen Berücksichtigung finden. Das Zusammenwirken von Apriori-Information und Stichprobeninformation bei der Bestimmung der *Aposteriori-Wahrscheinlichkeiten* läßt sich an folgendem Schaubild deutlich machen:

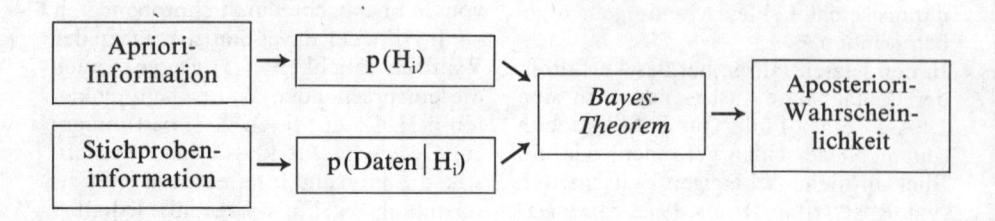

```
Apriori-
Information    →   p(H_i)          ↘
                                     Bayes-      →   Aposteriori-
                                     Theorem         Wahrschein-
Stichproben-                       ↗                 lichkeit
information    →   p(Daten|H_i)
```

Im Rahmen der klassischen Testtheorie dient die Wahrscheinlichkeit $p(Daten|H_0)$ als alleinige Grundlage für die Entscheidung über die Signifikanz einer bestimmten Beobachtung. Die Bayes-Statistik bezieht neben dieser Stichprobeninformation auch mögliche Apriori-Information in die Betrachtung ein und gelangt so zu (Aposteriori-) Wahrscheinlichkeitsaussagen über die Gültigkeit einzelner Hypothesen.

Möglichkeiten einer Anwendung der Bayes-Statistik im Rahmen von Metaanalysen werden im deutschen Sprachraum vermutlich erstmals in einer Arbeit von FRICKE (vgl. 1977 b) aufgezeigt. Für das hier bereits bei der Darstellung der klassischen Testverfahren untersuchte Beispiel (vier unabhängige t-Tests, Signifikanzniveau jeweils 0,05, zwei statistisch signifikante Ergebnisse) hätte eine Bayes-Analyse das folgende Aussehen:

Bezüglich der *Apriori-Information* sind idealtypisch zwei Annahmen getroffen: Die Nullhypothese (H_0) wird mit drei Alternativhypothesen H_1 (kleiner Effekt), H_2 (mittlerer Effekt), H_3 (großer Effekt) konfrontiert. Als Apriori-Wahrscheinlichkeiten werden Werte für den einfachsten Fall gewählt: $p(H_0) = p(H_1) = p(H_2) = p(H_3) = 0,25$. Unter der Voraussetzung des Vorliegens valider und reliabler Metaanalysen ließen sich hier dann präzisere Werte einfügen.

Bezogen auf das bereits diskutierte Beispiel sind als *Stichprobeninformationen* die Angaben über die Anzahl der Freiheitsgrade und das Vorliegen eines signifikanten Ergebnisses gegeben. Hinzu treten die entsprechenden Teststärkewerte $1-\beta$, die man nach COHEN (vgl. 1969, S. 17 ff.) durch Umrechnung der Anzahl der Freiheitsgrade (df) in einen Wert n (S. 38) für das Beispiel auf S. 28 ablesen kann (bei $\alpha = 0,05$, einseitig):

Statistik (Metaanalysen)

k	Signi-fikanz	df	n	Teststärke für einen kleinen Effekt	mittleren Effekt	großen Effekt
1	ns	14	8	0,10	0,25	0,46
2	ns	18	10	0,11	0,29	0,53
3	s	22	12	0,12	0,33	0,60
4	s	25	13	0,13	0,34	0,63

Aus Apriori-Information und Stichprobeninformation gewinnt man durch die Berücksichtigung der jeweils maximalen Fehlerwahrscheinlichkeiten die zur Anwendung des Bayes-Theorems erforderlichen Wahrscheinlichkeiten $p(\text{Daten}|H_i)$ wie folgt:

	$k = 1$	$k = 2$	$k = 3$	$k = 4$
$p(\text{Daten}|H_0) =$	$p(ns|H_0)$	$\cdot\ p(ns|H_0)$	$\cdot\ p(s|H_0)$	$\cdot\ p(s|H_0)$
=	$(1-\alpha)$	$\cdot\ (1-\alpha)$	$\cdot\ \alpha$	$\cdot\ \alpha$
=	0.95	$\cdot\ 0{,}95$	$\cdot\ 0{,}05$	$\cdot\ 0{,}05$
$p(\text{Daten}|H_0) =$	0,0023			
$p(\text{Daten}|H_1) =$	$p(ns|H_1)$	$\cdot\ p(ns|H_1)$	$\cdot\ p(s|H_1)$	$\cdot\ p(s|H_1)$
=	β_1	$\cdot\ \beta_2$	$\cdot\ (1-\beta_3)$	$\cdot\ (1-\beta_4)$
=	0,90	$\cdot\ 0{,}89$	$\cdot\ 0{,}12$	$\cdot\ 0{,}13$
$p(\text{Daten}|H_1) =$	0,0125			
$p(\text{Daten}|H_2) =$	0,0597	(Berechnung analog)		
$p(\text{Daten}|H_3) =$	0,0959	(Berechnung analog)		

Daraus folgt:

$$\sum_{j=0}^{3} p(\text{Daten}|H_j) \cdot p(H_j) = (0{,}0023 + \ldots + 0{,}0959) \cdot 0{,}25 = 0{,}0426$$

Als Aposteriori-Wahrscheinlichkeiten ergeben sich dann:

$$p(H_0|\text{Daten}) = \frac{0{,}0023 \cdot 0{,}25}{0{,}0426} = 0{,}0135$$

$p(H_1|\text{Daten}) = \qquad\qquad 0{,}0734$

$p(H_2|\text{Daten}) = \qquad\qquad 0{,}3504$

$p(H_3|\text{Daten}) = \qquad\qquad \underline{0{,}5628}$

$\qquad\qquad\qquad\qquad\qquad 1{,}0001$

Obwohl nur in zwei der vier Einzeluntersuchungen statistische Signifikanz festgestellt worden ist, zeigt das vorliegende Ergebnis der zusammenfassenden Bayes-Analyse eine (Aposteriori-)Wahrscheinlichkeit von 0,5628 für das Vorliegen eines großen Effektes.

Kritische Würdigung der Bayes-Statistik. Kritiker der Bayes-Statistik haben vor allem die Notwendigkeit der Annahme von Apriori-Informationen bemängelt und die begrenzte Anwendungsmöglichkeit des Bayes-Theorems herausgestellt, da die benötigten objektiven

Statistik (Metaanalysen)

Apriori-Wahrscheinlichkeiten in den meisten Fällen nicht zur Verfügung stehen (vgl. STEGMÜLLER 1973, S. 127). Hier hat man auf zwei Weisen Abhilfe zu schaffen versucht (vgl. MENGES 1972, S. 273; vgl. SCHNEEWEISS 1974, S. 238f.): Entweder werden alle denkbaren Hypothesen als gleichwahrscheinlich angesehen oder aber es werden subjektive Wahrscheinlichkeiten als Apriori-Informationen herangezogen. Im ersten Fall stimmen die Ergebnisse der Bayes-Statistik im wesentlichen mit denen der klassischen Statistik überein. Im zweiten Fall können sich durch die Zugrundelegung von subjektiven Apriori-Wahrscheinlichkeiten zwar zunächst erhebliche Differenzen ergeben, doch gewinnen die Stichprobeninformationen mit wachsender Zahl von Beobachtungen ein immer größeres Gewicht, während die für die Bayes-Statistik charakteristischen Apriori-Informationen mehr und mehr an Bedeutung verlieren. Dieser Prozeß kann als ein Lernen aus Erfahrung interpretiert werden (vgl. STEGMÜLLER 1973, S. 124). Eine Interpretation im Sinne der Informationsgewinnung findet sich bei BREDENKAMP (vgl. 1972, S. 139ff.; vgl. auch CHERRY 1967).

In den Fällen schließlich, in denen objektive Apriori-Wahrscheinlichkeiten tatsächlich zur Verfügung stehen, so kann hier mit MENGES (vgl. 1972, S. 273) abschließend festgehalten werden, bildet das Bayessche Modell das wirksamste Inferenzinstrument für die Metaanalyse: Aus vorliegenden Untersuchungen, in denen die notwendigen Kennziffern zu finden sind, lassen sich Effekte abschätzen. Durch die theorieangemessene Interpretation dieser Effekte und unter Berücksichtigung der stichprobenbezogenen Fehlervarianzen kann man dann für neu durchzuführende Metaanalysen die gewonnenen Effektwerte als Apriori-Informationen in das Bayes-Modell einbringen.

ACHTENHAGEN, F.: Methodologische Probleme empirischer Begleituntersuchungen zu pädagogischen Innovationsversuchen unter statistischem Aspekt. In: Z. f. P. 19 (1973), S. 43 ff. ACHTENHAGEN, F./HÄRKE, E.: Statistik (Signifikanz). In: Enzyklopädie Erziehungswissenschaft, Bd. 2, Stuttgart 1984, S.595 ff. BAKAN, D.: The Test of Significance in Psychological Research. In: LIEBERMAN, B. (Hg): Contemporary Problems in Statistics, New York/London/Toronto 1971, S. 147 ff. BREDENKAMP, J.: Der Signifikanztest in der psychologischen Forschung, Frankfurt/ M. 1972. BREDENKAMP, J.: Theorie und Planung psychologischer Experimente, Darmstadt 1980. BREDENKAMP, J./FEGER, H.: Kriterien für die Entscheidung über die Aufnahme empirischer Arbeiten in die Zeitschrift für Sozialpsychologie. In: Z. f. Sozpsych. 1 (1970), S. 43 ff. CHERRY, C.: Kommunikationsforschung - eine neue Wissenschaft, Frankfurt/M. ²1967. COHEN, J.: Statistical Power Analysis for the Behavioral Sciences, New York 1969. COHEN, S.A./ HYMAN, J.S.: How Come So Many Hypotheses in Educational Research are Supported? (A Modest Proposal). In: E. Reser. 8 (1979), 11, S. 12 ff. DUNKIN, M.J./BIDDLE, B.J.: The Study of Teaching, New York 1974. FISHER, R.A.: Statistical Methods for Research Workers, Edinburgh/London ⁴1932. FISHER, R.A.: Combining Independent Tests of Significance. In: The Am. Statistician 2 (1948), 5, S. 30. FRICKE, R.: Über die Bedeutung von Teststärkeanalysen in der empirischen Unterrichtsforschung. In: Z. f. Emp. P. 1 (1977), S. 2 ff. (1977a). FRICKE, R.: Möglichkeiten zur zusammenfassenden Darstellung von unabhängigen Forschungsergebnissen zur Lehrer-Schüler-Interaktion. In: Z. f. erw. Fo. 11 (1977), S. 208 ff. (1977b). GADENNE, V.: Die Gültigkeit psychologischer Untersuchungen, Stuttgart/Berlin/Köln/Mainz 1976. GAGE, N.L.: Unterrichten - Kunst oder Wissenschaft? München/Wien/Baltimore 1979. GIGERENZER, G.: Messung und Modellbildung in der Psychologie, München/Basel 1981. GLASS, G., V: Primary, Secondary, and Meta-Analysis of Research. In: E.Reser. 5 (1976), S. 3 ff. GLASS, G., V: Integrating Findings: The Meta-Analysis of Research. In: Rev. of Res. in E. 5 (1977), 10, S. 351 ff. GLASS, G., V u. a.: Meta-Analysis in Social Research, Beverly Hills/London 1981. HAGER, W./WESTERMANN, R.: Zur Wahl und Prüfung statistischer Hypothesen in psychologischen Untersuchungen. In: Z. f. exp. u. angew. Psych. 30 (1983), S. 67 ff. HEDGES, L.V.: Distribution Theory for Glass's Estimator of Effect Size and Related Estimators. In: J. of E. Stat. 6 (1981), S. 107 ff. HEDGES, L. V.: Estimation of Effect Size From a Series of Independent Experiments. In: Psych. Bull. 92 (1982), S. 490 ff. HEDGES, L. V.: A Random Effects Model for Effect Sizes. In: Psych. Bull. 93 (1983), S. 388 ff. HEDGES, L. V./OLKIN, I.: Vote-Counting Methods in Research Synthesis. In: Psych. Bull. 88 (1980), S. 359 ff. HEDGES, L. V./STOCK, W.: The Effects of Class Size: An Examination of Rival Hypotheses. In: Am E. Res. J. 20 (1983), S. 63 ff. HORNKE, L. F.: Integration empirischer Forschungsergebnisse? In: Psych.in E.u.U. 30 (1983), S. 54 ff. HSU, L. M.: Tests of Differences in p Levels As Tests of Differences in Effect Sizes. In: Psych. Bull. 88 (1980), S. 705 ff. HUNTER, J. E. u. a.: Meta-Analysis. Cumulating Research Finding Across Studies, Beverly Hills/London/New Delhi 1982. JONES, L. V./FISKE, D. W.: Models for Testing the Significance of Combined Results. In: Psych. Bull. 50 (1953), S. 375 ff. KENDALL, M. G.: The Advanced Theory of Statistics, Bd. 2, London 1948. KLAUER, K. J.: Zielorientiertes Lehren und Lernen bei Lehrtexten. Eine Metaanalyse. In: Uw. 9 (1981), S. 300 ff. (1981a). KLAUER, K. J.: Der Vorzeichentest als ein Schnellverfahren der Metaanalyse. In: diagnostica 27 (1981), S. 107 ff. (1981b). KOELE, P.: Calculating Power in Analysis of Variance. In: Psych. Bull. 92 (1982), S. 513 ff. KRAEMER, H. C./ANDREWS, G.: A Nonparametric Technique for Meta-Analysis Effect Size Calculation. In: Psych. Bull. 91 (1982), S. 404 ff. LIGHT, R. J./ SMITH, P. V.: Accumulating Evidence: Procedures for Resolving Contradictions among Different Research Studies, In: Harv. E. Rev. 41 (1971), S. 429 ff. LINDQUIST, E. F.: Statistical Analysis in Educational Research, Boston 1940. MENGES, G.: Grundriß der Statistik, Teil 1: Theorie, Opladen ²1972. NOVICK, M. R./JACKSON, P. H.: Statistical Methods for Educational and Psychological Research, New York/St. Louis/San Francisco 1974. NOVICK, M. R. u. a.: Bayesian Inference and the classical Test Theory Model: Reliability and True Scores. In: Psychometrika 36 (1971), S. 261 ff. OVERALL, J. E.: Classical Statistical Hypothesis Testing within the Context of Bayesian Theory. In: Psych. Bull. 71 (1969), S. 285 ff. PEARSON, E. S.: The Probability Integral Transformation for Testing Goodness of Fit and Combining Independent Tests of Significance. In: Biometrica 30 (1938), S. 134 ff. PEARSON, K.: On The Method of Determining Whether a Sample of Size n Supposed to have been Drawn from a Parent Population Having a Known Probability Integral has Probably been Drawn at Random. In: Biometrica 25 (1933). S. 375 ff. PHILLIPS, L. D.: Bayesian Statistics for Social Scientists. London/Tonbridge 1973. ROSENTHAL, R.: Combining Results of Independent Studies. In: Psych. Bull. 85 (1978), S. 185 ff. ROSENTHAL, R./RUBIN, D. B.: Interpersonal Expectancy Effects: The First 345 Studies. In: The Beh. and Brain Sc. 3 (1978), S. 377 ff. ROSENTHAL, R./RUBIN, D. B.: Comparing Significance Levels of Independent Studies. In: Psych. Bull. 86 (1979). S. 1165 ff. ROSENTHAL, R./RUBIN, D. B.: A Simple, General Purpose Display of Magnitude of Experimental Effect. In: J. of E. Psych. 74 (1982), S. 166 ff. (1982a). ROSENTHAL, R./RUBIN, D. B.: Comparing Effect Sizes of Independent Studies. In: Psych. Bull. 92 (1982). S. 500 ff. (1982b). SCHNEEWEISS, H.: Ökonometrie, Würzburg/Wien ²1974. SHAPIRO, D. A./SHAPIRO, D.: Meta-Analysis of Comparative Therapy Outcome Studies: A Replication and Refinement. In: Psych. Bull. 92 (1982), S. 581 ff. STEGMÜLLER, W.: Probleme und Resultate der Wissenschaftstheorie und Analytischen Philosophie, Bd. 4: Personelle und statistische Wahrscheinlichkeit, Berlin/Heidelberg/New York 1973. STERLING, T. D.: Publication Decisions and their Possible Effects on Inferences Drawn from Tests of Significance – or Vice Versa. In: J. of the Am. Stat. Assoc. 54 (1959), S. 30 ff.

Eckhard Härke / Frank Achtenhagen

Statistik, schließende

Vorbemerkungen. Mit den folgenden Ausführungen wird vor allem versucht, generell Zielsetzungen, Reichweite und methodisches Vorgehen der schließenden Statistik, die auch Inferenzstatistik, beurteilende oder analytische Statistik genannt wird, darzustellen. Es geht dabei insbesondere um den statistischen Entscheidungsprozeß. Diese Ausführungen werden durch Hinweise auf die Praxis statistischer Testverfahren, auf Kriterien für die Auswahl von Testverfahren in einfachen Fällen und auf häufig auftretende Fehlerquellen ergänzt.

Wissenschaftssystematisch und wissenschaftshistorisch bewegt sich das Stichwort in dem Rahmen der von Fisher (Schätz- und Prüfverfahren), Neyman und Pearson (Konfidenzbetrachtungen, Fehler 1. und 2. Art) im ersten Drittel dieses Jahrhunderts entwickelten statistischen Konzepte. Nachfolgende Ansätze (zum Beispiel Entscheidungstheorie und sequentielle Prüfverfahren) und solche älteren Verfahren, die erst später in ihrer Bedeutung erkannt wurden (zum Beispiel Bayes-Statistik), sind ausgeklammert worden (zur geschichtlichen Entwicklung: vgl. MENGES 1968).

Aufgaben der schließenden Statistik. Die zentrale Aufgabe der schließenden Statistik besteht im Bereitstellen von Verfahren, mit deren Hilfe die in empirischen Untersuchungen gewonnenen Ergebnisse verallgemeinert werden können. Diese generelle Zielsetzung läßt sich in folgender Form modellhaft beschreiben. Eine in einer Stichprobe durchgeführte empirische Untersuchung führt zu einer Datenmatrix. Aus der Datenmatrix werden in Abhängigkeit von der Fragestellung der Untersuchung Stichprobenparameter berechnet. Im Regelfall ist der empirisch arbeitende Forscher aber nicht nur an diesen die Stichprobe kennzeichnenden Werten interessiert, sondern er möchte mit Hilfe der Stichprobenergebnisse zu Aussagen über die Grundgesamtheit kommen, aus der die Stichproben stammen. Zur Illustration drei Beispiele, wobei aus Unterscheidungsgründen Grundgesamtheitsparameter mit griechischen und Stichprobenparameter mit lateinischen Buchstaben bezeichnet werden.

Erstes Beispiel: In einer Stichprobe von jüngeren Einwohnern eines Bundeslandes spricht sich ein Anteil von p% für die Einführung einer neuen Schulform aus. Die verallgemeinernde Frage lautet dann: Wie groß ist bei dieser Frage der entsprechende Anteil π bei *allen* jüngeren Einwohnern dieses Bundeslandes?

Zweites Beispiel: In einer Stichprobe A von jüngeren Einwohnern eines Bundeslandes und in einer Stichprobe B von älteren Einwohnern sprechen sich Anteile von p_A% und p_B% für die Einführung eines neuen Schulsystems aus, wobei p_A deutlich größer als p_B ist. Auch hier interessiert, ob sich die beiden Grundgesamtheiten der älteren und jüngeren Einwohner in gleicher Weise unterscheiden, ob π_A ebenfalls deutlich größer als π_B ist.

Drittes Beispiel: Es wird die Wirksamkeit zweier Erstleselernmethoden in zwei Stichproben von Schulanfängern verglichen. Methode A führt zu durchschnittlich $\bar{x}_A$ Punkten in einem Lesetest und Methode B zu $\bar{x}_B$ Punkten, wobei $\bar{x}_A$ deutlich größer als $\bar{x}_B$ ist. Hier lautet die verallgemeinernde Frage, ob die Überlegenheit der Methode A auch unabhängig von den beiden Untersuchungsstichproben gilt, ob also auch μ_A deutlich größer als μ_B ist.

Grundgesamtheiten – Repräsentativität – Zufallsstichproben. Es wird als sinnvoll angesehen, zwischen konkreten und hypothetischen Grundgesamtheiten zu unterscheiden. Eine *konkrete Grundgesamtheit* (vgl. erstes und zweites Beispiel) liegt dann vor, wenn zum Zeitpunkt der Erhebung alle Elemente der Grundgesamtheit konkret existieren; zum Beispiel alle Schulen einer Region, alle in einem Bundesland zugelassenen Schulbücher oder alle Hauptschüler der Bundesrepublik Deutschland. In diesen Fällen wird von den Stichprobenergebnissen auf alle Schulen, Schulbücher und Hauptschüler verallgemeinert, die zu diesem Zeitpunkt innerhalb der gegebenen Bedingungen (etwa geographische Region) existieren. Eine *hypothetische Grundgesamtheit* liegt dann vor, wenn nicht bezüglich konkreter Objekte, sondern im Hinblick auf ein als konstant angesehenes Ursachensystem (Bedingungsgefüge) verallgemeinert wird. Im dritten Beispiel lautet die hinter der Untersuchung stehende Erwartung, daß Methode A immer dann besser sein wird als Methode B, wenn die Untersuchung unter gleichen Bedingungen wiederholt wird. Es wird nicht auf konkret vorliegende, sondern auf alle hypothetisch denkbaren Objekte verallgemeinert.

Ob die Schlüsse von einer Stichprobe auf eine Grundgesamtheit triftig sind, hängt jeweils davon ab, ob die Stichprobe für ihre Grundgesamtheit *repräsentativ* ist, das heißt, ob sie in den relevanten Merkmalen ein verkleinertes typisches Abbild der Grundgesamtheit darstellt. Die Frage der Auswahl von Stichproben bei konkreten Grundgesamtheiten wird vor allem im Rahmen der Stichprobentheorie (vgl. KELLERER 1963) behandelt, Probleme der Verallgemeinerung bei hypothetischen Grundgesamtheiten werden insbesondere bei Experimenten als Frage der externen Validität (vgl. CAMPBELL/STANLEY 1963) diskutiert.

Stichproben sind im Regelfall dann repräsentativ für ihre Grundgesamtheit, wenn die Stichprobenelemente *zufällig* aus der Grundgesamtheit ausgewählt werden. Solche *Zufallsstichproben* sind dadurch gekennzeichnet, daß alle Elemente der Grundgesamtheit die gleiche und angebbare Chance (Wahrscheinlichkeit) haben, auch Element der Stichprobe zu werden, und daß diese Chancen voneinander unabhängig sind. Einfachstes Modell einer Zufallsstichprobe ist das Auslosen von n Elementen aus einer Urne (Lostrommel) von N Elementen, wobei jedes ausgeloste Element vor der erneuten Ziehung wieder in die Urne zurückgelegt wird (Auslosen mit Zurücklegen).

Zufallsstichproben können zwar auch verzerrte Abbilder ihrer Grundgesamtheit sein, dennoch bieten sie den entscheidenden Vorteil, daß bei ihnen mit Hilfe wahrscheinlichkeitstheoretischer Modelle die Wahrscheinlichkeiten, daß solche Verzerrungen vorliegen, berechnet werden können. So entspricht zum Beispiel dem oben genannten Auslosen mit Zurücklegen das Modell des Bernoulli-Experimentes, das mit Hilfe der Binomialverteilung (vgl. etwa SACHS 1978) quantitativ gefaßt werden kann. Das wichtigste Modell für stetige Merkmale ist das Normalverteilungsmodell, welches durch die Normal- oder Gaußsche-Verteilung quantitativ beschrieben wird (vgl. etwa HAYS 1974). Bei der Auswahl der Modelle ist darauf zu achten, daß diese den empirischen Daten im Sinne einer Korrespondenz von Modell und Realität angemessen sind.

Schätzen und Entscheiden. Im Bereich der schließenden Statistik kann in einer groben Übersicht zwischen Schätz- und Entscheidungsproblemen unterschieden werden. *Schätzungen* (vgl. erstes Beispiel) liegen dann vor, wenn über den Parameter einer Grundgesamtheit aufgrund der Stichprobenergebnisse eine Aussage gemacht werden soll. *Entscheidungen* hingegen (vgl. zweites und drittes Beispiel) treten dann auf, wenn mit Hilfe von zumindest in zwei Stichproben gewonnenen Ergebnissen beurteilt werden soll, ob die Stichproben aus Grundgesamtheiten stammen, die sich bezüglich des untersuchten Merkmals bedeutsam unterscheiden.

Im Rahmen des hier gewählten wissenschaftstheoretischen Ansatzes existieren zur Kennzeichnung „guter" Schätzungen und Entscheidungen jeweils Kriterien wie Konsistenz, Erwartungstreue und Effizienz für Schätzungen oder wie Dominanz, Trennschärfe und Unverfälschtheit für Entscheidungen (vgl. MENGES 1968). Diese Kriterien werden bei der Entwicklung der jeweiligen statistischen Verfahren berücksichtigt.

Statistische Hypothesen. Jeder statistischen Entscheidung liegt ein Hypothesenpaar zugrunde, das aus einer Nullhypothese H_0 und einer Alternativhypothese H_1 besteht. Die *Nullhypothese* besagt jeweils, daß die Unterschiede zwischen Stichprobenparametern zufällig

Statistik, schließende

(Stichprobenauswahl, Meßfehler usw.) zustandegekommen sind und daß die Grundgesamtheiten bezüglich des untersuchten Merkmals als gleich angesehen werden. So gilt für das obige dritte Beispiel die Nullhypothese $H_0: \mu_A = \mu_B$ bzw. $H_0: \mu_A - \mu_B = \Delta\mu = 0$. *Alternativhypothesen* hingegen zielen auf Unterschiede zwischen den Grundgesamtheiten ab. Unterschiedliche Stichprobenergebnisse werden nicht mehr als zufallsbedingt interpretiert, sondern damit erklärt, daß die Stichproben bezüglich des gemessenen Merkmals aus unterschiedlichen Grundgesamtheiten stammen.

Bei den Alternativhypothesen lassen sich drei Fälle unterscheiden:

Im ersten Fall ist H_1 die logische Negation von H_0; das bedeutet etwa für das oben genannte dritte Beispiel: $H_1: \mu_A \neq \mu_B$ beziehungsweise $H_1: |\mu_A - \mu_B| = \Delta\mu > 0$. Hypothesen dieses Typs treten in der statistischen Praxis sehr häufig auf, obgleich sie mit spezifischen Mängeln behaftet sind. Dieser Fall führt zum konservativen Entscheidungsmodell (vgl. BREDENKAMP 1972, WOLF 1980) in Form von Signifikanztests.

Im zweiten Fall wird nicht einfach die Ungleichheit der Parameter postuliert, sondern es wird unter H_1 ein als bedeutsam angesehener Mindestunterschied festgelegt; etwa $H_1: \Delta\mu \geq a$ (z. B. a = 5). Von Hypothesen dieses Typs wird zwar in der empirischen Praxis selten Gebrauch gemacht, jedoch sollten, wo immer möglich, Alternativhypothesen dieses Typs denen des erstens Typs vorgezogen werden, da sie eine Aussage über die für eine Entscheidung bedeutsamen Mindestunterschiede fordern und da sie eine umfassendere Berücksichtigung der mit einer statistischen Entscheidung verknüpften Irrtumswahrscheinlichkeiten ermöglichen. Sie führen zum Fundamentalmodell der statistischen Entscheidung (vgl. COHEN 1969, WOLF 1980).

Drittens schließlich kann unter H_1 ein einzelner Wert spezifiziert werden; etwa $H_1: \Delta\mu = a$. Dieser Typ tritt in der Praxis empirischer Forschung selten auf, da es selten sinnvoll ist, exakte Parameterunterschiede zu überprüfen.

Fundamentalmodell der statistischen Entscheidung. Diesem Modell liegt eine Alternativhypothese vom oben skizzierten zweiten Typ zugrunde. Ausgangspunkt ist somit ein Hypothesenpaar der Form H_0: Es bestehen zwischen den beiden Grundgesamtheiten keine Unterschiede, und H_1: Es bestehen zwischen den beiden Grundgesamtheiten Unterschiede, die größer als ein vorgegebener Mindestunterschied sind. Im Beispiel: $H_0: \Delta\mu = 0$ und $H_1: \Delta\mu \geq a$. Im Fundamentalmodell wird alternativ zwischen H_0 und H_1 in folgender Form entschieden: Gehört das Untersuchungsergebnis zu denen, die bei Gültigkeit von H_0 selten auftreten, so wird H_0 verworfen und damit H_1 als geeignetere Erklärung des Ergebnisses akzeptiert. Ist hingegen das Untersuchungsergebnis selten bei Gültigkeit von H_1, so wird H_1 verworfen und damit H_0 akzeptiert. Das Akzeptieren einer der beiden Hypothesen des Hypothesenpaares erfolgt somit immer über das Verwerfen der mit ihr konkurrierenden Hypothese.

In dieser formalen Beschreibung ist noch der Begriff „selten" zu klären. *Seltenheit* wird mit Hilfe des Wahrscheinlichkeitsbegriffs (vgl. HAYS 1974, HOFER/FRANZEN 1975, MENGES 1968, WOLF 1974) präzisiert. Seltene Ergebnisse sind solche, die in einer Untersuchung mit nur geringer Wahrscheinlichkeit auftreten können. Enthält zum Beispiel eine Urne 80% weiße und 20% schwarze Kugeln (Grundgesamtheit, unbekannte Wirklichkeit), dann ist es sehr unwahrscheinlich, daß beim Auslosen von 20 Kugeln nur zwei weiße Kugeln auftreten. Oder: Stammen zwei Stichproben bezüglich der Mittelwerte einer Variablen aus der gleichen Grundgesamtheit, gilt also in der unbekannten Wirklichkeit $\Delta\mu = 0$, so ist es sehr unwahrscheinlich, daß in einer Untersuchung eine große Mittelwertsdifferenz $\Delta \bar{x}$ auftritt. Stammen umgekehrt die beiden Stichproben aus Grundgesamtheiten, die sich bezüglich der Mittelwerte deutlich unterscheiden, gilt also in der unbekannten Wirklichkeit $H_1: \Delta\mu \geq a$, so ist es sehr unwahrscheinlich, daß in einer Untersuchung eine sehr kleine Mittelwertsdifferenz $\Delta \bar{x}$ auftritt. Diese Beispiele verdeutlichen, daß sich Seltenheit auf einen spezifischen, aber unbekannten Zustand der Grundgesamtheit bezieht, der durch eine der beiden Hypothesen H_0 und H_1 beschrieben wird. Es wird in diesem Zusammenhang auch bildlich von unbekannter Wirklichkeit gesprochen.

Seltene Ergebnisse treten zwar nur mit geringer Wahrscheinlichkeit auf, sie sind aber keine unmöglichen Ergebnisse. Daß beim obigen Urnenbeispiel 18 schwarze, aber nur 2 weiße Kugeln gezogen wurden, ist zwar unwahrscheinlich, aber nicht unmöglich. Aus diesem Grunde sind statistische Entscheidungen nie sichere Entscheidungen, sondern sie sind immer mit einer Unsicherheit, einem Risiko, behaftet. Diese Risiken werden in Form von *Irrtumswahrscheinlichkeiten* der jeweiligen Entscheidung quantifiziert und mit Hilfe statistischer Tests berechnet. Bei Entscheidungen nach dem Fundamentalmodell können falsche Entscheidungen auf zwei Wegen zustande kommen:

Erstens: Die in Wirklichkeit richtige Nullhypothese wird irrtümlich verworfen, und die in Wirklichkeit falsche Alternativhypothese wird damit irrtümlich akzeptiert. Dieser Fehler wird *Fehler 1. Art* oder *α-Risiko* genannt, wobei α die Wahrscheinlichkeit für das Auftreten dieses Fehlers ist. Und zweitens: Die in Wirklichkeit richtige Alternativhypothese wird irrtümlich verworfen, und die in Wirklichkeit falsche Nullhypothese wird damit irrtümlich akzeptiert. Dieser Fehler wird *Fehler 2. Art* oder *β-Risiko* genannt, wobei β die Wahrscheinlichkeit für das Auftreten dieses Fehler ist.

Die Funktion eines statistischen Tests besteht darin, in einer Untersuchung für ein konkretes Hypothesenpaar H_0 und H_1 die Irrtumswahrscheinlichkeiten α und β zu berechnen, um so mit bekanntem Risiko eine alternative Entscheidung zwischen H_0 und H_1 zu ermöglichen. Erfolgt die Entscheidung gegen H_0 und damit für H_1, so ist die Entscheidung mit dem Risiko α behaftet; erfolgt sie gegen H_1 und damit für H_0, so ist sie mit dem Risiko β verknüpft. Zwar wird in diesem Modell α ermittelt, für β kann jedoch nur eine obere Grenze angegeben werden. Deshalb müßte es richtig heißen, daß mit dem Akzeptieren von H_0 höchstens das Risiko β verknüpft sei.

α und β lassen sich nicht in Form allgemein verbindlicher Aussagen über noch tolerierbare Risiken quantitativ festlegen, sondern sie müssen in jedem konkreten Fall unter Berücksichtigung der möglichen Konsequenzen einer falschen Entscheidung in diesem Fall festgesetzt werden. Dabei ist es bei konstantem Stichprobenumfang prinzipiell unmöglich, α und β gleichzeitig zu verkleinern; wird in diesem Fall beispielsweise α verkleinert, so führt dieses zu einer Vergrößerung von β.

Zum Verständnis der Irrtumswahrscheinlichkeiten α und β kann folgende Interpretation dienen. Eine Irrtumswahrscheinlichkeit betrage zum Beispiel 0,05 oder 5%. Würden nun bei identischer, gleichbleibender Grundgesamtheit 100 gleiche Untersuchungen durchgeführt, dann könnte in fünf Untersuchungen zufällig ein Ergebnis auftreten, welches so extrem wie das gefundene von der geprüften Hypothese abweicht. Man sagt hier auch, daß man sich „auf lange Sicht" in 5% der Fälle zufällig irrt.

Das konservative Entscheidungsmodell. Diesem Entscheidungsmodell liegt eine Alternativhypothese des oben beschriebenen ersten Typs zugrunde. Ausgangspunkt ist hier ein Hypothesenpaar der Form H_0: Es bestehen zwischen den beiden Grundgesamtheiten keine Unterschiede bezüglich der Fragestellung, und H_1: Es bestehen zwischen den beiden Grundgesamtheiten Unterschiede, die aber bezüglich ihrer Größe nicht spezifiziert werden. Im Beispiel: H_0: $\Delta\mu = 0$ und H_1: $\Delta\mu > 0$. Bei dieser Situation läßt sich nur mit Hilfe eines statistischen Tests nur prüfen, ob H_0 nicht falsch ist (Signifikanzprüfung). Mit dieser Formulierung ist gemeint, daß bei Signifikanzprüfungen eine der beiden folgenden Entscheidungen getroffen wird: Entweder wird H_0 mit einem bekannten Risiko α verworfen, oder H_0 kann nicht verworfen werden. Das letztere liegt daran, daß bei den in diesem Modell verwendeten Alternativhypothesen keine bei Gültigkeit von H_1 seltenen Ergebnisse existieren und β somit nicht quantifiziert werden kann. Es kann zwar H_0 zugunsten von H_1 mit dem ermittelten Risiko α verworfen werden, nicht aber H_1 zugunsten von H_0, da in diesem Fall die Wahrscheinlichkeit einer Fehlentscheidung beliebig nahe bei 1 liegen kann. Auch die Formulierung, daß der unter H_0 formulierte Sachverhalt beibehalten wird, ist dann fragwürdig, wenn er Grundlage bedeutsamer Entscheidungen ist.

Bei der Durchführung von Signifikanzprüfungen wird entweder die angesichts möglicher Konsequenzen einer falschen Entscheidung (irrtümliches Verwerfen von H_0) gerade noch tolerierbare Irrtumswahrscheinlichkeit α als sogenanntes Signifikanzniveau (im Regelfall $0{,}001 \leq \alpha \leq 0{,}1$) vor der Durchführung der statistischen Überprüfung festgelegt; ist dann das in der Untersuchung gewonnene α kleiner, so wird H_0 verworfen. Oder es wird das Risiko α für den Fall berechnet, daß bei dem vorliegenden Untersuchungsergebnis H_0 verworfen würde; dieses α wird als Ergebnis mitgeteilt, so daß der Leser selbst entscheiden kann.

Nach welchem der beiden Modelle statistische Entscheidungen verlaufen, hängt nicht von den statistischen Tests ab – diese sind in beiden Fällen gleich –, sondern nur von der Art der Alternativhypothese.

Hinweise zur Praxis statistischer Testverfahren. Statistische Tests lassen sich im Hinblick auf eine wichtige Voraussetzung, die bei ihrer Anwendung erfüllt sein muß, in die beiden großen Gruppen der parametrischen und der nichtparametrischen Verfahren unterteilen. *Parametrische* oder *verteilungsabhängige* Tests setzen voraus, daß die untersuchte Variable in der Grundgesamtheit nach einem bestimmten Modell – im Regelfall nach der Normalverteilung – verteilt ist. *Nichtparametrische* oder *verteilungsunabhängige* Tests kommen ohne solche Voraussetzungen aus. In der empirischen sozialwissenschaftlichen Forschung sind insbesondere die nichtparametrischen Tests wichtig, da die Voraussetzungen für die Anwendung parametrischer Tests wie Normalverteilung und Intervallmeßniveau hier häufig nicht gegeben sind. Zwar ist die Theorie der parametrischen Verfahren weiter entwickelt, doch liegen heute für fast alle praktisch bedeutsamen Fälle auch nichtparametrische Tests vor (vgl. BÜNING/TRENKLER 1978; vgl. LIENERT 1973, 1978).

Unabhängig von der Art des statistischen Tests verlaufen die statistischen Überprüfungen in der Weise, daß aus den Stichprobenwerten eine Prüfgröße berechnet wird, die die Fragestellung der Untersuchung – zum Beispiel Dispersion oder Korrelation – spiegelt; häufig bilden Stichprobenparameter hierfür den Ausgangspunkt. Das generelle Vorgehen soll kurz am dritten Beispiel erläutert werden:

Es seien $\bar{x}_A = 50$ und $\bar{x}_B = 45$, und es soll überprüft werden, ob $\Delta\bar{x} = 5$ mit $\alpha = 0{,}05$ signifikant ist (konservatives Entscheidungsmodell). Ob diese Differenz bedeutsam ist, hängt beispielsweise von folgenden Faktoren ab: Sind die Varianzen beider Stichproben groß oder klein? Bei großen Varianzen werden allenfalls große $\Delta\bar{x}$ bedeutsam sein. Sind die beiden Stichproben groß oder klein? Bei größeren Stichproben sind auch kleiner $\Delta\bar{x}$ statistisch bedeutsam. Und schließlich, da es sich um einen parametrischen Test handelt, muß die betrachtete Variable in der Grundgesamtheit normalverteilt sein und auf dem Intervallniveau meßbar sein. Werden Normalverteilung und Meßniveau hier als gegeben vorausgesetzt, dann lassen die beiden übrigen Überlegungen die Definition der folgenden Prüfgröße t_B

$$t_B = \frac{|\bar{x}_A - \bar{x}_B|\sqrt{n}}{\sqrt{s_A^2 + s_B^2}} = \frac{|50-45|\sqrt{25}}{\sqrt{40+41}} = 2{,}78$$

plausibel erscheinen, in die die Mittelwertsdifferenz, die Varianzen und die Stichprobenumfänge eingehen. In Weiterführung des fiktiven Beispiels wurden dabei $n_A = n_B = n = 25$ und $s^2_A = 40$ sowie $s^2_B = 41$ gesetzt, und es wurde $t_B = 2{,}78$ berechnet. Jeweils an dieser Stelle – die Prüfgröße liegt zahlenmäßig berechnet vor – stellt sich die Frage, ob sie zu den mit α weniger wahrscheinlichen gehört. Diese Frage wird mit Hilfe von Prüf- oder Stichprobenverteilungen beantwortet. Diese informieren im Regelfall in Tabellenform über die Wahrscheinlichkeit α des zufälligen Auftretens einer Prüfgröße, die größer oder gleich der erhaltenen ist. Für obiges Beispiel gilt die t-Verteilung, der entnommen werden kann, daß $t_B = 2{,}78$ mit $\alpha \leq 0{,}05$ zu den seltenen Ergebnissen gehört. In dem fiktiven Beispiel läßt sich $H_0: \Delta\mu = 0$ mit der geforderten Irrtumswahrscheinlichkeit verwerfen. Die beiden Stichproben unterscheiden sich mit $\alpha = 0{,}05$ signifikant in der Lokalisation der gemessenen Variablen.

Wichtige generelle Stichprobenverteilungen sind die t-, die F- und die χ^2-Verteilung (vgl. WETZEL u.a. 1967). Bei den nichtparametrischen Verfahren existiert im Regelfall für jeden Test eine eigene Prüfverteilung, so daß man hier auf umfangreiche Tabellenwerke angewiesen ist (vgl. LIENERT 1975). Fast alle Prüfverteilungen haben die Eigenschaft, daß sie bei großen Stichprobenumfängen durch die Normalverteilung hinreichend genau approximiert werden können.

Im folgenden werden einige Hinweise auf die *Auswahl statistischer Tests* in einfachen Fällen gegeben, in denen es um die Beurteilung der Unterschiede bei einer Variablen oder von Zusammenhängen zwischen zwei Variablen geht. Für die Durchführung der Testverfahren muß auf die entsprechende Literatur (vgl. DIEHL/KOHR 1976; vgl. LIENERT 1973, 1975; vgl. SACHS 1978) verwiesen werden.

Ein erstes zentrales Kriterium stellt die Fragestellung der Untersuchung dar, die in eine äquivalente statistische Fragestellung umgeformt werden muß; so ist etwa zu entscheiden, ob Lokalisation, Dispersion oder Korrelation als statistische Fragestellungen den Untersuchungsabsichten angemessen sind. Ein zweites Kriterium bezieht sich auf das Meßniveau der jeweiligen Variablen; so ist zum Beispiel bei einem Lokalisationsproblem bei ordinalem Meßniveau ein anderer Test zu verwenden als bei Intervallniveau. Ein letztes wichtiges Kriterium geht von der Anzahl und der Art der Stichproben aus. Bei der Anzahl der Stichproben werden die Fälle $k=1$, $k=2$ und $k>2$ unterschieden. Bei der Art der Stichproben unterscheidet man zwischen abhängigen und unabhängigen Stichproben. Stichproben sind zum Beispiel dann abhängig, wenn pro Objekt mehrere Variablen gemessen werden. In der Literatur liegen in Abhängigkeit von diesen Kriterien Tabellen vor, die zu der Auswahl von für die spezielle Situation geeigneten Tests führen (vgl. HAJEK 1971, RAUSCHE 1976, SACHS 1978).

Bei der Anwendung der Verfahren der schließenden Statistik können einmal *Fehler* auftreten, die Verletzungen der innerhalb der statistischen Methodenlehre geltenden Regeln darstellen, und zum andern gibt es Fehlerquellen, in denen außerstatistische Kriterien nicht beachtet werden.

Zur ersten Fehlergruppe gehören vor allem folgende Fehler:
- Nicht hinreichende Beachtung von Voraussetzungen (wie Meßniveau und Verteilungsform) bei der Auswahl statistischer Tests.
- Beim Vergleich mehrerer Stichproben die Durchführung von Paarvergleichen (etwa eine Folge von t-Tests) anstelle eines Gesamtvergleiches (zum Beispiel Varianzanalyse). Bei dem kritisierten sukzessiven Vorgehen wird das α-Risiko unkontrolliert erhöht.
- Unzulässige Interpretation von Ergebnissen; zum Beispiel, wenn bei Signifikanztests der Sachverhalt, daß H_0 nicht verworfen werden konnte, so interpretiert wird, als ob H_0 als gültig nachgewiesen worden wäre.

Den meisten Fehlern dieser Gruppe wird durch den inzwischen möglichen Einsatz von Computern Vorschub geleistet, da mit deren Hilfe alle möglichen Verfahren ohne Aufwand, aber auch ohne Nachdenken durchgeführt werden können. Zur zweiten Gruppe gehören vor allem folgende Fehler:
- Fehlende Berücksichtigung der Untersuchungsabsichten bei der Auswahl statistischer Tests.
- Bei der Verwendung von Signifikanztests erfolgt die Festlegung des Signifikanzniveaus (Risiko α) häufig mit der Zielsetzung, das irrtümliche Verwerfen von H_0 durch die Wahl eines möglichst kleinen α zu erschweren. Nur besonders signifikante Ergebnisse werden als wissenschaftlich wertvoll und publizierenswert angesehen. Da aber die Zielsetzungen des Forschers im Regelfall unter H_1 formuliert werden, führt ein konsequentes Verfolgen dieser Position dazu, daß der jeweilige status quo eher erhalten bleibt als daß Veränderungen möglich sind. Die wissenschaftlichen und die allgemeineren gesellschaftlichen Konsequenzen eines solchen konservativen Vorgehens werden oft nicht hinreichend bedacht.
- Es wird nicht hinreichend zwischen statistischer und praktischer Signifikanz, zwischen theoretischer und praktischer Bedeutsamkeit unterschieden. So kann im eingangs erwähnten dritten Beispiel die Methode A der Methode B statistisch signifikant überlegen sein, ohne daß dieses praktisch bedeutsam ist. Die statistisch signifikante Differenz zwischen den beiden Mittelwerten sagt weder etwas darüber aus, in welchem Ausmaß sich dennoch die Leistungen der beiden Gruppen überlappen, noch ermöglicht sie eine hinreichend sichere individuelle Prognose. Statistisch signifikante Ergebnisse werden aber häufig so interpretiert, als ob sie uneingeschränkt praktisch bedeutsam seien.

BREDENKAMP, J.: Der Signifikanztest in der psychologischen Forschung, Frankfurt/M. 1972. BÜNING, H./TRENKLER, G.: Nichtparametrische statistische Methoden, Berlin/New York 1978. CAMPBELL, D.T./STANLEY, J.C.: Experimental and Quasi-Experimental Designs for Research on Teaching. In: GAGE, N.L. (Hg.): Handbook of Research on Teaching, Chicago 1963, S. 171 ff. COHEN, J.: Statistical Power Analysis for the Behavioral Sciences, New York/London 1969. DIEHL, J.M./KOHR, H.U.: Durchführungsanleitungen für statistische Tests, Weinheim/

Basel 1976. HAJEK, G.: Statistische Methoden. In: GROOTHOFF, H. H./STALLMANN, M. (Hg.): Neues Pädagogisches Lexikon, Stuttgart/Berlin 1971, S. 1115ff. HAYS, W. L.: Statistics for the Social Sciences, London/New York/Sydney/Toronto ²1974. HOFER, M./FRANZEN, U.: Theorie der angewandten Statistik, Weinheim/Basel 1975. KELLERER, H.: Theorie und Technik des Stichprobenverfahrens. Einzelschriften der Deutschen Statistischen Gesellschaft, Nr. 5, München ³1963. LIENERT, G. A.: Verteilungsfreie Methoden in der Biostatistik, Meisenheim 1973, 1975, 1978 (Bd. 1: 1973; Tafelband: 1975; Bd. 5: 1978). MENGES, G.: Grundriß der Statistik. Teil 1: Theorie, Köln/Opladen 1968. RAUSCHE, A.: Statistische Tests. In: ARNOLD, W. u.a. (Hg.): Lexikon der Psychologie, Bd. 3, Freiburg/Basel/Wien 1976, S. 440ff. SACHS, L.: Angewandte Statistik, Berlin/Heidelberg/New York ⁵1978. WETZEL, W. u.a.: Statistische Tabellen, Berlin 1967. WOLF, W.: Statistik. Eine Einführung für Sozialwissenschaftler, 2 Bde., Weinheim/Basel 1974, 1980 (Bd. 1: 1974; Bd. 2: 1980).

Willi Wolf

Statistik (Signifikanz)

Problemaufriß. Statistische Systematisierungen gewinnen idealtypisch in dreifacher Weise für erziehungswissenschaftliche Theoriebildung Bedeutung (vgl. ACHTENHAGEN 1973, S. 46):
- als Grundlagen für die Formulierung von Erklärungen und Erklärungsskizzen: Deskriptionen, Ergebnisse von Experimenten und Feldstudien, aber auch Anwendungen des Bayesschen Theorems bereichern und präzisieren die Theorie;
- als Bestandteile von Erklärungen und Erklärungsskizzen: der Normalfall im Bereich der Wirtschafts- und Sozialwissenschaften;
- als Grundlage für die Formulierung von Basissätzen: unter Basissätzen sollen - in Vereinfachung der wissenschaftstheoretischen Diskussion - solche Sätze und Satzsysteme verstanden werden, in denen Ergebnisse von Beobachtungen und Experimenten sprachlich festgehalten sind.

In diesem Beitrag geht es um einen Spezialfall des dritten Aspekts: Wie kann anhand vorliegender Daten über eine Bestätigung oder Nicht-Bestätigung wissenschaftlicher Theorien entschieden werden? Die Überlegungen sind dabei auf zwei Punkte konzentriert: Zunächst werden Probleme behandelt, wie sie bei der Anwendung statistischer Signifikanztests auftreten; dann wird die Frage diskutiert, welche Konsequenzen sich aus Fehlentscheidungen bei der Anwendung statistischer Signifikanztests ergeben können; das Problem einer zusammenfassenden Beurteilung statistischer Signifikanztests wird gesondert behandelt (vgl. HÄRKE/ACHTENHAGEN 1984). Die Probleme bei der Anwendung des statistischen Signifikanztests werden im Bereich der Sozialwissenschaften seit langem und immer wieder hervorgehoben (vgl. ACHTENHAGEN 1973, BAKAN 1971; vgl. BREDENKAMP 1972, 1980; vgl. BREDENKAMP/FEGER 1970, GLASER 1979, STELZL 1982, WITTE 1980). Dennoch ist seine Vorherrschaft als *das* statistische Verfahren zur Überprüfung von Datenkonstellationen ungebrochen. Diese Stellung läßt sich sicher auch damit erklären, daß die theoretischen Grundlagen des Entscheidungsmodells, das dem Signifikanztest zugrunde liegt, nicht hinreichend bekannt sind, daß vielmehr die Algorithmen der verschiedenen Tests - jetzt noch gesteigert durch die Softwarepakete in den Rechenzentren - so lange Anwendung finden, bis signifikante Ergebnisse (mit möglichst kleinem α) herauskommen; denn signifikante Resultate zu erhalten, scheint das Ideal empirischer Forschung zu sein.

Definition. Der Signifikanztest stellt eine Entscheidungsregel dar, wobei die Verlustfunktionen, die es in streng entscheidungstheoretischem Sinne zu berücksichtigen gälte, vernachlässigt werden (vgl. CHERNOFF/MOSES 1959). Er liefert als Ergebnis zunächst nur die Wahrscheinlichkeit p(Daten |H_0), das heißt die Wahrscheinlichkeit einer Resultatsklasse unter der Annahme der Gültigkeit der geprüften statistischen Hypothese (der sogenannten Nullhypothese).

Diese Wahrscheinlichkeit wird in Verbindung mit dem – vor der Datenerhebung festzulegenden – Signifikanzniveau α zur Grundlage für die Entscheidung über Beibehaltung oder Ablehnung der Nullhypothese (vgl. MENGES 1972, S. 325; vgl. WESTERMANN/HAGER 1982, S. 15):

$$p(\text{Daten}|H_0) \leq \alpha \rightarrow \text{Entscheidung: Ablehnung } H_0$$
$$p(\text{Daten}|H_0) > \alpha \rightarrow \text{Entscheidung: Beibehaltung } H_0.$$

Fehlermöglichkeiten. Die genannte Entscheidungsregel läßt zwei Fehlermöglichkeiten offen:
- Die Nullhypothese wird abgelehnt, obwohl sie richtig ist; dies ist der Fehler 1. Art oder α-Fehler.
- Die Nullhypothese wird beibehalten, obwohl sie falsch ist; dies ist der Fehler 2. Art oder β-Fehler.

Die Wahrscheinlichkeit für das Auftreten eines α-Fehlers wird durch die Fixierung der Entscheidungsregel kontrolliert, und zwar durch die Festlegung, daß diese Wahrscheinlichkeit einen als gerade noch tolerabel angesehenen Wert – das Signifikanzniveau α – nicht überschreiten darf. Die Wahrscheinlichkeit für das Auftreten eines β-Fehlers läßt sich immer dann exakt bestimmen, wenn mit spezifizierten Alternativhypothesen gearbeitet wird, durch die als bedeutsam angesehene Mindestunterschiede zwischen den zur Diskussion stehenden Grundgesamtheiten festgelegt werden. Dieser Ansatz führt zum Fundamentalmodell der statistischen Entscheidung und wird bei den folgenden Ausführungen zugrunde liegen. Bei vielen Anwendern des statistischen Signifikanztests bleibt diese zweite Fehlerwahrscheinlichkeit außer Betracht. Die Fragwürdigkeit einer solchen Überbewertung des α-Fehlers wird in der Literatur nachdrücklich hervorgehoben (vgl. BREDENKAMP/FEGER 1970, COHEN/HYMAN 1979, FRICKE 1977).

Nullhypothese und Alternativhypothese. Bevor die Fehlerprobleme näher diskutiert werden, sind Bemerkungen zum Verhältnis zwischen der Nullhypothese H_0 und der Alternativhypothese H_1 nötig. Es ist Konvention, daß diejenige statistische Hypothese innerhalb des Signifikanztests, die der wissenschaftlichen Hypothese (das heißt der eigentlich interessierenden) entspricht, Alternativhypothese H_1 genannt wird. Dabei seien in diesem Beitrag die schwierigen wissenschaftstheoretischen Fragen der angemessenen Korrespondenz von (statistischer) Alternativhypothese und wissenschaftlicher Hypothese ausgeklammert (vgl. BREDENKAMP 1972, 1980; vgl. HAGER/WESTERMANN 1983). Die der wissenschaftlichen Hypothese widersprechende statistische Hypothese heißt im Rahmen des Signifikanztests konventionell Nullhypothese H_0 (selbst dann, wenn sie nicht den Wert 0 umschließt). Es lassen sich idealtypisch drei Fälle des Verhältnisses von Null- und Alternativhypothese unterscheiden, wobei das Beispiel für die Nullhypothese jeweils identisch formuliert ist:

$$H_0: \mu_1 = \mu_2 \quad \text{oder} \quad H_0: \mu_1-\mu_2 = 0.$$

1. Fall: H_1 ist die logische Verneinung von H_0 derart, daß die Vereinigung der Hypothesenklassen H_0 und H_1 die Klasse aller in diesem Modell möglichen Hypothesen ergibt. Diese Konstellation stellt den Normalfall bei der Anwendung des Signifikanztests dar:

$$H_1: |\mu_1 - \mu_2| > 0.$$

Allerdings läßt sich in diesem Ansatz der Fehler 2. Art nicht spezifizieren. Damit kann zwar H_0 zugunsten von H_1 (auf dem Signifikanzniveau α), nicht aber H_1 zugunsten von H_0 verworfen werden.

2. Fall: In der wissenschaftlich interessierenden Hypothese – das heißt in H_1 – wird postuliert, daß ein als bedeutsam zu interpretierender Mittelwertsunterschied vorliegt. COHEN (vgl. 1969) hat auf solche Unterschiede bezogen ein theoretisches Konzept und ein umfangreiches Tabellenwerk erarbeitet, das insbesondere auf kleine, mittlere und große Unterschiede (Effekte) abstellt:

$$H_1: |\mu_1 - \mu_2| = m \quad (m > 0)$$

Hier kann d als Maß für einen Effekt interpretiert werden. Dieser Ansatz wird im folgenden näher diskutiert, da sich an ihm ein wünschenswertes Vorgehen beim Gebrauch von Signifikanztests demonstrieren läßt.

3. Fall: Unter H_1 wird ein spezifischer Wert festgelegt:

$$H_1: |\mu_1 - \mu_2| \geq d \quad (d > 0)$$

Hier ist m als ein Wert anzusehen, der entsprechend einer Theorie bestimmt wird; diese Variante wird hier nicht weiter verfolgt, da sie im Rahmen empirisch-pädagogischer Forschung kaum anzutreffen ist.

Signifikanzniveau. Welche Konsequenzen ergeben sich aus den möglichen Fehlentscheidungen bei der Durchführung von Signifikanztests? Eine Antwort hierauf hängt von der mathematisch-statistischen und wissenschaftstheoretischen Behandlung des Signifikanztestkonzepts ab (als eine Zusammenstellung differierender Interpretationsmöglichkeiten vgl. WESTERMANN/HAGER 1982, S. 15). An dieser Stelle sei nochmals auf den oben bereits genannten Sachverhalt verwiesen: Das Ergebnis $p(\text{Daten}|H_0) \leq \alpha$ führt zu der Entscheidung, daß sich H_0 nicht bewährt hat. Der Signifikanztest beginnt mit der Setzung dieses Risikos. Dabei ist die Anzahl der Tests für eine gegebene Datenkonstellation im vorhinein zu planen, um ein „Hochschaukeln" dieses Risikos aufgrund wiederholten Testens zu vermeiden (vgl. BREDENKAMP 1980, S. 22 f.; vgl. STELZL 1982, S. 117 ff.). Das Signifikanzniveau sollte durchgängig mit $\alpha = 0{,}05$ gewählt und nicht erst nachträglich über die Datenkonstellation bestimmt werden. LIENERT (vgl. 1973, S. 57 f.) zeigt anhand eines Anderson-Zitats anschaulich, welche subjektiven Annahmen aus dem alltäglichen Leben mit einem 5%-Risiko verknüpft sein können. Die Frage bleibt, warum – wie es immer wieder Autoren fordern oder praktizieren (vgl. die Hinweise bei BREDENKAMP 1972, S. 51 ff.) – α möglichst klein (also geringer als 0,05) gewählt werden soll. Sicher ist die Vorgabe eines kleinen α dann angebracht, wenn über H_1 ein wissenschaftlich bedeutsamer Sachverhalt repräsentiert wird oder aber einer bisher akzeptierten Theorie widersprochen wird. Nun bleibt aber die Vorgabe eines besonders kleinen α nicht ohne Folgen: Zum einen gibt es ein mathematisch-statistisches Problem; denn eine Verringerung von α bedeutet ceteris paribus eine Erhöhung der Wahrscheinlichkeit für einen Fehler 2. Art und damit ein Absinken der Wahrscheinlichkeit für die Annahme einer richtigen Alternativhypothese $(1-\beta)$. Wenn α sehr klein ist, vermindert sich – bei Vorliegen einer richtigen Alternativhypothese H_1 – die Chance, in sich anschließenden Forschungen Ergebnisse zu erhalten, die als Bewährungsprüfung für H_1 gelten können. Zum anderen gibt es ein wissenschaftspolitisches Problem; denn zum Teil explizit, zum Teil durch faktisches Handeln werden solche Arbeiten bevorzugt publiziert, die signifikante Ergebnisse (mit mindestens einem $\alpha = 0{,}05$) enthalten (vgl. BAKAN 1971, BREDENKAMP 1972, BREDENKAMP/ FEGER 1970). Derartige Herausgeberentscheidungen sind zwar schmeichelhaft für die akzeptierten Autoren, bergen jedoch wissenschaftspolitische Probleme in sich; denn eine solche Politik führt dazu, daß Forschungsberichte, die keine oder nur wenige signifikante Resultate enthalten, kaum mehr veröffentlicht werden. Damit wird zwar eine harte Prüfung bezüglich H_1 gewährleistet, zugleich aber befinden sich unter den abgelehnten Forschungsberichten auch solche, die nur deshalb keine signifikanten Resultate enthalten, weil α zu niedrig gewählt war. Man kann die verschiedenen weiteren Möglichkeiten durchspielen. Resümiert man, so läßt sich „diese Politik der Annahme und Ablehnung von empirischen Arbeiten" nur dann rechtfertigen, „wenn die Alternativhypothese immer für richtig gehalten wird. In diesem Fall aber wären Signifikanztests überhaupt überflüssig" (BREDENKAMP 1972, S. 54). Faktisch führt diese Politik zu einem Trend, notwendige Forschung zu stoppen oder in eine falsche Richtung zu drängen, da an sich vorliegende Fehler 1. Art nicht aufgedeckt werden (vgl. BAKAN 1971, S. 151 f.).

Teststärkeanalysen. Ein weiteres schwerwiegendes Problem bei der Durchführung von Signifikanztests besteht darin, daß neben der Überbewertung des Fehlers 1. Art der β-Fehler in der Literatur weitgehend unbeachtet bleibt. Die mit der Vernachlässigung des β-Fehlers verbundene Problematik wird offensichtlich, wenn nach der Stärke eines Signifikanztests gefragt wird. Als Teststärke (auch Macht, Power oder Trennschärfe eines Tests) ist die Wahrscheinlichkeit definiert, eine richtige Alternativhypothese auch als richtig zu erkennen und anzunehmen:

$p(\text{Annahme } H_1 | H_1 \text{ richtig}) = 1 - \beta$.

Nur bei hoher Teststärke lassen sich mit Hilfe der statistischen Signifikanzmethodik in empirischen Untersuchungen stabile Ergebnisse erzielen, die übereinstimmende Aussagen über die Richtung und die Größe eines interessierenden Effektes ermöglichen; denn nur bei hoher Teststärke ist gewährleistet, daß ein in der Population vorhandener Effekt auch tatsächlich entdeckt wird und daß in replizierenden Untersuchungen sich dieser Effekt wieder als statistisch signifikant erweist (vgl. SHAVELSON/ DEMPSEY-ATWOOD 1976).
In den Vereinigten Staaten liegen zahlreiche Teststärkeanalysen für Untersuchungen vor, die in bekannten Fachzeitschriften veröffentlicht worden sind (vgl. BREWER 1972, BREWER/OWEN 1973, CHASE/CHASE 1976, CHASE/ TUCKER 1975, COHEN 1962). Wird hier die von COHEN (vgl. 1969, S. 54) vorgeschlagene Konvention, generell die Einhaltung einer Mindestteststärke von $1-\beta = 0{,}8$ zu verlangen, als Qualitätsmaßstab angelegt, so müssen den beteiligten Forschern oft erhebliche Mängel hinsichtlich der Teststärke ihrer Untersuchungen bescheinigt werden. Zu ähnlichen Ergebnissen kommt auch TREINIES (vgl. 1977) bei seinen Teststärkeanalysen für die bei ROSENSHINE (vgl. 1971) zusammengefaßten Untersuchungen zum Zusammenhang zwischen Lehrerverhalten und Schülerleistung.
COHEN/HYMAN (vgl. 1979, S. 13) unterstellen vielen Autoren, daß diese ihre Untersuchungen gar nicht erst durchgeführt hätten, wenn sie sich bereits im Planungsstadium mit Hilfe einer Teststärkeanalyse Klarheit darüber verschafft hätten, wie gering ihre Chance war, einen tatsächlich vorhandenen Effekt auch als statistisch signifikant zu entdecken. Nur liegen solche vorgängigen Teststärkeanalysen offensichtlich kaum vor.

Wie läßt sich dieser Sachverhalt einer Vernachlässigung von Teststärkeanalysen erklären? – Zunächst ist festzuhalten, daß rechnerische Probleme nicht gegeben sind; denn für die gebräuchlichsten statistischen Testverfahren liegen jeweils umfangreiche Tabellen vor, die eine einfache Bestimmung der Teststärke $1-\beta$ in Abhängigkeit vom Signifikanzniveau (α), von der Effektgröße („effect size", kurz ES) und vom Stichprobenumfang (N) ermöglichen (vgl. COHEN 1969). Die Zusammenhänge zwischen diesen vier Variablen lassen sich kurz wie folgt charakterisieren:
– Je kleiner das Signifikanzniveau (α), um so kleiner ist bei festen ES und N auch die Teststärke $1-\beta$.
– Je kleiner der Stichprobenumfang (N), um so kleiner ist bei festen α und ES auch die Teststärke $1-\beta$.
– Je kleiner die Effektgröße (ES), um so kleiner ist bei festen α und N auch die Teststärke $1-\beta$.

Diese Zusammenhänge von Signifikanzniveau und Teststärke belegen auf andere Weise, daß die Behauptung, nach der mit niedrigerem Signifikanzniveau die Ergebnisse „besser" würden, so nicht zu halten ist. Noch einmal formuliert: Wer so argumentiert, übersieht, daß mit kleiner werdendem α die Wahrscheinlichkeit für ein falsches Ergebnis, nämlich die Nicht-Ablehnung einer falschen Nullhypothese, immer größer wird (vgl. ACHTENHAGEN 1973, S. 50).

Stichprobenumfang. Weiterhin kann angesichts der aufgezeigten Zusammenhänge die Festlegung des Stichprobenumfangs auf eine objektive Grundlage gestellt werden: Es läßt sich vor Durchführung der Untersuchung ermitteln, wie viele Versuchspersonen benötigt werden, um bei einem vorgegebenen Signifikanzniveau einen von der Theorie her erwarteten Effekt bestimmter Größe mit der von COHEN (vgl. 1969) generell geforderten Teststärke $1-\beta = 0{,}8$ als statistisch signifikant zu ermitteln. Diese Überlegung erscheint um so wichtiger, als gerade bei der Entscheidung über den Stichprobenumfang häufig Kriterien wie die Verfügbarkeit der Daten, die lokale Tradition oder gar eine als „Erfahrung" dargestellte Intuition von ausschlaggebender Bedeutung gewesen sind (vgl. COHEN 1962, S. 145; vgl. FRICKE 1977, S. 7).

Schlußfolgerungen. Die Frage des Stichprobenumfangs ist von erheblicher Relevanz für die Beurteilung empirisch-pädagogischer Forschung, und dabei insbesondere im Bereich der Begleit- und Schulsystemvergleichsforschung; denn bei großen Stichprobenumfängen läßt sich prinzipiell selbst für sehr kleine Effekte noch statistische Signifikanz nachweisen. Ein solches Vorgehen wird dann problematisch, wenn bei Vorliegen eines statistisch signifikanten Ergebnisses die Frage nach der praktischen Bedeutsamkeit des festgestellten Effektes unbeachtet bleibt. COHEN/HYMAN (1979, S. 14) warnen nachdrücklich davor, „statistical significance" mit „educational significance" gleichzusetzen und schon dort von der Bedeutsamkeit eines Effektes zu sprechen, wo zunächst nur statistische Signifikanz festgestellt worden ist. Daher sollten immer auch Maße zur Bestimmung der praktischen Signifikanz, wie Maße der erklärten Varianz (etwa ω^2) oder Klassifikationsmaße zur Anwendung kommen (vgl. BREDENKAMP 1972, S. 47 ff.). Diese Problematik wird dann besonders virulent, wenn ein bildungspolitisches Gestaltungsinteresse händeringend nach Belegen für die eigene Position sucht, zumal dann, wenn sie mehr als Glaubenssatz denn als wissenschaftlich abzusichernde Tatsache behandelt wird. Es sollte zur Routine werden, neben der üblichen Signifikanzaussage zumindest noch den exakten Wert der verwendeten Teststatistik sowie den Stichprobenumfang oder die Zahl der Freiheitsgrade zu veröffentlichen (vgl. ROSENTHAL 1978, S. 191). Ausgehend von den üblichen Definitionen für die Effektgrößen bei einzelnen Testverfahren (vgl. COHEN 1969) wird so eine einfache Schätzung dieser Effektgrößen aus den Stichprobendaten ermöglicht; darüber hinaus läßt sich zu jedem Test auch die Wahrscheinlichkeit p(Daten $|H_0$) bestimmen. Die Beispiele bei BREDENKAMP (vgl. 1972, S. 47) und FRICKE (vgl. 1977, S. 10 ff.) machen deutlich, in welcher Weise die Schätzungen der Effektgrößen zu einer besseren Beurteilung des Untersuchungseffektes beitragen können; die Kenntnis der Wahrscheinlichkeiten p(Daten $|H_0$) bildet eine wesentliche Voraussetzung für die Anwendung geeigneter statistischer Verfahren, wenn im Rahmen von Metaanalysen die Ergebnisse von einzelnen Untersuchungen zusammenfassend ausgewertet werden sollen (vgl. HÄRKE/ACHTENHAGEN 1984).

Beim Planen empirisch-pädagogischer Forschung sollte theorieangemessen festgelegt werden, welche Effekte man erwartet. Gemäß COHEN (vgl. 1969) sollten die Obergrenzen für den α- und β-Fehler möglichst niedrig gesetzt und entsprechend der Stichprobenumfang bestimmt werden, mit dem man bei gegebener Größe einen Effekt als signifikant ermitteln kann. Durch eine sorgfältige Festlegung des Untersuchungsdesigns – insbesondere auch durch Randomisierungsüberlegungen – läßt sich die Zahl der notwendigen Signifikanztests im vorhinein bestimmen und damit ein „Hochschaukeln" der Wahrscheinlichkeit für einen α-Fehler vermeiden. Für alle Ergebnisse statistischer Signifikanztests sind nach Möglichkeit auch Maße praktischer Bedeutsamkeit zu bestimmen. Beim Verfassen des Forschungsberichtes sind die erwähnten Kennzahlen hervorzuheben. Daß die Güte statistischer Überlegungen und Entscheidungen abhängig ist von der Qualität der Theorieaufarbeitung und der Operationalisierung, verweist auf die Notwendigkeit einer integrierten Behandlung empirisch-pädagogischer Forschungsprogramme.

ACHTENHAGEN, F.: Methodologische Probleme empirischer Begleituntersuchungen zu pädagogischen Innovationsversuchen unter statistischem Aspekt. In: Z. f. P. 19 (1973), S. 43 ff. BAKAN, D.: The Test of Significance in Psychological Research. In: LIEBERMAN, B. (Hg.): Contemporary Problems in Statistics, New York/London/Toronto 1971, S. 147 ff. BREDENKAMP, J.: Der Signifikanztest in der psychologischen Forschung, Frankfurt/M. 1972. BREDENKAMP, J.: Theorie und Planung psychologischer Experimente, Darmstadt 1980. BREDENKAMP, J./FEGER, H.: Kriterien für die Entscheidung über die Aufnahme empirischer Arbeiten in die Zeitschrift für Sozialpsychologie. In: Z. f. Sozpsych. 1 (1970), S. 43 ff. BREWER, J. K.: On the Power of Statistical Tests in the American Educational Research Journal. In: Am. E. Res. J. 9 (1972), S. 391 ff. BREWER, J. K./OWEN, P. W.: A Note on the Power of Statistical Tests in the Journal of Educational Measurement. In: J. of E. Measurem. 10 (1973), S. 71 ff. CHASE, L. J./CHASE, R. B.: A Statistical Power Analysis of Applied Psychological Research. In: J. of Appl. Psych. 61 (1976), S. 234 ff. CHASE, L. J./TUCKER, R. K.: A Power-Analytic Examination of Contemporary Communication Research. In: Speech Monogr. 42 (1975), S. 29 ff. CHERNOFF, H./MOSES, L. E.: Elementary Decision Theory, New York/London/Sydney 1959. COHEN, J.: The Statistical Power of Abnormal-Social Psychological Research: A Review. In: J. of Abnorm. and Soc. Psych. 65 (1962), S. 145 ff. COHEN, J.: Statistical Power Analysis for the Behavioral Sciences, New York/London 1969. COHEN, S. A./HYMAN, J. S.: How Come So Many Hypotheses in Educational Research are Supported? (A Modest Proposal). In: E. Reser. 8 (1979), 11, S. 12 ff. DAYTON, C. M. u. a.: On Appropriate Uses and Interpretation of Power Analysis: A Comment. In: Am. E. Res. J. 10 (1973), S. 231 ff. FRICKE, R.: Über die Bedeutung von Teststärkeanalysen in der empirischen Unterrichtsforschung. In: Z. f. Emp. P. 1 (1977), S. 2 ff. GADENNE, V.: Die Gültigkeit psychologischer Untersuchungen, Stuttgart/Berlin/Köln/Mainz 1976. GIGERENZER, G.: Messung und Modellbildung in der Psychologie, München/Basel 1981. GLASER, W. R.: Statistische Entscheidungsprozeduren über Hypothesen in den Sozialwissenschaften. In: ALBERT, H./STAPF, K. H. (Hg.): Theorie und Erfahrung, Stuttgart 1979, S. 117ff. GLASS, G., V: Primary, Secondary, and Meta-Analysis of Research. In: E. Reser. 5 (1976), 10, S. 3ff. HAGER, W./WESTERMANN, R.: Zur Wahl und Prüfung statistischer Hypothesen in psychologischen Untersuchungen. In: Z. f. exp. u. angew. Psych. 30 (1983), S. 67ff. HÄRKE, E./ACHTENHAGEN, F.: Statistik (Metaanalysen). In: Enzyklopädie Erziehungswissenschaft, Bd. 2, Stuttgart 1984, S. 579ff. KLAUER, K.J.: Zielorientiertes Lehren und Lernen bei Lehrtexten. Eine Metaanalyse. In: Uw. 9 (1981), S. 300ff. LIENERT, G. A.: Verteilungsfreie Methoden in der Biostatistik, Bd. 1, Meisenheim ^{2}1973. LINHART, H./ZUCCHINI, W.: Statistik Zwei, Basel/Boston/Stuttgart 1982. MENGES, G.: Grundriß der Statistik, Teil 1: Theorie, Opladen ^{2}1972. MEYER, D. L.: Statistical Tests and Surveys of Power: A Critique. In: Am. E. Res. J. 11 (1974), S. 179ff. ROSENSHINE, B.: Teaching Behaviours and Student Achievement, London 1971. ROSENTHAL, R.: Combining Results of Independent Studies. In: Psych. Bull. 85 (1978), S. 185ff. SHAVELSON, R./DEMPSEY-ATWOOD, N.: Generalizibility of Measures of Teaching Behavior. In: Rev. of E. Res. 46 (1976), S. 553ff. STELZL, I.: Fehler und Fallen der Statistik für Psychologen, Pädagogen und Sozialwissenschaftler, Bern/Stuttgart/Wien 1982. TREINIES, G.: Teststärkeanalysen für 61 Untersuchungen zum Zusammenhang zwischen Lehrerverhalten und Schülerleistung. In: Z. f. ew. Fo. 11 (1977), S. 50ff. WESTERMANN, R./HAGER, W.: Entscheidung über statistische und wissenschaftliche Hypothesen: Zur Differenzierung und Systematisierung der Beziehungen. In: Z. f. Sozpsych. 13 (1982), S. 13ff. WITTE, E. H.: Signifikanztest und statistische Inferenz, Stuttgart 1980.

Frank Achtenhagen/Eckhard Härke

Supervision

Definition. Der Terminus Supervision ist im angelsächsischen Sprachraum, dem er entstammt, Sammelbegriff für unterschiedliche Formen der Beratung, Kontrolle und Beaufsichtigung. Grundsätzlich lassen sich zwei Verwendungszusammenhänge unterscheiden: Im Bereich industrieller Produktion wird Supervision zur Wirkungsoptimierung technischer Systeme und zur Kontrolle ökonomischer Mittelverwendung eingesetzt. In therapeutischen, sozialen und pädagogischen Handlungsfeldern dient sie der systematischen Reflexion des beruflichen Handelns unter besonderer Berücksichtigung subjektiver Erfahrungen und sozialer Beziehungen.

Die unterschiedlichen Anwendungsbereiche legen die Differenzierung nach technischer und praktischer Beratung (vgl. GAERTNER 1979, HABERMAS 1968, LORENZEN/SCHWEMMER 1975) nahe. Während diese sich als *Selbstaufklärung* über Interaktionsprobleme des beruflichen Umgangs mit Menschen definieren läßt, bezieht jene sich auf effektivitätsorientierte Steuerung von Produktionsprozessen. Mit dem Vordringen administrativer Orientierungen und Übernahme systemtheoretischer Modelle in den Funktionskreis sozialpolitischen Handelns werden die Perspektiven technischer Beratungen auch für soziale, pädagogische und therapeutische Praxis relevant. Dieser Ambivalenz korrespondiert bereits seit den Anfängen der Supervision ihre eigentümliche Doppelfunktion: einerseits zur Selbstaufklärung der Professionals beizutragen und andererseits deren Anpassung an Institutionen und Berufsnormen sicherzustellen.

Grundkonsens. Trotz unterschiedlicher Supervisionsformen – im wesentlichen lassen sich psychoanalytische, gestaltorientierte, gruppendynamische, gesprächspsychotherapeutische, kommunikationstheoretische, andragogische und institutionsanalytische Ansätze unterscheiden – hat die Herkunft der Supervision aus der Psychoanalyse dazu beigetragen, daß sich eine Art Basiskonsens über technische und konzeptionelle Grundfragen durchgehalten hat. Nach diesem konventionellen Verständnis hat

sie im wesentlichen drei Aufgaben:
- Sie soll zur Persönlichkeitsentwicklung, zur Erweiterung der Selbsteinsicht und zur empathischen Wahrnehmung der Konflikte der Klienten beitragen. Besondere Bedeutung kommt dabei der Kontrolle der eigenen Gefühle in der beruflichen Interaktion, daß heißt der Gegenübertragung, zu.
- Sie soll die Anpassung an Berufsrollen und Institutionen in ihren Konfliktdimensionen bearbeiten.
- Schließlich soll sie zur besseren Integration von theoretischen Kenntnissen und praktischen Erfahrungen beitragen.

Dieser Katalog wird bei einigen Autoren dahingehend erweitert, daß Supervision zur Professionalisierung der Sozialarbeit, zur Institutionsanalyse und -veränderung und schließlich zur Entwicklung eines politischen Engagements der Professionals beitragen soll (vgl. HECKER/STRÖMBACH 1975, KAMPHUIS 1973, WITTENBERGER 1974).

Supervisionsformen. Grundsätzlich lassen sich *Einzel- und Gruppensupervision* unterscheiden. Institutionsbezogene Supervisionsansätze werden der Gruppensupervision subsumiert.

Im Setting werden Termin- und Honorarfragen sowie einige Ablaufregeln festgelegt. Analog zur Psychotherapie existiert auch in den meisten Supervisionstechniken eine Grundregel, in der die Supervisanden aufgefordert werden, Fälle oder Probleme aus der Praxis einzubringen und dazu möglichst problemorientiert zu assoziieren und auch unangenehme Details nicht zu verschweigen. Von Supervision kann gesprochen werden, wenn sie mindestens 14tägig, besser aber wöchentlich über einen längeren Zeitraum stattfindet. Die Dauer der Sitzungen beträgt zwischen 45–60 Minuten in der Einzel- und 90–120 Minuten in der Gruppensupervision. Formal betrachtet, besteht der Unterschied zwischen Einzel- und Gruppensupervision zunächst in der Anzahl der Rollen. Der engen, dyadischen Beziehung zwischen Supervisor und Supervisand in der Einzelsupervision steht das komplexere Beziehungsgefüge in der Gruppensupervision gegenüber. Hier lassen sich drei Rollen unterscheiden: Die des Supervisors, desjenigen, der einen Fall oder ein Problem vorträgt und die der Gruppe. Weitgehend unerforscht ist, welche Einflüsse die Einzel- und Gruppensupervision auf den *Beratungsprozeß*, die Auswahl der Themen, die Form der Bearbeitung und anderes hat.

Ablauf. Die Supervision verläuft in der Regel folgendermaßen: Zu Beginn der Sitzung schlägt der Supervisand einen Fall aus seiner Arbeit mit Klienten, manchmal aber auch eine schwierige Konstellation im Team, in einer Institution oder mit Vorgesetzten vor. Supervisor und Supervisand einigen sich auf die Bearbeitung des Angebots. Vor allem in der Gruppensupervision ist das teilweise schwierig, weil widersprüchliche Interessen und Gruppenkonflikte die Entscheidung behindern können. Die Gegenstandsbereiche sind kaum nach Einzel- und Gruppensupervision zu unterscheiden.

Die Einbringung des Falls erfolgt in der Form einer eigenerlebten Geschichte, die neben der Sachverhaltsschilderung, also der Darstellung äußerer Bedingungen, des Handlungsablaufs, der beteiligten Personen, auch die persönliche Betroffenheit des Supervisanden und seine emotionale Verstrickung in den Fall beinhalten muß. Fehlen Teile der Erzählung, wird also etwa nur unvollständig über äußere Sachverhalte oder über die emotionale Beteiligung berichtet, werden sie von der Supervisandengruppe oder vom Supervisor nachgefordert, um ein bearbeitungsfähiges Interaktionstableau zu erhalten.

Nach der Erzählung, in der die Motive und Konflikte des Supervisanden wenigstens andeutungsweise deutlich geworden sein müssen, also etwa Beziehungsprobleme, Verstehensbarrieren, Interaktionskrisen oder Kompetenzdefizite – beginnt der Prozeß der Problembearbeitung. In dieser Phase wird mit Hilfe von Nachfragen, Verdeutlichungen, Interpretationen und Erklärungen versucht, einen Verstehensprozeß einzuleiten, in dem Symptome und Ursachen der Interaktionsschwierigkeiten begriffen werden können.

Zum Abschluß der *Beratung* wird häufig eine „Moral" formuliert, die als Einsicht oder Handlungsperspektive in die Praxis umgesetzt werden soll. Unterstellt wird, daß, wenn diese Rekonstruktion gelingt, Empathie und Kompetenz des Supervisanden sich erweitern.

Durch erneute Thematisierung der Probleme wird deutlich, ob die Umsetzung gelungen ist, ob weitere Arbeit zu leisten ist oder ob die Bearbeitung in der Supervision fehlerhaft war.

Supervisor. Die Funktion des Supervisors besteht darin, zunächst ein tragfähiges, Ängste und Gefühle zulassendes Klima herzustellen. Wichtig ist, daß er nicht selber Problemlösungen vorträgt, sondern der Gruppe oder dem Einzelsupervisanden die Rekonstruktion der schwierigen Interaktionskonstellation überläßt. Er greift nur dann in den Prozeß ein, wenn Interaktionskrisen und Kommunikationsbrüche charakteristische Deformationen der Problemwahrnehmung und -verarbeitung signalisieren. Interventionen können sich dabei sowohl auf die Handlungsebene Supervisand/Klient, als auch auf die unmittelbare Situation in der Supervision, die dann als Spiegel dient, beziehen. Empathie und der Einsatz der *Gegenübertragung* sind die wichtigsten Hilfen, mit denen der Supervisor die Perspektiven des Supervisanden zu verstehen sucht. Durch die geschützte Situation in der Supervison wird es möglich, ein Stück Sicherheit in der *Übertragung* zu gewinnen, die dazu führt, daß partiell auch Regressionen zugelassen werden können.

Supervision als praktisch-kritischer Diskurs. Grundlage einer kritischen Supervisionspraxis ist ein nichtreduktionistischer Zugang zu den Problemen des beruflichen Handelns. Anders als in psychologischen Verfahren, in denen der psychosoziale Erfahrungszusammenhang auf individuelle Substrate eingeschränkt wird und damit institutionelle und gesellschaftliche Faktoren aus der Beratung ausgeschieden werden, sind gerade diese Dimensionen in den Supervisionsprozeß einzubeziehen. Dabei kann es aber nicht um Anpassung an Normen und Routinen der Institution, wie in den administrativen Supervisionsansätzen gehen, sondern um die Rekonstruktion des institutionalisierten Handelns und der ihm korrespondierenden Subjektivitätsformen. Technisch setzt ein solches Supervisionskonzept an den unmittelbaren Leidenserfahrungen der Professionals an, um aus ihnen das komplexe Interaktionstableau zu entwickeln, in das Klienten, soziale Institutionen und der Sozialarbeiter oder Therapeut mit einbezogen sind. Die praktisch-kritische Hermeneutik der beruflichen Sozialisation geht also von den verinnerlichten Niederschlägen gesellschaftlicher Konflikte in den Subjekten aus, um aus ihnen alternative Handlungsmöglichkeiten zu entwickeln. Dieser Prozeß läßt sich als *praktischer Diskurs* (vgl. GAERTNER/WITTENBERGER 1979) verstehen, der durch drei Stufen gekennzeichnet ist.

Auf der ersten Stufe thematisiert der Supervisand mit Hilfe des Supervisors die Erfahrungen und Symptome seiner Konflikte. Dabei aktualisiert sich ein Interaktionstableau, das Störungen und Brüche aufweist, die die Arbeits- und nicht selten auch Lebensmöglichkeiten des Supervisanden einschränken. Die Rekonstruktion des Interaktionstableaus ist deshalb außerordentlich schwierig, weil die leidvollen Erfahrungen – gerade auch mit Institutionen – verdrängt werden mußten und weil das Verhalten durch Wiederholungszwänge stereotyp verfestigt ist. Mit der Wiedererinnerung der Probleme und vor allem der Szenen, die zu ihrer Entstehung beigetragen haben, ist bereits ein wesentlicher Fortschritt in der Supervision erzielt. Aus ihm läßt sich eine zweite Stufe ableiten: Zwischen Supervisor und Supervisand werden Beziehungsformen erprobt und neue Erfahrungen vermittelt, die auch auf den Berufsalltag übertragbar sein sollen. Unter dem Schutz der Supervisionsbeziehung versucht der Supervisand, die eingeschliffenen Verhaltensweisen und Interaktionsformen neu, das heißt vor allem angemessener und befriedigender, zu konzipieren. War bereits die Wiedererinnerung der Probleme praxisbezogen, so ist es das versuchsweise Handeln in verstärkter Weise.

Im dritten Stadium vergewissern sich Supervisand und Supervisor erneut über den Stand der praktischen Auseinandersetzung. Auf dieser Stufe wird das Probehandeln wiederum reflektiert und damit sowohl der kognitiven als auch emotionalen Verfügung rückvermittelt, so daß damit eine Stufe erreicht ist, in der konkretes Handeln und die symbolischen Repräsentationen, die es darstellen, übereinstimmen, so daß die Verstehensbarrieren rückgängig gemacht werden.

Mit Blick auf die kommunikative Struktur unterscheiden sich *therapeutischer Diskurs* und *Supervisionsdiskurs* kaum voneinander. Ihre Differenz konstituiert sich aus dem Gegenstandsbereich. Während jener psychische Leiden thematisiert, beschäftigt sich dieser mit den Problemen beruflichen Handelns. Beiden *Diskursformen* ist eigen, daß sich Supervisor und Supervisand auf die Rekonstruktion konflikthafter Lebenspraxis einlassen. Probleme und Krisen sollen in ihren Entstehungszusammenhängen erfahrbar und damit dem bewußten Handeln verfügbar gemacht werden. *Praktische Diskurse* erweisen ihre „Wahrheit" also an der gelingenden Interaktion. Diese muß sich, auch wenn sie zunächst unter geschützten Bedingungen einer besonderen Gesprächssituation stattfindet, in der Realität bewähren. Supervision als praktisch-kritischer Diskurs ist damit trotz der Asymmetrie der Beziehung von Supervisor und Supervisand als Verständigungsprozeß über leidvoll verdrängte Dimensionen gesellschaftlicher Unterdrückung zu begreifen.

BALINT, M.: Der Arzt, sein Patient und die Krankheit, Stuttgart 1976. FLADER, D. u. a. (Hg.): Psychoanalyse als Gespräch, Frankfurt/M. 1982. GAERTNER, A.: Supervision. Systematische Reflexionen der Berufspraxis oder Psychohygiene für Sozialarbeiter. In: BARABAS, F. u. a.: Jahrbuch der Sozialarbeit 1978, Reinbek 1977, S. 218 ff. GAERTNER, A. (Hg.): Supervision – Unterlagen und Referate zum 3. Kongreß, Modellversuch: „Soziale Studiengänge" an der Gesamthochschule Kassel, Materialien 7, Kassel [3]1979. GAERTNER, A.: Teamsupervision. In: Supervis. (1982), 2, S. 56 ff. GAERTNER, A./WITTENBERGER, G.: Supervision und der institutionelle Diskurs. In: AKADEMIE FÜR JUGENDFRAGEN (Hg.): Supervision im Spannungsfeld zwischen Person und Institution, Freiburg 1979, S. 22 ff. GIESECKE, M./RAPPE-GIESECKE, K. (Hg.): Kommunikation in Balintgruppen, Stuttgart/New York 1983. HABERMAS, J.: Erkenntnis und Interesse, Frankfurt/M. 1968. HECKER, M./STRÖMBACH, R.: Erfahrungen mit Supervision in der Praxis. In: Th. u. Prax. d. soz. Arb. 26 (1975), S. 290 ff. KADUSHIN, A.: Supervision in Social Work, New York 1976. KAMPHUIS, M.: Die persönliche Hilfe in der Sozialarbeit unserer Zeit, Stuttgart 1973. LORENZEN, P./SCHWEMMER, O.: Konstruktive Logik, Ethik und Wissenschaftstheorie, Mannheim/Wien/Zürich 1975. WEIGAND, W.: Supervision für eine institutionelle Alternative. In: Supervis. (1982), 2, S. 38 ff. WITTENBERGER, G.: Neutralität oder Parteilichkeit in der Supervision. In: N. Prax. 4 (1974), S. 339 ff.

Adrian Gaertner

Survey-Befragung

Begriff. Der englische Begriff „survey" hat etwa die Bedeutung von Übersicht, Vermessung, Aufnahme, Begutachtung. In der Methodenlehre der empirischen Sozialforschung bildet „survey" – im Sinne von „Erhebung" den Kontrastbegriff zum Experiment: „Erhebungen *(surveys)* unterscheiden sich von Experimenten *(experiments)* hauptsächlich dadurch, daß der Untersuchende zu messen versucht, was geschehen wäre, auch wenn eine Untersuchung nicht stattgefunden hätte – im Gegensatz zur Messung des Ergebnisses von Reaktionen auf Reize, die er bewußt herbeiführt" (WALLIS/ROBERTS 1969, S. 402). Erhebungen oder surveys beinhalten – wie Experimente auch – die unmittelbare Datenerhebung, sie sind also immer *Primär*erhebungen (vgl. FRIEDRICHS 1973, S. 157; vgl. WALLIS/ROBERTS 1969, S. 396). Ihrer Form nach lassen sich Querschnitt- und Längsschnittuntersuchungen unterscheiden. Querschnittuntersuchungen beziehen sich auf die Analyse eines Merkmals zu einem bestimmten Zeitpunkt. Längsschnittuntersuchungen „beziehen sich entweder mit demselben Instrument auf dieselben Personen, die zu mehreren Zeitpunkten untersucht werden *(Panel-Studie)* oder mit dem gleichen Instrument auf äquivalente Zufallsstichproben aus der gleichen Grundgesamtheit zu mehreren Zeitpunkten (*Folge-Studie* oder follow-up-study)" (FRIEDRICHS 1973, S. 157; ferner S. 366 ff.; vgl. KARMASIN/KARMASIN 1977, S. 77 ff.; vgl. NEHNEVAJSA 1973).

Selbstverständlich können Erhebungen mit anderen Untersuchungsmethoden kombiniert werden. Man spricht dann von einer Multi-Methoden-Untersuchung (vgl. FRIEDRICHS 1973, S. 157).

Alle bisher genannten Untersuchungsformen sind im übrigen abzuheben von der sogenannten Aktionsforschung, in der sich der Forscher nicht objektivierend zu seinem Forschungs„gegenstand" verhält, sondern sozusagen in diesen – und das bedeutet in (nicht-wissenschaftliche) soziale Praxis – eintaucht (vgl. FRIEDRICHS 1973, S. 370; vgl. PRIM 1979).

Den Normalfall der Erhebung bildet die (eventuell auch fern-)mündliche oder schriftliche *Befragung* einzelner Personen mittels standardisierter, strukturierter Interviews. Die Befragung stellt (neben der Beobachtung und der Inhaltsanalyse von Aussagen und Äußerungen) *eine* der Möglichkeiten dar, das „overte" Verhalten und Handeln sowie Haltungen, Einstellungen und Meinungen von Personen zu erfassen. Derartige Informationen werden üblicherweise mittels repräsentativer Stichproben *(samples)* erhoben.

Neben Einzelthemenbefragungen gibt es auch *Mehrthemenbefragungen*, in denen verschiedene Befragungsthemen zusammengefaßt sind (vgl. SCHEUCH 1973, S. 92).

Ablauforganisation. Befragungen, auch Umfragen genannt, werden heute insbesondere von großen Sozialforschungsinstituten durchgeführt und zwar stark routinisiert und arbeitsteilig. Die hauptsächlichen Ablauf-„Stationen" einer Untersuchung (vgl. NOELLE 1963, S. 315 ff.; vgl. KARMASIN/KARMASIN 1977, S. 39 f.) sind die Erhebungsplanung (Design) und Fragebogenredaktion, Stichprobenerstellung, Befragung oder Interviews mittels Fragebogen („Feldarbeit"), Aufbereitung, also Quantifizierung der erhobenen Daten, analytische Verarbeitung und Interpretation und schließlich die Berichterstattung. Dieser Ablauforganisation entspricht auch im Groben eine organisatorische Differenzierung der Forschungsinstitute. Die (wissenschaftlichen) Studienleiter sind nurmehr formell „Herr des Verfahrens", sie prägen die Erhebungen in erster Linie programmierend.

Institutionell ausdifferenziert arbeiten

üblicherweise Abteilungen für Statistik (Stichprobenziehung), für die eigentliche Feldarbeit (den generellen sowie studienspezifischen Einsatz von Interviewern einschließlich der Interviewerkontrolle und der „Steuerung" der Interviews, vor allem Rücklauf und Mahnung), für Datenverarbeitung (einschließlich der Datenvercodung und -prüfung) sowie für technische Dienste (wie Postversand, Druck oder Grafik).

Erhebungsplanung und Fragebogenredaktion. Umfrageinstitute sind in der Regel auftragsabhängig – wobei als Auftraggeber öffentliche und private Institutionen in Frage kommen. Die Erhebungsinhalte sind deshalb auch von den Informationswünschen der Auftraggeber geprägt. In Umfragen (insbesondere solchen für politische Institutionen) werden keineswegs nur Meinungen und Einstellungen (sogenannte subjektive Daten) ermittelt, sondern in erheblichem Umfang „harte Fakten", die in amtlichen oder sonstigen Statistiken fehlen, aber etwa für Politikprogramme relevant sind, wie etwa Verbreitung und Verteilung von Schichtarbeit, Arbeitslosen- „Karrieren" oder typische Bibliotheksbenutzer (vgl. NEUBAUER 1979, S. 16).

Die vom Auftraggeber explizit geäußerten Informationswünsche ebenso wie die vom Studienleiter – aus Hypothesen via Indikatoren abgeleiteten (vgl. KARMASIN/KARMASIN 1977, S. 24 ff.) – „designierten" Datenziele münden regelmäßig in einen strukturierten, nicht zuletzt aus Auswertungsgründen möglichst „geschlossenen" Fragebogen, dessen Erstellung deshalb im Zentrum der ersten Phase jeder Erhebung steht. Im Fragebogen zeigt sich die wissenschaftliche Kompetenz und Erfahrung eines Umfrageinstituts (vgl. NOELLE-NEUMANN 1976).

Der Fragebogen ist zumeist unterteilt in einen Abschnitt mit den eigentlichen Erhebungsfragen und einen Abschnitt „Statistik". Aufgrund des erheblichen Anteils von zu erhebenden Fakten sowie zur späteren differenzierenden Darstellung (Auszählung) nach unterschiedlich (nach Geschlecht, Alter, Wohnort, Konfession, Parteipräferenz) definierten sozialen Gruppen nimmt der Statistikteil häufig einen erheblichen Raum ein.

Für die Fragenformulierung spielen Aspekte der Motivation und der Verständlichkeit eine bedeutsame Rolle. Für Massenumfragen mit mündlichen Interviews hat sich eine Befragungsdauer von einer Stunde als kritische obere Grenze erwiesen. Je nach Thema und Interesse am Thema ist oft schon ab etwa 45 Minuten Interviewdauer mit Ermüdungserscheinungen beim Befragten zu rechnen.

Stichprobenerstellung und Gewichtung. Totalerhebungen für große Grundgesamtheiten werden – nicht nur aus Kostenerwägungen, sondern auch aus Gründen der Genauigkeit (vgl. KARMASIN/KARMASIN 1977, S. 223) selten vorgenommen. Normalerweise wird eine Stichprobe befragt. „Unter einer Stichprobenerhebung wird eine nach statistischen Kriterien angelegte Untersuchung verstanden, bei der eine repräsentative Auswahl stellvertretend für die Grundgesamtheit beobachtet wird. Die Ergebnisse lassen sich mit einer berechenbaren Genauigkeit auf die Gesamtheit projizieren" (KARMASIN/KARMASIN 1977, S. 225). Es sind vor allem drei Typen von *Auswahlverfahren,* mit verschiedenen Ausprägungen im einzelnen, zu unterscheiden (vgl. KARMASIN/KARMASIN 1977, S. 223 ff., vgl. WALLIS/ROBERTS 1969, S. 402 ff.):

- repräsentative, das heißt Zufalls-Auswahl (random sample) mit vollständig erfaßten und für die Auswahl verwendeten Adressen der Grundgesamtheit;
- repräsentative Auswahl mit vorangehender Adressenerhebung oder mit der Befragung einhergehender Adressenbestimmung (wichtigster Typ ist die Flächenstichprobe);

- bewußte Quotenauswahl als (nicht im strengen Sinne repräsentatives) Surrogat einer Zufallsauswahl.

Prinzipiell bedarf es zur Stichprobenziehung einer bekannten Grundgesamtheit. Nicht selten führen aber pragmatische Gründe zur Definition der Grundgesamtheit nach den praktikablen Verfahren der Stichprobenbeziehung (vgl. NEUBAUER 1979, S. 19).

Repräsentativbefragungen mit Zufallsauswahl erreichen *Ausschöpfungsquoten* von bestenfalls 70 bis 85%, mit erheblichen Unterschieden wie etwa zwischen Stadt und Land, mündlichen und schriftlichen Interviews; dabei bestehen die nicht „ausgeschöpften" Adressen nicht nur aus Verweigerern, sondern in der Mehrzahl aus innerhalb vertretbarer Kosten und Termine nicht erreichbaren Personen. Während sich die bloße Zahl der Ausfälle mit Hilfe einer programmierten Überdeckung (Brutto- und Nettofallzahl) sowie der Anzahl der angeordneten Wiederholungsbesuche der Interviewer beeinflussen läßt, bleibt die Struktur der Ausfälle unbekannt. Soweit möglich wird der ausfallbedingte Verzerrungseffekt später, vor Auszählung, durch mathematische *Gewichtung* auszugleichen versucht: die Rücklauffragebogen werden hinsichtlich zentraler soziodemographischer Merkmale (wie Geschlechts-, Alters-, Siedlungsstrukturverteilung) mittels Gewichtungsfaktoren in die Proportionen gebracht, wie sie für die Grundgesamtheit bestehen und wie sie etwa aus der amtlichen Statistik bekannt sind.

Feldarbeit. Die großen Sozialforschungsinstitute halten sich für die vielen anfallenden Befragungen einen langfristig tätigen Stab von freien Mitarbeitern, die über das potentielle Erhebungsgebiet verteilt sind. Die Ausbildung, Führung und „Pflege" dieses Stabes bildet eine eminent wichtige Institutsaufgabe und erfordert viel Aufwand völlig unabhängig vom Interviewereinsatz für die einzelnen Erhebungen („Bereitstellungskosten"). Aber auch die einzelne Befragung verlangt – selbst bei standardisierten Fragebogen – eine häufig unterschätzte technisch-organisatorische Kapazität, damit später möglichst leicht, also maschinell „gelesen" und gezählt werden kann.

Außer bei häufig in gleicher oder ähnlicher Weise durchgeführten Standarderhebungen sind den eigentlichen Befragungen zumeist eine oder mehrere Probebefragungen mit kleinerer Adressatenzahl, *Pretests,* vorgeschaltet, um Fragebogeninhalt (beispielsweise Angemessenheit und Trennschärfe der Antwortvorgaben), Zeitbedarf und „Interviewbarkeit" zu testen. Viele Erhebungen erfordern aus analytischen Gründen auch zwei Samples: die Befragung der eigentlichen Zielgruppe sowie einer Kontroll- oder Kontrastgruppe.

Datenaufbereitung und Analyse. Erst in der Quantifizierung der mittels Interviews erhobenen – und anonymisierten – Daten realisiert sich das Ziel der Befragung. Die personenspezifischen Einzeldaten, die im übrigen dem Datenschutzrecht entsprechend zu behandeln sind, sind für diesen Zweck irrelevant.

Die Antwortausprägungen zu jeder Frage müssen für die Gesamtheit der Befragten sowie für aus der Fragebogen„statistik" resultierende, interessante Teilgruppen ausgezählt (dabei zugleich gespeichert) und tabellarisch dargestellt werden. Hochgerechnet und prozentuiert gelten sie innerhalb berechenbarer Fehlergrenzen als Ausprägungen der Grundgesamtheit. Diese – monovariate – *Grundauszählung,* die ein (oft auch das einzige) Ergebnis jeder Befragung darstellt (vgl. KARMASIN/KARMASIN 1977, S. 42 ff., S. 259 ff.): *wie viele* Personen *welcher* Bevölkerungsgruppen haben *was* geantwortet/getan, kann zugleich die Basis für komplexere Auswertungen bilden. Die nächst komplexe Stufe geben die bivariaten Auswertungen ab, bei denen nach dem eventuellen Zusammenhang zwischen zwei Variablen/Fragen gesucht wird. Noch komplexer sind Zusammenhänge zwischen mehr als zwei Variablen; dies ist das Feld multivariater Analysen und Methoden (vgl. WOLF 1984). Mit deren Hilfe werden zum Beispiel Typologien gebildet, mit denen sich die Befragten zu einer überschaubaren Zahl von Merkmalsklassen zusammenfassen und strukturieren lassen (vgl. KARMASIN/KARMASIN 1977, S. 131 ff.).

Die komplexeren Analyseverfahren führen zur Aufdeckung von Korrelationen und Interdependenzen, in der Regel nicht zu Kausalzusammenhängen.

Ausblick. Die starke subjektive Komponente der Datenquelle „Befragung" impliziert ihre Beeinflussung durch allgemeine und sozialpsychologische Entwicklungen. In der politischen Meinungsforschung beispielsweise, die immer noch einen zentralen Bereich der Umfragen ausmacht (vgl. KAASE 1977, KÜCHLER 1977, MEYER 1977), läßt sich (für die BRD) in der Praxis eine Entwicklung von nur zurückhaltender Auskunftswilligkeit in den 50er und frühen 60er Jahren zur offenen Bekenntnishaltung mit starkem Themeninteresse Ende der 60er und in den 70er Jahren konstatieren. Inzwischen ist ein kräftiger Rückschlag aufgrund von Befürchtungen des Datenmißbrauchs erfolgt (vgl. RONGE 1981).

Die Weiterentwicklung der Umfrageforschung dürfte sich in den folgenden Dimensionen und Richtungen vollziehen: Mit zunehmender systematischer und dauerhafter „Beobachtung" der Bevölkerung durch politische Institutionen zu „Verwaltungszwecken" sowie durch Unternehmen zu Absatzzwecken, wobei es auf Veränderungen und Trends immer stärker ankommt, wird die Nachfrage nach Längsschnittuntersuchungen (Panel- oder Folgestudien) wachsen (vgl. BAUR 1981).

Gerade für diesen Erhebungstyp spielen allerdings die Beschränkungen eine besonders gravierende Rolle, denen die Umfrageinstitute durch das in den letzten Jahren verschärfte Datenschutzrecht hinsichtlich der Adressenspeicherung und der Zustimmung der Befragten zum Interview und zu dessen (immer anonymisierter!) Auswertung unterworfen worden sind.

NOELLE-NEUMANN (1977, S. 27) fordert „eine Verlagerung des methodischen Interesses von Fragen der Stichproben-Theorie, der Bildung des repräsentativen Querschnitts auf die Probleme der Fragebogen-Gestaltung". Hinter dieser dringend erforderlichen, sozusagen reflexiven Forschung über Umfrageforschung steht die immer noch weitgehende Unkenntnis über die psychologischen und sozialen Gesetze der Befragungen (vgl. WINDOLF 1979).

Die gegen die Datenquelle „Befragung" seit jeher vorgebrachten Einwände sind durch die Routinisierung der Umfragen natürlich nicht entkräftet worden. Diese Kritik sollte aber nicht an der Umfrageforschung selbst ansetzen, sondern an deren Verabsolutierung. Insofern ist der bereits beobachtbare Trend zur Verknüpfung dieser Methode zur Datenerzeugung mit anderen Verfahren – zur Multi-Methoden-Untersuchung – erfreulich (als ein Beispiel vgl. v. ROSENBLADT/SCHWINDT 1978).

BAUR, D.: Plädoyer für Panelanalysen in der amtlichen Statistik. In: Z. f. Soziol. 10 (1981), S. 294 ff. FRIEDRICHS, J.: Methoden empirischer Sozialforschung, Reinbek 1973. KAASE, M.: Politische Meinungsforschung in der Bundesrepublik Deutschland. In: Pol. Vjs., Sonderheft 2/3: Wahlsoziologie heute, 1977, S. 452 ff. KARMASIN, F./KARMASIN, M.: Einführung in Methoden und Probleme der Umfrageforschung, Wien/Köln/Graz 1977. KÜCHLER, M.: Was leistet die empirische Wahlsoziologie? In: Pol. Vjs., Sonderheft 2/3: Wahlsoziologie heute, 1977, S. 145 ff. MEYER, G.: Thesen zur Kritik der empirischen Wahlforschung in der Bundesrepublik Deutschland. In: Pol. Vjs., Sonderheft 2/3: Wahlsoziologie heute, 1977, S. 169 ff. NEHNEVAJSA, J.: Analyse von Panel-Befragungen. In: KÖNIG, R. (Hg.): Handbuch der empirischen Sozialforschung, Bd. 2, Stuttgart ³1973, S. 191 ff. NEUBAUER, K. W. (Hg.): Benutzerverhalten an deutschen Hochschulbibliotheken, München/New York/London/Paris 1979. NOELLE, E.: Umfragen in der Massengesellschaft, Reinbek 1963. NOELLE-NEUMANN, E.: Die Empfindlichkeit demoskopischer Meßinstrumente. Frageformulierungen und Fragebogenaufbau. In: NOELLE-NEUMANN, E. (Hg.): Allensbacher Jahrbuch der Demoskopie 1974–1976, Bd. 4, Wien/München/Zürich 1976, S. VII ff. NOELLE-NEUMANN, E.: Über den methodischen Fortschritt in der Umfrageforschung. In: NOELLE-NEUMANN, E.: Öffentlichkeit als Bedrohung, Freiburg/München 1977, S. 25 ff. PRIM, R.: Aktionsforschung als Leitbild praxisverpflichteter Sozialwissenschaft. In: NEUMANN, L. F. (Hg.): Sozialforschung und soziale Demokratie, Bonn 1979, S. 12 ff. RONGE, V.: Datendurst und Datenschutz. In: Kursbuch (1981), 66, S. 108 ff. ROSENBLADT, B. v./ SCHWINDT, P.: Freizeitmöglichkeiten für Familien mit kleinen Kindern. Schriftenreihe des Bundesministers für Jugend, Familie und Gesundheit, Bd. 115, Stuttgart/Berlin/Köln/Mainz 1978. SCHEUCH, E. K.: Das Interview in der Sozialforschung. In: KÖNIG, R.: Handbuch der empirischen Sozialforschung, Bd. 2, Stuttgart ³1973, S. 66 ff. WALLIS, W. A./ROBERTS, H. V.: Methoden der Statistik, Reinbek 1969. WINDOLF, P.: Zur Methodologie des Interviews. In: Soziologische Analysen, TUB-Dokumentation Kongresse und Tagungen, Heft 1, München 1979, S. 311 ff. WOLF, W.: Statistik (Mehrvariablenanalyse) In: Enzyklopädie Erziehungswissenschaft, Bd. 2, Stuttgart 1984, S. 573 ff.

Volker Ronge

Tests, kriterienorientierte

Begriff. Kriterienorientierte Tests sind standardisierte Meßverfahren, mit deren Hilfe die Leistung eines Probanden mit einem qualitativ oder quantitativ definierten Kriterium verglichen wird. Mit ihrer Hilfe ist es möglich, Aussagen darüber zu machen, ob eine bestimmte inhaltliche Norm, ein Lehrziel zum Beispiel, erreicht wurde. Häufig werden auch quantitative Aussagen über den Abstand von dieser Idealnorm angestrebt. Kriterienorientierte Tests stehen im Gegensatz zu normorientierten Tests. Bei diesen wird das Testresultat mit einer Realnorm, im allgemeinen mit dem Mittelwert und der Varianz der interessierenden Merkmalsvariable in einer möglichst repräsentativen Eichstichprobe in Beziehung gesetzt. Aus der Sicht des Probanden unterscheiden sich norm- und kriteriumsorientierte Tests zunächst nicht unbedingt. Der wesentliche Gegensatz liegt vielmehr in der andersartigen Interpretation der Testwerte. Allerdings ist die kriterienbezogene Auswertung eines normorientierten Tests schwierig, oft sogar unmöglich, da kriterienorientierte Tests hohe Anforderungen an die inhaltliche Validität und an eine entsprechende Aufgabenkonstruktion stellen. Umgekehrt kann hingegen im allgemeinen ein kriterienorientierter Test auch normbezogen interpretiert werden, wenn die Daten einer Eichstichprobe vorliegen.

Die Definition von GLASER/NITKO (vgl. 1971) unterstreicht die Bedeutung einer inhaltlichen Spezifizierung des untersuchten Aufgabenbereichs, sowie der Festlegung eines Leistungsstandards: „Als kriteriumsorientiert kann man einen Test dann bezeichnen, wenn er so konstruiert ist, daß er Meßwerte liefert, die direkt in bezug auf einen spezifizierten Leistungsstandard interpretierbar sind. Leistungsstandards werden im allgemeinen dadurch spezifiziert, daß eine Klasse oder ein Gebiet von Aufgaben definiert wird, die bestimmte Individuen lösen können sollen. Testwerte beziehen sich auf repräsentative Stichproben aus diesem Aufgabengebiet und werden für jedes getestete Individuum direkt auf dieses Aufgabengebiet bezogen" (zitiert nach FRICKE 1974, S. 15). Im pädagogischen Bereich orientieren sich die erwähnten Leistungsstandards (Kriterien) häufig an den Lehrzielen der Unterrichtenden; so verwendet FRICKE (vgl. 1974) die Begriffe „lehrziel-" und „kriterienorientiert" praktisch synonym. Im Anschluß an KLAUER (vgl. 1972a) fordert er von lehrzielorientierten Tests nicht nur kriterienbezogen interpretierbare Testergebnisse, sondern als Voraussetzung dafür auch kriterienbezogene Testkonstruktion, -analyse und -auswertung: „Ein lehrzielorientierter Test ist ein wissenschaftliches Routineverfahren zur Untersuchung der Frage, ob und eventuell wie gut ein bestimmtes Lehrziel erreicht ist. Die hierbei verwendeten Testaufgaben sind nicht identisch mit dem Lehrziel, sondern repräsentieren es nur und dienen dazu, den individuellen Fähigkeitsgrad eines Schülers mit einem gewünschten Fähigkeitsgrad zu vergleichen. Für diesen Vergleich sind erforderlich: 1. eine Quantifizierung des Lehrziels, 2. eine quantitative Erfassung der Schülerleistung, 3. ein Meßmodell für die zufallskritische Entscheidung darüber, ob das Lernziel erreicht ist. – Zur Berechnung der Testgütekriterien ist eine spezielle lehrzielorientierte Testanalyse notwendig" (FRICKE 1974, S. 17).

Im folgenden wird ersichtlich werden, daß sich für kriterienorientierte Messungen besonders probabilistische Testmodelle eignen.

Historisch-pädagogische Bezüge. Historisch geht die Unterscheidung zwischen kriteriums- und normbezogener Messung auf GLASER (vgl. 1963) zurück. Das große Interesse an kriterienorientierten Tests im pädagogischen Bereich beruht unter anderem darauf, daß die kriteriumsbezogene Messung im Unterricht Information darüber liefern soll, welche Lehrziele der Schüler schon erreicht hat, während die normorientierte Messung ihn bloß mit seinen Mitschülern oder einer anderen Referenzpopulation vergleicht. Eine normorientierte Leistungsbewertung findet beispielsweise – allerdings nur auf Rangskalenniveau – in traditionellen französischen Oberschulen statt, wenn die Schüler einer Klasse in den einzelnen Fächern nach ihrer Leistung in eine Rangordnung gebracht werden. Eine solche Bewertung sagt nur wenig darüber aus, was der einzelne Schüler an Kenntnissen und Fähigkeiten aufzuweisen hat und hängt sehr vom Niveau seiner Mitschüler ab. Dieselbe Schulleistung könnte daher durchaus in verschiedenen Klassen zu ganz unterschiedlichen Bewertungen führen. Dies ist ein extremes Beispiel eines normorientierten Vorgehens, das sich vorwiegend bei Selektionsfragen bewährt – und bei Interesse an einem kompetitiven Verhalten der Schüler. Für die Entscheidung über den Einsatz pädagogischer Maßnahmen und ihre Evaluation benötigt man hingegen Information über die Qualifikation und Kompetenz, die ein Schüler unabhängig von seinem Rangplatz erworben hat.

Das Interesse an kriterienorientierten Tests ergab sich auch durch den Einsatz Programmierten Unterrichts, da hier die sequentielle Erreichung wohldefinierter Lehrziele zu prüfen ist. Falls beispielsweise innerhalb eines Lehrprogramms ein bestimmtes Teilziel von einem Schüler nicht erreicht wird, soll der entsprechende Unterrichtsabschnitt von dem Schüler wiederholt werden können.

Bei einer Variante individualisierten Unterrichts, dem „mastery learning" (vgl. CARROLL 1963) soll der Unterricht gerade so gestaltet sein, daß am Ende alle Schüler die geforderte Leistung erbringen – ein Lehrziel, das unmöglich durch Rangordnungen und auch kaum durch skalenniveaumäßig höhere Formen normorientierten Testens überprüft werden kann, da gerade die Aufhebung der individuellen Leistungsdifferenzen durch besondere Betreuung angestrebt wird.

Klassische Testtheorie und kriterienorientierte Tests. Der im Rahmen der klassischen Testtheorie für jeden Schüler ermittelte Testscore charakterisiert nicht nur die Leistung des Schülers sondern hängt auch von der spezifischen Zusammensetzung der Aufgabenstichprobe ab. Die Testscores sind somit testaufgabenspezifisch. Bei Anwendung der klassischen Testtheorie geht man daher im allgemeinen normorientiert vor und gibt für jeden Schüler nicht den Testscore an, sondern bezieht diesen Wert auf die Testscores (Leistungen) der Probanden einer Vergleichsstichprobe. Dieses normorientierte Vorgehen macht die klassische Testtheorie schon im Prinzip für kriterienorientierte Messung kaum geeignet. Eine Konsequenz der Aufgabenspezifität der Testscores ist auch, daß bei jenen Schülern Lernfortschritte durch den Unterricht nicht nachgewiesen werden können, die die Mehrzahl der Aufgaben schon bei der ersten Testvorgabe lösen konnten (Dekken- oder Plafondeffekte). Darüber hinaus sind Testscoredifferenzen psychologisch kaum äquivalent, wenn sie sich auf unterschiedliche Bereiche der Testleistung beziehen. Als Maß der Zuverlässigkeit eines Tests ist in der klassischen Testtheorie die Reliabilität so definiert, daß sie von der Varianz der Meßwerte abhängt. Aus der Sicht dieses Zuverlässigkeitsmaßes scheint daher eine größtmögliche Varianz der Meßwerte erwünscht, um den relativen Standort eines Individuums möglichst gut bestimmen zu können. Bei kriterienorientierter Messung ist eine hohe Variabilität der Werte nicht nur irrelevant, sondern in vielen Fällen sogar unerwünscht.

Lehrziele beinhalten ja häufig, daß eine bestimmte Lernleistung von möglichst vielen Schülern erbracht oder überschritten werden soll. Auf diese und weitere Probleme der Anwendung der klassischen Testtheorie bei der Konstruktion und Auswertung kriterienorientierter Tests haben unter anderen FRICKE (vgl. 1974), HILKE (vgl. 1980) und SPADA (vgl. 1975) hingewiesen.

Probabilistische Testmodelle und kriterienorientierte Tests. Bei probabilistischen Testmodellen wird die Wahrscheinlichkeit einer richtigen Antwort eines Schülers durch modellspezifische mathematische Gleichungen in Beziehung zu seiner latenten (= nicht direkt beobachtbaren) „Fähigkeit" gesetzt. Ein Leistungskriterium kann (muß) hier auf einer abstrakten Dimension festgelegt werden, die die Fähigkeit des Schülers charakterisiert, auf eine bestimmte Aufgabenklasse korrekt zu antworten. Ein Lehrziel ist also bei probabilistischen kriterienorientierten Tests nicht durch eine spezifische Itemstichprobe definiert, sondern durch die Festlegung einer Leistung in bezug auf alle Aufgaben einer Aufgabenklasse. Bei den im folgenden dargestellten Modellen kann nämlich der Wert eines Schülers auf der durch eine bestimmte Aufgabenklasse spezifizierten Fähigkeitsskala (latenten Verhaltensposition) unabhängig von der jeweiligen Aufgabenstichprobe und auch unabhängig von der Stichprobe der anderen getesteten Schüler ermittelt werden. Dies entspricht durchaus der Idee kriterienorientierten Testens und ist in dieser Form mittels der klassischen Testtheorie nicht realisierbar.

Binomialmodell. Anhand des Binomialmodells, das KLAUER (vgl. 1972b) als erster für kriterienorientierte Messung fruchtbar machte (vgl. FERGUSON 1971, NIEDDERER 1973) läßt sich die probabilistische Beziehung zwischen Verhaltensdisposition und Testverhalten noch relativ unkompliziert veranschaulichen. Grundlegend für dieses Modell ist die Annahme, daß alle Aufgaben dieselbe Verhaltensdisposition messen und außerdem gleich schwierig sind. Der Wert auf der latenten Variable, das heißt das Ausmaß der Fähigkeit, bestimmte Aufgaben richtig zu lösen, variiert dagegen im allgemeinen von Schüler zu Schüler oder bei einem Schüler von Zeitpunkt zu Zeitpunkt. Unterschiede in der Anzahl richtiger Antworten werden demgemäß auf inter- oder intraindividuelle Unterschiede in der latenten Variable zurückgeführt. Unmittelbar einsehbar ist hier die Definition der latenten Variablen als Aufgabenlösungswahrscheinlichkeit eines bestimmten Schülers und entsprechend einfach ist die Messung: Die Häufigkeit der gelösten Aufgaben dient als Schätzwert für die Lösungswahrscheinlichkeit, also unmittelbar für die Verhaltensdisposition. Ist die Voraussetzung erfüllt, daß alle Aufgaben des vorgelegten Tests aus einer Menge von homogenen (dasselbe Merkmal erfassenden) Aufgaben stammen und gleich schwierig sind, hängt das Testergebnis weder von den anderen Schülern in der Stichprobe ab (ist also nicht normorientiert), noch von der für die Testung gewählten Aufgabenstichprobe. Allerdings wird die Schätzung der Schülerfähigkeit umso genauer, je mehr Aufgaben in dem Test enthalten sind.

Ein Lehrziel kann mit Hilfe eines am Binomialmodell entwickelten Tests durch die Festlegung einer bestimmten Lösungswahrscheinlichkeit operationalisiert werden; so könnte beispielsweise definiert werden, daß ein Schüler dann das Unterrichtsziel erreicht hat, wenn seine Lösungswahrscheinlichkeit bei dieser Aufgabenklasse 90% oder mehr beträgt. KLAUER (vgl. 1972b) gibt einen Weg zur Berechnung von kritischen Punktwerten und Konfidenzintervallen an (vgl. FRICKE 1974, HERBIG 1974). Erweiterungen des einfachen Binomialmodells berücksichtigen beispielsweise verschiedene Fehlerwahrscheinlichkeiten bei erfolgreichen Schülern (Kriterium erreicht) und nicht erfolgreichen (vgl. EMRICK/ADAMS 1969, SIXTL 1974), deren Verteilung, sowie Nutzen und Kosten von Klassifikation und Fehlklassifikation.

Ein Nachteil des Binomialmodells besteht darin, daß die getroffenen Annahmen – Homogenität und gleiche Schwierigkeit der Items, lokale stochastische Unabhängigkeit der Reaktionen eines Schülers auf die Testaufgaben – nicht mit ebenso einfachen Mitteln auf ihre empirische Geltung hin überprüft werden können, wie sie zur Bestimmung der individuellen Kriteriumserreichung genügen. Eine Reihe der in der Literatur vorgeschlagenen Modellgeltungstests sind zudem unzureichend (vgl. SPADA/FREY 1973). Die Voraussetzung gleicher Aufgabenschwierigkeit, die bei anderen Testmodellen nicht erforderlich ist, erweist sich bei empirischen Kontrollen als sehr restriktiv. Sie kann sich auch problematisch bei der Formulierung von Lehrzielen auswirken. Denn Operationalisierungen durch homogene Aufgaben ein- und derselben Schwierigkeit führen im allgemeinen zu sehr spezifischen, atomisierten Lehrzielen, die mancher Lehrer aus gutem Grund, vor allem bei komplexeren Lehrinhalten, nicht als Unterrichtsziel akzeptieren wird.

Rasch-Modell. Das Rasch-Modell (vgl. RASCH 1966) ist ohne die problematische zusätzliche Nebenbedingung gleichschwieriger Aufgaben formuliert. Bei diesem Modell wird die Lösungswahrscheinlichkeit als Funktion von *zwei* Parametern, nämlich der Verhaltensdisposition des Schülers *und* der unterschiedlichen Schwierigkeit der Aufgaben, betrachtet. Bezüglich der Aufgaben wird wiederum vorausgesetzt, daß alle dieselbe Verhaltensdisposition messen (Homogenität) und bezüglich der Reaktionen, daß die lokale stochastische Unabhängigkeit nicht verletzt ist. Mittels computerisierter Algorithmen auf der Grundlage bedingter Likelihood-Methoden werden die item- beziehungsweise schülerstichprobenunabhängigen Schätzwerte der Schüler- beziehungsweise Itemparameter berechnet (vgl. FISCHER 1974).

Die Prüfung der Modellannahmen ist über verschiedene Modelltests möglich (vgl. ANDERSEN 1973, FISCHER 1974, GUSTAFSSON 1980), wobei die Tests zur Prüfung der Homogenität zentral sind. Pädagogische und psychologische Überlegungen sind aber Voraussetzung für die Interpretation und Deskription der untersuchten Aufgabenklasse. Sie allein können in der Testkonstruktionsphase die Entscheidung begründen, warum ein bestimmtes Item als inhomogen ausgeschieden werden muß und ein anderes nicht. Die Eigenschaft, die Schülerfähigkeit aufgabenstichprobenunabhängig (aufgabenstichprobenunspezifisch) und schülerstichprobenunabhängig (ohne Bezug auf die Leistungen der anderen Schüler der Untersuchungsstichprobe) messen zu können, macht das Rasch-Modell für kriterienorientierte Messung sehr interessant. Wie beim Binomialmodell wird das Lehrziel über die Quantifizierung einer geforderten Schülerleistung auf einer latenten Variable operationalisiert. Im Unterschied zum Binomialmodell handelt es sich jedoch bei den Schülerparametern nicht direkt um Lösungswahrscheinlichkeiten, sondern um abstraktere Maße der Verhaltensdisposition, was das intuitive Verständnis für die Ergebnisse eines entsprechenden Tests erschwert. Der Wert eines Schülers auf der Verhaltensskala gilt aber andererseits für alle homogenen Items auch unterschiedlicher Schwierigkeit einer Aufgabenklasse und läßt sich anhand aller möglichen Zusammenstellungen dieser Items biasfrei schätzen.

Deshalb können, etwa bei Verlaufsstudien, zu den verschiedenen Zeitpunkten (vor dem Unterricht, danach) ohne Beeinträchtigung der Vergleichbarkeit unter bestimmten Voraussetzungen auch verschiedene Aufgabenstichproben vorgegeben werden. Störende Wiederholungs- und Plafondeffekte lassen sich so vermeiden.

Im Hinblick auf die Genauigkeit der Messungen ist es allerdings erforderlich, daß trotz Lernfortschritt, etwa bei der zweiten Messung, nicht zu viele Aufgaben vorgegeben werden, die zu leicht sind (Lösungswahrscheinlichkeit nahe 1), da in einem solchen Fall die exakte Position des Schülers auf der erfaßten Variable und damit der etwaige Abstand vom gesetzten Lehrziel nicht genau ermittelt werden kann. Aus diesem Grund entspricht auch die Anwendung des Rasch-Modells nicht der motivationspsychologisch orientierten Forderung des mastery learning, daß dem Schüler am Ende eines Lernabschnitts die vollkommene Beherrschung des Stoffs vermittelt werden müsse.

In allen anderen Punkten aber entsprechen die nach Rasch skalierten Tests den in den obigen Definitionen hervorgehobenen Anforderungen vergleichsweise gut: Beschreibung des Lehrziels durch eine Aufgabenklasse und eine Leistungsfestlegung bezüglich dieser Aufgabenklasse, eine pädagogisch-psychologische und teststatische Analyse der Aufgaben bei der Testkonstruktion, schüler- und aufgabenstichprobenunabhängige Messung der Leistung eines Schülers, Möglichkeit der curricularen Evaluation ohne störende Testwiederholungseffekte, meßtheoretische Begründung und empirische Prüfbarkeit der Annahmen (vgl. FRICKE 1974, ROST/SPADA 1978, SPADA 1975).

Gütekriterien probabilistischer kriterienorientierter Tests. Die „Zuverlässigkeit" eines Tests wird im Rahmen probabilistischer Testtheorie nicht durch korrelative varianzabhängige Maße angegeben, sondern als Frage der Meßgenauigkeit behandelt und beantwortet anhand einer Analyse der Menge an statistischer Information, die zur Parameterschätzung zur Verfügung steht. Wie schon erwähnt ist die Schätzung der Schülerparameter umso präziser, je mehr Aufgaben mittlerer Schwierigkeit vorgelegt werden. Sowohl im Binominal- als auch im Rasch-Modell können Konfidenzintervalle für die Parameter angegeben werden.

Bei kriterienorientierten Tests steht bezüglich der „Gültigkeit" die Inhaltsvalidität, sowie pädagogische Relevanz im Vordergrund. Beides ergibt sich primär durch die direkte Ableitung der Testaufgabenklassen aus dem übergeordneten Lehrziel. Eine Offenlegung der Methoden der Aufgabenkonstruktion macht sie kritischer Überprüfung und Diskussion zugänglich. Beim Modell von Rasch stellen die Modellgeltungstests insofern gleichzeitig eine Konstruktvalidierung dar, als durch sie die psychologischen theoretischen Annahmen über die Homogenität bestimmter Aufgaben überprüft werden.

Anwendung in der Praxis. Für die praktische Anwendung stellt sich natürlich die Frage, inwieweit die besprochenen probabilistischen Testverfahren für den Unterricht fruchtbar gemacht werden können.

Das Binomialmodell erfordert, zumindest dann, wenn man in bestimmten Fällen begründet auf umfassende Modellgeltungstests verzichten kann, keinen großen Rechenaufwand und kann auch von Lehrern mit geringen teststatistischen Kenntnissen zur Testerstellung und kriterienorientierten Auswertung angewandt werden. Besondere Sorgfalt ist bei Lehrzielformulierung und Aufgabenkonstruktion geboten, da sicherzustellen ist, daß die einem Lehrziel entsprechende Aufgabenklasse nur gleich schwere und homogene Aufgaben enthält. Die erfaßte Schülervariable „Lösungswahrscheinlichkeit" ist unmittelbar interpretierbar. Komplexere Inhalte können durch ganze Lehrzielhierarchien ausgedrückt werden, die beispielsweise beschreiben, welches Lehrziel Voraussetzung für ein bestimmtes anderes ist, wodurch die Lehrzielatomisierung überwunden werden kann. In solch einem Fall entspricht jedem Lehrziel eine Aufgabenklasse. FRICKE (vgl. 1974) gibt einige Beispiele zur Überprüfung solcher Hierarchien.

Dagegen kann die empirisch und statistisch aufwendige Konstruktion eines nach Rasch skalierten Tests und die damit einhergehende Prüfung der Modellannahmen mittels computerisierter Verfahren einzelnen Lehrern oder Lehrergruppen im allgemeinen nicht zugemutet werden. Folgender Umstand weist auf einen Ausweg hin. Itembank-Systeme erfahren derzeit weltweit auch durch den Einsatz des Rasch-Modells eine deutliche Aufwertung (vgl. CHOPPIN 1978, 1982; vgl. IZARD/WHITE 1982). Mit Hilfe des Rasch-Modells ist es nämlich möglich, die Ergebnisse beliebig zusammengestellter Aufgabenstichproben zu vergleichen, solange die Aufgaben einer homogenen Aufgabenklasse entstammen und in einer vorangehenden empirischen Analyse die Aufgabenparameter ermittelt wurden.

Für die Schulpraxis bietet sich so die Möglichkeit, passende Aufgabenstichproben – orientiert an der jeweiligen Fragestellung und Schülergruppe – zusammenzustellen und lehrzielorientiert auszuwerten. Entsprechende Itembanken befinden sich beispielsweise in Australien (vgl. IZARD/WHITE 1982) und in Großbritannien (vgl. CHOPPIN 1978) für verschiedene Unterrichtsinhalte (zum Beispiel für Mathematik, Physik) in Erprobung.

Institutionen mit der entsprechenden personellen und materiellen Ausstattung könnten homogene Rasch-Skalen entwickeln – ausgehend von den verschiedenen schulischen Unterrichtsgebieten und Lehrplänen. Die einzelnen Lehrer könnten die ihren Unterrichtsvorstellungen entsprechenden Stichproben von Testaufgaben von der Itembank anfordern und für ihre Zwecke zu individuellen Tests kombinieren.

Dabei müßte der Anwender natürlich die zentralisierte Aufgabenkonstruktion kritisch darauf überprüfen, welche Lehrziele tatsächlich implementiert wurden. Um diese Nachprüfbarkeit zu erleichtern, sollte bei der Aufgabenkonstruktion größtes Gewicht auf Transparenz und Begründung gelegt werden. Dasselbe Argument wäre auch für die nach Rasch skalierten Tests von Relevanz, die von unterschiedlichen Personengruppen ohne das Itembanken-System entwickelt und angewandt werden.

Kritik. Unangesprochen blieb bis jetzt die Frage, ob die Erreichung von Lehrzielen überhaupt in geeigneter Weise durch probabilistische Tests zur quantitativen Erfassung von Verhaltensdispositionen geprüft werden kann und soll (vgl. HILKE 1980, KEMPF 1980, KORDES 1978).

Aus der Sicht von Theorien der Informationsverarbeitung (vgl. KLAHR 1980) und entwicklungspsychologischer Modelle in der Tradition Piagets ergeben sich prinzipielle Einwände gegen die Anwendung des Rasch-Modells bei Aufgabenklassen, für deren Lösung diese Theorien valide Aussagen machen. Diese Theorien gehen nämlich von qualitativen Unterschieden zwischen den Denkprozessen verschiedener Individuen aus, sie sehen beispielsweise Entwicklung als strukturelle Veränderung an, bei der die Lösungsalgorithmen der Individuen immer komplexer werden. Ganz im Widerspruch dazu steht die Homogenitätsannahme des Rasch-Modells, die auch Erweiterungen des Modells wie dem linearen logistischen Testmodell (vgl. FISCHER 1974, SPADA 1976) zugrunde liegt. Bei Anwendung dieses Modells wird zumeist für alle Individuen und alle Altersstufen ein- und derselben Lö-

sungsalgorithmus unterstellt (vgl. SPADA/MAY 1982).
Dadurch wird eine Beschränkung des Rasch-Modells für die Entwicklung kriterienorientierter Tests offenbar: In Bereichen, in denen theoretische und empirische Ergebnisse qualitative interindividuelle Differenzen wahrscheinlich machen, ist die Anwendung des Rasch-Modells nicht sinnvoll (für eine weitergehende Kritik vgl. HILKE 1980, KEMPF 1980).
Will man nicht auf formale Verfahren zur Leistungserfassung ganz verzichten, kann man bei sehr kleinen Itemstichproben auf die „latent-class-analysis" (vgl. LAZARSFELD/HENRY 1968), in anderen Fällen auf (eventuell hierarchisierte) Binomialmodelle oder auf deterministische Modelle wie das von SCANDURA (vgl. 1977) zurückgreifen.

Insbesondere bei den letztgenannten Modellen können die in anderer Hinsicht strengen Annahmen aber sehr leicht ebenfalls zu Unverträglichkeiten führen.
Eine Konsequenz ist, daß das Rasch-Modell keineswegs in jedem Fall einer kriterienorientierten Testung angewendet werden sollte, sondern erst nach einer sorgfältigen theoretischen Analyse verschiedener Fragen (wie: Sind qualitative Unterschiede zwischen den Individuen als Ergebnis des Unterrichts zu erwarten? Kann die Erreichung des Lehrziels anhand quantitativer Verhaltensdispositionen geprüft werden? Welche psychologischen Theorien ermöglichen die Konstruktion homogener Items?) sowie nach einer umfassenden empirischen Prüfung der Annahmen.

ANDERSEN, E.B.: A Goodness of Fit Test for the Rasch Model. In: Psychometrika 38 (1973), S.123ff. CARROLL, J.B.: A Model of School Learning. In: Teachers Coll. Rec. 64 (1963), S.723ff. CHOPPIN, B.H.: Item Banking and the Monitoring of Achievement. Research in Progress Series No1, Slough 1978. CHOPPIN, B.H.: The Use of Latent Trait Models in the Measurement of Cognitive Obilities and Skills. In: SPEARITT, D. (Hg.): The Improvement of Measurement in Education and Psychology, Hawthorne 1982, S.41ff. EMRICK, J.A./ADAMS, E.N.: An Evaluation Model for Individualized Instruction. Research Report RC2674, IBM T.J. Watson Research Center, Mimeo, Yorktown/New York 1969. FERGUSON, R.C.: Computer Assistance for Individualizing Measurement, Mimeo, Pittsburgh 1971. FISCHER, G.H.: Einführung in die Theorie psychologischer Tests, Bern 1974. FRICKE, R.: Kriteriumsorientierte Leistungsmessung. Stuttgart/Berlin/Köln/Maine 1974. GLASER, R.: Instructional Technology and the Measurement of Learning Outcomes – Some Questions. In: Am. Psychologist 18 (1963), S.519ff. GLASER, R./NITKO, A.J.: Measurement in Learning and Instruction. In: THORNDIKE, R.L. (Hg.): Educational Measurement, Washington ²1971. GUSTAFSSON, J.-E.: Testing and Obtaining Fit of Data to the Rasch Model. In: The Brit. J. of Math. and Stat. Psych. 33 (1980), S.205ff. HERBIG, M.: Tabellen zur Anwendung des binomialen Testmodells im lehrzielorientierten Unterricht. In: Z. f. ew. Fo. 8 (1974), S.41ff. HILKE, R.: Grundlagen normorientierter und kriteriumsorientierter Tests, Bern 1980. IZARD, J.F./WHITE, J.D.: The Use of Latent Trait Models in the Development and Analysis of Classroom Tests. In: SPEARITT, D. (Hg.): The Improvement of Measurement in Education and Psychology, Hawthorne 1982, S.161ff. KEMPF, W.: Implizite Voraussetzungen psychologischer Testtheorie und -praxis. Statistische Diskussionsbeiträge Nr.59, Konstanz 1980. KLAHR, D.: Information Processing Models of Intellectual Development. In: KLUWE, R./SPADA, H. (Hg.): Developmental Models of Thinking, New York 1980, S.127ff. KLAUER, K.J.: Einführung in die Theorie lehrzielorientierter Tests. In: KLAUER, K.J. u.a.: Lehrzielorientierte Tests, Düsseldorf 1972, S.13ff. (1972a). KLAUER, K.J.: Zur Theorie und Praxis des binomialen Modells lehrzielorientierter Tests. In: KLAUER, K.J. u.a.: Lehrzielorientierte Tests, Düsseldorf 1972, S.161ff. (1972b). KORDES, H.: Measurement and Educational Evaluation. In: Stud. in E. Eval. 4 (1978), S.163ff. LAZARSFELD, P.F./HENRY, N.W.: Latent Structure Analysis, Boston 1968. NIEDDERER, H.: Dispositionsziele und lernzielorientierte Tests auf der Basis probabilistischer Modelle des Verhaltens. In: D.

Sbank. (1973), 26, S. 1 ff. RASCH, G.: An Item Analysis which takes Individual Differences into Account. In: The Brit. J. of Math. and Stat. Psych. 19 (1966), S. 49 ff. ROST, J./SPADA, H.: Probabilistische Testtheorie. In: KLAUER, K.J. (Hg.): Handbuch der Pädagogischen Diagnostik, Bd. 1, Düsseldorf 1978, S. 59 ff. SCANDURA, J.M.: A Deterministic Theory of Learning and Teaching. In: SPADA, H./KEMPF, W. (Hg.): Structural Models of Thinking and Learning, Bern 1977, S. 345 ff. SIXTL, F.: Die statistischen Grundlagen für einen vollautomatischen Prüfer. In: Z. f. Entwpsych. u. P. Psych. 6 (1974), S. 28 ff. SPADA, H.: Quantifizierung als Element curricularer Evaluation. In: FREY, K. (Hg.): Curriculum-Handbuch, München 1975, S. 766 ff. SPADA, H.: Modelle des Denkens und Lernens, Bern 1976. SPADA, H./FREY, K.: Die Formulierung von Lernzielen und die Konstruktion von lernzielorientierten Tests mit Hilfe formaler Modelle. In: SPADA, H. u. a. (Hg.): Denkoperationen und Lernprozesse als Grundlagen für lernerorientierten Unterricht. IPN-Arbeitsbericht 5, Kiel 1973, S. 115 ff. SPADA, H./MAY, R.: The Linear Logistic Test Model and its Application in Educational Research. In: SPERITT, D. (Hg.): The Improvement of Measurement in Education and Psychology, Hawthorne 1982, S. 67 ff. STRITTMATTER, P. (Hg.): Lernzielorientierte Leistungsmessung, Weinheim/Basel 1973.

Hans Spada/Regine May

Tests, normorientierte

Begriffsbestimmung. Von normorientierter Anwendung eines Testverfahrens spricht man, wenn der Testwert eines Probanden verwendet wird, um Aussagen zu machen über seine relative Leistungsgüte in bezug auf andere Personen, die den Test bearbeitet haben (vgl. GLASER 1963, S. 520). Normorientiertes Testen impliziert die Erhebung von Testdaten an mehreren Probanden, die Rangordnung der Testwerte dieser Probanden, in der Regel die Transformation der erhaltenen Testwerte in eine standardisierte Skala, die Bestimmung der Position des gegebenen Testwerts eines Probanden in der Testwerteverteilung der Bezugsgruppe und schließlich die Ableitung von Aussagen über den Probanden aufgrund seiner relativen Position.

Während also beim normorientierten Testen die Bestimmung der Position eines Individuums relativ zu anderen Individuen erfolgt, wird beim kriteriumorientierten Testen nach der Position des Individuums relativ zu einem im vorhinein festgelegten Standard (etwa der Beherrschung eines genau definierten Wissensgebiets, Erreichen eines Therapiezieles) gefragt. Diesen Standard bezeichnet man im Kontext der kriteriumorientierten Messung auch als „Kriterium".

Zwar ist es denkbar, daß ein Test sowohl norm- als auch kriteriumorientiert angewendet wird, aber aus dem geplanten Anwendungskontext eines Testverfahrens ergibt sich in der Praxis meist eine eindeutige Entscheidung für eine der Alternativen. Durch diese Entscheidung ist die Konzeption, Entwicklung und der Bereich möglicher Anwendungen des Tests vorgezeichnet, so daß man auch das Verfahren selbst als norm- oder kriteriumorientierten Test bezeichnet (vgl. HILKE 1980, S. 28 ff., S. 88 ff.). Die Konzeption und Entwicklung normorientierter Tests beinhaltet in aller Regel den Rekurs auf Prinzipien und Gütekriterien der klassischen Testtheorie (vgl. LIENERT 1969, LORD/NOVICK 1968).

Anwendungszwecke. Normorientierte Tests werden in der Diagnostik dazu verwandt, Personen bestimmten Klassen zuzuordnen (vgl. BRICKENKAMP 1975, BUROS 1978). Allgemein ist zu unterscheiden zwischen Selektion, Plazierung und Klassifikation. Von Selektion spricht man, wenn es darum geht, unter mehreren Personen die für eine bestimmte Tätigkeit (Schulart, Berufszweig, Studienfach, ...) am besten geeigneten herauszufinden; in diesem Fall wird die Gesamtheit der Personen in die beiden Klassen der Angenommenen und Abgelehnten aufgeteilt. Von Plazierung (placement) spricht man, wenn Individuen entlang einer einzigen Leistungsdimension verschiedenen Stufen zugeordnet werden (zum Beispiel Kursen unterschiedlichen Schwierigkeitsgrades). Bei der Klassifikation besteht die Absicht des Testanwenders darin, anhand der Testwerte des Probanden in verschiedenen Leistungsdimensionen die unter den gegebenen Bedingungen für ihn am besten geeignete Tätigkeit (Ausbildung in einem kaufmännischen, handwerklichen oder sozialen Beruf) oder Behandlung (zum Beispiel eine bestimmte Therapieform) zu finden.

Wenn sich die genannten Anwendungszwecke normorientierter Tests in der Praxis auch keineswegs immer gegenseitig ausschließen, so bedingen sie doch wesentliche Unterschiede im Aufbau der Testverfahren und in der Art ihrer Normierung, so daß ein für einen Zweck geeignetes Verfahren für einen anderen unbrauchbar sein kann (vgl. MERZ 1964, S.435 ff.).

Die Rechtfertigung der Anwendung von Tests liegt letztlich darin, daß die aus ihren Ergebnissen abgeleiteten Aussagen und Entscheidungen eine höhere Gültigkeit (Validität) besitzen als durch bloßes Gutdünken oder sonstwie zustande gekommene. Den Prozeß der Gültigkeitsbestimmung eines Tests – oder genauer: der aus seinen Ergebnissen abzuleitenden Aussagen – nennt man Validierung. Die Validierung eines Tests kann zwar auf einer Vielzahl von Wegen erfolgen, bei der Gültigkeitsbestimmung von Tests in den hier betrachteten Anwendungsbereichen kommt aber eindeutig der prädiktiven Validierung die entscheidende Bedeutung zu. Der Test dient als Vorhersageinstrument (Prädiktor) für ein zukünftiges Verhalten (Kriterium); das Ausmaß seiner prädiktiven Validität besteht in der Genauigkeit der Kriteriumsvorhersage.

Kriteriumsprobleme. Bei der Entwicklung normorientierter Tests stellt sich zunächst das Kriteriumsproblem, das heißt die Frage der begrifflichen Abgrenzung und methodischen Erfassung des Verhaltens, das vorausgesagt werden soll. Die von der Öffentlichkeit oder vom Auftraggeber an den Testkonstrukteur herangetragene Kriteriumsvorstellungen (wie etwa die Erwartungen an den „guten Arzt" oder den „guten Lehrer") sind meist recht unbestimmt und enthalten keine eindeutige Definition des vorherzusagenden Verhaltens. Auch die Art und Weise der Registrierung des Kriteriumsverhaltens ist nur in Ausnahmefällen von vornherein eindeutig geklärt. Selbst wenn das Kriterium einmal exakt umrissen und operational definiert ist (zum Beispiel: Produktionsmenge eines Fließbandarbeiters), kann der Testkonstrukteur vor schwierigste Probleme gestellt sein, weil das entsprechende Verhalten zu wesentlichen Anteilen durch äußere Umstände bestimmt wird, auf die der Getestete keinen Einfluß hat. So besteht die erste Aufgabe des Testkonstrukteurs meist in der Bestimmung des eigentlichen Kriteriums *(ultimate criterion)*; es soll alles umfassen, was den Erfolg oder sonstiges vorherzusagendes Verhalten in einem bestimmten Bereich (Schule, Universität, Beruf) ausmacht (vgl. THORNDIKE 1949). Dieses eigentliche Kriteriumsverhalten ist in der Regel nicht oder nicht vollständig erfaßbar, so daß man auf Kriteriumsmaße angewiesen ist, die strenggenommen nur stellvertretend für das Kriterium stehen *(substitute criteria)*, in der Literatur aber oft selbst als Kriterien bezeichnet werden. THORNDIKE (vgl. 1949) teilt die Kriteriumsmaße ein in *intermediate* und *immediate criteria*. Im hier behandelten Anwendungsbereich gelten als intermediate criteria etablierte, oft durch soziale oder gesetzliche Konventionen festgelegte, zeitlich meist relativ weit entfernte

(Eignungs-)Maße, wie beispielsweise Ergebnisse akademischer Prüfungen. Wegen der Aufwendigkeit ihrer Erhebung oder ihres Fehlens beim erstmaligen Einsatz eines Tests behilft man sich oft mit immediate criteria, wie Schulnoten, Vorgesetzten- oder Lehrerbeurteilungen, die in geringem Abstand zur Prädiktorerhebung anfallen. Bei der Vielfalt möglicher Kriteriumsmaße leuchtet unmittelbar ein, daß es zwischen ihnen mannigfache Qualitätsunterschiede geben muß. GUION (vgl. 1965, S. 119 f.) hat als Gütemaßstäbe für Kriterien folgende Merkmale vorgeschlagen: ihre Relevanz (das Ausmaß, in dem sie wirklich für das Kriterium charakteristisch sind), ihre Reliabilität (abhängig von der Konstanz der Leistung des Individuums und der Gleichförmigkeit ihrer äußeren Bedingungen, aber auch von der Objektivität und Zuverlässigkeit der Datenerhebung), ihre Fähigkeit zur Diskrimination zwischen ausreichenden und nicht ausreichenden Leistungen und die Praktikabilität ihrer Erhebung.

Betrachtet man die tatsächlich bei der Testvalidierung verwendeten Kriteriumsmaße, so sind an ihrer Güte und Brauchbarkeit oft große Zweifel anzumelden. So berichtet GUION (vgl. 1965, S. 96) von einer Literaturübersicht, nach der ca. 80% aller Validierungen von Eignungstests mit Ratingverfahren, deren Anfälligkeit für systematische Fehler bekannt ist (vgl. KANE/LAWLER 1978), erfolgten. Die meisten Schul- und Examensnoten sind ebenfalls Ratings im weitesten Sinne, deren Instabilität von Beurteiler zu Beurteiler und von Beurteilungszeitpunkt zu Beurteilungszeitpunkt oft aufgezeigt worden ist; auch ihre Relevanz ist wegen ihrer Beziehungen zu persönlichen Einstellungen gegenüber den Beurteilten in Zweifel gezogen worden; vollends problematisch muß aber ihre Diskriminationsfähigkeit erscheinen, wenn man bedenkt, daß sie selbst innerhalb einzelner Schulzweige und Studienfächer meist nicht verbindlich geeicht sind (vgl. INGENKAMP 1971).

Die Multidimensionalität des Kriteriumsverhaltens und die damit verbundene Erfahrung, daß manche Testverfahren einzelne Aspekte relativ gut, andere dagegen kaum vorhersagen können, hat dazu geführt, daß man in vielen Anwendungsbereichen von der Zielsetzung, ein einziges, in sich geschlossenes Verhalten vorhersagen zu wollen, zugunsten eines Kriterienpluralismus abgekommen ist.

Testkonstruktion. Nach der (oft nur vorläufigen) Festlegung des Kriteriums stellt sich für den Testkonstrukteur die Aufgabe, Prädiktoren durch Auswahl bereits existierender Tests zusammenzustellen, neue Verfahren zu konstruieren oder beide Vorgehensweisen zu kombinieren. In einer Grobklassifizierung der Ansätze zur Erstellung neuer Prädiktoren ist als einfachstes Vorgehen der sogenannte *shotgun approach* zu nennen, der im wesentlichen darin besteht, bestimmte Aufgabengruppen ohne detailliert festgelegte Erwartungen oder Hypothesen durchzuprobieren. Dieses Vorgehen kann sehr wohl dazu führen, daß man bei einzelnen Stichproben hohe Prädiktor-Kriterium-Korrelationen findet, es birgt aber die Gefahr, daß diese Korrelationen sich nicht replizieren lassen.

Ein weniger eklektischer Ansatz besteht darin, den Test dem Kriterium inhaltlich anzunähern; dies geschieht vornehmlich dadurch, daß man Arbeitsproben als Testaufgaben verwendet *(job sample technique;* – vgl. WERNIMONT/CAMPBELL 1968). Dieses Vorgehen hat sich bei vielen relativ eng umrissenen, meist auf einfache manuelle Tätigkeiten bezogenen Problemstellungen bewährt; nicht selten korrelieren derart entwickelte Tests auch hoch mit ganz anderen Kriteriumsmaßen als denjenigen, aus denen ihre Aufgaben entnommen wurden. Ein typisches Beispiel dafür stellt der Büro-Test von MARSCHNER (vgl. 1967) dar, dessen Ergebnisse in relativ engem Zusammenhang mit Noten bürokundlicher Schulen stehen. Neben ihren durch empirische Forschung abgesicherten Güteeigenschaften haben derartige Verfahren auch den Vorteil hoher Augenscheinvalidität, da die Testaufgaben meist als relevant erlebt werden.

Der entscheidende Nachteil der *job sample technique* besteht darin, daß sich längst nicht jedes Kriteriumsverhalten problemlos in einzelne hinreichend relevante und leicht zu erhebende job samples zerlegen läßt; dies gilt beispielsweise für die allermeisten akademischen Berufe. In solchen Bereichen bietet sich die Testkonstruktion nach sogenannten rationalen Techniken an. Diese sind in sich sehr vielfältig und werden nicht selten mit Job-sample-Verfahren kombiniert. Am Anfang steht meist eine begriffliche und empirische Analyse des Kriteriumsverhaltens. Anders als bei der job sample technique dient diese Analyse aber nicht in erster Linie der Isolierung von Arbeitsproben, sondern der Beantwortung der Frage, welche Fähigkeiten das Kriteriumsverhalten hauptsächlich beansprucht. Die Analyse des Kriteriums erfolgt meist in Form systematischer Beobachtung der beruflichen Tätigkeit „vor Ort" durch Job-Analytiker oder durch Befragung von Experten. Bei Tests aus dem Schul- und Hochschulbereich werden ergänzend oder ersatzweise auch Lehr- und Studienpläne, Prüfungsbestimmungen und Veranstaltungskataloge auf relevante Eignungsvoraussetzungen hin durchgesehen (vgl. CHRISTIAN 1981, DETER 1980a). Ziel dieser Analysen ist die Erstellung eines Anforderungsprofiles, eines Verzeichnisses von Eignungsvoraussetzungen für die jeweilige Tätigkeit. Dieses Anforderungsprofil wird – soweit möglich – in abgesicherte Fähigkeits- oder sonstige Konzepte der differentiellen Psychologie übertragen; davon ausgehend erfolgt dann entweder die Auswahl oder die Neukonstruktion der Prädiktoren.

Im Zusammenhang mit den zahlreichen Schwierigkeiten bei der Erstellung von Testitems und den einschlägigen Lösungsstrategien (vgl. WESMAN 1971) kann hier nur ein grundsätzliches Problem angesprochen werden, nämlich das der Inhaltsvalidität. Parallel zu einer entsprechenden Entwicklung auf dem Gebiet der Persönlichkeitsfragebogenkonstruktion (vgl. JACKSON 1971, SCHWARTZ 1978) hat man auch bei der Entwicklung von Leistungstests der Inhaltsvalidität in den letzten beiden Jahrzehnten zunehmend Aufmerksamkeit geschenkt (vgl. SHOEMAKER 1975). Selbst Kritiker des Konzeptes der Inhaltsvalidität gestehen ihm einen heuristischen Wert zu und sind bereit zu bescheinigen, daß das Bemühen um inhaltsvalide Items zu Beginn der Testkonstruktion zu erheblicher Zeit- und Aufwandsersparnis in späteren Stadien führen kann (vgl. GUION 1978), wenn auch Inhaltsvalidität allein nur in Ausnahmefällen als ausreichender Gültigkeitsbeleg für einen Test angesehen wird. Für Teilbereiche der Leistungsdiagnostik sind neuerdings, in Anlehnung an die „generativen Regeln" zur Konstruktion kriteriumorientierter Tests, formalisierte Strategien zur Maximierung der Inhaltsvalidität vorgeschlagen worden (vgl. KLAUER 1978a, KLAUER/DÄNECKE 1981).

Testerprobung. Als nächstes erfolgt in der Regel eine Erprobung der Prädiktorbatterie an einer größeren Personenstichprobe unter Anwendungsbedingungen, die dem späteren Einsatz möglichst ähnlich sein sollen. Diese Erprobung, die meist in mehrere Stadien mit sukzessiv verbesserten Versionen der Batterie aufgegliedert ist, dient vor allem der Bestimmung des Schwierigkeitsgrades der Aufgaben für die Zielgruppe und der Beantwortung der Frage, ob die Batterie die bei der Konstruktion angestrebten psychometrischen Modelleigenschaften (wie Normalverteiltheit der Testrohwerte, Reliabilität oder Faktorenreinheit) tatsächlich aufweist. Zu diesen Fragestellungen treten von Fall zu Fall aber noch zahlreiche andere hinzu, wie etwa die Probleme der Betrugssicherheit bei der Testabnahme, der kurz- oder langfristigen Übbarkeit der geforderten Leistungen, möglicher Leistungsunterschiede zwischen Probandengruppen, und auch konkurrente und Konstruktvalidierungen werden häufig in die Erprobungsphase eingebaut. Natürlich ist die ideale Erprobung eines Tests prädiktiv angelegt: Sie beinhaltet die Testung einer repräsentativen Stichprobe von Personen mit einer ausgereiften Version des Tests, die Zulassung aller Getesteten zu der von ihnen angestrebten Tätigkeit und schließlich die Erhebung der Kriteriumsmaße nach dem auch für den Ernsteinsatz vorgesehenen Zeitraum. Meist jedoch muß die prädiktive Validierung im Rahmen des Ernsteinsatzes erfolgen, so daß nicht von allen getesteten Personen Kriteriumsdaten erhoben werden können.

Die im Rahmen der prädiktiven oder konkurrenten Validierung anfallenden Daten ermöglichen bei Testbatterien eine erste Schätzung der optimalen Subtestgewichtungen; diese sind an weiteren Stichproben zu überprüfen (Kreuzvalidierung – vgl. WIGGINS 1973). Ein in diesem Zusammenhang gerade im Schul- und Hochschulbereich oft wiederkehrendes Problem ist das der Varianzeinschränkung der Prädiktor- und Kriteriumswerte (vgl. KAUFMAN 1972). Es stellt sich namentlich dann, wenn an die Stelle einer prädiktiven Validierung gleich die Auswahl von Personen nach ihren Testergebnissen tritt. In solchen Fällen müssen die Daten der abgelehnten Bewerber meist unberücksichtigt bleiben. Die selektionsbedingte Einschränkung der Varianz der Prädiktorwerte führt schon bei geringer Validität des Tests zu einer Varianzeinschränkung bei den Kriteriumswerten. Beides wirkt sich dämpfend auf die Prädiktor-Kriterium-Korrelation aus. Da oft auf die Anwendung von Korrekturformeln verzichtet werden muß, wird die tatsächliche Validität der verwendeten Tests bei derartigen Untersuchungen häufig unterschätzt. In geringerem Ausmaß trifft dies auch auf manche konkurrente Validierung zu, für die nur eine ausgelesene Stichprobe zur Verfügung stand. Unter diesen Umständen verwundert es nicht, daß etwa auf dem Gebiet der Studieneignungsdiagnostik gelegentlich recht niedrige Validitätskoeffizienten berichtet werden (vgl. TROST 1975). Ein Beispiel für die Bewährung eines Tests im akademischen Bereich unter der Bedingung geringer Varianzeinschränkung gibt ROWAN (vgl. 1978).

Erhebung der Normdaten und ihre Problematik. In einem abschließenden Schritt der Testentwicklung erfolgt die Erhebung der Normdaten. Bei bestimmten Anwendungen von Tests zu Selektionszwecken kann die *Normierung* simultan mit dem eigentlichen Testeinsatz erfolgen: Man testet alle Bewerber und trifft die Auswahlentscheidung aufgrund ihrer Rangplätze. Ansonsten bedarf es der Erhebung von Normdaten an einer für die Zielgruppe repräsentativen Eichstichprobe. Die Repräsentativität sollte hinsichtlich solcher Variablen wie Alter, Geschlecht, regionale Herkunft, sozio-ökonomischer Hintergrund, Schulbildung und ethnische Zugehörigkeit bestehen, da sich bei zahlreichen empirischen Untersuchungen bedeutsame Leistungsdifferenzen zwischen derart definierten Gruppen ergeben haben. Durch die Konstruktion sprachfreier, kulturfreier oder kulturfairer (vgl. CATTELL 1960) Testverfahren sind allerdings Versuche unternommen worden, sozialisationsbedingte Defizite auszugleichen.

Normen müssen von Zeit zu Zeit überprüft und unter Umständen neu erstellt werden, wie eine Untersuchung von INGENKAMP (vgl. 1967) deutlich macht.

Beim Vergleich der Leistungen in drei standardisierten Schultests zeigte sich, daß die jeweils sechsten Klassen eines Berliner Bezirks 1962 höhere Leistungen erzielten als 1949. Des weiteren sind bei der Normierung die Testanwendungsbedingungen in ihrem Einfluß auf die Motivation der Probanden zu beachten. Während das Problem, daß die Erhebung der für die Ernstanwendung des Tests bestimmten Normdaten für die Mitglieder der Eichstichprobe in der Regel keine Rückwirkung hat, kaum zu bewältigen ist, ist der Einfluß des *Testleiterverhaltens* auf die Leistungen der Probanden schon besser kontrollierbar, da standardisierbar. FLYNN/ANDERSON (vgl. 1976) zeigen, daß bei einer rein funktionalen Testabnahme Kinder unterer sozialer Schichten signifikant schlechtere Ergebnisse erzielen als bei einer Testabnahme mit wohlwollendem und zuwendendem Verhalten des Testleiters. Auch HÜRSCH (vgl. 1970) konnte den Einfluß nicht-kognitiver Variabler auf die Leistungen in Intelligenz- und Leistungstests zeigen; er wies die Variation der Testergebnisse in Abhängigkeit vom Verhalten des Versuchsleiters („streng" versus „nett"), der Einstellung der Probanden zur Arbeit (hohe versus geringe versprochene Belohnung für gutes Abschneiden) sowie der Testinstruktion (Vorgabe versus keine Vorgabe von Beispielaufgaben) nach. Diese Ergebnisse zeigen die grundsätzliche Bedeutung eines standardisierten Testleiterverhaltens; doch selbst dessen Realisierung kann nicht verhindern, daß gleiche äußere Bedingungen (Verhalten des Testleiters, Bedeutung des Testergebnisses) von einzelnen Probanden oder ganzen Gruppen in unterschiedlicher Weise verarbeitet werden.

Die *Testfairneß* ist dann verletzt, wenn der auf der Basis einer gemeinsamen Regression vorhergesagte Kennwert konsistent zu hoch oder zu niedrig für die Mitglieder einer bestimmten Untergruppe ist (vgl. CLEARY 1968). So fand etwa FERDINAND (vgl. 1969) beim Vergleich von Kindern aus verschiedenen sozialen Schichten, die bei ihrer Einschulung gleiche IQ-Werte erzielt hatten, im Verlauf der Schulzeit schlechtere Schulleistungen bei den Kindern aus niedrigeren sozialen Schichten. Überträgt man diese Konstellation auf eine Auslesesituation, so werden die mit Testunfairneß (Testbias) verbundenen psychometrischen und moralischen Probleme unmittelbar deutlich. Weist ein Prädiktor (Test) bei verschiedenen (sozialen, ethnischen, Geschlechts-)Gruppen unterschiedliche Vorhersageleistungen in bezug auf ein Kriterium auf, so stellt sich die Frage, ob man für verschiedene Gruppen unterschiedliche Normen oder Subtestgewichte einführt. HUNTER/SCHMIDT (vgl. 1976) unterscheiden dabei drei ethische Grundpositionen.

Der *unqualified individualism* fordert die Anwendung spezifischer Normen oder gar Tests. Mitglieder von Gruppen, die bessere Kriteriumsleistungen erbringen, werden günstiger beurteilt und bevorzugt ausgelesen. So soll eine Benachteiligung der im Kriterium besseren Gruppe vermieden werden.

Der *qualified individualism* verlangt die Anwendung allgemeiner Normen ohne Berücksichtigung der Gruppenzugehörigkeit des Getesteten und versucht, so eine Benachteiligung der im Kriterium schlechteren Gruppe zu verhindern.

Der *Fair-share-Ansatz* fordert, Auswahlentscheidungen gemäß dem zahlenmäßigen Anteil der sich zur Auswahl stellenden Gruppe zu treffen. Die Leistungsunterschiede der Gruppen im Kriterium spielen dabei eine untergeordnete Rolle. Offenkundig entspringen diese drei Standpunkte verschiedenen Werthaltungen, so daß die Entscheidung zwischen ihnen kein rein psychologisches Problem mehr ist; Bevorzugung des zweiten oder dritten Konzepts kann sogar dazu führen, daß man dem psychometrischen Desiderat maximaler Vorhersagevalidität nur noch eine untergeordnete Bedeutung zumißt (vgl. MÖBUS 1978).

Eine Einschränkung der Vorhersageleistung selbst hoch valider Tests kann sich für einzelne Probanden dadurch ergeben, daß ihre im Test erbrachte Leistung atypisch für das vorherzusagende Verhalten ist. Neben Krankheit, Ermüdung, medikamentöser Beeinflussung und ähnlichem stellen vor allem hohe Testängstlichkeit und bestimmte Formen der Testübung solche Bedingungen dar:

Nach zahlreichen übereinstimmenden Befunden erbringen Personen mit hoher *Testängstlichkeit* unter Leistungsstreß geringere Leistungen als weniger testängstliche, obwohl sie sonst gleich viel oder sogar mehr leisten können (vgl. SARASON 1963). Dies erklärt man damit, daß sie durch das Beschäftigtsein mit Besorgnissen (worry) bezüglich des eigenen Abschneidens vom Inhalt der Testaufgaben abgelenkt werden (vgl. DEFFENBACHER 1980).

Die Möglichkeiten, der Testängstlichkeit durch besondere Gestaltung von Tests entgegenzuwirken, sind gering, da sich die Angst eher aus dem Kontext der Testanwendung und der Persönlichkeit des Probanden ergibt. Immerhin fanden MORRIS/LIEBERT (vgl. 1969) Zusammenhänge zwischen „worry" und Zeitdruck sowie Aufgabenschwierigkeit, so daß durch angemessene Testzeitgrenzen und Schwierigkeitsstaffelungen der Aufgaben ein günstiger Effekt zu erwarten ist. Die Reduktion von Testängstlichkeit bei besonders dafür disponierten Personen fällt jedoch in den Bereich der angewandten Psychologie (vgl. ALLEN u.a. 1980).

Hinsichtlich der *Testübung* müssen verschiedene Aspekte unterschieden werden:

Die Testteilnehmer sollten sich bezüglich des Grades ihrer Vertrautheit mit der Testsituation und dem Testmaterial gleichen. Hilfreich zum Ausgleich unterschiedlicher Vertrautheitsgrade sind eine umfangreiche Vorinformation der Probanden (vgl. DETER 1980b) und kurze Einführungsteile im Sinne einer Anwärmphase (vgl. SADER/KEIL 1966).

Der Übungsgewinn bei wiederholter Testung ist zwischen dem ersten und dem zweiten Testtermin am größten und wird bei weiteren Wiederholungen zunehmend geringer (vgl. VERNON 1960, S. 128 f.). Nach Erfahrungen mit amerikanischen Studierfähigkeitstests ist dieser Übungsgewinn jedoch insgesamt als vergleichsweise gering zu bezeichnen (vgl. FREMER/CHANDLER 1971).

Der Erfolg von Versuchen, die Testleistung durch ein gezieltes Testtraining zu verbessern, scheint von der Dauer, der Intensität und dem Inhalt des Trainings, von der Vertrautheit der Probanden mit der Bearbeitung von standardisierten Tests sowie von der Art des Tests abzuhängen (vgl. MESSICK 1980, VERNON 1954). Soweit sich das Training auf ein extensives Üben mit Beispielaufgaben beschränkt, die den Testaufgaben ähneln, ist es offenbar nur wenig gewinnversprechend (vgl. PIKE 1978, S. 73). Nach Befunden von MESSICK/JUNGEBLUT (vgl. 1981) scheint für eine lineare Zunahme der Trainingsgewinne nahezu ein quadratischer Anstieg der Trainingsdauer notwendig zu sein. Dies deutet darauf hin, daß Trainingseffekte in dem Maße zunehmen, wie die Testvorbereitung auf eine langfristige Erhöhung der zu messenden Fähigkeiten hinwirkt.

Die Validität eines Testwertes wird durch Testvorbereitungen nicht zwangsläufig vermindert. Vielmehr lassen sich drei potentielle Haupteffekte unterscheiden (vgl. MESSICK 1980, S. 8):

Steigert die Vorbereitung den Vertrautheitsgrad des Probanden mit der Testsituation und -bearbeitung, so ist die verbesserte Testleistung ein getreueres Abbild der Fähigkeiten und Fertigkeiten des Testteilnehmers.

Erhöht ein Training das Niveau der durch den Test erfaßten Fähigkeiten, ändern sich Prädiktor und Kriterium gleichermaßen, und die Validität des Prädiktors bleibt unbeeinflußt. Die Vorhersageleistung des Testwertes wird nur dann vermindert, wenn ein Proband seinen Testwert durch die Anwendung von Testbearbeitungsstrategien und -tricks künstlich anhebt.

Eine weitere bedeutsame Einschränkung der prognostischen Möglichkeiten von Leistungstests ergibt sich aus der Tatsache, daß auch außerhalb des Leistungsbereiches liegende Variablen (insbesondere Geschlecht, Persönlichkeitseigenschaften im erweiterten Sinne, soziodemographische Merkmale) mit dem schulischen, beruflichen und akademischen Erfolg in Zusammenhang stehen können. So wird vielfach berichtet, daß Frauen akademische Ausbildungen häufiger abbrechen als Männer (vgl. TROST 1975, S. 71 ff.). Bei den Persönlichkeitsmerkmalen wurden insbesondere für Extraversion und Neurotizismus häufig Beziehungen zu Leistungen in Schule, Universität und Beruf aufgezeigt (vgl. EYSENCK 1977, S. 572, S. 594; vgl. LEVEN 1978, S. 73 ff., S. 86 ff.; vgl. TROST 1975, S. 62) und bezüglich demographischer Merkmale ist vor allem auf die zahlreichen Befunde zur Benachteiligung bestimmter sozialer Gruppen in Bildungssystemen vieler Länder hinzuweisen (vgl. JENCKS u. a. 1973, PREUSS 1972). Wenn derartige Variablen, die nicht unbedingt mit den Testergebnissen korrelieren müssen, direkt oder indirekt Einfluß auf das vorherzusagende Leistungsverhalten nehmen, so beeinträchtigen sie dadurch die im Test enthaltenen Möglichkeiten zur Prädiktion und setzen so der Leistungsvorhersage aus Testleistungen Grenzen.

ALLEN, G. J. u. a.: Behavioral Interventions for Alleviating Test Anxiety: A Methodological Overview of Current Therapeutic Practices. In: SARASON, I. G. (Hg.): Test Anxiety: Theory, Research and Applications. Hillsdale (N.J.) 1980, S. 155 ff. BRICKENKAMP, R.: Handbuch psychologischer und pädagogischer Tests, Göttingen 1975. BUROS, O. K. (Hg.): The Eighth Mental Measurement Yearbook, Highland Park 1978. CATTELL, R. B.: The Culture Fair (or Free) Intelligence Test (A Measure of „g"). Scale 1, Champaign 1960. CHRISTIAN, H.: Experimentelle Testanalyse zum „Test für den Studiengang Pharmazie" (TSP). In: TROST, G. u. a.: Modellversuch „Test für den Studiengang Pharmazie"' Abschlußbericht, Bonn 1981, S. 248 ff. CLEARY, T. A.: Test Bias: Prediction of Grades of Negro and White Students in Integrated Colleges. In: J. of E. Measurem. 5 (1968), S. 115 ff. DEFFENBACHER, J. C.: Worry and Emotionality in Test Anxiety. In: SARASON, I. G. (Hg.): Test Anxiety: Theory, Research and Applications, Hillsdale (N.J.) 1980, S. 111 ff. DETER, B.: Erste Ergebnisse der Vorarbeiten für die experimentelle Testanalyse. In: TROST, G. u. a. (Hg.): Modellversuch „Tests für medizinische Studiengänge". Dritter Arbeitsbericht, Bonn 1980, S. 71 ff.(1980 a). DETER, B.: Übbarkeit von Leistungen im TMS. In: TROST, G. u. a. (Hg.): Modellversuch „Tests für medizinische Studiengänge". Vierter Arbeitsbericht, Bonn 1980, S. 40 ff. (1980 b). EYSENCK, H. J.: Neurotizismusforschung. In: PONGRATZ, L. J. (Hg.): Handbuch der Psychologie, Bd. 8.1, Göttingen 1977, S. 565 ff. FERDINAND, W.: Über Schulreife und Schulleistung IQ-äquivalenter Kinder aus unterschiedlichem sozialem Milieu. In: Z. f. Entwpsych. u. P. Psych. 1 (1969), S. 190 ff. FLYNN, J. T./ANDERSON, B. E.: The Effect of Test Administration Procedures on Achievement Test Performance. In: The J. of Negro E. 43 (1976), S. 38 ff. FREMER, J./CHANDLER, M. O.: Special Studies. In: ANGOFF, W. H. (Hg.): The College Board Admissions Testing Program: A Technical Report on Research and Development Activities Relating to the Scholastic Aptitude Test and Achievement Tests, New York 1971, S. 147 ff. GLASER, R.: Instructional Technology and the Measurement of Learning Outcomes. In: Am. Psychologist 18 (1963), S. 519 ff. GUION, R. M.: Personnel Testing, New York 1965. GUION, R. M.: „Content Validity" in Moderation. In: Pers. Psych. 31 (1978), S. 205 ff. HILKE, R.: Grundlagen normorientierter und kriteriumorientierter Tests, Bern/Stuttgart/Wien 1980. HUNTER, J. E./SCHMIDT, F. L.: Critical Analysis of the Statistical and Ethical Implications of Various Definitions of Test Bias. In: Psych. Bull. 83 (1976), S. 1053 ff. HÜRSCH, L.: Der Einfluß nicht-kognitiver Versuchsbedingungen auf die Faktorenstruktur von Intelligenzleistungen, Bern 1970. INGENKAMP, K.: Schulleistungen – damals und heute, Weinheim/Berlin 1967. INGENKAMP, K. (Hg.): Die Fragwürdigkeit der Zensurengebung, Weinheim/Berlin/Basel 1971. JACKSON, D. N.: The Dynamics of Structured Personality Tests: 1971. In: Psych. Rev. 78 (1971), S. 229 ff. JENCKS, CH. u. a.: Chancengleichheit, Reinbek 1973. KANE, J. S./LAWLER, E. E.: Methods of Peer Assessment. In: Psych. Bull. 85 (1978), S. 555 ff. KAUFMAN, A. S.: Restriction of Range: Questions and Answers. In: Test serv. bull. 59 (1972), 5, S. 1 ff. KLAUER, K. J.: Kontentvalidität. In: KLAUER, K. J. (Hg.): Handbuch der pädagogischen Diagnostik, Bd. 1, Düsseldorf 1978, S. 225 ff. (1978a). KLAUER, K. J. (Hg.): Handbuch der pädagogischen Diagnostik, Bd. 4, Düsseldorf 1978b. KLAUER, K. J./DÄNECKE, K.: Wie parallel sind lehrzielvalide Paralleltests? In: Z. f. Entwpsych. u. P. Psych. 13 (1981), S. 181 ff. LEVEN, W.: Lehrmittel in der betrieblichen Berufsausbildung, München 1978. LIENERT, G. A.: Testaufbau und Testanalyse, Weinheim/Berlin/Basel ³1969. LORD, F. M./NOVICK, M. R.: Statistical Theories of Mental Test Scores, Reading (Mass.) 1968. MARSCHNER, G.: Büro-Test (BT), Göttingen 1967. MERZ, F.: Tests zur Prüfung spezieller Fähigkeiten. In: HEISS, R. (Hg.): Handbuch der Psychologie, Bd. 6, Göttingen 1964, S. 411 ff. MESSICK, S.: The Effectiveness of Coaching for the SAT: Review and Reanalysis of Research from the Fifties to the FTC. Educational Testing Service, Princeton 1980. MESSICK, S./JUNGEBLUT, A.: Time and Method in Coaching for the SAT. In: Psych. Bull. 89 (1981), S. 191 ff. MICHEL, L. u. a.: Hochschuleingangstest für das Studienfeld Medizin, Schriftenreihe Hochschule 25, Bonn 1977, MITTER, W. (Hg.): Hochschulzugang in Europa, Weinheim/Basel 1979. MÖBUS, C.: Zur Fairneß psychologischer Intelligenztests: Ein unlösbares Trilemma zwischen den Zielen von Gruppen, Individuen und Institutionen? In: diagnostica 24 (1978), S. 191 ff. MORRIS, L. W./LIEBERT, R. M.: Effects of Anxiety on Timed and Untimed Intelligence Tests. In: J. of Cons. and Clin. Psych. 33 (1969), S. 240 ff. PIKE, L. W.: Short-term Instruction, Testwiseness, and the Scholastic Aptitude Test: A Literature Review with Research Recommendations. Educational Testing Service, Princeton 1978. PREUSS, O.: Soziale Herkunft und die Ungleichheit von Bildungschancen, Weinheim 1972. ROWAN, R. W.: The Predictive Value of the ACT at Murray State University over a Four-year College Program. In: Measurem. and Eval. in Guid. 11 (1978), S. 143 ff. SADER, M./KEIL, W.: Bedingungskonstanz in der psychologischen Diagnostik. In: Arch. f. d. ges. Psych. 118 (1966), S. 279 ff. SARASON, I. G.: Test Anxiety and Intellectual Performance. In: J. of Abnorm. and Soc. Psych. 66 (1963), S. 73 ff. SCHWARTZ, S. A.: A Comprehensive System for Item Analysis in Psychological Scale Construction. In: J. of E. Measurem. 15 (1978), S. 117 ff. SHOEMAKER, D. M.: Toward a Framework of Achievement Testing. In: Rev. of E. Res. 45 (1975), S. 127 ff. TROST, G.: Vorhersage des Studienerfolgs, Braunschweig 1975. VERNON, P. E.: Symposium on the Effects of Coaching and Practice in Intelligence Tests. – V. Conclusions. In: The Brit. J. of E. Psych. 24 (1954), S. 57 ff. VERNON, P. E.: Intelligence and Attainment Testing, New York 1960. WESMAN, A. G.: Writing the Test Item. In: THORNDIKE, R. L. (Hg.): Educational Measurement, Washington 1971, S. 81 ff. WERNIMONT, P. F./CAMPBELL, J. P.: Signs, Samples and Criteria. In: J. of Appl. Psych. 52 (1968), S. 372 ff. WIGGINS, J. S.: Personality and Prediction: Principles of Personality Assessment, Reading (Mass.) 1973.

Heinrich Stumpf/Ernst Fay/Bernhard Deter/Ursula Ebnet

Tests, objektive

Definition. Ein *objektiver Test* ist nach DRENTH (1969, S. 65) „ein systematisches Kategorisierungs- oder Messungsverfahren, das es möglich macht, über eine oder mehrere empirisch-theoretisch begründete Eigenschaften des Untersuchten oder über ein spezifisches Verhalten außerhalb des Tests eine Aussage zu machen; man geht von einer objektiven Verarbeitung von Reaktionen der Person in einer standardisierten, sorgfältig ausgewählten Reiz-Situation aus und vergleicht sie mit den Reaktionen anderer Personen."

Die Objektivität der Verarbeitung der Testresultate ist das wesentliche Kennzeichen objektiver Tests. Sie drückt sich in einer Durchführungsobjektivität, Auswertungsobjektivität und Interpretationsobjektivität aus (vgl. LIENERT

1967, S. 13 f.).
Die *Durchführungsobjektivität* besagt, daß zufällige und unsystematische Einflüsse während der Testdurchführung ausgeschlossen werden. Dies geschieht durch exakte Anweisungen an den Testleiter (Tl) und Probanden (Pb) und eine Standardisierung der Untersuchungssituation. Durch die Durchführungsobjektivität soll gewährleistet werden, daß das Meßinstrument „Test" zu vergleichbaren Ergebnissen bei verschiedenen Messungen durch verschiedene Tl bei verschiedenen Pbn führt.
Die *Auswertungsobjektivität* besagt, daß verschiedene Auswerter das gleiche Testprotokoll in gleicher Weise auswerten. Sie wird durch vorgegebene Auswertungsschablonen bei vielen Tests realisiert.
Die *Interpretationsobjektivität* betrifft „den Grad der Unabhängigkeit der Interpretation der Testergebnisse von der Person des interpretierenden Psychologen, der nicht mit dem Untersucher oder Auswerter identisch zu sein braucht. Die Interpretationsobjektivität ist dann gegeben, wenn aus den gleichen Auswertungsergebnissen (verschiedene Pbn) gleiche Schlüsse gezogen werden" (LIENERT 1967, S. 14).

Anwendungsbereiche. Objektive Tests werden von Psychologen, Pädagogen und anderen Berufsgruppen im Rahmen der psychiatrischen und psychosomatischen Begutachtung und Therapie, Erziehungsberatung, Heimerziehung, forensischen Begutachtung, Berufsberatung, Personalauslese und schulpsychologischen Beratung angewendet.
Die Tests lassen sich in Intelligenztests, objektive Persönlichkeitstests, Interessentests, Konzentrationstests, Schulreifetests, Schulleistungstests, Tests für Lern- und Geistigbehinderte und klinische Tests untergliedern (vgl. BRICKENKAMP 1975).
Aus den vorliegenden Tests sollen im folgenden nur objektive Tests für Kinder und Jugendliche vorgestellt werden, die im Rahmen der schulpsychologischen Beratung und Erziehungsberatung Verwendung finden. Es handelt sich um Tests zur Analyse der Begabungsstruktur, des Leistungsverhaltens, der Persönlichkeits- und Interessenstruktur, der geistigen Reife und der Schulreife.
Einschränkend zum Stellenwert von Tests ist festzustellen, daß sie keinen Selbstzweck darstellen dürfen und nur im Rahmen anderer psychodiagnostischer Methoden wie etwa der Exploration, Verhaltensbeobachtung, psychophysiologischen, neurologischen und psychiatrischen Untersuchung durchzuführen sind. Die alleinige Anwendung von Tests wird heftig kritisiert (vgl. GRUBITZSCH/REXILIUS 1978, SCHMIDT 1978).

Testverfahren zur Analyse der Begabungsstruktur. Der Begriff der Begabung umfaßt die Gesamtheit der verschiedenen Fähigkeiten zu qualifizierten Leistungsvollzügen in den verschiedenen Kulturgebieten. Begabung ist in ihrer Entfaltung umweltabhängig (vgl. ARNOLD 1974) und beinhaltet neben dem Moment der Intelligenz, Persönlichkeitsmerkmale wie Eigenschaften des Temperaments, der emotionalen und sozialen Anpassung sowie des Interessen- und Motivationsbereiches (vgl. PAWLIK 1968). Die Testverfahren zur Erfassung der Begabungsstruktur, die synonym auch als Intelligenztests bezeichnet werden, reflektieren außer den sozialen Bedingungsfaktoren immer auch die individuelle Persönlichkeitsstruktur des Pb. Konzentriert man sich auf diejenigen Testverfahren, die für Kinder und Jugendliche im Rahmen einer schulpsychologischen Beratung in Frage kommen, so lassen sich folgende Tests unterscheiden:
- Hamburg-Wechsler-Intelligenztest für Kinder (HAWIK; vgl. BONDY 1966),
- Hamburg-Wechsler-Intelligenztest für Erwachsene (HAWIE; vgl. BONDY 1956),

- Hannover-Wechsler-Intelligenztest für das Vorschulalter (HAWIVA; vgl. EGGERT 1975),
- Begabungstestsystem (BTS; vgl. HORN 1972),
- Prüfsystem für Schul- und Bildungsberatung (PSB; vgl. HORN 1969),
- Intelligenz-Struktur-Test 70 (IST 70; vgl. AMTHAUER 1973),
- Snijders-Oomen: Nichtverbale Intelligenztestreihe (SON; vgl. SNIJDERS/SNIJDERS-OOMEN 1970),
- Göttinger Formreproduktionstest (GFT; vgl. SCHLANGE u. a. 1972),
- Diagnosticum für Cerebralschädigung (DCS; vgl. HILLERS/WEIDLICH 1972).

Der HAWIK geht auf das Konzept der allgemeinen oder globalen *Intelligenz* zurück (vgl. WEISE 1975). Er ist für den Altersbereich von 6-15 Jahren normiert und erfaßt Bereiche der Sprachbeherrschung, Rechenfertigkeit, Merkfähigkeit sowie Handlungsintelligenz, worunter visuomotorische Koordination, Wahrnehmungsgeschwindigkeit und Raumvorstellungsfähigkeit subsumiert werden. Der HAWIK gehört zusammen mit dem HAWIE, der besonders für Jugendliche ab 15 geeignet ist, und dem HAWIVA, der für das Vorschulalter (4-6 Jahre) konzipiert ist, zu den wichtigsten psychodiagnostischen Standardverfahren. Sie lassen Raum für eine ausführliche Verhaltensbeobachtung, die neben dem Leistungsverhalten auch den sozialen Kontakt zwischen Diagnostiker und Proband umfaßt. Auf Mängel hinsichtlich der Konzeption und technische Details der Testkonstruktion weisen BRIKKENKAMP (vgl. 1975) und WEISE (vgl. 1975) hin.

Für den Personenkreis der *Hörbehinderten* wurde zur Einschätzung des allgemeinen Intelligenzniveaus der SON für den Altersbereich von 3-16 Jahren entwickelt. Er beinhaltet Aufgaben, welche Abstraktionsfähigkeit, formallogisches Denken, Raumvorstellung und Merkfähigkeit erfordern.

Das PSB umfaßt nach dem faktorenanalytischen Konzept von Thurstone (vgl. PAWLIK 1968) kein allgemeines Intelligenzniveau, sondern *verschiedene Intelligenzdimensionen:* Wortverständnis, Wortflüssigkeit, logisches Denken, räumliche Veranschaulichung, Wahrnehmungsflexibilität, Rechenfertigkeit, Wahrnehmungsgeschwindigkeit, einschließlich von Konzentrationsaspekten (Altersbereich 9-20 Jahre). Der Test dient in erster Linie der Schullaufbahnberatung oder der Studienberatung bei Abiturienten.

Das vom selben Autor entwickelte BTS (ab 7 Jahre) dient zur Erfassung von *Intelligenz-, Schul- und Konzentrationsleistungen.* Besonderes Gewicht wurde auf die Auslese von Schülern für Sonderschulen gelegt. Um auch schwachbegabten Probanden Erfolgserlebnisse während der Testung zu verschaffen, beginnen die einzelnen Untertests mit sehr leichten Aufgaben.

Der IST (ab 12 Jahre) gehört neben dem PSB zu den besten deutschsprachigen *differentiellen Intelligenztests* (vgl. WEISE 1975). Sein Anwendungsbereich umfaßt Schul- und Berufsberatung.

Der GFT (6-15 Jahre) und das DCS (8 bis 16 Jahre) werden von BRICKENKAMP (vgl. 1975) als klinische Tests bezeichnet, die die Funktion haben, abzuklären, ob *hirnorganische Schädigungen* mitverursachend für Verhaltens- und/oder Leistungsstörungen sind. Bei beiden Testverfahren geht es um die zeichnerische oder motorische Reproduktion von geometrischen Figuren.

Die besprochenen Tests unterliegen – wie alle psychologischen Testverfahren – der Gefahr des inhumanen Mißbrauchs, besonders dann, wenn ihre Begrenzungen, beispielsweise ihre erhebliche Abhängigkeit von der sozialen Schicht oder vom situativ bestimmten psychischen Zustand, nicht hinreichend berücksichtigt werden (vgl. GRUBITZSCH/REXILIUS 1978).

Leistungstests. Beschränkt man sich auf

Schulleistungs- und Konzentrationstests, so lassen sich folgende Testverfahren benennen:
- Allgemeiner Schulleistungstest für 2. Klassen (AST 2; vgl. RIEDER 1971),
- Diagnostischer Rechtschreibtest für 2. Klassen (DRT 2; vgl. MÜLLER 1966),
- Lesetest für 2. Klassen (LT 2; vgl. SAMTLEBEN/BIGLMAIER 1971),
- Rechentest für 2. Klassen (RT 2; vgl. GLÜCK/HIRZEL 1972),
- Wortschatztest für 7. und 8. Klassen (WST 7-8; vgl. ANGER u.a. 1969),
- Aufmerksamkeits-Belastungs-Test (d 2; vgl. BRICKENKAMP 1962),
- Konzentrations-Leistungs-Test (KLT; vgl. DÜKER/LIENERT 1959).

Die Liste ließe sich um Tests ergänzen, die die angesprochenen Leistungen in den anderen Grundschul- und Hauptschulklassen untersuchen. Auch Fremdsprachentests für Englisch und Französisch liegen vor.

Die genannten Tests sind für die Hand des Lehrers konstruiert und können im Einzel- und Gruppenverfahren angewendet werden. Sie sollen es ermöglichen, die Leistungen des einzelnen und die seiner Klasse mit der Leistung anderer zu vergleichen. Während im DRT, LT, RT und WST jeweils nur eine Leistungsdimension angesprochen wird, werden in den allgemeinen Schulleistungstests mehrere Dimensionen erfaßt, wie Wortschatz, Leseverständnis, Zahlenrechnen, Textaufgaben, Rechtschreiben und Sachwissen.

Von besonderer Bedeutung sind die Lese- und Rechtschreibtests, weil sie zur Diagnose der Legasthenie (Lese-Rechtschreib-Störung) mitverwendet werden. Die Kinder, die in diesen Tests einen Prozentrang von 15 und weniger haben und in Intelligenztests mindestens durchschnittliche Werte erreichen, werden als legasthenisch bezeichnet und bedürfen eines speziellen Lese- und Rechtschreibtrainings (vgl. ANGERMAIER 1977, S. 20 f.).

Von den zahlreichen Konzentrationstests sind der d 2 und KLT ausgewählt worden. Sie erfassen die Konzentration durch Gesamtleistungswerte und Fehlerwerte. Die Werte ergeben sich aus der halbstündigen Bearbeitung von leichten Rechenaufgaben (KLT) und dem achtminütigen Suchen und Durchstreichen von ds mit zwei Strichen. Das so ermittelte Konzentrationskonzept entspricht nicht (oder nur unter erheblichen Einschränkungen) dem umgangssprachlichen Konzentrationskonzept. Während im umgangssprachlichen Konzept die Fähigkeit und Motivation für geistige Anspannungen zum Beispiel beim Lesen, Schreiben, Rechnen, Zuhören erfaßt wird, wird in den Tests nur die Mengenleistung und Fehlerquote bei relativ eintönigen kognitiven Tätigkeiten wie Zeichendurchstreichen oder Rechnen leichter Aufgaben untersucht. Motivationsfragen werden nicht geklärt. Aus diesen Gründen kann das Ergebnis von Konzentrationstests nur unter sehr erheblichen Einschränkungen auf die Alltags- und Schulsituation übertragen werden.

Objektive Persönlichkeits- und Interessentests. Zur Erfassung der Persönlichkeit und Interessenlage von Kindern und Jugendlichen liegen neben anderen folgende objektive Tests vor:
- Persönlichkeitsfragebogen für Kinder zwischen 9-14 (PFK 9-14; vgl. SEITZ/RAUSCHE 1976),
- Hamburger Neurotizismus- und Extraversionsskala (HANES; vgl. BUGGLE/BAUMGÄRTEL 1972),
- Eysenck-Persönlichkeitsinventar (EPI; vgl. EGGERT 1974),
- Angstfragebogen für Schüler (AFS; vgl. WIECZERKOWSKI u.a. 1974),
- Kinder-Angst-Test (KAT; vgl. THURNER/TEWES 1969),
- Freiburger-Persönlichkeitsinventar (FPI; vgl. FAHRENBERG u.a. 1973),
- MMPI-Saarbrücken (vgl. HATHAWAY/MCKINLEY 1963),
- High School Personality Questionnai-

re (HSPQ; vgl. SCHUMACHER/CATTELL 1977),
- Persönlichkeits-Interessen-Test (PIT; vgl. MITTENECKER/TOMAN 1951),
- Berufs-Interessen-Test (BIT; vgl. IRLE 1955),
- Problemfragebogen für Jugendliche (vgl. SÜLLWOLD/BERG 1967).

Die genannten objektiven Persönlichkeitstests für Kinder und Jugendliche liegen als Fragebogenverfahren vor. Sie enthalten zwischen 19 (KAT) bis 566 (MMPI) Fragen oder Feststellungen, die sich auf Gewohnheiten, Meinungen, Gedanken, Einstellungen, Gefühle, Interessen und Abneigungen des Pb beziehen. Die Fragen und Feststellungen werden von einem Fragebogenformular abgelesen und anhand einer vorgegebenen Antwortskala als zutreffend oder nicht zutreffend beziehungsweise abgestuft zwischen zutreffend und nicht zutreffend beantwortet.

Die Analyse der Fragebogenantworten ermöglicht es dem Psychologen, sich ein Bild von der *Persönlichkeitsstruktur* des Pb zu machen. In Abhängigkeit vom verwendeten Test lassen sich folgende Dimensionen erfassen: Emotionale Erregbarkeit, fehlende Willenskontrolle, aktiv-extravertiertes Temperament, Zurückhaltung und Scheu vor Sozialkontakten, aggressive Bedürfnisse, Bedürfnisse nach Eigenständigkeit und Selbstgenügsamkeit, schulischer Ehrgeiz, Selbstüberzeugung, Selbstüberschätzung, Impulsivität (PFK); emotionale Labilität, Introversion-Extraversion (HANES, EPI); Angst (AFS, KAT); Nervosität, Aggressivität, Depressivität, Erregbarkeit, Geselligkeit, Gelassenheit, Dominanzstreben, Gehemmtheit, Offenheit (FPI); Hypochondrie, Depression, Hysterie, Psychopathie, Maskulinität-Femininität, Paranoia, Psychasthenie, Schizophrenie, Hypomanie, soziale Introversion (MMPI); Überschwenglichkeit, Soziale Initiative, Emotionale Integration, Eigenständigkeit, Argwohn, Furchtsamkeit, Selbstkontrolle, Spannung, Dominanz, Zyklothymie, Feinfühligkeit, Unkonventionalität, Nüchternheit, Willenskontrolle (HSPQ).

Das Persönlichkeitsbild entsteht durch die *Selbstbeurteilung* der Pbn. Es ist subjektiv und kann ein „wahres" oder ein „gewünschtes" Selbstbild sein oder zwischen beiden Möglichkeiten schwanken. Um das Bild objektiv zu gestalten, hat es der Psychologe durch Verhaltensbeobachtungen und Interviewdaten zu ergänzen. Mit den erhaltenen Informationen kann er Eltern, Lehrer und andere Erzieher beraten. Er kann zum Beispiel Auskunft geben, wie Kontaktstörungen, Angst, Anpassungsschwierigkeiten erklärt werden können und wie Motivationsmängel und Lern- und Leistungsstörungen entstanden sind. In letzterem Fall hat er neben den Persönlichkeitstests noch Begabungs- und Leistungstests zu verwenden.

Im Rahmen der Berufsberatung für Jugendliche kann er durch den Einsatz des PIT, BIT und des Problemfragebogens die *Interessenstruktur* ermitteln. Diese Verfahren geben Hinweise auf die Neigung des Jugendlichen zu bestimmten Interessenrichtungen: beispielsweise zum technischen oder gestaltenden Handwerk, technischen und naturwissenschaftlichen Beruf, Ernährungshandwerk, land- und forstwirtschaftlichen Beruf, literarischen und geisteswissenschaftlichen Beruf, sozialpflegerischen und Erziehungsberuf (BIT).

Die Tests eignen sich nur in geringem Maße zum Finden von Maßnahmen zur Problembewältigung. Sie haben primär eine beschreibende und erklärende Funktion und können höchstens als Kontrollmittel zur Evaluation von pädagogischen und therapeutischen Maßnahme eingesetzt werden.

Tests zur Analyse der geistigen Behinderung. Die vorstehend besprochenen Testverfahren sind für die Erfassung niedriger Intelligenzbereiche ungeeignet, da sie nicht hinreichend differenzieren. Mit der „Testbatterie für geistig behinderte Kinder" (TBGB; vgl. BONDY u. a. 1975) liegt ein im deutschen Sprachraum bewährtes, den psychometrischen Anforderungen entsprechendes Verfahren mit genügender Streubreite für den Bereich der geistig Behinderten vor (vgl. SCHMIDT 1978). Die Anwendung erstreckt sich auch auf Lernbehinderte. Der Test ist für den Altersbereich zwischen 7 und 12 Jahren standardisiert. Für jüngere Kinder oder Jugendliche und Heranwachsende existieren keine Testverfahren. Der Test erfaßt neben intellektuellem Leistungsverhalten wie der allgemeinen Denkfähigkeit, dem Wortschatz und der Merkfähigkeit, den motorischen Entwicklungsstand (Fein- und Grobmotorik) und ermöglicht die Einschätzung der sozialen Reife. Er entspricht somit der Zielvorstellung einer mehrdimensionalen Psychodiagnostik mit der Möglichkeit zur Planung pädagogischer Förderungsmaßnahmen. In Ergänzung zu diesem Testverfahren kann ein differenziertes Beobachtungsverfahren, der PAC (Pädagogische Analyse und Curriculum; vgl. GUNZBURG 1974) verwendet werden, welches für den Altersbereich von 6 bis 16 Jahren standardisiert ist und sich auf die Bereiche Selbsthilfe, kommunikatives Verständigungsvermögen, Sozialanpassung und Motorik bezieht.

Vor unkritischer Verwendung diagnostischer Verfahren als Selektionsinstrumente ist zu warnen. BACH (vgl. 1974) sowie KAUTTER/MUNZ (vgl. 1974) betonen die Notwendigkeit einer Verbindung von kritischem Gebrauch objektiver Testverfahren, Langzeitbeobachtung und Berücksichtigung von Milieufaktoren wie der Ermittlung vorausgegangener Erziehungsbemühungen sowie einer differenzierten medizinischen Abklärung der körperlichen Bedingungen der vorliegenden seelisch-geistigen Situation.

Schulreifetests. Der Frankfurter Schulreifetest (FST; vgl. ROTH u.a. 1967) und der Kettwiger Schulreifetest (KST; vgl. MEIS 1967) werden beispielsweise in Gruppen mit dem Ziel angewendet, aus den potentiellen Schulanfängern diejenigen auszuwählen, die aufgrund ihrer intellektuellen Leistungen noch nicht schulreif sind. Die Tests erfassen folgende Leistungen: Zeichen abmalen, Zaunmuster fortsetzen, Mengen erfassen (FST); vorgegebene Symbole abzeichnen, Muster erstellen, Figuren in Quadrate einzeichnen (KST). Es handelt sich um Leistungen der visuellen Wahrnehmung, des induktiven Denkens und der Handgeschicklichkeit. Da auch ohne Anwendung der Tests zirka 88% aller Schulanfänger eingeschult werden, sollten die Tests dazu dienen, die 12% Kinder herauszufinden, die noch nicht schulreif sind. Die Tests erfüllen diese Aufgabe wegen ihrer begrenzten Validität nicht, so daß die Schulreifetests ihren Zweck als Auswahlinstrument von schulunreifen Kindern nicht erfüllen (vgl. TIEDEMANN 1974).

Um nichteingeschulte oder wieder ausgeschulte Kinder pädagogisch angemessen zu betreuen, wurde die „Testbatterie für entwicklungsrückständige Schulanfänger" (TES; vgl. KORNMANN 1977) entwickelt. Sie besteht aus den Aufgaben: Wortschatztest, Reihen fortsetzen, Perlen aufreihen, Figur-Grund-Erfassung, Weitsprung aus dem Stand, seitwärtiges Hüpfen, Raumlageerfassung, Konzentrationserfassung, Spurennachfahren und Wahrnehmungsgenauigkeit. Die aufgedeckten Lücken sollen es unter Zuhilfenahme anderer Verfahren ermöglichen, geeignete Maßnahmen zur Kompensation der intellektuellen Rückstände einzuleiten.

AMTHAUER, R.: Intelligenz-Struktur-Test 70 (IST 70), Göttingen 1973. ANGER, H. u.a.: Wortschatztest für 7. und 8. Klassen (WT 7–8), Weinheim 1969. ANGERMAIER, M.: Legasthenie – Pro und Contra, Weinheim/Basel 1977. ARNOLD, W. (Hg.): Lexikon der Psychologie, Bd. 1, Freiburg 1974. BACH, H.: Geistigbehinderte unter pädagogischem Aspekt. In: BACH, H. u.a.: Sonderpädagogik 3, Deutscher Bildungsrat: Gutachten und Studien der Bildungskommission, Bd. 34, Stuttgart 1974, S. 17 ff. BONDY, C. (Hg.): Hamburg-Wechsler-Intelligenztest für Erwachsene (HAWIE), Bern 1956. BONDY, C. (Hg.): Hamburg-Wechsler-Intelligenztest für Kinder (HAWIK), Bern 1966. BONDY, C. u.a.: Testbatterie für geistig behinderte Kinder, Weinheim ³1975. BRICKENKAMP, R.: Aufmerksamkeitsbelastungstest (d 2), Göttingen 1962. BRICKENKAMP, R.: Handbuch psychologischer und pädagogischer Tests, Göttingen 1975. BUGGLE, F./BAUMGÄRTEL, F.: Hamburger Neurotizismus- und Extraversionsskala für Kinder und Jugendliche (HANES, KJ), Göttingen 1972. DRENTH, P.: Der psychologische Test, München 1969. DÜKER, H./LIENERT, G.A.: Konzentrations-Leistungs-Test (KLT), Göttingen 1959. EGGERT, D.: Eysenck-Persönlichkeits-Inventar EPI. Handanweisung für die Durchführung und Auswertung, Göttingen 1974. EGGERT, D.: Hannover-Wechsler-Intelligenztest für das Vorschulalter (HAWIVA), Bern 1975. FAHRENBERG, J. u.a.: Das Freiburger Persönlichkeitsinventar FPI, Göttingen 1973. GLÜCK, G./HIRZEL, M.: Rechentests für 2. Klassen (RT 2), Weinheim 1972. GRUBITZSCH, S./REXILIUS, G. (Hg.): Testtheorie – Testpraxis, Reinbek 1978. GUNZBURG, H.C.: Progress Assessment Chart of Social and Personal Development Manual, Birmingham ³1974. HATHAWAY, S./MCKINLEY, J.: MMPI-Saarbrücken. Handbuch zur deutschen Ausgabe des Minnesota Multiphasic Personality Inventory, Bern 1963. HILLERS, F./WEIDLICH, S.: Diagnosticum für Cerebralschädigung (DCS), Bern 1972. HORN, W.: Prüfsystem für Schul- und Bildungsberatung (PSB), Göttingen 1969. HORN, W.: Begabungstestsystem (BTS), Göttingen 1972. IRLE, M.: Berufs-Interessen-Test, Göttingen 1955. KAUTTER, H./MUNZ, W.: Verfahren der Aufnahme und Überweisung in die Sonderschule. In: BACH, H. u.a.: Sonderpädagogik 3, Deutscher Bildungsrat: Gutachten und Studien der Bildungskommission, Bd. 34, Stuttgart 1974, S. 235 ff. KORNMANN, R.: Testbatterie für entwicklungsrückständige Schulanfänger (TES), Manual, Weinheim 1977. LIENERT, G.A.: Testaufbau und Testanalyse, Weinheim 1967. MEIS, R.: Kettwiger Schulreifetest (KST), Handanweisung, Weinheim 1967. MITTENECKER, E./TOMAN, W.: Persönlichkeits-Interessen-Test (PIT), Bern 1951. MÜLLER, R.: Diagnostischer Rechtschreibtest für 2. Klassen (DRT 2), Weinheim 1966. PAWLIK, K.: Dimensionen des Verhaltens, Stuttgart 1968. RIEDER, O.: Allgemeiner Schulleistungstest für 2. Klassen (AST 2), Weinheim 1971. ROTH, H. u.a.: Frankfurter Schulreifetest (FST), Handanweisung, Weinheim 1967. SAMTLEBEN, E./BIGLMAIER, F.: Lesetest für 2. Klassen (LT 2), Weinheim 1971. SCHLANGE, B. u.a.: Göttinger Formreproduktionstest (GFT), Göttingen 1972. SCHMIDT, L. (Hg.): Lehrbuch der Klinischen Psychologie, Stuttgart 1978. SCHMIDTCHEN, ST.: Psychologische Tests für Kinder und Jugendliche, Göttingen 1975. SCHUMACHER, G./CATTELL, R.: Deutscher HSPQ (High School Personality Questionnaire), Bern 1977. SEITZ, W./RAUSCHE, W.: Persönlichkeitsfragebogen für Kinder zwischen 9 und 14 (PFK 9–14), Braunschweig 1976. SNIJDERS, J.TH./SNIJDERS-OOMEN, N.: Snijders-Oomen-Nicht-verbale Intelligenzreihe (SON), Groningen 1970. SÜLLWOLD, F./BERG, M.: Problemfragebogen für Jugendliche, Göttingen 1967. THURNER, F./TEWES, U.: Der Kinder-Angst-Test (KAT), Göttingen 1969. TIEDEMANN, J.: Die Problematik der Schuleignungsdiagnose unter entscheidungstheoretischem Aspekt. In: Z. f. Entwpsych. u. P. Psych. 6 (1974), S. 124 ff. WEISE, G.: Psychologische Leistungstests, Göttingen 1975. WIECZERKOWSKI, W. u.a.: Angstfragebogen für Schüler (AFS), Handanweisung, Braunschweig 1974.

Stefan Schmidtchen/Paul Probst

Tests, projektive

Definition. Ein projektiver Test ist ein mehr oder weniger systematisches Analyseverfahren, mit dessen Hilfe es möglich ist, über eine Mehrzahl von Merkmalen oder Merkmalskomplexen der Persönlichkeit Aussagen zu machen. Im Gegensatz zu den objektiven Tests werden Aussagen in projektiven Tests nicht direkt aus den Testleistungen abgeleitet, sondern indirekt unter Zuhilfenahme eines Projektionskonzeptes. Im Rahmen eines solchen Konzeptes wird angenommen, daß die Reize der Testsituation Anregungen für die Abbildung innerer Vorgänge des Probanden liefern. Diese Vorgänge müssen vom Diagnostiker aus den Testantworten rekonstruiert werden. Da die Rekonstruktion nur in geringem Maße durch Auswertungs- und Interpretationsregeln zu objektivieren ist, sind Ergebnisse projektiver Tests höchst subjektiv. Sie weisen eine geringe Durchführungs-, Auswertungs- und Interpretationsobjektivität auf.

Wegen dieser konstruktionsbedingten Subjektivität erfordern projektive Tests einen gut ausgebildeten Diagnostiker, der sich der möglichen Fehlerquellen bewußt ist und die Testergebnisse nicht als psychologisches Faktum, sondern als unbewiesene Annahme ansieht. Projektive Tests sind psychodiagnostische Breitbandverfahren, die zum Zwecke der Hypothesenerlangung in Anfangsphasen der diagnostischen Untersuchung eingesetzt werden. Ihre Ergebnisse müssen im weiteren Verlauf der Untersuchung durch die Verwendung von Verhaltensbeobachtungen, objektiven Tests und Explorationsdaten validiert werden.

Anwendungsbereiche. Projektive Tests werden zur Erstellung von Persönlichkeitsbildern, zur Therapiezuweisung und zur Analyse von Gefühls-, Motivations- und Denkprozessen eingesetzt. Der Ort der Anwendung ist im allgemeinen die Erziehungsberatungsstelle oder die psychiatrische und psychosomatische Klinik.

Aus der Fülle von projektiven Tests sollen im folgenden Formdeutungsverfahren, thematische Verfahren und Zeichentests für Kinder und Jugendliche vorgestellt werden (vgl. GRUBITZSCH/REXILIUS 1978, S. 256 ff.; vgl. STÄCKER 1978).

Formdeutungsverfahren. Der Rorschach-Test besteht aus zehn Bildtafeln mit symmetrischen Klecksfiguren (vgl. RORSCHACH 1921). Zu jeder Klecksfigur soll der Proband Einfälle zu der Frage produzieren: „Was könnte das sein?" Im Anschluß an den ersten Durchgang findet häufig eine Nachbefragung statt, in der die einzelnen Einfälle noch einmal detailliert besprochen werden. Wichtig ist dabei die Angabe der Kleckssteile, die zum Einfall geführt haben. Von dieser Angabe ist die Signierung und Interpretation des Einfalls abhängig. Nach KLOPFER/DAVIDSON (vgl. 1971) sind folgende Signa bedeutsam: Erfassungsmodus (etwa Ganzantwort, Detailantwort), Determination (Formbestimmtheit, Farbbestimmtheit, menschliche Bewegung), Inhalt (beispielsweise Menschantwort, Tierantwort), Häufigkeit (Populärantwort, originelle Antwort, seltene Antwort).

Den Signa entsprechen Interpretationen über das Denken, Fühlen, Erleben und Sozialverhalten des Probanden. Sie entstammen Lehrbüchern zur Rorschach-Diagnostik; beispielsweise werden Ganzantworten als Fähigkeit zum abstrakten, theoretischen Denken interpretiert; Formbestimmtheit als sachlicher, bewußter Lebensstil; Farbdeutungen im Sinne von Blut als aggressive Impulse oder auch unzulängliche Bewältigung aggressiver Impulse. Da die Interpretationshinweise vornehmlich auf erwachsene Probanden bezogen sind, eignen sie sich kaum für Kinder und Jugendliche. Das Rorschach-Verfahren unterliegt heftigster Kritik, die sich auf die Objektivität und Validität bezieht. Empirische

Validitätsstudien lassen Zweifel an der Brauchbarkeit des Instruments aufkommen, das deshalb nur zur Hypothesensuche und als Fortführung der Exploration mit anderen Mitteln angewendet werden sollte.

Thematische Verfahren. Von den projektiven Tests, die als thematische oder auch gestaltende Verfahren durchgeführt werden, sind die bekanntesten der
- Children's Apperception Test (CAT; vgl. MOOG 1955), der
- Thematische Apperzeptionstest (TAT; vgl. REVERS 1973), der
- Rosenzweig Picture Frustrations Test (PFT; vgl. DUHM u.a. 1957), der
- Satzergänzungstest (SE; vgl. ROTTER/ WILLERMANN 1947) und der
- Szenotest (vgl. STAABS 1964).

Der *Kinder-Apperzeptionstest* enthält Bildtafeln, auf denen Tiere in verschiedenen mehrdeutigen Situationen dargestellt werden, welche nach Meinung der Autoren für Kinder bevorzugte Identifikationsfiguren darstellen. In einer spielerisch gestalteten Situation soll das Kind Geschichten zu den Bildern erzählen und über die Geschichten sprechen (Alter 3 bis 10 Jahre). Daraus sollen Aufschlüsse über die Persönlichkeitsstruktur und -dynamik erlangt werden. Der Test geht auf den *thematischen Apperzeptionstest* zurück, der aus Bildtafeln besteht, die größtenteils menschliche Figuren in verschiedenen mehrdeutigen Situationen enthalten (ab 10 Jahre). Dieser Test ist nach einem ähnlichen Prinzip aufgebaut. Es wird davon ausgegangen, daß der Deutungsprozeß des Probanden in Abhängigkeit von seiner Persönlichkeit zu sehen ist. Er wird durch Bedürfnisse, Interessen und die gesamte psychische Organisation beeinflußt (vgl. WEINER 1976).

Der *Picture-Frustrations-Test* von Rosenzweig besteht aus Zeichnungen mit mindestens zwei Personen, von denen die eine etwas sagt (Sprechblase), während die Antwort der anderen vom Probanden in die zweite leere Sprechblase hineingeschrieben werden muß. Durch diesen Test soll das Verhalten in belastenden Alltagssituationen erkundet werden. Es existieren eine Kinderform (6 bis 14 Jahre) und eine Form für Jugendliche und Erwachsene (ab 15 Jahre).

Im *projektiven Satzergänzungstest* sind Satzanfänge mit konflikthaltigem Material vom Probanden zu vervollständigen. Sie beziehen sich im wesentlichen auf die soziale, emotionale und leistungsmäßige Situation des Probanden. Die Auswertung erfolgt ganzheitlich und interpretativ.

Der *Szenotest* enthält Spielmaterial wie Puppenfiguren, Tiere und Symbolfiguren. Mit Hilfe dieses Materials soll der Proband nach der Konzeption der Testautorin seine Erlebniswelt in Form einer Miniaturwelt darstellen. Es sollen Einstellungen zu Beziehungspersonen und zur Umwelt, Struktur und Dynamik der Persönlichkeit erfaßt werden (ab 3 Jahre). Der Test wird zur Kategorie der Gestaltungsverfahren gerechnet (vgl. BRICKENKAMP 1975).

Zeichentests. In den projektiven Zeichentests sollen aus den Zeichnungen Rückschlüsse auf Persönlichkeitsmerkmale des Probanden gezogen werden. Ähnlich wie bei der Analyse der Handschrift im Rahmen der Graphologie sind diese Rückschlüsse jedoch so unvalide, daß ihre Anwendung nicht empfohlen werden kann. Aus diesen Gründen sollen diese Tests nur sehr kurz beschrieben werden:

Im Zeichentest von WARTEGG (vgl. 1953) sollen acht Bilder gemalt werden, die als Ausgangsreiz jeweils ein Anfangszeichen (etwa einen Punkt oder zwei senkrechte Striche) enthalten. Wartegg nimmt an, daß diese Anfangszeichen eine archetypische Funktion haben und deshalb als Grundlage für den Vergleich der aus ihnen abgeleiteten Zeichnungen dienen können.

Im Test „Familie in Tieren" (FIT; vgl. BREM-GRÄSER 1970) soll der Proband sich selbst und seine Familie als Tier darstellen. Analysiert wird der Inhalt der Zeichnungen (also die Art der Tiere) und die Form der Darstellungen (beispielsweise Reihenfolge der Tiere, Größe und Ausdrucksgebaren). Durch das Verfahren sollen Rückschlüsse auf das Kontaktverhalten, die Machtstellung und Geborgenheitsbedürfnisse ermöglicht werden.

Empfehlungen. Die Ergebnisse in den angeführten projektiven Testverfahren beziehen sich auf einen relativ engen Ausschnitt der Persönlichkeit, sind häufig verfahrensspezifisch und daher wenig verallgemeinerbar. Ihre Validität ist bislang nur höchst unzureichend nachgewiesen (vgl. PAWLIK 1968). Die Verwendung der Tests ist nur dann vertretbar, wenn sie im Kontext anderer diagnostischer Mittel wie Exploration, Verhaltensbeobachtung und objektive Testverfahren verwendet werden. Sie sollten in keinem Falle zu Selektionszwecken wie etwa für Schullaufbahnentscheidungen herangezogen werden.

BREM-GRÄSER, L.: Familie in Tieren, München ²1970. BRICKENKAMP, R.: Handbuch psychologischer und pädagogischer Tests, Göttingen 1975. DUHM, E. u.a.: Der Rosenzweig Picture Frustration Test (PFT), Göttingen 1957. GRUBITZSCH, S./REXILIUS, G.: Testtheorie – Testpraxis, Reinbek 1978. KLOPFER, B./DAVIDSON, H.H.: Das Rorschach-Verfahren, Bern ²1971. MOOG, W.: Der Kinder-Apperzeptions-Test, Göttingen 1955. PAWLIK, K.: Dimensionen des Verhaltens, Stuttgart 1968. REVERS, W.I.: Der Thematische Apperzeptionstest (TAT), Bern 1973. RORSCHACH, H.: Psychodiagnostik, Bern 1921. ROTTER, I.B./WILLERMANN, B.: The Incomplete Sentences Test as a Method of Studying Personality. In: J. of Cons. Psych. 11 (1947), S.43ff. STAABS, G.V.: Scenotest, Bern 1964. STÄCKER, K.H.: Projektive und thematische Verfahren. In: SCHMIDT, L.: Lehrbuch der Klinischen Psychologie, Stuttgart 1978, S.256ff. WARTEGG, E.: Wartegg-Zeichen-Test, Göttingen 1953. WEINER, I.: Clinical Methods in Psychology, New York 1976.

Stephan Schmidtchen/Paul Probst

Validität

Definition. Validität wird als Grad der Genauigkeit definiert, mit der ein Beschreibungsinstrument (zumeist ein Test) das mißt, was er messen soll (vgl. LIENERT 1969). Die Vielfalt der inzwischen entwickelten Validitätskonzepte (inhaltliche, logische, konvergente, repräsentative, faktorielle, Augenschein-, Begriffs- und Konstruktvalidität) wird zumeist in drei Validitätskategorien klassifiziert: Inhalts-, Kriteriums- und Konstruktvalidität. Diese drei Konzepte gehen auf jeweils unterschiedliche Fragestellungen ein:

Inhaltsvalidität. Ein Beschreibungsinstrument, ein Test zum Beispiel, soll als repräsentative Stichprobe aus einem Universum von Testsituationen gelten und einen Rückschluß von der aktuellen Testleistung auf die unbekannte Testleistung bezüglich dieses Universums ermöglichen. Zur Beurteilung der Inhaltsvalidität werden unterschiedliche Informationsquellen herangezogen: etwa Expertenbefragungen, Literaturstudium und umfassende Phänomenanalysen der relevanten Merkmalsklasse in unterschiedlichen Auftretensbereichen. Dabei wird die Größe der Inhaltsvalidität indes nur geschätzt und nicht empirisch berechnet. Neuere Verfahren empfehlen deshalb eine explizite Definition der entsprechenden Merkmalsklassen; dies ermöglicht zugleich eine hinreichend genaue Anleitung zur objektiven Erzeugung beliebiger Stichproben von Testaufgaben, die dann zweifelsfrei zur definierten Grundmenge gehören. Dafür ist es notwendig, die Grundmenge von Aufgaben („Aufgabenuniversum"), aus denen die Testaufgabenmenge gezogen werden soll und zu deren Lösung ein zu beschreibendes Merkmal qualifiziert, vollständig zu operationalisieren und die Repräsentativität der Aufgabenstichprobe zu überprüfen. Die Operationalisierung der Grundmenge kann beispielsweise anhand einer Tyler-Matrix, von Lehrstoffhierarchien, in Aussagenform, mit Flußdiagrammen oder mit linguistischen Beschreibungssystemen erfolgen (vgl. KLAUER 1978). Die Testaufgaben müssen in diesem Fall, um als repräsentative Stichprobe gelten zu können, aus jeder Teilmenge des zuvor kodierten Textes einen vorgeschriebenen Anteil an (zufällig ausgewählten) Aussagen herausgreifen und eine (zumeist) textinvariante Abbildung von Sachverhalten liefern.

Kriteriumsvalidität. Das gegenwärtige oder zukünftige Verhalten einer Person, das sich von dem im Test geforderten Verhalten unterscheidet und als sein Kriterium bezeichnet wird, soll vorhergesagt werden. Folglich wird auch zwischen simultaner (oder Übereinstimmungs-) und prognostischer (oder Vorhersage-)Validität unterschieden. Diese Frageperspektive ist dann von Bedeutung, wenn das Kriterium nicht direkt oder erst zukünftig vorhanden und wenn seine Erfassung aufwendiger oder schwieriger ist als die Erfassung der Vorhersagevariable. In einer definierten Population hat demnach ein Test je nach Wahl der Kriterien beliebig viele Validitäten. Die thematische Variable wird empirisch durch den Zusammenhang zwischen Vorhersage und Kriteriumsvariablen ermittelt. Da es dabei nur auf eine möglichst hohe Korrelation der Testaufgaben zum Kriterium ankommt, kann auf eine theoretische Fundierung beider Variablen und eine inhaltliche Erklärung ihres Zusammenhangs verzichtet werden. In der Entwicklung von Beschreibungsinstrumenten und der Beurteilung ihres praktischen Vorhersagewertes steht die Verbesserung der Kriteriumsvalidität deshalb im Vordergrund.

Konstruktvalidität. Bei der Konstruktion und Beurteilung eines Erkennungsinstrumentes steht hingegen die Adäquanz der ihm zugrunde liegenden Beschreibungstheorie zur Diskussion, die einer Klasse von beobachtbaren empirischen Sachverhalten (zum Beispiel des manifesten Testverhaltens) über ein deskriptives Konstrukt erst Bedeutung verleiht.

Die Konstruktvalidität dieser Schlußfolgerungen vom beobachtbaren Verhalten auf theoretische Konstrukte (zumeist psychische Eigenschaften) ist damit auch das anspruchsvollste Validitätskonzept. Zur empirischen Verankerung eines deskriptiven Konstruktes im Rahmen des nomologischen Netzwerkes einer Theorie sind logische, korrelationsstatistische und experimentelle Analysen angebracht. Sie zielen darauf, die Zuordnungsregeln zwischen manifesten Indikatorvariablen und den (dadurch vollständig oder partiell definierten) Konstrukten in Beschreibungsmodellen zu klären und empirisch zu bewähren; außerdem werden so die Indikatoren in ihrem Zusammenhang (zum Beispiel Unabhängigkeit – Überlappung) untereinander präzisiert sowie konstruktspezifisch kombiniert (etwa additiv gegenüber multiplikativ) und gewichtet. Ein gegebenes Beschreibungsinstrument kann dabei mit anderen Außenkriterien, mit nachweislich konkurrenten versus divergenten Instrumenten (korrelativ oder faktorenanalytisch) in Beziehung gebracht werden; außerdem können Merkmalsunterschiede analysiert, Auswirkungen einer systematischen Bedingungsvariation untersucht sowie der Anwendungsbereich durch Vergleich verschiedener Personengruppen, Situationen und Zeitpunkte bestimmt werden. Das Optimale ist natürlich die Kombination möglichst vieler dieser Überprüfungsweisen. Dabei wird gerade in neueren Arbeiten zunehmend auf die – im Hinblick auf unterschiedliche Personengruppen und Anwendungssituationen – differentielle Validität einzelner Beschreibungsinstrumente (beispielsweise Intelligenztests) hingewiesen. Die Berechtigung ihres Einsatzes bei (etwa sozialökonomisch oder ethnisch) unterschiedlichen Populationen in praktischen Diagnosesituationen der Klassifizierung, Auslese und Plazierung wird so problematisch (vgl. SIMONS/MÖBUS 1978).

Informationsgehalt und Reichweite. Jede dieser empirischen Datenquellen liefert wichtige Informationen über das zu validierende Beschreibungsinstrument. Jedoch ist ungewiß, ob mit diesem Informationszuwachs auch zugleich ein nennenswerter Zuwachs an Präzision der Konstruktbedeutung verbunden ist. Die Verknüpfung der durch einzelne Beschreibungsinstrumente markierten Position in einem nomologischen Netz führt nämlich zunächst nur zu einer Klasse von Theorien mit allenfalls ähnlichen oder vergleichbaren Sachverhalten. Die Korrelation konstruktspezifischer Einzelindikatoren untereinander kann deshalb nur als Begründung gelten für die Einordnung dieser Beschreibungsinstrumente in eine durch sie bestimmte Begriffsfamilie (vgl. WESTMEYER 1972). Die bislang vorgelegten Explikate von Konstruktvalidität gelten daher noch immer als unzulänglich. Dies gilt insbesondere für die Explikation von Validitätskonzepten im Rahmen der klassischen Testtheorie: Die Gültigkeit wissenschaftlicher Beschreibungen ist jeweils an eine bestimmte Bezugspopulation gebunden, und das dabei intendierte Beschreibungsmerkmal wird eher als zeit- und populationsinvariant gesehen sowie dispositionstheoretisch als latente und stabile Fähigkeits- oder Motivdimension rekonstruiert. Dazu trägt auch die Durchsetzung des Reliabilitätskriteriums bei, das als notwendige Voraussetzung einer hohen Validität gesehen wird. In einigen Fällen ergibt sich jedoch ein Reliabilitäts-Validitäts-Dilemma (vgl. STANLEY 1971): Veränderungsmerkmale (zum Beispiel des individuellen Lernzuwachses oder der Anwendungserfolg einer Lehrmethode) können entweder, da sie von Meßfehlern oder zufälligen Merkmalsfluktuationen nicht zu unterscheiden sind, nicht reliabel gemessen werden oder nicht valide, da die Reliabilität an eine hinreichende Stabilität der Einzelmessungen gebunden ist. Die gesicherte Zuverlässigkeit ihrer Erfassung schränkt dann nämlich die Änderungssensitivität des Beschreibungsinstrumentes – und damit auch dessen Gültigkeit – ein. Deshalb erfordert eine valide Veränderungsmessung auch deskriptive Problemlösungen außerhalb der klassischen Testtheorie.

Grenzen des empirisch-analytischen Validitätskonzeptes. Eine prinzipielle Grenze des klassischen empirisch-analytischen Validitätskonzepts ist dort erreicht, wo die „Sicht von außen" überschritten werden soll, die durch die bei der Validitätsfrage zugrunde gelegten Leistungs- oder Verhaltensdaten impliziert ist. Im Rahmen der empirisch-analytischen Wissenschaftskonzeption (beispielsweise dem Paradigma des ontologischen sowie methodologischen Behaviorismus) wurde diese Sicht von außen, die „mentalistische" internale Prozesse so weit wie möglich aus der wissenschaftlichen Analyse eliminiert, lange Zeit als Garant eines sicheren, kumulativen Erkenntnisfortschritts gesehen (vgl. GROEBEN 1981). Das dahinterstehende Menschenbild eines weitgehend umweltkontrollierten Individuums wurde aber gerade durch diese absolute auf Geltungsprüfung konzentrierte und das Erkenntnis-„Objekt" um seine internalen Prozesse reduzierende (vgl. HOLZKAMP 1972) Forschung desavouiert, indem zunehmend empirische Anomalien und moralische Aporien generiert wurden (vgl. GROEBEN/SCHEELE 1977). Diese werden seit Ende der 60er Jahre mit wachsender Intensität in Richtung auf ein Menschenbild aufgelöst, das von einem intentional handelnden und kognitiv-konstruktiv reflektierenden Individuum ausgeht. Der Handelnde interpretiert (genau wie sein Gegenüber) das eigene Verhalten und das anderer unter Aspekten wie Zielgerichtetheit, Kontext- und Situationsrelevanz und Erwartungsbezug (vgl. LENK 1978). Im (Ideal-)Fall einer maximalen Differenziertheit und Begründetheit stellt er „naive" oder „subjektive" Theorien über sich und seine Umwelt auf (vgl. JONES u. a. 1972, LAUCKEN 1974), auf deren Grundlage er handelt und sich verhält. Eine empirische Sozialwissenschaft, die ihren „Gegenstand", den Menschen, nicht reduzieren will, muß auch (oder sogar vor allem) diese handlungsleitenden Kognitionen und subjektiven Theorien adäquat erfassen und abbilden.

Wechsel der Frageperspektive. Damit aber wechselt die Frageperspektive von der „Sicht von außen" zur „Sicht von innen": Es geht darum, den Sinn, den der Handelnde mit seinem Tun verbindet, zu verstehen. Das ist ein hermeneutischer Prozeß der Sinnkonstituierung; dementsprechend ist in Bezug auf die Adäquanz der Sinnkonstituierung ein hermeneutisches Wahrheitskriterium anzulegen. Allerdings ist auch für dieses Wahrheitskriterium die Forderung der zumindest prinzipiellen Subjekt-Objekt-Trennung aufrechtzuerhalten: Diese Forderung erfüllt das *dialog-konsenstheoretische Wahrheitskriterium*, wie es von der Frankfurter Schule (vgl. HABERMAS 1968) bei der methodologischen Präzisierung der psychoanalytischen Methodik expliziert worden ist. Danach wird das Wissen des Handelnden (die Kognitionen und subjektiven Theorien wie Intentionen, Gründe, Erklärungen, Erwartungen, …) interpretatorisch rekonstruiert: die Wahrheit dieser interpretativen Beschreibung der Reflexionsinhalte des Erkenntnisobjekts wird anhand der Zustimmung eben dieses „Objekts" überprüft.

Der Ausdruck „interpretative Beschreibung" verdeutlicht, daß es sich hier um die Aufstellung und Sicherung deskriptiver Konstrukte im Sinne HERRMANNS

Validität

(vgl. 1969) handelt: Es wird festgelegt, mit welcher inhaltlichen Bedeutung das wissenschaftliche Handlungs-, subjektive Theorie- beziehungsweise Kausalattribuierungs-Konstrukt jeweils verwendet wird. Diese Überprüfung der Rekonstruktionsadäquanz von subjektiven Theorien oder Reflexionen kann natürlich nicht die Frage entscheiden, ob die Kognitionen in der Tat handlungsleitend (und nicht etwa nur handlungsrechtfertigend; vgl. WAHL 1980) sind: Dazu bedarf es einer kontrollierten Beobachtung im Sinne des klassischen Falsifikationskriteriums. Über die Verwendung der Konstrukte als explikative (zum Beispiel zur Erklärung von Handlungen) wird also im Rahmen des klassischen Validitätskonzeptes, vor allem über die Konstruktvalidität entschieden. Diese Relation der Validitätsaspekte stellt zugleich im Hinblick auf die implizierten Wahrheitskriterien ein generelles Modell für die Integration von Sinnkonstituierung und Geltungsprüfung in den empirischen Sozialwissenschaften dar: indem die dialog-konsenstheoretische Rekonstruktion von Wissen und Kognitionen des Erkenntnis„objekts" vorgeordnet, die im engeren Sinne empirische (falsifikationstheoretische) Überprüfung der Validität (Realgeltung) zwar nach-, dafür aber auch übergeordnet wird.

Abbildung 1: Verhältnis von Dialogkonsens-Rekonstruktion und Falsifikations-Validität   (Quelle: GROEBEN/SCHEELE 1977, S. 58)

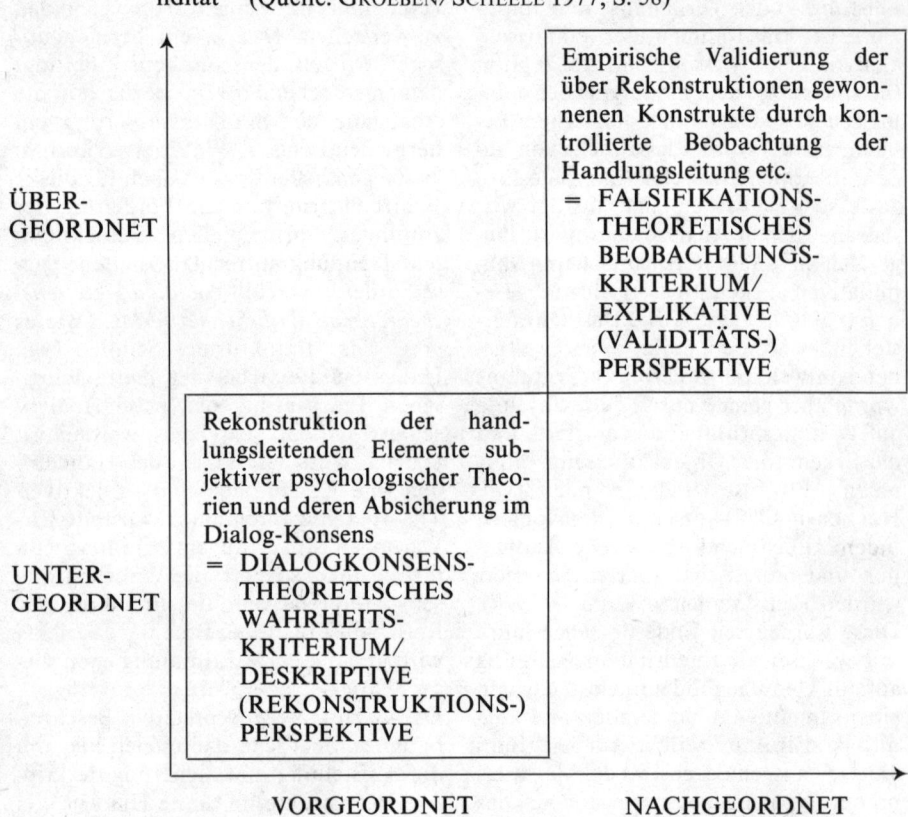

	VORGEORDNET	NACHGEORDNET
ÜBERGEORDNET		Empirische Validierung der über Rekonstruktionen gewonnenen Konstrukte durch kontrollierte Beobachtung der Handlungsleitung etc. = FALSIFIKATIONSTHEORETISCHES BEOBACHTUNGSKRITERIUM/ EXPLIKATIVE (VALIDITÄTS-) PERSPEKTIVE
UNTERGEORDNET	Rekonstruktion der handlungsleitenden Elemente subjektiver psychologischer Theorien und deren Absicherung im Dialog-Konsens = DIALOGKONSENSTHEORETISCHES WAHRHEITSKRITERIUM/ DESKRIPTIVE (REKONSTRUKTIONS-) PERSPEKTIVE	

Dieses Modell integriert die hermeneutische und empirische Tradition der Sozialwissenschaften Pädagogik und Psychologie (vgl. GROEBEN 1981), indem es deren jeweilige berechtigten Forderungen erfüllt und zugleich die Beschränkungen minimiert: durch die vorgeordnete dialog-konsenstheoretische Sinnkonstituierung wird eine beim Erkenntnisbereich „Mensch" adäquate „Sicht von innen" realisiert, die keine fixe Subjekt-Objekt-Relation des Erkennens (wie in den Naturwissenschaften) impliziert, sondern ein flexibles Verhältnis bis hin zur Subjekt-Subjekt-Relation der Selbsterkenntnis konstituiert. Hier öffnet sich die handlungsorientierte Wissenschaft gerade im pädagogischen Bereich in Richtung auf liberalere Methodologiekonzeptionen wie Aktionsforschung (vgl. TREIBER/GROEBEN 1983). Zugleich wird durch die übergeordnete falsifikationstheoretische Geltungsprüfung aus dem Universum der möglichen sinnvollen Konstrukte das rationale Korpus derjenigen Konstrukte ausgewählt, die die abgesichertste Validität zeigen. Damit ist auch – zumindest approximativ – eine Optimierung der Zielkriterien emanzipatorische, humane und praktische Relevanz erreicht (vgl. HOLZKAMP 1972, TREIBER/GROEBEN 1983).

GROEBEN, N.: Die Handlungsperspektive als Theorierahmen für Forschung im pädagogischen Feld. In: HOFER, M. (Hg.): Informationsverarbeitung und Entscheidungsverhalten von Lehrern, München 1981, S. 17ff. GROEBEN, N./SCHEELE, B.: Argumente für eine Psychologie des reflexiven Subjekts, Darmstadt 1977. HABERMAS, J.: Erkenntnis und Interesse, Frankfurt/M. 1968. HERRMANN, TH.: Lehrbuch der empirischen Persönlichkeitsforschung, Göttingen 1969. HOLZKAMP, K.: Kritische Psychologie, Frankfurt/M. 1972. JONES, E. E. u.a.: Attribution: Perceiving the Causes of Behavior, Morristown 1972. KLAUER, K.J.: Kontentvalidität. In: KLAUER, K.J. (Hg.): Handbuch der pädagogischen Diagnostik, Bd. 1, Düsseldorf 1978, S. 225ff. LAUCKEN, U.: Naive Verhaltenstheorie, Stuttgart 1974. LENK, H.: Handlung als Interpretationskonstrukt. In: LENK, H. (Hg.): Handlungstheorien – interdisziplinär, Bd. 2.1, München 1978, S. 279ff. LIENERT, G.A.: Testaufbau und Testanalyse, Weinheim/Berlin/Basel ³1969. SIMONS, H./MÖBUS, C.: Testfairneß. In: KLAUER, K.J. (Hg.): Handbuch der Pädagogischen Diagnostik, Bd. 1, Düsseldorf 1978, S. 187ff. STANLEY, J.C.: Reliability. In: THORNDIKE, R.L. (Hg.): Educational Measurement, Washington 1971, S. 356ff. TREIBER, B./GROEBEN, N.: Vorarbeiten zu einer reflexiven Sozialtechnologie – Die Integration von dialogisch-konsenstheoretischen Wahrheits- sowie Falsifikationskriterium am Beispiel subjektiver Theorien von Lehrern. In: ZEDLER, P./MOSER, H. (Hg.): Aspekte qualitativer Sozialforschung, Opladen 1983, S. 163ff. WAHL, E.: Methodische Schwierigkeiten bei der Rekonstruktion, Absicherung und Validierung subjektiver psychologischer Theorien von Lehrern. Vorlage Rundgespräch DFG ‚Subjektive psychologische Theorien von Lehrern' 25./26. 2. 1980, Bonn-Bad Godesberg 1980. WESTMEYER, H.: Logik der Diagnostik, Stuttgart 1972.

Norbert Groeben/Bernhard Treiber

Versuchsplanung

Anknüpfungspunkte. In der Erziehungswissenschaft begegnet man häufig Fragen, die sich allgemeingültig nur mit Hilfe empirischer Untersuchungen beantworten lassen. Je nachdem, wie stark dabei die Untersuchungsbedingungen vom Forscher beeinflußt werden können, unterscheidet man zwischen Experiment, Quasiexperiment und Feldstudie. In einem Experiment lassen sich alle relevanten Bedingungen direkt beeinflussen und damit unter Kontrolle halten, außerdem kann der Forscher in einem Experiment die Zuordnung der Untersuchungseinheiten zu den verschiedenen Bedingungen selbst bestimmen. In einem Quasiexperiment sind zwar noch die Bedingungen selbst kontrolliert, die Zuordnung der Fälle zu den unterschiedlichen Bedingungen ist jedoch dem Einfluß des Forschers entzogen. In einer Feldstudie sind alle Bedingungen nur noch beobachtbar, aber nicht mehr kontrolliert, man muß also die unterschiedlichen Bedingungen (mehr oder weniger gut) messen und darauf vertrauen, daß in der untersuchten Stichprobe alle interessierenden Bedingungen auch hinreichend vertreten sind.

Experimentieren bedeutet im Prinzip nichts anderes, als etwas auszuprobieren und je nach Erfolg oder Mißerfolg das Probierte beizubehalten oder bleibenzulassen. Ein Lehrer zum Beispiel probiert in einer Klasse eine neue Unterrichtsmethode aus. Wenn die Klasse damit besser zurechtkommt und bessere Leistungen erbringt, wird er diese Methode beibehalten, andernfalls läßt er diese Methode fallen und bleibt bei seinen altbewährten Methoden. Für eine wissenschaftliche Aussage genügt ein solches „Experiment" noch nicht, denn das Ergebnis ist nicht ohne weiteres verallgemeinerbar, es sagt nur etwas aus über den Erfolg oder Mißerfolg der Unterrichtsmethode in dieser einen Klasse mit diesem einen Lehrer.

In einer wissenschaftlichen Analyse ist zunächst die Fragestellung allgemeiner, beispielsweise soll die Frage „Ist eine bestimmte Unterrichtsmethode besser?" zumindest für eine ganze Altersstufe eines bestimmten Schultyps beantwortet werden. Weiterhin muß das erstrebte Ziel, hier: „bessere Methode", präzisiert werden durch genauere Definitionen wie „bessere Noten" oder „angenehmeres Unterrichtsklima". Es müssen Vergleichsgruppen geschaffen werden, zum Beispiel wird dieselbe Klasse zu verschiedenen Zeiten und/oder verschiedene Klassen werden gleichzeitig nach den verschiedenen Methoden unterrichtet. Schließlich müssen die Randbedingungen derart kontrolliert werden, daß das Ergebnis verallgemeinerbar ist. So muß gewährleistet sein, daß nicht die unterschiedliche Fähigkeit der Lehrer oder eine unterschiedliche Leistungsfähigkeit der Klassen das Ergebnis stärker beeinflussen als die Methode des Unterrichts.

Ein Beispiel. Im folgenden soll die Untersuchung beschrieben werden, auf die sich die später folgenden Definitionen und Regeln beziehen. Dafür werden die wichtigsten Variablen aus einer Untersuchung von HAENISCH u. a. (vgl. 1979) über Schulleistungsvergleiche in Deutsch, Mathematik, Englisch und Physik an Gesamtschulen und Schulen des gegliederten Schulwesens in Nordrhein-Westfalen benutzt. Es handelt sich dabei um eine Querschnittsstudie, die einen quasiexperimentellen Charakter hat. Die zentrale Untersuchungsbedingung ist der Schultyp mit den Ausprägungen „Gesamtschule" (GS) und „traditionelles, dreigliedriges Schulsystem" (TS). Die Gesamtschulen sind dabei als Experimentalgruppe anzusehen (vgl. DEUTSCHER BILDUNGSRAT 1969), und es sollen für verschiedene Lernbereiche die Unterschiede in der Lernleistung zum traditionellen Schulsystem als Kontrollgruppe festgestellt werden. Die Zuordnung einzelner Schüler zu den beiden Schultypen konnte weder direkt beeinflußt werden, noch kann sie als rein zufällig angesehen werden, da in Nordrhein-Westfalen die Gesamtschulen Angebotsschulen sind, das heißt, die Auswahl der Schulen ist praktisch nur dem Elternwillen unterworfen. Aus diesem Grunde kann man hier auch nur von einem quasiexperimentellen Verfahren reden. Diese Untersuchung wurde deshalb ausgewählt, weil ihre Anlage relativ weit vom klassischen, streng kontrollierten Laborexperiment entfernt ist. Es entstehen dadurch zwar mehr Probleme mit der Kontrolle von Störeinflüssen, die Verallgemeinerung auf reale Gegebenheiten ist aber dafür wesentlich unproblematischer als bei den oft realitätsfernen reinen Experimentalsituationen.

Fragestellung und abhängige Variablen. Jeder Versuchsplanung liegt eine bestimmte Fragestellung zugrunde, deren Beantwortung die ganze Untersuchung dienen soll. Zu Beginn einer Untersuchung muß zunächst präzisiert werden, welchen Geltungsbereich die Antwort auf die Frage haben soll. Soll das Ergebnis ganz allgemein gelten, zum Beispiel „Ist die Gesamtschule besser?", oder genügt eine Aussage über den Unterschied von Gesamtschule und traditionellem Schulsystem für ein bestimmtes Bundesland wie Nordrhein-Westfalen, in dem die Gesamtschule Angebotsschule ist?
Neben dem Geltungsbereich muß auch die Zielvariable präzisiert werden, das heißt, die Variable (oder auch mehrere Variablen), deren potentielle Unterschiede in verschiedenen Versuchsbedingungen von Interesse sind. In diesem Beispiel sind das vor allem Leistungstests, in den Fächern Deutsch, Mathematik, Englisch und Physik. Diese Zielvariablen werden üblicherweise „abhängige Variablen" genannt, im Gegensatz zu den „unabhängigen Variablen", deren Wirkung auf abhängige Variablen festgestellt werden soll.
Allgemein gesprochen sind abhängige Variable die Variablen, deren Ursache ergründet („Erklärung"), deren Eintreten vorhergesagt („Prognose") oder deren Änderung in einer gewünschten Richtung durch Manipulation von (manipulierbaren) unabhängigen Variablen erreicht werden soll („Technologie"), je nach dem Zweck der ganzen Untersuchung (vgl. OPP 1976).
Eine besondere Beachtung verlangt die Messung der abhängigen Variablen in den verschiedenen Gruppen. Es muß gewährleistet sein, daß die verwendeten Meßinstrumente sowohl in der Kontroll- als auch in der Experimentalgruppe dasselbe messen. Diese scheinbar triviale, aber nicht immer beachtete Forderung wird an diesem Beispiel deutlich: Die üblicherweise zu schulischen Leistungsvergleichen benutzten standardisierten Schulleistungstests können in den verschiedenen Schulen und Schultypen unterschiedlich mit den entsprechenden Curricula übereinstimmen, weil sich zum Beispiel ein Curriculum schneller entwickelt hat als der zugehörige Test. Diese unterschiedliche Übereinstimmung kann schulsystembedingte Unterschiede in den Testergebnissen verwischen oder nicht vorhandene Unterschiede erst erzeugen, was zu Mißinterpretationen führen würde. In der Untersuchung von HAENISCH u.a. (vgl. 1979) wird diese Fehlermöglichkeit durch die zusätzliche Erhebung der Variablen „Lerngelegenheiten" kontrolliert, womit curricular bedingte Unterschiede der Testergebnisse korrigiert werden können.

Unabhängige Variablen. Unabhängige Variable sind die Determinanten der abhängigen Variablen, also die Variablen, die potentiell die abhängigen Variablen in irgendeiner Weise beeinflussen können und deren Einfluß für Erklärungs-, Prognose- oder technologische Zwecke wichtig sind. Die zentrale unabhängige Variable ist natürlich die Zugehörigkeit zu der Kontroll- oder Experimentalgruppe, aber meistens werden weitere Variablen mit erhoben, deren Einfluß auf die abhängige Variablen auch interessiert oder deren Ausprägungen zur Bildung von Teilstichproben zum Zwecke einer differenzierteren Betrachtung der Ergebnisse dienen.
Im Beispiel sind als unabhängige Variablen unter anderem folgende zu finden: Zunächst die zentrale Variable, der Schultyp, mit den Ausprägungen „Gesamtschule" und „traditionelle Schulen". Zur Teilstichprobenbildung wurden die Variablen Klasse (6.-9. Klasse), Grundschulempfehlung (Hauptschule - Realschule - Gymnasium) sowie für die 9. Klasse die Abschlußprognose (Hauptschule - Realschule/Gymnasium) erho-

ben, die Ergebnisse konnten entsprechend differenziert dargestellt werden (vgl. HAENISCH/LUKESCH 1980).

Drittvariablen. Dies sind Variablen, die ebenfalls die abhängigen Variablen in irgendeiner Weise beeinflussen können, aber deren Wirkung in einer bestimmten Versuchsplanung nicht interessiert. Sie sind insoweit zu berücksichtigen, als sie den Effekt der unabhängigen auf die abhängigen Variablen verfälschen können.

Im Beispiel wurden zahlreiche Drittvariablen erhoben, so zum Beispiel 22 affektive Schülermerkmale, 14 elterliche Unterstützungsvariablen, 18 Variablen der Zeitnutzung und der Beteiligung am Unterricht, 12 schulbiographische Daten und 24 Lehrervariablen (vgl. HAENISCH/LUKESCH 1980, S. 144 ff.). Alle diese Drittvariablen wurden daraufhin untersucht, ob sie mit den Leistungsergebnissen (= abhängige Variablen) korrelieren und eventuell Unterschiede der Leistungstests in den Schulsystemen bewirken.

Versuchsanordnung. Die Versuchsanordnung ist der kritischste Punkt in der gesamten Untersuchung. Sie dient vor allem dazu, weitere Störeinflüsse derart zu kontrollieren, daß ihr Einfluß in allen Gruppen gleich stark ist und deshalb keine künstlichen Unterschiede auftreten. In der Versuchsanordnung wird festgelegt, wer in welche Gruppe soll und damit wer welcher Bedingung ausgesetzt wird. In einem klassischen Experiment hat der Forscher die Möglichkeit, die zu untersuchenden Leute (oder andere Untersuchungseinheiten) per Zufall auf Experimental- und Kontrollgruppen zu verteilen. Man nennt dies „Randomisieren" der Bedingungen, das heißt, wer welcher Bedingung ausgesetzt wird, ist rein zufällig. Durch dieses Verfahren werden sich störende Einflüsse, die individuell bedingt sind, auf die Ergebnisse nur in kalkulierbaren Zufallsschwankungen auswirken, systematische Verzerrungen sind dadurch ausgeschlossen. Voraussetzung für die Anwendung sind hinreichend große Stichproben, damit die Zufallsschwankungen klein bleiben.

Bei einem Quasiexperiment besteht keine Möglichkeit, die Bedingungen zu randomisieren. Das Beispiel ist ein derartiges Quasiexperiment, da die Zuordnung der Schüler zu Gesamtschulen oder Schulen des traditionellen Schulsystems dem Einfluß des Forschers entzogen ist. Der Forscher hat in einem Quasiexperiment nur die Möglichkeit, die Bedingungen zu „parallelisieren" („matching"). Bei diesem Verfahren werden, ausgesucht nach bestimmten Kriterien, den Experimental- und Kontrollgruppen möglichst gleichartige Personen zugeordnet: Es wird zum Beispiel darauf geachtet, daß Geschlecht und soziale Herkunft in beiden Gruppen möglichst gleich verteilt sind. Bei sehr genauer Parallelisierung sucht man zu jedem Mitglied der einen Gruppe ein passendes der anderen Gruppe, man bildet also nach bestimmten Kriterien gleichartige Paare, von denen jeweils die eine Einheit der Kontrollgruppe, die andere der Experimentalgruppe zugeordnet wird.

Der Vorteil des Parallelisierens gegenüber dem Randomisieren ist der, daß die Gruppen vergleichbarer sind bezüglich der Parallelisierungskriterien. Der große Nachteil ist jedoch, daß alle in den Kriterien nicht erfaßten Einflüsse (und das sind im Zweifel sehr viele) systematische Unterschiede zwischen den Gruppen erzeugen können, die wiederum das Ergebnis verzerren. Im Beispiel „unterscheiden sich die Stichproben aus beiden Schulsystemen nicht hinsichtlich Geschlecht, Sozialschichtzugehörigkeit und Anteile der Grundschulempfehlungen im 6. Schuljahr beziehungsweise Schulartzugehörigkeit (TS) vs. Abschlußprognose (GS) im 9. Schuljahr" (HAENISCH/LUKESCH 1980, S. 155). Trotzdem gibt es auch hier weitere, nicht genau kontrollierbare Störungen, hierzu gehört der auch von den Autoren genannte Ausleseeffekt beim Zugang zur Gesamtschule oder zu einer der traditionellen Schulen (vgl. HULLEN 1976). Trotz dieser Schwäche sind Studien dieser Art durch ihre Wirklichkeitsnähe sinnvoll. Die Aufgabe besteht vor allem darin, möglichst sorgfältig die Störvariablen zu erfassen, die Einfluß auf die abhängigen Variablen haben und in den Gruppen unterschiedlich verteilt sein könnten.

Eine weitere Möglichkeit, Vergleichsgruppen zu bilden, besteht darin, eine bestimmte Stichprobe vor und nach dem Aussetzen einer Bedingung zu beobachten und die Beobachtungen zu vergleichen. Hier sind die Vergleichsgruppen nicht verschiedene Stichproben, die gleichzeitig beobachtet werden, sondern die gleiche Stichprobe, die zu verschiedenen Zeitpunkten beobachtet wird. Auch hier sind die beobachteten Unterschiede in den abhängigen Variablen das Kriterium, das durch die Untersuchungsbedingung hervorgerufen wird. In der Statistik nennt man solche Meßwiederholungen „abhängige Stichproben", da die verschiedenen Messungen an denselben Untersuchungseinheiten vorgenommen werden. Wenn die Messungen an Stichproben unterschiedlicher Fälle vorgenommen werden, spricht man von „unabhängigen Stichproben".

Auch bei Querschnittuntersuchungen, das heißt, wenn alle Daten zu einem Zeitpunkt erhoben wurden, sind unter Umständen zeitliche Veränderungen feststellbar. Dazu werden nicht nur Daten der Gegenwart, sondern auch bereits vergangene Daten miterhoben. In dem Beispiel einer Querschnittsstudie wurden unter anderen die Variablen Grundschulnoten, Grundschulempfehlung und Grundintelligenz erhoben, das heißt Variablen, die Meßwerte aus der Zeit vor der Einschulung in eine Gesamtschule beziehungsweise in eine traditionelle Schule liefern. Auf diese Weise kann hier eine Art Mehrfachmessung simuliert werden, auch wenn dabei keine echte Meßwiederholung stattfindet. Bei einer echten Meßwiederholung kann man Differenzen zwischen erster und zweiter Messung als abhängige Variablen bilden. Bei der „simulierten" Mehrfachmessung kann die Messung der früher erhobenen Daten nur zur Kontrolle der Unterschiede in der zweiten Messung benutzt werden, entweder mittels Teilstichprobenbildung oder durch rechnerisches Konstanthalten.

Gütekriterien. CAMPBELL/STANLEY (vgl. 1963; vgl. SCHWARZ 1970) haben einen Katalog von insgesamt zwölf Beurteilungskriterien für die Gültigkeit von experimentellen und quasiexperimentellen Anordnungen aufgeführt und zahlreiche Typen von Untersuchungsanordnungen an ihnen geprüft. Acht dieser Beurteilungskriterien beziehen sich auf die sogenannte innere Gültigkeit. Darunter verstehen die Autoren die Fähigkeit einer bestimmten Anordnung, störende Einflüsse auf das Versuchsergebnis zu kontrollieren. Auf unser Beispiel angewandt ergibt das folgendes Ergebnis:

Die ersten vier Kriterien beziehen sich auf den Einfluß, der, bedingt durch den Zeitraum zwischen zwei Messungen, auf das Versuchsergebnis störend wirken könnte. Dies sind
- wechselnde äußere Gegebenheiten („zwischenzeitliches Geschehen"),
- Änderung der Probanden („Reifung"),
- Auswirkungen der ersten Messung auf die zweite („Testen") und
- Änderungen der Meßinstrumente und Beobachter („Hilfsmittel").

Bei allen diesen Kriterien schneidet das Beispiel gut ab, da dabei kein störender Vortest stattgefunden hat.

Die anderen vier Kriterien der inneren Gültigkeit beziehen sich auf Störeinflüsse durch die Zuordnung der Probanden auf die Vergleichsgruppen. Diese sind

Versuchsplanung

im einzelnen:
- Auswahl der Gruppen aufgrund von Extremwerten („Regression"),
- Verzerrungen durch differenzierende Zuweisungen der Probanden zu den Vergleichsgruppen („Auswahl"),
- unterschiedlicher Ausfall von Probanden in den Vergleichsgruppen („Einbußen") und
- Wechselwirkungen zwischen „Auswahl" und den zeitbedingten Störungen „zwischenzeitliches Geschehen", „Reifung" und „Testung" („Wechselwirkungen zwischen Auswahl und Reifung").

Das Beispiel hat nur Probleme mit dem Kriterium „Auswahl". Vor den übrigen Kriterien der inneren Gültigkeit kann die Anordnung bestehen.

Zur äußeren Gültigkeit oder Repräsentativität gehören vier weitere Kriterien, die als Maß für die Verallgemeinerbarkeit der Untersuchungsergebnisse dienen. Zwei davon beziehen sich auf Verallgemeinerungen in anderen Situationen mit gleichen Bedingungen. Es sind dies
- die Wechselwirkungen zwischen einer Voruntersuchung und der Versuchsbedingung („Wechselwirkung zwischen Testen und X") und
- die Wechselwirkungen verzerrter Stichprobenauswahl und der Versuchsbedingung („Wechselwirkung zwischen Auswahl und X").

Mangels einer Voruntersuchung gibt es im Beispiel keine Probleme mit dem Kriterium „Wechselwirkungen zwischen einer Voruntersuchung und der Versuchsbedingung". Beim zuletzt genannten Kriterium schneidet diese Studie aus denselben Gründen wie beim Kriterium „Auswahl" weniger gut ab. Deshalb ist die Generalisierbarkeit der Ergebnisse auf beliebige Gesamtschulen eingeschränkt, insbesondere auf solche, die keinen Angebotsstatus haben.

Die beiden letzten Kriterien der äußeren Gültigkeit beziehen sich auf die Übertragbarkeit der Ergebnisse auf Alltagssituationen. Es sind dies
- die reaktiven Effekte der experimentellen Situation („Effekte der experimentellen Situation"), das heißt Störungen durch künstliche „Laborbedingungen" und
- Beeinträchtigungen dadurch, daß die Probanden verschiedenen Behandlungen ausgesetzt werden („Beeinträchtigung durch mehrere X").

Diesen beiden Kriterien erfüllt die Beispielsstudie wieder uneingeschränkt.

Statistische Auswertung. Für einfache Modelle mit einer abhängigen und nur einer unabhängigen Variablen (nämlich der Versuchsbedingung) wird vorzugsweise der t-Test (vgl. CLAUSS/EBNER 1977) genommen, je nach Versuchsanordnung der t-Test für abhängige oder der für unabhängige Stichproben. Das klassische Mittel der Wahl bei komplexeren Modellen ist die Varianzanalyse, sehr ausführlich beschrieben bei WINER (vgl. 1962), einfacher und kürzer beispielsweise bei CLAUSS/EBNER (vgl. 1977) oder bei GAENSSLEN/SCHUBÖ (vgl. 1973). Die Varianzanalyse überprüft die Effekte einer oder mehrerer unabhängiger Variablen auf jeweils eine abhängige. Dabei können nicht nur die Effekte jeder einzelnen unabhängigen Variablen für sich, sondern auch Interaktionseffekte mehrerer dieser Variablen gemeinsam auf die abhängige getestet werden. Die (klassifikatorischen) unabhängigen Variablen werden Faktoren genannt, die (metrischen) abhängigen Variablen heißen Kriteriumsvariablen. Außerdem gibt es noch die Möglichkeit, mit Hilfe einer Kovarianzanalyse zusätzliche (metrische) Drittvariablen zu berücksichtigen, die „Kovariate" genannt werden.

CAMPBELL, D.T./STANLEY, J.C.: Experimental and Quasi-Experimental Designs for Research, Boston 1963. CLAUSS, G./EBNER, H.: Grundlagen der Statistik für Psychologen, Pädagogen und Soziologen. Frankfurt/M. 1977. DEUTSCHER BILDUNGSRAT: Einrichtung von Schulversuchen mit Gesamtschulen. Empfehlungen der Bildungskommission, Stuttgart 1969. GAENSSLEN, H./SCHUBÖ, W.: Einfache und komplexe statistische Analyse, München/Basel 1973. HAENISCH, H. u.a.: Gesamtschule und dreigliedriges Schulsystem in Nordrhein-Westfalen. Schulleistungsvergleiche in Deutsch, Mathematik, Englisch und Physik, Paderborn 1979. HAENISCH, H./LUKESCH, H.: Ist die Gesamtschule besser? Gesamtschulen und Schulen des gegliederten Schulsystems im Leistungsvergleich, München 1980. HULLEN, G.: Creaming – Gesamtschule im Wettbewerb. In: Z. f. P. 22 (1976), S. 273 ff. OPP, K.-D.: Methodologie der Sozialwissenschaften, Reinbek 1976. SCHWARZ, E.: Experimentelle und quasi-experimentelle Anordnungen in der Unterrichtsforschung. In: INGENKAMP, K. (Hg.): Handbuch der Unterrichtsforschung, Teil 1, Weinheim/Berlin/Basel 1970, S. 445 ff. WINER, B.J.: Statistical Principles in Experimental Design. New York/London 1962.

Jörg Graff

Versuchsplanung – Entwicklungsanalyse

Entwicklungspsychologie – Analyse von Veränderungen. Entwicklungspsychologie muß gemäß ihrem gegenwärtigen Selbstverständnis primär Wandel, speziell Verhaltensänderungen von Individuen analysieren (vgl. MCCALL 1977). Dabei wird davon ausgegangen, daß Entwicklungsänderungen sich in allen „Lebensstadien" ereignen, die eine Person durchläuft, in jedem Alter, zu allen Lebenszeiten. Sie finden innerhalb einer sich ebenfalls ändernden physikalischen und sozialen Umwelt statt. Ausmaß, Richtung und Abfolge von Entwicklungsänderungen (im Wechsel mit Konstanz) sind nur beschreibbar als Stabilität oder Veränderung des Person-Umwelt-Systems, im Sinne einer Interaktion ontogenetischer und historisch-evolutionärer Einflüsse für Änderungen. Daraus ergibt sich: statt Experimentieren im Labor, Analysen sozioökologischer Verhältnisse, innerhalb derer Entwicklung sich ereignet. Eine naturalistischere, relevante, ökologische Orientierung des Experimentierens (vgl. CRONBACH 1975) mit Feldstudien, Feldexperimenten, quasiexperimentellen Anordnungen, „Veränderungsexperimenten" (vgl. BRONFENBRENNER 1978) stellt einen Kompromiß zwischen „Realitätsbezogenheit" und Erklärungsanspruch dar (vgl. OERTER 1977).

Eine multivariate Forschungskonzeption ist auf der Basis der bisherigen Lagebeurteilung eine weitere plausible Konsequenz, wenn man in Begriffen wie Mensch-Umwelt-System, Veränderungsstruktur / Zusammenhangsstruktur, multiple Bedingungskonstellationen denkt. Neuere Entwicklungen bei den multivariaten statistischen Auswertungstechniken machen es möglich, auch in diesen Fällen konfirmatorisch-hypothesenprüfend vorzugehen. Interessant sind diese Ansätze, weil zeitlich weit auseinander liegende Ereignisse zu Erklärungszwecken in einem Modell miteinander verknüpft werden können, ein wichtiges Indiz für den Trend, von Beschreibung der Entwicklungsänderungen zu Erklärungen zu kommen (vgl. auch Interventions- und Simulationsstudien, vgl. BRANDTSTÄDTER 1983, BRANDTSTÄDTER/v. EYE 1979).

Längs- und Querschnitt. Wenn man als Hauptziel der Entwicklungspsychologie akzeptiert, Änderungsreihen oder Entwicklungssequenzen zu untersuchen, dann muß beim Individuum als zentraler Untersuchungseinheit mit Informationen über intraindividuelle Veränderungen begonnen werden. Es bietet sich die Längsschnittmethode sozusagen als

„natürliche" Methode an.
Quantitative Änderungsreihen lassen sich nach verschiedenen Aspekten beschreiben, wie Form des Verlaufs, Tempo der Veränderung durch Zuordnung von Altersangaben zu bestimmten ausgezeichneten Abschnitten einer Kurve, durch Angabe von Extremen, Plateaus (vgl. GUIRE/KOWALSKI 1979). Bei quantitativen Wachstumskurven können sich aber hinter Sprüngen oder Beschleunigungen qualitative Umstrukturierungen verbergen – ein Phänomen, das zum Beispiel aus der Intelligenzentwicklung bekannt ist oder beim Körperwachstum auftritt, wenn die Proportionen sich ändern – eine qualitative Änderung. Bei *qualitativ* zu fassenden Entwicklungssequenzen muß man anstelle von der Form des Verlaufs von Invarianz (oder Variabilität) eines sequentiellen Musters qualitativ unterscheidbarer Verhaltensweisen oder kognitiver Strukturen reden (vgl. HOPPE u.a. 1977). Als Beispiele seien genannt die Sequenz der motorischen Entwicklung: Kein Widerstand gegen das Abknicken der Wirbelsäule (beim Neugeborenen) bis zum freien Sitzen oder eine Sequenz der Entwicklung des Spielverhaltens entlang der Dimension „soziale Interaktionen": Unbeschäftigtsein, alleine spielen, zuschauen, parallel spielen, gemeinsam spielen, kooperativ-interaktiv spielen (vgl. WOHLWILL 1977) oder Piagets Theorie der kognitiven Entwicklung (vgl. GINSBURG/OPPER 1978). Quantitative oder qualitative Akzentuierung von Veränderungsreihen ist keine Sache der Empirie, sondern eine Entscheidung auf der Basis der erkenntnisleitenden Theorie, des damit verbundenen Entwicklungsmodells (zum Beispiel Wachstum oder Differenzierung/Organisation) und des zugrunde liegenden Metamodells: mechanistisch, organismisch, dialektisch und andere. Es existiert eine Vielzahl von Modellvorstellungen (vgl. OVERTON/REESE 1973, REESE/OVERTON 1970, RUDINGER 1983a, THOMAE 1961), die ihrerseits eine breite Palette von adäquaten Erhebungsmethoden und numerisch-statistischen Auswertungsmodellen nach sich zieht (vgl. ECKENSBERGER 1979, HENNING/RUDINGER 1984).

Umso erstaunlicher ist es jedoch, daß das Gros entwicklungspsychologischer Forschung „querschnittlich" konzipiert ist. Beim *Querschnitt* werden zu *einem* Zeitpunkt verschiedene Altersgruppen untersucht; die Altersgruppen stammen zwangsläufig aus verschiedenen Kohorten (Geburtsjahrgängen). Beim *Längsschnitt* werden Personen aus *einer* Kohorte zu verschiedenen „Altern" untersucht. In der Regel handelt es sich dabei um wiederholte Untersuchungen derselben Personen (vgl. BALTES u.a. 1977, HOPPE u.a. 1977, TRAUTNER 1978; vgl. Abbildung 1).

Interne und externe Gültigkeit beider Methoden in dieser einfachen Form sind stark eingeschränkt; solange Querschnittuntersuchungen sich auf einen Meßzeitpunkt beschränken, können die Ergebnisse nicht auf andere Zeiten übertragen werden; Altersdifferenzen sind nicht von Kohortendifferenzen zu trennen, denn beide, Alter und Kohorte, variieren. Querschnittergebnisse erlauben nur unter den strengen Annahmen geringster inter-individueller Differenzen und kohortenunabhängiger Veränderungen gültige Schlüsse auf modale Entwicklungsverläufe. Darin liegen für viele, aber sicherlich nicht für alle Untersuchungsbereiche forschungslogische Schwierigkeiten der Versuchsplanung und Interpretation. Wird bei einer Längsschnittuntersuchung nur eine Kohorte wiederholt untersucht, lassen sich diese Ergebnisse nicht auf andere Kohorten übertragen; negativ auf die interne Gültigkeit wirken sich aus bei der Längsschnittstudie: Selektion bei der Zusammenstellung der Stichprobe, unter Umständen selektives Überleben, selektive Ausfälle, Testeffekte. Solange in der Stichprobe jedoch nur ein Prozeß abgebildet wird, der auch in der Population

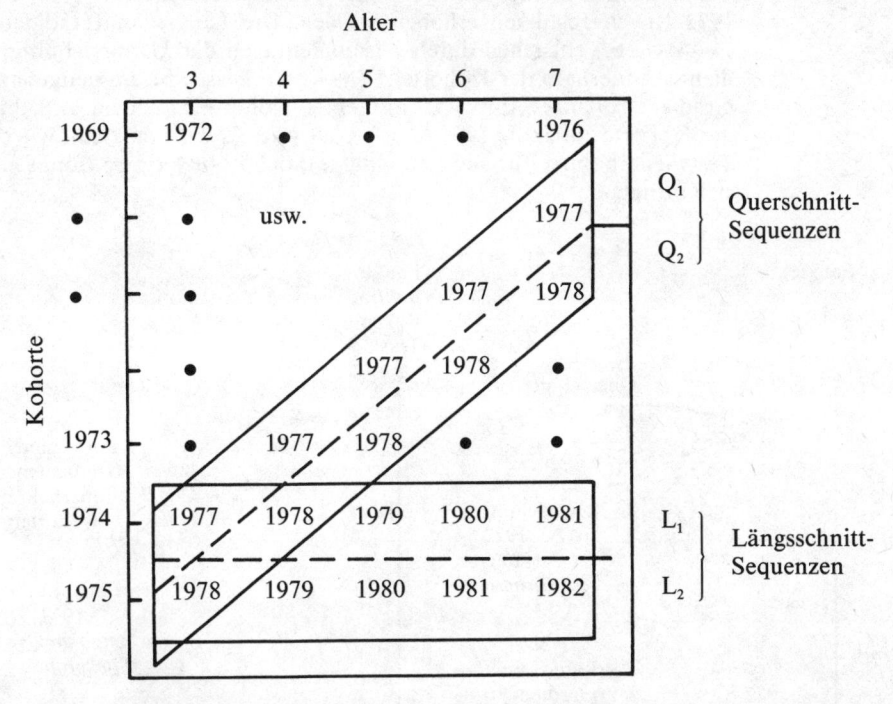

Abbildung 1: Darstellung von Querschnittstudie (Q_i), Längsschnittstudie (L_i) beziehungsweise Querschnitt- und Längsschnittsequenzen

stattfindet, ist Generalisierung möglich, denn die sich systematisch ändernde Population ist nun einmal die einzige Realität.

Abbildung 2 zeigt Ergebnisse der Sequenzmethoden aus der Bonner Längsschnitt-Studie mit abhängigen und unabhängigen Stichproben zur Kontrolle der Testeffekte. Die gleichzeitige Kontrolle von Testeffekten und experimenteller/selektiver Mortalität gestaltet sich ungleich aufwendiger (vgl. BALTES 1968; vgl. RUDINGER 1978, 1981; vgl. SCHAIE 1965, 1977).

Einige der genannten Fehler kann man durch „sequentielles" Datensammeln ausschalten, indem man mehrere Querschnitte über den gleichen Altersbereich erhebt (Querschnittsequenzen) oder indem man mehrere Längsschnitte (für mehrere Kohorten) über denselben Altersbereich durchführt (Längsschnittsequenzen) mit wiederholten Messungen entlang der Altersvariable (vgl. Abbildung 1). BOTWINICK (vgl. 1977) allerdings sieht vor allem hinsichtlich solcher *gruppenspezifischer* und altersgebundener Globalaussagen (wie in Abbildung 2) *keine qualitativen* Unterschiede zwischen Querschnitt- und Längsschnittstudie. Seine Schlußfolgerung lautet: Querschnitt maximiert, Längsschnitt minimiert Altersunterschiede. Der Querschnitt zeigt, was diverse Kohorten unter den gegenwärtig herrschenden Bedingungen *aktuell leisten*. Der Längsschnitt dagegen ist gewissermaßen als Intervention und Anregung zu betrachten, mit der man Leistungsbedingungen optimieren kann. Beide haben korrekte Botschaften, je nachdem, ob man auf die Beschreibung der aktuellen Performanz oder der vorhandenen Kompetenz zielt.

Versuchsplanung – Entwicklungsanalyse

Abbildung 2: Beispiel aus der Bonner Gerontologischen Längsschnittstudie zur Anwendung der Sequenz-Methoden in einem Kohorten x Alter-Design mit abhängigen und unabhängigen Stichproben, für die 1967 und 1972 Raven-Testdaten erhoben wurden. Die Längsschnittgradienten (▶–·–·–▶) entstehen durch Zusammenfügen der „Längsschnittgradienten innerhalb der Kohorten" (·-----·). Dieser zusammengesetzte Gradient soll die „Entwicklung" einer Kohorte abbilden, z. B. hier der Kohorte 1905, die 1967 62 Jahre alt war. Es wird deutlich, wie die Testwiederholung für die „abhängige Stichprobe" einen Bonus mit sich bringt.

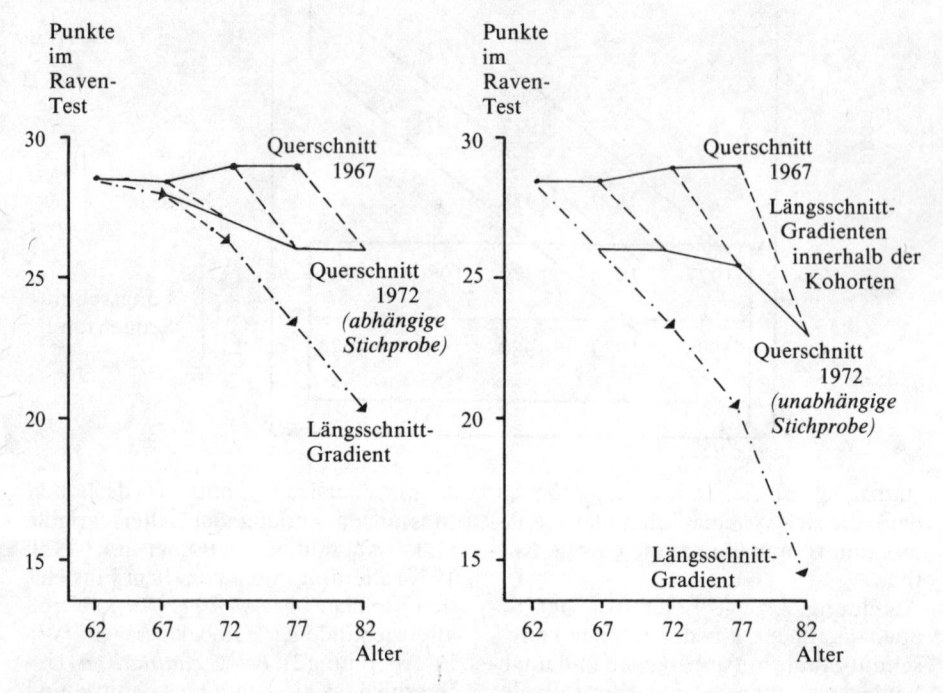

(Quelle: RUDINGER 1981, S. 125)

Entwicklungspsychologische Versuchspläne als quasiexperimentelle Ansätze. Die von SCHAIE (vgl. 1977) vorgenommene Einordnung der Sequenzstrategien und auch anderer entwicklungspsychologischer Designs in den Kanon quasiexperimenteller Pläne von CAMPBELL/STANLEY (vgl. 1966; vgl. COOK/CAMPBELL 1976, 1979) ist für die weitere methodologische Bewertung sehr hilfreich (vgl. Abbildung 3). Längsschnittstudien für eine Kohorte oder Längsschnittstudien mit mehreren Kohorten (Längsschnittsequenzen, Kohortensequenzen) lassen sich als (multiples) Zeit-Reihen-Design auffassen, wiewohl bei dieser Analogie (und auch den anderen in Abbildung 3) ein Problem darin besteht, das explizite „treatment" (Intervention) im Entwicklungsdesign wiederzufinden, das im quasiexperimentellen Design konstituierend ist (vgl. Abbildung 4).

Abbildung 3: Zuordnung einiger entwicklungspsychologischer Forschungsdesigns zu quasiexperimentellen Designs

Entwicklungsdesign	Quasi-experimentelles Design (Nr. nach CAMPBELL/STANLEY 1966)
Querschnitt	Separate Stichproben (12)
Längsschnitt für eine Kohorte	Zeit-Reihe (7)
Querschnitt-Sequenzen (Zeit-Sequenzen)	Separate Stichproben (12, 12 a, b, c)
Längsschnitt-Sequenzen (mit wiederholter Messung) – Kohorten-Sequenzen	Multiple Zeit-Reihe (14)
Längsschnitt-Sequenzen (mit unabhängigen Stichproben) – Kohorten-Sequenzen	Separate Stichproben mit Kontrolle des zwischenzeitlichen Geschehens (12 a)
Quer-Sequenzen (mit unabhängigen Stichproben)	Vor-Nachtest Kontrollgruppen-Design für separate Stichproben (13)
Quer-Sequenzen (mit wiederholter Messung)	Separate Stichproben mit Kontrolle säkularer Trends (12 b)
Analyse des funktionalen Alters	Regressions-Diskontinuitäts-Analyse (16)

(Quelle: SCHAIE 1977, S. 43; Modifikationen: G. R.)

Kohorte – ein explikatives Konstrukt?
Die Einführung der „Kohorte" als Designvariable und als theoretisches Konstrukt entsprang dem starken Interesse an sozialem, kulturellem und historischem Wandel als Bedingung individueller Änderungsprozesse. Kohortenunterschiede, etwa im kognitiven Bereich, indizieren mindestens dreierlei:
- die geringe Aussagekraft nomothetischer und universeller Entwicklungsmuster, angesichts einer Interaktion „Kohorte × Zeit" (ATI-Forschung vgl. CRONBACH/SNOW 1977; vgl. ferner BREDENKAMP 1979):
- die Unhaltbarkeit rein personologischer, intra-organismischer Modelle des Entwicklungsverlaufs, wenn Kohorte für sozio/bio/kulturelle, historische Einflüsse steht (vgl. BALTES u. a. 1979);
- die Notwendigkeit der Multidisziplinarität, da die Beschreibung und Erklärung dessen, was Kohorten im einzelnen unterscheidet, über die Grenzen der Psychologie hinausgeht.

Aber „Kohorte" ist wie „Alter" (vgl. WOHLWILL 1970, 1977) eine nichtpsychologische, komplexe, nichtmanipulierbare Subjekt-Variable. „Erklärungen" von Verhaltensänderungen durch „Kohorte" sind wie Erklärungen durch „Zeit" oder „Alter" auflösbar in Abhängigkeiten von anderen Variablen. Alter und Kohorte sind so nur „Proxies" für nicht bekannte, detailliert nicht erfaßte Einflüsse, Bedingungen und Prozesse. Faktoren molarer Art, die nicht nur kohortenspezifisch, sondern auch innerhalb von Kohorten wirken und starke interindividuelle beziehungsweise gruppenspezifische Differenzen hervorrufen können, sind unter anderem: Umwelt, Umgebung, Environment; Sozialisation, Schulbildung, Beruf (Anregung), biographische, kontextuelle, soziokulturelle, sozio-ökonomische Bedingungen. Individuelle Faktoren können sein: (Test-)Erfahrung, Motivation, Ermüdung, Vorsicht/Risikobereitschaft, Belohnungsabhängigkeit, Aktivitätsniveau, Zukunftsperspektive, kognitiv-mediative Fertig-

Versuchsplanung – Entwicklungsanalyse

Abbildung 4: Die BLSA (Bonner Längsschnittstudie des Alters) ist als Kohorten-Sequenz- bzw. Längsschnitt-Sequenz-Studie geplant worden, die es ermöglicht, zwei kohortenspezifische Längsschnitte miteinander zu vergleichen. Die Abbildung zeigt für die beiden Testteile des HAWIE (Verbalteil-VT; Handlungsteil-HT) die jeweiligen Entwicklungsverläufe für eine jüngere (K_6; geb. 1905) und eine ältere (K_7; geb. 1895) Kohorte über 11 Jahre.

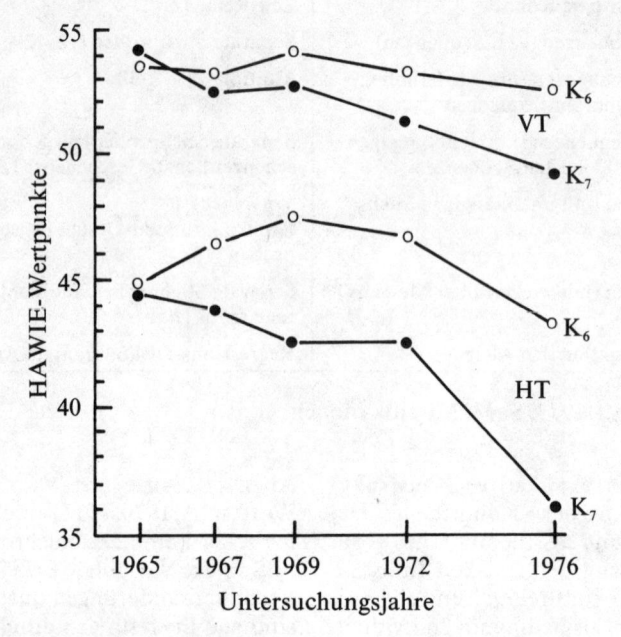

(Quelle: RUDINGER 1983 b, S. 82)

Für den Handlungsteil ergibt sich eine signifikante Interaktion „Kohorte × Zeit", so daß hier von differentiellen Entwicklungsverläufen gesprochen werden kann.
In der psychologischen Altersforschung lassen sich aus Studien mit Längsschnittsequenzen in konsistenter Weise ähnliche Befunde ermitteln: Kohortendifferenzen sind bis ins hohe Alter bedeutsamer als Altersunterschiede. Darüber hinaus legen deutliche interindividuelle Altersdifferenzen die Annahme vieler differentieller (heterogener) „patterns of aging" näher als die weniger in sich homogener (vgl. RUDINGER 1983 b, c; vgl. THOMAE 1976)

keiten – und biologische Faktoren wie Gesundheitszustand. Alle diese Einflüsse sind nicht unabhängig voneinander und in ihrer Kausalrichtung nicht eindeutig bestimmbar. Die Annahme reziproker Interaktionen dieser und anderer Faktoren über die Zeit hin erscheint angebracht.
Die Aufschlüsselung von Kohortenunterschieden zwingt jedoch nicht nur zur Multidisziplinarität, sondern wirft methodische Probleme auf, die unter dem Begriff „Mehrebenenanalyse" bekannt sind. So ist es zum Beispiel durchaus möglich, interindividuelle Leistungsdifferenzen zwischen Schülern in inter- und intrainstitutionelle Effekt-Komponenten (Schulsystem, Schulform, Schule, Schulklasse, Lerngruppe) zu zerlegen (vgl. Abbildung 5).

Versuchsplanung – Entwicklungsanalyse

Abbildung 5: Beispiele für Mehrebenenmodelle in der Bildungsforschung
(a) Beispiel einer hierarchischen Zerlegung interindividueller Schülerdifferenzen in inter- und intrainstitutionelle Effektkomponenten von Schulsystem- bis Lerngruppenanteilen unter Hervorhebung der Schulklasse als Analyseebene

Analyseebene	Effektkomponenten
	Gesamt
1 Schulsystem	Inter Intra
2 Schulform	Inter Intra
3 Schule	Inter Intra
4 Schulklasse	Inter Intra
5 Lerngruppe	Inter Intra
6 Schüler	Inter Fehler

(Quelle: Treiber 1981, S. 219)

(b) Problemstellungen für Mehrebenenmodell individueller Bildungsverläufe

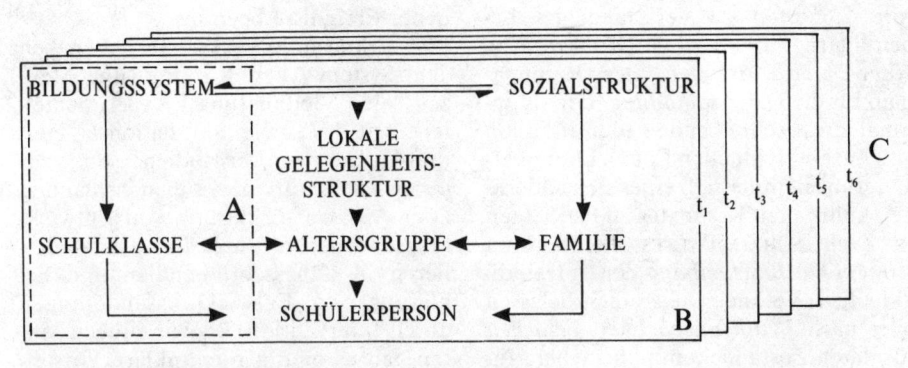

[Diagramm: BILDUNGSSYSTEM → SOZIALSTRUKTUR; LOKALE GELEGENHEITSSTRUKTUR; SCHULKLASSE ↔ ALTERSGRUPPE ↔ FAMILIE; SCHÜLERPERSON; Markierungen A, B, C; Zeitachse $t_1, t_2, t_3, t_4, t_5, t_6$]

(Quelle: Treiber 1980, S. 359)

A: Hierarchisches Zweistufenschema indirekter Systemeffekte der schulischen Makroebene und direkte Aggregateffekte der intraschulischen Mikroebene

B: Komplexe Verknüpfung primärer Bildungsbedingungen des Elternhauses, der Schulklasse, der Schülerperson und der Altersgruppe auf verschiedenen Analyseebenen

C: Zeitreihen von Veränderungen in der strukturellen, kontextuellen und individuellen Bedingungsstruktur institutionalisierter Bildungsverläufe

Die Übertragung auf die Analyse individueller Entwicklung im Wechselspiel mit historischen, kulturellen, soziologischen, ökonomischen, institutionellen, familialen bezugs- oder peergruppenspezifischen Einflüssen liegt auf der Hand. Es ergeben sich mehrere Probleme hinsichtlich Definition und Interpretation der Kohortenvariable in der Versuchsplanung (vgl. Rosow 1978):
Das *Abgrenzungsproblem.* Schulklassen, der jährliche Schub von Erstsemestern, Geburtenjahrgänge als leicht abgrenzbare Kohorten versus Kriegsgeneration, Popgeneration oder Blumenkinder als schwieriger abgrenzbar.
Das Problem der *kritischen Erfahrung.* Welche Erfahrung ist für eine Kohorte

im Wechselspiel zwischen objektiven Lebensbedingungen (ökonomischer, demographischer, politischer, ökologischer Art) und Sozialisation kennzeichnend, bedeutsam und „prägend"?

Das Problem des *unterschiedlichen Effekts.* Das kritische Ereignis, das zu „derselben" Erfahrung für eine Kohorte führen soll, kann viel zu weit gefaßt sein (wie Krieg oder Depression), so daß auf Grund einer Interaktion „Person × Ereignis" (das heißt personenspezifischer Erfahrung) große Intra-Kohorten-Differenzen bestehen, die einen Haupteffekt zu Lasten „Kohorte" nicht erkennen oder zumindest bedeutungsschwach werden lassen (vgl. BREDENKAMP 1979). Dennoch: Ein Erhebungsplan, der mehrere Kohorten zu verschiedenen Lebensaltern untersucht (Kohorte × Alter-Design), ist derjenige Rahmenplan für die Daten*sammlung,* der als optimal zur beschreibenden Identifikation von intraindividuellen Entwicklungsveränderungen innerhalb eines sich ändernden kulturellen Kontextes zu betrachten ist (vgl. SCHAIE/BALTES 1975). Man kann es bei *Beschreibung* der (intraindividuellen) Veränderungsreihen belassen oder nach *Bedingungen* oder *Ursachen* für deren Zustandekommen suchen. Intraindividuelle Änderungsreihen können zueinander in Beziehung gesetzt, gruppiert, verglichen und auf Gemeinsamkeiten, Unterschiede und Zusammenhangsmuster zwischen und innerhalb Personen geprüft werden.

Quasiexperimentelle Versuchspläne für Entwicklungsanalysen. Weder dem Alter noch den Kohorten als „Subjekt-Variablen" wie Geschlecht lassen sich Personen zufällig zuteilen. Es ist vor allem dieser Aspekt, der den Unterschied zwischen Experiment und Quasiexperiment ausmacht. Wahre Experimente mit Zufallszuteilung von Personen zu „treatments" (Behandlung, Interventionen) werden gemeinhin als „via regia" zur Überprüfung kausaler Aussagen angesehen, sind aber in verschiedenen Bereichen der Grundlagenpsychologie zunehmend kritisiert worden (vgl. BRACHT/GLASS 1968, DATAN/REESE 1977, HOLZKAMP 1972, RIEGEL 1976, SNOW 1974) und sind in den meisten Anwendungsgebieten in dieser reinen Form nicht durchführbar. Von quasiexperimentellen Ansätzen wird andererseits angenommen, daß sie sich auch in „natürlichen" Situationen als brauchbar erweisen (vgl. CAMPBELL 1969). In „natürlichen" alltagsnahen Situationen wird es dem Forscher aber nicht immer möglich sein, zu intervenieren, das „treatment" zu manipulieren, zu kontrollieren, sondern er muß sich mit der Untersuchung von Wirkungen vorgegebener Ereignisse begnügen.

Für Erklärungszwecke gibt es neben dem System Alter, Kohorte (und Meßzeit) eine Vielfalt (quasi-)experimenteller „settings", wie Simulations-, Trainings-, Interventionsstudien; somit ergeben sich für die Versuchsplanung zwei Ansätze: Erklärung von Entwicklungsänderungen durch kausales Modellieren in Längsschnittstudien und Erklärung von Entwicklungsänderungen durch Intervention. Bis vor einigen Jahren gab es häufig nur unklare Vorstellungen darüber, wie solche Versuchspläne ausgewertet werden sollten (vgl. BENTLER 1980, COOK/CAMPBELL 1979).

Einige der eingangs genannten, mit der Durchführung von Längsschnittstudien verbundenen Absichten waren: Beschreibung und Erklärung von Beziehungen zwischen früherem und späterem Verhalten (Stabilität, Invarianz), Veränderungsstrukturen (Differenzierung, Integration, Aufbau) (vgl. NESSELROADE 1970, NESSELROADE/BALTES 1979, NESSELROADE/REESE 1973, ROSKAM 1976).

In Abbildung 6 wird ein Beispiel vorgestellt, das sich von dem Ansatz, Stabilität über Korrelationen zwischen beobachteten Verfahren festzustellen, löst und diese Frage auf latente Variablen

(Faktoren) verlagert. Dieses Beispiel kann so darüber hinaus auch zur Illustration dessen dienen, was mit „Veränderungsstrukturen" gemeint ist. In diesem Falle wird a priori von einem invarianten Meßmodell und von Stabilität auf der Konstruktebene ausgegangen. Variabilität in beiden Bereichen sind denkbar und können theoretisch sinnvoll sein.

Abbildung 6: Modell zur Messung der Veränderung beziehungsweise Stabilität in einer kristallisierten (g_c) und flüssigen (g_f) Intelligenzkomponente über einen Zeitraum von 11 Jahren aus der BLSA

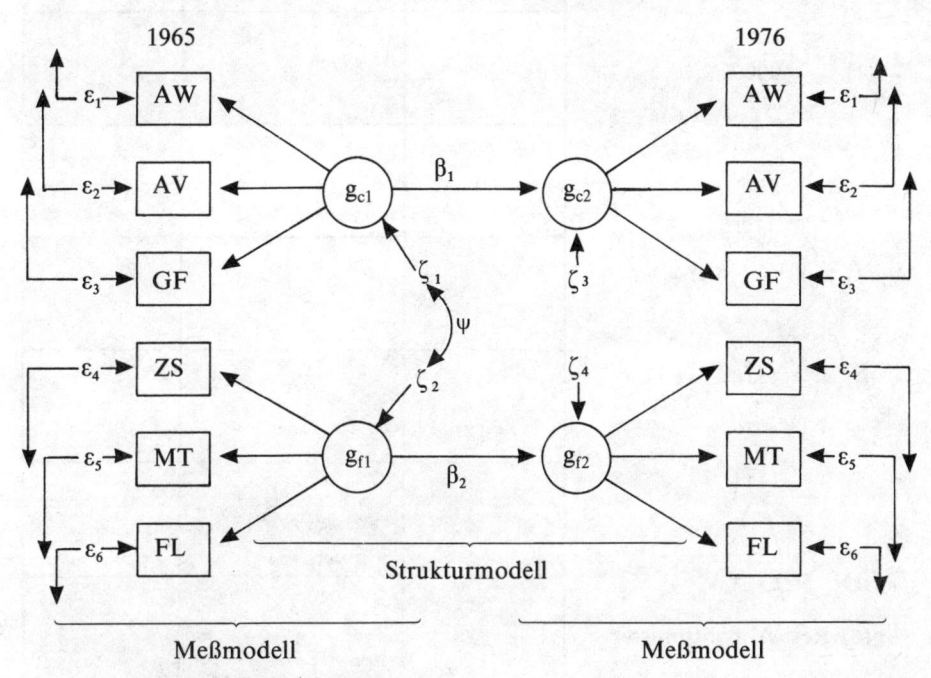

Legende: ε, ζ = Residualkomponenten
β = Regressionskoeffizienten
□ = verschiedene HAWIE-Intelligenztests
○ = angenommene „Fähigkeiten"
⤴, ⌐ = Korrelation zwischen den Residuen

Auch bei den „qualitativen Modellen" zur Analyse qualitativer Veränderungsreihen und -strukturen zeichnet sich ein starker Trend zur Entwicklung solcher Verfahren ab, die nur theorieorientiert und hypothesengeleitet einzusetzen sind: so ist es z. B. mit „Cross-classification-with-error"-Modellen möglich, Modelle des Entwicklungsverlaufes wie synchrone Progression, konvergente Verschiebungen, divergente Verschiebungen, reziproke Interaktion zu überprüfen oder mit probabilistischen Erweiterungen des Guttman-Ansatzes (vgl. GUTTMAN 1950, S. 102 ff.) theoretisch ausformulierte Konfigurationen wie divergente Progression, Diamant-Strukturen zu validieren (vgl. HENNING/ RUDINGER 1984; vgl. Abbildung 7).

Versuchsplanung – Entwicklungsanalyse

Abbildung 7: Beispiel für qualitative Analyse von Entwicklungsänderungen aus der Studie „Kindliche Entwicklung und soziale Struktur" (Projekt des Max-Planck-Instituts für Bildungsforschung, Berlin; vgl. EDELSTEIN 1979, 1983)

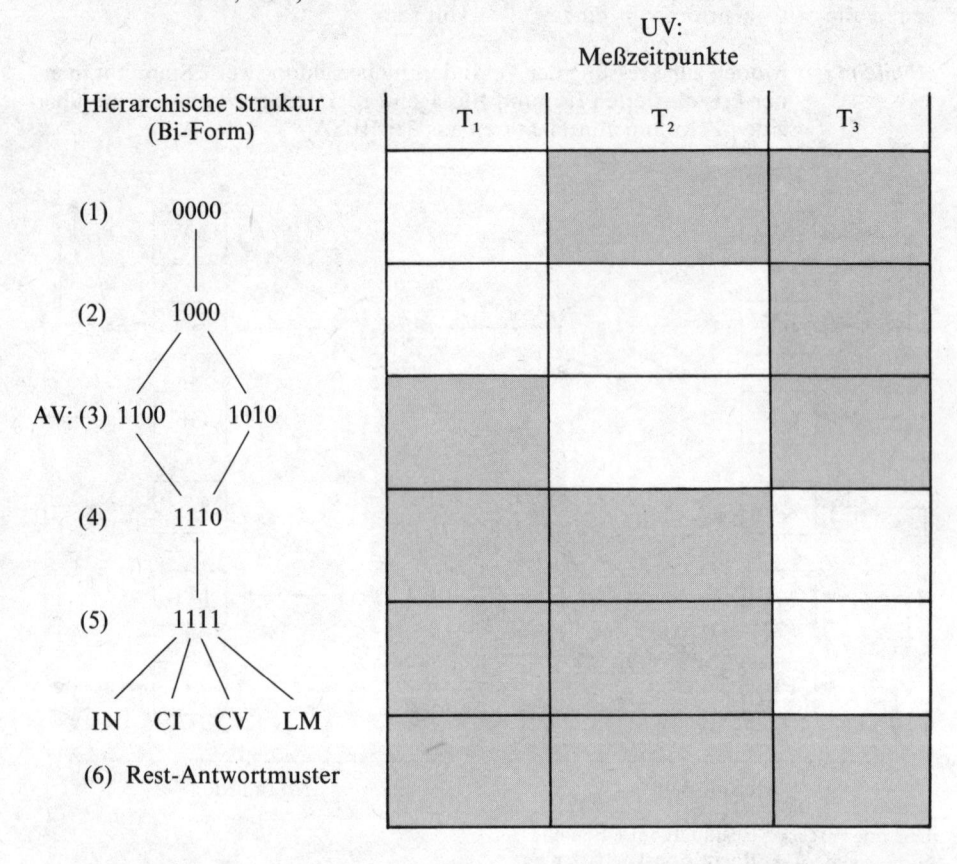

Sie lassen sich als BI-Form abbilden. Für die verbleibenden 10 Antwortmuster wird eine „Rest"-Kategorie definiert (6). Die Antwortmuster werden als abhängige Variable (AV) definiert mit geordneten Kategorien (1) bis (5) und der Restkategorie (6). Die hier zugrundeliegende Entwicklungsannahme definiert die schraffierten Zellen als „Fehler", die bei Zutreffen der Theorie *nicht* besetzt sein dürften ■.

Für die Konzepte: Fähigkeit zur „Bildung von Invarianzurteilen" (IN), „Klasseninklusion" (CI), „Klasseninklusion – mit verbalem Material" (CV), „Logische Multiplikation" (LM) wird eine hierarchische Struktur postuliert. Es wird angenommen, daß IN Voraussetzung für CI *oder* CV ist. CI *und* CV sind Voraussetzung für LM. Diese Annahmen lassen 6 von 16 Antwortmustern zu (vgl. SCHRÖDER 1984, S. 53 ff.).

Dadurch wird es möglich, analog dem „psychometrischen" Paradigma, Unterschiede zwischen Personen (bei multiplen Sequenzen), Veränderungen innerhalb von Personen (bei kumulativen Sequenzen), Beziehungen (diskunktiv, konjunktiv, kompensatorisch) von Elementen und Entwicklung und Abhängigkeiten der Entwicklungssequenzen von Facetten übergeordneter Systeme (Makro-, Exo-, Meso-System) zu untersuchen.

Bei den Beispielen in Abbildung 6 und Abbildung 7 liegen keine expliziten Interventionen in der Zeitreihe (hier zwei beziehungsweise drei Meßzeitpunkte) vor. Eine theoriegeleitete Erwartung der Ergebnisstruktur über die Zeit ermöglicht jedoch mehr als bloße Beschreibung von Entwicklungsänderung. Hat man längsschnitte Daten über einen Zeitraum, in dem eine experimentelle *Intervention* stattgefunden hat, ist man in einer ungleich besseren Position. Das Interesse besteht vor allem darin, lang-

fristige Auswirkungen des „treatments" zu berücksichtigen. Bei einem solchen Zeitreihendesign dienen die Personen (Untersuchungseinheiten) mit ihren Vortestwerten sozusagen als Kontrolle ihrer selbst für die Bewertung der Testwerte nach der Intervention. Dieser Plan ist auch dann anwendbar, wenn keine Kontrollgruppe vorhanden ist. Die Wirkung eines treatments, einer Intervention, zeigt sich bei diesem Ansatz in einer Diskontinuität des Kurvenverlaufs (vgl. CAMPBELL 1963, COOK/CAMPBELL 1979, FREDERIKSEN/ROTONDO 1979, LIENERT/LIMBOURG 1977; vgl. Abbildung 8).

Abbildung 8: Das folgende Beispiel wurde von der Konstanzer Längsschnittuntersuchung angeregt (vgl. DANN u. a. 1978, 1981): Der Eintritt von Lehrerstudenten in den Beruf (= Intervention [x]) führe u. a. zu einem Einstellungswandel in konservative Richtung („Praxisschock")

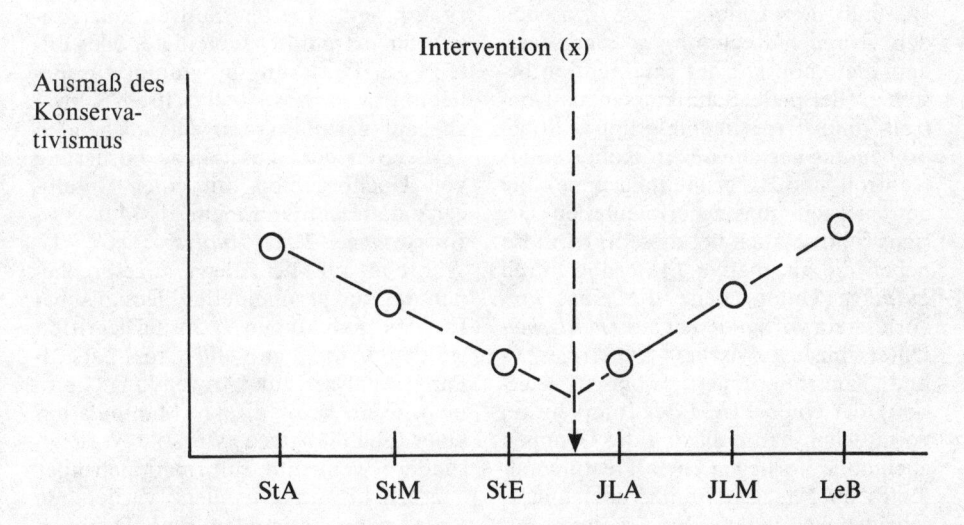

Legende: St = Studium, A = Anfang, M = Mitte, E = Ende, JL = Junglehrer, LeB = Lehrzeit als Beamter.

Das Beispiel wurde auf drei Meßpunkte vor und nach der Intervention ausgedehnt, weil für solche Pläne inzwischen einige Auswertungstechniken existieren (vgl. BIERHOFF/RUDINGER 1980).

So positiv dieser Versuchsplan insgesamt zu bewerten ist, es bleiben einige Schwächen wie mögliche Störungen durch zwischenzeitliches Geschehen und Veränderung des Instrumentariums. Durch Kombination der einfachen Zeitreihe mit einer Kontrollgruppe erhält man – selbst ohne Zufallszuteilung auf Experimental- und Kontrollgruppe – ein hochkarätiges Design, das durchaus mit echten experimentellen Plänen Schritt halten kann. In diesem Zusammenhang sollten auch kurz noch weitere Designgruppen erwähnt werden, die zur Überprüfung von entwicklungspsychologischen Interventionen empfehlenswert sind (vgl. BRANDTSTÄDTER 1983, MONTADA 1983, WORTMAN 1983).

Nichtäquivalenter Kontrollgruppenplan. Wenn in einer Versuchsanordnung keine Zufallsaufteilung der Personen auf Versuchsgruppe(n) und Kontrollgruppe(n) gegeben beziehungsweise möglich ist, muß den Unterschieden zwischen den Gruppen Rechnung getragen werden, die schon vor der Intervention bestehen (Beispiele: Schulklassen als Kontroll- und Experimentalgruppe, Stichproben aus verschiedenen Kohorten als Kontroll- und Experimentalgruppe). Bei den meisten quasiexperimentellen Designs (und so auch bei diesem) tritt also neben die alternative Erklärung durch *zufällige* Unterschiede die eines von vornherein vorhandenen *systematischen* Unterschiedes zwischen Experimental- und Kontrollgruppe(n) (biased selection), der einen Effekt der Intervention vortäuschen kann, da sich die Gruppen auch ohne Vorliegen eines Treatmenteffektes im Nachtest immer noch unterscheiden können. Genau an diese Tatbestände sind die Auswertungsprobleme und die Interpretationsschwierigkeiten geknüpft (vgl. BENTLER/WOODWARD 1978). Um die Unterschiede *nach* dem Treatment zu bewerten, müssen die Differenzen *vor* der Intervention mit in Rechnung gestellt werden; alle Methoden, diese „Residualdifferenzen" zu schätzen, die dann auf die Intervention zurückgeführt werden, zeigen Schwächen (vgl. KENNY 1975a).

Regressions-Diskontinuitäts-Analyse (RDA). Eine Intervention wird einer ausgewählten Gruppe von Personen zuteil, so daß Personen im unteren oder oberen Bereich der Verteilung auf einer Eignungsdimension der „Versuchsgruppe" zugeordnet werden. Das Regressions-Diskontinuitäts-Design (vgl. COOK/CAMPBELL 1979) kann als Sonderfall des nichtäquivalenten Kontrollgruppenplanes betrachtet werden. Bei letzterem unterscheiden sich die Gruppen im Vortest; bei der Regressions-Diskontinuitäts-Analyse werden die beiden Gruppen auf der Basis von Vortestwerten derart gebildet beziehungsweise aufgesucht, daß sie maximal nicht äquivalent sind. Einer dieser Gruppen wird dann gezielt eine Intervention zuteil. Diese Sachlage ist charakteristisch für spezielle Förderungsprogramme und Subventionen zugunsten extrem Benachteiligter oder Eliten (wie Förderungsprogramm zur Behebung von Lese-Rechtschreib-Schwäche auf der Basis von entsprechenden Testwerten oder zusätzliche Förderung von Hochbegabten mit einem Intelligenzquotienten von mehr als 140).

Cross-Lagged-Panel-Analyse (CLPA). Während auf die zuletzt angesprochenen quasiexperimentellen Designs bei Interventionsstudien zurückgegriffen werden kann, kann die Cross-Lagged-Panel-Analyse zur Anwendung kommen, wenn keine direkte Manipulation einer unabhängigen Variable vorliegt, sondern wenn nur Informationen über „natürlich" miteinander variierende Phänomene vorhanden sind. Dennoch sollen Kausalaussagen über die Wirkung von Variablen, die man als „unabhängig" betrachtet, gemacht werden. Einige Beispiele:
- Verursacht das Intelligenzniveau die Schulleistung oder verursacht die Schulleistung das Intelligenzniveau?
- Bestimmt das Ausmaß der Schulab-

wesenheit den Lernerfolg oder bestimmt der Lernerfolg die Abwesenheit?
- Produziert die Erwartung des Lehrers die Leistung des Schülers, oder wird die Erwartung des Lehrers durch die Leistung des Schülers bestimmt?
- Bestimmt das Ausmaß beruflicher Komplexität die intellektuelle Flexibilität oder die Flexibilität die Komplexität?

In allen Fällen sind beide Hypothesen plausibel, aber eine einfache Korrelation zwischen miteinander variierenden Variablen kann per se natürlich keinen Aufschluß darüber geben, welche Variable kausale Priorität besitzt. Um dies zu erreichen, braucht man korrelative Zusammenhänge zwischen zwei Merkmalen zu mindestens zwei Zeitpunkten. Mit Korrelationen kann man keine Kausalbeziehungen beweisen, aber Kausalbeziehungen *implizieren* Korrelationen (vgl. KENNY 1979). Die Kausalrichtung zwischen zwei Ereignissen läßt sich mit Hilfe der Zeit bestimmen: Wenn ein Ereignis A konsistent dem Auftreten eines anderen Ereignisses B voraufgeht und der umgekehrte Tatbestand (A folgt B) nicht auftritt, dann sind zwei Interpretationen möglich: A wirkt als Ursache für B oder beide mögen Effekt einer dritten unbekannten Variable C sein (vgl. KENNY 1973, 1975 b). Die Cross-Lagged-Panel-Analyse stellt keinen starken Ansatz zur Ausschaltung rivalisierender Erklärungen für beobachtete Korrelationen dar (vgl. ROGOSA 1980).

Kausalmodelle. Die Cross-Lagged-Panel-Analyse kann als Minimal- und Spezialfall eines *Kausalmodells* betrachtet werden (vgl. DUNCAN 1975; vgl. JÖRESKOG 1974, 1979; vgl. JÖRESKOG/SÖRBOM 1976, 1977; vgl. ROGOSA 1979). Allgemeines Ziel ist bei diesen Ansätzen, die meist unter nichtexperimentellen Bedingungen erhaltenen deskriptiv-korrelativen Beziehungen auf Verträglichkeit mit einer Theorie zu überprüfen (vgl. ANDERSON 1978, SCHNEIDER 1980). Kausalaussagen sind in der Weise beabsichtigt, daß inhaltliche Theorien, die in formale Modelle umgesetzt werden, in denen die theoretischen Konzepte und deren Beziehungen und Abhängigkeiten untereinander spezifiziert werden (causal modeling), daraufhin überprüft werden, ob sie bei gegebenen Daten inadäquat sind (vgl. HORN/MCARDLE 1980, JÖRESKOG/SÖRBOM 1981). Dies bedeutet, es werden aus Modellen und Theorien Aussagen abgeleitet, Vorhersagen gemacht, Hypothesen getestet. Theorien können auf diese Weise zurückgewiesen, jedoch nie eindeutig bestätigt werden (vgl. BENTLER 1980, JÖRESKOG/WOLD 1982).

Erklärungsversuche individueller Änderungsreihen haben dann eine entwicklungsorientierte Dimension, wenn distale (historische) Ereignisse oder Prozesse zur Aufklärung intraindividueller Änderungen und interindividueller Unterschiede, wie sie sich zu einem bestimmten Zeitpunkt darstellen, herangezogen werden. In Längsschnittuntersuchungen kommt dem Forscher die Zeitdimension zur Spezifikation der „Kausalbeziehungen" zur Hilfe. Voraussetzung für ein solches Vorgehen ist also eine substantielle Theorie etwa über die Beziehungen zwischen antezedenten Ereignissen (Bedingungen, Ursachen) und späterem Verhalten (vgl. Abbildung 9).

Überprüfungen von interventiven Maßnahmen und theoriegeleiteten Kausalmodellen können und sollten valide Modelle für die Praxis zur Verfügung stellen, mit deren Hilfe Maßnahmen zur Verbesserung bedeutsamer Rahmenbedingungen für „optimale" Entwicklung erfolgen können (vgl. BRANDTSTÄDTER/V. EYE 1979, MONTADA/FILIPP 1979).

Versuchsplanung – Entwicklungsanalyse

Abbildung 9: Sozioökonomische Bedingungen der Intelligenzleistung älterer Probanden (60–75 Jahre) der Bonner Längsschnittstudie des Alterns

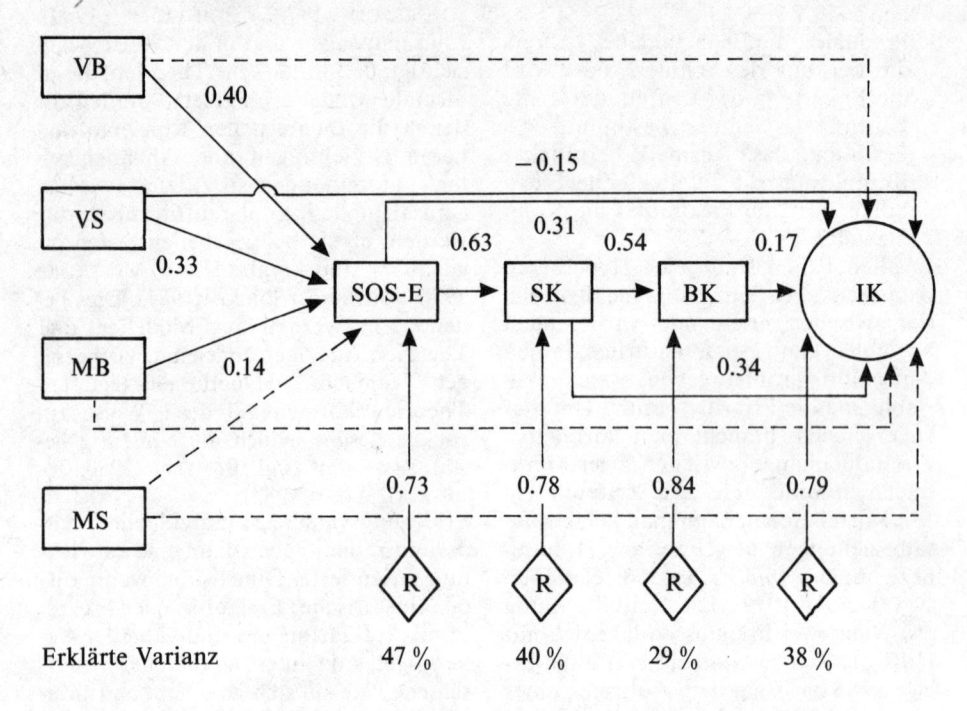

| Erklärte Varianz | 47 % | 40 % | 29 % | 38 % |

Legende: VB = Beruf des Vaters, VS = Schulbildung des Vaters, MB = Beruf der Mutter, MS = Schulbildung der Mutter, SOS-E = Sozioökonomischer Status der Eltern, SK = Schulbildung des „Kindes", BK = Beruf des „Kindes", IK = Intelligenz des „Kindes", R = Residualvarianz.

Der kumulative Effekt unterschiedlicher schulischer und sozialer Bedingungen über den gesamten Lebenslauf älterer Personen kann einen beträchtlichen Teil der Schwierigkeiten erklären, den sie mit einigen Intelligenztestaufgaben haben – ein eindeutig „historischer" Erklärungsversuch gegenüber der Feststellung, daß die intellektuelle Leistung abhängig ist vom psychophysischen Zustand des gealterten Organismus – ein gleichzeitiges Erklärungsmodell.

(Quelle: RUDINGER/LANTERMANN 1980, S. 439)

ANDERSON, J. G.: Causal Models in Educational Research: Non-recursive Models. In: Am. E. Res. J. 15 (1978), S. 81 ff. BALTES, P. B.: Longitudinal and Cross-sectional Sequences in the Study of Age and Generation Effects. In: Hum. Dev. 11 (1968), S. 145 ff. BALTES, P. B. u. a.: Life-span Developmental Psychology: Introduction to Research Methods, Monterey (Cal.) 1977. BALTES, P. B. u. a.: Cohort Effects in Developmental Psychology. In: NESSELROADE, J. R./ BALTES, P. B. (Hg.): Longitudinal Research..., New York/London 1979, S. 61 ff. BENTLER, P. M.: Multivariate Analysis with Latent Variables: Causal Models. In: Ann. Rev. of Psych. 31 (1980), S. 419 ff. BENTLER, P. M./WOODWARD, J. A.: A Head Start Reevaluation: Positive Effects Are not yet Demonstrable. In: Eval. Quart. 2 (1978), S. 493 ff. BIERHOFF, H. W./RUDINGER, G.: Probleme der Versuchsplanung im quasi-experimentellen Bereich. In: HARTMANN, K. D./KOEPPLER, K. (Hg.): Fortschritte der Marktpsychologie, Frankfurt/M. 1980, S. 115 ff.

BOTWINICK, J.: Intellectual Abilities. In: BIRREN, J.E./SCHAIE, K.W. (Hg.): Handbook of the Psychology of Aging, New York 1977, S. 580 ff. BRACHT, G. H./GLASS, G., V: The External Validity of Comparative Experiments in Educational and Social Sciences. In: Am. E. Res. J. 5 (1968), S. 437 ff. BRANDTSTÄDTER, J.: Entwicklungsintervention und Evaluation. In: SILBEREISEN, R. K./MONTADA, L. (Hg.): Entwicklungspsychologie: Ein Handbuch in Schlüsselbegriffen, München/Wien/Baltimore 1983, S. 167 ff. BRANDTSTÄDTER, J./EYE, A. v.: Pädagogisch-psychologische Praxis zwischen Prävention und Korrektur. In: BRANDTSTÄDTER, J. u.a. (Hg.): Pädagogische Psychologie: Probleme und Perspektiven, Stuttgart 1979, S. 355 ff. BREDENKAMP, J.: Das Problem der externen Validität pädagogisch-psychologischer Untersuchungen. In: BRANDTSTÄDTER, J. u.a. (Hg.): Pädagogische Psychologie: Probleme und Perspektiven, Stuttgart 1979, S. 267 ff. BRONFENBRENNER, U.: Toward an Experimental Ecology of Human Development. In: Am. Psychologist 32 (1977), S. 513 ff. BRONFENBRENNER, U.: Ansätze zu einer experimentellen Ökologie menschlicher Entwicklung. In: OERTER, R. (Hg.): Entwicklung als lebenslanger Prozeß, Hamburg 1978, S. 33 ff. CAMPBELL, D. T.: From Description to Experimentation: Interpreting Trends as Quasi-Experiments. In: HARRIS, C.W. (Hg.): Problems in Measuring Change, Madison (Wisc.) 1963, S. 212 ff. CAMPBELL, D. T.: Reforms as Experiments. In: Am. Psychologist 24 (1969), S. 409 ff. CAMPBELL, D. T./STANLEY, J. C.: Experimental and Quasi-experimental Designs for Research, Chicago 1966. COOK, T. D./CAMPBELL, D. T.: The Design and Conduct of Quasi-experiments and True Experiments in Field Settings. In: DUNNETTE, M. D. (Hg.): Handbook of Industrial and Organizational Psychology, Chicago 1976, S. 223 ff. COOK, T. D./CAMPBELL, D. T.: Quasi-experimentation: Design and Analysis Issues for Field Settings, Chicago 1979. CRONBACH, L.J.: Beyond the Two Disciplines of Scientific Psychology. In: Am. Psychologist 30 (1975), S. 116 ff. CRONBACH, L.J./SNOW, R. E.: Aptitudes and Instructional Methods, New York 1977. DANN, H.-D. u. a.: Umweltbedingungen innovativer Kompetenz, Stuttgart 1978. DANN, H.-D. u. a.: Sozialisation junger Leute im Beruf: ,,Praxisschock" drei Jahre später. In: Z. f. Entwpsych. u. P. Psych. 13 (1981), S. 251 ff. DATAN, N./REESE, H. W. (Hg.): Life-span Developmental Psychology: Dialectical Perspectives on Experimental Research, New York/London 1977. DUNCAN, O. D.: Introduction to Structural Equation Models, New York/London 1975. ECKENSBERGER, L. H.: A Metatheoretical Evaluation of Psychological Theories from a Cross-cultural Perspective. In: ECKENSBERGER, L. H. u.a. (Hg.): Cross-cultural Contributions to Psychology, Amsterdam 1979, S. 255 ff. EDELSTEIN, W.: Project 'Child Development and Social Structure'. Paper given to the Congress of the Scandinavian Association of Psychology, Reykjavik, Island, Mimeo, Max-Planck-Institut für Bildungsforschung: Berlin 1979. EDELSTEIN, W.: Das Projekt ,,Kindliche Entwicklung und soziale Struktur". In: GROSSMANN, K. E./LÜTGENHAUS, P. (Hg.): Bericht über die 6. Tagung Entwicklungspsychologie, Bd. 2, Universität Regensburg, S. 275 ff. FREDERIKSEN, C. H./ROTONDO, J. A.: Time-series Models and the Study of Longitudinal Change. In: NESSELROADE, J. R./BALTES, P. B. (Hg.): Longitudinal Research in the Study of Behavior and Development, New York/London 1979, S. 111 ff. GINSBURG, H./OPPER, S.: Piagets Theorie der geistigen Entwicklung, Stuttgart 1978. GUIRE, K. E./KOWALSKI, C.J.: Mathematical Description and Representation of Developmental Change Functions on the Intra- and Interindividual Levels. In: NESSELROADE, J. R./BALTES, P. B. (Hg.): Longitudinal Research in the Study of Behavior and Development, New York/London 1979, S. 89 ff. GUTTMAN, L.: The Basis for Scalogram Analysis. In: STOUFFER, S. A. u. a. (Hg.): Measurement and Prediction, Princeton 1950, S. 172 ff. HENNING, J./RUDINGER, G.: Analyses of Qualitative Data in Developmental Psychology. In: NESSELROADE, J. R./EYE, A. v. (Hg.): Measurement of Individual and Social Change: Explanatory Analyses, New York/London 1984. HOLZKAMP, K.: Kritische Psychologie, Frankfurt/M. 1972. HOPPE, S. u. a.: Entwicklungssequenzen, Bern/Stuttgart/Wien 1977. HORN, J. L./MCARDLE, J.J.: Perspectives on Mathematical/Statistical Model Building (MASMOB) in Research on Aging. In: POON, L. W. (Hg.): Aging in the 1980s, Washington 1980, S. 503 ff. JÖRESKOG, K. G.: Analyzing Psychological Data by Structural Analysis of Covariance Matrices. In: ATKINSON, R. C. u. a. (Hg.): Contemporary Developments in Mathematical Psychology, Bd. 2, San Francisco 1974, S. 1 ff. JÖRESKOG, K. G.: Statistical Estimation of Structure Models in Longitudinal-development Investigation. In: NESSELROADE, J. R./BALTES, P. B. (Hg.): Longitudinal Research..., New York/London 1979, S. 303 ff. JÖRESKOG, K. G./SÖRBOM, D.: Statistical Models and Methods for Test-retest Situations. In: DeGruijter, D. N./VanDerkamp, L. J. (Hg.): Advances in Psychological and Educational Measurement, New York 1976, S. 135 ff. Jöreskog, K. G./Sörbom, D.: Statistical Models and Methods for Analysis of Longitudinal Data. In: Aigner, D. J./Goldberger, A. S. (Hg.): Latent Variables in Socio-economic Models, Amsterdam 1977, S. 285 ff. Jöreskog, K. G./Sörbom, D.: Lisrel V: Analysis of Linear Structural Relationships by Maximum Likelihood and Least Squares Methods. Research Report 81-8, University of Uppsala: Uppsala 1981. Jöreskog, K. G./Wold, H. (Hg.): Systems under Indirect Observation: Causality, Structure and Prediction, Amsterdam 1982. Kenny, D. A.: Cross-lagged and Synchronous Common Factors in Panel Data. In: Goldberger, A. S./Duncan, O. D. (Hg.): Structural Equation Models in the Social Sciences, New York 1973, S. 185 ff. Kenny, D. A.: A Quasi-experimental Approach to Assessing Treatment Effects in the Nonequivalent Control Group Design. In: Psych. Bull. 82 (1975), S. 345 ff. (1975 a). Kenny, D. A.: Cross-lagged Panel Correlation: A Test for Spuriousness. In: Psych. Bull. 82 (1975), S. 887 ff. (1975 b). Kenny, D. A.: Correlation and Causality, New York 1979. Lienert, G. A./Limbourg, M.: Beurteilung der Wirkung von Behandlungsinterventionen in Zeitreihen-Untersuchungsplänen. In: Z. f. Klin. Psych. u. Psychother. 25 (1977), S. 21 ff. McCall, R. B.: Challenges to a Science of Developmental Psychology. In: Ch. Dev. 48 (1977), S. 339 ff. Montada, L.: Bericht über das internationale Forschungsseminar für Entwicklungspsychologie (ISEP). In: Z. f. Entwpsych. u. P. Psych. 10 (1978), S. 94 ff. Montada, L.: Entwicklungspsychologie auf der Suche nach einer Identität. In: Montada, L. (Hg.): Brennpunkte der Entwicklungspsychologie, Stuttgart/Berlin/Köln/Mainz 1979, S. 11 ff. Montada, L.: Entwicklungspsychologie und praktisches Handeln. In: Silbereisen, R. K./Montada, L. (Hg.): Entwicklungspsychologie, München/Wien/Baltimore 1983, S. 21 ff. Montada, L./Filipp, S.-H.: Entwicklungspsychologische Grundlagen pädagogisch-psychologischer Entscheidungen. In: Brandtstädter, J. u. a. (Hg.): Pädagogische Psychologie. Probleme und Perspektiven, Stuttgart 1979, S. 525 ff. Nesselroade, J. R.: Application of Multivariate Strategies to Problems of Measuring and Structuring Long-term Change. In: Goulet, L. R./Baltes, P. B. (Hg.): Life-span Developmental Psychology: Research and Theory, New York/London 1970, S. 194 ff. Nesselroade, J. R./Baltes, P. B. (Hg.): Longitudinal Research in the Behavioral Sciences: Design and Analysis, New York/London 1979. Nesselroade, J. R./Reese, H. W. (Hg.): Life-span Developmental Psychology: Methodological Issues, New York/London 1973. Oerter, R.: Zur Rolle der Entwicklungspsychologie. In: Psych. Rsch. 28 (1977), S. 22 ff. Overton, W. F./Reese, H. W.: Models of Development: Methodological Implications. In: Nesselroade, J. R./Reese, H. W. (Hg.): Life-span ..., New York/London 1973, S. 65 ff. Petermann, F.: Veränderungsmessung und Kausalmodelle. In: Silbereisen, R. K./Montada, L. (Hg.): Entwicklungspsychologie. Ein Handbuch in Schlüsselbegriffen, München/Wien/Baltimore 1983, S. 69 ff. Reese, H. W./Overton, W. F.: Models of Development and Theories of Development. In: Goulet, L. R./Baltes, P. B. (Hg.): Life-span Developmental Psychology: Research and Theory, New York/London 1970, S. 116 ff. Riegel, K. F.: The Dialectics of Human Development. In: Am. Psychologist 31 (1976), S. 689 ff. Rogosa, D.: Causal Models in Longitudinal Research. In: Nesselroade, J. R./Baltes, P. B. (Hg.): Longitudinal Research ..., New York/London 1979, S. 263 ff. Rogosa, D.: A Critique of Cross-lagged Correlation. In: Psych. Bull. 88 (1980), S. 245 ff. Roskam, E. E.: Multivariate Analysis of Change and Growth: Critical Review and Perspektives. In: DeGruijter, D. N./VanDerkamp, L. J. (Hg.): Advances in Psychological and Educational Measurement, New York 1976, S. 111 ff. Rosow, I.: What is a Cohort and why? In: Hum. Dev. 21 (1978), S. 65 ff. Rudinger, G.: Erfassung von Entwicklungsveränderungen im Lebenslauf. In: Rauh, H. (Hg.): Jahrbuch für Entwicklungspsychologie 1/1979, Stuttgart 1978, S. 157 ff. Rudinger, G.: Über neue Tendenzen und Entwicklungen entwicklungspsychologischer Methodik – Sequenzanalysen. In: Psych. Rsch. 32 (1981), S. 118 ff. Rudinger, G.: Methodologie und Datengewinnung. In: Silbereisen, R. K./Montada, L. (Hg.): Entwicklungspsychologie, München/Wien/Baltimore 1983, S. 35 ff. (1983 a). Rudinger, G.: Intelligenzentwicklungen unter unterschiedlichen sozialen Bedingungen. In: Löwe, H. u. a. (Hg.): Psychologische Probleme des Erwachsenenalters, Berlin (DDR) 1983, S. 79 ff. (1983 b). Rudinger, G.: Altern und Leistung. In: Lehr, U. (Hg.): Altern – Tatsachen und Perspektiven, Bonn 1983, S. 103 ff. (1983 c). Rudinger, G./Bierhoff, H. W.: Quasi-experimentelle Versuchspläne für die Markt- und Kommunikationspsychologie. In: Hartmann, K. D./

KOEPPLER, K. (Hg.): Fortschritte der Marktpsychologie, Frankfurt/M. 1980, S. 135 ff. RUDINGER, G./LANTERMANN, E.-D.: Probleme der Veränderungsmessung in individuellen und gruppentypischen Entwicklungsverläufen. In: OERTER, R. (Hg.): Entwicklung als lebenslanger Prozeß, Hamburg 1978, S. 178 ff. RUDINGER, G./LANTERMANN, E.-D.: Soziale Bedingungen der Intelligenz im Alter. In: Z. f. Geront. 13 (1980), S. 433 ff. SCHAIE, K. W.: A General Model for the Study of Developmental Problems. In: Psych. Bull. 64 (1965), S. 92 ff. SCHAIE, K. W.: Quasi-experimental Research Designs in the Psychology of Aging. In: BIRREN, J. E./SCHAIE, K. W. (Hg.): Handbook of the Psychology of Aging, New York 1977, S. 39 ff. SCHAIE, K. W./BALTES, P. B.: On Sequential Strategies in Developmental Research: Description or Explanation? In: Hum. Dev. 18 (1975), S. 384 ff. SCHNEIDER, W.: Kausalmodelle in der pädagogischen Psychologie: Ergänzende Analysen zu zwei einschlägigen Untersuchungen. In: Z. f. Entwpsych. u. P. Psych. 12 (1980), S. 88 ff. SCHRÖDER, E.: Zur Erklärung intraindividueller Veränderung konkreter Operationen – eine empirische Evaluation der Entwicklungslogik konkreter Operationen anhand multinomialer qualitativer Verfahren, Dipl.-Arb., Berlin 1984. SNOW, R. E.: Representative and Quasi-representative Designs for Research on Teaching. In: Rev. of E. Res. 44 (1974), S. 265 ff. THOMAE, H.: Vorstellungsmodelle in der Entwicklungspsychologie. In: Z. f. Psych. 165 (1961), S. 41 ff. THOMAE, H. (Hg.): Patterns of Aging, Basel 1976. THOMAE, H.: Zur Problematik des Entwicklungsbegriffs im mittleren und höheren Erwachsenenalter. In: OERTER, R. (Hg.): Entwicklung als lebenslanger Prozeß, Hamburg 1978, S. 21 ff. THOMAE, H.: The Concept of the Development and Life-span Developmental Psychology. In: BALTES, P. B./BRIM, O. G., jr. (Hg.): Life-span Development and Behavior, New York/London 1979, S. 282 ff. TRAUTNER, H. M.: Lehrbuch der Entwicklungspsychologie, Göttingen 1978. TREIBER, B.: Mehrebenenanalysen in der Bildungsforschung. In: Z. f. Entwpsych. u. P. Psych. 12 (1980), S. 385 ff. TREIBER, B.: Bildungseffekte in Mehrebenenanalysen individueller Schulleistungen. In Z. f. Entwpsych. u. P. Psych. 13 (1981), S. 217 ff. WOHLWILL, J. F.: The Age Variable in Psychological Research. In: Psych. Rev. 77 (1970), S. 49 ff. WOHLWILL, J. F.: The Study of Behavioral Development, New York/London 1973. WOHLWILL, J. F.: Strategien entwicklungspsychologischer Forschung, Stuttgart 1977. WORTMAN, P. M.: Evaluation Research: A Methodological Perspective. In: Ann. Rev. of Psych. 34 (1983), S. 223 ff.

Georg Rudinger

Abkürzungsverzeichnis der zitierten Zeitschriften

a) deutschsprachige Zeitschriften

Arch. f. d. ges. Psych.	– Archiv für die gesamte Psychologie
Ästh. u. Komm.	– Ästhetik und Kommunikation
Beitr. z. Btech.	– Beiträge zur Bildungstechnologie
betr. e	– betrifft: erziehung
bild d. w.	– bild der wissenschaft
Bfo. u. Bprax./E. Rech.	– Bildungsforschung und Bildungspraxis/Education Recherche
B. u. E.	– Bildung und Erziehung
D. Arg.	– Das Argument
D. Dt. S.	– Die Deutsche Schule
D. Dt. Univ.-Ztg.	– Die Deutsche Universitäts-Zeitung
D. Grunds.	– Die Grundschule
D. Sbank.	– Die Schulbank
Dt. Spr.	– Deutsche Sprache
Entw. u. Zusarb.	– Entwicklung und Zusammenarbeit
Grupdyn.	– Gruppendynamik
Integrat. Ther.	– Integrative Therapie
J. f. Marktfo.	– Journal für Marktforschung
Köln. Z. f. Soziol. u. Sozpsych.	– Kölner Zeitschrift für Soziologie und Sozialpsychologie
Kriminol. J.	– Kriminologisches Journal
Kunst u. U.	– Kunst und Unterricht
Ling. Berichte	– Linguistische Berichte
Mitt. d. Dt. Gesellsch. f. Verhaltther.	– Mitteilungen der Deutschen Gesellschaft für Verhaltenstherapie (DGVT)
Mitt. d. Gesellsch. z. Förd. d. Verhaltther.	– Mitteilungen der Gesellschaft zur Förderung der Verhaltenstherapie (GVT)
Monschr. f. Kriminol. u. Strafrreform	– Monatsschrift für Kriminologie und Strafrechtsreform
N. Prax.	– Neue Praxis
N. Samml.	– Neue Sammlung
N. Uprax.	– Neue Unterrichtspraxis
P.	– Pädagogik
Pol. Vjs.	– Politische Vierteljahreszeitschrift
Probl. u. Erg. d. Psych.	– Probleme und Ergebnisse der Psychologie
Progr. Lern., Utech. u. Ufo.	– Programmiertes Lernen, Unterrichtstechnologie und Unterrichtsforschung
P. Rsch.	– Pädagogische Rundschau
Psych. Beitr.	– Psychologische Beiträge
Psych. in E. u. U.	– Psychologie in Erziehung und Unterricht
Psychoanal.	– Psychoanalyse
Psych. Rsch.	– Psychologische Rundschau

Schweiz. S.	– Schweizer Schule
Schweiz. Z. f. Volkswirtsch. u. Stat.	– Schweizerische Zeitschrift für Volkswirtschaft und Statistik
Sociom.	– Sociometry
Soziol. Rev.	– Soziologische Revue
Soz. Welt	– Soziale Welt
Stud. Ling.	– Studium Linguistik
Supervis.	– Supervision
Th. u. Prax. d. soz. Arb.	– Theorie und Praxis der sozialen Arbeit
Uw.	– Unterrichtswissenschaft
Versichr.	– Versicherungsrecht
Westerm. P. Beitr.	– Westermanns Pädagogische Beiträge
Z. f. Ber.- u. Wirtschp.	– Zeitschrift für Berufs- und Wirtschaftspädagogik
Z. f. Emp. P.	– Zeitschrift für Empirische Pädagogik
Z. f. Entwpsych. u. P. Psych.	– Zeitschrift für Entwicklungspsychologie und Pädagogische Psychologie
Z. f. exp. u. angew. Psych.	– Zeitschrift für experimentelle und angewandte Psychologie
Z. f. ew. Fo.	– Zeitschrift für erziehungswissenschaftliche Forschung
Z. f. Geront.	– Zeitschrift für Gerontologie
Z. f. Klin. Psych. u. Psychother.	– Zeitschrift für Klinische Psychologie und Psychotherapie
Z. f. P.	– Zeitschrift für Pädagogik
Z. f. Psych.	– Zeitschrift für Psychologie
Z. f. Sozialisatfo. u. Esoziol.	– Zeitschrift für Sozialisationsforschung und Erziehungssoziologie
Z. f. Soziol.	– Zeitschrift für Soziologie
Z. f. Sozpsych.	– Zeitschrift für Sozialpsychologie
Z. f. Sportp.	– Zeitschrift für Sportpädagogik

b) englischsprachige Zeitschriften

Acta Psych.	– Acta Psychologica
Admin. Sc. Quart.	– Administrative Science Quarterly
Am. Anthropologist	– American Anthropologist
Am. E. Res. J.	– American Educational Research Journal
Am. J. of Community Psych.	– American Journal of Community Psychology
Am. J. of Psych.	– American Journal of Psychology
Am. Psychologist	– American Psychologist
Am. Sociol. Rev.	– American Sociological Review
Ann. Rev. of Psych.	– Annual Review of Psychology
Beh. Res. and Ther.	– Behavior Research and Therapy
Calif. Managem. Rev.	– California Management Review
Ch. Dev.	– Child Development
communic. of the acm	– communications of the acm
Curr. Stud.	– Curriculum Studies
E. and Urb. Society	– Urban Society
E. Change and Dev.	– Educational Change and Development

E. Eval. and Pol. Anal.	– Educational Evaluation and Policy Analysis
E. Reser.	– Educational Researcher
Eur. J. of Sc. E.	– European Journal of Science Education
Eval. Quart.	– Evaluation Quarterly
Germ. J. of Psych.	– German Journal of Psychology
Harv. E. Rev.	– Harvard Educational Review
Hum. Dev.	– Human Development
Int. J. of Psych.	– International Journal of Psychology
Int. J. of Sociom. and Sociat.	– International Journal of Sociometry and Sociatry
J. of Abnorm. and Soc. Psych.	– Journal of Abnormal and Social Psychology
J. of Appl. Psych.	– Journal of Applied Psychology
J. of Cons. and Clin. Psych.	– Journal of Consulting and Clinical Psychology
J. of Cons. Psych.	– Journal of Consulting Psychology
J. of E. Measurem.	– Journal of Educational Measurement
J. of E. Psych.	– Journal of Educational Psychology
J. of E. Stat.	– Journal of Educational Statistics
J. of Exp. Ch. Psych.	– Journal of Experimental Child Psychology
J. of Persty. and Soc. Psych.	– Journal of Personality and Social Psychology
J. of Res. in Sc. Teach.	– Journal of Research in Science Teaching
J. of Res. of the Nation. Bur. of Stand.	– Journal of Research of the National Bureau of Standards
J. of the Am. Stat. Assoc.	– Journal of the American Statistical Assoziation
Measurem. and Eval. in Guid.	– Measurement and Evaluation in Guidance
merril-palmer quart.	– merril-palmer quarterly
Pers. Psych.	– Personnel Psychology
Phil. of Sc.	– Philosophy of Science
Psych. Bull.	– Psychological Bulletin
Psych. Rep.	– Psychological Reports
Psych. Rev.	– Psychological Review
Publ. Pol.	– Public Policy
Rev. of E. Res.	– Review of Educational Research
Rev. of Res. in E.	– Review of Research in Education
Sc. Am.	– Scientific American
Speech Monogr.	– Speech Monographs
Stud. in E. Eval.	– Studies in Educational Evaluation
Teachers Coll. Rec.	– Teachers College Record
Test serv. bull.	– Test service bulletin
The Am. J. of Sociol.	– The American Journal of Sociology
The Am. Pol. Sc. Rev.	– The American Political Science Review
The Am. Statistician	– The American Statistician
The Beh. and Brain Sc.	– The Behavioral and Brain Sciences
The Brit. J. of E. Psych.	– The British Journal of Educational Psychology
The Brit. J. of Math. and Stat. Psych.	– The British Journal of Mathematical and Statistical Psychology
The Brit. J. of Sociol.	– The British Journal of Sociology
The E. For.	– The Educational Forum
The J. of Appl. Behav. Sc.	– The Journal of Applied Behavioral Science

The J. of E. Psych.	– The Journal of Educational Psychology
The J. of Negro E.	– The Journal of Negro Education
The J. of Soc. Issues	– The Journal of Social Issues
The J. of Soc. Psych.	– The Journal of Social Psychology
The Publ. Opin. Quart.	– The Public Opinion Quarterly

c) französischsprachige Zeitschriften

Arch. Eur. de Sociol.	– Archives Européennes de Sociologie
La Rev. Socialiste	– La Revue Socialiste

Register

Namenregister

Das Namenregister enthält alle in diesem Doppelband genannten Namen von Personen und Institutionen, wie Berufsvereinigungen, Fachverbände, nationale und internationale Kooperationen, Kommissionen und weitere Zusammenschlüsse im Bildungsbereich. Es ist grundsätzlich jede Seite aufgenommen worden, wo der Name **genannt** wird.
Bei einem Namen, dem kursive Seitenzahlen folgen, handelt es sich um den Namen eines Autors dieses Doppelbandes. Die kursiven Seitenzahlen verweisen auf seinen Beitrag.
Ein → findet sich hinter der Abkürzung von Institutionennamen. Er verweist auf die vollständigen Namen der Institution, unter dem sich die Seitenangaben befinden.

Sachregister

Das Sachregister enthält Verweise auf die Titel der Lexikonbeiträge und auf alle Textstellen sowohl des Handbuch- als auch des Lexikonteils, die Auskünfte über das betreffende Stichwort enthalten.
Auf lexikalische Artikel, die ein Stichwort gesondert behandeln, wird durch Fettdruck des Stichwortes und kursiv gesetzte Seitenangaben besonders hingewiesen.
Institutionen, wie Berufsvereinigungen, Fachverbände, nationale und internationale Kooperationen, Kommissionen und weitere Zusammenschlüsse im Bildungsbereich enthält das Namenregister.
Ein ↗ verweist auf verwandte Begriffe, die in einem inhaltlichen Zusammenhang mit dem bereits genannten Terminus stehen.
Ein → bedeutet, daß die gesuchte Information nicht unter diesem, sondern unter einem anderen Stichwort gegeben wird.

Namenregister

Abbott, M.G. 156, 177
Achinger, G. 322
Achtenhagen, F. 179, 447, 451, *579-587, 595-601*
Adam, D. 390
Adams, E.N. 613, 616
Adelman, C. 270, 278
Adorno, Th.W. 15, 26, 29, 37, 120ff., 139, 193, 215, 242, 246, 278, 377, 383, 413
Aebli, H. 48, 76, 445, 451
Ahrens, H.J. 310, 312, 473, 477
Aigner, D.J. 660
Aiken, H. 329f.
Aiken, M. 156, 163, 179
Akademie für Jugendfragen 604
Albert, H. 15, 37, 601
Alderfer, C.P. 149, 153, 167, 177
Aleman, H.v. 353ff.
Alker, H.R. 568, 572
Allen, G.J. 623f.
Allert, T. 284
Allport, G.W. 479, 481
Alquati, R. 187, 215
Amthauer, R. 627, 631
Andersen, E.B. 613, 616
Anderson, B.E. 622, 624
Anderson, G.J. 104
Anderson, J.G. 657f.
Anderson, O. 597
Anderson, T.W. 574, 579
Andrews, G. 583, 587
Anger, H. 309, 312, 427ff., 431, 433, 628, 631
Angermaier, M. 111, 139, 628, 631
Angoff, W.H. 624
Apel, K.O. 300, 487, 490, 492
Applebee, A.N. 479, 481
Arbeitsgruppe Bielefelder Soziologen 16, 37, 215f., 225, 227, 230, 232, 246ff., 421, 426, 432ff., 444, 457ff., 482, 486, 507, 517
Arbeitsgruppe für empirische Bildungsforschung 117
Arbeitsgruppe Lambertistraße 358f.
Arbeitsgruppe Lehrerausbildung 405
Arbeitsgruppe Methodenlehre 31, 37
Arbeitsgruppe Paolo Freire, Hamburg 190, 210, 215
Arbeitsgruppe Schulforschung 19, 37, 237, 239f., 246, 418, 458ff., 484, 486
Arbeitsgruppe Soziologie 230, 246
Ardoino, J. 192, 215

Aregger, K. 149, 159, 167f., 177f., 181, 391
Argelander, H. 276, 278
Argyle, M. 410
Argyris, Ch. 16, 37, 156, 177, 187, 195, 202, 206, 215, 455, 460
Arnold, W. 521, 595, 626, 631
Aronson, E. 105, 323, 400, 432f.
Asendorpf, J. 321f.
Asher, H.B. 101, 104
Asmus, W. 77, 384
Atkinson, J.W. 464, 469
Atkinson, R.C. 659
Atteslander, P. 234, 246, 312f., 322, 426, 429, 432f.
Austin, J. 526, 538
Ausubel, D.A. 445, 447, 451
Autorenkollektiv Glocksee 200, 214f.
Autorenkollektiv Lankwitz 187, 214f.
Auwärter, M. 279, 322
Ayres, L.P. 334, 337

Baacke, D. 210, 212, 215, 277f., 423, 426, 436, 439, 461
Babad, E.Y. 338, 341
Babbage, Ch. 328f.
Bach, H. 630f.
Bachmair, G. 408, 410
Backhaus, H.-G. 218
Bacon, F. 376, 378f., 383
Badura, B. 234, 246
Bahr, H.-E. 204, 212, 215, 514, 517
Bailey, K.D. 323, 326
Bakan, D. 580, 586, 595, 598, 600
Baldamus, W. 15, 37
Baldridge, J.V. 177
Bales, R.F. 318, 321f.
Balint, M. 604
Baltes, P.B. 53, 67, 76f., 101, 105, 646f., 649, 652, 658ff.
Bandura, A. 125, 129f., 139
Barabas, F. 604
Barker, R.G. 104
Barlow, D.H. 349f., 355
Barron, I. 332f.
Barton, S. 304, 308
Bartoszyk, G.D. 69, 76
Bartram, M. 345, 348
Basaglia, F. 213, 215
Bassin, M. 164, 177
Baumann, U. 215, 400
Baumert, J. 171, 177
Baumgärtel, F. 628, 631
Baur, D. 608
Bay, R.H. 320, 322

669

Namenregister

Bayer, L.M. 69, 76
Bayley, N. 69, 76
Beck, J. 218
Beck, O. 348
Becker, E. 209, 218
Becker, H.A. 233, 246
Becker, H.S. 225, 246
Beckhard, R. 177, 212, 215, 388, 390
Beckmann, D. 213, 215
Beer, M. 386, 390
Beilin, H. 375
Bell, C.H. 153, 178, 386, 388, 391
Bellak, A.A. 319, 322
Bendixen, T. 210, 214f.
Benham, B.J. 172, 177
Benne, W.C. 459f., 518
Benner, D. 18f., 29, 37, 72, 76, 187, 191f., 208, 215, *376-385*, 454, 460
Benning, E. *366-371*
Bennis, W.G. 153, 161, 177, 187, 201, 208, 211, 215, 391
Bente, G. *396-400*
Bentler, P.M. 652, 656ff.
Bentzen, M.M. 150, 177
Berelson, B. 411ff., 416, 418
Berg, G. 149, 177
Berg, H.D. 460
Berg, M. 629, 631
Bergenhenegouwen, G. 148, 177
Berger, H. 15, 21, 37, 357, 359, 456, 460, 495, 497
Berger, J. 230, 246
Berger, P.L. 230, 246, 278, 479, 481, 504, 506
Bergmann, H. 66, 76
Bergmann, J.R. *419-421*
Berk, A.R. 342, 347f.
Berkeley-Gruppe 120, 122f.
Berkowitz, L. 125, 127, 139
Berman, P. 165, 174, 177
Berndt, E.-B. 357, 359
Berne, E. 91, 104
Bernoulli, J. 589
Bernsdorf, W. 180
Bernstein, B. 70, 98, 104f., 116, 139, 234, 246, 381, 383
Bertaux, D. 226, 234, 246, 481
Besozzi, C. 463, 467ff., 477
Bessler, H. 418
Bessoth, R. 147, 177
Best, P. 304, 308
Betti, E. 491f.
Betz, D. 470, 472, 477
Beutel, P. 332f.
BIBB → Bundesinstitut für Berufsbildung
Biddle, B.J. 580, 586

Bielefelder Lehrergruppe 193, 215
Bierhoff, H.W. 658, 660
Biglmaier, F. 628, 631
Bildungstechnologisches Zentrum, Wiesbaden 407
Billeter, E.P. 69, 76
Birren, J.E. 659, 661
Bjerstedt, A. 523, 525
Blalock, A.B. 469
Blalock, H.M. 467, 469, 476f.
Blankenburg, E. 304, 308
Blankertz, H. 21, 29, 37, 49, 76, 187, 195, 207, 215, 447, 451
Blaß, J.L. 48, 76
Blau, P.M. 104, 569, 572
BLK → Bund-Länder-Kommission für Bildungsplanung und Forschungsförderung
Bloch, E. 379, 383
Block, J.H. 347
Bloom, B.S. 118, 139, 187, 215, 335, 337, 342, 344, 347, 362, 365, 460
Blumberg, H.H. 524f.
Blumer, H. 460, 514, 517
BMBW → Bundesministerium für Bildung und Wissenschaft
Boal, A. 442, 444
Boehncke, H. 218
Bogdan, R. 352f., 355
Böhme, G. 27, 37
Bohnsack, R. 284, 299
Bohrnstedt, G.W. 469
Bolde, F. 526
Bolte, K.M. 37ff., 219, 279
Bondy, C. 626, 630f.
Bönisch, S. 34, 151, 177
Bonn, P. 155, 171, 177
Bonne, L. 445, 451
Boole, G. 329
Borgatta, E.F. 434, 469
Bornewasser, M. 102, 104
Bos, A.A.van den 233, 246
Boszormenyi-Nagy, I. 72, 76
Boszormenyi-Nagy, J. 503
Böttcher, H.R. 461
Botwinick, J. 647, 659
Boudon, R. 572
Bourdieu, P. 277f.
Bowyer, J. 165, 177
Bracht, G.H. 86, 104, 395, 485, 652, 659
Bracht, U. 392, 486
Bradburn, N.M. 432, 434
Bradford, L. 386f., 390, 518
Brandstätter, H. 525
Brandtstädter, J. 69, 76, 645, 656f., 659f.
Braune, G. 147, 177

Bredenkamp, J. 367, 371, 580f., 586, 590, 594ff., 649, 652, 659
Brem-Gräser, L. 634
Brengelmann, J.C. 140
Brewer, J.K. 598, 600
Brezinka, W. 15, 18, 37, 111, 139, 360, 365, 379, 383
Brickenkamp, R. 474, 477, 617, 624, 626ff., 631, 633f.
Briggs, L.J. 446, 452
Brim, O.G. 105
Brim, O.G., jr. 661
Brocher, T. 274, 278
Brocke, B. 112f., 139
Brodbek, M. 105
Bronfenbrenner, U. 16, 37, 83, 86, 88ff., 92f., 95ff., 103f., 186, 215, 381, 383, 460, 645, 659
Broudy, H.S. 448, 451
Brown, L.D. 148, 152f., 178, 386, 391
Brück, H. 270, 278, 383
Bruckmann, G. 114f., 139
Bruder, K.-J. 448, 451
Brüggen, F. 383
Brüggen, G. 523, 525
Brumlik, M. 405, 410
Bruner, J.S. 48, 73, 76, 187, 215, 445, 447, 451, 455, 460
Brusten, M. 111, 139, 303, 308
Bruyn, S.T. 352, 355
Buchanan, B.C. 165, 177
Budoff, M. 338f., 341
Buggle, F. 628, 631
Bühl, W.L. 300
Bühler, K. 526, 538
Buhr, M. 38
Bukowski, J. 479, 481
Bulla, H.G. 19, 37, 147, 149, 153, 159, 166f., 175, 177
Bulmer, M. 322
Bünder, W. 167, 177
Bundesinstitut für Berufsbildung (BIBB) 171
Bundesministerium für Bildung und Wissenschaft (BMBW) 77, 551, 558, 564f.
Bund-Länder-Kommission für Bildungsplanung und Forschungsförderung (BLK) 115, 139, 162, 177
Bungard, W. 315, 320, 322, 368, 371
Bunge, M. 195, 215
Büning, H. 592, 594
Burger, A 238, 246
Burgess, R.G. 321f.
Burkart, G. 284, 299
Burke, W. 179
Burkhart, G. 236, 246
Burling, R. 233, 246
Buros, O.K. 617, 624
Buss, A.H. 127, 140
Buss, A.R. 67f., 76
Büttemeyer, W. 383

Callahan, D.M. 389, 391
Campbell, D.T. 64, 76, 392f., 395, 449, 451, 589, 594, 643, 645, 648, 652, 655f., 659
Campbell, J.P. 619, 625
Cannell, C.F. 427, 432f.
Cappel, W. 523, 525
Cardinet, J. 148, 154, 177
Carey, J.T. 479, 481
Carlsmith, J.M. 432f.
Carnap, R. 462f., 469
Carroll, J.B. 347, 611, 616
Cartwright, D. 187, 215
Case, R. 375
Cattell, R.B. 477, 621, 624, 629, 631
Celotti, L.D. 157, 178
Centre for the Advanced Study of Educational Administration 149
Chafe, W.L. 479, 481
Chandler, M.O. 623f.
Chase, L.J. 598, 600
Chase, R.B. 600
Chatfield, C. 576, 578f.
Chernoff, H. 596, 600
Cherry, C. 234, 246, 586
Child, E. 91, 105
Chomsky, N. 296, 299
Choppin, B.H. 615f.
Christian, H. 620, 624
Christiani, R. 148, 177
Cicourel, A.V. 213, 215, 232, 246, 304, 308, 315, 322, 441, 444, 459f.
Clark, A.W. 187, 206, 215
Clark, D.L. 165, 177
Clark, P. 259, 278
Clauss, G. 341, 471, 477, 546, 644f.
Cleary, T.A. 622, 624
Clemenz, M. 305, 308
Clinton, Ch.A. 150, 178
Cohen, A.R. 165, 178
Cohen, J. 579, 584, 586, 590, 594, 597f., 600
Cohen, S.A. 580, 586, 596, 599f.
Cohn, R.C. 276, 278
Coleman, J.S. 92, 104, 570, 572
Collins, A.J. 576, 578f.
Comenius, J.A. 48
Cook, T.D. 392f., 395, 648, 652, 655f., 659
Cooley, W. 332f.
Coombs, C.H. 472, 477

Namenregister

Cooper, D. 19, 37
Corbett, H.D. 156f., 178
Correll, W. 452
Corsini, R. 398, 400
Costner, H.L. 467, 469
Cox, R.C. 361, 365
Cremer, Ch. 147, 171, 178, *514-517*
Crockett, W. 153, 175, 178
Croft, D.B. 166, 179
Cronbach, L.J. 96, 104, 347, 354f., 450f., 455, 460, 509f., 645, 649, 659
Crowder, N.A. 110, 139
Curnow, R. 332f.

Dahrendorf, R. 378, 383
Dalin, P. 149, 165, 172, 178
Dänecke, K. 620, 625
Dann, H.D. 655, 659
Datan, N. 652, 659
Davidson, H.H. 632, 634
Davis, B. 568, 572
Davis, J.A. 570, 572
Dayton, C.M. 600
Deal, T.E. 157, 177f., 390
DeCecco, J.P. 234, 246
Dechmann, B. 230, 246
Dechmann, M.D. 313, 321f.
DeCorte, E. 148, 178
Deffenbacher, J.C. 623f.
Degen, U. 246
DeGruijter, D.N. 660
Dehler, J. 210, 215
Deichmann, C. 278
Deichsel, A. 418
Demb, A. 164, 178
Dempsey-Atwood, N. 598, 601
Denzin, N.K. 354f.
Derbolav, J. 192, 215
Derr, C.B. 149, 164, 166, 178
De Soto, C.B. 524f.
Deter, B. *617-625*
Deutsche Forschungsgemeinschaft (DFG) 31, 38, 187, 215, 451
Deutsche Gesellschaft für Psychologie 341, 400
Deutscher Bildungsrat 31, 37, 47f., 76, 78, 218, 631, 640, 645
Deutsches Museum München 330
Deutsche Versuchsanstalt für Luftfahrt 330
Deutsch-Französisches Jugendwerk 217
Devereux, G. 436, 439, 515, 517
Dewey, E. 85, 104
Dewey, J. 104, 445, 451
DFG → Deutsche Forschungsgemeinschaft

Diederich, J. 379, 383
Diedrich, R. 339, 341
Diehl, J.M. 593f.
Diemer, A. 487, 491f.
Dieterich, R. 508, 510
Dijkstra, W. 432f.
Dill, D.D. 149, 178
Dilthey, W. 383f., 479, 481, 487, 492
Dittmar, N. 234, 246
Döbert, R. 45f., 48, 52f., 55, 57, 62, 69, 71, 76f., 79, 213, 215, 217, 219, 299, 461
Dockrell, W.B. 355
Dogan, M. 572
Dohmen, G. 410
Dollard, J. 125, 127, 139
Dollase, R. 134, 139, *521-526*
Domnick, J. 147, 178
Doob, L.W. 125
Douglas, J.D. 277f.
Dräger, K. 439
Drenth, P. 625, 631
Drerup, H. 451
Droz 48
Droz, R. 76
Dubin, R. 391
Duhm, E. 633f.
Düker, H. 628, 631
Duncan, O.D. 469, 568, 572, 657, 659f.
Dunkin, M.J. 580, 586
Dunnette, M.D. 390, 395, 659
Durkheim, E. 255, 572
Dutch Catholic School Council 172, 178
Dwyer, C.A. 347

Easley, J.A. 349, 355
Eberlein, G. 140
Eberling, G. 469
Ebert, Th. 212, 215
Ebner, H. 471, 477, 546, 644f.
Ebnet, U. *617-625*
Eccles, J.C. 230, 248
Eckensberger, L.H. 54, 61ff., 76, 341, 400, 646, 659
Eckensberger, U.S. 400
Eckert, I.P. 330
Edelstein, W. 48, 76, 445, 451, 654, 659
Edwards, A.L. 473, 477
Egger, K. 321f.
Eggert, D. 627f., 631
Ehlers, R. 312
Ehlich, K. 213, 215, 277f., 426, 458, 460, 485f., 489, 492, *526-538*
Ehrhardt, J. 191, 195, 202, 205, 208, 215
Eichhorn, W.I. 460

Eichner, K. 187, 215
Eicke, D. 439
Eickelpasch, R. 246
Eigenmann, J. 178
Eigler, G. 19, 37, 347, 365, 394f., 447, 451, 502
Einsiedler, W. 447, 451
Elbing, E. 523, 525
Elias, N. 257, 277f.
Elkind, D. 77
Elliot, J. 270
Elliott, J. 278
Ellis, A. 399f.
Ellwein, Th. 310, 312
Elmore, R.F. 152, 156f., 178
Emrick, J.A. 613, 616
Engelmayer, D. 523
Engelmayer, O. 525
Erbslöh, E. 234, 246
Erdmann, H.W. 463f., 469, 471, 477
Erikson, E.H. 59, 71, 76
Erlanger Schule 198
Erny, P. 150, 178
Eulefeld, G. 169f., 178
Eye, A.v. 645, 657, 659
Eysenck, H.J. 624

Fach, W. 246
Fahrenbach, H. 247
Fahrenberg, J. 628, 631
Fairweather, G.W. 187, 215
Far West Laboratory for Educational Research and Development 174
Fatke, R. 90ff., 99f., 104
Fay, E. *617-625*
Feather, N.T. 464, 469
Feger, H. 451, 524f., 580f., 586, 595f., 598, 600
Feldman, N.J. 104
Feldmann, K. 319, 322
Fend, H. 165f., 178, 215, 360, 365
Fengler, C. 420f.
Fengler, T. 420f.
Fenner, H.J. 448, 452
Ferdinand, W. 622, 624
Ferguson, R.C. 612, 616
Festinger, L. 273, 381, 383
Feuerstein, Th. 19, 37, 48, 73, 76
Feyerabend, P. 207, 215, 244, 246, 255, 278, 463, 469
Feyler, J. 148, 154, 178
Fichte, J.G. 377, 383
Fiedler, P.A. 187, 215, 219
Fieguth, G. 134, 139

Filipp, S.-H. 657, 660
Fillenbaum, S. 370f.
Firestone, W.A. 156f., 178f.
Fischer, B. *45-79*, 214, 216
Fischer, G.H. 343, 346ff., 507, 510, 613, 615f.
Fischer, M. 412, 418
Fischer, W. *478-482*
Fishbein, M. 472, 477f.
Fisher, R.A. 581, 586, 588
Fishman, J.A. 234, 246
Fiske, D.W. 581ff., 587
Fiske-Lowenthal, M. 481
Flader, D. 604
Flammer, A. 56, 77, 86, 104, 339, 341
Flanders, N.A. 404f., 410
Flaskämper, P. 560, 565
Flavell, J.H. 53, 57, 60ff., 77
Flechsig, K.-H. 155, 178
Flitner, A. 216, 384
Flynn, J.T. 622, 624
Fourier, Ch. 258
Fowler, J.W. 53, 77
Fox, R.S. 187, 216
Frake, Ch.O. 226, 233, 247, 457f., 460
Framo, J.L. 76, 503
Frankfurter Institut für Sozialforschung 400
Franklin, J.L. 149, 178
Franzen, U. 590, 595
Frauenhaus Köln 193, 210, 216
Frech, H.W. 405, 410
Frederiksen, C.H. 655, 659
Freie Universität Berlin 140
Freire, P. 187, 190, 207, 210, 215f., 456, 460, 498, 502
Freitag, R. 187, 219
Fremer, J. 623f.
French, W.L. 153, 159, 178, 386, 388, 391
Frenkel-Brunswik, E. 120
Freud, A. 437, 439
Freud, S. 71ff., 125f., 139, 254, 260, 276, 279, 434, 437, 439, 498, 519
Frey, D. *366-371*
Frey, K. 48, 77, 79, 148f., 154, 162, 167ff., 175, 177ff., 216f., 219, 279, 326, 365, 375, 461, 502, 613, 617
Frick, T. 494, 497
Fricke, R. 334, 336f., 348, 580, 583f., 586, 596, 599f., 610, 612, 614ff.
Friedlander, F. 148, 152f., 178, 386, 391, 459f.
Friedman, Ch.P. 149, 178
Friedman, M. 338, 341
Friedrich, D. 47f., 78, 187, 218
Friedrich, P. 233, 247
Friedrich, W. 177

Namenregister

Friedrichs, J. 34, 37, 211f., 216, 235, 247, 309, 312, 315, 317, 319ff., 326, 411f., 416, 418, 427, 432f., 464ff., 469, 472, 477, 605, 608
Friedrich-Schiller-Universität Jena 526
Fröhlich, W.D. 86, 91, 100, 104
Fuchs, W. 187, 202, 212, 216, 357, 359
Füglister, P. 168, 178
Fühlau, I. 235, 247
Fuhr, R. 147, 176, 178
Fullan, M. 149, 164, 178, 388, 390f.
Furby, L. 347
Fürstenau, P. 276, 278
Fürstenberg, F. 149, 180
Furth, H.G. 227, 247

Gadamer, H.-G. 179, 277f., 487, 492
Gadenne, V. 392, 395, 427, 433, 586, 600
Gadon, H. 165, 178
Gaensslen, H. 577ff., 644f.
Gaertner, A. *601-604*
Gage, N.L. 395, 448, 451f., 579f., 586, 594
Gagné, R.M. 97, 104, 445ff., 452
Galilei, G. 376
Galtung, J. 471, 477
Ganzhorn, K. 328ff., 333
Garfinkel, H. 211, 216, 226, 233, 247, 273, 350, 355, 419ff., 432f., 440f., 444, 485f., 526, 538
Garner, W.R. 542, 546
Garten, H.-K. 340f., 447, 452
Garz, D. 486
Gauß, C.F. 589
Geiger, S. 311f.
Geipel, R. 565
Geißler, E.E. 445, 452
Geißler, K.A. 18f., 38, 521
George, A.L. 412, 418
Gerdes, K. 232, 247
Gerfin, H. 116, 139
Gesamthochschule Essen 216
Gesellschaft für wissenschaftliche Gesprächspsychotherapie (GwG) 400
Gessner, V. 307f.
Getzels, J.W. 156, 179
Giddens, A. 230, 247
Giel, K. 384
Giesecke, H. 92, 104
Giesecke, M. 604
Gigerenzer, G. 586, 600
Ginsburg, H. 646, 659
Girmes-Stein, R. *45-79*
Girtler, R. 320, 322
Glaser, B.G. 232, 247, 350, 355, 479, 481
Glaser, R. 139, 348, 446, 452, 610, 616f., 624
Glaser, W.R. 595, 600

Glass, G., V 392, 395, 543, 546, 580f., 583, 586, 601, 652, 659
Gleser, G.C. 347
Gloy, K. 234, 246, 503
Glück, G. 628, 631
Gniech, G. 369, 371
Göbel, N. 565
Goeppert, H.C. 278, 486
Goethe, J.W.v. 479
Goetz, J.P. 150, 180
Goffman, E. 91, 104, 225, 227, 232, 237f., 247, 249, 410, 441, 444, 479, 481
Goldberger, A.S. 660
Goldmann, L. 49, 77
Goode, W.J. 427, 430, 433
Goodenough, W.H. 233, 247
Goodlad, J.I. 150, 179
Goodman, L.A. 568, 572, 579
Goos, H. 211, 216
Gorski, P. 462, 469
Goslin, D.A. 91, 104
Göttinger Kollektiv 356, 359
Gottschaldt, K. 104
Gottschalk, L. 479, 481
Gottwald, P. 23, 37, 195, 216, 384, 460
Gouldner, A.W. 443f.
Goulet, L.R. 53, 67, 77, 660
Gowin, H. 460
Graff, J. *639-645*
Grathoff, R. 230, 249
Grathoff, R.H. 479, 481
Grauer, G. 319, 321f.
Graumann, C.F. 62, 77f., 312, 371, 397, 400, 433, 435, 439
Greif, S. 371
Grele, R.J. 423, 426
Gripp, H. 284
Groeben, N. 27ff., 37, 56, 67, 77, 113, 140, 195, 210, 212, 214, 216, 363, 365, 381, 383, 447, 452, *493-497*, 510, *635-639*
Groethuysen, B. 481
Gronemeyer, R. 204, 212, 215
Gronlund, N.E. 360, 365
Groothoff, H.-H. 595
Gross, N. 150, 179f.
Gross, T. 164, 177
Grossmann, K.E. 659
Groth, G. 384
Gruber, E. 383
Gruber, K.H. 455, 460
Grubitzsch, S. 626f., 631f., 634
Grümer, K.-W. 313, 315ff., 321ff., 326
Gruschka, A. 19, 21, 37, 49, 77, 149, 155, 162f., 179, 187, 195, 201, 213ff., 360f., 365, 390f., 458, 461

674

Namenregister

Gstettner, P. 23, 37, 50, 73, 77, 179, 208, 211, 213, 216, 257, 278, *440-444*
Guion, R.M. 619f., 624
Guire, K.E. 646, 659
Gülich, E. 422, 426
Gump, P.V. 104
Gumperz, J.J. 226, 234, 247
Günther, R. 338, 341
Gunzburg, H.C. 630f.
Gurvitsch, G. 479
Gustafsson, J.-E. 613, 616
Guthke, J. 338f., 341, 344, 348, 454, 461
Gutjahr, W. 339, 341
Gutschmidt, F. 171, 179
Guttman, L. 66, 472, 477, 653, 659
GwG → Gesellschaft für wissenschaftliche Gesprächspsychotherapie

Haag, F. 16, 37, 187, 196, 215ff., 237, 247, 259, 278f., 503
Haagen, K. 332f.
Haase, H. 336f.
Habeman, S.J. 579
Habermas, J. 19, 21, 30, 37, 57, 69, 77, 90, 104, 164, 179, 186f., 190, 197, 200, 204, 216, 230, 242, 246f., 278, 289, 298f., 362, 365, 382f., 434f., 439, 448, 452, 459, 461, 487, 492, 499, 502, 504, 506, 601, 604, 637, 639
Haeberlin, U. 21, 37, 188, 216
Haenisch, H. 640ff., 645
Haertel, G.D. 149, 181
Haft, H. *13-39*, 151, 171, 177ff., 187, 216, *411-418*, 517
Hage, D. 503
Hage, J. 156, 163, 179
Hager, F. 234, 247
Hager, W. 580, 586, 596f., 601
Hagi, E. 156, 179
Hajek, G. 594f.
Halpin, A.W. 166, 179
Hambleton, K.R. 344, 348
Hameyer, U. 78, *145-181*, 187, 216f., 365, 384, 386, 391, 461, 517
Hamilton, D. 350, 355
Hammerich, K. 247
Händle, Ch. *356-359*
Hanson, N.R. 463, 469
Harary, F. 525f.
Harder, T. 214, 216, 568, 571f.
Härke, E. *579-587*, *595-601*
Harper, R.A. 397, 400
Harris, C.W. 659
Harris, T.A. 91, 104

Hartig, M. 434, 439, 461, 502
Hartmann, H. 246f., 310, 312, 465, 469
Hartmann, K.D. 658, 660
Hartmann, M. 246f.
Hathaway, S. 628, 631
Hatt, P.K. 427, 430, 433
Hauser, R. 515, 517
Havelock, R.G. 110, 139, 195, 216
Havighurst, R.J. 72, 77
Hays, W.L. 368, 371, 546, 589f., 595
Heck, G. 115, 139
Hecker, M. 602, 604
Heckhausen, H. 62, 77f., 127, 129, 139, 464, 469
Hedges, L.V. 583, 586f.
Hehl, F.-J. 68, 78, 349f., 355
Heid, H. 19, 37ff., 76, 78
Heidegger, M. 487, 492
Heidenreich, W.-D. 446, 452
Heigl, F. 278
Heigl-Evers, A. 276, 278f., 322
Heimbucher, B. 210, 216
Heimsoeth, H. 376, 384
Heine, G. 485f.
Heineken, W. 203, 216
Heinisch, K.J. 383
Heintel, E. 376, 383
Heintel, P. 276, 278
Heinze, Th. 19f., 23, 37ff., 187f., 196, 200, 207f., 211, 213, 216, 237, 247, 259, 277ff., 357, 359, *404-410*, 426, 442, 444, 458f., 461, 484ff.
Heinze-Prause, R. 187, 216, 407f., 410, 484, 486
Heise, H. 521
Heiss, R. 625
Helle, H.J. 227, 247
Heller, F.A. 388, 391
Heller, K. 212, 216, 310, 312, 348, 474, 477
Helmreich, R. 68, 77, 458, 461
Hemgartner, E. 48, 77
Hempel, C.G. 57, 195, 216, 427, 433, 462f., 465, 467, 469
Hendriks, A. 514, 517
Henne, H. 527, 538
Henning, J. 366, 371, 646, 653, 659
Henningsen, J. 378f., 384
Henry, J. 212, 216, 616
Henry, N.W. 616
Hentig, H.v. 37, 187, 193f., 196, 202, 211, 216
Herbart, J.F. 45ff., 77, 377, 384, 445, 452
Herbig, M. 342f., 347f., 612, 616
Herder, J.G.v. 478
Herman, S.M. 153, 179
Hermanns, H. *421-426*

Namenregister

Herriger, N. 308
Herriott, R.E. 150, 156, 178ff.
Herrmann, Th. 234, 247, 310, 312, 496f., 637, 639
Herrmann, U. 216, 384
Hersen, M. 349f., 355
Hessel, P. 514, 517
Heydorn, H.J. 377, 384
Heymann, H.W. 446, 452
Hicks, D.J. 129, 139
Hilke, R. 612, 615ff., 624
Hille, B. 312
Hillers, F. 627, 631
Hiltmann, H. 474, 477
Hinte, W. 517
Hinz, D. 311f.
Hippler, H.-J. 432f.
Hirzel, M. 628, 631
Hofer, M. 590, 595, 639
Hoffmann, N. 141, 280
Hoffmann-Riem, Ch. 225, 232, 234, 247, 299, 432f.
Hofstätter, P.R. 310, 312, 472, 474, 477
Höhn, E. 523, 525
Holbrook, J. 177
Holbrook, K.J. 167
Hollander, A.N.J.den 228, 247, 315, 322
Hollerith, H. 329
Holliman, R.W. 178
Holling, H. *109-141*
Holm, K. 470, 476f.
Holmes, B. 334, 337
Holsti, O.R. 235, 247, 418
Holzkamp, K. 74, 77, 200, 202, 216, 383f., 461, 493, 497, 637, 639, 652, 659
Holzkamp-Osterkamp, U. 201, 213f., 216
Homan, R. 322
Hondrich, K.O. 15, 21, 28, 37, 230, 247
Honneth, A. 76
Hood, P. 174, 179
Hopf, Ch. 232, 234, 247, 277f.
Hoppe, S. 47, 50, 54ff., 62ff., 66, 69f., 77, 646, 659
Hörmann, G. 187, 215, 219
Hörmann, H. 234, 247
Horn, J.L. 657, 659
Horn, K. 187, 216, 278
Horn, W. 627, 631
Hornke, L.F. 582, 587
Hornstein, H.A. 180
Horst, P. 475, 477
Hosford, P.L. 445, 452
House, E. 219
Howes, N.J. 149, 179
Hron, A. *426-434*

Hsu, L.M. 583, 587
Huber, G.L. 105, 433
Huber, L. 418
Hullen, G. 643, 645
Hülst, D. 14, 23, 38, 57, 77, 151, 179
Humboldt, W.v. 377, 384
Hummel, H.J. 571f.
Hunter, J.E. 580, 583, 587, 622, 624
Hurrelmann, K. 18, 25ff., 37f., 87, 104f., 111, 139, 187f., 196, 202, 208, 216, 278, 300, 322, 418, 433, 454f., 461, 486, 522, 525
Hürsch, L. 622, 624
Hürter, O. 276, 278
Huse, E.F. 159, 179
Husserl, E. 350
Hutin, R. 148, 154, 178
Hyams-Peter, H.-U. 156, 179
Hyman, J.S. 580, 586, 596, 598ff.
Hymes, D. 226, 234, 247

IBM → International Business Machines Corporation
IDM → Institut für die Didaktik der Mathematik
Ihwe, J. 426, 481
Ilien, A. 320, 322
IMTEC → International Learning Cooperative
Ingenkamp, F.D. 348
Ingenkamp, K. *333-337*, 342, 348, 451f., 474, 477, 526, 619, 621, 625, 645
Inhelder, B. 58, 62, 64, 77, 375
Institut für die Didaktik der Mathematik (IDM) 218
Institut für die Pädagogik der Naturwissenschaften (IPN) an der Universität Kiel 162, 167ff.
Interdisziplinäres Zentrum für Hochschuldidaktik, Hamburg 359
International Business Machines Corporation (IBM) 330
International Learning Cooperative (IMTEC) 172, 179
IPN → Institut für die Pädagogik der Naturwissenschaften (IPN) an der Universität Kiel
Irle, M. 366, 369, 371, 629, 631
Ischi, N. 315, 319, 321f.
Isenegger, U. 148, 179
Iwanowa, I. 338
Izard, J.F. 615f.

Jackson, D.N. 620, 625
Jackson, P.H. 583, 587

Jaeggi, U. 76
Jäger, R. 337
Jahoda, M. 312
Jaide, W. *309-313*
Jakobovits, L.A. 234, 247
James, W. 105, 439
Janssen, J. 517
Jantzen, W. 201, 217
Jaquard, J.M. 329
Jeggle, U. 320, 322
Jena-Plan-Schule 378
Jencks, Ch. 624f.
Jones, E.E. 637, 639
Jones, L.V. 581ff., 587
Jones, R.R. 134, 136, 139
Jöreskog, K.G. 657, 659f.
Jungeblut, A. 623, 625

Kaase, M. 312, 608
Kade, J. 18f., 38
Kade, S. 486
Kadushin, A. 604
Kähler, G. 348
Kahn, R.L. 427, 432f.
Kainz, F. 396, 400
Kaiser, H.J. 447, 452
Kallmeyer, W. 422f., 425f.
Kambartel, F. 163f., 179
Kaminski, G. 88, 104
Kamphuis, M. 602, 604
Kane, J.S. 619, 625
Kanfer, F.H. 187, 217, 461, 498, 502
Kant, I. 376f., 379f., 384
Kaplan, A. 420f., 462, 469
Kappler, M. 498, 502
Kapune, Th. 170, 178
Karas, F. 517
Karl, F. 188, 217
Karmasin, F. 605f., 608
Karmasin, M. 605f., 608
Kaufman, A.S. 621, 625
Kaufmann, H. 125, 139
Kaul, P. 343, 346, 348
Kautter, H. 630f.
Kehrbach, K. 452
Keil, W. 623, 625
Keller, H. 99, 104
Kellerer, H. 512f., 589, 595
Kelly, J.G. 99f., 104
Kemenade, J.A. van 180
Kemmler, H.W. 210, 214f.
Kempf, W. *510-513*, 615ff.
Kempf, W.F. 343, 348
Kendall, M.G. 545, 581, 587

Kenny, D.A. 656f., 660
Kepler, J. 328
Kerlinger, F.N. 366, 371, 391ff., 395, 464ff., 469, 542, 546, 577, 579
Keupp, H. 305, 307f.
Khwarizmi, M.Al 328
Kirsten, R.E. 516f.
Kiss, G. 247
Kjolseth, R. 247f.
Klafki, W. 19, 38, 171, 179, 187, 207, 217, 445, 452, 517
Klahr, D. 615f.
Klauer, K.J. 38f., 117ff., 139f., 337, 340f., 343, 347f., 379, 382, 384, 392, 395, 447, 452, 461, 510, 580ff., 587, 601, 610, 612, 616f., 620, 625, 635, 639
Klaus, G. 38
Kleber, E.W. *83-105*
Klein, M. 234, 247
Klein, S. 339, 341
Klein, W. 247
Kleining, G. 232, 247
Kleiter, E.F. 69, 77, 101, 105, 214, 217, 335, 337, 461
Klemm, K. 147, 154, 166, 176, 179, 212, 217, 361, 365
Klingenstein, G. 482
Klix, F. 445, 452
Klopfer, B. 632, 634
Kluge, A. 194, 218
Klüver, J. 187, 217
Kluwe, R. 375, 616
Knapp, W. 331, 333
Kneubühler, H.-U. 234, 246, 432f.
Koch, J.-J. 320, 322, 444
Koch, M. 439
Koch, S. 105
Köckeis-Stangl, E. 17, 23, 28, 38, 277f., 321f., 416, 418, 432f.
Koele, P. 583, 587
Koeppler, K. 658, 661
Kofsky, E. 60, 77
Kohlberg, L. 16, 38, 45f., 51ff., 60, 62, 69, 74, 77, 198, 217, 461
Kohli, M. 215, 226, 234, 247, 277, 279, 432f., 479, 481
Kohr, H.U. 593f.
Kohut, H. 436, 439
Kokemohr, R. 447, 452
Koller, S. 565
Konau, E. 284
König, E. 16f., 37f., 88, 105, 219, 232, 234, 279, 382, 384
König, R. 217, 244, 247ff., 279, 312f., 322f., 383, 403, 433f., 478, 482, 572, 609

677

Namenregister

Koolwijk, J.van 322f., 355, 430, 433, 469, 477
Kopernicus, N. 376
Kopperschmidt, J. 396f., 400
Kops, M. 417f.
Kordes, H. *13-39, 45-79*, 180, *185-219, 359-366*, 381, 383f., *454-461, 498-503*, 616
Kormann, A. 341
Kornadt, H.-J. 140
Kornmann, R. 630f.
Koskenniemi, M. 446, 452
Kossakowski, A. 452
Kotarbinski, T. 187, 217
Kowalski, C.J. 646, 659
Kracauer, S. 412f., 418
Kraemer, H.C. 583, 587
Kraiker, Ch. 23, 37, 384, 460
Krambeck, J. 284
Kramer, W. 565
Krapp, A. 113f., 132, 138, 140, 341, 344, 348, 468f.
Krappmann, L. 284, 299, 479, 481
Krauth, J. 68f., 78, 310, 312, 458, 461, 579
Kreppner, K. 54, 78
Kreutz, H. 212, 217
Kriesi, H.P. 246, 248
Krippendorf, K. 412, 416, 418
Kristof, W. 312
Kriz, J. 235, 248, 308, 411, 418
Kröber, G. 469
Krogt, F.J.van den 180, 390f.
Kromrey, H. 232, 248
Krovoza, A. 194, 196, 211f., 217
Krüger, H. 187, 217, 235, 248
Krüger, H.P. 524f.
Krumm, V. 111, 140, 360, 365, 461
Kubitschek, H. 153, 180
Kubli, F. 62, 78, *371-375*
Küchler, M. 232, 234, 248, 284, 299, 579, 608
Kühn, A. 112, 116, 140
Kuhn, Th.S. 15, 38, 244, 248, 255, 279
Kullback, S. 579
Kultusministerium Baden-Württemberg 116
Kultusministerium Nordrhein-Westfalen 76, 200, 217
Künzli, R. 167ff., 178, 180
Kutschera, F.v. 56f., 78
Kuttner, H.E. 418
Kyburz-Graber, R. 170, 180
Kyle, D.W. 149, 180

Laborschule Bielefeld 193
Labov, W. 425f., 479, 481

Lagerweij, N.A.J. 148, 180
Lakatos, I. 27, 38, 244, 248
Lake, D.G. 389, 391
Lambert, W.W. 434
Land, K.C. 469
Landesinstitut für Curriculumentwicklung, Lehrerfortbildung und Weiterbildung des Landes Nordrhein-Westfalen 215
Landsberger, H.A. 149, 180
Landsheere, G.de 360, 365
Lang, M. 48, 77, 79, 187, 219
Lang, P. 217
Langeheine, R. 524, 526
Langer, I. 211, 217
Langer, K. 68, 79, 575, 577, 579
Langeveld, M.J. 445, 452
Langness, L.L. 481
Lantermann, E.-D. 661
Lapassade, G. 73, 78, 187, 189f., 192f., 198, 201, 209ff., 213, 215, 217, 255, 260, 279, 518f., 521
Larcher, A. 77
Larcher, D. 71f., 77f., 198, 213f., 217, *253-280*, 498, 502
Laucken, U. 637, 639
Lauwerys, J.A. 334, 337
Lawler, E.E. 619, 625
Lawrence, P. 388, 391
Lay, W.A. 378, 384
Lazarsfeld, P.F. 311f., 468f., 565, 572, 616
LeCompte, M.D. 150, 180
Lehmann, R.H. *349-355*
Lehr, U. 660
Leibniz, G.W. 328
Leik, R.K. 66, 76, 78
Leithäuser, Th. 230, 248, 402f., 483, 486
Leithwood, K.A. 156, 180
Lempert, W. 17ff., 21, 26f., 38, 48, 73, 78, 458, 461
Lenk, H. 637, 639
Lenz, O. 485f.
Lenzen, D. 12, 48, 78
Leontjew, A.N. 445, 452
Lepenies, W. 444
Lepsius, M.R. 37f., 77, 218, 299f., 461, 507
Lerner, D. 572
Lesgold, A.M. 340f.
Leuninger, H. 234, 248
Leutz, G.A. 279
Leven, H. 624f.
Leverkus-Brüning, I. 309, 312
Levine, D.N. 441, 444
Levine, S. 104
Levinson, D.J. 120
Levy, R. 481

Lewin, K. 16, 38, 86, 91, 96, 105, 149, 161, 180, 186f., 195, 207, 217, 258ff., 275f., 278f., 322, 351, 355, 455, 461, 469, 518f.
Lichtenstein, E. 384
Liebel, M. 514, 517
Lieberman, A. 174, 180
Lieberman, B. 586, 600
Liebert, R.M. 623, 625
Lienert, G.A. 68f., 76, 78, 310, 312, 334, 337, 342, 348, 458, 461, 546, 579, 592f., 595, 597, 601, 617, 625f., 628, 631, 635, 639, 655, 660
Light, R.J. 587
Likert, R. 167, 180
Limbourg, M. 655, 660
Lincke, H. 437, 439
Lindquist, E.F. 587
Lindvall, C.M. 361, 365
Lindzey, G. 105, 323, 400, 433
Linhart, H. 601
Linsenhoff, A. 398, 400
Lippitt, R. 96, 105, 148, 161, 180, 187, 216, 518
Lisch, R. 235, 248, 305, 308, 411, 418
Lobrot, M. 518f., 521
Loch, W. 438f.
Lohnes, P.R. 332f.
Lompscher, J. 445, 452
Loose, G. 450, 452
Lord, F.M. 617, 625
Lorenz, K. 125ff., 140
Lorenzen, P. 198, 213, 217, 511, 513, 601, 604
Lorenzer, A. 16, 38, 187, 209, 213, 217, 260, 266, 269, 277, 279, 362, 365, 399f., 457, 461, 487, 491f., 498ff., 502
Lorsch, J.W. 388, 391
Los, M. 248
Loser, F. 452, 483
Lotz, H. 194, 217
Lotzmann, G. 396, 400
Louis, K.S. 156, 180
Lourau, R. 190, 210, 217, 521
Löwe, H. 660
Lubin, A. 475, 477
Lück, H.E. 315, 322
Luckmann, Th. 230, 246, 278, 415, 418, 479, 481f., 504, 506
Lüdtke, H. *313-323*, 326, 432f.
Ludwig, W. *303-308*
Luhmann, N. 90, 93, 104f., 157, 176, 179f., 247, 286, 299, 379, 383f., 492
Lukesch, H. 320, 323, 642, 645
Lumsdaine, A.A. 139
Lynd, H.M. 225, 248
Lynd, R.R. 225
Lynd, R.S. 248

Maccoby, E.E. 427, 431, 433
Maccoby, N. 427, 431, 433
MacDonald, B. 360, 366
MacLeod, R.B. 100, 105
Mader, W. 248
Mager, F.R. 344, 348
Mahler, M. 71, 78
Malinowski, B. 526, 538
Mandel, K.H. 211, 217
Mandl, H. 105, 341, 344, 348, 418, 433
Mangold, W. 212, 217, 235, 248, 400, 403, 514, 517
Mann, F. 148
Mann, F.C. 156, 159, 167, 180
Mannheim, K. 277, 279, 419, 421, 503, 506
Manns, M. 131ff., 138, 141, 324, 326
Manz, W. 318, 320, 322
Manzke, E. 211, 216
March, J.G. 355
Marhold, W. 479, 481
Marinell, G. 576ff.
Markel, N.N. 234, 248
Markus, G.B. 97, 101, 105
Marquard, O. 479, 481
Marschner, G. 619, 625
Marsolek, Th. 334, 337
Marx, E.Ch. 180
Marx, K. 217f., 384
Matthes, J. 226, 230, 234, 247f., 426
Matthes-Nagel, U. 71f., 78, 212, 217, *283-300*, 498, *503-507*
Matthews, M. 66, 76, 78
Mauchly, J.W. 330, 333
Max-Planck-Institut für Bildungsforschung 115, 140, 461, 659
May, R. *610-617*
Mayntz, R. 411f., 416ff., 427, 429ff.
Mayo, E. 149, 180
Mayring, Ph. 235, 248, 412, 418
Mazeland, H. 528, 538
McArdle, J.J. 657, 659
McCall, G.J. 232, 248, 315, 321f.
McCall, R.B. 645, 660
McClelland, D.C. 112
McCracken, D.D. 329, 333
McCutcheon, G. 149, 180
McElvaney, C.T. 388, 391
McGuire, W.J. 398, 400
McKeynolds, P. 139
McKinley, J. 628, 631
McLaughlin, M.W. 165, 174, 177
Mead, G.H. 71, 73, 84, 91, 102f., 105, 227, 248, 288f., 296, 299, 350, 434, 439, 479
Medicus, F. 383
Mees, U. 127, 134, 140, 323, 326

679

Namenregister

Meis, R. 630f.
Menck, P. 452
Menesini, M. 170, 180
Menges, G. 583, 586ff., 595f., 601
Menne, A. 462, 469
Menze, C. 377, 384
Merkens, H. *109-141*
Merrit, R.C. 572
Mertens, W. 427, 434, 494f., 497
Merton, R.K. 277, 279
Merwin, I.C. 362, 366
Merz, F. 312, 618, 625
Messick, S. 623, 625
Metzger, W. 439
Meyer, D.L. 601
Meyer, G. 608f.
Meyer, H. 196f., 218
Meylan, J.-P. 148, 177f., 180
Michel, L. 625
Michigan Institute of Technology 149
Miles, M.B. 147, 149, 160f., 165f., 169, 180f., 386, 388, 391
Milgram, St. 370f.
Miller, G.A. 100, 105
Miller, N.E. 125
Minsel, W.-R. *396-400*
Miron, M.S. 234, 247
Misch, G. 481
Mischel, Th. 77
Mittelstraß, J. 28, 38, 213, 218, 363, 366
Mittenecker, E. 629, 631
Mitter, K. 37
Mitter, W. 187, 218, 365, 625
Möbius, G. 312
Möbus, C. 623, 625, 636, 639
Modick, H.-E. 310, 312
Mohler, P. 232, 248
Mollenhauer, K. 21, 38, 188, 218, 256, 279, 405, 410, 448, 452, 490ff.
Möller, B. 383
Montada, L. 656f., 659f.
Moog, W. 633f.
Moreno, J.L. 258f., 275f., 279, 522, 525f.
Morgan, J.N. 577, 579
Morris, Ch.W. 396, 400, 462, 469
Morris, L.W. 623, 625
Moser, H. 180, 187, 208, 218, 237, 248, 259, 278f., 320, 322, 357, 359, 382ff., 514ff., 639
Moser, U. 396, 400
Moses, L.E. 596, 600
Mowrer, O.H. 125
Mulford, B. 160, 180
Müller, C.W. 219
Müller, H. 456, 461

Müller, K. 61, 78
Müller, K.R. 187, 218
Müller, P.J. 308
Müller, R. 628, 631
Müller, U. 188, 201, 218, 248, 444
Müller, W. 480f.
Münch, R. 16f., 27, 38
Munz, W. 630f.
Murray, H.A. 122, 140
Musgrave, A. 27, 38, 244, 248
Musto, S.A. 366
Muthig, K. 366, 371
Myerhoff, B.G. 481
Myers, G.E. 387, 391

Napier, J. 328
National Institute of Education (NIE) 48, 149, 174
Naul, R. 214, 218
Negt, I. 194, 196, 211f., 217
Negt, O. 18, 38, 189f., 195, 198, 201, 218, 457, 461
Nehnevajsa, J. 311f., 605, 609
Neidhardt, F. 31, 38
Nesselroade, J.R. 53, 76, 78, 101, 105, 652, 658ff.
Network for Organization Development in Education (NODE) 390
Neubauer, K.W. 606f., 609
Neuberger, O. 210f., 218
Neumann, J.v. 331
Neumann, L.F. 609
Neurath, O. 564f.
Newcomb, S.E. 149, 179
Newton, G. 104
Newton, I. 376
Neyman, J. 588
Nickel, H. 448, 452
Nicklis 21, 38
Nicklis, W.S. 38
NIE → National Institute of Education
Nie, N.H. 66, 78
Niedderer, H. 612, 616
Nieder, P. 218
Niedermann, A. 360, 366
Niethammer, L. 226, 248, 423, 426, 481
Niggl, G. 478, 481
Nimmermann, P. 219
Nitko, A.J. 610, 616
NODE → Network for Organization Development in Education
Noelle, E. 309, 312, 427, 434, 605, 609
Noelle-Neumann, E. 606, 608f.
North, R.C. 418

Namenregister

Novick, M.R. 583, 587, 617, 625
Nunnally, J.C. 455, 461
Nunner-Winkler, G. 45f., 48, 52f., 55, 57, 62, 71, 76, 213, 215
Nuthall, G. 446, 452
Nuthmann, R. 115, 140

O'Connell, J.J. 259, 279
OECD → Organization for Economic Cooperation and Development
Oehlert, A.P. 117
Oehlert, P. 140
Oerter, R. 645, 659ff.
Oeser, E. 244, 248
Oesterreich, D. 357, 359
Oevermann, U. 16, 23, 38, 75, 78, 209, 212, 218, 236, 248, 277, 279, 283ff., 294, 297ff., 319, 322, 455f., 458f., 461, 486, 505ff.
Ohlmeier, D. 276, 279
Olkin, I. 587
Olney, J. 481
Olweus, D. 125, 134, 140
Opaschowski, H.W. 517
Opp, K.-D. 111ff., 140, 227, 244, 248, 312, 573, 575, 577, 579, 641, 645
Oppenheim, P. 57, 195, 216, 427, 433
Opper, S. 646, 659
Oppolzer, S. 18, 38
Oregon University 149
Organization for Economic Cooperation and Development (OECD) 162
Orne, M.T. 368, 370f.
Orth, B. 467, 469
Ortlieb, P. 353ff.
Osborne, A. 330f., 333
Osburn, H.G. 475, 477
Oser, F. 53, 78
Osgood, Ch.E. 310, 312, 413, 418, 474, 477
Österreich, D. 123, 140
Oswald, W.D. 523, 526
Ottersbach, H.-G. 356, 359
Overall, J.E. 587
Overton, W.F. 646, 660
Owen, P.W. 598, 600

Pädagogische Hochschule Berlin 196, 203, 212, 215, 405
Pagès, M. 456, 461
Pappi, U. 568, 572
Parke, R.D. 89, 105
Parlett, M. 350, 355
Parsons, T. 86, 102f., 105
Pascal, B. 328

Pascal, R. 481
Paschen, H. 396f., 400
Pascual-Leone, J. 375
Patry, J.-L. 322f.
Patterson, G.R. 134f., 140
Paul, S. 235, 248, 481
Pawlik, K. 133, 140, 340f., 348, 509f., 626f., 631, 634
Payrhuber, F.J. 348
Pearson, E.S. 545, 581, 587f.
Pearson, K. 587
Peck, R.F. 312
Pedhazur, E.J. 577, 579
Peerson, K. 581
Peirce, Ch.S. 295f., 298, 300
Perls, F.S. 276, 279, 399f.
Perrez, M. 126, 140
Pertler, P. 332f.
Pervin, L.A. 91, 105
Peter, H.-U. 87, 105, 156, 180
Petermann, F. 68f., 77f., 101, 105, 214, 217, 348ff., 355, 461, 660
Petersen, E. 384
Petersen, G. 378
Petersen, J. 454, 461, *462-470*, *470-478*, 477
Petersen, P. 378, 384
Petillon, H. 523f., 526
Petrat, G. 404, 410
Peukert, H. 72, 76, 279, 377, 383
Peukert, U. *45-79*
Pfabigan, E. 523, 526
Pfanzagl, J. 511ff.
Pfeiffer, H. 218
Philipp, E. 147, 171, 178, 180, 212, 218, *386-391*
Phillips, L.D. 105, 584, 587
Piaget, J. 16, 38, 45f., 49, 51ff., 58ff., 70f., 76ff., 227, 247f., 371f., 374f., 445, 447, 452, 615
Pieper, H.-R. 187, 218
Pieper, R. 140
Pike, K.L. 227, 248, 623
Pike, L.W. 625
Piliavin, I.M. 442, 444
Pincus, J. 156, 180
Plaum, F.G. 213, 215
Ploeger, A. 279
Podgorecki, A. 248
Pohler-Funke, M. 249
Pollock, F. 400, 403
Pomfret, A. 390f.
Pongratz, L. 498, 503
Pongratz, L.J. 624
Pool, I. de S. 418
Poon, L.W. 659

Namenregister

Popper, K.R. 16, 38, 230, 241f., 244, 248, 300, 378f., 384, 427, 434, 463, 470, 493, 497
Portele, G. 76f.
Porter, L. 387, 391
Presch, D. 503
Presser, S. 432, 434
Preuß, O. 13, 38, 624f.
Prim, R. 195, 214, 218, 605, 609
Probst, P. *625-631, 632-634*
Projektgruppe Jugendbüro und Hauptschülerarbeit 211, 218
Projektgruppe Textinterpretation und Unterrichtspraxis 451f.
Projekt Osdorfer Born 187, 218, 274, 279
Psathas, G. 233, 248
Purves, A.C. 48, 78

Quasthoff, U. 398, 400, 425f.

Ragnitz, H. 345, 348
Ramseger, J. 382f.
Rapoport, R.N. 187, 189, 218
Rappe-Giesecke, K. 604
Rasch, G. 343, 345, 348, 473, 477, 613ff.
Raschert, J. 171, 177
Rathmayr, B. 71f., 78, 198, 213f., 217, *253-280*, 498, 502
Rauh, H. 66, 78, 660
Rausche, A. 594f.
Rausche, W. 628, 631
Raven, B.H. 338
Rebel, K. 452
Reckmann, H. 214, 218
Reckmann, P. 516f.
Redder, A. 527f., 537f.
Redlich, A. 111, 140
Reese, H.W. 53, 78, 646, 652, 659f.
Rehbein, J. 277f., 458, 460, 485f., 489, 492, 527, 538
Rehbock, H. 527, 538
Rehn, G. 498, 503
Reich, K. 18, 38
Reichwein, G. 445, 452
Reid, J.B. 134, 140
Reik, Th. 435, 439
Reinert, G.-B. 485f.
Reinke, E.K. 264, 279
Resewitz, F.G. 377, 384
Reulecke, W. 343, 348
Revers, W.I. 633f.
Rexilius, G. 626f., 631f., 634
Richey, H.G. 365f.
Richter, H.E. 213, 218, 498, 503

Richter, W. 517
Rickert, H. 487, 492
Ricoeur, P. 300
Riedel, H. 88, 105
Riedel, K. 32, 38, *445-453*
Rieder, O. 628, 631
Riedwyl, H. 552, 565
Riegel, K.F. 652, 660
Riese, A. 328
Ritsert, J. 201, 209, 218, 235, 248, 305, 308, 413f., 417f.
Rittelmeyer, Ch. 21, 38, 188, 218, 256, 279, 448, 452, 490ff.
Ritter, J. 439
Ritter, M. 514f., 517
Roberts, A. 212, 218
Roberts, H.V. 605f., 609
Roeder, P.M. 404, 410
Roethe, Th.E. 284, 300
Roether, D. 339
Rogers, C.R. 211, 218, 276, 279, 399f., 498, 503
Rogosa, D. 657, 660
Röhrs, H. 452
Rokeach, M. 123, 140
Rokkan, S. 572
Rolff, H.-G. 147, 154, 166, 171, 176, 179f., 192, 196, 200, 211f., 217f., 361, 365, 388, 390f.
Rollett, B. *341-348*, 349, 355
Ronge, V. *605-609*
Rongen, R. 325f.
Rop, I. 343, 348
Rorschach, H. 632, 634
Rosemann, B. 310, 312
Rosenberg, M. 100, 105
Rosenbladt, B.v. 608f.
Rosenblum, S. 156, 180
Rosenbusch, H. 484, 486
Rosenmayr, L. 480, 482
Rosenshine, B. 598, 601
Rosenstiel, L.v. 180
Rosenthal, R. 369, 371, 581, 583, 587, 599, 601
Rosenzweig, S. 633
Roskam, E.E. 652, 660
Rösner, E. 171, 180, 389ff.
Rosnow, R.L. 371
Rosow, I. 651, 660
Ross, I.C. 525f.
Ross, L. 53, 77
Rössner, L. 524, 526
Rost, D. 326
Rost, F. 12
Rost, J. 340f., 348, 509f., 614, 617

Roth, H. 47f., 78, 187, 218, 630f.
Roth, L. 348, 404, 410
Rotondo, J.A. 655, 659
Rotter, I.B. 633f.
Rousseau, J.-J. 45ff., 78, 377, 384
Rowan, R.W. 621, 625
Rubenowitz, S. 123, 140
Rubin, D.B. 581, 583, 587
Rubin, I. 149, 180
Rubinstein, S.L. 186, 207, 218, 337, 341, 454, 461
Rüdiger, D. 340f., 348
Rudinger, G. 55, 63f., 68f., 78, *645-661*
Rumpf, H. 197, 218, 278f., 447, 452
Runkel, Ph.J. 149, 164f., 180f.
Ruprecht, H. 148, 180
Rütter, Th. 335, 337
Ryffel, Ch. 230, 246

Sachs, H. 248
Sachs, L. 546, 589, 593ff.
Sack, F. 247f., 441, 444
Sackett, G.P. 105
Sader, M. 276, 279, 623, 625
Sainsbury, P. 566f., 572
Samtleben, E. 628, 631
Sandner, D. 279
Sanford, R.N. 120
Sarason, I.G. 623ff.
Sarason, S.B. 150, 180
Sartre, J.-P. 73, 78, 198, 218, 435, 439
Saslow, G. 187, 217
Sbisà, M. 538
Scandura, J.M. 616f.
Scanlon, D.G. 337
Schäfer, G. *434-439*
Schäfer, G.E. 439
Schaie, K.W. 64, 78, 647ff., 652, 659, 661
Schatzman, L. 232, 248, 350ff., 355, 422, 426
Scheele, B. 496f., 637, 639
Schein, E.H. 388, 391
Schelsky, H. 378, 384
Schenk, B. 214, 218
Scherer, K.R. 318, 321f.
Scheuch, E.K. 309, 312f., 323, 427ff., 434, 470ff., 477f., 568f., 572, 605, 609
Schick, A. 140
Schickard, W. 328
Schindler, F. 334, 337
Schlange, B. 627, 631
Schlee, J. 111, 140
Schleiermacher, F.E.D. 377, 384
Schley, W. 111, 140
Schlieben-Lange, B. 527, 538

Schlosser, O. 575, 577, 579
Schmalt, H.-D. 127, 129, 140
Schmidt, E.A.F. 524, 526
Schmidt, E.R. 390
Schmidt, F.L. 622, 624
Schmidt, H.-D. 48, 56, 64, 79, 188, 197, 218, 457, 461
Schmidt, L. 626, 630f., 634
Schmidt, P. 215, 312, 573, 575, 577, 579
Schmidtchen, St. *625-631, 632-634*
Schmied, D. 216, 332f., 467, 470
Schmied-Kowarzik, W. 192, 218, 377f., 384
Schmuck, R.A. 147, 149, 154, 160f., 164ff., 180f., 386ff., 391
Schneeweiss, H. 586f.
Schneewind, K.A. 100, 105
Schneider, K. 127, 129, 140, 405, 410
Schneider, W. 517, 657, 661
Schnotz, W. 199, 219, *337-341*
Schön, B. 486
Schönfelder, W. 116, 140
Schools Council-Nuffield Foundation 277, 279
Schorr, K.E. 93, 105, 379, 383f.
Schott, F. 118, 140
Schrader, A. 417f., 464, 470
Schraml, W.J. 215, 399f.
Schreiber, W. 483, 486
Schröder, E. 654, 660f.
Schröder, P. 421
Schröder-Caesar, E. 284
Schründer, A. 12
Schubö, W. 577ff., 644f.
Schuch, H.W. 178
Schülein, J.A. 279, 435, 439
Schuler, H. 322f., 525
Schulte, D. 131, 140, 217, 461
Schulte, H. 484ff.
Schulversuch Glocksee 189f., 192, 196, 198, 205
Schulz, T. 366, 371
Schulz, W. 247
Schulze, P. 524, 526
Schulze, Th. 210, 215, 277f., 423, 426, 436, 439, 461
Schulz v. Thun, F. 211, 217
Schumacher, G. 628, 631
Schuman, H. 432, 434
Schumann, K.F. 212, 219
Schümer, G. 404, 410
Schurian, W. 187, 219
Schütz, A. 227, 248f., 350, 355, 415, 418, 441, 444, 479, 482
Schütze, F. 231, 235, 248, 319, 323, 421ff., 432, 434, 443f., 479, 482

Namenregister

Schütze, Y. 284, 300
Schwartz, S.A. 620, 625
Schwarz, E. 452, 643, 645
Schwärzel, W. 274f., 279
Schwarzer, Ch. 133, 140
Schwarzer, R. 104, *323-326*, 348, 400, 447, 452
Schweitzer, H. 187, 193, 214, 219
Schweizerische Konferenz der kantonalen Erziehungsdirektoren 174, 181
Schwemmer, O. 601, 604
Schwindt, P. 608f.
Schymanski, R. 464, 469
Scott, R.W. 352, 355
Scriven, M. 214, 219
Sears, R.R. 125
Sechrest, L. 315, 323, 432, 434
Segeth, W. 14, 38
Seidel, G. 523, 525
Seidenspinner, G. 212, 219, 238, 246
Seifert, H.G. 332f.
Seiler, Th.B. 47f., 53, 73, 79, 100, 105, 202, 219
Seippel, A. 514ff.
Seitman, E. 149, 181
Seitz, W. 628, 631
Selg, H. 125f., 133f., 137, 140, 323, 326
Selman, R. 53, 79
Semmel, M.I. 494, 497
Sewell, H.W. 100, 105
Sextro, H.Ph. 377, 384
Seybold, H. 170, 180
Shaftel, F.R. 214, 219
Shaftel, G. 214, 219
Shannon, C.E. 397, 400
Shapiro, D. 583, 587
Shapiro, D.A. 583, 587
Shavelson, R. 598, 601
Sherif, C. 96, 105
Sherif, M. 96, 105
Shiveley, W.P. 568, 572
Shoemaker, D.M. 620, 625
Shostrom, E. 400
Siebert, H. 248
Siegel, L. 450, 452
Siegel, L.C. 450, 452
Sievers, B. 147, 181, 386f., 390f., 516f.
Silbereisen, R.K. 54, 76, 659f.
Silbermann, A. 310, 313
Simic, A. 481
Simmel, G. 441
Simmons, J. 322
Simmons, J.L. 232, 248
Simon, K. 565
Simons, H. 448, 452, 636, 639

Sinclair, H. 62, 77
Sixtl, F. 472f., 478, 613, 617
Sjølund, A. 398, 400
Skinner, B.F. 110, 128, 140, 227, 249, 379f., 384, 434, 439, 445, 452
Skirbekk, G. 241, 249, 300
Skowronek, H. 216, 332f., 467, 470
Slobin, D.I. 234, 249
Sloterdijk, P. 478, 482
Small, L. 398, 400
Smith, A.G. 426
Smith, J. 375
Smith, L.M. 349, 353, 355
Smith, P.V. 587
Snijders, J.Th. 627, 631
Snijders-Oomen, N. 627, 631
Snook, I. 446, 452
Snow, R.E. 450f., 464, 470, 649, 652, 659, 661
Sodeur, W. 475, 478
Soeffner, H.-G. 38, 78, 218, 232, 236, 248f., 300, 461, 486, 507, 538
Sonquist, J.A. 577, 579
Sörbom, D. 657, 660
Sörborn, D. 659
Spada, H. 348, 375, 509f., *610-617*
Spearitt, D. 616
Spearman, C. 474, 478, 545
Specht, H. 204, 212, 219
Speck, J. 384
Spencer, H. 86, 102, 105
Speritt, D. 617
Spitz, R.A. 71, 79, 437, 439
Sprondel, W.M. 230, 249
Staabs, G.V. 633f.
Stachowiak, H. 396, 400
Stäcker, H. 632
Stäcker, K.H. 634
Stake, R.E. 349f., 354f.
Stallmann, M. 595
Stanford Centre for Research and Development in Teaching 391
Stanford University 391
Stanley, J.C. 64, 76, 392f., 395, 449, 451, 543, 546, 589, 594, 636, 639, 643, 645, 648, 659
Stapf, K.H. 601
Steffen, W. 304f., 308
Steffens, R. 49, 73, 77
Steger, H. 421
Stegmüller, W. 244, 249, 463, 470, 490, 492, 585ff.
Stehr, N. 244, 249
Steinbach, K. 104
Steinbuch, K. 329f., 333
Steiner, H.-G. 218
Steinert, H. 249

Steinhagen, K. 348, 447, 452
Steinhausen, D. 68, 79, 575, 577, 579
Steinkamp, G. 100, 105
Steinvorth, G. 305, 308
Stelzl, I. 595, 597, 601
Sterling, T.D. 581, 587
Stevens, S.S. 470, 478
Stierle, K. 479, 481
Stierlin, H. 72, 79
Stock, W. 583, 587
Stone, P.J. 418
Stouffer, S.A. 477, 659
Straka, G.A. 237, 249, 347, 359, 366, 382, 384, *391-395*
Stratmann, H.G. 115, 140
Strauss, A.L. 232, 247f., 350ff., 355, 422, 426, 479, 481f.
Strauss, G. 389, 391
Strittmatter, P. 348, 359, 366, 617
Stroebe, W. 367, 371
Strömbach, R. 602, 604
Stufflebeam, D.L. 162, 181, 197, 219
Stumpf, H. *617-625*
Suchman, E. 361, 366
Sudman, S. 432, 434
Süllwold, F. 629, 631
Super, D.E. 72, 79
Suppes, P. 179
Swantz, L. 211, 219
Switalla, B. 527, 538
Szczepanski, J. 277, 279, 479, 482
Szeminska, A. 371, 375
Székely, L. 437, 439

Tack, W.H. 326
Talmage, H. 149, 181
Tatsuoka, M.M. 574f., 579
Tausch, A.-M. 396, 400, 445, 452
Tausch, R. 396, 400, 445, 452
Taylor, St. 352f., 355
Teigeler, P. 398, 400
Terhart, E. 284, 300, 446, 451f., *482-486*
Teune, H. 87, 105
Tewes, U. 628, 631
Tharp, R.G. 137, 140
Thiem, W. 445, 452
Thiemann, F. 404, 410, 448, 452, 484, 486
Thiersch, H. 163, 180f.
Thoma, G. 452
Thomae, H. 646, 661
Thomas, W.I. 479, 482
Thorndike, R.L. 334, 337, 616, 618, 625, 639
Thurner, F. 628, 631
Thurstone, L.L. 473f., 478, 627

Tiedeman, D.V. 574f., 579
Tiedemann, J. 630f.
Tikunoff, W.J. 174, 181
Tillmann, K.J. 390f.
Tilmann, H. 195, 218
Titchener, E.B. 85
Tolman, E. 462, 470
Toman, W. 629, 631
Torgerson, W.S. 66, 79, 466, 470f., 473f., 478
Torshen, K.P. 341f., 344, 348
Tosquelles, F. 519, 521
Trautner, H.M. 646, 661
Travers, R.M.W. 446, 448, 452, 462ff., 470
Trebesch, K. 147, 179ff.
Treiber, B. 19, 38, 113, 140, *493-497, 507-510, 635-639,* 651, 661
Treinies, G. 598, 601
Trenkler, G. 592, 594
Triandis, H.C. 311, 313
Trost, G. 621, 624f.
Trotsenburg, E. 451
Tscheulin, D. 397, 400
Tubbs, S.L. 397, 400
Tucker, R.K. 598, 600
Tunner, W. 140
Turiel, E. 45f., 62, 79, 202, 219, 461
Turner, G.J. 98, 105
Tustin, A. 159, 181
Twellmann, W. 105, 348
Tyler, R.W. 118, 140, 365f.
Tyler, S.A. 226, 233, 246f., 249

Überla, K. 474, 478
Uhle, R. 447, 452, 485, *486-492*
Ulich, D. 37f., 105, 278, 322, 418, 433
UNESCO → United Nations Educational, Scientific and Cultural Organization
United Nations Educational, Scientific and Cultural Organization (UNESCO) 170
Universität Bielefeld 426
Universität Erlangen 426
Universität Freiburg 78
Universität Marburg 312
Universität Regensburg 659
University of Pennsylvania 330
Urmson, J.O. 538
U.S. Department of Health, Education and Welfare 312

Valkonen, R. 568, 572
Valtin, R. 111, 140
VanDeGeer, J.P. 578f.
VanDerKamp, L.J. 660

Namenregister

Velzen, W.G.van 171f., 181
Vernon, P.E. 623, 625
Viereck, W. 398, 400
Viet, U. 345, 348
Vlach, V. 69, 76
Vogel, R. *349-355*
Vogler, P. 179
Volkmann-Raue, S. 319, 323
Volmerg, B. 20, 38, 230, 248, 269, 279, 402f.
Volmerg, U. 212, 219, *400-403*
Volpert, W. 58, 79, 458, 461
Vopel, K.W. 516f.
Vorsmann, N. 404f., 410
Voss, H.-G. 99, 104
Vrolijk, A. 211, 219, 398, 400, 498, 503

Wagner, A.C. 100, 105, 484, 486
Wahl, D. 484, 486
Wahl, E. 638f.
Wakenhut, R. 310, 312f.
Walder, L.O. 133, 140
Waldow, H.J. *327-333*
Waletzky, J. 425f., 479, 481
Walgenbach, W. 167f., 171, 181
Walker, R. 350, 353ff.
Wallace, A.F.C. 233, 249
Wallbott, H.G. 321f.
Wallen, N.E. 448, 452
Wallin, E. 149, 177
Wallis, W.A. 605f., 609
Wallner, E.M. 249
Wallraff, G. 212, 219
Walter, H. 21, 38, 381, 384
Walter, W. 328ff., 333
Walters, R. 125, 129, 139
Wartegg, E. 633f.
Watkins, J.W.N. 105
Watson, G. 177
Watson Research Center 616
Watzlawick, P. 234, 249, 397, 400, 489, 492
Wax, K. 513
Weaver, W. 397, 400
Webb, E.J. 313, 315, 323
Weber, I. 319, 323
Weber, M. 315, 323, 487f., 491f.
Weber, W. 329f., 333
Weck, H. 445, 452
Weede, E. 311, 313
Wegener, D. 426
Weick, E. 165, 321
Weick, K.E. 181, 323
Weidlich, S. 627, 631
Weidmann, A. 323
Weigand, W. 604

Weigelt, P. 194, 219
Weiler, D. 187, 219
Weiner, I. 633f.
Weinert, F.E. 75, 79, 447, 452, 495, 497
Weingarten, E. 226, 232, 247, 249, 441, 444
Weingartner, P. 244, 249
Weisbord, M.R. 149, 181
Weischedel, W. 384
Weise, G. 627, 631
Weishaupt, H. 37, 187, 218, 365
Weiss, M. 360, 362, 366
Weizenbaum, J. 331ff.
Wellek, St. 87, 91, 100, 104
Wellendorf, F. 20, 30, 38f., 187, 190f., 211f., 219, 260, 265, 279, 405, 410, 445, 453, *518-521*
Weltner, K. 344, 348
Welz, K. 197, 212, 214, 219
Welz, R. 219, *565-572*
Wendeler, J. 336f.
Wendt, D. 310, 312
Werner, H. 56, 79, 437, 439
Wernimont, P.F. 619, 625
Wersig, G. 418
Wesman, A.G. 620, 625
Wespel, M. 503
Wessels, Th. 513
Westermann, R. 580, 586, 596f., 601
Westmeyer, H. 16, 23, 27ff., 37, 39, 56, 67, 77, 131ff., 135, 138, 141, 195, 210, 212, 214, 216, 280, 324, 326, 363, 365, 381, 383f., 493, 496f., 510, 636, 639
Westphal-Georgi, U. 20, 39
Wetzel, R.J. 137, 140
Wetzel, W. 593, 595
Weymann, A. 71, 79, *223-249*
Wheeler, St. 87, 105
White, J.D. 615f.
Whorf, B.L. 315, 323
Wieczerkowski, W. 628, 631
Wieder, D.L. 420f.
Wieken-Mayser, M. 322f., 355, 469, 477
Wiener, N. 386, 391
Wienhold, G. 451
Wiggins, J.S. 524, 526, 621, 625
Wildenmann, R. 312
Wildt, J. 274f., 279
Wiley, D.E. 215, 365, 460
Wilhelm, Th. 384
Willermann, B. 633f.
Wilson, St. 353, 355
Wilson, Th.P. 228f., 231, 249, 432, 434, 482, 504, 507
Winckelmann, J. 323
Windelband, W. 376, 384

Winder, C.L. 524, 526
Windolf, P. 608f.
Winer, B.J. 576, 579, 644f.
Winkler, P. 318, 323
Winnefeld, F. 464, 470
Winteler, A. 469f.
Winter, G. 212, 219
Wissenschaftliche Begleitung Kollegstufe NW 48, 76ff., 195, 206f., 217, 365, 461
Witte, E.H. 595, 601
Wittenberger, G. 602ff.
Wittgenstein, L. 526, 538
Wittling, W. 398, 400
Wittrock, M.C. 215, 365, 460
Wohlwill, J.F. 50, 54f., 57, 59, 62ff., 67, 69f., 77, 79, 447, 453, 458, 461, 646, 649, 661
Wold, H. 657, 660
Wolf 418, 608
Wolf, W. 418, *539-546, 547-565, 573-579, 587-595*, 609
Wolff, K.H. 279, 506
Woodward, J.A. 656, 658
Wortman, P.M. 656, 661
Wright, G.H.v. 56f., 79, 490, 492
Wulf, Ch. 18, 39, 218, 237, 249, 279, 461
Wunderlich, D. 213, 219, 234, 247, 277f., 280, 460
Wundt, W. 85
Wurr, R. 115, 140
Wurzbacher, G. 246, 249
Wuthenow, R.R. 478, 482

Wygotski, L.S. 337, 341

Yablonsky, L. 276, 280

Zabeck, J. 19, 28, 39
Zaltman, G. 163, 165, 181
Zander, A. 187, 215
Zdravko, M. 87, 105
Zecha, G. 320, 323
Zedler, P. 16f., 37f., 219, 279, 382ff., 639
Zehnpfennig, H. 463, 467ff., 471, 477f.
Zehrfeld, K. 407, 410
Zeisel, H. 565
Zentrales Institut für Fernstudienforschung (ZIFF) 215
Zentrum für pädagogische Berufspraxis 359
Ziefuß, H. 319, 321, 323
Ziegler, R. 469f., 568, 570ff.
Ziehe, Th. 192, 194, 198, 219
Zielinski, W. 348
ZIFF → Zentrales Institut für Fernstudienforschung
Zigler, E. 91, 105
Zimmer, J. 148, 181
Zinnecker, J. 187, 196, 211f., 219, 259, 280, 408, 410, 448, 453, 485f., 517
Znaniecki, F. 479, 482
Zouwen, J.van der 432f.
Zucchini, W. 601
Zuse, K. 329f.

Sachregister

Abhängigkeitsproblem 574
action research 187, 259, 357 ↗ Aktionsforschung ↗ Erziehungsforschung, interventive
Ad-hoc-Verfahren 472
AFS → Angstfragebogen für Schüler
Aggregat 457
Aggregatdaten 595
Aggression 124ff.
Aggressionsauslösung 128
Aggressionsdiagnostik 133
Aggressionsenergie 127
Aggressionsforschung 124f., 129
Aggressionsmessung 134
Aggressionsreduktion 131
Aggressionstrieb 126f.
Aktenanalyse *303-308* ↗ **Inhaltsanalyse**
Aktionsforschung 186, 259, 320, 444, 605
Aktionsforschung, interventive 187, 192
Aktionsforschung, pädagogische 185-219
  ↗ Diskurs ↗ **Feedback** ↗ **Gruppendiskussion – Gruppenexperiment** ↗ **Krisenexperiment** ↗ **Sozioanalyse**
Aktionsforschung, sozialtechnologische 189, 196
Aktionsforschungsprojekt, pädagogisches 198
Aktion, soziale 514
Aktionsprojekt 514
Aktionsuntersuchung 514
Algorithmus 328
Allgemeiner Schulleistungstest (AST) 628, 631
Alltagsdiskurs 211
Alltagshandeln 440, 444
Alltagssituation 441, 443
Alltagstheorie, pragmatische 307
Alltagswissen 356
Alpha-Fehler 626, 630 ↗ Beta-Fehler
Alternativfrage 429
Alternativhypothese 583, 590, 596ff.
Analogdaten 327
Analyse → **Aktenanalyse** → Bedingungsanalyse → Beziehungsanalyse → Clusteranalyse → Crossed-Lagged-Panel-Analyse (CLPA) → Diskriminanzanalyse → Dokumentenanalyse → Einzelfallanalyse → Entwicklungsanalyse → Faktorenanalyse → Fallanalyse → Feinanalyse → Finalanalyse, genetische → Frequenzanalyse → Gruppen-Feedback-Analyse → Handlungsanalyse, sprachliche → Hauptkomponentenanalyse → **Inhaltsanalyse** → Interaktionsanalyse, automatische → Interaktionsprozeßanalyse → Kausalanalyse, genetische → Kausalmodellanalyse → Konfigurationsanalyse → Kovarianzanalyse → Mehrebenenanalyse → Metaanalyse → Mikroanalyse → Pädagogische Analyse und Curriculum (PAC) → Parallelogrammanalyse → Pfadanalyse → Präsenzanalyse → Protokollanalyse, dimensionale → Rahmenanalyse → Regressions-Diskontinuitäts-Analyse (RDA) → Sequenzanalyse → Skalogrammanalyse → **Sozioanalyse** → **Sprechhandlungsanalyse** → **Statistik (Mehrebenenanalyse)** → **Statistik (Mehrvariablenanalyse)** → **Statistik (Metaanalysen)** → Strukturanalyse → Teststärkeanalyse → Textanalyse → Transaktionsanalyse → Varianzanalyse → Zeitreihenanalyse
Analyseeinheit 416f.
Analyse, emische 227ff.
Analyse, etische 227
Analyse, genetische 198
Analyse, illokutive 529, 531
Analyse, inferenzstatistische 67
Analyse, kanonische 577
Analyse, kommunikative 227
Analyse, multivariate 573
Analyse, multivariate statistische 473
Analyse, pädagogisch-dialektische 209
Analyse, rekonstruktive 503
Analyse, soziometrische 522
Analyse (sprachlicher Handlungen) 529
Analyseverfahren, multivariates 101
Analyse, verstehende 227 ↗ **Methode, verstehende**
Änderungsreihe, quantitative 646
Angstfragebogen für Schüler (AFS) 628f., 631
Ansatz, abhängigkeitsorientierter 575
Ansatz, funktionalistischer 84
Ansatz, funktional-struktureller 102
Ansatz, informationsstatistischer 579
Ansatz, klassifikatorisch-inferentialer 468
Ansatz, ökologischer 90, 92, 96
Ansatz, ökologisch-transaktionaler 103
Ansatz, strukturalistischer 84
Ansatz, systemtheoretischer 87, 95
Ansatz, zusammenhangsorientierter 577
Aposteriori-Wahrscheinlichkeit 583f.
Apperzeptionstest, thematischer → Thematischer Apperzeptionstest (TAT)

Sachregister

Approximation 298
Apriori-Wahrscheinlichkeit 584ff.
Äquilibration, progressive 50
Arbeitskräfteprognose 115
aspect scoring 62
Assimilation 372
Assimilationsschema 372
Assimilationsweise 374
Assoziation, freie 437
AST → Allgemeiner Schulleistungstest
ATI-Forschung 450
Aufbereitungsprozeß, soziometrischer 523
Aufgliederungstabelle 550
Aufmerksamkeits-Belastungs-Test (d2) 628
Aufwand-Ertrag-Evaluation 362
Ausgliederungstabelle 550
Auslegung, normative 491
Auslegung, technische 491
Aussageform 119
Aussage, kontentvalide 117
Ausschöpfungsquote 607
Ausstrahlungseffekt 430
Auswahl aufs Geratewohl 512
Auswahl, bewußte 511
Auswahleinheit 417
Auswahlverfahren 606
Auswertung, bivariate 608
Auswertungsobjektivität 494, 626
Auswertung, soziometrische 523
Auswertung, statistische 644
Autobiographie 478
Autoritarismusforschung 120, 123 ↗ Charakterstruktur, autoritäre
Autoritarismuskonzept 122
Autosoziogramm 524

Bandbreite-Fidelitäts-Dilemma 97
Basaltext 119
Bayes-Statistik 583ff.
BCS → Behavioral Coding System
Beaufsichtigung 601
Bedeutung, institutionelle 520
Bedeutung, latente 415
Bedeutungsgehalt, situativer 500
Bedeutungsmöglichkeit, latente 289
Bedingungsanalyse 360
Bedingungsanalyse, genetische 56
Bedingungsfeld 93
Bedingungsvariation, kontrollierte 391
Befragung 235, *309-313*, 607f. ↗ Diskurs ↗ **Feedback** ↗ **Gesprächsmodelle** ↗ **Interview, strukturiertes** ↗ **Survey-Befragung**
Befragung, aktivierende 515

Befragungs-Feedback 212, 386ff., 390
Befragungsphase 159
Befragungssituation 499
Befragungstechnik, neutrale 431
Befragung, strukturierte 433 ↗ **Interview, strukturiertes**
Begabungstestsystem (BTS) 627, 631
Begriff, deskriptiver 463
Begriff, theoretischer 463
Begutachtung 359
Behavioral Coding System (BCS) 135ff.
Benefizienzeugnis 333
Beobachter 314f., 318
Beobachter, beteiligter 407
Beobachterrolle 320
Beobachtung *313-323* ↗ Verhaltensbeobachtung
Beobachtung, direkte 313
Beobachtung (nonverbaler Verhaltensweisen) 318
Beobachtung, objektivierende 320
Beobachtung, prozeßbegleitende *323-326*
Beobachtungsschema 318, 320
Beobachtungssituation 314
Beobachtungsstandort 317
Beobachtungsstichprobe 319
Beobachtungssystem 318, 324 ↗ Behavioral Coding System (BCS) ↗ Systematische Mehrebenen-Beobachtung von Gruppen (SYMLOG)
Beobachtung, teilnehmende 232, 319f., 352, 406, 459
Beobachtung (verbaler Verhaltensweisen) 318
Beratung 601, 603
Beratungsgespräch 398
Bereichs-Score 62
Berufsfelderkundung 356
Berufs-Interessen-Test (BIT) 629
Berufspraxisbezug 356
Beschreibung, interpretative 637
Bestrafung 128
Beta-Fehler 626, 628 ↗ Alpha-Fehler
Betrachtungsweise, einheitenorientierte 575
Betrachtungsweise, funktional-strukturelle 86
Betrachtungsweise, ökologisch-systemtheoretische 85
Betrachtungsweise, variablenorientierte 575
Bewährungskontrolle 359
Bewertung, begründete 363f.
Beziehungsanalyse 265
Beziehungsdynamik 275
Beziehungsstörung 269
Bildstatistik 564
Bildungsforschung 30, 116

689

Sachregister

Bildungsforschung, kommunikative 223-249 ↗ **Befragung** ↗ Beobachtung, teilnehmende ↗ **Erkundung** ↗ **Gesprächsmodelle** ↗ **Hospitation** ↗ **Inhaltsanalyse** ↗ **Interpretation (dokumentarische Methode)** ↗ **Interview, narratives** ↗ **Krisenexperiment** ↗ **Methode, interpretative** ↗ **Methode, verstehende**
Bildungsforschung, objektiv-hermeneutische 288-300 ↗ **Experiment, pädagogisches** ↗ **Rekonstruktion, theoretische**
Bildungsforschung, pädagogisch-analytische 253-280 ↗ **Introspektion** ↗ **Krisenexperiment** ↗ **Methode, biographische** ↗ **Rekonstruktion, praktische** ↗ **Sozioanalyse** ↗ **Supervision**
Bildungsgang 197
Binomialmodell 612ff., 616
Binomialtest 582f.
Biographie 320, 479 ↗ Autobiographie
Bit 330
BIT → Berufs-Interessen-Test
Blindversuch 369
BTS → Begabungstestsystem

CAT → Children's Apperception Test
CC → Kontingenzkoeffizient
Change analysis 214
Charakterstruktur, autoritäre 121
Children's Apperception Test (CAT) 633
Chronogramm 558
CLPA → Cross-Lagged-Panel-Analyse
Clusteranalyse 576
Compiler 331
contrast-set 457f.
Cross-classification-with-error-Modell 653
Cross-Lagged-Panel-Analyse (CLPA) 656
Curriculumentwicklung, praxisnahe 171
Curriculumforschung 445
Curriculumkonferenz 168

Darstellung, graphische 552
Darstellung, tabellarische 547
data feedback 387
Daten 327 ↗ Aggregatdaten ↗ Individualdaten ↗ Kollektivdaten
Daten, binäre 327
Daten, digitale 327
Daten, harte 97
Datenmatrix 547
Daten, qualitative 352
Datensammlung 314, 652
Datenschutz 322
Daten, soziometrische 522
Daten, subjektive 606
Datenverarbeitung, elektronische *327-333*
Daten, weiche 97
DCS → Diagnosticum für Cerebralschädigung
Debilitätsdiagnose 338
Decodierung, thematische 456
Definition, operationale 465, 468
Dekomposition 93
demand characteristics 368
Design 14f., 20f., 224, 231
Design, quasiexperimentelles 656
Detaillierungszwang 423
Deutung 487ff., 500, 502
Deutung (Alltagsleben) 257
Deutungsschema 276
Deutung, stellvertretende 287
Deutungszusammenhang 500
developmental scale 66
development group 387
Diagnose 112, 197, 210, 518
Diagnose, formative 340
Diagnose (Leistungsmessung) *333-337*
Diagnose (Lernfähigkeit) *337-341*
Diagnose, lernprozeßbegleitende 341
Diagnose, pädagogisch-dialektische 197
Diagnose, pädagogische 196
Diagnose, sozialtechnologische 196
Diagnose, statistische 212
Diagnose (zielerreichendes Lernen) *341-348*
Diagnosticum für Cerebralschädigung (DCS) 627, 631
Diagnostik, pädagogische 342
Diagnostischer Rechtschreibtest (DRT) 628, 631
Diagramm → Flußdiagramm → **Statistik, darstellende**
Diagramm, symmetrisches 556
Dialog 164
Dimension, latente 471
Diskriminanzanalyse 475, 576
Diskurs 164, 243, 245f. ↗ Supervisionsdiskurs
Diskursformen 604
Diskursivität 163
Diskurs, pädagogischer 212
Diskurs, praktischer 603f.
Diskurs, praktisch-kritischer 604
Diskurssicherung 274
Diskurs, therapeutischer 604
Dispersionsparameter 541
Dispositionsterm 462
Distanz, situative 151, 162
Dokumentation 267

Sachregister

Dokumentenanalyse 485 ↗ **Aktenanalyse**
　↗ **Inhaltsanalyse**
Doppelcharakter, theoretischer (von Konstrukten) 464
Dreiecksinterview 270
DRT → Diagnostischer Rechtschreibtest
Dunkelziffer-Argument 580
Durchführungsobjektivität 311, 626
Dyade, psychoanalytische 260
d2 → Aufmerksamkeits-Belastungs-Test

EDV → **Datenverarbeitung, elektronische**
Effektgröße 600
Effekt, reaktiver 315
Effekt, struktureller 570
Eichstichprobe 476
Eichung 475f.
Eigenschaft, relationale 566
Eigenschaftsraum, manifester 471
Ein-Fehlermodell 347
Einzelfallanalyse 506
Einzelfallexperiment 60
Einzelfallstudie 314, *349-355*
Einzelsupervision 602
Elaborationsphase 165
Empirie, praxeologische 208
Entscheidungshilfe 360
Entscheidungsmodell, konservatives 591
Entwicklung, begründete 363
Entwicklung, geistige 372
Entwicklungsanalyse 652
Entwicklungsprinzip, orthogenetisches 56
Entwicklungssequenz, invariable 50
Entwicklungssequenz, qualitative 646
Entwicklungsstand (Diagnose) 372
Entwicklungsstufe 374
EPI → Eysenck-Persönlichkeits-Inventar
Epistemologie, genetische 49
Ereignis, dokumentarisches 419
Ereignisstichprobe 325
Erfahrungsinterpretation 272
Erfolgskriterien, methodologische 495
Erhebungsobjektivität 493
Erhebung, soziometrische 134
Erhebungsplan 652
Erklärung, genetisch-strukturelle 57
Erkundung *356-359*
Erkundung (als Studienveranstaltung) 356
Erkundungsprojekt 358
Erzählaufforderung 424
Erzählen → **Interview, narratives**
Erzählen (erzähltheoretische Grundlagen) 423
Erzählung, lebensgeschichtliche 479

Erziehungsforschung 30
Erziehungsforschung, anwendungsorientierte 109-141 ↗ **Befragung** ↗ **Beobachtung**
　↗ **Experiment** ↗ **Messung, empirisch-pädagogische** ↗ **Messung (Konstrukte, Operationalisierung)**
Erziehungsforschung, entwicklungslogische 45-79 ↗ **Experiment, klinisches** ↗ **Versuchsplanung – Entwicklungsanalyse**
Erziehungsforschung, interventive 145-181
　↗ **Beobachtung, prozeßbegleitende**
　↗ **Feedback** ↗ **Messung, empirisch-pädagogische** ↗ **Sozialexperiment** ↗ **Soziometrie**
Erziehungsforschung, strukturell-funktionale 83-105 ↗ **Beobachtung, prozeßbegleitende**
　↗ **Feldexperiment** ↗ **Statistik (Mehrebenenanalyse)** ↗ **Versuchsplanung - Entwicklungsanalyse**
Ethik (wissenschaftlicher Beobachtung) 322
Ethnographie (des Sprechens) 234
Ethnomethodologie 233, 419f., 440, 444
Ethnotheorie 233
Ethnozentrismus 316
Ethologie 126
Evaluation 139, 169, 351, *359-366* ↗ **Supervision**
evaluation apprehension 370
Evaluation, bildungsgangbegleitende 214
Evaluation, formative 214, 342, 351
Evaluation, illuminative 350
Evaluation, pädagogische 214, 361f.
Evaluation, summative 342
Ex-ante-facto-Experiment 393 ↗ Ex-post-facto-Experiment
Ex-ante-facto-Forschung 394
Exegese 487
Exkursion → **Erkundung**
Exosystem 88
Experiment *366-371*, 376, 391, 440, 443, 639, 652 ↗ Einzelfallexperiment ↗ **Feldexperiment** ↗ Gruppenexperiment ↗ **Krisenexperiment** ↗ Laborexperiment ↗ Quasiexperiment ↗ Transformationsexperiment ↗ Verifikationsexperiment ↗ **Versuchsplanung**
Experimentalgruppe 642
Experiment, disruptives 212
Experimentieren 640
Experiment, klinisches 62, *371-375*
Experiment, pädagogisches *376-385*
Experiment, praktisches 376, 379ff.
Experiment, technisches 377, 379ff.
Experiment, technologisches 382
Experiment, theoretisches 381

Sachregister

Experiment, theoretisch-technisches 376
Exploration 99f., 232 ↗ **Erkundung**
Exploration, kognitive 100
Exploration, soziale 100
Ex-post-facto-Experiment 393f.
Ex-post-facto-Forschung 394
Eysenck-Persönlichkeits-Inventar (EPI) 628f., 631

Faktorenanalyse 468, 474, 577
Faktorenkonzept 545
Fallanalyse 295, 297f.
Fallstruktur 298
Fallstruktur-Rekonstruktion 293, 295, 298, 505
Falsifikation 298f.
Falsifikationsinstanz 493
Falsifikationsprinzip 246, 298
Familie in Tieren (FIT) 634
Faschismus-Skala 122
Feedback 166f., 172, *386-391*, 459
Feedback, diagnostisches 388
Feedback, instrumentiertes 389
Feedback, interpersonales 387
Feedbackphase 159
Fehlereffekte 315
Fehler, experimenteller 367
Fehler, externer systematischer 368
Fehler, interner systematischer 367f.
Fehler, zufälliger 368
Fehler 1. Art 591, 596, 598
Fehler 2. Art 591, 596f.
Fehlschluß, individualistischer 568
Fehlschluß, ökologischer 568
Feinanalyse 290, 293
Feinanalyse, sequentielle 294, 505
Feldexperiment *391-395*, 442
Feldforschung 150, 459
Feldforschung, ethnomethodologische 440
Feldsoziomatrix 524
Feldstudie 640
Finalanalyse, genetische 56
Fisher-Methode 581ff.
FIT → Familie in Tieren
Flächendiagramm 552
Flächenstichprobe 606
Flußdiagramm 119
Forschung → Aggressionsforschung → Aktionsforschung → Autoritarismusforschung → Bildungsforschung → Erziehungsforschung → Ex-ante-facto-Forschung → Ex-post-facto-Forschung → Feldforschung → Handlungsforschung → Instruktionsforschung → Interventionsforschung → Lebensweltforschung → Organisationsforschung → Schulforschung, generative → Sozialforschung, interpretative → Sozialisationsforschung → Umfrageforschung → Unterrichtsforschung

Forschung, angewandte 110f., 120, 124
Forschung, anwendungsorientierte 137, 139
Forschung, deskriptiv-analytische 450
Forschung, entwicklungspsychologische 646
Forschung, gruppendynamische 258
Forschung, interaktionistisch-interpretative 451
Forschung, ökologische 89, 103
Forschung, ökologisch-transaktionale 91
Forschung, pädagogisch-analytische 259, 263, 269ff.
Forschung, partizipatorische 211
Forschung, praxeologische 191
Forschungsansatz, funktional-struktureller 84, 91, 98, 101
Forschungsansatz, iterativer 158
Forschungsdesign, ökologisch-transaktionales 103
Forschung, selbstreflexive 256
Forschungsplan 14
Forschungsprojekt, exploratives 357
Forschungsstrategie, interventive 146, 157, 168, 176, 514
Forschung, strukturell-funktionale 92
FPI → Freiburger Persönlichkeitsinventar
Fragebogen 309, 407, 430, 606 ↗ **Befragung** ↗ **Interview, strukturiertes** ↗ **Survey-Befragung**
Frageform 429
Frageformulierung 427
Frage, geschlossene 428
Frage, offene 310, 428
Fragestellung 641
Fragestellung, asymmetrische 574
Fragestellung, symmetrische 575
Frankfurter Schulreifetest (FST) 630f.
Freiburger-Persönlichkeitsinventar (FPI) 628f., 631
Fremdbeobachtung 313
Fremdverstehen, alltägliches 414
Fremdverstehen, methodisch kontrolliertes 321
Fremdverstehen, naives 414
Frequenzanalyse 415
Frustration 127, 131
Frustrations-Aggressions-Hypothese 127, 131
FST → Frankfurter Schulreifetest
Fundamentalmodell (statistischer Entscheidung) 590f.

Sachregister

Funktion 86
Funktionalismus 85

Gaffe-Analyse 211
Gebietsfehlschluß, ökologischer 569
Gegenübertragung 518, 520, 602f.
Geltungsbereich 641
Gemeinde-Selbstuntersuchung 514
Gemeinwesenarbeit, aktivierende 514
Genauigkeit 507
Genese 197, 199, 210
Genese, faktische 213
Genese, normative 213
Genese, pädagogisch-dialektische 198
Genese, pädagogische 197
Geometrisches Mittel (GM) 541
Gesetz der Großen Zahl 511
Gesetz der Kategorialurteile 473
Gesetz der vergleichenden Urteile 473
Gespräch 396
Gesprächsführung 398f.
Gesprächsführung, indirekte 357
Gesprächsmodelle *396-400*
Gesprächsmodelle, psychotherapeutische 398
Gesprächspsychotherapie, klientenzentrierte 399
Gesprächsverfahren, analytisches 498
Gespräch, therapeutisches 399
Gestaltparameter 542
Gestaltschließungszwang 423
Gestaltungsverfahren 633
Gewichtung 607
GFT → Göttinger Formreproduktionstest
GM → Geometrisches Mittel
going native 316
Göttinger Formreproduktionstest (GFT) 627
group development 152
Grundauszählung 607
Grundgesamtheit 588
Grundgesamtheit, hypothetische 588
Grundgesamtheit, konkrete 588
Gruppe 258 ↗ development group ↗ Experimentalgruppe ↗ group development ↗ Kontrollgruppe ↗ T-Gruppe ↗ Trainingsgruppe ↗ Triangulationsgruppe ↗ Vergleichsgruppe
Gruppendiskussion 212, 358, 406
Gruppendiskussion - Gruppenexperiment *400-403*
Gruppendynamik 518
Gruppenexperiment 400
Gruppen-Feedback-Analyse 388
Gruppenfehlschluß 569
Gruppeninterview 400

Gruppensupervision 602
Gruppe, pädagogische 260
Gültigkeit 118, 321, 455, 475, 505, 614, 636, 643 ↗ **Validität**
Gültigkeit, äußere 393, 644
Gültigkeit, formale 476
Gültigkeit, inhaltliche 476
Gültigkeit, innere 392, 643
Gültigkeit, ökologische 89, 96
Gütekriterien 265, 459, 501, 507, 515 ↗ Gültigkeit ↗ **Objektivität** ↗ **Reliabilität** ↗ **Validität** ↗ Zuverlässigkeit
Gütemaßstab 390, 619

Halbierungs-Reliabilität 508
Hamburger Neurotizismus- und Extraversionsskala (HANES) 628f., 631
Hamburg-Wechsler-Intelligenztest für Erwachsene (HAWIE) 626f., 631
Hamburg-Wechsler-Intelligenztest für Kinder (HAWIK) 626f., 631
Handeln, alltägliches 441
Handeln, forschendes 373
Handeln, praktisches 285f., 296, 299
Handeln, situatives 231
Handeln, sozialisatorisches 287
Handlungsanalyse, sprachliche 538
Handlungsfähigkeiten 287
Handlungsforschung 147, 259, 323, 357, 386, 407 ↗ action research ↗ Aktionsforschung ↗ Bildungsforschung, pädagogisch-analytische ↗ Erziehungsforschung, interventive
Handlungsforschungsprojekt 259, 351, 357
Handlungsmuster, sprachliches 532
Handlungsphase 159
Handlungsstruktur, sprachliche 538
Handlungssystem 88
HANES → Hamburger Neurotizismus- und Extraversionsskala
Hannover-Wechsler-Intelligenztest für das Vorschulalter (HAWIVA) 627, 631
Hardware 327
Harmonisches Mittel (HM) 541
Häufigkeitspolygon 560
Häufigkeitsverteilung 547
Hauptkomponentenanalyse 578
HAWIE → Hamburg-Wechsler-Intelligenztest für Erwachsene
HAWIK → Hamburg-Wechsler-Intelligenztest für Kinder
HAWIVA → Hannover-Wechsler-Intelligenztest für das Vorschulalter
Hermeneutik 290, 487

Sachregister

Hermeneutik, objektive 284ff., 291, 296ff., 455f., 458, 505f. ↗ Bildungsforschung, objektiv-hermeneutische ↗ **Rekonstruktion, theoretische**
Hermeneutik, pädagogisch-dialektische 209
Heteromorphie 316
High School Personality Questionnaire (HSPQ) 628f., 631
Histogramm 558
HM → Harmonisches Mittel
Homomorphie 316
Hospitation *404-410*
Hospitation, kommunikative 406
HSPQ → High School Personality Questionnaire
human fulfilment 153
Hypothese 113, 416, 465 ↗ Alternativhypothese ↗ Frustrations-Aggressions-Hypothese ↗ Katharsis-Hypothese ↗ Nullhypothese ↗ Sapir-Whorf-Hypothese
Hypothesenplan 63

Idealtypus 488
Identifizierung 501
Identitätsstörung 269
Illokution 529
Illokutionsbeschreibung 531
Imitation 129
immediate criteria 618f.
Implementation 271
Index 211, 470
Indexbildung 310, 471
Indexikalität 432
Indifferenz, ethnomethodologische 444
Indikator 117, 467
indirect observables 463
Individualdaten 565
Individualität 289
Individualkorrelation 567
Individualmerkmal 565
Individuierung 289f.
Indizierung 470
Induktionsregel, probabilistische 468
Inferenz 324
Inferenzproblem 316
Inferenzstatistik 587
Inhaltsanalyse 235, 306, *411-418* ↗ Bildungsforschung, kommunikative ↗ **Interpretation (dokumentarische Methode)** ↗ **Rekonstruktion, praktische** ↗ **Rekonstruktion, theoretische**
Inhaltsanalyse, ideologiekritische 414
Inhaltsanalyse, qualitative 413
Inhaltsanalyse, quantitative 413

Inhaltsvalidität 620, 635
Initialphase 164
Institution 518, 520f.
Instruktionsforschung 445
Inszenierung (der Krise) 442f.
Intelligenz-Struktur-Test (IST) 627
Intelligenztests 626
Interaktion 90f.
Interaktionismus, symbolischer → Symbolischer Interaktionismus
Interaktion, katalysatorische 209
Interaktionsanalyse, automatische 577
Interaktion, sozialisatorische 284, 287
Interaktionsprozeßanalyse 318
Interaktionssystem, sozialisierendes 285
Interessen-Struktur-Test (IST) 627, 631
intergroup development 152
intermediate criteria 618
Interpretation 297, 485, 487, 491, 503
Interpretation, dokumentarische 230, 419
Interpretation (dokumentarische Methode) *419-421* ↗ **Inhaltsanalyse** ↗ **Interview, narratives**
Interpretation, objektiv-hermeneutische 288, 294 ↗ **Rekonstruktion, theoretische**
Interpretationsobjektivität 494, 626
Interpretationsregel 465
Interpretation, vorausschauend-rückschauende 420
Intersubjektivität 117, 493
Intersubjektivitätspostulat 427
Intervallmeßniveau 539
Intervention 103, 160, 518, 655
Intervention, institutionelle 518
Interventionsdesign 147
Interventionsforschung 147, 150f., 156
Interventionsforschungsdesign 151ff., 155
Interventionsprozeß 158
Interview 421 ↗ **Befragung** ↗ Dreiecksinterview ↗ Gruppeninterview ↗ **Survey-Befragung**
Interview, biographisches 234
Interviewer 431
Interviewerfehler 430
Interview, kritisches 371
Interviewleitfaden 430
Interview, lernbiographisches 213
Interview, narratives 235, *421-426*, 484
Interview, objektivierendes 211
Interview, standardisiertes 426
Interview, strukturiertes *426-434* ↗ **Befragung** ↗ **Survey-Befragung**
Introspektion *434-439* ↗ Selbstreflexion
Irrtumswahrscheinlichkeit 591
IST → Intelligenz-Struktur-Test

Sachregister

item 118f.
Itemgenerierung 119

job sample technique 619
joint-diagnosis 211

Kartenverfahren 429
Kartogramm 558
KAT → Kinder-Angst-Test
Katalogfrage 429
Katalysator 190
Kategorialsystem 417
Kategorienschema 416f.
Kategoriensystem 417
Katharsis-Hypothese 127
Kausaladäquanz 488
Kausalanalyse, genetische 56
Kausalmodell 657
Kausalmodellanalyse 102
Kennwert 539
Kettwiger Schulreifetest (KST) 630f.
Kinder-Angst-Test (KAT) 628f., 631
Klassenbildung 549
Klassifikation 618
KLT → Konzentrations-Leistungs-Test
Klumpenstichprobe 513
Kodieranweisung 417
Kodierplan 417
Koeffizient → Kontingenzkoeffizient (CC)
  → Korrelationskoeffizient → Produkt-Moment-Korrelationskoeffizient
  → Rangkorrelationskoeffizient → Regressionskoeffizient → Reliabilitätskoeffizient
  → Trennschärfekoeffizient → Variationskoeffizient (V)
Kognitionsstufe 372ff.
Kohorte 649
Kollektivdaten 565
Kollektivkorrelation 568
Kollektivmerkmal 565
Kompetenz-Evaluation 362
Kompetenz, soziale 47
Komplexität 163
Kondensierungszwang 423
Konditionieren, operantes 380
Konditionierung 129
Konfigurationsanalyse 474
Konfigurationsfrequenzanalyse 579
Konfrontationssitzung 212, 388
Konfundierung 367
Konsenstheorie der Wahrheit 242f., 245
Konsistenz-Reliabilität 508
Konstrukt 456, 462

Konstrukt, deskriptives 636
Konstrukt, hypothetisches 462
Konstruktionsreichweite 411ff.
Konstrukt, theoretisches 462
Konstruktvalidierung 339, 476
Konstruktvalidität 635f.
Kontentvalidität 117
Kontext 411f.
Kontingenz 543
Kontingenzkoeffizient (CC) 545
Kontrollgruppe 642 ↗ **Experiment** ↗ **Versuchsplanung**
Kontrollgruppenplan, nichtäquivalenter 656
Kontrolltechnik 368
Kontrollverfahren 393
Konzentrations-Leistungs-Test (KLT) 628, 631
Konzentrationstests 628
Korrelation 543 ↗ Kollektivkorrelation
Korrelation, individuelle 568
Korrelation, kollektive 567f.
Korrelation, multiple 577
Korrelation, negative 543
Korrelation, positive 543
Korrelationsansatz 543
Korrelationskoeffizient 543
Korrelationskoeffizient, individueller 568
Korrelationsmatrix 545
Korrespondenz 243
Korrespondenzregel 462, 465, 467f., 470
Korrespondenztheorie der Wahrheit 241, 244f.
Kosten-Nutzen-Evaluation 362
Kovariabilität 543
Kovarianzanalyse 644
Kovarianzanalyse, multivariate 576
Kovariate 644
Kreisdiagramm 553
Krisenexperiment *440-444*, 484
Krisensituation 325, 443
Krisenszenario 443
Kriteriumsproblem 618
Kriteriumstests 336
Kriteriumsvalidität 635
Kriteriumsvariable 546, 644
Kritischer Rationalismus 378
KST → Kettwiger Schulreifetest
Kurvendiagramm 552
Kurzzeitlerntests 338f.

Laboratoriumslernen 386
Laborexperiment 366, 369f., 392
Längsschnitt 646
Längsschnittsequenz 647f.

Sachregister

Längsschnittstudie 647f., 652
Längsschnittuntersuchung 605, 646
Langzeitlerntests 338
Latenzuntersuchung 416
Lebensgeschichte 478
Lebenslauf 478
Lebenswelt 226, 231, 276
Lebensweltforschung 276
Legasthenie 628
Lehr-/Lernforschung *445-453*
Lehr-/Lernverfahren 516
Leistungsbeurteilung 333
Leistungsbewertung, normorientierte 611
Leistungsmessung 333, 336
Leistungsmessung (Gütekriterien) 334
Leistungsstandard 610
Leistungstests 642
Leitsystem, generatives 152, 167
Leitsystem, temporäres 167
Lerndiagnose 343
Lernen, instrumentelles 128
Lernen, zielerreichendes → **Diagnose (zielerreichendes Lernen)**
Lernerkompetenz 73
Lernfähigkeitsdiagnose 340
Lernforschung, strukturell-funktionale 93
Lerntests 338ff.
Lernwegdiagnostik 343
Lernwegdokumentation 343
Lese-/Rechtschreibtests 628
Lesetest (LT) 628, 631
Linear Logistic Modell with Relaxed Assumptions (LLRA) 343
Listenverfahren 429
LLRA → Linear Logistic Modell with Relaxed Assumptions
Lokalisationsparameter 540
LT → Lesetest

Makroebene 92
Makrogenese 213
Makrosystem 89
mastery learning 341f., 611, 614
matching 642
Mdn → Median
measurement by fiat 465
Median (Mdn) 540
Mehrebenenanalyse 212, 565, 650 ↗ **Statistik (Mehrebenenanalyse)**
Mehrebenenanalyse, dynamische 214, 571
Mehrfachmessung 643
Mehrthemenbefragung 605
Mehrvariablenanalyse → **Statistik (Mehrvariablenanalyse)**

Merkmal, komparatives 539, 566
Merkmal, kontextuelles 566
Merkmal, quantitatives 539
Merkmalshomogenität 541
Merkmal, strukturelles 566
Mesoebene 92f.
Mesosystem 88
Meßfehler 508
Meßfehlertheorie 507
Meßgenauigkeit 508
Meßkonzept, technisches 454
Meßniveau 539
Meßniveau, nominales 539
Meßniveau, ordinales 539
Meßoperation 454, 456
Messung 454f., 610, 641 ↗ Aggressionsmessung ↗ Leistungsmessung ↗ Mehrfachmessung
Messung, empirisch-analytische 204
Messung, empirisch-pädagogische *454-461*
Messung (Konstrukte, Operationalisierung) *462-470*
Messung, kriterienorientierte 610f.
Messung, kriteriumsbezogene 611
Messung, normorientierte 611
Messung, praxeologische 454
Messung (Skalierung, mehrdimensionale Verfahren) *470-478*
Meßwert, wahrer 508
Meßwiederholung 643
Metaanalyse 580ff., 586, 600
Methode, biographische *478-482*
Methode des Nachträglich-Lauten-Denkens 100
Methode, interpretative *482-486*
Methode, klinische 373ff.
Methode, sinnverstehende 350
Methode, verstehende *486-492*
Methodik, pädagogisch-dialektische 201
Methodologie 14
Mikroanalyse 95, 318
Mikroanalyse (von Unterrichtssequenzen) 485
Mikrobeobachtung 318
Mikrocomputer 330
Mikrogenese 213
Mikroprozessor 331
Mikrosystem 88, 90, 92f.
Minnesota Multiphasic Personality Inventory (MMPI) 628f., 631
Mittel, geometrisches → Geometrisches Mittel (GM)
Mittel, harmonisches → Harmonisches Mittel (HM)
Mittelwert, arithmetischer 540

Sachregister

MMPI → Minnesota Multiphasic Personality Inventory
Modalwert 540
Modell → Binomialmodell → Cross-classification-with-error-Modell → Ein-Fehlermodell → Entscheidungsmodell, konservatives → Fundamentalmodell (statistischer Entscheidung) → **Gesprächsmodelle** → Kausalmodell → Rasch-Modell → Regelkreismodell → Umwegprognosemodell → Verbundmodell
Modell, deterministisches 616
Modellernen 129, 131
Modellgeltungstests 613f.
Modell, kommunikationstheoretisches 397
Modell, log-lineares 579
Modus 540
MQA → Quartilsabstand, mittlerer
Musterbildung, heuristische 272
mutual adaption 172, 174

Nacherleben 488
Nicht-Direktivität 518
Normierung 621
Nullhypothese 583, 589, 596, 599
Nur-Nachtest-Kontrollgruppenplan 367
↗ **Experiment** ↗ **Versuchsplanung**

Objektivierung 203, 470
Objektivierung, pädagogisch-katalysatorische 203
Objektivierung, reflexive 203
Objektivität 265, 298, 427, 455, 459, *493-497*, 506, 625, 632 ↗ Auswertungsobjektivität ↗ Durchführungsobjektivität ↗ Interpretationsobjektivität
Objektivität, deskriptive 493
Objektivität, methodische 493
Operationalisieren 117
Operationalisierung 123, 416f., 465 ↗ **Messung (Konstrukte, Operationalisierung)**
Operationsbereich 412
Operationsregel 411
Operationsreichweite 411ff.
Organisationsentwicklung 147ff., 163
Organisationsforschung 149, 151
Organisationswandel 152
organizational feedback 387 ↗ Erziehungsforschung, interaktive ↗ **Feedback**
organizational renewal 164
organizational revitalization 153
Orientierung, naturalistische 350
overrapport 316

PAC → Pädagogische Analyse und Curriculum
Pädagogik, dialektische 199
Pädagogik, experimentelle 378
Pädagogik, institutionelle 519
Pädagogische Analyse und Curriculum (PAC) 630
Pädagogisierungsphase 338f.
Panel-Studie 605
Paradigma 15
Paradigma, interpretatives 228f., 231, 402, 482f. ↗ Bildungsforschung, kommunikative
Paradigma, normatives 228
Parallelisierung 368, 642
Parallelogrammanalyse 472
Paralleltest-Reliabilität 508
Parameter 539f. → Dispersionsparameter → Gestaltparameter → Lokalisationsparameter → Stichprobenparameter → Strukturparameter
Perseverationstendenz 339
Persönlichkeitsfragebogen für Kinder (PFK) 628f., 631
Persönlichkeits-Interessen-Test (PIT) 629, 631
Persönlichkeitstests 629
Perzeption, selektive 316
Perzeptionstraining 316
Pfadanalyse 476, 577
PFK → Persönlichkeitsfragebogen für Kinder
PFT → Picture-Frustration-Test
Picture-Frustration-Test (PFT) 633
PIT → Persönlichkeits-Interessen-Test
Plan → Erhebungsplan → Hypothesenplan → Kodierplan → Kontrollgruppenplan, nichtäquivalenter → Nur-Nachtest-Kontrollgruppenplan → Solomon-Vier-Gruppen-Versuchsplan → Versuchsplan → Vortest-Nachtest-Kontrollgruppen-Versuchsplan
Plazierung 618
Plazierungseffekt 430
Polaritätenprofil 472, 474
Population 370
posttest-only control group design 367 ↗ **Versuchsplanung**
Prädikatorvariable 546
Prädiktor 619
Pragmatik 396
Präsenzanalyse 415
Praxisdokumentation 214
Praxis, experimentelle 514
Pretest 309, 318, 417, 607

Sachregister

pretest-posttest control group design 366
 ↗ **Versuchsplanung**
Prinzip, reduktionsleitendes 412
Problemfragebogen für Jugendliche 629
Problemlösekapazität 154
Produkt-Moment-Korrelationskoeffizient 543
Prognose 112, 114ff., 199, 210, 363
Prognose, dialektische 201
Prognose, pädagogisch-dialektische 200
Prognose, pädagogische 201
Prognose, technologische 112
Prognosetheorie 114, 132
Programmiersprache, höhere 331
Programmierter Unterricht 611
Progression, topische 501
Projekt, exploratives 356
Projektionskonzept 632
Protokollanalyse, dimensionale 485
Protokoll, authentisches 285
Protokollexplikation 485
Prozeßreflexion 272f.
Prüfgröße 592f.
Prüfsystem für Schul- und Bildungsberatung (PSB) 627, 631
PSB → Prüfsystem für Schul- und Bildungsberatung
Pseudo-Teilnahme 319
Psychodrama 259
Psychotherapie 397
Psychotherapie, institutionelle 519

qualified individualism 622
Qualifikationsanforderung 521
Qualität, illokutive 531
Quantil 540
Quartilsabstand, mittlerer (MQA) 541
Quartilsabstand (QA) 541
Quasiexperiment 392, 639, 642, 652
Querschnitt 646f.
Querschnittsequenz 647
Querschnittuntersuchung 605, 643, 646
Quotenauswahl 512, 607

Rahmenanalyse 232
Randbedingung 640
Randomisieren 368, 642
Randverteilung 550
Rangkorrelationskoeffizient 545
Rangordnung 472
Rangregression 546
Rasch-Modell 473, 613ff.
Rating, konzeptorientiertes 211

Rationalismus, kritischer → Kritischer Rationalismus
RDA → Regressions-Diskontinuitäts-Analyse
Reaktivität 315
Realitätsadäquanz 493
Realkontaktbefragung 212
Rechenautomat 328ff.
Rechentest (RT) 628, 631
recording unit 416
Recycling 342
Referenzpopulation 473
Reflexionssicherung 274
Reflexivität 153f.
Regel → Induktionsregel, probabilistische → Interpretationsregel → Korrespondenzregel → Operationsregel
Regelkreismodell 359
Regel, orthogenetische 56
Regression 546
Regression, funktionelle 501
Regression, multivariate 577
Regressions-Diskontinuitäts-Analyse (RDA) 656
Regressionseffekt 546
Regressionsfunktion 577
Regressionsgerade 546
Regressionskoeffizient 546
Rekonstrukt 454, 456f.
Rekonstruktion 498, 503, 506
Rekonstruktion, empirisch-pädagogische 456
 ↗ **Rekonstruktion, praktische**
Rekonstruktion, genetische 504
Rekonstruktion, hermeneutische 457, 503, 505
Rekonstruktion, horizontale 504
Rekonstruktion (objektiver Strukturen) 288
Rekonstruktion, praktische *498-503*
Rekonstruktionsadäquanz 638
Rekonstruktion, theoretische *503-507*
Rekonstruktion, therapeutische 498f.
Rekonstruktion, vertikale 504
Relationensystem, empirisches 507
Relationensystem, numerisches 507
Relevanz-Festlegungszwang 423
Relevanz, subjektive 416
Relevanz, thematische 415f.
Reliabilität 459, 475, *507-510*, 611, 637
Reliabilität, deskriptive 507
Reliabilitätskennwert 509
Reliabilitätskoeffizient 508f.
Reliabilitäts-Validitäts-Dilemma 510, 636
Replikation, virtuelle 102
Repräsentanz 321, 495
Repräsentativität 352, *510-513*, 588, 644

Sachregister

responsive evaluation 350
Retest-Reliabilität 508
Retrognose 214, 363
Reziprozität (der Interpretation) 164
Reziprozität (der Kommunikation) 163
Rotationsprinzip 193
RT → Rechentest
Rückkoppelungsmechanismus (Feedback) 155
Rückkoppelungsprozeß 155

s → Standardabweichung
S → Spannweite
sampling unit 417
Sapir-Whorf-Hypothese 315
Satzergänzungstest (SE) 633
Säulendiagramm 552
Schätzung 589
Schulforschung, generative 149, 169, 171
Schulleistung 611
Schulleistungstests 118, 334, 628, 641
Schulreifetests 630
Schulung (der Beobachter) 318
Schwierigkeitsgrad 335
scoring 62
SE → Satzergänzungstext
Segregate 457f.
Selbstaufklärung 601
Selbstbeobachtung 434
Selbstbestimmung 521
Selbstbewußtheit 435
Selbsterforschung 437
Selbstkontrolle 434
Selbstreflexion 257, 272, 434
Selbstwahrnehmung 434f.
Selektion 617
Self-renewal 172
Self-survey 211
Semantik 396
Semiotik 396
Sequenzanalyse 294, 458
Sequenzmethode 647
setting 602
shotgun approach 619
Signifikanzniveau 592, 597
Signifikanzprüfung 592
Signifikanz, statistische 585
Signifikanztest 579ff., 595ff., 600
Sinnadäquanz 488
Sinnauslegung 287f. ↗ **Rekonstruktion, theoretische**
Sinnauslegung, extensive 290, 505
Sinnauslegung, extensive sequentielle 295
Sinnebene, latente 285

Sinnkonstituierung, dialog-konsenstheoretische 639
Sinnkonstitution, intersubjektive 289
Sinn, objektiver 287
Sinnrealisierung, verzerrte 287
Sinnstruktur, latente 285ff., 289f.
Sinnstruktur, objektive 286f., 294
Sinnverstehen, irrationales 491
Sinnverstehen, rationales 491
Situation, analytische 518
Situation, sozioanalytische 520
Skala 211, 310, 470f.
Skalenfrage 429
Skalierung 470
Skalierung, multidimensionale 473
Skalierungsverfahren 472
Skalierungsverfahren, probabilistische 473
Skalogrammanalyse 66, 472
Snijders-Oomen-Nichtverbale-Intelligenztestreihe (SON) 627, 631
Software 327
Solomon-Vier-Gruppen-Versuchsplan 367
SON → Snijders-Oomen-Nichtverbale-Intelligenztestreihe
Sondierung 263
Sondierungsphase 263
Sozialexperiment *514-517* ↗ Aktionsforschung, pädagogische ↗ Erziehungsforschung, interventive
Sozialforschung, interpretative 432
Sozialforschung, interventive 150
Sozialforschung, kommunikative 225f.
Sozialforschung, kooperative 517
Sozialisationsforschung 284, 287, 445
Sozialisationsforschung, ökologische 88
Sozialtechnologie 147
Sozioanalyse 211, 260, 265, *518-521*
Sozioanalytiker 520f.
Soziogramm 522
Soziomatrix 522
Soziometrie *521-526*
Spannweite (S) 541
Speicherprogrammierung 331
Sprache 256
Sprechhandlungsanalyse *526-538*
Sprechhandlungssequenz 530
Sprechsituation, ideale 164, 243
Stabdiagramm 553
Stadtteilarbeit 514
Standardabweichung (s) 541
Standardisierung 314, 431ff.
Statistik 547
Statistik, amtliche 547
Statistik, analytische 587
Statistik, beschreibende *539-546*

Sachregister

Statistik, darstellende *547-565*
Statistik, mathematische 547
Statistik (Mehrebenenanalyse) *565-572*
Statistik (Mehrvariablenanalyse) *573-579*
Statistik (Metaanalysen) *579-587*
Statistik, schließende *587-595*
Statistik (Signifikanz) *595-601*
Status, soziometrischer 524
Stellung (des Beobachters) 314
Stichprobe 642 ↗ Beobachtungsstichprobe ↗ Eichstichprobe ↗ Ereignisstichprobe ↗ Flächenstichprobe ↗ **Repräsentativität** ↗ Zeitstichprobe
Stichprobe, abhängige 643
Stichprobenauswahl 510
Stichprobenauswahl (Fehlerquellen) 512
Stichprobenerhebung 606
Stichprobenfehler 511
Stichprobenparameter 539
Stichprobentheorie 589
Stichprobenumfang 510, 512, 599
Stichprobenverteilung 593
Stichprobe, proportionale 513
Stichprobe, repräsentative 510
Stichprobe, unabhängige 593, 643
Störquelle 493f.
Störtechnik 484
Störvariable 643
Strategiebegriff 151
Streubreite 541
Strichdiagramm 552
Struktur 86
Strukturalismus (in der Psychologie) 85
Strukturalismus (in der Soziologie) 85
Strukturanalyse 303, 305
Strukturanalyse, latente 86, 468, 473
Strukturgleichungssystem 102
Struktur, illokutive 529
Struktur, objektive 288
Strukturparameter 542
Strukturrekonstruktion 298
Stufen-Score 62
Subjektivität, soziale 256
substitute criteria 618
Summenhäufigkeitskurve 562
Summenhäufigkeitstabelle 550
Supervisand 603f.
Supervision *601-604*
Supervision (der Beobachter) 318
Supervisionsdiskurs 604
Supervisor 603f.
survey 605
Survey-Befragung *605-609* ↗ **Befragung** ↗ **Interview, strukturiertes**
survey feedback 152, 159, 166, 386ff.

Symbolischer Interaktionismus 103, 482
SYMLOG → Systematische Mehrebenen-Beobachtung von Gruppen
Syntaktik 396
System 86f. ↗ Behavioral Coding System (BCS) ↗ Beobachtungssystem ↗ Exosystem ↗ Handlungssystem ↗ Kategorialsystem ↗ Kategoriensystem ↗ Leitsystem, generatives ↗ Makrosystem ↗ Mesosystem ↗ Mikrosystem ↗ Relationensystem, empirisches ↗ Strukturgleichungssystem
Systematische Mehrebenen-Beobachtung von Gruppen (SYMLOG) 318, 322
Systemelement 90
System, generatives 167
System, kausaltheoretisches 469
Systemtheorie 87
System-Umwelt 157
Szenotest 633

Tabelle, eindimensionale 549
Tabelle, zweidimensionale 550
TAT → Thematischer Apperzeptionstest
Tatsachenbegriff, sozialwissenschaftlicher 228
Tatsachenforschung, pädagogische 378
TBGB → Testbatterie für geistig behinderte Kinder
Technik, soziometrische 134
Teilnahme, beobachtende 211
TES → Testbatterie für entwicklungsrückständige Schulanfänger
Test 117, 626, 641 ↗ **Diagnose (Leistungsmessung)** ↗ **Diagnose (Lernfähigkeit)** ↗ **Diagnose (zielerreichendes Lernen)** ↗ Pretest ↗ Schulleistungstest ↗ Signifikanztest ↗ **Tests, kriterienorientierte** ↗ **Tests, normorientierte** ↗ **Tests, objektive** ↗ **Tests, projektive** ↗ Vorzeichentest
Testängstlichkeit 623
Testbatterie für entwicklungsrückständige Schulanfänger (TES) 630f.
Testbatterie für geistig behinderte Kinder (TBGB) 630
Testen, kriteriumorientiertes 617
Testen, normorientiertes 617
Testerprobung 620
Testfairneß 622
Testhalbierungsmethode 508
Testitem 118f.
Test, klinischer 372
Testkonstruktion 619
Testkritik 336

Sachregister

Test, lehrzielorientierter 344, 610
Testleiterverhalten 622
Testmodell, probabilistisches 612
Testscore 611
Tests, formative 342
Tests, krisenorientierte 610
Tests, kriterienorientierte *610-617*
Tests, normorientierte 610, *617-625*
Tests, objektive *625-631*
Tests, probabilistische 615
Tests, projektive *632-634*
Tests, statistische 591f.
Tests, summative 342
Teststärke 579f., 598f.
Teststärkeanalyse 598f.
Tests, verteilungsabhängige 592
Tests, verteilungsunabhängige 592
Testtheorie, klassische 474, 611
Testtheorie, probabilistische 614
Testtraining 623
Testübung 623
Testverfahren 617
Testverfahren, probabilistische 614
Testverfahren, projektive 634
Text 285
Textanalyse 294
Textsequenz 293
Textverstehen 456
T-Gruppe 518
Thematischer Apperzeptionstest (TAT) 633
Thematisierung, generative 456
Theorie → Alltagstheorie, pragmatische
 → Ethnotheorie → Konsenstheorie der
 Wahrheit → Korrespondenztheorie der
 Wahrheit → Prognosetheorie → Stichpro-
 bentheorie → Systemtheorie → Testtheo-
 rie, klassische → Testtheorie, probabilisti-
 sche
Theorie, aktionsorientierte 195
Theoriebildung, objektiv-hermeneutische 298
Theoriebildung, reflexive 297, 299
Theorie, empirische 111, 114
Theorie, geisteswissenschaftliche 163
Therapie, rational-emotionale 399
Tiefenpsychologie 126
Tiefenstruktur, generative 454
Topoi 457
Trainingsgruppe 386f., 518
trajectory 479
Transaktion 90f.
Transaktionsanalyse 91
Transformationsexperiment 96
Transitionsphase 165
Transkript 530
Transkriptvereinfachung 529

Trennschärfekoeffizient 335
Triangulation 270, 354
Triangulationsgruppe 387
Triangulationsverfahren 387
Triebkonzept 126
turn-Apparat 528f.
turn-Verteilung 528f.
turn-Zuteilung 528
Typologie 608

Übergang, ökologischer 96, 104
Übertragung 518, 603 ↗ Gegenübertragung
Übertragung, institutionelle 520
ultimate criterion 618
Umfrage 605f. ↗ **Befragung** ↗ **Interview,
 strukturiertes** ↗ **Survey-Befragung**
Umfrageforschung 608
Umwegprognose 116
Umwegprognosemodell 117
Umweltdifferenzierung 157
Unfoldingtechnik 472
Unterricht, kompetenzorientierter 341
Unterricht (Rederechtvergabe) 528
Unterrichtsbeobachtung 405
Unterrichtsbeobachtung, eingreifende 407
Unterrichtsbesuch → **Hospitation**
Unterrichtsforschung 445, 447, 483
Unterrichtsforschung, aktivierende 407ff.
Unterrichtshospitation 404, 408
Unterrichtsmitschau 319
Unterrichtssituation 319
Untersuchung → Aktionsuntersuchung
 → Gemeinde-Selbstuntersuchung
 → Längsschnittuntersuchung → Latenz-
 untersuchug → Querschnittuntersuchung
Untersuchung, experimentell-genetische 337

V → Variationskoeffizient
Validierung 206, 339, 460, 502, 618
Validierung, externe 321
Validierung, kommunikative 321, 409
Validierung, pädagogische 206
Validierung, pädagogisch-katalysatorische
 205
Validierung, prädiktive 618
valid information 206
Validität 162, 311, 363, 460, 475, 632, *635-639*
 ↗ Inhaltsvalidität ↗ Kontentvalidität
Validität, adaptive 206
Validität, differentielle 339, 636
Validität, externe 589
Validitätskategorie 635
Validitätskonzept 635f.

Sachregister

Validitätskonzept, empirisch-analytisches 637
valid knowledge 206
Variable → Kriteriumsvariable → Prädikatorvariable → Störvariable → Zielvariable
Variable, abhängige 641ff.
Variable, intervenierende 462
Variable, latente 468, 575, 612
Variable, manifeste 468, 575
Variable, metrische 578
Variable, nichtmetrische 578
Variable, unabhängige 416, 641, 644
Varianz 541
Varianzanalyse 644
Varianzanalyse, multivariate 576
Varianzeinschränkung 621
Varianzkonzept 542
Varianz, systematische 366
Variationskoeffizient (V) 541
Vernunft, theoretische 378
Veränderungsreihe, qualitative 653
Veränderungsstruktur 653
Verarbeitung 327
Verbundmodell 111, 124, 132
Verfahren 633 ↗ Ad-hoc-Verfahren ↗ Analyseverfahren, multivariates ↗ Auswahlverfahren ↗ Gesprächsverfahren, analytisches ↗ Gestaltungsverfahren ↗ Kartenverfahren ↗ Kontrollverfahren ↗ Listenverfahren ↗ Skalierungsverfahren ↗ Testverfahren
Verfahren, deskriptives 581
Verfahren, ethnohermeneutisches 212
Verfahren, hermeneutisches 286
Verfahren, interpretatives 485, 504
Verfahren, mehrdimensionales 473
Verfahren, objektiv-hermeneutisches 212
Verfahren, projektives 134
Verfahren, qualitatives 353
Verfahren, quasiexperimentelles 394, 399 ↗ **Versuchsplanung**
Vergleichsgruppe 640, 643
Verhalten, aggressives 124, 129, 131
Verhaltensbeobachtung 134f., 319
Verhaltensbeobachtung, sequentielle 135
Verhaltenstechnologie 380
Verhältnismeßniveau 539
Verifikationsexperiment 381
Verständigungsprozeß 500
Verstärker 129
Verstärker, negativer 128
Verstärkung 129
Verstärkung, positive 128
Verstehen 163, 272, 487f., 490f.
Verstehen, historisches 487

Verstehen, psychoanalytisches 491
Verstehen, szenisches 213, 491, 500
Versuchsanordnung 642
Versuchsleiter 369
Versuchsleiter-Effekte 369
Versuchsleiter-Erwartungseffekte 369
Versuchsperson 369
Versuchsplan 368, 442, 652, 656
Versuchsplanung 63, 366, *639-645*
Verteilung 540 ↗ Stichprobenverteilung
Verteilung, eindimensionale 540
Verteilungseigenschaft 512
Verteilung, zweidimensionale 543
Vertrauensbasis 322
Vorgehen, exploratives 514
Vorgehen, sequentielles 293f.
Vorgehen, sequenzanalytisches 289
Vortest-Nachtest-Kontrollgruppen-Versuchsplan 366 ↗ **Versuchsplanung**
Vorverständnis 492
Vorwissen 435
Vorzeichentest 582

Wachstumskurve, quantitative 646
Wahrheit → Konsenstheorie der Wahrheit → Korrespondenztheorie der Wahrheit
Wahrheitskriterium, dialog-konsenstheoretisches 637
Wahrheitskriterium, hermeneutisches 637
Wahrscheinlichkeit 511, 589f. ↗ Aposteriori-Wahrscheinlichkeit ↗ Apriori-Wahrscheinlichkeit ↗ Irrtumswahrscheinlichkeit
Wahrscheinlichkeit, sequentielle 50
Wandel, sozialer 154
Wenn-dann-Beziehung 114
Wertabstinenz 496
Wirklichkeitsdefinition 256
Wirklichkeitsinterpretation 257
Wirklichkeit, soziale 227
Wirksamkeit 359f.
Wirkungskontrolle 360
Wohngemeinschaft, therapeutische 514
Wortschatztest (WST) 628, 631
WST → Wortschatztest

Zahlensystem, duales 328
Zeichen, sprachliches 462
Zeichentests, projektive 633
Zeitreihenanalyse 214
Zeitstichprobe 325
Zentralwert 540
Zielvariable 641

Zirkel, hermeneutischer 505
Zone der nächsten Entwicklung 337 ↗ Erziehungsforschung, entwicklungslogische ↗ **Versuchsplanung – Entwicklungsanalyse**
Zufallsauswahl 511f., 606
Zufallsfehler 511
Zufallsgenerator 511

Zufallsstichprobe 512, 589
Zufallsstichprobe, geschichtete 513
Zuordnungsskala 472
Zusammenhangsproblem 574
Zuverlässigkeit 321, 370, 455, 459f., 475, 611, 614 ↗ **Reliabilität**
Zuverlässigkeit, pädagogisch-katalysatorische 204

Autorenverzeichnis

Die mit (H) gekennzeichneten Beiträge sind Artikel des Handbuchteils.

Achtenhagen, Frank; Prof. Dr.; Universität Göttingen: *Statistik (Metaanalysen)* (mit Härke), *Statistik (Signifikanz)* (mit Härke).
Benner, Dietrich; Prof. Dr.; Universität Münster: *Experiment, pädagogisches.*
Benning, Elke; Dipl.-Psych.; Universität Kiel: *Experiment* (mit Frey).
Bente, Gary; Dipl.-Psych.; Universität Trier: *Gesprächsmodelle* (mit Minsel).
Bergmann, Jörg R.; Dr.; Universität Konstanz: *Interpretation (dokumentarische Methode).*
Cremer, Christa; Prof. Dr.; Fachhochschule Nordostniedersachsen - Lüneburg: *Sozialexperiment.*
Deter, Bernhard; Dr.; Chemische Werke Hüls AG – Marl: *Tests, normorientierte* (mit Ebnet, Fay und Stumpf).
Dollase, Rainer; Prof. Dr.; Universität Bielefeld: *Soziometrie.*
Ebnet, Ursula; Dr.; Meckenheim: *Tests, normorientierte* (mit Deter, Fay und Stumpf).
Ehlich, Konrad; Prof. Dr.; Universität Dortmund: *Sprechhandlungsanalyse.*
Fay, Ernst; Dr.; Institut für Test- und Begabungsforschung – Bonn: *Tests, normorientierte* (mit Ebnet, Deter und Stumpf).
Fischer, Bernd; Dipl.-Päd.; Wissenschaftliche Begleitung Kollegschule NW – Münster: *Entwicklungslogische Erziehungsforschung* (mit Girmes-Stein, Kordes und Peukert) (H).
Fischer, Wolfram; Priv.-Doz. Dr.; Universität Bielefeld: *Methode, biographische.*
Frey, Dieter; Prof. Dr.; Universität Kiel: *Experiment* (mit Benning).
Gaertner, Adrian; Prof. Dr.; Fachhochschule Bielefeld: *Supervision.*
Girmes-Stein, Renate; Dr.; Wissenschaftliche Begleitung des Modellversuchs zur Verbindung des Berufsvorbereitungsjahres mit dem Berufsgrundschuljahr in NW – Münster: *Entwicklungslogische Erziehungsforschung* (mit B. Fischer, Kordes und Peukert) (H).
Graff, Jörg; Dr.; Universität Hamburg: *Versuchsplanung.*
Groeben, Norbert; Prof. Dr.; Universität Heidelberg: *Objektivität* (mit Treiber), *Validität* (mit Treiber).
Gstettner, Peter; Univ.-Prof. Dr.; Universität für Bildungswissenschaften – Klagenfurt, Österreich: *Krisenexperiment.*
Haft, Henning; Prof. Dr.; Pädagogische Hochschule Kiel und Institut für die Pädagogik der Naturwissenschaften (IPN) an der Universität Kiel: *Inhaltsanalyse.*
Hameyer, Uwe; Dr.; Institut für die Pädagogik der Naturwissenschaften (IPN) an der Universität Kiel: *Interventive Erziehungsforschung* (H).
Händle, Christa; Dr.; Max-Planck-Institut für Bildungsforschung – Berlin: *Erkundung.*
Härke, Eckhard; Dr.; Arnoldi-Schule (Handelslehranstalt) – Göttingen: *Statistik (Metaanalysen)* (mit Achtenhagen), *Statistik (Signifikanz)* (mit Achtenhagen).
Heinze, Thomas; Prof. Dr.; Fernuniversität Hagen: *Hospitation.*
Hermanns, Harry; Dr.; Wissenschaftliches Zentrum für Berufs- und Hochschulforschung – Gesamthochschule Kassel: *Interview, narratives.*
Holling, Heinz; Dr.; Freie Universität Berlin: *Anwendungsorientierte Erziehungsforschung* (mit Merkens) (H).

Hron, Aemilian; Dipl.-Psych., Dipl-Volksw.; Deutsches Institut für Fernstudien an der Universität Tübingen (DIFF): *Interview, strukturiertes.*
Ingenkamp, Karlheinz; Prof. Dr.; Erziehungswissenschaftliche Hochschule Rheinland-Pfalz – Landau: *Diagnose (Leistungsmessung).*
Jaide, Walter; em. Prof. Dr.; Universität Hannover und Forschungsstelle für Jugendfragen – Hannover: *Befragung.*
Kempf, Wilhelm; Prof. Dr.; Universität Konstanz: *Repräsentativität.*
Kleber, Eduard Werner; Prof. Dr.; Bergische Universität – Gesamthochschule Wuppertal: *Strukturell-funktionale Erziehungsforschung* (H).
Kordes, Hagen; Prof. Dr.; Universität Münster: *Entwicklungslogische Erziehungsforschung* (mit B. Fischer, Girmes-Stein und Peukert) (H), *Pädagogische Aktionsforschung* (H); *Evaluation; Messung, empirisch-pädagogische; Rekonstruktion, praktische.*
Kubli, Fritz; Dr.; Kantonsschule Enge, – Zürich, Schweiz: *Experiment, klinisches.*
Larcher, Dietmar; Dr.; Universität Klagenfurt und Bundesgymnasium III – Klagenfurt, Österreich: *Pädagogisch-analytische Bildungsforschung* (mit Rathmayr) (H).
Lehmann, Rainer H.; Prof. Dr. Dr.; Universität Hamburg: *Einzelfallstudie* (mit Vogel).
Lüdtke, Hartmut; Prof. Dr.; Universität Marburg: *Beobachtung.*
Ludwig, Wolfgang; Dr.; Universität Bielefeld: *Aktenanalyse.*
Matthes-Nagel, Ulrike; Dr.; Universität Bremen: *Objektiv-hermeneutische Bildungsforschung* (H); *Rekonstruktion, theoretische.*
May, Regine; Dipl.-Psych.; Universität Freiburg: *Tests, kriterienorientierte* (mit Spada).
Merkens, Hans; Prof. Dr.; Freie Universität Berlin: *Anwendungsorientierte Erziehungsforschung* (mit Holling) (H).
Minsel, Wolf-Rüdiger; Prof. Dr.; Universität Köln: *Gesprächsmodelle* (mit Bente).
Petersen, Jörg; Dr.; Universität Kiel: *Messung (Konstrukte, Operationalisierung), Messung (Skalierung, mehrdimensionale Verfahren).*
Peukert, Ursula; Dr.; Universität Münster: *Entwicklungslogische Erziehungsforschung* (mit B. Fischer, Girmes-Stein und Kordes) (H).
Philipp, Elmar; Dipl.-Päd.; Hessisches Institut für Bildungsplanung und Schulentwicklung (HIBS) – Wiesbaden: *Feedback.*
Probst, Paul; Prof. Dr.; Universität Hamburg: *Tests, objektive* (mit Schmidtchen). *Test, projektive* (mit Schmidtchen)
Rathmayr, Bernhard; Dr.; Universität Innsbruck, Österreich: *Pädagogisch-analytische Bildungsforschung* (mit Larcher) (H).
Riedel, Klaus; Prof. Dr.; Freie Universität Berlin: *Lehr-/Lernforschung.*
Rollett, Brigitte; Univ.-Prof. Dr.; Universität Wien, Österreich: *Diagnose (zielerreichendes Lernen).*
Ronge, Volker; Prof. Dr.; Bergische Universität – Gesamthochschule Wuppertal/empirica – München: *Survey-Befragung.*
Rudinger, Georg; Prof. Dr.; Universität Bonn: *Versuchsplanung – Entwicklungsanalyse.*
Schäfer, Gerd; Dr.; Universität Würzburg: *Introspektion.*
Schmidtchen, Stefan; Prof. Dr.; Universität Hamburg: *Tests, objektive* (mit Probst), *Tests, projektive* (mit Probst).
Schnotz, Wolfgang; Dr.; Deutsches Institut für Fernstudien an der Universität Tübingen (DIFF): *Diagnose (Lernfähigkeit).*

Schwarzer, Ralf; Prof. Dr.; Freie Universität Berlin: *Beobachtung, prozeßbegleitende.*
Spada, Hans; Prof. Dr.; Universität Freiburg: *Tests, kriterienorientierte* (mit May).
Straka, Gerald A.; Prof. Dr.; Universität Bremen: *Feldexperiment.*
Stumpf, Heinrich; Dr.; Institut für Test- und Begabungsforschung – Bonn: *Tests, normorientierte* (mit Ebnet, Deter und Fay).
Terhart, Ewald; Prof. Dr.; Universität Osnabrück: *Methode, interpretative.*
Treiber, Bernhard; Dr.; University of Pittsburgh, USA: *Objektivität* (mit Groeben), *Reliabilität, Validität* (mit Groeben).
Uhle, Reinhard; Prof. Dr.; Hochschule Lüneburg: *Methode, verstehende.*
Vogel, Dankwart; Dr.; Widukind-Gymnasium Enger: *Einzelfallstudie* (mit Lehmann).
Volmerg, Ute; Dr.; Hessische Stiftung für Friedens- und Konfliktforschung – Frankfurt: *Gruppendiskussion – Gruppenexperiment.*
Waldow, H. Jürgen; Diplom-Informatiker; Institut für die Pädagogik der Naturwissenschaften (IPN) an der Universität Kiel: *Datenverarbeitung, elektronische.*
Wellendorf, Franz; Prof. Dr.; Universität Hannover: *Sozioanalyse.*
Welz, Rainer; Dr.; Zentralinstitut für Seelische Gesundheit – Mannheim: *Statistik (Mehrebenenanalyse).*
Weymann, Ansgar; Prof. Dr.; Universität Bremen: *Kommunikative Bildungsforschung* (H).
Wolf, Willi; Prof. Dr.; Universität Marburg: *Statistik, beschreibende; Statistik, darstellende; Statistik (Mehrvariablenanalyse); Statistik, schließende.*

Anton Makarenko

Gesammelte Werke

Aus dem Russischen übersetzt und kommentiert von Leonard Froese, Götz Hillig, Siegfried Weitz und Irene Wiehl unter Mitwirkung von V. v. Hlynowsky, H. Köttker und Chr. Rogger (Makarenko-Referat der Forschungsstelle für Vergleichende Erziehungswissenschaft, Philipps-Universität Marburg).
Zusammen 1673 Seiten einschließlich Faksimiledruck, Register, Anhang, Kommentar, Leinen mit Schutzumschlag.
Zweisprachige Marburger Ausgabe.

Band 3: Ein pädagogisches Poem, Teil 1, 595 Seiten, ISBN 3-12-939660-8
Band 4: Ein pädagogisches Poem, Teil 2, 524 Seiten, ISBN 3-12-939670-5
Band 5: Ein pädagogisches Poem, Teil 3, 654 Seiten, ISBN 3-12-939680-2

Als 1976 die ersten Bände des Gesamtwerks von Anton Makarenko in einer russisch-deutschsprachigen Ausgabe vorgelegt wurden, schrieb Hajo Matthiesen in der „Zeit": „Jetzt erscheinen in einem beispielhaften wissenschaftlichen Editionsvorhaben alle Werke Makarenkos neu auf deutsch in einer bisher nicht erreichten Vollständigkeit und Authentizität. Dies ist die umfangreichste Ausgabe, die je veröffentlicht wurde. Die Texte sollen in möglichst authentischer Form vorgestellt werden und sind deshalb in der Werksausgabe im Faksimiledruck wiedergegeben. Außerdem wurden zahlreiche Manuskripte aufgenommen, die nicht einmal in der siebenbändigen Ausgabe der sowjetischen Akademie der Pädagogischen Wissenschaften enthalten sind. Das war bisher die klassische Makarenko-Edition, die auch in die Sprachen aller russischen Satellitenstaaten übersetzt wurde. Allein das Marburger Makarenko-Referat hat nachgewiesen: „Quellen- und textkritischen Ansprüchen vermag die Akademie-Ausgabe nicht gerecht zu werden." Denn außer der Unvollständigkeit gibt es viele Abweichungen gegenüber früheren Publikationen, da die Texte mehrfach redaktionell überarbeitet wurden – die Marburger nennen „Gründe politischer Opportunität" für dieses wissenschaftlich unhaltbare Vorgehen. So fehlen in der Akademie-Ausgabe zum Beispiel kritische Bemerkungen über das alte Rußland und die Sowjetunion wie diese: „In ihrem Leben wirkten sich nicht nur die Flüche der jahrhundertelangen Gewaltherrschaft des Adels aus, sondern auch die Flüche der sprichwörtlichen Rückständigkeit des russischen Bauern, seiner völligen Unwissenheit und seiner aus der Not geborenen beispielhaften Hartherzigkeit."
Das „Pädagogische Poem" beendet die Edition der Gesamtausgabe, von dem der französische Schriftsteller Louis Aragon urteilt: „Von nun an kann keine Geschichte der Weltliteratur das ‚Pädagogische Poem' mit Schweigen übergehen, denn dieses Buch ist ohne Beispiel, es ist ein Buch neuen Typs."

Klett-Cotta